DAS GROSSE AUTOWANDERBUCH DEUTSCHLAND

Die schönsten Touren durch Deutschland
Mit Wander-, Radwander- und Freizeittipps

DAS GROSSE AUTOWANDERBUCH DEUTSCHLAND

Die schönsten Touren durch Deutschland mit Wander-, Radwander- und Freizeittipps

Ein knallgelb leuchtendes Rapsfeld an einer Pappelallee – Deutschland lädt mit seiner vielgestaltigen Natur- und Kulturlandschaft zum Wandern und Radfahren ein.

Tour 1:
Entlang der Ems durch Ostfriesland bis ins Oldenburgische 8
Tour 2:
Von Cuxhaven bis ins Weserbergland 12
Tour 3:
Von der Nordseeküste in die Elbmarschen 16
Tour 4:
Entlang der Ostseeküste bis ins Herzogtum Lauenburg 20
Tour 5:
Von der Mecklenburger Bucht in die Boddenlandschaft 24
Tour 6:
Über Hiddensee und Rügen entlang der Küste Usedoms 28
Lüneburger Heide 32
Tour 7:
Durch den Naturschutzpark Lüneburger Heide 34
Tour 8:
Lüneburg und die Ostheide 38
Tour 9:
Die Mecklenburger Seenplatte 42
Tour 10:
Das Münsterland 46
Tour 11:
Entlang der Weser bis Hannoversch Münden 50
Tour 12:
Von Hannover ins alte Herzogtum Braunschweig 54
Tour 13:
Perlenkette am Nordrand des Harzes 58
Der Harz 62
Tour 14:
Durch den Harz – über und unter Tage 64
Tour 15:
Von der Elbe an die Saale 68
Tour 16:
Von Brandenburg durch den Spreewald bis nach Frankfurt/Oder 72
Tour 17:
Am Niederrhein 76
Der Rhein 80
Tour 18:
Den Rhein entlang nach Düsseldorf, Köln und Bonn 82
Tour 19:
Der »Pott« nördlich der Ruhr 86
Tour 20:
Das westfälische Ruhrgebiet 90
Tour 21:
Sauerland, Siegerland und Wittgensteiner Land 94
Tour 22:
Weimar und das Thüringer Becken 98
Der Thüringer Wald 102
Tour 23:
Am Südrand des Thüringer Waldes 104
Tour 24:
Durch den Thüringer Wald ins Osterland 108
Das Erzgebirge 112
Tour 25:
Auf der Silberstraße durch Sachsen 114
Die Elbe 118
Tour 26:
Quer durchs kurfürstliche Sachsen 120

Sei es über Ebenen oder durch Berge und Täler, die Wege sind stets gut ausgebaut und markiert.

Tour 27:
Durch die Oberlausitz und das Land der Sorben 124
Tour 28:
Von der Mosel an die Saar 128
Tour 29:
Von der Ahr ins Rheintal 132
Tour 30:
Imposantes Fachwerk und große Kirchen an der Lahn 136
Der Main 140
Tour 31:
Von Kassel bis nach Wiesbaden, einmal quer durch Hessen 142
Die Rhön 146
Tour 32:
Von der Bayerischen Rhön in den Frankenwald 148
Der Pfälzerwald 152
Tour 33:
Durch das Saarland in die Pfalz 154
Tour 34:
Die Bergstraße und der Odenwald 158
Tour 35:
Von Aschaffenburg zur Romantischen Straße 162
Tour 36:
Von Bayreuth bis ins Fränkische Seenland 166
Tour 37:
Steinwald, Oberpfälzer Wald und Regensburg 170
Tour 38:
Durch das untere Neckartal 174
Schwarzwald 178
Tour 39:
Nördlicher Schwarzwald, Kraichgau und zurück 180
Tour 40:
Vom Rhein aus in den Schwarzwald 184
Tour 41:
Von Bietigheim nach Schwäbisch Hall 188
Die Donau 192
Tour 42:
Zwischen Schussen, Donau und Lech 194
Tour 43:
Das nördliche Oberbayern 198
Der Bayerische Wald 202
Tour 44:
Von Regen nach Freyung durch den Bayerischen Wald 204
Tour 45:
Unterwegs in Niederbayern 208
Tour 46:
Rund um den Bodensee 212
Tour 47:
Das Allgäu 216
Tour 48:
Unterwegs im Fünfseenland 220
Alpen und Alpenvorland 224
Tour 49:
Das Alpenvorland zwischen Loisach und Inn 226
Tour 50:
Von Burghausen ins Berchtesgadener Land 230

Reiseatlas Deutschland, Anhang 233

Bilder auf den vorangegangenen Seiten: Seite 2/3: Schloss Lembeck, Dorsten, Münsterland
Seite 4/5: Blick über Bremm an der Moselschleife

Entlang der Ems durch Ostfriesland bis ins Oldenburgische

Diese Tour führt durch die Fehngebiete von Papenburg bis zum Dollart. Hinter Aurich geht es ins Jeverland und vom Jadebusen weiter durch das Ammerland bis Oldenburg.

❶ Wer in die Emsstadt **Papenburg** kommt, mag sich in Holland wähnen. Die älteste und längste der Fehnkolonien weist insgesamt über 40 km der typischen schnurgeraden Kanäle auf. Und so führt ein Spaziergang durch die Stadt über Brücken und an malerischen Grachten entlang.
Die jahrhundertealte Schiffsbautradition in der Stadt setzt heute die bekannte Meyer-Werft fort. Zahlreiche Schaulustige säumen die Deiche, wann immer ein Ozeandampfer sich auf dem Weg zum Meer erst einmal durch die schmale Ems zwängen muss. Auf der »Deutschen Fehnroute« geht es anschließend ins Overledingerland.

❷ 1766 gründeten fünf Unternehmer den Verband der »Entrepreneure des **Rhauderfehns**« und begannen mit der Anlage eines Kanals, der die unwirtlichen Moorgebiete entwässern und für die Torfgewinnung erschließen sollte. Der Kanal, heute »Untenende« genannt, liegt im Zentrum des heutigen Hauptortes Westrhauderfehn. Interessantes und Wissenswertes über die Geschichte der Moorkolonien erfährt man im Fehn- und Schifffahrtsmuseum.

❸ Die Stadt **Leer** mit ihrer mehr als 1000-jährigen Geschichte hat eine wunderschöne Altstadt, die ihr Gepräge nicht zuletzt auch den zahlreichen holländischen Glaubensflüchtlingen verdankt. Mit der Mennonitenkirche, der Lutherkirche, der Großen Kirche und der Kirche St. Michael gehören vier stattliche Gotteshäuser dazu.
Die Harderwykenburg und die stolze Haneburg waren die Sitze ostfriesischer Häuptlinge; die Evenburg und das Schlösschen Philippsburg stammen aus der Barockzeit. Etwas südlich der Stadt sollte man einmal mit der Fähre (Pünte) »Wiltshausen« über die Jümme setzen. Sie ist die älteste handgezogene Fähre in ganz Nordeuropa.

❹ Die stolze Hafenstadt **Emden** ist die kulturelle Metropole und der in wirtschaftlicher Hinsicht bedeutendste Ort Ostfrieslands. Durch die Fußgängerzone der Großen Straße gelangt man zum Ratsdelft, wo sich mit dem Rathaus, den hier vor Anker liegenden Museumsschiffen und dem 1585 erbauten Pelzerhaus die wichtigsten Sehenswürdigkeiten der Stadt befinden.

Das neugotische Wasserschloss Evenburg liegt im Leeraner Ortsteil Loga.

In den Kanälen von Papenburg liegen historische Schiffe vertäut.

Wandern & Freizeit

Die als Rundstrecke angelegte ca. 160 km lange **Deutsche Fehnroute** führt beinahe durchweg über flache, asphaltierte Radwege und ruhige Landstraßen. Auf den Spuren der Moorkultivierung passiert man die im 16. und 17. Jh. entstandenen Fehnsiedlungen, in denen einst Torf abgebaut wurde. Schiffbare Kanäle zum Abtransport des Torfes wurden angelegt. Entlang dieser Wasserwege, den Fehnkanälen, führen heute Radwege. Galerieholländer (spezieller Windmühlentyp), Klappbrücken, Wiesen und Weiden säumen den Weg.
Die Deutsche Fehnroute verläuft zwischen Aurich im Norden und Papenburg im Süden. Da die Route aufgrund mangelnder Steigungen leicht zu bewältigen ist und keinerlei Anforderungen stellt, ist sie ideal für Familien mit kleinen Kindern und auch für Radwanderer im Pensionsalter geeignet.
Entlang der Weges laden sogenannte Melkhuske zur Rast ein. Dort kann man seinen Durst bei einem Glas Milch, Buttermilch oder einem Eiskaffee löschen. Der knapp 24 km lange Abschnitt der Deutschen Fehnroute führt von der Gemeinde **Rhauderfehn** nach **Barßel**. Westrhauderfehn, das seinen Fehncharakter weitgehend bewahren konnte, ist der Sitz der Gemeindeverwaltung Rhauderfehn. Weiße Zugbrücken, schnurgerade Kanäle, und ein Sportboothafen prägen den Ort. Auf dem Weg zur Gemeinde Ostrhauderfehn sind Moorgebiete wie das Westermoor und das Klostermoor die vorherrschende Landschaftsform. Der alte Seemannsort Barßel, in dessen Süden das Sumpfland zwischen den Flüssen Soeste und Sagter Ems liegt, ist für sein Hafenfest am 4. Wochenende im August bekannt.

Entlang der Deutschen Fehnroute gibt es mehrere **Paddel-und-Pedalstationen**. Dort lassen sich Fahrräder oder Kanus für Wasser- und Radwanderungen mieten, sowohl für Tagesausflüge als auch für ausgedehnte Rundtouren. Man steigt an einer der ausgewiesenen Stationen, z.B. in Barßel, vom Rad in ein Kanu, Kajak oder einen Kanadier um und fährt bis zur nächsten. Dort wartet bereits entweder das eigene per Anhänger transportierte Fahrrad oder ein Leihrad, um damit die Radtour fortzusetzen *(www.paddel-und-pedal.de)*.

Am Ratsdelft in Emden, dem historischen Teil des heutigen Hafens: das Feuerschiff »Amrumbank«. Im Hintergrund das Alte Rathaus.

Wilhelmshaven: Das Wahrzeichen der Stadt, die 1905 bis 1907 errichtete Kaiser-Wilhelm-Brücke galt mit ihrer Spannweite von 159 m, ihrer Durchfahrtshöhe von 9 m und ihrer

Vom Rathausturm aus bietet sich ein ausgedehnter Blick über die Stadt bis weit in den Hafen mit seinen Kränen und Docks hinein. In der Nähe ragt die Neue Kirche, ein imposanter Barockbau, hoch in den Himmel. Ein Spaziergang auf den begrünten Wallanlagen, die noch immer einen großen Teil Emdens umgeben, führt an Stadtgraben und Altem Graben entlang. Emden liegt an der 290 km langen Friesenroute »Rad up Pad«, auf der man das westliche Ostfriesland wunderbar mit dem Fahrrad erkunden kann.

5 **Aurich**, ehemalige Residenzstadt und über Jahrhunderte die Hauptstadt Ostfrieslands, ist keineswegs »schaurich«. Beeindruckende Ausmaße hat der riesige Marktplatz, der sowohl von alten als auch von modernen Gebäuden gesäumt wird.
Ein Wahrzeichen ist der Lambertiturm, der getrennt von der Lambertikirche (1832–1835) auf dem Lambertshof steht. Durch die wunderschönen historischen Gebäudeensembles in der Innenstadt gelangt man zum Neuen Schloss (1851–1855), heute ein Behördensitz, und zum Marstall.
Am Georgswall findet sich nahe der Ostfriesischen Landschaft, einer Art Kulturparlament, das man nicht verpassen sollte, das kleine »Pingelhus«, dessen Glocke früher das Ablegen der Schiffe verkündete.

6 Im flachen Land, irgendwo hinter Wittmund verläuft die Grenze zwischen Ostfriesland und dem **Jeverland**. Auch wenn die meisten Besucher zunächst und auch naheliegend an friesisch-herbes Bier denken – Jever, seit Jahrhunderten ein bedeutender Handelsplatz, wurde früher von ausgesprochen kunstsinnigen Herrschern bewohnt.

Ein markanter Bau in Jever ist das Schloss mit seinem barocken Turmaufbau.

Das Auricher Schloss wurde auf den Grundmauern der Burg von 1448 errichtet.

Die Turmspitze des Schlosses erkennt man in der flachen Landschaft schon von Weitem. Das Renaissancerathaus am Kirchplatz beeindruckt vor allem durch seine Fassade. Zum Abschluss empfiehlt sich ein Bummel durch die engen Gassen der Altstadt.

7 **Wilhelmshaven**, Deutschlands größter Marinestützpunkt und Tiefwasserhafen am Jadebusen, verdankt seine Existenz preußischer Initiative. Ab 1856 wurde hier der preußische Kriegshafen gebaut, der König erschien zur Einweihung und gab der jungen Stadt ihren Namen. Die Rolle als Kriegshafen hatte allerdings auch ihren Preis: Zweimal wurde Wilhelmshaven sozusagen dem Erdboden gleichgemacht.
Und doch finden sich heute immer noch beeindruckende städtebauliche Zeugnisse aus dem 19. und 20. Jh. Das Rathaus, 1929 unter der Leitung Fritz Högers erbaut, ist das prächtige Glanzstück der vielen streng geplanten Gebäudeensembles.
Mit dem 2012 eröffneten JadeWeser-Port verfügt Wilhelmshaven über ein tidenunabhängiges Containerterminal, das auch die größten Containerschiffe abfertigen kann. Beim Südstrand beginnt die sogenannte Maritime Meile, dort lohnen u.a. das Aquarium und das Besucherzentrum des UNESCO-Weltnaturerbes Wattenmeer einen Besuch; Hafenrundfahrten sind mit der MS »Harle Kurier« möglich. Das Feuerschiff »Weser« und das Dampfschiff »Kapitän Meyer« liegen am Bontekai.

Durchfahrtsbreite von 58,60 m einst als größte Drehbrücke auf europäischem Boden.

8 Im Herzen des Ammerlandes liegt **Bad Zwischenahn**. Der recht mondäne Moor- und Kneippkurort am Zwischenahner Meer hat den Gästen allerlei Abwechslungsreiches zu bieten: Wassersport, Kur- und Fitnessanlagen sowie idyllische Wanderwege an den Seeufern, aber auch zahlreiche Cafés und kleine Läden an den Straßen, in denen es sich entspannt flanieren lässt.
Die Restaurants servieren regionale Spezialitäten wie den Ammerländer Schinken oder den köstlich geräucherten »Smoortaal«. Und für die anschließende und möglicherweise spannende Abendunterhaltung sorgt beispielsweise die Spielbank.

9 **Oldenburg**, die ehemalige großherzogliche Residenz, zeigt sich heute als lebendige Universitätsstadt und als Zentrum der Informationstechnologie. Sie ist ein blühender Industriestandort. Die Altstadt, größtenteils zur Fußgängerzone ausgebaut, wird beherrscht von klassizistischen Repräsentationsbauten und ist von Wallanlagen und zahlreichen Wasserläufen umgeben.
Unter den vielen Sehenswürdigkeiten seien der Markt mit dem Rathaus und die imposante Lambertikirche erwähnt. Das Schloss und der als englischer Landschaftspark gestaltete Schlossgarten zeugen von großherzoglicher Pracht vergangener Tage. Der Lappan, ein 1468 erbauter Turm einer nicht mehr erhaltenen Kapelle, ist das älteste Gebäude und Wahrzeichen der Stadt.

Wandern & Freizeit

Auf der 49 km langen Rundfahrt der »Fernen Fürsten« lernt man viele kleine Friesendörfer und auch das historische Jeverland kennen, das zwischen 1667 und 1793 zum mitteldeutschen Fürstentum Anhalt-Zerbst gehörte. Die Radtour beginnt in **Jever** und führt entlang der Graften in Richtung Wittmund. Hinter der Stadtgrenze zweigt man auf die alte Bahnstraße Jever-Harlesiel nach rechts Richtung Norden ab. Über Wiefels und Große Scheep geht der Weg nach Eggelingen und Tettens, wo man die Grenze Harlingerland-Jeverland passiert. Im weiteren Verlauf geht es zum Wurtendorf Ziallerns in Richtung Carolinensiel über Neugarmssiel, vorbei an der Sophienmühle nach Sophiensiel. Nachdem man Friederiekensiel erreicht hat, nimmt man den Weg über Hohenkirchen und Waddewarden wieder zurück nach Jever, wo sich auch eine Besichtigung der Jever-Brauerei anbietet.

Für Familien mit Kindern ist der Besuch des **Freizeitpark Lütge Land** in Wittmund *(Friesenkamp 5, 26409 Wittmund-Altfunnixsiel, www.luetge-land.de)* empfehlenswert. Zahlreiche Attraktionen und viele Fahrgeschäfte stehen Groß und Klein zur Verfügung. Während die Kinder sich austoben, können sich die Erwachsenen entspannen. Neben diversen Fahrgeschäften sind im Freizeitpark auch detailgenaue Modellbauten bekannter Bauwerke zu bewundern.

Die sogenannte **Tour de Fries** (250 km) führt auf überwiegend asphaltierten Wegen durch die weite, flache Landschaft Frieslands zwischen Jever und Jadebusen. Reizvoll und abwechslungsreich präsentiert sich die Landschaft: Von der Nordsee ins grüne Binnenland, durch urige Dörfer, vorbei am Neuenburger Urwald bis zum Wattenmeer führt das 40 km lange Teilstück von **Wilhelmshaven** nach Dangast über Sande, Neustadtgödens und Zetel. Entlang der Strecke finden sich Windmühlen sowie Cafés und Melkhuskes, wo man sich bei Kaffee und Kuchen bzw. Milchgetränken stärken kann.

Im **Badeort Dangast** lockt der Sandstrand von zwei Kilometer Länge, der mit Eisbuden und Cafés gespickt ist. Im DanGastQuellbad mit diversen Becken und Riesenrutsche lassen sich Erholung und Freizeitspaß gut kombinieren.

Von Mai bis Oktober werden im Nordseebad Dangast geführte **Wattwanderungen**, sowohl kürzere als auch anspruchsvolle, angeboten. Auf einer Wattwanderung zum Leuchtturm Arngast in der Mitte der Bucht erfährt man viel Interessantes und Wissenswertes über das Wattenmeer. Die rund siebenstündige Tour durch das Watt ist für Kinder ab zehn Jahren geeignet *(www.dangast.de)*.

Entlang dem 1888 fertiggestellten Ems-Jade-Kanal, der Emden mit Wilhelmshaven verbindet, verläuft der **Ems-Jade-Weg** (75 km; Wegezeichen: weißer Anker auf schwarzem Grund). Der Wanderweg von der Ems zur Jade folgt weitestgehend der Wasserstraße. Urige Dörfer sowie historische Schleusen und Brücken säumen den Weg, auch auf dem etwa 25 km langen Abschnitt von **Emden**, der westlichsten Hafenstadt Deutschlands, nach **Aurich**, der heimlichen Hauptstadt Ostfrieslands. Die Rückreise nach Emden kann man mit dem Bus antreten.

Eine schöne Tagesfahrt auf dem **Ems-Jade-Kanal** von Aurich nach Emden kann man mit der MS »Stadt Aurich« antreten. Auf der insgesamt sechsstündigen Schiffsreise durchfährt man die weite Landschaft Ostfrieslands *(Abfahrt um 9.30 Uhr vom Auricher Hafen, Rückfahrt von Emden um 14.30 Uhr; www.aurich-tourismus.de)*.

Von Cuxhaven bis ins Weserbergland

Von Cuxhaven geht es durch die Wesermarsch nach Bremerhaven. Ein Abstecher führt nach Bad Bederkesa in die Moore der Geest. Über das Teufelsmoor und die Künstlerkolonie Worpswede erreicht man die Wesermetropole Bremen, und von hier geht es über die Reiterstadt Verden schließlich nach Nienburg.

Das Teufelsmoor ist eine Landschaft von mystisch-herber Schönheit.

1 An der Elbmündung liegt das Nordseebad **Cuxhaven**, ein beliebtes Ziel für Urlauber und Ausflügler. Duhnen und Döse weisen ausgedehnte Kuranlagen und weite Strände auf. Die Wald- und Heidegebiete in Sahlenburg und im Umland sind wie geschaffen für Reitausflüge und Wandertouren.

An der Alten Liebe in Cuxhaven bietet sich ein Panoramablick auf die vorbeiziehenden Elbschiffe. Von vergangenen Zeiten, als hier noch die großen Transatlantikschiffe ablegten, zeugt der im Jahr 1896 angelegte Amerikahafen. Nach einer kurzen Wanderung auf dem Döser Deich erreicht man die Kugelbake, das Wahrzeichen der Stadt, und steht an dem Punkt, an dem die Elbe in die Nordsee eintritt.

Ein unbedingtes Muss ist ein Ausflug zur kleinen Insel Neuwerk, die zum Nationalpark Hamburgisches Wattenmeer gehört. Für Familien eignen sich am besten eine kurze Schifffahrt oder bei Ebbe der Wattwagen, einer Pferdekutsche. Die rund 12 km zwischen Cuxhaven und Neuwerk kann man bei Ebbe auch zu Fuß bewältigen, entlang eines mit Reisigbündeln (Pricken) markierten Wattwanderweges. Am Besten sollte man das aber mit einer professionellen Führung tun, denn die Wanderung dauert wenigstens drei Stunden. Neuwerk ist ein Vogelparadies und lockt u. a. mit dem Nationalparkhaus sowie Erlebnispfaden, der Aussicht vom Leuchtturm und der Bernsteinsammlung in der Schule.

Von Cuxhaven geht es weiter durch die weiten Marschgebiete des Landes Wursten nach Süden. Die sehenswerten Wurster Kirchen, zumeist aus dem 13. Jh., sind in der Ebene kilometerweit zu erkennen. Sie wurden auf künstlichen Hügeln, den »Wurten«, errichtet. Diese schützten sie jahrhundertelang vor den schweren Fluten, die die Deiche immer wieder durchbrachen.

Lohnend ist ein Halt an den malerischen Kutterhäfen von Dorum und Wremen, von wo aus man auch wunderbare Deichspaziergänge oder bei Ebbe spannende Wattwanderungen unternehmen kann.

2 Die Seestadt **Bremerhaven**, die sich zu beiden Ufern der Geeste erstreckt, bevor sie in die Weser mündet, entstand im Jahr 1827, als Bremen das Gebiet von Hannover erwarb, um hier einen Hafen zu gründen. Die Stadt, die bis heute zu Bremen gehört, wird in ihrer ganzen Länge von weitläufigen Hafenanlagen beherrscht: Im Norden breitet sich der größte Containerterminal seiner Art in Europa aus. Den südlichen Teil bedeckt der Fischereihafen, an dem heute etwa die Hälfte aller deutschen Fischfänge angelandet wird. Mit ein wenig Glück kann man bei einer Auktion zusehen.

Im Zentrum der Stadt liegen der Alte Hafen, heute ein Museumshafen, und das Schifffahrtsmuseum, darüber erheben sich die Hochhäuser des in den 1970er-Jahren erbauten Columbus-Centers mit seiner Einkaufspassage. Unbedingt sollte man sich die Zeit für einen Spaziergang auf dem Weserdeich nehmen, denn hier reihen sich perlenkettenartig andere Sehenswürdigkeiten aneinander, wie etwa das Klimahaus 8° Ost, der Zoo am Meer oder die Aussichtsplattform Sail City bis hin zum Weserstrandbad.

Ein Abstecher führt von Bremerhaven in das Moorheilbad Bad Bederkesa. Mittelpunkt des beliebten Urlaubs- und Ausflugsortes ist die von einem Graben umgebene Burg aus dem 12. Jh., die heute ein Museum beherbergt.

Bad Bederkesa bietet zahlreiche Kureinrichtungen darunter auch die Moor-Therme. Bei schönem Wetter empfiehlt sich eine Tour mit einem Tret- oder einem Paddelboot auf dem Bederkesaer See, einem Paradies für Wassersportler. Außerdem gibt es einen Rundweg um den See. Ein weiterer Rundweg führt durch das Naturschutzgebiet Holzurburger Wald, das die Seeufer säumt. Nördlich von Bad Bederkesa lädt z. B. das Ahlenmoor zu einer Wanderung auf einem Lehrpfad ein.

3 Über Beverstedt und Hambergen erreicht man den Rand des **Teufelsmoors**, dessen Name auf das niederdeutsche Wort »duven« zurückgeht; dieses bedeutet so viel wie »taub« oder »unfruchtbar«. Die planmäßige Besiedlung der unwegsamen Wildnis dieses Hochmoores begann erst im 18. Jh. und dauerte Jahrzehnte. Auf dem Weg durch die weiten Ebenen lohnt es sich, langsam zu fahren, immer wieder auszusteigen, ein wenig zu wandern und das einzigartige Licht und die Ruhe zu genießen. Fischerhude am südlichen Rand lockt mit einem liebevoll eingerichteten Heimatmuseum. Das Teufelsmoor selbst ist ideal für einen Radurlaub erschlossen. Ein ausgedehntes, gut beschildertes Radwegenetz ermög-

Feuerrot: Das Feuerschiff »Elbe 1« im Hafen von Cuxhaven dient heute als Museumsschiff.

Im Alten Hafen von Bremerhaven liegt die »Seute Deern« vor Anker.

Wandern & Freizeit

Der **Nordseeküsten-Radweg** ist ein rund 6000 km langer Rundweg entlang der Küsten von sieben Nordsee-Anrainerstaaten (inkl. Schweden). Ein Teilabschnitt hiervon ist die etwa 54 km lange Strecke von Cuxhaven bis nach Bremerhaven.

Eine etwas längere Radrundtour (rund 35 km), die sich auch für Familien mit größeren Kindern eignet, führt über asphaltierte Radwege und Feldwege durchs **Wurster Land**. Die Tour startet in Wremen vom Parkplatz am Gästezentrum aus und geht in der ersten Etappe über das Museum für Wattfischerei, dem Kuriosen Muschelmuseum und dem Leuchtturm »Kleiner Preuße« etwa 10 km weiter ins Landesinnere nach Sievern zur Pipinsburg mit ihrem mächtigen Rundwall. Nur etwa 2 km weiter Richtung Norden lädt der Landgasthof zur Pipinsburg in Langen-Holßel zur Rast ein. Nun folgt eine Etappe mit leichten Steigungen nach Dorum (nach 10 km), wo beispielsweise das Deichmuseum oder das Meerwasserwellenfreibad zur Abwechslung einladen. Man kann aber auch ein Stück weiter zum Melkhus Hof Stürtz in Themeln 4 fahren, um dort zu pausieren. Weiter geht es in Richtung Küste durch eine reizvolle Marschlandschaft auf rund 8 km über Paddingbüttel nach Solthörn Grohden. Der letzte Abschnitt führt schließlich entlang des Deiches wieder nach Wremen zurück, wo man die Tour am Strand oder schwungvoll auf der über 100 m langen Großwasserrutsche ausklingen lassen kann.

Durch das **Teufelsmoor**: Eine besonders schöne Radstrecke führt rund um die Hammerwiesen von Worpswede entlang der Hamme bis in den Ort Teufelsmoor und zurück. Dabei geht es durch unberührt gebliebene oder jüngst renaturierte weite Sumpfgebiete.

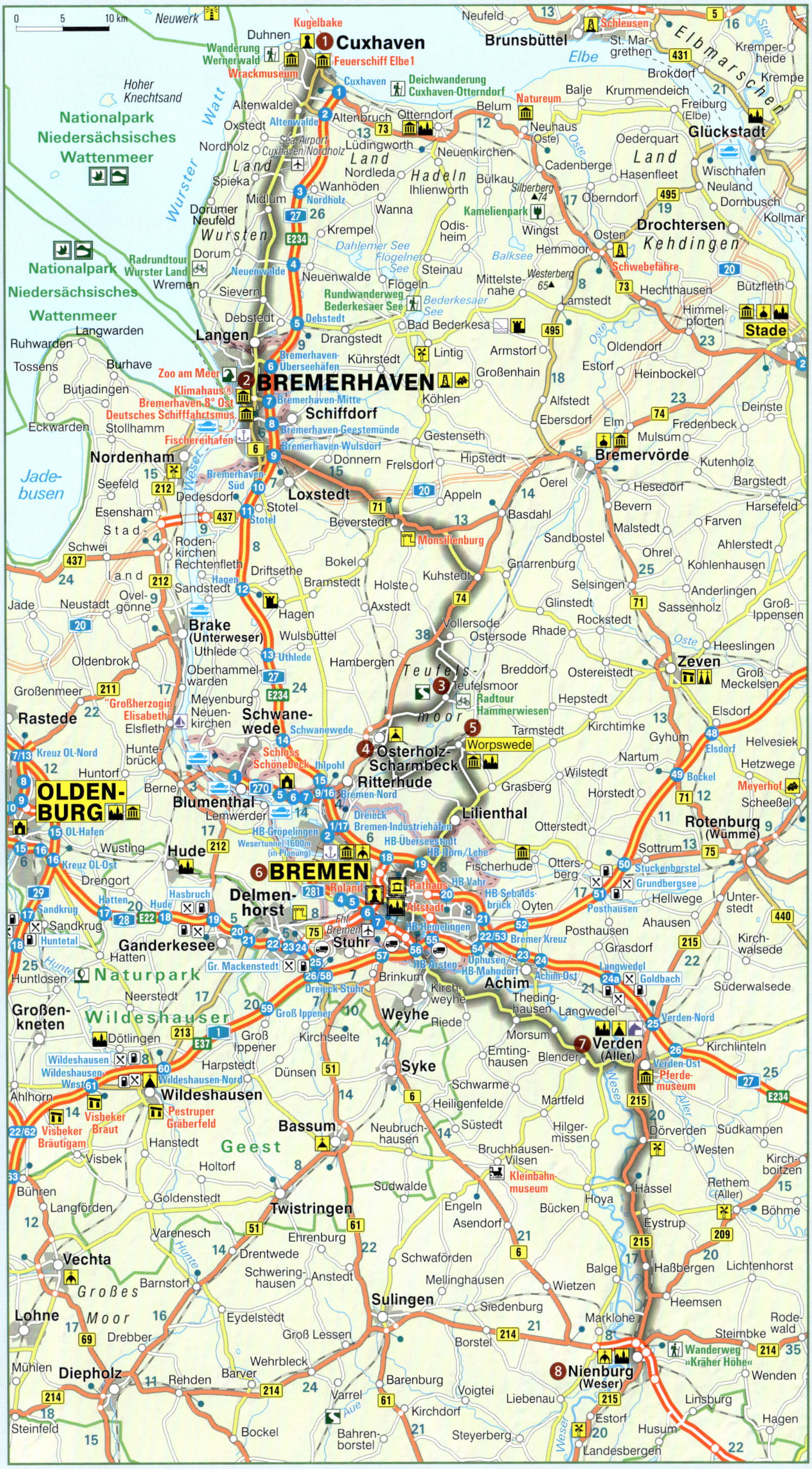

Das Haus im Schluh in Worpswede war das Wohnhaus der Ehefrau Heinrich Vogelers.

Die Mühle von Rönn ist eines der Wahrzeichen von Osterholz-Scharmbeck.

licht attraktive Radrouten sowohl für Gelegenheitsradler als auch für eingefleischte Radwanderer.

❹ **Osterholz-Scharmbeck** nennt sich stolz die »Gartenstadt des Teufelsmoors«. Von einer bedeutenden Gründung der Bremer Erzbischöfe, einem Benediktinerinnenkloster, der Keimzelle des Ortes, zeugt die St.-Marien-Kirche in Osterholz. Die romanische Basilika ist in ihrer mittelalterlichen Gestalt erhalten. In Scharmbeck verdienen die historischen Gebäude des Guts Sandbeck besonderes Interesse. Gleiches gilt für die Biologische Station Osterholz, die Wissenswertes rund um das Moor liefert und auch geführte Wanderungen durchs Teufelsmoor anbietet *(1–2 Std. ; www.biologische-station-osterholz.de)*. Beliebte Ausflugsziele für Groß und Klein sind der Tiergarten Ludwigslust und im Sommer der Ohlstedter Quellsee mit Badestrand.

❺ Im Jahr 1889 schlug die Geburtsstunde der berühmten Künstlerverei-

Wandern & Freizeit

Eine reizvolle Deichwanderung führt von **Cuxhaven-Groden** über **Altenbruch** nach Otterndorf; zurück geht es dann mit der Bahn. Die Strecke ist etwa 14 km lang und mit dem Symbol »Blaues Schiff« und Schildern markiert. Während der Wanderung hat man immer wieder den Großschifffahrtsweg und das Meer im Blick. Die Tour startet im Wolfenbütteler Weg in Groden an der B 83 hinter der Bahnschranke. Der Wegmarkierung folgend erreicht man nach etwa 15 Minuten den Deich, von dem bei guter Sicht auch das Ufer Schleswig-Holsteins zu sehen ist. Am Grodener Leuchtturm vorbei führt der Deichkronenweg über die Altenbrucher Schleuse zum Strandbad Altenbruch. An Wehldorf entlang erreicht man Müggendorf und die Otterndorfer Schleuse. Von dort braucht man rund 30 Minuten zum Bahnhof von Otterndorf. Und von dort geht es dann mit der Bahn wieder nach Cuxhaven zurück.

Durch die Heide: Von **Berensch** im Süden Cuxhavens unternimmt man eine Wanderung durch herbschöne Heide- und Geestlandschaft, an uralten Hügelgräbern und kleinen Naturoasen vorbei bis in die Ortschaft **Nordholz**. Im Nordholzer Forst hat eine bedeutene Graureiherkolonie ihre Brutplätze.

Wald mit Meerblick: Von **Sahlenburg** aus geht es durch den Wernerwald mit seinem abwechslungsreichen Baumbestand und der reichen Tierwelt, bis am seewärts gelegenen Waldrand das einzigartige Erlebnis des freien Blicks auf die Insel Neuwerk wartet.

Auf zwei geführten Rundwegen lassen sich der **Bederkesaer See** und der **Holzurburger Wald** erwandern. Der gut 4 km lange Waldweg beginnt direkt im Holzurburger Wald und führt über bewaldete Flächen hinunter zum Bederkesaer See. Mehrere Informationstafeln auf dem Weg liefern Wissenswertes zur Entstehung, Nutzung, Entwicklungsgeschichte sowie zur Tier- und Pflanzenwelt des Holzurburger Waldes. Der etwa 7 km lange Seerundweg beginnt am Hafen von **Bad Bederkesa** und führt entlang des Elbe-Weser-Schifffahrtsweges direkt zum See. Auf der Strecke laden zwei Aussichtstürme zum Blick auf den See und die umliegenden Flächen ein.

Der Weser-Radweg gehört zu den schönsten Radwanderstrecken in Deutschland. Er ist knapp 500 km lang und beginnt in Hannoversch Münden und führt durchs Weserbergland nach Norden über Bremen bis nach Bremerhaven. Der letzte Abschnitt von **Bremerhaven** bis hoch nach **Cuxhaven** verläuft auf der gleichen Strecke wie der Nordseeküsten-Radweg. Auf der mehrtägigen Tour fährt man überwiegend abseits der Hauptverkehrsstraßen, auf gut befahrbaren Wegen und fast ohne Steigungen. Dabei geht es durch eine vielfältige Landschaft, vorbei an Burgen und Schlössern ins flache Tiefland mit Geest und Marsch, Deichen, Häfen und Schifffahrtswegen.

Eine rund 8 km lange Rundtour mit dem Fahrrad, verläuft durch die Altstadt von **Bremen** und die Stadtteile Schnoor, Ostertor, Steintor sowie am Weserufer entlang. Die Tour ist mit Schildern mit dem Logo der Bremer Stadtmusikanten sowie dem Schriftzug »Bremer Stadtweg« markiert und beginnt beim Hauptbahnhof und endet auch dort. Dazwischen erlebt man eine Mixtur aus städtischem Grün, historischen Gebäuden und Straßenzügen, moderner Architektur, maritimem Flair, breitgefächerten kulturellen und vielfältigen Shopping-Angeboten.

Einen etwa 20 Kilometer langer Ausflug zu Pferde kann man auf dem ganzjährig bereitbaren **Verdener Reitwegenetz** machen. Der Parcour führt auf vornehmlich sandigen Wegen durch den Verdener Stadtwald sowie Feld und Flur und ist sowohl durch Beschilderung als auch durch weiße Banderolen an den Bäumen gekennzeichnet. An vier Streckenabschnitten im Stadtwald befinden sich insgesamt 45 Hindernisse (Natursprünge) mit unterschiedlichen Höhenmaßen von 60 cm bis 1,20 m. Am Brunnenweg, der Lindhooper Straße sowie Max-Planck-Straße stößt man auf Kreuzungsbereiche mit der Landstraße. Wegen des Wildschutzes darf allerdings nicht zur Dämmerungszeit geritten werden.

Etwas ungewöhnlich erscheint einem der Wanderweg auf der ehemaligen Zentraldeponie **Nienburg/Krähe**, die gut verpackt und von der Umwelt abgeschirmt heute als Erholungsgebiet »Kräher Höhe« genutzt wird. Auf dem rund 64 m hohen Berg befindet sich ein etwa 1 km langer Wanderweg mit einem guten Überblick auf die bewaldete Umgebung. Auf den Hängen des Berges grasen an der einen oder anderen Stelle Schafherden.

Der 10 m hohe Bremer Roland symbolisiert Gerichtsbarkeit und Stadtfreiheit.

Die Bronzeplastik der Bremer Stadtmusikanten ist ein Werk von Gerhard Marcks (1953).

nigung **Worpswede**, die dem bis dahin völlig abgeschiedenen kleinen Ort sein heutiges Gesicht als »Weltdorf der Kunst« geben sollte.

Ein Rundgang durch die Ortschaft, für den man sich genügend Zeit nehmen sollte, führt zu den architektonischen Zeugen der Kolonie, dem im Jugendstil gehaltenen Bahnhof Worpswede von Heinrich Vogeler oder den expressiven Bauten von Bernhard Hoetger, dem Café Worpswede und der »Großen Kunstschau«. Die Werke der Künstlervereinigung in den Ausstellungen lassen erahnen, welche Kraft und Inspiration die Kunstschaffenden aus der sie umgebenden Natur und dem einfachen Leben gewannen. Bis heute ist Worpswede die Wahlheimat vieler Künstler, die sich in den malerischen Fachwerkhäusern Ateliers, Werkstätten und Galerien eingerichtet haben und die Tradition der Gründer der Kolonie fortführen. Die Umgebung von Worpswede und die Nähe zum Teufelsmoor machen den Ort selbst zum guten Ausgangspunkt für Wanderungen und Radtouren.

6 Die Freie Hansestadt **Bremen**, im Mittelalter Sitz des mächtigen Erzbistums und einer der wichtigsten Handelsplätze der Hanse, zeigt sich heute als eine gemütliche Stadt mit weltoffenem Flair.

Vor dem Rathaus auf dem Markt steht der Bremer Roland, steinernes Sinnbild für die Freiheit der Stadt und gleichzeitig deren Wahrzeichen. Das gotische Rathaus wurde in den Jahren zwischen 1405 und 1410 errichtet und später mit einer prächtigen Renaissancefassade versehen. Von den Repräsentationsräumen zeugen der Obere Saal, an dessen Decke vier Modellschiffe hängen – das älteste von 1545 –, und die kostbaren Gemälde sowie Wandmalereien am eindrucksvollsten vom Stolz der Bremer Bürger.

Die bewegte Baugeschichte des Doms St. Petri, der Hauptkirche des Erzbistums Bremen, nahm ihren Anfang im 11. Jh. Bei einem Rundgang beeindrucken neben den gewaltigen Raummaßen die zahlreichen sakralen Kunstwerke. Ein Abstieg in den Bleikeller unter dem Dom rundet den Besuch ab. Der Schütting gegenüber war bis zum Jahr 1849 Sitz der Kaufmannschaft, deren viel zitierter Leitspruch »buten un binnen – wagen un winnen« (»draußen und drinnen – wagen und gewinnen«) noch über dem Portal zu lesen ist.

Durch einen kunstvoll gestalteten Durchgang tritt man in die Böttcherstraße. Hier wurden im Mittelalter Fässer gefertigt, in denen man die Güter auf Schiffe verlud. Der Kaffeekaufmann und Mäzen Ludwig Roselius begann 1924 mit dem Wiederaufbau der verfallenen Gasse und ließ ein bedeutendes Gesamtkunstwerk niederdeutscher Architektur schaffen: Das HAG-Haus, das Haus Roselius, das Haus des Glockenspiels und nicht zuletzt das Haus Atlantis sind Beispiele für die gelungene Verbindung norddeutschen Backsteins und expressiver Formen. Das Viertel um den Schnoor ist wiederum ein wie durch ein Wunder erhalten gebliebenes Stück Altstadt, das seinen besonderen Charme durch die engen Gassen und kleinen Plätze erhält, die von liebevoll restaurierten alten Häuschen aus dem 16.–19. Jh. gesäumt werden – und natürlich durch die zahlreichen kleinen Restaurants und Kneipen, die sich im Viertel niedergelassen haben.

Das Dielenhaus in Verden besticht durch seine reich geschmückte Fachwerkfassade.

Auch ein Bummel durch das Ostertor lohnt sich, und nicht zuletzt nennt Bremen zahlreiche bedeutende Museen sein Eigen. Bei schönem Wetter lockt außerdem der Bürgerpark, ein »englisch« angelegter Landschaftsgarten, der seit seiner Gründung im Jahr 1866 von den Bürgern der Stadt unterhalten wird.

Bremen und Umgebung laden auch zu Spaziergängen und Radtouren ein. Der Grüne Ring ist ein Radwegenetz mit etwa 800 Kilometern Streckenlänge, das diverse kurze und lange Touren ermöglicht.

7 **Verdens** lange Geschichte als Sitz eines Erzbistums zeigt sich in der eigentümlichen Gestalt des Doms St. Maria und Caecilia. Der kleine gedrungene Turm stammt aus dem 12. Jh. Im darauf folgenden Jahrhundert verschwanden die drei Schiffe unter dem gewaltigen Dach des Gotteshauses, dessen Inneres umso reicher gestaltet erscheint.

Heute ist Verden an der Aller ein Zentrum der Pferdezucht und des Reitsports. Der Stadtwald und die Umgebung laden zu Rad- und Wandertouren und natürlich auch zu Ausritten ein. Bei einem Bummel durch die Stadt, am barocken Rathaus vorbei, findet der Besucher ein Pferdemuseum und das Hippologische Institut, das in einem aufwendig gestalteten Fachwerkhaus untergebracht ist.

8 **Nienburg** ging aus einer Festung hervor, die jahrhundertelang einen der wichtigsten Weserübergänge bewachte. Die Altstadt ist geprägt von zahlreichen Fachwerkhäusern und Hofanlagen und vermittelt ein lebendiges Bild des Mittelalters. Zu den schönsten Höfen gehören der Fresenhof von 1263 und der Burgmannhof. Das Rathaus, das prächtigste Gebäude der Stadt, stammt aus dem 14. Jh. Die St.-Martins-Kirche, eine Hallenkirche im Stil der norddeutschen Backsteingotik, birgt zahlreiche Kunstschätze.

Die Altstadt und ein paar Waldgebiete sowie die ehemalige Altdeponie, heute ein Naherholungsgebiet, laden zum Wandern ein.

Von der Nordseeküste in die Elbmarschen

Ausgangspunkt dieser Zwei- bis Drei-Tages-Tour (ca. 220 km) entlang der Westküste Schleswig-Holsteins ist der kleine nordfriesische Ort Seebüll. Von hier geht es südwärts über die Storm-Stadt Husum und das Holländerstädtchen Friedrichstadt – verbunden mit einem Abstecher auf die Halbinsel Eiderstedt – bis vor die Tore Hamburgs, nach Glückstadt.

Am Marktplatz von Friedrichstadt erheben sich schöne Giebelhäuser aus dem 17. Jh.

❶ Kurz vor der dänischen Grenze, bei Neukirchen, liegt **Seebüll**. Hierhin zog sich der Expressionist Emil Nolde, der 1941 totales Berufsverbot erhielt, zurück. Sein ehemaliges Wohnhaus, das er nach eigenen Plänen bauen ließ, ist heute Museum. Neben Werken Noldes, dessen Thema auch die Landschaften der Nordseeküste waren, kann man seinen farbenprächtigen Garten betrachten.

Wenige Kilometer westlich von Seebüll liegt der Rickelsbüller Koog, direkt an der deutsch-dänischen Grenze und des Hindenburgdammes, auf dem Autozüge zwischen Sylt und dem Festland verkehren. In dem Naturschutzgebiet leben zahlreiche Küsten- und Watvögel, die man bei einem Spaziergang am Deich gut mit dem Fernglas beobachten kann. Ein ebenfalls guter Ort zur Vogelbeobachtung befindet sich im Hauke-Haien-Koog bei Schlüttsiel, auf dem Weg nach Bredtstedt. Der Verein Jordsand bietet geführte Touren durch das Vogelschutzgebiet an *(Tel. 04674/848, www.jordsand.eu).*

❷ Über **Niebüll** mit seiner malerischen Kirche gelangt man nach **Bredstedt**, dessen hübscher Marktplatz mit der Alten Apotheke aus dem 17. Jh. und zahlreichen kleinen Geschäften den Besucher zum Bummeln einlädt.

Sehenswert ist auch die spätgotische Backsteinkirche St. Nikolai aus dem 15. Jh. Taufbecken und Kanzel weisen kunstvolle Schnitzwerke auf.

Ihren Sitz in Bredstedt haben sowohl das Naturzentrum Nordfriesland, in dem man sich über die verschiedenen Landschaftsformen der Region informieren kann, als auch das Nordfriisk Institut, das sich der Pflege der friesischen Sprache und Kultur verschrieben hat.

Emil Noldes Wohn- und Ateliergebäude in Seebüll.

Das Schloss vor Husum wurde im 16. Jh. außerhalb der damaligen Stadtmauer errichtet.

Von Bredstedt aus bietet sich ein Ausflug zum Sönke-Nissen-Koog an, von dem aus man über den Damm zum Vogelschutzgebiet auf die Hamburger Hallig gelangt. Unmittelbar am Damm gibt es im Amsinck-Haus Informationen über die Region, Land und Leute und den Nationalpark Schleswig-Holsteinisches Wattenmeer. Außerdem werden hier auch Fahrräder ausgeliehen. Danach kann man also zu Fuß oder per Rad auf der knapp 4 km langen Strecke eine herrliche Aussicht auf das Meer sowie eine frische Meeresbrise genießen. Auf halber Strecke liegt der Schafberg, wo der Naturschutzwart des NABU zu einem Besuch einlädt. Auf der Hallig können in der Wattwerkstatt des NationalparkService Wattlebewesen, wie Krabben, Muscheln oder Schnecken, unter das Mikroskop genommen werden. Eine geführte Wanderung durch die Salzwiesen ist ebenfalls möglich. Abschließend lädt der gemütliche »Hallig-Krog« zu regionalen Spezialitäten ein.

❸ Die »graue Stadt am Meer« oder »Theodor-Storm-Stadt« – allerlei Beinamen hat man schon gefunden für **Husum**. Neben den verschiedenen Gedenkstätten, die an das Leben und Schaffen des Dichters erinnern, besitzt Husum einen schönen, von Bürgerhäusern gesäumten Marktplatz mit dem Tine-Brunnen und der Marienkirche sowie einen beschaulichen alten Binnenhafen.

So manches über Land und Leute erfährt man in den Museen: Das Ostenfelder Bauernhaus, das Schifffahrtsmuseum und das Nordfriesische Museum »Nissenhaus« sowie das Pole Poppenspäler Museum sind nicht nur an weniger sonnigen Tagen zu empfehlen.

Der Park, der das Schloss aus dem 16. Jh. umgibt, ist besonders im Frühling zur Zeit der Krokusblüte wert, wenn sich ein leuchtender Teppich in Lila ausbreitet, einen Besuch.

Auf der Weiterfahrt nach Friedrichstadt sollte man einen kleinen Umweg über Witzwort machen und den Roten Haubarg – ein prächtiges altes Gehöft mit lohnenswerter Ausstellung und Restaurant – besichtigen. Für diejenigen, die ein oder zwei Tage länger in Husum verweilen, bietet sich eine Radtour zum Roten Haubarg an, denn die einfache Strecke ist knapp 10 km lang und führt durch eine reizvolle Umgebung.

❹ Am Zusammenfluss von Treene und Eider liegt das schmucke Holländerstädtchen **Friedrichstadt**. Im 17. Jh. von Herzog Friedrich III. von Schleswig-Gottorf gegründet erhielt es sein geschlossenes Stadtbild von niederländischen Glaubensflüchtlingen: Die vielen Grachten, auf denen man romantische Bootsfahrten unternehmen kann, und die engen, von Giebelhäusern gesäumten Gassen erwecken den Eindruck eines »Klein-Amsterdam«. Hier sollte man eine gemächliche Paddeltour durch die Grachten unternehmen. Wer es etwas bequemer möchte, dem sei die romantische Fahrt auf einem Schiff empfohlen. Informationen über Bootsverleih und Grachtenfahrt hält der Tourismusverein der Stadt bereit *(Am Markt 9, Tel. 04881/939 30, www.friedrichstadt.de).*

Zu den Sehenswürdigkeiten von Friedrichstadt zählen das Doppelgiebelhaus, die Alte Münze, die Markt-

Wandern & Freizeit

In Schleswig-Holstein verläuft ein Abschnitt des **Nordseeküsten-Radweg** auf einer Länge von 300 km am Meer entlang, durch die Orte **Klanxbüll**, Niebüll, Dagebüll, Husum, St. Peter-Ording, Büsum und Meldorf bis nach Brunsbüttel. Von dort geht es an der Elbe weiter durch Marschlandschaften bis nach Wedel und **Hamburg**. Man fährt fast ausschließlich auf asphaltierten Wegen entlang der Deiche, auf Radwegen, Nebenstraßen und verkehrsarmen Landstraßen. Will man diese mehrtägige Tour in Angriff nehmen, dann sollte man viel Zeit mitbringen, denn es erwarten die Schönheiten des Nationalparks Schleswig-Holsteinisches Wattenmeer. Unterkünfte findet man unter *www.bettundbike.de*

Im **Barfußpark** in **Südfrersbüll** bei Neukirchen kann man durch eine Anlage mit Blumen, Kräutern und Pflanzen barfuß wandern. Der Park auf dem Gelände eines Bauernhofes eignet sich auch für Familien mit Kindern, denn der Parcours führt immer wieder an Tiergehegen entlang, wo man Kaninchen und Meerschweinchen streicheln und Küken, exotische Vögel, Schildkröten, Hühnerrassen, Gänse, Schafe, Schwäne und Pferde entdecken kann. Die Terrasse lädt zu einem Picknick ein *(www.bauernhof-barfussgarten.de)*.

Auf der 19 km langen **Hauke-Haien-Route** rund um den Koog bekommt man radelnd Einblicke in das Leben am Rande der Nordsee. Die Tour startet am Infoturm »Watt'n Blick« in Schlüttsiel, in dessen Obergeschoss sich ein Informationszentrum befindet und führt zunächst landeinwärts. Die Radtour geht am Bongsleier Kanal entlang durch die Köge, zum Gasthaus Bongslei (berühmt für seine Räucheraale) und weiter zum Schöpfwerk mit seinen starken Pumpen. Vorbei an Äckern und Wiesen kommt man dann nach Ockholm, das vor der Eindeichung eine Hallig war. Zur Richtung Küste zur Schwarzen Wehe, einem Relikt vergangener Sturmfluten, und vorbei an den Speicherbecken. Am Deich und an der Küste entlang geht es dann wieder zum Ausgangspunkt zurück.

Wahrzeichen der Halbinsel Eiderstedt ist der 1906 etwa 1 km vor dem Seedeich auf einer Warft errichtete Leuchtturm Westerheversand.

pumpe und das Paludanus-Haus sowie mehrere Kirchen verschiedener Konfessionen: Die evangelisch-lutherische Kirche, der Mennoniten-Betsaal, die Remonstranten-Kirche und die katholische Kirche sind Zeugen der Glaubensfreiheit an der Eider.

Von Friedrichstadt aus bietet sich ein Besuch von Schwabstedt an. Seine reizvolle Lage an der Treene lädt zu Bootstouren und zum Angeln ein.

5 **Tönning** an der Eidermündung war einst ein wichtiger Umschlagplatz, an dessen frühere Bedeutung noch das gut 200 Jahre alte Packhaus am Hafen mit einer sehenswerten Ausstellung erinnert.

Beim Bummel über den Marktplatz mit seinen malerischen Bürgerhäusern und der das Stadtbild dominierenden romanischen St.-Laurentius-Kirche wird das Geschichtsbild des Besuchers ergänzt.

Familien sollten unbedingt auch das Multimar Wattforum besuchen, das mit seiner Erlebnisausstellung zu Walen und dem Nationalpark Wattenmeer sowie mit zahlreichen Aquarien interessante Einblicke und Eindrücke vermittelt. Verschiedene Aktionsstationen, interaktive Computeranimationen und vieles mehr ergänzen das Ganze. Im angeschlossenen Restaurant kann man dann kleine oder große Gerichte zu sich nehmen.

Auf der Weiterfahrt in Richtung St. Peter-Ording liegen die Ortschaften Tetenbüll, Katharinenheerd, Garding und Tating, die ihrer schönen alten Backsteinkirchen wegen auf alle Fälle einen Kurzbesuch wert sind.

6 Im Südwesten der Halbinsel Eiderstedt liegt **St. Peter-Ording**. Der Kurort verspricht nicht nur Heilung für Erkrankungen der Haut und der Atemwege, sondern auch Erholung und Freizeitspaß für Urlauber: Endlos lange Sandstrände, Pfahlbauten-Restaurants, die bei Flut wie Inseln aus dem Wasser ragen, würzig-salzige Luft, Wind, Wellen und Sonne lassen keine Wünsche offen. Besonders schön ist der Ortsteil St. Peter, dessen Kirche noch aus dem 13. Jh. stammt.

7 Beim Verlassen der Halbinsel **Eiderstedt** sollte man unbedingt einen Zwischenstopp beim Eidersperrwerk einlegen. Dieses Bollwerk gegen die Sturmfluten der Nordsee, eine Meisterleistung der Ingenieurskunst, wurde 1973 fertiggestellt. Auf beiden Seiten des Staudammes wurde durch Aufschüttungen Land gewonnen. Auf der inneren Seite befindet sich das Katinger Watt, ein Naturschutzgebiet, das man gut auf Reit-, Rad- und Wanderwegen erkunden kann.

Über Wesselburen gelangt man in die Krabbenfischerstadt Büsum, die einst eine Insel war und im 16. Jh. durch einen Damm zum Festland kam. Die »Büsumer Meereswelten« beherbergen ein interessantes Aquarium mit über 30 Schaubecken, in denen sowohl heimische als auch tropische Meeresbewohner und Lebewesen des Süßwassers gezeigt werden. In der Sturmflutenwelt »Blanker Hans« erwartet den Besucher eine Mischung aus Schauspiel, Fahrattraktion und interaktiver Ausstellung. Im Hafen von Büsum liegen zahlreiche Krabbenkutter. Ein besonderes Ausflugserlebnis für Familien mit Kindern verspricht eine Wattwanderung mit Krabbenfischen wie anno dazumal *(Tel. 04834/3605, www.buesum-fuehrungen.de)*.

Fischerei- und Sportboothafen in Tönning.

8 **Heide** nennt mit einer Fläche von 4,68 ha stolz den größten Marktplatz Deutschlands sein Eigen. Früher tagte dort die Landesversammlung, heute preisen Marktleute ihre Waren an. Am Marktplatz befinden sich die sehenswerte Kirche St. Jürgen und eine Reihe schöner Bürgerhäuser, die aus dem 19. Jh. stammen.

Die Kreisstadt Dithmarschens besitzt mehrere interessante Museen, unter anderem das Heider Heimatmuseum und das Brahmshaus.

9 St. Johannis zu **Meldorf** wird gern als »Dom der Dithmarscher« bezeichnet – eine reich ausgestattete, frühgotische Steinbasilika aus dem 13. Jh. An die wirtschaftliche und kulturelle Vergangenheit der einstigen Hauptstadt der Bauernrepublik Dithmarschen erinnert das Landesmuseum. Interessant ist auch das Landwirtschaftsmuseum, das über die Entwicklung des bäuerlichen Lebens dieser Region informiert.

Auf dem Weg zwischen Meldorf und Brunsbüttel liegt im Westen Friedrichskoog, in dessen Hafen zahlreiche bunte Fischkutter ankern. Die Tierfütterungen in der Seehund-Aufzuchtstation, in der von ihren Müttern verlassene Heuler lebenstüchtig gemacht werden, sind ein interessantes Erlebnis für Jung und Alt.

Auf der Weiterfahrt lohnt eine Besichtigung der Schleusenanlagen von Brunsbüttel. Hier mündet der Nord-Ostsee-Kanal in die Elbe.

10 **Glückstadt** wurde im 17. Jh. vom Dänenkönig Christian IV. gegründet. Die Anlagen der früheren Festungsstadt sind noch zu besichtigen.

Die Stadt beeindruckt mit dem Renaissance-Rathaus am Markt und schmucken Adels-, Bürger- und Beamtenhäusern. Auch ein Besuch des Detlefsen-Museums, wo Wissenswertes zur Geschichte des Walfangs zu erfahren ist, lohnt sich.

Der Strand von St. Peter-Ording mit seinen Pfahlbauten und den für die nordfriesische Küste typischen Strandkörben.

Wandern & Freizeit

Von **Husum** aus in Richtung Simonsberg radelt man bis zur Halbmondwehle. Dort geht es links ab und auf beschilderten Wegen am Westerdeich entlang nach Friedrichstadt. Der Rückweg über Koldenbüttel und durch die Südermarsch ist mindestens ebenso schön.

Die Nase im Wind: Vom **Husumer Dockkoog** aus immer am Deich entlang kann man bis in den kleinen Luftkurort Schobüll marschieren. Auf dem Katastrophenweg auf der anderen Seite des Deiches geht es wieder nach Husum zurück.

Der **Kulturpfad von Husum** führt über mehrere Kilometer quer durch die Stadt und hat historische Gebäude, Theodor-Storm-Stätten, Wohnhäuser weiterer wichtiger Söhne der Stadt sowie große Museen als Etappen. Die Route beginnt am Alten Rathaus am Marktplatz, das bis vor Kurzem die Tourist Information beherbergte *(neue Adresse: Norderstraße 15)*. Rund um den Marktplatz reihen sich weitere Sehenswürdigkeiten, wie etwa die Marienkirche, Husums Wahrzeichen, die »Tine« und das Geburtshaus Theodor Storms. Wer Husum auf den Spuren Storms erkundet, sollte außerdem die Süderstraße nicht auslassen: Im heutigen Hotel »Altes Gymnasium« *(Süderstraße 6)* ging der Dichter zur Schule, im Haus Nr. 12 lebte er mit seiner ersten Frau Constanze und den Schützenhof *(Süderstraße 42)* beschreibt er in der Novelle »Pole Poppenspäler«. Das Theodor-Storm-Zentrum mit Archiv und Museum wurde in Storms letztem Husumer Wohnhaus in der Wasserreihe 33 eingerichtet. Weitere Museen sind das Schiffahrtsmuseum Nordfriesland sowie das Nordsee-Museum Husum im Nissenhaus, wo der Pfad endet.

Ein besonderes Erlebnis für Familien mit Kindern ist der Besuch des **Pole Poppenspäler Museums** in Husum. In den Räumen des ehrenamtlich geführten Museums gibt es Puppen, Requisiten und Bühnenbilder zu bestaunen. Gezeigt werden nicht nur Kasper und Seppl sondern auch Figuren des chinesischen Schattentheaters, aus Indonesien, der Türkei, Tschechien, Sizilien und vielen anderen Winkeln der Welt. Das Museum versteht sich auch als Erlebnisraum: So stehen Handpuppen, Marionetten- und Papiertheater zum Selbstspielen bereit und laden zu spontanem Puppenspiel im kleinen Theater ein. Ferner bietet ein Korb mit Kinderbüchern und Handpuppen die Möglichkeit, Gelesenes zu spielen. Schließlich runden regelmäßig stattfindende Märchenstunden das vielfältige Angebot ab. Unweit lädt das nette Schlosscafé, direkt im Nordflügel des Schlosses vor Husum, zur Stärkung ein.

Mit dem Rad auf dem **Wikinger-Friesen-Weg**, der vom Eidersperrwerk bis nach Holm in der Schlei-Mündung verläuft, fährt man auf asphaltieren Radwegen durch eine malerische Landschaft von Friedrichstadt nach Schwabstedt (um 8 km). Dort kann man am Bootssteg in Mietkanus einsteigen und paddelt auf der Treene wieder zurück nach Friedrichstadt, wo die etwa 9 km lange Tour mit einer Fahrt durch die sehenswerten Grachten ihren Abschluss findet. Auf der Treene und in den Grachten muss man gelegentlich mit Motorbootsverkehr rechnen.

Acht beschilderte Radwanderwege von 2–30 km Länge erschließen den **»Kirchenrundweg«**, auf dem Pedalritter sich an den 18 wunderschönen Kirchen der Halbinsel Eiderstedt orientieren können. Eine ebenso wundervolle Tour verläuft von St. Peter-Ording bis zum Leuchtturm von Westerhever (hin und zurück: 34 km). Die Tour beginnt am »Ording-Hus« in St. Peter-Ording, und führt am Deich entlang auf dem Radwanderweg Nr. 8 in nördlicher Richtung. Die Fahrt geht am Deich weiter über Brösumsiel, Tümlauer Hafen bis Leikenhusen. Schließlich erreicht man den wohl bekanntesten Leuchtturm Deutschlands, den Westerheversand, den man auch besichtigen kann. Danach fährt man den selben Weg wieder zurück nach St. Peter-Ording.

Auf der Weiterfahrt von Friedrichskoog nach Brunsbüttel kommt man durch **Marne**. Hier kann man von Mai bis Oktober einen kleinen Abstecher mit der Fahrrad-Draisine nach **St. Michaelisdonn** machen. Das Schienenfahrzeug wird wie ein Fahrrad von zwei der vier Gäste (pro Draisine) über Pedale bedient. Wer Glück hat, kann bei günstigem Wind aber auch das Segel setzen. Die Strecke der »Marschbahn« führt durch eine typisch küstennahe norddeutsche Landschaft mit Marschweiden und Windkraftanlagen und ist 9 km lang *(www.marschenbahn-draisine.de)*.

Von der **Friedrichskoog-Spitze** am Hauptstrand werden in den Sommermonaten verschiedene Wattwanderungen angeboten (1–2 sowie mehrere Stunden). Die professionell geführten Wanderungen richten sich an verschiedene Zielgruppen, z. B. Kinder (1 Std.), Watt-Interessierte (2 Std.) und Sportliche (4 Std.). Näheres unter *www.watterleben.de*

Nordic Walking in **Brunsbüttel** wird auf zwei Routen angeboten: die eine (Route 10) ist knapp 17 km lang, die andere (Route 11) etwa 7 km. Start- und Zielpunkt ist jeweils das Freizeitbad LUV im Zentrum von Brunsbüttel. Danach führen die Routen entlang der Braake, dem Nord-Ostsee-Kanal, der Kanalschleusen sowie dem Elbdeich.

Entlang der Ostseeküste bis ins Herzogtum Lauenburg

Diese Tour beginnt in Flensburg und führt entlang den Buchten der Ostseeküste in die Metropolen Schleswig und Kiel. Durch die Holsteinische Schweiz geht es in die Lübecker Bucht und anschließend auf die Insel Fehmarn. Hinter Ratzeburg endet die Tour in der Eulenspiegel-Stadt Mölln.

❶ **Flensburg** besticht den Besucher durch seine Altstadt. Prächtige Kaufmannshöfe aus dem 16. und 18. Jh. reihen sich in der Norderstraße aneinander. Sie stehen alle auf der zum Hafen gelegenen Seite, weshalb man diese Straßenseite auch Groschenseite nannte. Die gegenüberliegende Seite nannte man Fünf-Pfennig-Seite, denn dort wohnten Handwerker in bescheideneren Häusern. Sehenswert sind auch die kleinen Häuschen, die im Oluf-Samsons-Gang Spalier stehen. Er war einst eine Wohngasse von Handwerkern und Seeleuten, die später zur Rotlichtmeile avancierte. Von dem Reichtum, den die Flensburger durch den Ostseehandel, aber auch durch den bis heute wichtigen Handel mit Rum erlangten, zeugen die Kirchen St. Marien und St. Nikolai mit ihrem prächtigen Rokokoaltar.
Bei einem Spaziergang am Museumshafen kann man historische Segelschiffe bestaunen und einige von ihnen auch besichtigen. Manche der Schiffe nehmen alljährlich Ende Mai an der Rumregatta teil. Am Hafen ist auch das Schifffahrtsmuseum im ehemaligen Zollhaus untergebracht.

❷ Inmitten mächtiger Bäume erstreckt sich ein stiller See, auf dem das weiß leuchtende Wasserschloss **Glücksburg** regelrecht zu schweben scheint. In der Ende des 16. Jh. errichteten Residenz der Herzöge von Glücksburg wohnten bis in unser Jahrhundert hinein Mitglieder des europäischen Hochadels – entsprechend glanzvoll zeigt sich das Schlossinnere. Nicht entgehen lassen sollte man sich einen Spaziergang durch das Rosarium im Schlossgarten. Auf gut einem Hektar Fläche blühen dort in der warmen Jahreszeit über 500 verschiedene Rosenarten. Ebenso lädt die heimelige Residenzstadt zu einem Bummel ein.

❸ Durch die weiten Landschaften Angelns, an Dörfern und Gehöften vorbei, gelangt man nach **Kappeln**. Der historische Heringszaun am Schleiufer ist das letzte Relikt einer jahrhundertealten Fangmethode.
Über der Schleienge erhebt sich der Ort, den eine imposante Kirche überragt. Der Backsteinbau erweist sich innen als eine der gelungensten Schöpfungen des Spätbarock.
Maasholm an der Mündung der Schlei ist ein Fischerort, der sich im Sommer in einen beliebten Treffpunkt der Ostseesegler verwandelt. Zahlreiche Buden und Kneipen bieten frisch geräucherten Fisch an.

Flensburger Hafen und Marienkirche.

Auf der Weiterfahrt durch die Hügellandschaft von Schwansen sollte man die Straße der Herrenhäuser über Damp und Waabs nach Eckernförde nutzen. Einer kleiner Badestopp lässt sich gut am Sandstrand des Ostseebades Damp einrichten. Bei schlechtem Wetter kann man auch ins Aqua Tropicana ausweichen.

❹ Das Herz der Stadt **Eckernförde** ist noch immer der Hafen, in dem Fischkutter festmachen. Gleich dahinter findet sich die Altstadt mit ihren Giebelhäusern und prächtigen Bürgerbauten. St. Nikolai birgt bedeutende Werke barocker Holzschnitzkunst. Anziehungspunkt für die meisten Besucher ist der vier Kilometer lange Strand, der fast bis ans Ende der Eckernförder Bucht reicht.
Die Aalregatta zu Pfingsten, die Sprottentage Mitte Juli sowie die Piratentage im August locken mit Musik und buntem Treiben im Hafen viele Besucher an. Gleiches gilt für den Hochseilgarten Altenhof und das Ostsee Info-Center mit seinen

Schloss Glücksburg am Südufer der Flensburger Förde ist Deutschlands größtes Wasserschloss.

Wandern & Freizeit

Der rund 500 Kilometer lange **Ochsenweg** führt von dänischen Viborg in Jütland über Flensburg bis zum Elbufer bei Wedel und verspricht eine interessante, mehrtägige Radtour. Man fährt auf ausgeschilderten Radwanderwegen durch weite Heidelandschaften und urtümliche Wälder. Zum Sightseeing laden Städte wie etwa das historische Handelszentrum Flensburg, die ehemalige Residenzstadt Schleswig, die alte Festungsstadt Rendsburg oder der alte Fähr- und Marktort Wedel ein. Der Ochsenweg war einst eine wichtige Nord-Süd-Fernverbindung für den Viehhandel. In Dänemark ist der Weg unter dem Namen »Hærvejen« (Heerweg) bekannt, denn der Weg war auch Marschroute für Kriegszüge.

Es gibt verschiedene Möglichkeiten, **Flensburg** auf Schusters Rappen zu erkunden. Die schönsten Seiten der Stadt kann man auf zwei Rundwegen (StadtRundUm) entdecken. Sie führen durch malerische Gassen, vorbei an faszinierenden Altbaufassaden, über steile Treppen zu herrlichen Aussichtspunkten und verbinden Parks, begrünte Höfe und Gärten. Auf den Wegen informieren Auskunftstafeln über Umweltthemen sowie Geschichte, Entstehung und diverse Besonderheiten Flensburgs. Beide Rundwege beginnen und enden an der Spitze im Südteil des Hafens. Der Rundweg West ist 3,5 km lang, und der Rundweg Ost 4 km.

Glücksburg: Durch den Staatsforst Flensburg-Friedeholz führt ein archäologischer Rundwanderweg zu zehn frühgeschichtlichen Monumenten. Der rund 5 km lange Dolmenpfad ist markiert und Infotafeln geben Auskunft über die Relikte aus der jüngeren Stein- u. Bronzezeit. Der Wanderweg beginnt und endet am Parkplatz »Schauenthal« (Holnisstr.) oder am Parkplatz »Friedeholz« (Paulinenallee). Gleich in der Nähe sind das Wildgehege mit Wildschweinen und die Spielplätze Anziehungspunkte für Kinder.

D A N M A R K
Kieler Bucht
Langeland
Ærø
Flensburg
Schleswig
Kappeln
Eckernförde
KIEL
Plön
Eutin
Neustadt in Holstein
Travemünde
LÜBECK
Ratzeburg
Wasserschloss
Nordertor
Ochsenweg
Bismarckturm
Küstenwanderweg
Schleimünde
Aqua Tropicana
Schloss Gottorf
Haithabu
Nikolaikirche
Olympiahafen
Marine-Ehrenmal
Kieler Woche
Hansapark
Karl-May-Festspiele
Kong Humbles Grav
Keldsnor
Naturpark Schlei
Naturpark Hüttener Berge
Naturpark Westensee
Naturpark Aukrug
Holsteinische Schweiz
Naturpark Lauenburgische Seen
Rendsburg
Neumünster
Itzehoe
Bad Bramstedt
Bad Segeberg
Bad Oldesloe
Kaltenkirchen
Henstedt-Ulzburg
Norderstedt
Ahrensburg
HAMBURG
Pinneberg
Elmshorn
Glückstadt
Stade
Mölln
Eulenspiegel-museum
Oldenburg in Holstein
Hohwachter Bucht
Scharbeutz
Timmendorfer Strand
Bad Schwartau
Malente
Preetz
0 5 10 km

Egal, von welcher Stelle aus man sich Lübeck nähert und die Stadt betrachtet, immer fallen die Türme ins Blickfeld, deshalb wird Lübeck auch »Stadt der Türme« genannt.

Meeres-Aquarien und dem großen Fühlbecken, wo kleine Besucher Plattfische, Strandkrabben und Seesterne berühren dürfen.

❺ **Schleswig**, die Residenz derer von Gottorp, kann auf eine wechselvolle Geschichte zurückblicken. Bei einem Bummel durch die Altstadt, über die Marktplätze und an restaurierten Häusern vorbei, gelangt man zum gotischen Dom St. Petri. In den einstigen Residenzgebäuden auf dem Friedrichsberg befinden sich die Landesmuseen. Zu den Attraktionen zählen u. a. die Moorleichen aus dem Windebyer Moor bei Eckernförde, das Nydam-Wikingerschiff (um 320 n. Chr.), dem ältesten bekannten hochseetüchtigen Schiff Nordeuropas, sowie eines der 49 Exemplare der Gutenberg-Bibel von 1452/54.
Südlich der Stadt, am Haddebyer Noor, lag früher einmal **Haithabu**, der legendäre Wikingerhafen. Dessen noch sichtbare Befestigungsanlagen und das Museum sollte man sich nicht entgehen lassen. Die Befestigungsanlagen, Runensteine sowie einige rekonstruierte Gebäude können bei einer Führung besichtigt werden. Von dem Befestigungswall führt ein Wanderweg zum Museum.
In der alten Stadt **Rendsburg**, deren hübsche Altstadt auf einer Insel in der Eider liegt, trifft man dann auf den Nord-Ostsee-Kanal, dem man in östlicher Richtung folgt.

❻ Die Landeshauptstadt **Kiel** ist eine Werft- und Hafenstadt, in der ein lebendiges Kulturangebot mit schönen Museen entstanden ist. Im Norden der Innenstadt kann man dem Treiben auf dem Nord-Ostsee-Kanal zusehen, der hier in die Förde mündet. In Kiel-Schilksee liegt der Olympiahafen, in dem 1972 die Segelwettbewerbe stattfanden. Das Freilichtmuseum Kiel-Molfsee lässt das Landleben in Schleswig-Holstein wieder lebendig werden. Dort wurden Bauernhäuser, Scheunen, Mühlen und Handwerksstätten aufgestellt, die zuvor anderswo im Lande standen. Man kann selbstgebackenes Brot sowie selbstgemachten Schinken und Käse genießen und weitere Produkte kaufen, wie etwa Honig und Geschmiedetes oder Töpfer- und Korbwaren. Bei Kindern steht der alte Jahrmarkt mit Karussell und Schiffschaukel hoch im Kurs.
Und dann lockt der Ausflugs- und Badeort **Laboe** am Ostufer der Förde mit Hafenbetrieb und Stränden.

Plöns weithin sichtbares Wahrzeichen ist das Schloss – heute eine private Bildungsstätte.

Das Ostseeheilbad Travemünde wird gerne als »Lübecks schönste Tochter« bezeichnet.

❼ **Plön** am Großen Plöner See liegt im Herzen der Holsteinischen Schweiz. Bei einem Bummel durch die Kleinstadt trifft man auf einige imposante Gebäude, die aus der Zeit stammen, als Plön noch Residenzstadt war. Deren eindrucksvollstes Zeugnis thront über den Ufern des Sees auf dem Burgberg: Das im 17. Jh. erbaute Schloss diente als kaiserliche Residenz und preußische Kadettenanstalt und bis 2001 als Internat. Heute ist es in Privatbesitz der Fielmann Akademie und dient als Bildungsstätte. Besichtigungen sind nach Voranmeldung möglich (*www.fielmann-akademie.com*).

❽ Auch **Eutin** kann auf eine Vergangenheit als Residenz zurückblicken: Im historischen Zentrum finden sich viele künstlerische und kulturelle Zeugnisse, die den vergangenen Glanz im »Weimar des Nordens« erahnen lassen. Ganze Straßenzüge sind von der klassizistischen Bebauung aus der Blütezeit Eutins geprägt. Der von Cafés und Kneipen gesäumte Marktplatz ist noch immer das Zentrum des städtischen Lebens. Nach einer Besichtigung des Eutiner Schlosses empfiehlt sich ein Spaziergang durch den Park.
Auf der Weiterfahrt bietet sich für Familien ein Abstecher in den Hansapark an der Neustädter Bucht an. Von dort fährt man entlang der Küste, mit malerische Badeorten und Stränden, über Sierksdorf, Haffkrug, Scharbeutz und Timmendorfer Strand bis nach Travemünde.

❾ **Travemündes** markantestes Bauwerk strahlt jede Nacht weit in die Lübecker Bucht hinein: Auf einem Hotelturm in 118 m Höhe blinkt ein Leuchtfeuer. Das Seebad bietet Sandstrände, Promenaden, Kuranlagen, Spielkasino, feudale Hotels und Restaurants. An der Strandpromenade oder entlang der Promenade an der Trave kann man kilometerweit spazieren oder radfahren. Wer es ruhiger mag, macht einen Abstecher mit der Fähre zum Priwall, der auf der anderen Uferseite der Trave liegt. Ein größerer Ausflug führt auf die Insel **Fehmarn**, die seit 1963 durch eine Brücke mit dem Festland verbunden ist. Endlose Strände und weite Landschaften machen den Reiz dieser Insel aus, die geschäftige Seebäder wie Burg oder kleine Fischerorte wie Lemkenhafen zu bieten hat.

❿ Die **Freie und Hansestadt Lübeck**, die »Königin der Hanse«, gehört mit ihrer von Wasser umschlossenen Altstadt zum Welterbe der UNESCO.

Glanzstück im Inneren des Sankt-Petri-Doms in Schleswig ist der Bodesholmer Altar von Hans Brüggemann mit seiner Figurenpracht.

Wie durch ein Wunder sind die historischen Bauten, deren Backsteingotik für den gesamten Ostseeraum stilbildend war, erhalten geblieben. Ebenso schön wie kunstgeschichtlich lehrreich ist ein Spaziergang durchs berühmte Holstentor in die Altstadt mit ihren prächtigen Patrizierhäusern und dem riesigen Rathaus. Stiftungsbauten wie das Heilig-Geist-Hospital und einige mächtige Gotteshäuser, etwa die Marienkirche oder der Dom zeugen vom Reichtum der hansischen Kaufleute, die jahrhundertelang den Handel zwischen Nord- und Ostsee kontrollierten.

Ebenfalls in der Altstadt befinden sich das Gängeviertel, das Buddenbrookhaus, mit dem Heinrich- und Thomas Mann-Zentrum, das Günter-Grass-Haus sowie das Café Niederegger, wo man auch das weltberühmte Marzipan bekommt.

11 **Ratzeburg** im Herzogtum Lauenburg liegt auf einer Insel, die durch Dämme mit dem Festland verbunden ist, und besticht durch den historischen Stadtkern. Besonders schön ist der Dombezirk mit der Bischofskirche, einem Meisterwerk der Spätromanik, und dem Domkloster.

Ernst Barlach, der einen Teil seiner Jugend in der Stadt verbrachte, ist ein sehenswertes Museum gewidmet. Und im A.-Paul-Weber-Museum erhält man einen Überblick über die Werke des Karikaturisten.

12 **Mölln** ist durch Salz wohlhabend geworden, denn hier verlief im 10. Jh. die alte Salzstraße von Lüneburg nach Lübeck. Lübischem Einfluss verdanken die Möllner auch ihr prächtiges Rathaus. Beim Bummel durch die mit liebevoll restaurierten Fachwerkhäusern gesäumten Straßen sollte man einen Blick in die spätromanische St.-Nicolai-Kirche werfen. Außen am Westportal befindet sich ein Gedenkstein für einen Mann, der im 14. Jh. in Mölln starb und dem die Stadt ihre Bekanntheit zu verdanken hat: Dem Schelm Till Eulenspiegel sind ein Brunnen und ein ganzes Museum gewidmet.

Entspannend ist ein gemütlicher Spaziergang durch den rund vier Hektar großen Kurpark, der zu den schönsten Norddeutschlands zählt. Hier laden neben Freizeitaktivitäten wie Minigolf, eine Boule-Bahn, Schach- und Mühlebrett sowie verschiedene Themengärten und der Rosengarten zum Verweilen.

Wandern & Freizeit

Ein kleines Stück nördlich von **Glücksburg** lädt auf der Halbinsel Holnis der Theodor-Fontane-Weg zu einer rund 9 Kilometer langen Wanderung ein. Der mit Nr. 1 und roten Markierungen gekennzeichnete Weg beginnt im Dorf Drei und führt zunächst entlang der Außenförde, am Fährhaus vorbei, bis zum 20 m hohen Steilufer der Innenförde Flensburgs. Von dort geht es weiter über Holnis-Hof, Holnis Noor und Leuchtturm Schausende zum Neu Pugumer See, der einer großen Kormorankolonie eine Heimat bietet. Schließlich geht es dann vom See wieder zurück nach Drei.

Den Küstenwanderweg von **Maasholm** nach Norden bis Gelting erwandern: In der Geltinger Bucht liegt die **Geltinger Birk**, ein landschaftlich reizvolles Naturschutzgebiet, in dem über 150 Vogelarten leben. Mittlerweile durchqueren vier Wanderwege und ein Reitweg die Birk, die meist beim Parkplatz bei der Mühle Charlotte beginnen. Zwei Rundwanderwege beginnen bei der Schutzhütte des NABU und führen über die Birkspitze bis zum Leuchtturm Falshöft, wo sich im ehemaligen Lotsenhaus eine weitere Info-Station befindet. Die Wanderwege sind zwischen 3 und 13 Kilometer lang.

Ab **Kiel-Heikendorf** am Ostufer der Förde führt ein kilometerlanger Wanderweg Richtung Laboe und immer am Ostseestrand entlang. Badesachen nicht vergessen!

Mit Blick auf den Wasserstraßenverkehr: Zu Fuß oder noch besser mit dem Rad immer gemütlich auf den Deichen am **Nord-Ostsee-Kanal** entlang.

Eine etwa 25 Kilometer lange Radtour führt um den **Westensee**. Die Tour startet in Achterwehr und führt über die Etappen Gut Marutendorf, Wrohe und Westensee wieder zurück nach Achterwehr. Man kann sich auch per Rundkursbus an die jeweils gewünschte Etappe bringen lassen oder von dort aus zurückfahren und so die Tour abkürzen. Der Westensee selbst lockt mit idyllischen Badestellen zum Verweilen ein. Der See ist Teil eines Naturparks.

Eine schöne Rundfahrt durch die **Holsteinische Schweiz**: Diese vierstündige Radtour führt, ausgehend von Eutin, über Kreuzfeld am Suhrer und Vierer See vorbei zum Großen Plöner See. Anschließend geht es den Bicheler Berg hinauf und an der Braaker Mühle vorbei führt der Weg zurück zum Ausgangsort Eutin.

Die etwa 48 Kilometer lange Seenradtour beginnt und endet in **Ratzeburg** und führt durch den **Naturpark Lauenburgische Seen**. Es geht entlang der Rapsfelder und zahlreiche Seeblicke erwarten den Besucher, wie z. B. in Bäk mit Blick über den Domsee auf die malerische Ratzeburger Domhalbinsel oder vom Aussichtsturm am Mechower See. Der ausgeschilderte Rundweg führt weiter zum Museum Grenzhus in Schlagsdorf, durch die sanft hügelige Landschaft bis an das Ufer des Schaalsees. Einen schönen Blick über den nördlichen Teil des Sees bietet der Aussichtsturm in Dargow. Von hier aus geht es entlang der Ufer des Pfuhl-, des Piper- und des Salemer Sees wieder zurück nach Ratzeburg.

Von der Mecklenburger Bucht in die Boddenlandschaft

Von Wismar aus führt diese Tour über die Seebäder Kühlungsborn und Bad Doberan nach Rostock und Warnemünde. Nach einer Fahrt durch die Vorpommersche Boddenlandschaft über Fischland, Darß und Zingst endet die Reise in der alten Hansestadt Stralsund. Ein Abstecher führt durch den Klützer Winkel nach Boltenhagen.

❶ Die alte Stadt **Wismar** gehörte zu den Gründern der Hanse und hat sich die typische Backsteingotik einer reichen Handelsstadt bis heute erhalten können. Im Zentrum der mittelalterlichen Altstadt, die zum UNESCO-Kulturerbe zählt, liegt der riesige Marktplatz mit dem Pavillon der Wasserkunst, gesäumt von barocken, neugotischen und klassizistischen Gebäuden sowie zahlreichen Giebelhäusern. Am Markt steht auch der Alte Schwede, das älteste Gebäude (1380) und berühmtestes Gasthaus von Wismar zugleich. Die Altstadt wird von den Türmen der drei Hauptkirchen überragt. Die im Zweiten Weltkrieg zerstörte St.-Georgen-Kirche (15. Jh.) präsentierte sich Jahrzehnte lang als gewaltige Ruine. Sie wird sei 1990 nach und nach wieder aufgebaut. Beim Bummel durch die Straßen und Gassen trifft man am Südrand der Altstadt auf die Hanse Sektkellerei, die am nördlichsten gelegene Sektkellerei Deutschlands.

Große Parkflächen am Alten Hafen laden zum Spazieren ein und eignen sich aber auch als Startpunkt für den Bummel durch den Hafen und in die Altstadt. Am Hafen erinnern die Schwedenköpfe vor dem barocken Baumhaus an die Schwedenherrschaft (1632–1803).

Ein Abstecher von Wismar aus führt ins Herz des Mecklenburger Landes: Der Klützer Winkel lag bis 1989 im Schatten der innerdeutschen Grenze. Hier findet man sanftes, einsames Bauernland, winzige Dörfchen mit malerischen Häusern und immer wieder satte Weiden. Der Herr eines der größten Güter im Junkerland Mecklenburg ließ sich das Barockschloss Bothmer in der kleinen Ortschaft Klütz errichten. Dessen Landschaftsgarten gehört wahrlich zu den schönsten des Landes.

Das gemütliche Seebad Boltenhagen wartet mit Kuranlagen und einer Promenade vor alten Logierhäusern auf. Der etwa 4 km lange steinfreie Strand lädt nicht nur zum Baden sondern auch zum Wandern ein. Der Weg führt nach Westen, wo man bei Großklützhöved eine atemberaubende Steilküste sieht, von der man einen herrlichen Ausblick auf Meer und Umgebung hat. Besonders Familien mit Kindern schätzen den breiten, windgeschützten Sandstrand, der sich entlang der Bucht Wohlenberger Wiek östlich von Boltenhagen entlang zieht.

Ein anderer Abstecher führt über einen Damm zur idyllischen Insel Poel, der drittgrößten Insel Mecklenburg-Vorpommerns. Flach und weitgehend waldlos hat man vom rund 27 m hohen Kickelberg eine gute Aussicht. Die schönsten Badestrände der Insel erstrecken sich zwischen Timmendorf und Schwarzer Busch im Nordwesten. Nett ist auch eine Fahrt mit der Barkasse »Salzhaff« von Gollwitz, ganz im Nordosten, bis nach Rerik (nur für Fussgänger und Radfahrer). Auf dem Weg dorthin geht es vorbei an der Vogelschutzinsel Langenwerder mit Zwischenstopps an Orten auf dem Festland und entlang der Halbinsel Wustrow.

❷ Das kleine, reizvoll gelegene Ostseebad **Rerik** hat sich seinen ländlichen Charakter bewahrt. Die Johan-

Das Wassertor (links) am Hafen von Wismar ist das letzte von fünf Stadttoren.

Das Corps de Logis (Mitte) auf dem Ehrenhof von Schloss Bothmer bei Klütz.

Wandern & Freizeit

Im Klützer Winkel: von der Kurverwaltung im Seebad **Boltenhagen** unter Alleebäumen und durch Waldgebiete zum Schlösschen Bothmer in **Klütz** (ca. 18 km).

An der B105 im **Eversdorfer Forst**, unweit von Grevesmühlen, befinden sich etliche Hünengräber, Dolmen und andere monumentale Relikte aus der Steinzeit. Ein wenige Kilometer langer archäologischer Lehrpfad führt zu diesen Monumenten, die in eine Nordgruppe (10 Gräber) und eine Südgruppe (5 Gräber) unterteilt wurden. An den Stationen geben Info-Tafeln genauere Auskunft über die jeweiligen Objekte.

Von **Wismar** sind es nur ein paar Kilometer bis nach Dorf **Mecklenburg**: Am Ortseingang erwartet den Wanderer eine Windmühle, zu der ein Restaurant und ein Museum gehören.

Unweit von **Rerik** liegen mehrere Großgräber aus der Stein- und der Bronzezeit, die man auf eigene Faust oder im Rahmen einer Führung bei einem Spaziergang erkunden kann.

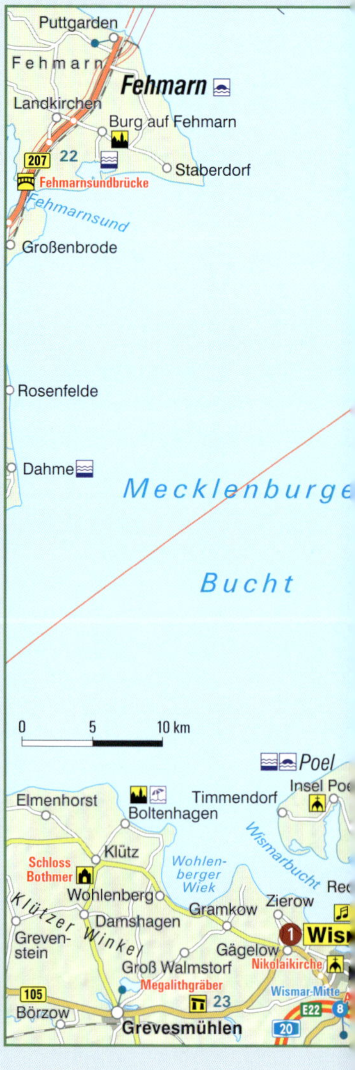

Die Wasserkunst im Zentrum Wismars diente bis 1897 der Wasserversorgung.

Der Leuchtturm am Hafen von Timmendorf Strand (Poel) ist seit 1871 in Betrieb.

niskirche, ein frühgotischer Backsteinbau, ist mit ihren bezaubernden Innenmalereien eines der schönsten Gotteshäuser an der Ostsee. Der Sandstrand, der sich unter dem Steilufer ausbreitet, lädt zum Schwimmen und Sonnenbaden ein. Von der Reriker Seebrücke legen Ausflugsschiffe zu Rundfahrten ab.

3 Das waldreiche, bis zu 130 m hohe Hügelland der Kühlung gab dem Seebad **Kühlungsborn**, das 1937 aus drei Dörfern entstand, seinen Namen; gleiches gilt für den Beinamen »Grüne Stadt am Meer«. Der Badebetrieb in dem zu DDR-Zeiten größten Ostseebad begann schon 1857. Die prächtigen Villen in den Straßen erinnern an diese Zeit. Hier bleiben keine Wünsche offen, dafür sorgen ausgedehnte Sandstrände, Campingplätze sowie Sport- und Erholungsanlagen. Ein Hauptvergnügen der Gäste ist aber auch das Flanieren auf der vier Kilometer langen Strandpromenade, die von Bauten historischer Bäderarchitektur gesäumt wird. Für Familien

Am Stadthafen von Rostock tummeln sich kleine Kutter und Segelboote.

Der permanente Seewind gab den Bäumen an der Westküste des Darß ihre Form.

mit großen Kindern ist auch der Kletterwald, lediglich 100 m hinter der Strandpromenade (beim Hotel Polar Stern), interessant. Zur Auswahl stehen gleich mehrere Parcours mit unterschiedlichem Schwierigkeitsgrad, Radfahren in 10 m Höhe sowie eine der längsten Seilbahnen (103 m) in ganz Norddeutschland.

Über Heiligendamm, das sich nicht nur erstes deutsches Ostseebad – bereits seit 1793 –, sondern dank seiner klassizistischen Bauten auch »Weiße Stadt am Meer« nennen darf, geht es ins Landesinnere.

❹ **Bad Doberan** geht auf ein Kloster aus dem 12. Jh. zurück. An diese Zeiten erinnert das prächtige Doberaner Münster, ein Meisterwerk der stilreinen Backsteingotik mit reicher Innenausgestaltung.

Das klassizistische Zentrum am Kamp und das Palais der herzoglichen Residenz verdanken ihr Entstehen einem der bedeutendsten Architekten Mecklenburgs. Und hier wurde zu Beginn des 19. Jh. auch die erste Pferderennbahn auf dem europäischen Kontinent angelegt. Ein nostalgisches Abenteuer verspricht eine Fahrt mit der Dampfbahn »Molli« zurück an die Küste; die Mitnahme von Fahrrädern ist natürlich gegen einen kleinen Aufpreis möglich.

❺ An der Warnowmündung liegt die alte **Hansestadt Rostock**. Die größte Stadt Mecklenburg-Vorpommerns ist auch heute noch eine bedeutende Hafenstadt. In der östlichen Altstadt wetteifern schmucke mittelalterliche Patrizierhäuser wie das Kerkhof-Haus miteinander. Sehenswert sind das mächtige Rathaus am Alten Markt und die Marienkirche mit der astronomischen Uhr von 1472 am Neuen Markt.

Im Herzen der Altstadt jedoch liegt das, was Rostock zur »Leuchte des Nordens« gemacht hat: die älteste Universität Nordeuropas, die über Jahrhunderte hinweg das geistige Zentrum im Ostseeraum war. Unweit lädt die Kröpeliner Straße zum Bummeln ein. In dieser Fußgängerzone, die beim Kröpeliner Tor beginnt, kann man viele historische Gebäude bewundern, wie das Ratschow-Haus mit seiner herrlichen Giebelfassade.

Nahe der grünen Wallanlagen finden sich die Gebäude des Klosters zum Heiligen Kreuz mit dem Kulturhistorischen Museum.

Das Adler-Lesepult und der Hochaltar dahinter im Bad Doberaner Münster.

❻ **Warnemünde**, bereits im Jahre 1323 ein Vorposten Rostocks und seit dem 19. Jh. das beliebte Ziel von Sommerfrischlern, ist mit seinen prächtigen Villen und Logierhäusern an der äußeren Küste geradezu der Inbegriff eines modernen Seebades. Markenzeichen ist aber auch der 4 km und an einigen Stellen über 100 m breite Sandstrand.

Auf der Strandpromenade gelangt man zum Alten Leuchtturm, der eine Panoramasicht bis hinüber nach Dänemark bietet. Durch die Kuranlagen und Parks geht es zum alten Fischerort, der mit den kleinen Kapitänshäusern und Katen noch recht ländlich und idyllisch wirkt. Der Ort am Alten Strom, wie der als Hafen genutzte Wasserarm auch genannt wird, ist aber die eigentliche Ader von Warnemünde und lässt sich in einem gemütlichen Spaziergang erkunden. Hier verkaufen Fischkutter ihren Fang, kommen Ausflugsschiffe, Yachten und Segelboote an. Außerdem beherbergen die malerischen Häuser Cafes, Restaurants und Kneipen.

❼ In der Rostocker Heide liegt das See- und Heilbad **Graal-Müritz**. Schon Franz Kafka versprach sich Heilung von einem Aufenthalt in dem größten geschlossenen Waldgebiet (rund 12 000 ha) an einer deutschen Küste. 1938 entstand der Doppelort, der zum Baden und Wandern einlädt. 5 km Sandstrand und ausgedehnte Waldgebiete, an die sich ein Küstenhochmoor anschließt, sind ein Paradies für Naturliebhaber. Die Flora und Fauna des Großen Moores kann man auf dem beschilderten Moorlehrpfad näher erkunden. Besonders zur Blütezeit (Mai/Juni) ist der über 4 ha große Rhododendronpark mit über 50 Sorten und bis zu 10 m hohen Sträuchern sehenswert.

❽ Ein Kuriosum: Mitten durch **Ribnitz-Damgarten** verläuft die Grenze zwischen Mecklenburg, zu dem Ribnitz gehört, und dem Vorpommerschen Damgarten.

Die historische Altstadt lädt zum Bummeln ein; in der Kirche des Klarissenklosters von 1393 stehen die berühmten Ribnitzer Madonnen. Bevor man von hier aus in den einzigartigen Nationalpark Vorpommersche Boddenlandschaft eintritt, sollte man dem Bernsteinmuseum der Kleinstadt unbedingt einen Besuch abstatten. Bei der Gelegenheit kann man in der Schaumanufaktur Ostseeschmuck (an der B105, www.ostseeschmuck.de) sehen wie Schmuckgegenstände aus Bernstein angefertigt werden und diese auch kaufen.

❾ Über das **Seebad Dierhagen** am Saaler Bodden mit seinen ausgedehnten Stränden gelangt man ins Fischland, einem schmalen Dünenstreifen, der jahrhundertelang ausschließlich von Fischern und stolzen Seefahrern bewohnt wurde.

Über den Permin, heute eine Bucht, früher eine Durchfahrt, die von den Hanseaten mit versenkten Schiffen kurzerhand geschlossen wurde, erreicht man Wustrow. Im Mittelalter war der Ort ein bedeutender Hafen.

Als 1889 die ersten Maler in dem bettelarmen, reetgedeckten Fischerdorf Ahrenshoop auftauchten, reagierten die Einheimischen mit beißendem Spott. Obschon die Hochzeit mit der Kolonie bald vorüber war, ließen sich in der malerischen Boddenlandschaft auch nach den beiden Weltkriegen sowie zu DDR-Zeiten Kunstschaffende und Prominente nieder. Der 1909 eröffnete »Kunstkaten« und die im Bauhaus-Stil gehaltene »Bunte Stube« erhalten die Tradition der einstigen Künstlerkolonie.

Abendstimmung im Stadthafen von Stralsund, im Hintergrund die Nikolaikirche.

Gleich neben dem Leuchtturm von Warnemünde steht der »Teepott«, ein Restaurant.

10 Ein unberührter Urwald mit jahrhundertealten knorrigen Buchen, dichtem Gestrüpp, finsteren Sümpfen, Moorgebieten und riesigen Farnwäldern bedeckt den größten Teil des Darß.

Das Ostseebad Prerow lockt mit weiten Sand- und Dünengebieten sowie Kuranlagen und dient als Ausgangspunkt für Wanderungen in den Darßer Urwald. Born am Saaler Bodden ist ein idyllisches Dorf mit hübschen Häuschen und einer sehenswerten Fischerkirche. Noch romantischer und verschlafener zeigt sich Wieck am Bodstedter Bodden, dessen Fischer reiche Fänge einfahren.

11 Die **Zingst**, eine schmale, 20 km lange Landzunge, beeindruckt durch Dünengebiete und Salzwiesen sowie eine weite, menschenleere Landschaft. Salzwiesen gehen hier in Wattlandschaften und seichte Bodden über. Zweimal im Jahr versammeln sich zehntausende Kraniche auf der Zingst und machen das Gebiet dadurch zu einem der ausgedehntesten Rastplätze Nordeuropas.

Der einzige größere Ort ist das gleichnamige Zingst – längst kein armes Fischerdorf mehr, sondern ein mittlerweile vorbildlich ausgestattetes Ferienzentrum. Martha Müller-Grählert schrieb hier das »Ostsee-Lied«, das später auch für die Nordsee umgedichtet wurde. Vom Turm der Barther Marienkirche genießt man aus 80 m Höhe einen guten Ausblick.

12 Und noch eine Hansestadt: **Stralsunds** mittelalterlicher Kern, auf einer Landzunge im Strelasund gelegen, hat durch seine typische Backsteinbebauung einen besonders anmutigen Charakter. Die Sehenswürdigkeiten drängen sich auf engem Raum. Für das Rathaus mit seiner imposanten Schauwand und die gleich dahinter liegende mächtige Nikolaikirche mit ihren wertvollen Kunstwerken sollte man sich unbedingt Zeit nehmen.

Das Wulflam-Haus von 1370 ist ein meisterhaft gestaltetes spätgotisches Wohnhaus, Knieper- und Kütertor zeugen von den alten Stadtbefestigungen und St. Marien am Neuen Markt beherbergt eine bedeutende Barockorgel. Ebenfalls nicht versäumen sollte man einen Besuch in den Museen der Stadt. Dazu gehören etwa das Deutsche Meeresmuseum mit dem Nautineum, das Kulturhistorische Museum, das u. a. mit seiner Spielzeug- und Puppensammlung nicht nur Kinder begeistert, und das Ozeaneum, das mit seinen eindrucksvollen Aquarien Einblicke in die Unterwasserwelt der Erde gewährt.

Stralsund hat als Knotenpunkt für den Transitverkehr nach Skandinavien heute eine besondere Bedeutung und ist zudem Ausgangspunkt für die Fahrt nach Rügen.

Wandern & Freizeit

Eine nette und leicht zu bewältigende Wanderung ist die rund 18 km lange Tour von **Kühlungsborn** nach **Rerik**. Sie beginnt in Kühlungsborn an der Promenade und führt nach Westen zum NSG Riedensee, einem Süßwassersee aus der Eiszeit, unmittelbar hinter der Stranddünung. Danach folgen die Stationen Kägsdorfer Strand mit seinem Surferparadies und der Campingplatz Meschendorf. Von hier aus macht die Tour einen Abstecher landeinwärts zu einem Hünengrab mit Infotafel. Anschließend geht es zurück zur Steilküste, wo es im weiteren Verlauf immer wieder schöne Ausblicke auf die Ostsee gibt. In Rerik endet die Tour schließlich an der Seebrücke. Die Rückfahrt erfolgt mit dem Bus Linie 121 bis zum Bahnhof Kühlungsborn-Ost.

Eine rund 32 km lange Radrundtour bei **Graal-Müritz** verläuft durch die wunderschöne Landschaft der Rostocker Heide. Die Tour startet im Ortsteil Müritz und führt über die Etappen Hirschburg, Jagdschloß Gelbensande, Köhlerhof Wiethagen, Beckerstein, Hinrichshagen und Krausestein wieder zurück in den Ortsteil Graal. Auf der Tour laden beispielsweise das Jagdschloss Gelbensande und die Landgaststätte Schinkenkrug in Hinrichshagen zum Rasten und Einkehren ein.

Unvergesslich ist eine **Bootsfahrt** im Zeesboot, dem traditionellen Fischerboot mit den braunen Segeln. Bei günstigem Wetter bieten (Mai–Okt.) einige Besitzer dieser bildschönen, mittlerweile selten gewordenen Segelboote Törns über den Bodden an. Die rund 90 Minuten dauernde Fahrt geht entlang der malerischen Küste. Und gelegentlich dürfen auch Gäste Steuermann sein. Warme Kleidung und festes Schuhwerk werden empfohlen. Anbieter gibt es in Ahrenshoop-Althagen *(www.raeucherhaus-ahrenshoop.de)* in Wustrow *(www.kunstscheune-barnstorf.de/butt)* und im Traditionshafen von Bodstedt *(Tel. 0174/442 17 50)*.

Fischland: Von **Ahrenshoop** führt der Weg an der romantischen Steilküste des Hohen Ufers entlang nach **Wustrow**. Bis zu 20 m fällt das Ufer hier ab, an anderen Stellen schlängelt sich der Weg durch dichtes Buschwerk.

Die grüne Stadt **Marlow** hat nach dem Motto »Tour der Steine« die ehemalige Kennzeichnung von Reiserouten mittels Wegsteinen wiederbelebt. Die Steine sind so dicht gesetzt, dass man sein Ziel auch ohne Landkarte erreicht. Unter den Routen befinden sich auch einige Radtouren, wie etwa die gut 17 km lange Tour Nr. 3, die sich auch für Familien mit Kindern eignet. Sie beginnt in Damgarten und führt durch eine abwechslungsreiche Landschaft unweit des Recknitztals nach Marlow. Auf der ersten Etappe in Pantlitz bietet sich ein Halt bei der »Radfahrerkirche« mit ihrem schönen Seitenportal an. Von ihrem Turm hat man eine herrliche Aussicht auf die Umgebung. Nach den folgenden Etappen Tribohm und Camnitz geht es über die Recknitz schließlich nach Marlow. Hier wäre z. B. ein Abstecher in den Vogelpark ein gelungener Abschluss.

Wildromantisch: Quer durch den **Darßer Wald** führt eine markierte Wanderstrecke zum unberührten Darßer Weststrand, an dem die berühmten »Windflüchter« sich gegen den Wind in den Sand krallen.

Über Hiddensee und Rügen entlang der Küste Usedoms

An den Kreidefelsen im Nationalpark Jasmund kommt es immer wieder zu Abbrüchen.

Diese Tour führt auf die einzigartigen Inseln Hiddensee und Rügen und weiter den Greifswalder Bodden entlang. Von Greifswald wird ein Abstecher nach Grimmen unternommen. Über Anklam geht es auf die Insel Usedom mit ihren berühmten Seebädern bis nach Peenemünde.

❶ **Hiddensee**, die »Perle der Ostsee«, hat unberührte und abwechslungsreiche Landschaften zu bieten. Im Norden erstrecken sich die sanften, von Büschen bewachsenen Hügel des Dornbusch, die im Nordwesten an einer schroffen Steilküste enden. Endlose Dünen und Strände finden sich an der Westküste und im Süden. Mit Ausnahme der hübschen Dörfer steht die autofreie Insel unter Naturschutz. Die Nationalparkverwaltung bietet von Juni bis September naturkundliche Führungen an.

❷ Auf dem Weg zum nördlichsten Punkt Rügens steigt die Halbinsel **Wittow**, das »Windland«, sanft an, um an der Steilküste von Kap Arkona jäh abzufallen. Zu beiden Seiten der Insel erstrecken sich die deutlich gegliederten, seichten Boddengewässer, wo im Schilf und auf den Salzwiesen zahlreiche Vogelarten brüten.

❸ Der Landstrich rund um das **Kap Arkona** lässt sich am besten zu Fuß oder mit dem Rad erkunden. Von Putgarten aus führt ein Wanderweg zum Kap und seinen beiden Wahrzeichen, dem Schinkelturm und dem modernen Rundturm. Ein Hügel erinnert an die 1168 zerstörte Jaromarsburg, einstmals das größte Heiligtum der Slawen.

❹ Das Herz des **Nationalparks Jasmund** ist die Stubnitz mit ihren berühmten Kreidefelsen, deren strahlendes Weiß zwischen den Bäumen und Büschen kilometerweit leuchtet. Ganze 119 m ragt der Königstuhl in die Höhe, von dessen Aussichtsplattform sich ein grandioser Ausblick auf das Meer bietet. Der Hochwanderweg führt an weiteren Aussichtspunkten und dem sagenumwobenen Herthasee vorbei zu den Wissower Klinken. Bei schönem Wetter lohnt sich ein Besuch im Alaris-Schmetterlingspark sowie an die Schmale Heide oder die Schaabe schwimmen zu gehen, den wohl schönsten Badestränden auf ganz Rügen.

❺ Das Hafenstädtchen **Sassnitz**, von dem Fontanes Romanheldin Effi Briest so schwärmerisch sprach, schmiegt sich zwischen die Ostsee und die Hänge der Stubnitz.
Das einst viel besuchte Seebad wurde bald zum Tor nach Skandinavien; zu DDR-Zeiten war Sassnitz mit einer großen Fischereiflotte wichtigster Ort der Fischverarbeitung. Ein netter Spaziergang entlang der 1,5 km langen Hafenmole mit ihren Fischerbooten und Ausflugsschiffen führt an die Strandpromenade, an der Seebrücke vorbei und schließlich zum Kurplatz.

❻ **Bergen** geht auf die 1168 gegründete Residenz des Slawenfürsten Jaromar I. zurück. 1170 wurde mit dem Bau der Marienkirche begonnen, einer der schönsten Backsteinkirchen in Norddeutschland.
Auf dem nicht weit entfernten Rugard steht in 91 m Höhe der Ernst-Moritz-Arndt-Turm, der an den Historiker und Dichter erinnert.

Wandern & Freizeit

Die reizvolle und sehr bemerkenswerte Steilküste von Hiddensee erschließt sich auf einer ungefähr 8 km langen Rundwanderung vom Ausgangspunkt **Kloster** zum Enddorn und wieder zurück über Grieben.

Eine etwa 20 km lange Radtour auf Hiddensee führt vom Hafen von **Neuendorf** aus in den Nordteil der Insel. Von dort geht es durch das beschauliche Neuendorf entlang einer Pflasterstraße zu den Etappen Leuchturm Dornbusch, den Orten Kloster und Vitte sowie der Dünenheide, die besonders während der Blütezeit im August sehr schön anzusehen ist. Von dort geht es dann wieder zurück nach Neuendorf. Im Süden von Neuendorf, knapp 2,5 km entfernt, steht außerdem der malerische Leuchtturm von Gellen, der allerdings nur von geübten und gut trainierten Radlern angefahren werden sollte.

Rund um Kap Arkona bestehen verschiedene Möglichkeiten für Fahrradtouren, die man am besten bei Windflaute oder bei mäßigem Wind durchführen sollte. Eine etwa 10 km lange, ausgeschilderte Rundtour verläuft von **Putgarten** über Kap Arkona und das malerische Vitt wieder nach Putgarten zurück, wo man sich beispielsweise im netten Café im Helene-Weigel-Haus stärken kann.

Unverwechselbare Hafenatmosphäre findet man im Stadthafen von Sassnitz.

Im hügeligen Nordteil der Insel Hiddensee, dem Dornbusch, steht das Wahrzeichen der Insel: der 28 m hohe Leuchtturm, der schon von Weitem zu sehen ist..

Der Strand und das abends romantisch illuminierte Kurhaus des Ostseebades Binz lassen Urlaubsstimmung aufkommen. Binz ist Rügens ältester Badeort.

7 **Binz** genießt seit nun 100 Jahren den Ruf mit seinem feinsandigen Strand und dem attraktivsten Angebot an Unterkünften das schönste Seebad Rügens zu sein. An der 4 km langen Strandpromenade und den parallel dazu verlaufenden Straßen finden sich prächtige Beispiele der typischen Bäderarchitektur. Mit dem Anschluss an die Kleinbahn von Putbus im Jahre 1895 begann der Aufstieg von Binz zum Paradebad der Wilhelminischen Ära. Den besten Blick auf das imposante Kurhaus hat man heute vom Ende der 370 m langen Seebrücke aus.

In Binz-Prora stößt man auf einen 1936 begonnenen und geradezu gigantoman anmutenden Komplex: das Seebad Prora. Hier reihen sich auf einer Länge von etwa 4,5 km und entlang der Küste acht baugleiche Häuserblocks aneinander. Der »Koloss von Prora« genannte Bau, gilt heute als architektonisches Denkmal. Auf dem 107 m hohen Tempelberg thront das Jagdschloss Granitz.

8 Das Ostseebad **Göhren** auf der Halbinsel Mönchgut mit seinen beiden kilometerlangen Stränden gehört zu den beliebtesten Badeorten Rügens. Am Nordstrand ragt der Buskam, der größte Findling der deutschen Ostseeküste, aus dem Wasser. Keinesfalls versäumen sollte man einen Besuch im Heimatmuseum der Halbinsel.

9 Fürst Malte von Putbus erbaute sich zu Anfang des 19. Jh.s die klassizistische Residenzstadt **Putbus**, die als Badeort die elegante Welt anlocken sollte. An alles war gedacht: Kleine Palais reihen sich um den »Circus« und ein Rathaus sowie ein zauberhaftes Theater zieren den quadratischen Markt.

Aus dem eleganten Kur- und Spielsalon entstand 1892 die Christuskirche. Der Schlosspark lädt mit kostbaren Pflanzen, versteckten weißen Gebäuden und einem Wildgehege zum Spazieren ein.

10 Das altehrwürdige **Greifswald** gehört mit seinen prächtigen Patrizierhäusern und dem Rathaus am Markt und drei stattlichen Kirchen zu den wohl schönsten Hansestädten. Hier wurde die zweitälteste Universität Nordeuropas gegründet. Die Klosterruine Eldena außerhalb der Stadt war im 19. Jh. ein Lieblingsmotiv des Malers Caspar David Friedrich.

11 Die günstige Lage an der Peene machte die alte Hansestadt **Anklam** zu einer mächtigen Stadt. Von der einstigen Befestigung zeugt noch das prächtige Steintor. Nach dem Besuch der Marienkirche sollte man das einzigartige Otto-Lilienthal-Museum besichtigen. Am Oderhaff, von Anklam aus leicht erreichbar, liegt Ueckermünde, das bereits im 12. Jh. erstmals erwähnt wurde. Im Renaissanceschloss residierten früher die Herzöge von Pommern. Bei einem Blick in die barocke Kirche St. Marien entdeckt man reiche Malereien und einen Rokokoaltar. Gut erhaltene Fachwerkhäuser aus dem 18. und 19. Jh. bestimmen das Stadtbild.

12 Von Anklam aus ist **Usedom** der erste Ort auf der gleichnamigen Insel. Das Anklamer Tor und die gotische Marienkirche stammen aus dem 15. Jh. Auf dem Schlossberg erinnert ein Kreuz an die Annahme des Christentums durch die Ostslawen.

13 Wie Perlen reihen sich die Kaiserbäder **Ahlbeck**, **Bansin** und **Koserow** am 40 km langen Sandstrand Usedoms aneinander. **Zinnowitz**, der größte und schönste dieser Badeorte, liegt malerisch zwischen Ostsee und der Bucht Achterwasser.

Im Alten Museumshafen von Greifswald liegen zahlreiche historische Fischerboote.

Der Turm des Greifswälder Doms St. Nikolai ist knapp 100 m hoch.

Die Seebrücke von Ahlbeck mit dem Gaststättenpavillon: Vor allem abends, wenn die Strandkörbe längst verlassen sind, lädt das illuminierte Lokal zu einem gemütlichen Abend.

Das charmante Seebad Ahlbeck auf Usedom ist stolz auf seine schmucke, verspielte Seebrücke mit dem viertürmigen Pavillon, einem ehrwürdigen Denkmal der Bädergeschichte.
Bansin hat die jüngste Geschichte der Bäder auf Usedom: Erst 1887 wurde neben dem mondänen Heringsdorf ein kleines Familienbad gegründet, in dem sich bis heute kaum etwas verändert hat.

14 **Wolgast** kann auf eine bewegte Geschichte zurückblicken, von der noch die wuchtige St.-Petrikirche, die spätgotische Gertrudenkapelle, das Rathaus und Fachwerkspeicher zeugen. Der Wolgaster Museumshafen lädt zu einem Spaziergang ein.
Man sollte unbedingt einen Abstecher nach Trassenheide auf der Insel Usedom machen, denn hier steht eine der größten Schmetterlingsfarmen Europas. Ferner gibt es hier einen bis zu 50 m breiten Sandstrand, der sich bis nach Peenemünde zieht.

15 **Peenemünde** war über 50 Jahre Sperrgebiet. Von Gras überwuchert werden heute die Betonruinen der einst streng geheimen früheren Heeresversuchsanstalt (HVA). Das Historisch-Technische Informationszentrum (HTI) liefert Auskunft darüber. Hinter dem Kraftwerk der HVA befindet sich im Tiefseehafen das russische U-Boot U461, das heute ein U-Boot-Museum ist. Abwechslung vom Militärischem bieten die Phaenomenta beim HTI und das Spielzeugmuseum in der Museumstraße 14.

Wandern & Freizeit

Auf dem Weg von **Kap Arkona** nach **Jasmund** kommt man an den Badeorten Breege und Juliusruh vorbei. In Juliusruh gibt es einen wunderschönen Landschaftspark im französischem Stil. Das rund 40 Hektar große Areal lädt zu einem Spaziergang ein.

Vom Ernst-Moritz-Arndt-Turm führt ein ausgeschilderter **Naturlehrpfad** nach Buschvitz am Jasmunder Bodden und von dort in nördliche Richtung auf die Halbinsel Pulitz in der Mitte des Boddens.

Über eine etwa 8 km lange Rundstrecke kann man mit dem Rad zum Rugard und zum Nonnensee fahren. Die Tour startet am Markt von **Bergen** und führt zum nahen Rugard auf den Aussichtsturm, wo man einen guten Blick auf die herrliche Umgebung hat. Weiter geht es über Parchtitz zum Nonnensee. Danach führt die Tour nach Bergen zurück.

365 Tage im Jahr Rodelspaß verspricht die **Inselrodelbahn Bergen**, der nördlichsten Sommer- und Winter-Rodelbahn Deutschlands. Die etwa 700 m lange Bahn liegt inmitten der Naturlandschaft des Rugards. Die rasante Abfahrt geht durch 7 Steilkurven und über mehrere Jumps und endet im Tal in Steillage in einem Aktionskreisel. Ein schöner Spielplatz schräg gegenüber dem Parklatz rundet das Angebot ab.

Eine etwa 11 km lange, rund 2,5 Stunden dauernde Wanderung führt vom Ostseebad **Sellin** entlang der malerischen Küste nach **Binz**. Die Tour startet am Selliner Bahnhof und führt vorbei an der Kurverwaltung zum Steilufer auf den Falkenberg. Er ist mit 70 m die höchste Erhebung. Weiter in Richtung Binz folgen Granitzer Ort und Silvitzer Ort. Gleich danach geht es über die Piratenschlucht zum Strand, von wo aus man Binz schon sehen kann. Die Wanderung geht am Strand entlang weiter zur Strandpromenade von Binz und führt schließlich zum Bahnhof der Kleinbahn. Der Rückweg kann dann bequem mit dem Bäderexpress erfolgen.

Mit dem Rad auf der Deutschen Alleenstraße: Auf Rügen verläuft eine der schönsten Teilstrecken, der man von **Putbus** nach **Garz** folgen kann, um anschließend auf einer Parallelstrecke an der Küste wieder zurückzufahren.

Die Attraktionen **Greifswalds** lassen sich auf einem Spaziergang miteinander verbinden: Von der Altstadt geht es zur Ruine Eldena, weiter in das Dörfchen Wiek und über die historische Klappbrücke zurück nach Greifswald.

Ein Ausflug nach Polen: Vom schönen Seebad Swinoujscie setzt eine Fähre über zur **Halbinsel Wollin**, einem Nationalpark mit wunderbaren Wandermöglichkeiten.

Diese gut 35 km lange Radtour verläuft weitgehend entlang der Küste und startet in **Ahlbeck** und endet in **Zinnowitz**, beide traditionsreiche Badeorte. Von Ahlbeck geht es entlang lebendiger Strandpromenaden durch die drei Kaiserbäder (Ahlbeck, Heringsdorf, Bansin) in Richtung Kölpingsee. Dabei stößt man immer wieder auf der einen Seite auf feinsandige Strände und auf malerische Schilfgürtel auf der anderen Seite. Vom Kölpingsee geht es weiter über Koserow und Zempin bis Zinnowitz. Dort kann man mit der Usedomer Bäderbahn die Rückfahrt nach Ahlbeck antreten. In Ueckermünde kann man auf dem Naturlehrpfad »August Bartelt« eine 17,5 km lange Tour zu Fuß oder per Rad unternehmen. Die Tour ist mit der Markierung »Grüner Diagonalstrich auf weißem Grund« gekennzeichnet. Gestartet wird in Liepgarten, Ziel ist der Tierpark.

Die Heide blüht – eine Landschaft in Purpur.

Lüneburger Heide

Die herb-schöne Heidelandschaft zwischen Aller und Elbe ist eine Schatzkammer der Natur, zugleich aber auch durch massiven Raubbau entstanden. Wie passt das nun zusammen? Die Heidjer jedenfalls begrüßen Jahr für Jahr Millionen Gäste.

Die Zerstörung der natürlichen Umwelt ist keineswegs ein Phänomen unserer Zeit. Seit Menschen die Erde besiedeln, haben sie natürliche Lebensräume ruiniert oder zumindest stark verändert. Und die überwiegend flachwellige Geestlandschaft rund um die alte Hanse- und Salzstadt Lüneburg ist schon seit über 5000 Jahren, seit der Jungsteinzeit besiedelt. Hier fanden die ersten Siedler einen leichten sandigen Boden, der zwar ziemlich nährstoffarm, dafür jedoch leicht zu bearbeiten ist. Brandrodung, Überweidung, Bodenzerstörung und nicht zuletzt die Abholzung der ursprünglichen Wälder für die Salinen in Lüneburg haben die Landschaft derart stark verändert, dass man fast von einer »Verwüstung« sprechen könnte. Aber gerade das Ergebnis dieses Raubbaus, eine im mitteleuropäischen Binnenland einmalige Heidelandschaft, macht die Lüneburger Heide zu einem Naturerlebnis und so schützenswert. Wo jedoch andere deutsche Naturreservate im Artenreichtum der Flora schwelgen, ist die Liste der heimischen Pflanzenspezies zum Beispiel im Naturschutzgebiet Lüneburger Heide eher knapp bemessen: »Heidekräuter« wie die Besenheide und die Glockenheide, dazu Wacholdersträucher und vereinzelte Kiefern sowie jede Menge von Flechten, Gräsern und Moosen beherrschen das Landschaftsbild, am schönsten im Spätsommer und Frühherbst, wenn sich die Sandheide flächendeckend zum purpurvioletten Meer verwandelt. Dass dies so bleibt, verdanken die Naturschützer in erster Linie den Heidschnucken, genügsamen Schafen, die durch Verbiss verhindern, dass die Heide irgendwann wieder zum Wald wird und unersetzliche Biotope, unter anderem für die seltenen Birkhühner, verloren gehen. Gerade für die Vogelwelt ist die weite, offene Heidelandschaft wie geschaffen. Fast 200 gefiederte Spezies sind hier vertreten, unter anderem auch die Heidelerche, der Große Brachvogel und die Wachtel. Für Wölfe wäre das offene, nur sehr

Typische Heidelandschaft mit Wacholdergruppen.

Die Heidelandschaft wurde 1935 zum ersten Naturschutzgebiet Deutschlands erklärt.

dünn von Menschen besiedelte Terrain ebenfalls ein ideales Revier – kein Wunder, dass in jüngster Zeit in der Lüneburger Heide wieder Wölfe gesichtet wurden.

Wer auf den sandigen Wegen durch die Lüneburger Heide wandert, begegnet aber nicht nur Schönheiten der Natur, sondern auch stummen Zeugen einer bewegten Geschichte: angefangen bei Hügelgräbern und Denkmälern der Megalith-Kultur über stattliche Heidebauernhöfe und einfache Katen, die sich in den Windschutz knorriger Kiefern ducken; alte Ställe für die Heidschnucken und Bienenzäune bis hin zu meist aus eiszeitlichen Findlingsgeröllen errichteten Dorfkirchen und hier und dort einem Heidekloster. Gerade die ehemaligen Klöster, die dann mit der Reformation in Damenstifte umgewandelt wurden, waren und sind bis heute Zentren der Kultur.

Großes Bild oben: Heidelandschaft vor einem typischen Gebäude (mit bis zum Boden reichendem Dach).

Die Heidschnucken stammen von altertümlichen Schafen ab.

Durch den Naturschutzpark Lüneburger Heide

Diese 150 km lange Tour führt dahin, wo die Heide am schönsten ist, aber auch nach Amerika, im Heidepark Soltau, und nach Afrika, im Safaripark Hodenhagen. Für die Sehenswürdigkeiten genügen zwei Tage, mit dem Besuch von Freizeitparks sollte man doppelt so viel Zeit veranschlagen.

Heidschnuckenherde in der Lüneburger Heide bei Bispingen.

❶ **Buchholz** ist als Ausgangspunkt für Entdeckungstouren in die Nordheide bestens geeignet. Los geht es im Ortsteil Seppensen mit einer Stippvisite in die Tropen: Im »Alaris-Schmetterlingspark«, eigentlich ein in verschiedene Klimazonen unterteiltes Gewächshaus, kann man sich von April bis Oktober von einigen Hundert heimischen und exotischen Falterarten umflattern lassen.

❷ Wenige Kilometer weiter südlich auf dem Weg nach **Jesteburg**, im Wald am Rande des Dörfchens Lüllau, liegt der eigentümliche Kunsttempel von Johann Michael Bossard (1874–1950). Bossard, ein Schweizer, hatte ab 1907 eine Kunstprofessur in Hamburg inne. Das 1926–1929 erbaute Haus ist sein Lebenswerk, ein fantastisches Gebilde aus kuriosen architektonischen, bildhauerischen und gartenbaukünstlerischen Elementen, das er immer weiter vervollkommnete.
Lüllau und das sich anschließende Jesteburg liegen am Flüsschen Seeve, an dem sich entlangwandern oder -radeln lässt und in dem man auch baden kann.
Im hölzernen Turm von Jesteburgs Kirche schlägt Niedersachsens älteste Glocke, gegossen im Jahr 1190. Eine Freude, nicht nur für kleine Mädchen, ist das Puppenmuseum.

❸ In **Hanstedt** ist man der eigentlichen Heide, wie man sie von Postkarten und aus Bildbänden kennt, bereits ganz nah: Der Naturschutzpark beginnt gleich an der westlichen Ortsgrenze. Wander- und Radwege führen von hier nach Undeloh – sehenswert ist u.a. die Magdalenenkapelle mit ihrem hölzernen Glockenturm – und zum Wilseder Berg, also mitten ins Herz der im August violett erblühenden Heidelandschaft.
Die Attraktion Hanstedts liegt im Ortsteil Nindorf: der Wildpark Lüneburger Heide mit europäischem Großwild sowie Greifvögeln und einem Streichelzoo.
Kunstliebhaber sollten es auf keinen Fall versäumen, die Galerie Overbeck zu besuchen, in der Gemälde aus dem 20. Jh. ausgestellt sind.

❹ Auch **Bispingen** ist ein beliebtes »Tor« zum Naturschutzpark. Ehe man in die Wanderstiefel schlüpft oder sich auf den Drahtesel schwingt – denn die schönsten Ecken der Heide sind für Autos gesperrt –, sollte man einen Blick auf die aus Feldsteinen erbaute, schlichte »Ole Kerk«, die »alte Kirche«, von 1353 werfen und vielleicht auch den »Center Parc Bispingen« besuchen, eine Bungalowsiedlung mit Hotel, eine künstliche, überglaste Badelandschaft mit Karibikflair.
Wer das wirkliche Leben vorzieht, nimmt ein Bad im Brunausee oder fährt zum Ortsteil Volkwardingen, von wo aus ein Wanderweg durch

Johann Michael Bossard begann im Jahr 1926 mit dem Bau des expressionistischen Kunsttempels in Jesteburg.

Im Heidegarten Schneverdingen kann man ganzjährig blühende Pflanzen besichtigen.

Im Heidepark Soltau gibt es idyllische, blütenreiche Plätze.

das Heidetal des Totengrunds geradewegs nach Wilsede führt.

5 Den Titel »Tor zur Lüneburger Heide« beansprucht allerdings auch **Schneverdingen** für sich. Wie in Amelinghausen wird hier Ende August ein Heideblütenfest gefeiert, das in der Kür einer Heidekönigin seinen Höhepunkt findet. Im Zentrum des Trubels steht die Freilichtbühne des Höpen. Der Höpen ist eine heidebewachsene Anhöhe, an der sich auch die Ställe der Schneverdinger Heidschnucken befinden.

Eine schöne Gestaltungsidee prägt den nahe gelegenen, etwa 3 ha großen Heidegarten, der im Jahr 1990 angelegt wurde: Hier wurden allerlei Arten von Heidesträuchern, die unterschiedlich früh oder spät erblühen, so gepflanzt, dass ein »Blütenkalender« entstand. In der Zwischenzeit gibt es über 120000 Pflanzen in mehr als 150 verschiedenen Heidevarianten zu bewundern.

Südöstlich des Ortes befindet sich – im Prozess der Renaturierung – das nasse Pietzmoor, durch das ein markierter Wanderweg führt.

6 **Soltau** ist auf angenehme Weise schlicht und freundlich. Dass das Städtchen schon über 1000 Jahre alt ist, sieht man ihm nicht an, da historische Gebäude fehlen. Die hübsche Ortsmitte »Am Hagen« erfreut mit kleinen Häusern, allerlei Gastronomiebetrieben, Handwerksstätten und dem Heiratsbrunnen, an dem sich einst die jungen Leute kennenlernten, wenn sie zum Wasserholen kamen. Besonders entlang dem Aller-Nebenflüsschen Böhme lässt sich gut radeln und wandern.

Wandern & Freizeit

Die Heidewanderung schlechthin führt nach Wilsede, auf den 169 m hohen **Wilseder Berg** und durch den Totengrund. Gestartet wird in **Bispingen** – alternativ kann man diese Wanderung aber auch in Undeloh, Volkwardingen oder Haverbeck beginnen. Den Totengrund sollte man am besten im Morgengrauen erleben und zum Sonnenaufgang auf dem Berg sein – die Wanderung ist aber auch zu einer anderen Tageszeit ein Erlebnis. Ab Bispingen oder Schneverdingen sind der Wilseder Berg und der Totengrund auch lohnenswerte Radfahrziele.

Der Naturlehrpfad am Berg **Höpen** im Norden von Schneverdingen ist ideal für einen rund einstündigen Spaziergang geeignet. Auf dieser Wanderung ist all das zu sehen, was so charakteristisch für die Lüneburger Heide ist: Heidschnucken, Birken, Wacholder und Bienenkörbe. Auf sandigen Wegen geht die gemütliche Wanderung vorbei an grünen Mischwäldern und wogenden Weizenfeldern. Vom Höpenberg, mit 119 m die höchste Erhebung Schneverdingens, bietet sich ein wunderbarer Fernblick. Bei günstiger Wetterlage reicht die Aussicht sogar bis zum Wilseder Berg. Auf der Tour lohnt der Besuch des Heidegarten, der sich am Anfang des Höpens, direkt vor einem Heidschnuckenstall, befindet.

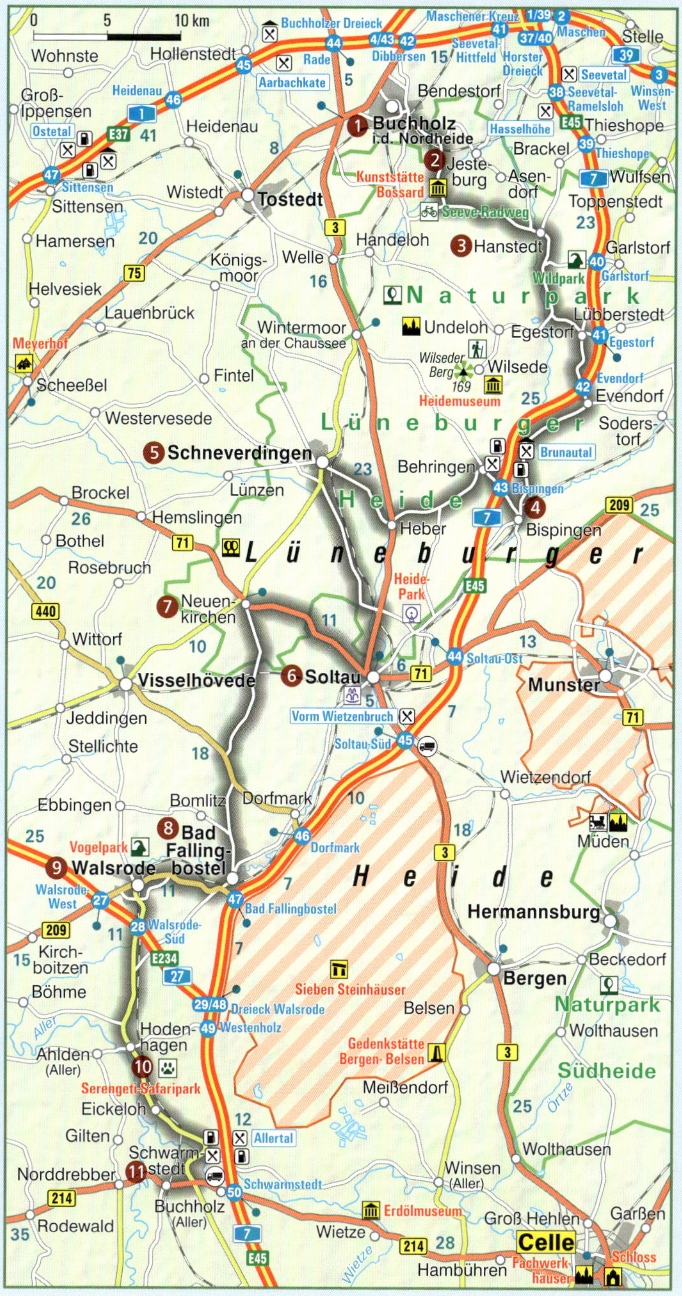

Vogelpark Walsrode: Ein Pfauhahn stellt seine Schwanzfedern zu einem fächerförmigen Rad auf.

Überregional ist die Stadt vor allem wegen ihres riesigen gepflegten Heideparks mit reichlich Nervenkitzel und tollen Attraktionen für die ganze Familie bekannt.

7 In **Neuenkirchen** verbindet sich Erdig-Bodenständiges mit Modern-Witzigem. Zu Ersterem zuerst: Hier ist ein Zentrum des Kartoffelanbaus. Der Heideboden bringt besonders leckere Erdäpfel hervor. Daher wird die Ernte im September mit einem Kartoffelfest gefeiert. Auf Heideleben wie aus dem Bilderbuch braucht man aber nur bis gegen 18 Uhr zu warten, wenn an der B 71 Richtung Soltau die große Heidschnuckenherde heim in die Ställe getrieben wird.
Auch das Dörfchen selbst besticht durch seine Beschaulichkeit. Umso mehr Überraschendes versteckt sich im Umland: Dort entstanden seit 1974 allerlei kuriose Freiluftkunstwerke. Informationen darüber, wo sich was befindet, erhält man im Springhornhof (im Winter geschlossen), aber auch viele Neuenkirchener wissen gut Bescheid.

8 In **Fallingbostel** gibt geruhsamer Kurbetrieb den Ton an. Zwischen Kurpark und Kurhaus beherrscht die ältere Generation das Geschehen.
Von dem Truppenübungsplatz (NATO-Truppenübungsplatz Bergen) jenseits der Autobahn ist nichts zu spüren. Ihm verdankt Fallingbostel sogar etwas, denn aus dem gesperrten Areal wurde der aus mehreren Gebäuden bestehende Hof der Heidmark hierher versetzt. Er war im 17. Jh. entstanden und dient heute als Kulturzentrum.
Die schönste Ecke von Fallingbostel ist jedoch der nördlich gelegene Ortsteil Dorfmark, ein idyllisches Fachwerkensemble mit einer alten Dorfkirche. Wer Zeit und Muße findet, sollte den Ort einmal von der Wasserseite her betrachten, denn auf der Böhme lässt es sich gut paddeln.
Flussabwärts gelangt man – auch auf dem Landweg – zum Vorort Tietlingen mit dem Grab des 1914 in Frankreich gefallenen Heidedichters Hermann Löns, das in einem ruhigen Wacholderhain liegt.

9 Das Bekannteste an **Walsrode** ist heute wahrscheinlich das nahe Autobahndreieck, an dem die Verkehrsströme aus Hamburg, Bremen und Hannover aufeinander treffen. Ein Aufenthalt in der über 1000 Jahre alten Ortschaft lohnt sich jedoch gleich in zweifacher Hinsicht.
Beginnen wir mit dem im Jahr 986 gegründeten Kloster, dem ältesten der sechs erhaltenen Heideklöster. Zwar brannte dieses 1486 weitgehend aus und erlitt auch später noch große Schäden, doch einige historische Kunstschätze blieben erhalten, so die bemalte Holzdecke und die Glasmalereien des Nonnenchors; die Figur des Jesuskinds mit ihrem bestickten Umhang, in dem Süßwasserperlen aus der Heide verarbeitet sind; ein gotischer Altarbehang sowie die um das Jahr 1300 entstandene Figur des Stifters. Es war Graf Wale, der durch Rodung hier einst den Platz für die Klosteranlage schuf und so dem Ort seinen Namen gab. Die Klosterkirche nebenan dient gleichzeitig als Stadtkirche.
Mehr Anziehungskraft als die bescheidenen historischen Schätze hat zweifellos der Vogelpark. In einer weitläufigen Parkanlage mit reichem Rhododendronbestand gelegen verfügt dieser Privatzoo über 4200 Vögel in 675 verschiedenen Arten in Freigehegen und Freiflughallen; zudem gibt es ein Vogelbauermuseum und Spielmöglichkeiten für Kinder.

Blick vom Klostersee auf das Kloster Walsrode, dass von alten Bäumen umgeben ist.

10 Wesentlich spektakulärere Tiererlebnisse bietet **Hodenhagen**, das verwaltungsmäßig zu Walsrode gehört. Hier hat sich der »Serengeti-Safaripark« einen Namen gemacht. Wie in den südafrikanischen Nationalparks fährt man mit dem Auto durchs Ge-

Ein »Weißer Tiger«, eine albinotische Spielart des Königstigers, beim Fressen im Serengeti-Park Hodenhagen.

lände, wo Großsäugetiere wie Giraffen, Elefanten, Nashörner, Löwen und Tiger frei umherlaufen.

11 **Schwarmstedt** – hier mündet die Leine in die Aller – bringt noch einmal die Vogelfreunde ins Schwärmen. Die weiten, feuchten Auen dieser unbegradigt gebliebenen Flüsse bieten vielen Reihern, Störchen und Milanen einen Lebensraum. Blickfang im Ort selbst ist das prächtige Fachwerkhaus »Alte Burg« von 1632.

Wandern & Freizeit

Ein gut 8 km langer Wanderweg geht vom Schäferhof in **Neuenkirchen** zum **Stichter See**, in dem man auch baden kann. Hier führt der Hermann-Billung-Wanderweg von Lüneburg nach Verden vorbei. Er ist 125 km lang und natürlich auch für Teilstrecken geeignet.

Die schönste Radtour ab **Soltau** führt durchs idyllische, etwa 96 ha große Naturschutzgebiet Böhmetal über Fuhrhop nach **Jettebruch** (ca. 11 km), von wo aus man auch auf anderem Wege zurückfahren kann. Das Naturschutzgebiet wird vom vom namengebenden Heideflüsschen Böhme durchflossen.

Der etwa 92 km lange **Seeve-Radweg** führt entlang dem 40 km langen Heideflüsschen Seeve in drei Ringen von Wehlen in der Lüneburger Heide bis nach Over an der Elbe. Dabei verzeichnet der mit Informationstafeln durchgängig beschilderte Seeve-Radweg keine wesentlichen Steigungen und führt über Asphaltbelag, aber auch über Feld- oder Sandwege. Die etwa 31 km lange **Ringtour 2** (Mittlere Seeve: Lüllau-Jesteburg-Bendestorf-Horst-Ramelsloh-Jesteburg-Lüllau) beginnt in **Lüllau**. Von dort führt die Strecke nach Jesteburg, wo man dem Lauf der Seeve gut folgen kann, von kleinen Brücken aus erhält man einen guten Einblick in den Lebensraum eines weitgehend unberührten Heidebachs. Von Jesteburg, das für seine gut erhaltenen Reetdachhäusern und seinen großen Bestand an alten Bäumen bekannt ist, führt die Ringtour 2 nach Bendestorf zum gleichnamigen Filmmuseum. Am nördlichsten Punkt des Radwegs befindet sich Horst mit seiner Wassermühle aus dem Jahr 1595, die immer noch funktionstüchtig ist. Von dort geht es südwärts nach Ramelsloh zum Skulpturenpark der Gernot Huber-Stiftung. Über Jesteburg erreicht man schließlich wieder den Ausgangspunkt der Tour – das Dorf Lüllau.

Wenn man die Lüneburger Heide auf eine etwas andere Art und Weise erleben möchte – also weder mit dem Auto noch mit dem Rad oder zu Fuß –, dann bietet sich eine gemütliche **Kutschfahrt** an, vielleicht die schönste Art das Naturschutzgebiet kennenzulernen. In **Undeloh** haben verschiedene Anbieter zum Teil mehrstündige Kutschfahrten, beispielsweise Landschaftstouren oder Heiderundfahrten im Programm. Undeloh liegt mitten im Naturschutzgebiet Lüneburger Heide, wo es zur Zeit der farbenprächtigen Heideblüte garantiert so aussieht wie auf der malerischsten Postkarte *(Ferienhof Heins, Undeloh, Matthias Heins, Zur Dorfeiche 12, Undeloh, Tel. 04189/541, www.ferienhofheins.de; Garbers Hof, Karl-Otto Degener, Zur Dorfeiche 4, Undeloh, Tel. 04189/452, www.garbershof.de).*

Seit dem Jahr 1987, als man in Soltau eine Solquelle erschloss, gibt es hier auch einen Kurbetrieb, dazu das Erlebnisbad **Soltau Therme**. Bei Wassertemperaturen von 35–36 °C genießt man das Bad im 600 m² Sole-Becken. Außerdem gehören zur Anlage ein Sole-Außenbecken mit einer weitläufigen Liegewiese, ein Therapierundbecken (5 % Sole), ein Whirlpool, Liegebuchten, Wasserdüsen, Wasserfälle, eine Solegrotte und ein Sole-Dampfbad (45 °C). Im Hallenbad befinden sich das 25-Meter-Hauptbecken, ein Nichtschwimmerbecken, eine 84 m lange Riesenrutsche, eine Sprunganlage und das Kinder-Badeland. Des weiteren verfügt das Bad über eine großzügige Saunalandschaft mit Erd-Sauna, Kelo-Sauna, Heide-Sauna, Salzkristall-Sauna und Meditations-Sauna sowie über ein Rasul-Dampfbad. Im Wellness-Zentrum kann man sich einer Rügener Kreidepackung, einem Kleopatrabad, einer verjüngenden Gesichtsbehandlung oder einer Ayurveda Massage unterziehen *(Mühlenweg 17, 29614 Soltau, Tel. 05191/844 80, www.soltau-therme.de).*

Lüneburg und die Ostheide

Die Lüneburger Bürgerhäuser und ehrwürdigen Heideklöster, die Fachwerkstadt Celle und die Mühlenmuseen von Suhlendorf und Gifhorn: das sind die Hauptstationen dieser Dreitagesroute von etwa 190 km Länge.

Lüneburg, Alter Kran von 1797 am Hafen, links das Alte Rathaus.

❶ Gleich die erste Station, **Lüneburg**, präsentiert sich als ein Juwel. Der Reichtum, den die Salzvorkommen den Bürger der mittelalterlichen Stadt bescherten, ist bis zum heutigen Tag augenfällig.

Die Geschichte lebt fort in den schmucken roten Wohnhausgiebeln der typisch norddeutschen Backsteingotik, wie vor allem am alten Handelsplatz »Am Sande«, in den großen Kirchen St. Johannis, St. Michaelis und St. Nicolai, im Rathaus mit seiner prunkvollen »Gerichtslaube«, die um 1330 entstand, und der Großen Ratsstube aus dem 16. Jh., aber auch auf dem Markt mit dem Lunabrunnen sowie am idyllischen Hafen samt seiner Kneipenzeile »Am Stintmarkt« mit dem alten Kran von 1797 und der Wassermühle.

Nicht vergessen sollte man das Kloster Lüne am nordöstlichen Stadtrand mit seinen prächtigen mittelalterlichen Bildteppichen. Wissenswertes und Interessantes über die Geheimnisse der Stadtgeschichte und der in Lüneburg betriebenen Künste vermitteln das Brauerei- und das Salzmuseum.

❷ Seit 1968 lebt auch **Bad Bevensen** vom Salz, das heute allerdings – wie in Lüneburg schon seit Längerem – nur für den Kurbetrieb genutzt wird. Die Stadt mit ihrer Jod-Sole-Therme bezaubert durch ihr schmuckes Äußeres und ihren ruhigen Charakter.

Besonders sehenswert ist das 1336 gegründete Medinger Kloster nördlich der Stadt. Nachdem dieses im Jahr 1781 abgebrannt und lediglich das Brauhaus übrig geblieben war, baute man es anschließend im spätbarocken Stil wieder auf, sodass es heute fast wie ein Schloss wirkt.

❸ **Ebstorf** ist weltbekannt – zumindest bei Kartografiehistorikern. Im hiesigen Heidekloster wurde um 1830 die bedeutendste mittelalterliche Weltkarte entdeckt. 12 m^2 groß, stellte sie die Erde als Scheibe mit Jerusalem in der Mitte dar – bis sie 1943 im hannoverschen Staatsarchiv bei einem Bombenangriff den Flammen zum Opfer fiel. Heute ist im Kloster eine Replik der Karte ausgestellt.

Zwar nicht ganz so bekannt, jedoch fast noch schöner sind die Glasmalereien im Kreuzgang sowie die Truhen, in denen die Benediktinernonnen ihr persönliches Hab und Gut verwahrten.

Bockwindmühle »Auguste« im Handwerksmuseum in Suhlendorf.

❹ **Uelzen** ist ein Zentrum der Zuckerindustrie. Trotz zweier Stadtbrände und Kriegszerstörungen ist rings um die gotische Stadtkirche St. Marien aus dem 13. Jh. ein Großteil der Fachwerkromantik erhalten geblieben. Das Gotteshaus birgt einen herrlichen Flügelaltar aus dem Jahr 1506 sowie Uelzens Wahrzeichen, das »Goldene Schiff«, einen im Jahr 1598 aus London erworbenen Tafelaufsatz aus vergoldetem Kupfer.

»Dat Nige Hus«, das »neue Haus«, trägt seinen Namen seit 1647, als es nach dem ersten Stadtbrand erneuert und mit einer Renaissancefassade versehen wurde.

Auf dem rechten Ilmenauufer liegt Oldenstadt, die Keimzelle Uelzens. Die dortige Klosterkirche aus dem 12. Jh. ist die einzige aus Feldsteinen errichtete Basilika in Deutschland. Technikinteressierte fahren ein Stück in Richtung Süden, wo die größte Kanalschleuse Europas die Schiffe auf dem Elbeseitenkanal 23 m in die Höhe hebt.

❺ **Suhlendorf** ist die Stadt der Mühlen, die allerdings meist als Modelle im Handwerksmuseum am Mühlenberg ausgestellt sind. Von denen, die sich als hierher versetzte Originale in voller Größe präsentieren, ist die seit Juli 1999 wieder betriebsfähige Bockwindmühle »Auguste« aus dem Jahre 1810 die bemerkenswerteste. Am Wochenende kann man das Mahlen von Getreide erleben. Auch die Werkstätten ländlicher Berufe wie Stellmacher und Sattler sind zu sehen. Zu den alljährlichen Höhepunkten zählen der Deutsche Mühlentag am Pfingstmontag, das Südheide-Dackelrennen an Himmelfahrt und das Mühlenfest.

❻ **Hankensbüttel** am Südostrand der Lüneburger Heide ist in Tierschützerkreisen ein Begriff: Den stark gefährdeten Fischottern mehr Lebensraum zu verschaffen und ihre Lebensgewohnheiten gründlich zu erforschen ist nämlich Ziel des von einem Verein getragenen Otterzentrums, von dessen Arbeit und Engagement natürlich auch andere Tierarten in der Region profitieren.

Im nahe gelegenen Kloster Isenhagen sind die Ausstattung der Kirche, die Truhen und besonders teilweise über 700 Jahre alte Stickereien mit Flussperlen aus der Heide ausgestellt.

Wer Arno Schmidt, den ungewöhnlichen, 1979 verstorbenen Autor von »Zettels Traum«, kennt, wird seine Reise auf der folgenden Etappe in Bargfeld unterbrechen. Eine Besichtigung des Wohnhauses des bekannten Schriftstellers, der von 1958 bis zu seinem Tod 1979 in dem Heidedorf lebte, sowie ein Besuch der Arno-Schmidt-Stiftung sind allerdings nur nach vorheriger Anmeldung möglich *(Tel. 05148/920 40)*.

Lüneburger Giebelhäuser auf dem Platz Am Sande.

Die Gerichtslaube im Lüneburger Rathaus mit wunderbaren Decken- und Wandmalereien.

Wandern & Freizeit

Die etwa 6 km lange Wanderung (ca. 75 bis 90 Min.) in **Lüneburg** am Hasenburger Bach entlang startet neben der Jugendherberge in der Wichernstraße. In dieser Straße zwischen Haus 10 und 12 führt ein kleiner Pfad in den Wald. Dann folgt man dem mittleren Hauptpfad, der am Anna-Vogeley-Seniorenzentrum vorbeiführt und erreicht den Hasenburger Bach. Der Weg verläuft weitgehend am Bach entlang. Bei der Unterführung der B4 nimmt man den Weg, der auf einem Steg unter der Unterführung durchführt. Direkt danach zweigt man nach rechts ab. Kurz bevor man das Forsthaus Rote Schleuse erreicht, biegt man an einer Kreuzung nach links ab und folgt damit wieder dem Hauptweg. Kurz nachdem man einige der kleinen Teiche erreicht hat, schlägt man den Weg nach dem zweiten Tümpel schräg nach rechts ein. An den Teichen vorbei geht es bis zur Revierförsterei, wo man über eine Treppe die Bockelsberghütte erreicht. Hinter dem Spielplatz verläuft ein Pfad zur Uelzener Straße. Über die Scharnhorststraße erreicht man wieder den Ausgangspunkt.

Zu einer ausgedehnten Wanderung lädt das Waldgebiet Rießel bei **Bad Bevensen** ein. Findlinge markieren dort einen Naturlehrpfad, auf dem sich auch prähistorische Hügelgräber befinden. Nach einem kurzen Abstecher zum Elbeseitenkanal geht es dann zurück über Medingen und durch die Amtsheide.

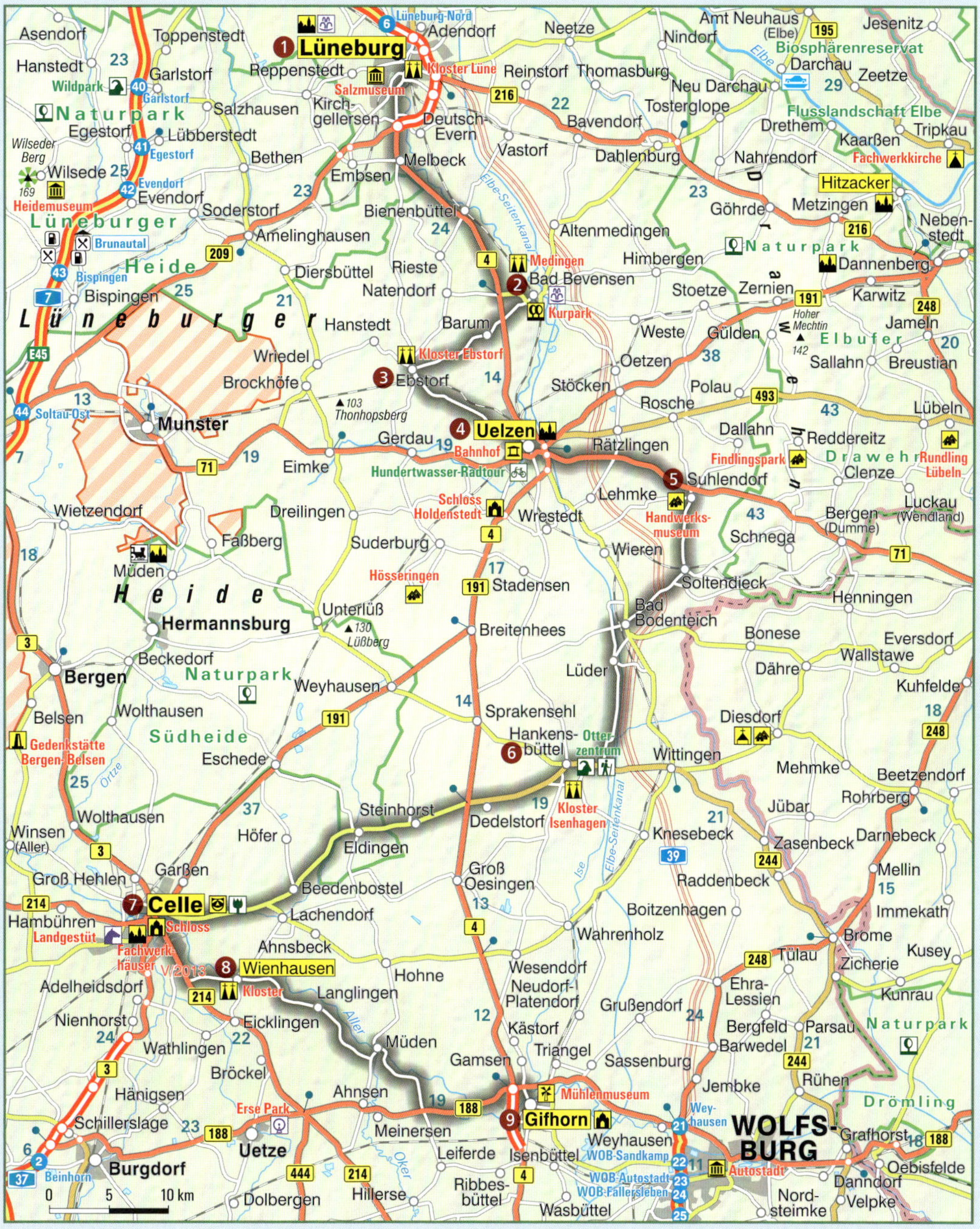

Der Nonnenchor im Kloster Wienhausen ist mit prächtigen Malereien ausgeschmückt.

7 Die übersichtliche Altstadt von **Celle** ist ein wahrer Besuchermagnet. Hier reiht sich Fachwerkhaus an Fachwerkhaus und auch das Renaissanceschloss der Lüneburger Herzöge mit seiner überreich ausgeschmückten Kapelle und dem Barocktheater, dem ältesten noch bespielten Theatersaal Deutschlands, sollte man auf keinen Fall versäumen.

Vom Schlosspark führt die Stechbahn, auf der einst Turniere ausgefochten wurden und heute besonders schöne Fassaden zu sehen sind, zum Rathaus und zur Stadtkirche. Die Synagoge im Südosten der Altstadt – jetzt eine Gedenkstätte – ist das älteste jüdische Gotteshaus Niedersachsens.

Um Celle dafür zu entschädigen, dass es nach dem Aufstieg Hannovers seine Stellung als Residenzstadt einbüßte, siedelte man hier das Oberlandesgericht an und baute ein Zuchthaus sowie das Landgestüt, die Hannoveraner Pferdezucht.

8 Um **Wienhausens** größte Schätze zu sehen muss man im Juni kommen, wenn ab dem Freitag nach Pfingsten elf Tage lang die kostbaren Bildteppiche gezeigt und erklärt werden, die die vornehmen Bewohnerinnen des einstigen Klosters und heutigen Damenstifts Wienhausen während des 14. und 15. Jh. schufen.

Die gotischen Backsteingebäude mit dem prächtig ausgemalten Nonnenchor und Glasmalereien machen einen Besuch auch in den anderen elf Monaten des Jahres zu einem eindrucksvollen Erlebnis.

9 In erster Linie sollte man in **Gifhorn**, das einst aufgrund seiner Lage an der Kreuzung wichtiger Handelsstraßen Bedeutung gewann, das Renaissanceschloss besichtigen, zu dem eine Schlosskapelle aus der Reformationszeit gehört. Außerdem beeindrucken zahlreiche alte Gebäude wie das Kavalierhaus (mit Museum) oder die goldenen Kuppeln einer russisch-orthodoxen Holzkirche, die im Norden der Stadt steht.

Wen sein Weg jedoch bis dorthin geführt hat, der befindet sich auch schon direkt vor Gifhorns Hauptattraktion: dem Mühlenpark, der in der Nähe des Kreuzungspunktes der Bundesstraßen 4 und 188 gelegen ist. Im Mittelpunkt des Freilichtmuseums liegt der Dorfplatz mit einem Ensemble von drei schönen Fachwerkhäusern, die ein Rundlingsdorf darstellen sollen. Auf dem rund 16 ha großen Freigelände mit zahlreichen Gräben und Teichen sowie dem 5 ha großen Mühlensee befinden sich 15 Mühlen – teils Originale, teils Nachbauten in Originalgröße –, davon stammt eine aus Griechenland und eine aus der Ukraine. In Modellen präsentiert sich Mühlentechnik aus aller Welt.

Zahlreiche Mühlen präsentiert der Wind- und Wassermühlen-Museum, u.a. diese Bergholländer-Mühle.

Die Celler Schlosskapelle wurde gegen Ende des 15. Jh. im gotischen Stil errichtet. Im 16. Jh. erhielt sie ihre Renaissance-Ausstattung.

Wandern & Freizeit

Auf dem etwa 3,5 km langen **Otter-Pfad** in **Hankensbüttel** begibt sich der Wanderer sozusagen auf die Spuren und in die Welt eines Fischotters. Der Weg verläuft durch Hankensbüttel, vorbei an Bächen und dem Isenhagener See sowie durch das Waldgebiet Hagen. Dabei folgt man im günstigsten Fall immer der Fährte der Fischotter, die sich seit einiger Zeit hier in freier Wildbahn wieder heimisch fühlen (mal abgesehen vom bekannten Otter-Zentrum). Start des Naturlehrpfads ist das Otter-Zentrum in der Sudendorfallee 1.

Von **Hankensbüttel** aus bietet sich ein Fahrradausflug, der einschließlich Rückweg etwa 26 km beträgt. Über Nebensträßchen und Waldwege führt der Radweg nach Bodenteich. Dabei kommt man über Lüder, das man auch das »Dorf der tausend Eichen« nennt.

Die **»Hundertwasser-Radtour«** beginnt am »Hundertwasser-Bahnhof« **Uelzen** und führt zunächst ins Fleckchen Suhlendorf. Der Streckenverlauf: Hundertwasser-Bahnhof Uelzen – Kunstpfad »Weg der Steine« – Innenstadt Uelzen – Handwerksmuseum, Suhlendorf – ehemalige Wassermühle Oetzmühle – Woltersburger Mühle – historisches Zentrum (ehem. Klosteranlage) Oldendstadt – Oldenstädter See (Badesee, Grill- und Rastplatz) – Uelzen. Die knapp 52 km lange Tour führt an »zwei Feldsteinen« und »neun Eichen« vorbei, durch Heidedörfer bis zu einem Zwischenstopp im Handwerksmuseum Suhlendorf. Behutsam radelt man auf dieser Strecke durch die Natur, stark befahrene Straßen werden auf der »Hundertwasser-Radtour« vermieden.
Sehenswerte Mühlen und historische Gebäude und Museen säumen den Verlauf. Der Radweg ist trotz einer Routenlänge von etwa 52 km Länge ohne Probleme zu bewältigen, da die Tour beinahe durchgehend durch ebenes und flaches Gelände verläuft. Nur im Bereich Suhlendorf gibt es einige kurze, allerdings kaum nennenswerte Steigungen.

Im Bade- und Freizeitparadies **SaLü**, die Salztherme **Lüneburg**, ist für die ganze Familie Erholung, Spaß, Fitness und Vergnügen angesagt. Im 32 °C warmen Außenbecken kann man sich durch den Strömungskanal treiben lassen oder sich im Sole-Wellenbecken mit den Wellen wie an der Nordsee treiben lassen. Wer eher Ruhe und Wohlbefinden sucht, begibt sich ins Sole-Entspannungsbecken zu sanften Klängen klassischer »Unterwassermusik«; dabei »schwebt« man auf 32 °C warmem Wasser mit 4 % Sole. Auf etwa 1200 m² Fläche erstreckt sich die modern gestaltete Sauna- und Wellnesslandschaft, die sich auf zwei Saunabereiche verteilt.
Für Kinderspaß sorgen lustige Wassertiere, die Dreier-Rutsche oder Wasserbretter, mit denen man auf den Wellen surfen kann. Außerdem gibt es einen Staudamm mit Wasserfass, einen Wasserfall und die Seeschlange »Tribolin«. Für die größeren Kinder steht die etwa 90 m lange Riesenrutsche mit Licht- und Farbeffekten sowie einem »Black Hole« bereit *(Salztherme Lüneburg, Uelzener Str. 1-5, 21335 Lüneburg, Tel. 04131/72 30, www.salue.info, Mo–Sa 10–23, So und Feiertage 8–21 Uhr).*

In **Scharnebeck**, einem nordöstlich gelegenen Vorort von Lüneburg, bietet sich ein Besuch des dortigen Schiffshebewerks an. Das Schiffshebewerk Lüneburg Scharnebeck wurde in den Jahren zwischen 1974 und 1976 als weltgrößtes seiner Art erbaut. Dieses gewaltige Bauwerk am Elbeseitenkanal bietet modernen Frachtschiffen die Möglichkeit eine Höhe von 38 Metern zu überwinden. Ein sehenswertes technisches Schauspiel kann man bei einer Gruppenführung bzw. einer Durchfahrt mit dem Schiff durch das Schiffshebewerk erleben. Angeboten werden technisch informative und gesellige Führungen für Familien oder Gruppen. Anschließend steht die Einkehr ins Landgasthaus Rose Scharnebeck auf dem Programm *(Tel. 0170/247 09 10, info@schiffshebewerk-scharnebeck.de, www.schiffshebewerk-scharnebeck.de).*

Die Mecklenburger Seenplatte

Ausgangspunkt dieser Tour ist die Landeshauptstadt Schwerin. Über Ludwigslust geht es am Plauer See und der Müritz vorbei durch das »Land der tausend Seen« in das Städtchen Neubrandenburg. Über Burg Stargard endet die Tour in Neustrelitz. Abstecher führen nach Güstrow und Sternberg.

1 Inmitten von sieben Seen liegt die altehrwürdige Residenzstadt **Schwerin**. Mittelpunkt unter den vielen historischen Prachtbauten der Stadt ist das märchenhafte Schloss mit seinen Türmchen und Erkern, in dessen barockem Schlossgarten sich elegant flanieren lässt. Weitere schöne Bauten spiegeln sich in den Gewässern: das Staatstheater, das Staatsmuseum und der klassizistische Marstall. Die Altstadt wird beherrscht vom Markt, dem Rathaus und dem im 12. Jh. begonnenen imposanten Dom.
Einen Bummel durch die Stadt sollte man mit einem Bootsausflug auf dem Schweriner See abrunden.
Obwohl sie abseits der Route und nördlich von Schwerin liegen, lohnt sich ein Abstecher nach Sternberg und Güstrow durchaus. Das etwa 30 km von Schwerin entfernte Sternberg liegt in einem der schönsten Wandergebiete des Landes inmitten der Sternberger Seenplatte. Auf einem Hügel thront die Stadtkirche, um die sich Gassen und Häuschen des Stadtkerns schmiegen. Unbedingt anschauen sollte man das nahe gelegene Freilichtmuseum von Groß Raden. Gut weitere 30 km von Sternberg entfernt liegt das schmucke Güstrow mit seinem Schloss aus dem 16. Jh. Die imposante Anlage wurde im Stil der Spätrenaissance gestaltet. Am wuchtigen, in seinem Inneren kostbar ausgestalteten gotischen Dom vorbei erreicht man den Markt mit dem Rathaus und den Bürgerhäusern. Die Gertrudenkapelle, ein einschiffiger Backsteinbau aus dem 15. Jh. etwas außerhalb der Altstadt, zeigt eine Sammlung von Werken Ernst Barlachs.

2 In **Ludwigslust** in der flachen Sandeinöde der »Griesen Gegend« findet sich ein besonderes Juwel: Die große Barockanlage Schloss Ludwigslust errichtete sich Herzog Friedrich II. als Residenz und natürlich nach dem Vorbild von Versailles. Die Staatsfinanzen wurden jedoch bald knapp, und so verfiel der Herzog für die Innengestaltung von Schloss und Schlosskirche auf ein neuartiges Dekorationsmaterial, das sich bis heute als Rarität in Europa erhalten hat: Die Pappmanufaktur im heutigen Rathaus lieferte den preiswerten Baustoff für den »schönen Schein« der prächtigen Ausstattung. 1860 vollendete der Gartenbaumeister Peter Joseph Lenné den überwältigenden Schlosspark mit den beiden Mausoleen und einem neugotischen Kirchlein.

3 Die Kleinstadt **Neustadt-Glewe** wird dominiert von der Alten Burg, die um 1248 entstand. Auf einem künstlichen Hügel hat sich der älteste Profanbau des Landes erhalten: die Alte Burg aus dem 13. Jh., heute mit Burgmuseum. Im 17. Jh. entstand das Schloss, das als Nebenresidenz der Mecklenburger Herzöge diente.

Schloss Ludwigslust wird auch das »Versailles des Nordens« genannt.

Im Abendlicht, wenn die Uferstraße beleuchtet ist, wirkt das Schweriner Schloss auf seiner

4 **Parchim** liegt in einer hügeligen Landschaft inmitten ausgedehnter Waldgebiete. Um die Burg, die um 1170 erstmals erwähnt wird, bildete sich die Altstadt, die mit ihren schmuck gestalteten Fachwerkhäusern um den Marktplatz und dem

Wandern & Freizeit

Durch das Naturparadies **Schaalsee**, das leicht von Schwerin aus erreichbar ist, führen Wanderwege mit Hinweisen auf die Flora und Fauna. Das Biosphärenreservat gehört zum UNESCO-Naturerbe; es werden auch geführte Touren durch dieses Gebiet angeboten.

Eine kurze, 5 km lange Radtour führt über aspahltierte und befestigte Wege rund um den **Faulen See** mitten in Schwerin. Die Tour startet beim Parkplatz am Zoo und führt zur Südspitze des Sees, wo sich dem Radler ein herrlicher Blick auf das Gewässer anbietet. Es geht linkerhand, im Uhrzeigersinn auf einem Asphaltweg weiter, bis zu einem Rastplatz und weiter zur Schleifmühle an der Nordspitze des Sees. Info-Tafeln berichten über die Mühlentechnik und die Steinschleiferei im 18. Jh. Die nächsten Etappen auf der Strecke sind das Kanucamp und kurz darauf ein Rastplatz mit Kinderspielplatz. Schließlich geht es wieder zurück zur Südspitze des Sees. Die Tour kann man mit einem Besuch im Zoo Schwerin abschließen.

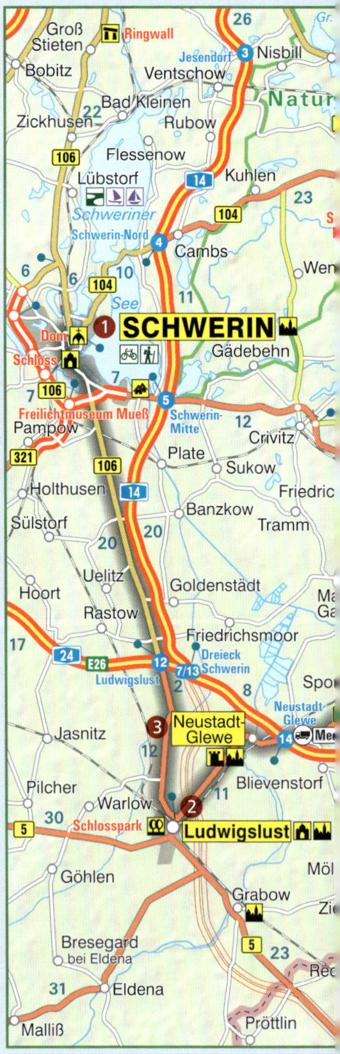

Insel besonders prächtig (rechts). Weiter in der Bildmitte sind Marstall und der Dom zu erkennen.

einzigartigen Rathaus aus dem 14. Jh. absolut sehenswert ist. Die gotische Georgenkirche am Alten Markt birgt in ihren gigantischen Mauern einen schönen Schnitzaltar. Von Parchim bietet sich ein Ausflug in die besonders stille Nossentiner-Schwinzer-Heide an. Hier finden sich klare Seen, unberührte Wälder und eine reiche Fauna.

Auf der Weiterfahrt von Parchim nach Plau sollte man einen Stopp in Lübz einplanen. Die Kleinstadt ist u. a. für das mild-herbe Pils bekannt, das die hier ansässige Brauerei herstellt. Hier bietet sich eine Brauereibesichtigung an *(Tel. 038731/362 00, www.luebzer.de).*

5 Die liebenswürdige Kleinstadt **Plau** am Westufer des Plauer Sees ist geprägt von einfachen Fachwerkhäusern. Plau ist die höchste Stadt des Landes und Ausgangspunkt der bei Wassersportlern und Wanderern so beliebten Müritz-Elde-Wasserstraße, die hier ihren Weg nach Dömitz aufnimmt, wo sie in die Elbe mündet.

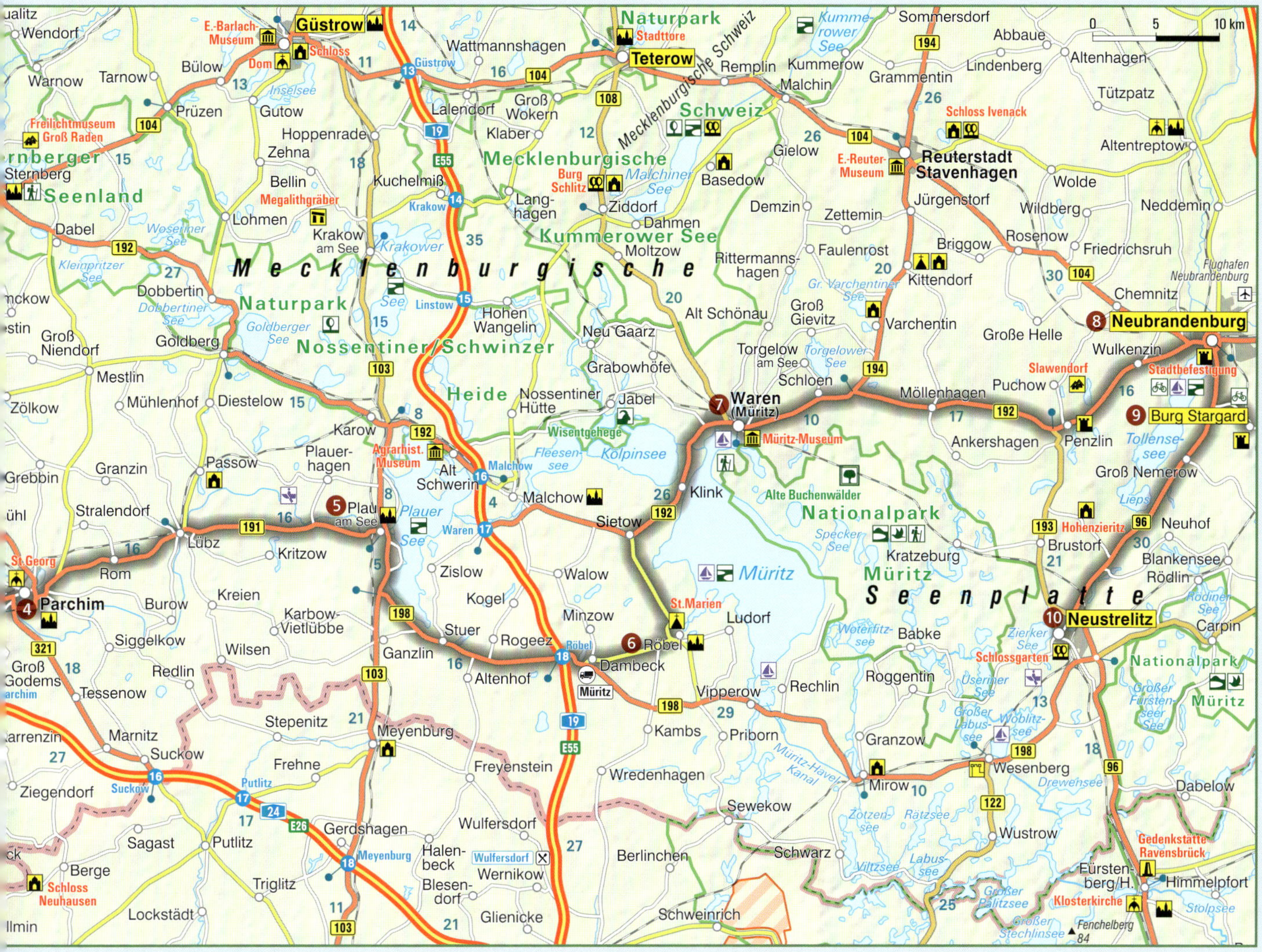

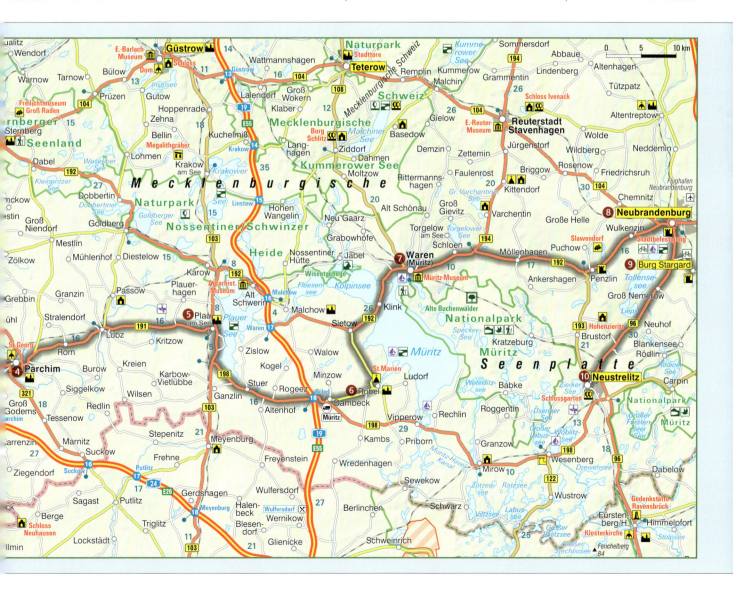

Ein Ausflugsschiff fährt in die Bucht von Röbel, einem kleinen Städtchen am südlichen Zipfel der Müritz. Pittoreske Fischerhütten säumen das Buchtufer.

Von den Anfängen Plaus als Sommerfrische zeugen historische Logierhäuser in Seelust.

Unweit vom Plauer See gibt es weitere interessante Gewässer wie etwa den Fleesensee, der zu einer Bootstour einlädt. Vom Boot hat man einen schönen Blick auf den malerischen See und die neugotische Klosterkirche von Malchow, die ebenfalls bei Ausflüglern beliebt ist.

Das Vortor des Friedländer Tores in Neubrandenburg mit dem Torcafé.

Als letztes Beispiel sei der Krakower See genannt. Er bietet mit seinen zahllosen Inseln und den vielen versteckten Buchten großen Kolonien von Flussseeschwalben und Reiherenten einen Lebensraum. Schon der Heimatdichter Fritz Reuter weilte gern in der »lieblichen Krakowschen Gegend«, einem der reizvollsten Plätze auf der Seenplatte.

6 **Röbel** liegt im Südwesten der Müritz in einer kleinen Bucht und erscheint als verträumte Kleinstadt, geprägt von Kopfsteinpflaster und kleinen Häusern. Der Backsteinbau der Marienkirche stammt aus dem 13. Jh. und war das Gotteshaus der Fischer. In der Neuen Stadt steht am Marktplatz die frühgotische Nicolaikirche aus dem 13. Jh.

7 **Waren**, die »Metropole« der Seenplatte, ist eines der Eingangstore zum Müritz-Nationalpark, der sich über 318 km² am Ostufer des zweitgrößten deutschen Sees erstreckt. Bei einem Bummel durch das viel besuchte historische Zentrum, das von zwei sehenswerten Gotteshäusern überragt wird, sollte man unbedingt einen Blick in das Müritzeum werfen, um sich auf einen Besuch im Naturschutzgebiet einzustimmen. Im »Haus der 1000 Seen« befindet sich u. a. Deutschlands größtes Aquarium für einheimische Süßwasserfische.

8 **Neubrandenburg**, am Nordufer des Tollensesees, wird auch die »Stadt der vier Tore« genannt. Das Friedländer Tor aus dem 14. Jh. birgt heute ein Café. Das höchste Tor ist das Treptower Tor aus der zweiten Hälfte des 14. Jh., in dem sich ein kleines Museum befindet. Das Stargarder Tor mit den farbenfrohen Ziegeln und Giebeln ist das schönste.

Die vier prachtvollen Gebäude, reich verzierte Beispiele der Backsteingotik, sind in die vollständigste Stadtmauer Norddeutschlands eingelassen, die kreisrund das historische Zentrum umgibt. Geht man entlang der Mauer um die Stadt, entdeckt man 56 sogenannte Wiekhäuser, Fachwerkbauten, die im Abstand von 30 m wie Nester auf der Mauer sitzen und einst zur Verteidigung dienten. Ein Spaziergang durch die krummen Gässchen der Altstadt bringt den Besucher zur Marienkirche, einem aus dem 14. Jh. stammenden bedeutenden Backsteinbau, der zukünftig als Konzerthalle dienen wird.

Der nahe gelegene Tollensesee bietet vor allem Seglern, Surfern, Tauchern und Paddlern beste Bedingungen für Aktivitäten.

9 In der bewaldeten Hügellandschaft thront, schon von weitem zu erkennen, die wehrhafte **Burg Stargard** über einem kleinen Städtchen. Die Feste entstand im 13. Jh. zur Verteidigung eines wichtigen strategischen Punktes während der deutschen Ostexpansion.

In den kleinen Straßen der Altstadt, die in ihrer heutigen Gestalt aus dem 18. Jh. stammt und immer noch den Charakter einer idyllischen Handwerkerstadt aufweist, befinden sich die Stadtkirche und die Kapelle, in der das sehenswerte Heimatmuseum untergebracht ist.

10 **Neustrelitz** wurde 1733 als letzte geplante Barockstadt Europas angelegt, erkennbar am symmetrischen Stadtplan, auf dem acht Straßen sternförmig auf den zentralen Marktplatz mit seinem herrlichen Rathaus und der Stadtkirche, einem Backsteinbau aus dem 18. Jh., zulaufen.

Von der herzoglichen Residenz sind noch der prächtige Schlosspark, ein Werk Lennés, und die 1755 errichtete Orangerie erhalten. Ein Anziehungspunkt ist der Luisentempel. Das Sehenswerteste an Neustrelitz aber ist wohl die umliegende Landschaft: Mehr als 300 kleine Seen bilden die Neustrelitzer Kleinseenplatte, eine herrliche Gegend voller vielfältiger Möglichkeiten für Wanderungen oder weite Bootsausflüge.

In Plau am See wird die Elde durch eine Hubbrücke von 1916 überspannt.

Denkmal des Großherzogs vor der Schlosskirche von Neustrelitz.

Wandern & Freizeit

Die **Sternberger Seenplatte** hat lohnende Wanderziele zu bieten: Die tiefe Schlucht des Darnow-Durchbruchs ist eine besondere Naturschönheit. Im Mittleren Warnowtal geht es durch Wiesen und an einem begehbaren Großsteingrab vorbei.

Ein Spaziergang über die **Insel Kaninchenwerder** im Schweriner See mit ihren idyllischen Wäldern, wo auf hohen Bäumen auch Seeadler brüten, sollte mit einem Besuch in einem der schön gelegenen Cafés beendet werden.

Eine rund 20km lange Paddeltour führt auf einem Teilabschnitt der Alten Müritz-Elde-Wasserstraße von **Plau am Plauer See** nach **Lübz**. Die Tour führt auf Kanälen durch mehrere Schleusen, vorbei an einer reizvollen Landschaft. Auf dem Weg bieten sich diverse Gasthöfe am Ufer sowie eine ganze Reihe von Rastplätzen als willkommener Zwischenstopp an.

Im **Müritz-Nationalpark** kann man seit einigen Jahren am sogenannten Kunstring Arbeiten internationaler Künstler betrachten, die mit ihren Werken die Verbindung von Kunst und Natur vertiefen möchten. Ein Naturlehrpfad im Ostteil führt durch den gänzlich unberührten Serrahner Wald.

Mit dem Rad lässt sich eine gut 9,5 km lange Runde um den **Tiefwarensee** bewältigen. Die Tour beginnt am Müritz-Museum und führt in Richtung See zum See-Hotel, wo man vom Cafè und vom anliegenden Schaugarten einen Blick auf Waren genießen kann. Der Weg geht weiter am Freilichtmuseum und um den Mühlenberg herum und dann am Ufer entlang bis ans Nordende des Sees zur »Klinik Amsee«. Anschließend folgt man dem Eiszeit-Lehrpfad, der in eine Waldzone und schließlich zu einem Rastplatz führt. Von hier aus geht es wieder am Ufer entlang zurück. Im letzten Abschnitt laden einige Aussichtsplattformen zum Verweilen ein. An den Bahngleisen angekommen führt die Tour wieder zum Müritz-Museum zurück und endet schließlich dort.

Viele Radtouren in und in der Umgebung von Neubrandenburg haben den **Tollensesee** als Etappe. Die Umrundung des Sees ist etwa 35 km lang und führt vom Radeltreff in **Neubrandenburg** über Klein Nemerow, Usadel, Prillwitz, Alt-Rehse und Broda wieder zurück nach Neubrandenburg. Man fährt auf asphaltierten und befestigten Wegen sowie auf verkehrsberuhigten Nebenstraßen. An einigen Stellen sind hügelige Passagen zu bewältigen. Die Tour verläuft teils am Seeufer, teils durch herrliche Landschaft und Alleen sowie auch durch schöne Dörfer mit Fachwerkhäusern. Zwischen Usadel und Prillwitz kommt man an der Lieps, einem See mit Kormorankolonie, vorbei. Auf der Route laden einige Aussichtstürme zum Aufstieg ein. Gute Einkehrmöglichkeiten gibt es in Klein Nemerow, im Jagdschloss Prillwitz, in Alt Rehse sowie im großen Strandbad Broda, das außerdem diverse Freizeit- und Sportangebote bereit hält.

Die gut 26 km lange Radtour führt zur **Burg Stagard**, die auf einem Hügel rund 50m über dem gleichnamigen Ort steht. Vom Radeltreff Neubrandenburg geht es auf guten, aber unbefestigten Wegen sowie auf beruhigten Nebenstraßen über das Lindetal, mit seinen Wiesen und Wäldern, an den Resten einer alten Papiermühle ins Dorf Hinterste Mühle mit Freizeitzentrum, Kleintierzoo und Findlingsgarten. Anschließend geht es weiter nach Stagard und auf den Hügel zur Burg, von deren Bergfried man Ausblick auf die Umgebung genießen kann. Nach einem weiteren Anstieg geht es abwärts über Rowa zum Ufer des Tollensesees. Schließlich gelangt man über Klein Nemerow wieder zurück nach Neubrandenburg.

Eine angenehme, etwa 14 km lange **Kanutour** führt von **Neustrelitz** nach **Wesenberg**. Die Tour startet im Hafen von Neustrelitz und geht über den Zierker See. Nach der Schleuse Vosswinkel verläuft die Route weiter durch den Kammer-

kanal zum Woblitzsee, wo sich der Camping- und Ferienpark Havelberge mit seinen Lokalen für eine Pause anbietet. Anschließend fährt man auf dem Woblitzsee weiter bis zum Hafen von Wesenberg. Hier kann man die Burganlage besichtigen, einen Bummel durch die Altstadt machen oder nett in einem Café einkehren. Vom Bahnhof aus kann man bequem mit dem Zug zurück nach Neustrelitz fahren.

Das Münsterland

Mit dem Auto lässt sich die Münsterland-Tour von Havixbeck zum Schloss Westerwinkel gut in zwei bis drei Tagen bewältigen. Wer etwas mehr Zeit mitbringt, sollte sich ruhig einmal aufs Fahrrad schwingen und auf den stillen Seitenwegen, den »Pättkes«, durch die Parklandschaft radeln, um die Perlen des Münsterlandes auch wirklich angemessen zu würdigen.

Das Mittelschiff des St.-Paulus-Doms zu Münster; links die Statue des hl. Christophorus.

❶ An jeder Ecke der kleinen Stadt **Havixbeck** entdeckt man historisches Gemäuer, zum Beispiel die gotische Hallenkirche St. Dionysius, die Pestkapelle, das mittelalterliche Torhaus sowie zahlreiche Kapellchen, Wegekreuze und Bildstöcke. Eine besondere Besucherattraktion ist das ungewöhnliche Baumberger Sandsteinmuseum, das einen wichtigen Baustoff der Region anschaulich präsentiert. Von der 1000-jährigen Geschichte Havixbecks am Fuße der Baumberge erzählen auch die drei sehenswerten Wasserburgen Haus Havixbeck, Haus Stapel und Burg Hülshoff. Burg Hülshoff, Geburtsort der Dichterin Annette von Droste-Hülshoff, lädt mit ausgedehnten Parkanlagen zu geruhsamen Spaziergängen ein.

❷ Die Westfalenmetropole **Münster** ist heute eine lebendige Universitätsstadt mit reichlich historischem Ambiente – eine Stadt, die man am besten zu Fuß oder per Fahrrad erkundet; hier ohnehin das Hauptverkehrsmittel.

Um den St.-Paulus-Dom im Zentrum (hier sollte man sich um zwölf Uhr den Auftritt der Figuren an der Astronomischen Uhr anschauen) liegt wie ein Ring der alte Prinzipalmarkt mit seinen schönen Staffelgiebelhäusern aus Sandstein und den berühmten Arkadengängen. Blickfang und Wahrzeichen am Prinzipalmarkt ist das historische Rathaus mit dem Friedenssaal, in dem 1648 über das Ende des Dreißigjährigen Krieges verhandelt wurde. Unweit davon überragt der 90 m hohe Turm der Lambertikirche die Innenstadt; nachts wacht dort bis heute ein Türmer über den Schlaf der Einwohner.

Der berühmte Barockarchitekt Johann Conrad Schlaun erbaute hier das Stadtschloss, die Clemenskirche und den Erbdrostenhof.

Einen guten Eindruck von Münster vermittelt ein Rundgang auf dem lindenbestandenen Promenadenring, der die gesamte Innenstadt umschließt und am Schloss vorbeiführt. Über die Promenade gelangt man auch zum innenstadtnahen Aasee. Dort lockt in der warmen Jahreszeit eine besondere Attraktion: die Fahrt mit dem Ausflugsboot »Solaaris« zum Allwetterzoo. Vom Zoo ist es übrigens nicht weit zum Mühlenhof-Freilichtmuseum, einem hübschen Museumsdorf mit historischen Bauten aus ganz Westfalen.

❸ Bis zu 150 000 Pilger zieht es alljährlich zum Gnadenbild der schmerzhaften Muttergottes nach **Telgte**. Der dortige »Dreiklang« setzt sich aus drei historischen Gebäuden zusammen: der barocken Wallfahrtskapelle mit ihrer Pietà aus dem Jahr 1370, der Clemenskirche und dem Westfälischen Museum für religiöse Kultur (Relígio), in dem auch das berühmte Telgter Hungertuch aus dem Jahr 1623 ausgestellt ist. Nicht nur für Kinder interessant ist das Krippenmuseum mit Exponaten aus aller Welt, heute ebenfalls Teil des Museums Relígio.

Nach dem reichhaltigen Kulturprogramm bietet sich ein Bummel durch die historische Innenstadt an, gefolgt von einem gemächlichen Spaziergang am Ufer der Ems.

❹ Der »Bauerndom« im Warendorfer Ortsteil **Freckenhorst** gehört zu den bedeutendsten romanischen Bauwerken Westfalens. Die fünftürmige Stiftskirche St. Bonifatius geht auf das 11. und 12. Jh. zurück. Der Taufstein mit seinen beinahe vollplastisch herausgearbeiteten Figuren gilt als bedeutendes Kunstwerk des Mittelalters.

Blick vom Münsteraner Domplatz auf das historische Rathaus; links daneben das Stadtweinhaus.

❺ **Warendorf** begrüßt den Gast in seiner bezaubernden Altstadt mit den historischen Giebelhäusern rund um den Marktplatz, mit dem Heimathaus aus dem Jahr 1404, dem Münstertor, der St.-Laurentius-Kirche, dem Bentheimer Turm, der Promenade und dem Franziskanerkloster. In erster Linie aber ist Warendorf eine Stadt des Sports – insbesondere des Pferdesports. Die alljährliche Warendorfer Hengstparade lockt Besucher von Weither an.

❻ Von der einstigen Burg der Grafen von **Tecklenburg** im Teutoburger Wald stehen heute nur noch Ruinen, in denen regelmäßig die überregional bekannten Freilichtspiele eine Bühne gefunden haben. Auch die malerische Altstadt mit ihren Fachwerkhäusern aus dem 16.–18. Jh. und das im 14. Jh. entstandene Wasserschloss machen einen Besuch zum Er-

Burg Hülshoff in Havixbeck spiegelt sich im klaren Wasser seiner Gräfte.

Der Weg zum Schlossgelände in Burgsteinfurt führt durch ein Torhaus.

lebnis. Eine wunderschöne Aussicht genießt man vom Wierturm – und ganz generell Richtung Süden, denn die Lage der Stadt am Höhenzug des Teutoburger Waldes ermöglicht einen weiten Panoramablick ins flache Münsterland.

7 Das imposante Schloss **Burgsteinfurt** im gleichnamigen Ortsteil von Steinfurt ist die älteste Wasserburg Westfalens. Die Burganlage mit ihrem schönen Fachwerk-Torhaus befindet sich in Familienbesitz und wird bewohnt, ist also nur von außen und aus einiger Entfernung zu betrachten. Bei einem Rundgang durch die Altstadt von Burgsteinfurt sollte man die Patrizierhäuser und das historische Rathaus am Marktplatz sowie das Stadtweinhaus von 1445, das Kornschreiberhaus aus dem 15. Jh. und das Geisthaus aus dem 16. Jh. keinesfalls versäumen.

Wer gern in reizvoll gestalteter Natur spazieren geht, darf den Steinfurter Bagno nicht auslassen, eine um einen See und Wasserläufe herum gestaltete Parkanlage aus dem 18. Jh. Der

Wandern & Freizeit

Wandern in grüner Parklandschaft, mit Blick aufs Wasser und bunte Segelboote, und das alles in Stadtnähe und mit gutem gastronomischen Angebot? Möglich ist das am **Aasee** in Münster – an einem Anfang des 20. Jh. künstlich angelegten und später noch einmal erweiterten See. Ausgangs- und Zielpunkt sind die stadtnahen Aaseeterrassen; auf einer Strecke von knapp 6 km führen gut ausgebaute Wege am Ufer entlang rund um den See. Unterwegs entdeckt man einige Werke bekannter Künstler, die seit 1977 entstanden sind.

Die **Baumberge** zwischen Münster und Coesfeld eignen sich mit ihren Wäldern, Wiesen und Feldern vorzüglich zur Freizeitgestaltung. Höchste Erhebung der Baumberge ist mit 187 m der Westerberg, der von Billerbeck und Havixbeck aus leicht zu erreichen ist. Oben auf dem Berg steht der Longinusturm, ein 32 m hoher Aussichtsturm, ein beliebtes Ausflugsziel. Von oben reicht der Panoramablick über Münster bis zum Teutoburger Wald, zum Sauerland und zum Ruhrgebiet.

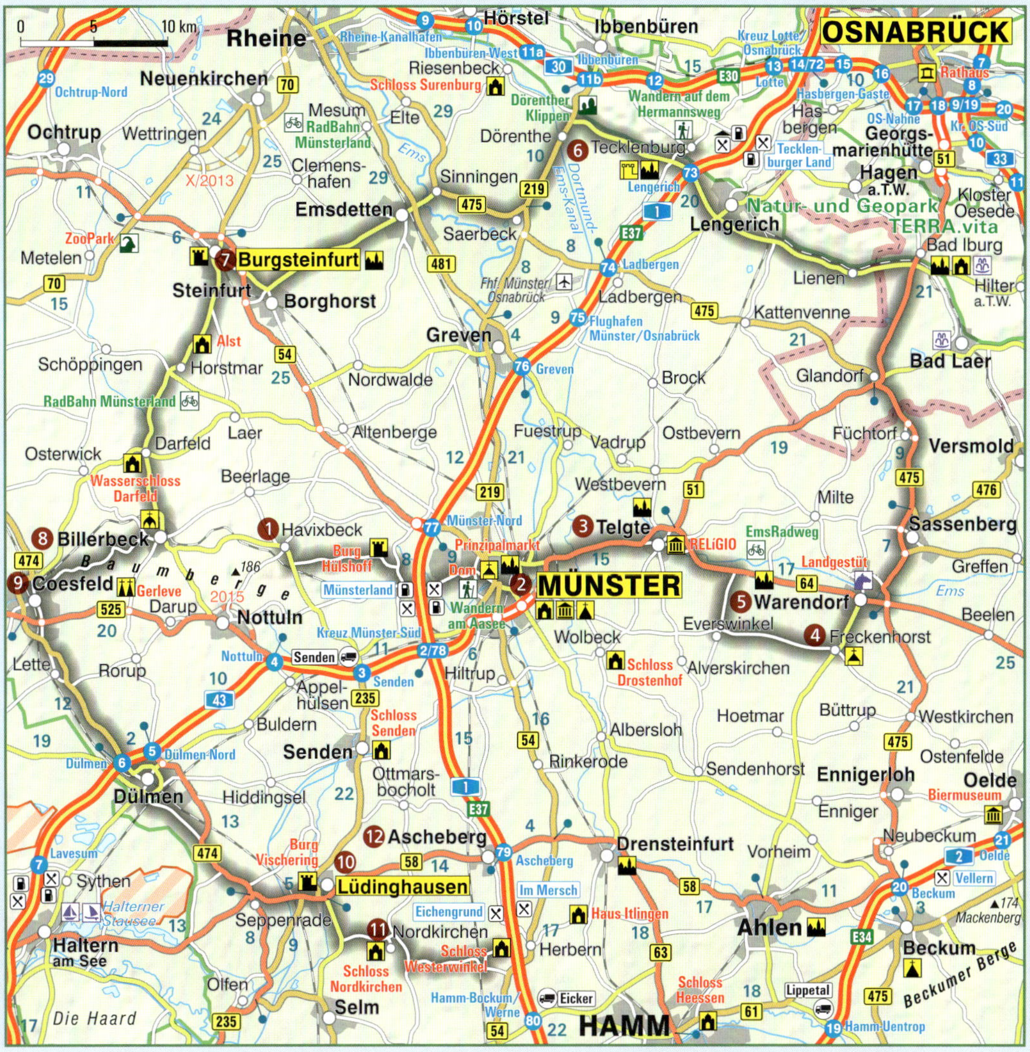

Häuser und Höfe mit typischem Fachwerkstil prägen den Marktplatz von Tecklenburg.

ursprünglich französische Park, der dann zum englischen Garten umgestaltet wurde, war schon im 19. Jh. das Ziel von Wochenendausflüglern.

8 Schon von Weitem grüßen die Türme des 1889 vollendeten Ludgerus-»Doms« von **Billerbeck**. Er steht an dem Ort, an dem der hl. Liudger, Missionar und erster Bischof von Münster, im Jahr 809 gestorben ist. Nicht ohne Stolz nennt sich Billerbeck die »Perle der Baumberge«. Viele Kurzurlauber genießen die Natur der bewaldeten Höhen, bummeln durch den Ort und bewundern Kulturdenkmäler wie den Ludgerusbrunnen, die 1234 fertiggestellte St.-Johannis-Kirche oder das Haus Beckebans.
Auf der Weiterfahrt Richtung Coesfeld bietet sich ein weiterer Stopp bei der Benediktinerabtei Gerleve an. Auf dem Klostergelände kann man einkehren, die hübsche Buchhandlung besuchen, auf den Feldwegen ringsum spazieren gehen – oder einfach mit den Kindern eine Pause auf dem Spielplatz einlegen.

9 Die Kreisstadt **Coesfeld** hat sich zu einer attraktiven Einkaufs- und Kulturstadt entwickelt. Auf dem Marktplatz, der vom Rathaus, der gotischen Lambertikirche und der ehemaligen Jesuitenkirche eingefasst wird, treffen sich die Menschen bei schönem Wetter an den Tischen von Café und Eisdiele. Von hier aus ist man zu Fuß in wenigen Minuten am Kino, beim modernen Konzerttheater und beim COEBad (mit Freibadgelände). Für einen Spaziergang im Grünen eignen sich beispielsweise das Gelände um Schloss Varlar (im Norden), der Aussichtspunkt Dreilinden auf dem Coesfelder Berg oder die Bauerschaft Flamschen: Dort kann man einen Blick auf das schlichte Geburtshaus der Mysterikerin Anna Katharina Emmerick (1774–1824) werfen.

10 Die Dreiburgenstadt **Lüdinghausen** an der Stever ist das ideale Ziel für einen Familienausflug. Der historische Stadtkern, Burg Lüdinghausen und die Pfarrkirche St. Felizitas (mit den dicksten Sandsteinsäulen Euro-

Burg Vischering in Lüdinghausen, eine der besterhaltenen Wasserburgen im Münsterland.

Große Ecktürme bestimmen das Bild von Schloss Westerwinkel in Ascheberg-Herbern.

Eine Sphinx wacht über Schloss Nordkirchen, das inmitten einer weitläufigen Parkanlage mit See liegt.

pas) gehören unbedingt auf das Besichtigungsprogramm. Am beeindruckendsten ist jedoch ein Besuch auf Burg Vischering: Die kompakte Burg mit ihrer hohen Ringmauer und der schützenden Gräfte zählt zu den relativ wenigen Wasserburgen im Münsterland, deren Wehrcharakter noch deutlich zu erkennen ist. Die Burg dient heute als Kulturzentrum und beherbergt ein Museum.
Der Ortsteil Seppenrade ist wegen seiner Vielzahl an Restaurants bei Ausflüglern beliebt; zur Blütezeit sollte man auch dem dortigen Rosengarten einen Besuch abstatten.

⓫ Das hübsche Städtchen **Nordkirchen** kann mit einer ganz besonderen Attraktion aufwarten: Hier steht das barocke Schloss Nordkirchen, das »Westfälische Versailles«, Westfalens größte Wasserschlossanlage. Ein Rundgang durch den 170 ha großen Schlosspark mit seinen Gartenskulpturen ist sehr zu empfehlen. Die UNESCO hat Schloss und Garten übrigens als »Gesamtkunstwerk von internationalem Rang« eingestuft. Die an niederländischen Vorbildern orientierte, im Sinne des Barock streng symmetrisch konzipierte Anlage wurde von drei Architekten entworfen: zunächst von Gottfried Laurenz Pictorius, später von Peter Pictorius d. J. und schließlich vom berühmten Architekten des nord- und westdeutschen Barock, Johann Conrad Schlaun. Das Schloss beherbergt außerdem die Fachhochschule für Finanzen.

⓬ Frische Luft, viel Wald, romantische Wasserburgen, alte Rittersitze und edle Pferde findet man in und um Ascheberg. Sehenswert sind Haus Itlingen, die spätgotische Pfarrkirche St. Lambertus, der Davertturm und die Burgkapelle in Davensberg. Die wichtigste Sehenswürdigkeit ist aber wohl Schloss Westerwinkel in Herbern.

Wandern & Freizeit

Für Wanderfreunde ist **Tecklenburg** eine gute Adresse, denn der Ort liegt direkt am Hermannsweg, einem 156 km langen Fernwanderweg auf dem Höhenkamm des Teutoburger Waldes. Selbstverständlich kann man auf dem gut beschilderten Hermannsweg auch kleinere Etappen zurücklegen – und dann den gleichen Weg zurückwandern oder die Rückfahrt mit dem Bus antreten. Kleine, familienfreundliche Strecken ab Tecklenburg sind etwa der Weg nach Brochterbeck (Richtung Ibbenbüren im Nordwesten) oder nach Lengerich (Richtung Bad Iburg im Südosten).

Eine etwa 25 km lange Radtour auf den Spuren der Annette von Droste-Hülshoff führt vom **Münsteraner Schloss** über Haus Rüschhaus in Münster-Nienberge, dem langjährigen Wohnsitz der Dichterin, zur Burg Hülshoff in Havixbeck und dann am Aasee (mit Allwetterzoo, Naturkundemuseum und Freilichtmuseum Mühlenhof) entlang wieder zurück nach Münster.

Für vorbildlich gestaltet hält der ADFC den **EmsRadweg**, der den Fluss von der Quelle am Teutoburger Wald bis zur Mündung in die Nordsee begleitet. Selbstverständlich sind auch Teilstücke dieses Radwegs durch die Auenlandschaft lohnend; schön radelt es sich zum Beispiel entlang der Ems zwischen Telgte und Warendorf, sodass man eine Station dieser Rundreise zur Abwechslung einmal mit dem Fahrrad ansteuern kann.

Ein Fahrraderlebnis besonderer Art bietet der Radweg »RadBahn Münsterland«, dessen Strecke von Coesfeld bis Rheine 2012 eröffnet wurde. Das Besondere daran: Der Radweg folgt einer stillgelegten Bahntrasse – und so radelt man mitten durch die Landschaft, oft weitab von Straßen, und genießt ganz neue Perspektiven. Wer nur Zeit für ein kurzes Stückchen hat, startet unweit vom Bahnhof Lutum (zwischen Billerbeck und Coesfeld) und fährt zumindest bis zum ehemaligen Bahnhof von Rosendahl-Darfeld, wo man bei gutem Wetter mit etwas Glück sogar Kaffee und Kuchen bekommt.

Entlang der Weser bis Hannoversch Münden

Von der 1000-jährigen Domstadt Minden führt die Tour über die einstige Schaumburger Grafschaft durch das Corveyer Land und den Reinhardswald nach Hannoversch Münden, »wo Werra sich und Fulda küssen«. Man sollte die Fahrt eher gemächlich angehen und durchaus vier Tage einplanen.

Bis heute folgen die Kinder der Stadt dem sagenumwobenen Rattenfänger von Hameln.

❶ An der Westfälischen Mühlenstraße, die 43 historische Mühlen miteinander verbindet, liegt die rund 1200 Jahre alte Bischofsstadt **Minden**. Eine ihrer bedeutendsten Sehenswürdigkeiten ist denn auch der Dom St. Gorgonius und St. Peter mit seiner wertvollen Innenausstattung, ursprünglich Zentrum der unter Karl dem Großen eingerichteten Diözese Minden. Nach Aufhebung des Bistums wurde der Dom zur einfachen Pfarrkirche herabgestuft. An die früheste Zeit erinnert noch das Westwerk, das einer Verteidigungsanlage gleicht; das Langhaus stammt aus der Zeit der Hochgotik. Der in seinen Bauformen seit dem Mittelalter kaum veränderte Dom fiel noch im Jahr 1945 den Bomben des Zweiten Weltkriegs zum Opfer und wurde in den 1950er-Jahren wieder aufgebaut. Neben dem Dom gibt es in Minden noch weitere interessante Sakralbauten, darunter die heute evangelische Martinikirche (11. Jh.) im romanisch-gotischen Stil und weitere mittelalterliche Gotteshäuser. Beachtenswerte Profanbauten sind die Alte Münze (um 1260) mit Staffelgiebel und Fenstern aus dem 13. Jh., das historische Rathaus, das Hansehaus, Haus Hagemeyer und Haus Hill. Stadtgeschichtliches und Wissenswertes über die Weserrenaissance erfährt man im Mindener Museum in der Oberen Altstadt. Eine technische Attraktion ist die 375 m lange Kanalbrücke, auf welcher der Mittellandkanal in 13 m Höhe die Weser überquert.

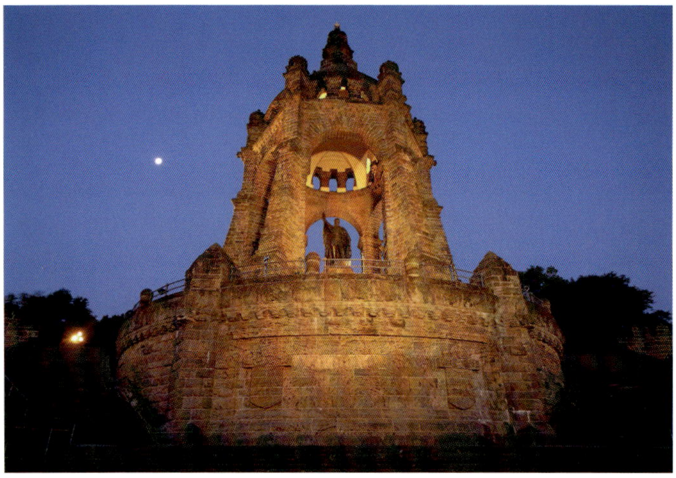

Das Kaiser-Wilhelm-Denkmal an der Porta Westfalica südlich von Minden.

Im Goldenen Saal von Schloss Bückeburg.

❷ Die Grafen von Schaumburg-Lippe errichteten am Hellweg eine Wasserburg, die ihr barockes Aussehen Anfang des 17. Jh. erhielt. Die **Bückeburg** mit dem berühmten Goldenen Saal birgt zahlreiche Schätze, so zum Beispiel Gemälde von Lucas Cranach, Rubens und Dürer. Das gleichnamige niedersächsische Städtchen hat in einem 350 Jahre alten Burgmannshof eine besondere Rarität eingerichtet: ein Hubschraubermuseum – das einzige seiner Art in Deutschland und eines der ganz wenigen Hubschraubermuseen auf der Welt. Gezeigt werden 46 Drehflügler, außerdem Zubehör und Modelle. Alte Uniformen, Waffen und andere Exponate zur Stadtgeschichte werden im Museum Bückeburg gezeigt. Zu den prominenten Bürgern der Stadt zählte der Schriftsteller und Theologe Johann Gottfried Herder, der in den 1770er-Jahren in Bückeburg als Geistlicher tätig war. Anfang des 20. Jh. arbeitete der Schriftsteller Hermann Löns als Zeitungsredakteur in Bückeburg.

❸ Nahe der Extermündung und südlich des Wesergebirges präsentiert die malerische Altstadt von **Rinteln** die zahlreichen Zeugnisse ihrer gut 700-jährigen Geschichte. Am Markt findet man alte Fachwerkhäuser, die Stadtkirche St. Nikolai und das ehemalige Rathaus im Stil der Weserrenaissance. Schöne Fachwerkhäuser kann man aber auch an vielen anderen Stellen im Ort bewundern, etwa in der Weserstraße. Sehenswert ist überdies die Kirche des ehemaligen Jakobsklosters aus dem 13. Jh.

Im Jakobskloster war einst eine besondere Einrichtung der Stadt untergebracht, die man dort heute nicht mehr vermuten würde: die Alma Ernestina, die Universität von Rinteln. Gegründet wurde die Hochschule 1619, Bestand hatte sie immerhin bis 1810.

❹ Die Entwicklung der Rattenfänger-Sage kann man im Museum von **Hameln** im Stiftsherrenhaus und im Leist'schen Haus aus dem Jahr 1589 nachvollziehen. Diese legendäre Episode der Stadtgeschichte wird übrigens jedes Jahr zwischen Mai und September von einer Laienspielgruppe in prächtigen Kostümen nachgestellt – ein Ereignis, das regelmäßig Zehntausende von Besuchern nach Hameln führt.

In der Osterstraße stößt man auf schöne alte Bürgerhäuser wie das Hochzeitshaus, das Demptersche Haus oder das Rattenfänger-Haus. Das Hochzeitshaus mit dem modernen Rattenfänger-Glockenspiel diente den Bürgern von Hameln einst als Stätte für besondere Festlichkeiten; erbaut wurde das imposante Sandsteinhaus Anfang des 17. Jh. im Stil der Weserrenaissance. Besucher warten gern auf den Einsatz des Glockenspiels mit Figurenumlauf, der um 13.05 Uhr, 15.35 Uhr und um 17.35 Uhr beginnt.

Sehenswert sind auch zwei mittelalterliche Gotteshäuser: die heute evangelische Münsterkirche St. Bonifatius mit einer Krypta aus dem 9. Jh. und die evangelische Marktkirche St. Nicolai. An die Tage der Wesermühlen erinnert die Pfortmühle,

Wandern & Freizeit

Ein äußerst ungewöhnliches Freizeitvergnügen hat die Stadt **Rinteln** im Angebot: Radeln auf Schienen. Auf der 18 km langen ehemaligen Bahnstrecke von Rinteln nach Alverdissen im Extertal kann man heute

auf Draisinen durch die Landschaft fahren, die ebenso wie echte Fahrräder mit Muskelkraft angetrieben werden. Auf einer Draisine haben zwei »Radfahrer« und zwei Beifahrer Platz *(Büro Bürgerhaus, Marktplatz 7, 31737 Rinteln, www.draisinen.de, April–Oktober)*.

In der Münchhausenstadt **Bodenwerder** erinnert nicht nur ein Museum an den berühmten Baron und seine unglaublichen Geschichten. Beim sogenannten Münchhausen-Spiel tragen Laiendarsteller interessante Begebenheiten vor. Die Aufführungen finden von Mai bis Oktober an jedem ersten Sonntag um 15 Uhr vor dem Rathaus statt.

Dank seiner Lage am Wasser ist **Hannoversch Münden** ein idealer Ausgangsort für Schiffsrundfahrten und Linienverkehr. Von Mai bis Oktober kann man von hier aus die Flusslandschaften der Fulda und der Weser entdecken.

6–7 Stunden sollte man für die Wanderung von **Bad Karlshafen** nach **Höxter** schon einplanen. Der Weg führt über Brüggenfeld, Drental, Fürstenfeld und Boffzen.

Etwas Ausdauer braucht man schon, um auf dem Frau-Holle-Pfad von **Hannoversch Münden** aus durch das Naturschutzgebiet Hühnerfeld und vorbei an Großem und Kleinem Steinberg und Haferberg bis zum **Bilstein** zu wandern. Dabei handelt es sich um eine ausgewählte Etappe; insgesamt ist der Frau-Holle-Pfad, der sich an dem bekannten Grimmschen Märchen orientiert, 185 km lang.

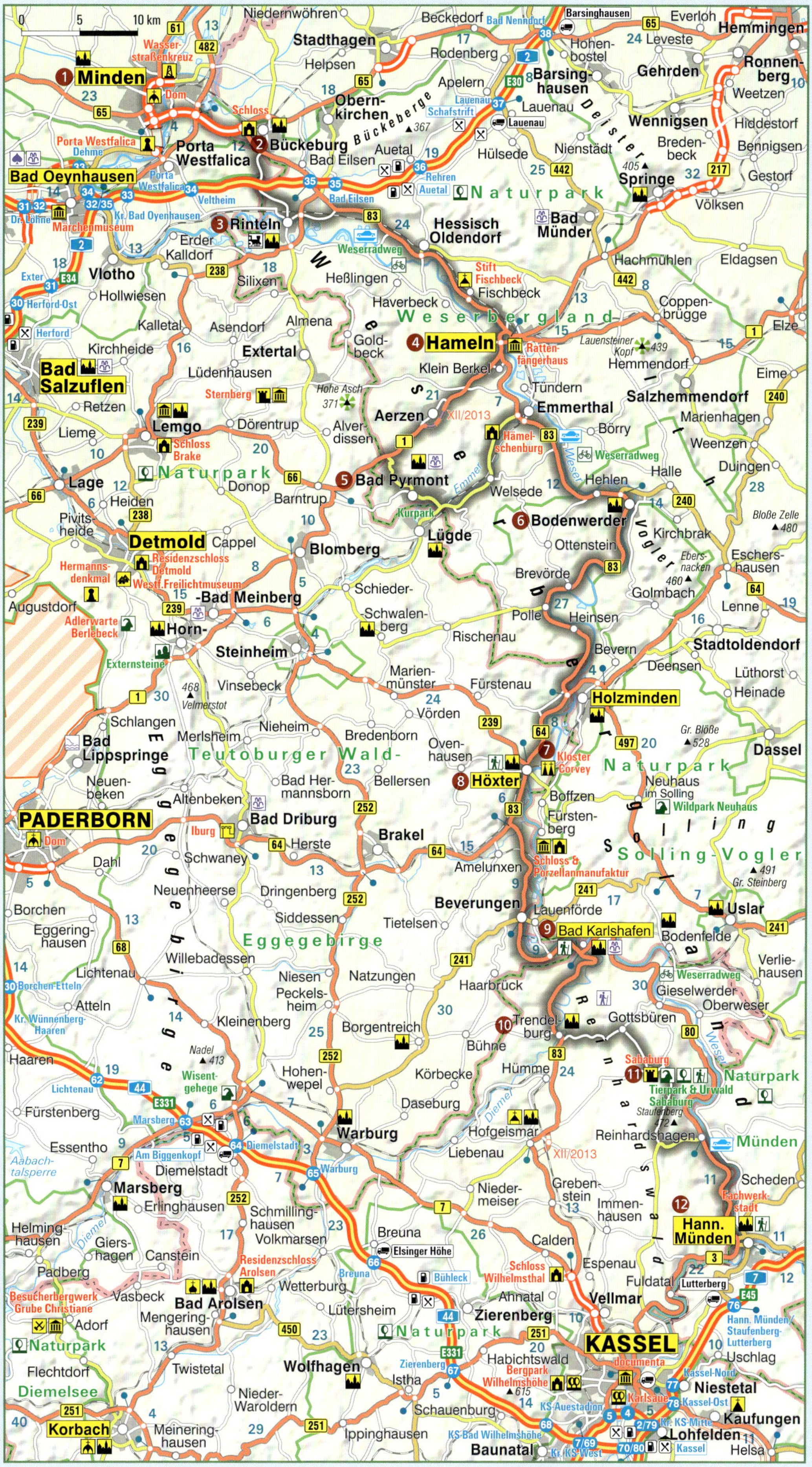

Die Sababurg, eine mittelalterliche Höhenburg im Reinhardswald.

einst eine Wassermühle, die Ende des 19. Jh. im damaligen Stil des Historismus wiederaufgebaut wurde und heute als bedeutendes Industriedenkmal gilt.

5 Humboldt, Goethe, Zar Peter und Friedrich den Großen sowie andere Prominente hat es auch beeits in früheren Zeiten zu den Heilquellen ins Emmertal nach **Bad Pyrmont** gezogen. Kurpark und Palmengarten sorgen für ausreichend Grün und Blütenpracht. Eine Wasserburg wurde im Jahr 1710 durch das barocke Schloss ersetzt. Aus sehr viel früherer Zeit stammt die Hünenburg, die Ruinen einer Höhenburg auf dem Königsberg, die von einer Burg aus dem 9. oder 10. Jh. übrig geblieben sind. Eine besondere geologische Attraktion der Stadt ist die von Mauern eingefasste Dunsthöhle; dort tritt Kohlendioxid direkt aus der Erde. Entdeckt wurde das eigenartige Phänomen bereits im 18. Jh.; allerdings glaubte man damals, es handle sich um Schwefelgase.
Seinen geologischen Besonderheiten verdankt der Kurort insgesamt sieben Heilquellen, die für Bäder und Trinkkuren genutzt werden. Die Quellen gehören zu gleich zwei unterschiedlichen Kategorien: es gibt Säuerlinge und Solequellen.

6 Vieles weist in **Bodenwerder** auf den berühmtesten Sohn der Stadt hin: Dem Baron von Münchhausen sind ein eigenes Museum mit nicht immer ganz ernstzunehmenden Exponaten, ein Brunnen und jener Gartenpavillon gewidmet, in dem der Lügenbaron seine unglaublichen Abenteuer zum Besten gab. Das Grab des Barons findet man in der 1046 geweihten Klosterkirche Kemmnade. Bei einem Altstadtbummel kann man sich von den malerischen Fachwerkstraßen und den Resten der Stadtbefestigung verzaubern lassen und anschließend die St.-Nicolai-Kirche besichtigen. Ältestes Ausstattungsstück ist vermutlich der Taufstein von 1608. Ein beachtenswertes modernes Erscheinungsbild besitzt die katholische Pfarrkirche Maria Königin auf der östlichen Seite der Weser. Die Kirche in Form eines Zeltes wurde 1960 vom Paderborner Architekten Lipsmeier erbaut. Ungewöhnlich ist das orthodoxe Dreifaltigkeitskloster im Ortsteil Buchhagen, das der bulgarisch-orthodoxen Diözese untersteht. Ein Kleinod der Weserrenaissance ist Schloss Hehlen.

7 Auf dem Weg nach Höxter gehört ein Zwischenstopp am **Kloster Corvey** unbedingt ins Programm. Das ehemalige Benediktinerkloster mit seinem imposanten Westwerk geht noch auf die Zeit der Karolinger zurück; bemerkenswert sind u. a. die Fresken aus dem 9. Jh. Die Abteikirche wurde barock ausgestaltet.

Weserrenaissance in Höxter: Fachwerk mit geschnitzten Fächerrosetten.

Das mit farbigem Zierrat geschmückte Rathausportal von Hannoversch Münden.

Uralte Eiche stehen im nordhessischen Reinhardswald.

Palmengarten im Kurpark von Bad Pyrmont.

Kloster Corvey war eine reichsunmittelbare Abtei, d.h. sie unterstand direkt dem Kaiser und keiner anderen Herrschaft.
Nach der Säkularisierung erfolgte der Umbau zum Schloss. Der Schriftsteller Heinrich Hoffmann von Fallersleben war hier als Bibliothekar tätig; sein Grab befindet sich auf dem Friedhof neben der Kirche.

8 Das Stadtbild der früheren Hansestadt **Höxter** ist von einer anheimelnden Fachwerkarchitektur geprägt. Neben der Nicolaikirche mit ihrer schönen Barockfassade und der wertvoll ausgestatteten Kilianikirche aus dem 12. Jh. sollte man dem Rathaus im Stil der Weserrenaissance sowie dem alten Adelshof, der Dechanei, einen Besuch abstatten.

9 Vom Hugenottenturm aus hat man eine wunderbare Aussicht auf die Weser und auf **Bad Karlshafen**, das Landgraf Carl eigens für die aus Frankreich geflohenen Hugenotten anlegen ließ. So sind die meisten der historischen Gebäude im barocken Stil gehalten, darunter das Rathaus – einst Packhaus – am ehemaligen Hafenbecken, das Invalidenhaus, das Freihaus oder das Thurn- und Taxis'sche Postgebäude. Einen Blick lohnen auch das alte Pegelhaus am historischen Hafen und der Hugenottenturm auf einer der Hessischen Klippen am Weserufer.
An die Glaubensflüchtlinge aus Frankreich, die hier aufgenommen wurden, erinnert das Deutsche Hugenottenmuseum in einer ehemaligen Tabakfabrik.
Das kleine Bad Karlshafen liegt im äußersten Norden von Hessen und unmittelbar im Dreiländereck von Hessen, Nordrhein-Westfalen und Niedersachsen.

10 Im Reinhardswald, einer Hochfläche in Nordhessen, erhebt sich auf einem Sandsteinfelsen der Luftkurort **Trendelburg** über die Diemel. Der 38 m hohe Bergfried der Burg aus dem 15. Jh. gewährt einen prächtigen Blick über Stadt und Fluss. Im schönen Fachwerkrathaus werden seit 1548 die Geschicke des Ortes gelenkt. Spätgotische Fresken kann man in der evangelischen Stadtkirche (ehemals St. Maria) aus dem 15. Jh. bewundern.
Im Jahr 1331 will ein Schmied im Waldgebirgsdorf Gottsbüren, einem Ortsteil Trendelburgs, eine blutende Hostie gefunden haben. Die im 15. Jh. errichtete Wallfahrtskirche erinnert an die davon angelockten mittelalterlichen Pilgerscharen.

Ein Zeugnis der ehemaligen jüdischen Gemeinde wurde erst im Jahr 2001 wiederentdeckt: ein Gewölbekeller mit einer Mikwe, einem jüdischen Ritualbad für Frauen.

11 Quer durch den Reinhardswald geht es zur **Sababurg**, die der Erzbischof von Mainz im Jahr 1334 zum Schutz der Pilger auf einem Basaltkegel anlegen ließ. Im 16. Jh. ließen die Landgrafen von Hessen über ihren Ruinen ein Jagdschloss erbauen. Die romantische Ruine mit den von welschen Hauben bekrönten Türmen gilt allgemein auch als »Dornröschenschloss« – zum einen, weil sie zur Zeit der Brüder Grimm tatsächlich einem verwunschenen Schloss ähnelte, zum anderen, weil die Anlage im 16. Jh. wirklich einmal von einer hohen Dornenhecke eingefasst war.

Der Tierpark nahe beim Schloss geht auf das 16. Jh. zurück; er ist einer der ältesten Tiergärten Europas.

12 Bei **Hannoversch Münden** vereinigen sich Werra und Fulda zur Weser. Der Ort wurde von Alexander von Humboldt zu den sieben schönstgelegenen Städten gezählt – so heißt es jedenfalls. Der mittelalterlich-frühneuzeitliche Stadtkern mit seinen prachtvollen Fachwerkhäusern ist nahezu vollständig erhalten.
Das gotische Rathaus am Markt wurde zwischen 1603 und 1619 im Stil der Weserrenaissance umgestaltet. Besonders das Schloss ist ein frühes Beispiel für diese Stilrichtung, es beherbergt heute das Städtische Museum, das auch über den legendären Doktor Eisenbarth informiert. Die steinerne Werrabrücke zählt zu den ältesten der Region.

Wandern & Freizeit

Der sogenannte **Urwald Sababurg** ist ein nicht forstwirtschaftlich genutzter ehemaliger Hutewald, der zumindest annähernd den Wäldern gleicht, die im Mittelalter große Teile des Landes bedeckten. Durchwandern kann man das heutige Schutzgebiet im nordhessischen Reinhardswald auf eigens angelegten Rundwegen, wobei Besucher sich strikt an die Vorgaben halten und auf den Schutz von Tier- und Pflanzenwelt achten sollten.

Eine Radtour von **Bückeburg** bis **Minden** folgt dem Verlauf der – wesentlich längeren – »Fürstenroute im Schaumburger Land«. Der Weg führt nach Nordholz und dann am Mittellandkanal entlang.

491 km lang ist der **Weserradweg**, einer der großen deutschen Radfernwege. Der Weg beginnt am Zusammenfluss von Werra und Fulda bei Hannoversch Münden und folgt der Weser bis zur Mündung. Stationen an dieser Autoroute sind Bad Karlshafen, Höxter, Bodenwerder, Hameln und Rinteln. Selbstverständlich kann man auch einfach kürzere Etappen radeln.

Der 1300 ha große **Hamelner Stadtwald** besitzt ein gut ausgebautes Netz an Wanderwegen. Schöne Ausblicke ins Weser- und Hummetal bietet der ca. 8 km lange Rundweg von Klüt über Finkenborn und Riepen. Ausgangspunkt ist der Klütturm, heute ein schöner Aussichtsturm. Die Route führt vorbei am Forsthaus Finkenborn; den weiteren Weg säumen Hügelgräber aus der Bronzezeit. Bis 1960 in Betrieb war der Riepensteinbruch, der dem Abbau des heimischen braungrauen Sandsteins diente. Von dort gelangt man zum ehemaligen Schießstand der Hannoverschen Armee aus dem 18. Jh. und schließlich zum Ausgangspunkt zurück.

Von Hannover ins alte Herzogtum Braunschweig

Die rund 135 km lange Tour hat es in sich: Schon für eine kurze Besichtigung Hannovers und Braunschweigs ist jeweils auf jeden Fall ein Tag nötig. Kunstinteressierte brauchen für Hildesheim mindestens ebenso viel Zeit; sonst mag, wie auch für Wolfenbüttel, ein halber Tag genügen.

Blick zum Neuen Rathaus, dem Wahrzeichen Hannovers.

❶ **Hannover**, Niedersachsens Landeshauptstadt, ist kein Touristenmagnet und dennoch weltbekannt: Jedes Jahr strömen Zehntausende zur weltgrößten, mittlerweile in einzelne Bereiche aufgeteilten Industriemesse. Das Messegelände war auch Veranstaltungsort der Expo im Jahr 2000. Aber auch in der Stadt gibt es Einiges zu sehen und zu entdecken. Die meisten Ziele verbindet der aufs Pflaster gemalte, 4698 m lange »Rote Faden«. Wer ihm folgt, gelangt zum klassizistischen Opernhaus; zum gewaltigen, schlossartigen Rathaus von 1913, das repräsentativ im Maschpark liegt; zum Maschsee, einem Segel- und Badesee, um den manche Stadt Hannover beneidet; und schließlich ins historische Zentrum.

Viel von der Altstadt hat der Krieg nicht übrig gelassen, aber das alte Rathaus (15.–19. Jh.) steht noch, ebenso wie die gotische Marktkirche und die Fachwerkhäuser auf der Kramer- und der Burgstraße. Dann der Beginenturm – ein Stadtmauerrest, vor dem sich einige bunte Figuren von Niki de Saint Phalle befinden –; das Leineschloss, der Sitz der niedersächsischen Landesregierung; der Ballhof von 1649 und die Kreuzkirche mit dem Lucas-Cranach-Altar. Nicht am »Roten Faden« hingegen liegt Hannovers größter Schatz: die Herrenhäuser Gärten, allen voran der Große Garten, der größte erhaltene Barockgarten Deutschlands.

❷ Das alte **Hildesheim**, bis zur Zerstörung im März 1945 ein einziges Fachwerkwunder, hat seit 1989 seinen großartigen Marktplatz wieder. Dessen Prunkstück, das Knochenhaueramtshaus, wurde – wie auch das Bäckeramtshaus und die Fassaden anderer Häuser – fachmännisch rekonstruiert. Den Krieg beschädigt überlebt hatten einzig das Rathaus und das Tempelhaus.

Weitgehend neu erbaut werden mussten auch der sehenswerte Dom und die Kirche St. Michael, beide fast rein romanisch. Im Dom blieben unter Anderem das Taufbecken, die Bronzetür zu Ehren Bischof Bernwards, die Madonna mit dem Tintenfass, der Hezilo-Radleuchter – der das himmlische Jerusalem darstellt – und die Bernward-Säule erhalten. Der »tausendjährige« Rosenstock im Kreuzgang verbrannte, trieb aber 1946 neu aus. Die bemalte Holzdecke in St. Michael aus dem Jahr 1300 stellt einen Kunstschatz von unermesslichem Wert dar.

Fachwerkhäuser und die Marktkirche in der Altstadt von Hannover.

Ein Aufenthalt in der Stadt wäre unvollständig ohne einen Besuch des Roemer- und Pelizaeusmuseums mit der eindrucksvollen ägyptischen und altperuanischen Sammlung.

❸ **Salzgitter** – eine Stadt ohne Mitte: 1942 wurde der Ort aus 31 Dörfern und Städtchen gebildet, nachdem man mit dem Abbau von Eisenerz begonnen und sich die Schwerindustrie hier angesiedelt hatte. Namengebend war das historische Salzgitter-Bad mit seiner Salzquelle.

Bekannter als die Baudenkmäler – die Barockkirche des Damenstiftes in Steterburg, das Schloss in Salder, der schlossartige Konvent sowie die Klosterkirche mit barocker Ausstattung und dem eintausend Jahre alten Kruzifix in Ringelheim – dürfte jedoch das hervorragende Sport- und Freizeitangebot sein.

❹ **Wolfenbüttel** ist ein Kleinod der Renaissance. Schön ist es dank seiner weitgehend erhaltenen, vom Fachwerk geprägten Altstadt mit romantischen Winkeln an der Oker, dank seines prächtigen Schlosses mit barocker Fassade und Renaissanceturm und dank der Marienkirche, einem prunkvollen Monument des Protestantismus aus dem frühen 17. Jh. Nachdem die Welfen 1255 Wolfenbüttel erobert hatten, wichen sie vor den streitbaren Braunschweigern dorthin aus und wohnten ab 1432 ständig dort. Ab 1553 wurde Wolfenbüttels alte Wasserburg zu einem Renaissanceschloss ausgebaut, die Stadt vergrößert und befestigt.

Richtig berühmt aber wurde die Stadt durch ihre Büchersammlung: Die 1572 gegründete Herzog-August-Bibliothek galt im 17. Jh. als die größte Bibliothek Europas. Zu ihren Leitern zählten u. a. der Philosoph Leibniz und der Dichter Lessing. Zu den 12 000 alten Handschriften dieses Schatzhauses, das besichtigt werden kann, gehört auch das Evangeliar Heinrichs des Löwen, das als teuerstes Buch der Welt bekannt wurde.

Ein gemütlicher Bummel durch die Fußgängerzone des malerischen Städtchens ist empfehlenswert. Und für Hobbyfotografen bieten sich unzählige schöne Motive.

Wandern & Freizeit

Ein 4,2 km langer Stadtspaziergang ist eine perfekte Entdeckungstour durch **Hannover**. Der Spaziergang entlang des »Roten Fadens«, das sind Linien und Pfeile entlang der Wegstrecke, verbindet 35 Sehenswürdigkeiten und Erlebnissationen. Ausgangs- und Endpunkt ist die Tourist-Info am Ernst-August-Platz 8.

Vor den Toren Hannovers lädt der größte Binnensee Norddeutschlands, das **Steinhuder Meer**, zu einer Radumrundung ein. Dabei sind 30 km ohne Steigungen zu bewältigen. Der Weg ist mit einem »M« gekennzeichnet. Die Uferbereiche sind im nördlichen und südlichen Teil bebaut, während Ost- und Westufer unter Naturschutz stehen. Wer die Strecke abkürzen will, kann in Mardorf ein Schiff der Steinhuder Personenschifffahrt nach Steinhude besteigen

Hildesheim: Romanischer Säulenwechsel und bemalte Holzdecke von St. Michael.

Augusteerhalle in der Herzog-August-Bibliothek in Wolfenbüttel.

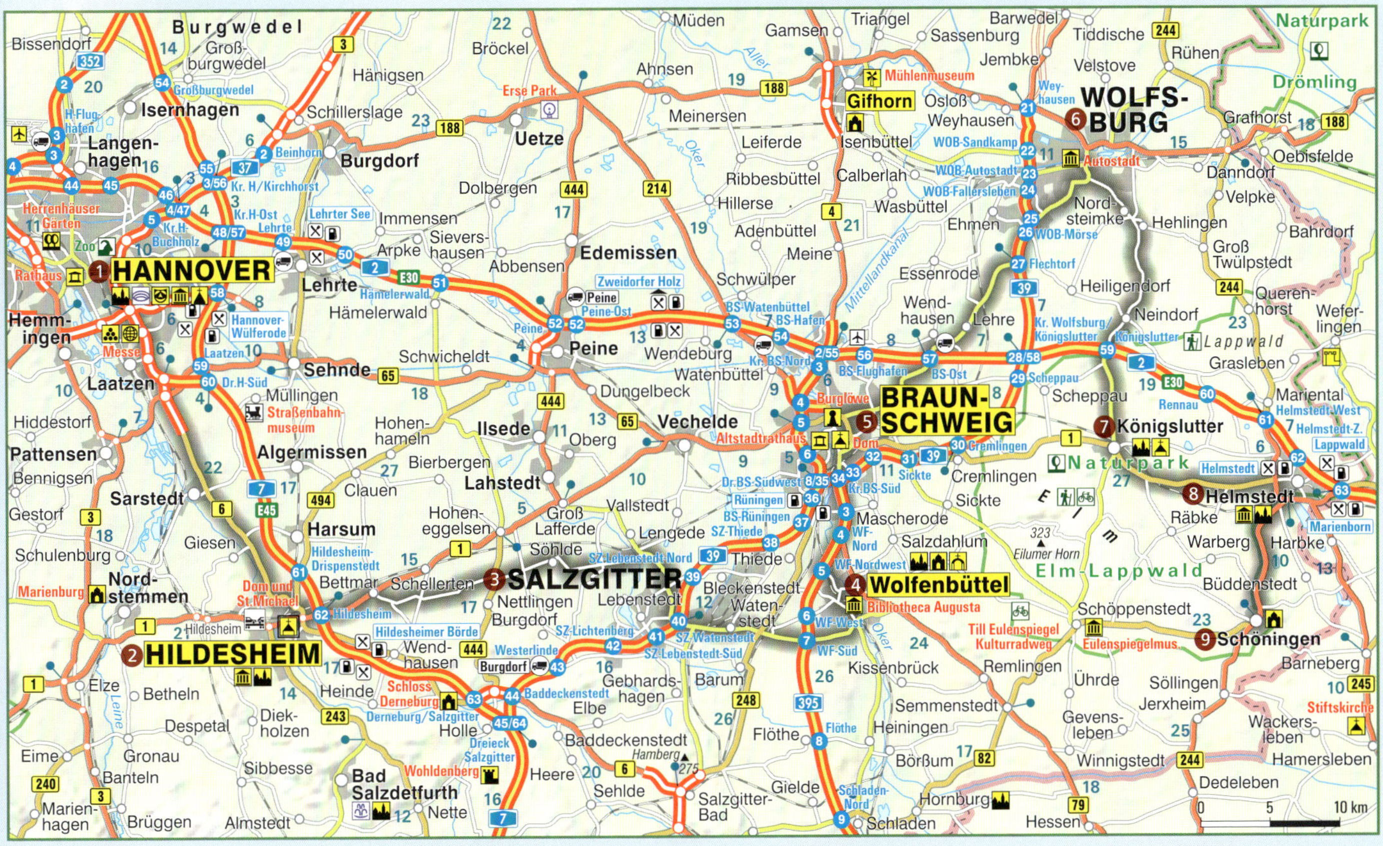

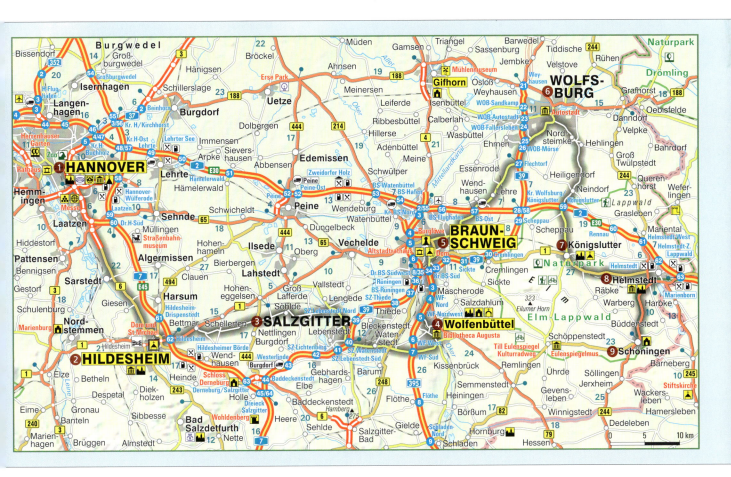

Auf dem Braunschweiger Burgplatz wacht der bronzene Löwe über die alte Welfenstadt.

5 **Braunschweig** wurde trotz wechselvoller Geschichte ein Zentrum von Kultur und Wissenschaft und steht darin auch heute der niedersächsischen Landeshauptstadt kaum nach. Berühmter »Stadtvater« ist Heinrich der Löwe (12. Jh.), der wohl berühmteste Welfe. Er war Herzog von Sachsen und Bayern. Zu seiner Residenz wählte er Braunschweig, wo er ab 1160 die kaiserpfalzartige Burg Dankwarderode errichten ließ. Der Bau brannte mehrfach aus; daher beruht seine heutige Form auf einer Rekonstruktion von 1886–1889. Er war auch der Bauherr des benachbarten Doms und Stifter des Bronzelöwen auf dem Burghof – alle drei Werke sollten seinem Machtanspruch anschaulich Nachdruck verleihen. Kostbar sind die teilweise erhaltene Ausmalung des Doms aus dem 13. Jh. und die dortigen alten Grabmäler.
Der Altstadtmarkt mit dem gotischen Altstadtrathaus (13.–15. Jh.), dem Gewandhaus, dem Kaufhaus der Tuchhändler aus der Zeit vor 1300 und der frühgotischen Bürgerkirche St. Martin bildet ein zweites, ebenso eindrucksvolles historisches Zentrum. Unbedingt besuchen sollte man auch die Museen der Stadt.

6 Bevor es nach Königslutter weitergeht, lohnt ein kleiner Abstecher. Die **Wolfsburg** – ein imposantes Schloss der Weserrenaissance, das zwischen dem 13. und 16. Jh. errichtet wurde – lieh der 1938 gegründeten »Stadt des KdF-Wagens« ihren Namen. Heute hat die am am Reißbrett geplanten Industriestadt einen hohen Freizeitwert.

Der Reichtum der Kommune, den sie dem VW-Werk verdankt, zeigt sich vor allem in der modernen Architektur: im Theater (Architekt: Hans Scharoun), im Planetarium, im Kulturzentrum und in der Heilig-Geist-Kirche (beide von Alvar Aalto) sowie in der Kunsthalle. Als Wahrzeichen der Stadt gilt das Verwaltungshochhaus des VW-Konzerns. In der Auto-Stadt darf man natürlich keinesfalls den Besuch des Volkswagenmuseums versäumen, das vom Oldtimer bis zum Fahrzeug der Jetzt-Zeit die Geschichte von VW, Audi und weiteren in den Konzern eingegangenen Automarken dokumentiert. Fußballfans besuchen vielleicht ein Bundesliga-Heimspiel des VfL Wolfsburg in der neuen Volkswagen Arena, die man an

Die Wolfsburger Autostadt ist ein Erlebnispark und Museum in der Nachbarschaft des VW-Werks.

Die Malereien des 19. Jh. im Kaiserdom in Königslutter erstrahlen in neuem Glanz.

Die prächtige Apsis des Kaiserdoms.

Werktagen im Rahmen einer Stadionbesichtigung (jeweils um 14 Uhr) besichtigen kann.
Im Ortsteil Fallersleben findet man schöne Fachwerkhäuser sowie das Geburtshaus des Dichters der Nationalhymne Hoffmann von Fallersleben. Im Schloss Fallersleben ist heute ein Museum untergebracht, das das Werk des Dichters und die Demokratiebewegung seiner Zeit beleuchtet.

7 **Königslutter** – ein kleiner Ort mit einer großer Kirche, die aus Kalksteinquadern aus dem nahe gelegenen Elm erbaut wurde. Der Stifter des romanischen »Kaiserdoms«, der im Jahr 1135 begonnen wurde, war Kaiser Lothar III., der im nahe gelegenen Süpplingenburg residierte. Berühmt sind das Löwenportal, der Jagdfries an der Apsis – in der Mitte fesseln zwei Hasen ihren Jäger – und der Kreuzgang. Ebenso beeindruckend, wenn auch kunstgeschichtlich vielleicht etwas weniger interessant, ist das historische Ortsbild.

8 An **Helmstedts** jahrzehntelange Funktion als innerdeutscher Grenzübergang erinnern eine Gedenkstätte und ein Museum. Das Städtchen hat jedoch einiges mehr zu bieten, wie das Ludgeri-Kloster mit der Doppelkapelle und der Felicitas-Krypta, die gotische Stephani-Kirche mit einer Renaissancekanzel und das schmucke Juleum. Dabei handelt es sich um den 1592–1597 errichteten Hauptbau der Universität, die Helmstedt bis 1810 besaß.

9 **Schöningen** ist schon seit 748 belegt. Sogar Karl der Große kam 784 hier vorbei. Wo Karl damals wohnte, steht seit 1120 die Pfarrkirche St. Lorenz. In der Stadtmitte besticht der Marktplatz, um den herum und in dessen Nähe das einstige Rathaus, die Kirche St. Vincenz, das Amtsgericht und die Burg versammelt sind.

Wandern & Freizeit

Ein rund 60 Kilometer langer thematischer Kulturradweg auf Till Eulenspiegels Spuren führt durch den **Landkreis Wolfenbüttel**. Eine Radtour, die auch die Kinder begeistert, da an allen 27 Orten der Route Schilder die Eulenspiegel-Geschichte erzählen. Schilder mit einem Till-Kopf weisen den Weg. Der Start ist vor dem Wolfenbütteler Schloss. An der Oker geht es weiter nach Neindorf und Kissenbrück und über Wittmar in die Asse. Wem hier die Strecke zu steil ist, der schiebt das Rad. Über Groß Vahlberg geht es nach Kneitlingen und weiter nach Schöppenstedt, wo ein Besuch des Till-Eulenspiegel-Museums *(www.eulenspiegel-museum.de)* Pflicht ist. Von hier wird der Rückweg angetreten. Wem die gesamte Strecke für einen Tagesausflug zu anstrengend ist, der kann die Tour auch in zwei Abschnitten bewältigen und dabei einmal in Wolfenbüttel und einmal in Schöppenstedt starten.

Vor den Toren Braunschweigs liegt im Osten das romantische **Riddagshausen** mit dem Naturschutzgebiet Riddagshauser Teiche, dessen Gewässer und Baumbestand ein regelrechtes Vogelparadies darstellen. Seine Bedeutung unterstreicht die Bezeichnung Europareservat. Die Mönche des Zisterzienserklosters Riddagshausen schufen im 12. und 13. Jh. in einem sumpfigen Gelände die Teiche, die sie zur Fischzucht nutzten. Ein schöner Spaziergang um das Teich- und Naturschutzgebiet beginnt am besten ab dem Kloster Riddagshausen. Der befestigte Weg führt am Kreuzteich entlang, weiter über den Fischerweg am Ufer des

Mittelteiches und im weiteren Verlauf um den Schapenbruchteich zum Dr.-Bernd- Weg. Eine Einkehrmöglichkeit besteht beim Ausflugslokal Schäfersruh, bevor es wieder nach Riddagshausen über den Dr.-Wilke-Weg gemütlich zurückgeht. Wer den Ausflug noch etwas erweitern will, geht parallel zur Ebertallee zum Wirtshaus Grüner Jäger, wo gegenüber ein Waldweg in den Staatsforst Braunschweig führt. Ein kleiner Wildpark lädt hier zur Beobachtung ein.

Königslutter liegt am Rand des Elm, eines vorwiegend mit Laubbäumen bewaldeten Höhenzugs. Rund drei Stunden braucht man für eine Wanderung einschließlich Rückweg zur Burgruine Langeleben und noch eine Stunde mehr zum Waldgasthof Tetzelstein.

Der **Elm** ist auch ein ideales Gebiet für Radfahrer: entweder mittendurch – anstrengende lange Steigungen sucht man hier vergeblich – oder drum herum; über Schöningen und Schöppenstedt sind dies allerdings knapp 60 km, die oft auch über Straßen ohne einen Radweg führen.

Ein lohnenswertes Ziel für eine ein- bis zweistündige Wanderung ab Helmstedt ist der **Lappwald**, und hier insbesondere das idyllische Brunnental mit seinen Weihern; der winzige Badeort Bad Helmstedt und die Walbecker Warte mit Blick auf die Stadt. Je 5 km hin und zurück sind es durch den Wald zum Kloster Mariental.

Perlenkette am Nordrand des Harzes

Von Goslar im Nordwesten bis Meisdorf im Nordosten sind es zwar nur etwa 90 km, doch was sich nach einer Tagestour anhört, füllt mit all den Sehenswürdigkeiten ohne Weiteres drei, mit Wanderungen ins Gebirge gut und gern auch vier Tage. Glanzpunkte sind die alten Städte mit ihren Fachwerkhäusern.

Prächtige Wand- und Deckenmalerei im Huldigungssaal im Rathaus von Goslar.

❶ **Goslar** kann man als heimliche Hauptstadt des Harzes bezeichnen. Mit rund 41 000 Einwohnern ist es nicht nur der größte Ort des Gebirges, sondern gleichzeitig ein besonders geschichtsträchtiger: Man sieht es an den von prächtigen Fachwerkhäusern gesäumten Gassen des über tausend Jahre alten Ortskerns, besonders aber an der Kaiserpfalz, dem gut 950 Jahre alten Palast des Salierkaisers Heinrich III. Beinahe ebenso alt ist die vor der Pfalz stehende Domvorhalle mit dem Kaiserthron – der 1056 geweihte Dom selbst wurde um 1829 abgebrochen. Zu dieser Zeit war der Glanz Goslars längst Geschichte. Der einstige Reichtum der Stadt beruhte auf dem Silberbergbau, ehe die Erlöse daraus im 16. Jh. an Braunschweig fielen. Noch bis 1988 wurde aus dem Rammelsberg am Südrand der Stadt Silber gefördert. Heute ist ein Teil des über tausend Jahre alten Bergwerks als Museum hergerichtet.
Bei einem Bummel durch die Gassen zum Marktplatz – mit Rathaus und Marktbrunnen – sollte man das Figurenspiel an der Kämmerei gegenüber dem Rathaus nicht versäumen (Vorführungen um 9, 12, 15 und 18 Uhr). Seit 1999 stehen die Altstadt und das Bergwerk auf der UNESCO-Liste.

❷ **Bad Harzburg** mondän zu nennen wäre vielleicht übertrieben, aber mit dem gepflegten Kurpark, den Kurkonzerten, feinen Restaurants, der »Bummelallee« Herzog-Wilhelm-Straße, der Spielbank Harzburger Hof, der Galopprennbahn und den vielen Pensionären hat die Kleinstadt doch ein sehr eigenes Flair. Das Gesicht der Stadt ist noch immer von den klassizistischen Bauten der Jahrhundertwende geprägt. Ihre Karriere als Kurort verdankt die Stadt der Salzquelle »Harzburger Brunnen«.
Schönster Punkt ist der 482 m hohe Burgberg – auf den eine Kabinenseilbahn fährt – mit den Resten der einstigen Harzburg.
Ein kurzer Abstecher nach Süden führt zum Radau-Wasserfall: eine hübsche kleine Attraktion, die im 19. Jh. angelegt wurde, doch heute leider direkt an der lauten B4 liegt.

❸ Der erste Ort jenseits der einstigen deutsch-deutschen Grenze ist das kleine, fein renovierte **Ilsenburg**. Dank einem Marktplatz an einem Forellenteich, dem Rathaus und einer Schloss- und Klosteranlage mit würdiger romanischer Kirche wirkt es fast wie ein Städtchen aus dem Bilderbuch, wenn man einmal die Industrierelikte am Ortsrand außer Acht lässt. Sehenswert ist auch das Hüttenmuseum im gräflichen Herrenhaus. Ilsenburg bietet sich als Ausgangspunkt für Wanderungen durch das Ilsetal an – eines der schönsten Täler im Harz.

❹ **Drübeck** ist nur ein kleines Dörfchen. Seine einzige, aber bedeutende Attraktion ist die romanische Klosterkirche, die in Teilen auf das Jahr 1004 zurückgeht. Vom zugehörigen Benediktinerinnenkloster existieren nur noch wenige, von einer großen, alten Linde beschattete Reste – ein Ort der Stille.

❺ Neben Goslar und Quedlinburg gehört **Wernigerode** zum großen Dreigestirn der wichtigsten nördlichen Harzrandstädte. Das sehenswerte Fachwerkrathaus mit den zwei spitzen Turmhauben hat ein halbes Jahrtausend auf dem Buckel und zeigt großartigen Figurenzierrat mit Liebespaaren, Bischöfen und Narren! Sehenswert in der historischen Altstadt sind auch das Krummelsche Haus (Breite Str. 72) von 1674 mit seinen üppigen Schnitzereien sowie das Gadenstedtsche Haus mit einem Renaissance-Erker (Oberpfarrkirchhof 13). Kurios wirkt das Schiefe Haus, eine frühere Mühle (Klintgasse 5).
Am berühmtesten aber sind das märchenhaft anmutende Schloss (mit Museum) sowie der grandiose Blick vom Schlossturm auf den nahen Brocken. In Wernigerode beginnt die alte Harzquerbahn mit alten Dampfloks, deren schöner Bahnhof allein schon den Besuch lohnt.

❻ **Rübeland** liegt zwischen steilen Hängen im Bodetal. Hierher locken zwei der beeindruckendsten Tropfsteinhöhlen Deutschlands: die Baumanns- und die Hermannshöhle mit ihren Kammern, Gängen und Sälen sowie Tausenden von Stalaktiten und Stalagmiten. Der imposante »Goethesaal« der Baumannshöhle wird

Das Kleine Schloss in Blankenburg ist von einer barocken Gartenanlage umgeben.

Die Trink- und Wandelhalle in Bad Harzburg präsentiert sich im klassizistischen Stil.

Eine verspielte Fachwerk-Architektur und hübsche Erkertürmchen machen das Rathaus von Wernigerode zum beliebten Postkarten- und Fotomotiv.

gerne auch für Theateraufführungen genutzt. Die Hauptattraktion der Hermannshöhle ist die fantastische Kristallkammer.
In den Höhlen ist es ständig kalt und feucht – unbedingt warm anziehen!

7 Bergab wieder zurück an den Harzrand erreicht man **Blankenburg**, ein altes Residenzstädtchen, das allerdings durch den letzten Krieg und die Industrialisierung sehr gelitten hat. Über der Altstadt mit engen Gassen und Fachwerkhäusern erhebt sich das imposante, doch schlichte Große Schloss vom Anfang des 18. Jh. Es wird derzeit saniert und kann nur in Teilen besichtigt werden. Der Aufstieg lohnt jedoch allemal wegen der Aussicht. Durch den Schlosspark gelangt man zum Kleinen Schloss von 1725, heute Heimatmuseum, in dem bis 1945 die Braunschweiger Herzöge wohnten. Sein kleiner Barockgarten

Die Baumannshöhle in Rübeland gilt als die älteste Schauhöhle Deutschlands.

Wandern & Freizeit

Das Gebiet zwischen Hornburg, Vienenburg, Bad Harzburg, Ilsenburg und Wernigerode lädt zu einer rund 70 km langen Radtour entlang des **Grünen Bandes** ein, das die ehemalige innerdeutsche Grenze nachzeichnet. An den Resten ehemaliger Grenzanlagen und an den Kreuzungspunkten mit dem ehemaligen Grenzverlauf sind Hinweistafeln zu Sehenswürdigkeiten oder zur Fauna und Flora aufgestellt. Die Streckenkennzeichnung erfolgt mit der Markierung Grünes Band. Der Start ist in Ilsenburg bei der Tourismusinformation.

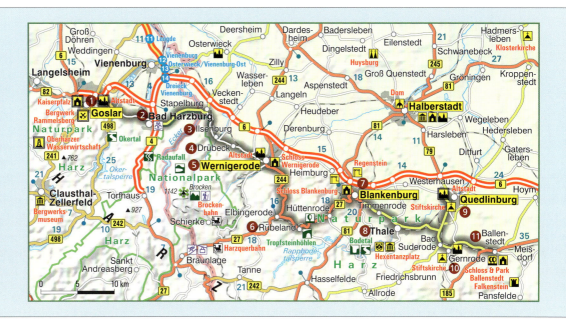

Der Schlossberg von Quedlinburg wird von der Stiftskirche St. Servatius im romanischen Stil und vom wuchtigen Schloß beherrscht.

ist einzigartig. Nördlich von Blankenburg sitzt auf einem wild zerklüfteten Sandsteinfelsen die Burgruine Regenstein. Sie ist, außer mit dem Pkw, auch über einen 3 km langen Wanderweg erreichbar.

8 Richtung **Thale** führt die Straße an einem kilometerlangen Kliff, der Teufelsmauer, entlang. So wird man schon auf die Harzgespenster eingestimmt, die oberhalb von Thale auf dem Hexentanzplatz, einem steil aufragenden, 454 m hohen Felsplateau, ihr Unwesen trieben, ehe sie vor den Besuchermassen und Andenkenverkäufern Reißaus nahmen.

Der Weg hinauf ist per Seilbahn bequem, lohnt aber nur, wenn man den Tierpark oder eine Aufführung im Bergtheater besuchen will. Ansonsten sollte man einem zweiten, ebenfalls per Seilbahn erreichbaren Felsen den Vorzug geben, nämlich der 403 m hohen Rosstrappe. Von beiden Stellen aus kann man einen herrlichen Blick ins romantische Bodetal genießen. Das Tal selbst ist autofrei und durch einen beliebten – und daher meist auch sehr belebten – Wanderweg erschlossen.

9 Das über tausendjährige **Quedlinburg**, die Stadt Heinrichs I. – des ersten deutschen Königs – und seiner Frau Mathilde, bildet noch vor Goslar den kunsthistorischen Höhepunkt der Tour. Weit über tausend Fachwerkhäuser sowie bedeutende Kirchen prägen das Stadtbild, das vom Schlossberg mit der Kirche St. Servatius (12. Jh.) überragt wird.
Diese romanische Basilika und das benachbarte, im Laufe der Geschichte mehrfach umgebaute Schloss (10. bis 18. Jh.) sind Teile des mächtigen Damenstifts, das hier im Jahr 936 von Mathilde gegründet wurde und bis 1803 die Stadt beherrschte.
Nicht viel jünger als die Stiftskirche ist St. Nikolai in der sogenannten Neustadt, dessen 72 m hohe Doppeltürme weithin sichtbar sind. Vor allem aber lohnt die Altstadt zwischen Schlossberg und Kornmarkt einen Bummel. In der Straße Finkenherd nahe dem Schlossberg steht das Geburtshaus des Dichters Klopstock (1724–1803). Die Adresse Wordgasse 3 verweist auf das älteste Fachwerkhaus der Harzregion; der urtümliche Ständerbau beherbergt heute ein Museum zu dieser Bauweise.

Die Teufelsmauer bei Thale ist mit ihren bizarren Gesteinsformen legendenumrankt.

10 Im landschaftlich schön gelegenen **Gernrode** beginnt die Selketalbahn, eine der drei Harzer Schmalspurbahnen. Schon der alte Bahnhof ist sehenswert. Vor allem aber weist das Städtchen einen kulturhistorischen Leckerbissen auf: Die imposante ottonische Kirche St. Cyriakus entstand bereits im 10. Jh. und ist damit die älteste im an alten Kirchen so reichen Sachsen-Anhalt. Wie schon die Quedlinburger Stiftskirche verdankt auch St. Cyriakus seine Größe dem Reichtum eines Damenstifts. Das Heilige Grab im Kircheninnern ist eine Nachbildung des Grabes Christi.

11 **Ballenstedt** ist eine kleine alte Residenzstadt – man sieht es schon an der kilometerlangen Schlossallee. Das restaurierte Barockschloss geht auf ein spätmittelalterliches Kloster zurück. Hübsch sind das klassizistische Schlosstheater von 1788 und der im 19. Jh. von Peter Joseph Lenné an-

Schlicht und erhaben präsentiert sich die Stiftskirche St. Cyriakus in Gernrode, ein wahres Meisterwerk frühottonischer Baukunst.

gelegte Schlossgarten. Daneben sind auch die Reste der mittelalterlichen Stadtmauer sowie die Gebäude der historischen Altstadt sehenswert. Auch Meisdorf hat ein Schloss. 1787 erbaut dient es heute als Hotel. Berühmter ist die Burg Falkenstein. Sie blieb gut erhalten – trotz oder gerade wegen eines Umbaus im 16. Jh. Um 1220 schrieb der Ritter Eike von Repgow hier das erste deutsche Rechtsbuch, den Sachsenspiegel.

Wandern & Freizeit

Vom Kurpark in **Bad Harzburg** führt ein gemütlicher Spaziergang in rund 60 Minuten hinauf auf den Hausberg der Kurstadt, den **Großen Burgberg** (483 m). Oben angelangt ziehen die Ruinen der Harzburg die Wanderer in Ihren Bann. Ein Historischer Rundwanderweg mit zwölf Informationstafeln läßt die Geschichte um die Harzburg sowie von Heinrich IV. und Otto IV. lebendig werden. Der Weg führt auch zur Canossa-Säule, ein 19 m hoher Obelisk, auf dem Plateau des Burgberges, der 1877 zum Gedenken an Bismarck errichtet wurde. Nun gibt es zwei Möglichkeiten: Man steigt hinab ins Tal oder fährt bequem mit der Burgberg-Seilbahn nach Bad Harzburg. Oder man wandert weiter zu den **Rabenklippen**, wo Luchse in einem großen Eingewöhnungsgehege für ihr zukünftiges Leben in Freiheit im Nationalpark Harz vorbereitet werden. In der Waldgaststätte besteht eine Einkehrmöglichkeit bevor es über die Tiefe Kohlstelle und die Untere Sonnenpromenade zurück nach Bad Harzburg geht.

Besonders schöne Wanderwege führen von **Ilsenburg** ins romantische **Ilsetal** mit den Ilsefällen, von Thale ins wilde **Bodetal** und von Meisdorf über die Burg Falkenstein und die Ruine der Burg Anhalt durchs liebliche untere **Selketal**. Eine gute Variante besteht darin, ab Gernrode bis Mägdesprung die Schmalspurbahn zu nehmen und von dort durchs Selketal abwärts zu wandern.

Der **Brocken** ist Mythos und mit 1142 m der höchste Gipfel Norddeutschlands, der als Granitmassiv über die Waldgrenze hinausragt. Von **Wernigerode** aus hat man den besten Zugang zum Brocken: Hoch geht es mit der Harzquerbahn bis Drei Annen Hohne, von dort fährt die Brockenbahn fast bis zum Gipfel. Die Strecke endet am Brockenbahnhof in 1125 m Höhe. Oben gibt es einen halbstündigen Rundweg. Einen Blick wert ist auch der bereits im Jahre 1890 angelegte Brockengarten. Zurück läuft man rund 11 km bergab bis Schierke (Bahnhof) oder wieder bis Drei Annen Hohne.

Für Familien mit Kindern sei ein Besuch des Löwenzahn-Entdeckerpfades empfohlen. In der Nähe des Parkplatzes **Drei Annen Hohne** weist ein Tor mit zwei Löwenzahnblüten und –blättern den weiteren Weg. An sieben Stationen kann die Natur mit allen Sinnen erlebt werden. Die Stationen lauten u. a. Spurensuche im Wald, geheimnisvolles Leben im toten Holz, im Körper der Eule oder barfuß die Natur spüren. Ein riesiger Spaß verbunden mit einem Lerneffekt.

Im Harz gibt es mehrere Fernwanderwege. Einer, der **Harzer Hexen-Stieg**, zählt zu den schönsten Wanderwegen Deutschlands. Die Wanderung führt von **Thale** in Sachsen-Anhalt über rund 95 km nach **Osterode** in Niedersachsen (oder in umgekehrter Richtung). Wer die gesamte Strecke wandert, legt dabei über 3000 Höhenmeter zurück und wird den Weg in fünf Tagesetappen einteilen. Die abwechslungsreiche Route präsentiert die vielfältigen Facetten quer durch das nördlichste Mittelgebirge Deutschlands: die faszinierende Berglandschaft des Nationalparks Harz mit dem Brocken, alte Hochmoore, felsige Schluchten, steile Klippen, mittelalterliche Fachwerkstädtchen und Zeugen der mehr als tausendjährigen Bergbaugeschichte der Region. Der Weg ist mit der Harz-Hexe mit dem Schriftzug Harzer-Hexen-Stieg gut beschildert. Wer sich den Aufstieg zum Brocken ersparen möchte, der wandert von Königshütte nach Braunlage und an St. Andreasberg vorbei nach Torfhaus. Die gesamte Tour erfordert eine gute Kondition und eine gute Ausrüstung (Informationen: *www.hexenstieg.de*, *www.harzer-hexenstieg.de*).

Auch das ist der Harz: Ein Kornfeld im Sonnenuntergang.

Der Harz

Kein anderes deutsches Gebirge nördlich des Mains ragt höher und schroffer über das Tiefland empor als der urwüchsige »Bergwald«, in dem regelmäßig das Brockengespenst gesichtet wird. Zu jeder Jahreszeit lockt der Harz Besucher an.

Das Brockengespenst ist nur eines von vielen sagenhaften Wesen, die sich im und am Harz tummeln. Da gibt es zum Beispiel die hässlichsten Hexen, die sich in der Walpurgisnacht an bestimmten Plätzen zu wilden, unzüchtigen Tänzen treffen. Oder holde Quellnixen, »Wilde Männer« und jede Menge bösartiger Zwerge. Der Teufel ist sowieso allgegenwärtig, nicht nur an der Teufelsmauer. Das nach dem höchsten Gipfel des Gebirges benannte Gespenst ist jedoch kein Geschöpf der Fantasie, sondern ein reales atmosphärisches Phänomen, das in den oft von Wolken verhüllten Gipfellagen unserer Mittelgebirge auftritt. Und mit knapp 1142 m Meereshöhe ragt der majestätische Brocken oder Blocksberg klar in jenes Gebirgsstockwerk hinein. Kein Berg im deutschen Norden ist höher als diese massige Kuppel aus Granit. Aber auch nirgendwo sonst führen die Bergwerksschächte tiefer hinab als in dem »steinreichen« Gebirge zwischen Oker und Ilse, wo jahrhundertelang Silber- und andere wertvolle Erze gefördert wurden. Für den Bergbau und die Verhüttung der Erze benötigte man früher riesige Mengen von Holz. Daran ist in einem zu etwa vier Fünfteln seiner Fläche bewaldeten Gebirge kein Mangel. Doch schon bei ungefähr 1000 m Meereshöhe stoßen die dichten Fichtenwälder an ihre natürlichen Grenzen. So tief verläuft die Waldgrenze von Natur aus in keinem anderen Gebirge unseres Landes. Darüber ist ein Hauch von Bergtundra zu spüren, mit bizarr verkrüppelten Bäumen, denen man die Strapazen durch Schnee- und Eislasten ansieht; mit Zwergstrauchheiden und Mooren, aber auch mit hübschen Blumen wie der Brockenanemone. Das auch in den Alpen heimische Gewächs gehört zu den botanischen Schätzen des schon vor über 100 Jahren angelegten Brockengartens im Mittelpunkt des Nationalparks Harz. Der grenzübergreifende Nationalpark in Niedersachsen und Sachsen-Anhalt dient dem Schutz der seltenen Flora, aber mindestens ebenso sehr einer Tierwelt,

Die Teufelsmauer ist vor vielen Millionen Jahren aus Meeresablagerungen entstanden.

Blockmeere am Brocken, der von Nebelschwaden umhüllt ist.

die zwischen Alpen und Nordsee ihresgleichen sucht. Hier schleichen noch Luchse und Wildkatzen auf leisen Pfoten durch die Wälder, nisten Wanderfalken auf den zerklüfteten Felsklippen, kreisen farbenprächtige Smaragdlibellen über den graugrünen Hochmooren .

Was die Farbenpracht angeht, können die Harzer Städte locker mit der Flora und Fauna mithalten. Zum Beispiel Wernigerode, die »bunte Stadt am Harz«, oder Quedlinburg oder Goslar oder Stolberg oder ..., alle Schatzkammern deutscher Fachwerkbaukunst und zumeist unter den strengsten Schutz der UNESCO gestellt. Auf den Harzhöhen erwartet eine weitere Stätte des Welterbes kunstsinnige Besucher: ein in dieser Form weltweit einzigartiges Gesamtkunstwerk aus Teichen, Gräben und den »Wasserkünsten« an den Erzgruben, wie dem berühmten Rammelsberg bei Goslar.

Großes Bild oben: Von der Rabenklippe bei Bad Harzburg fällt der Blick zum Brocken.

Wildkatzen sind scheue Bewohner des Harzes.

Durch den Harz – über und unter Tage

Diese etwa 190 km lange Tour führt von Bad Grund und den Städten am westlichen Harzrand aus tief in den Harz hinein und durch den lieblichen Ostharz wieder hinaus. Um die zahlreichen Zeugnisse des Harzer Bergbaus und die historischen Fachwerkstädte, Schlösser und Kirchen mit Muße zu erleben, sind drei Tage für die gesamte Tour nicht zu lang.

Portal am Mundloch des Ernst-August-Stollens in Gittelde bei Bad Grund.

1 Nach **Bad Grund**, dem ältesten Bergbaustädtchen im Oberharz, kommen die Gäste weniger wegen der Kneipp- und Moorbäder: Publikumsmagnet ist vielmehr die Iberger Tropfsteinhöhle mit ihrem steinernen Wasserfall. Seit dem Fall der Grenze haben die Rübelander Höhlen ihr freilich den Rang abgelaufen. Der Albert-Turm oberhalb der Höhle bietet einen grandiosen Rundblick. Nicht nur als Ziel für Familien mit Kindern eignet sich das Uhrenmuseum. Das Arboretum ist ein botanischer Garten mit blühenden Sträuchern aus aller Welt. Ein kurzer Abstecher führt nach Wildemann. Der Name dieses Bergbaudörfchens kommt vom »wilden Mann« – einem Berggeist, der die fleißigen Bergleute mit guter Ausbeute belohnte. Das hiesige Bergwerk, der alte 19-Lachter-Stollen, kann besichtigt werden.

2 Mehr zum Thema Bergbau erfährt man im ausgezeichneten Oberharzer Bergwerksmuseum in **Clausthal-Zellerfeld**. Der Ort ist die Metropole des Oberharzes und besitzt eine international bekannte Technische Universität mit dem Schwerpunkt Bergbau, deren riesige Mineraliensammlung sehenswert ist. Die Marktkirche Zum Heiligen Geist gilt als größte deutsche Holzkirche.

Die Gießerei Königshütte in Bad Lauterberg ist ein Industriedenkmal.

Der Innenraum der St.-Andreas-Kirche in Bad Lauterberg hat eine Doppelempore.

3 Ein charmantes Städtchen ist **Osterode** am südwestlichen Harzrand. Eine teilweise erhaltene Stadtmauer, mit Flusskieseln erbaut, umschließt hier eine romantische Altstadt aus Fachwerkhäusern. Besonders schön ist der Kornmarkt, hinter dem sich die äußerlich schlichte, doch in ihrer Ausstattung bedeutende Kirche St. Ägidien erhebt.

4 Über dem südlichen Nachbarort **Herzberg** ragt auf einem Bergrücken das Fachwerk-Renaissanceschloss aus dem frühen 16. Jh. auf, dessen Grundmauern zum Teil aus dem 11. Jh. stammen. Glanzstück des schön renovierten Baus ist der Treppen- und Uhrturm in einer Ecke des Innenhofs. Im Schloss sind unter anderem ein Forst- und ein Zinnmuseum untergebracht.
Die einstige Burg Scharzfels oberhalb der Straße nach Bad Lauterberg ist hingegen nur noch eine Ruine: Sie wurde 1761 im Siebenjährigen Krieg zerstört. Die Aussicht lohnt nach wie vor einen Besuch. Oberhalb des Ortes Scharzfeld liegen die Einhornhöhle, in der Knochen eiszeitlicher Tiere entdeckt wurden, sowie eine weitere Höhle, die »Steinkirche«: Sie wurde im Mittelalter als Kirche hergerichtet.

5 **Bad Lauterberg**, unterhalb des Oderstausees gelegen, machte wie viele andere Harzorte im 19. Jh. den Wandel von einer Bergbausiedlung zum Ferien- und Kurort durch. Mit seinen Fachwerkhäusern und dem kleinen Kurpark wirkt das Städtchen recht gepflegt. Ein Teil der alten Zechenanlagen wurde als Schaubergwerk hergerichtet. Sehenswert – wenn auch nur von außen – ist ebenfalls eine 1733 gegründete Eisenhütte, ein Denkmal aus der Frühzeit der Industrialisierung.

6 Mit seinen steilen Straßen ist **St. Andreasberg** eine echte Heraus-

Wandern & Freizeit

Der **Harz** ist mit seinen Wanderwegen eine der am besten erschlossenen Wanderregionen Deutschlands. Über 8000 km markierte Wanderwege durchziehen den Harz von Norden nach Süden und von Westen nach Osten. Von jedem Ort aus kann man mit Hilfe einer Wanderkarte des Harzklubs *(Bahnhofstr. 5a, 38678 Clausthal-Zellerfeld, Tel. 05323/817 58, www.harzclub.de)* Rundwanderungen unternehmen. Und wie es sich für ein Gebirge gehört, kann man auch einige Gipfel mit Aufstiegshilfen erreichen: Sessellifte führen von Thale zur Rosstrappe und von Bad Lauterberg zum Hausberg, die Brockenbahn verkehrt von Schierke zum Brocken und Kabinenseilbahnen verbinden Braunlage mit dem Wurmberg, Hahnenklee mit dem Bocksberg, Thale mit der Station Hexentanzplatz und Bad Harzburg mit dem Großen Burgberg.

Schmuckstück des Fachwerk-Welfenschlosses in Herzberg ist der reich verzierte Treppenturm mit der Doppeluhr im Innenhof.

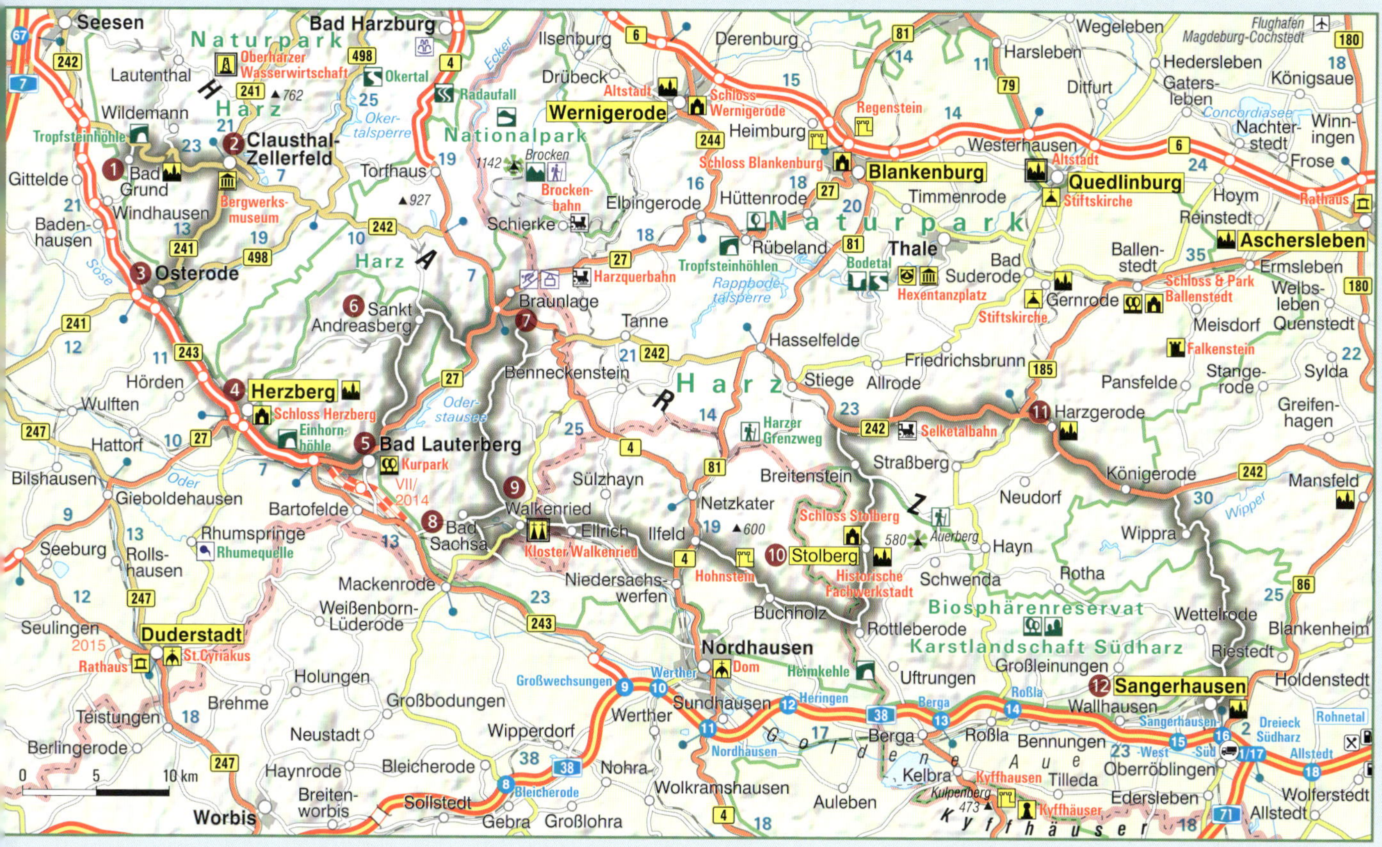

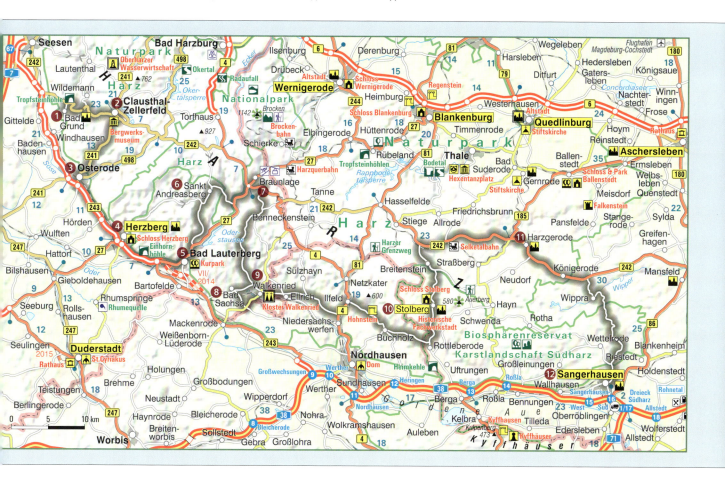

Rosen über Rosen blühen und duften im Europa-Rosarium in Sangerhausen vom Frühjahr bis weit in den Herbst um die Wette.

forderung für Flachlandbewohner. Nur schade, dass die moderne Superrutsche ebenso wenig zur Entlastung des innerstädtischen Transportwesens beiträgt wie die wintertags stark frequentierten Skipisten.

Der Silberbergbau wurde in St. Andreasberg im Jahr 1910 eingestellt. Nicht versäumen sollte man einen Besuch der Grube Samson: Sie ist Europas einzige Grube mit noch funktionierender Fahrkunst.

Wandern & Freizeit

Das **Oberharzer Bergwerksmuseum** (*Bornhardtstr. 16, 38678 Clausthal-Zellerfeld, tel. 05323/989 50, www.oberharzerbergwerksmuseum.de*) bietet Kindern und der ganzen Familie ein tolles Erlebnis im Rahmen einer Wanderung mit dem elektronischen Emil. Im Museum kann man einen kleinen Computer ausleihen. Spannendes, Wissenswertes und auch Rätselhaftes über die Geschichte, die Spuren des Bergbaus und des UNESCO-Welterbes Oberharzer Wasserwirtschaft, liefert Emil, der kompetente Landschaftsdetektiv-Computer.
Drei interessante Rundgänge werden angeboten: das Freigelände des Museums, die Ringer Halde (eine Einführung in die Oberharzer Wasserwirtschaft) und der Kaiser-Wilhelm-Schacht II.

Die »klassischste« Harz-Wanderroute verläuft von Torfhaus (Start am Nationalparkdenkmal am Großparkplatz) an der B4 nördlich von Braunlage aus auf den Spuren Goethes auf dem nach ihm benannten Goetheweg zum **Brocken** (hin und zurück 16 km). Auf Waldwegen mit teilweise schöner Aussicht, aber auch über Holzbohlen und in Teilstrecken auch entlang eines alten Kolonnenweges, führt der mit »Brocken« ausgeschilderte Weg über den Quitschenberg zum Rastplatz am Eckersprung, der Quelle der Ecker; und weiter über den sogenannten Neuen Goetheweg zum Brockengipfel in 1142 m Höhe. Wer nach einer Rast oder Einkehr am Brockengipfel vor dem Rückweg noch eine rund einstündige leichte Wanderung unternehmen will, der genießt die Ausblicke und die Se-

henswürdigkeiten entlang des ausgeschilderten Brockenrundwanderweges (u.a. mit dem Brockengarten, dem Hexenaltar, dem Brockengipfel mit der Brockenuhr und dem Brockenmuseum).

Direkt von **Braunlage** aus führt ein Wanderweg auf den Wurmberg, der neben der Seilbahnstation auch eine Sprungschanze und einen Aussichtsturm zu bieten hat. Etwa 410 m Höhenunterschied sind auf der 11 km langen Rundwanderung zu meistern. Man kann die Strecke per Seilbahn abkürzen.

Am **Wurmberg** bietet sich Wagemutigen in den Sommermonaten ein neues Erlebnis: Am Großparkplatz in Braunlage kann man sogenannte Monsterroller ausleihen (*www.monsterroller.de*). Das sind äußerst stabile Tretroller mit perfekten Scheibenbremsen und breiten Stollenreifen. Hinauf geht es per Bergbahn auf den Wurmberg. Der Fahrpreis ist im Ausleihpreis inbegriffen. Oben angekommen, wird der Helm, der zur Ausrüstung gehört, aufgesetzt und dann geht es über 400 Höhenmeter eine fast 5 km lange Strecke hinab zum Ausgangspunkt.

Der **Harzer Grenzweg** führt zu den Zeugnissen der deutschen Teilung und zu einmaligen Biotopflächen entlang des alten Grenzstreifens. Der Weg ist Teil des Grünen Bandes, das sich rund 1400 km entlang der ehemaligen Grenze zieht. Etwa 100 km beträgt die Teilstrecke im Harz, die sich vom Grenzturm Rhoden (Osterwieck) im Norden bis zum Grenzlandmuseum Tettenborn (Bad Sachsa) im Süden zieht. Wer die Strecke oder auch nur Teile davon erwandert, ist häufig auch auf den alten Kolonnenwegen unterwegs. Auf den groben Betonplatten patrouillierten die DDR-Grenzsoldaten. Der Harzklub hat den Weg gut ausgeschildert. Zahlreiche Informationstafeln am Wegesrand klären über historische Stätten und Ereignisse sowie über interessante Biotope auf.

Idyllisch ist die Wanderung von Stolberg aus auf den 580 m hohen **Großen Auerberg**, auf dem das größte eiserne Gipfelkreuz der Welt als Aussichtsturm dient. Der Weg führt meist durch Laubwald. Der zu bewältigende Höhenunterschied beträgt 300 m, hin und zurück sind es etwa 11 km.

Nur eine Dreiviertelstunde braucht man von Bad Lauterberg aus auf dem mit einem blauen Dreieck markierten Fußweg zum schönen **Oderstausee**.

Der **Harz** ist keine Region für einfache und familiengeeignete Radtouren. Mountainbiker finden aber eine große Auswahl an Strecken aller Schwierigkeitsgrade, wo sie in schöner Natur einige Höhenmeter hinter sich bringen können. Zurzeit bietet der Harz 74 ausgeschilderte Mountainbike-Rundrouten mit etwa 2200 km Strecke. Weitere Informationen und Angebote von geführten Touren: *www.volksbank-arena-harz.de* und *www.mtb-harz.de*

Reichlich Fachwerkschmuck und einladende schmiedeeiserne Schilder der Gasthöfe und Hotels kennzeichnen das historische Zentrum von Stolberg.

7 In **Braunlage** hat man die geografische Mitte des Harzes erreicht. Der quirlige Ort ist ein Schwerpunkt des Harztourismus, vor allem des Wintersports. Er selbst besitzt nur wenige Sehenswürdigkeiten, erfreut jedoch mit einem reichen Veranstaltungsprogramm und Wanderwegen in allen Richtungen. Besonders beliebt ist die Tour auf den 971 m hohen Wurmberg, auf dessen Gipfel man mit einem Brockenblick belohnt wird. Auf diesen zweithöchsten Berg des Harzes fährt auch eine Seilbahn.

8 Ebenfalls beliebt, aber dennoch beschaulich, ist das am südlichen Harzrand gelegene **Bad Sachsa**. Obwohl der Ort über 1100 Jahre alt ist, gibt es außer der Kirche St. Nikolai nur wenige historisch wertvolle Gebäude. Das Rathaus hat einen Jugendstil-Saal. Stattdessen locken der Kurpark, ein Teich, auf dem man Boot fahren kann, das Grenzlandmuseum, der Märchengrund, in dem bewegte Märchenszenen zu sehen sind, sowie das Salztal-Paradies – mit Halengolf, einer Badelandschaft und anderen Sporteinrichtungen. Über dem Ort ragt der Ravensberg (660 m) auf, ein Wanderziel mit Aussichtspunkt und Skipisten.

9 Das imposante Zisterzienserkloster im nahe gelegenen **Walkenried** ist die großartigste Ruine im ganzen Harz. Der erste Bau wurde bereits 1179 bezogen, doch die heute noch zu besichtigenden Teile – die verfallene große Kirche sowie der erhaltene doppelschiffige Kreuzgang – wurden im 13. und 14. Jh. in gotischem Stil neu errichtet. In den Sommermonaten finden im Kreuzgang klassische Konzerte statt.

10 Das sich in waldgesäumten Tälern erstreckende **Stolberg** ist der eigentliche Höhepunkt dieser Tour, ein wahres Schmuckstück. Alles ist hier seit zwei bis sieben Jahrhunderten original erhalten: die in Fachwerk errichteten Wohnhäuser (besonders schön ist das Haus Niedergasse 19 mit dem Heimatmuseum), der Saigerturm aus dem 13. Jh., das prächtige Rathaus mit dem Denkmal für den in Stolberg geborenen Bauernführer Thomas Müntzer, die Martinikirche, ein Stadttor und das Renaissanceschloss auf der Höhe. Übrigens wurden die letzten beiden Hexen 1657 vor dem Rathaus verbrannt. Den besten Blick auf Schloss und Stadt genießt man von der Lutherbuche am gegenüberliegenden Hang.

11 **Harzgerode** liegt fernab von allem Trubel zwischen ausgedehnten Wäldern – ideal für geruhsame Wanderungen. Zentrum der Altstadt mit ihren schönen Fachwerkhäusern ist der Marktplatz mit dem historisierenden Rathaus von 1901. Als Hauptsehenswürdigkeit sind die Marienkirche und das kleine Renaissanceschloss, das im 16. Jh. seine heutige Form erhielt, zu nennen.

12 **Sangerhausen** wird zwar von einer hässlichen Abraumhalde, einem Relikt des inzwischen eingestellten Kupferbergbaus, überragt; doch dafür entschädigt das sehenswerte Rosarium, ein 15 ha großer Rosengarten. Mit über 6500 verschiedenen Arten ist es seit 1903 ein Wallfahrtsziel für Rosenfreunde.

Die Stadt bietet im alten Ortskern noch weitere Sehenswürdigkeiten: die Jakobikirche mit ihrem schiefen Turm, das Rathaus (15.–16. Jh.), das Neue Schloss (16.–17. Jh.) und die romanische Ulrichskirche. Und nicht zu vergessen: das Spengler-Museum.

Der Kreuzgang des Klosters Walkenried ist ein Meisterwerk gotischer Baukunst.

Von der Elbe an die Saale

Die etwa 350 km lange Route (Dauer: mindestens fünf Tage) führt zu den kulturhistorischen Glanzlichtern Sachsen-Anhalts. Man sieht Zeugnisse deutscher Reichsgeschichte und erlebt das Kernland der Reformation. Eigene Akzente setzen die Dessauer Bauhausarchitektur, der Wörlitzer Park und das schöne Saaletal.

Die Kanzel im Magdeburger Dom trägt gotischen Bildschmuck.

❶ Wann **Stendal**, das Zentrum der Altmark, seine Blütezeit erlebte, zeigen die prächtigen Kirchen und das schmuckvolle Üngliner Tor: Sie stammen aus dem 14./15. Jh., als die Stadt Mitglied der Hanse war. Besuchsziele sind der Marktplatz mit Roland und Rathaus, die dahinter liegende Marienkirche, die Jakobikirche im Norden und der Dom im Süden. Dom und Jakobikirche sind vor allem für die kostbaren mittelalterlichen Chorfenster und Glasmalereien berühmt.

❷ Eine schnurgerade Allee führt nach **Tangermünde**, zur »Perle der Altmark« – mit fast vollständiger Stadtmauer (13. Jh.), drei Stadttoren, der gewaltigen Stephanskirche (14. bis 15. Jh.) und dem Rathaus von 1430, einem Juwel norddeutscher Backsteingotik. Die meisten Wohnhäuser entstanden nach dem großen Stadtbrand von 1617.

Über der Mündung der Tanger in die Elbe wachen die Reste der Burg; sie diente im 10./11. Jh. als Festung an der Grenze zum slawischen Siedlungsgebiet und war die Keimzelle der Stadt. Ein Genuss ist das Elbpanorama vom anderen Ufer aus.

Die 1220 vollendete Klosterkirche von Jerichow sollte den Slawen die Macht des Christentums vor Augen führen. Doch es fehlte an Naturstein, und so entstand hier die erste romanische Backsteinkirche.

Im Stil der Backsteingotik wurde das Rathaus in Tangermünde erbaut.

❸ **Magdeburg**, Landeshauptstadt von Sachsen-Anhalt, war eine Schatzkammer von Kunst und Kultur, ehe 1945 rund 90 % der Innenstadt vernichtet wurden. Es »überlebten« einige Bauten und Kunstwerke höchsten Ranges, allen voran der großartige Dom, der im 13./14. Jh. errichtet wurde. Beeindruckend sind die Figuren der fünf klugen und fünf törichten Jungfrauen am Nordportal sowie etliche Bildwerke im Innern, darunter das Gefallenendenkmal von Ernst Barlach. Glanzlicht des Kreuzgangs ist die hochgotische Brunnenkapelle.

Das nahe Kloster Unser Lieben Frauen bewahrt noch fast überall den romanischen Stil seiner Bauzeit (11./12. Jh.); zu ihm gehört das früheste deutsche Brunnenhaus. Der berühmte Magdeburger Reiter vor dem Rathaus (heute eine Bronzekopie) ist die älteste frei stehende deutsche Reiterfigur. Schöne Aussichten auf die darunter gelegene Stadt gewähren der Turm der Johanneskirche und das gegenüberliegende Elbufer.

❹ **Dessau**, im 18. Jh. ein weithin gerühmter Hort der Aufklärung, wurde weltbekannt durch eine Schule und ihre Lehrer, die hier – ab 1925 – für nur sieben Jahre wirkten: das Bauhaus unter Walter Gropius. Mit dem Schulgebäude, den Meisterhäusern in der Ebertallee, der Bauhaus-Siedlung im Stadtteil Törten sowie dem Arbeitsamt wurden die neuen Bauhausideen, die Architektur und Design fortan weltweit prägten, von Gropius und Kollegen am Ort selbst umgesetzt. Beinahe um die Ecke liegen Schloss und Park Georgium mit Staatlicher Galerie.

❺ Unter den von der Aufklärung geprägten Schlössern und Gärten in und um Dessau ist der Landschaftspark in der Elbaue von **Wörlitz** der älteste und großartigste. Leopold III. Friedrich Franz von Anhalt-Dessau ließ ihn ab 1764 anlegen – aber nicht als Fürstengarten, sondern als Volkspark. Das weitläufige, mit Wasserflächen gesegnete Grün folgt englischen Vorbildern, integriert aber

Mit dem Wörlitzer Park schuf der Landesfürst von Anhalt-Dessau eine riesige Gartenanlage von Weltruf.

Wandern & Freizeit

Der für Kinder konzipierte **Hansepfad** (Markierung: rotes Haus) führt vom Roland am Marktplatz ausgehend zu einigen Sehenswürdigkeiten von **Stendal**. Der Stadtspaziergang führt vom Marktplatz über die Brüderstraße zum Mönchskirchhof, dann weiter über den Westwall, Hartungswall und zum Uenglinger Tor. Die Tourist-Information *(Kornmarkt 8)* hält weitere Infos bereit.

Ein weites Wander- und Radfahrgebiet ist die rechte **Elbaue** südlich von Magdeburg. Sie geht in die teils bewaldete Gommernsche Heide über. Im Sommer locken dort viele Badeteiche.

Der **Elberadweg** erstreckt sich mit einer Länge von 1165 km von der Elbquelle im Riesengebirge bis zur Mündung des Flusses in die Nordsee. Ein Abschnitt des Weges liegt auch in und um **Magdeburg** und lädt zu Radtouren ein, sei es im Stadtgebiet oder zu nahegelegenen Ausflugszielen wie dem Wasserstraßenkreuz oder dem Elbauenpark und dem Herrenkrugpark. Die Strecken sind mit dem blauen Logo »Elbradweg« markiert.

Auf der etwa 10 km langen Altstadt-Tour erfährt man etwas über die Geschichte **Magdeburgs**. Zu den wichtigen Etappen der Tour gehören der Dom St. Mauritius und St. Katharina, die Johanniskirche sowie das Alte Rathaus mit dem Magdeburger Reiter.

Von **Magdeburg** aus bietet sich eine **Bootsfahrt** auf einem Schiff der Weißen Flotte an. Zur Auswahl stehen zwei Richtungen (hin und zurück). Die Tour flussaufwärts führt entlang der Stadtsilhouette am Dom und der Rotehorn-Spitze vorbei. Die Tour flussabwärts geht entlang von Auenwäldern in Richtung Wasserstraßenkreuz, über die Elbe mit der Schiffsschleuse Magdeburg/Rothensee zur Brückenverbindung zwischen Mittelland- und Elbe-Havel-Kanal.

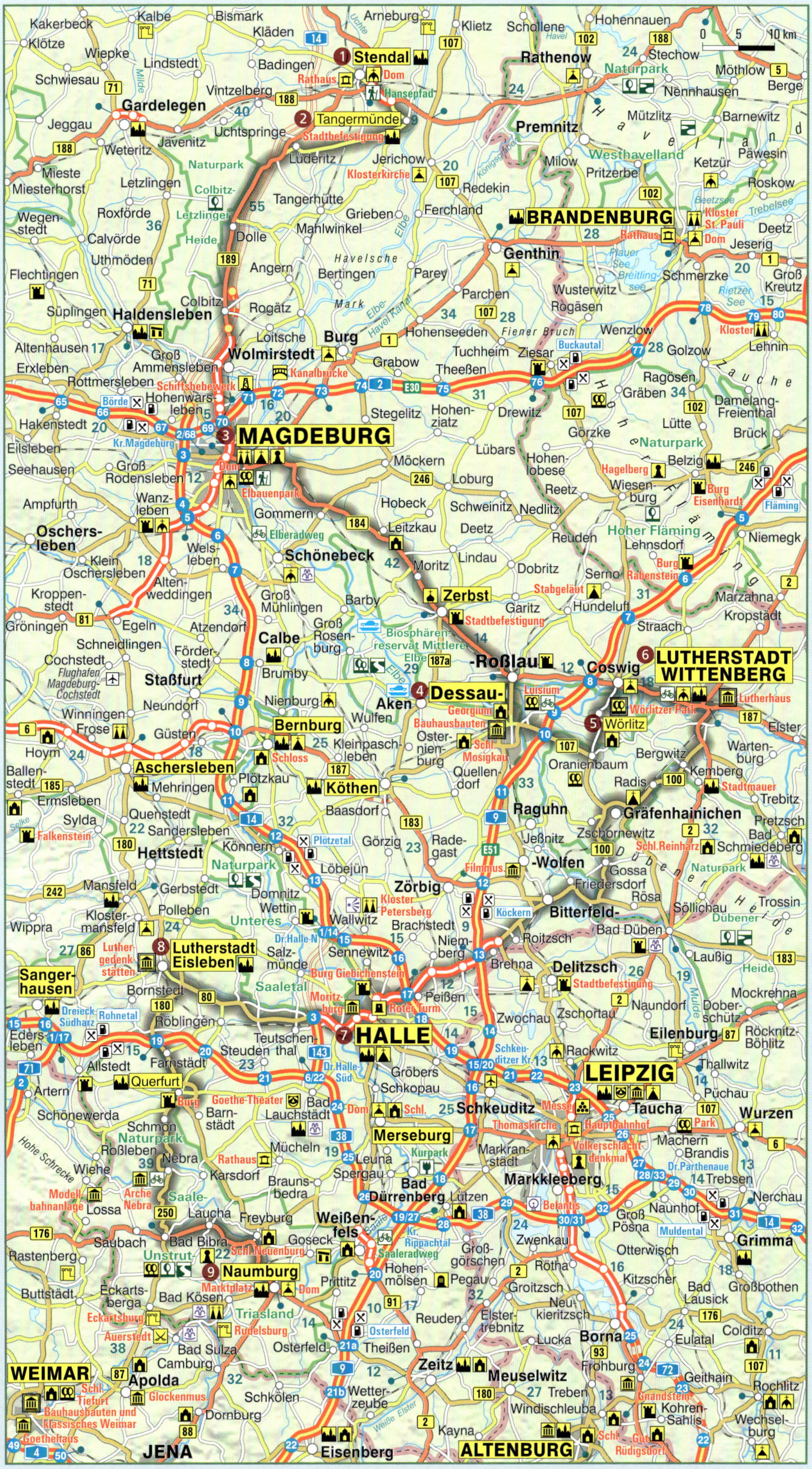

Der Dom St. Peter und Paul in Naumburg bestimmt die Silhouette der Stadt.

Stifterfiguren im Naumburger Dom.

Idealbilder der Antike und Italiens und gibt zum Zeichen aufklärerischer Toleranz über Sichtachsen gleichermaßen den Blick auf Kirche, Schloss und Synagoge frei.

6 In der Lutherstadt **Wittenberg** wirkten neben dem großen Reformator auch sein Mitstreiter Melanchthon und viele andere Gelehrte und Künstler. Kurz bevor Luther 1511 hierher zog, hatte die Blütezeit der Stadt begonnen. 1502 wurde die Universität gegründet, von der nun die Reformation ihren Ausgang nahm.

Hinter dem schönen Markt mit Rathaus ragt die Stadtkirche St. Marien auf, in der Luther predigte. Die befreundete Malerfamilie Cranach prägte deren Ausstattung wie den Reformationsaltar oder die Grabmäler. Das große Cranachhaus war Malakademie und Druckerei. Die Schlosskirche ist nicht nur wegen der darin befindlichen Gräber von Luther und Melanchthon berühmt, sondern auch wegen des Anschlags der 95 Thesen an der Kirchentür. Diese Aktion allerdings – da ist sich die Forschung heute sicher – hat wohl nie stattgefunden. Sie ist eine fromme Legende. Die Schlosskirche fiel einem Brand zum Opfer, der heutige Bau stammt aus den Jahren 1770 und 1892.

Das Lutherhaus, in dem der Reformator ab 1524 bis kurz vor seinem Tod 1546 lebte; die Stadtkirche; das Melanchthonhaus, das 1536 für Luthers Mitstreiter erbaut wurde; sowie die Schlosskirche sind Weltkulturerbestätten der UNESCO (seit 1996). Mit Ausnahme der Kirchen sind alle Gebäude heute Museen. Den besten Einblick in Luthers Wirken geben die Originaldokumente im Lutherhaus. Über die Lebensumstände jener Zeit sagt jedoch das Innere des gut erhaltenen Melanchthonhauses mehr aus.

7 **Halle**, Stadt des Salzes und Heimat Georg Friedrich Händels, trägt die Narben des Sozialismus, jedoch nicht die des Zweiten Weltkriegs. Ein Rundgang könnte beim Marktplatz beginnen. Der frei stehende Rote Turm, davor eine Rolandsfigur, verkörpert seit 1506 städtisches Selbstbewusstsein. Ein ungewöhnlicher spätgotischer Bau ist die viertürmige Marktkirche, die 1537 vollendet wurde. Der nahe gelegene, turmlose Dom entstand bis 1330 als Klosterkirche und wurde zwischen 1520 und 1523 mit antireformatorischem Ziel umgestaltet, ehe das Luthertum auch in Halle siegte.

Besonders schön sind das Chorgestühl, die Kanzel und die Pfeilerfiguren. Die Neue Residenz gleich nebenan diente dem Kardinal als Schloss. Nur gut 30 Jahre, im Geiste aber gleich eine ganze Epoche älter ist die Moritzburg, eine antistädtische Feste des Erzbischofs (um 1500).

1698–1745 wurden die Franckeschen Stiftungen errichtet. Der Armenpfarrer und Professor August Hermann Francke brachte darin ein Waisenhaus, eine Schule und ein Krankenhaus unter. Besichtigen sollte man auf jeden Fall auch das Hallorenmuseum sowie die am Stadtrand gelegene Burg Giebichenstein.

Jenseits von Industriebrache und Plattenbau liegt eine königliche Stadt: Merseburg. In vieltürmiger Silhouette ragen hier Dom und Schloss über einem Hang auf, dessen lieblich begrünten Fuß die Saale umspült. Vom 10. bis 13. Jh. hielten hier immer wieder deutsche Könige und Kaiser Hof. Am Dom wurde ab dem Jahr 1015 gebaut. Aus jener Zeit stammt

Luther predigte oft in der Stadtkirche in Wittenberg; sie ragt hinter dem weiten Markt auf.

Scheinbar blickt Händel auf Marktkirche und Roten Turm in Halle.

Das Lutherdenkmal auf dem Marktplatz in Eisleben.

die romanische Krypta. Das Langhaus wurde 1510–1517 neu errichtet. Von der reichen Ausstattung seien hier nur die bronzene Grabplatte von 1080 (ältestes deutsches Grabbildnis), die reich geschnitzte Kanzel und die prunkvolle Orgel erwähnt. Das Schloss beeindruckt als Gesamtanlage; es enthält jedoch kaum noch Kunstschätze.

8 In der Lutherstadt **Eisleben** stehen Luthers Geburts- sowie sein Sterbehaus. Sehenswert ist auch das hübsche Marktensemble mit Lutherdenkmal, Rathaus und Andreaskirche.
1996 wurden Luthers Geburtshaus mit einer Gedächtnisstätte (Lutherstr. 16) und sein Sterbehaus (Andreaskirchplatz 7) von der UNESCO als Weltkulturerbe anerkannt.

9 Vier Türme ragen über dem idyllischen Saaletal auf und künden von **Naumburgs** größtem Schatz: dem frühgotischen Dom St. Peter und Paul. Berühmt sind die lebensgroßen Stifterfiguren (um 1250) am Lettner des Westchors, die sich in lebendigem Ausdruck anblicken oder voneinander abwenden.
Eine wahre Freude ist auch das unzerstörte und von den Spuren sozialistischer Vernachlässigung weithin befreite historische Stadtbild: Neben Renaissance-Rathaus und Wenzelskirche als Mittelpunkt der Bürgerstadt sind Reste der Stadtmauer (15. Jh.) zu besichtigen.

Wandern & Freizeit

Radfahrer können der **»Deutschen Alleenstraße«** folgen – zu empfehlen vom Wörlitzer Park aus über Dessau nach Halberstadt mit seinem berühmten Dom (110 km, beinahe nur ruhige Nebenstrecken). Von dort aus geht es auf der »Fachwerkstraße« rasch nach Quedlinburg.

Auf der sogenannten »Bauhaustour« kommen Freunde der Bauhausarchitektur auf ihre Kosten. Die ausgeschilderte Rundtour startet am Hauptbahnhof und führt etwa 22 km durch das Stadtgebiet von **Dessau**. Vorbei an Bauhaus und Meisterhäusern (UNESCO-Weltkulturerbe) geht es zum Kornhaus und nach Dessau-Süd in die Gropiussiedlung Dessau-Törten. Die kürzere Nordroute ist etwa 8,5 km lang, die längere Südroute umfasst 13,5 km.

Eine etwa 29 km lange Radtour verbindet die beiden Elbstädte **Lutherstadt Wittenberg** und **Dessau**. Die ohne nennenswerte Höhenunterschiede, vorwiegend auf befestigten Wegen und ruhigen Nebenstraßen verlaufende Tour startet am Hauptbahnhof von Wittenberg. Am Schloss vorbei geht es durch die Stadt in Richtung Wörlitz. Auf dem Weg liegt das große Gebiet des Wörlitzer Parks, der ausschließlich für Fußgänger zugänglich ist. Von Wörlitz geht es weiter Richtung Vockerode und von da ab gut 5 km am Ufer der Mulde entlang. Danach führt der Weg vom Ufer weg Richtung Waldersee zum Park Luisium mit seinem bezauberndem Schlösschen. Hinter der Parkanlage verläuft die Route entlang einer Hauptstraße (B 185) in Richtung Hauptbahnhof Dessau, wo diese Fahrt schließlich ihr Ende findet.

Eine interessante, an verschiedenen Natur- und archäologischen Sehenswürdigkeiten vorbeiführende Radtour bietet der gut ausgeschilderte Himmelsscheibenradweg. Er verbindet den Fundort der »Himmelsscheibe von Nebra«, den **Mittelberg bei Wangen**, mit ihrem Aufbewahrungsort, dem Landesmuseum für Vorgeschichte in Halle. Die rund 71 km lange Route lässt sich an verschiedenen Punkten, beispielsweise mit der Bahn abkürzen (Nebra, Querfurt, Röblingen oder Halle).

Sehr lieblich ist das **Unstruttal** mit seinen Weinbergen. Ab Naumburg bietet sich die Winzerstadt Freyburg mit Schloss Neuenburg als Wander- und Radelziel an.

Ein Radwanderweg führt das gesamte **Saaletal** entlang. Am schönsten ist sicherlich das Teilstück von der Ilm-Einmündung bis Naumburg. Die malerischen Ruinen von Rudelsburg und Saaleck, die der Weg vor Bad Kösen passiert, sind von Naumburg aus auch sehr gut zu Fuß erreichbar (etwa 10 km über Kloster Schulpforta und Kösen).

Etwa 42 km liegen zwischen den beiden Domstädten **Naumburg** und **Merseburg**, die sich gut per Rad und entlang der Saale erschließen lassen. Vom Hauptbahnhof in Naumburg geht die Tour am Dom vorbei zum Marktplatz und zum Marientor in Richtung Saale-Radweg bis nach Schönburg. Vorbei an der Burgruine geht es weiter entlang dem Saaleufer nach Leißling, wo man mit der Fähre nach Lobitzsch ans andere Ufer übersetzt. Von dort verläuft die Tour über Uichteritz und Marktwerben weiter nach Weißenfels. Nach überquerung der Saalebrücke geht es weiter nach Burgwerben, Kriechau, Schkortleben und Großkorbetha.

Von Brandenburg durch den Spreewald bis nach Frankfurt/Oder

Von Brandenburg aus führt die Tour in die Landeshauptstadt Potsdam und weiter durch den Spreewald südlich von Berlin nach Cottbus, bevor nach einem Besuch in Eisenhüttenstadt die polnische Grenze in Frankfurt an der Oder erreicht ist. Für diese Tour empfiehlt es sich, mindestens vier Tage einzuplanen.

Schloss Babelsberg im Stil der englischen Neugotik mit der Havel im Vordergrund.

❶ Im fluss- und seenreichen Gebiet der mittleren Havel liegt die älteste Stadt der Mark, die ihr auch den Namen gab. In **Brandenburg** ist vor allem der reich ausgestattete Dom St. Peter und Paul aus dem 13. Jh. sehenswert. Auf einen Besuch des Dommuseums sollte man in keinem Fall verzichten. Weitere sehenswerte Gotteshäuser sind die Gotthard-, die Katharinen- und die Nikolaikirche. Außerdem lohnt sich eine Besichtigung des Rathauses, der Altstadt und der alten Befestigung. Im Heimatmuseum kann man sich über die Stadtgeschichte informieren und Plastiken von August Wredow sehen.
Wenn die Zeit reicht, sollte man Ausflüge zum Kloster Lehnin und zur Burg in Plaue einplanen.

❷ Entlang der Havel geht es weiter nach **Potsdam**. Ein Besuch von Schloss Sanssouci ist ebenso wie die Besichtigung des UFA-Geländes in Babelsberg ein Muss.
Der Krieg hat der Stadt arg zugesetzt, sodass die Garnisonskirche und das Stadtschloss nicht mehr vorhanden sind. Trotz aller Verwüstungen ist noch genug stehen geblieben um einen ganzen Tag mit Besichtigungen in der Stadt verbringen zu können: die Nikolaikirche von Schinkel, das alte Rathaus, Jäger-, Nauener und Brandenburger Tor, Schloss Cecilienhof, das Lustschloss Belvedere, der Einsteinturm sowie Schloss und Park in Babelsberg. Erhalten geblieben ist auch das malerische Holländische Viertel, das Friedrich Wilhelm I. 1737 für niederländische Immigranten hatte errichten lassen. An der Glienicker Brücke, auf der zu Zeiten des Kalten Krieges Agenten ausgetauscht wurden, legen heute die Ausflugsdampfer der Weißen Flotte ab.
Von Potsdam aus lohnt sich ein Abstecher nach **Neuruppin**, wo Denkmäler an die berühmten Söhne der Stadt, Schinkel und Fontane, erinnern. Die Stadt mit ihrer Marienkirche, der Dominikanerklosterkirche, dem Rathaus, dem Tempelgarten und dem Stadtpark von Lenné ist denkmalgeschützt.

Wandern & Freizeit

An die Wanderungen durch die Mark Brandenburg erinnert der **Fontane-Wanderweg**. Ausgangs- und Endpunkt dieser rund 10 km langen und mit einem blauen Strick markierten Strecke ist Bad Freienwalde.

Ein schöner und interessanter Stadtspaziergang bietet sich in **Brandenburg** an: Vom Ausgangspunkt Katharinenkirche folgt man weiter der Beschilderung.

Von **Potsdam** aus lohnt es sich, den Besuch der ehemaligen DEFA-Studios mit einer Radtour zu verbinden. Die 10 km lange Strecke führt vom Jägertor aus über die Humboldtbrücke und danach weiter durch den Park Babelsberg. Eine etwa 8 km längere Alternativroute führt von Schloss Glienicke durch Potsdam und die Havellandschaft bei Schloss Babelsberg. Die insgesamt 18 km lange Tour beginnt in der Königstraße bei Schloss Glienicke. Sie führt zunächst über die »Brücke der Einheit« und die Havel nach Potsdam. Auf der »Stadtwanderroute nach Sanssouci« (Markierung: Gelber Punkt) geht es über Schloss Cecilienhof nach Schloss Sanssouci. Danach folgen die Etappen DEFA-Studios (Filmmuseum), Holländer Viertel und Humboldtbrücke. Dann geht es auf dem Uferweg zum Schlosspark Babelsberg und der Havel folgend zum Schloss Glienicke zurück.

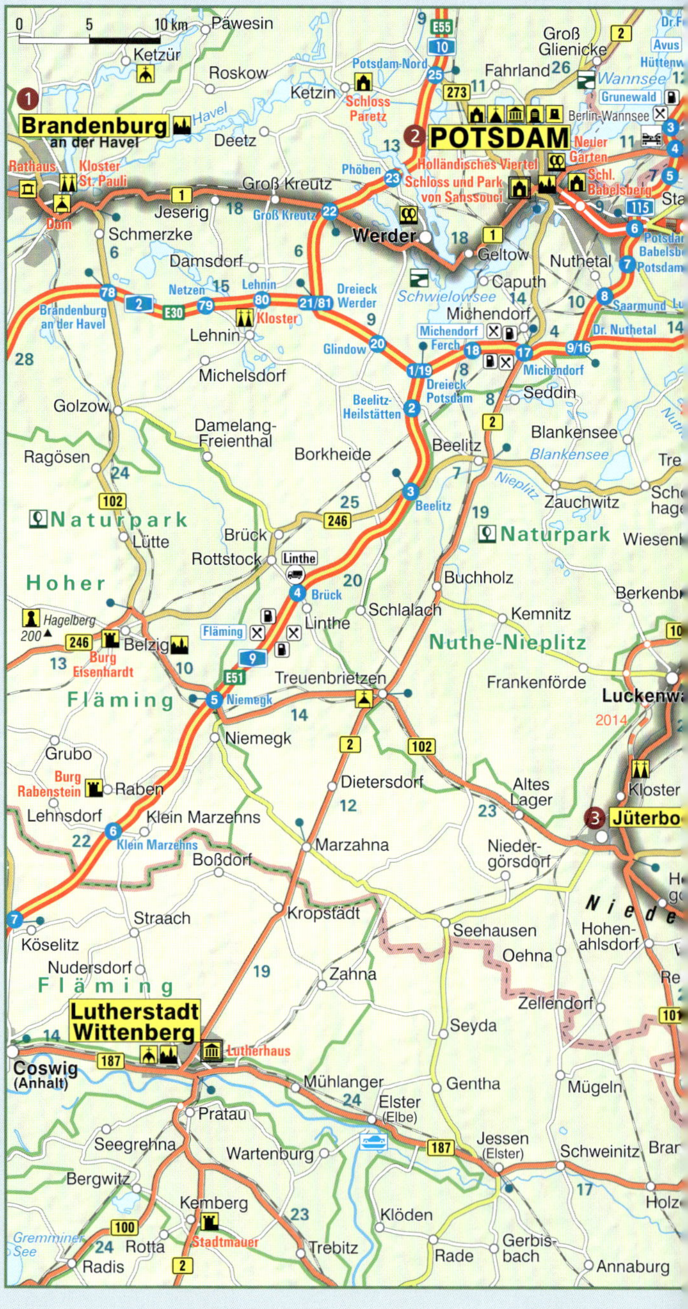

Die Westseite des Parks von Sanssouci wird vom Neuen Palais flankiert. Dieses Schloss ist ein bedeutendes Gebäude des preußischen Barock.

Die Zisterzienserklosteranlage Chorin ist eine Tochtergründung des Klosters Lehnin.

Das Neue Schloss im Fürst Pückler Park von Bad Muskau spiegelt sich malerisch im See.

Das nach holländischem Vorbild 1655 fertig gestellte Wasserschloss in **Oranienburg** bewohnte einst Kurfürstin Luise Henriette, die aus Nassau-Oranien stammte und der Stadt den Namen gab.

Im 4 km entfernten ehemaligen Konzentrationslager Sachsenhausen sind Gedenkstätten für die 100000 Menschen errichtet worden, die hier dem Naziregime zum Opfer fielen.

Im Norden von Berlin sollte man die gut erhaltene Ruine des Zisterzienserklosters **Chorin** besichtigen. Die eindrucksvolle Anlage gilt als eines der Meisterwerke brandenburgischer Backsteingotik. Am besten kombiniert man den Besuch von Kloster Chorin mit dem des nahe gelegenen Schiffshebewerks Niederfinow. Diese Schleusenanlage von 1934 ermöglicht es den Schiffen, einen Höhenunterschied von 36 m zwischen Havel und Oder zu überwinden.

3 Am Nordwestrand des Niederen Fläming gründete Erzbischof Wichmann 1174 die Stadt **Jüterbog**, die erst 1815 an Brandenburg-Preußen fiel. An die mittelalterliche Vergangenheit erinnern die Liebfrauenkirche, die seit dem 12. Jh. ständig erweitert und umgebaut wurde, die Nikolaikirche aus dem 13. Jh. mit dem »Tetzelkasten«, einer Baumtruhe als Zeugnis der Ablasspredigten Johann Tetzels von 1517, und die Mönchskirche des ehemaligen Franziskanerklosters. Von der Stadtbefestigung sind weite Teile mit Wiekhäusern, sieben Wehrtürme und drei Stadttore erhalten. Am Marktplatz steht das spätgotische Rathaus.

Etwa 4 km nördlich findet man das 1171 gegründete Zisterzienserkloster **Zinna**. Um 1220 begann der Bau der Klosterkirche, die bis zum 18. Jh. mehrfach erweitert und umgebaut wurde. Von den Klostergebäuden sind Siechen- und Gästehaus aus dem 14. Jh. sowie das Abthaus aus dem 15. Jh. erhalten. Im Abthaus ist auch das Heimatmuseum untergebracht, das die Geschichte von Abtei und Ort für die Nachwelt festhält.

4 Am Westrand der Niederlausitz wurde nahe einer heute nicht mehr existierenden Burg um 1300 **Luckau** gegründet. Aus dieser Zeit stammt auch die Stadtkirche St. Nikolai, an der man mehrere hundert Jahre lang baute. Nach einem Brand 1644 wurde die Kirche im barocken Stil neu gestaltet.

Ebenfalls aus dem 13. Jh. stammt die Georgenkapelle mit ihrem dominierenden Hausmannsturm. Die mittelalterliche Stadtmauer ist in weiten Teilen erhalten geblieben, wobei insbesondere der Rote Turm sehenswert ist. In der Umgebung des Marktes stehen noch viele alte Schmuckgiebelhäuser aus dem 18. Jh. Das Rathaus wurde 1852 im spätklassizistischen Stil fertiggestellt, die mittelalterlichen Ursprünge sind aber teilweise noch erkennbar.

5 Lubnjow ist der sorbische Name für **Lübbenau**, einen Ort, den man getrost auch zur »Saure-Gurken-Zeit« besuchen kann, denn bei den köstlich eingelegten grünen Kürbisgewächsen handelt es sich um eine bekannte lukullische Spezialität des Spreewaldes.

Eine recht beliebte touristische Attraktion sind die Kahnfahrten auf den vielen Wasserstraßen durch eine idyllische Landschaft, die im krassen Gegensatz zum Braunkohlentagebau im Süden steht. Ähnlich wie die Gondolieri in Venedig staken Bootsleute die Gäste durch die ruhigen Wasserarme vorbei an bewaldeten Inseln und Kaupen (Schwemmsand) mit sorbischen Streusiedlungen.

Das klassizistische Schloss der Grafen von Lynar mit seinem großzügigen Park dient heute als Hotel. Das Spreewaldmuseum ist im ehemaligen Kanzleigebäude untergebracht. Bis 1970 wurde die Kleinbahn »Spreewaldguste« betrieben. Die Dampflok und ein Waggon von 1897 können in einer Halle besichtigt werden.

6 Die Herren von **Cottbus** verkauften die heutige Stadt 1455 an Brandenburg. Von ihrem Schloss ist nur der Amtsturm erhalten. Von der Backsteinstadtmauer stehen noch einzelne Teile, dazu gehören ein Wiekhaus, der Münzturm und der Spremberger Turm.

Romantische Kahnfahrt durch das naturbelassene Wasserlabyrinth der Spree.

Backstein war auch das Baumaterial der Oberkirche St. Nikolai aus dem 13. Jh. und der Franziskanerklosterkirche. Die Schlosskirche wurde 1730 für die eingewanderten Hugenotten errichtet. Sehenswert ist auch das in den 1980er-Jahren restaurierte Jugendstiltheater. Rund um den Markt finden sich einige sehr schöne Wohnhäuser aus der Zeit des Barock und des Klassizismus.

4 km weiter südöstlich liegt das Gut der Grafen von Pückler. Fürst Hermann von Pückler-Muskau erfand nicht nur das berühmte Eis, sondern baute auch das Schloss in Branitz um und ließ den Epoche machenden Garten anlegen.

7 Bei **Fürstenberg** handelt es sich um eine alte slawische Siedlung, die später zu Böhmen und Kursachsen gehörte, bevor sie 1815 an Preußen fiel. Sehenswert ist allenfalls die gotische Pfarrkirche, interessant dagegen Stalinstadt, eine 1951 auf dem Reißbrett entworfene sozialistische Industriesiedlung.

Rund um die Hochöfen und die Hafenanlagen entstand in mehreren Bauphasen eine Stadt, an der sich der Geschmack der SED-Planer von den 1950er- bis in die 1980er-Jahre ablesen lässt. Nachdem Stalin auf dem XX. Parteitag der KPdSU postum in Ungnade gefallen war, wurde der Name des Eisenhüttenkombinats geändert und Stalinstadt und Fürstenberg 1961 zu **Eisenhüttenstadt** zusammengelegt.

8 An der polnischen Grenze zwischen Oderbruch und Spreewald liegt **Frankfurt an der Oder**. Im Zwei-

Frankfurt an der Oder: Blick über die Oder – Grenzfluss zwischen Deutschland und Polen – bei Niedrigwasser auf die Friedenskirche und die Konzerthalle Carl Philipp Emanuel Bach.

ten Weltkrieg wurde die Stadt großteils zerstört.
1506 hatte man hier eine Universität gegründet, an der zahlreiche bedeutende Gelehrte wirkten. Die 1811 geschlossene Alma Mater wurde 1991 als Europa-Universität wieder eröffnet. Die Franziskanerklosterkirche wird heute als Konzertsaal genutzt, die ursprünglich gotische Gertraudenkirche wurde immer wieder umgestaltet. Die Ruine der Marienkirche wird seit 1980 wieder aufgebaut. In der ehemaligen Garnisonsschule, die Friedrich Knoblauch 1777 erbaute, befindet sich das Kleist-Museum. Sehenswert ist auch das mittelalterliche Rathaus. Mit dem Lenné-Park und dem Park am Zehmeplatz verfügt die Stadt über zwei besuchenswerte Grünanlagen. Im ehemaligen Junkerhaus sind im Bezirksmuseum Viadrina Exponate zur Früh-, Vor- und Stadtgeschichte ausgestellt. Ebenfalls bemerkenswert sind die Schuhsammlung mit Lederschuhen des 13. bis 17. Jh. und die Musikinstrumentensammlung.

Wandern & Freizeit

Unweit von **Jüterbog** befindet sich die **Flaeming-Skate**, eine insgesamt 220 km lange Strecke für Skater durch Wälder, Wiesen und Felder, fernab von störendem Straßenverkehr. Die zwei bis drei Meter breite Bahn aus feinstem Asphalt führt vorbei an idyllischen Dörfern und Städten im Niederen Fläming und Baruther Urstromtal. Es gibt mehrere verschiedene Rundkurse zwischen 11 und 90 km, von denen einige auch für Radfahrer zugänglich sind.

Eine gut 1,5-stündige, knapp 4,5 km lange Rundwanderung durch den **Spreewald** bietet sich in **Lübbenau** an. Vom Ausgangspunkt am Kahnhafen folgt man den Schildern mit dem grünen Balken. Nach Überquerung der Spree über eine Holzbrücke geht es auf einer asphaltierten Straße nach Lehde. Kurz nach dem »Logierhaus im Blockbaustil« lädt der Gasthof »Zum Fröhlichen Hecht« zu einer Rast ein. Wem das noch zu früh ist, geht weiter bis zum sorbischen Freilandmuseum. Anschließend wandert man auf der Asphaltstraße, vorbei an malerischen Gehöften, bis nach Lübbenau zurück.

Nur wenige Kilometer nördlich von Lübbenau lädt die Stadt **Lübben** zu einer etwa 2-stündigen Wanderung (ca. 5 km) ein. Die Wanderung beginnt am Hauptbahnhof, führt an einem Fabrikgelände vorbei, über den Stadtkanal und den Marktplatz zum Ständehaus, das Lessing in seinem Lustspiel »Minna von Barnhelm« (1767) einfließen ließ. Kurz darauf folgt das Schloss, das an der Stelle einer alten Burg erbaut wurde. Weiter geht es zum »Strandcafé« am Kahnhafen und anschließend über die Spree zum Süddeich. Dem Deich folgend kommt man zum Burglehn, einer slawischen Wallanlage aus dem 5./6. Jh., und anschließend zur Wehrkirche aus dem 13. Jh. Schließlich geht es am Krankenhaus vorbei wieder zurück zum Hauptbahnhof.

Wer etwas Zeit mitbringen kann, sollte vielleicht an einer geführten Radtour teilnehmen, bei der es sich alles um die berühmte Spreewald-Gurke dreht. Die rund 32 km lange Tagestour startet ab der Touristinformation **Lübbenau** *(Tel. 03542/36 68)*. Die Tour führt weitgehend über Sand und asphaltierte Wege und beinhaltet mehrere Stationen. Zu diesen gehören die Gurkeneinlegerei RABE in Boblitz, Raddusch, Göritz, Leipe und das Gurkenmuseum in Lehde sowie in Lübbenau die »Gurkenmeile«. Für die Tour benötigt man ein eigenes oder gemietetes Rad.

Eine insgesamt 26 km lange Radtour führt entlang einer malerischen Landschaft und der Cottbuser Altstadt zu verschiedenen alte Mühlen im **Cottbuser Land**. Die Tour beginnt am Parkplatz beim Spremberger Turm. Anschließend geht es in Richtung Cottbus, wo Stationen in der Altstadt z. B. der Altmarkt, die Stadtmauer, die Oberkirche St. Nikolai, das Wendische Museum, und die Baumkuchenmanufaktur sind. Weitere Etappen sind die Spreewehrmühle im Norden der Stadt mit Mühlenmuseum, die Wilhelmsmühle im Stadtzentrum, die Madlower Mühle und schließlich die Kutzeburger Mühle ganz im Süden der Stadt. Alle Mühlenstandorte laden zum Verweilen ein. Die erste Teilstrecke vom Spremberger Turm bis zur Kutzeburger Mühle beträgt etwa 15 km, die Strecke von dort zurück zum Ausgangspunkt knapp 11 km.

Eine Tour auf Schienen ist auf der 30 km langen Eisenbahnstrecke zwischen **Fürstenberg**, Lychen und Templin möglich. Auf einer historischen Draisine können sich drei oder vier Personen »abstrampeln«.

Eine etwa 45 km lange Radtour führt von **Fürstenwalde** auf alten Handelswegen durch kleine Ortschaften mit alten Dorfkirchen nach Frankfurt/Oder. Die Tour beginnt am Bahnhof von Fürstenwalde und führt zunächst nördlich und bergauf nach Trebus. Nach einer steilen Abfahrt zum Trebuser See geht es auf asphaltierten Nebenstrecken weiter nach Alt Madlitz und von dort am See entlang nach Kersdorf und Pillgram. Durch eine malerische Landschaft verläuft die Tour nach Frankfurt/Oder, wo schließlich mit der Marienkirche das letzte Etappenziel erreicht wird.

Eine 17 km lange Rundwanderung führt von **Frankfurt/Oder** u. a. zur Lossower Wallanlage. Die Tour startet am Frankfurter Hauptbahnhof und verläuft nach Nordosten zum Eichwald (nach 2 km). Der durch den Wald führende Weg ist bis zum Eisenbahntunnel mit grünem Punkt gekennzeichnet. Anschließend folgt man dem Weg bis zu einem Querweg (nach 4,5 km) und folgt diesem nach Osten Richtung Lossow (Wegmarkierung: gelber Punkt). Nach weiteren 3,5 km erreicht man die Steile Wand, die schon zur Bronzezeit als Wehranlage genutzt wurde. Folgt man dem Weg entlang der Wallanlage erreicht man eine Querstraße. Dieser Straße Richtung Norden folgend kommt man wieder zum Eisenbahntunnel und von dort nach Frankfurt/Oder zurück.

Am Niederrhein

Vorbei an Kappesfeldern und den steinernen Überresten aus römischer Zeit führt die Tour den Niederrhein entlang von der Grenzstadt Emmerich bis an den Rand des Ruhrgebiets. Wer es eilig hat, benötigt für die Tour lediglich zwei bis drei Tage, doch sollte man sich ruhig ein wenig Zeit lassen, um die Heimat von Joseph Beuys näher kennenzulernen.

Das Wasserschloss Moyland (14.Jh.) wurde im 19.Jh. im neugotischem Stil umgebaut.

❶ Es ist tatsächlich eine Spielart der deutschen Sprache, die die Bewohner der einstigen Hansestadt **Emmerich** sprechen. Das niederrheinische Platt erinnert eher an das Holländische, aber da die Niederrheiner nette Leute sind, begeben sie sich rücksichtsvoll auch in die Niederungen der deutschen Hochsprache.

Die Nähe zu Holland und der Rhein machten Emmerich schon im Mittelalter zur Handelsmetropole. Trotz der schweren Zerstörungen im Zweiten Weltkrieg erstrahlen die gotische ehemalige Stiftskirche St. Martin und die Pfarrkirche St. Aldegundis in neuem Glanz. Am Rhein kann man dem Treiben der Binnenschiffer zusehen und die mit 1228 m längste deutsche Hängebrücke bewundern.

Im Ortsteil Elten (Hochelten) wurde ein rund 2 Kilometer langer Barfußpfad eingerichtet; auf zwölf Arten von Untergrund kann man dort die müden Füße anregen und entspannen – ein wahrhaft »bodenständiges« Erlebnis.

❷ Das Wahrzeichen der »Lohengrin-Stadt« **Kleve** ist die Schwanenburg, die an den Sagenhelden erinnert. Die Stammburg der Grafen und Herzöge von Kleve stammt in ihren Ursprüngen aus dem 12. Jh. Vom Schwanenturm, der das Stadtbild prägt, hat man eine besonders schöne Aussicht. Weit ins darunter gelegene flache Land blickt man auch vom Aussichtsturm auf dem Klever Berg.

Zu den weiteren Sehenswürdigkeiten zählen die mittelalterliche Stiftskirche mit der Grablege der klevischen Herrscher und die barocken Gartenanlagen Johann Moritz von Nassaus aus dem 17. Jh. Die weitläufigen Gärten mit Kanälen und einem – nur zu dekorativen Zwecken angelegten – Amphitheater lohnen auf jeden Fall eine Erkundung.

Das neugotische Wasserschloss Moyland im benachbarten Bedburg-Hau beherbergt eine bedeutende Sammlung der Werke von Joseph Beuys.

Die Wallfahrtskirche St. Maria in Kevelaer erhielt ihre neugotische Ausstattung im 19. Jh.

Die dreischiffige Pfarrkirche St. Maria Magdalena in Goch ist von gotischem Stil geprägt.

❸ Auch wenn **Goch** auf eine mehr als 700-jährige Geschichte zurückblicken kann, ist das Stadtbild nur wenig spektakulär. Eine Ausnahme stellt die Backsteinkirche St. Maria Magdalena aus dem 14. Jh. dar, deren Turm im Jahr 1993 als Spätfolge der Bombenangriffe gegen Kriegsende einstürzte.

Den Reiz der Stadt macht die einmalige Landschaft an Niers und Reichswald aus, aber auch der Kahlbecker Wald und die Gocher Heide laden zu ausgiebigen Spaziergängen ein.

❹ Neben Lourdes und Tschenstochau ist **Kevelaer** einer der wichtigsten Marienwallfahrtsorte Europas. Seit 1645 wird die Muttergottes von Kevelaer, die im Jahr 1641 einem Kaufmann erschienen sein soll, in der Gnadenkapelle verehrt. Mitte des 19. Jh. entstand die neugotische Wallfahrtskirche St. Maria, die jährlich etwa 800 000 Gläubige besuchen. Zahlreiche kleine Geschäfte bieten Pilgerbedarf aller Art an, vom preiswerten Menü bis hin zu Rosenkränzen, Kruzifixen und sonstigen Devotionalien.

Auch das weltliche Kevelaer ist durchaus sehenswert. Sehr schön sind u.a. die vielen erhaltenen Bauten aus wilhelminischer Zeit, darunter der weithin sichtbare Wasserturm und das Alte Rathaus von 1903.

Einen guten Ruf besitzt das Niederrheinische Museum für Volkskunde und Kulturgeschichte in Kevelaer, das auf eine über hundertjährige Geschichte zurückblickt. Gezeigt werden dort beispielsweise niederrheinische Töpferwaren, Kupferstiche und das Inventar eines adligen Haushalts aus der Region.

❺ Idyllisch neben alten Rheinarmen erheben sich die Türme des romanisch-gotischen Doms von **Xanten**. Dieser ist dem Märtyrer Viktor geweiht, der hier im 4. Jh. sein Leben lassen musste. Trotz schwerer Zerstörungen im Zweiten Weltkrieg ist die bedeutende Kirche mit ihrer wertvollen Innenausstattung weitgehend wiederhergestellt worden.

Bei einem kleinen Bummel durch den mittelalterlichen Stadtkern sollte man unbedingt auf die Reste der alten Befestigung und das mächtige Klever Tor achten.

Eine auch für Kinder sehr ansprechende Attraktion ist der Archäologische Park Xanten, ein großes Freilichtmuseum. Auf den erhaltenen Fundamenten der römischen Siedlung Colonia Ulpia Traiana wurden viele Bauten, darunter die Stadtmauer mit Wehrtürmen und das Amphi-

An der Rheinpromenade von Emmerich sitzt die Bronzefigur »Poortekerl«.

Der ehemalige Hafentempel der römischen »Colonia Ulpia Traiana«.

theater, in Originalgröße rekonstruiert. Was die Rekonstruktion an Eindrücken und Erlebnissen vermittelt, wird hinterher im hochmodernen RömerMuseum Xanten (auf dem Parkgelände) wesentlich ausführlicher kommentiert.

6 Nur wenig erinnert an die große Vergangenheit der einstigen Hansemetropole **Wesel**. In den letzten Kriegstagen wurde der wunderschöne Stadtkern beinahe vollständig zerstört. Wieder aufgebaut hat man die Stadtkirche St. Willibrord mit ihren sehenswerten Maßwerkfenstern. Auch Teile der Stadtmauer sind noch erhalten, so das barocke Zitadellentor und das Berliner Tor von 1722. Einen hohen Freizeitwert bietet der Auesee mit Badestrand und Liegewiesen und Möglichkeiten zum Wassersport; ein etwa 7 km langer Weg führt Spaziergänger rund um das Gewässer. Wer das Wasser lieber ganz ohne Anstrengung genießen möchte, kommt ebenfalls auf seine Kosten: Wesel ist eine Station der Rheinschifffahrt.

Wandern & Freizeit

Eine hübsche, mit etwa 11 km auch nicht übermäßig anstrengende Wanderroute führt von der Schwanenburg in **Kleve** zum Schloss Moyland in Bedburg-Hau. Die Strecke verläuft zunächst über den Prinz-Moritz-Weg und dann im Anschluss über den Voltaire-Weg.

Von **Kamp-Lintfort** nach Alpen lässt es sich wunderschön durch den Staatsforst Leucht vorbei am Kloster Kamp wandern. Ab der Ebertstraße folgt man den sechseckigen Symbolen der NiederRheinroute. Zum Ausgangspunkt kommt man bequem mit dem Bus.

Fahrräder kannten die Römer zwar noch nicht, doch das hindert natürlich niemanden daran, ihren Spuren in dieser Region auch mit dem Rad zu folgen. Die eigens für Radfahrer ausgewiesene **Römerroute** führt eigentlich von Xanten quer durch Westfalen bis nach Detmold, aber selbstverständlich sind auch Teilstücke eine Erkundung wert – etwa der Streckenabschnitt von Xanten nach Wesel.

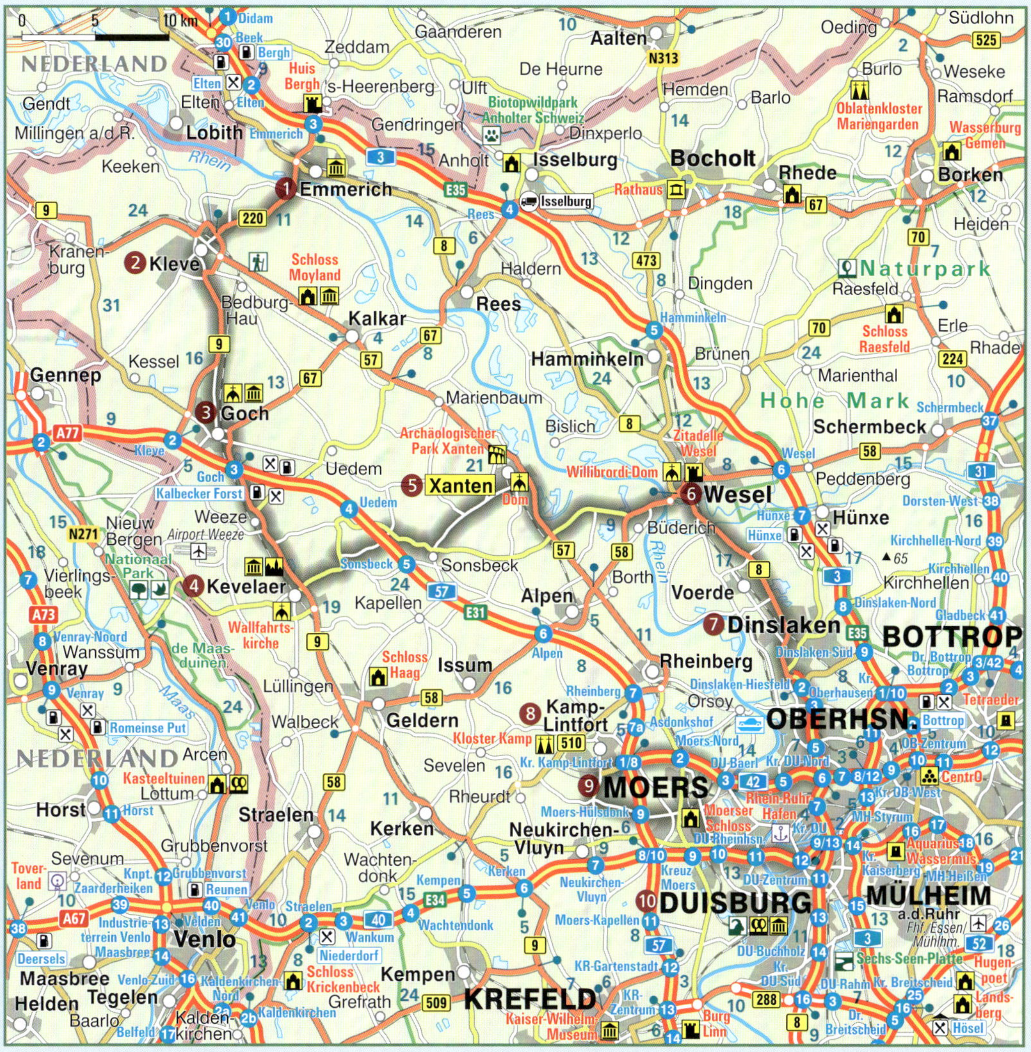

Der Garten des Klosters Kamp wurde Ende des 17. bzw. Anfang des 18. Jh. angelegt. In den 1740er-Jahren wurde er im barocken Stil umgestaltet.

7 Das Gebiet am rechten Niederrhein ist etwas weniger attraktiv, doch in **Dinslaken** kann man Planwagenfahrten buchen, in der Innenstadt shoppen oder die einzige Halbmeilentrabrennbahn Deutschlands besuchen. Besonder sehenswert ist die Zechensiedlung Lohberg, die im Jahr 1924 als Gartenstadt angelegt wurde.

Aus sehr viel älterer Zeit, noch aus dem Mittelalter, stammt die Burg Dinslaken, die immerhin bereits im 12. Jh. urkundlich erwähnt wird. Die ursprüngliche Bausubstanz ging spätestens bei kriegerischen Auseinandersetzungen Anfang des 17. Jh. in Flammen auf; anschließend wurde die Anlage aber wieder aufgebaut. Heute sind Teile des Rathauses und das Stadtarchiv im historischen Gemäuer untergebracht. Auch das Landestheater Burghofbühne hat hier auf dem altehrwürdigen Gelände seine Spielstätte gefunden.

Unter den Kirchenbauten von Dinslaken wäre St. Vincentius zu nennen; die katholische Pfarrkirche wurde nach schweren Kriegszerstörungen des Vorgängerbaus in den Jahren 1950/51 als Backsteinkirche komplett neu errichtet. Der geschnitzte Altar stammt aus dem 15. Jh. Innen und außen hell und klar wirkt die evangelische Stadtkirche, die im frühen 18. Jh. entstanden ist.

8 Die Geschicke von **Kamp-Lintfort** hängen nicht zuletzt von der Schachtanlage Friedrich-Heinrich/Bergwerk West ab, seit einem Jahrhundert der wichtigste Arbeitgeber in der Stadt; die Tage dieser Zeche sind aber wohl gezählt. Bei der Altsiedlung handelt es sich um eine typische »Kolonie«, die heute zwar herausgeputzt ist und unter Denkmalschutz steht, zu Anfang des vorigen Jahrhunderts den Kumpels jedoch nur mäßigen Komfort bot.

Im 1123 gegründeten Kloster Kamp sind die Zisterzienser schon lange ausgezogen, doch die barocke Klosterkirche und der wunderschöne Terrassengarten bestechen auch heute noch und rechtfertigen den Ehrentitel »Sanssouci vom Niederrhein«.

9 Bis in die 1970er-Jahre hinein glich die Altstadt von **Moers** eher einem verwahrlosten Ruinenfeld. Heute beherbergen die neuen alten Häuser in der Friedrich- und der Pfefferstraße mondäne Boutiquen, erlesene Geschäfte und anspruchsvolle Restaurants. Der renovierte »Klompenwinkel« in der Neustraße erinnert an das alte Handwerk der Holzschuhmacher.

Das Schloss im wunderschön angelegten Schlosspark bietet dem kleinen, aber feinen Schlosstheater ein Domizil. International einen guten Namen hat das Jazzfestival (Moers Festival), aber auch das Comedy Arts Festival von Moers.

10 Erst seit der Gebietsreform zu Anfang der 1970er-Jahre verfügt **Duisburg** auch über linksrheinische Gebiete, zu denen das industriell geprägte Rheinhausen und Homberg gehören. In Ruhrort, einem rechtsrheinischen Stadtteil von Duisburg, befindet sich der größte Binnenhafen der Welt, an dessen Becken Kommissar Schimanski so manchen Schurken stellte.

Allen Schloten und Hochöfen zum Trotz hat die Stadt einen erstaunlich hohen Freizeitwert: Besucher strömen in den Zoo, in die Wasserwelt Wedau im Sportpark, eine der größten Erholungsanlagen in Deutschland, oder in den etwa 200 ha großen Landschaftspark »Duisburg Nord«: Auf einer ehemaligen Industriebrache entstanden dort ein Tauchzentrum, Klettergärten und ein Aussichtsturm im alten Hochofen. Neben den drei Schloten, ist das Windrad eines der Wahrzeichen des Parks.

Die Lichtinstallation »Das Geleucht« von Otto Piene steht in Moers.

Einer der bekanntesten Bürger der Stadt war Gerhard Mercator (eigentlich Gerard De Kremer), der große Mathematiker, Philosoph, Theologe, Geograf und Kartograf des 16. Jh. Der Gelehrte wurde im Jahr 1512 als Sohn eines Schuhmachers in Flandern geboren; er studierte in Löwen und befasste sich früh mit der Konstruktion von Globen und der Erstellung von Weltkarten. Der schon zu Lebzeiten weltberühmte Mercator zog 1551 nach Duisburg und lebte dort bis zu seinem Tod im Jahr 1594.

Als Highlight der Industriekultur gilt der etwa 200 ha große Landschaftspark »Duisburg Nord«. Er entstand rund um ein stillgelegtes Hüttenwerk im Stadtteil Meiderich.

Wandern & Freizeit

Das flache Gelände am Niederrhein ist für Radtouren wie geschaffen. Erschlossen ist die Radellandschaft durch die **NiederRheinroute**, mit 2000 km das längste Radwandernetz in Deutschland. Die Strecke führt über Wald- und Wirtschaftswege, aber auch über alte Treidelpfade am Rhein. Die gut ausgeschilderte Route wird kaum jemand komplett abfahren; interessante Teilstücke sind beispielsweise die Strecke von Dinslaken nach Duisburg oder von Kamp-Lintfort nach Moers.

Eine reizvolle Art und Weise, um von Wesel aus nach Duisburg oder Düsseldorf oder in die benachbarten Niederlande zu reisen, stellt die Fahrt auf dem Rhein mit einem Fahrgastschiff dar. Anbieter in Wesel ist die River Lady Personenschifffahrt GmbH *(Tel. 0281/824 22, www.river-lady.de)*. Beim namengebenden Schiff, der »River Lady«, handelt es sich um den Nachbau eines Mississippi-Dampfers.

Eine lohnende Fahrrad-Rundtour durchs niederrheinische Flachland erschließt den Nordwesten des Kreises Kleve. Ausgangspunkt ist **Kleve**; auf dem Rheinradweg D8 geht es Richtung Düffelward. Weitere Stationen sind der Ortsteil Keeken, die Auenlandschaft im Naturschutzgebiet Düffel, die Orte Zyfflich, Kranenburg und Donsbrüggen. Von dort führt die 35 km lange Strecke nach Kleve zurück.

Eine hübsche Tageswanderung auf den Wegen der Jakobspilger führt von **Goch** nach **Kevelaer**. Startpunkt ist der Bahnhof von Goch; jenseits der Ortsgrenze begibt man sich zur Niers; der weitere Weg folgt dem Nierswanderweg durch die Auenlandschaft des kleinen Flüsschens. Der Nierswanderweg ist in Teilen mit dem historischen Jakobsweg identisch.

Der vielbesuchte Wallfahrtsort **Kevelaer** dient als Ausgangspunkt einer leichten Radtour über wenig befahrene Wirtschafts- und Waldwege ohne größere Steigungen. Ein Ziel auf der 39 km langen Rundtour ist der Nachbarort Geldern. Erste Station unterwegs ist Schloss Haag am Ortsrand von Geldern. Über Walbeck geht es anschließend zur Steprather Mühle und auf der NiederRheinroute an Schloss Walbeck und Haus Steprath vorbei. Über Twisteden radelt man schließlich nach Kevelaer zurück.

Eine 27 km lange Radtour von **Duisburg** nach **Mülheim** ist dem Thema »Wasser« gewidmet. Zunächst fährt man auf dem »grünen Pfad«, einer ehemaligen Bahntrasse, durch den Landschaftspark Duisburg Nord. Der Weg führt dann auf dem Deich am Wasser entlang zum Duisburger Binnenhafen und durch Duisburg-Ruhrort zum Museum der Deutschen Binnenschifffahrt. Entlang der Ruhr geht es weiter bis Mülheim. Ziel ist das Aquarius-Wassermuseum, in dem das Thema noch einmal beleuchtet wird.

Der Rhein

Mit 1320 km Länge ist der Rhein, der 865 km durch Deutschland fließt, ein echter Europäer. Seine Ufer waren über Jahrtausende Schauplätze großer Ereignisse europäischer Geschichte. Heute ist der Rhein eine bedeutende Binnenschifffahrtsstraße.

Die Hohenzollernbrücke überquert in Köln den Rhein.

Der Rhein hat mehrere Quellen: In jeweils über 2000 m Höhe entspringen der Hinterrhein, der Valser Rhein und der Vorderrhein im Schweizer Kanton Graubünden und vereinen sich westlich von Chur zum Alpenrhein. Dieser durchströmt das breite Tal des eiszeitlichen Rheingletschers, bevor er sich in einem Delta in den Bodensee ergießt.

Als Hochrhein verlässt der Fluss unter der Konstanzer Rheinbrücke das Schwäbische Meer, stürzt sich bei Schaffhausen als größter europäischer Wasserfall über eine Barriere aus Jurakalk und schlängelt sich mit starkem Gefälle durch die Ausläufer des Schwarzwaldes. Bei Basel markiert das Rheinknie den Wechsel der Fließrichtung gen Norden. Nun durchströmt der Rhein das bis zu 40 km breite Oberrheinische Tiefland zwischen Vogesen und Schwarzwald sowie zwischen Pfälzer Wald und Odenwald. Bei Mannheim nimmt er den Neckar auf und bei Mainz den Main. Bei Bingen fand der Rhein, unterstützt durch die Nahe, die Lücke zwischen Hunsrück und Taunus. Hier beginnt das enge Durchbruchstal des Mittelrheins durch das Rheinische Schiefergebirge. Der Strom zeigt sich nun von seiner romantischen Seite, mit Rebhängen, an denen der spritzige Riesling wächst, Winzerorten und Deutschlands größter Burgendichte. Kein Wunder, dass Maler und Dichter im 19. Jh. von dieser Landschaft inspiriert wurden. Den Höhepunkt der Rheinromantik bildet die Ballade von der sagenumwobenen Loreley. In Koblenz schließlich liefert die Mosel noch einmal Verstärkung. Bei Bonn treten die Berge zurück; der Strom darf nun in weiten Windungen die Niederrheinische Bucht erobern, meist jedoch hinter hohen Deichen. Nach Überschreiten der niederländischen Grenze spaltet sich der Rhein in viele Mündungsarme auf.

Als wilder Fluss suchte sich der Rhein sein Bett über weite Strecken immer neu, begleitet von einer urwaldähnlichen Auenlandschaft. Nach Korrektur- und Eindeichungsmaßnahmen blieben davon nur Reste erhalten.

Blick über die Weinberge und Rüdesheim zum Rhein.

Rheinromantik im Mittelrheintal mit der Burg Katz.

Seit grauer Vorzeit waren die Rheinufer auf ihrer gesamten Länge besiedelt. Die Römer probten hier ihre Eroberungsstrategien und nutzten den Fluss als Grenze gegen die Germanen. Koblenz, Köln und Xanten waren ihre Stützpunkte. Im Mittelalter blühten die Städte am Rhein erneut auf, und in der Neuzeit geriet »Vater Rhein« zum »Schicksalsstrom« zwischen Deutschen und Franzosen. Mit der Aussöhnung zwischen den Erbfeinden wurde er zum Geburtshelfer des vereinten Europas – die Kehler Europabrücke ist das Symbol dafür. Nichts zeigt die europäische Bedeutung des Rheins so gut wie die Schifffahrt. Natürlich befuhren ihn bereits die Römer, und im Mittelalter war er der wichtigste Verkehrsweg im Herzen Europas. Seit dem frühen 19. Jh. wurde der Strom zur Großschifffahrtsstraße ausgebaut. Heute ist der Rhein durchgehend von Basel bis Rotterdam schiffbar.

Großes Bild oben: Der malerische Weinort Bacharach am Mittelrhein.

St. Goarshausen liegt unmittelbar an der Loreley.

Den Rhein entlang nach Düsseldorf, Köln und Bonn

Von der Seidenweberstadt Krefeld folgt diese Drei- bis Vier-Tage-Tour dem Rhein in Richtung Süden. Über Mönchengladbach führt der Weg in die Landeshauptstadt Düsseldorf und die Domstadt Köln. Weiter geht es über Brühl, den zeitweiligen Sitz der Kölner Erzbischöfe, und die ehemalige Bundeshauptstadt Bonn bis an den Fuß des Siebengebirges.

Von der Mole im Düsseldorfer Hafen blickt man auf Fernsehturm und Rheinkniebrücke.

❶ **Krefelds** Wohlstand gründete sich in früheren Zeiten auf die Seidenweberei. Daran erinnern das Deutsche Textilmuseum mit seiner renommierten internationalen Sammlung, die alten Weberhäuser am Andreasmarkt sowie die imposante klassizistische Stadtresidenz des Seidenbarons Konrad von der Leyen, seit 1860 das Rathaus der Stadt. Aus dem 12. Jh. stammt die malerische Burg Linn, eine wehrhafte Wasserburg, die heute das Niederrheinische Landschaftsmuseum beherbergt, das zahlreiche archäologische Funde aus der Römerzeit zur Schau stellt. Kunst des 20. Jh. wird im Kaiser-Wilhelm-Museum gezeigt, weitere Ausstellungen in Haus Lange und in Haus Esters. Beide Häuser weisen typische Eigenarten des Bauhausstils auf; sie wurden von Ludwig Mies van der Rohe geplant.

Das ehemals städtische Theater ist ein Dreispartenhaus mit Schauspiel, Musiktheater und Ballett; es wurde mittlerweile mit dem Theater von Mönchengladbach zusammengeführt. Marionettentheater in Krefelder Mundart und für erwachsene Zuschauer bietet seit über 30 Jahren die Bühne »Krieewelsche Pappköpp«. Krefeld ist eine grüne Stadt; nicht nur dank des 120 ha großen Stadtwalds, sondern auch dank zahlreicher öffentlicher Parkanlagen, von denen viele auf Stiftungen von Textilfabrikanten zurückgehen. Am bekanntesten sind der Greiffenhorstpark und der Sollbrüggenpark (bei Haus Sollbrüggen; heute Musikschule).

❷ Auch in **Mönchengladbach** blühte einst die Textilindustrie, wie das Städtische Museum im Wasserschloss Rheydt eindrucksvoll dokumentiert. Neben Exponaten zur Stadtgeschichte findet man dort eine interessante Sammlung von Textilmaschinen.

Die Ursprünge des Klostergebäudes auf dem Abteiberg, das seit dem 19. Jh. als Rathaus dient, reichen bis ins 10. Jh. zurück. Nur wenige Schritte entfernt liegt das romanisch-gotische Münster St. Vitus mit seinem berühmten Bibelfenster aus dem 13. Jh. Mit dem mittelalterlichen Erbe korrespondiert das 1982 eröffnete Städtische Museum Abteiberg, wo der Wiener Architekt Hans Hollein weltweit für Aufsehen sorgte. Die Sammlung moderner Kunst des 20. und 21. Jh. mit Werken von Beuys, Warhol, Duchamp und Lichtenstein hält tatsächlich, was das Gebäude schon von außen verspricht.

Die Altstadt wartet rund um den Markt mit unzähligen Kneipen, Cafés und Diskotheken auf. In der Eickener Fußgängerpassage trifft man auf die in Bronze gegossenen Fußballlegenden Netzer, Vogts und Wimmer. Sie erinnern an eine weitere städtische Tradition – den Fußball. Borussia Mönchengladbach spielt in der Ersten Bundesliga und war in den 1970er-Jahren immerhin fünfmal Deutscher Meister.

Auf der Weiterfahrt sollte man einen Zwischenstopp in Neuss mit seinem eindrucksvollen spätromanischen Quirinusmünster einlegen. Die Stadtgeschichte ist im Clemens-Sels-Museum anschaulich dargestellt. Hinzu kommt dort eine sehenswerte Kunstsammlung.

Die Burg Linn, vor Krefelds Toren, gehört zu den ältesten Burganlagen am Niederrhein.

❸ Auf der anderen Rheinseite liegt die Landeshauptstadt **Düsseldorf**, deren Lebensfreude und Schick ihrem einst so geschmähten Sohn Heinrich Heine heute sicher gefallen würden. Direkt an der Rheinpromenade beginnt die Altstadt. Unermüdlich tragen die »Köbesse« Altbiernachschub zu den durstigen Gästen in den unzähligen Kneipen und Brauhäusern.

Düsseldorfs jahrhundertealten Ruf als Kulturstadt rechtfertigen heute die Deutsche Oper am Rhein, das Schauspielhaus, die Kunstsammlung Nordrhein-Westfalen sowie zahlreiche kleine Theater und Galerien. Zu den kleinen Bühnen zählt auch das Kom(m)ödchen mit einem politischen Kabarettprogramm. Die Kunstsammlung ist gleich an drei Standorten präsent, darunter im K20 am Grabbeplatz 5 mit der markanten geschwungenen Fassade aus schwarzem Granit. An der namhaften Kunstakademie Düsseldorf hat u. a. Joseph Beuys gelehrt.

Alte Malerei, Malerei des 19. und des 20. Jh. werden im Museum Kunstpalast gezeigt, das im sogenannten Ehrenhof aus den 1920er-Jahren untergebracht ist. Wer sich für Literatur interessiert, wird sich ganz sicher auf den Weg ins Goethe-Museum im Schloss Jägerhof machen.

Die Düsseldorfer Symphoniker musizieren in der – neuen – Tonhalle, einem ungewöhnlichen Konzerthaus: Der runde Kuppelbau am Rande des Ehrenhofs war ursprünglich sogar als Planetarium zu nutzen.

Richtig mondän geht es auf der Königsallee zu, an der sich die großen Bankhäuser, die exklusiven Modeboutiquen und die Designerpäpste befinden. Die Auslagen der Geschäfte an der »Kö« und das Outfit der illustren Gäste in den sündhaft teuren Straßencafés erlauben einen Vergleich mit den bedeutenden europäischen Haute-Couture-Metropolen Mailand und Paris.

Eines der repräsentativsten Gebäude von Düsseldorf ist Schloss Benrath, ein bedeutendes Schloss des 18. Jh. Mit den weitläufigen Gartenanlagen stellt es ein sehenswertes Gesamtkunstwerk dar.

Zu den markanten Bauten aus jüngerer Zeit gehören die Rheinkniebrücke, eine Schrägseilbrücke aus dem Jahr 1969, und die Bauten im angrenzenden Regierungsviertel, darunter der Landtag und die Staatskanzlei im Stadttor.

Blick vom Schlossweiher auf den Corps de Logis (Mitte), das Hauptgebäude von Schloss Benrath. Es wird links und rechts von den Kavaliersflügeln flankiert.

Wandern & Freizeit

Kein zweiter Fluss in Deutschland erfreut sich schon seit dem 19. Jh. einer solchen Beliebtheit wie der Rhein – und viele Gäste schätzen die Perspektive vom Wasser aufs abwechslungsreiche Ufer. **Ausflugsfahrten** sind während der Saison von Düsseldorf (*www.w-flotte.de*) oder von Köln (*www.d-d.de*) aus möglich.

In **Krefeld** bietet sich der Stadtwald für kürzere oder längere Spaziergänge an – und natürlich auch fürs Joggen oder Nordic Walking. Ein Rundkurs, der weitgehend am Waldrand entlangführt und im Osten das Waldgebiet verlässt, ist 6 km lang. Jedoch kann hier jeder problemlos seine eigenen Wege suchen.

Wandern im **Siebengebirge** lohnt sich am Drachenfels, am Großen Ölberg sowie am Petersberg. Überall gibt es gut ausgeschilderte Wanderwege.

Ein reizvoller Radwanderweg am Niederrhein ist der **Niers-Radwanderweg**, der dem Verlauf des gleichnamigen Flusses folgt. Auf dem Stadtgebiet von Mönchengladbach liegt ein 22 km langes Teilstück des Weges. Ein möglicher Ausgangspunkt ist die Erlebnisbrücke am Nordkanal; der Weg führt an Schloss Myllendonk und Schloss Rheydt vorbei Richtung Süden bis zum Burgturm Odenkirchen und zum Schloss Wickrath.

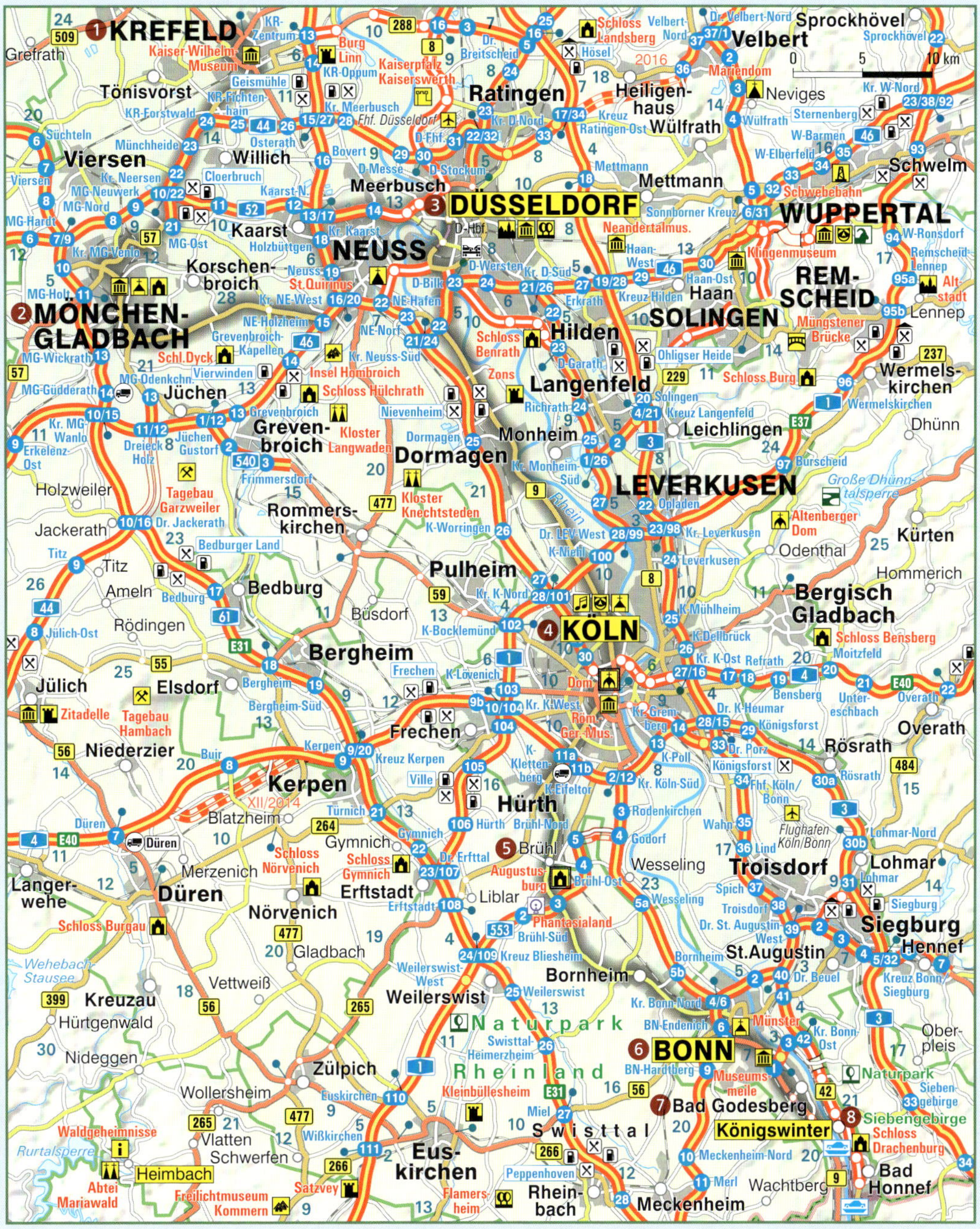

Die im 19. Jh. errichtete Drachenburg auf dem Drachenfels in Königswinter birgt verschiedene Stile in sich. Sie steht auf der östlichen Rheinseite gegenüber von Bad Godesberg.

4 Auch im 40 km südlich gelegenen **Köln** flaniert man am Rhein, trinkt obergäriges Bier und feiert Karneval. Und doch ist hier alles anders – kölsch eben. Kölsch ist eine Sprache, ein Getränk und eine Lebensart, die man nur in der Domstadt findet.

Wahrzeichen Kölns ist der Dom: Die beiden knapp 160 m hohen Türme der mächtigen gotischen Kathedrale grüßen bereits von Weitem. Nachdem der Bau über 300 Jahre geruht hatte, wurde er erst im Jahr 1880 fertiggestellt. Im Inneren sind vor allem der Schrein mit den Reliquien der Heiligen Drei Könige, die Schatzkammer und mehrere alte Fenster beachtenswert.

Trotz schwerer Kriegsschäden wurden die meisten romanischen Kirchen wieder aufgebaut, so Groß St. Martin, St. Maria im Kapitol oder St. Aposteln am Neumarkt. Direkt an der Domplatte befindet sich das Römisch-Germanische Museum, in der Innenstadt liegt auch das Wallraf-Richartz-Museum mit einer umfangreichen Sammlung von Malerei des Mittelalters. Das in einem modernen Haus (2001) untergebrachte Museum geht auf das Jahr 1824 zurück. Erweitert wurden die Bestände um die Sammlungen der Fondation Corboud.

Beim Bummel durch die Altstadt über den Alten Markt und vorbei am gotischen Rathaus zum Heumarkt sollte man in einem der traditionellen Brauhäuser wie dem »Früh« oder dem »Päffken« einkehren. Sehenswert, wenn vielleicht auch ein wenig kitschig, ist das »4711-Haus« in der Glockengasse.

Direkt am Rhein liegt das Schokoladenmuseum, das an die große Zeit der Stollwerck-Fabrik erinnert. In unmittelbarer Nähe befinden sich auch die Ablegestellen der Ausflugsdampfer der »Weißen Flotte«. Opernhaus, Philharmonie und Schauspielhaus sorgen ebenso wie die vielen Kleinkunstbühnen und Musikclubs für ein reiches kulturelles Leben.

Aus den 1990er-Jahren stammt der nahe am Hauptbahnhof errichtete Musical Dome mit dem blauen Kuppeldach. Der als Provisorium gedachte Bau hat sich zunächst gut behaupten können.

Liebhaber kunstvoll gestalteter Keramik können auf der Weiterfahrt einen Zwischenstopp in Frechen einlegen. Die Stiftung Keramion hat dort ein architektonisch sehenswertes Museum für historische und zeitgenössische Keramik eingerichtet.

5 Die Kölner sind zwar katholisch, doch das Verhältnis zur geistlichen Obrigkeit war nie besonders herzlich. So fühlten sich die Erzbischöfe seit 1288 im nahe gelegenen **Brühl** sehr viel sicherer. Die Residenz der geistlichen Würdenträger wurde 1689 zwar von französischen Truppen gesprengt, doch der von Erzbischof Clemens August im Jahr 1725 begonnene Neubau tröstet darüber hinweg.

Schloss Augustusburg besticht durch seinen bezaubernden Barockgarten und das Treppenhaus von Balthasar Neumann. Nach dem anstrengenden Geschäft der Diplomatie entspannten sich die hohen Herren gern bei der Falkenjagd. Zu diesem Zweck schuf François Cuvilliés zwischen 1729 und 1740 das Jagdschloss Falkenlust. Die gesamte Anlage gilt als herausragendes Meisterwerk des Barock und wurde von der UNESCO als Weltkulturerbe anerkannt.

Nicht weit von Schloss Augustusburg entfernt befindet sich das Max Ernst Museum, das dem bedeutenden Maler und Bildhauer gewidmet ist. Max Ernst wurde ganz in der Nähe in Brühl geboren.

Unbestritten aber ist das Phantasialand das Ziel der meisten Gäste. Besonders Familien mit Kindern zieht es in den Sommermonaten in diesen großen Freizeitpark. Eröffnet wurde der Vergnügungspark schon 1967, also in einer Zeit, als Freizeiteinrichtungen dieser Art in Europa noch nahezu unbekannt waren.

Wandern & Freizeit

Ausgiebige Wanderungen sind auch im **Freizeitpark Rheinaue** auf der rechten Bonner Rheinseite möglich. Die 45 km Fußweg führen am verschlungenen Auensee vorbei und bieten auch die Möglichkeit zu einem Biergartenbesuch oder einer Ruderpartie. Der ausgedehnte Park geht auf die Bundesgartenschau von 1979 zurück.

Von **Köln** aus bietet sich eine Radtour nach **Düsseldorf** an. Von der Hohenzollernbrücke geht es, vorbei am Niehler Hafen und den Ford-Werken, über die Rheinauen nach Kasselberg und über Worringen bis Zons praktisch immer am Rheinufer entlang. Ein Bummel durch Zons führt nach Neuss und über die Düsseldorfer Südbrücke direkt ins Zentrum.

Wer mit dem Rad von **Bonn** nach **Köln** will, kann sich überhaupt nicht verfahren: immer am Ufer entlang, und am besten rechtsrheinisch.

Die Bundesstadt Bonn bemüht sich mittlerweile sehr um die Tourismusförderung und hat in diesem Zusammenhang eine ganze Reihe von Fahrradrouten ausgearbeitet, für die auch Routenbeschreibungen und -karten zur Verfügung stehen. Ein historisch-politischer Rundkurs von 20 km Länge führt u. a. an wichtigen Orten aus der Zeit der alten »Bonner Republik« vorbei. Ausgangs- und Endpunkt ist die Godesburg; von dort geht es durch Bad Godesberg und Muffendorf zur Rheinpromenade. Stationen am Wege sind u. a. das Forschungszentrum caesar, der »Lange Eugen«, Palais Schaumburg und Villa Hammerschmidt.

Eine der vielen Kölner Brücken über den Rhein ist die Hohenzollernbrücke mit ihren drei Bögen. Sie gehört genauso zum Stadtbild wie der Dom (links im Bild) mit seinen beiden Türmen.

Das Beethoven-Denkmal steht vor dem Bonner Hauptpostamt auf dem Münsterplatz.

Der Bonner Münsterplatz ist bekannt für historische Bauten und zahlreiche Lokale.

6 Über 50 Jahre lang wurden die Geschicke der Bundesrepublik vom 30 km rheinaufwärts gelegenen **Bonn** gelenkt. Den Abzug der meisten Bundesbehörden und die Verlagerung des Regierungssitzes nach Berlin hat das heute Bundesstadt genannte Bonn recht gut verkraftet – in der ohnehin mehr als 2000-jährigen Stadtgeschichte war die Zeit der »Bonner Republik« ohnehin eine vergleichsweise kurze Episode.

Auf dem Münsterplatz steht das Denkmal Beethovens, der hier geboren wurde und dem zu Ehren Jahr für Jahr das internationale Beethovenfest ausgerichtet wird. Hörrohre, Büsten, Handschriften und Instrumente des Meisters können in seinem Geburtshaus in der Bonngasse bewundert werden.

Rings um das ursprünglich romanische, später allerdings mehrfach umgebaute und erweiterte Münster erstreckt sich eine ausgedehnte Fußgängerzone, die zum Shoppen einlädt. Museen gibt es ebenfalls reichlich, so auf der »Museumsmeile« die Kunst- und Ausstellungshalle der Bundesrepublik Deutschland, das Kunstmuseum Bonn mit Werken des sog. Rheinischen Expressionismus und das Haus der Geschichte der Bundesrepublik Deutschland. Dieses Museum ist vor allem der Zeitgeschichte nach 1945 gewidmet. An den berühmten expressionistischen Maler erinnert eine Ausstellung im August-Macke-Haus, das der Künstler zeitweilig bewohnt hatte.

Wissenswertes über die Fauna erfährt man im Zoologischen Forschungsmuseum Alexander Koenig in der Adenauerallee, einer bedeutenden naturkundlichen Einrichtung.

Sehenswert sind selbstverständlich auch die Bauten, die an Bonns Zeit als Sitz der Bundesregierung erinnern. Dazu zählen u.a. das Bundeskanzleramt (heute: Bundesministerium für wirtschaftliche Zusammenarbeit und Entwicklung), der Kanzlerbungalow, das Palais Schaumburg (heute: zweiter Dienstsitz des Bundeskanzlers) und die Villa Hammerschmidt, nach Schloss Bellevue in Berlin der zweite Amtssitz des Bundespräsidenten.

7 Die Godesburg ist das Wahrzeichen der einst selbstständigen Stadt **Bad Godesberg**. 1210 wurde mit dem Bau begonnen, der 1583 im Truchsessischen Krieg einer Sprengung zum Opfer fiel. Vom Turm der Ruine aus genießt man eine wunderschöne Aussicht über die Kölner Bucht auf das Siebengebirge. Die Michaelskapelle stammt ursprünglich aus dem 7. Jh., erhielt aber erst im Barock ihr heutiges Aussehen. Sehenswert ist auch der in Terrassen angelegte Burgfriedhof. Die spätklassizistische Redoute, das Ballhaus, diente zeitweilig für repräsentative Staatsbankette und Diplomatenempfänge.

8 Ob das **Siebengebirge** tatsächlich die Hinterlassenschaft jener sieben fleißigen Riesen ist, mag dahingestellt bleiben – jedenfalls sind die reich bewaldeten Erhebungen ein ideales Terrain für Spaziergänger und Erholungsuchende. Der Drachenfels kann sich der Besuchermassen am Wochenende kaum erwehren und sollte deshalb am besten während der Woche erwandert oder mit der Zahnradbahn erobert werden. Der markante Felsen direkt am Strom mit der Ruine der Burg Drachenfels galt schon im 19. Jh. als Inbegriff deutscher Rheinromantik. Dass es ihn heute noch gibt, ist übrigens Preußen zu verdanken, dessen Regierung den dortigen Trachytsteinbruch 1836 kaufte und sofort stilllegte – und damit ein weiteres Abtragen des Felsens verhinderte.

In Bad Honnef lohnen sich eine Besichtigung der ursprünglich romanischen, später gotisierten Basilika St. Johann Baptist und natürlich ein Besuch des Wohnhauses von Konrad Adenauer im Ortsteil Rhöndorf.

Der »Pott« nördlich der Ruhr

Man sollte schon zwei bis drei Tage einplanen, um das Ruhrgebiet zwischen Mühlheim, Gelsenkirchen und Essen näher kennenzulernen. Die kulturelle Vielfalt und das unerwartete Grün mögen überraschen, aber das alte Zentrum der deutschen Schwerindustrie hat eben heute auch ganz neue Seiten.

»Totems« von Agustín Ibarrola stehen auf der ehemaligen Halde Haniel in Bottrop.

1 Von den mittelalterlichen Ursprüngen **Mühlheims** zeugen das Schloss Broich, das seit den Karolingern immer wieder erweitert und umgebaut wurde, die Pfarrkirche St. Laurentius und das in späterer Zeit barock umgebaute Kloster Saarn, das schon um 1200 existiert haben muss.
Nach einem Bummel durch die Altstadt mit ihren schönen Fachwerkhäusern lohnt sich ein Besuch im Kunstmuseum Mülheim an der Ruhr (in der alten Hauptpost), im originellen Aquarius-Wassermuseum in einem alten Wasserturm in Styrum oder im Erlebnismuseum am Wasserbahnhof. Von hier aus kann man eine nette Dampferfahrt unternehmen oder den Naturlehrpfad längs der Ruhr erkunden.
Als Wahrzeichen der Stadt gilt der Rathausturm. Mit dem Theater an der Ruhr hat sich Mülheim inzwischen auch als Kulturstadt einen guten Namen gemacht.

2 Nicht nur während der Kurzfilmtage ist das benachbarte **Oberhausen** einen Besuch wert. Abgesehen von der Wasserburg Vondern sucht man alte Bauwerke zwar vergeblich, doch die Industriearchitektur an der Essener Straße und die Arbeitersiedlungen aus dem 19. Jh. in Osterfeld sind hierfür durchaus akzeptable Entschädigungen.
Nach einem Spaziergang durch den Kaisergarten kann man im klassizistischen Schloss interessante Ausstellungen betrachten – in der Ludwiggalerie Schloss Oberhausen.
Das gigantische Centro gilt – nach eigenen Angaben – als größtes Einkaufs- und Freizeitzentrum in Europa. Das riesige Areal mit unzähligen Läden, Multiplex-Kino, Sea-Life-Aquarium, Erlebnisbad und Veranstaltungszentrum wirkt als Besuchermagnet weit über das Ruhrgebiet hinaus. Wahrzeichen dieser sogenannten Neuen Mitte der Stadt Oberhausen ist der Gasometer, ein Industriedenkmal von 1927, das heute als außergewöhnlicher Ort für Ausstellungen und Veranstaltungen genutzt wird. Die Aussicht vom Dach auf die von der Industrie geprägte Landschaft ist großartig.

Das Museum im alten Wasserturm Styrum (Mühlheim) wurde 1992 eröffnet.

3 In **Bottrop** sollte man einen Besuch des Museumszentrums »Quadrat« einplanen, eine Kombination aus dem Museum für Ur- und Ortsgeschichte und einer sehenswerten Sammlung mit Werken des Bottroper Malers Josef Albers. Hinzu kommt weitere Kunst in der Galerie der Moderne und ein Skulpturenpark.
Ein Beispiel für gelungene moderne sakrale Baukunst ist die Heilig-Kreuz-Kirche mit dem berühmten Glasfenster von Georg Meistermann.
Das Wahrzeichen der Stadt ist eine weithin sichtbare Stahlkonstruktion: eine dreiseitige Pyramide hoch auf der Halde Beckstraße in Bottrop-Batenbrock. Die Halde erhebt sich etwa 90 m über das Umland, die Pyramide – auch Tetraeder oder Haldenereignis Emscherblick genannt – ist eine begehbare Aussichtsplattform und ermöglicht einen schönen Rundblick ins Ruhrgebiet.

4 Erst als Kohle und Stahl in der Mitte des 19. Jh. ihren Siegeszug antraten, verlor **Gelsenkirchen** seinen dörflichen Charakter und hat sich mittlerweile zu einer modernen Großstadt mit einem attraktiven Freizeitangebot und einer lebendigen Kulturszene entwickelt.
Von der Zeit vor der Industrialisierung zeugen das Renaissanceschloss Horst und das mittelalterliche Schloss Berge. Die Zeche Consolidation und die Bergarbeitersiedlungen in Buer und Schüngelberg vermitteln immer noch einen lebendigen Eindruck von der ehemaligen Bedeutung der Kohleförderung.
Eine überregional bekannte Attraktion der Stadt ist der ehemalige Ruhr-Zoo, der komplett umgestaltet wurde und als »Zoom Erlebniswelt« mehr als nur ein paar Gehege bietet. Im Gegenteil: Thematisch gegliedert präsentieren sich die Kontinente Alaska, Afrika und Asien mit ihren Vegetationszonen und mit großflächigen, naturnahen Anlagen für die Tiere. Besondere Attraktionen sind der etwa 1300 m lange, teilweise 5 m hoch geführte Dschungelweg im Bereich »Asien« und der gläserne Unterwassertunnel im Robbenbecken.
An Kultur bietet Gelsenkirchen u. a. das Musiktheater im Revier (MiR), und jedem Fußballfan ist zumindest ein Stadtteil von Gelsenkirchen geläufig: Schalke.

5 Am Nordwestrand des Ruhrgebiets entwickelte sich **Marl** mit der Abteufung zweier Schächte im Jahr 1905 vom unbedeutenden Dorf zu einer prosperierenden Industriestadt. Im Jahr 1938 siedelte sich zudem die chemische Großindustrie hier an. Dies verwandelte die Gegend aber keinesfalls in eine eintönige Grau-in-Grau-Landschaft, wie es der Citysee, der Volkspark in Alt-Marl und die Loemühle unter Beweis stellen. Ein

Der Gasometer am Rhein-Herne-Kanal ist ein unübersehbares Wahrzeichen von Oberhausen. Mit ihm wurde einst Gas von Hochöfen und Kokereien als Energieträger gespeichert.

Seit 1995 ist das »Tetraeder«, eine Aussichtsplattform, Wahrzeichen von Bottrop.

Die Zeche Consolidation in Gelsenkirchen dient heute für kulturelle Veranstaltungen.

Museum der besonderen Art ist auch der »Glaskasten« genannte Skulpturenpark. Und schließlich wird einer der renommiertesten deutschen Fernsehpreise, der Grimme-Preis, alljährlich am Sitz des Grimme-Instituts vergeben – also in Marl.

Im Umland von Marl ist es sichtlich grün: Marl liegt am Rand der Haard und des Naturparks Hohe Mark und damit im Grenzgebiet zum ländlichen Münsterland.

6 Mit den Ruhrfestspielen hat sich die einstige Hansestadt **Recklinghausen** seit der Nachkriegszeit einen erstklassigen Ruf als Kulturstadt erworben. Darüber hinaus gibt es hier eine bedeutende Ikonensammlung sowie moderne Malerei und Grafik in

Wandern & Freizeit

Essen hat einige neuer Radwege ausgewiesen; dazu zählt die **Wasser-Route** als Verbindung zwischen Emschertal und Ruhrtal. Vom Hafen bei Bergeborbeck führt der etwa 18 km lange Weg westlich an der Margaretenhöhe entlang über Schuir bis zur Ruhr.

Im Sommer ideal für eine Pause ist das Seebad am **Halterner Stausee**. Das Freibad besitzt einen 800 m langen Strand aus hellem Natursand; Nichtschwimmer- und Badebereich sind deutlich durch Leinen und Bojen vom Rest des Sees abgetrennt.

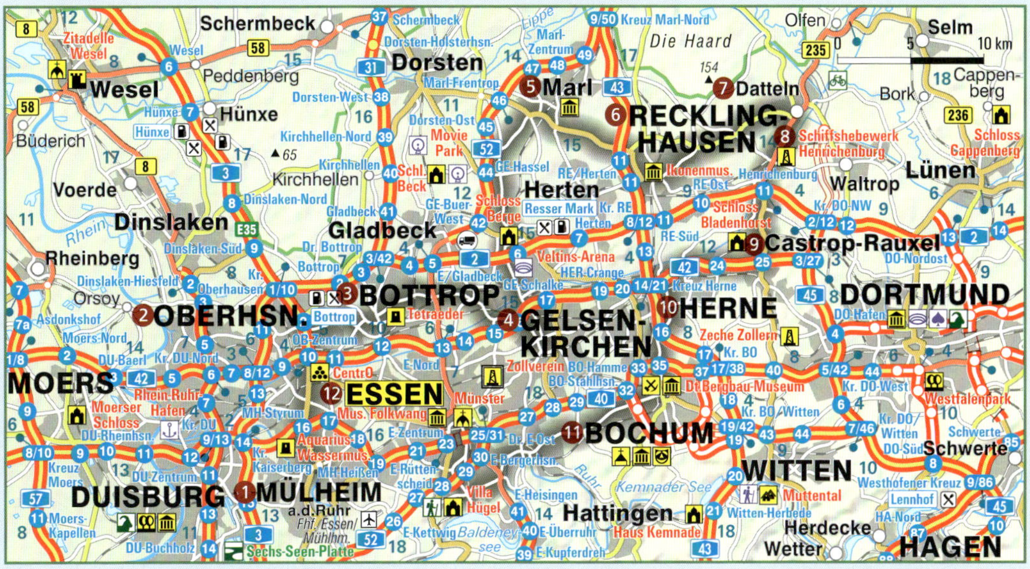

Die Villa Hügel in Essen-Bredeney ist das ehemalige Wohnhaus der Familie Krupp. Die Südfront mit dem enormen Portal und Terrassen weist zum Park.

der Städtischen Kunsthalle. Nach einem Bummel im Stadtgarten nahe dem Festspielhaus kann man im Planetarium der Volkssternwarte in entfernte Galaxien vordringen.

Nördlich von Oer-Erkenschwick – am Weg von Recklinghausen nach Datteln – erstreckt sich die ca. 55 km² große Haardt, eine kaum besiedelte Wald- und Hügellandschaft. Die Haardt stellt heute ein beliebtes Naherholungsgebiet dar, denn eine vergleichbar große Naturlandschaft findet man im Ballungsraum des Ruhrgebiets ansonsten nicht mehr. Höchste Erhebung ist mit 153 m der Stimberg nahe bei Oer-Erkenschwick. Begrenzt wird die Fläche im Norden durch den Wesel-Datteln-Kanal und durch das Tal der Lippe, deren Verlauf als Grenze zwischen Ruhrgebiet und Münsterland gilt. Wer sich hier näher umschaut, entdeckt jenseits der Lippe den Halterner Stausee. Hier – und weiter oberhalb bei Hullern – wird die Stever aufgestaut, um Trinkwasser für Teile des Ruhrgebiets und des Münsterlands zu liefern.

7 »Größter Kanalknotenpunkt Europas« nennt sich das Wasserstraßenkreuz in **Datteln**, wo gleich vier Kanäle zusammentreffen. Diesem Umstand sind die zahlreichen Angel-, Wassersport- und Wandermöglichkeiten zu verdanken, ebenso die Hafen- und Schleusenanlagen. Über das dörfliche Leben in vorindustrieller Zeit informiert das Hermann-Grochtmann-Museum im alten Schulzenhof in der Innenstadt.

8 Folgt man dem Dortmund-Ems-Kanal, gelangt man zum Schiffshebewerk Henrichenburg südlich von **Datteln**. Das alte Hebewerk aus der Zeit um 1899 wurde im Jahr 1962 stillgelegt und durch ein neues ersetzt, das Binnenschiffe in deutlich kürzerer Zeit hebt oder senkt. Beide Anlagen sind sehenswert; das alte Hebewerk kann als technisches Denkmal und Industriemuseum besichtigt werden.

9 Die Kohlestadt **Castrop-Rauxel** ist durchaus auch eine Kulturstadt; hier hat das bekannte Westfälische Landestheater (WLT) seinen Sitz. An die früheren Zeiten des Bergbaus erinnern der Hammerkopfturm der ehemaligen Zeche Erin und die Halde Schwerin mit einer riesigen begehbaren Sonnenuhr.

Das beliebte Deutsche Bergbau-Museum in Bochum zeigt Montangeschichte.

Die Zeche Zollverein in Essen wurde 1986 stillgelegt und ist heute ein Kulturzentrum.

10 Wo sich einst die Kumpel umzogen, wird heute gemalt, modelliert oder musiziert: Die Künstlerzeche »Unser Fritz« in **Herne** ist ein gelungenes Beispiel für die kreative Nutzung stillgelegter Industrieanlagen.

Das regionalgeschichtliche Emschertalmuseum ist zum Teil im Schloss Strünkede mit seinem wunderschönen Park untergebracht, in dem sich die Schlosskapelle aus dem Jahr 1272 befindet.

Auf der Weiterfahrt nach Bochum lockt der Revierpark Gysenberg mit seinem vielseitigen Freizeitangebot und hübschen Grünanlagen.

11 Die Universitätsstadt **Bochum** wartet mit einer ganzen Reihe von Museen auf, darunter das Deutsche Bergbaumuseum, das Eisenbahnmuseum in Dahlhausen und das Industriemuseum in der Zeche Hannover. Kulturell interessiert waren die Bochumer auch in den Zeiten der Schwerindustrie: Bochum hat eine lange Theatertradition, und am Schauspielhaus waren immer wieder bedeutende Regisseure als Intendanten tätig. Die Wasserburg Haus Kemnade, die vielen alten Kirchen, der Geologische Garten, der Tierpark und das Planetarium sollten ebenfalls auf dem Besuchsprogramm stehen. Für Freude bei Sport und Spiel sorgen die Anlagen am Ümminger See und am Ruhrstausee Kemnade.

Erst mit der Fertigstellung des (alten) Schiffshebewerks Henrichenburg, 1899, konnte der Kanal von der Ems bis zum Dortmunder Hafen durchgehend befahren werden.

⑫ In der größten Stadt des Ruhrgebiets gehören rauchende Schlote und die Kohleförderung längst der Vergangenheit an, aber dennoch ist **Essen** das wichtigste Wirtschaftszentrum der Region geblieben. Von seiner Blütezeit und Bedeutung im Mittelalter zeugen das Münster, die Marktkirche, die Werdener Luciuskirche und St. Ludgerus, die Stiftskirche Stoppenberg, Schloss Hugenpoet, das Wasserschloss Borbeck und das Schloss Landsberg.

Inmitten eines großzügig angelegten Parks liegt die von Alfred Krupp errichtete Villa Hügel, die heute u. a. für Konzerte genutzt wird. Liebhaber moderner Kunst treffen sich im renommierten Folkwangmuseum. Der historische Eisenhammer Halbachhammer gestattet einen Blick in die frühe Zeit der Industrialisierung. Die städtebaulich hochinteressante Margaretenhöhe zählt zu den bemerkenswertesten Gartenvorstädten in Europa. Und das Plakatmuseum (heute im Museum Folkwang) sowie das red dot design museum des Designzentrums NRW runden das kulturelle Angebot ab.

Die vielleicht bemerkenswerteste Attraktion von Essen wurde von der UNESCO sogar zum Weltkulturerbe erklärt: die Zeche Zollverein, ein weitläufiges Denkmal der Bergbau- und Industriekultur des Reviers, wird heute als Museum, aber auch als Veranstaltungsort genutzt.

Erholungsmöglichkeiten bieten das Ruhrtal, der Baldeneysee sowie der 1929 eröffnete Grugapark.

Wandern & Freizeit

Da Kanäle ohne nennenswertes Gefälle auskommen (und die Landschaft deshalb gelegentlich auf hohen Dämmen durchqueren), eignen sich die Seitenwege von Kanälen besonders gut für entspannte, familienfreundliche Radtouren. Schön sind zum Beispiel Radtouren am **Dortmund-Ems-Kanal**. Ein reizvoller Streckenabschnitt führt von der Kanalstadt Datteln am Dortmund-Ems-Kanal entlang ins benachbarte Olfen im Münsterland. Vom Kanaldamm aus genießt man unterwegs einen schönen Blick über Felder und Wiesen. Wählt man für den Hinweg die stillgelegte »Alte Fahrt«, passiert man zwei besondere Attraktionen – große Brücken, auf denen man unterwegs gleich zwei Flüsse überquert: zunächst die Lippe, Grenzfluss zum Münsterland, und dann auf Olfener Stadtgebiet die Stever. Für die Rückfahrt empfiehlt sich in Olfen ein Wechsel zur – etwas weiter östlich gelegenen – »Neuen Fahrt«, die von Schiffen genutzt wird. Wer die Tour gern etwas verlängern möchte, schiebt kurz vor der Steverbrücke das Fahrrad auf der (in Fahrtrichtung) linken Seite den Weg hinunter und befindet sich auf dem gut beschilderten, 10 km langen Steverauen-Rundweg, der teils durch eine renaturierte Flusslandschaft führt.

Auf **Mülheimer** Stadtgebiet verläuft der »Naturlehrpfad längs der Ruhr«. Ausgangspunkt ist das Aquarius-Wassermuseum; der Weg führt durch die sogenannte Brückenlandschaft Ruhraue bis zum Haus Ruhrnatur (mit interessantem Museum).

Die Wanderung am Essener **Baldeneysee** beginnt am Parkplatz des Baldeneysees gegenüber dem S-Bahnhof in Essen-Hügel. Der Weg führt zur Villa Hügel, dann durch den alten Kruppwald nach Bredeney und durch den Stadtwald hindurch zurück zum See.

Der Wasserbahnhof in **Mülheim** an der Ruhr ist bis heute Anlegestelle und »Haupthafen« der Weißen Flotte. Fahrgäste können von hier aus auf entspannten Flussfahrten den Unterlauf des rechten Rheinnebenflusses kennenlernen.

Freunde des Wintersports kommen auch mitten im Ruhrgebiet, in **Bottrop**, auf ihre Kosten – und zwar das ganze Jahr über. In Bottrop hat nämlich das Alpincenter *(Prosperstr. 299–301, 46238 Bottrop, www.alpincenter.com)* ein überdachtes Wintersportzentrum eingerichtet – komplett mit 640 m langer Piste und Anfängerhang sowie einem Seillift.

Für Familien mit Kindern bietet **Bottrop** gleich zwei außergewöhnliche Attraktionen: Für kleinere Kinder bestens geeignet ist der Freizeitpark Schloss Beck rund um das spätbarocke Schloss in Bottrop-Kirchhellen *(Am Dornbusch 39, 46244 Bottrop, www.schloss-beck.de, April–August)*. Größere Kinder und Jugendliche bevorzugen na-

türlich die rasanteren Fahrgeschäfte im nahe gelegenen Movie Park *(Warner Allee 1, 46244 Bottrop, März–Anfang November mit wechselnden Öffnungszeiten)*.

In den Sommermonaten von Mai bis September bieten die Schiffe der Weißen Flotte gemütliche Rundfahrten auf dem fast 8 km langen Essener **Baldeneysee** an *(www.baldeneysee.com)*. Die Haltepunkte bzw. An- und Ablagestellen liegen am Promenadenweg 10, am Schuirweg 1, an der Werden-Brücke *(Laupendahler Landstr. 1)* und an der Schleuse Baldeney *(Hardenbergufer 1)*.

Das westfälische Ruhrgebiet

Die dreitägige Tour startet in der alten Hansestadt Hamm und folgt in etwa dem Hellweg, der einstmals bedeutendsten Verbindung zwischen Rhein und Weser. Auch Unna, Werne, Lünen, Kamen und Dortmund gehörten früher zu dem mächtigen Städtebund unter der Führung Lübecks. Weiter geht es dann nach Solingen, der »Stadt der Klingen«.

1 An den Ufern von Lippe und Datteln-Hamm-Kanal liegt die ehemalige Hansestadt **Hamm**. Von deren mittelalterlicher Bedeutung zeugen noch die Kirchen St. Pankratius, St. Paulus, St. Regina sowie die Wasserschlösser Heessen (heute ein Landschulheim und ein privates Gymnasium) und Oberwerries. Das Wasserschloss Oberwerries liegt besonders schön in den Lippeauen. Ältester Teil der heutigen Anlage ist das Torhaus aus dem 17. Jh. Das Schloss dient heute als Tagungsort und Bildungseinrichtung und für städtische Empfänge.

Auf dem Gelände der ehemaligen Zeche Maximilian befindet sich seit 1984 ein Freizeitpark mit vielen Attraktionen. Sein Wahrzeichen ist der »Gläserne Elefant«, eine umgebaute Kohlenwäsche, mit Aufzug und Aussichtsplattform in 35 m Höhe. Sehenswert sind auch die ägyptische Sammlung, die Münzsammlung, die Sammlungen moderner Kunst und die Wechselausstellungen im Gustav-Lübcke-Museum, das in einem ansprechenden, modernen Museumsgebäude untergebracht ist.

Der Glaselefant von dem Künstler Horst Rellecke im Maximilianpark in Hamm.

Das Colani-Ei (auch »Lüntec-Tower«) in Lünen ist ein beliebtes Fotomotiv.

2 Folgt man der Lippe, gelangt man bald nach **Werne** mit einem liebevoll sanierten historischen Stadtkern und hübschen alten Fachwerkhäusern. Zu erwähnen sind vor allem das alte Rathaus, das Kapuzinerkloster und die Pfarrkirche St. Christophorus. Für die Gesundheit ist das auch im Umland bekannte Natursolebad, für die Bildung das Karl-Pollender-Stadtmuseum zu empfehlen. Das Museum mit seiner stadtgeschichtlichen Sammlung hat die vier Etagen des Alten Amtshauses bezogen, einem im klassizistischen Stil umgebauten Fachwerkhaus aus dem 17. Jh.

3 Sowohl die Hanse als auch der Bergbau haben ihre Bedeutung für **Lünen** längst verloren. Etw 60 % des Stadtgebiets bestehen aus Freizeit- und Erholungsanlagen, von denen der Cappenberger See besonders hervorzuheben ist. Auch ein Besuch der evangelischen Stadtkirche St. Georg bietet sich an. Ein modernes Baudenkmal ist das Hauptgebäude des Freiherr-vom-Stein-Gymnasiums, ein Backsteinbau im Stil des Spätexpressionismus (1931). Auch eine zweite Schule trägt die Handschrift eines berühmten Architekten: Die Geschwister-Scholl-Schule wurde von Hans Scharoun entworfen, von dem auch das Konzerthaus der Berliner Philharmonie stammt.

Ein nicht weniger aufsehenerregendes Gebäude lässt unvorbereitete Betrachter eher an ein gelandetes UFO denken: Im Technologiezentrum Lüntec, auf einem ehemaligen Zechengelände, hat der italienische Designer Luigi Colani einen Förderturm auf futuristische Weise umgestaltet: In 35 m Höhe schwebt dort das sogenannte Colani-Ei über dem Areal.

Nur ein Jahrhundert älter ist Schloss Schwansbell, das man allerdings nicht besichtigen kann; der Schlosspark ist aber für die Öffentlichkeit zugänglich.

Einen Abstecher nach Selm in den unmittelbar an Lünen grenzenden Ortsteil Cappenberg rechtfertigt das wunderschön in einem herrlichen Park gelegene Schloss. Prunkstück ist die Klosterkirche mit ihrer reichen Innenausstattung. Nach der Säkularisierung wurde die Anlage 1803 zur preußischen Staatsdomäne. Der berühmte Reformer Freiherr vom Stein sorgte für die Erhaltung der historischen Schlossräume und verbrachte hier seine letzten Jahre.

4 **Kamen** ist vor allem wegen der vielen Staus am berüchtigten Kamener Kreuz ein Begriff. Dennoch sollte man den Weg nicht scheuen, um die spätromanische St.-Margarethen-Kirche in Methler zu besichtigen. Speziell auf die Bedürfnisse von Sportlern zugeschnitten sind die Angebote des SportCentrums Kamen-Kaiserau, das zuweilen auch von Profimannschaften als Trainingslager genutzt wird.

5 An die Zeit der Hanse erinnern noch die Fachwerkfassaden zu Füßen der evangelischen Stadtkirche von **Unna**. In der Burg der früheren Grafen von der Mark befindet sich das stadtgeschichtliche Hellweg-Museum. Auf dem Gelände der ehemaligen Lindenbrauerei ist im Jahr 2002 das Zentrum für internationale Licht-

Das zweiflügelige Wasserschloss Oberwerries steht in Hamm-Heessen.

Das Haus Bodelschwingh (13. Jh.) ist das größte Wasserschloss in Dortmund.

kunst eingezogen – eine einzigartige Einrichtung, die es in dieser Form weltweit nur in Unna gibt.

6 Seit dem 10. Jh. besaß **Dortmund** eine überragende Bedeutung als freie Reichs-, später als Hansestadt und seit der Mitte des 19. Jh. als Industriemetropole. In der heute größten Stadt Westfalens gibt es trotz schwerer Kriegszerstörungen noch eine ganze Reihe von Bauten, die vom ehemaligen Glanz Dortmunds zeugen, darunter die gotische Hallenkirche St. Johannes Baptist westlich vom Hansaplatz, die mehrfach zerstörte und wieder aufgebaute Reinoldikirche aus dem 13. Jh., die gotische Petrikirche am Hellweg und die romanische Marienkirche sowie die Ruine Hohensyburg.

Von einer äußerst lebendigen Kulturszene zeugen das Schauspielhaus, die Oper und das moderne Konzerthaus. Auch die Museumslandschaft kann sich durchaus sehenlassen: Hier findet man das Museum für Naturkunde, das Westfälische Schulmuseum,

Wandern & Freizeit

Ein interessanter thematischer Rundweg ist der Bergbauwanderweg Muttental im **Mutten** bei Witten. Entlang der etwa 9 km langen, landschaftlich durchaus reizvollen Strecke entdeckt man zahlreiche mit erläuternden Tafeln versehene Zeugnisse des Ruhrbergbaus – Stollen, Fördergerüste, Halden, Bergbauanlagen und vieles mehr. Die Wanderung kann an jedem der Parkplätze an der Route beginnen; eine dieser Stationen ist beispielsweise die Zeche Nachtigall am Eingang zum Muttental, heute Teil des Westfälischen Industriemuseums. Im Muttental bewegt man sich ohnehin auf historischem Grund, denn hier soll der Kohlebergbau im Revier seinen Anfang genommen haben.

Ideal für einen ausgedehnten Spaziergang ist der **Kemnader See**, an der Stadtgrenze zwischen Bochum, Hattlingen und Witten. Der See ist rund 1,25 km² groß und der jüngste der sechs Ruhrstauseen sowie ein Naherholungsgebiet. Zwei Rundkurse, ein großer (10 km) und ein kleiner (gut 8 km), bieten Ausblicke auf einen der schönsten Stauseen im Ruhrgebiet. Beide Rundkurse gehen zu Fuß oder auch mit dem Fahrrad.

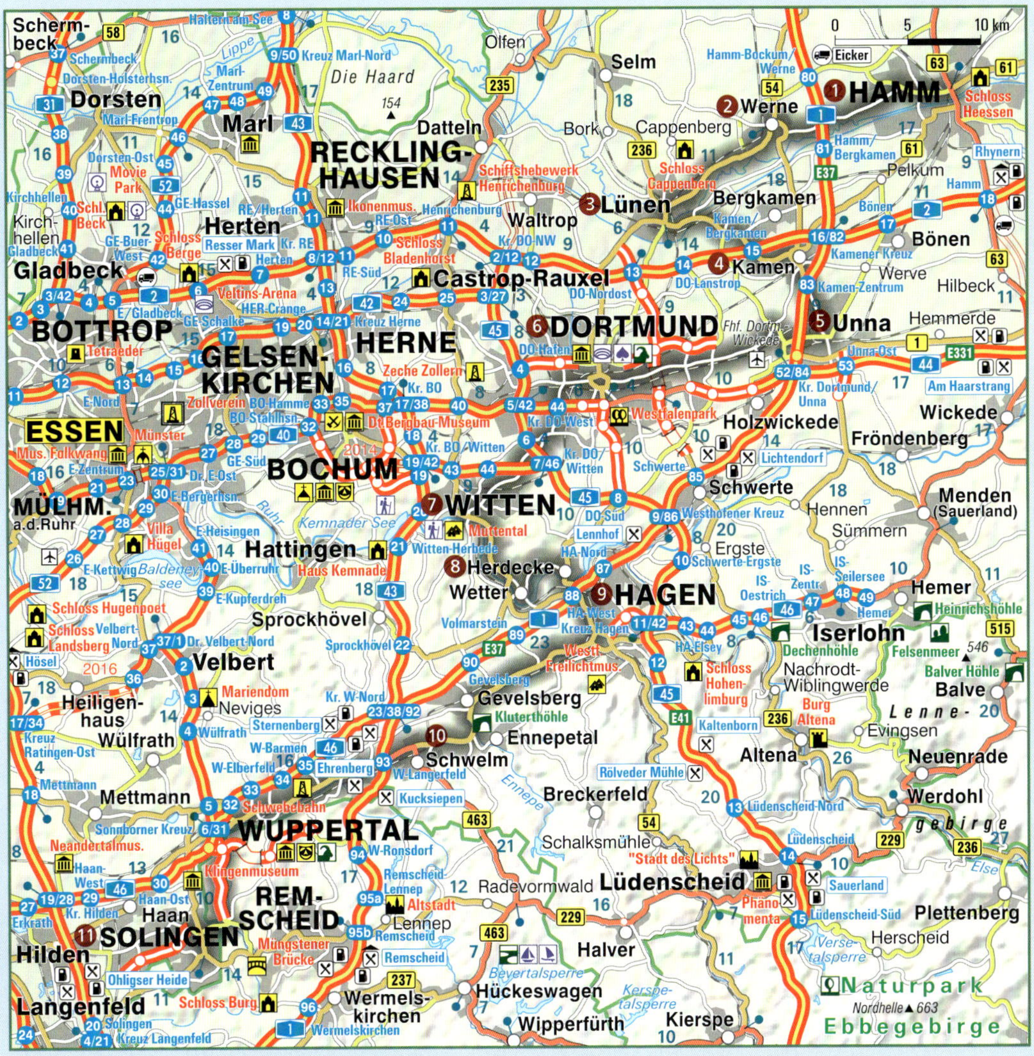

Die Maschinenhalle der Zeche Zollern in Dortmund wurde mit Jugendstilelementen ausgeschmückt. Ein Beispiel bietet etwa der Eingang zur Halle.

das regionalgeschichtliche Museum für Kunst und Kulturgeschichte und mit der stillgelegten Zeche Zollern einen wichtigen Standort des LWL-Industriemuseums.

In Dortmund wird aber auch Freizeit groß geschrieben. So bietet der Revierpark Wischlingen neben einer Naturschau mit Herbarium ein breites Freizeitangebot; schöne Grünanlagen besitzt ebenfalls der Rombergpark. Der Dortmunder Zoo eignet sich wunderbar als Ziel für Erholungsuchende und natürlich auch für Familien mit Kindern.

Dortmunds »Flaggschiff« ist jedoch der im Jahr 1899 eingeweihte Westfalenpark mit Sportangeboten, Sesselbahn, Abenteuerspielplatz, Biergarten, Cafés, Ausstellungshalle, dem Deutschen Rosarium und dem rund 220 m hohen Florianturm, zur Bauzeit das höchste Gebäude Deutschlands. Der Park wurde – teils auf dem Gelände älterer Grünanlagen – zur Bundesgartenschau im Jahr 1959 angelegt; er zählt immer noch zu den größten innerstädtischen Parks in ganz Europa.

Für Großveranstaltungen aller Art steht die Westfalenhalle zur Verfügung. Fußballfans können im größten Fußballstadion Deutschlands – mit einem Fassungsvermögen von 80645 Zuschauern – ein Heimspiel der Borussia besuchen.

Die Eisenbahnbrücke (Ruhr-Viadukt) zwischen Herdecke und Hagen wurde aus Sandstein der Region gebaut.

7 In der Ruhrstadt **Witten** soll der Überlieferung nach der Ruhrbergbau begonnen haben – und dieser industriellen Tradition ist man sich allerorten bewusst. So erinnert die Ruhrschleuse Herbede an die damalige Frachtschifffahrt.

Aber auch der Freizeitwert der Hohensteiner Spielwiesen und des Kemnader Sees zwischen Witten, Bochum und Hattingen ist nicht zu verachten. Lohnend ist eine Motorschifffahrt von Bommern bis zur Burgruine Hardenstein.

Ein interessantes Baudenkmal ist das Wasserkraftwerk Hohenstein an der Ruhr aus den 1920er-Jahren. Es stellt eine Station auf der Route der Industriekultur dar, kann allerdings nicht besichtigt werden.

8 **Herdecke** mit seinen sehenswerten Fachwerkhäusern und der gotischen ehemaligen Stiftskirche St. Marien in der Altstadt ist vor allem durch Deutschlands erste Privatuniversität bekannt. Abwechslungsreiche Freizeit- und Sportvergnügungen garantieren der Harkort- und der Hengsteysee, zwei Ruhrstauseen. Am Beginn des Harkortsees überquert eine markante Eisenbahnbrücke die Ruhr – der 30 m hohe und über 300 m lange Ruhr-Viadukt mit seinen zwölf aus Bruchstein gemauerten Bögen.

9 Seit 150 Jahren ist **Hagen** von der Metallindustrie geprägt; deren Geschichte wird im Kaltwalzmuseum auf Schloss Hohenlimburg anschaulich präsentiert. Stahl- und Eisenverarbeitung, aber auch andere frühindustrielle Techniken der Region dokumentiert das weitläufige LWL-Freilichtmuseum Hagen im Mäckingerbachtal.

Obwohl der größte Teil der Kunstsammlung des Hagener Bankiers Karl-Ernst Osthaus 1921 nach Essen verkauft wurde und den Grundstock für das Folkwangmuseum bildete, lohnt sich ein Besuch des nach diesem Mäzen benannten Museums. Zusammen mit dem Emil-Schumacher-Museum bildet das Osthaus Museum heute das sogenannte Kunstquartier Hagen. Auf dem Weg ins Naturschutzgebiet Weißenstein lohnt sich ein Zwischenstopp beim Schloss Hohenlimburg, der einzigen noch gut erhaltenen Höhenburg in Westfalen.

Die Müngster Brücke zwischen Solingen und Remscheid wurde 1897 eingeweiht. Sie ist ein Teil der Bahnstrecke Wuppertal-Solingen.

Der Westfalenpark in Dortmund mit beleuchtetem Florianturm am Abend.

Das Schloss mit seinen Museen und dem Barockgarten, einem wundervollen Höhengarten mit geometrischer Aufteilung aus dem 18.Jh., ist ein sehr populäres Ausflugsziel.

⓾ Fachwerkromantik im bergischen Stil findet sich in der Altstadt von **Schwelm**. In der Wasserburg Haus Martfeld ist das Schwelmer Heimatmuseum untergebracht.

⑪ Die Tour endet im Südwesten des Bergischen Landes. Seit dem Mittelalter ist **Solingen** das Zentrum der bergischen Kleineisenindustrie. Im Deutschen Klingenmuseum werden Bestecke, Säbel, Degen und reich verzierte Jagdwaffen aus Solinger Produktion sowie verschiedene Schneidwerkzeuge von der Steinzeit bis zur Gegenwart ausgestellt.
Ein bekanntes Bauwerk der Stadt ist die Müngstener Brücke, eine Bogenbrücke aus Stahl und mit 107 m Höhe die höchste deutsche Eisenbahnbrücke. Das Gelände an der Wupper unterhalb der Brücke, bei Besuchern wegen der imposanten Brückenkulisse schon immer sehr beliebt, wurde im Jahr 2006 zum Müngstener Brückenpark umgestaltet; eingerichtet wurde sogar eine Schwebefähre zum Überqueren der Wupper.
Jenseits des Flusses findet man in Schloss Burg das Bergische Museum mit sehenswerten Möbeln, Waffen und Tafelgerät, die überwiegend aus dem Mittelalter und der Zeit der Renaissance stammen.

Wandern & Freizeit

Insgesamt 240 km gut ausgeschilderte Wanderwege gibt es im Stadtwald und im Rombergpark in **Dortmund**.

Hagen liegt bereits im Grenzbereich zwischen Ruhrgebiet und Sauerland und bietet deshalb besonders attraktive Wandermöglichkeiten. Schön ist beispielsweise eine ca. 19 km lange Rundwanderung über den Volme-Höhenring. Startpunkt ist die Bushaltestelle »Volmeburg« im Ortsteil Delstern. Ab hier über die Volme und die B54 unterqueren; hinauf auf den Eilper Berg. Dort an Kuhfeld und Hamperfeld vorbei zum Ambrocker Berg und ins Hoffnungstal. Über Volme und B54 zum Steinigen Berg. Über die A45 bei Milchenbach links und die A45 unterqueren, dann geht es zurück nach Delstern.

Die **Emscher**, ein lange vernachlässigter Fluss im Revier, wird mittlerweile durch Uferwege erschlossen und gewinnt ihren Charakter als Naherholungsgebiet zurück. Radtouren entlang der Emscher führen durch Grünanlagen und Parks, aber auch zu Zeugnissen der Industriekultur. Lohnend ist das 101 km lange Teilstück des Emscher-Wegs von Dortmund-Holzwickede bis Dinslaken. (Der Emscher-Weg ist nicht identisch mit dem Emscher Park Radweg!)

In rund vier Stunden schafft man mit dem Rad die Strecke vom **Dortmunder Freizeitpark Fredenbaum** vorbei am Schiffshebewerk Henrichenburg zur Talsperre bei Haltern am See.

Familienfreundlich und ohne große Steigungen ist die Radtour durchs **Tal der Ruhr** von Witten bis Herdecke. Ausgangspunkt ist die Ruhr im Stadtteil Bommern; von dort folgt man dem ausgebauten und beschilderten Uferweg.

Liebhabern nostalgischer Eisenbahnerlebnisse ist die RuhrtalBahn (www.ruhrtalbahn.de) ein Begriff: An bestimmten Tagen fahren historische Bahnen auf zwei Linien durchs Ruhrgebiet – vom Eisenbahnmuseum **Bochum-Dahlhausen** über Witten nach **Hagen** bzw. von **Herdecke** nach **Ennepetal-Kluterthöhle** (Linie Teckel).

Sauerland, Siegerland und Wittgensteiner Land

Von der alten Hansestadt Soest aus benötigt man etwa drei Tage, um an den Schönheiten der etwas herben Landschaft mit ihren Höhlen, Industriedenkmälern, Wasser- und Wintersportgebieten vorbei in die alte Bergstadt Rüthen zu gelangen.

Die Abendsonne taucht die bogenförmige Staumauer des Möhnesees in ein warmes Licht.

❶ Im Mittelalter galt **Soest** als die reichste und mächtigste Stadt Westfalens und viele Bauwerke erinnern noch heute an den einstigen Glanz, wenngleich die Fliegerangriffe während des Zweiten Weltkriegs schlimme Narben hinterlassen haben. Sehenswert sind das romanische St.-Patrokli-Münster, die Petrikirche aus dem 12. Jh., St. Maria zur Höhe, die Hallenkirche St. Maria zur Wiese und die Alt-St.-Thomä-Kirche mit ihrem schiefen Turm. Ferner sollte man das Rathaus aus dem 18. Jh. und die Reste der Befestigungsanlagen besichtigen.
Im Burghofmuseum und im Osthofentormuseum (im letzten von einst zehn Stadttoren) erfährt man Wissenswertes über die Stadtgeschichte. Das Wilhelm-Morgner-Haus beherbergt eine reichhaltige expressionistische Sammlung.

❷ Die gigantische **Möhnetalsperre** sichert nicht nur die Trinkwasserversorgung des Ruhrgebiets, sie garantiert den Besuchern auch ein vielseitiges Freizeitprogramm: Surfen, Segeln, Schwimmen, Tauchen, eine Dampferfahrt, Wanderungen am Ufer oder Angeln – all dies ist in einer der beliebtesten Naherholungslandschaften des nördlichen Sauerlands problemlos möglich. Besonders beeindruckend ist ein Spaziergang über die mächtige Staumauer dieses künstlichen Sees.

Die Soester Teichsmühle; im Hintergrund die evangelische Kirche St. Maria zur Wiese.

❸ Bei einem Altstadtbummel durch **Arnsberg** fallen die wunderschönen Fachwerkhäuser rund um die mittelalterliche Propsteikirche St. Laurentius ins Auge. Im Landsberger Hof, einem Stadtpalais von 1605, ist heute das Sauerlandmuseum untergebracht. Für ein abwechslungsreiches Abendprogramm mit Musik, Comedy und Kabarett sorgt die innenstadtnah gelegene KulturSchmiede.

❹ Bei **Balve** im Hönnetal befindet sich die größte Kulturhöhle Deutschlands und eine der größten hallenförmigen Höhlen Europas. Die reichhaltigen archäologischen Funde aus der Bronze- und Eisenzeit sind im Museum Balve ausgestellt; die riesige Höhle selbst wird heute als Veranstaltungsraum genutzt. Nach einer Besichtigung der Pfarrkirche St. Blasius kann man sich in der Luisenhütte über Bergbau und Erzgewinnung während der Anfänge der Industrialisierung informieren. Die Hütte im Ortsteil Wocklum, auch »Wocklumer Hammer« genannt, ist die älteste komplett erhaltene Hochofenanlage in Deutschland und damit ein wichtiges Denkmal der Industriekultur.

❺ Die mittelalterliche Burg **Altena** im gleichnamigen Ort an der Lenne erlangte im 20. Jh. neuen Ruhm: Hier eröffnete Richard Schirrmann 1914 die erste Jugendherberge; er rief damit eine weltweite Bewegung ins Leben. Die Jugendherberge auf der Burg ist immer noch in Betrieb. Daneben dient die Burg als facettenreicher Museumsstandort: Mehrere zuvor eigenständige Sammlungen, darunter das Weltjugendherbergsmuseum und das Märkische Schmie-

Wandern & Freizeit

Von **Brilon** Richtung Olsberg führt ein 11 bzw. (mit Erweiterung) 21 km langer thematischer Wanderweg, der **Gewerkenweg**. Anhand vieler Stationen vermittelt dieser Weg einen Einblick in die Bergbaugeschichte der Region. Die Route folgt teilweise den historischen Transportwegen.

Mehrfach schneidet die Autoroute den 154 km langen **Rothaarsteig**. Der Höhenweg führt durch die waldreiche Sauerland-Szenerie und über die Gipfel des Rothaarkamms bis ins Siegerland und damit durch eine traumhafte Wanderkulisse. Der Weg beginnt in **Brilon**; Stationen an der Route sind u. a. Winterberg mit dem Kahlen Asten und Schmallenberg, aber auch Naturdenkmäler wie die Bruchhauser Steine. Selbstverständlich kann man sich auch einfach Teilstücke heraussuchen und an beliebiger Stelle ein paar Stunden auf dem schönen Wanderweg verbringen.

Eine schöne Route führt auf 20 km rund um **Arnsberg**; beschildert ist sie mit einem grünen »W« auf weißem Grund und dem Hinweis »Aussichtsroute«. Ein guter Startpunkt ist der Arnsberger Bahnhof. Ostwärts geht es auf den Lüsenberg, dann durch die Wolfsschlucht zur Rumbecker Höhe. Als Stationen folgen Kreuzberg, Twiete-Brücke, Kloster Wedinghausen und Hirschberger Tor.

urg Altena thront auf einem Bergsporn des Klusenberges über dem gleichnamigen Ort und soll im 12. Jh. erbaut worden sein.

Den Stadtkern des siegerländischen Ortes Freudenberg prägt ein einzigartiges Ensemble historischer Fachwerkhäuser.

Wandern & Freizeit

Die Kombination aus Wandern und Wassertreten im Sinne Kneipps kann man auf dem **Olsberger Kneippweg** erproben. Gut geeignet ist die erste Etappe mit einer Länge von etwa 17 km. Der Weg beginnt bei einer Tafel im Olsberger Kurpark Dr. Grüne und führt über Borberg, Forstenberg, Maxstollen und den Ortsteil Bigge zurück zum Ausgangsort. Unterwegs kann man die vom Wandern erhitzten Füße im eiskalten Wasser der Tretstellen Gierskopp und Papendiek abkühlen.

Mittelgebirge gelten zwar allgemein eher als Wanderreviere, das **Sauerland** bietet aber durchaus reizvolle Strecken, die von Radfahrern zu bewältigen sind. Sehr beliebt ist der etwa 230 km lange RuhrtalRadweg zwischen Winterberg und Duisburg; auch Olsberg, Bestwig und Arnsberg sind Stationen an dieser Route. Die Strecke verläuft vorwiegend auf Radwegen abseits von Straßen oder auf Wirtschaftswegen; auf den ersten 35 km hat man spürbare Steigungen zu bewältigen, anschließend ist das Gelände überwiegend leicht befahrbar. Wie immer sind auch Teilstücke jederzeit lohnend.

Familienfreundlich und mühelos zu bewältigen ist die etwa 22 km lange Radtour am Ufer des **Möhnesees**. Ausgangspunkt ist der Parkplatz am Freizeitpark Körbecke (Seestraße); von dort geht es über Stockum und Wamel Richtung Kanzelbrücke und weiter am Ufer entlang. Hinter der Delecker Brücke geht es rechts zum Ausgangsort zurück.

Deutlich anspruchsvoller ist die etwa 25 km lange Haarstrang-Radtour. Die Rundfahrt beginnt am Haus des Gastes in **Körbecke**; der Weg führt dann nach Stockum und über die alte Bahntrasse nach Echtrop, weiter durch Berlingsen, Büecke, Wippringsen und Deiringsen bis Theiningsen. Über Delecke geht es dann wieder zum Ausgangsort zurück.

Das »Fort Fun Abenteuerland« in **Bestwig** *(Aurorastraße, 59909 Bestwig, www.fortfun.de, April bis Oktober, in den Sommermonaten täglich, ansonsten mit wechselnden Ruhetagen)* ist eine der beliebten Familienattraktionen der Region. Das Abenteuerland verfügt über eine große Parkanlage mit zahlreichen Fahrgeschäften und ein Skigebiet.

demuseum, werden nun unter dem Dach der »Museen Burg Altena« verwaltet. Das originelle Deutsche Drahtmuseum ist dagegen von der Burg ins ehemalige Mädchengymnasium umgezogen.
Natürlich lohnt auch die Stadt Altena selbst einen Besuch: Ansehnlich sind zum Beispiel die sogenannte Burg Holtzbrinck, ein Haus, das heute als Veranstaltungsort genutzt wird, oder aber die ehemalige Silberschmiede »Holländer«.

6 Der wichtigste Wirtschaftszweig in **Olpe** waren die Pfannenschmieden, an die das »Panneklöpperdenkmal« auf dem Marktplatz erinnert. Aus früherer Zeit ist außer Resten der alten Stadtmauer mit Engelsturm und Hexenturm leider nicht viel erhalten geblieben, denn im Jahr 1795 entschlossen sich die Bürger nach einem verheerenden Brand, den alten Grundriss ihrer Stadt aufzugeben und den Ort ganz neu am Reißbrett zu planen.
Die wichtigste Touristenattraktion findet sich nördlich von Olpe: der Biggesee, ein in den 1960er-Jahren fertiggestellter Stausee, der wie zahlreiche andere Stauseen im Sauerland der Trinkwasserversorgung, aber auch der Regulierung wichtiger Flüsse wie der Ruhr dient. Am größten Stausee in Westfalen ist Wassersport jeder Art möglich, zudem kreuzen regelmäßig Fahrgastschiffe auf der langsam fließenden Wasserfläche.

7 Der »Alte Flecken« in **Freudenberg** ist ein einzigartiges Ensemble von Fachwerkhäusern aus dem 17. Jh., die praktisch den gesamten Stadtkern ausmachen. Das äußerst sehenswerte Viertel gilt als »Baudenkmal von internationaler Bedeutung«. Für einen Museumsbesuch mit der ganzen Familie eignet sich das Technikmuseum Freudenberg mit historischer Tankstelle, Fahrzeug- und Traktorensammlung; Glanzstück der Sammlung ist eine über 100 Jahre alte Dampfmaschine.

8 Die Hauptstadt des Siegerlandes ist während des Zweiten Weltkriegs zwar schwer in Mitleidenschaft gezogen worden, doch in **Siegen** hat man immerhin die Nikolaikirche und die Marienkirche fachmännisch wieder aufgebaut.
Sehenswert sind auch das Rathaus, das Untere Schloss, in dem einst die evangelische Linie Nassau-Siegen residierte, sowie das Obere Schloss, die ehemalige Residenz der katholischen Linie. Seit 1905 befindet sich das Siegerlandmuseum mit Gemälden von Rubens in der Anlage; der berühmte flämische Barockmaler Peter Paul Rubens wurde nämlich im Jahr 1577 in Siegen geboren. Das Museum zeigt aber auch eine Ausstellung zur Geschichte der Wohnkultur im 19. Jh. – und zur Erinnerung an die Zeiten der Erzgruben gibt es unter dem Schlosshof der Höhenburg sogar ein Schaubergwerk.

Vom Feldstein, einem der Bruchhauser Steine, genießt man einen weiten Blick über die waldreichen Kuppen des Sauerlandes bei Olsberg.

9 Im Wittgensteiner Land kurt man gern in **Bad Laasphe,** wo ab dem 12. Jh. die Fürsten zu Sayn-Wittgenstein residierten. Das Schloss ist auf einem Bergsporn gelegen.

10 Ein anderer Zweig der hochadeligen Familie hielt im Schloss von **Bad Berleburg** Hof. Die barocke Anlage mit ihrem schönen Park beherbergt die Fürstliche Kunstsammlung mit alten Möbeln, einer Ahnengalerie und kunstgewerblichen Exponaten. Ausstellungsstücke zu Geschichte und Handwerk rund um Bad Berleburg findet man im Museum der Stadt Bad Berleburg im Zentrum der Altstadt.

11 **Schmallenberg** ist ein gemütliches Städtchen an der Fredeburger Bucht. An die Zeit der Hanse erinnert nach drei verheerenden Bränden nur noch wenig. Allerdings gibt es zahlreiche Freizeitmöglichkeiten von Wintersport bis Angeln sowie ein Spielzeugmuseum. Eine weitere Besonderheit nimmt man als Reisender nicht unbedingt wahr: Seit der Gebietsreform in den 1970er-Jahren zählt Schmallenberg von der Fläche her zu den größten Städten Deutschlands.

12 Vor allem Wintersportler zieht es zur Saison nach **Winterberg** am Fuße des 841 m hohen Kahlen Asten im nördlichen Rothaargebirge. Sesselbahnen, Schlepplifte und Förderbänder, Langlaufstadien, Rodelstrecken und eine Bobbahn sowie mehrere Schwimmhallen sorgen für jede Menge Sportvergnügen im Hochsauerland. Und noch etwas Bedeutendes befindet sich in Winterberg: Hier entspringt ein Fluss, der einer ganzen Region den Namen gegeben hat – die Ruhr.

13 Die Bruchhauser Steine, vier gewaltige Felsblöcke am Hang des Istenbergs, sind das Wahrzeichen des Kneippkurortes **Olsberg** am Oberlauf der Ruhr. Die markanten Porphyrsteine sind ein attraktives Ausflugsziel; den Feldstein kann man besteigen und die Fernsicht genießen (die anderen drei Felsen darf man nicht betreten). Besichtigen sollte man im Ort selbst die Fachwerkhäuser in der Mittelstraße sowie Schloss Schellenstein in Bigge. Sportfreunden bieten sich in Olsberg viele Möglichkeiten: Abfahrt, Langlauf, Schwimmen, Tennis, Bogenschießen und Wandern.

14 Seit die Veleda-Höhle nicht mehr besichtigt werden kann, kommen Gäste vor allem wegen des Freizeitparks »Fort Fun Abenteuerland« ins sauerländische **Bestwig**. Auf dem Gebiet der Gemeinde Bestwig befindet sich sogar noch eine zweite bemerkenswerte Attraktion: das Erzbergwerk Ramsbeck, eine alte Erzgrube, die in ein Besucherbergwerk umgewandelt wurde.

15 Auf dem Marktplatz mit seinem mittelalterlichen Rathaus von 1250 mit Barockfassade schlägt das Herz von **Brilon**, das 1444 Hauptstadt des Herzogtums Westfalen wurde. Aus dieser Zeit stammt auch die Propsteikirche St. Petrus und Andreas. Kirchen aus jener Zeit sind freilich in der Regel häufiger erhalten als Profanbauten; das Rathaus zählt zu den ältesten in Deutschland. Über Hüttenwesen und Bergbau informiert das Museum Haus Hövener, in dem auch Dinosaurierfunde aus Nehden zu besichtigen sind. Die Mittelgebirgslandschaft der Briloner Hochfläche ist sehr gut zum Wandern geeignet.

Bootsanleger im Biggesee bei Olpe.

Blick in den Ehrenhof von Schloss Berleburg.

Weimar und das Thüringer Becken

Vom Oberen Eichsfeld im Nordwesten Thüringens bis zur Weißen Elster im Osten des Bundeslandes führt diese gut einwöchige Reise durch zauberhafte Landschaften und bedeutende Städte. Sie beginnt in Heiligenstadt, wo, wie in Weimar und Jena, Kulturgeschichte geschrieben wurde, und endet in der mehr als 1000 Jahre alten Residenzstadt Gera.

Über den Dächern der Heiligenstädter Altstadt.

❶ Die Geschichte des Heilbads **Heiligenstadt**, Wallfahrtsziel und Kneipp-Kurort, reicht bis ins 9. Jh. zurück. Damals stand auf dem Martinsberg eine kleine Kapelle, in der vermutlich Reliquien der Heiligen Aureus und Justinus aufbewahrt wurden. Als hier verehrte Heilige und Patrone kamen dann noch Sergius und Bacchus hinzu, außerdem der hl. Martin: Die kleine Siedlung um die Kapelle erhielt deshalb ihren noch heute gültigen Namen. Die damalige Kapelle wich übrigens später einem romanischen Kirchlein und dieses machte im 13. und 14. Jh. der hochgotischen Stiftskirche St. Martin Platz, die zu einem Stift der Augustiner-Chorherren gehörte und einen Kreuzgang im gleichen Stil erhielt. Das Stift war über die Region hinaus bedeutsam, möglicherweise gab es hier sogar eine Kaiserpfalz. Zum Pilgerziel wurde die Stiftskirche durch ein Marienbildnis, das im 17. Jh. hierher gelangte; im 19. Jh. wurde es dann in die Marienkirche überführt. Heutige Besucher der Martinskirche bewundern vor allem das weitgehend intakte hochgotische Erscheinungsbild.

Die stadtbildprägende Kirche St. Marien am Stiftshügel gehörte zum Stift St. Martin; errichtet wurde der heutige Bau im 14. Jh. im gotischen Stil. Im Inneren sind neben dem Gnadenbild Überreste von Fresken aus dem frühen 16. Jh. zu bewundern. Dem Nordportal gegenüber steht ein weiterer sehenswerter Bau, die gotische St.-Annen-Kapelle mit oktogonalem Grundriss.

Die nach der Pfarrkirche St. Marien dritte wichtige Kirche, St. Ägidien, stammt aus dem 14. Jh. Hier befindet sich das Doppelgrab der Heiligen Aureus und Justinus, des Bischofs von Mainz und seines Diakons. Die beiden waren von den Hunnen um das Jahr 450 wegen ihres Glaubens hingerichtet worden.

An die Macht der Mainzer Erzbischöfe gemahnt das barocke Kurmainzer Schloss. Das Rathaus wurde im 13. Jh. gebaut und 1789 nach dem großen Stadtbrand neu errichtet.

An Tilman Riemenschneider (um 1460–1531) erinnert sein Geburtshaus (Klausgasse 2), an Heinrich Heine (1797–1856), der hier zum Christentum konvertierte, der Heine-Park.

❷ An der Unstrut entlang erreicht man **Mühlhausen**. Gerne darf man die 800 Jahre alte Reichsstadt zu den historisch bedeutendsten Thüringens zählen. Die Stadt des revolutionären Reformators Thomas Müntzer (um 1489–1525) glänzt mit einer beinahe vollständig erhaltenen Stadtmauer sowie mit dem Frauentor und dem Rabenturm.

Weiter seien genannt: die Posthalterei in der Holzstraße 1, das Antonius-Hospital von 1207 in der Holzstraße 13, das barocke Bürgerhaus in der Herrenstraße 19 und das 1697 an Stelle der von Thomas Müntzer bewohnten Pfarrei errichtete Fachwerkpfarrhaus am Ende der Herrenstraße. Vom Obermarkt durch die

Wandern & Freizeit

Etwa 10 km westlich von Bad Langensalza befindet sich mitten im **Nationalpark Hainich** eine Attraktion, die man sonst eher in den tropischen Regenwäldern Südamerikas findet: ein Baumkronenpfad, also ein begehbarer Weg mitten durch die Baumkronen eines Waldes, der den Besuchern eine ansonsten unzugängliche Zone erschließt. Der Baumkronenpfad Hainich führt seine Besucher sogar bis in etwa 44 m Höhe hinauf. Der Ausgangspunkt liegt beim Forsthaus Thiemsburg.

Der im Stadtwald von **Gera** gelegene Tierpark *(Straße des Friedens 85, 07548 Gera, Tel. 0365/81 01 27)* zählt heute zu den größten in Thüringen. Auf etwa 20 ha kann man rund 900 Tiere bewundern – vorrangig Arten aus nördlichen Breiten, aber natürlich auch Exoten aus den Subtropen und Tropen. Kinder freuen sich besonders über die Parkeisenbahn und den begehbaren Berberaffenwald; die Eltern wissen zu schätzen, dass sich hier Zoobesuch und Waldspaziergang auf angenehme Weise kombinieren lassen.

Blick von außen auf die Mühlhausener Stadtmauer mit Frauentor und Rabenturm.

Innenansicht der dreischiffigen Hallenkirche Divi Blasii in Mühlhausen.

Ratsgasse gelangt man zum Rathaus, einem umfangreichen Gebäudekomplex mit Elementen aus Gotik, Renaissance und Barock. Die erste Erwähnung dieses Rathauses stammt immerhin von 1310. Im Inneren sind Malereien aus Gotik und Renaissance erhalten. Den Untermarkt zieren schmucke Patrizierhäuser.

Mit dem Bau der hochgotischen Divi-Blasii-Kirche begann der Deutschritterorden um 1276. Stilistisch ist der Bau von den Kathedralen Nordfrankreichs beeinflusst. Ein bemerkenswertes Fenster ist die Maßwerkrosette am nördlichen Querhaus. Vor rund 300 Jahren, von 1707 bis 1708, war Johann Sebastian Bach als Organist an der Divi-Blasii-Kirche tätig.

Nach dem Erfurter Dom ist die fünfschiffige Marienkirche Thüringens zweitgrößtes Gotteshaus; entstanden ist der Bau aus hellem Travertinstein hauptsächlich im 14. Jh. 1525, zur Zeit der Bauernkriege, übernahm Thomas Müntzer das Amt des Pfarrers an der Marienkirche. Hier gründete er den sogenannten Ewigen Rat

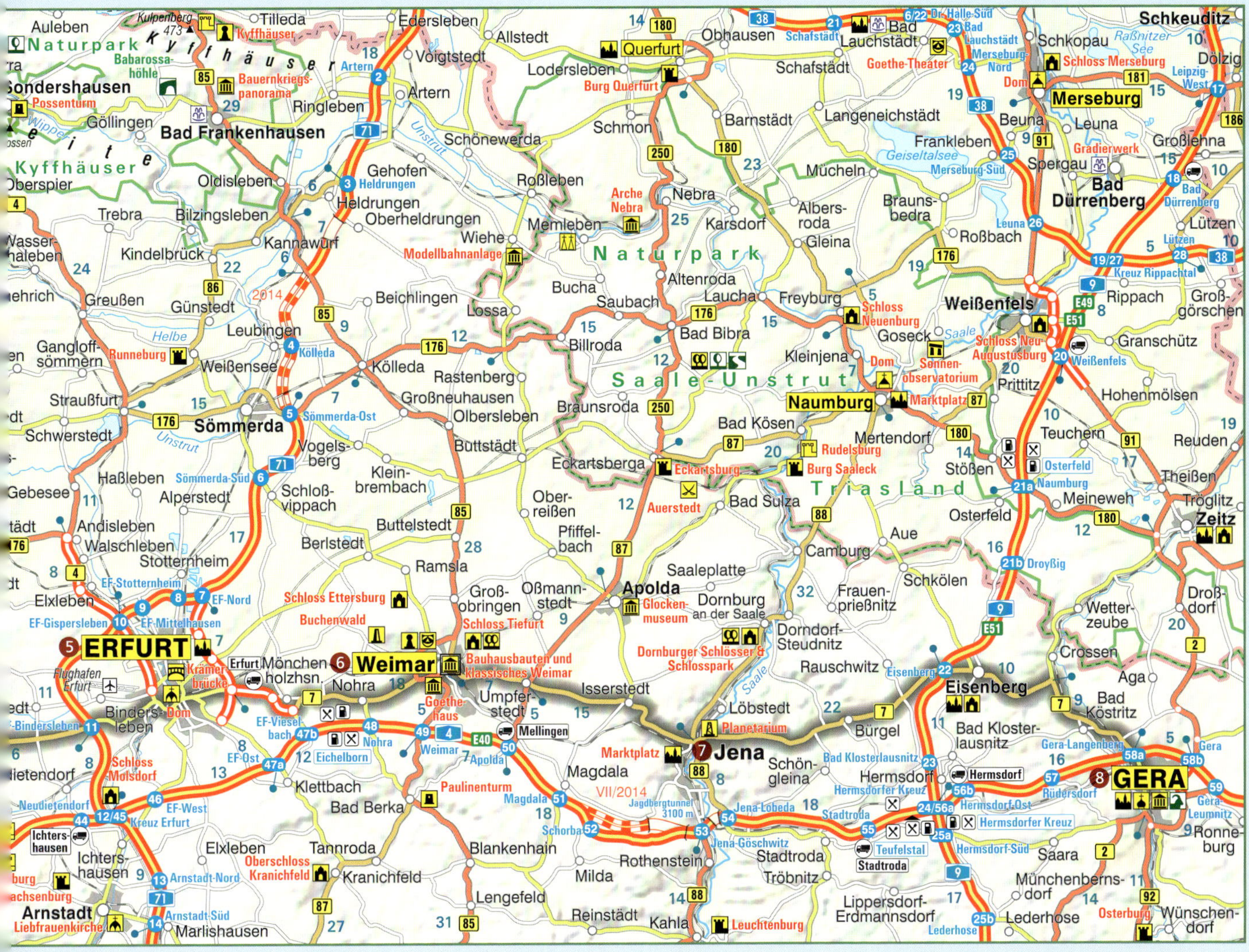

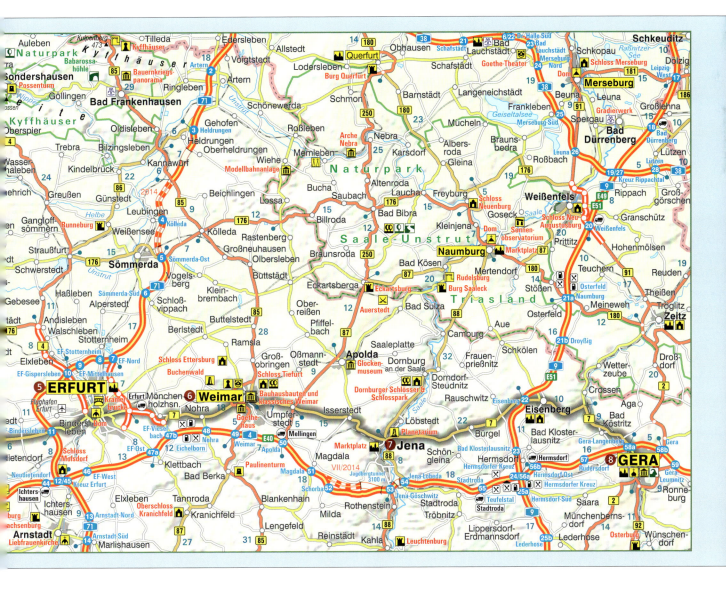

Das Ekhof-Theater in Gotha ist das älteste Barocktheater der Welt.

Die Herzogin-Anna-Amalia-Bibliothek in Weimar wurde 1691 begründet.

und versammelte die Aufständischen um sich. Heute erinnert eine Gedenkstätte an sein Wirken. Kurios ist die Baugeschichte des stadtbildprägenden Turmes: Den ursprünglichen Turm empfanden schon die Bauherren als zu klein, im frühen 16. Jh. begann man deshalb mit dem Bau eines höheren. Nach der Reformation folgten dann nur noch Provisorien, bis der heutige neugotische Turm schließlich 1903 fertiggestellt wurde. Nach einem gängigen Verfahren zur Ermittlung eines Landesmittelpunkts nach Breiten- und Längengraden liegt Mühlhausen übrigens nur wenige Kilometer vom Mittelpunkt Deutschlands entfernt.

3 Der Unstrut weiter folgend gelangt man nach **Bad Langensalza**. Das Schwefelbad blickt auf eine über tausendjährige Geschichte zurück, die sich im gut erhaltenen Mauerring mit seinen insgesamt 17 Wehrtürmen, im Schloss Dryburg, in der spätgotischen Pfarrkirche St. Bonifatius und in zahlreichen repräsentativen Fachwerkbauten widerspiegelt. Besonders sehenswert sind die Fassaden der Bürgerhäuser in der Marktstraße, die rechts und links vom Barockbau des Rathauses verläuft und auf den mächtigen Turm von St. Bonifatius zustrebt. Ein wahres Rokokojuwel ist das Friederikenschlösschen im Osten von Bad Langensalza.

4 Die erste der nun folgenden vier »Kulturgroßstädte« ist **Gotha**. Mancher kennt den Namen dank der hier 1820 gegründeten Versicherungsgesellschaft, der ersten Deutschlands; anderen sagt »der Gotha« etwas, das Verzeichnis aller Adelsgeschlechter. Mit dem Adel hängt auch die interessanteste Sehenswürdigkeit zusammen: Schloss Friedenstein. Es handelt sich hierbei um den größten deutschen Schlossbau des 17. Jh. Hinter den wuchtigen Mauern verbergen sich kostbare Schmuckstücke wie das Schlossmuseum und das Ekhof-Theater, eines der wenigen noch existierenden Barocktheater, sogar mit historischer Bühnenmaschinerie.

Der Erfurter Dom wurde aus Seeberger Sandstein erbaut.

Wer das Schloss in Richtung Norden verlässt, steht plötzlich – bei der Wasserkunst mit ihren Kaskaden und Springbrunnen – auf einem Plateau über der Altstadt und kann einen zauberhaften Blick auf den alten Hauptmarkt genießen. Dessen Ende markiert das Renaissance-Rathaus. Den Marktplatz säumen zahlreiche Bürgerhäuser, darunter auch das Cranach-Haus, ein Fachwerkbau, der aus dem 18. Jh. stammt.

Bedeutsam für die jüngere deutsche Parteiengeschichte ist das Tivoli, eine ehemalige Gaststätte: Dort fand im Mai 1875 der Vereinigungsparteitag des Allgemeinen Deutschen Arbeitervereins (ADAV) und der Sozialdemokratischen Arbeiterpartei (SDAP) statt, die sich zur Sozialistischen Arbeiterpartei Deutschlands (SAP) zusammenschlossen. Aus der SAP ging die Sozialdemokratische Partei Deutschlands (SPD) hervor.

5 Die Hauptstadt Thüringens ist **Erfurt**. Einen Rundgang beginnt man am besten auf dem Domplatz, von wo eine breite Treppe hinauf zu Severikirche und Dom führt. Kostbar sind im Dom u.a. die zwischen 1370 und 1420 entstandenen Glasfenster mit ihrem Gemäldezyklus sowie das mittelalterliche Gestühl im Chor. Im Hauptturm des Doms hängt die größte freischwingende mittelalterliche Glocke der Welt, die 11,4 t schwere Maria Gloriosa. Gegossen wurde sie 1497. Der heutige Erfurter Dom war zur Bauzeit schon nicht mehr Bischofssitz; erst 1994 wurde wieder ein Bistum Erfurt eingerichtet.

Gleich neben dem Dom erhebt sich die Severikirche. Hier werden die Reliquien des hl. Severus verwahrt. Durch die Marktstraße mit ihren alten Fachwerkhäusern gelangt man zum Fischmarkt. Dieser wird von dem neugotischen Rathaus beherrscht und von dem 1581 gefertigten Roland-Standbild bewacht.

Seit 1472 überspannt die Krämerbrücke mit ihren eindrucksvollen Fachwerkbauten die Gera; bebaute Brücken dieser Art findet man ansonsten eher südlich der Alpen. Sehenswert ist zudem die evangelische Kaufmannskirche. Diese birgt einen Hochaltar aus der Spätrenaissance. Hier beginnt auch der Anger, die Haupteinkaufsstraße der Stadt.

Eine besondere Kostbarkeit ist die über 900 Jahre alte Synagoge in der Altstadt; als Ausstellungsort präsentiert sie heute Zeugnisse des jüdischen Lebens.

6 Es ist erstaunlich, wie fruchtbar und nachhaltig ein paar Jahrzehnte deutscher Klassik – um die Wende des 18. zum 19. Jh. – **Weimar** geprägt haben. Ein Muss für jeden Besucher ist die – nach einem schweren Brandschaden im Jahr 2004 restaurierte – Herzogin-Anna-Amalia-Bibliothek im zauberhaften Grünen Schloss (1562 bis 1565), zu dessen rechter Hand sich das eindrucksvolle Residenzschloss mit den Staatlichen Kunstsammlungen erstreckt.

Am Frauenplan steht das Goethehaus, heute Nationalmuseum, der meistbesuchte Ort der Stadt, und in der Schillerstaße das Schillerhaus. Beiden Dichterfürsten begegnet man vor dem Deutschen Nationaltheater, einem neoklassizistischen Bau von 1908. Der schöne Park an der Ilm er-

Jenaer Weihnachtsmarkt in der Abenddämmerung; links das spätgotische Rathaus.

Die Krämerbrücke in Erfurt trägt auf ihrer ganzen Länge Wohnhäuser.

innert durch Goethes Gartenhaus ebenfalls an den wohl bedeutendsten Einwohner dieser Stadt. Auf dem Herderplatz erhebt sich die Stadtkirche St. Peter und Paul, eine 1740 barock umgeformte spätgotische Hallenkirche. Der Philosoph Herder, der hier als Geistlicher wirkte, ist in ihr bestattet, ebenso wie Lucas Cranach d. Ä. und zahlreiche Mitglieder des herzoglichen Hauses.

Die Liste weiterer bedeutender Persönlichkeiten, die in Weimar lebten und tätig waren, ist schier endlos; zu nennen wären etwa der Dichter Christoph Martin Wieland (1733 bis 1813), der Komponist Franz Liszt (1811–1886; sein Wohnhaus ist heute ein Museum) oder der Philologe und Philosoph Friedrich Nietzsche (1844 bis 1900); Richard Wagner (1813 bis 1883) war häufig zu Gast, die Maler Wassily Kandinsky (1866–1944) und Paul Klee (1879–1940) unterrichteten u. a. am Bauhaus in Weimar.

Die Residenzstadt mit ihrer überragenden Bedeutung für die Kultur und das für Geistesleben Deutschlands findet sich gleich zweimal auf der UNESCO-Liste des Weltkulturerbes: als »Ensemble Klassisches Weimar« und mit den »Bauhaus-Stätten in Dessau und Weimar«.

7 Was Weimar für die Klassik, ist **Jena** für die deutsche Wissenschaft. Die Sehenswürdigkeiten sind leicht zu erreichen, weil sie sich beinahe alle am oder nahe dem Marktplatz befinden – und weil ein großer Teil der historischen Altstadt die Bombenangriffe des Zweiten Weltkriegs nicht überstanden hat. An den Aufenthalt Friedrich Schillers in Jena erinnert zumindest noch das Gartenhaus des Dichters.

Dem Rathaus sieht man trotz der barocken Haube an, dass es auf das 14. Jh. zurückgeht. Das spätgotische Haus am Markt 7 beherbergt das Stadtmuseum. Die evangelische Stadtkirche St. Michael aus dem 15. Jh. begrüßt den Besucher mit filigranem Maßwerk am Brautportal.

Mit Jena – einer der ältesten und berühmtesten Universitäten Mitteleuropas, die 1558 den Lehrbetrieb aufnahm – verbinden sich Namen wie Fichte, Schelling und Hegel. Aber auch deutsche Romantiker wie Schlegel, Tieck, Brentano und Novalis wirkten hier. Vorläufer der Universität war das Collegium Jenense in der Kollegiengasse 10; im Anatomieturm an der alten Stadtbefestigung trieb man Studien. Überragt wird das alte Gelehrtenviertel vom heute Jentower genannten 144 m hohen Rundturm. Das zu DDR-Zeiten errichtete Hochhaus wurde bis 1995 von der Universität genutzt.

Jena ist Gründungsort des weltweit bekannten feinmechanisch-optischen Unternehmens Carl Zeiss.

8 Eines der schönsten Renaissance-Rathäuser in Deutschland nennt **Gera** sein Eigen. Man sollte die Stadt mittwochs oder sonnabends besuchen, nur dann erklingt das berühmte Glockenspiel. Einen hübschen Ausblick über die Stadt, die Bürgerhäuser am Markt und den barocken Simson-Brunnen genießt man vom Rathausturm. Die gotische Kirche St. Trinitatis verfügt über eine ungewöhnliche Außenkanzel (1500). Im Stadtteil Untermhaus ist das in Jugendstil gehaltene Theater von Interesse, ebenso die barocke Orangerie.

Wandern & Freizeit

Insgesamt 15 alte Buchenwälder in Deutschland, der Slowakei und der Ukraine stehen als »Buchenurwälder in den Karpaten und alte Buchenwälder in Deutschland« auf der UNESCO-Liste des Weltnaturerbes. In Thüringen zählen dazu die Buchenwälder im **Nationalpark Hainich**, der erst 1997 eingerichtet wurde. Teile des Parks sind Wanderern zugänglich, an Wochenenden finden Führungen statt. Über die Wege informiert das ganzjährig geöffnete Nationalparkzentrum Thiemsburg *(Thiemsburg am Baumkronenpfad, 99947 Schönstedt, OT Alterstedt, Tel. 036 03/89 24 64, www.nationalpark-hainich.de)*.

Imposante 37 ha groß ist der Schlosspark in **Gotha**, der damit zu den größten deutschen Parkanlagen zählt; ein Teil des Schlossparks ist gleichzeitig der älteste Landschaftspark außerhalb von England (um 1765). Die Bäume in diesem Englischen Garten haben teilweise schon mehr als 500 Jahre miterlebt. Die Wege im innerstädtischen Park, den auch Goethe sehr schätzte, eignen sich hervorragend für Spaziergänge.

Ein beliebtes Ziel für die Gothaer ist der 430 m hohe Krahnberg. Er liegt lediglich 3 km westlich der Stadt und bietet zur Rast die Gaststätte »Berggarten Gotha«.

Im Süden von Erfurt lohnt sich eine Wanderung (8 km) vom **Rokokoschloss Molsdorf** durch das Landschaftsschutzgebiet rund um das Flüsschen Ohra zu den Burgen namens »Die Drei Gleichen«.

Burgen und Kirchen dienen als Ziele für den, der im katholisch geprägten **Eichsfeld** wandert. Von Heiligenstadt aus bietet sich die etwa 16 km lange Strecke zur imposanten Burg Hanstein an, die bei Bornhagen hoch über dem Werratal thront.

Landschaftlich reizvoll und für Weinliebhaber sicherlich ein Ziel ist die **Unstrut**. Von Mühlhausen aus erreicht man nach etwa 8 km die imposante Wasserburg Seebach. Auf dem Burggelände befindet sich die Staatliche Vogelschutzwarte Seebach.

Der Thüringer Wald

Thüringen, heißt es, sei das »Grüne Herz Deutschlands«. Dabei ist das Land im Kern des Freistaats je nach Jahreszeit eher korngelb oder erdbraun. Umso kräftiger schlägt das »Grüne Herz« aber an seinem südwestlichen Rande.

Gebündelte Sonnenstrahlen durchfluten den Wald.

Im Südwesten ist der Thüringer Wald gewissermaßen eine Schlagader, ein bewaldetes Kammgebirge wie im Lehrbuch der Allgemeinen Geologie. Eigentlich müsste man von den »Thüringer Wäldern« sprechen, denn das Gebirge, das auf der Landkarte so kompakt ausschaut, einem förmlich in die Augen springt, gliedert sich in Wirklichkeit in eine Kette von Massiven und Bergen, aus denen zum Beispiel der beinahe 1000 m hohe Große Beerberg und der kaum niedrigere Große Inselsberg herausragen. Dabei bildet der wohl prominenteste Fernwanderweg Deutschlands die »Schnur« dieser Kette: der rund 170 km lange Rennsteig. Er führt vom Frankenwald im Südosten nach Nordwesten zum Werratal an der hessisch-thüringischen Grenze – vorbei an etwa 1300 historischen Grenzsteinen. Auch wenn jedes Jahr Mitte Mai dichte Pulks von Läufern beim traditionellen Rennsteiglauf um die Wette rennen – mit einem Rennen hat der Name »Rennsteig« absolut nichts zu tun. Wahrscheinlich aber mit »Rain«, was so viel wie »Grenze« bedeutet und bestens zu einem Gebirge passt, das über die Jahrhunderte hinweg ein charakteristisches Grenzgebirge war, in diesem Fall zwischen dem Herzogtum Franken und der Landgrafschaft Thüringen. Den Grenzcharakter hat der Thüringer Wald in vieler Hinsicht bis heute bewahrt, klimatisch, kulturell, kulinarisch, vor allem aber im Bild der Dörfer und Städte. Da hat zum Beispiel die alte Waffenstadt Suhl an der Südwestflanke des Kamms ein typisch altfränkisches Erscheinungsbild, Eisenach mit der stolzen Wartburg am nordwestlichen Ende des Gebirgssporns leitet zur gemeinsamen Geschichte Hessens und Thüringens über, während Ilmenau an der nordöstlichen Seite klar im thüringisch-obersächsischen Revier liegt und das fachwerkbunte Schmalkalden umgekehrt zur hessischen Seite hin zeigt. Einheit in der Vielfalt.

In der Pflanzen- und Tierwelt treten die Grenzen mindestens ebenso deutlich wie in der Kulturlandschaft

Wer im Thüringer Wald wandert, kann auch den Buntspecht beobachten.

Im Thüringer Wald sind Wandervergnügen keine Grenzen gesetzt.

zutage, und das Mosaik der natürlichen Lebensräume ist noch viel bunter. Da wechseln Hochmoore, in denen »fleischfressende« Pflanzen auf Beute lauern, mit Bergwiesen, auf denen Trollblumen ihre gelben Blütenköpfe im Windzug neigen; Wälder, wo der Buntspecht fleißig hämmert, mit rauschenden Bachläufen, in den der Eisvogel nach kleinen Fischen taucht.

Nach Ziegenböcken, die wie im Lied besungen, in Ilmenau ausgelassen mit ihren Frauen tanzen, wird man allerdings in der Fauna des Thüringer Waldes vergeblich Ausschau halten. Ebenso nach Rasselböcken, Fabelwesen, die am besten mit den bayerischen Wolpertingern zu vergleichen sind. Wahrscheinlich dienen diese sagenhaften Geschöpfe den Wanderern, Läufern und Wintersportlern aller Disziplinen aber auch nur als bequemer Vorwand für ein üppiges »Rasselbockmahl«.

Großes Bild: Der Inselsberg ist mit 916 m Höhe ein beliebter Aussichtsberg.

Der farbenprächtige Eisvogel ist an Bachläufen zuhause.

Am Südrand des Thüringer Waldes

Eine landschaftlich reizvolle Tour, die binnen dreier Tage mit dem Thüringer Wald und seinem Umland bekannt macht. Rechts und links des erfreulich reich begrünten Bergrückens liegen historisch und kulturgeschichtlich bedeutende Orte wie die Wartburg, Schmalkalden oder Hildburghausen.

Die Altstadt von Eisenach mit der Nikolaikirche und dem Nikolaitor (links).

1 Das in seinem Kern mittelalterliche **Eisenach**, die Lutherstadt, erfreut durch ihre sehr gut erhaltene Bausubstanz. Den Markt dominiert das kräftige Rot des Rathauses, eines 1564 vollendeten Renaissancebaus. Ebenfalls auf das 16. Jh. geht die nahe gelegene Ratsapotheke zurück. In der 1554–1560 errichteten Georgenkirche wurde Johann Sebastian Bach 1685 getauft. An der Nordseite des Marktplatzes breitet das Stadtschloss seine barocke Vierflügelanlage aus. Südlich des Platzes erhebt sich die Alte Residenz, gebaut in der ersten Hälfte des 16. Jh. Als besonders eindrucksvoller Fachwerkbau zeigt sich das 500 Jahre alte Lutherhaus. Nur auf 100 Jahre hingegen kommt das Lutherdenkmal auf dem Karlsplatz. Im Bachhaus am Frauenplan soll der große Barockkomponist Johann Sebastian Bach am 21. März 1685 geboren worden sein. Idyllisch ist auch der kleine Barockgarten hinter dem Gebäude.

2 Die deutscheste aller deutschen Burgen, die **Wartburg**, zieht jährlich mehr als eine Million Besucher an – mit Wartezeiten ist also zu rechnen. Sie lohnen sich jedoch, denn die 1067 erbaute Burg war bereits im 12. und 13. Jh. ein Mittelpunkt höfischer Kultur, als Minnesänger wie Walther von der Vogelweide 1207 – so will es die Sage – im Sängersaal des Palas am berühmten »Sängerkrieg« teilnahmen. An Martin Luther, der auf der Wartburg Schutz vor Kirchenbann und Reichsacht fand und im Jahre 1522 binnen zehn Wochen das Neue Testament ins Deutsche übersetzte, erinnert die Lutherstube. Sehenswert ist auch die Elisabeth-Galerie, die nach der heiliggesprochenen fromm-asketischen Gemahlin des Landgrafen Ludwig benannt ist.

3 Im Werratal liegt das Sol- und Thermalbad **Salzungen**, schon in römischer Zeit wegen seiner Salzvorräte umkämpft. Deutliche Zeichen ehemaligen Reichtums sind Bürgerhäuser aus der Zeit der Renaissance sowie das Rathaus. Eine Attraktion bilden die Gradierwerke, deren erstes bereits 1796 entstand. Über Reisigbündel tropft die Sole herab und die Kurgäste atmen die salzhaltige Luft ein. Weitere Sehenswürdigkeiten sind z. B. das Stadtmuseum im »Türmchen«, die Husenkirche und das Butlar'sche Schloss.

4 Eine Bilderbuchaltstadt mit Schloss, Kirche, Rathaus und stolzen Bürgerhäusern besitzt **Schmalkalden**. Gut erhalten sind der Mauerring mit einigen Türmen (um 1320), das Luther-Haus (1520), das spätgotische Rathaus, die St.-Georgs-Kirche, in der Luther gepredigt hat, einige Bürgerhäuser aus Spätgotik und Renaissance sowie das mächtige Schloss Wilhelmsburg. Die Nebenresidenz geht auf das Jahr 1585 zurück und besitzt eine wundervolle Schlosskapelle aus der Spätrenaissance.

Besonders malerisch zeigt sich die Altstadt von Schmalkalden zur Weihnachtszeit.

Wandern & Freizeit

Etwa 15 km lang ist die Rundwanderung von **Eisenach** hinauf zur Wartburg und über die Hohe Sonne sowie die Drachenschlucht zurück zum Ausgangspunkt, dem Eisenacher Bahnhof. Gut fünf Stunden dauert diese Waldwanderung, die hinauf zum Rennsteig auf dem Kamm des Thüringer Waldes verläuft. Der mittelschwere Wanderweg ist größtenteils gut begehbar, teilweise führt er jedoch über einige recht holprige Pfade voller Wurzelwerk. Auf festes Schuhwerk sollte man deshalb keinesfalls verzichten.

Den Wanderweg um **Sonneberg** weisen »Teddy und Puppe«, denn im Mittelpunkt dieser Rundwanderung stehen Natur und Kultur rund um die Spielzeugstadt. Der Weg führt durch schattige Wälder und herrliche Wiesenlandschaften. Auf der Tour gewähren mehrere Wegabschnitte wunderschöne Panoramablicke auf das Sonneberger und Fränkische Unterland. Als Möglichkeit zur Einkehr bietet sich das Lutherhaus an, eine Gaststätte in historischem Ambiente. Unterwegs passiert man auch das besuchenswerte Deutsche Spielzeugmuseum. Start und Ende des Rundwanderweges ist die Touristinformation am Hauptbahnhof von Sonneberg. Für die etwa 15 km lange, mittelschwere Wanderung benötigt man gut und gerne fünf Stunden.

Durch die Torhalle führt der Weg in den Hofteil der Wartburg.

In Eisenach hat Luther in dieser Stube gewohnt (heute im Lutherhaus).

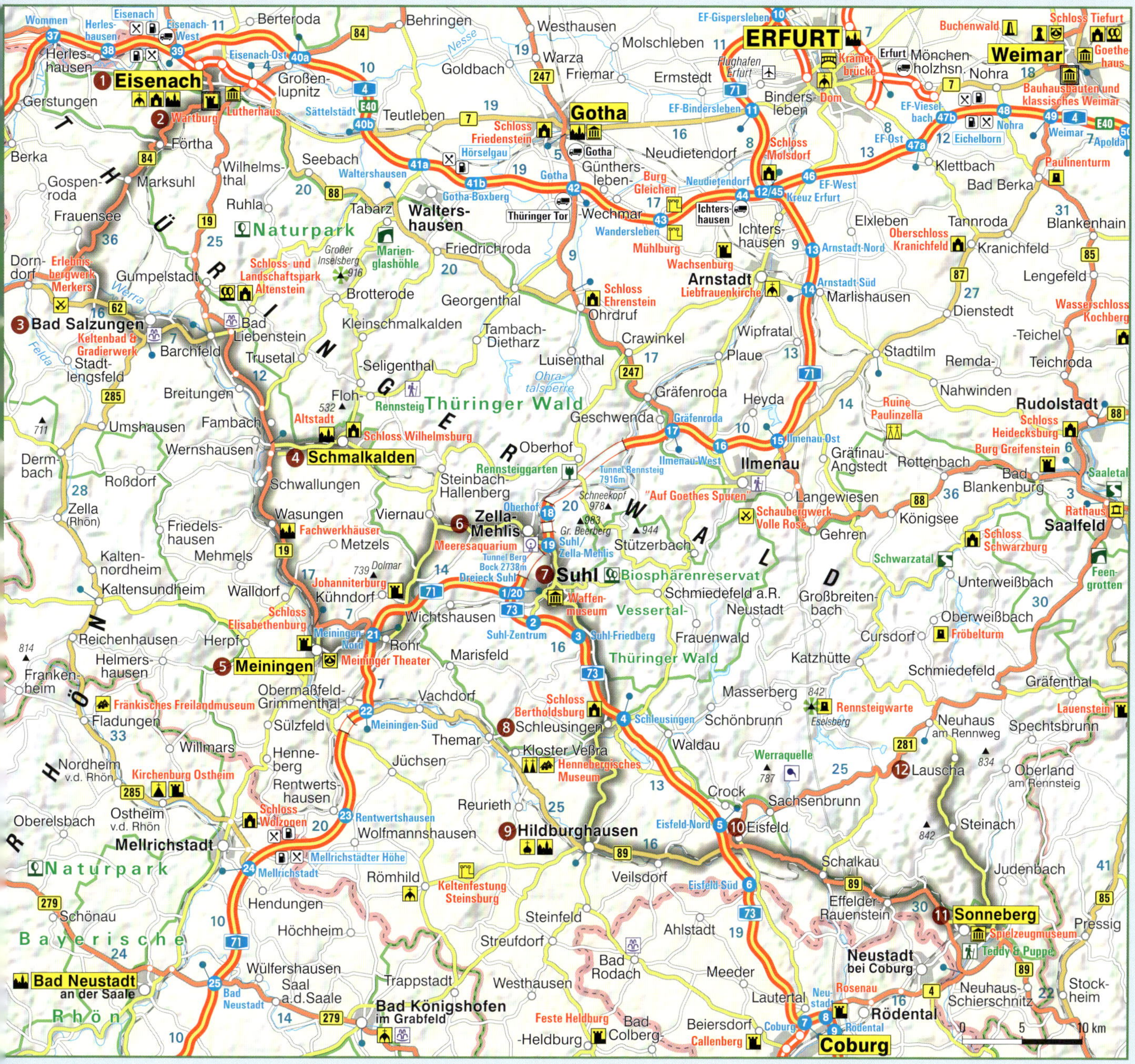

Der Waffenschmied-Brunnen auf dem Marktplatz von Suhl wurde vom Bildhauer Georg Ringel, nach Plänen des Architekten Rudolf Ludloff, geschaffen (beide aus München).

5 Schöne alte Bürgerhäuser sind der Stolz von **Meiningen** an der Werra. Im Herzen des Ortes ragt am Marktplatz die ursprünglich spätromanische Stadtkirche empor. Diese hat jedoch mehrere Umbauten erfahren.
Hauptanziehungspunkt der Stadt ist das Barockschloss Elisabethenburg, eine dreiflügelige Anlage, die heute die berühmtesten Sammlungen Thüringens birgt: die Staatlichen Museen Meiningen. Die Theatergeschichte-Abteilung ruft das berühmte, von Herzog Georg II. im ausgehenden 19. Jh. reformierte Meininger Hoftheaterensemble in Erinnerung.

6 Den bedeutendsten spätbarocken Saalbau Thüringens findet man in **Zella-Mehlis**, einer Doppelstadt in einem engen Tal des Thüringer Waldes. Die Stadtkirche St. Blasius wurde 1768–1774 auf den Fundamenten eines gotischen Vorgängerbaus errichtet, von dem noch ein Turm erhalten ist. Dies ist auch bei der Kirche St. Magdalenen (1623) im Stadtteil Mehlis der Fall.

7 Südlich von Zella-Mehlis liegt an der alten Passstraße von Schleusingen nach Gotha die größte Stadt Südthüringens: **Suhl**, eingerahmt vom Domberg im Westen und dem Ringberg im Osten.
Das schönste Bauwerk ist das um 1650 im hennebergisch-fränkischen Stil errichtete Malzhaus. In ihm ist ein Waffenmuseum untergebracht. Die Herstellung von Handfeuerwaffen hat in Suhl eine 400-jährige Tradition. Das Stadtzentrum bildet der Marktplatz mit dem neugotischen Rathaus, dem Waffenschmied-Brunnen und der Hauptkirche St. Marien. Ein gemütlicher Bummel vom Markt über den Steinweg zur Kreuzkirche macht mit schönen Fassaden aus Barock und Rokoko bekannt. Fachwerkfans sollten den eingemeindeten Ort Heinrichs und sein einmalig schönes Rathaus besuchen.

8 Als »castrum« der Grafen von Henneberg wurde Schloss Bertholdsburg in **Schleusingen** im Jahr 1268 erstmals erwähnt. Die heutige Renaissance-Anlage, die den Zusammenfluss von Schleuse, Nahe und Erle überwacht, reicht in ihren Ursprüngen lediglich auf den Anfang des 16. Jh. zurück. Den Marktplatz des Ortes umgeben historische Häuser des 17.–19. Jh., das Renaissance-Rathaus stammt aus dem Jahr 1550.

Das Rathaus von Hildburghausen war in den 1970er-Jahren noch grün angestrichen.

Malerisch zeigt sich der Hochaltar von St. Mariä Himmelfahrt in Zella.

9 Das Rathaus der Werrastadt **Hildburghausen** wurde Ende des 16. Jh. anstelle eines durch einen Sturm zerstörten Vorgängerbaus im Stil der Renaissance errichtet und ist wahrscheinlich das älteste noch erhaltene Gebäude der Stadt. Der von einem hohen Volutengiebel geschmückte Renaissancebau entstand im 1595. Dem Barock sind das ehemalige herzogliche Amtshaus sowie die Stadtkirche verpflichtet. Im Stadtmuseum kann man u. a. die kostbare Erstausgabe von Meyers Konversationslexikon bewundern.

10 Ebenfalls an der Werra liegt **Eisfeld**, eine altfränkische Siedlung. Aus der Spätgotik stammt die Stadtkirche St. Nikolai. Das Langhaus hat man während der Renaissance umgebaut. Prächtig zeigen sich das benachbarte Fachwerkpfarrhaus, das seinen letzten Schliff 1632 erhielt, und das Schulhaus von 1653.
Über Stadt und Werratal thront das Schloss, von dessen Bau aus dem 12. Jh. nur der Bergfried und der Palas übrig geblieben sind. Die anderen Teile wurden um 1650 erneuert.

11 Schon seit dem 16. Jh. hat die Herstellung von Spielzeug in **Sonneberg** Tradition. Im 18. Jh. erfand ein Sonneberger das »Bossieren«, also die Kunst einen knetbaren Teig zum Formen von Puppenköpfen herzustellen. Bereits um 1900 produzierte man in Sonneberg beinahe 20 % der welt

Im Hauptflügel von Schloss Elisabethenburg in Meiningen befindet sich auch der Museumseingang. Das Schloss war bis 1918 Sitz der Herzöge von Sachsen-Meiningen.

weit verkauften Spielzeuge. Einen sehenswerten Überblick über die interessante Geschichte der Spielzeugproduktion kann man sich im 1901 gegründeten Deutschen Spielzeugmuseum verschaffen.

⓬ Was Sonneberg für Spielzeug, ist **Lauscha** für Glas: das einstige Zentrum einer weltweit boomenden Industrie. Einblick in Tradition und Bedeutung der Glasbläserei gibt das Museum für Glaskunst.

Wandern & Freizeit

Der **Rhönradweg** führt von **Bad Salzungen** entlang der Werra über Philippsthal nach Vacha, ab dort folgt die Tour dem Ulstertal über Geisa,Tann, Hilders, Ehrenberg bis zur Ulsterquelle. An der Schornhecke überquert der Weg die Hochrhönstraße, danach führt er über Oberelsbach nach Bischofsheim. Von dort verläuft die Route über den Brendtalradweg nach Bad Neustadt/Saale und folgt dem Saaletal über Bad Bocklet, Bad Kissingen bis zum Endpunkt in Hammelburg. Der etwa 180 km lange Tour gilt als der bedeutendste Radweg der Rhön und führt durch eine größtenteils naturbelassene Landschaft. Da dieser Radweg für eine Halbtagestour zu lang ist, empfiehlt sich die etwa 15 km lange Etappe von Bad Salzungen nach Merkers. Diese relativ kurze Wegstrecke, die durch das grüne, landschaftlich so schöne Tal der Werra führt, eignet sich sehr gut für Familien mit Kindern.

Die ca. 15 km lange Radtour von **Schmalkalden** nach Wasungen über Wernshausen und Schwallungen verläuft beinahe komplett auf ausgewiesenen Radwegen. Von Schmalkalden bis Wernshausen folgt man auf etwa 6 km Länge dem Mommelsteinradweg. In Wernshausen wechselt man dann auf den Werratalradweg, der nach Wasungen zum dortigen Bahnhof *(Bahnhofstr. 19)* führt. Von dort kann man dann bequem mit der Süd-Thüringen-Bahn die Rückfahrt nach Schmalkalden antreten.

Das Keltenbad in **Bad Salzungen** lockt mit diversen Attraktionen Sprudelliegen, Massagedüsen, Wassergrotte, Strömungskanal sowie Duschkanonen. Das Solebewegungsbad verfügt über drei Becken mit jeweils unterschiedlicher Solekonzentration. Bei einem Durchmesser von 25 m und einer Wassertiefe von 1,35 m weist das

Hauptbecken – das sogenannte Druidenbecken – eine Solekonzentration von 2 % und eine Wassertemperatur von 32 °C auf. Der hohe Salzgehalt ermöglicht einen leichten Auftrieb beim Schwimmen. Im Gradierwerk kann man sich von der natürlichen Heilwirkung des Inhalierens der salzhaltigen Luft überzeugen. Dabei soll mit jedem Atemzug das Immunsystem gestärkt werden. Im Innern des Gradierwerkes erstreckt sich ein herrlicher Park, in dem Veranstaltungen wie Kurkonzerte stattfinden *(Keltenbad, Am Flößrasen 1, 36433 Bad Salzungen, www.keltenbad.de)*.

In **Merkers** kann man sich das Erlebnis Bergwerk Merkers ansehen. Auf einer Erlebnistour tritt man eine spannende Reise bis in 800 Meter Teufe (bergmännische Bezeichnung für Tiefe) an. In dem hallenartigen Großbunker befindet sich der größte untertägige Schaufelradbagger der Welt und ein ganz besonderes Schmuckstück, die 10 m hohe »Kristallgrotte«, die erst im Jahr 1980 entdeckte wurde. In diesem einzigartigen Naturwunder bestaunt man Salzkristalle bis zu einem Meter Kantenlänge. Beeindruckend ist auch das »Museum zum Anfassen«. Unter Tage finden außerdem Veranstaltungen und Konzerte sowie Sportmöglichkeiten statt, u.a. Mountainbike-Touren zur Kristallgrotte oder Klettersport im »Down Under«, dem tiefsten Abenteuerspielplatz der Welt *(Erlebnis Bergwerk Merkers, Zufahrtstraße 1, 36460 Merkers, Tel. 03695/61 41 01, www.erlebnisbergwerk.de)*.

Von Schmalkalden sind es nur wenige Kilometer nach **Friedrichroda** am Nordhang des Thüringer Waldes. Der Urlaubsort hat mit der Marienglashöhle ein attraktives Ziel zu bieten. In dem einstigen Bergwerk, wo 1778–1903 Gipsabbau betrieben wurde, erfährt man viel über den Bergbau in der Region und über die Geologie des Thüringer Waldes. In den Wänden des 110 m langen Eingangsstollens befinden sich geologische Fenster, die einen Blick auf die vorkommenden Gesteinsschichten ermöglichen. Die 1778 entdeckte »Kristallgrotte« der Marienglashöhle zählt zu den schönsten und größten Europas; deren Gipskristalle sind bis zu 90 cm lang. In dem Höhlensee, der sich in der unteren Sohle erstreckt, gibt es herrliche Wasserspiegelungen zu bestaunen. Im Funktionsgebäude besteht die Möglichkeit den Glasbläsern bei der Arbeit zuzusehen *(Marienglashöhle, an der B 88, 99894 Friedrichroda, Tel. 03623/31 16 67, www.marienglashoehle.de)*.

Durch den Thüringer Wald ins Osterland

In einem großen Bogen südlich von der »Via Regina«, der Königsstraße über Eisenach und Erfurt nach Gera, erschließt diese etwa viertägige Fahrt die nördlichen Ausläufer des Thüringer Waldes und das Gebiet der Weißen Elster, das einst sorbische Weida ebenso wie die Skat-Stadt Altenburg.

Der prunkvolle Rokoko-Festsaal von Schloss Heidecksburg (um 1750).

❶ Das Tor zum Thüringer Wald bildet **Arnstadt**. Das Herz des Ortes schlägt am lang gestreckten Marktplatz, dem das Renaissance-Rathaus von 1586 seinen schwungvollen Volutengiebel zuwendet. Von der Stadtgeschichte erzählt das Museum im Haus »Zum Palmbaum«. Johann Sebastian Bach ist das Denkmal auf dem Markt gewidmet; der Komponist hatte hier als 18-jähriger seine erste Organistenstelle angetreten.
Zu den bedeutendsten Kirchenbauten aus der Übergangsphase von der Romanik zur Gotik zählt die Liebfrauenkirche, um 1300 vollendet. Südlich vom Markt lohnt die gotische Oberkirche einen Besuch; nordöstlich von ihr trifft man in einem Kranz alter Bäume auf die um 1680 neu errichtete Bachkirche, deren Ursprünge auf die Zeit der Gotik zurückreichen. Von Schloss Neideck gibt es keine Spur mehr – an seiner Stelle steht nun die Dreiflügelanlage des Neuen Palais (1735). Es empfiehlt sich ein Besuch des Schlossmuseums, das die historische Puppensammlung »Mon Plaisir« und ein schönes Porzellanmuseum beherbergt.

❷ Mit dem Geheimrat Goethe ist die Kreisstadt **Ilmenau** verbunden, die direkt am Fuße des Thüringer Waldes liegt. Der Dichterfürst schätzte sie wegen ihrer »Berg- und Waldnatur« als Erholungsort. Als Vorsitzender der hiesigen Bergwerkskommission residierte er im Amtshaus aus dem Jahr 1616, das zu einer Gedenkstätte umgewandelt wurde.
Wie das Amtshaus geht auch das Rathaus von Ilmenau auf die Renaissancezeit zurück. Letzteres hat man allerdings um 1786 erneuert. Ebenfalls im 18. Jh. wurde die gotische Stadtkirche St. Jakob nach einem verheerenden Brand im Stil der Zeit wieder aufgebaut.

❸ Ein hervorragendes Beispiel romanischer Baukunst stellt die Klosterkirche **Paulinzella** dar – selbst als Ruine. Die schweren Säulen und die wuchtigen Rundbögen verdeutlichen, dass die dreischiffige Basilika stark von der Hirsauer Reformbewegung beeinflusst war, die sich wiederum an die klösterliche Strenge des französischen Cluny anlehnte. Die Klostergründerin Paulina, deren Grab sich unter dem Chorquadrat befindet, hatte diesen Stil aus dem Schwäbischen mitgebracht. Sehenswert sind auch die Fachwerkbauten des ehemaligen fürstlichen Amtshauses und des Zinsbodens, einem Gästehaus.

❹ Oberhalb des im malerischen Tal der Schwarza gelegenen Luftkurorts **Bad Blankenburg** thront die Ruine Greifenstein. Früher hatte die 170 m

Die Ruine der Klosterkirche Paulinzella ist heute von Efeu umrangt.

Das Rathaus von Arnstadt wurde nach dem Stadtbrand von 1581 wieder aufgebaut.

Wandern & Freizeit

Etwa sechs Stunden braucht man für den **Goetheweg**. Er führt – gut markiert – auf 22 km von **Ilmenau** über den Kickelhahn und das Goethehaus in Stützerbach zurück nach Ilmenau, wobei man 650 Höhenmeter überwindet. Der durch ein »g« gekennzeichnete Weg zählt zu den schönsten Wandertouren Thüringens und ist hervorragend ausgeschildert. Entlang der Route gibt es eine Vielzahl an Rastplätzen und herrliche Aussichten sowie jede Menge Hinweise zu Geschichte, Natur und Landschaft.

Zwischen Moorbad Lobenstein und Saalfeld bildet die gestaute **Saale** zahlreiche Seen, an deren Ufer es sich ohne Anstrengung wandern lässt. Besonders schön ist beispielsweise die rund 10 km lange Strecke zwischen dem malerischen Schloss Burgk und dem Dorf Ziegenrück.

Unweit von Arnstadt liegt das Ensemble der »Drei Gleichen«, einem Gebiet, das mit der Burg Gleichen, der Mühlburg und der Wachsenburg (im Bild), zum Wandern einlädt.

hoch gelegene Feste Blankenburg geheißen, wurde im 17. Jh. jedoch umbenannt.

In der Stadt sind die Kirche Unser Lieben Frauen mit ihrem Turm aus dem 14. Jh. sowie das Fröbelmuseum sehenswert. Dieses erinnert an den Pädagogen Friedrich Fröbel, der hier 1840 den ersten Kindergarten einrichtete und die Bewahranstalt auflöste. Rund 10 km flussaufwärts steht eine weitere Burg hoch über der Schwarza. Mittelpunkt der Schwarzburg ist der Kaisersaal mit Herrscherbildnissen und einer Sammlung von Waffen und Rüstungen.

5 Zum ersten Zusammentreffen der Dichterfürsten Goethe und Schiller kam es nicht in Weimar, sondern in **Rudolstadt**, einer kleinen Residenzstadt an der Saale. In der hiesigen Glockengießerei hat sich Schiller zu seinem »Lied von der Glocke« inspirieren lassen.

Die Altstadt besitzt einen großen Marktplatz mit dem Neuen Rathaus. Aus der Gotik stammt das Alte Rathaus, das im Barock eine Umgestaltung erfuhr. Umgebaut wurde auch die im Kern gotische Stadtkirche St. Andreas; sie hat man im Stil der Renaissance vergrößert.

Vom Schloss Ludwigsburg, einer 1734 errichteten barocken Dreiflügelanlage mit kostbarer Rokokoausstattung führt der Weg nach Schloss Heidecksburg. Es gehört zu den prächtigsten Barockschlössern Deutschlands. Der Südflügel beherbergt heute die große Kunstsammlung, der Nordflügel die naturkundlichen Sammlungen und der spätgotische Gewölbesaal das »Schwarzburger Zeughaus«, eine Waffensammlung. Ein paar Kilometer außerhalb der Stadt lohnt das malerische Renaissanceschloss Kochberg einen Umweg.

6 Ein gut erhaltenes mittelalterliches Stadtbild zeichnet **Saalfeld** aus. Alle vier Stadttore der alten Befestigungsmauer haben die Jahrhunderte überdauert. Das heutige Rathaus wurde 1526–1537 im Stil der Renaissance errichtet.

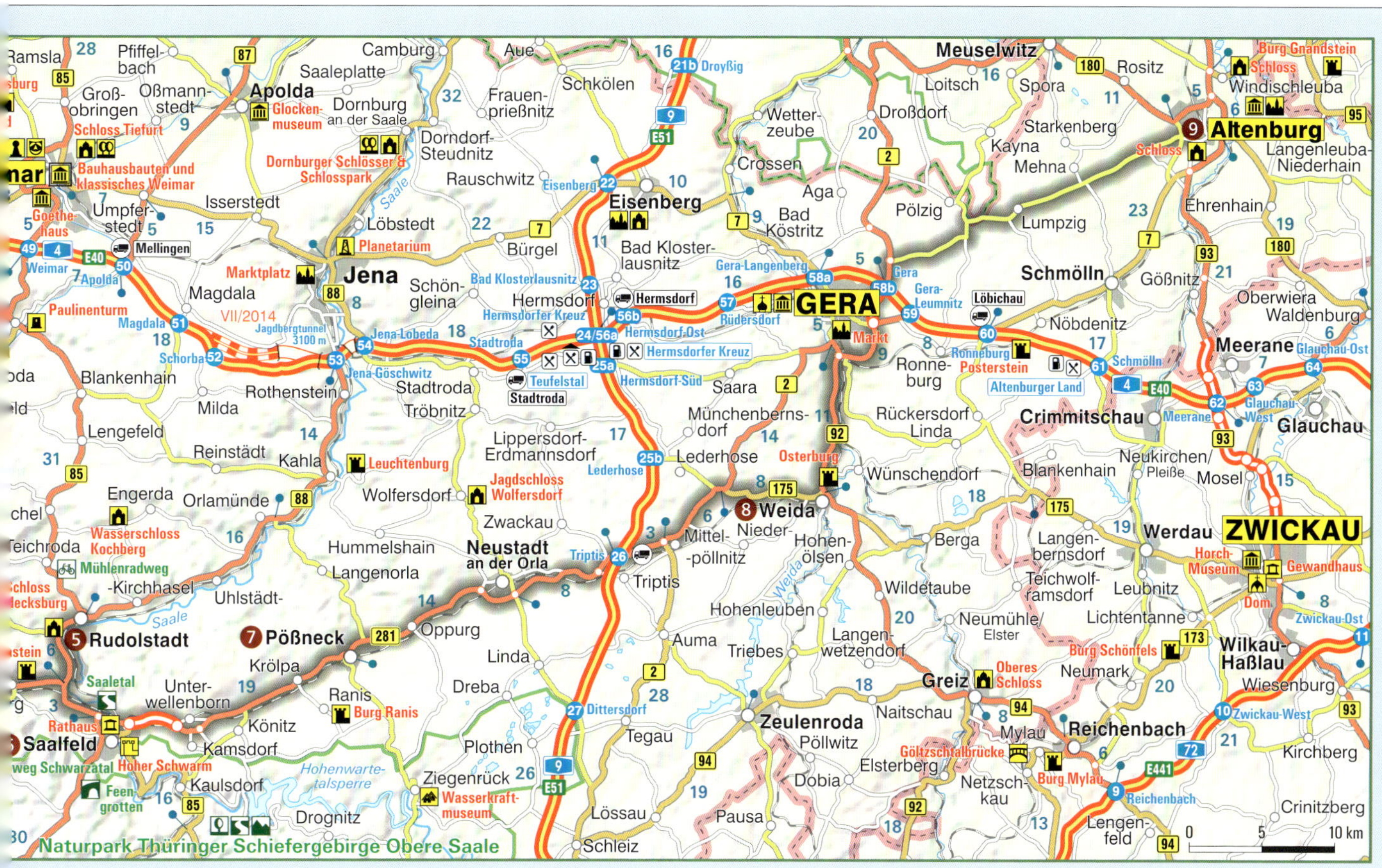

Geradezu malerisch thront die Burg Ranis auf einem Höhenzug über der Altstadt von Pößneck. Markant ist der Südflügel des Hauptteils der Burg durch seine vier Giebel. Im Hintergrund

Auf das 12. Jh. geht der Wohnturm zurück, in dem sich seit über 570 Jahren die Marktapotheke befindet. Im 13. Jh. wuchs die Stadtkirche St. Johannes empor, die vor allem wegen ihres prächtigen Bauschmucks einen Besuch lohnt. Auch einige Patrizierhäuser sollte man aus diesem Grund aufsuchen.

Die einzige erhaltene mittelalterliche Klosteranlage Thüringens, das Franziskanerkloster (um 1250 gegründet), findet man auf dem Münzplatz.

7 Eine der schönsten thüringischen Burgen erhebt sich nahe **Pößneck**, einer Stadt mit einem reizvollen Marktplatz, einem Rathaus aus Spätgotik und Renaissance und der gotischen Stadtkirche St. Bartholomäus.

Die Burg Ranis besitzt alles, was eine Bilderbuchburg ausmacht: Vor-, Haupt- und Unterburg sowie einen mächtigen Bergfried. Dieser stammt aus dem 12. Jh., während die Renaissanceflügel der Hauptburg um 1600 auf Fundamenten der Vorgängerburg emporwuchsen. Diese brannten allerdings nieder und sind im 17. Jh. neu entstanden. Unter die Vorburg duckt sich die Ilsenhöhle, in der sich schon vor 40000 Jahren Menschen versammelten.

8 Zwischen den Flüsschen Weida und Auma ließen die elsterländischen Herren im 12. Jh. ihre Feste, die Osterburg, bauen. Einen Ort namens **Weida** hat es zu dieser Zeit bereits gegeben. Das 12. Jh. repräsentiert die Basis des wuchtigen Bergfrieds, zur Spätgotik zählen dessen Oberbau und das benachbarte Giebelhaus. Der Renaissance ist das dreigeschossige Schloss verpflichtet.

Auch der Ort Weida offenbart verschiedene Bauepochen. So gehören die Widenkirche in die Spätromanik und die Hochgotik, die Stadtkirche in die Gotik und das Rathaus ins 16. Jh. Eine große technische Leistung des 19. Jh. stellt die Eisenbahnbrücke über das Oschütztal dar.

Enge Sträßchen und Gassen prägen das Ortsbild des alten Weida. Im Hintergrund steht die Osterburg mit mächtigem Bergfried.

9 Im Zusammenhang mit dem Namen **Altenburg** fallen den meisten Menschen Spielkarten ein. Hier wurde das Skatspiel erfunden. Noch heute liegt die letzte Entscheidung über die Auslegung der Spielregeln beim hiesigen Skatgericht. Kein Wunder also, dass Altenburg über die größte Sammlung an Spielkarten verfügt. Sie ist im Schloss untergebracht.

Dazu gehören der Torturm, der Mantelturm, ein Wohnturm, der Bergfried sowie der barocke Westflügel. Er enthält den Festsaal sowie den Johann-Sebastian-Bach-Saal. Auf der großen Barockorgel in der Schlosskapelle hat schon Bach gespielt.

Die Altstadt gruppiert sich um Marktplatz und Rathaus. Dieses ist eine der schönsten Renaissancehäuser. Die backsteinernen »Roten Spitzen« sind ein Überbleibsel der Marienkirche, die 1588 abbrannte.

ist der Bergfried zu sehen.

Ein Blick in die Kartenmacherwerkstatt des Spielkarten- und Schlossmuseums in Altenburg.

Wandern & Freizeit

Landschaftlich und geologisch interessant ist eine Wanderung im Tal der nur 53 km langen **Schwarza**, das über zahlreiche markierte Wege verfügt. Cañonartig stürzen die Talwände auf den 8 km zwischen Bad Blankenburg und Schwarzburg ab. Auf wildromantischen Wegen und Pfaden verläuft der Panoramaweg Schwarzatal von der Mündung der Flüsschens in die Saale auf der rechten Seite bis zu ihrer Quelle und auf der linken Seite wieder zurück zur Saale. Dabei führt der Wanderweg am felsigen Schwarza-Ufer entlang, um so dann und wann in eines der Seitentäler abzubiegen. Von dort geht es dann hoch auf einen der Berggipfel, von wo man einen herrlich Blick ins Tal genießen kann. Einen verkürzten Abschnitt stellt die knapp 11 km lange Wegstrecke von Bad Blankenburg über Eberstein, Schweizerhaus, Botanischen Garten nach Schwarzburg dar (Markierung: rotes Dreieck auf weißem Feld). Die Wanderzeit für den Hinweg beträgt etwa 3 Stunden.

Der **Ilmtal-Radweg** hat seinen Ausgangspunkt in Allzunah/Rennsteig, seinen Endpunkt hat der etwa 125 km lange Weg in Kaatschen-Weichau. Dieser leichte bis mittelschwere Radweg führt dabei auf gut 90 km über Asphalt.
Auf der etwa 16 km langen Etappe von Ilmenau bis Kranichfeld startet man in der Südstadt von Ilmenau. Dann geht es durch das Schortetal entlang des Ilmufers nach Langewiesen und Gräfinau-Angstedt. Über die Saline Oberilm und die sehenswerte Museumsbrauerei in Singen kommt man nach Griesheim und dann nach Stadtilm.

Der **Mühlenradwanderweg Saale-Ilm** von Rudolstadt nach Remda-Teichel erhielt seinen Namen wegen der vielen Mühlen, die an seinem Verlauf an der Remdaer Rinne stehen, u. a. die Unter- und Mittelmühle in Rudolstadt, die Ammelstädter Mühle, die Obermühle und die Feldmühle in Teichröda. Gut 12 km dieser etwa 14 km und gut eine Stunde langen Radtour führen auf dem ausgeschilderten Mühlenradwanderweg Saale-Ilm. Vom Saale-Radwanderweg im Heinrich-Heine-Park (Startpunkt), in dem sich auch das Freilichtmuseum Thüringer Bauernhäuser befindet, fährt man dann durch die Bahnunterführung und folgt der Ausschilderung über Pflanzwirbach, Ammelstädt, Teichröda und Eschdorf nach Remda-Teichel.

Im Erlebnisbad SAALEMAXX in **Rudolstadt** sind neben Sport und Spaß auch Erholung und Entspannung angesagt. In dem Bad stehen den Besuchern eine Vielzahl von Attraktionen zur Verfügung, darunter ein separates 25m-Sportbecken mit fünf Bahnen, vier verschiedenen Rutschen, das größte Wellenbecken Thüringens, ein Kinderbereich und ein Strömungskanal. Natürlich hat das Freizeitbad auch einen großen und weitläufigen Außenbereich; dazu gehören ein beheiztes Erlebnisaußenbecken, eine aus drei Feldern bestehende Beachvolleyball-Anlage, zwei Tischtennisplatten und eine Liegewiese mit Blick auf die Heidecksburg. In der Saunawelt gibt es neben den finnischen Saunen mit unterschiedlichsten Temperaturen auch eine Dampfsauna sowie eine separate Damensauna mit dazugehörigem Saunagarten, einen Ruheraum im Innenbereich, eine Blockhaussauna, ein Steinbad und einen Sole-Inhalationsstollen außen. Im Badehaus befindet sich der Wellnessbereich; dazu gehören verschiedene Becken (mit Temperaturen von 33 bis 35 °C), Sprudelliegen, Massagedüsen sowie eine Kneippstrecke. Zum Angebot gehören zahlreiche Anwendungen, darunter klassische Massagen sowie Hamam und Rassul oder verschiedene Bäder und Packungen *(SAALEMAXX, Freizeit- und Erlebnisbad Rudolstadt GmbH, Hugo-Trinckler-Str. 6, 07407 Rudolstadt, Tel. 03672/314 50, www.saalemaxx.de).*

Bereits seit Mai 1998 geht die Kohlebahn im nördlichen **Altenburger Land** auf knapp 13 km Schmalspurgleisen des ehemaligen Braunkohlebergbaus mit ihren Gästen auf Fahrt durch die Landschaft. Die Bahnstrecke führt von Regis-Breitingen über Haselbach, Wintersdorf und das Schnaudertal zum Auholz Meuselwitz. Mehr Informationen über den Fahrplan und den Streckenverlauf sowie Veranstaltungen, Sonderfahrten und das Museum der Kohlebahn findet sich unter *www.kohlebahnen.de*, der Website des Vereins Kohlebahnen Haselbach e.V. *(Büro Meuselwitz, Georgenstr. 46, Tel. 03448/75 25 50).*

Der Keilberg (tschechisch Klínovec) ist mit 1244 m die höchste Erhebung des Erzgebirges.

Das Erzgebirge

Viele deutsche Gebirge besaßen früher wertvolle Erzlagerstätten – manche auch heute noch. Doch eine Landschaft, die die Bodenschätze schon in ihrem Namen nennt, muss es buchstäblich »in sich« haben.

Silber, Zinn, Kobalt, Wismut ... die Liste begehrter metallischer Rohstoffe, die spätestens seit dem Mittelalter in dem Gebirge an der Grenze zwischen Sachsen und Böhmen gefördert und gewonnen wurden, ist lang. Und die Erze machten die Bewohner des sonst mit Schätzen der Natur nicht sonderlich gesegneten Erzgebirges wahrhaft »steinreich«. Wie Pilze schossen noch heute berühmte Bergstädte aus dem Boden, zum Beispiel Schneeberg, Annaberg, Joachimsthal und Marienberg – ähnlich wie im 19. Jh. in Nordamerika. Nur dass der »Goldrausch« hier vor allem ein »Silberrausch« war und »Berggeschrey« hieß. In Deutschland ist außer dem Erzgebirge wohl nur der Harz in der Natur- und Kulturlandschaft so stark durch den Bergbau geprägt worden. Beide Gebirge gleichen sich in mancher Hinsicht fast wie Zwillinge, und beide waren über Jahrhunderte hinweg durch kulturelle Strömungen eng miteinander verbunden. Wie der Harz ist auch das Erzgebirge geologisch gesehen eine pultförmig geneigte Bruchscholle hauptsächlich aus Gesteinen des Erdaltertums; wie der Harz ragt das sächsisch-böhmische Mittelgebirge im Fichtelberg (1215 m) und im Keilberg (1244 m) von allen Gebirgen in der nördlichen Hälfte unseres Landes am höchsten und bis in die obere Kampfzone des Waldes mit einer beinahe arktisch-alpinen Flora und Fauna auf. Wie im Harz gibt es es hier Hochmoore und urwüchsige Fichtenwälder, in denen noch so seltene Arten wie der Sperlingskauz, die kleinste, und der Uhu, die größte unserer Eulen vorkommen. Dank des rauen, überaus schneereichen Klimas sind beide Gebirge in normalen Wintern Wintersportgebiete vom Feinsten.

Zum Glück, denn der Tourismus sorgt nach dem Niedergang des Bergbaus jetzt für bescheidene Einnahmen. Auch wenn der erzgebirgische Bergbau vor gut 20 Jahren nach mehr als 800 Jahren erloschen ist, sind seine Spuren im Bild einer einzigartigen Kulturlandschaft allgegenwärtig. Dazu gehören neben den zur Wasser

Das romantische Natzschungtal bildet die Grenze Tschechiens zu Sachsen.

Basaltformation am Hirtstein: Hier handelt es sich um einen erloschenen Vulkan.

versorgung der Gruben angelegten Stauseen und -teichen, die heute oft als Besucherbergwerke zugänglichen Stätten früherer Montanwirtschaft; auch prächtige Bauwerke in den mit manchen Privilegien ausgestatteten ehemals freien historischen Bergstädten. So besitzt Schneeberg eine Altstadt in noblem Barock- und Rokokostil, mit der die Bergleute und Bürger ihren Reichtum ungeniert zur Schau stellten. Annaberg schmückt sich mit der größten Hallenkirche Sachsens und Seiffen mit einem reizenden Dorfkirchlein. Seiffen und verschiedene andere Orte im Erzgebirge, wie Olbernhau oder Wolkenstein, belegen aber auch, dass Not erfinderisch macht, zum Beispiel dann, wenn der »Bergsegen« zur Neige geht. Die Sachsen machten aus der Not eine Tugend und schufen mit dem traditionellen heimischen Kunsthandwerk ein zumindest in Europa einmaliges »Spielzeugland«.

Großes Bild: Der winterliche Fichtelberg bei Oberwiesental ist ein Wintersportgebiet.

Der seltene Uhu ist in den Fichtenwäldern zuhause.

Auf der Silberstraße durch Sachsen

Diese viertägige Tour zeigt die Schönheiten des Erzgebirges: Auf der »Silberstraße« zwischen Freiberg und Schneeberg hat der Bergbau die oft leidvolle Geschichte bestimmt. Ihr zum Trotz haben die Menschen große kulturelle Zeugnisse geschaffen wie etwa Sachsens berühmtestes Renaissance-Schloss in Augustusburg. Das Bergland lädt zu Wandertouren und der Muldentalradweg zu Radtouren ein.

1 Die Bergbauromantik hat sich aus **Freiberg** inzwischen verflüchtigt. Im Jahr 1168 hatte das erste »Berggeschrey« angehoben: Man hatte Silbervorräte entdeckt. In Freiberg förderte man ein besonders reines Silber, das die Stadt zur reichsten von ganz Sachsen machte. Die Landesherren verdienten auch an der Münzpräge üppig. Freiberg war die wichtigste Prägestätte und im Jahr 1765 gründete man hier auch die erste deutsche Bergakademie. Sie wurde im Laufe der Zeit zur Technischen Hochschule erweitert und genießt bis zum heutigen Tag großes internationales Ansehen.
Auch wenn 1913 letztmals nach Silber geschürft und seit 1969 der Erzbergbau völlig eingestellt wurde, strahlt die Stadt trotzdem etwas von der vermeintlich »guten alten Zeit« aus. Das liegt vor allem an dem prächtig erhaltenen Ortskern inmitten der ringförmigen Wallanlagen. Das Ensemble zwischen Schloss Freudenstein, dem Mariendom, der Bergakademie mit ihrer außergewöhnlichen Mineraliensammlung, dem Petriplatz und der dreischiffigen Hallenkirche St. Nikolai steht zu Recht unter Denkmalschutz.
Der spätgotische Dom beherbergt einmalig schöne Schnitzarbeiten wie etwa die »Goldene Pforte«, die Bergmannskanzel und die Tulpenkanzel, deren geheimnisvolle Symbolik bis heute Rätsel aufgibt.
Ein Domkonzert auf der berühmten, mit 2674 Pfeifen besetzten Silbermann-Orgel sollte man sich nicht entgehen lassen.

Das Alte Rathaus von Chemnitz verbindet Bauelemente verschiedener Jahrhunderte.

Ein Blick in die kurfürstliche Begräbniskapelle im Dom von Freiberg.

2 Die Kuppe des 516 m hohen Schellenbergs krönt das Jagdschloss **Augustusburg**, errichtet 1568–1773 unter Kurfürst August. Sachsens bekanntestes Renaissance-Schloss ist heute ein beliebtes Ausflugsziel der Chemnitzer.
Um den Innenhof in Form eines griechischen Kreuzes gruppieren sich vier Hauptgebäude. Von diesen besticht nur die Schlosskapelle mit großer Kunst: Das Gemälde des Hochaltars und die Brüstungsgemälde der Kanzel schuf Lucas Cranach d. J. Die anderen Gebäude enthalten verschiedene Sammlungen, unter anderem ein Motorradmuseum.

3 **Chemnitz**, das »sächsische Manchester«, gilt als eine der ältesten Industriestädte Deutschlands. Historisches ist aber kaum erhalten. So wird man beim Rundgang, den man am besten am Markt beginnt, mit etwa vier Stunden auskommen.
Statt Baugeschichte kann man die real existierende Architektur der DDR-Jahre studieren. Denn nach der fast vollständigen Zerstörung der Innenstadt im Jahr 1945 wurde Chemnitz als Karl-Marx-Stadt zur Musterstadt sozialistischer Errungenschaften ausgebaut. Und so ziert auch der übergroße Kopf des Namenspatrons den Platz am Roten Turm.
Außer dem Alten Rathaus und dem barocken Siegertschen Haus am Markt sowie der Städtischen Kunstsammlung, die zahlreiche Werke aus dem 18. Jh. bis zum Expressionismus ihr Eigen nennt, sollte man dem Schlossteich einen Besuch abstatten – und dort der romanisch begonnenen, gotisch überhöhten Schlosskirche St. Maria. Sie besitzt ein monumentales Astwerkportal und eine rundplastisch gestaltete Geißelsäule.

4 Seit der letzte »Trabbi« am 30. April 1991 in **Zwickau** vom Band lief, lebt er nur noch als Legende auf Rädern (und in der sehenswerten Automobilausstellung) weiter. Das wohl berühmteste DDR-Fahrzeug war die neuzeitliche Fortführung einer seit dem Mittelalter blühenden Industrie. Deren Ursprung lag im 14. Jh. im Bergbau. Dieser bescherte einigen Bürgern Wohlstand, deklassierte die meisten anderen jedoch zu Tagelöhnern. So kam es um 1520 zu einem heftigen Aufruhr unter der Führung des Reformtheologen Thomas Müntzer.
Die Zeit des Reichtums bezeugen bedeutende Kirchenbauten wie die Pfarrkirche St. Marien, das neugotische Rathaus, das Gewandhaus mit dem Theatersaal und einige beeindruckende Patrizierbauten wie das Dünnebierhaus. Sie machen einen Besuch der Altstadt rund um den Hauptmarkt und die Hauptstraße zu einem eindrucksvollen Erlebnis.

5 **Schneebergs** Name stammt nicht von den winterlichen Kristallen, sondern vom strahlenden Weiß seiner Silberadern, die erst 1470 entdeckt wurden, um 1500 aber bald erschöpft waren. Das Edelmetall hatte den Ort jahrhundertelang bis in die Zeit des sächsischen Barocks hinein reich gemacht und war wichtige Einnahmequelle der sächsischen Herrscher. Später wurde dann Kobalt für die Porzellanindustrie abgebaut.
Besonders lohnend ist ein Besuch in der Vorweihnachtszeit, denn dann kann man über den märchenhaften

Das kurfürstliche Jagdschloss Augustusburg bei Chemnitz überragt das gleichnamige Städtchen.

Weihnachtsmarkt schlendern, mitten durch die glitzernden Buden und kunstvoll aufgebauten Holzpyramiden mit ihren gedrechselten Bergmannsfiguren. Des Marktes wegen trägt der Ort den Kosenamen »Weihnachtsstadt des Erzgebirges«. Zahlreiche barocke Bauten umgeben den Fürstenmarkt und den alten Topfmarkt. Die spätgotische Hallenkirche St. Wolfgang besticht durch ein schönes Rippengewölbe, mehr aber noch durch den Hauptaltar mit Gemälden von Lucas Cranach d. Ä.

Ein lohnenswerter Abstecher führt von Schneeberg nach Plauen. Bereits im 13. Jh. zur Stadt erhoben demonstriert Plauen seine wirtschaftliche Bedeutung noch heute ganz deutlich: Man braucht sich nur das Alte Rathaus und die Johanniskirche – beide der Spätgotik zuzurechnen – sowie die barocke Lutherkirche mit ihrem bereits aus der Spätgotik stammenden Schnitzaltar anzusehen.

Ein anderer Abstecher von Schneeberg führt in den »Musikwinkel«, wie man das Obere Vogtland rund um Klingenthal und Markneukirchen auch nennt. Seit mehr als 300 Jahren hat der Instrumentenbau hier Tradition. Während sich die Klingenthaler auf Mund- und Ziehharmonikas spezialisierten, hängt in Markneukirchen der Himmel voller Geigen. Einen Überblick bietet das Musikinstrumentenmuseum im spätbarocken Paulus-Schlössel.

6 Für zwei bergbauliche Produkte ist **Aue** berühmt: Kaolin und Wismut. Das Erste wurde in der Weißerdenzeche St. Andreas abgebaut und an die Meißener Porzellanmanufaktur geliefert, das Zweite, das die Ärzte des Mittelalters zur Bekämpfung von Geschwüren einsetzten, ließen nach dem Zweiten Weltkrieg die Sowjets fördern um damit ihre Atombomben zu bauen.

Aue ist nicht so reich wie seine Nachbarorte, verfügt aber über einige hübsche, alte Bergmannshäuser und die Kirche des bereits im 12. Jh. gegründeten Augustiner-Chorherrenstifts Klösterlein Zelle.

Wandern & Freizeit

Das Erzgebirge hält eine Besonderheit parat: Hier kann man nicht nur in den Sommermonaten wandern oder Kletterpartien unternehmen, sondern auch im Winter das ausgedehnte Netz an Langlauf-Loipen nutzen. Dies geht am besten rund um den **Fichtelberg** bei **Oberwiesenthal**.

Bei Freiberg lädt die **Obere Freiberger Mulde** zu Wanderungen ein. Sie verfügt über ein gut ausgebautes und dichtes Netz an Wegen, das Wanderungen von unterschiedlicher Länge erlaubt.

Nur 13 km sind es von **Freiberg** zum **Jagdschloss Grillenburg** und zum **Tharandter Wald**, wo man auf rund 14 km Länge einen geologischen Lehrpfad eingerichtet hat. Er ist auf fünf verschiedenen kürzeren Routen begehbar (von 1,7 bis 5,8 km) und informiert über die Entstehung von Gesteinen aus vier Erdzeitaltern.

Das ursprünglich spätgotische Schloss von Schwarzenberg wurde im 16. Jh. zum Jagdschloss ausgebaut.

Wandern & Freizeit

Im Freiberger Revier wurden in einem Zeitraum von etwa 800 Jahren knapp 8000 Tonnen Silbererz zu Tage gefördert. Im **Besucherbergwerk** »Schacht Reiche Zeche« können Groß und Klein etwas über den Silberbergbau im Erzgebirge und seine Geschichte erfahren. Der Untertagelehrpfad in 150 m Tiefe bietet mit Vitrinen, Modellen und Technik zum Ausprobieren Einblicke in den Bergbau (ca. 1 Stunde). Der Pfad eignet sich für Kinder ab 6 Jahren und Erwachsene. Ferner ist eine Untertageführung (1,5 oder 2,5 Stunden) im Angebot, die aber erst für Kinder ab 12 und für Erwachsene bis 72 empfohlen wird. Sie eignet sich leider nicht für Personen, die auf Gehhilfe oder Rollstuhl angewiesen sind, der Untertagelehrpfad aber schon.

Eine etwa 33 km lange Radtour bei **Chemnitz** führt zum sogenannten Vier-Schlösser-Blick, einem Aussichtspunkt auf die vier Schlösser der Region: Sachsenburg, Schloss Neusorge, Augustusburg und Schloss Lichtenwalde. Gefahren wird größtenteils auf asphaltierten Dorf-, Ortsverbindungs- und Landwirtschaftsstraßen. Am Zschopauufer bei Biensdorf geht es ein Stück den Zschopautalradweg entlang. Als Einkehrmöglichkeiten bieten sich das Gasthaus Lindenhof unweit der Niederlichtenauer Kirche sowie der Gasthof Draisdorf an.

Durch Zwickau verlauft ein Abschnitt des Muldetalradweges (gelegentlich auch Muldentalradweg), der entlang der Zwickauer Mulde von Auerbach im Vogtland Richtung Norden bis nach Sermuth verläuft. Die insgesamt 128 km lange Strecke ist am Anfang noch nicht, aber später mit Radwegweisern ausgeschildert und führt durch die Städte Aue, Zwickau, Rochlitz und Colditz, bis hin nach Sermuth, wo der Seitenarm des Flusses sich mit der Freiberger Mulde vereint. Der Weg entlang des Flusses führt durch eine beeindruckende Auenlandschaft und malerische Orte.
Eine mögliche, etwa 20 km lange Tagestour führt von **Zwickau** Richtung Norden nach Waldenburg. Die Tour beginnt in Zwickau an der überdachten Bockwaer Brücke und führt etwas weiter über die Pölbitzer Brücke auf dem rechten Flussufer nach Crossen. Danach folgen Wulm und Mosel, Schlunzig, Niederschindmaas und Glauchau. Von Glauchau geht es weiter nach Audörfel, Reinholdshain und Remse. Hinter Remse muss man den Waldweg in Richtung Park Grünfeld nehmen. Der rund 113 ha große Landschaftspark ist einen Zwischenstopp wert. Anschließend geht es weiter nach Waldenburg mit seinem wunderschönen Schloss. Die Rücktour nach Zwickau erfolgt per Bahn.

Annaberg kann gut als Startpunkt für Wanderungen durch das Landschaftschutzgebiet nordwestlich der Stadt dienen. Auch sportliche Kletterer finden hier – wegen der hohen Schwierigkeitsgrade – ihren Meister. Das Granitmassiv wartet mit senkrecht aufsteigenden Felsen auf.

Markierte Wege führen von **Annaberg** über rund 3 km zur Schauanlage Frohnauer Hammer oder auch zur bemerkenswerten Naturbühne Greifenstein (3 km).

In Annaberg-Buchholz eröffnet der **Bergbaulehrpfad** mit seinen vier Rundwanderwegen Einblicke in die Geschichte des Bergbaus der Region, der hier über Jahrhunderte seine Spuren hinterlassen hat. Alle vier Wege sind mit dem Logo »Gekreuzte Hämmer auf farbigem Grund« gekennzeichtet. Die Touren »Am Pöhlberg« (blau, 6 km, ca. 2 Stunden) und »Am Flößgraben entlang« (rot, 9 km, 3 Stunden) starten am Parkplatz Kätplatz, die beiden anderen »Auf dem Frohnauer Rundweg« (gelb, 7 km, ca. 2,5 Stunden) und »Durch den Buchholzer Wald« (grün, 10 km, 3,5 Stunden) am Parkplatz Frohnauer Hammer.

Wer nicht mit dem Rechnen und mit der Mathematik auf Kriegsfuß steht sollte in Annaberg-Buchholz unbedingt dem **Adam-Ries-Museum** einen Besuch abstatten. Es widmet sich dem Rechenmeister Adam Ries (bekannter als Adam Riese; um 1492 bis 1559), der in seinen Werken das Linienrechnen behandelte, das eng mit dem Rechnen auf dem Abakus verwandt ist.

Der prächtige Innenraum von St. Annen. Die Kirche wurde der Heiligen Anna, der Mutter Marias, geweiht.

7 **Schwarzenberg** gehört zu den ältesten Bergbaustädten des Erzgebirges, 1282 wurde es erstmals urkundlich erwähnt. An die Vorgängerburg aus dem 12. Jh. erinnert auf dem Schloss in Schwarzenberg nur der mächtige Bergfried. Kurfürst August hatte sich die Burgreste 1555 zu einem beeindruckenden Jagdsitz ausbauen lassen. Heute ist hier das Museum »Erzgebirgisches Eisen und Zinn« untergebracht.
In der Kirche St. Georg, einem prachtvollen Saalbau, lohnt insbesondere das Abendmahl-Relief des Altars einen Besuch.

8 In **Annaberg** lebten im 15. Jh. mehr Menschen als in Leipzig und Dresden zusammen. Sie alle hatten sich vom Silber anlocken lassen. Dabei ist Annaberg eine relativ »junge« Gründung (1492). Einen Höhepunkt spätgotischen Hallenkirchenbaus stellt das Schleifenrippengewölbe der Annenkirche in Annaberg-Buchholz dar. Es ist ein genialer Entwurf des Jakob Heilmann von Schweinfurt, unter dessen Bauleitung die Wölbung der Kirche zwischen 1517 und 1525 vollendet wurde. Die farbliche Gestaltung unterstreicht die schwungvolle Dynamik der Stern- und Blütenformen, die der Decke aus den Pfeilern entgegenwachsen. Auch die Reliefs an den Emporenbrüstungen, geschaffen von dem Freiberger Franz Maidburg (1520–1522), sind künstlerisch besonders wertvoll; sie erzählen aus dem Alten und dem Neuen Testament. Als Meisterwerke gelten ferner die »Schöne Tür«, die Hans Witten 1512 schuf, und der Hauptaltar, der 1522 über die Fugger aus Augsburg importiert wurde.
Die gesamte Altstadt um Marktplatz und Annenkirche herum steht unter Denkmalschutz, ebenso wie das gemütliche Wirtshaus »Wilder Mann«, unter dessen Gewölben man herrlich vom Besichtigen ausspannen kann.

9 Geometrische Ordnung zeichnet den Stadtplan von **Marienberg** aus. Von dem quadratischen Markt aus verlaufen rechtwinklig zueinander angelegte Straßen in die vier Himmelsrichtungen.
Marienberg ist eine geplante Schöpfung, gegründet 1521, und spiegelt wie keine andere das Kunstempfinden der Renaissance wider. Der auf den Silberbergbau zurückgehende Reichtum der Stadt hat im Rathaus (1539) und in verschiedenen Patrizierhäusern am Markt sichtbare Spuren hinterlassen.

10 Wer kennt ihn nicht, den erzgebirgischen Nussknacker mit seiner typischen Uniformbemalung? Aber fast niemand weiß, woher er stammt. Er kommt aus **Seiffen**! Hier befindet sich das Zentrum der in aller Welt bekannten erzgebirgischen Spielzeugproduktion. Zwar lebte man vor dem 17. Jh. vom Zinn, das hier »ausgeseift« wurde – daher der Name –, aber mit dem wirtschaftlichen Niedergang wandten sich viele Seiffener jenem Material zu, das es im Gebirge in Hülle und Fülle gab: dem Holz und seiner Bearbeitung.
Einen lebendigen Einblick in den Alltag der Kunsthandwerker vermittelt die »Schauwerkstatt des Erzgebirgischen Spielzeugmuseums«. Ein Motiv der Spielzeugmacher kann direkt in Augenschein genommen werden: die barocke Dorfkirche.

Die Bergkirche von Seiffen steht auf einem Bergvorsprung.

Die Elbe

Die Elbe zählt zu den längsten Strömen Mitteleuropas. Als Verbindung zwischen Ost und West und als Verkehrsader wird sie mit der Osterweiterung der Europäischen Union zunehmend wichtiger. Stattliche Städte und Schlösser begleiten ihren Lauf.

Von der Bastei reicht die Aussicht über die Elbe zum Lilienstein.

Zwischen ihrer Quelle im Riesengebirge auf 1386 m Höhe und ihrer Mündung in die Nordsee fließt die 1170 km lange Elbe durch vielfältige Naturräume. Die junge Elbe (tschechisch: Labe) durchfließt das Böhmische Becken und bahnt sich nach der Einmündung von Moldau und Eger ihren Weg durch das Böhmische Mittelgebirge. Anschließend trifft sie auf das Elbsandsteingebirge, das sie in der Böhmischen Schweiz und in Deutschland in der Sächsischen Schweiz in einem markanten Durchbruchstal durchquert. Die engen Schluchten und steilwandigen Canyons liegen jenseits der deutsch-tschechischen Grenze im Bundesland Sachsen. Die bizarren Felsformationen dieser Landschaft verdanken ihre Entstehung der Erosionstätigkeit des Flusses, der sich hier tief in den Sandstein eingegraben hat. Die schroffen Felsnadeln und markanten Felstürme bilden eine in Europa einzigartige Landschaft und erinnern an die faszinierenden Nationalparks der USA. Die empfindlichen Sandsteingipfel sind ein wahres Dorado für Kletterer. Im Jahr 1990 wurde der Nationalpark Sächsische Schweiz eingerichtet.

Jenseits der Sächsischen Schweiz weitet sich dann das Elbtal. Hinter Pirna wird der Flusslauf ruhiger, die Höhenzüge weichen zurück. Die Barockstadt Dresden, »Elb-Florenz« genannt, zeigt, dass nicht nur die Natur, sondern auch der Mensch Eindrucksvolles schaffen kann. Von hier geht es weiter durch malerische Orte in idyllischen Hügellandschaften. Das günstige Klima erlaubt Obst- und Weinbau. Das obere Elbtal endet in der Porzellanstadt Meißen.

Bei Riesa tritt die Elbe in das Norddeutsche Tiefland ein. Hinter der Einmündung der Schwarzen Elster erreicht sie die Lutherstadt Wittenberg. Die Luther-Gedenkstätten wurden ebenso wie das Bauhaus in Dessau und die Wörlitzer Gärten von der UNESCO zum Weltkulturerbe erklärt. Hinter Dessau schlängelt sich der Strom nun durch eines der größten zusammenhängenden Auenwaldgebiete Mitteleuropas. In der Mag-

Blick über die Elbauen zum Schloß Albrechtsburg.

Eine weite Auenlandschaft prägt die Elbniederung bei Boizenburg.

deburger Börde leuchtet das Elbtal im Sommer goldgelb vor endlosen Getreidefeldern. Künstliche Wasserstraßen wie der Mittellandkanal (in Richtung Westen zu Weser, Ems und Rhein) und der Elbe-Havel-Kanal (in Richtung Osten) schaffen Verbindungen zu anderen Flusssystemen. Einen weiteren Schub, nachdem sie vorher schon Mulde und Saale aufgenommen hat, erhält die Elbe in der Altmark durch die Havel. Die Schifffahrt wird intensiver, und die Elbe erreicht Hamburg, das durch seinen Hafen zur Weltstadt wurde. Jenseits der Hansestadt passiert die Elbe das Alte Land. Großflächiger Obstbau prägt die Marschlandschaft. Hier weht der Seewind der Elbe schon kräftig entgegen. Der Ästuar (Mündungstrichter) öffnet sich nun bis auf eine Breite von etwa 15 km und bei Cuxhaven schließlich hat der Fluss dann im Nationalpark Wattenmeer sein Ziel, die Nordsee, erreicht.

Großes Bild oben: Elbdampfer am Anleger vor der Brühlschen Terrasse in Dresden.

Tangermünde wird auch als das »Rothenburg des Nordens« bezeichnet.

Quer durchs kurfürstliche Sachsen

Von Meißen, weltberühmt für sein »weißes Gold«, das in Sachsen entwickelte Porzellan, geht es entlang der Elbe zur Residenzstadt Dresden und weiter zum Sommerschloss Pillnitz. Die Tour endet in der »Sächsischen Schweiz«. Für Dresden allein kann man gut zwei Tage planen. Karl-May-Fans aufgepasst: Pflichtbesuch in Radebeul!

Der Dresdner Zwinger, ein Gebäudekomplex mit Gartenanlage, entstand von 1710 bis

❶ Über 500 Jahre lang wurde Sachsens politisches Geschick von **Meißen** aus bestimmt. Den wahren Ruhm brachte jedoch erst das »weiße Gold«: das Porzellan.
August der Starke hatte den nach einem Rezept für die Herstellung von Gold forschenden »Alchimisten« Johann Friedrich Böttger in den Kellern der Dresdener Elbuferbefestigung gefangen gehalten. Böttger fand kein Gold und wurde 1704 der Obhut des Naturforschers Ehrenfried Walther von Tschirnhaus unterstellt, dem es um 1707 gelang weißes Porzellan herzustellen. Nach Tschirnhaus' Tod führte Böttger die Versuche weiter und leitete die 1710 gegründete Porzellanmanufaktur, die sich damals in der Albrechtsburg befand. Dieser sollte man unbedingt einen Besuch abstatten, bietet sie doch außer einer Kunst- und Porzellansammlung ein erlesenes Beispiel höfischer Architektur der Spätgotik. Neben der Burg ragt eines der am meisten besuchten Baudenkmäler Sachsens auf: der Dom St. Johannes und St. Donatus mit seiner hochgotischen Architektur und besonders mit seinen berühmten Steinskulpturen aus der Werkstatt des »Naumburger Meisters« (1250).

❷ Als Jagdschloss hat sich Kurfürst Moritz (1541–1553) in der Teichlandschaft des Friedewaldes die **Moritzburg** errichten lassen. Vom ehemaligen Grundriss, der eine nahezu quadratische Anlage mit Wehrmauern und dicken Rundtürmen in jeder Ecke zeigte, zeugen heute nur noch die vier Türme. Aber auch die hat der baufreudige August der Starke aufstocken lassen, als er das Wasserschloss zu einem eleganten barocken Lustschloss von seinen Lieblingsbaumeister Matthäus Daniel Pöppelmann umbauen ließ (1722–1730). Das Sächsische Barockmuseum hätte keine adäquatere Behausung finden können. Ein wahres Kleinod ist auch das knapp 40 Jahre nach der Moritzburg von Schade und Hauptmann im Schlosspark errichtete Fasanerieschlösschen.

Die Albrechtsburg thront auf einem Felsen über Meißen. Hinter der Burg sind die beiden Türme des Meißner Doms gut zu sehen.

Das Barockschloss Moritzburg wird von einer Teich und Waldlandschaft umgeben. Eine Attraktion ist das »Federzimmer«.

❸ Die Umgebung Dresdens erkundet man am besten per Schiff auf der Elbe. So gelangt man an Weinbergen entlang nach **Radebeul**. Der berühmteste Sohn des Ortes ist Karl May (1842–1912). Der wohl meistgelesene Autor deutscher Sprache hat hier den größten Teil seines Lebens verbracht. Seit 1928 gibt es das Museum. In der »Villa Bärenfett«, einem Blockhaus, kann man den indianischen Alltag nachempfinden und in der »Villa Shatterhand«, dem ehemaligen Wohnhaus, erfährt man alles über Leben und Werk des Schriftstellers.

❹ Der Kosename »Elbflorenz« sagt alles: **Dresden** ist eine bedeutende Kulturmetropole. Gegründet bereits im frühen 12. Jh. begann der Aufstieg der Stadt erst unter den Wettinern, als diese im ausgehenden 15. Jh. ihre Residenz hierher verlegten. Auf diese Zeit gehen auch die Anfänge des Schlosses zurück. Unter den Kurfürsten Moritz (1541–1553) und August (1553–1586) wurde dieses großzügig erweitert.
Der Motor des Ausbaus von Dresden zu einer Kunststadt ersten Ranges waren die Kurfürsten von Sachsen

728 als Orangerie und Festspielplatz.

Der Neumarkt in Dresden: Die im Zweiten Weltkrieg zerstörte Frauenkirche (Bildmitte) wurde neu aufgebaut und 2005 geweiht.

ınd Könige von Polen, August der ›tarke und dessen Sohn August III. 1733–1763). Beider Herrschaft, das Augusteische Zeitalter«, gilt als Blü- e sächsischer Kultur.
nren baulichen Ausdruck fand die tärke Sachsens z. B. im weltberühm- en Zwinger mit dem imposanten ronentor, beides Arbeiten unter der eitung des Baumeisters Matthäus aniel Pöppelmann und des Bildhau- rs Balthasar Permoser. Der vielleicht chönste Teil des Zwingers, dessen ffene Anlage übrigens erst Mitte des 19. Jh. durch Gottfried Sempers Galeriebau geschlossen wurde, ist der Wallpavillon. Weitere äußerst bemerkenswerte Bauten sind die Schlösser Pillnitz, Moritzburg und Großsedlitz, aber auch die protestantische Frauenkirche sowie die katholische Hofkirche.
Auch August III. war ein begeisterter Kunstsammler und ließ, wie bereits sein Vater, in ganz Europa Kunstschätze aufkaufen. Dadurch wuchs die Gemäldegalerie »Alte Meister« zu einer der bedeutendsten der Welt heran. Als ihr berühmtestes Werk gilt Raffaels »Sixtinische Madonna«, mit den zwei Engelchen am unteren Bildrand, die für die damals ungeheuerliche Summe von 20 000 Zechinen von einem Kloster in Piacenza gekauft worden war.
Als letzter großer Baumeister Dresdens gilt Gottfried Semper. Von ihm stammen die Pläne für die Gemäldegalerie, die den Zwinger zur Elbseite hin abschließt (1847–1854), und für das Hoftheater (1870–1878), besser bekannt als »Semper-Oper«.
Auf das 19. Jh. geht auch der berühmte »Fürstenzug« zurück, ein Wandbild aus Porzellankacheln, das 35 sächsische Fürsten aus der Dynastie der Wettiner zeigt.
Zum Fluss hin öffnet sich das linkselbische Dresden mit der Brühlschen Terrasse, einem imposanten Bauensemble im Rokokostil. Den Abschluss der Terrasse nach Osten bildet das Albertinum, das neben einer beachtlichen Skulpturensammlung auch die Gemäldegalerie »Neue Meister« beherbergt. Gesehen haben muss man

Vandern & Freizeit

Von **Radebeul** führt eine etwa 0 km lange Radtour auf dem Elbrad- /eg über Coswig und Meißen bis in ie Elbweinanbaugebiete bei **Dies- ar-Seußlitz**. Es geht durch das male- sche Elbtal mit Blick auf das Wein- augebiet der Lößnitz. Nahezu alle bschnitte der Strecke sind als gut efahrbarer Radweg ausgebaut. Die our startet in Radebeul unweit der utobahnbrücke und führt entlang er Elbe nach Coswig und weiter ach Sörnewitz, wo die Herberge im andwerkerhof zu einer Rast einlädt. ls nächste Etappe folgt Meißen. /er möchte kann hier einen Abste- er in die sehenswerte Altstadt ma- ıen. Ansonsten geht der ausgebau- Elbradweg hinter Meißen am otel »Knorre« weiter und führt urch eine Landschaft mit Weinber- en und Steinbrüchen. Schließlich reicht man Diesbar-Seußlitz. Die ücktour lässt sich ab Meißen (Haupt- ahnhof) nach Radebeul (Ost) mit r S-Bahn verkürzen.

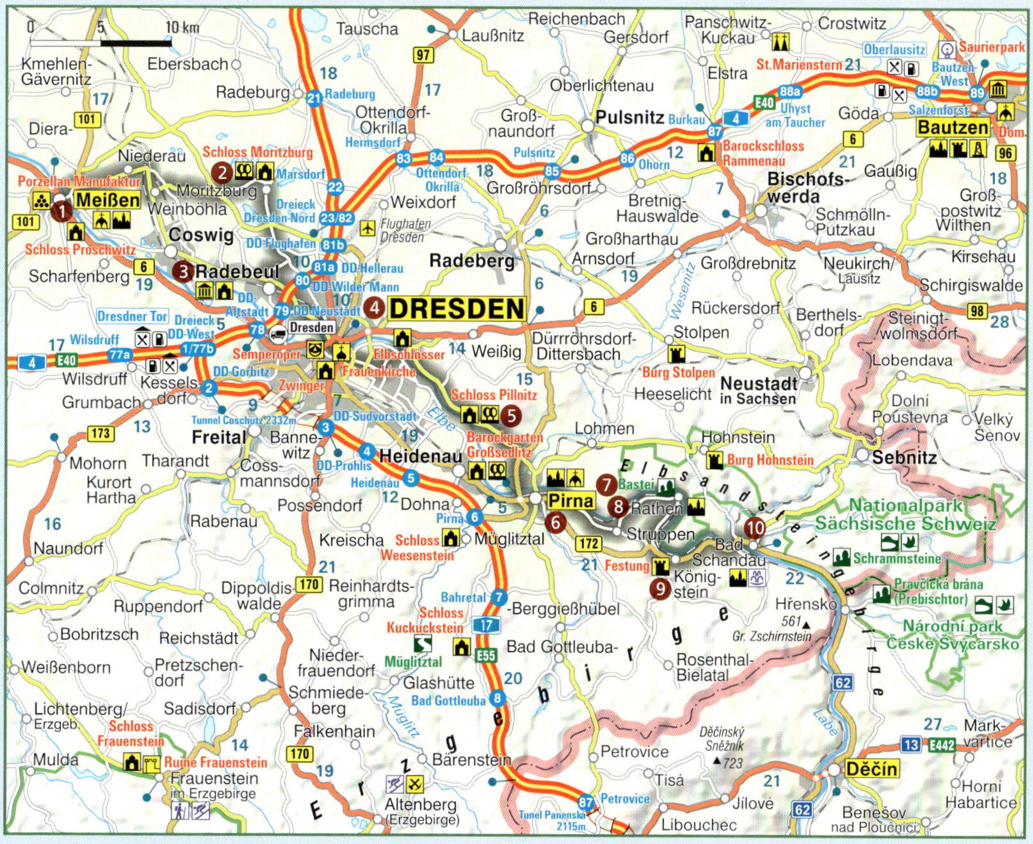

Das aus drei Gebäudeteilen bestehende Schloss Pillnitz gilt als Barockjuwel. Im Bild das Bergpalais (links), der Garten und die Teichanlage.

reichste Schatzkammermuseum Europas, beherbergt.

5 Ein Baudenkmal ersten Ranges ist das Sommerschloss **Pillnitz**. August der Starke ließ sich hier ein bereits seit dem Jahr 1403 urkundlich erwähntes Rittergut zu einem eindrucksvollen Gesamtkunstwerk aus Natur und Architektur unter der Leitung von Baumeister Matthäus Daniel Pöppelmann ausbauen.
Das Schloss vereint die Exaktheit barocker Bausymmetrie mit der Weichheit der geschwungenen Flusslandschaft. Wie aus den Fluten geboren, erhebt sich das dreiflügelige Wasserpalais, dessen doppelt geschweiftes Dach mit seinen schlanken Helmen oben und den chinesischen Motiven unten erstmals die Leichtigkeit fernöstlicher Architektur an die Elbe brachten. Das Bergpalais wiederholt dieses architektonische Spiel und alles zusammen gipfelt in der Symmetrie des Neuen Palais (1818–1826). Der Schlosspark mit seinen im chinesischen, französischen, holländischen und englischen Stil gehaltenen Gärten samt ihren zahlreichen Pavillons ist einen Bummel wert.

6 Ein Kleinod der Sächsischen Schweiz ist **Pirna**. Nur wenige Orte können eine so schöne historische Altstadt ihr Eigen nennen. Am Marktplatz erhebt sich das Rathaus, dessen ältester Teil auf die Zeit der Renaissance zurückgeht. Manche Bürgerhäuser sind sogar noch älter: Sie stammen aus der Zeit der Spätgotik. Das trifft auch auf die Stadtkirche St. Marien (1502–1546) zu. Mit ihr hat der Baumeister Peter Ulrich von Pirna eine der bedeutendsten spätgotischen Hallenkirchen geschaffen. Berühmt sind das dichtmaschige Rippengewölbe und die Skulpturen der ins Gewölbe hochkletternden »Wilden Leute« und anderer Fantasiegestalten. Der Hauptaltar gilt als Meisterwerk der Renaissanceplastik.
Dem gotischen Baustil verpflichtet zeigt sich die ehemalige Dominikanerkirche St. Heinrich (14. Jh.), die mit Wandmalereien aus der Zeit der Erbauung erfreut.

Eines der fünf Portale der Marienkirche in der Altstadt von Pirna.

7 Der wohl berühmteste Teil der Sächsischen Schweiz erhebt sich majestätisch über der Elbe: die **Bastei**. »Nur« rund 200 m hoch ist sie, doch ihre schroffe Sandsteingestalt ist ungleich beeindruckender als diese schlichte Zahl. Die rund 500 000 Touristen, die sich jährlich hier einfinden, wissen warum: Der Ausblick über Elbe und in die Ferne ist einfach überwältigend.

8 Zu Füßen der Bastei liegt der **Kurort Rathen**, mit nur 600 Einwohnern ein beschaulicher Ort. Er ist einer der günstigsten Ausgangspunkte fü Wanderungen durch die Felsen de Sächsischen Schweiz oder zur Felsen bühne hinauf. Eine interessante Se henswürdigkeit am Rande: die histo rische Gierseilfähre.

9 Düster überragt die Festung **Kö nigstein** den Ort. Als die mittelalterl che Trutzburg im Jahr 1408 an di Wettiner fiel, die Markgrafen vo Meißen und späteren Kurfürsten vo Sachsen, begann ihr Ausbau zur heu tigen Größe.
August der Starke (1694–1733), ei Inbegriff des absolutistischen Baroc herrschers, feierte auf dem 360 m ho hen Burgberg üppige Gelage, nutzt die Festung in kriegerischen Zeite aber auch als Tresor für die Dresdn Kunstsammlung. Das taten übriger auch die Nationalsozialisten. Nie mand weiß genau, wie viele Kiste die Sowjetarmee 1945 von hier al transportierte.

10 Der südliche Zielhafen der »We ßen Flotte« heißt **Bad Schandau**. ist für seine eisenhaltige Quelle be rühmt, die bereits um 1730 entdec wurde. Die Kirche St. Johannis ge auf den Anfang des 18. Jh. zurück.
Ganz besonders erfreut die baulic Einheit des Stadtzentrums rund u Kirche und Marktplatz. Kein Wunde dass das ganze Ensemble unter Den malschutz gestellt wurde.

Klippen und Tafelberge wie die bizarren Felsnadeln der Bastei sind die Reste einer einst kompakten Sandsteinplatte.

Wandern & Freizeit

In Radebeul lädt die historische **Lößnitzgrundbahn** zu einer Fahrt ein. Mit der Dampflok angetrieben geht es von Radebeul-Ost über Moritzburg und Bärnsdorf nach Radeburg. Auf der etwa eine Stunde dauernden Fahrt (einfache Strecke) durch eine reizvolle Umgebung gibt es viel zu sehen *(Tel. 035207/892 90)*.

Berühmt ist der **»Malerweg«**. Auf ihm spazierte schon Caspar David Friedrich. Er verläuft von Dresden über die Stadt Wehlen bis Bad Schandau. Wer will, kann dabei Abstecher zu den Burgen Königstein und Lilienstein unternehmen, ist aber dann bestimmt drei Tage unterwegs.

Der **Kletterpark Dresdner Heide** ist auf einer mittelschweren, 21 km langen Strecke mit dem Fahrrad erreichbar. Die Radtour beginnt am Hauptbahnhof von Dresden und führt nach Norden, über die Elbe in die Neustadt. Anschließend geht es weiter über Albertstadt in ländliche Regionen bis nach Kloztsche. Von dort ist es nicht mehr weit bis zum Kletterpark, der sich auf dem Gelände des ehemaligen Waldbades befindet, mitten in einem Landschaftsschutzgebiet. Im Park geht es von Baum zu Baum, sei es über die Netzbrücke, über schwankende Bohlen oder mit dem Tarzan-Seil. Getränke und kleine Snacks hält ein Kiosk bereit. Die Rücktour lässt sich bequem mit der S-Bahn zurück zum Ausgangsort erledigen, der Bahnhof Klotzsche liegt unweit des Kletterparks. Der Kletterpark wird für Kinder erst ab 5 Jahren und 1,10 m Größe empfohlen.

Rund vier Stunden braucht man, wenn man die 12 km von **Wehlen** durch den Höllengrund zur Felsformation der Bastei, weiter nach Rathen und zurück hoch über der Elbe und am Fluss entlang zurück nach Wehlen wandert.

Wer nach bizarren Felslandschaften Ausschau hält, ist im Bielatal im Süden der Sächsischen Schweiz richtig. Rund vier Stunden dauert der 12 km lange Rundweg von **Schweizermühle** über Ottomühle und Brausenstein zurück nach Schweizermühle.

Eine etwa 7 km lange Bergwanderung kann man bei den Schrammsteinen, östlich von **Bad Schandau** durchführen. Die knapp 3 Stunden dauernde Tour beginnt mit dem Fahrstuhl in Bad Schandau auf die rund 300 m hohe Ostrauer Scheibe. Ab der Bushaltestelle ist der Bergwanderweg mit dem Symbol blaues Kreuz gekennzeichnet. Während der Wanderung durch die Landschaft mit ihren mächtig aufragenden Felsen, erreicht man immer wieder Stellen, die einen herrlichen Ausblick auf das Elbetal bieten. Die Route verläuft von den Vorderen Schrammsteinen, über den Abstieg von Zahngrund zum Lattengrund zum Jägersteig hinauf zum Gratweg und Schrammsteinweg bis zu den Hinteren Schrammsteinen, wo man am Carolafelsen den höchsten Punkt erreicht (453m). Von dort geht es auf dem gleichen Weg wieder zurück.

Eine beeindruckende, etwa 6 km lange Schlucht- und Höhenwanderung führt aus dem Kirnitzschtal zur 400 m aufragenden Hohen Liebe. Die 2,5 Stunden-Wanderung beginnt an der Haltestelle Nasser Grund der Kirnitzschtalbahn, die zwischen hier und dem unweiten Bad Schandau verkehrt. Die Route folgt in Richtung Nasser Grund, einer Schlucht die zur Quelle Günthers Börnel hinaufführt. Von dort folgt man den gelben Markierungen bis zu einer Gabelung. Dort geht es weiter zum Liebentor und hinauf zur Hohen Liebe. Dieser Gipfel aus Sandstein bietet eine hervorragende Aussicht auf den Falkenstein und die Schrammsteinkette. Danach geht es über den Butterweg (rote Markierung) wieder zurück ins Tal und zum Ausgangspunkt.

Eine attraktive Möglichkeit, die Sächsische Schweiz per Zug kennenzulernen bietet die **Kirnitzschtalbahn**. Diese historische Überland-Straßenbahn fährt durch das malerische Kirnitzschtal und verbindet die knapp 7,5 km lange Strecke zwischen Bad Schandau und dem Lichtenhainer Wasserfall.

Durch die Oberlausitz und das Land der Sorben

Einmalig schöne Schlösser und eine zauberhafte Landschaft prägen diese dreitägige Rundfahrt durch die Landkreise Bautzen und Görlitz. Die slawischen Sorben leben seit der Völkerwanderung im 5. Jh. in der Lausitz und haben sich ihre Sprache ebenso bewahrt wie ihre Trachten, Bräuche und Volksfeste.

1 Der berühmteste Sohn von **Kamenz** heißt Gotthold Ephraim Lessing (1729–1781). An den Schöpfer der »Minna von Barnhelm« und des »Nathan« erinnert das 1931 eröffnete Lessing-Museum.

Das Zentrum der »grünen Stadt der Lausitz« rund um den Markt zeigt sich als ein geschlossenes Bauensemble, gruppiert um das neugotische Rathaus und die spätklassizistischen Fleischbänke.

Zwar besitzt Kamenz auch ein paar außergewöhnliche Bürgerhäuser, so das Malzhaus und das Ponickauhaus, doch die herausragende Sehenswürdigkeit ist die spätgotische Hallenkirche St. Marien (1440–1480). Ihre verschiedenen Altäre, darunter der Marienaltar vom Ende des 15. Jh., zählen zu den Meisterwerken sächsischer Kunst. Altäre sind auch die besonderen Schmuckstücke der St.-Annen-Kirche, während die Justkirche Sachsens wertvollste Wandmalereien besitzt, die Anfang des 13. Jh. geschaffen wurden.

2 In der Umgebung von **Kamenz** stößt man auf zwei herrschaftliche Barockschlösser: Das der Grafen Dohna in Königsbruck – mit 19 Fensterachsen eines der stattlichsten in Sachsen – entstand um 1700, das in Oberlichtenau (inkl. Barockpark) geht auf das Jahr 1720 zurück.

Der König-Friedrich-August-Turm auf dem Löbauer Berg.

Die Frontfassade von Schloss Rammenau bei Bischofswerda.

Auch das benachbarte **Pulsnitz** – bekannt für seine Pfefferkuchen, die hier seit 1558 gebacken werden – besitzt großartige Herrensitze. Das Alte Schloss stammt aus der Renaissance (um 1600), aus der ebenfalls das Rathaus datiert, das Neue Schloss repräsentiert den Barock (1718). Neben allem Weltlichen sollte man auch die prachtvoll ausgeschmückte Hallenkirche St. Nikolai besuchen – oder eventuell den Perfert: Der von Wasser umspülte wehrhafte Speicher aus dem Jahr 1420 ist der älteste Fachwerkständerbau in Sachsen.

3 Die Meißener Bischöfe hatten ihren Stammbesitz in **Bischofswerda**. Da die gesamte Stadt 1813 von Napoleons plündernden Soldaten dem Erdboden gleich gemacht wurde, fasziniert das Stadtbild heute vor allem durch die Einheitlichkeit der klassizistischen Architektur des frühen 19. Jh., wie sie auch das um 1818 neugebaute und dreigeschössige Rathaus am Altmarkt aufweist.

Zu Sachsens schönsten Schlössern gehört unzweifelhaft das Barockschloss Rammenau (1721–1737). Nach Entwürfen von Johann Christoph Knöffel entstand über einem hufeisenförmigen Grundriss ein zweigeschossiger Dreiflügelbau aus Sandstein. Man kann sich leicht vorstellen, dass die enormen Baukosten den repräsentationssüchtigen Bauherrn letzten Endes ruiniert haben. Die Zwangsversteigerung folgte auf dem Fuße.

Erst nach 1744 ließ der Zweitbesitzer den Innenausbau vollenden: äußerst prunkvoll mit Spiegelsaal sowie einem goldenen und einem chinesischen Zimmer, wie es die damalige Mode dem Adel vorschrieb. Der ehemals barocke Garten präsentiert sich heute als englischer Landschaftspark. Von Bischofswerda lohnt sich ein Abstecher zur Burg Stolpen. Die auf einem dunklen Basaltfelsen aufragende Burg diente den Meißener Bischöfen wie auch den sächsischen Kurfürsten als Staatsgefängnis. Der berühmteste Häftling war die Reichsgräfin Cosel, die einflussreiche Favoritin Augusts des Starken, der sie hier einsperren ließ, als er ihrer überdrüssig geworden war.

4 Den Mittelpunkt der Lausitz markiert **Bautzen** (sorbisch: »Budissin«). Nach Funden steinzeitlicher Werkzeuge und bronzezeitlichen Schmucks weiß man, dass dies eine der am längsten besiedelten Gebiete Europas ist. Die wertvollsten Funde werden im Stadtmuseum gezeigt.

Rund um den Hauptmarkt liegt die gut erhaltene Altstadt, eine der schönsten in Sachsen. Mit ihren schmalen Gassen und den barocken Fassaden der zahlreichen Bürgerhäuser hält sie »die gute alte Zeit« noch immer lebendig. Der Preußenkönig Friedrich II. und Napoleon nächtigten am Hauptmarkt im Jahreshaus (erbaut 1720), das seinen Namen wegen seiner vier Treppen, der zwölf Schornsteine, der 52 Zimmer und der 365 Fenster trägt.

Ein Pflichtbesuch sollte der Innere Lauenstraße gelten, deren Beginn das Gewandhaus, das älteste der Oberlausitz, markiert, und die besonders schöne Barockbauten besitzt. Verstärkt wird die mittelalterliche Atmosphäre durch die trutzige Wehrmauer, die vor allem im Westen und im Norden die an Türmen reiche Altstadt noch immer schützt.

\bendliche Stimmung in Bautzen: die Alte Wasserkunst (links) und dahinter die Michaeliskirche. Im Hintergrund die Mönchskirche, der Dom und der Reichenturm (v. l. n. r.).

)as Zentrum überragen der gotische 'etridom, das Rathaus mit seinen Uh-en und die Ortenburg, in der sich uch das Museum für sorbische Ge-chichte und Kultur mit museumspä-agogischem Kabinett befindet.
.ine technische Meisterleistung stellt ie Alte Wasserkunst dar, die sich mit er nahe gelegenen Michaeliskirche nd der Stadtmauer zu einem hüb-chen Bauensemble vereint. Das auf-estaute Wasser der Spree wurde in en Turm hochgepumpt und stellte o die Versorgung der Stadt sicher.

5 Eine überraschende Stilmischung weist das Rathaus in **Löbau** auf, dessen mittelalterlicher Bergfried aus einem bilderbuchschönen barocken Umbau von 1711 emporsteigt. Das benachbarte Stadthaus von 1720 gilt als einer der beeindruckendsten Bürgerbauten des Ortes und einige weitere stehen in der Rittergasse hinter dem Rathaus.
Einmalig in seiner Art ist der auf dem Löbauer Berg 28 m in die Höhe ragende Friedrich-August-Turm, ein technisches Denkmal meisterlich gestalteter Eisenschmiedekunst mit zerbrechlich und filigran wirkenden Wänden und drei umlaufenden Balkonen. Nach oben gelangt man über eine im Turm befindliche Wendeltreppe mit 120 Stufen.

6 Auf halber Strecke nach Zittau erreicht man am Hutberg **Herrnhut**, Stammsitz und Ausgangspunkt der Missionstätigkeit der Herrnhuter Brüdergemeinde.
Reichsgraf von Zinzendorf, der Besitzer des Gutes, hatte den 1727 wegen religiöser Verfolgung aus dem katholischen Mähren geflohenen evangelischen Exilanten Grund und Boden zur Verfügung gestellt. Der Mittelpunkt der Anlage ist das in schlichtem Barock gestaltete »Gemeindehaus«: die Kirche, deren Inneres von äußerst strenger Einfachheit gekennzeichnet ist.
Eine durchaus ähnliche bauliche Klarheit vermittelt der Vogtshof, in dem heute die Verwaltung untergebracht ist. Das Schloss des Reichsgrafen hingegen ist dem Barock verpflichtet.

Vandern & Freizeit

Die für die Lausitz so typischen Umgebindehäuser« findet man ahlreich auf der 15 km langen Wanerung in der Umgebung des Ortes **Veifa**, die etwa 4,5 Stunden in Anoruch nimmt.

Berühmt ist der **Oberlausitzer ergweg**. Von dem gut ausgeschilerten, 115 km langen Wandersteig wischen Neukirch und Zittau kann ıan natürlich auch überall nur Teilrecken erwandern.

Von **Neukirch** nach **Sohland** mit inem Abstecher zum »Sonnenuhrorf« Taubenheim braucht man zu uß rund 6,5 Stunden. Aussichtsunkte und Gaststätten säumen den 4 km langen Weg.

Die Spreequelle am Kottmar kann ıan auf der 20 km langen Wandeıng zwischen **Neusalza** und **Eibau** esuchen. Sie ist eine von drei Quel-n und liegt auf 583 m Höhe.

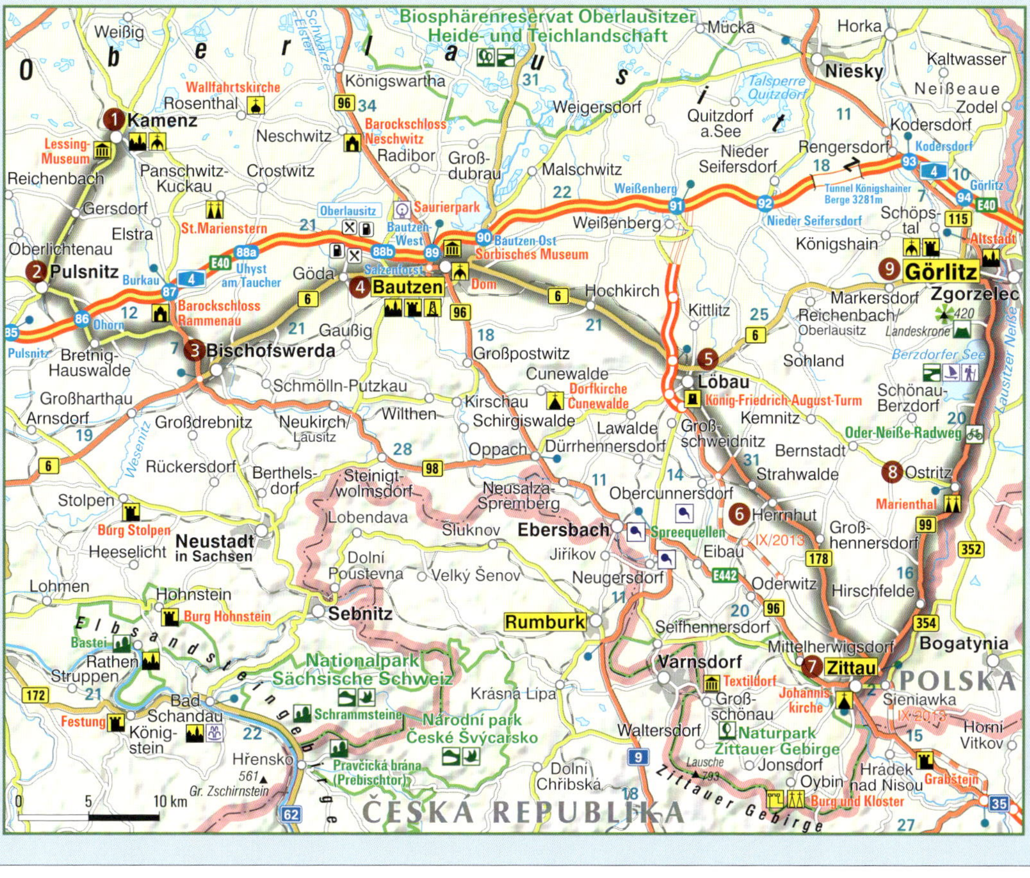

Der Rathausplatz in Zittau am späten Abend. Im Mittelpunkt steht das im Neorenaissancestil errichtete Rathaus. Der 50 m hohe Turm stellt den Rest eines Vorgängerbaus dar.

7 Im Grundriss einen Kreis beschreibt die denkmalgeschützte Altstadt von **Zittau**, denn wie ein Ring umgaben die ehemals doppelt angelegten Stadtmauern diesen nach Leipzig wichtigsten sächsischen Handelsplatz. Er ist bereits im 13. Jh. schriftlich bezeugt. Den Mittelpunkt des Kreises nimmt der Markt mit dem Mars- oder Rolandbrunnen ein. Barocke Bürgerhäuser wenden ihm ihre Fassaden zu, so das Noack'sche Haus (Nr. 4), das alte Hotel zur Linde (Nr. 9), die ehemalige Ratsapotheke (Nr. 10) und die Fürstenherberge (Nr. 13) in der auch Napoleon im August 1813 übernachtete.

Blick in den Altarraum der Klosterkirche St. Marienthal.

Das Rathaus in historisierenden Formen geht auf den berühmten Baumeister Karl-Friedrich Schinkel (1781 bis 1841) zurück, dem die Schinkel-Säule gewidmet ist. Er hatte auch beim Wiederaufbau der klassizistischen Kirche St. Johannis seine Hand im Spiel, denn ursprünglich datiert das Gotteshaus aus der Spätgotik.
Böhmische Bautradition zeigt die gotische Kreuzkirche von 1410 mit ihrem quadratischen Grundriss und dem auf nur einem Mittelpfeiler ruhenden Sterngewölbe.

8 Im Neißetal nordwärts geht es nach **Ostritz**, einem Ort, der bereits 1005 urkundlich erwähnt, und damit älter als alle »bedeutenderen« Nachbarstädte ist.
1243 legte in der Nähe die böhmische Königin Kunigunde den Grundstein zum Zisterziensernonnenkloster Marienthal. Nach einem Brand in der Mitte des 17. Jh. errichtete man Kirche, Konvent und Propstei im damals vorherrschenden Stil des Barock neu. Die Anlage ist reich an Kunstschätzen. Hervorzuheben sind die Ausmalung der Kreuzkapelle durch Giovanni Battista Casanova, den Bruder des bekannten Frauenhelden, die Ausstattung der Bibliothek und der Klosterkirche sowie verschiedene Skulpturen, die bis auf das 15. Jh. zurückgehen. Stärken kann man sich nach so viel Kultur in der Klosterschänke mit uriger Einrichtung.

9 **Görlitz** ist die östlichste deutsche Stadt – und einer der schönsten historischen Orte. Bauliche Einheit aus Renaissance und Barock zeichnet den Untermarkt, das mittelalterliche Herz der Altstadt, aus. Der älteste Teil des Rathauses, das die Westseite beherrscht, datiert von 1378. Eine besonders aufwendige Gestaltung ziert den Schönhof, das älteste bürgerliche Renaissancehaus Deutschlands von 1526. In den Langen Lauben am Markt fand der Tuchhandel statt, der Görlitz reich gemacht hat.

Nördlich vom Markt trifft man au die Pfarrkirche St. Peter und Paul, di Stilelemente von der Romanik übe die Renaissance bis hin zur Neugoti vereinigt.
Durch die von Renaissance- und Ba rockhäusern gesäumte Brüderstraß gelangt man vom Unter- zum auffa lend lang gezogenen Obermarkt Auch er besitzt eine vollkommen ge schlossene Bebauung, hier allerding ist sie rein barock.
Vom Balkon der heutigen Stadtinfor mation hatte schon Napoleon herun tergeblickt. Nach Westen schließe der Rechenbücher Turm und der Ka sertrutz den Platz ab, sie sind Teil der alten Wehranlagen von 1490. I Letzterem ist die Städtische Kunst sammlung untergebracht.
Wer noch etwas Zeit hat, sollte unbe dingt noch einen Abstecher nach Ba Muskau machen, etwa 52 km nörc lich von Görlitz. Hier breitet sic nämlich einer der schönsten Lanc schaftsparks Europas über knap 600 ha im Neißetal aus: die Gartenar lage des Fürsten Pückler-Muskau, de Muskauer Park. Der Abenteurer un Ästhet Pückler schuf hier, angereg durch seine Englandreisen, ein Ge samtkunstwerk nach englischem Vo bild. Der Ort Muskau selbst oder da liebevoll restaurierte Neue Schlos liegen angrenzend an bzw. eingebe tet in den weitäufigen Park.

Am Görlitzer Untermarkt, dem zentralen Platz in der Altstadt, blickt man aus den Laubengängen auf das Rathaus mit dem Uhrenturm.

Wandern & Freizeit

Geologisch interessant wird es bei den Mühlsteinbrüchen Jonsdorf, auf die man auf der 12 km umfassenden Wanderung von **Waltersdorf** zum Luftkurort **Lückendorf** trifft.

Rund 16 km misst eine mittelschwere Wanderung durch das Zittauer Gebirge von **Lückendorf** nach **Zittau**. Sie beginnt in Lückendorf und führt vorbei am Scharfenstein und dem Sandsteinmassiv des Berges Oybin. Danach geht es talwärts nach Hartau. In Richtung Dreiländereck folgt der Weg dann dem Verlauf der Grenze bis Zittau.

Der **Radfernwanderweg (RFW) Sächsisches Mittelgebirge** führt von Neukirch über Taubenheim, Sohland, Neusalza, Obercunnersdorf und weitere Etappen bis nach Zittau durch das Oberlausitzer Bergland und das Zittauer Gebirge. Auf der knapp 100 km langen Strecke laden viele der bewaldeten Kuppen mit Berggasthöfen und wunderschönen Aussichten zum Verweilen ein. Der etwa 60 km lange Abschnitt zwischen Ebersbach und Großschönau folgt weitgehend verkehrsarmen Straßen. Ansonsten fährt man vorwiegend auf gut befestigten Wald- und Wiesenwegen. Die gesamte Route eignet sich für individuell geplante, kürzere Touren, wie z. B. die Strecken Zittau–Großschönau, Neusalza – Obercunnersdorf – Herrnhut oder Neukirch – Taubenheim. Wegen der hügeligen bis gebirgigen Landschaft sollte man ein wenig Kondition mitbringen, Sportler muss man aber nicht sein. Öffentliche Verkehrsmittel wie Busse des ZVON erleichtern die eine oder andere Rückfahrt. Zwischen Oybin/Johnsdorf und Zittau verkehrt die Zittauer Schmalspurbahn.

Eine nette, rund 30 km lange Tagestour auf dem insgesamt 630 km langen Oder-Neiße-Radweg führt von **Zittau** bis nach **Görlitz** entlang der deutsch-polnischen Grenze. Von Zittau geht es flussabwärts durch das romantische Neißetal über Hirschfelde nach Ostritz zum Kloster Marienthal. Von dort gelangt man dann über Hagenwerder, mit Blick auf den Berzdorfer See, weiter bis nach Görlitz. Hier kann man beispielsweise vom Hauptbahnhof mit dem Zug wieder zurück zum Ausgangsort der Tour gelangen. Der weitere Oder-Neiße-Radweg führt über die Kultureinsiedelei bei Zentendorf und Bad Muskau durch Brandenburg und Mecklenburg-Vorpommern bis zum Stettiner Haff.

Der Spree-Radfernwanderweg beginnt an der Spreequelle am Kottmar und führt am Fluss entlang bis ins rund 295 km entfernte Berlin. Der Abschnitt durch die Oberlausitz ist etwa 120 km lang. Eine kurze Tagestour (35 km) beginnt am **Kottmar** (583 m) an der höchsten der insgesamt drei Spreequellen, wo man mit etwas Glück Ausblick bis zum Iser- und Riesengebirge hat. Die Gegend um den Kottmarwald ist sehr hügelig und waldreich. Auf gut ausgebauten und ausgeschilderten Wegen geht es teilweise am Flussufer entlang über Eibau nach Neugersdorf, wo die ergiebigste Spreequelle entspringt, und schließlich weiter nach Ebersbach, wo sich die dritte Spreequelle befindet. Ebersbach bietet einen schönen neu angelegten Stadtpark mit Bäumen und einer großen Spielwiese mit Wasserspielplatz. Schließlich radelt man durch das waldreiche und bergige Umgebindeland über Oppach, Sohland und Obergurig bis nach **Bautzen**.

Eine insgesamt rund 30 km lange Tour führt vom Zentrum **Bautzens** zum Saurierpark und anderen Freizeitparks im Ortsteil Kleinwelka und wieder zurück. Die Strecke entlang der »Sächsischen Städteroute« ist mit einem roten »S« gekennzeichnet und führt vom Rathaus nach Norden stadtauswärts in Richtung Salzenforst. Kurz hinter Temritz quert die Kreisstraße K 7274 den Weg. Hier biegt man rechts ab und fährt weiter in den Bautzener Ortsteil Kleinwelka und praktisch auf den Eingang zum Saurierpark zu (nach 15 km). Neben dem Sauriergarten mit seinen Erlebnisstationen locken auch der benachbarte Irrgarten sowie der Miniaturenpark große und kleine Besucher an. Einkehrgelegenheiten gibt es in den Freizeitparks sowie in unmittelbarer Nähe. Für die Rückfahrt zum Ausgangspunkt der Tour bietet sich der gut ausgebaute Radweg entlang der B96 an.

Von der Mosel an die Saar

Diejenigen, die es eilig haben, können die romantische Tour entlang der Mosel in zwei Tagen bewältigen. Doch die wunderschöne Strecke von der Burg Eltz vorbei an Weinbergen, alten Burgen und idyllischen Ortschaften verleitet immer wieder zum Verweilen. Über die alte Römerstadt Trier geht es dann noch ein Stück saaraufwärts nach Saarburg. Beidseitig der Mosel kann man die wunderbare Landschaft sehr gut per Rad genießen.

❶ Manchmal wird die Fantasie der Kulissenmaler von der Wirklichkeit um Längen übertroffen. Märchenhaft schimmern die Erker und die Türmchen von **Burg Eltz** durch das Laub der umliegenden Wälder. Außer der traumhaften Lage sind die vollständig original erhaltene Bausubstanz und die reiche Schatzkammer einzigartig. Vom 12. Jh. bis zum heutigen Tag besitzen die Grafen von Eltz die auf einem bis zu 70 m hohem Felskopf stehende Anlage, die jeden Sommer mehr als 500 000 Besucher anzieht. Sie gehört zu den bekanntesten Burgen in Deutschland.

❷ Wer die romantische Altstadt des 5000-Seelen-Städtchens **Cochem** in Ruhe erkunden will, sollte früh aufstehen, denn während der Saison zählt der Ort bis zu 20 000 Besucher am Tag. Vom Kapuzinerberg mit der Klosteranlage aus dem 17. Jh. hat man eine wunderbare Aussicht auf die Reichsburg, aber auch eine Fahrt mit der Sesselbahn zur Ruine Winneburg sollte man sich nicht entgehen lassen.
Von Cochem aus lohnt es sich, einen Abstecher nach Daun zu machen. Trotz schwerer Zerstörungen im Zweiten Weltkrieg sind die Pfarrkirche St. Nikolaus, die Reste der Befestigung, das Haus Rodemacher aus dem 16. Jh. und der spätmittelalterliche Waldenhof durchaus eine Besichtigung wert. Das Heimatmuseum präsentiert Funde aus römischer und vorrömischer Zeit, Mineralien und Versteinerungen sowie volkskundliche Exponate. Den eigentlichen Reiz aber macht die landschaftliche Schönheit der südlich gelegene[n] Maare Weinfelder, Gemündener und Schalkenmehrener Maar aus.

Der Pulverturm von Zell, hier malerisch von einem Weinberg ausgesehen.

❸ Moselaufwärts geht es nach eine[r] Besichtigung der Propstei Ebernach weiter in den Winzerort **Beilstein** am Fuße des Klosterbergs. In gut eine[r] Stunde spaziert man vom entzücken[den] Marktplatz mit dem alten Amtshaus vorbei am Zehnthaus von 1577, in dem man ein Weinmuseum eingerichtet hat, und wunderschöne[n] Fachwerkhäusern durch das ehemalige Ghetto. 112 Stufen führen hinauf zur barocken Klosterkirche. Nach dem Aufstieg zur Burgruine Metter[nich] gelangt man durch die Weinberge zurück ins Dorf.

❹ Über Senheim-Senhals geht e[s] weiter nach **Ediger** mit seiner gut erhaltenen Stadtmauer und den zahlreichen historischen Baudenkmälern, die zu den schönsten Fachwerkensembles Deutschlands zählen. Berühmt ist das Geläut der spätgotischen St.-Martins-Kirche. Nach eine[r] Besichtigung der Kapelle der Muttergottes von Einsiedeln führt der We[g] in den Ortsteil Eller, wo sich schon ir[n] 5. Jh. ein Kloster befand.
Daran schließt sich ein Besuch vo[n] Pestkapelle und St. Hilarius an, de[r] mit einer Wanderung über den Ca[l]mot seinen würdigen Ausklang findet. Mit 65 % Hangneigung ist de[r] 378 m hoch aufsteigende Bergrat de[r] steilste Weinberg der Welt.

❺ Über Bremm mit seinem Storchenhaus und der spätgotischen Laurentiuskirche geht es über Alf weiter nac[h] **Enkirch**. Auf der Fahrt sollte man ke[i]nesfalls einen Spaziergang in Ze[ll]

Der Winzerort Beilstein wird von der 1689 zerstörten Burg Metternich auf einem rund 60 m hohen Felssporn überragt.

Über Cochem thront die in ihren Fundamenten aus dem 11. Jh. stammende Reichsburg.

Nicht nur aus der Vogelperspektive betrachtet erscheint die Burg Eltz wie ein wahr gewordenes Märchenschloss, das alle Wirren der Geschichte unversehrt überstanden hat.

Wandern & Freizeit

Etwa eine Stunde dauert der Weg durch das **Eltztal** über den romantischen Fußweg von Moselkern bis zur Burg Eltz.

Eine Moselwein-Wanderung von Cochem nach Bernkastel, eine Orgelwanderung, eine Burgenwanderung, Rundwandertage usw. werden von den einzelnen Moselgemeinden angeboten. Informationen erhält man von der Moselland-Touristik in Bernkastel-Kues *(Tel. 06531/973 30)*.

Auf dem etwa 2 km langen Weinlehrpfad in **Trier** erfährt man auf interessanten Didaktiken viel »Sehenswertes und Merkwürdiges« über Rebsorten und Weinanbau. Entlang des Weges geben viele Hinweistafeln Auskünfte über Rebsorten, Klima und Bodenverhältnisse, u. a. über den für die Mosel typischen Devonschiefer und die Vielseitigkeit der Arbeit des Winzers im Weinberg, von Erziehungsarten sowie Direkt- und Steilzuganlagen. Startpunkt des Lehrpfades ist das römische Amphitheater. Das Ziel befindet sich im Trierer Weinort Olewig, wo man das Ganze mit einer Kellerbesichtigung und einer Weinprobe abschließen kann.

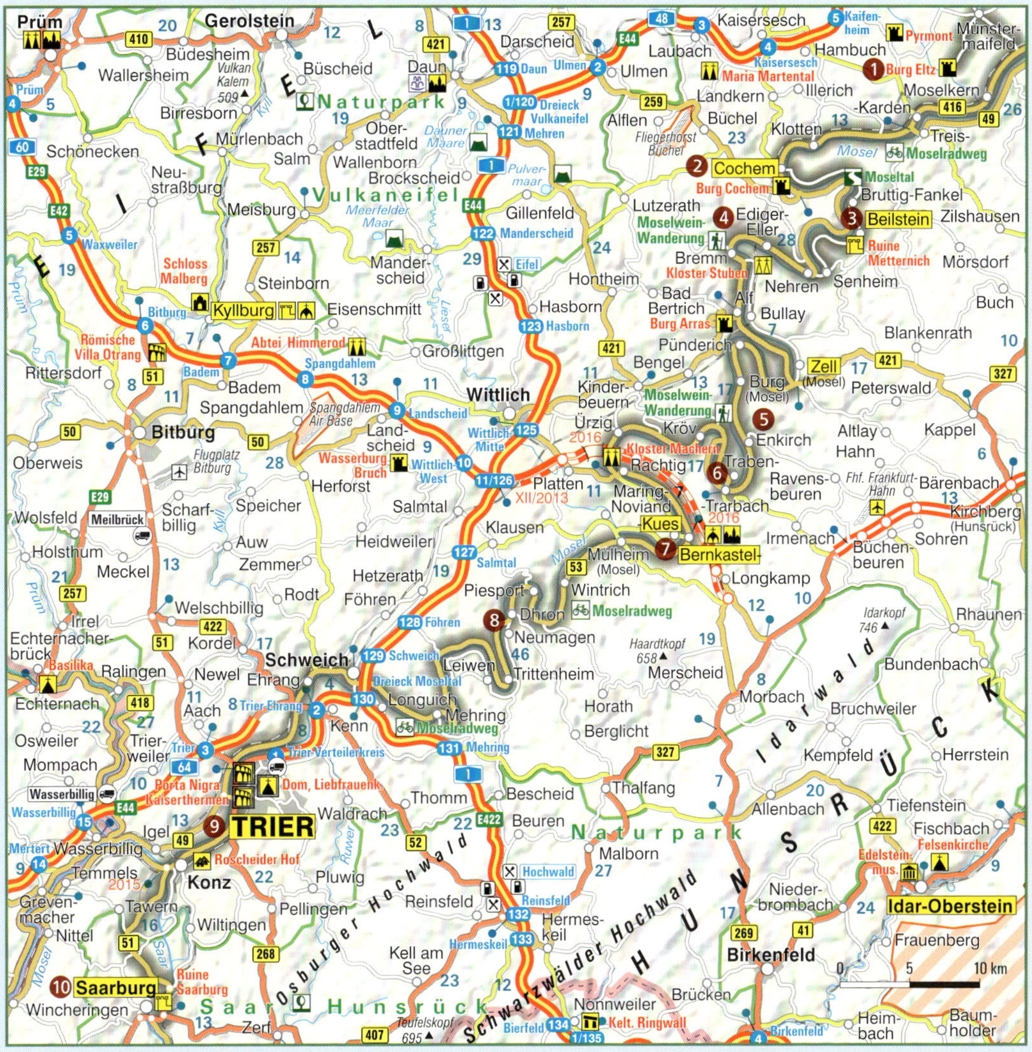

Die Ortsteile Bernkastel (vorne) und Kues (hinten) sind durch zwei Brücken miteinander verbunden, darunter die Moselbrücke.

der Stadt der »Schwarzen Katz«, entlang der Mosel auslassen.

Auch ein kleiner Abstecher in den Hunsrück nach Simmern ist lohnenswert. In Simmern wurde einst der legendäre Räuberhauptmann Johannes Bückler im Schinderhannesturm gefangen gehalten. Die Pfarrkirche St. Joseph besticht durch ihre barocke Ausstattung und in der Pfarrkirche St. Stephan befinden sich die sehenswerten Grabdenkmäler der Pfalzgrafen von Simmern.

Enkirch mit seinen Lagen Steffensberg, Batterieberg und Monteneubel wird auch als »Ankerplatz für Weinkenner« bezeichnet. Keinesfalls sollte man sich nach einem Rundgang durch die malerische Altstadt und einem Besuch der Heimatstuben einen guten Tropfen in der Ratsweinschänke entgehen lassen. Wer es einrichten kann, sollte am ersten Wochenende im August zum allseits beliebten Weinfest anreisen.

Die Pfarrkirche St. Laurentius (links) und die Stadt Saarburg vom Fluss aus gesehen.

Traben-Trarbach an der Mosel lädt mit seinen Jugendstilbauten und weitläufigen Weinkellern zu einem Besuch ein.

❻ Mit Jugendstil vom Feinsten kann **Traben-Trarbach** aufwarten, aber auch ältere historische Gebäude und zahlreiche Weinkneipen verleihen der Doppelstadt ihren Charme.

Auf der Starkenburg trotzte die wehrhafte Lauretta einst den unverschämten Ansprüchen des Erzbischofs Balduin, den sie kurzerhand als Geisel nahm. Vom Lösegeld erbauten ihre Söhne um 1250 die Grevenburg, die in den Reunionskriegen 1735 von den Truppen Ludwigs XIV. gesprengt wurde. Ein Meisterwerk der Festungsbaukunst ist Mont Royal, eine Anlage, von der heute leider nur noch eine Ruine erhalten ist.

❼ **Bernkastel-Kues** wurde weder von französischen Truppen noch von den gefürchteten Feuersbrünsten im 19. Jh. heimgesucht. Deshalb ist der Ort an der Mittelmosel in seiner mittelalterlich-romantischen Ursprünglichkeit erhalten geblieben. Die verwinkelten Gässchen mit ihren hübschen Fachwerkhäusern, das alte Rathaus, die Stadtkirche St. Michael, das Graacher Tor, in dem das hübsche Heimatmuseum untergebracht ist, die wunderschöne Aussicht von der Landshut, einer Burgruine aus dem 16. Jh., das Weinmuseum (s. u.) und das Nikolaushospital, das der Humanist Nikolaus von Kues im Jahr 1458 stiftete, locken jährlich abertausende von Besuchern an.

An Nikolaus Cusanus, den berühmten mittelalterlichen Gelehrten, erinnert außerdem sein Geburtshaus in Kues und der »Bernkasteler Doctor« – der Legende nach ein Wein, mit dem Cusanus einst den schwer kranken Bischof kurierte.

In Bernkastel-Kues informiert das Weinmuseum über die Geschichte des Mosel-Weinbaus und zeigt viele Geräte und Werkzeuge der Winzer sowie eine Sammlung wertvoller Trinkgefäße. Das Weinfest findet jedes Jahr zu Peter und Paul statt. Dort wird dann der berühmte »Doctorwein« ausgeschenkt. Auch eine Kellerbesichtigung der Winzergenossenschaft sollte man sich keinesfalls entgehen lassen.

❽ Bei **Neumagen-Drohn** traf die römische »Via ausonia« auf die Mose Kaiser Konstantin ließ hier ein Kastel errichten und der Sage nach soll Siegfrieds Mörder Hagen von Tronje vo der Nicetiusburg stammen, die angeblich hier stand. Entsprechen reichhaltig sind die Funde, die ma im Heimatmuseum und auf dem a chäologischen Rundweg bewunder kann. Das berühmte Weinschiff, da einst als Grabmal eines römische Weinhändlers diente (um 220 r Chr.), und die Schulszene sind jedoc im Rheinischen Landesmuseum i Trier zu besichtigen. Auf der Weite fahrt kann man einen Zwischenstop in Trittenheim einlegen und hier d St.-Laurentius-Kapelle besichtigen.

Die Porta Nigra von Trier fungierte einst als Nordtor der römischen Stadtbefestigung.

Blick zum Hochaltar in der Domkirche St. Peter zu Trier.

9 »Roma secunda«, das zweite Rom, nannten die Römer »Augusta Treverorum« und tatsächlich war **Trier** unter Kaiser Diokletian die Hauptstadt des weströmischen Teilreiches.

Das imposanteste Zeugnis aus der Antike ist die Porta Nigra, ein um das Jahr 180 entstandener Repräsentationsbau, der später in die Verteidigungsanlagen integriert wurde. Das Schwarze Tor wurde im 11. Jh. zu einer Doppelkirche umgebaut. Im Jahr 1794 wurde das Gebäude schließlich von französischen Truppen geplündert und größtenteils demontiert.

Im Simeonsstift befindet sich das Stadtmuseum. Ebenfalls noch aus römischer Zeit stammen Thermen, das Amphitheater und die Römerbrücke.

Ob nun »Paffennest«, wie Goethe abschätzig urteilte, oder Metropole des christlichen Abendlandes – Trier ist reich an bedeutenden Sakralbauten. Im Dom lockt der Heilige Rock seit Jahrhunderten Tausende von Pilgern an. Darüber hinaus gibt es eine Reihe sehenswerter Profanbauten und der Hauptmarkt gilt als einer der schönsten Plätze Europas. Man benötigt schon zwei Tage um allein die wichtigsten Sehenswürdigkeiten besuchen zu können.

Seit 2000 Jahren wird in Trier Wein angebaut und verkauft. Von den insgesamt 350 ha Rebfläche befinden sich die besten Lagen in Eitelsbach und Avelsbach. Zweimal im Jahr werden dort die besten Gebietsweine öffentlich versteigert.

10 Zwischen Burgberg, Leukach und Saar lockt **Saarburg** mit seinem historischen Stadtkern. Nachdem Stadt und Burg in den Reunionskriegen zerstört worden waren, baute man den Ort und Schloss Warberg in barockem Stil neu auf.

Die Leuk stürzt mitten in der Stadt 20 m in die Unterstadt mit ihren alten Fischer- und Fischerhäusern hinab. Ins Ferienzentrum Warberg gelangt man mit einer Sesselbahn und kann von dort die Aussicht genießen.

Wandern & Freizeit

Der rund 304 km lange **Moselradweg** beginnt in Metz in Frankreich und endet am Deutschen Eck in Koblenz, an der Mündung der Mosel in den Rhein. Der Abschnitt zwischen Trier und Koblenz ist etwa 190 km lang und durch grüne Schilder, mit einem weißen Fahrrad als Logo, markiert. Die Route verläuft ausnahmslos auf asphaltierten Wegen. Um dem Autoverkehr möglichst aus dem Weg zu gehen, wechselt die Radroute mehrfach die Moselseite. Nur zwischen Cochem und Kobern-Gondorf verläuft der Radweg auf einem Radstreifen direkt neben der Bundesstraße.

Von **St. Aldegund** bis **Trier** führt eine abwechslungsreiche Fahrradstrecke über den ausgeschilderten Moseluferpfad. Der Moselradweg bietet sich aber auch für kürzere, individuell geplante Radtouren an.

Eine rund 23 km lange Radtour führt auf dem Moselradweg von **Neumagen** nach Bernkastel. In diesem Abschnitt fließt die Mosel in herrlichen Schleifen durch eine Landschaft mit hohen Weinbergen und malerischen Orten. Die Route startet in Neumagen und führt nach Überquerung der Mosel auf der linken Seite flussabwärts. Entlang steiler Weinberge geht es nach Ferres und weiter Piesport, wo verschiedene Weingüter zur Verkostung einladen. Bei Piesport wechselt der Radweg wieder auf das rechte Moselufer. Von dort aus sind weitere Etappen Wintrich, Filzen, Brauneberg, Mülheim und Andel. Schließlich erreicht man in Bernkastel am großen Parkplatz zwischen Mosel und Bundesstraße die letzte Etappe. Wer wieder zurück nach Neumagen möchte, kann dies z. B. per Schiff tun. In der Regel nehmen Schiffe auch Fahrräder gegen Aufpreis (2–5 Euro) mit.

Ein schöner Spazierweg führt vom Klosterberg in **Beilstein** vorbei an Kirche und Marienkapelle zur Burgruine Metternich. Über die Armesünderkapelle und den jüdischen Friedhof geht es über die Weinberge zurück ins Dorf.

Eine etwa 4,5 km lange Wandertour führt auf den **Petrisberg**, den »Hausberg« der Trierer. Man wandert größtenteils auf asphaltierten Wegen. Die Tour startet in Trier am Kreuzweg/Ecke Kurfürstenstraße und führt hinauf zum Fernsehturm. Die etwa 120 m Höhenunterschied führen zum Teil über Treppen dorthin. Der Lohn für die kleine Anstrengung ist ein beeindruckender Ausblick auf die Stadt und in das weite Moseltal. Dann geht es weiter in den Petrispark mit dem Turm Luxemburg und einem Abenteuerspielplatz. Anschließend geht man dem Weg wieder zurück und folgt an der Abzweigung links der Baumallee »Beim alten Weingarten« in Richtung Petrisberg. Vom Aussichtspunkt bietet sich wieder ein herrlicher Ausblick auf Trier. Anschließend folgt man dem Fußweg bergab vorbei am Kloster Sankt Klara. Am »Hotel Petrisberg« führt ein Serpentinenpfad durch den Wald hinab ins Tal.

Ebenfalls abwechslungreich zeigt sich das Moseltal zwischen **Trier** und **Neumagen-Drohn**. Hier kann man eine etwa 40 km lange Radtour auf dem Moselradweg machen. Die Strecke ist durchgehend asphaltiert und beinhaltet keine nennenswerte Steigungen. Mit dem Schiff (Fahrrad gegen Aufpreis, zwischen 2–5 Euro) oder per Bus *(www.regio-radler.de)* geht es von Trier nach Neumagen-Drohn. Von dort geht es flussaufwärts entlang steiler Weinberge und charakteristischer Flussschleifen Richtung Trier. Auf dem Weg laden Straußwirtschaften und Winzerhöfe zu Zwischenstopps ein. Bis Longuich liegt der Weg auf dem rechten Moselufer. Lohnenswert sind Abstecher zu den Römischen Villen in Longuich und im davor liegenden Mehring. Hinter Longuich wechselt man die Uferseite und fährt auf dem linken Moselufer weiter. Kurz vor Trier wechselt die Route zum letzten Mal die Uferseite.

In **Riol** lockt eine Allwetterrodelbahn große und kleine Besucher an. Die knapp 1200 m lange Bahn sorgt mit Kurven, Wellen und Kreiseln für Vergnügen. Für das leibliche Wohl sorgt die Gastronomie in der Talstation.

Von der Ahr ins Rheintal

Bad Neuenahr ist der Ausgangspunkt dieser Vier-Tages-Tour. Wer allerdings auf die unbedingt empfehlenswerten Weinproben nicht verzichten will, sollte das Auto öfter einmal stehen lassen, sich etwas mehr Zeit nehmen und den Rhein zwischen Koblenz und Mainz in aller Ruhe erkunden.

Die Marksburg (links) bei Braubach ist die einzige nie zerstörte Höhenburg am Mittelrhein.

❶ Nach **Bad Neuenahr-Ahrweiler** kommt man zum Kuren oder genießt den guten Rotwein von der Ahr. Aber auch die Stadtkirche St. Laurentius aus dem 14. Jh., die Stadtbefestigung und das Ahrgaumuseum in Ahrweiler oder die Pfarrkirche St. Willibrord sowie die Ruine der im Jahr 1206 von König Philipp erbauten Burganlage in Bad Neuenahr sind sehenswert.
In der Spielbank stehen einarmige Banditen und Roulettetische bereit, an denen die Besucher ihr Geld lassen sollen – aber so mancher hat auch schon gewonnen.
Die Weinorte des Ahrtals in der Nordeifel drängen sich dicht an dicht an diesem Nebenfluss des Rheins. Die Ortschaften wie Mayschoß, Dernau oder Marienthal mit ihren Burgruinen und Weinbergen lassen sich am besten auf dem Rotweinwanderweg erkunden, der im malerischen Altenahr beginnt.

❷ Der **Laacher See** ist das größte der Maare in der Vulkaneifel. Seit dem 12. Jh. steht an seinem Südostrand ein Benediktinerkloster, dessen Abteikirche zu den am besten erhaltenen Bauwerken der deutschen Romanik zählt. Nach über 110 Jahren Bautätigkeit wurde das Gotteshaus von Maria Laach um 1230 vollendet. Die Nikolauskapelle hat einen romanischen Westturm, während Langhaus und Chor von 1757 stammen. Die übrigen Klostergebäude wurden durch einen Brand im Jahr 1855 stark beschädigt und in veränderter Form wieder aufgebaut.

❸ Schon die Römer errichteten in **Andernach** ein Grenzkastell, dann folgten ihnen die Franken nach und im Mittelalter entwickelte sich die Stadt zu einem wichtigen Handelszentrum. Bedeutende Sakralbauten sind die Liebfrauenkirche aus dem 12. Jh. und die gotische Christuskirche. Der 1554 fertig gestellte Rheinkran wurde bis 1911 benutzt und ist immer noch betriebsfähig.

❹ Am Zusammenfluss von Mosel und Rhein hatten schon die alten Römer ein Militärlager errichtet. An Architektur hat **Koblenz** so ziemlich alles zu bieten, was der Rheintourist erwartet: mittelalterliche Kirchen, prachtvolle Residenzen und die für den Rhein so typische Burgenromantik. Neben einem Besuch des Mittelrheinischen Museums sollte man auch eine Besichtigung des Museums für zeitgenössische Kunst einplanen.

❺ Wenige Kilometer flussaufwärts beherrscht die mehrfach zerstörte und wieder aufgebaute **Burg Lahneck** das verträumte Städtchen Lahnstein. Stolze Bürgerhäuser, mittelalterliche Kirchen, Reste der Stadtbefestigung, Hexenturm, Altes Rathaus und die Martinsburg verlangen schon etwas Zeit zur Besichtigung.
Noch immer sieht man Bad Ems an der Lahn den Glanz vergangener Zeiten an. Die großzügige Bäderarchitektur aus Kaisers Zeiten lässt auch heute noch Kurgäste staunen. Allen voran beeindrucken die russisch-orthodoxe Kirche und das wunderschöne Schloss Balmoral.

❻ Seit der Herrschaft der Franken hat der kleine Ort **Braubach** allerlei verschiedene Machthaber kommen und gehen sehen. Auf einem Schieferfelsen thront die Marksburg, die seit dem 13. Jh. immer wieder umgebaut und erweitert wurde. Außerdem gibt es einige alte Kirchen, historische Fachwerkhäuser, die Dinkholder Mühle und die Philippsburg zu sehen.

Wandern & Freizeit

Etwa drei Stunden dauert die Radtour von **Bad Neuenahr** durch den Ringener Wald auf dem Rotweinwanderweg nach **Ahrweiler**.

Der über 35 km lange **Rotweinwanderweg** lädt natürlich auch zu verschiedenen, kürzeren Wanderungen ein. Der mit der Markierung »rote Traube auf weißem Grund« gekennzeichnete Weg führt durch Rebhänge und Weinberge sowie vorbei an Burgruinen und malerischen Winzerdörfern. Auf der Tour laden gemütliche Weinstuben, tolle Weinkeller und berühmte Genossenschaften zum Rasten und zu einen Schoppen ein.

Gut vier Stunden sollte man schon einplanen, wenn man den Radweg an der B 9 von **Oberwesel** bis zur **Moselmündung** folgen möchte.

Eine gemütliche und leichte Wanderung ermöglicht der **Ahrtalweg** (Schwarzes »A« auf weißem Spiegel). Die etwa 81 km lange Route führt von der Ahr-Quelle bei Blankenheim bis zur Mündung in den Rhein bei Sinzig und lässt sich in kürzere Abschnitte einteilen. Von **Blankenheim** bis **Schuld** verläuft die Strecke als Hangweg durch die Eifellandschaft. Dann geht es immer am Ufer der Ahr entlang durch eine abwechslungsreiche Flusslandschaft und malerische Dörfer.

Vom gegenüberliegenden Rheinufer hat man einen guten Blick auf die Festung Ehrenbreitstein bei Koblenz.

Prächtig zeigt sich der Innenraum der Pfarrkirche St. Laurentius in Ahrweiler, deren Kreuzrippengewölbe von starken Rundpfeilern getragen werden.

Malerisch zeigen sich Bacharach und der Rhein vom Weinberg aus gesehen.

Die Loreley-Fähre verbindet St. Goarshausen (unten) und St. Goar am anderen Rheinufer.

7 Zu Anfang des 5. Jh. zogen die Römer aus »Bodobrica«, dem heutigen **Boppard**, ab. Sie ließen eine Stadtbefestigung zurück, die im Mittelalter massiv erweitert wurde und heute noch teilweise erhalten ist. Die Pfarrkirche St. Severus geht auf das 5. Jh. zurück und hatte ihr heutiges Aussehen im 13. Jh. erhalten. Die ehemalige kurfürstliche Burg aus dem Jahr 1499 beherbergt heute das Museum der Stadt Boppard.

8 Hoch über **St. Goar** erhebt sich die Ruine der Festung Rheinfels, die 1796 von französischen Revolutionstruppen zerstört wurde. Der Ort besticht durch seine schönen Fachwerkhäuser, die ehemalige Stiftskirche aus dem 11. Jh. und die Reste der Befestigung mit Kanzlei- und Hexenturm.

9 Auf dem 132 m hohen Felsen be **St. Goarshausen** kämmt die Lorele ihr Haar und lockt die Rheinschiffe ins Verderben – so jedenfalls berichtet es die von Clemens von Brentanc überlieferte Legende. Internationa ist das Programm der Freilichtbühne Dass auch Ritter untereinander nicht immer die besten Freunde waren, bezeugen die Namen zweier nahe gelegener Burgen: Katz und Maus.

10 Alles, was den Rhein so romantisch macht, ist auch in **Kaub** zu fin den: Wein, alte Stadtmauern, schönes Fachwerk, die Burg Gutenfel oder die Pfarrkirche St. Trinitas. Da Wahrzeichen der Stadt aber ist di Burg Pfalzgrafenstein auf de Rheininsel. Sie ließ Ludwig der Baye im Jahre 1327 errichten. Silveste 1814/1815 setzte »Marschall Vorwärts« mit seinen preußischen Truppen hier über, um Napoleon endgültig in seine Schranken zu weisen Daran erinnern das Blücher-Museum und ein Denkmal.
Im an Burgen reichen Wispertal lieg das Weinstädtchen Lorch, dort kan man mit etwas Glück im »Felsenkeller« an einer der stimmungsvollster Weinproben der Region teilnehmen.

11 In **Bacharach** sind St. Peter au dem 13. Jh., St. Nikolaus aus de 17. Jh., die Kapelle St. Joseph vo 1758 und die Ruine der Werner-Ka

Wandern & Freizeit

Der Kletterpark von **Bad Neuenahr** lässt die Herzen von großen und kleinen Freunden des Klettersports höher schlagen. Auf rund 7 ha Waldfläche gibt es mehr als 60 Kletterelemente zwischen den Bäumen in bis zu 13 m Höhe, 6 Seilbahnen mit bis zu 90 m Länge, Kletterhighlights wie den Tarzansprung aus 9 m Höhe und vieles mehr im Angebot. Die sogenannte Megaseilbahn führt in einer Höhe von bis zu 35 m und über eine Strecke von 450 m über das Tal der Paradieswiese hinweg. Vor dem Park gibt es einen Spielplatz und Grillmöglichkeiten. Die Nutzung der Kletterelemente des Parcours für Kinder ist ab einem Alter von 4 Jahren und 1 m Größe geeignet.

Eine idyllische, etwa 3 Stunden dauernde Rundwanderung um den **Laacher See** verspricht herrliche Ausblicke auf den See und das Kloster **Maria Laach**. Die Route beginnt am Parkplatz beim Kloster und führt von dort über den Campingplatz auf den Rundwanderweg (Wegmarkierung »Schwarzer Winkel«). Von dort geht es weiter durch einen Buchenwald steil hinauf zu einem weiteren Parkplatz sowie zur Landstraße L 113, die überquert wird. Schließlich erreicht man unweit des Hotels waldfrieden den Lydiaturm, der eine wundervolle Aussicht auf den See und die Umgebung zulässt. Vom Parkplatz an der L 113 folgt man der Markierung »N« und gelangt durch ein Waldstück zur Schutzhütte Rotschleife. Von dort folgt die Strecke dem Wegweiser »Höhenrundweg« bis zu einer Gabelung. Es geht nach rechts in Richtung Lorenzfelsen und wieder hinab in einen Buchenwald. Anschließend folgt man dem nach kurzer Zeit einmündenden Querweg nach rechts bis zum Waldende bei Roßtal. Dort geht es auf einer Straße nach Maria Laach zurück.

Eher etwas für geübte Mountainbiker ist die Radtour vom Kloster in **Kamp-Bornhofen** um den Osterspaier Wald nach **Braubach**.

Vom Marktplatz in **St. Goarshausen** kann man gemütlich zur Burg Katz spazieren, dann über die Freilichtbühne hinauf zur Loreley und über den Treppenweg zurück.

Der 5,5 km lange Erlebnispfad quer durch den **Binger Wald** wurde als Rundweg und speziell für Familien mit Kindern konzipiert. Die Route ist mit dem lustigen Logo »Binger Waldmaus« ausgeschildert und enthält 21 Stationen. An einigen erfährt man etwas über den Alltag und über das Leben im Wald an den Rheinhängen und welche Baum- und Tierarten es dort gibt. Unter Anderem kann man sich mit Maus, Eichhörnchen oder Hirsch im Weitsprung messen, auf dem Waldxylophon spielen und über eine 40 m lange Hängebrücke eine Schlucht überqueren. Auf dem Weg befindet sich auch die Villa Rustica, ein römischer Gutshof und seit April 1999 eine archäologische Ausgrabungsstätte. Die Besucher können die Stätte nicht nur besichtigen, sondern nach Absprache auch an Ausgrabungen (unter Anleitung) teilnehmen. Nähere Informationen sind beim Forstamt Bingen erhältlich *(Tel. 06742/801 30 oder der Stadt Bingen Tel. 06721/ 18 40).*

Eine mehrstündige Radttour führt durch die berühmte Weinbauregion am oberen Rheingau. Die Tour beginnt in der Wein-, Sekt- und Rosenstadt **Eltville** und führt über Walluf, der ältesten Weinbaugemeinde des Rheingaus nach Kiedrich, dem gotischen Weindorf. Auf dem weiteren Weg bietet sich ein Besuch im Kloster Eberbach sowie eine gemütliche Einkehr in einer der zahlreichen Gutsschänken in Hattenheim oder Erbach an. Schließlich geht es dann am Rheinufer entlang wieder nach Eltville zurück.

Auf einer Rheininsel liegt Burg Pfalzgrafenstein, auch die »Pfalz bei Kaub« genannt.

Burg Ehrenfels liegt westlich von Rüdesheim; unterhalb das Zollhaus auf einer Rheininsel.

pelle die wichtigsten Kirchen der Umgebung. Eine Jugendherberge befindet sich in Burg Stahleck aus dem 12. Jh. Hier beendeten Welfen und Staufer 1194 ihre Feindschaft.
Vielleicht haben schon die Merowinger in Bacharach Wein angebaut und natürlich getrunken. Das Museum zum Zunftturm belegt jedenfalls, dass man schon vor vielen hundert Jahren keine Mühen scheute um einen guten Tropfen zu keltern.

⑫ An der Nahemündung liegt **Bingen**, das vor allem wegen der berühmten Mystikerin Hildegard bekannt ist, die im 12. Jh. die Abtei Rupertsberg gründete. In der Burg Klopp aus dem 13. Jh. befindet sich heute das Heimatmuseum. Sehenswert sind außerdem die Pfarrkirche St. Martin, der Rheinkran aus dem 16. Jh. und der Mäuseturm.
Bingen ist ein guter Ausgangspunkt, um mit dem Fahrrad die romantische Landschaft entlang des Rheins bis nach Koblenz zu genießen. Und sich hier zu verfahren ist nahezu unmöglich, die Radwege zu dieser Tour befinden sich jeweils auf beiden Rheinuferseiten.
Außerdem bietet sich von Bingen auch ein kurzer Abstecher nach Bad Kreuznach an. Die Altstadt ist mit den Brückenhäusern am Naheufer besonders malerisch. Einen Besuch lohnen die Römerhalle mit Mosaiken und die gotische St.-Nikolaus-Kirche. Als Radon-Solbad ist der Kurort am Rand des Hunsrücks besonders Rheumakranken zu empfehlen.

⑬ Im Weinort **Rüdesheim** drängen sich auf der Drosselgasse Touristen aus aller Herren Länder.
Im Jahr 1885 wurden 75 Tonnen Bronze für den Guss der Germania verwendet. Das Niederwalddenkmal als Sinnbild allen Deutschtums kann man mit einer Seilbahn erreichen.
Rüdesheim ist sicherlich einer der beliebtesten – und wohl auch »touristischsten« – Weinorte am Rhein. Wer das deutsche Wesen eher im deutschen Wein zu finden hofft, sollte auf jeden Fall dem Weinmuseum einen Besuch abstatten. Die Römer brachten den Wein an den Rhein, von wo er seitdem nicht mehr wegzudenken ist – viele Lieder singen davon. Ob Riesling oder Spätburgunder – an den steilen Hängen des Mittelrheins findet man noch einige Weingüter, deren Besitzer mit viel Liebe zur Sache zu Werke gehen und wahre Spitzenweine hervorbringen.
Eine nette Abwechslung hierzu bietet beispielsweise die »Riesling-Route« an. Dabei benötigt man mit dem Fahrrad etwa zwei Stunden von Rüdesheim nach Walluf. Die nicht allzu schwere Tour führt über die Etappen Eibingen, Geisenheim und Schloss Johannisberg weiter nach Winkel, Mittelheim und Oestrich bis nach Hallgarten.

⑭ Etwas abseits vom Trubel des Massentourismus kann man sich in **Eltville** in einer der vielen Weinwirtschaften einen Rheingau-Riesling gönnen. Bürgerhäuser aus dem 16. und dem 17. Jh. sorgen für eine gemütliche Atmosphäre. Schon im 19. Jh. machte Eltville sich auch als Rosenstadt einen Namen. So bietet sich heute ein Spaziergang am ehemaligen Burggraben sowie entlang des Rheinufers an. Hier blühen in den Sommermonaten über 20000 Rosenstöcke in voller Pracht. Einige der mehr als 350 verschiedenen Sorten gelten als historisch und sind Raritäten.
Schließlich befindet sich im gut erhaltenen Wohnturm der Burgruine eine Gutenberg-Gedenkstätte.

⑮ Endstation der Tour ist die Landeshauptstadt **Mainz**. Im Mittelalter waren die Mainzer Erzbischöfe mächtige Männer, da sie zugleich auch Kurfürsten waren. Daran erinnert der repräsentative Dom St. Martin und St. Stephan, eine der bedeutendsten romanischen Kirchen Deutschlands. Das kurfürstliche Schloss wurde mehrmals zerstört, heute hat man im Ostflügel das Römisch-Germanische Zentralmuseum eingerichtet.
Das von Jacobsen 1974 fertig gestellte Rathaus ist ein gelungenes Beispiel für moderne Architektur.

Abendstimmung auf dem Restaurantschiff »Pieter van Aemstel« bei Mainz-Kastel.

Das Langhaus des Mainzer Doms – hier von Innen – ist knapp 60 m lang.

Imposantes Fachwerk und große Kirchen an der Lahn

Diese Route, die aus dem Tal der Eder zu den Höhepunkten entlang der Lahn führt, kann man in drei bis vier Tagen »erfahren«. Prächtiges Fachwerk, Burgen, Schlösser und eine schöne Natur laden zur aktiven Erkundung ein.

Ein Lettner trennt Chor und Hauptschiff der Elisabethkirche in Marburg.

❶ Im Waldecker Land liegt am rechten Ufer der Eder das Fachwerkstädtchen **Frankenberg**. Zwischen Obermarkt und Untermarkt steht das Rathaus. Es ist der erste neuzeitliche Fachwerkbau Hessens. Er wurde 1510 errichtet und gewinnt seine optische Leichtigkeit durch die zehn schlank emporragenden Turmspitzen. Auf das Jahr 1538 geht der Steinbau des Obersten Brauhauses zurück, das Steinhaus am Ostende des Obermarkts ist noch einige Jahrzehnte älter. Hochgotisch zeigen sich die im 14. Jh. errichtete Liebfrauenkirche und die an sie nachträglich angegliederte Marienkapelle.
Zwischen Frankenberg und Marburg erstreckt sich der nur mäßig hohe Burgwald, der sich für kleinere Wanderungen anbietet.

❷ Werden und Wachsen von **Marburg**, der ersten Hauptstadt Hessens, hingen unmittelbar mit der fromm-asketischen thüringischen Landgräfin Elisabeth zusammen. Sie hatte die Wartburg 1227 verlassen und ein Jahr später das hiesige Schloss zum Witwensitz erkoren. Nach ihrer Heiligsprechung 1235 entwickelten sich ihr vom Deutschen Orden betreutes Grab und damit auch Marburg zu einem Wallfahrtszentrum.
Nach der Abspaltung Hessens von Thüringen im Jahre 1248 machten die hessischen Landgrafen Marburg zu ihrer Residenzstadt. Heinrich I., Elisabeths Enkel, ließ die thüringische Burg zum hessischen Schloss ausbauen. Außergewöhnlich sind die von der französischen Gotik beeinflusste Schlosskapelle mit dem Christophorus-Bild, der Saalbau aus dem 14. und der Wilhelmsbau aus dem 15. Jh.
Ebenfalls französischen Einfluss verrät die Elisabethkirche. Von ihrer Ausstattung her sind der Kreuzaltar, der Marienkrönungsaltar, der Hochaltar, der Schrein der hl. Elisabeth und die Glasfenster hervorzuheben. Der Südchor der Elisabethkirche diente als Grablege der Landgrafen.
Herz der Altstadt sind Ober- und Untermarkt. Der Erstere ist der meistfotografierte Teil Marburgs, ein Ensemble von Fachwerkhäusern aus dem 16. Jh., den Zweiten schließt nach Süden hin das Rathaus von 1524 ab. Marburg ist eine lebendige Universitätsstadt mit einem Umland, das mit verschiedenen Rad- und Wanderwegen, die häufig entlang der Lahn führen, abwechsungsreiche Ausflugsmöglichkeiten bietet.

❸ Als Landgraf Moritz von Hessen-Kassel 1607 die lutherischen Professoren aus Marburg vertrieb, schlug die große Stunde von **Gießen**, das damals zu Hessen-Darmstadt gehörte. Die Stadtväter nahmen die Gelehrten auf und gründeten eine Universität. Hier lehrten u. a. Conrad Wilhelm Röntgen und Justus von Liebig, dessen Namen die Universität seit 1946 trägt. Heute ist die Hochschule in wichtigen Gebäuden wie dem Neuen Schloss und dem Zeughaus untergebracht. In der Innenstadt sollte man dem viergeschossigen Haus Leib, einem Adelssitz des 14. Jh. in Fachwerkbauweise, einen Besuch abstatten.
In der nahen Umgebung laden bei Heuchelheim ehemalige Baggerseen zur Naherholung beim Baden, Segeln, Surfen, Wasserskilaufen, Radfahren oder Angeln ein.

❹ In »Die Leiden des jungen Werthers« hat Goethe seine Erlebnisse während der Zeit am Reichskammergericht von **Wetzlar** verarbeitet. So wie sich 1772 der Dom St. Maria dem Dichter als bauliches Konglomerat von Romanischen und Gotischen Elementen zeigte, sehen auch wir ihn heute noch. Im 15. Jh. wurde der markante Südturm des neuen Westbaus fertiggestellt, hielt aber noch

Heute finden im Marburger Schloss auch Konzerte und Theateraufführungen statt.

Wandern & Freizeit

Der **Lahn-Radweg** ist eine bis zu 245 km lange Mehrtages-Radtour durch eine abwechslungsreiche Mittelgebirgslandschaft. Die Lahnquelle im Rothaargebirge markiert den Startpunkt und Lahnstein das Ende der Tour. Bei Tagesetappen von 40 bis 65 km Länge ist die Radtour für sportliche Fahrer in sechs Tagen zu bewältigen, wobei Zeit für die Besichtigungen des ein oder anderen Städtchens einkalkuliert ist. Bei weniger Zeit kann die Tour verkürzt werden: Der Start erfolgt in Marburg und im Kurort Bad Ems kann man sich zum Abschluss der Tour erholen.
Der Marburger Fahrradreisenspezialist Velociped bietet unterschiedliche organisierte Touren an. Übernachtung in ausgewählten Hotels, Gepäcktransport und Leihräder gehören dann zum Angebot *(www.velociped.de)*.

Der **Lahn-Eder-Radweg** verbindet von der Gemeinde Lahntal/Ortsteil Sarnau die Lahn mit Frankenberg an der Eder. Die Strecke führt über 29 km parallel zur Burgwaldbahn, meist durch das schöne Tal der Wetschaft, der westlichen Begrenzung des Burgwaldes. Über Wetter, Münchhausen und Wiesenfeld geht es nach Frankenberg. Die Strecken führen auf gut ausgebauten Wegen oder verkehrsarmen Straßen entlang. Die Rückfahrt kann mit der Burgwaldbahn angetreten werden.

Die Alte Lahnbrücke in Wetzlar entstand im 13. Jh.; sie ist eine der ältesten Brücken Hessens.

Fast 400 m lang erstreckt sich die Anlage des Weilburger Schlosses hoch über der Lahn.

immer an seiner romanischen Urform fest, auch wenn die Ausstattung des Inneren bis zu Goethes Zeiten noch reicher war. Im Zweiten Weltkrieg ging viel verloren, erhalten blieben aber das Vesperbild aus dem 14. Jh. und der schmiedeeiserne Kronleuchter aus dem 16. Jh.

Als ganz neu hat Goethe die Hospitalkirche erlebt, die 1755–1764 errichtet wurde. Als man das benachbarte Bürgerhospital erbaute (1784), hatte der Dichter Wetzlar bereits wieder verlassen.

In Wetzlar, das im Rahmen einer Gebietsreform auch für einen kurzen Zeitraum mit Gießen zu Lahnstadt politisch und verwaltungsmäßig vereinigt worden war, beginnt für viele Wasserwanderer das Lahnerlebnis.

5 Hochmittelalterliche Türme prägen die romantische Skyline von **Braunfels**. Der Kern des Schlosses geht auf das Jahr 1260 zurück. Trotz des Märchenhaften der Burg ist nicht alles alt, was alt aussieht. Nach einem Großbrand im Jahre 1679 wurde fast die gesamte Anlage barock überarbeitet. In der ersten Hälfte des 19. Jh. ordnete Fürst Ferdinand an, die Kernburg mit mittelalterlichen Ecktürmen und einem Zinnenkranz zu bewehren. Der scheinbar alte Bergfried sowie der Nordtrakt entstanden erst zwischen 1881 und 1885. Das erfreulich geschlossene Stadtbild wird von Fachwerkhäusern aus dem Barock bestimmt.

6 Die mit Abstand älteste Burg an der Lahn ist die **Weilburg**, die hoch über einer Lahnschleife die gleichnamige Stadt dominiert. Eine erste Feste auf der Höhe über der Lahnschleife gab es bereits in merowingischer Zeit, ihr folgte im 9. Jh. ein konradinischer Bau und diesem im 14. Jh. wiederum eine Feste der Herren Nassau-Weilburg. Auf diesen Fundamenten entstand ein den Loire-Schlössern durchaus vergleichbares Renaissanceanwesen. Die weitläufige Anlage besteht aus mehreren Baukomplexen. Der schönste Teil ist das Renaissanceschloss aus dem 16. Jh., dessen von Arkadengängen, Treppentürmen, Portalen und Galerien geprägte vier Flügel sich um einen Innenhof gruppieren. Später wurde dem Repräsentationswillen der Besitzer entsprechend eine Barockanlage mit formalem Garten hinzugefügt.

Unter Fürst Johann Ernst (1675 bis 1719) entstanden die beiden Orangeriegebäude im Stil des Barock und die Schlosskirche, in die das alte Rathaus integriert ist.

Die bauliche Einheit setzt sich im Städtchen fort, denn auch die dortige Planung unterstand dem Hofarchitekten J. L. Rothweil.

Burg Runkel wurde zur Sicherung der Lahnbrücke im 12. Jh. erbaut.

7 Ein paar Lahnbiegungen flussabwärts setzt die **Burg Runkel** einen Akzent. Die im Kern romanische Residenz der Grafen Wied wächst förmlich aus dem steilen Naturfels empor. Vom Hof der mit meterdicken Mauern versehenen wehrhaften oberen Burg aus hat man einen weiten Blick auf das Lahntal.

Auf dem gegenüberliegenden Lahnufer erhebt sich Burg Schadeck als Trutzburg gegen Runkel in Auftrag gegeben. Die Burg ist im Privatbesitz und deshalb auch nur von außen zu besichtigen.

8 Zwar geht die Gründung der Stadt **Limburg**, wie der Name besagt, auf eine Burg zurück. Wichtiger war jedoch die Stiftskirche St. Georg, der Dom. Heute birgt die Burg das Diözesanmuseum und dieses wiederum

Stark von französischen Vorbildern geprägt ist der weithin sichtbare, imposante Limburger Dom.

den kostbarsten Domschatz: die »Limburger Staurothek«, ein byzantinisches Reliquiar, das einen Splitter vom Kreuz Christi enthält. Mit dem Bau der siebentürmigen Stiftskirche hatte man 1220 begonnen, 15 Jahre später wurde der Hochaltar geweiht. Heute zeigt sich das Kircheninnere wieder in seiner ursprünglichen, farbigen Ausmalung. Limburg besitzt Deutschlands ältestes Fachwerkhaus (»Römer 1«): Untersuchungen zufolge wurde dessen Rückseite im Jahr 1296 erbaut. Die Vorderseite des Hauses wurde im 16. Jh. im spätgotischen Stil errichtet; ebenso wie die meisten anderen Fachwerkbauten an Domplatz, Bischofsplatz, Kornmarkt, Rossmarkt oder Fischmarkt. Auf der Lahnbrücke, die einen schönen Blick auf die Stadt und den Dom gewährt, wacht der Heilige Nepomuk.

9 Hoch über **Montabaur**, der Kreishauptstadt des Unterwesterwalds, thront das Schloss, erbaut im 13. Jh. als erzbischöfliche Grenzburg gegen die Grafen Nassau und barock umgestaltet um 1700. Es blickt auf eine von schmalen Gassen mit Fachwerkhäusern des 17. Jh. geprägte Altstadt.

10 Bei der Burgruine von **Nassau** interessiert vor allem der Stein'sche Hof. In dem Fachwerkgebäude von 1621 wurde 1757 der als preußischer Reformer bekannte Reichsfreiherr vom und zum Stein geboren. Der neugotische Turm wurde dem Hof 1814 angefügt.

Wandern & Freizeit

Die **Lahn** ist wohl einer der beliebtesten Kanuwanderflüsse Deutschlands. Und wer es sich einrichten kann, der sollte auch die Durchquerung des Weilburger Schifffahrtstunnels in die Routenplanung mit einbeziehen. Start für eine Wochenendfahrt ist die Schleuse in Solms-Oberbiel, möglicher Endpunkt ist das romantische Runkel. Verschiedene Anbieter verleihen Kanus. Einen guten Überblick über den Fluss sowie interessante Adressen vermittelt die Internetseite des Bootsclubs Limburg *(www.bcl-lahn.de)*.

Der **Burgwald** nördlich von Marburg ist eine ideale Region zum Wandern. Hier bieten sich der **»Herrenweg«** früherer fürstlicher Jagdgesellschaften oder die **»Wein- und Wagenstraße«** an, die früher Frankfurt mit Bremen verband. Im Lahntal nördlich von Marburg verlaufen mehrere Fernwanderstrecken wie beispielsweise der **Lahn-Höhenweg**. Zahlreiche gut ausgebaute und markierte Wege gibt es zwischen Biedenkopf und Cölbe.

Ausgangspunkt einer leichten Familienwanderung im Burgwald, die hinauf zum **Christenberg** führt, ist der Ort Münchhausen an der Einmündung der Bundesstraße 236 in die Bundesstraße 252, die Frankenberg mit Marburg verbindet. Am Sportplatz wird das Auto geparkt und die Wanderung geht ostwärts in Richtung Christenberg. Man passiert einen kleinen Waldsee, den Spiegelteich. In der Nähe findet man Spuren mittelalterlicher Wüstungen und gelangt dann zu den Resten einer keltischen Siedlung, der Kesterburg. Auf dem Gipfel stehen die Martinskirche und das kleine Küsterhaus, das dem Maler Otto Ubbelohde als Vorlage für die Illustration des Hexenhauses im Brüder Grimmschen Märchen Hänsel und Gretel gedient hat und heute eine kleine Ausstellung beherbergt. Von hier wird der Rückweg angetreten.
Wer die Route erweitern will, folgt dem roten C auf weißem Grund hinab in das Naturschutzgebiet Christenberger Talgrund und weiter durch den Burgwald südwärts in das Fachwerkdorf Mellnau. Von der Ruine der Burg Mellnau hat man einen schönen Ausblick. Vorbei am Rastplatz Riebe Eck geht es entlang des Lüneburg zurück zum Ausgangspunkt in Münchhausen.

Zauberhaft ist die Annäherung an **Weilburg**, wenn man die 5 km von Biskirchen an der Lahn entlang bis zur großen Flussschleife im Süden des Schlosses zu Fuß oder per Rad zurücklegt.

Von der Lahn bei Nassau aufsteigend kann man durch den Naturpark Nassau über zehn gut markierte Kilometer durch Buchen- und Buchenmischwälder bis nach Montabaur wandern.
In der Nähe des Freizeitgeländes Quendelberg in Montabaur führt eine kurze Wanderung hinauf zu Montabaurer Höhe, dem größten und höchsten geschlossenen Waldgebiet im Naturpark Nassau. Der Aussichtsturm Köppel bietet gegen eine Gebühr von einem Euro einen fantastischen Panoramablick über Westerwald, Taunus, Eifel und Hunsrück. Eine bewirtschaftete Hütte lädt zur Rast ein, bevor es entlang des Biedrichsbachs wieder zurück zum Ausgangspunkt geht.

Insbesonders für Familien mit Kindern ist ein Besuch des schönen **Wild- und Freizeitparks Westerwald** in Gackenbach *(Wildparkstr. 1, 56412 Gackenbach, www.wild-freizeitpark-westerwald.de, So vor Ostern–1. Nov. 9–18 Uhr)* mitten im Naturpark Nassau empfehlenswert. Über 20 meist heimische oder ehemals heimische Tierarten leben in dem 64 ha großen Gelände, darunter Braunbären, Wisente, Waschbären und Füchse. Ein Streichelzoo, ein Spielplatz und eine Sommerrodelbahn lassen keine Langeweile aufkommen.

Hochhäuser von Banken und Versicherungen prägen die Silhouette von Frankfurt.

Der Main

Ursprüngliche Natur an Rotem und Weißem Main, historisches Erbe und liebliche Landschaft im Mittelteil und am Unterlauf von Industrieanlagen begleitet: So vielgestaltig präsentiert sich der Main. Auf Kalkböden gedeiht der berühmte Frankenwein.

Nie scheint der Main den kürzesten Weg zu wählen, sondern er nimmt viele Umwege und Schleifen: Statt den »direkten«, etwas über 200 km langen Weg zurückzulegen, fließt er über 524 Flusskilometer, von denen 384 schiffbar sind. Doch gerade dieser teils in engen Kehren, teils in weiten Schleifen verlaufende Weg macht einen Großteil seines Reizes aus. Die beiden Quellflüsse Roter Main, der am Rand der Fränkischen Alb entspringt, und Weißer Main, der aus dem Fichtelgebirge kommt, vereinen sich unweit von Kulmbach zum Main. In seinem weiteren Verlauf bahnt sich der Fluss seinen Weg zwischen den Haßbergen im Norden und dem Steigerwald im Süden. Etwa 6 km südlich vor Rodach fließt dem Main die Rodach zu, die das Wasser des niederschlagsreichen Frankenwaldes aufgenommen hat und hier breiter ist als der junge Main. Nördlich von Bamberg strömen diesem rechtsseitig die Ilz und nur 1 km flussabwärts die aus dem Haßbergen kommende Baunach zu. Hinter Bamberg stößt dann der größte Nebenfluss des Mains hinzu: die Regnitz.

Ein Kuriosum bildet die Wern, die von Norden kommend, nicht bei Schweinfurt in den Main mündet – dazu fehlen nur 2,5 km^2, sondern das Maindreieck abkürzt und erst bei Wernfeld in den Main einmündet.

Als wichtiger Zufluss von Norden folgt bei Gemünden die Fränkische Saale, die aus der Rhön in vielen Schleifen dem Main zufließt. Zusammen mit der Saale mündet auch ein kleinerer Nebenfluss aus der Hessischen Rhön in den Main, die Sinn. Von den Kalkböden des Maindreiecks, auf denen der berühmte Frankenwein gedeiht, zieht der Main weiter in den Buntsandstein des Mainvierecks. Dort bildet er die Grenze zwischen dem Spessart, der das Mainviereck ausfüllt, und dem Odenwald südlich davon. Von Süden kommend, stößt bei Wertheim die Taube dazu, der bei Bürgstadt die Erf folgt. Im Unterlauf fließt der Main a Aschaffenburg behäbig durch di Ebene, bis er bei Mainz in den Rhei

Das an der Mainschleife gelegene Volkach ist ein bekannter Weinort.

In Aschaffenburg liegt Schloss Johannisburg am Hochufer des Mains.

mündet. Seine letzten größeren Zuflüsse sind die aus dem Odenwald kommende Gersprenz westlich von Aschaffenburg, die Kinzig bei Hanau und die Nidda bei Frankfurt.

Seit der Fertigstellung des Rhein-Main-Donau-Kanals 1992 besitzt der Main für die Binnenschifffahrt als wichtiges Bindeglied zwischen Nordsee und Schwarzem Meer überregionale wirtschaftliche Bedeutung.

An seinen Ufern liegt altes Kulturland: Land, das von irischen Missionaren christianisiert wurde; Land, dessen Bewohner im Bauernkrieg eine wichtige Rolle spielten und nach blutigen Kämpfen doch den Herrschenden unterlagen; Land schließlich, dessen Städte im Zweiten Weltkrieg schwer zu leiden hatten: Würzburg, von dem nur wenige glaubten, dass es aus Schutt und Asche auferstehen würde, Schweinfurt, Hanau, Frankfurt, und an der Pegnitz, die zur Regnitz wird, Nürnberg.

Großes Bild oben: Blick durch die Weinberge zur Mainschleife bei Volkach.

Blick von der Alten Mainbrücke in Würzburg zur Festung Marienberg.

Von Kassel bis nach Wiesbaden, einmal quer durch Hessen

Die etwa siebentägige Reise ist eine »Tour d'horizon« quer durch ganz Hessen und orientiert sich an Landschaft und kulturellen Höhepunkten zwischen Kassel und Wiesbaden. An Kunst und Kultur ist die Region reich – man denke nur an die Pfalzen der Stauferkaiser, das Bistum Fulda und Kassels hessische Landgrafen oder auch an die vielen Museen, z. B. in Frankfurt.

❶ Erinnert wird man an die Größe, die **Kassel** in Renaissance und Barock besaß, beim Besuch von Schloss und dem Bergpark Wilhelmshöhe. Eine erste Anlage hatte schon Landgraf Karl im 17. Jh. planen lassen. Er wünschte sich eine Barockresidenz, so repräsentativ wie Versailles. Auf ihn geht auch die Orangerie in der Karlsaue zurück. Landgraf Wilhelm VIII. ließ sich 1753–1760 vom Münchner Hofarchitekten Cuvilliés nordwestlich von Kassel das Rokokoschloss Wilhelmsthal bauen, das als Höhepunkt dieser Epoche gilt.
Landgraf Friedrich gab das Fridericianum (1769–1776) als Museumsbau in Auftrag und ein solcher ist es bis heute geblieben: Hier ist der Hauptsitz der »documenta«. Das »neue« Schloss Wilhelmshöhe, mit dessen Bau im Jahr 1786 begonnen wurde, verdankt seinen Namen dem Landgrafen Wilhelm IX.

❷ Hessen ist für seine wunderbaren Fachwerkhäuser berühmt. Ein besonders schönes Exemplar steht mit dem 1563 fertig gestellten Rathaus im Zentrum von **Melsungen**. Zahlreiche mittelalterliche Fachwerkbauten finden sich auch entlang der kleinen Seitenstraßen des Marktplatzes. Die gotische Stadtkirche hat romanische Grundlagen. Das Schloss ließ Landgraf Wilhelm IV. in der Mitte des 16. Jh. ausbauen.

❸ Ebenfalls auf Wilhelm IV. geht das Schloss in **Rotenburg an der Fulda** zurück. Der Landgraf von Hessen hat von 1570 an am Fluss eine Vierflügelanlage errichten lassen. Der Ostbau wurde später abgerissen – weshalb der Blick heute frei über der Flusslandschaft schweifen kann – und die Westfassade barockisiert.
Die Altstadt ist voll von mittelalterlichen Fachwerkbauten. Hervorzuheben sind hier die Häuser Breite Straße 39 aus dem 15. Jh. und Löbergasse 16, das aus dem 16. Jh. stammt. Ein Fachwerkgiebel von 1656 schmückt schließlich das Rathaus.

❹ Auf mehr als 1200 Jahre Geschichte kann **Bad Hersfeld** zurückblicken. 736 wurde hier eine erste Einsiedelei gegründet. Ihr folgte alsbald ein Kloster. Aus diesem ging im 9. Jh. die bedeutende Abtei hervor.
Vom Beginn des 17. Jh. an verlagerte sich die Bedeutung Hersfelds auf die Heilquellen. Sie locken noch heute Gäste in die Stadt, genauso wie die Festspiele in der Ruine der Abteikirche. Das karolingisch-romanische Baudenkmal war 1761 im Siebenjährigen Krieg von französischen Soldaten angezündet worden. Im Ort und rund um den Marktplatz finden sich schöne Fachwerkbauten aus Gotik und Renaissance. Von der Weserrenaissance beeinflusst präsentiert sich das 1597 erneuerte Rathaus.
Zwischen Hersfeld und Fulda lohnt es sich, einen Umweg nach Schlitz zu machen, zu einer noch heute vollständig von einer mittelalterlichen Mauer geschützten Stadt. Die vielen sich dahinter emporreckenden Türme bilden eine faszinierende Silhouette. Fast alle gehören zu den bekannten vier Burgen Vorder-, Hinter-, Schachten- und Ottoburg; von denen die verwinkelte Vorderburg, mit ihrem in der Mitte liegenden Bergfried, die interessanteste ist.
Den Turm der Hinterburg kann man besteigen und wird dann durch eine herrliche Aussicht auf den von Fachwerk aus dem 16. Jh. geprägten, kreisrunden Ort sowie auf die Stadtkirche belohnt, deren Geschichte bis in karolingische Zeit zurückreicht.

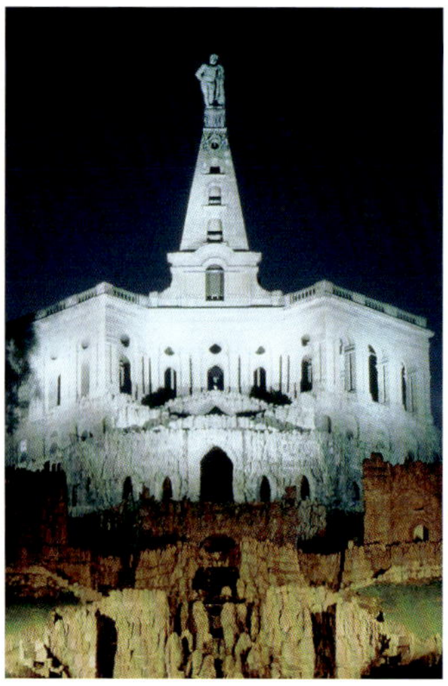

Herkulesstatue in Kassel.

❺ Älter und bedeutender als Kassel ist **Fulda**, der Sitz der Fürstbischöfe. Es wurde 744 von einem Schüler des Missionars Bonifatius gegründet. Nach Bonifatius' Ermordung im Jahr 754 setzte man den Leichnam in der Klosterkirche bei, dem damals größten Gotteshaus auf deutschem Boden. Heute erhebt sich über des Märtyrers Gruft eine dreischiffige Basilika. Vom ursprünglich karolingischen Bau wurden Teile in die 1704–1712 durch Johann Dientzenhofer weitgehend barock gestaltete Stiftskirche übernommen.
Sehr viel kleiner, aber kunstgeschichtlich nicht weniger bedeutend

Das Glockenspiel des Melsunger Rathauses zeigt auch die Neckfigur »Bartenwetzer«.

Wandern & Freizeit

Rund 4 km landschaftlich einmaliger Strecke liegen zwischen der Herkulesstatue in **Kassel-Wilhelmshöhe** und dem 615 m **Hohen Gras**, der den Beginn des Habichtswaldes ankündigt und ein schönes Panorama bietet. Die »Jugendbewegtheit« in der ersten Hälfte des 20. Jh. hat dem Hohen Meißner einen schalen Beigeschmack verliehen, aber immerhin auch für ein dichtes Netz von gut 200 km bestens markierter Wanderwege gesorgt. Einer der schönsten führt rund um den Frau-Holle-Teich zur rund 720 m hohen Kalbe.

Der etwa 200 km lange Fulda-Radweg führt von der Fuldaquelle, im südlichen Teil der Wasserkuppe in der Rhön, entlang des Flusstals über Hann. Münden bis nach Bad Karlshafen, wo Fulda und Werra sich zur Weser vereinen. Der Weg ist mit dem grünen Symbol »R1« ausgeschildert (Hessischer Radfernweg R1). Die mehrtägige Tour gilt ab Gersfeld auch für Familien geeignet. Kürzere, individuell geplante Teilstrecken, sind natürlich möglich.
So etwa die 36 km lange Strecke zwischen **Kassel** und **Melsungen**. Mit dem Zug geht es zunächst vom Kasseler Hauptbahnhof zum Bahnhof von Melsungen. Die Bartenwetzerstadt ist u. a. für ihre Fachwerkbauten und die Bartenwetzerbrücke bekannt. Von Melsungen führt die Kurztour an der Fuldaschleife in Büchenwerra nach Guxhagen und über Fuldabrück bis Kassel. Man fährt auf Wiesen- und Feldwegen und zwischen Melsungen und Guxhagen auch auf kleineren Nebenstraßen.

Beliebte Ausflugsziele für Familien sind die Waldspielparks von **Frankfurt**, die besonders im Sommer mit ihren Wasserspielen große und kleine Besucher anlocken. Zu den Parks gehören u. a. der Abenteuerspielplatz Riederwald und die Anlagen am Goetheturm, im Scheerwald, im Heinrich-Kraft-Park sowie jene in Schwanheim – die letzten drei verfügen auch über Grillplätze.

KASSEL
Hann.Münden
Melsungen
Rotenburg a.d.Fulda
Bad Hersfeld
FULDA
SIEGEN
MARBURG
GIESSEN
WETZLAR
LIMBURG
Butzbach
Bad Nauheim
Friedberg
Büdingen
Gelnhausen
Bad Soden-Salmünster
Steinau
Schlüchtern
Bad Orb
BAD HOMBURG
FRANKFURT
WIESBADEN
MAINZ
OFFENBACH
HANAU
DARMSTADT
ASCHAFFENBURG
WÜRZBURG
Rüdesheim
Eltville
Bingen
Königstein
Alsfeld
Fritzlar
Homberg (Efze)
Schwalmstadt
Lauterbach (Hessen)
Biedenkopf
Dillenburg
Herborn
Korbach
Bad Arolsen
Wolfhagen
Bad Wildungen
Frankenberg
Bensheim
Lohr
Karlstadt
Wertheim
Naturpark Vogelsberg
Naturpark Spessart
Naturpark Bergstraße-Odenwald
0 5 10 km

Imposant wirkt die Frankfurter Skyline im Abendlicht und die illuminierten Brücken über den Main bieten eine schöne Kulisse für eine Fahrt den Main entlang mit dem Schiff.

ist die benachbarte Michaelskapelle. Deren Krypta datiert aus karolingischer Zeit. Von Interesse sind auch die Wandmalereien.
Auf Pläne Dientzenhofers geht das Barockschloss zurück. Sehenswert sind das barocke Treppenhaus, der Kaisersaal, der Gobelin- und der Festsaal. Jenseits des Schlossgartens erstreckt sich die Orangerie, die wie das Bischöfliche Palais und das Paulustor 1722–1737 im Stil des Barock errichtet wurde.

6 Zum Stift Fulda gehörte ursprünglich auch das Gebiet um **Steinau an der Straße.** Dieses erlangte aber erst Bedeutung, als Ulrich I. von Hanau hier im 13. Jh. einen Etappenort an der wichtigen Durchgangsstraße von Frankfurt nach Mitteldeutschland gründete. Auf ihn geht die Burg zurück, aus der sich dann ab 1429 die spätgotische Grafenresidenz und in der Mitte des 16. Jh. das Schloss entwickelt haben.

7 Erholung und Genesung – dafür steht **Bad Soden-Salmünster**. Salzhaltige Quellen lieferten hier schon zur Römerzeit Kochsalz, seit etwa 150 Jahren dienen sie der Linderung von allerlei Krankheiten. Der Ortskern mit seinen Fachwerkbauten lädt zum Bummeln ein. Auch die Burgruine Stolzenfels und die barocke Klosterkirche lohnen einen Besuch.

8 Seine Salzquellen bescherten **Bad Orb** seit dem 11. Jh. Wohlstand. Dieser trug zu der reichen Ausstattung der Pfarrkirche St. Martin bei. Das Schmuckstück ist der Hochaltar, der um 1440 entstand.

9 Das ehemalige Jagdschloss der Fürsten zu Ysenburg in **Wächtersbach** liegt in einem malerischen Park. Sehenswert sind außerdem die Pfarrkirche mit ihrem gotischen Flügelaltar sowie das Heimatmuseum im Alten Rathaus.

10 Die Blütezeit von **Gelnhausen** beschränkt sich auf die Herrschaft der Stauferkaiser. Friedrich I. erwarb die Burg im Jahre 1170 und ließ sie zu einer prächtigen Pfalz ausbauen. Auf die Initiative von Friedrich I. hin entstand auch die romanische Marienkirche. Sehr gut erhalten sind die staufische Stadtbefestigung und, als große Rarität, einige romanische Häuser am Untermarkt.

11 Den altertümlichen Charakter einer Residenzstadt hat sich **Büdingen** in weiten Teilen bewahrt. Deshalb sollte man dem von Fachwerk geprägten Stadtbild insgesamt Aufmerksamkeit schenken, nicht nur den touristischen Höhepunkten wie der Stadtbefestigung oder dem Schloss.

12 Bereits 1723 hatte man bei **Bad Homburg** einen dem Römerkaiser Caracalla gewidmeten Stein gefunden. Bei weiteren Grabungen stieß man auf die Fundamente eines Römerstützpunkts, der wahrscheinlich aus dem 2. Jh. datiert. 1897 ließ Kaiser Wilhelm II. das Kastell Saalburg re

Das Wiesbadener Kurhaus beherbergt zwölf prachtvolle Säle und Salons und beeindruckt schon von außen mit seiner Kolonnadenhalle.

Der Frankfurter Römer: ein Gebäudeensemble; im Vordergrund der Justitia-Brunnen.

Kaiser-Wilhelms-Bad im Kurpark von Bad Homburg.

konstruieren – ganz offensichtlich »historisierend«. An die Hohenzollern, denen Homburg 1866 zugefallen war, erinnern Bauten im Kurpark wie das Kaiser-Wilhelm-Bad. »Hessisch« sind das 1680 in Auftrag gegebene Schloss und der »Weiße Turm«, ein Überrest der spätromanischen Burg derer von Eppstein.

13 Im Zentrum von **Frankfurt**, am Römerberg, stehen die historisch wichtigsten Bauten, von denen die Stadtentwicklung ihren Ausgang nahm. Ihren heutigen Höhepunkt hat sie in den Stahl- und Glastürmen des Bankenviertels von »Mainhattan« gefunden. Die Saalhofkapelle, um 1175 entstanden, ist nicht nur das älteste Gebäude der Stadt, sondern ein wichtiges Zeugnis dafür, dass hier früher eine staufische Pfalz stand. Nahe diesem weltlichen Mittelpunkt befindet sich der Dom. Die im 9. Jh. gegründete Kirche baute man im 13. Jh. zu einer dreischiffigen Halle um und setzte im 14. Jh. ein gewaltiges Querhaus ein.
Den beeindruckendsten mittelalterlichen Innenraum besitzt die Pfarrkirche St. Leonhard, während das schönste hochgotische Relief Frankfurts das Südportal der Liebfrauenkirche ziert. In der Paulskirche (1787–1830) hat die Nationalversammlung 1848/1849 versucht, ein neues Deutschland aufzubauen.
Im Zweiten Weltkrieg wurde Frankfurts Innenstadt fast vollständig zerstört. So erinnern an das mittelalterliche Ensemble am Römerberg nur noch wenige Fassaden. Auch das Rathaus, »der Römer«, wurde 1951 nur in Anlehnung an das frühere Gebäude wieder errichtet. Berühmt ist Frankfurt für seine Museen, die am Schaumainkai aufgereiht sind. Ebenso berühmt ist das Senckenbergmuseum, eines der größten Naturkundemuseen in Deutschland, das, nicht nur mit seinen Dinosaurier-Exponaten, jedes Jahr zahlreiche junge und ältere Besucher anlockt.

14 Schon die alten Römer wussten **Wiesbaden** als Badeort zu schätzen. Die Hauptstadt des Bundeslandes Hessen ist ein anschauliches Beispiel für den eleganten Klassizismus der Gründerzeit. Davon geprägt sind auch das Schloss der Herzöge von Nassau und das Kavaliershaus.
Das Schloss der nassauischen Herzöge in Biebrich entstand 1744.

Wandern & Freizeit

Von **Bad Hersfeld** kann man auf dem mit dem Symbol »R1« ausgeschilderten Fulda-Radweg 56 km nach **Melsungen** radeln. Die Route startet am Bahnhof von Bad Hersfeld und führt aus der Innenstadt heraus in Richtung Bebra. Teils auf asphaltierten Radwegen und teils auf verkehrsarmen Nebenstraßen erreicht man nach etwa 18 km die Stadt Bebra mit ihrem berühmten Wasserturm. Es folgt ein teils bewaldeter, landschaftlich schöner und etwa 7 km langer Abschnitt in die mittelalterliche Fachwerkstadt Rotenburg an der Fulda. Hier sollte man unbedingt einen Stopp zum Fotografieren einlegen. Außerdem laden zahlreiche Lokale zur Einkehr ein. Schließlich geht es dann weiter auf verkehrsarmen Nebenstraßen und über Feldwege nach Altmorschen (nach ca. 15 km) und zum Kloster Haydau und weiter nach Binsförth. Kurz vor Beiseförth (nach 6 km) erreicht man die in Deutschland bislang einmalige Rad-Seilbahn: In einem Stahlkorb schwebt man an einem 50 m langen Stahlseil über die Fulda. Die Seilbahn wird von den Reisenden mit Handkurbeln und Muskelkraft bedient. Am anderen Ufer angelangt geht es weiter durch Beiseförth und in Flussnähe durch die Wiesen und Felder bis nach Melsungen (nach 10 km). Hier laden wiederum die Altstadt und diverse Lokale zum Verweilen ein. Anschließend kann man per Bahn zurück nach Bad Hersfeld fahren.

In der Umgebung von **Bad Soden-Salmünster** gibt es 240 km gut bezeichneter Wanderwege. Dienstags und donnerstags veranstaltet der Kurort auch fachlich geführte Wanderungen.

Absolut lohnswert für Familien ist ein Besuch auf die **Saalburg**, wo sich Groß und Klein auf Spurensuche in die Römerzeit machen können. Wertvolle Ausgrabungsstücke und diverse Veranstaltungen geben einen Einblick in das einstige Alltagsleben im Kastell und dem dazugehörigen Dorf. Dazu gehören Führungen und Aktivprogramme (z. B. Bogenschießen und Speerwerfen) für jede Altersgruppe. Sehr beliebt sind auch die Aktionswochenenden, an denen Akteure in zeitgenössischer Kleidung und Ausrüstung das militärische und zivile Leben der Römerzeit wieder auferstehen lassen *(www.saalburgmuseum.de)*.

Der **Palmengarten** im Frankfurter Stadtteil Westend lädt immer wieder zu einem angenehmen Spaziergang ein. Auf dem 22 ha großen Areal leben über 2500 verschiedene Pflanzenarten aus aller Welt. Zwischen Spazierwegen und Grünflächen mit Liegestühlen präsentiert dieser Schaugarten verschiedenste thematische Gärten und Gewächshäuser, wie etwa das Palmenhaus oder das Tropicarium oder auch der Rhododendronpark sowie der Kakteenpark. Für Kinder gibt es verschiedene Spielplätze, Minigolf und im Sommer auch einen kleinen Weiher mit Ruderbooten. Weitere Attraktionen sind z. B. das Papageno-Musiktheater oder die Parkeisenbahn Palmen-Express *(www.palmengarten.de)*.

Der **GrünGürtel-Radrundweg** führt auf knapp 63 km einmal rund durch den Frankfurter GrünGürtel (gekennzeichnet mit grünblauen Schildern). Auf dem Weg fährt man durch Landschaften mit Wald, Streuobstwiesen und durch malerische Flussgebiete. Die Tour startet an der Nidda beim Fähranleger in Höchst und geht auf flacher Strecke den Niddalauf entlang bis Bonames. Es geht weiter bis Berkersheim und dann bergauf nach Bergen-Enkheim. Südlich des Mains führt der Abschnitt von Oberrad bis Schwanheim durch den Frankfurter Stadtwald. Wer wieder an der Mainfähre zwischen Schwanheim und Höchst ankommt, hat die Rundtour geschafft. Die Tour kann an verschiedenen Stellen mit öffentlichen Verkehrsmitteln abgekürzt werden.

Milseburg: Typische Rhön-Landschaftsimpression.

Die Rhön

Das Land zwischen Werra und Fränkischer Saale hat viele Namen. »Land der offenen Fernen« wird das Bergland, das sich rund um das Dreiländereck von Bayern, Hessen und Thüringen erstreckt, gerne genannt. Was bedeutet dieser Name?

Von Natur aus wäre die Rhön wie fast alle anderen deutschen Mittelgebirge bis zu den höchsten Gipfeln hinauf bewaldet, in diesem Fall hauptsächlich mit Rotbuchen. Vor Jahrhunderten war dies offenkundig so. Nicht ohne Grund heißt die Rhön in alten Chroniken nämlich »Buchonia«, das »Buchenland«. Wer heute auf der 950 m hohen Wasserkuppe, dem höchsten Berg des Gebirges zwischen Fulda und Werra, dichte Buchenwälder erwartet, wird freilich je nach persönlichem Geschmack enttäuscht oder aber beglückt sein, denn er findet eine weitgehend offene, waldarme Landschaft, in der der Blick über Bergwiesen ungehindert bis in dunstige Fernen schweift. Auf jeden Fall erfreut das die Segelflieger, Drachenflieger, Gleitschirmflieger und anderen Flugsportler, denn sie haben hier reichlich Platz für ihren Sport, und die Grasflächen erzeugen die erwünschte Thermik. Kein Wunder, dass die Rhön daher bei uns als das Bergland der Flieger und als die Wiege des Segelflugs gilt.

»Buchonia« könnte man allerdings auch vollkommen anders übersetzen: mit »Buckelland«. Die einstigen Buchenwälder sind bis auf Reste verschwunden, doch am hügelig-buckeligen Landschaftscharakter hat sich bis heute nicht das Geringste geändert. Schon seit der Zeit der Kelten, die auf dem markantesten Buckel, der Milseburg, vor fast 3000 Jahren eine ihrer befestigten Bergstädte errichteten. Sie bezeichneten das Gelände als raino (= hügelig), und daraus hat sich wohl der Name Rhön entwickelt. Sicher ist nur, dass die Kuppen und Kegel meist einen Kern aus harten vulkanischen Gesteinen besitzen. Der dunkle vulkanische Fels verwittert meist zu einem nährstoffreichen Boden, auf dem auch anspruchsvollere Pflanzen prächtig gedeihen. In den warmen Jahreszeiten verwandeln sich die Bergwiesen in wahre Blumenteppiche. Die schwarzköpfigen Rhönschafe, die bekanntesten Tiere der Rhön, halten die Grasnarbe kurz und sorgen so dafür, dass die Flora ungewöhnlich artenreich

Generationen von Bauern ließen Schafe auf den Kuppen weiden.

Der Wachtküppel (705 m) bei Gersfeld bietet ein schönes Panorama.

bleibt. Nur mit viel Glück wird der Wanderer indes auf die in unserem Land äußerst seltenen Auer- und Birkhühner treffen. In der Rhön kommen die stattlichen Raufußhühner noch in kleinen Beständen vor.

Ungewöhnlich reich ist die Rhön mit Kunstschätzen bedacht, ausgerechnet ein Gebirge, das früher als ein »Land der armen Leute« galt. Jeder Ort, der hier etwas auf sich hält, besitzt im Kern eine stattliche, oft wehrhafte Kirche; möglichst im Stil des noblen Fuldaer Barock, dazu mindestens ein paar schöne Bildstöcke, wenn nicht einen ganzen Kreuzweg, der hinauf zu einer alten Wallfahrtskapelle auf dem Hausberg führt. Am Kreuzberg, dem dritthöchsten Gipfel der Rhön, gelangt man vom Kloster über einen steilen Weg hinauf zur imposanten Kreuzgruppe – und muss dabei in der Regel für kulinarische Sünden in der Klosterwirtschaft (vor allem das süffige Klosterbier) büßen.

Großes Bild oben: Aussicht vom Pferdskopf (875 m) unterhalb der Wasserkuppe.

Ein Basalt-Blockmeer am Lösershag bei Oberbach.

Von der Bayerischen Rhön in den Frankenwald

Ausgangspunkt der Tour sind die Kurorte Bad Neustadt und Bad Kissingen. Über Haßberge und Steigerwald geht es weiter in die Kunststadt Bamberg. Danach verzaubern großartige Barockbauwerke: das Kloster Banz und die Basilika der Wallfahrtskirche Vierzehnheiligen. Ebenso eindrucksvoll ist das Zusammenspiel von Natur und Kunst rund um Coburg.

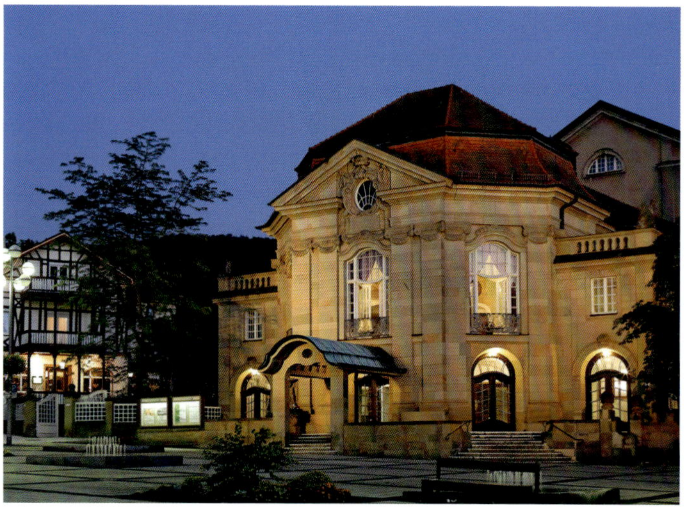

Außen Neobarock, innen Jugendstil – das Kurtheater in Bad Kissingen.

❶ Die Stadtbefestigung von **Bad Neustadt** an der Saale ist größtenteils erhalten geblieben; dazu zählt auch das 1580 erbaute Hohntor, das Wahrzeichen des Ortes.
Östlich der Stadt thront auf einem Bergvorsprung über der Saale die Salzburg, die zu den interessantesten mittelalterlichen Anlagen Deutschlands zählt. Die Burg bzw. ihr Vorläuferbau beherbergte einst möglicherweise so berühmte Gäste wie Karl den Großen oder Ludwig den Frommen. In den Jahren 804, 841 und 842 wurden dort Reichstage abgehalten. Das heutige Gebäude stammt aus dem 12. Jh.

❷ Zu den wichtigsten Bauten von **Münnerstadt** zählt die katholische Stadtpfarrkirche St. Maria Magdalena. Der Magdalenenaltar stammt von keinem Geringeren als Tilman Riemenschneider; die Hauptfigur des Altars jedoch, Maria Magdalena, wurde bereits 1776 entfernt, da ihr spärlich bedeckter Körper Anstoß erregte. Heute kann man die Figur im Bayerischen Nationalmuseum in München besichtigen. Auch der spätgotische Bildhauer Veit Stoß war maßgeblich an der Innenausstattung der Kirche beteiligt. Das Stadtbild von Münnerstadt beeindruckt durch seinen mittelalterlichen Charakter mit vielen schmucken Fachwerkhäusern. Die Stadtmauer ist noch in großen Teilen erhalten, zu sehen sind auch die markanten Tore, darunter das Jörgentor mit seinem ungewöhnlichen Fachwerkaufbau aus dem 16. Jh. sowie das Obere Tor und der Dicke Turm.
Im ehemaligen Deutschordensschloss aus dem 13. Jh. ist das Henneberg-Museum untergebracht, das neben Exponaten aus der Geschichte des Deutschen Ordens wertvolle kunstgeschichtliche Zeugnisse aus der Region präsentiert und auf diese Weise auch die alte Grafschaft Henneberg ins Gedächtnis ruft.

Immer im Mittelpunkt: das Hohntor in Bad Neustadt.

❸ Die Salzquellen von **Bad Kissingen** wurden bereits zur Römerzeit genutzt. Der Aufschwung des Badeortes nahm in der Biedermeierzeit seinen Lauf. Auf Geheiß von König Ludwig I. vollendete Friedrich von Gärtner 1838 den Arkadenbau im Kurpark. Später kamen die Wandelhalle mit neubarockem Schmuckhof und das Theater mit einer Innenausstattung in reinem Jugendstil hinzu.
Zu den treuesten Kurgästen zählte Otto von Bismarck. Während seiner Aufenthalte wohnte er meist in der Oberen Saline. Diese Räume beherbergen heute ein Bismarck-Museum; sie spiegeln in einmaliger Weise die Wohnkultur der Gründerzeit wider. Bei seinem ersten Kuraufenthalt in Bad Kissingen, damals noch nicht in der Oberen Saline, ereignete sich sogar ein Attentatsversuch auf den Reichskanzler, weil dieser im Zuge des sogenannten Kulturkampfes als Gegner der römisch-katholischen Kirche agierte. Bismarck ließ sich davon allerdings nicht abschrecken und kam auch weiterhin regelmäßig zur Kur hierher. In Bad Kissingen richtete man nicht nur das genannte Museum ein, sondern baute zum Gedenken an den treuen Gast auch ein Bismarck-Denkmal und den Bismarckturm – Ehrungen des Politikers, wie sie im späten 19. und frühen 20. Jh. relativ beliebt waren.
Im Übrigen entsprach Bismarcks Wahl des Kurortes dem Geschmack der Zeit: Bad Kissingen zählte zu den beliebtesten Kurorten des europäischen Adels, von Künstlern und Wissenschaftlern; auf der Liste prominenter Kurgäste stehen u. a. Ludwig I. von Bayern, Karl Friedrich Schinkel, Zar Alexander II. von Russland, König Ludwig II. von Bayern, Elisabeth von Österreich (»Sisi«), Heinrich Schliemann, Justus von Liebig oder Alfred Nobel, der Stifter des Nobelpreises.
Von der kulturellen Vielfalt der Stadt zeugt u. a. die Russisch-Orthodoxe Kirche von 1898, ausgeführt im neobyzantinischen Stil; da Zar Alexander II. als Kurgast in Kissingen weilte, kamen im 19. Jh. regelmäßig zahlreiche weitere russische Gäste in den Ort. Die bemerkenswerte Neue Synagoge von 1902 ist leider nicht erhalten; sie wurde in der Reichspogromnacht von 1938 erheblich zerstört und später abgerissen. Die katholische St.-Jakobus-Kirche geht vermutlich auf das 14. Jh. zurück.

❹ Im Ortskern von **Schweinfurt** steht das 1570–1572 erbaute Rathaus mit einem in Stein gehauenen Schwein, dem Wahrzeichen der Stadt. Der Name Schweinfurts geht jedoch vermutlich auf das Wort

Wandern & Freizeit

Wer die Möglichkeit hat, in der zweiten Augusthälfte nach **Bamberg** zu reisen, sollte sich nach dem Termin der sogenannten Sandkerwa (Sandkirchweih) erkundigen. Im Rahmen dieses großen Volksfestes in der historischen Altstadt findet seit dem 15. Jh. in »Klein-Venedig« das Bamberger Fischerstechen statt.

Bamberg ist nicht nur ein Paradies für Stadtspaziergänger, im Umland gibt es unzählige Wanderwege, auf denen man die reizvolle **oberfränkische Landschaft** erkunden kann, die man hier gern »fränkische Toskana« nennt. Und nicht einmal in der Natur muss man auf Kunstwerke verzichten: Bei Lohndorf im Landkreis Bamberg lädt die Fränkische Straße der Skulpturen, ein origineller Skulpturen-Rundweg, zu einem überaus abwechslungsreichen Bummel durch die Natur ein.

Denkmal des bayerischen Königs Max II. vor dem Arkadenbau in Bad Kissingen.

Die 90 m lange Wandelhalle am Kurpark von Bad Kissingen entstand 1910.

»swin« zurück, was so viel wie »Sumpf« bedeutet. Das Museum Georg Schäfer lockt mit einer bedeutenden Sammlung von Kunst des 19. Jh. Werke von Caspar David Friedrich, Adolph Menzel, Carl Spitzweg und vielen anderen sind seit 2000 im preisgekrönten neuen Museumsbau von Volker Staab zu sehen.

Schweinfurt ist jedoch vor allem auch als Industriestadt bekannt. Die Erfindung der Kugelschleifmaschine im Jahr 1883 leitete den Aufschwung der Kugellagerindustrie ein. Auf die Bedeutung des Industriestandorts weist u. a. das Schweinfurter SKF-Hochhaus hin.

Vom historischen Schweinfurt ist vieles den Bomben des Zweiten Weltkriegs zum Opfer gefallen. An ältere Zeiten erinnern aber beispielsweise das Renaissance-Rathaus und der Schrotturm aus dem 17. Jh. Historische Schrottürme sind mittlerweile sehr selten; ein Schrotturm gehörte nicht zur Stadtbefestigung, sondern diente der Herstellung von Schrotkugeln: Oben im Turm ließ man flüssiges Blei durch ein Sieb tropfen, im freien Fall bildeten sich die Tropfen, die unten in ein Wasserbecken eintauchten und abkühlten.

5 Die Stadt **Haßfurt** wurde im 13. Jh. erstmals urkundlich erwähnt. Die spätgotische Ritterkapelle, das Wahrzeichen der Stadt, zeigt im Inneren 248 mittelalterliche Wappen des fränkischen Adels. Das Tympanon über dem Westportal erzählt die Geschichte vom Zug der Heiligen Drei Könige und ihrem Besuch im Stall von Bethlehem. Die spätgotische Stadtpfarrkirche St. Kilian besticht durch die beeindruckenden Statuen Johannes des Täufers und der Muttergottes mit Kind von der Hand Tilman Riemenschneiders. Zwischen diesen beiden Kirchen spiegelt sich der Gegensatz zwischen Rittertum und Bürgerschaft wider, der die Stadt einst prägte.

6 Wegen seiner Lage auf sieben Hügeln, den Ausläufern des Steigerwaldes, wird **Bamberg** auch als das

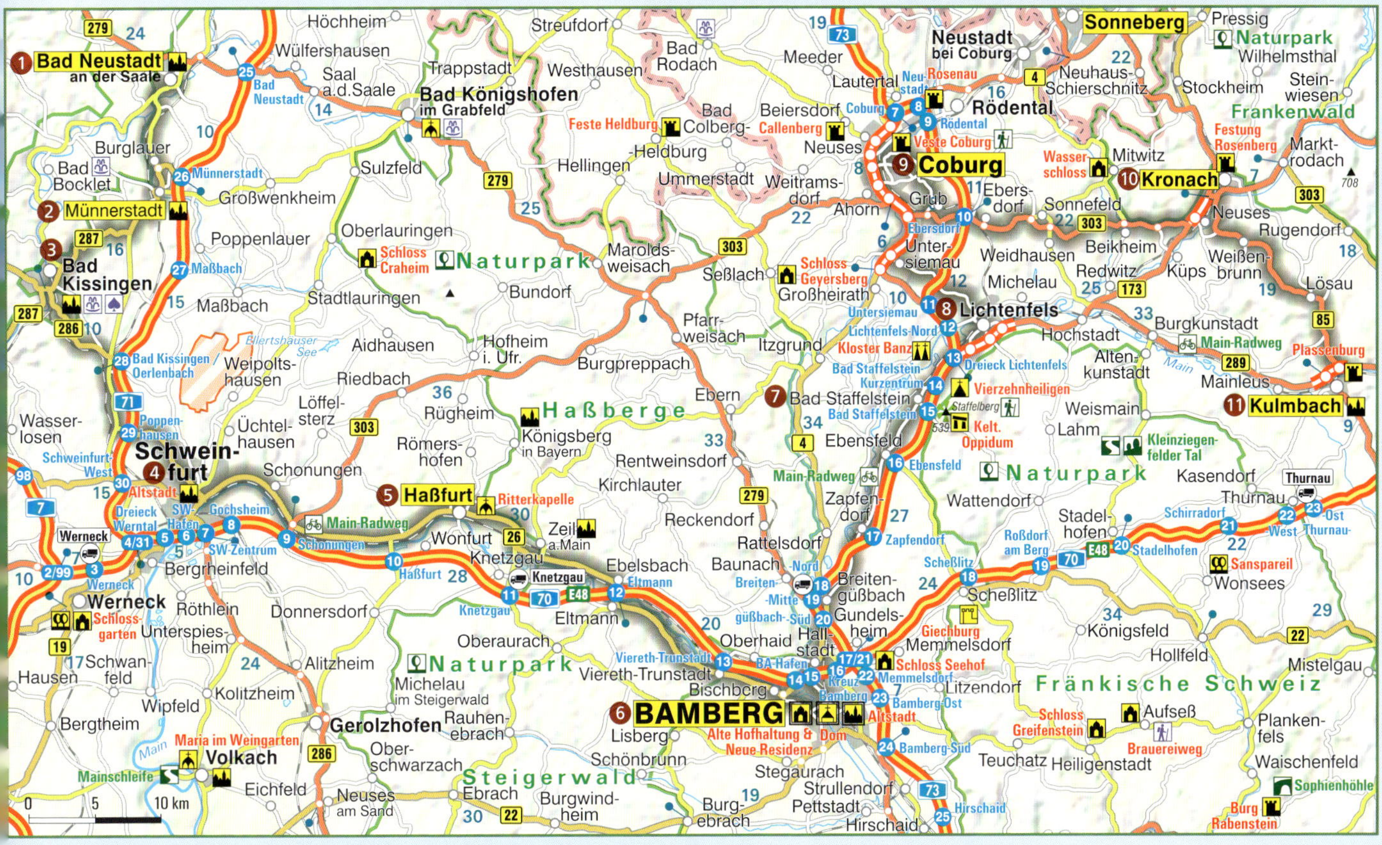

In seiner Schlichtheit beeindruckend – das Innere des Bamberger Doms.

Der weltberühmte Bamberger Reiter.

Malerisch liegt Bambergs Altes Rathaus auf einer Brücke über die Regnitz.

»deutsche Rom« bezeichnet. Der Bischofssitz mit seiner bekannten Universität, einer weit verzweigten Industrie, einem weltbekannten Orchester und einer verträumten Altstadt macht einen Besuch zu einem vielschichtigen Erlebnis. Die UNESCO hat die bedeutende Altstadt von Bamberg in die Liste des Weltkulturerbes aufgenommen.

Im Stadtzentrum befinden sich das Alte Rathaus, das im Mittelalter auf einer Insel mitten im Fluss entstand, sowie das alte Fischerviertel »Klein-Venedig« am Ufer der Regnitz. Im großartigen spätromanischen Dom steht der ebenso berühmte wie rätselhafte Bamberger Reiter, die bedeutendste Steinskulptur des 13. Jh. Das Kaisergrabmal wurde 1499–1513 von Tilman Riemenschneider gestaltet. Im Westchor befindet sich das einzige Papstgrab Deutschlands (für Papst Clemens II.) und im Diözesanmuseum kann man den beeindruckenden Domschatz bewundern.

Weitere imponierende Bauten aus vergangenen Jahrhunderten sind die Alte Hofhaltung (die Wohngebäude des Bischofs aus dem 15. Jh., Nachfolgebau einer einstigen Kaiserpfalz) sowie die Neue Residenz der Bischöfe aus dem 17. Jh. Ein Teil der Räume kann besichtigt werden; schön ist auch der zum Anwesen gehörige Rosengarten.

7 In **Bad Staffelstein** wurde die mit einer Wassertemperatur von 52 °C und einem Salzgehalt von 9 % wärmste und stärkste Thermalsole Bayerns erschlossen. Sie speist die Obermain-Therme, ein weitläufiges Thermalbad mit allen dazugehörigen Wellness-Angeboten. Im Geburtsort des Rechenmeisters Adam Ries(e) (1492 oder 1493–1559) findet man eine Reihe stattlicher Bürgerhäuser sowie ein herrliches Fachwerkrathaus aus dem 17. Jh.

Geradezu ein Muss ist ein Besuch der prächtigen Wallfahrtskirche des Klosters Vierzehnheiligen, das 1743–1772 vom berühmten Barockbaumeister Balthasar Neumann errichtet wurde. Mittelpunkt der Barockkirche ist der Gnadenaltar mit der Darstellung der 14 Nothelfer und dem Kind mit dem roten Kreuz auf der Brust. Die kunsthistorisch bedeutende Kirche liegt direkt gegenüber dem ehemaligen Kloster Banz, das Ende des 17./Anfang des 18. Jh. von Leonhard und Johann Dientzenhofer erbaut wurde und heute als Tagungsstätte dient. Auf dessen Klosterwiesen findet im Sommer ein zweitägiges Musikfestival statt, bekannt unter dem Namen »Songs an einem Sommerabend«.

8 **Lichtenfels** war einst im Besitz der Grafen Andechs-Meran und fiel später durch eine Schenkung an das Hochstift Bamberg. Noch heute existiert das alte Stadtschloss; im 17. Jh. wurde es als Getreidespeicher genutzt. Im 21. Jh. ist Lichtenfels eine vom Gewerbe geprägte Stadt. Hier entstand Deutschlands einzige Staatliche Berufsfachschule für Flechtwerkgestaltung. Alljährlich am dritten Wochenende im September findet der Korbmarkt statt. Im 3 km entfernten Michelau liegt das Deutsche Korbmuseum.

Aus Lichtenfels stammte Thomas Dehler (1897–1967), in den 1950er-Jahren Justizminister und angesehener Vorsitzender der FDP.

9 Die »Fränkische Krone« – der Ehrenname der **Veste Coburg** – liegt hoch über der Stadt und ist eine der größten Burganlagen Deutschlands. Während des Augsburger Reichstags 1530 hielt sich hier der Reformator Martin Luther auf. In seiner Studierstube befindet sich ein lebensgroßes Bildnis Luthers von Lucas Cranach.

Das älteste Wahrzeichen der Stadt ist jedoch die Morizkirche, mit deren Bau im späten 14. Jh. begonnen wurde. Das Zentrum von Coburg, der Marktplatz, wird dominiert vom Rathaus mit dem Coburger Erker, einem doppelgeschössigen Schmuckerker auf einer Stützsäule, und der Cantzley, dem früheren Stadthaus. Nicht

Auch heute noch suchen zahlreiche Wallfahrer Hilfe bei den 14 Nothelfern in der Basilika Vierzehnheiligen.

minder interessant sind die zahlreichen Jugendstilbauten, darunter das Sonnenhaus.

Ebenfalls sehenswert ist Schloss Ehrenburg, die herzogliche Residenz, die nach einem Brand in großen Teilen wieder barock aufgebaut wurde. Nicht zuletzt auch wegen des angesehenen Landestheaters, Nachfolger eines Hoftheaters, gilt Coburg als kulturelles Zentrum des oberfränkischen Nordwestens.

Geistliche und weltliche Macht – Morizkirche und Veste in Coburg.

10 Auf dem Marktplatz von **Kronach** ließ Bischof Melchior Voigt im Jahr 1654 eine Ehrensäule zur Erinnerung an die überstandene Belagerung durch die Schweden errichten. Noch heute findet alljährlich am Sonntag nach Fronleichnam die sogenannte Schwedenprozession statt.

Hoch über der Stadt erhebt sich die Festung Rosenberg, die ihre heutige Gestalt im Form eines Fünfecks 1656 bis 1700 erhielt. Im Kommandantenbau, der nach den Plänen von Balthasar Neumann errichtet wurde, ist die »Fränkische Galerie« als Zweigstelle des Bayerischen Nationalmuseums untergebracht.

11 **Kulmbach** ist vor allem für zwei Dinge bekannt: Bier – und die Plassenburg, in der die Grafen von Andechs-Meranien ihren Sitz hatten. Besonders die Waffenhalle und der Markgrafensaal aus dem 16. Jh. sind noch gut erhalten. In der Oberburg befindet sich der »Schöne Hof«, einer der bedeutendsten Renaissance-Arkadenhöfe Deutschlands. Ebenfalls in der Plassenburg befindet sich das Deutsche Zinnfigurenmuseum.

Der Langheimer Amtshof, ehemals ein Klosterhof, ist eines der prachtvollsten Gebäude der Stadt und geht auf Pläne von Leonhard Dientzenhofer zurück.

Am Westrand von Kulmbach vereinigen sich die Quellflüsse des Mains, der Weiße Main (entspringt im Fichtelgebirge) und der Rote Main (entspringt in der Fränkischen Schweiz).

Wandern & Freizeit

Von **Bad Staffelstein** aus führt eine schöne, etwa 11 km lange Rundwanderung nach Vierzehnheiligen. Ausgangspunkt ist der Friedhof kurz hinter dem Ortseingang von Staffelstein. Ein teilweise durchaus nicht zu unterschätzender Anstieg führt hinauf auf den Staffelberg; auf der Alb geht es dann relativ entspannt weiter nach Vierzehnheiligen. Der Rückweg verläuft entlang einer wenig befahrenen Straße.

Der aussichtsreiche, ca. 71 km lange **Carl-Escher-Weg** führt über die höchsten Berge rund um **Coburg**, darunter Lauterberg, Sennigshöhe und Georgsberg; er ist bestens beschildert. Ein guter Ausgangspunkt ist die Veste Coburg. Der Höhenweg verläuft über die Gemeinde Rödental und zu den Ruinen der einstigen Lauterburg. Endpunkt ist Schloss Falkenegg, ein neugotischer Bau im Coburger Stadtteil Neuses.

Der **Main-Radweg**, einer der großen Radfernwege Deutschlands, wurde vom ADFC als besonders vorbildlich ausgezeichnet. Zum allergrößten Teil führen die gut ausgebauten Strecken durch besonders reizvolle Landschaften. In der hier vorgestellten Region liegt der Abschnitt von Kulmbach über Lichtenfels und Bamberg bis Haßfurt und Schweinfurt. Auch kürzere Etappen sind selbstverständlich lohnend.

Der Pfälzerwald

In Deutschland gibt es eine ganze Reihe geografischer und historischer Landschaften, die sich »Pfalz« nennen. Alle haben kleinere und größere Wälder. Aber es gibt hierzulande nur einen einzigen Pfälzerwald.

Die Ruine Weglenburg ist die höchstgelegene Burganlage der Pfalz.

Das Waldgebiet im äußersten Süden von Rheinland-Pfalz ist eine der größten zusammenhängenden Waldlandschaften Deutschlands, ein typisches Waldland, ähnlich wie der Schwarzwald an der gegenüberliegenden Seite des Tieflands beiderseits des Oberrheins. Hier wie dort herrschen Nadelbäume vor. Im Schwarzwald vor allem Fichten und Tannen, im Pfälzerwald dagegen Kiefern, was die Wälder lichter, freundlicher macht als im weithin finsteren »Schwarzwald«. Wie der ist der Pfälzerwald zugleich ein Weinland, wenigstens an der dem Tiefland zugewandten Flanke des bis knapp 700 m hohen Gebirges, das oft auch Haardtgebirge genannt wird. Dort verläuft von Rheinhessen bis zum Elsass die Deutsche Weinstraße. Damit die Trauben reifen, muss ein Weinklima herrschen, und in dieser Beziehung kann man sich in Deutschland keine Gegend mit »südlicherem« Klima vorstellen als den im Wind- und Regenschatten des Gebirges gelegenen Haardtrand. Dort gedeihen und reifen sogar mediterrane Gewächse wie Zitronen oder Feigen.

Die Wärme strömt zum Teil durch den geologischen Graben ein, der im Süden am Mittelmeer beginnt. Beide Gebirge, der Schwarzwald und der Pfälzerwald, liegen auf den Schultern dieser Senkungszone, und beide bestehen zum großen Teil aus den Schichten des Buntsandsteins. Während jedoch der Sandstein im Schwarzwald ausgedehnte, landschaftlich nicht besonders aufregende Hochflächen bildet, ist er im Pfälzerwald zu einem in Deutschland (und darüber hinaus) einzigartigen Felsenland verwittert, vor allem rund um das Städtchen Dahn. Dort ragen viele bizarre Felsgebilde aus Buntsandstein auf, darunter ein atemberaubend steiler, rund 70 m hoher Felsen, der den Namen Jungfernsprung trägt; und der Teufelstisch, ein spektakulärer Pilzfelsen, der den Naturgesetzen der Schwerkraft zu widersprechen scheint. Die Namen der Felsformationen lassen schon ahnen, dass eine Wanderung durch das Dah-

Der Teufelstisch bei Hinterweidental ist eines der Wahrzeichen des Dahner Felsenlandes.

Die viel besuchte Ruine der Altdahner Burg.

er Felsenland und den gesamten Vasgau zugleich eine Zeitreise durch ie Welt der Sagen und Legenden ist. llein 16 von Menschenhand gemachte Burgen und Burgruinen in er Umgebung von Dahn, die wie aus en natürlichen Felsen herauswachen, zeigen aber auch, dass der Pfälerwald ein faszinierendes Burgennd ist, mehr als zum Beispiel sein etter Schwarzwald auf der anderen eite des Rheins. Zwei Burgen, die eichsfestung Trifels und die zum ambacher Schloss umgestaltete Kästenburg über der Weinstraße ragen aus der Vielzahl der Burgen hervor. Ist die Letztere doch ähnlich wie die Wartburg im Thüringer Wald mit eine der Geburtsstätten des neuen demokratischen Deutschland. Aber wer denkt schon bei einer Weinprobe in einem der vielen malerischen Winzerorte, z. B. Bad Dürkheim, Deidesheim oder Neustadt an der Weinstraße, an Geschichte und Politik?!

Großes Bild oben: Blick über die Pfälzer Hügellandschaft und die Reichsburg Trifels.

Burgruine Neuscharfeneck liegt auf einem Ausläufer des Kalkofen-Berges.

Durch das Saarland in die Pfalz

Für diese Tour vom Dreiländereck an der Saar entlang durch die Pfalz sollte man drei bis vier Tage einplanen. Ausgangspunkt ist der Weinort Perl-Nennig, weiter geht es dann durch das Saargebiet nach Kaiserslautern und durch die Weinstraße in die alte Kaiserstadt Speyer.

Bedeutendes Werk des Barock-Baumeisters Stengel ist die Ludwigskirche in Saarbrücken.

❶ Der Weinort **Perl** ist vor allem wegen seiner Spielbank bekannt, die in Schloss Berg, einer Anlage aus dem 16. Jh., untergebracht ist. Das nahe gelegene Schloss Bübingen aus dem 14. Jh. existiert seit dem Zweiten Weltkrieg leider nur noch als Ruine. Im Ortsteil Nennig ist vor allem der riesige Mosaikboden sehenswert, den man in einer alten römischen Villa gefunden hat.

❷ Die ehemalige Benediktinerabtei in **Mettlach** wurde wahrscheinlich bereits um 700 gegründet. Erhalten blieb der etwa 1000 Jahre alte Turm. In den im 18. Jh. neu errichteten Klostergebäuden ist heute das Museum der Keramikfabrik Villeroy & Boch untergebracht. 2 km weiter südlich steht auf einem steilen Felsen über der Saar die Burgruine Montclaire.

❸ Wenn man der Saar wenige Kilometer folgt, gelangt man nach **Merzig**. Die ehemalige Stiftskirche St. Peter stammt aus dem 12. Jh., wurde jedoch bis ins 19. Jh. hinein immer wieder umgebaut.
Das Rathaus in der Poststraße wurde 1650 als Jagdschloss für den Kurfürsten von Trier fertiggestellt. Wer sich für Wölfe interessiert, sollte das Expeditionsmuseum Werner Freunds und das Wolfsfreigehege besuchen.

❹ Über Dillingen geht es weiter nach **Saarlouis**. Seit der Sonnenkönig 1680 hier von Vauban eine Festung anlegen ließ, war die Stadt vom Militär geprägt. Die Festung »Halber Mond« erinnert daran. In den ehemaligen Kasematten befinden sich heute zahlreiche Weinlokale, Restaurants und Diskotheken.

Die Ruine der Teufelsburg kann nach Voranmeldung besichtigt werden.

❺ **Völklingen** war eine Stadt des Stahls, bis die Alte Völklinger Hütte 1986 stillgelegt wurde. Die Anlage wurde von der UNESCO zum Weltkulturerbe erklärt. Der Hochofen und die enorme Gasgebläsehalle können besichtigt werden.
In der Eupener Straße ist eine typische Arbeitersiedlung aus der Jahrhundertwende erhalten geblieben. Der nahe Staatsforst Warndt lockt mit einem attraktiven Freizeitangebot und im Heimatmuseum in Ludweiler erfährt man Wissenswertes über die einstigen Waldbewohner.

❻ Schon die alten Römer hatten in **Saarbrücken** ein Kastell angelegt, dessen eindrucksvolle Reste in der Mainzer Straße besichtigt werden können. Im Zweiten Weltkrieg wurden viele historische Gebäude stark in Mitleidenschaft gezogen, das Barockschloss und die Schlosskirche aus dem 15. Jh. wieder aufgebaut.

Wandern & Freizeit

Geübte Radler können die etwa 400 km lange Fahrradtour »Radeln ohne Grenzen« durch das **Saarland** mit diversen Abstechern nach Luxemburg, nach Lothringen und ins Elsass in ungefähr acht Tagen bewältigen.

Ob auf Schusters Rappen oder sogar auf einem richtigen Pferd – der **Saarlandrundweg** ist über 330 km lang. Man muss lediglich den dreieckigen Schildern mit dem weißen Hufeisen auf dem blauen Grund folgen.
In Mettlach führt ein ausgeschilderter Wanderweg zur Ruine der Burg Montclair, von wo man eine herrliche Aussicht auf die Saarschleife hat. Auf einem gut ausgeschilderten Wald- und Vogellehrpfad geht es zum Aussichtspunkt Cloef.

Auf dem etwa 9,5 km langen **Wolfsweg** können geübte Wanderer vom Wolfspark bei Merzig zum »Garten der Sinne« und wieder zurück wandern. Beide Teilstrecken der Rundtour sind etwa gleich lang und mit der Wegmarkierung »Wolfstatze« gekennzeichnet. Die Route führt durch die schattigen Mischwälder des Merziger Kammerforstes, vorbei an Hecken und Streuobstwiesen sowie durch das wildromatische Tal der Grät. Die größte Höhendifferenz (knapp 100 m) erreicht man im Abschnitt vom Wolfspark hinauf zum Kreuzberg. Als Einkehrmöglichkeiten empfehlen sich am Wolfspark ein Gasthof und im »Garten der Sinne« ein Café oder der 1,5 km vom Garten entfernte Ellerhof *(Tel. 06861/ 24 61)*. Sowohl der Wolfspark, als auch der Garten verfügen über ausreichend Parkplätze.

Von **Neustadt** an der Weinstraße bieten sich insgesamt 60 km Radwege und etwa 100 km markierte Wanderwege zur Wahl.

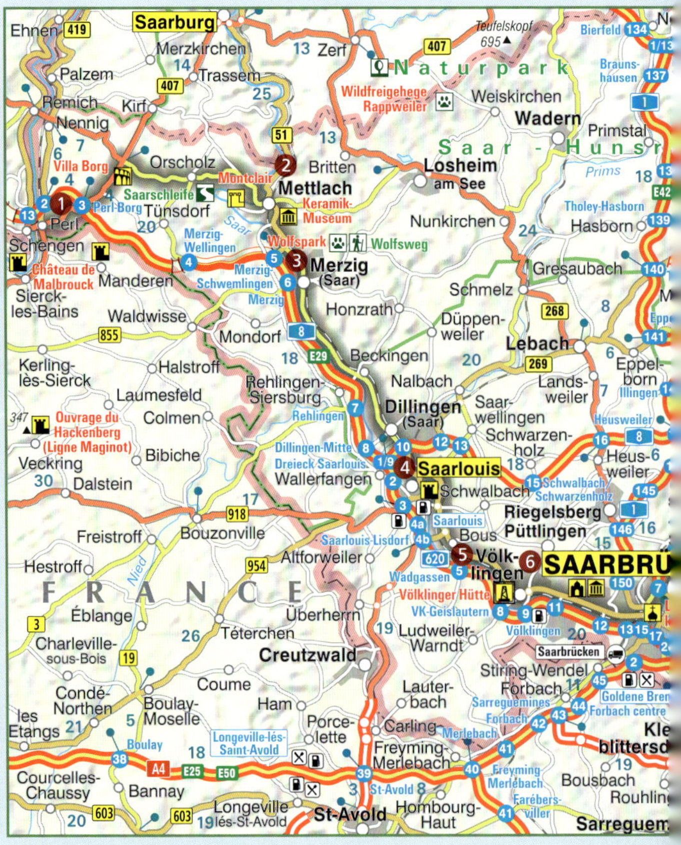

Bei Orscholz in der Gemeinde Mettlach hat man von der Cloef, einer Felsformation, den besten Blick auf die große Saarschleife.

Barocke Fassaden findet man auch rund um den Markt der St. Johanner Altstadt, zu dem man vom Schlossberg über die Alte Brücke gelangt. Das alte Rathaus ist wie das Schloss ein Werk Friedrich Joachim Stengels und wurde 1760 fertig gestellt.
Sehenswert ist auch der Große Brunnen des Stadtbaumeisters. Ebenfalls von Stengel stammt die Friedenskirche am Nateser Platz direkt gegenüber dem saarländischen Landtagsgebäude aus dem Jahr 1866, einem zweigeschossigem Solitärbau.

Das Saarlandmuseum zeigt alte und neue Meister in der Alten Sammlung und neue Werke in der Modernen Galerie. Gegenwartskunst ist in der Stadtgalerie zu sehen.
Wer sich für die Erdgeschichte interessiert, ist im geologischen Museum genau richtig. Über Kelten und Römer informiert das Museum für Vor- und Frühgeschichte.
Nicht nur für Familien mit Kindern empfiehlt sich ein Besuch des Zoos am Eschberg oder des rund 17 ha großen Wildparks im Stadtwald.

7 Vorbei an Neunkirchen gelangt man nach **Homburg**. Die mittelalterliche Burg der gleichnamigen Grafen wurde im 16. Jh. im Renaissancestil umgestaltet. Ludwig XIV. ließ die Anlage und die Stadt zu einer Festung ausbauen. Viel ist davon allerdings nicht mehr erhalten, aber es existiert noch ein unterirdisches Gängesystem, das besichtigt werden kann.
Sport- und Freizeitmöglichkeiten gibt es im Kulturpark Homburg und einen Einblick in die römische Zeit vermittelt das archäologische Freilichtmuseum Schwarzenacker. Mit dem Boot fahren, windsurfen, schwimmen und segeln kann man auf dem Jägersburger Brückweiher.

8 Seit der Zeit einer ersten Siedlung vor etwa 2500 Jahren am Flüsschen Lauter hat **Kaiserslautern** eine wechselvolle Geschichte erlebt.
Das ehemalige Kloster wurde 1511 aufgelöst und seither ist die Stiftskirche St. Martin und Maria evangelisch. Der romanische Urbau wurde im 13. Jh. gotisiert, im 16. Jh. kamen die

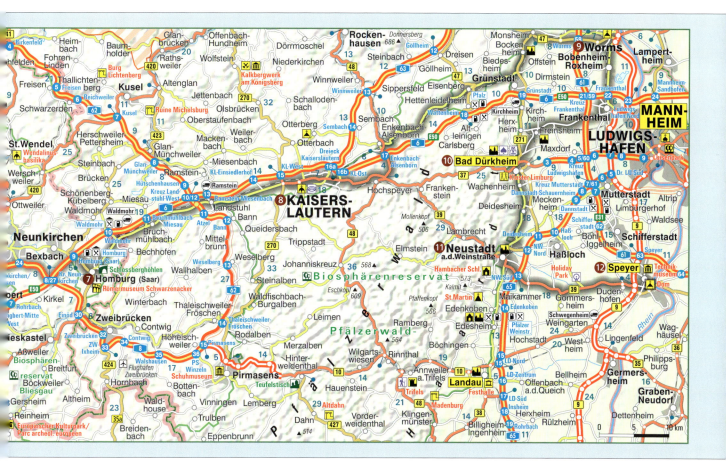

Schon äußerlich beeindruckt der Kaiserdom in Speyer durch seine Architektur.

Die Krypta des Kaiserdoms von Speyer präsentiert sich als imposante Säulenhalle.

Westtürme hinzu. Weitere Umbauten erfolgten im 19. Jh. und beim Wiederaufbau nach den schweren Kriegsschäden.
Im 13. Jh. errichteten die Franziskaner die heutige Pfarrkirche St. Martin. Nach der Reformation wurde der Bau säkularisiert und vom 18. Jh. bis 1803 mit barocker Neuausstattung wieder als Klosterkirche genutzt.
Von der Pfalz Friedrich Barbarossas und dem Schloss des Pfalzgrafen Johann Casimir haben die Franzosen 1703 nicht mehr viel übrig gelassen. Teile der Außenmauern und der Casimir-Saal, in dem das Burgmuseum untergebracht ist, blieben erhalten. Über die Stadtgeschichte informiert das Theodor-Zink-Museum.
Die Pfalzgalerie diente einst als Gewerbemuseum, heute findet man neben spätgotischen Plastiken, Keramik und Porzellan auch eine Sammlung moderner Gemälde.

9 **Worms** ist der Schauplatz der Nibelungensage, hier wurde in der Antike und im Mittelalter Geschichte geschrieben. Bomben verwandelten die Stadt im Zweiten Weltkrieg in ein Trümmerfeld, doch von der einstigen Pracht zeugt immer noch der Dom St. Peter. Das Gotteshaus wurde im Jahr 1018 in Anwesenheit Kaiser Heinrichs II. geweiht, brannte 1689 ab und wurde dann im Stil des Rokoko wieder aufgebaut.
Sehenswert sind darüber hinaus die Kirchen St. Martin, St. Paul und St. Magnus sowie die mittelalterliche Synagoge und der alte Judenfriedhof. Die Stiftung »Kunsthaus Heylshof« wartet mit Kunstwerken vom Mittelalter bis zum 19. Jh. auf.

10 Bereits die Römer wussten um die Heilkraft der Quellen in **Bad Dürkheim**. Mönche des 12. Jh. nutzten die Quellen zur Salzgewinnung. Sie lebten und beteten im Kloster Limburg, das von Kaiser Konrad III. gegründet wurde. Die Klosteranlage besteht heute nur noch als Ruine, die im Sommer Schauplatz von Konzerten und Theateraufführungen ist. Die mächtige Burgruine Hardenberg ist eine der größten Burganlagen. Die beliebte Kurstadt ist auch eine der bedeutendsten deutschen Weinbaugemeinden an der Deutschen Weinstraße. Alljährlich im September findet der traditionelle »Dürkheimer Wurstmarkt« statt. Ursprünglich versorgte der Wurstmarkt die Michelsberg-Pilger. Bei diesem Weinfest werden so manche Liter heimischen Weines im traditionellen Dubbeglas getrunken.

Die Altstadt von Kaiserslautern beleben zahlreiche Cafés und Restaurants.

11 Nachdem **Neustadt** an der Weinstraße im Dreißigjährigen Krieg schwer zerstört worden war, zeigte sich die spätere Geschichte gnädiger. Da es im Zweiten Weltkrieg kaum Schäden gab, kann man die alten Fachwerkhäuser der Altstadt im Originalzustand bewundern.
Nicht verzichten sollte man auf eine Besichtigung der ehemaligen Stiftskirche Liebfrauen aus dem 14. Jh.; des Collegiums Casimirianum von 1579, einer Gegengründung zur Heidelberger Universität; des Jesuitenkollegs, in dem heute das Rathaus untergebracht ist; und des Haardter Schlösschens. Im Ortsteil Hambach befindet sich das Hambacher Schloss. Hier versammelten sich am 27. Mai 1832 rund 30 000 Menschen zum Hambacher Fest um unter schwarz-rot-goldenen Fahnen einen liberalen deutschen Nationalstaat einzufordern. Eine Gedenkstätte hält die Erinnerung an diese frühe demokratische Tradition wach.
Auch im Heimatmuseum findet man Informationen über dieses Ereignis. Alte Lokomotiven und Wagen sind in einem historischen Lokschuppen zu besichtigen, der zum Eisenbahnmuseum umgebaut wurde. Eine nostalgische Fahrt mit dem »Kuckucksbähnel« sollte unbedingt eingeplant werden. Freunde eines guten Tropfens reisen am besten im Herbst zum Deutschen Weinlesefest an.

12 An der Mündung des Speyerbachs in den Rhein hatten bereits Römer und Franken Stützpunkte eingerichtet, doch erst ab dem 10. Jh. wurde **Speyer** eine Metropole des mittelalterlichen Reichs. Deutlichster Ausdruck der einstigen Herrlichkeit ist der romanische Dom St. Maria und St. Stephan, der auch als Grablege der deutschen Kaiser diente. Die Teilnahme an einer Führung ist die beste Möglichkeit die kunsthistorische Bedeutung der Kirche angemessen zu würdigen. Außerdem sollte man die Dreifaltigkeitskirche, die Reste der Stadtbefestigung und das barocke Rathaus besichtigen. Im Feuerbach-Haus wurde der Maler Anselm Feuerbach geboren. Gemälde, Zeichnungen und weitere Exponate erinnern an diesen großen Sohn der Stadt. Die wechselvolle Stadtgeschichte ist im Historischen Museum der Pfalz und im angegliederten Dom- und Diözesanmuseum dokumentiert.

Mittelpunkt des Wormser Doms ist der von Balthasar Neumann 1749 gestaltete Hochaltar.

An einem lauen Sommerabend in der Altstadt von Neustadt an der Weinstraße.

Wandern & Freizeit

In **Saarlouis** bieten sich für Wanderer und Spaziergänger verschiedene Touren an. Der insgesamt 150 ha große Stadtwald erstreckt sich vom Stadtteil Fraulautern bis in die Nachbargemeinden Hülzweiler und Saarwellingen. An der Landstraße L 343 hinter dem Ortsausgang Fraulautern (in Richtung Hülzweiler) befindet sich ein Waldparkplatz, von dem man einen markierten, etwa 5 km langen Rundweg erreichen kann. Unweit des Parkplatzes gibt es außerdem einen Waldspielplatz.
Nur wenige Minuten Fußweg vom Stadtzentrum entfernt, lädt der reizvolle Stadtpark mit seinem weitläufigen Wegenetz zu ausgiebigen Spaziergängen ein. Die Gartenanlage mit üppigem Baumbestand erstreckt sich über ein Areal von insgesamt 35 ha.

Auf dem insgesamt 42 km langen großen Stadtrundweg von **Saarbrücken** erleben Spaziergänger und Wanderer (und auch Radfahrer) die enge Verwandtschaft der unterschiedlichen Stadtgebiete. Der Weg ist einheitlich mit dem roten »S« im blauen Kreis gekennzeichnet und Start und Ziel ist der Marktplatz in St. Arnual.
Es gibt natürlich auch deutlich kürzere Routen in Saarbrücken, wie etwa die 4 km lange »Saarbrücker Runde«, die vom Hauptbahnhof durch die Altstadt und entlang des Saarufers zum Schloss führt. Auf dem Weg locken neben Museen und schönen Aussichten auch Cafés, Bistros und Restaurants zu Zwischenstopps ein. Die Strecke ist mit dem Logo »Saarbrücker Runde« ausgeschildert.
Diverse Überschneidungen gibt es mit der »Stengel-Promenade«, einem anderen, etwa 3 km langen Stadtspaziergang. Diese Route führt an den Bauwerken des Barockbaumeisters Friedrich Joachim Stengel vorbei und ist mit einem entsprechendem Logo markiert.

Zwischen **Saarbrücken** und **Homburg** kann man mit dem Fahrrad eine 38 km lange Rundtour von St. Ingbert nach Wörschweiler machen. Die Tour führt durch idyllische Waldgebiete und verträumte Dörfer und lädt zu einem Abstecher ins Freilichtmuseum Schwarzenacker (bei Wörschweiler), wo u. a. Reste einer römischen Siedlung zu sehen sind. Auf der Strecke gibt es zwei nennenswerte Steigungen: gleich zu Beginn bei St. Ingberg (40 m Höhenunterschied auf 1 km) sowie vor Kirkel im Kirkeler Wald (100 m Höhenunterschied auf 2,5 km). Die Tour beginnt in St. Ingberg und führt über Ober- und Niederwürzbach nach Reichenbrunn und weiter über Alschbach, Lautzkirchen und Bierbach ins Bliestal nach Wörschweiler. Von dort geht es auf der Landstraße über die Autobahn (A8) bis zur Hochspannungsleitung, danach links ab und durch den Tunnel unter der Autobahn in Richtung Kirkeler Wald. Über Kirkel und Hassel geht es anschließend wieder zurück nach St. Ingberg.

Nahe **Homburg** lädt eine etwa 30 km lange Tour, durch Wälder, Wiesen und malerische Täler, von Zweibrücken zur Sickinger Höhe zum Radfahren ein. Die Strecke startet bei den Rennwiesen und Sportanlagen von Zweibrücken und führt über den Ortsteil Niederauerbach gen Norden nach Oberauerbach. Durch das untere Auertal und am Auerbach entlang, der im weiteren Verlauf seinen Namen in Wiesbach ändert, geht es durch eine immer reizvollere Landschaft in den Ort Wiesbach. Jetzt folgt auf 4 km Länge eine Steigung (teils Weg, teils Straße) nach Käshofen und weiter bis zur Sickinger Höhe; Höhenunterschied: 125 m. Von da ab geht es wieder talwärts und über Großbundenbach, Mörsbach wieder nach Oberauerbach. Schließlich gelangt man durch das untere Tal des Flüsschens Auer wieder zurück nach Zweibrücken.

Von April bis Oktober lädt jedes Jahr die **Gartenschau** in **Kaiserslautern** zum Besuch ein. Neben dem prachtvollen Blütenmeer, locken auch Themen-Hallenblumenschauen, der Kakteengarten und die Dinosaurier-Ausstellung zahlreiche Besucher an. Diverse Sport- und Spielmöglichkeiten, beispielsweise Minigolf und Wasserspiele, sowie Veranstaltungen (Musik, Theater) runden das Angebot ab.

Eine etwa 23 km lange Radtour führt von **Ludwigshafen** und teilweise auf der Deutschen Weinstraße nach **Bad Dürkheim**. Die Route startet in Ludwigshafen auf der Frankenthaler Straße nach Oggersheim (5 km). In Oggersheim biegt man links in die Straße nach Ruchheim ein, das nach 4 km erreicht wird und weiter nach Fußgönheim (3 km). Von dort geht es weiter auf der ruhigen Landstraße nach Ellerstadt (2 km) und Gönnheim (2 km), wo man auf erste Weinberge trifft. Es folgen Friedelsheim (1 km) und Wachenheim (3 km), wo man die Haardt, eine Bergkette mit weiträumigen Weinbergen, und die Deutsche Weinstraße erreicht. Nun fährt man auf dem Radweg parallel zur Weinstraße bis nach Bad Dürkheim. Von dort kann man mit der Bahn wieder nach Ludwigshafen zurückfahren.

Die Bergstraße und der Odenwald

Diese Tour führt durch das frühere Herzogtum Hessen-Darmstadt und den Odenwald bis hinüber zum Main und zum bayerischen Miltenberg. Diese Reise verbindet Baukultur, bezaubernde Landschaft und geologische Besonderheiten miteinander.

❶ **Darmstadt**, die viertgrößte Stadt Hessens, hat sich ihren Charakter als alte Residenzstadt bewahrt. Die feudale Vergangenheit als Sitz der Landgrafen und späteren Großherzöge von Hessen-Darmstadt ist rund um die Ludwigssäule am Luisenplatz noch immer lebendig.

Den Mittelpunkt der Stadt bildet das Schloss, mit dessen Bau 1375 begonnen wurde. Im 16. Jh. erhob man es zur Residenz. Der Glockenbau des Schlosses birgt ein sehenswertes Museum. Das Hessische Landesmuseum befindet sich am Eingang zum Herrngarten, dem Schlosspark. Dieser erstreckt sich nach Norden hin bis zum Prinz-Georg-Palais aus dem 18. Jh.

Auf Großherzog Ernst Ludwig geht die Mathildenhöhe zurück, eine Jugendstilkolonie, in der sich sieben Künstler der Jahrhundertwende Häuser und ein gemeinsames Atelier bauen durften. Weithin sichtbar ist der »Hochzeitsturm« des österreichischen Architekten Joseph Maria Olbrich, der das Ausstellungsgelände überragt.

Nur rund 10 km von Darmstadt entfernt, liegt die Grube Messel, eine von nur drei UNESCO-Weltnaturerbestätten in Deutschland. Wo bis 1970 im Tagebau Eisenerz und Braunkohle abgebaut wurden, fanden Forscher zahlreiche Fossilien aus dem Eozän (vor rund 50 Mio. Jahren). Im Besucherzentrum informieren Ausstellungen über die urzeitlichen Tiere und Pflanzen.

❷ Die Bergstraße, den bereits früher wichtigen Verkehrsweg nach Süden, sicherte einst die Burg von **Zwingenberg**. Um sie herum entstand seit dem 13. Jh. eine Unterstadt, die ansehnliche Fachwerkhäuser, ein barock umgestaltetes Schlösschen und die ehemalige Kellerei mit ihrem geschweiften Renaissancegiebel besitzt. Außerhalb der Stadtmauern stehen Fachwerkscheunen aus dem 18. Jh., in die heute Läden und Gaststätten eingezogen sind.

❸ **Auerbach** ist für zwei Dinge bekannt: für den herrlichen Blick über die Rheinebene, den man von der malerischen Schlossruine – der größten an der Bergstraße – aus genießt, und für den schon im 18. Jh. entdeckten Gesundbrunnen. Dieser bildet das Zentrum des Staatsparks Fürstenlager, einer Parkanlage mit einigen sehenswerten Bauten aus dem 18. Jh.: Herrenhaus, Prinzen- und Damenbau, Wache und Eremitage.

UNESCO-Weltkulturerbe: die mittelalterliche Torhalle des Klosters Lorsch.

❹ Die bereits im 8. Jh. erwähnte frühfränkische Siedlung **Bensheim** musste 1000 Jahre lang warten, bis jene Bauten entstanden, die den Ort heute auszeichnen – die Adelshöfe. Deren stattlichster, der Rodensteiner Hof, entstand im Jahr 1739; hier befindet sich heute das Rathaus. Der Wambolter Hof stammt von 1743. Der ehemalige Lorscher Klosterhof am Marktplatz wird als Heimatmuseum genutzt.

❺ Eine Wanderung lohnt sich zum **Felsenmeer**, das man entweder von Balkhausen oder Lautertal aus erreicht. Den Hang des Felsbergs bedecken an dieser Stelle Tausende von Granitbrocken. Bereits die Römer nutzten den Felsberg als Steinbruch. In den Buchenwäldern verstreut lie gen viele unfertige Reste von vo 2000 Jahren bearbeitetem Granit wie der »Altarstein« oder die 9,3 m lange »Riesensäule«.

❻ Als eines der wohl einflussreichs ten Klöster des Mittelalters gal **Lorsch**, gegründet im Jahr 764 und sogleich machtvoll. Unter Karl dem Großen avancierte die Benediktiner abtei zum Reichskloster und der Ab wurde zum Reichsfürsten. Erhalten blieb lediglich die Torhalle aus de karolingischen Blütezeit, ein in Deutschland einzigartiges Baudenk mal, das im Obergeschoss kunstge schichtlich wichtige Wandmalereien beherbergt.

An die einstige Größe der 1621 im Dreißigjährigen Krieg durch spani sche Truppen zerstörten Abtei erin nern nur noch die Fundamente.

Blick auf die Bergkirche Zwingenberg an der Hessischen Bergstraße.

Schloss Auerbach ist von einer Ringmauer umgeben.

ie Russische Kapelle auf der Darmstädter Mathildenhöhe entstand im Auftrag des Zaren Nikolaus II., der mit einer Prinzessin von Hessen-Darmstadt verheiratet war.

7 Einen Besuch von **Heppenheim** eginnt man am besten am Marktlatz und dem Rathaus. Dessen Erdeschoss stammt von 1551, der Aufau aus dem Jahr 1693. Viele der achwerkbauten aus Gotik und Reaissance besitzen hübsche Eck- oder ‍littelerker, so einige Häuser am ‍larkt, in der Marktstraße, der Kirhengasse, der Amtsgasse und dem Alten Gässchen. Die Pfarrkirche St. Peter, ein neoromanischer Bau von 1904, der sich auf Fundamenten aus dem 10. Jh. erhebt, wird wegen ihrer Größe auch Dom der Bergstraße genannt.

Oberhalb von Heppenheim ragt die Starkenburg empor, die einstmals einer südhessischen Provinz den Namen gab.

8 In direktem Zusammenhang mit dem Kloster Lorsch steht **Lindenfels**. Die weltliche Burg sollte die Besitzungen der Geistlichkeit schützen. Gut im Blickfeld hatte sie den Vorderen Odenwald auf jeden Fall, denn der Bergvorsprung bietet noch heute ein ausgezeichnetes Panorama. Dieses hat schon Konrad von Staufen, der Bruder Kaiser Friedrich Barbarossas und Vogt über die Lorscher Ländereien, genossen, als er die Burg in den Jahren zwischen 1155 und 1195 erbauen ließ.

Nach einer wechselvollen Geschichte verfiel Lindenfels schnell. Heute sind nur noch Teile der Burgmauer mit der Stadtbefestigung aus dem 14. Jh. und zwei wuchtige Ecktürme aus dem 16. Jh. erhalten.

Vandern & Freizeit

Seit 2007 ist die **Bergstraße**, von armstadt bis Heidelberg, von einem urchgängigen, 85 km langen Radveg erschlossen, der mit dem Logo die bergstrasse« gekennzeichnet ist. ie Städte und Dörfer entlang der adstrecke, manche mit mittelalterlihen Fachwerkhäusern und urigen asthäusern, laden zum Verweilen n. Praktischerweise verfügen die rte entlang der Radroute beinahe le über eine Bahnanbindung. Der 5 km lange Abschnitt von Darmadt über Seeheim-Jugenheim, Bikenbach, Alsbach-Hähnlein bis wingenberg eignet sich ideal für ne gut zweistündige Radtour.

Hoch über dem Main wacht die Mildenburg über das Städtchen Miltenberg mit der Stadtpfarrkirche St. Jakobus.

Noch heute wohnen im Erbacher Schloss Mitglieder der gräflichen Familie Erbach-Erbach.

Das offene Erdgeschoss des Rathauses von Michelstadt diente über Jahrhunderte als Markthalle.

9 Über die Nibelungenstraße geh
es weiter nach **Michelstadt**. Die vie
len Fachwerkhäuser rund um de
Marktplatz machen den Ort zu eine
der besten Beispiele für die hessisch
fränkische Baukunst. Hohe Zimmer
mannskunst verrät das Rathaus vo
1484 mit seiner außergewöhnlic
hübschen, dem Markt zugewandte
Schmalseite. Rund 100 Jahre jünge
ist das Alte Schloss Fürstenau, ein Re
naissancebau. Das Neue Palais wurd
1810 fertiggestellt. Beide Schlösse
befinden sich in einem herrliche
englischen Park. Im Stadtteil Steir
bach liegt die Einhardsbasilika, ein
in weiten Teilen erhaltene karoling
sche Kirche, erbaut von Einhard, e
nem Vertrauten Karls des Großen.

10 Auch im nahen **Erbach** lockt ei
Schloss. Dieses steht am Marktplat
und ist von hübschem Fachwerk un
geben. Der Bergfried (um 1200) is
der älteste Teil des Schlosses, sei
Turmhelm stammt von 1497; im Jal
1736 hat man einen relativ schlichte
Barockflügel angesetzt. Der Ritte
saal erhielt sein neugotisches Gepr
ge im Jahr 1804; die Glasmalereie
sind jedoch echte Gotik und stan
men aus Altenberg an der Lahn.
Auch das Rathaus aus dem 16. J
und das zu den Burgmannenhöfe
zählende »Templerhaus« auf d
»Städtelmauer« haben ihren beso
deren Charme.

11 Am östlichen Ausläufer des Ode
walds versteckt sich **Amorbach** in e
nem Talkessel. Seinen Namen ve

Hinter dem schmiedeeisernen Gitter, das Chorraum und Schiff der Klosterkirche Amorbach trennt, erhebt sich der Hochaltar von Matthäus Günther.

dankt es dem hl. Amor, der im Jahre 734 hier ein Benediktinerkloster gründete. Von dessen Grundbestand st nichts mehr erhalten – dafür hat die mit dem Barock aufgekommene Baulust gesorgt. 1742–1747 wurde die Abteikirche mit neuem Chorgestühl, Deckenfresken und herrlichem Stuck der Wessobrunner Schule versehen. Die Kirche enthält Europas größte Barockorgel. Auch die ehemaligen Konventsbauten wurden zwischen 1782 und 1789 im Stil des Rokoko umgestaltet.
Mit der Säkularisierung im Jahre 1803 fiel die Abtei dem Fürsten von Leiningen zu, der sie zum Schloss umbauen ließ.

2 Eines der meistfotografierten Motive Deutschlands ist der Marktplatz von **Miltenberg**, in der dicht gedrängten Altstadt auf dem linken Mainufer gelegen. Hochgiebelige Fachwerkhäuser aus verschiedenen Jahrhunderten säumen den leicht ansteigenden Platz, hinter dem die stolze Burg emporragt. Das älteste und stattlichste Haus stammt aus der Spätgotik.
Mainfränkische Fachwerkhäuser bestimmen auch das ästhetisch sehr einheitliche Bild der Hauptstraße. Eigens zu erwähnen wären hier das »Mainzer Kaufhaus«, ein gotischer Sandsteinbau von 1400, das dreigeschossige Giebelhaus (Nr. 114) aus dem Jahr 1450 und das »Haus zum Riesen«, das sich »Ältestes Gasthaus Deutschlands« nennt und schon im 16. Jh. »Fürsten und Herren« bewirtet hat.

Wandern & Freizeit

Eine Radtour auf einem Teilstück des beliebten Main-Radweges ist eine wunderbare Möglichkeit das **churfränkische Maintal** mit seinen zahlreichen Burgen von seiner schönsten Seite kennenzulernen. Der Radweg ist einheitlich gut beschildert, auch Abstecher von der Radstrecke sind markiert. Auf den Hinweissschildern stehen neben den Ortsnamen natürlich auch die Entfernungsangaben zu den nächsten Orten. Die rund 30 km lange Strecke von Miltenberg nach Wertheim führt über Bürgstadt und Freudenberg am Main, bevor man die Mainseite wechselt, um nach Stadtprozelten zu gelangen. Bei Kreuzwertheim überquert man erneut den Main und erreicht auf der anderen Seite des Flusses Wertheim. Für den Rückweg nach Miltenberg nimmt man die Bahn ab Wertheim. Es besteht auch die Möglichkeit die Rückreise von Wertheim mit dem Schiff anzutreten. Allerdings verkehren die Schiffe nicht täglich, sondern nur an bestimmten Wochentagen. Detaillierte Informationen erhält man auf der Website der Reederei Henneberger *(www.reederei-henneberger.com).*

Der Erlebnispfad »Wein und Stein«, ein Kooperationsprojekt des UNESCO-Geoparks Bergstraße-Odenwald mit den Bergsträßer Winzern, wurde im Jahr 2007 in **Heppenheim** eröffnet. Auf einer Strecke von 6,9 km (Abkürzungen möglich) erfährt man an zahlreichen Stationen Wissenswertes zu Wein, Rebsorten, Geologie, Klima, Flora und Fauna der Region.
Der befestigte Rundwanderweg führt durch mehrere Weinlagen, Ruhebänke laden zum Verweilen ein. Dabei genießt man herrliche Panoramablicke über fünf deutsche Weinbaugebiete. Den Weg säumen unter anderem Pfirsich-, Mandel- und Feigenbäume. Auf dem Wanderweg gibt es für Kinder das »Vino Kids Quiz«, eine lustige und informative Lehrstunde. Zauberhaft ist der Weg im Frühjahr zur Zeit der Obstbaumblüte.

Rund 25 km umfasst die große Rundwanderung von **Heppenheim** über Schloss Birkenau und durch den Odenwald über Hemsbach zurück nach Heppenheim. Den Bogen durch den Vorderen Odenwald kann man beliebig abkürzen.

Einen weiten Blick über die Rheinebene ermöglicht der rund 15 km lange Weg von **Zwingenberg** zur Ruine von Schloss Auerbach, rund um den 517 m hohen Melibokus zum Alsbacher Schloss und wieder zum Ausgangspunkt.

Im Vogelpark Heppenheim erwarten den Besucher auf 7500 m^2 Fläche rund 300 Vögel aus 65 Arten, heimische Vögel ebenso wie Exoten, etwa Papageien, Kakadus, Hornvögel, Loris oder Emus. Hier kann man lebendigen und anschaulichen Naturkundeunterricht erleben. Im Biergarten, der sich im Eingangsbereich befindet, kann man eine Pause einlegen *(Ostersonntag bis Ende Oktober, Mo–Sa 14 Uhr bis Einbruch der Dunkelheit, So und Feiertage 10 Uhr bis Einbruch der Dunkelheit, www.vogelpark-heppenheim.net).*

Das knapp 9 km von Michelstadt entfernt gelegene **Jagdschloss Eulbach** ist bekannt für seinen Englischen Garten. Mitten in dem 10 ha großen Garten befinden sich mehrere Wildgehege des Wildparks Eulbach mit etwa 50 Tieren. In den in die Landschaft eingepassten Gehegen sind u. a. Wisente, Mufflons, Rotwild und Wildschweine untergebracht *(tägl. 9–18 Uhr, im Winter bis 17 Uhr, Tel. 06061/70 60 42).* Für eine kleine Stärkung empfiehlt sich der Kiosk im Eingangsbereich des Parks. Im gegenüber vom Park am Ende des Parkplatzes gelegenen Restaurant Forsthaus Eulbach wird gutbürgerliche Küche mit Wildspezialitäten serviert *(Tel. 06061/70 50 21).*

Von Aschaffenburg zur Romantischen Straße

Die Tour führt von Aschaffenburg aus durch eine reiche Kulturlandschaft: über Würzburg mit den zahlreichen Zeugnissen seiner großen Vergangenheit und Rothenburg, das bis heute in mittelalterlichem Glanz erstrahlt, nach Ansbach, wo der Geist der Hohenzollern fortlebt. Eingebettet sind diese historischen Orte in eine weinreiche, fruchtbare Gegend.

❶ Die Siedlung Ascaffaburc, das heutige **Aschaffenburg**, wurde bereits zwischen 450 und 500 erstmals genannt. Sie war zunächst eine keltische, dann eine alemannische Volksburg und wurde um 550 von den Franken erobert. Von Menschen bewohnt war die Gegend sogar schon in der Steinzeit.

In dieser geschichtsträchtigen Stadt lohnt sich eine Besichtigung des Renaissanceschlosses Johannisburg, das 1605–1614 nach Plänen von Georg Ridinger entstand. Obwohl der aus Rotsandstein errichtete Bau 1945 fast vollständig zerstört wurde, gelang ein recht genauer Wiederaufbau des Äußeren; die Innenräume wurden allerdings nicht originalgetreu rekonstruiert. Die heute im Schloss untergebrachte Staatsgalerie Aschaffenburg ist eine Außenstelle der Bayerischen Staatsgemäldesammlungen und damit gewissermaßen eine »Schwester« der Münchner Pinakotheken; gezeigt werden dort u. a. Gemälde von Lucas Cranach d. Ä. und Rubens.

Die Stadt bestticht durch grüne Parkanlagen. Besonders hervorzuheben ist der Park Schönbusch, der im 18. Jh. angelegt wurde und zu den ältesten englischen Landschaftsgärten Deutschlands zählt. Hier befinden sich neben einem kleinen Schloss auch eine Orangerie, dekorative Hirtenhäuser und ein Irrgarten.

❷ Über der idyllischen Altstadt von **Wertheim** ragt der Burgberg mit einer der am besten erhaltenen Burgruinen Deutschlands auf. Graf Wolfrum I. ließ die Burg zu Anfang des 12. Jh. erbauen. Sehenswert sind die Vorburg, die hohen Mauern der Oberburg, Bergfried, Palas und ein Treppenturm. Von hier oben hat man einen wunderbaren Blick weit in den Spessart und das Taubertal.

Im Stadtzentrum befindet sich die gotische Pfarrkirche aus dem 14. Jh. mit den Renaissance-Grabmälern der Wertheimer Grafen. Auf dem Marktplatz, den beiderseitig gut erhaltene Fachwerkhäuser zieren, steht der Engelsbrunnen.

❸ Schon in vorgeschichtlicher Zeit war der links des Mains gelegene Würzberg besiedelt. Die Stadt **Würzburg**, die der Beiname »Perle am Main« ziert, wurde schon im 7. Jh. durch schottisch-irische Missionare christianisiert.

Zu den wichtigsten Sehenswürdigkeiten zählt heute die Festung Marienberg hoch über dem Main, in der das Mainfränkische Museum seinen Sitz hat. Hier beeindrucken in erster Linie die Werke des bedeutenden Bildhauers und Bildschnitzers Tilman Riemenschneider, der in Würzburg lebte und dort lange Jahre im Rat der Stadt saß und sogar das Amt des Bürger-

Aschaffenburger Schloss mit seiner Schaufront zum unteren Main.

Wandern & Freizeit

Die Städte und Dörfer im **Taubertal** haben sich zur »Ferienregion liebliches Taubertal« zusammengeschlossen – und weisen eine ganze Reihe von Wanderrouten durch das idyllische Tal aus. In dem Gebiet gibt es beispielsweise den etwa 20 km langen »Wein-Tauber-Wanderweg«, eine Rundtour, die das Zisterzienserkloster Bronnbach mit Reicholzheim, Waldenhausen und Wertheim verbindet und an Weinbergen entlangführt. Insgesamt wurden

zwischen Rothenburg ob der Tauber und Wertheim an die 30 Rundwanderwege ausgewiesen. Fernwanderwege in der Region sind der »Panoramawanderweg Taubertal« und der »Jakobswanderweg durch Odenwald, Main- und Taubertal«. Streckenempfehlungen hält der Tourismusverband Liebliches Taubertal bereit *(Gartenstraße 1, 97941 Tauberbischofsheim, Tel. 093 41/82 58 06, www.liebliches-taubertal.de)*.

Eine wundervolle Sicht auf **Rothenburg** hat man von der Engelsburg, einer ehemaligen keltischen Wallburg. Auf dem reizvollen Taubertalweg wandert man zunächst zur Burg. Über einen nicht allzu steilen Abstieg erreicht man Detwang mit seiner Riemenschneider-Kirche. Die Klingentorbastei ist die Pforte zurück.

Durch ein blaues »M« gekennzeichnet ist der etwa 490 km lange **Main-Wanderweg**, der von der Quelle des Weißen Mains bis zur Mündung führt. Stationen an dieser Autoroute sind u. a. Würzburg, Wertheim und Aschaffenburg. Dort kann sich jeder ganz nach Belieben seine Teilstrecken heraussuchen.

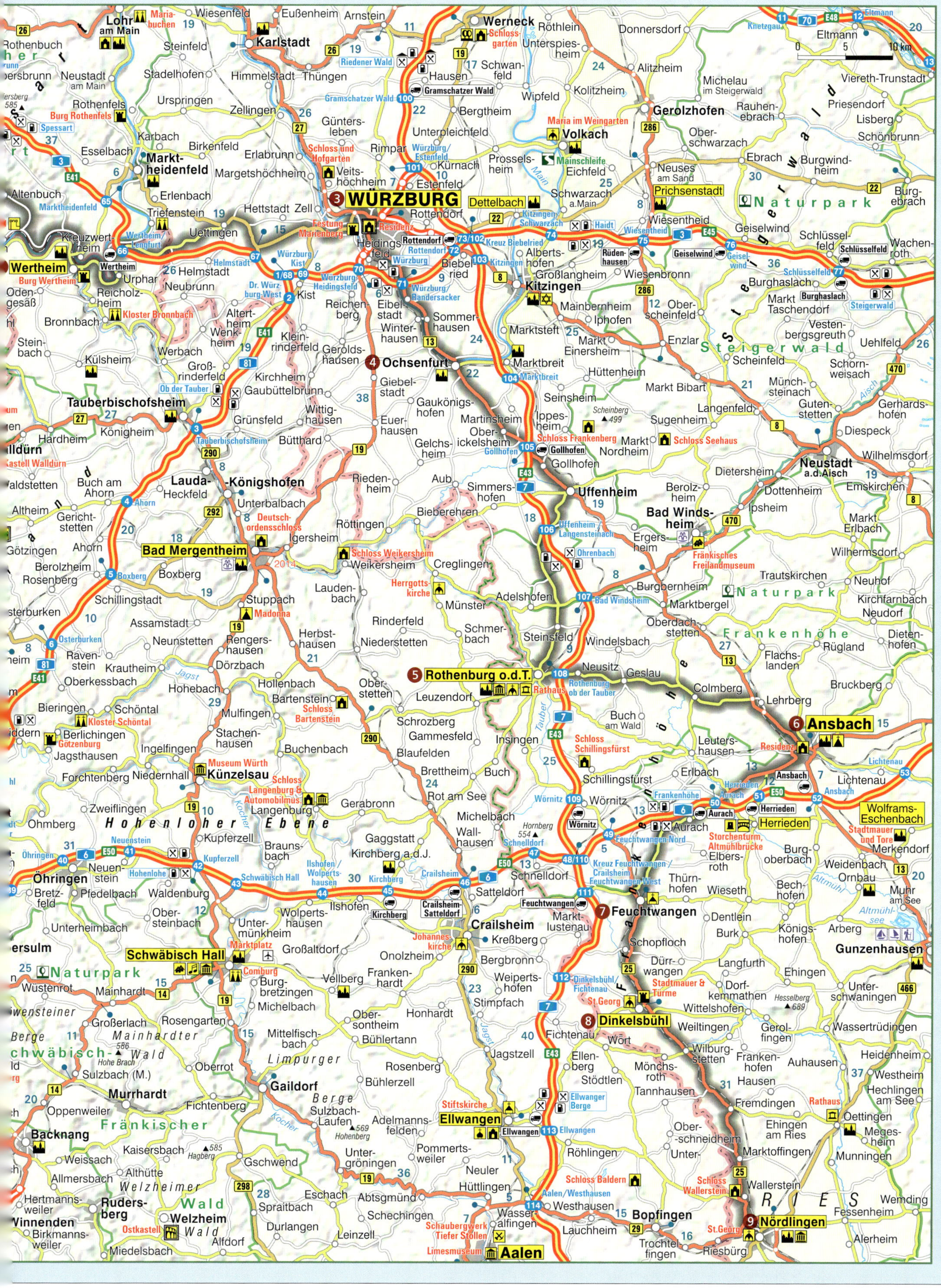

Lohr am Main
Karlstadt
Werneck
Würzburg
Kitzingen
Ochsenfurt
Marktheidenfeld
Wertheim
Tauberbischofsheim
Lauda-Königshofen
Bad Mergentheim
Weikersheim
Creglingen
Rothenburg o.d.T.
Uffenheim
Bad Windsheim
Neustadt a.d.Aisch
Gerolzhofen
Volkach
Dettelbach
Prichsenstadt
Ansbach
Herrieden
Wolframs-Eschenbach
Feuchtwangen
Dinkelsbühl
Crailsheim
Schwäbisch Hall
Künzelsau
Öhringen
Ellwangen
Aalen
Bopfingen
Nördlingen
Oettingen
Gunzenhausen
Wassertrüdingen
Murrhardt
Backnang
Gaildorf
Welzheim
Rudersberg
Winnenden
Schillingsfürst
Naturpark Steigerwald
Frankenhöhe
Hohenloher Ebene
Schwäbisch-Fränkischer Wald
Limpurger Berge
Mainhardter Wald
Welzheimer Wald
Ries
Eltmann
0 5 10 km

Die kleine mittelfränkische Stadt Rothenburg ob der Tauber im Landkreis Ansbach steht als Inbegriff einer bürgerlichen deutschen Stadt aus alten Tagen. Die nahezu unveränderte

meisters innehatte. Ein herausragendes Kulturdenkmal des Barock ist die fürstbischöfliche Residenz aus dem 18. Jh. Sie wurde, ebenso wie die Pilgerkirche »Käppele«, von Balthasar Neumann entworfen. Das Schloss war nicht nur Stadtpalais für Johann Philipp Franz von Schönborn, sondern auch ein Denkmal für die ganze Familie. Der erlesene Barockbau besitzt ein Deckengewölbe über dem Treppenhaus mit einem gewaltigen Fresko von Giovanni Battista Tiepolo. Die bedeutendsten Kirchen der Stadt sind der romanische Kiliansdom, das Neumünster mit einer herrlichen Barockfassade und die mittelalterliche Marienkapelle auf dem Marktplatz. Der Kiliansdom, Zentrum der Diözese Würzburg, wurde ab 1040 erbaut und zählt heute zu den größten romanischen Kirchen Deutschlands.

Eine weitere Attraktion ist die Alte Mainbrücke, in ihrer heutigen Form eine Bogenbrücke, die im Wesentlichen auf das 15. Jh. zurückgeht. Die Brückenstatuen wurden im 18. Jh. aufgestellt. Im April 1945 sprengten deutsche Truppen zwei der alten Bögen; 1950 wurden die beiden Teile wieder hergestellt.

❹ Zwei Brücken ermöglichen die Mainüberquerung zum Ortszentrum nach **Ochsenfurt**. Die Siedlung war 1295–1803 im Besitz des Würzburger Domkapitels. Eine der beiden Brücken, die Alte Mainbrücke der Stadt, geht im Kern auf eine große mittelalterliche Brücke zurück. Die noch erhaltenen Teile wurden denkmalgerecht saniert und um moderne Elemente erweitert.

Die Altstadt wird dominiert von wunderschönen Fachwerkhauszeilen und dem dreigeschossigen Rathaus mit einem Uhrtürmchen. Dieser Glockenturm ist das Wahrzeichen der Stadt; stündlich erscheinen im Glockenspiel die beiden Ochsen des Stadtwappens; ein menschliches Skelett, das an die Vergänglichkeit alles Irdischen erinnert; und zwei Ratsherren, die der stummen Rede des Bürgermeisters lauschen.

In der im 13. Jh. erbauten gotischen St.-Andreas-Kirche befinden sich eine herausragende Skulptur von Tilman Riemenschneider, die Holzstatue des heiligen Nikolaus, ein Bronzetaufbecken von Peter Vischer und ein 16 m hohes Sakramentshäuschen. Die Wolfgangskapelle wurde 1463 zu Ehren des einstigen Bischofs von Regensburg erbaut.

Sehenswert ist auch die mittelalterliche Stadtbefestigung von Ochsenfurt; Ringmauer, Stadtgraben und mehrere Stadttore sind noch erhalten und veranschaulichen, auf welche Weise Städte einst für ihren Schutz sorgten.

❺ Das romantische Städtchen **Rothenburg ob der Tauber**, dessen mittelalterliches Erscheinungsbild nahezu ohne Schäden bis heute erhalten geblieben ist, pries der Maler Ludwig Richter als »Märchen einer Stadt«.

Das einzigartige Stadtbild mit seinen roten Dächern, den unzähligen Türmchen, breiten niedrigen Zollhäuschen, viel Fachwerk und der Hafengasse aus dem späten Mittelalter, die noch original erhalten ist, versetzt den Besucher in eine andere

Die Würzburger Residenz, der einstige Sitz der Fürstbischöfe, ist ein Hauptwerk des Barock

Zeit. Allein die 1350–1380 erbaute Stadtmauer, deren Wehrgänge auf einer Länge von 2 km vom Spitaltor zum Klingentor führen, besitzt zwölf Türme. Einen Altar von Tilman Riemenschneider, das sogenannte Heiligblut-Retabel, kann man in der St.-Jakobs-Kirche bestaunen.

An der Nordseite des Marktplatzes liegt die Ratstrinkstube, an deren Giebelfront sich eine Kunstuhr befindet. Hier leert Altbürgermeister Nusch täglich um 11 und um 14 Uhr einen Humpen, bekannt als Meistertrunk, und sein damaliger Gegner, der Feldherr Graf von Tilly, schwingt erstaunt den Marschallstab. Dieses Spektakel geht auf eine angebliche Wette der beiden im Jahr 1631 zurück, bei der Nusch behauptete, einen Humpen mit 3,25 l Wein in einem Zug leeren zu können. Mehr über diese Zeit des Dreißigjährigen Krieges erfährt man im sehenswerten Reichsstadtmuseum.

Sehr eindrucksvoll ist auch ein Besuc im Kriminalmuseum. Anhand zahlrei cher Schaustücke lernt man allerle über das mittelalterliche Rechtswe sen, über Strafvollzug und Folter.

❻ Die einstige Residenzstadt **Ans bach** ist stark vom Rokoko gepräg Einer der bedeutendsten Schlossbau ten des 18. Jh. ist das am Stadtran gelegene Markgrafenschloss. Sein herrliche Barockfassade schuf Gabri de Gabrieli. Hier beeindrucken de Prunksaal von 1734 mit üppigen Fre ken von Carlo Carlone und das Spie gelkabinett mit seinen sehenswerte Porzellanfiguren.

Im Hofgarten, um 1723 angelegt, e innert ein Gedenkstein an den hie am 17.12.1833 ermordeten Kasp Hauser, der auf dem hiesigen Frie hof begraben liegt. Noch heute sin seine genaue Herkunft und der Nam des Mörders ungeklärt. Die Pfarrki che St. Gumbertus erhebt sich mit i

mittelalterliche Stadt wird von einer intakten Stadtmauer umgeben.

n den Galerien des Ansbacher Markgrafenschlosses hängen zeitbezogene Gemälde.

en drei Türmen von 1594 über der tadt. Die Hofkirche wurde mit ihrer usladenden Saalkonstruktion zum 'orbild von vielen anderen Kirchen n Bayern. Im ihrem Inneren befinden ich die Grabstätten zahlreicher Herrcher Ansbachs, insbesondere der Hoenzollern. Der Ort ist am Ende jedes ngeraden Jahres Schauplatz eines nternationalen Musikfestivals, der achwoche Ansbach.

7 Die Stiftskirche mit ihren beiden räftigen Türmen beherrscht den 1arktplatz des mittelalterlichen tädtchens **Feuchtwangen**. Bedeuend sind das Portal und ein Fresko us dem 13. Jh. sowie das Chorgetühl aus dem 14. Jh. Den Marienaltar emalte 1484 der Dürer-Lehrer Mihael Wolgemut. Das Taubenbrünnein erinnert an eine Stadtgründungslegende: Karl der Große, ngeblich der Gründer von Feuchtangen, wurde hier einst auf der Jagd von heftigem Durst geplagt, als ihm eine Taube den Weg zu einer Quelle wies. Aus Dankbarkeit ließ er an dieser Stelle eine Kirche erbauen. Auch das Fränkische Museum mit Zeugnissen des Alltagslebens in Rokoko, Empire und Biedermeier ist einen Besuch wert.

Zu den Sehenswürdigkeiten der Stadt zählen außerdem die erhaltenen Teile der mittelalterlichen Stadtmauer sowie der Marktplatz, den ein maßgeblicher Kunstführer einst als »Festsaal Frankens« pries.

Die Feuchtwangener führen den berühmten mittelalterlichen Dichter Walther von der Vogelweide auf der Liste der großen Söhne ihrer Stadt; das tun jedoch noch andere Orte.

8 **Dinkelsbühl** an der Romantischen Straße erreicht man durch vier Tore: das Wörnitztor im Osten, das Nördlinger im Süden, das Segringer im Westen und das Rothenburger im Norden. Als Teil der 2,5 km langen Stadtmauer sind aber noch weitere Tore erhalten. Um den Marktplatz gruppieren sich die Ratstrinkstube (16. Jh.), die »Schranne«, ein Steinbau mit Renaissancegiebel, und das Kornhaus (1508). Einer der schönsten fränkischen Fachwerkbauten ist das Deutsche Haus (15. Jh.). Zu den wohl sehenswertesten Zeugnisse der deutschen Gotik zählt das Münster St. Georg aus dem 15. Jh. mit seinen prächtigen Portalen. Einen besonderen Eindruck von der malerischen, ungewöhnlich vollständig erhaltenen Stadt mit ihren Winkeln und Türmen erhält man zweifellos bei einem Gang entlang der Stadtmauer.

9 Durch die vollständig erhaltene Stadtmauer (14. Jh.), den begehbaren Wehrgang, die fünf Stadttore und 16 Türme fühlt man sich in **Nördlingen** wie ins Mittelalter zurückversetzt. Am Marktplatz mit Fachwerk- und Barockhäusern liegt das spätgotische Rathaus mit seiner Freitreppe aus der Renaissance. Den besten Ausblick über die Stadt hat man vom 90 m hohen Turm der Georgskirche aus. Er wird auch »Daniel« genannt. Von der Turmstube aus wacht abends ein Türmer über die Stadt.

Das Land ringsum geht auf ein gewaltiges Naturereignis zurück: Es handelt sich um einen 22 x 24 km großen Krater, den vor 14 Mio. Jahren ein riesiger Meteorit bei seinem Einschlag hinterlassen hat. Dabei entstand das sogenannte Nördlinger Ries, in dessen Zentrum heute die mittelalterliche Stadt liegt.

Wandern & Freizeit

Für Wanderer und in Teilen auch für Radfahrer geeignet ist der **Fränkische Marienweg**, ein ca. 800 km langer Fernwanderweg, der etwa 50 fränkische Wallfahrtskirchen miteinander verbindet. Das Schild zeigt eine Muttergottes in rotem Gewand mit einem Jesuskind in Dunkelblau. Zu den Stationen auf dem Weg zählen die Marienkapelle und das Käppele in Würzburg und die Kirche Mariä Heimsuchung in Aschaffenburg. Hinweise und einen Routenplaner bietet die Website *(www.fraenkischer-marienweg.de)*.

Ein landschaftlich wie kulturell reizvoller Radweg von ca. 100 km Länge ist der gut beschilderte **Taubertalradweg** zwischen Rothenburg ob der Tauber und Wertheim. Für die verkehrsarme Strecke mit geringer Höhendifferenz werden rund sieben Stunden Fahrzeit veranschlagt; hinzu kommt natürlich die Zeit, die man für Besichtigungen einrechnen sollte. Der Taubertalradweg gilt als »Klassiker«; neueren Datums ist die Strecke »Liebliches Taubertal – der Sportive«, die nicht durchs Tal, sondern parallel dazu über die Anhöhen führt.

Von Bayreuth bis ins Fränkische Seenland

Die Tour führt von der Wagner-Stadt Bayreuth über die Fränkische Schweiz nach Gößweinstein mit seiner Bilderbuchburg. Von hier aus geht es weiter über Schnaittach, die Rokoko-Festung Rothenberg und das mittelalterliche Nürnberg ins Fränkische Seenland mit den Städten Hilpoltstein, Beilngries und Eichstätt im Altmühltal.

Die alte Burg Pottenstein wurde nach einem Graf Botho benannt.

Bayreuth besitzt ein Rokoko-Opernhaus mit zauberhafter Loge.

❶ Heute kennt man **Bayreuth** vor allem als Schauplatz der von Richard Wagner selbst begründeten Festspiele. Doch nicht nur für Wagner-Anhänger ist ein Besuch des im Stil der Neurenaissance erbauten Wagner-Wohnhauses, der »Villa Wahnfried«, ein Genuss. Die nach Kriegsschäden wieder in den Originalzustand versetzte Villa des Komponisten beherbergt heute das biografische Richard-Wagner-Museum.
Berühmt ist natürlich auch Wagners Festspielhaus auf dem Grünen Hügel, ein nach Wünschen des Komponisten von griechischer Architektur inspirierter Bau (1872–1875). Das nicht zuletzt für seine hervorragende Akustik gepriesene Opernhaus unterhält kein festes Ensemble, sondern richtet alljährlich zwischen Ende Juli und Ende August die Bayreuther Festspiele aus, die den Musikdramen Richard Wagners gewidmet sind. Die Festspiele sind stets ein vieldiskutiertes künstlerisches, aber auch gesellschaftliches Ereignis.
Ihre Glanzzeit erlebte die Stadt aber bereits vor Wagner, nämlich im 18. Jh. unter der Regierung des Markgrafen Friedrich und seiner Frau Wilhelmine, die den Bau des Neuen Schlosses, des Markgräflichen Opernhauses und der Eremitage in Auftrag gaben; die Eremitage ist eine weiträumige Parkanlage. Friedrich war es auch, der eine der ältesten Freimaurerlogen gründete; diese tagt noch heute im Deutschen Freimaurermuseum.
Insbesondere das Markgräfliche Opernhaus aus der ersten Hälfte des 18. Jh. gilt als einzigartiges Juwel; es zählt zu den wenigen erhaltenen europäischen Barocktheatern und steht mittlerweile auf der UNESCO-Liste des Weltkulturerbes.
Zu den weiteren Sehenswürdigkeiten Bayreuths zählen mehrere Schlösser, darunter Schloss Colmdorf, Schloss Birken und das Jagdschloss Thiergarten, außerdem bemerkenswerte Gebäude in der Innenstadt, etwa die Mohren-Apotheke von 1610 oder das ehemalige Waisenhaus in der Friedrichstraße. Eine schöne Aussicht genießt man vom Siegesturm auf der Hohen Warte, der an den militärischen Erfolg im Deutsch-Französischen Krieg von 1870/71 erinnert. Unter den Gotteshäusern in der Innenstadt befindet sich auch die Synagoge aus dem 18. Jh.
Seit 1975 ist Bayreuth als Universitätsstadt nicht nur ein Kultur-, sondern auch ein wichtiger Wissenschaftsstandort.

❷ Am Ostufer des Roten Mains liegt die kleine Stadt **Creußen**, deren Ruhm im 17. und 18. Jh. durch Töpferwaren begründet wurde. Einige der bunt bemalten Apostelkrüge kann man im Krügemuseum besichtigen, das die Vielfalt des einst vielgerühmten Creußener Steinzeugs vor Augen führt. Das Museum ist im ehemaligen Scharfrichterhaus von 1770 untergebracht. Sehenswert ist auch das Eremitenhäuschen, eine äußerst ungewöhnliche bürgerliche Einsiedelei aus dem beginnenden 18. Jh., die der Theologe Johann Theodor Künneth nach fürstlichen Vorbildern als Ort der Besinnung errichten ließ.
Die im 15. Jh. erbaute Stadtkirche St. Jakobus besitzt bemerkenswerte Schnitzereien sowie eine Orgelempore von Elias Räntz aus dem frühen 18. Jh. Da die Kirche am Hang steht, befinden sich ihre Eingänge auf mehreren Ebenen. Von der Stadtmauer und ihren Türmen und Toren lohnt sich ein Blick auf die schönen Bürgerhäuser der Altstadt. Creußen liegt inmitten eines Hügellandes.

❸ Beherrscht wird **Auerbach** vom ehemaligen Benediktinerkloster Michelfeld, das vom Bamberger Bischof Otto I. dem Heiligen 1119 gegründet wurde. Ende des 17. Jh. errichtete Wolfgang Dientzenhofer dann einen Neubau. Teile des Klosterkomplexes sind noch heute erhalten, so etwa die barocke Klosterkirche und heutige Pfarrkirche St. Johannes Evangelista, für deren Innenraumgestaltung u. a. die Brüder Asam verantwortlich zeichneten.

❹ Inmitten der Fränkischen Schweiz liegt **Pottenstein**: Natur, so weit das Auge reicht, durchzogen von einer bizarren Karst- und Felslandschaft. Nahe beim Ort befindet sich die »Teufelshöhle«, die größte unter den vielen Tropfsteinhöhlen der Fränkischen Schweiz. Die Höhle ist gut für Besucher erschlossen und gilt als wichtige Touristenattraktion der Re

Bayreuths Eremitage hat ein Altes und ein Neues Schloss. Die »neue« Flügelanlage krönt eine Quadriga.

Wandern & Freizeit

Der kleine Ort **Pottenstein** bietet seinen Besuchern gleich mehrere höchst reizvolle Familienattraktionen. So kann man sich im Sommer nach einem Gang durch die tropfsteinbestückte Teufelshöhle *(www.teufelshoehle.de)* in einem ganz besonderen Freibad entspannen: Das im Jahr 1924 eröffnete Felsenbad Pottenstein *(www.felsenbad.eu)* bietet nach seiner Renovierung einen Naturbadeteich zu Füßen einer spektakulären Wald- und Felskulisse. Reichlich Aufregung garantieren dagegen die Sommerrodelbahn *(www.sommerrodelbahnen-pottenstein.de)* und der Kletterwald *(www.kletterwald-pottenstein.de)*.

Gößweinstein ist eine Station an der Strecke von Ebermannstadt und Behringersmühle, auf welcher der Verein DFS – Dampfbahn Fränkische Schweiz e.V. – an Sonn- und Feiertagen historische Züge auf die Schiene schickt. Die Strecke verläuft durchs idyllische Wiesenttal. Genaue Termine und aktuelle Tarife finden sich auf der Homepage *(www.dfs.ebermannstadt.de)*.

Etwa 16 km lang ist der reizvolle **Muggendorfer Rundwanderweg** im Wiesenttal. Ausgangspunkt ist die Wandertafel an der Muggendorfer Schule. Der Weg führt zur Oswaldhöhle und durch die Höhle hindurch, dann zu einem Felsen namens Quakenschloss und zum Aussichtsfelsen »Adlerstein«. Nächste Station ist Engelhardsberg. Bei der Ortslinde geht es rechts zur Riesenburg, von dort nach Doos und bis zur Kuchenmühle. Von da aus wandert man bergauf nach Albertshof.

Auf einem Spaziergang gleich auch noch naturkundliches Wissen zu ermitteln ist das Ziel eines Geologischen Erlebnispfades, der die Besonderheiten der Gesteine im **Wiesenttal** näher erläutert. Ausgangspunkt des 3,6 km langen Rundwegs mit 12 Stationen ist der Parkplatz im Schauertal am nördlichen Rand von Streitberg. Vom Weg ist es außerdem nicht weit bis zur Binghöhle und zur Ruine Streitburg. Die Höhle kann mit Führer begangen werden und zeigt eine Tropfstein-»Galerie«.

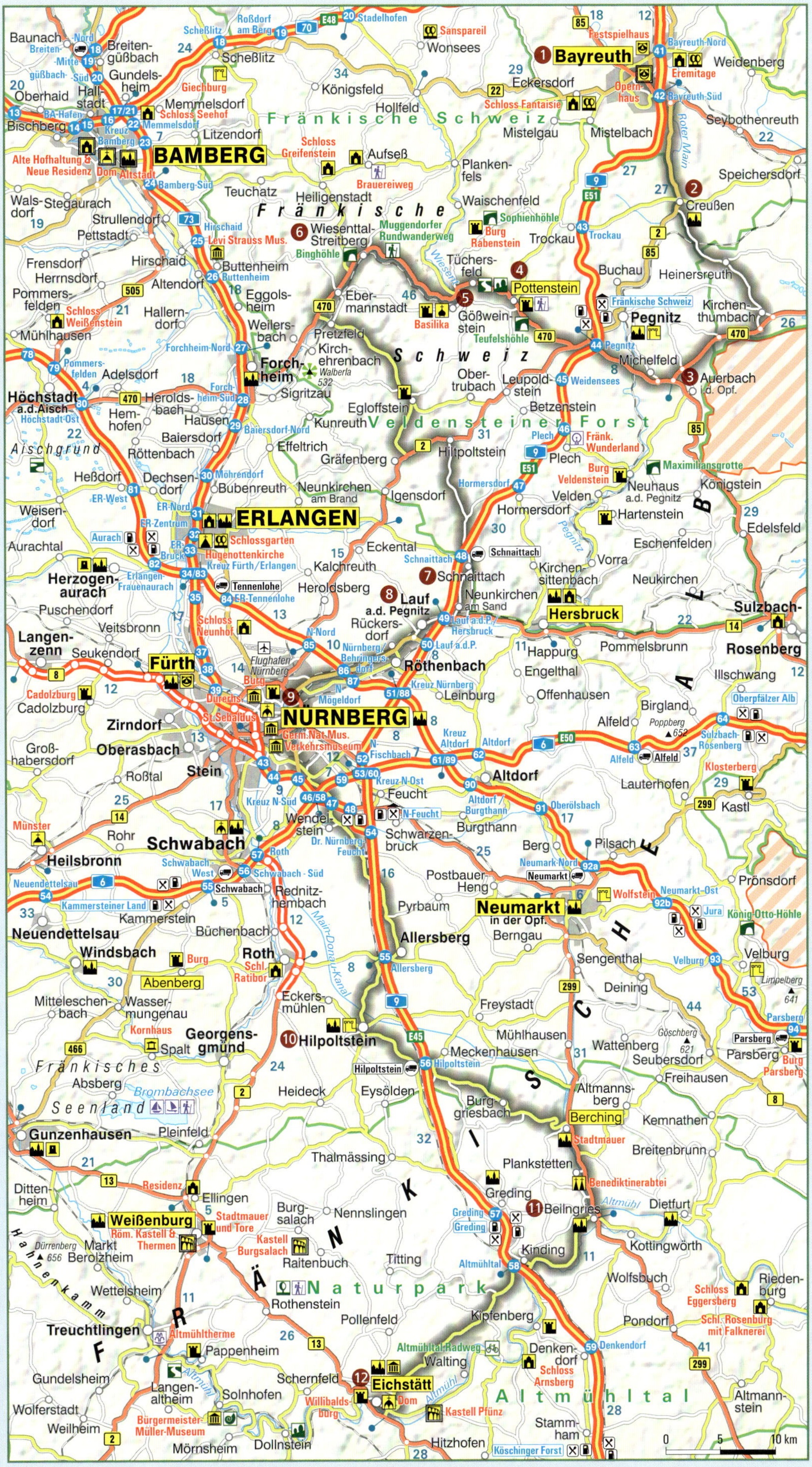

Die mächtige Verteidigungsanlage der Nürnberger Burg, hier mit Kaiserburg und Sinwellturm, überragt die historische Altstadt.

gion. Was den Namen betrifft, kursieren etliche schaurige Legenden; u.a. soll der Teufel diese Höhle als Zugang zur Hölle nutzen.
In der südöstlich gelegenen Burg lebte im Jahr 1227 die hl. Elisabeth von Thüringen nach dem Tod ihres Gatten. Ihr zu Ehren wurde am Marktplatz der Elisabeth-Brunnen erbaut. Auf der Burg befinden sich heute ein kleines Museum und sogar Ferienwohnungen.

5 Der anerkannte Luftkurort **Gößweinstein** steht ganz im Zeichen seiner gotischen Burg. 1890 wurde sie im Sinne der damaligen Burgenromantik im neugotischen Stil saniert.
Im Ortszentrum steht die Wallfahrtskirche zur Hl. Dreifaltigkeit, die nach Plänen von Balthasar Neumann erbaut wurde. Mit ihren filigranen Stuckarbeiten und dem Gnadenbild auf dem Hochaltar ist sie ein Meisterwerk barocker Baukunst.

6 Der Weg führt nun durchs **Wiesenttal**, das vielleicht meistbesuchte Tal der Fränkischen Schweiz. Ziele sind Burgruine Streitburg, Burgruine Neideck, die Binghöhle, eine als Schauhöhle gestaltete Tropfsteinhöhle und der kleine felsübersäte Druidenhain bei Wohlmannsgesees oder das Walberla. Hinzu kommt die Nordkuppe der Ehrenbürg mit Felsheide, von der aus man auf die schöne Landschaft hinabblickt.

7 Von **Schnaittach** aus lohnt sich eine kurze Wanderung zur Festung Rothenberg, der einzigen Rokoko-Festung Deutschlands. Sie wurde 1729–1750 von den bayerischen Kurfürsten nach französischen Vorbildern errichtet und galt als eine der modernsten Fortifikationen ihrer Zeit. Ihr Zweck war die Sicherung des bayerischen Territoriums vor allem gegen das nahe gelegene Nürnberg. Die auf dem namengebenden Berg gelegene, verwinkelt sternförmige Festung kann besichtigt werden.
Im Ort selbst interessiert vor allem die Synagoge, Zeugnis jahrhundertelangen jüdischen Lebens in Schnaittach und in Franken allgemein. Die Synagoge von 1570 ist zusammen mit dem Rabbinerhaus und dem Ritualbad heute einer von drei Standorten des Jüdischen Museums Franken.

8 Einen malerischen Stadtkern voller Fachwerkhäuser und Reste der alten Befestigungsmauer besitzt **Lauf an der Pegnitz**. Kaiser Karl IV. ließ 1356–1360 das Wenzelschloss als Station an der Goldenen Straße von Nürnberg nach Prag errichten. In dessen Obergeschoss befindet sich eine der bedeutendsten Sehenswürdigkeiten Frankens, der Kaisersaal oder Wappensaal mit seiner großartigen steinernen, farbig gefassten Wappensammlung.
Eine ungewöhnliche Kultureinrichtung ist das Dehnberger Hof Theater. Das Theater wurde 1976 in einem ehemaligen Bauernhof eingerichtet. Spielstätte war zunächst die Hopfenscheune. Durchaus sehenswert ist auch der historische Marktplatz mit reizvollen Fachwerkhäusern.
Einst hatte es an den Stromschnellen der Pegnitz Mühlen und Hammerwerke gegeben, die – neben der Braukunst – der Stadt zu ihrem Reichtum verhalfen.

9 Die romantische Stadt **Nürnberg** wird für gewöhnlich mit Spielzeug, Bratwürsten, Lebkuchen, dem Christkindlesmarkt und alten Fachwerkhäusern in Verbindung gebracht. Darüber hinaus hat die noch vollständig ummauerte Altstadt jedoch einiges mehr zu bieten, vor allem die überragende Burg. Dieses Wahrzeichen der Stadt besteht aus Kaiserburg und Burggrafenburg. Besonders bemerkenswert sind der Innere Burghof, der Palas mit seinem spätgotischen Kern und die Kaiserkapelle, die den bedeutendsten Teil der Burg markiert. Schön ist auch der Blick von der Burganlage hinunter auf die Stadt.
In der Dürer-Stadt kann heute noch das Wohnhaus des Malers besichtig

Das überaus malerische Städtchen Gößweinstein in der Fränkischen Schweiz.

Das Wiesenttal verheißt Wander- und Bootsfreuden. Die Wiesent ist ein rechter Nebenfluss der Regnitz und kommt aus der Fränkischen Alb.

werden, in dem dieser bis zu seinem Tod im Jahr 1528 lebte. Das Germanische Nationalmuseum beherbergt die größte Sammlung von Meisterwerken deutscher Kunst und Kultur.
Die Frauenkirche ist die älteste Hallenkirche Frankens; sie wurde im 14. Jh. erbaut und enthält eine berühmte Kunstuhr, das »Männleinlaufen«. Die Uhr mit Figurenumlauf von 1509 ist bis heute in Betrieb.
Die berühmten Nürnberger Lebkuchen sind, was die Herkunftsbezeichnung betrifft, in Europa gesetzlich geschützt. Die bekannte Weihnachtsköstlichkeit wurde hier schon im 15. Jh. hergestellt.

10 Bereits im 13. Jh. wurde in **Hilpoltstein** 30 km südlich von Nürnberg eine Burg errichtet, deren Halbruine, etwas oberhalb der Stadt gelegen, immer noch sehenswert ist. Sie wurde mit immensem Aufwand restauriert. Im Bereich der Vorburg steht der alles überragende Bau des ehemaligen Kornspeichers aus dem 15. Jh., der sogenannte Traidkasten (»Getreidekasten«).
Auch die Altstadt ist einen Besuch wert. Die herrlichen Fachwerkhäuser im Stadtkern werden nur noch vom alten Rathaus und dem Jahrsdorfer Haus, datiert von 1523, übertroffen.
Hilpoltstein liegt am Main-Donau-Kanal und besitzt eine wichtige Schleusenanlage.

11 Der fast 1000 Jahre alte Ort **Beilngries** liegt idyllisch in einem von Wäldern umgebenen Talkessel. Überragt wird die Stadt von der alten Grafenburg Schloss Hirschburg, von der noch die beiden Bergfriede, große Teile der Ringmauern sowie der Kern der romanischen Burgkapelle erhalten sind. Das Schloss gehört heute der Diözese Eichstätt und wird als Bildungseinrichtung genutzt.
Die mittelalterliche Altstadt wird von der alten Stadtmauer aus dem 15. Jh. eingefasst. Am nördlichen Stadtgraben steht der Bürgerturm, der einst als Arrestturm diente. Am bekanntesten ist der Flurerturm.
Von 1911 bis 1913 entstand die katholische Pfarrkirche St. Walburga im Stil des Neubarock. Der Nordturm ist mittelalterlichen Ursprungs.

12 **Eichstätt** im Herzen des Altmühltals wird von einem dichten Netz von Ortschaften, Klöstern und Burgen umringt. Der Dom ist ein herausragendes Denkmal katholischer Kirchenbaukunst und wurde im 18. Jh. von der »Avantgarde« barocker Baumeister errichtet: Gabriel de Gabrieli, Leopold Retty und Jakob Engel. Vor dem ehemaligen fürstbischöflichen Schloss liegt der barocke Residenzplatz, der zu den schönsten Plätzen Deutschlands zählt.
Eichstätt liegt im Naturpark Altmühltal, einer einzigartigen Natur- und Freizeitlandschaft. Das zum Park gehörige Informationszentrum hat seinen Sitz in der Bischofsstadt.

Mit seinem Dom besitzt Eichstätt ein wichtiges Kunstdenkmal.

Wandern & Freizeit

Eichstätt liegt am Altmühl-Panoramaweg, einem 200 km langen Wanderweg zwischen Gunzenhausen und Kelheim. An der Strecke entlang der Altmühl sind alle Etappen reizvoll.

Immer beliebter werden Wanderungen auf den vielen Strecken des historischen **Jakobsweges**, der letztendlich bis nach Santiago de Compostella in Spanien führt. In der Regel gibt es eine gute Infrastruktur, also Einkehr- und Übernachtungsgelegenheiten. Ein schöner Streckenabschnitt führt von Nürnberg über Hilpoltstein nach Eichstätt.

Eine aussichtsreiche und sonnige Bergwanderung verläuft vom engen **Schnaittachtal** zur Festung **Rothenberg**. Hier befindet sich ein Plateau mit Fernsicht über den Enzenstein und die Sieben Quellen. Südwärts geht es weiter durch das Tal des Dörningbachs zurück nach Schnaittach.

Auch für Radler ist das **Altmühltal** geradezu ideal – insbesondere auf dem Altmühltal-Radweg, einem rund 165 km langen bayerischen Fernradweg. Auf dem Weg durch den Naturpark Altmühltal passiert der Radweg auch Eichstätt.

Steinwald, Oberpfälzer Wald und Regensburg

Die etwa 184 km lange Tour führt vom Stiftland, quer durch den Oberpfälzer Wald, den Flüssen Naab und Vils folgend, bis Regensburg. Hier kann man von A bis Z Erfahrungen sammeln, u. a. Natur und Kunst im Herzen Europas erleben.

❶ **Waldsassen**: Von einem der ersten Zisterzienserinnenklöster (1133) im deutschsprachigen Raum aus wurde das riesige umliegende Waldgebiet (das »Stiftland«) diesseits und jenseits der böhmischen Grenze kolonisiert. Heute beeindruckt die prächtige barocke Basilika, die von den böhmischen, süddeutschen und italienischen Künstlern Abraham Leuthner, Georg Dientzenhofer und Giovanni Carlone in den Jahren zwischen 1681 und 1704 geschaffen wurde.
Eine weitere Kostbarkeit des das Stadtbild prägenden Klosters ist der Bibliothekssaal.

❷ Vom geistlichen geht es ins wirtschaftliche Zentrum des Stiftlandes nach **Tirschenreuth**. Der um das Jahr 1330 errichtete Klettnersturm, letzter Rest der Stadtbefestigung, überragt als Wahrzeichen die Stadt. Ein Denkmal am Marktplatz ehrt den im Jahr 1785 hier geborenen Sprachforscher Johann Andreas Schmeller und dessen Hauptwerk, das »Bayerische Wörterbuch«.
Beachtenswert ist der kunstvolle spätgotische, geschnitzte Flügelaltar zur Schmerzhaften Muttergottes in der an die Pfarrkirche im Jahr 1723 angebauten Kapelle, zu der an jedem Dreizehnten des Monats andächtig gewallfahrtet wird.

❸ Beeindruckend thront die Burgruine, ein ehemaliger Staufer-Stützpunkt, auf einem mächtigen, zwiebelschalenartig gelagerten Granitblock oberhalb der Ortschaft **Flossenbürg**. Eine Gedenkstätte erinnert an die Häftlinge, die ab dem Jahr 1938 in den Baracken und Steinbrüchen des nationalsozialistischen Konzentrationslagers Flossenbürg zu Tode kamen.

❹ In **Neustadt an der Waldnaab**, der »Stadt des Bleikristalls«, residierten bis zum Jahr 1808 die Fürsten Lobkowitz. Ihre Schlossbauten bilden den Ostabschluss des denkmalgeschützten Marktplatzes. Als die fürstliche Familie im 18. Jh. ins böhmische Raudnitz zog, blieb das Neue Schloss unvollendet.
Die Rokokowallfahrtskirche St. Felix und die auf dem Botzerberg gelegene barocke Wallfahrtskirche St. Quirin mit einer der ältesten Orgeln der Oberpfalz (1692) sind Stiftungen des Lobkowitz-Geschlechts.

❺ Die »Max-Reger-Stadt« **Weiden**, das Kultur- und Wirtschaftszentrum in der nördlichen Oberpfalz, hat unter zahlreichen verschiedenen Besitzern seit dem 13. Jh. ein stetiges Auf und Ab an wirtschaftlicher Blüte, Niedergang und neuerlichem Aufschwung in ihrer wechselvollen Stadtgeschichte erlebt.
Die aufwendig restaurierte Altstadt mit dem renaissancezeitlichen Rathaus und schönen alten Bürgerhäusern ist ein malerischer Anziehungspunkt, genau wie der gelungene neuromanische Kirchenbau von St. Josef mit seiner verspielten Jugendstilausstattung, die ehemalige gotische Hallenkirche St. Michael oder die Sebastianskirche.

Der Granitfels von Flossenbürg zählt zu Bayerns schönsten Geotopen.

Umgeben von alten Stadtmauern thront Nabburg über der Naab.

❻ Hoch über der Naab lädt die mittelalterliche Altstadt von **Nabburg** zum Bummeln und Erkunden ein. Die Stadtbefestigung mit Mauern, Türmen, Zinnen und Toren oder die zahlreichen hochgiebeligen alten Bürgerhäuser, die gotische Pfarrkirche St. Johann Baptist und die Reste der ehemaligen romanischen Hallenkirche St. Nikolaus in der Vorstadt Venedig sind sehenswerte Zeugen des bereits seit der Karolingerzeit bestehenden Ortes.

❼ **Amberg**, die heimliche Hauptstadt der Oberpfalz, an der ab hie schiffbaren Vils und alten Handelsstraßen unweit Nürnbergs gelegen verdankte seine wirtschaftliche Blüte einst dem Erzabbau, der Verhüttun und dem Eisenhandel.
Die Stadt mit ihrem mittelalterliche Altstadtkern wurde im Jahr 162 endgültig bayerisch. Die Werk bekannter Architekten und Künstler – vom Stuckateur Johann Baptis Zimmermann über Wolfgang Dientzenhofer, den Erbauer der barocken Wallfahrtskirche Maria Hilf (oberhal der Stadt gelegen), und Cosmas Da vid Asam, der die Deckenfreske schuf, bis hin zum Bauhausgründe Walter Gropius – sind für Kunstfreunde ein Muss.

❽ Weithin sichtbar ist der Bergfrie der Burgruine hoch über **Burglengenfeld**, dem Geburtsort des Barockbaumeisters Johann Michael Fische (1692–1766), der im süddeutsche

Prunkvoll ausgestaltet sind die Räume der Stiftsbibliothek Waldsassen.

Wandern & Freizeit

Die Radtour mit Start und Ziel (Bahnhof, Georgstraße) im Bleikristallzentrum **Neustadt an der Waldnaab** auf der einstigen Bahntrasse von Neustadt über Floß und Vohenstrauß nach Eslarn, wurde von 1886 bis 1995 vom »Eslarner Bockl« befahren. Seit einigen Jahren sind auf dieser stillgelegten Nebenbahn Radler und Wanderer unterwegs. Der insgesamt 52 km lange Bocklradweg – dieser liegt im Naturpark Nördlicher Oberpfälzer Wald im Landkreis Neustadt an der Waldnaab – ist ein sehr beliebter, familienfreundlicher Radwanderweg im Landkreis Neustadt an der Waldnaab. Der Bocklradweg ist wegen seinem flachen Streckenprofil (Steigung von max. 1,5 %) absolut familientauglich. Da der Radweg den Bayerisch-Böhmischen Geopark mit Geotopen und Mineralfundorten passiert, wird er auch Georadweg genannt. Das erste Teilstück von Neustadt an der Waldnaab über Störnstein nach Floß ist 8 km lang (einfache Fahrt). Auf der Rückfahrt kann man in dem ein oder anderen Gasthof an der Strecke einkehren.

Der 133 km lange **Nurtschweg** (Wegverlauf: Waldsassen–Neualbenreuth–Mähring–Griesbach–Bärnau–OWV Schutzhaus Silberhütte–Waidhaus–Eslarn–Stadlern–Steinlohe–Waldmünchen) verläuft durch die nordöstliche Oberpfalz, eine Grenzlandschaft Bayerns, und ist ein Teilstück des Europäischen Fernwanderwegs E 6 (Ostsee–Adria).

Der ca. 15 km lange Tourenabschnitt von Waldsassen nach Neualbenreuth führt über Poxdorf, Maiersreuth und Hardeck. Ausgangspunkt des gelb-rot-gelb (horizontal) markierten Nurtschwegs ist das Rathaus von Waldsassen. An der Basilika vorbei geht es auf die andere Seite der Wondreb in die Pfaffenreuther Straße, um dann links in den Egnermühlweg abzuzweigen. Auf größtenteils naturbelassenen Wegen erreicht man die Forstkapelle. Auf Waldwegen überquert man die Straße nach Poxdorf und auf Wald- und Feldwegen geht es bergab in Richtung Maiersreuth am Muglbach. Dort angekommen folgt man dem Bachlauf aufwärts und erreicht dann schließlich Neualbenreuth.

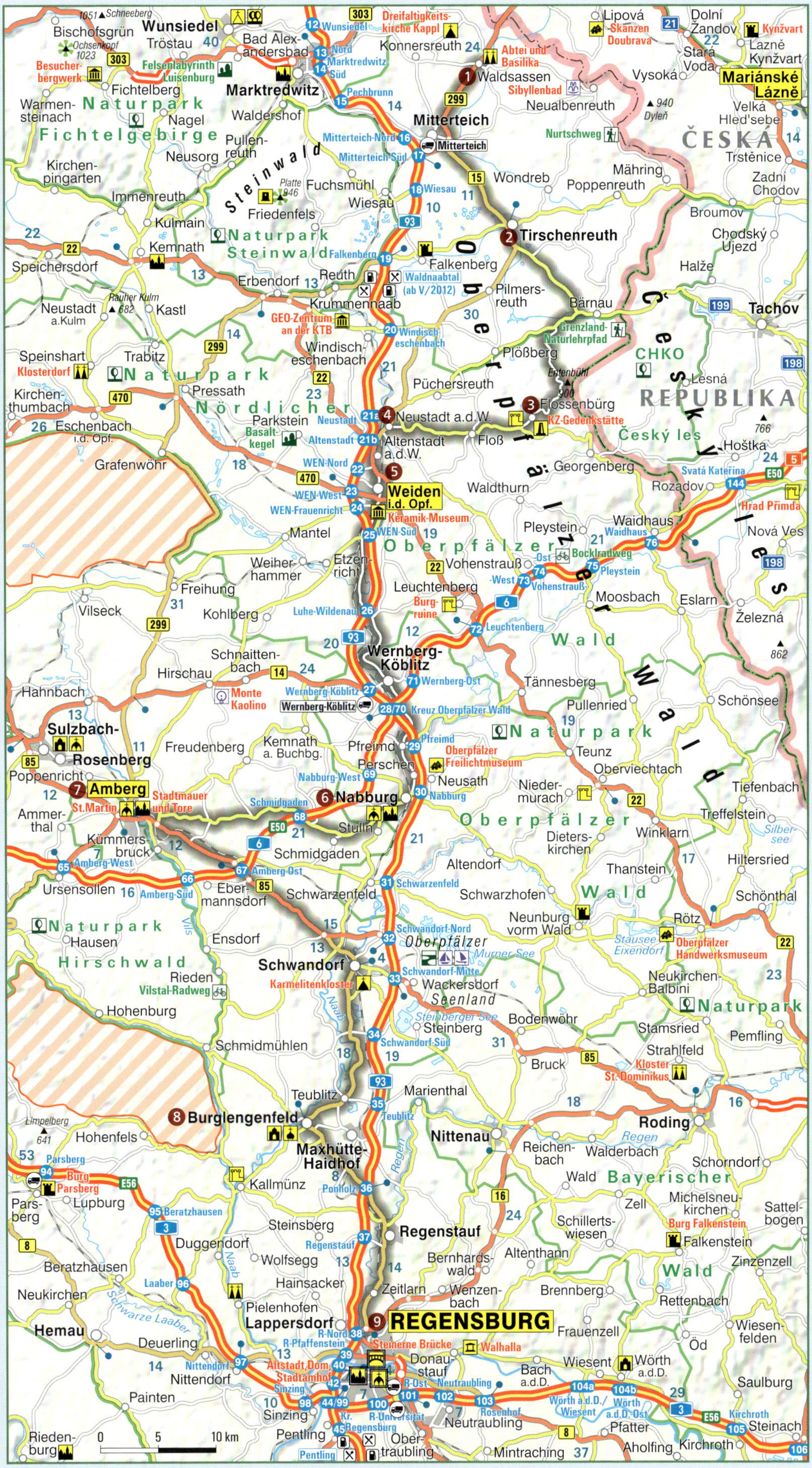

Die uralte Steinerne Brücke mit der Gaubenreihe des Salzstadels und dem Brückturm neben einer (nicht mehr genutzten) Durchfahrt. Dahinter streben die Turmspitzen des

Raum insgesamt 32 Kirchen- und 23 Klosterbauten errichtete. Die Burg sollte ursprünglich wohl den benachbarten Ort Premberg schützen, einen wichtigen Ort des Handels mit den angrenzenden Slawen seit der Zeit Karls des Großen.

9 Wenn die Tour sich in **Regensburg**, der Hauptstadt des Regierungsbezirkes Oberpfalz, schließlich ihrem Ende zuneigt, heißt es, sich entscheiden, welche Rosinen man von den zahlreichen Sehenswürdigkeiten der Stadt herauspickt und welchen Persönlichkeiten aus der 2000-jährigen Stadtgeschichte das besondere Interesse gilt.

Die Lage an der Mündung der Naab in die Donau ließ hier die Keltensiedlung »Rathaspona« entstehen. Aus der Zeit des Römerlagers »Castra Regina« (1.–3. Jh.) blieb das Nordtor, die »Porta Praetoria«, erhalten. Über die Agilolfinger-Residenz, einem christlichen Zentrum der Frühzeit unter den Heilgen Rupert, Erhard und Emmeram zur Missionierung der heidnischen »Baiern« im 6. Jh., und die Pfalz der karolingischen Wanderkönige entwickelte sich die Stadt zum Zentrum des europäischen Fernhandels (10.–13. Jh.).

Immer noch prägen die prächtigen Hausburgen der reichen Handelspatrizier mit den Geschlechtertürmen das Stadtbild. In den Jahren zwischen 1135 und 1146 wurde die »Steinerne Brücke« erbaut, ein bequemer Donauübergang für alle Jahreszeiten. Mit Dom und Rathaus als Zentrum war Regensburg ab dem Jahr 1250 Reichsstadt. Seit 1594 wurden hier alle Reichstage abgehalten, von 1663 bis 1806 der »Immerwährende Reichstag«, der etwa 70 Gesandtschaften auswärtiger Staaten in die Stadt zog.

Als sich der Fernhandel in andere Zentren verlagerte, begann mit dem wirtschaftlichen auch der politische Niedergang der Stadt, die, ein Zankapfel zwischen Habsburg und Wittelsbach, nach der Reichsauflösung 1810 an das Königreich Bayern kam.

Der »Meister der Donauschule«, Albrecht Altdorfer, ein Maler, Baumeister und Kommunalpolitiker, verstarb 1538 in der Donaustadt. Der Name des Geschichtsschreibers Aventinus

Amberg in der westlichen Oberpfalz besitzt eine gut erhaltene Altstadt.

Die hochbarocke Basilika St. Emmeram in Regensburg.

Regensburger Doms in die Höhe. Die Brücke führt von Stadtamhof über die Donau zur Innenstadt.

und der des Astronomen und Mathematikers Johannes Kepler sind ebenso mit Regensburg verknüpft wie die pikante Affäre Kaiser Karls V., der auf dem Reichstag 1546 die Bürgerstochter Barbara Blomberg zur Geliebten nahm.

Der Dom St. Peter im Herzen der Altstadt verdient besondere Erwähnung, besitzt er doch in der Bauausstattung eine Vielzahl einzigartiger Kunstwerke, zumeist Skulpturen des Mittelalters.

Die Angehörigen des Hauses Thurn und Taxis, Generalpostmeister und ständige Vertreter des Kaisers beim Reichstag, bauten das ehemalige Kloster St. Emmeram zum Schloss und Wohnsitz aus.

Östlich der Stadt schimmert auf dem Breuberg über der Donauebene die Walhalla. 358 Marmorstufen führen zu dem für Ludwig I. 1830–1842 von Leo von Klenze errichteten Ehrentempel, in dem die Bildnisse »rühmlich ausgezeichneter Teutscher« stehen. Über Neuzugänge entscheidet nun der bayerische Ministerrat. Die letzten aufgenommenen Persönlichkeiten waren der Mathematiker Carl Friedrich Gauß (1777–1858), der Schriftsteller Heinrich Heine (1797 bis 1856) sowie die Philosophin und Ordensfrau Edith Stein (1981–1942).

Wandern & Freizeit

Auf dem 24 km langen Abschnitt des **Vilstal-Radwegs** von **Amberg** nach Schmidmühlen, über Kümmersbruck–Ensdorf–Rieden, ist aufgrund fehlender Steigungen und mangels störender Straßen ein gemütliches Dahinradeln garantiert. Der auf kurzen Abschnitten asphaltierte Weg folgt dem Tal der Vils, zwischen Haselmühl und Schmidmühlen verläuft die Tour vollständig auf einer ehemaligen Bahntrasse (20 km).

Wenige Autominuten von Tirschenreuth entfernt liegt der Grenzland-Naturlehrpfad in **Bärnau**, der auf gut markierten Wanderwegen umfassende Informationen über Land-, Forst- und Teichwirtschaft des nördlichen Oberpfälzer Waldes vermittelt.

Unweit von Regensburg bei Kelheim beginnen mehrere Wanderwege durch das Naturschutzgebiet **»Weltenburger Enge«**. Ein Wanderweg, die Donauroute (6 km), führt an der Donau zwischen steilen Felsen entlang. Vorbei geht es am Orgelmuseum in der ehemaligen Franziskanerkirche und der Einsiedelei Klösterl mit ihrer Höhlenkirche. Immer wieder eröffnen sich schöne Ausblicke in den Donaudurchbruch und auf das Kloster Weltenburg. Der Wanderweg ist für alle Altersstufen geeignet. Auf festes Schuhwerk sollte man aber nicht verzichten. Den Rückweg kann man auch auf dem Wasser zurücklegen; von März bis Oktober verkehren zwischen Kelheim und der Weltenburger Enge die Schiffe der Personenschifffahrt und die Zillen, die traditionellen Fischerboote auf der Donau.

Die Kontinentale Tiefbohrung der Bundesrepublik Deutschland (KTB) bei **Windischeschenbach** war und ist von geowissenschaftlicher Bedeutung. Hier wurde die Erdkruste an einer Nahtstelle erbohrt, wo vor ca. 300 Mio. Jahren die Kontinente Ur-Afrika und Ur-Europa aneinanderstießen. Die Bohrung mit dem Landbohrturm (83 m Höhe) hat schließlich eine Tiefe von 9101 m erreicht. Neben einer 30-minütigen Bohrturmführung, u. a. zu der in 17 m Höhe befindlichen Besucherplattform, gibt es ein GEO-Labor, ein GEO-Kino und die Dauerausstellung »System Erde« *(GEO-Zentrum an der KTB, Am Bohrturm 2, 92670 Windischeschenbach, Tel. 09681/40 04 30, www.geozentrum-ktb.de)*.

Das Kurfürstenbad **Amberg** verfügt über sieben Becken. Im Angebot gibt es fast alles rund um den Wassersport, darunter eine 82 m lange Riesenrutsche, ein Wildwasserkanal, der Niagara-Wasserfall sowie Kinderbecken mit Babyrutsche und Schiffchenkanal. Das Veranstaltungsprogramm umfasst u. a. Kindergeburtstag, Wasserkino oder Wasserdisco. All dies bei Wassertemperaturen ab 27 °C. Auch für Fitness-, Wellness- und Saunafreunde ist mit diversen Angeboten gesorgt. Zwischendurch oder auch danach kann man sich im Kurfürstenbad-Restaurant stärken *(Kurfürstenring 2, 92224 Amberg, Tel. 09621/60 38 30, www.kurfuerstenbad-amberg.de)*.

Durch das untere Neckartal

Mannheim ist der Ausgangspunkt für diese Tour entlang der Burgenstraße. Bei Heidelberg verlässt man die Rheinebene und folgt dem Neckar flussaufwärts durch den Odenwald. Es geht an mittelalterlichen Burgen und Burgruinen sowie romantischen Städtchen vorbei bis Heilbronn.

Obwohl zu großen Teilen eine Ruine, gilt das Heidelberger Schloss als eines der schönsten

❶ Die **Mannheimer** Innenstadt ist eine stadtplanerische Rarität des 17. und 18. Jh., denn sie wurde schachbrettartig in 136 – mittlerweile sind es 148 – Rechtecken angelegt. Im 18. Jh. blühten in der Residenzstadt der Pfälzer Kurfürsten Kunst und Kultur. Ein Spaziergang führt zu den Zeugnissen der barocken Blütezeit, zum Schloss, das größtenteils von der Universität genutzt wird, zur Schloss- und zur Jesuitenkirche und natürlich zum Wahrzeichen der Stadt, dem 1888 erbauten Wasserturm. Zu den wichtigsten Museen Mannheims gehören das Landesmuseum für Technik und Arbeit sowie das kulturhistorisch orientierte Reiss-Museum.
Erholung findet man in dem um 1900 angelegten und 1975 für die Bundesgartenschau erweiterten Luisenpark mit Seebühne, Chinesischem Garten, Grillplatz, Freizeithaus, Tiergehegen, Cafés und Restaurants.

❷ In der Rheinebene liegt das Städtchen **Ladenburg**. Bis in die römische Zeit datiert die Geschichte der Stadt am Neckar, die als Hauptort des Lobdengaus während der fränkisch-karolingischen Herrschaft und als Sitz der Wormser Bischöfe im Mittelalter ihre Blütezeiten erlebte.
Im gut erhaltenen mittelalterlichen Zentrum erinnert eine Markierung vor der gotischen St.-Gallus-Kirche an die ehemalige römische Marktbasilika. Sehenswert sind auch die frühromanische St.-Sebastians-Kirche und der Bischofshof aus dem 16./17. Jh., in dem das Lobdengau-Museum über die Ortsgeschichte informiert. Der Lobdengau war in Südhessen und Nordbaden.

❸ Nicht nur als Zentrum des Spargelanbaus ist die Stadt **Schwetzingen** berühmt, sondern auch wegen eines herrlichen Lustschlosses. Im 18. Jh. kam die kurpfälzische Hofgesellschaft aus Mannheim, um den Sommer im Schloss und seinen herrlichen Gärten zu verbringen. Seine heutige Form erhielt die Residenz unter Kurfürst Johann Wilhelm (1690–1716). Karl Theodor ließ ein Rokokotheater erbauen und den Park neu anlegen. Ab 1777 wurde die Anlage durch den Gartenachitekten Ludwig Sckell um einen englischen Landschaftsgarten erweitert. In die mit Skulpturen, Wasserflächen, Alleen und Terrassen ausgestatteten Gärten ist historisierende Architektur eingestreut. Die »Moschee« spiegelt die im 18. Jh. aufkommende Kunstrichtung des Orientalismus wider.
Seit 1952 finden sich alljährlich im Mai Liebhaber klassischer Musik zu den Festspielen im Schloss ein.

❹ Im Schutz der Ausläufer des Odenwalds und mit freiem Blick auf die

Das Schwetzinger Schloss dominiert eine prächtige Gartenanlage und besitzt ein Rokoko-Theater.

Schloss Mannheim gehört zu den größten Barockschlössern überhaupt und soll die Macht der pfälzischen Kurfürsten demonstrieren.

Bauwerke Deutschlands. Am Hang des Königstuhls überschaut es die darunter gelegene Neckarstadt.

Rheinbene liegt die Stadt **Heidelberg**. Im Mittelalter gab es hier ein Fischerdorf, das sich bis zum 14. Jh. zur Residenzstadt der Pfälzer Kurfürsten vergrößerte. Als die Residenz 1720 nach Mannheim verlegt wurde, verlor Heidelberg zwar an Bedeutung, doch das kulturelle Leben der Universitätsstadt blühte weiter und schuf den fruchtbaren Boden für die deutsche Romantik.
Beherrscht wird die Stadt von der Ruine des kurfürstlichen Schlosses aus dem 13. Jh., dessen berühmtester Bauteil, der Ottheinrichsbau, aus der Zeit der Renaissance stammt. 1693 fiel das Schloss den Angriffen der Franzosen zum Opfer. Größter Beliebtheit erfreut sich das Große Fass im Weinkeller der Residenz. Mit einem Volumen von 221 000 Litern Wein legt es ein beredtes Zeugnis über die Weinseligkeit der pfälzischen Kurfürsten ab.
Flaniert man vom Bismarckplatz über die von Läden und Cafés gesäumte Hauptstraße und ihre Nebenstraßen zum Karlstor, besucht man sozusagen im Vorbeigehen die meisten Sehenswürdigkeiten, darunter den Marktplatz mit Rathaus von 1700 und die Heilig-Geist-Kirche aus dem 15. Jh., die Friedrich-Ebert-Gedenkstätte und das Großherzogliche Palais mit seinen prunkvollen Repräsentationsräumen. Ein sehr beliebtes Fotomotiv ist der Blick von der Karl-Theodor-Brücke auf das zweitürmige Brückentor und das Schloss.

5 Die einst freie Reichsstadt **Neckargemünd** drängt sich auf engem Raum um die Mündung der Elsenz in den Neckar. Im gut erhaltenen historischen Stadtkern erwarten den Besucher prächtige Fachwerkhäuser, das klassizistische Karlstor von 1788 und das ursprünglich als Kirche erbaute Alte Rathaus von 1771.

6 Von vier Burgen aus bewachte man einst das Städtchen **Neckarsteinach** am Zusammenfluss von Steinach und Neckar. Zwei der alten Adelssitze der Ritter von Steinach sind heute Ruinen. Das Wahrzeichen

Wandern & Freizeit

Der **Neckartal-Radweg**, der rund 70 km zwischen Neckargemünd und Bad Wimpfen verläuft, ist für Liebhaber von Burgen und Schlössern eine wahre Freude. Aber auch Naturfreunde kommen bei dieser Tour durch das Neckartal, das von dicht bewaldeten Bergen gesäumt wird, ins Schwärmen. Entlang der Burgenstraße liegen die sogenannten »Romantischen Vier« (Neckargemünd, Neckarsteinach, Hirschhorn und Eberbach), die die Radtour zu einem Ausflug ins Mittelalter machen. Natürlich muss man nicht die gesamte Strecke auf dem Drahtesel bewältigen, man kann sich auch auf den Routenabschnitt von Neckargemünd bis Eberbach (ca. 22 km) beschränken. Nach Lust und Laune oder respektive konditionsbedingt kann man die Radtour in einzelnen Abschnitten befahren und zwischendurch immer wieder ein Stück mit der S-Bahn fahren. Auch die Rückfahrt kann man mit der Bahn bestreiten.

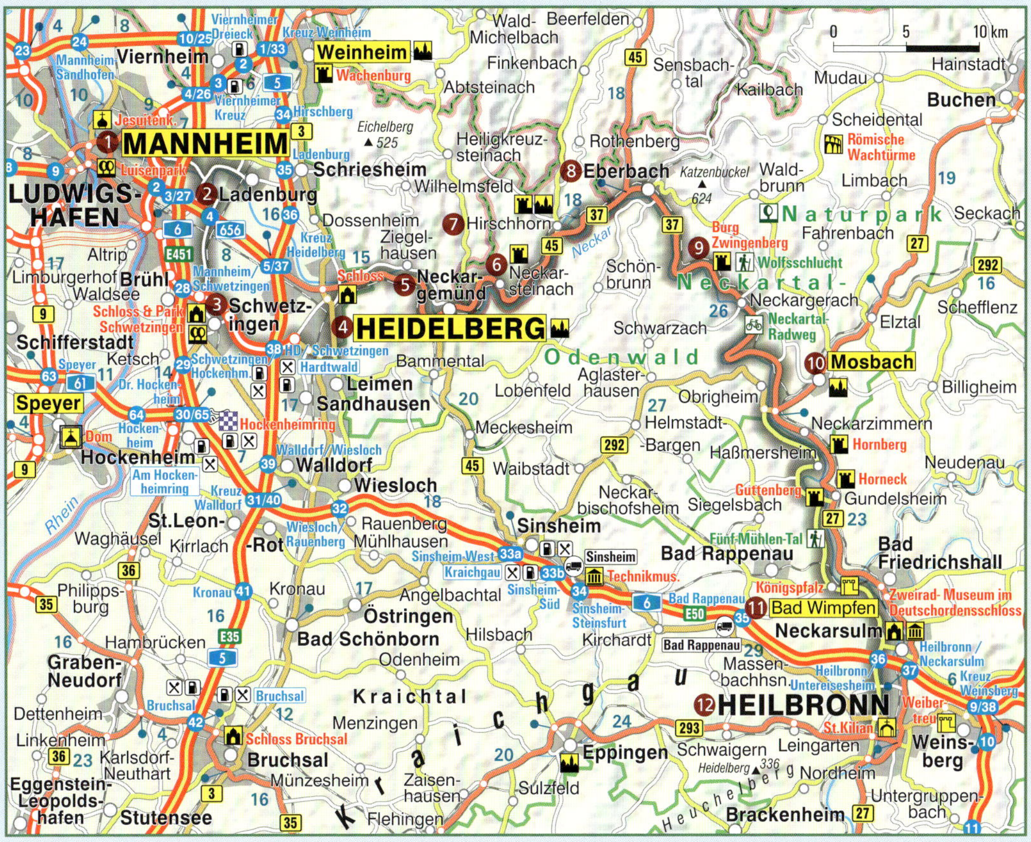

Neckarsteinach, die südlichste Stadt Hessens, liegt an der Mündung der Steinach in den Neckar.

der Stadt, die aus dem 13. Jh. stammende Ruine Schadeck, wird wegen ihrer Lage auf einer Bergkuppe auch »Schwalbennest« genannt. Einen herrlichen Blick auf den Ort, das Neckartal und den Odenwald genießt man vom Aussichtsturm der Ruine Hinterburg aus.

❼ Dort, wo der Neckar in einer großen Schleife die Berge des Odenwalds umfließt, liegt der Erholungs- und Luftkurort **Hirschhorn**, der sich im Geo-Naturpark Bergstraße-Odenwald befindet. Die »Perle des Neckartals« wird von der Burg der Herren von Hirschhorn bewacht. Die als Stadtmauern weitergeführten Burgmauern umfassen die malerische Altstadt mit dem spätgotischen Karmeliterkloster und der Marktkirche aus dem 17. Jh., deren Turm ursprünglich ein Tor der Stadtmauer war.

❽ Die ehemals staufische Stadt **Eberbach** wird wegen ihres Heilquellen-Kurbetriebs gern besucht. Den sorgfältig renovierten Ort mit Resten einer ausgedehnten Burganlage, zahlreichen Fachwerkhäusern und dem Alten Rathaus mit Stadtmuseum schützte einst eine Stadtmauer, von deren Sichtwarten der Blaue Turm, der Mantelturm, der Haspel- und der Rosenturm erhalten sind.

❾ Auf einem Höhenzug über dem Neckar erstreckt sich die gut erhaltene Anlage der Burg **Zwingenberg** mit der gleichnamigen Ortschaft. Über den Resten der im 13. Jh. zerstörten Burg errichtete man im 15. Jh. einen Neubau, der im 16. Jh. Veränderungen erfuhr. Der Komplex wird alljährlich im August zur Bühne der Schlossfestspiele.

❿ Die Große Kreisstadt **Mosbach** an den südlichen Ausläufern des Odenwalds lädt ein zu einem Bummel durch die malerische Altstadt. Der Spaziergang führt an liebevoll restaurierten Wohnhäusern aus dem 15.–19. Jh. vorbei zum Marktplatz, zur spätgotischen Stadtkirche St. Juliana und zur ebenfalls spätgotischen Friedhofskapelle mit Wandmalereien. Im Landesgartenschau-Park, Veranstaltungsort der 15. baden-württembergischen Landesgartenschau von 1997, lässt es sich wunderbar spazieren; für Kinder sind Spielplätze vorhanden. Der Kern des Parks ist der alte Stadtgarten, der Anfang des 20. Jh. angelegt wurde.

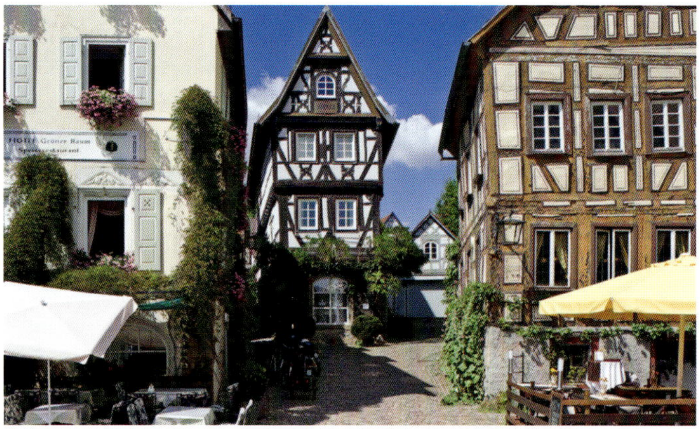

Bad Wimpfen ist reich an Fachwerk-Stadthäusern der Renaissance-Zeit.

Unterstes Zifferblatt der astronomischen Uhr am Heilbronner Rathaus.

⓫ Vorbei an der Burg Hornberg, dem Alterssitz Götz von Berlichingens, erreicht man das Soleheilbad **Bad Wimpfen**. Schon von Weitem sichtbar sind die Türme und Tore des Stadtteils Wimpfen am Berg. Der von den Staufern als Kaiserpfalz gegründete Ort liegt auf einem Höhenzug über dem Neckar und grüßt Besucher mit seinem Wahrzeichen, dem Blauen Turm, dem mächtigen Bergfried der Kaiserpfalz. Der Ortsteil Wimpfen im Tal steht an der Stelle eines Römerkastells und wird von einer niedrigen Stadtmauer umschlossen. Wichtigstes Bauwerk ist dort die frühgotische Stiftskirche St. Peter, die wahrscheinlich an der Stelle eines römischen Tempels entstand.

⓬ Zu beiden Seiten des Neckars erstreckt sich die Handels- und Industriestadt **Heilbronn**. Ihr verkehrsgünstig gelegener Hafen avancierte einst zum siebtgrößten Binnenhafen Deutschlands. In der im Zweiten Weltkrieg stark zerstörten Altstadt auf dem rechten Flussufer beeindrucken das Renaissance-Rathaus mit seiner astronomischen Uhr und die Kilianskirche. An ihrer Außenseite steht mit dem Siebenröhrenbrunnen ein Alemannen-Heiligtum, auf das der Name Heilbronn zurückgeht.

Die kleine südhessische Stadt Hirschhorn nennt sich »Perle des Neckartals«. Der alte Ortsadel trug ein Hirsch-»Horn« im Wappen.

Wandern & Freizeit

Seit 1980 wird die Bahntrasse der ehemaligen, Anfang des 20. Jh. gebauten Bahnstrecke von **Mosbach** nach **Mudau** von einem Wander- und Radweg, der sogenannten Wanderbahn, genutzt. Dabei verläuft die idyllische Strecke (Mosbach–Lohrbach–Sattelbach–Fahrenbach–Trienz–Krumbach–Limbach–Laudenberg–Langenelz–Mudau) durch viel Wald. Lediglich 300 Höhenmeter sind zu überwinden, steile Abschnitte gibt es nur selten. Die ideal für Familien geeignete Route führt in ihrem Verlauf an einigen alten Bahnhöfen vorbei, am Wegesrand finden sich immer wieder Rastplätze sowie kleine Ortschaften, die zur Einkehr laden. Gut 21 km, der etwa 27 km langen Strecke (einfach), entfallen auf die ehemalige Bahntrasse *(http://radfahren.tg-odenwald.de)*.

Im südlichen Odenwald gibt es mehrere steile Tälchen, die Klingen genannt werden. Eines der eindrucksvollsten schluchtenartigen Tälchen im **Neckar-Odenwald-Kreis** ist die Wolfschlucht (auch Wolfsschlucht) bei Zwingenberg. Selbst im gesamten Naturpark Neckartal-Odenwald und im UNESCO Geo-Naturpark Bergstraße-Odenwald ist diese Felsenklamm des Klingenbachs von ganz besonderem Reiz. An mehreren Stellen fällt der Bach in meterhohen Abstürzen über Felsbänke herab. Das Tälchen, das Carl-Maria von Weber als Vorlage für die Wolfsschlucht-Szene in seiner Oper »Der Freischütz« inspirierte, wird mancherorts von Felswänden oder -überhängen aus Buntsandstein begrenzt.
Ausgangspunkt für die Wanderung durch die wildromantische Wolfsschlucht ist der Landgasthof Zur Wolfsschlucht, wohin ein teilweise alpiner Wanderweg führt. Der enge und abenteuerliche Pfad ist nicht befestigt; gutes, festes Schuhwerk ist deshalb unbedingt erforderlich (vor allem bei Regen wird der Weg glitschig). Dabei klettert man über umgestürzte Bäume und quert einige Male den Bach. Bei vorangegangenen Regenfällen ist der Weg rechter Hand oberhalb des Baches zu empfehlen, der an den Burgmauern vorbeiführt. Nach Erreichen der Höhe (gut 100 Höhenmeter), wandert man von dort durch den Wald an einem kleinen Steinbruch zum Schloss Zwingenberg hinunter. Vor dem Schloss hat man einen wunderschönen Panoramablick auf das Neckartal.

Die etwa 16 km lange Wanderung durch das **Fünf-Mühlen-Tal** zur Burg Guttenberg beginnt am Bahnhof in Bad Wimpfen und führt zunächst über »Kirschenbänkchen« zum »Häldeweg« bis oberhalb vom Schwimmbad. Danach überquert man weiter links die Straße und geht den Hang hinauf zum Bahngleis. Weiter rechts folgt man den Gleisen bis Hohenstadt. Etwa 600 m hinter dem Ort zweigt ein Weg rechts ab über die Felder, der nach Zimmerhof führt. Danach geht es entlang der Hauptstraße nach links bis zum Golfplatz. Hier beginnt das »Fünf-Mühlen-Tal«. Am Golfplatz, an der Kneippanlage, am Karpfenteich, am Wildgehege und am Grillplatz vorbei wandert man bis zur Schnepfenhardter Mühle. Dahinter führt ein Steg über den Mühlenbach, der gleichzeitig den Aufstieg zur Burg Guttenberg markiert. Für den Rückweg macht man sich vom Burgtor auf und nimmt die Straße nach links durch den Burgwald und danach die Straße über die Felder zurück nach Hohenstadt, bis man Bad Wimpfen erreicht.

Von Schwetzingen aus empfiehlt sich ein Abstecher nach **Hockenheim**, das für seine Grand-Prix-Rennstrecke, den Hockenheimring, bekannt ist. An die sportliche Tradition des Hockenheimrings knüpft das Motorsport-Museum an. Täglich um 11 Uhr (außer bei Großveranstaltungen) wird auf dem Hockenheimring eine Insider-Führung über den Traditionskurs angeboten; wer sich mal als Rennfahrer versuchen möchte, kann dies bei Touristenfahrten tun *(www.hockenheimring.net)*.

Der Besuchermagnet der Stadt **Sinsheim** ist das Auto- und Technikmuseum, das über die Geschichte von Automobil- und Fahrzeugbau informiert. Zu den Ausstellungsstücken gehören Oldtimer, Motorräder, Renn- und Sportwagen sowie Lokomotiven und Flugzeuge, z. B. eine original Concorde der Air France und eine russische Tupolev TU-144, die für die Besucher von innen begehbar sind *(http://sinsheim.technik-museum.de)*.

Die **Burg Guttenberg** erhebt sich auf einem Bergsporn zwischen dem Neckar- und Mühlbachtal. Die Stauferburg (12. Jh.) ist noch immer bewohnt und zählt zu den beliebtesten Ausflugzielen im Neckartal. Neben dem Burgmuseum und der Burgschenke verdient die Greifenwarte ein besondere Erwähnung. Die Flugvorführungen der Deutschen Greifenwarte sind überregional bekannt und begeistern Jung und Alt. Vom Frühjahr bis zum Herbst kann man die Flüge von Adlern und Geiern bestaunen, die dann hoch über dem Neckartal oder über der Burg ihre Kreise ziehen *(www.burg-guttenberg.de)*.

Im Naturpark Schwarzwald ist der Wald intakt.

Schwarzwald

Waldreiche Berge und Weinberge – nirgendwo hierzulande sind diese beiden grundverschiedenen Welten einander näher als am östlichen Rand der Oberrheinischen Tiefebene, aus der ein Gebirge steil aufsteigt, 160 km lang und 60 km breit.

Sein Name lässt keinen Zweifel daran, dass die Wanderwege auf den Höhen meist durch dunkle Fichten- und Tannenwälder führen. Nur ein kurzer Abstieg führt einen jedoch in das Markgräfler Land, in die Ortenau oder andere Landschaft der Vorbergzone, wo fruchtbarer Lösslehm die Reben von Gutedel bis Spätburgunder gedeihen lässt.

Zurück zum Urtyp eines deutschen Waldgebirges, das auf der Landkarte so kompakt aussieht, sich vom Hochrhein bis zum Kraichgau erstreckt und als höchstes Mittelgebirge Deutschlands auf dem Feldberg knapp 1500 m Meereshöhe erreicht. Die Geografen gliederten es früher recht schematisch in den Nord- und den Südschwarzwald mit dem Mittleren Schwarzwald dazwischen. Viel anschaulicher ist jedoch die geologische Einteilung in den Buntsandstein-Schwarzwald im Norden und Osten mit seinen schier endlosen düsteren Nadelwäldern; im Gegensatz zum kristallinen Schwarzwald im Süden und Westen, wo behäbige Bergkuppeln aus Granit und Gneis, wie der Belchen oder der Schauinsland, als herausragende Beispiele das eher offene Landschaftsbild beherrschen. Die Geologie ist auch der wichtigste Schlüssel zum Verständnis der vielgestaltigen Gebirgslandschaft, denn der Schwarzwald bildet zusammen mit seinem Zwillingsbruder im Westen, dem Wasgenwald (Vogesen) die Schultern eines geologischen Grabens, eines Teilstücks einer bis heute noch aktiven Störungszone, die sich vom Mittelmeer bis zum Oslofjord durch Europa zieht und zu enormen Höhenunterschieden von bis zu 1000 m geführt hat. Bei derartigen Höhenspannen und der engräumigen Zertalung durch die vielen Flüsse, die vor allem dem Rhein zustreben, ist es kein Wunder, dass die Lebensräume der Pflanzen- und Tierwelt im Schwarzwald äußerst vielseitig sind. In zwei für deutsche Verhältnisse ungewöhnlich großen Naturparks werden sie geschützt. Und diese Reservate dienen wahrlich nicht nur zum Schutz der namenge-

Das liebliche Glottertal ist eine der beliebtesten Schwarzwaldlandschaften.

Die Wutachschlucht im Südschwarzwald.

benden Wälder, an deren Rändern heute wieder die raren Auerhähne balzen. Vielleicht noch charakteristischer für das Waldgebirge im Südwesten sind die Weiden auf den Bergen, wo im Frühsommer nach der Schneeschmelze Enziane, Orchideen und manche anderen botanischen Kleinode blühen. Diese Weiden sind durch Rodung der Wälder und jahrhundertelange Beweidung entstanden und zeigen, dass der Schwarzwald, mindestens ebenso sehr wie eine Naturlandschaft, eine vom Menschen auf verschiedenste Weise – angefangen beim Bergbau bis hin zur Köhlerei und Flößerei – geformte Kulturlandschaft ist. Zu den Kulturdenkmälern gehören hier unter anderem die prachtvoll ausgestatteten Klöster in den Tälern und auf den Höhen als Zeugen einer reichen Volkskultur die behäbigen Schwarzwaldhäuser. Hinzu kommt ein ungemein reiches Kunsthandwerk.

Großes Bild oben: Hochfläche im Südschwarzwald bei St. Märgen.

Ausblick vom Schauinsland südöstlich von Freiburg.

Nördlicher Schwarzwald, Kraichgau und zurück

Die Ausläufer des Nordschwarzwalds sind der Ausgangspunkt für eine Tour, die zunächst in die Rheinebene führt. Anschließend geht es nach Osten in den Kraichgau und in südlicher Richtung wieder zurück in den Schwarzwald.

❶ Der schmucke Luftkurort **Gernsbach** zieht sich links der Murg die Hänge des Schwarzwalds hinauf. Ein Spaziergang durch die von Fachwerkhäusern gesäumten Gassen führt in den großen Kurpark mit Konzertbühne. Ein Stück flussaufwärts thront auf einem Felsvorsprung Schloss Eberstein aus dem 13. Jh. Es wurde Anfang des 19. Jh. renoviert.

❷ **Baden-Baden**, der mondäne Kurort im Oostal, lebt immer noch ganz von der Pracht vergangener Zeiten. Nachdem bereits die Römer das heilende Wasser genutzt hatten, entwickelte sich erst im 19. Jh. ein Kurbetrieb in großem Stil.
Links der Oos errichtete Friedrich Weinbrenner 1821–1823 das Kurhaus, mit seiner von korinthischen Säulen getragenen Vorhalle. Hier befindet sich heute auch das Kasino. Die freskengeschmückte Trinkhalle im Kurpark stammt von Friedrich Hübsch.
Rechts der Oos zieht sich die mittelalterliche Altstadt den Berg hinauf. Dicht beieinander stehen hier das prunkvolle Friedrichsbad – erbaut 1869–1877 – und die Caracalla-Therme. Im Stadtzentrum erheben sich die Ruine des Alten Schlosses sowie das Neue Schloss.

❸ Barock ist der vorherrschende Baustil in **Rastatt**, der ehemaligen Residenz des »Türkenlouis« genannten Markgrafen Ludwig Wilhelm. Er errichtete die älteste Barockresidenz Deutschlands (1699–1705) nach dem Vorbild von Versailles.
Unter den Barockbauten der Stadt fallen die Pagodenburg, das Rathaus, die St.-Alexander-Kirche und das Franziskanerkloster auf. Vor den Toren Rastatts ließ sich Sibylla Augusta von Baden, die Witwe Ludwig Wilhelms, das Lustschloss »Favorite« errichten.

Kolonnaden im Kurhaus von Baden-Baden.

❹ Die lebendige Kongress- und Universitätsstadt **Karlsruhe** ist der Sitz von Bundesverfassungsgericht und Bundesgerichtshof. Das Herz der Stadt bildet die weitläufige barocke Schlossanlage von 1715, auf die die Straßen fächerförmig zulaufen. Ihr Bauherr war der Markgraf Karl Wilhelm von Baden-Durlach. In den Räumen der Residenz zeigt das Badische Landesmuseum Exponate zu Kunst und Kultur der Region. Im Schlosspark befindet sich die Staatliche Kunsthalle. Zu einem Bummel lädt der weitläufige Schlossgarten – teils französischer Barockgarten, teils englischer Landschaftspark. Seit 1968 fährt die Schlossgartenbahn auf einem 2,7 km langen Rundkurs.
Der Mittelpunkt des Marktplatzes ist eine kleine rote Sandsteinpyramide mit der Gruft des Stadtgründers, Markgraf Karl Friedrich.

❺ Der wichtige Verkehrsknotenpunkt **Bruchsal** wurde während des Zweiten Weltkriegs stark zerstört;

Die weitläufige Schlossanlage der Markgrafen-Residenz in Rastatt.

Eine barocke Dreiflügelanlage gehörte den Fürstbischöfen in Bruchsal.

Nach einer Legende ließ sich Markgraf Karl Wilhelm von Baden an der Stelle, wo er unter einem Baum geträumt hatte, Schloss Karlsruhe errichten.

Wandern & Freizeit

Der 370 km lange **Neckartal-Radweg** hat seinen Ausgangspunkt an der Neckarquelle im Stadtpark von **Villingen-Schwenningen** und verläuft entlang des Neckars durch eine abwechslungsreiche und interessante Landschaft bis nach Mannheim, wo der Fluss schließlich in den Rhein mündet. Der Neckartal-Radweg führt meist auf gut ausgebauten Feld- und Wirtschaftswegen jenseits des üblichen Straßenverkehrs. Nur im Ausnahmefall muss eine Nebenstraße befahren werden.
Für Familien mit Kindern empfiehlt sich eine kürzere Etappe beispielsweise von Villingen-Schwenningen nach Rottweil 16 km.
Der Neckartal-Radweg beginnt an der Neckarquelle im Stadtpark Möglinshöhe in Schwenningen. Von dort führt er über gut ausgebaute Wald- und Feldwege mit schönen Ausblicken auf die Berge der Schwäbischen Alb über Deißlingen und Lauffen nach Rottweil, in die alte freie Reichsstadt, die eine Besichtigung lohnt. Die Rückfahrt kann man entweder wieder mit dem Rad oder auch mit der Bahn antreten.

Seit 31. März 2011 existiert diese neue, gut ausgeschilderte Radtour. Die **Tour de Spargel** ist nicht nur zur Spargelzeit empfehlenswert. In der Rheinebene, die für ihr beinahe schon mediterranes Klima bekannt ist, gleitet man mit dem Rad mühelos auf der etwa 108 km langen Rundroute dahin. Die Strecke ist mit dem Spargelrouten-Logo oder mit Radwegweisern ausgeschildert. Die durchgehend flache Route weist nur wenige, leichte Steigungen auf. Die Strecke führt über geteerte bzw. asphaltierte, teils geschotterte Rad- und Wirtschaftswege. Auf kurzen Passagen befährt man Kreisstraßen bzw. Orte und Waldstrecken. Die Tour ist besonders für Familien und weniger sportliche Radfahrer geeignet.
Ein wesentlich kürzerer Abschnitt der Spargelroute ist die ca. 27 km lange Fahrt von Bruchsal über Stutensee und Karlsdorf-Neuthard bis Graben-Neudorf. Von dort kann man auf der gleichen Strecke die Fahrt zurück nach Bruchsal mit dem Fahrrad oder aber ganz mühelos mit der S-Bahn (S33) bestreiten.

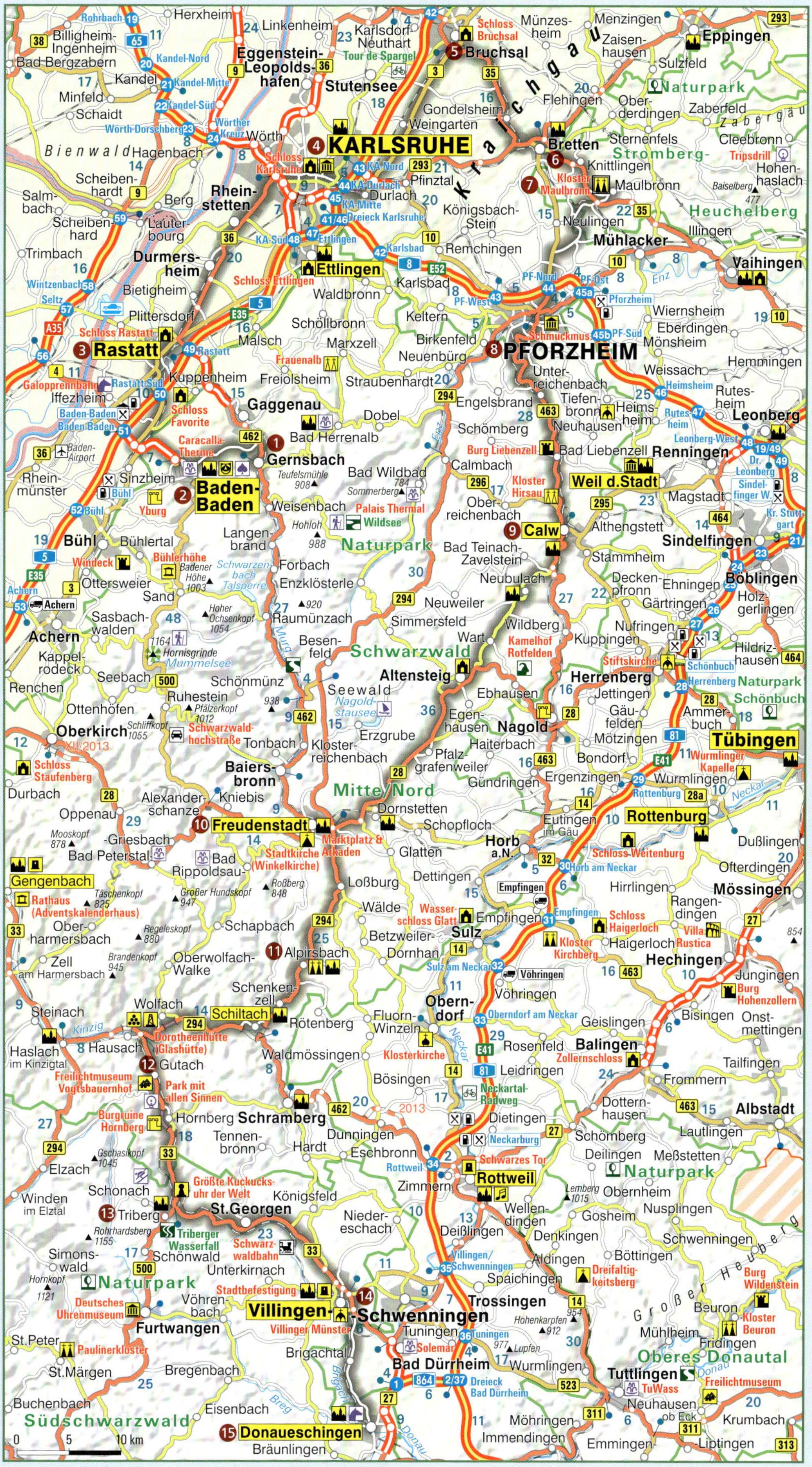

Auf einer Hochebene im Nordschwarzwald liegt Freudenstadt; eine Siedlung, die Herzog Friedrich I. von Württemberg anlegen ließ.

später baute man die Stadt wieder modern auf. In alter Form erstand das Barockschloss, die Sommerresidenz der Fürstbischöfe von Speyer, dessen Treppenhaus Balthasar Neumann entwarf.
Im Südosten der Stadt befindet sich ein weiteres Werk Neumanns: die Barockkirche St. Peter.

6 Zwischen den Hügeln des Kraichgaus liegt die Stadt **Bretten**. Durch einen Brand weitgehend zerstört erhielt der Ort im 18. Jh. ein neues Gesicht. Es entstanden die lutherische Kreuzkirche und das klassizistische Amtshaus. Bauten aus dem Mittelalter und der Renaissance sind die St.-Lorenz-Kirche mit romanischen und gotischen Stilmerkmalen sowie der Marktbrunnen von 1555. Für ihren bedeutendsten Sohn, den Reformator Philipp Melanchthon (1497 bis 1560), hat die Stadt am Marktplatz ein Museum eingerichtet.

7 Ein beeindruckendes Bild von Größe und Bedeutung der Klöster im Mittelalter vermittelt das Zisterzienserkloster **Maulbronn** (UNESCO-Welterbe), für das im Jahr 1147 der Grundstein gelegt wurde. Die von einer Mauer umgebene Anlage ist unterteilt in den Klausurbereich mit der Kirche und in den Wirtschaftsbereich mit Handwerkerhöfen und Verwaltungsgebäuden.
Zu den bekanntesten Absolventen des seit dem 16. Jh. bestehenden Gymnasiums zählen die Dichter und Schriftsteller Friedrich Hölderlin, Wilhelm Hauff und Hermann Hesse.

8 **Pforzheim**, die »Goldstadt« am Zusammenfluss von Enz, Nagold und Würm, steht seit dem 18. Jh. mit großem Erfolg im Zeichen der Schmuckherstellung. Eine bedeutende Sehenswürdigkeit des modernen Stadtzentrums ist das Schmuckmuseum. Sehenswerte Sakralbauten sind die Schloss- und Stiftskirche, die auf das 13. Jh. zurückgeht, sowie die Altstadtkirche St. Martin mit gotischen Fresken im Chor.

9 In Mittelalter und Neuzeit gelangte das Städtchen **Calw** durch Textilgewerbe, Salz- und Holzhandel zu ansehnlichem Reichtum. Mit der gotischen Nikolauskapelle besitzt der Ort im Nagoldtal eine der wenigen erhaltenen, für das Mittelalter so typischen Brückenkapellen. Hervorzuheben sind des Weiteren das Rau'sche Haus von 1694 und das Rathaus am malerischen Marktplatz. Diesem gegenüber steht das Geburtshaus des Schriftstellers Hermann Hesse, dem auch ein Museum gewidmet ist.

10 **Freudenstadt**, ein viel besuchter Kur- und Freizeitort im Nordschwarzwald, wurde im 17. Jh. als gleichmäßige Stadtanlage konzipiert. Eine Besichtigung wert sind der von imposanten Häusern gesäumte Marktplatz mit seinem Vierröhrenbrunnen und die Evangelische Stadtkirche aus dem frühen 17. Jh.

Eine der Karstquellen wurde in Donaueschingen als »Donauquelle« gefasst.

Die Hexenlochmühle im Schwarzwald zwischen Furtwangen und St. Märgen.

unnenhaus im Kreuzgang des Zisterzienserklosters Maulbronn, der wohl am besten erhaltenen mittelalterlichen Anlage nördlich der Alpen.

Die Hauptattraktion des Luftkurrts **Alpirsbach** im Kinzigtal ist das ut erhaltene Benediktinerkloster us dem 11. Jh. Die 1099 geweihte nd um 1130 umgebaute, dreischiffie Basilika ist in einen Laien- und eien Mönchsraum unterteilt.

Über Hausach erreicht man **utach** an der Schwarzwaldbahn. ieser Erholungsort ist der ideale usgangspunkt für Wanderungen nd als Heimat der Schwarzwälder ollenhuttracht bekannt. Mehr über ie Tradition des Schwarzwalds erihrt man im nahe gelegenen Freichtmuseum Vogtsbauernhof.

Der Kurort **Triberg** liegt in einem on der Gutach tief eingeschnittenen Tal. Die Stadt besitzt im Schwarzwaldmuseum eine stattliche volkskundliche Sammlung mit einer beachtlichen Anzahl von Uhren.

Bei Triberg stürzt die Gutach über sieben Kaskaden 163 m in ein enges Tal. Sie ist damit der höchste Wasserfall Deutschlands.

ie 163 m hohen Triberger Wasserfälle.

14 Die Doppelstadt **Villingen-Schwenningen** entstand 1972 im Rahmen einer Gemeindereform. Reste der Stadtbefestigung umgeben die Villinger Altstadt mit ihren prächtigen Bürgerhäusern, dem Alten Rathaus und dem Liebfrauenmünster, mit dessen Bau im Jahre 1130 begonnen wurde. Die Uhrenfabrikanten Kienzle und Mauthe machten das ehemalige Dorf berühmt.

15 Die beiden Flüsse Brigach und Breg vereinigen sich in **Donaueschingen** zur Donau. Die sogenannte Donauquelle im Stadtpark, ein Becken mit allegorischen Figuren, nimmt sich dieses Themas an. Das Bild Donaueschingens haben die Fürsten von Fürstenberg bestimmt: Sie waren im 18. Jh. die Bauherren des Schlosses, des Karlsbaus, in dem sich heute die Fürstlich Fürstenbergische Sammlung befindet; sowie der Stadtkirche St. Johann, mit der der Böhmische Barock seinen Einzug in den Schwarzwald hielt. Ganz besonders an die kleinen Besucher wendet sich das Kinder- und Jugendmuseum in der ehemaligen Hofbibliothek.

Wandern & Freizeit

Mehrere Wanderwege von diversem Schwierigkeitsgrad sind für die Besichtigung der **Triberger Wasserfälle** ausgewiesen. Besonders faszinierend sind die Wasserfälle in den Schmelzwasserzeiten und nach starken Regenfällen. Es gibt drei beschilderte Wanderrouten: Naturweg, Kulturweg und Kaskadenweg. Der Haupteingang ist von der Triberger Stadtmitte aus schnell zu Fuß zu erreichen. Außerdem gibt es vier weitere Eingänge, um von allen Seiten zu den Fällen zu gelangen, die abends bis 22 Uhr beleuchtet sind.

Ausblicke auf das **Oostal** und die Stadt **Baden-Baden** erhält man auf einem Spaziergang auf dem Panoramaweg. Dieser beginnt in der Weststadt und zieht sich an den Hügeln bis zur Innenstadt entlang.

Der etwa 3 km westlich von Maulbronn liegende **Aalkistensee** und die umgebende Landschaft stehen unter Naturschutz. Ein Rundweg führt durch die Feuchtgebiete, die vielen Vogelarten als Rückzugsgebiete dienen.

Die **Caracalla-Therme in Baden-Baden** eignet sich vortrefflich zum Entspannen nach einer mehr oder weniger anstrengenden Wanderung. Auf mehr als 4000 m² Fläche steht den Besuchern eine abwechslungsreiche Wasser- und Badelandschaft zur Verfügung. Neben diversen Becken und der römischen Saunalandschaft gibt es u. a. einen Strömungskanal, einen Wasserfall, die Heiß- und Kaltwassergrotte und das Dampfbad. Im 3. Obergeschoss der Caracalla-Therme befindet sich das Kinderparadies. Das ThermenRestaurant sorgt für Stärkung *(www.carasana.de)*.

Der Zoologische Garten **Karlsruhe** zählt zu den ältesten Tiergärten in Deutschland und liegt mitten in der Stadt. Eine Vielzahl an Tierarten aus allen Kontinenten lassen sich hier entdecken und kennenlernen, darunter auch die neu gestalteten Lebensräume wie die der Robben, Eisbären oder Schneeleoparden. Ein weitläufiger Streichelzoo für die Kleinen darf natürlich nicht fehlen. Diverse Freizeitmöglichkeiten, darunter Bootsfahrten, Spielplätze und die Seebühne, sowie einige gastronomischen Einrichtungen runden einen Zoobesuch ab *(www.karlsruhe.de/b3/freizeit/zoo.de)*.

Vom Rhein aus in den Schwarzwald

Von Breisach in der Oberrheinische Tiefebene geht es hinauf auf den mittleren und den südlichen Schwarzwald. Die Tour führt zu den landschaftlichen und kulturellen Höhepunkten des Freiburger Umlands und bietet grandiose Panoramablicke auf die Schweizer Alpen im Süden und die Vogesen im Westen.

Nur 10 km vom Zentrum Freiburgs entfernt: der Schauinsland.

❶ Auf einem Ausläufer des Kaiserstuhls liegt das kleine Städtchen **Breisach** am Rhein. Nach dessen weitgehender Zerstörung im Zweiten Weltkrieg wurden verschiedene historische Bauten der ehemals freien Reichsstadt rekonstruiert.
Hoch über die Stadt hinaus ragt das St.-Stephans-Münster aus dem 13. Jh. Ein Highlight der Innenausstattungen sind die Wandmalereien Martin Schongauers, vor allem das Jüngste Gericht (1488–1491) an der Westwand. Ein beeindruckendes Beispiel für die mittelalterliche Wasserversorgung ist der Radbrunnenturm von 1189, durch den Wasser auch während Belagerungen 41 m hoch in die Stadt hinaufgepumpt wurde.

❷ Dort, wo das Flüsschen Dreisam in die Oberrheinebene eintritt, zwischen Schwarzwald und Kaiserstuhl, liegt die Universitätsstadt **Freiburg**. Vom Klima begünstigt versprüht das kulturelle Zentrum des Breisgaus ein beinahe südländisches Flair.
Ein Bummel durch die nach Kriegszerstörungen wieder aufgebaute Stadt führt zum Münster aus dem 13.–16. Jh. Zu den bedeutendsten Sehenswürdigkeiten dieses Meisterwerks gotischer Baukunst zählen das Westportal mit Vorhalle sowie der Hochaltar aus den Jahren 1512–1516 von Hans Baldung Grien. Den Münsterplatz umrahmen das als Handelsplatz für fremde Kaufleute erbaute Historische Kaufhaus, das Kornhaus mit dem spätgotischen Fischbrunnen und das Wenzingerhaus (Museum für Stadtgeschichte).
Relikte der ehemaligen Stadtbefestigung sind das Schwabentor und das Martinstor. Einen umfassenden Überblick über die oberrheinisch-alemannische Kunst verschafft man sich im Klosterkomplex des Augustinerordens, der zum Museum umfunktioniert wurde.
Eine Besonderheit der Stadt sind die Freiburger Bächle, Wasserrinnen, von denen die meisten Straßen durchzogen sind und die ursprünglich u. a. als Löschwasserquellen dienten. Sie werden vom Wasser der Dreisam gespeist und variieren in der Breite von 15 bis 75 cm.

❸ Südlich von Freiburg bietet de Hausberg der Freiburger, der 1284 m hohe **Schauinsland**, vielfältige Mög lichkeiten zur Freizeitgestaltung un einen wunderbaren Ausblick auf Kai serstuhl, Vogesen und Markgräfler land. Er kann auch mit der Seilbahn »bezwungen« werden.

❹ Im 9 km langen **Höllental**, dessen Hänge bis zu 600 m hoch ansteigen drängen sich Rotbach, Bahn und B 1 dicht aneinander. Die bis in 18. Jh unpassierbare Schlucht beginnt hin

Majestätisch überragt das St.-Stephans-Münster die größtenteils moderne Stadt Breisach.

Das Schwabentor ist eines von zwei erhaltenen Toren der Freiburger Stadtmauer.

Das Freiburger Münster überstand den Zweiten Weltkrieg fast unbeschadet.

ter der Ortschaft Himmelreich und endet beim Höllsteig.

1884–1887 gelang es, eine Eisenbahntrasse durch die Schlucht zu legen. Ein Bronzehirsch erinnert an den legendären Hirschsprung: Vor seiner Verbreiterung soll das Höllental an dieser Stelle so eng gewesen sein, dass sich ein Hirsch durch einen Sprung vor seinen Verfolgern auf die andere Seite der Schlucht retten konnte. Von hier aus führt ein beliebter Weg über Stein- und Holzbrücken durch die malerische Schlucht des Wildbaches Ravenna. Der Name soll vom französischen *la ravine* (Abgrund) stammen.

5 Eine vom Feldberggletscher vorgeschobene Moräne staut den 2 km langen, 750 m breiten und rund 40 m tiefen **Titisee**. Der See und der daran gelegene gleichnamige Ort zu Füßen des 1190 m hohen Hochfirst sind viel besuchte Touristenziele.

6 Die **Wutach** hat sich auf ihrem Weg aus dem Schwarzwald ein cañonartiges Bett in die Gesteinsschichten gegraben. Das sicherlich spektakulärste Teilstück des Flusslaufs zwischen der Einmündung von Rötenbach- und Gauchachschlucht steht bereits seit dem Jahr 1939 unter Naturschutz.

7 Im Mündungsgebiet von Wutach, Schlücht und Aare in den Rhein liegt **Waldshut-Tiengen**. Die malerische Altstadt von Waldshut auf dem rechten Rheinhochufer lädt zu einem beschaulichen Spaziergang ein, vorbei an mit Fassadenmalereien geschmückten Bürgerhäusern aus dem 15.–17. Jh. und den beiden mittelalterlichen Stadttoren bis hin zur Rheinpromenade.

Auch Tiengen an der Wutachmündung hat sich sein mittelalterliches Stadtbild bewahrt. Um 1600 erhielt das über der Stadt thronende Schloss seine heutige Gestalt. Das Alte Schloss beherbergt heute das Klettgau-Museum; der Klettgau ist die Region um Waldshut, die sich Deutschland und die Schweiz teilen. Mit der

Wandern & Freizeit

Nicht hoch hinaus, dafür aber ausgesprochen gemütlich kann man in der **Rheinebene** radeln. Eine Etappe des beschilderten Rheinauewegs führt von **Breisach** aus vorbei am Vulkankegel des Kaiserstuhls nach Rheinhausen und zum sehenswerten Naturschutzgebiet Taubergießen mit seiner einzigartigen Fauna (30 km). Nur wenige Kilometer sind es von Rheinhausen bis nach Herbolzheim, von wo aus man die Rückfahrt nach Breisach mit der Bahn antreten kann.

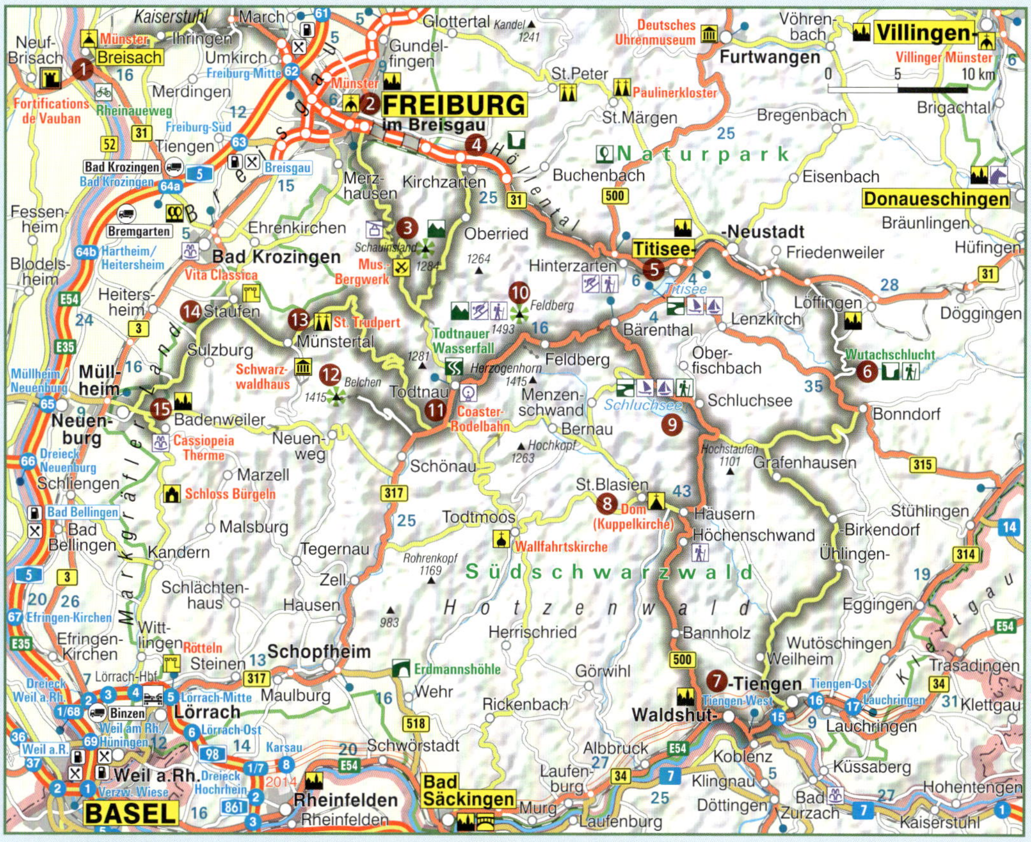

Das ehemalige Benediktinerkloster St. Trudpert ist heute Ordenshaus der Kongregation der Schwestern vom Heiligen Josef.

Schlosskirche St. Maria, die in den Jahren zwischen 1751 und 1753 erbaut wurde, besitzt Tiengen ein barockes Kleinod.

8 Die Hauptattraktion des kleinen Kurorts **St. Blasien** ist die Benediktinerabtei, deren Ursprünge bis ins 8. Jh. zurückreichen. Ein verheerender Brand zerstörte die barocke Anlage von Johann Michael Beer im Jahre 1768. Mit dem Neubau des Klosters gegen Ende des 18. Jh. fasste der Klassizismus im Schwarzwald Fuß. Die französischen Architekten Pierre Michel d'Ixnard und Nicolas de Pigage haben sich beim Entwurf offensichtlich vom römischen Pantheon inspirieren lassen.

9 Auf 930 m Höhe ü. d. M. liegt der etwa 11 km² große **Schluchsee**. Der einst wesentlich kleinere Gletschersee wurde seit 1932 durch eine Staumauer bei Seebrugg zu seiner heutigen Größe aufgestaut. Erholungsuchende kommen wegen der schönen Lage des Sees inmitten des Hochschwarzwalds hierher, während Segler und Windsurfer die guten Windverhältnisse zu schätzen wissen. Trotz des relativ kühlen Wassers ist der See auch bei Badegästen beliebt.

10 Der **Feldberg** (1493 m) ist der höchste Berg des Schwarzwalds. Er ist ein beliebtes Ausflugsziel – für Wanderer und Skifreunde gleichermaßen. Allein der Ausblick vom Gipfel aus lohnt den Weg hierher.

11 Das Sportangebot **Todtnaus** hat Tradition: Hier wurde bereits im Jahre 1891 der erste Skiclub Deutschlands gegründet. Der Ortskern der ehemaligen Silberbergbaustadt wurde 1876 durch einen Großbrand zerstört; aus den Ruinen erstand eine nüchterne neue Stadt. Die Todtnauer Wasserfälle liegen nordwestlich. Hier stürzt der Stübenbach über mehrere Felsklippen ins Tal.

12 Für seine atemberaubende Aussicht wird der **Belchen** (1414 m) gerühmt, der sich am Ende des Münstertals erhebt. Von der unbewaldeten Kuppe des Granitmassivs aus reicht der Blick im Westen bis zu den Vogesen mit den beiden Namensvettern Großer und Kleiner Belchen, im Süden bis zu den Schweizer und an besonders klaren Tagen bis zu den französischen Alpen.

13 Eine Burgruine der Herren von Staufen wacht über das **Münstertal** und den gleichnamigen Ort, wo sich der irische Mönch Trudpert im 7. Jh. niederließ. Nach seinem Märtyrertod entstand hier ein Kloster, das nach Zerstörungen im Dreißigjährigen Krieg ab 1709 vom Vorarlberger Baumeister Peter Thumb wieder aufgebaut wurde.

14 Gold wollte der legendäre Dr. Faustus in **Staufen** herstellen und kam dabei auf ungeklärte Weise ums Leben. Seiner Geschichte wird auch im Stadtmuseum ausführlich gedacht. Erfolgreicher sind da schon die Weinbauern und Branntweinproduzenten des mittelalterlichen Ortes. Über die malerische Stadt erheben sich die Reste der Burg Staufen.

15 Die heilende Kraft des **Badenweiler** Thermalwassers schätzten bereits die Römer. Der planmäßige Ausbau zum Kurort begann aber 1850. Den Kurgästen dient ein ausgedehnter Kurpark mit einem englischen Garten zur Erholung. Im Rahmen einer Kurparkerweiterung entstand der Gutedelgarten, ein rebenbotanischer Schaugarten. An seinem Ostrand wurden Reste des römischen Badegebäudes freigelegt; das klassizistische Markgrafenbad ist ein Teil der Cassiopeia-Therme.

Der Schluchsee ist der größte See des Schwarzwaldes.

Auf 1100 m Höhe am Feldberg liegt der 32 m tiefe Feldsee.

Die Kuppel des Doms St. Blasius in St. Blasien zählt mit 36 m Durchmesser und einer Gesamthöhe von 63 m zu den größten Kuppeln Europas.

Wandern & Freizeit

Die Radtour von **Titisee-Neustadt** nach **Hinterzarten** ist etwa 15 km lang. Ab Bahnhof Neustadt biegt man nach rechts, dann vor dem Hotel Neustädter Hof nach links und beim Hotel Jägerhaus geht es links über den Hirschenbuckel (Anstieg) zur Hauptstraße, der man nach links folgt. Danach immer geradeaus, dann auf dem parallel laufenden Fahrradweg rund 4 km. Nun quert man die Bundesstraße und biegt links in die Parkstraße ein. Nach der Eisenbahnbrücke zweigt man rechts ab und dann vorbei am Bahnhof Titisee links. Im Ortszentrum von Titisee geht es rechts in die Strandbadstraße, um nach dem Kurhaus rechts in die Alte Poststraße an der Kirche vorbei zu fahren. Auf der Alten Poststraße (bald ein Waldweg) führt der Weg vorbei am Eisweiher, am Jockeleshof über die Winterhalde bis Hinterzarten.

Zu den Schönheiten des Schwarzwalds leitet der **Schwarzwald-Wutachschlucht-Rundwanderweg**, der in Villingen-Schwenningen beginnt.
Eine Empfehlung ist die etwa 24 km lange Wanderung von Kappel Gutachbrücke bis zur Wutachmühle. Diese Wanderung dauert 6–8 Stunden. Ein kürzerer Abschnitt der Wutachschlucht ist die etwa 11 km lange Wanderung Kappel Gutachbrücke–Schattenmühle. Der 80 m hohe Natursteinviadukt nahe Gündelwangen, zwischen Kappel und Neustadt, bildet den Beginn des Naturschutzgebiets Wutachschlucht. Von dort geht es weiter bis zur Schattenmühle, wo der obere Teil der Wutachschlucht endet. Für diese Wanderung, für die festes, gutes Schuhwerk erforderlich ist, benötigt man etwa 3 Stunden. Beste Wanderzeit für die Schlucht sind die Monate von Mai bis September. Keinesfalls sollte man etwas Verpflegung vergessen, denn in der Schlucht gibt es zwischen Schatten- und Wutachmühle keine Möglichkeit zur Einkehr.

Die 18 km lange Wanderung rund um den **Schluchsee**, den größten Schwarzwaldsee, ist in rund 6 Stunden zu bewältigen. Sie beginnt am Bahnhof Schluchsee und führt zunächst in Richtung Aha. Nach Überquerung der Bahnbrücke, biegt der Weg zur Amalienruhe. Ab dem Bootsanlegeplatz in Aha geht es weiter auf dem Seerundweg über Unterkrummenhof, vorbei an der Hütte des Schluchseer Anglervereins und dem Waldrastplatz Schöne Buchen. Nach dem Erreichen der Staumauer und des Bootsanlegers des Seerundfahrtsschiffs »St. Nikolaus«, besteht die Möglichkeit die Wanderung abzukürzen und das letzte Stück Weg mit dem Boot zu bestreiten. Ansonsten wandert man über die Staumauer und Richtung Bahnhof Seebrugg, um von dort über ein kurzes Stück an der Straße entlang und über einen Waldweg zurück nach Schluchsee zu kommen.
Ein wesentlich kürzere Wanderung ist der Walderlebnispfad Kohlgrube im Gemeindewald Schluchsee. Beginnen kann man den 2,4 km langen Rundweg am Parkplatz bei der Schluchseehalle oder beim Spielplatz an der Faulenfürster Straße, gegenüber der Einmündung Wiesengrund. Anhand von 18 Tafeln am Wegesrand kann man sich mit dem Thema »Wald« näher beschäftigen. Eine ergänzenden Broschüre gibt es in der Touristinformation Schluchsee.

Der **Europapark Rust** ist der größte und besucherstärkste Freizeitpark Deutschlands (ca. 4,5 Mio. Besucher pro Jahr). Auf einer Fläche von etwa 90 ha gibt es zahlreiche Themenbereiche wie europäische Länder, Abenteuerland oder Märchenwald mit über hundert Fahrgeschäften und Shows. Zu den Hauptattraktion gehören die Achterbahn Silver Star, die Wasserachterbahn Poseidon, die mit drehbaren Gondeln versehene Euro-Mir und die Hochgeschwindigkeitsachterbahn Blue Fire Megacoaster *(www.europapark.de)*.

In **Titisee-Neustadt** finden sich viele Freizeitmöglichkeiten, darunter das Badeparadies Schwarzwald. In dem Erlebnisbad findet der Gast Erholung und Spaß. Die Palmenoase bietet Entspannung unter Palmen, im 33 °C warmen Wasser auf den Sprudelliegen oder im Dampfbad; ebenso das Sole- und Gesundheitsbecken sowie diverse Saunen mit zahlreichen Aufguss- und Wellnessangeboten. Im Galaxy Schwarzwald warten 18 hochmoderne Hightech-Rutschen auf große und kleine Gäste *(www.badeparadies-schwarzwald.de)*. Auf dem märchenhaften Titisee sind Bootsrundfahrten und Bootsvermietung möglich, u. a. auf den Rundfahrtschiffen »Ingrid« und »Carola« *(Bootsbetrieb-Schweizer-Titisee; http://bootsbetrieb-schweizer-titisee.de)*.

Der **Kaiserstuhl** ist weniger wegen seiner schönen Aussicht bekannt: Vielmehr schätzt man sein mildes Klima und vor allem den guten Wein. Der kleine Höhenzug entstand beim Einbruch des Oberrheingrabens durch vulkanische Tätigkeit. Sein höchster Punkt ist der 557 m hohe Totenkopf.

Von Bietigheim nach Schwäbisch Hall

Die etwa 240 km lange Route führt am Neckar flussaufwärts über Stuttgart bis nach Tübingen, geht dann weiter ostwärts und durch den nordöstlichen Teil der Schwäbischen Alb und endet schließlich in Schwäbisch Hall.

Der größte Teil der Stiftskirche in Stuttgart stammt aus dem 13. Jh.

Der Pavillon am Schlossplatz – ein perfekter Rahmen für das Stuttgarter Neue Schloss.

❶ Von der Metter – einem Nebenfluss der Enz – führen kleine Gassen in die von Fachwerkhäusern geprägte Stadt **Bietigheim**. Mit dem Unteren Tor und dem Pulverturm sind Reste der Stadtbefestigung aus der zweiten Hälfte des 14. Jh. erhalten. In der vorbildlich renovierten Altstadt, die zu großen Teilen aus dem 16. bis 18. Jh. stammt, fallen vor allem das hochgiebelige Rathaus von 1507 sowie das Hornmold-Haus auf, ein Patrizierbau aus der Renaissance, in dem sich das Stadtmuseum befindet. Der Ulrichsbrunnen vor dem Rathaus erinnert an den beim Volk beliebten Herzog gleichen Namens.

❷ Inspiriert von der Pracht französischer Hofhaltung legte Herzog Eberhard Ludwig im Jahr 1704 den Grundstein für die im Regelmaß des 18. Jh. angelegte Stadt und das **Schloss Ludwigsburg**. Der verschwenderisch ausgestattete Barockbau gilt als die größte erhaltene Barockanlage Deutschlands. Die barocke Gartenanlage und ein im englischen Stil angelegter Landschaftsgarten ziehen mit der Gartenschau »Blühendes Barock« die Besucher in den Bann. Im Norden des Schlosses schließt sich der herzogliche Jagdpark an, in dem man auf das Rokokoschlösschen Favorite trifft. In der barocken Innenstadt Ludwigsburgs beeindruckt der von Arkaden gesäumte Marktplatz mit dem Standbild des Herzogs Eberhard Ludwig.
Etwas außerhalb liegt das Schloss Monrepos, das sich Herzog Karl Eugen 1760–1764 an einem kleinen See erbauen ließ.

❸ Die baden-württembergische Landeshauptstadt **Stuttgart** liegt zwischen malerischen Weinbergen im Neckarbecken. Bereits im 10. Jh. gab es hier ein Gestüt, den »Stutengarten«, auf den der Name der Stadt zurückgeht. Mit der Ernennung Stuttgarts zur Hauptstadt des Königreichs Württemberg im Jahre 1804 setzte eine rege Bautätigkeit ein, die das Gesicht des Zentrums bis zum heutigen Tag bestimmt. Vom Hauptbahnhof führt die Königstraße, eine beliebte Flanier- und Einkaufsmeile, zum Schlossplatz, den das Neue Schloss – erbaut 1746–1807 – und der klassizistische Königsbau säumen.
Das zwischen 1553 und 1578 erbaute Alte Schloss öffnet sich in einen hübschen Arkadenhof und beherbergt das Württembergische Landesmuseum. Nördlich vom Neuen Schloss gelangt man in den weitläufigen Schlossgarten, der zum Staatstheater und der Staatsgalerie führt. Im Park befindet sich auch das Carl-Zeiss-Planetarium, das mit einer Multimedia-Astroshow in die Weiten des Universums entführt.
Wer sich für die Baukunst des Deutschen Werkbundes interessiert, sollte es nicht versäumen, die Weißenhofsiedlung zu besichtigen, die unter anderem von Walter Gropius, Mies van der Rohe und Le Corbusier geplant wurde.

Ehrenhof des Schlosses Ludwigsburg mit dem Löwenbrunnen.

❹ Moderne Vorstädte und Industrieanlagen bestätigen den Ruf der Stadt **Esslingen** als »Wiege der Industrialisierung Württembergs«.
Esslingens Altstadt hingegen verweist auf die lange und ereignisreiche Geschichte des ehemaligen Zentrums staufischer Verwaltung. Zahlreiche Mönchskirchen und Pfleghöfe vermitteln einen Eindruck von der wohlhabenden und dicht bevölkerten mittelalterlichen Stadt. Auf dem Marktplatz ragen die beiden Osttürme der gotischen Stadtkirche St. Dionys in den Himmel.

❺ Anmutig liegt die altehrwürdige Universitätsstadt **Tübingen** am Neckar und dem parallel zu ihm verlaufenden Höhenzug. Mittelalterliche Fachwerkhäuser, schmale Gassen und romantische Plätze machen den Charme dieses Ortes aus.
1477 wurde die Universität eröffnet. Der Hölderlin-Turm erinnert an den Dichter, der hier die zweite Hälfte seines Lebens in geistiger Umnachtung verbracht hat. Die Tübinge Kunsthalle hat sich als Veranstaltungsort weltbekannter Wanderausstellungen einen Ruf erworben.
Unmittelbar vor den Toren Tübir gens liegt die Klostersiedlung Beben hausen. Die hervorragend erhalten Anlage stammt aus dem 12. Jh. Au der Weiterfahrt über Reutlingen, da mit einer hochgotischen Marienki che aufwartet, sollte man einen Ab stecher zum Schloss Lichtenstein ein planen. Die imposante Burg schein aus dem Mittelalter zu stamme wurde jedoch erst im 19. Jh. erbaut.

Eine Brücke verbindet die beiden Türme der Esslinger Stadtpfarrkirche St. Dionys.

Fachwerkhäuser, Kopfsteinpflaster: In Tübingen scheint die Zeit stillzustehen.

Wandern & Freizeit

Ein gutes Stück am Neckar entlang schlängelt sich der rund 190 km lange **Hohenzollern-Radweg** von **Esslingen** nach **Tuttlingen**. Die knapp 40 km lange Etappe 1 des Hohenzollernwegs von Esslingen über Jägerhaus nach Dettenhausen beginnt am Esslinger Jägerhaus mit herrlichem Ausblick ins Neckartal. Von den Höhen des Schurwalds geht es zunächst zum Neckar hinunter. Nach Verlassen des Neckartals fährt man entlang der Flüsschen Körsch und Aich zum Naturpark Schönbuch. Durch das ruhige und naturbelassene Schaichtal vorbei an idyllischen Rastplätzen, Seerosenteichen und Trinkwasserbrunnen erreicht man Dettenhausen. Von dessen Bahnhof ist die Rückfahrt nach Esslingen mit der Bahn über Böblingen möglich.

Eine stillgelegte Eisenbahnstrecke zwischen **Schwäbisch Gmünd** und **Göppingen** wurde zum Rad- und Wanderweg umfunktioniert – durch die Hügellandschaft des Albvorlandes, vorbei an Laubwäldern, blühenden Wiesen und alten Bahnhöfen. Der 25 km lange, asphaltierte Panorama-Radweg, auch Klepperle-Radweg genannt, zählt zu den schönsten Verkehrs- und barrierefreien Radwegen Baden-Württembergs. Von Schwäbisch-Gmünd über Straßdorf, Metlangen und Rechberghausen erreicht man Faurndau, einen Stadtbezirk im Westen von Göppingen. Von Faurndau kann man mit der Bahn nach Schwäbisch Gmünd (Stuttgart-Bad Cannstatt) zurückfahren.

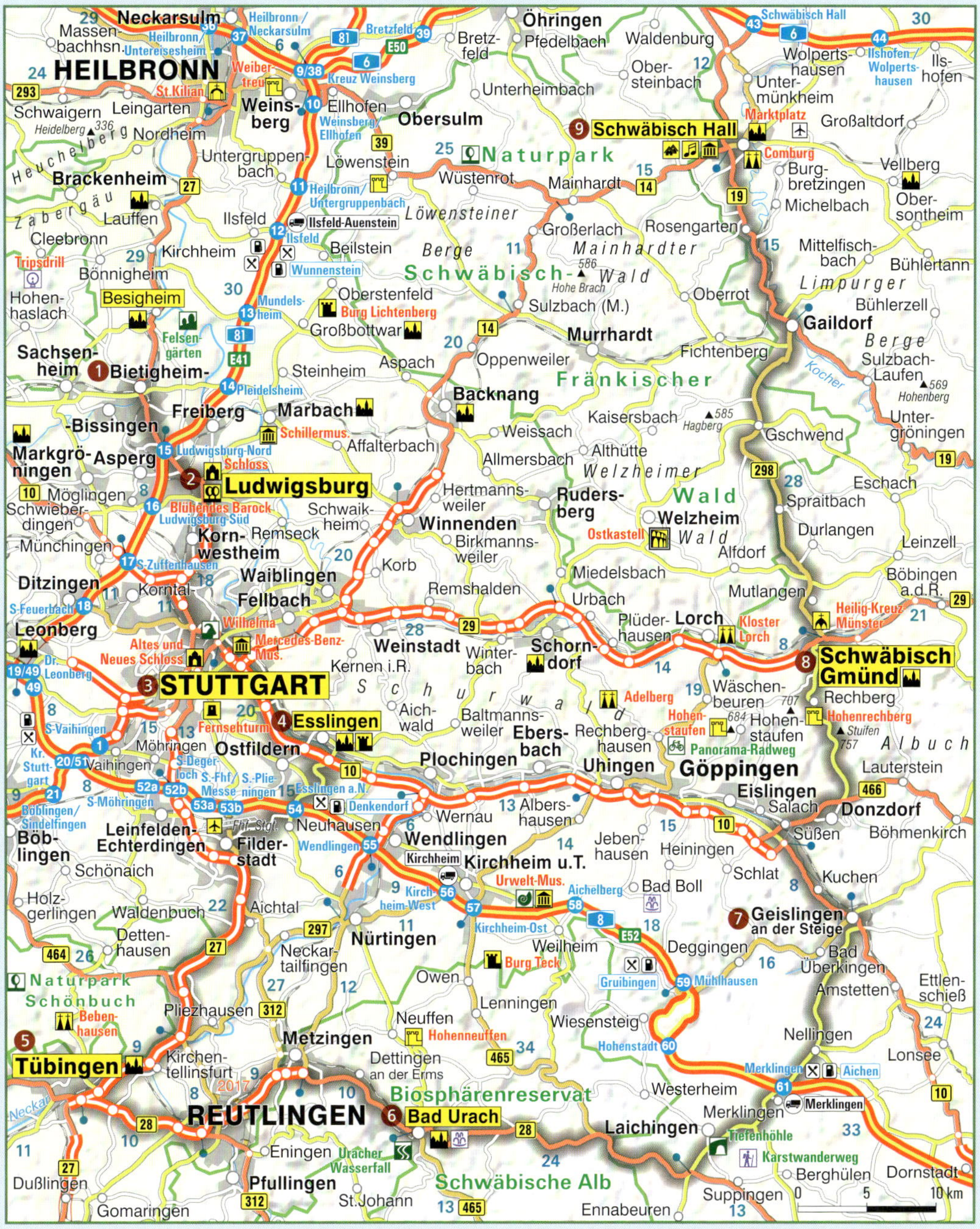

Turm der Stiftskirche St. Amandus und Bad Uracher Schloss.

Der Goldene Saal in Schloss Urach, ein prunkvoller Festsaal der Renaissance.

6 Östlich des Neckartals, im Herzen der Mittleren Alb, trifft man auf die ehemalige Residenzstadt **Bad Urach**. Aus dem von eindrucksvollen Fachwerkhäusern bestimmten Stadtbild sticht das 1443 begonnene Schloss mit Erkern, Halbturm und Gauben hervor. Die spätgotische Amandus-Kirche ist ebenso sehenswert wie der Marktplatz mit Brunnen und gotischer Brunnensäule.

7 **Geislingen** an der Steige liegt in einem Kessel, der von fünf Tälern gebildet wird. Wegen des Albaufstiegs war der Ort schon im Mittelalter eine bedeutende Station auf der Reichsstraße vom Rhein zum Mittelmeer. Seit dem 19. Jh. steigt hier die steilste Eisenbahntrasse Deutschlands in die Höhen der Schwäbischen Alb. Sie war die Voraussetzung für die Industrialisierung Geislingens. Im Zentrum sind mit der gotischen Stadtkirche, dem Alten Bau und dem Alten Zoll – beide aus der Renaissance – nur wenige historische Bauwerke erhalten.

8 Als Stadt der Staufer und Geburtsort des Malers Hans Baldung Grien hat sich **Schwäbisch Gmünd** kulturellen Ruhm erworben. Zu Reichtum gelangte es durch seine Gold- und Silberwarenindustrie.
Ein Mauerring, von dem noch sechs Türme erhalten sind, umschließt den Kern Schwäbisch Gmünds, in dem ba-

Wandern & Freizeit

Die etwa 12 km lange Wanderung von **Schwäbisch Hall** zum Freilandmuseum Wackershofen dauert etwa 2,5 Stunden (Hinweg 1,5 Std., Rückweg 1 Std.). Start ist der Marktplatz, den man bei der Tourist Information stadtabwärts durch die Neue Straße verlässt. Nach der Henkersbrücke zweigt man nach rechts ab in den Loughborough Weg und geht dann flussabwärts am Hotel Hohenlohe und Solbad vorbei. Nach etwa 100 m erreicht man eine Holzbrücke, die zum Zentralen Omnibusbahnhof führt. Dort geht es nach links und über den Dr.-Wilhelm-Dürr-Wanderweg und danach über die Rippergbrücke hinüber. Im Anschluss folgt der Anstieg zum Vogelholz. An der Töpferei Heckmann vorbei nimmt man den Fußweg bis zur Schleifbachklinge. Durch dieses schluchtartige Tälchen wandert man am Wasserfall vorbei nach Gottwollshausen. Entlang der Bahngleise passiert man eine Schießanlage und erreicht die K2577, wo man nach links geht; bis man schließlich auf den Wanderweg 3 trifft, dem man rechts zum Hohenloher Freilandmuseum Wackershofen folgt.
Der Rückweg führt durch Wackershofen bis zur Hauptstraße, der man 300 m nach rechts folgt, um dann rechts in den Feldweg abzubiegen. Über das Kolpingkreuz und die Breite Eiche zweigt man nach links ab und folgt dem Schwäbischen Albvereinsweg (rotes Kreuz) bis zum Breiteichsee hinunter und über den Parkplatz an der Breiteichstraße. Auf dem Schafbrunnenweg wandert man den Höhenrandweg entlang. Am Fernsehumsetzer geht es bergab über die Bahnlinie, bis man die Johanniterstraße erreicht. Durch die Unterführung gelangt man zum Weilertor von Schwäbisch Hall.

Wer die gesamte **Schwäbische Alb** umwandern möchte, ist auf dem **Alb-Nord-Weg** und dem **Südrandweg** genau richtig. Die beiden mit »HW 1« und »HW 2« gekennzeichneten Routen führen von Donaueschingen nach Tuttlingen und wieder zurück zum Ausgangspunkt. Dort wieder eingetroffen hat der Wanderer rund 590 km zurückgelegt! Als Wegzeichen ist der Weg mit einem roten Dreieck gekennzeichnet, dessen Spitze in Richtung Tuttlingen weist. Eine kurze Etappe auf dem Schwäbische-Alb-Nordrand-Weg ist die 11 km lange Wanderung von Bad Urach bis zur Eninger Weide über den Rutschenfelsen und die Hohe Warte. Auf der Eninger Weide wartet das Wanderheim (Hans Schenk Haus) zur Einkehr (www.sav-eningen.de). Zum Wanderheim gehören auch ein Spielplatz, ein Basketballkorb und andere Zerstreuungsangebote.

Im 3 ha großen **Wildpark Eninger Weide** (bei Eningen unter Achalm, nahe bei Reutlingen) leben Rothirsche, Mufflons und Wildschweine in naturnahen Waldgehegen. Er befindet sich unterhalb des zur Energiespeicherung angelegten Hochspeichersees. Ganz in der Nähe liegen das Schafhaus mit einigen Schafrassen, eine Wildsträuchersammlung und der Obere Lindenhof mit seiner Ziegenhaltung. Liegewiesen und große Grillstellen stehen Besuchern zur Verfügung.

Das **Hohenloher Freilandmuseum** Wackershofen präsentiert etwa 70 original wieder aufgebaute Gebäude aus Nordwürttemberg. Auch alte Haustierrassen sind zu besichtigen, wie das Limpurger Rind, das Schwäbisch Hällische Landschwein oder die Cröllwitzer Pute; zudem finden Handwerkervorführungen (Seifensieder, Bürstenbinder, Wagner, Weber, Korbmacher, Schuhmacher, Drechsler) und Aktionstage statt. Einkehren kann man im Museumsgasthof Roter Ochsen *(Mitte März bis Anfang November; www.wackershofen.de).*

'achwerkhäuser prägen das Stadtbild von Schwäbisch Hall und spiegeln sich im Flüsschen Kocher.

ocker Häuserbestand überwiegt. Die pätromanische St.-Johannis-Kirche tammt wie das Rathaus aus dem Mittelalter; das Schmuckstück der tadt, das gotische Heilig-Kreuz-Münster, ist ein Bau von Heinrich Parer und dessen Sohn Peter.

in Spaziergang sollte in die Fuggerei ınd in die ehemalige Ott-Pauser'sche ilberwarenfabrik führen, die zu einem Museum umgewandelt wurde.

9 An den Hängen, die das Tal der Kocher flankieren, staffelt sich die tadt **Schwäbisch Hall**. Schon in keltischer Zeit wurde hier Salz gewonnen, as entscheidend zum Wohlstand der tadt beitrug.

in verheerender Brand, der im Jahr 728 große Teile der Stadt verwüstee, hat auch zahlreiche mittelalterlihe Bauwerke vernichtet, an deren telle Bauten im barocken Stil traten. ei einem Streifzug durch Schwäisch Hall gelangt man über enge assen und schmale Treppen zum Marktplatz. Dieser wird von prächtien Häusern begrenzt, unter denen er barocke Bau des Rathauses beonders auffällt.

ine Freitreppe führt hinauf zur Kire St. Michael, die ihr heutiges Ausehen Umbaumaßnahmen aus dem 5. Jh. verdankt. Sehenswert ist auch as Hällisch-Fränkische Museum.

mpfehlenswert ist zudem ein Ausug zum östlich von Schwäbisch Hall elegenen ehemaligen Benediktineroster Comburg, das im Jahr 1078 egründet wurde und im 12. Jh. seie Blütezeit erlebte.

Eine Ringmauer mit Wehrtürmen umgibt die auf einem Hügel gelegene Anlage des Klosters Comburg.

Das Heilig-Kreuz-Münster in Schwäbisch Gmünd ist eine der ältesten gotischen Hallenkirchen Süddeutschlands.

Kloster Weltenburg, auf einer Landzunge gelegen, und der Donaudurchbruch.

Die Donau

Vielfältige Landschaften und prächtige Städte mit reichen Kulturschätzen säumen den Lauf der Donau, die als Europas zweitlängster Fluss über 2860 km den Schwarzwald mit dem Schwarzen Meer verbindet.

Eine Reise entlang der Donau ist eine Reise durch unterschiedlichste Landschaften. Nachdem sich Brigach und Breg in Donaueschingen zur Donau vereinigen, verschwindet diese bei Tuttlingen zeitweise ganz, das heißt, sie versickert im Untergrund, um kurz danach im Durchbruch durch die Schwäbische Alb ein eindrucksvolles Naturschauspiel zu inszenieren mit bis zu 300 m hohen, senkrechten Kalkwänden. Der Naturpark Obere Donau bietet Bootsfahrern, Wanderern und Radlern ein romantisches Paradies zum Entspannen und Erholen. In Sigmaringen schafft die Donau zwischen dem Mühlberg und dem Schlossfelsen den letzten Durchbruch und nimmt kurz darauf die Lauchert, das »Blaue Band der Schwäbischen Alb«, auf. Zwiefaltener Ache, Große Lauter und die aus dem Blautopf gespeiste Blau liefern der Donau weiteres Wasser von der Schwäbischen Alb, während Ablach, Kanzach und Riß die oberschwäbische Moränenlandschaft entwässern. Ab Ulm war die Donau einst schiffbar; ab hier brachten flache Holzboote, die als Ulmer Schachteln in die Geschichte eingingen, über Jahrhunderte Güter und Personen bis nach Wien und Ungarn. Von Ulm flussabwärts weitet sich das Donautal; der Fluss nimmt an Mächtigkeit zu, denn nun stoßen von Süden in kurzen Abständen die Zuflüsse aus dem Alpenvorland dazu: südwestlich Ulms die Iller und dann Günz, Mindel, Zusam, Lech, Paar und Ilm.

Beim Kloster Weltenburg gibt es mit den Ausläufern der Fränkischen Alb ein starke Barriere. Senkrechte Kal wände zwängen hier den Strom i ein schmales Bett, das nur per Schi oder mit dem Boot erobert werde kann. Unmittelbar hinter der spekt kulären Weltenburger Enge münd bei Kelheim die Altmühl und dam auch der Main-Donau-Kanal in d Donau, die nun zur internationale Wasserstraße und für die Binne schifffahrt zur Verbindung zwische Schwarzem Meer und Nordsee wird Kurz vor beziehungsweise in Regen burg münden die Schwarze Laabe

uf einem steilen Felsen thront das Sigmaringer Schloss.

Passaus Altstadt liegt einzigartig schön zwischen Donau und Inn.

ie Naab und der Regen ein. Von Sü-en kommen dann die Große Laaber, ie Isar, die Vils und vor allem der ıächtige Inn als Verstärkung dazu. ı der Drei-Flüsse-Stadt Passau sorgt er Inn dafür, dass die Donau nun :hon fast 350 Meter breit ist und, nterstützt von der von Norden ein-ıündenden Ilz, als Strom Richtung sterreich fließen kann.

der Antike diente die Donau den ömern als Verkehrsweg. Die bayeri-:hen Bischöfe brachten von Passau us das Christentum donauabwärts, im Gegenzug versuchten die Türken, ihren Einfluss über Wien hinaus auszudehnen. Entsprechend wuchsen an den Ufern der Donau eindrucksvolle Städte mit kulturellen Sehenswürdigkeiten von großer Vielfalt. An und auf der Donau zu reisen ist heute ein uneingeschränktes Vergnügen. Ob Naturfreund, Kunstliebhaber, Gourmet oder Freizeitsportler – für jeden bietet die Donau etwas.

Großes Bild: Die Steinerne Brücke in Regensburg stammt aus dem 12. Jh.

Blick vom Knopfmacherfels auf das Donautal im Naturpark Obere Donau.

Zwischen Schussen, Donau und Lech

Auf den Spuren barocker Sakralbaukunst führt diese Route von Oberschwaben nach Ulm und zur Renaissance- und Fuggerstadt Augsburg. Weiter den Lech flussabwärts endet die Fahrt in Landsberg, dessen Stadtbild der Barockbaumeister Dominikus Zimmermann entscheidend bestimmte.

Die Bücher im Bibliothekssaal des Klosters Schussenried verteilen sich auf zwei Etagen.

❶ Die Residenzstadt **Sigmaringen** liegt im Donautal und am Südrand der Schwäbischen Alb. Schon von Weitem sichtbar thront über der Donau die Burg der Hohenzollern. Sie wurde 1077 erstmals schriftlich erwähnt und fiel 1535 an das schwäbische Herrschergeschlecht. Umfassenden Umbaumaßnahmen im 16. und 17. Jh. sowie romantisierenden Renovierungen im 19. Jh. verdankt die Burg ihr heutiges Aussehen. Die prunkvollen Säle mit den fürstlichen Sammlungen sind auf jeden Fall eine Besichtigung wert. Das Schloss gehört weiterhin der katholischen Linie des Hauses Hohenzollern.

❷ Im Herzen Oberschwabens, an der Hauptroute der durch Putten ausgeschilderten Oberschwäbischen Barockstraße, liegt das Moorheilbad **Schussenried**. Eine bedeutende Sehenswürdigkeit des Ortes ist eine prämonstratensische Stiftsanlage mit Trakten aus Mittelalter und Barockzeit. Das 1183 gegründete Kloster wurde im 18. Jh. nach Plänen von Dominikus Zimmermann umgestaltet. Die Klosterkirche St. Magnus, eine Zweigstelle des Landesmuseums Württemberg sowie der herrliche Bibliothekssaal im Stil des Rokoko können besichtigt werden. Insbesondere der reich verzierte Büchersaal mit dem Deckenfresko von Franz Georg Hermann (1757) gilt als einzigartiger Schatz. Das Bildprogramm des Freskos soll das vielgestaltige Wirken der göttlichen Weisheit illustrieren.

Die Fresken im Langhaus von St. Georg in Ochsenhausen schuf Johann Georg Bergmüller.

Das Innere von St. Magnus, heute eine Pfarrkirche, zeigt noch deutlich die Grundform der hochromanischen, dreischiffigen Pfeilerbasilika, deren Arkaden im 18. Jh. umgestaltet wurden. Die Gotik hat sich im Chor und den Gewölben der Seitenschiffe überliefert. Stuckaturen und Altäre stammen aus dem 17. und 18. Jh. Die illusionistischen Deckenbilder von 1745 – ein Werk des Münchner Hofmalers Johannes Zick – zeigen Szenen aus dem Leben des Ordensgründers Norbert von Xanten.

Die Region rings um das heutige Bad Schussenried war schon in vorgeschichtlicher Zeit besiedelt. Funde aus der Altsteinzeit machte man hier schon im 19. Jh.; außerdem gibt es in der Gegend Hinweise auf jungsteinzeitliche Pfahldörfer, die in dem sumpfigen Gelände standen.

Im Ortsteil Kürnbach sind im Oberschwäbischen Museumsdorf 31 alte Bauernhöfe versammelt.

❸ Ein großes Waldgebiet umgibt das Kurstädtchen **Bad Waldsee**, das seinen besonderen landschaftlichen Reiz zwei Seen verdankt, dem Stadtsee im Osten und dem kleineren Schlosssee im Westen. Der innerstädtische Stadtsee, ein Relikt der Würmeiszeit vor 16000 Jahren, wird für Sport- und Freizeitzwecke genutzt; u. a. gibt es hier ein Freibad, einen durchgehenden Uferweg und die dazugehörige Gastronomie.

Die ehemalige Augustiner-Chorherrenstiftskirche St. Peter aus dem 15. Jh. versah man im Zuge einer barocken Umgestaltung mit einer geschwungenen Westfassade. Der Hochaltar im stuckierten Innenraum lässt die Handschrift von Dominikus Zimmermann erkennen. Auch weltliche Macht hinterließ in Waldsee beachtenswerte Zeugnisse. Auffälligstes Bauwerk ist das Rathaus aus dem Jahr 1426 mit seinem aufwendig gestalteten Fassadengiebel. Ihm gegenüber steht der imposante Bau des

Wandern & Freizeit

Zwischen **Ochsenhausen** und **Warthausen** verkehrt eine »Öchsle« genannte Museumsbahn auf einer alten Strecke der württembergischen Schmalspurbahn. Die Fahrten mit historischen Dampf- und Dieselloks finden jeweils zwischen Mai und Oktober statt. Termine und Fahrpläne findet man im Internet *(www.oechsle-bahn.de)*.

In **Bad Waldsee** kreuzen sich gleich zwei historische Pilgerwege: Die Via Francigena führt nach Rom, der Jakobsweg ins spanische Santiago de Compostela. Spaziergänge auf den historischen Pfaden garantieren Vergnügen an der frischen Luft. Entsprechende Tipps erhält man bei der Kurverwaltung und Tourist-Information *(Ravensburger Straße 3, 88339 Bad Waldsee, www.bad-waldsee.de)*. Eine Besonderheit am Ort sind die Terrainkurwege: Wegstrecken, die zu therapeutischen Zwecken ausgewählt wurden und den Kreislauf trainieren. Zwei einfache Wege starten am Wohnmobilstellplatz und führen ins Tal des Urbachs; anspruchsvollere Strecken beginnen am Parkplatz Tannenbühl.

Vom 12. bis ins 19. Jh. wurde an der weitläufigen Burg- und Schlossanlage in Sigmaringen, hoch über der oberen Donau, gebaut.

Kornhauses aus dem frühen 15. Jh., heute der Sitz des Städtischen Museums. Westlich der Stiftskirche trifft man auf das Schloss der Fürsten Waldburg-Wolfegg, das im 16. Jh. als Wasserburg errichtet und im 18. Jh. erweitert wurde.

Zu den attraktiven Museen am Ort zählen das 2011 eröffnete Erwin-Hymer-Museum, das der Geschichte des mobilen Reisens gewidmet ist, und das Museum im Kornhaus, das Exponate zur Stadtgeschichte sowie zur Kunstgeschichte Oberschwabens vorweist. Brauchtum präsentiert das Fasnet- und Ölmühlemuseum.

4 **Ochsenhausen** verdankt seine Existenz der ehemaligen Benediktinerreichsabtei, die 1093 geweiht wurde und sich im Barock zu einem Zentrum von Wissenschaft und Kunst entwickelte. An die barockisierte Klosterkirche lagern sich die Reste eines gotischen Kreuzgangs und der Prälatur an. Im Süden und im Osten befinden sich Konventsgebäude, die im frühen 17. Jh. angelegt und im

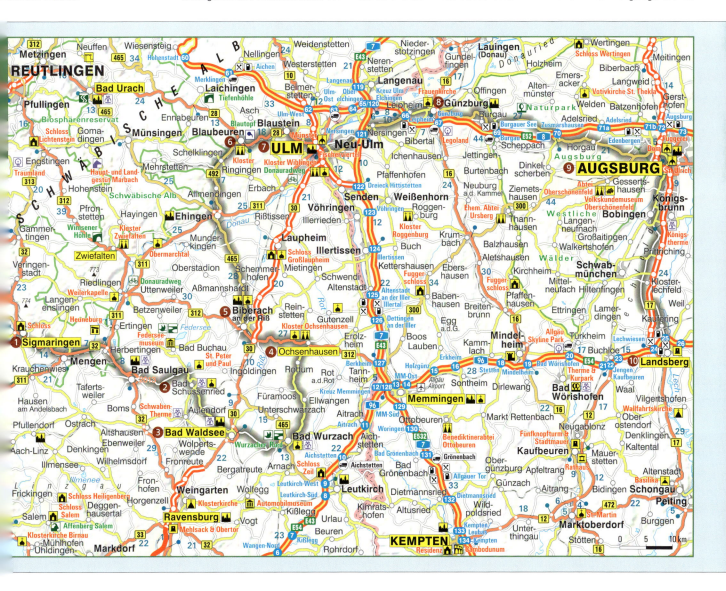

Ein Anblick wie aus alter Zeit: Abendstimmung mit Münster und Metzgerturm in Ulm an der Donau.

Im gotischen Ulmer Münster ertönt

Chorgestühl und Hochaltar gehören zu den Glanzstücken der Klosterkirche Blaubeuren.

18. Jh. ausgestaltet wurden. Der Große Bibliothekssaal atmet bereits den Geist des Klassizismus.

5 Am Kreuzungspunkt von Oberschwäbischer Barockstraße und Schwäbischer Dichterstraße liegt das lebendige Städtchen **Biberach an der Riß**. Mittelpunkt der einst wohlhabenden Tuchmacherstadt ist der Marktplatz. Ihn säumen Patrizierhäuser aus dem 15.–19. Jh. Hier erhebt sich auch die ursprünglich gotische Kirche St. Martin, die im 18. Jh. unter der Leitung von Johann Zick barock umgestaltet wurde. St. Martin ist der eher ungewöhnliche Fall einer Simultankirche: Schon seit 1548 und bis heute wird die Kirche von der katholischen und der evangelischen Gemeinde gemeinsam genutzt. Südlich der Kirche trifft man auf das Alte und das Neue Rathaus (das Alte stammt von 1432, das Neue von 1503). Als letztes Stadttor der mittelalterlichen Befestigung ist das Ulmer Tor aus dem 14. Jh. erhalten. Sehenswert ist zudem das Heilig-Geist-Spital aus dem 16. Jh.

Es beherbergt das Museum Biberach, in dem u. a. Arbeiten der Münchner Tiermaler Anton Braith und Christian Mali ausgestellt sind.

Dem Dichter Christoph Martin Wieland (1733–1813), der in der Nähe von Biberach geboren wurde, in der Stadt aufwuchs und zeitweise hier und später in Weimar lebte, ist ein weiteres Museum gewidmet. Wieland war einer der bedeutendsten deutschen Schriftsteller des 18. Jh.; große Verdienste erwarb er sich u.a. als erster Übersetzer der Werke William Shakespeares ins Deutsche. Das Wieland-Museum im ehemaligen Gartenhaus erinnert an den berühmten Sohn der Stadt.

6 Nahe dem Blautopf – einer 21 m tiefen, bläulich schimmernden Karstquelle, in der einst der Sage nach die schöne Nixe Lau gewohnt haben soll – wurde im 11. Jh. das Benediktinerkloster **Blaubeuren** gegründet.Die ehemalige Klosterkirche aus dem 15. Jh. ist ein Werk des Baumeisters Peter von Koblenz. Der einschiffige gotische Innenraum wird durch einen Zentralturm auf der Höhe der Vierung vom Chor getrennt. Weiter sind der geschnitzte und mit Relieftafeln versehene Hochaltar sowie das Chorgestühl von Jörg Syrlin d. J. sehenswert.

Die mittelalterlichen Klostergebäude, die in der Nähe des Blautopfs liegen, werden heutzutage als Schulgebäude genutzt.

7 Vom höchsten Kirchturm der Welt aus überblickt man **Ulm** und alles um **Ulm** herum. Der 161 m hohe Turm des Münsters ist das Wahrzeichen des ehemaligen Handelszentrums an der Donau. Das wohl bedeutendste Kunstwerk im Münster (1377–1529, im 19. Jh. ausgebaut) ist das Chorgestühl von Jörg Syrlin d. Ä. Von der großen mittelalterlichen Altstadt Ulms ging ein großer Teil bei Bombenangriffen im Zweiten Weltkrieg verloren; nur ein Teil der Bausubstanz konnte rekonstruiert werden.

Am Marktplatz steht das gotische Rathaus mit dem Fischkasten, dem ältesten Ulmer Brunnen, einem weiteren Werk Syrlins. Das Fischer- und Gerberviertel vermittelt mit zahlreichen Fachwerkbauten einen Eindruck vom früheren Gesicht der Stadt.

Weitere Sehenswürdigkeiten sind das Ulmer Museum mit einer Sammlung oberschwäbischer Kunst sowie das Museum der Brotkultur, das sich Brot und Backen zum Thema gewählt hat. Das Donauschwäbische Zentralmuseum führt das Schicksal der Donauschwaben vor Augen, schwäbischer Siedler, die im 18. und 19. Jh. nach Ungarn auswanderten. Liebhaber barocker Kunst besuchen das i[n] der Nähe von Ulm schön gelegen

eine Orgel aus den 1960er-Jahren.

Im Hintergrund des Augsburger Herkulesbrunnens von 1602 erhebt sich die Kirche St. Ulrich und Afra.

Benediktinerstift Wiblingen mit seiner prachtvollen Bibliothek.

8 **Günzburg** liegt bereits in Bayerisch-Schwaben. Die Hauptattraktion der Stadt an der Mündung der Günz ist die erhöht stehende Frauenkirche (1740) von Dominikus Zimmermann. Der schlicht wirkende Außenbau umschließt einen von Licht durchfluteten Saal. Freskomalereien und farbig gefasste Stuckaturen schmücken den beeindruckenden Raum.
Schloss Reisensburg in der Nähe von ünzburg ist heute ein Wissenschaftszentrum der Universität Ulm. Eine Familienattraktion, die überregional Zuspruch findet, wurde 2002 eröffnet: Legoland ein Freizeitpark der Spielzeugfirma Lego.

9 Eine mehr als 2000-jährige Gechichte hat in **Augsburg** ihre Spuren interlassen. Das ehemalige römische eerlager erhielt 121 als Augusta indelicorum Stadtrecht. Im Mittelaler war es eine bedeutende Handelstadt, die vom 15.–17. Jh. eine wirtchaftliche und kulturelle Blütezeit rlebte.
uf einem Rundgang durch die Stadt assiert man prächtige Bürgerhäuser, löster und Kirchen. Neben dem 615–1620 von Elias Holl errichteten athaus, einem imposanten Prachtau der Renaissance, erhebt sich der erlachturm. Der 70 m hohe Turm us dem 10. Jh. diente einst als Wachturm. Seine letzte Umgestaltung erhielt er Anfang des 17. Jh. durch Elias Holl, als dieser das Rathaus baute: Im Zuge dieses Projekts wurde das Erscheinungsbild des Turmes an den Renaissancestil des neuen Rathauses angepasst, sodass beide bis heute wie ein einheitliches Ensemble wirken.
Im Dom Unserer Lieben Frau aus dem 9.–14. Jh. werden zahlreiche Kunstschätze aufbewahrt. Eine Bronzetür aus dem 11. Jh. öffnet den Weg ins südliche Seitenschiff. In der Hochwand des Langhauses fällt Licht durch die fünf monumentalen Prophetenfenster aus dem 12. Jh. Tafelbilder von Hans Holbein d. Ä. schmücken die östlichen Langhauspfeiler.
Mit der Fuggerei, einer noch bewohnten Siedlung für einstmals schuldlos verarmte Bürger, hat die Familie Fugger 1516 der Welt die erste Sozialbausiedlung geschenkt. Die 67 Häuser der Fuggerei sind bis heute bewohnt; unterhalten werden sie immer noch aus dem Stiftungsvermögen der Fugger.
Weiterhin sehenswert sind die Kirchen St. Ulrich und Afra sowie St. Anna mit der Fuggerkapelle, das Zeughaus von Elias Holl, das Schaezlerpalais und der vor dem Schaezlerpalais gelegene Herkulesbrunnen von Adriaen de Vries, einer der Augsburger Prachtbrunnen. Die Besucher begeistert die Augsburger Puppenkiste.

10 Der Salzhandel brachte der malerisch am rechten Lechufer gelegenen Stadt **Landsberg** wirtschaftliche Prosperität. Davon zeugen Gebäude vom 15. Jh. wie das spätgotische Bayertor mit seiner in den 1970er-Jahren wieder hergestellten farbigen Fassade und das im 16. Jh. von Elias Holl erweiterte Jesuitenkolleg. Der überregional bekannte Baumeister und Stuckateur Dominikus Zimmermann (1685–1766), der hier Bürgermeister und Ratsherr war, prägte entscheidend das Stadtbild. Nach seinen Plänen entstand im Jahr 1700 das Rathaus; er zeichnet zudem für zahlreiche Kirchenneu- und Umbauten verantwortlich.

Wandern & Freizeit

Eine einfache Wanderung führt in **Bad Waldsee** rund um den innerörtlichen Stadtsee. Um den etwa 1,6 km langen Rundkurs ein wenig aufzuwerten, hat die Gemeinde die Strecke in einen »Aktiv-Weg« umgewandelt und diverse Attraktionen am Wegesrand installiert, beispielsweise Spielgeräte für Kinder, Wassertretbecken für Freunde der Kneippkur, Fitnessgeräte und einen Barfußpfad.

Beim Schwäbischen Handwerkermuseum am Roten Tor in **Augsburg** startet man zu einem interessanten thematischen Spaziergang auf dem sogenannten Handwerkerweg. Er führt die Besucher zu alten Werkstätten, die durch ein verzweigtes Kanalsystem mit Wasser versorgt wurden. 20 verschiedene Handwerke sind vertreten, darunter Putzmacher, Brauer, Gerber, Töpfer. Ziel ist das Wertachbrucker Tor im Norden der Stadt.

Parallel zur 19 km langen Strecke der historischen **Öchsle-Bahnlinie** zwischen Ochsenhausen und Warthausen verlaufen gut ausgebaute Wege, die für Radtouren geeignet sind.

Eine ausgeschilderte Etappe des Donauradwegs verbindet die sehenswerten Orte **Sigmaringen** und **Ulm** miteinander. Die Strecke führt von Sigmaringen über Grüningen, Munderkingen und Erbach; sie ist 111 km lang und dauert etwa sieben bis acht Stunden. Von Ehingen kann man auch in einer nördlichen Schleife über Blaubeuren nach Ulm gelangen.

Das nördliche Oberbayern

Mittelalterlich gibt sich Ingolstadt. Vorbei an Neuburg an der Donau und Schrobenhausen führt die Tour über Altomünster mit dem Birgittinnenkloster und Schleißheim mit seinen drei Königsschlössern in die alte Bischofsstadt Freising.

Die beiden Türme des Ingolstädter Liebfrauenmünsters, einer spätgotischen Hallenkirche.

❶ **Ingolstadt** verschanzt sich hinter den dreifachen Mauern seiner mittelalterlichen Befestigungsanlage mit dem Heilig-Kreuz-Tor. Von hier aus wurde die bayerische Landesgeschichte maßgeblich mitbestimmt, da die Stadt bereits seit 1472 eine Universität besaß. Besonders deren medizinische Fakultät war für ihre Forschungsarbeit berühmt. 1973 wurde das Deutsche Medizinhistorische Museum im ehemaligen anatomischen Theater eröffnet. Gezeigt werden Gegenstände zur Geschichte der Medizin aus verschiedenen Zeitaltern und Kulturkreisen.

Das Münster, im 15. Jh. von Herzog Ludwig dem Gebarteten errichtet, wird auch »Festung Gottes« genannt. Schon von Weitem sieht man seine mächtigen ziegelroten Türme. Mit seiner Befestigungsanlage, den Gräben, Türmen und Toren wirkt Ingolstadt beinahe wie ein Freilichtmuseum. Als herausragendes Bauwerk des Rokoko gilt die Kirche Maria de Victoria, die von den Brüdern Asam erbaut und ausgestattet wurde. Allein das Deckenbild umfasst eine Gesamtlänge von etwa 40 m, aber auch die Bilder an den Seitenwänden sind sehenswert. Auf dem Hochaltar symbolisieren vier Statuen die vier Fakultäten der Universität: Cosmas (Medizin), Thomas von Aquin (Theologie), Ivo (Rechte) und Katharina von Alexandrien (Philosophie).

Daneben ist die Stadt auch als Standort des Automobilkonzerns VW bekannt, der mit seinen Audi-Werken ein bedeutender Wirtschaftsfaktor ist und zahlreiche Arbeitsplätze geschaffen hat. Die Audi AG bietet eine große Zahl unterschiedlicher Erlebnisführungen an und dies nicht nur für die Abholer von Neuwagen. Für Kinder gibt es interessante Führungen, wie beispielsweise die Designwerkstatt »Wie sieht mein Traumauto aus?« oder »Woraus wird eigentlich ein Auto gemacht?« (*Audi Forum, Ettinger Straße, 85057 Ingolstadt, Tel. 0800/283 44 44*). Auch ein Besuch im museum mobile (*tgl. 9 bis 18 Uhr*), das die eindrucksvolle Geschichte der Marke Audi mit modernster Multimediatechnik präsentiert, ist empfehlenswert.

❷ **Neuburg** an der Donau teilt sich in zwei Hälften: Die Unterstadt mit ihren einfachen Bürgerhäusern gibt sich eher bescheiden, während die Oberstadt durch hochherrschaftliche Häuser und das Renaissanceschloss von monumentalem Zuschnitt besticht. Eine Brücke mit barocken Heiligenfiguren führt über die Donau zum trutzigen Renaissanceschloss. Der Schlossbau wurde entscheidend geprägt durch den Pfalzgrafen Ottheinrich, der ab 1527 durch Hans Knotz und Paul Beheim die Flügel errichten ließ. Man betritt das Schloss durch einen Torgang mit einem Renaissance-Tonnengewölbe, das Terrakotta-Bildnisse römischer Imperatoren zeigt. Von hier gelangt man in die Schlosskapelle, die ein für Bayern seltenes Beispiel eines Renaissance-Altars besitzt. In den Deckenfresken wird erstmals ein protestantisches Bildprogramm vorgetragen. Im Ostflügel des Schlosses ist ein Museum untergebracht.

Von der Zeit der Glaubensspaltung geprägt ist auch die Hofkirche, die durch den Pfalzgrafen Philipp Ludwig als protestantisches Gegenstück zu der kurz zuvor in München begonnenen St. Michaelskirche errichtet wurde. In ihr dominiert die gotische Tradition der Hallenkirchen, einzigartige qualitätsvolle Stuckaturen beherrschen den Raum.

Von diesen beiden markanten Bauwerken wird auch der kleine historische Ortskern geprägt, der durch seine Verwinkelungen und die ausgedehnte Kopfsteinbepflasterung an eine Spitzweg-Idylle erinnert. Ihren Höhepunkt erlebte die Stadt im 18. Jh., als sie an die Wittelsbacher fiel, die sie zu einem ihrer kulturellen Zentren machten. In der Flussniederung nördlich der Donau liegt im größten zusammenhängenden Auwaldgebiet Mitteleuropas das Jagdschloss Grünau, das ursprünglich als Wasserschloss (1530–1555) erbaut wurde, dessen Wassergräben aber längst verlandet sind. Im Schloss finden heute verschiedene kulturelle Veranstaltungen, Gartentage und alljährlich ein Weihnachtsmarkt statt

Das Schloss in Neuburg an der Donau wurde ab 1527 im Stil der Renaissance umgestaltet.

❸ In **Schrobenhausen** dreht sich alles um den Spargel. Im größten bayerischen Anbaugebiet dieses edlen Gemüses befindet sich folgerichtig das Spargelmuseum (*Am Hofgraben 1a, 86529 Schrobenhausen, Mai/Juni täglich 10–17 Uhr, Juli–April Mi, Sa und So 14–16 Uhr*). Hier erfährt man alles über Anbau, Zubereitung, Gerätschaften und kultische Bräuche. Von Anfang Mai bis zum 24. Juni zieht die Stadt Gourmets aus aller Welt an, die hier in den Genuss der weißen Stangen kommen.

Die kleine Stadt selbst erscheint auch heute noch vom Mittelalter geprägt und verbirgt sich hinter einem ovalen Wall mit fast vollständig erhaltenen Stadttürmen, Grabenstücken und Ringmauerteilen. Bei einem Rundgang erhält man ein gutes Bild mittelalterlicher Wehrbaukunst.

Das Deckengemälde »Incarnatio Dominica« in der Ingolstädter Asamkirche.

Das Audi Forum Ingolstadt präsentiert sich in moderner Architektur.

Schrobenhausen hat auch einen berühmten Sohn. Der Maler Franz Lenbach (1836–1904) wurde hier geboren. Sein Geburtshaus enthält frühe Bilder des Künstlers, der sich vor allem als Porträtmaler der höheren Gesellschaft einen Namen gemacht hat.

4 Die ehemalige Marktsiedlung **Aichach** besitzt einen quadratischen Grundriss. Im 13. Jh. war sie eine beliebte Raststätte für den durchziehenden Fernhandel. Bereits im 12. Jh. wurde hier eine Burg errichtet, die jedoch 1722 abgerissen und nicht wieder aufgebaut wurde. Von der einstigen Stadtmauer blieben lediglich die zwei massiven Stadttore von 1418 erhalten. Die Gemeinde Aichach bietet einen schönen Spaziergang zur Erkundung der Altstadt an (*Informationen unter www.aichach.de*). Der 1,5 km lange Mauerweg, der in ca. 30 Minuten zu bewältigen ist, beginnt und endet am Tandlmarkt. In der Spitalkirche Hl. Geist befindet sich eine Gedenktafel an die Stadtbefestigungsarbeiten unter Herzog Ludwig dem Gebarteten. Der spätgo-

Wandern & Freizeit

Der **Donauradweg**, der von der Quelle bis zur Mündung der Donau in das Schwarze Meer führt, gehört wohl zu den beliebtesten Radfernwegen Deutschlands. Eine kleine Strecke entlang der Donau bietet sich bei dieser rund 32 km langen Radtour von Ingolstadt zum Schloss Grünau bei Neuburg an. Im Südwesten Ingolstadts beginnt die leichte und für Familien geeignete Tour am Baggersee und führt am Donauufer zunächst in Richtung von Irgertsheim/Bergheim. Dann wird die Donau überquert und man gelangt zum Schloss Grünau. Im Anschluss geht es wieder entlang der Donau auf der anderen Flussseite zurück zum Ausgangspunkt.

Eine landschaftlich schöne Famili-n-Radtour, die aber durchaus auch Vanderer mit guter Kondition an inem Tag zu Fuß bewältigen kön-en, führt vom Bahnhof in **Aichach** ntlang des knapp 37 km langen aartalwanderweges flussabwärts bis ut Schenkenau bei Hohenwart. Der adweg ist gut ausgeschildert und ahlreiche Informationstafeln weisen uf lohnenswerte Abstecher hin oder formieren über den Fluss Paar, über aturschutzmaßnahmen und über henswerte Orte.

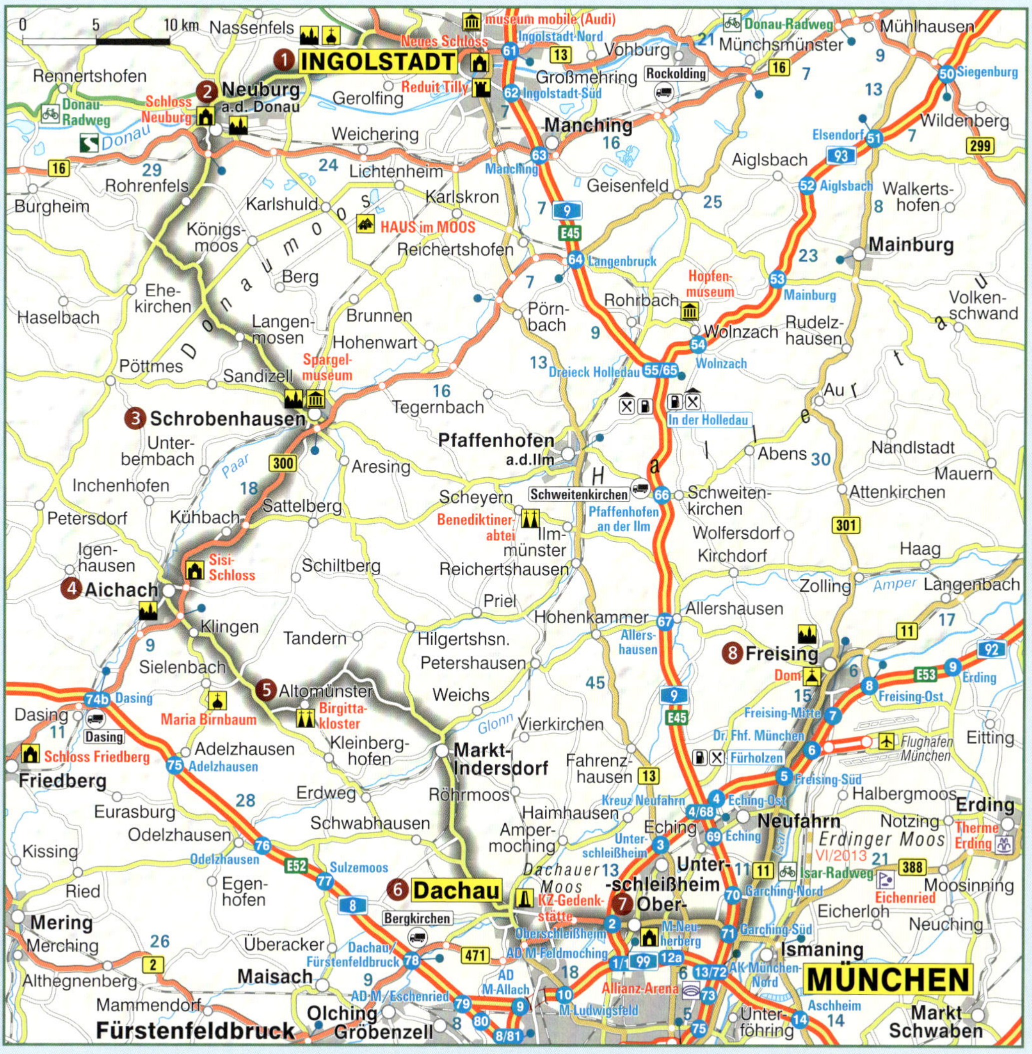

Die Gemäldegalerie im Neuen Schloss Schleißheim besitzt bemerkenswerte Meisterwerke der europäischen Barockmalerei.

tische Bau aus der Mitte des 15. Jh. besitzt eine sehenswerte Fassade. Nahe der früheren Burgsiedlung erhebt sich die Stadtpfarrkirche St. Maria, deren Hochaltar Gemälde aus dem späten 18. Jh. vom Inchenhofer Maler Ignaz Baldauf schmücken.

5 Die Kirche des Birgittinnenklosters in **Altomünster** ist der einzige deutsche Konventssitz dieses Ordens der schwedischen Heiligen, die von 1303 bis 1373 lebte. Das Gotteshaus überragt den Ort und ist nur durch einen Treppenaufgang zugänglich. Es wurde stufenförmig aufgebaut: Oben befindet sich der Chor, darunter das Schiff und nochmals ein Stück weiter unten die Vorhalle. Die Kuppelfresken im Innenraum zeigen dem Eintretenden die Übergabe des Klosters durch Georg den Reichen an die Birgittinnen. Besonders bemerkenswert sind im Hauptraum die beiden Altäre von Johann Baptist Straub, die an Altäre der Gebrüder Asam erinnern. Johann Michael Fischer zeichnet für diesen altbayerischen Spätbarockbau verantwortlich.

6 Die auf dem Hochufer der Amper gelegene Stadt **Dachau** wird weltweit leider zunächst nur mit dem nationalsozialistischen Terrorregime in Verbindung gebracht. Jahr für Jahr besichtigen Abertausende die KZ-Gedenkstätte, hinter deren Wachtürmen und hohen Mauern das Grauen noch heute fast körperlich spürbar ist. Im Museum im ehemaligen Wirtschaftsgebäude finden sich erschütternde Zeugnisse der Gräueltaten dieser wohl schwärzesten Epoche der deutschen Geschichte. Auch das Bußkloster und ein Denkmal für die Opfer auf dem Leitenberg halten die Erinnerungen an das Leid der hier Inhaftierten wach.

Außer einer sorgfältig restaurierten Altstadt besitzt Dachau noch ein Schloss, das sich Kurfürst Max Emanuel zur prächtig-barocken Sommerresidenz umgestalten ließ. Der dort als Sohn des Hofgärtners geborene Joseph Effner gab dem Bau im Jahr 1715 seine heutige Gestalt. Besonders sehenswert ist das prunkvoll gestaltete Treppenhaus, das hinaus zum Festsaal mit seiner Holz-Kassettendecke im Renaissancestil führt. Vom Schloss bietet sich an klaren Tagen ein fantastischer Ausblick bis zu den Alpen. Zahlreiche Künstler, darunter auch Carl Spitzweg und Wassily Kandinsky schätzten die beschauliche Stadt und die Natur des Dachauer Mooses. Die Amperauen bieten schöne Wandermöglichkeiten und sind ein wahres Vogelparadies.

7 **Schleißheim** hat gleich drei Schlösser zu bieten. Das »Neue Schloss« ist ein Gemeinschaftswerk der wohl berühmtesten Künstler jener Zeit: Ignaz Günther, Cosmas Damian Asam, Johann Baptist Zimmermann und Georg Baader. Es wird wegen seiner prunkvollen Ausstattung oft das »Münchner Versailles« genannt und ist Schauplatz der all jährlich stattfindenden Schleißheimer Sommerkonzerte. Das pompöse zweiläufige Treppenhaus wurde ers 1847–1848 unter König Ludwig vollendet.

Am Ende des französischen Garten steht das »Schloss Lustheim«, da heute ein interessantes Porzellanmuseum beherbergt.

Das »Alte Schloss« wurde ursprünglich als Alterssitz für Wilhelm V. er baut. Heute ist hier ein moderne Museumsbau mit Ausstellungsräumen des Bayerischen Nationalmuseums untergebracht, darunter ei Raum für Gobelins, die Max Emanuel als Statthalter der Niederlande au flämischen Manufakturen erwarb.

Auf dem Flugplatz Oberschleißheim zeigt das Deutsche Museum eine Teil seiner Luftfahrtsammlung. Ve schiedenste Flugapparate – von Li enthal bis zur Phantom – werden a diesem geschichtstächtigen Ort g zeigt. 1912 wurde hier Deutschland

Das Neue Schloss Schleißheim ist ein prächtiger Barockbau.

Freising: Der prächtig ausgeschmückte Innenraum des Doms St. Maria und St. Korbinian.

Die Dombibliothek Freising zählt zu den größten kirchlichen Bibliotheken Deutschlands.

ältester Flughafen als Basis für die Königlich Bayerische Fliegergruppe gebaut. Die historische Werfthalle wurde restauriert und eine moderne Ausstellungshalle ergänzt (*www.deutsches-museum.de/flugwerft, täglich 9 bis 17 Uhr*).

8 Die alte Bischofsstadt **Freising** besitzt eine reiche und interessante Vergangenheit. Auf dem Domberg thront der romanische Dom St. Maria und St. Korbinian mit zwei weißen Türmen von 1160–1205. Er ist der älteste Ziegelbau nördlich der Alpen und zugleich das Wahrzeichen der Stadt. Von hier aus nahm die Christianisierung Bayerns durch den hl. Korbinian ihren Anfang. In der romanischen Krypta befindet sich die mit Reliefs überzogene »Bestiensäule«, deren ornamentierte und mit figürlichen Darstellungen verzierte Kapitelle besondere Beachtung verdienen. Im Kloster Weihenstephan wurde 1040 die älteste Brauerei der Welt gegründet. Noch wird hier die Kunst des Brauwesens gelehrt.
Sehenswert sind auch das Bischofsschloss auf den Fundamenten der agilolfingischen Anlage mit den ältesten Renaissance-Arkaden Deutschlands. Die Klosterkirche Neustift wurde von Johann Baptist Zimmermann und Franz Xaver Feichtmayr farbig ausgestaltet und besitzt einen Hochaltar von Ignaz Günther. Die größte Sammlung kirchlicher Kunstwerke in Deutschland ist im Diözesanmuseum zu bestaunen. Weitere interessante Bauwerke sind die Maximilianskapelle von 1710, die Johanneskirche aus dem 14. Jh. und der Philippsbau des Donaugymnasiums aus dem 16. Jh.

Das »Internationale Mahnmal« von Nandor Glid in der KZ-Gedenkstätte Dachau.

Wandern & Freizeit

Lustratio cum Birgitta, oder, Wandern mit der heiligen Birgitta rund um **Altomünster**, ist eine schöne Wanderung bei Altomünster. Die einfache 5 km lange Stecke beginnt am Marktbrunnen, führt weiter über den Kalvarienberg, Erlach und Breienau und wieder zurück zum Ausgangspunkt. Unterwegs bieten Informationstafeln Wissenswertes über das Leben und Wirken der Heiligen Birgitta. Die Strecke ist mit grünen Pfeilen gekennzeichnet. Unterwegs laden Ruhebänke zur Rast und Besinnung ein.

Von der **Dachauer** Altstadt führt ein schöner Weg am Nordufer der Amper entlang. Auf der Höhe von Günding erreicht man den Auenwald, dessen Uferwege zurück zur Stadt geleiten.

Vor den Toren **Freisings** liegt der **Münchener Großflughafen** »Franz Josef Strauß«, einer der modernsten Flughäfen Europas. Im Jahr 2012 haben 38,4 Millionen Fluggäste den Münchner Flughafen als Start- oder Landeplatz ihrer Flugreise genutzt und die Zahl der Fluggäste steigt kontinuirlich weiter an. Wer die gewaltige Anlage nur besichtigen will, kann sich einer 50 Minuten dauernden Flughafenrundfahrt (*Mo–Fr 14.30, Sa, So und Feiertage 11.30 und 16 Uhr, Informationen unter www.munich-airport.de*) anschließen oder den Besucherpark nutzen. Auf dem Gelände stehen drei Flugzeugoldtimer. Die Ju 52 und die Super Constellation können sogar innen besichtigt werden. Und für 1 Euro am Drehkreuz kann der Besucherhügel bestiegen werden, der rund um die Uhr hautnahe Erlebnisse garantiert.

Durch die **Isarauen** und teilweise dichten Auwald führt eine reizvolle Radtour in die älteste Stadt an der Isar, nach **Freising**. Man kann die Tour auch in München starten; dann beträgt die einfache Stecke ab Isartor 37 km. Die hier beschriebene rund 24 km lange Tour (einfache Stecke) beginnt in Ismaning, das gut mit der S-Bahn zu erreichen ist. Der wenig anstrengende Weg ohne Verkehrsbelastung führt entlang des Ostufers der Isar. Nach einer Besichtigung Freisings kann man auf gleicher Stecke oder entlang des Westufers zurückfahren. Wer müde ist, kann die S-Bahn für die Rückfahrt nutzen.

Braunbären im Tierfreigehege bei Neuschönau.

Der Bayerische Wald

»Waldwoge steht hinter Waldwoge, bis eine die letzte ist und den Himmel schneidet ...« – so hat der österreichische Schriftsteller Adalbert Stifter den »Woid« kurz und treffend beschrieben. Hier entstand 1970 der erste deutsche Nationalpark.

»Woid« bedeutet in der Mundart der Einheimischen schlicht und einfach nur »Wald«. Was zeigt, dass in dem Gebirge, das sich rund 100 km weit an der Grenze zwischen Bayern und Böhmen entlangzieht, mehr als in jedem anderen Gebirge auf bayerischem Boden, dichte Wälder den Landschaftscharakter bestimmen. Der Bayerische Wald, die Wahlheimat Stifters, ist das größte zusammenhängende Waldgebiet im Freistaat und eines der größten in Mitteleuropa überhaupt. Es gipfelt im Großen Arber und im Großen Rachel (beide rund 1450 m hoch) und geht jenseits der Grenze nahtlos in den Böhmerwald über. Beide Waldgebiete stehen unter strengem Naturschutz, auf bayerischer Seite unter anderem im Nationalpark Bayerischer Wald, Deutschlands erstem Nationalpark.

Außer dem Waldkleid gibt es über die Grenzen hinweg manche Gemeinsamkeiten, etwa im Klima, das hier wie dort sprichwörtlich winterkalt und zur Freude der Wintersportler ausgesprochen schneereich ist. Oder im geologischen Aufbau, bei dem die uralten Gesteine der Böhmischen Masse wie verschiedene Granite und Gneise hervortreten. Sie bilden die malerischen Felsklippen auf den Gipfeln und die ausgedehnten Blockhalden an den Bergflanken, in denen sich die kräftige Frostverwitterung im Eiszeitalter widerspiegelt. Eiszeitliche Gletscherzungen haben auch die nischenartigen Geländemulden geschaffen, die nach dem Eisrückzug zu idyllischen Seen wie den Arberseen wurden oder heute von Mooren gefüllt werden. Der klein räumige Wechsel von Feuchtgebie ten und Felspartien, verbunden mi den Höhenunterschieden von insge samt deutlich über 1000 m ist idea für eine vielfältige Pflanzenwelt, i der wiederum Waldpflanzen führen de Ränge einnehmen; hohe Bäume wie Buchen, in den unteren sowi Fichten und Tannen in den obere Gebirgslagen. Hinzu gesellen sich i den Wäldern, die zumindest in de Kernzonen der Nationalparks wiede

Die Luchse sind über den tschechischen Nationalpark Šumava eingewandert.

Wölfe im Wolfsgehege des Nationalparks.

auf dem besten Weg zurück zu Urwäldern sind, botanische Raritäten wie der Siebenstern, ein Gewächs arktischer Nadelwälder, oder die Mondviole, ein Silberblatt, das schattige Schluchtwälder bevorzugt. Viele seltene Tierarten sind in den Naturreservaten erhalten geblieben oder wurden dort wieder mit Erfolg angesiedelt, beispielsweise der Luchs und der Biber, das Auerhuhn und der Wanderfalke, der auf den Granitklippen nistet. Bei anderen Arten, etwa dem Rothirsch und dem Schwarzwild, wären hingegen kleinere Bestände wünschenswert, denn sie richten in der Waldlandschaft enorme »Flurschäden« an. Dabei darf nicht vergessen werden, dass der natürliche Feind des Waldes nicht das Wild, sondern der Mensch ist. In den letzten Jahrzehnten vor allem durch die Luftverschmutzung (von beiden Seiten der Grenze her), früher durch die Abholzung der Wälder für die Glashütten.

Großes Bild oben: Kantige Granitfelsbrocken am Gipfel des Lusen.

Urwald: Mächtige Wurzeln überwuchern Felsblöcke.

Von Regen nach Freyung durch den Bayerischen Wald

Die etwa 150 km lange Tour führt von Regen entlang der Ostmarkstraße nach Viechtach, wo sich die Pfahlhochstraße und der Bayerweg kreuzen. Über Cham und Furth im Wald geht es zum Großen Arber (1456 m) und weiter nach Zwiesel. Grafenau oder Freyung sind jeweils gute Ausgangspunkte für einen Besuch des Nationalparks Bayerischer Wald.

Durch das wuchtige Biertor führt der Weg hinein nach Cham, daneben grüßt Nepomuk.

1 **Regen**, die alte Rodungssiedlung am Schwarzen Regen, von Benediktinermönchen aus dem nahen Rinchnach gegründet, liegt im Naturschutzgebiet »Pfahl«. Sehenswert sind der Stadtplatz, die Pfarrkirche St. Michael und das Gotteshaus St. Johannes, die sich nach mehreren Bränden im Stil des 18. und 19. Jh. zeigen. Die Eisenbahnbrücke über die Schlossauer Ohe ist ein Industriedenkmal von 1876/1877.

Besonders sehenswert ist die Benediktinerpropstei Rinchnach südlich von Regen, die aus einer um 1011 gegründeten Einsiedelei hervorging. Johann Michael Fischer gestaltete den Barockbau der heutigen Pfarrkirche St. Johannes Baptist.

Ebenfalls südlich von Regen bietet sich von der auf dem Quarzpfahl thronenden Burgruine Weißenstein eine grandiose Aussicht hinüber zum Bayerischen Wald.

2 Als ehedem wichtiger Verkehrsknotenpunkt und Handelsplatz verfügt der Luftkurort **Viechtach** im Naturpark Bayerischer Wald über einen prächtigen barocken Stadtplatz mit der Rokoko-Pfarrkirche St. Augustin. Das Kristallmuseum im Zentrum, die »Gläserne Scheune« in Rauhbühl, das geologische Naturdenkmal »Großer Pfahl« oder der Höllensteinstausee sind weitere Anziehungspunkte.

3 Die Stadtpfarrkirche St. Jakob (13. Jh.) ist der Mittelpunkt von **Cham**, der ältesten Stadt im Bayerischen Wald. Auch der mittelalterliche Straubinger Turm und das Burgtor sind noch gut erhalten. 1722 wurde hier Nikolaus Luckner geboren, der es vom kurbayerischen Kadetten bis zum Kommandeur der Rheinarmee in den Diensten der Krone Frankreichs brachte. Ihm zu Ehren entstand die »Marseillaise«.

Chammünster, 3 km östlich von Cham gelegen, war eine der ersten Klostergründungen der Benediktiner in Bayern (um 740), um die Kolonisierung im »Nordwald« voranzutreiben. Die ehemalige Abteikirche birgt Kunstschätze, die vom 13. Jh. bis ins Spätrokoko datieren.

4 Was Hussiten und Schweden im einst strategisch wichtigen Grenzort zu Böhmen, **Furth im Wald**, nicht zerstörten, das vernichtete der Stadtbrand von 1863. Dennoch lohnt die restaurierte Altstadt mit der barocken Stadtkirche einen Besuch.

An die Bedrängnis der Hussitenkriege erinnert das Spektakel »Der Drachenstich«. In der Drachenhöhle am Festplatz ist das vollhydraulische Monster »Tradinno«, das im Jahr 2010 mit einer Länge von über 15 m und einer Flügelspannweite von 12 m erneuert wurde, von April bis Oktober (*Di–So 10.30–16 Uhr; www.further-drache.de)* zu bestaunen. Der neue Drache gilt zurzeit als größter Vierbeiniger-Schreitroboter von der Welt. Für diesen Rekord sorgen u. a. 50 hydraulische , 10 pneumatische und weitere 10 elektrische Antriebe sowie 65 bewegliche Achsen.

5 Um das Gnadenbild der geschnitzten böhmischen Muttergottes des 500-jährigen Wallfahrtsziels **Neukirchen** beim Heiligen Blut rankt sich die Legende, der Schwerthieb eines Bilder stürmenden Hussiten habe frisches Blut aus der Kerbe am Madonnenkopf fließen lassen.

Auf dem Weg zum Nationalpark Bayerischer Wald liegt Bayerisch Eisen-

Beim Further Drachenstich-Spektakel, das alljährlich im August die Massen anzieht, tötet Ritter Udo den furchteinflößenden Drachen.

Wandern & Freizeit

Eine schöne, rund dreistündige Wanderung führt vom Parkplatz des **Großen Arbersees** hinauf zum König des Bayerwaldes, zum **Großen Arber** (1456 m). Es lohnt sich, den idyllischen Großen Arbersee einmal gemütlich zu umrunden und vielleicht eine Bootstour zu unternehmen, bevor es über Forstwege und schließlich sprichwörtlich über Stock und Stein stetig bergauf zum Gipfel geht. Dann ist der Gipfel erreicht, der, nicht unbedingt schön, von zwei Gebäuden bekrönt ist, die noch Relikte aus der Zeit des Kalten Krieges sind. Von diesen ehemaligen Radarstationen aus wurde der Flugverkehr in Richtung Osten überwacht. Im Arberschutzhaus ist eine Einkehr möglich. Wer will kann hier auch übernachten. Im Gipfelbereich bietet sich schöne Panoramaausblicke und vom Seeriegelgipfel ist sogar der gerade besuchte Arbersee auszumachen.

Den Abstieg kann man auch kürzer gestalten, indem man mit dem Sessellift bequem hinab ins Tal fährt und sich mit dem Bus zum Ausgangspunkt am Großen Arbersee bringen lässt.

Prächtiger Innenraum der Wallfahrtskirche Neukirchen beim Heiligen Blut im Bayerwald.

Stukkaturen der Wessobrunner Schule zieren die Rokokokirche St. Augustin in Viechtach.

stein. Der Grenzübergang zur tschechischen Republik bietet sich als idealer Ausgangspunkt für einen Aufstieg oder eine Sesselbahnfahrt ins Arbermassiv an.

Als »König« oder »Montblanc des Bayerwaldes« ist er schon tituliert worden, der Große Arber mit seinen 1456 m Höhe das lohnende Ziel diverser Wanderrouten. Von ihm aus genießt man einen herrlichen Rundblick über das Waldmeer mit den beiden Arberseen und an klaren Sonnentagen eine Aussicht vom Erzgebirge bis zu den 200 km entfernten Alpengipfeln. Wer den Arber im Winter besucht, wird Zeuge eines fantastischen Naturschauspiels: Vereiste Gestalten bestimmen weit und breit die Szenerie. Der vorherrschende Ostwind bläst den Schnee und die Eiskristalle in die Fichten. Schnell entstehen dann die hier Arbermandl genannten bizarren Figuren.

6 Am Südhang des Arber liegt **Bodenmais**. Der älteste Bergwerksort im Wald lebte bis fast in unsere Tage

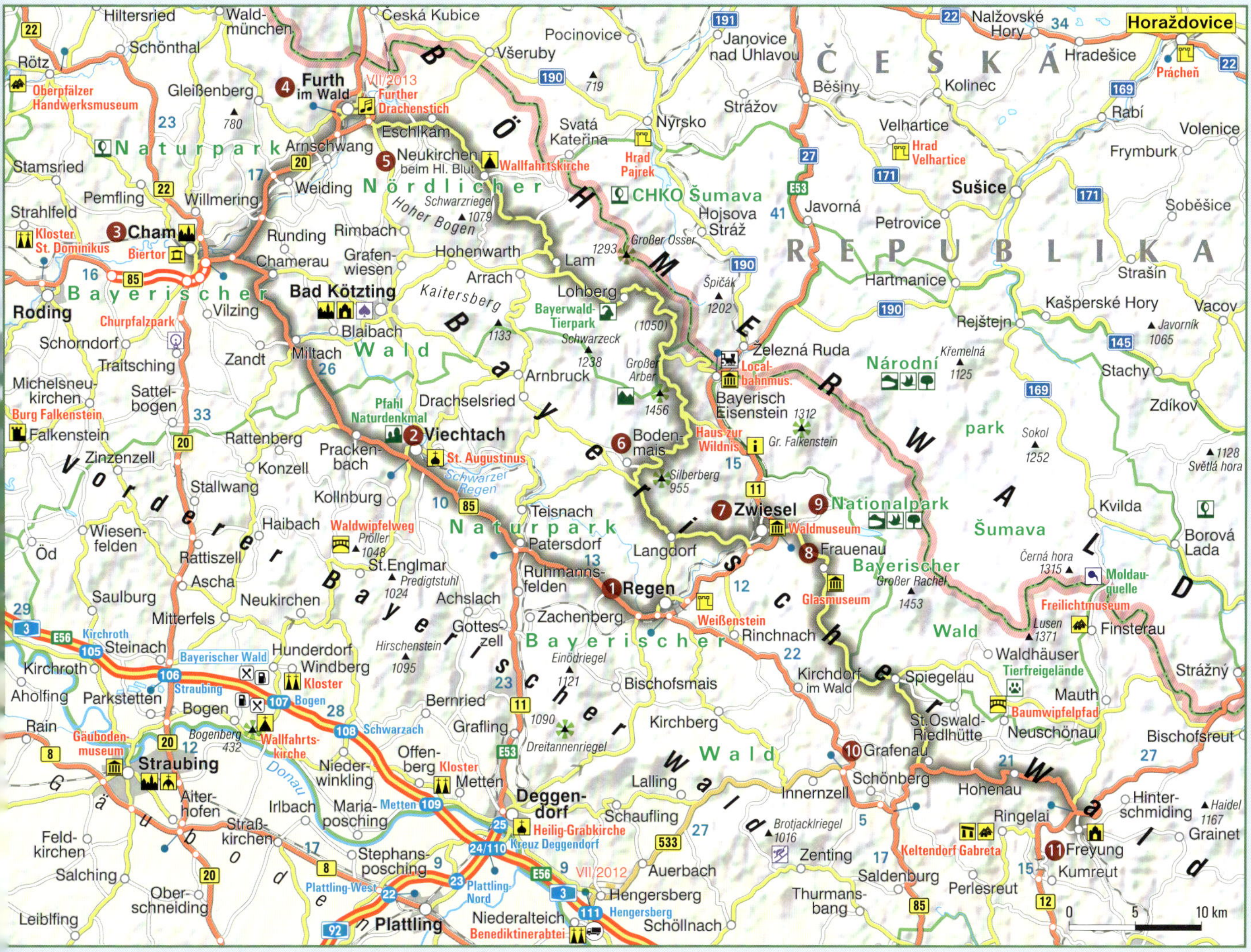

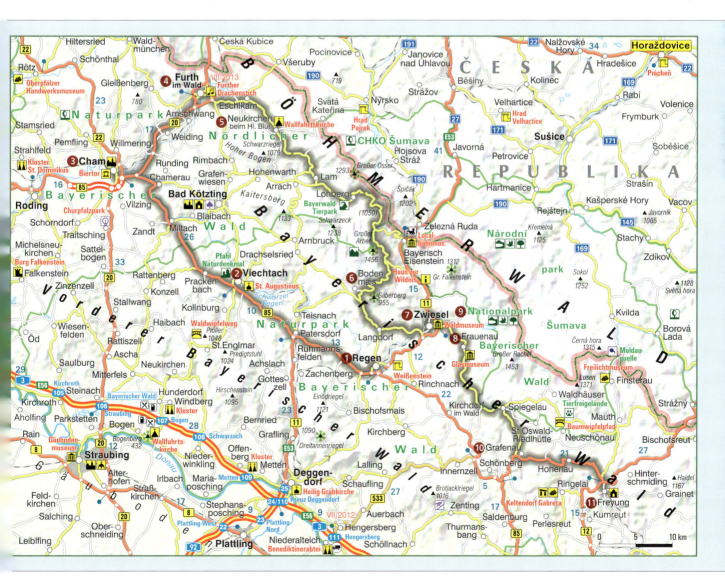

Vom Silberberg (955 m) aus liegt der beliebte Luftkurort Bodenmais Wanderern zu Füßen. Im Winter lockt das Skigebiet am nahen Großen Arber die Aktivurlauber an.

vom Abbau des Erzes am Silberberg, das in den umliegenden Hütten und Eisenhämmern verarbeitet wurde. Einen Einblick in die Arbeit der Knappen bietet das Besucherbergwerk.

7 Einer der Hauptorte am »Goldenen Steig«, die Glasmetropole **Zwiesel** am Zusammenfluss von Großem und Kleinem Regen, verdankt die Existenz seiner Glashütten dem Waldreichtum und den Quarzvorkommen des Hinterlandes.
Kostbarkeiten dieser 500 Jahre alten Glaskultur lassen sich im Waldmuseum bewundern. Die Herstellung aktueller Glasprodukte kann man in Glashütten besichtigen und im Werksverkauf erwerben.

8 Auch im alten Glasmacherort **Frauenau** lassen sich diverse Glashütten, -schleifereien und Hinterglasmalereien besichtigen. Besonders schöne Stücke der Glasbläser sind im Glasmuseum ausgestellt.
Schmale Pfade führen von hier aus bergabwärts zu den Bayerwald-Almen, den sogenannten Schachten, die ab dem 16. Jh. durch Brandrodung entstanden, sowie zu den Filzen, wie die Hochmoore auf 1000 m Höhe genannt werden. Der Erlebnisweg »Schachten und Filze« bei Frauenau ermöglicht im Rahmen einer Wanderung gute Einblicke.

9 Seit 1970 findet der Besucher im ersten deutschen Nationalpark, im **Nationalpark Bayerischer Wald** einen ausgedehnten Bergmischwald, Hochmoore, Granit- und Gneisfelsen, Almwiesen, Seen und Bäche sowie einen artenreichen heimischen Pflanzen- und Tierbestand. Der Wolf, Bär, Wisent, Luchs, Fischotter sowie eine Vielzahl an Greif- und Hühnervögeln gehören wieder dazu.
Die Nationalparkfläche, die zu über 98 % mit Wald bedeckt ist, wurde im Jahr 1997 auf insgesamt 243 km^2 erweitert.
200 km gut markierte, teils auch im Winter geräumte Wanderwege erschließen dem Besucher den Wald. Die Nationalparkverwaltung bietet ganzjährig eine Fülle jahreszeitlich wechselnder Führungen und Exkursionen zu den Naturschätzen an. Empfehlenswert ist die etwa dreistündige Informationswanderung durch das gesamte Tierfreigelände.
Vom Lusen (1373 m) aus kann man den Blick auf das größte zusammenhängende Waldgebiet Mitteleuropas bei Sonnenaufgang genießen oder die Hochlagenwälder mit einem Nationalpark-Waldführer erkunden. Bei einem Hüttenabend mit Musik und bayerischen Schmankerln klingt eine Abendwanderung im Lusenschutzhaus zünftig aus.
Ebenso verlockend für Naturfreunde ist das »Waldgeschichtliche Wandergebiet« mit seinen Schwellwerken oder Klausen am Resch- und Teufelsbach, mit deren Hilfe bis zum Bau der Eisenbahn Holz auf dem Wasserweg nach Passau getriftet wurde.
Bei Neuschönau befindet sich das Informationszentrum (Hans-Eisenmann-Haus), das mit sehenswerten Ausstellungen und Vorträgen sowie mit einem Tier- und einem Pflanzenfreigehege den Naturraum Bayerischer Wald darstellt.

Der Säumerbrunnen erinnert an Grafenaus Bedeutung beim Salzhandel im Mitelalter.

10 **Grafenau**, die alte Salzsäumerstadt am »Goldenen Steig«, war durch den Handel mit Salz reich geworden, das man ab Passau auf Pferden nach Böhmen transportierte. Obwohl die Gemeinde die älteste Stadt des Bayerischen Walds ist (Stadtrecht 1376) , sind historische Gebäude nur noch am Stadtplatz zu sehen. Zahlreiche Brände haben in Grafenau gewütet. Heute bietet der Luftkurort im Tal der Kleinen Ohe als wichtigstes Ausflugsziel den Nationalpark Bayerischer Wald.

11 Das am höchsten gelegene Städtchen im Bayerischen Wald, **Freyung** entstand als Rodungssiedlung zu Füßen der strategisch wichtigen Burganlage Wolfstein, die dem Schutz des Reisenden am Goldenen Steig dienen sollte. Der Ort, dessen Zentrum einem Brand zum Opfer fiel, ist nur 18 km vom Nationalpark entfernt.

Das Ortsbild des bekannten Glasmacherorts Zwiesel wird deutlich überragt vom Turm der gotischen Backsteinkirche St. Nikolaus.

Wandern & Freizeit

Seit der Öffnung der Grenzen zu **Tschechien** gibt es neue, grenzüberschreitende Wanderwege. Besonders attraktiv ist das waldreiche Wandergebiet zwischen Furth im Wald und Waldmünchen mit dem Dreiwappenfelsen (917 m). Seit Maria Theresias Zeiten ist der Grenzverlauf hier unverändert geblieben. Auf tschechischer Seite lädt der **Obere Böhmerwald** zu einem ausgedehnten Besuch ein.

Neben den ausgedehnten Wäldern zählen auch einige Hochmoore, Filze genannt, zu den typischen Landschaftselementen im **Nationalpark Bayerischer Wald**.
Zwei interessante Filze, das 25 ha große Zwieselter Filz und das nur wenig kleinere Latschenfilz können über Wanderwege von Buchenau oder von Frauenau aus gut erreicht werden. Beide Moorflächen sind mit einem 1200 m langen Bohlenweg miteinander verbunden, sodass die Wanderer die dortige Vegetation hautnah betrachten und erleben können.

Gerade einmal drei Meter haben dem **Rachel** (1453 m) gefehlt, um den Großen Arber in der Höhe zu übertrumpfen. Der Große Rachel ist mit seinen geheimnisvoll anmutenden Wäldern und dem schönen Rachelsee der höchste Berg im Nationalpark und zudem ein beliebtes Ausflugs- und Wanderziel.
Da der Gipfelanstieg recht anstrengend verläuft, ist der rund zweieinhalb-stündige Rundweg Specht eine gute Wanderalternative. Auf der rund 6,5 km langen Stecke überwindet man insgesamt einen Höhenunterschied von 200 m. Der Start liegt am Parkplatz in der Nähe der Racheldiensthütte. Vorbei an interessanten Informationstafeln, die das Werden der Landschaft und die Spuren der Eiszeit erläutern, geht der Weg in Richtung Rachelsee. Der höchste Punkt der Wanderung ist die Felsenkanzel. Auf einer alten Schlittenziehbahn führt die Route hinab zum Parkplatz.
Wer noch im Gebiet bleiben will, dem sei der Seelenstieg empfohlen. Entlang eines rund 1,2 km langen Holzsteges wird das Motto des Nationalparks »Natur Natur sein lassen« offenkundig. Wanderer können hier das Vergehen und Entstehen das Waldes unmittelbar miterleben. Informationstafeln bieten beste Informationen und verständliche Erläuterungen.

Ein etwa zwei Stunden dauernder Spaziergang führt von **Grafenau** im romantischen Tal der **Kleinen Ohe** flußaufwärts Richtung Kleblmühle. Anschließend über Rosenau und weiter zum Schwaimberg wandern.

Das Besucherzentrum des Nationalparks Bayerischer Wald, das Hans-Eisenmann-Haus bei **Neuschönau** ist einen Besuch wert. Das Haus selber bietet jede Menge Informationen zum Nationalpark, einen Nationalparkladen und einen Erlebnisraum für Kinder. Im Außenbereich gibt es ein Tierfreigehege, ein Pflanzenfreigehege und ein Gesteinsfreigelände.

Das **Nationalparkzentrum Lusen** kann neuerdings mit dem längsten **Baumwipfelpfad** der Welt aufwarten. Auf einer Gesamtlänge von 1300 m schlängelt sich der Baumwipfelpfad durch Buchen, Tannen und Fichten und gewährt neue Perspektiven rund um das Thema Bäume. 44 m hoch ist der Baumturm, den man sicher erklimmen kann. Und wer in der Höhe Abenteuerlust empfindet, der findet drei Erlebnisstationen mit Seil- und Wackelbrücken, Trapezen und Balancierbalken. Täglich um 14.30 Uhr startet eine Führung mit dem Thema »Vom Waldboden zu den Wipfeln« über den Baumwipfelpfad (*Tel. 08558/97 40 74 oder über den Führungsservice des Nationalparks unter Tel. 0700/00 77 66 55*).

Im Ostteil des Nationalparks Bayerischer Wald geht es von Mauth-Finsterau aus über die Grenze nach Buchwald (Bucina) in den benachbarten 68000 ha großen **tschechischen Nationalpark Böhmerwald** (Národni Park Šumava; benannt nach den rauschenden Bäumen). Das nun »grenzenlose« ehemalige Sperrgebiet bietet endlose Möglichkeiten, um auf gut markierten Wegen Naturschätze zu entdecken oder Ausflüge in Städte wie Krumau (Ceský Krumlov) – übrigens ein Weltkulturdenkmal der UNESCO – zu unternehmen. Weitere Informationen zum Nationalpark gibt es unter *www.npsumava.cz*

Unterwegs in Niederbayern

Die ungefähr 180 km lange Tour führt vom Gäuboden, der »Kornkammer« Bayerns, südlich der Donau über die auf der Isartrasse gelegenen Städte Landau, Dingolfing und Landshut zu den alten Marktflecken im bäuerlichen Vils- und Rottal und endet in der Drei-Flüsse-Stadt Passau.

Das Wahrzeichen von Straubing ist die Basilika St. Jakob mit ihrem hohen Turm.

❶ Das heutige Stadtbild von **Landau** an der Isar zeigt nach dem Brand aus dem Jahr 1743 vor allem Stilmerkmale des späten 18. und 19. Jh. Gegründet wurde die Untere Stadt im Jahr 1224 von Herzog Ludwig dem Kelheimer, später folgte nach bewährtem Wittelsbacher Grundplan am Isarhochufer der befestigte Stützpunkt Obere Stadt.

Die barocke Stadtpfarrkirche Mariä Himmelfahrt und die spätgotische Friedhofskirche Heilig Kreuz bergen sehenswerte gotische Ausstattungsstücke. Interessant ist auch die über einer Naturgrotte gelegene kleine barocke »Steinfelskirche« mit ihren zahlreichen Votivtafeln.

In der spätgotischen Johanneskirche im Ortsteil Usterling wurde die Sinterfelsbildung des »wachsenden Felsens« in das Relief der Taufe Christi einbezogen.

Ein lohnenswerter Abstecher führt 25 km nach **Straubing**. Wahrzeichen und Mittelpunkt der Handels- und Einkaufsstadt ist deren fünfteiliger Stadtturm aus dem 14. Jh. Mitten im Gäuboden des antiken »Sorviodurum«, den schon Kelten und Römer besiedelten, entwickelte sich im 6. Jh. der bayerische Herzogshof »Strupinga«. Von 1029 bis 1535 herrschte hier das Augsburger Domkapitel. Als Gegengewicht zu diesem gründete Ludwig der Kelheimer 1218 die Neustadt, das heutige Zentrum Straubings.

Während der Blütezeit der Siedlung, aus der die spätmittelalterlichen Bau- und Kunstdenkmäler stammen, befand sich hier die Hauptstadt des Wittelsbacher Herzogtums Straubing-Holland (1353–1425). Männer wie der Mitbegründer von Buenos Aires, Ulrich Schmidl, oder der Epochen prägende Naturwissenschaftler Josef von Fraunhofer wohnten ebenso in der Gäubodenstadt wie die schöne Augsburger Baderstochter Agnes Bernauer.

Erst 1802 büßte der Sitz der obersten Finanzbehörde und des fürstlichen Verwaltungszentrums dann seine herausragende Stellung ein.

❷ Auch **Dingolfing** entwickelte sich wie Landau aus zwei mittelalterlichen Ortsteilen: Zunächst entstand am Isarübergang der Agilolfinger Herzogshof, dann im 13. Jh. die Burgsiedlung Obere Stadt. Die Backsteinbauten der gotischen St.-Johannis-Kirche, der Herzogsburg und der Hochbrücke über die Asenbachschlucht von 1612 sind jederzeit einen Besuch wert.

Nach der Glas GmbH, die das »Goggomobil« – den wohl meistgebauten deutschen Kleinwagen der Nachkriegszeit – produzierte, kam 1967 ein Zweigwerk der BMW AG. So wurde Dingolfing mit rund 20000 Arbeitern, überwiegend Pendler aus anderen Regionen, zur größten Industriemetropole Niederbayerns.

❸ Eine Schöpfung der Wittelsbacher ist **Landshut**. Der Handelsknoten links und rechts der Isarbrücke und im Schutze der Burg Trausnitz war immer wieder auch die Hauptstadt eines niederbayerischen Teilherzogtums und erlebte im 15. Jh. unter den »Reichen Herzögen« seine Blüte.

Im 16. Jh. entstand die Stadtresidenz nach Mantuaner Vorbild – der erste Renaissancebau auf deutschem Boden. Das denkmalgeschützte Stadtensemble mit einer Vielzahl ehemaliger Patrizierhäuser, dem Rathaus und der Herzogsresidenz wird überragt vom gotischen Martinsmünster, einem Ziegelbau, dessen Turm 133 m weit in den Himmel ragt. Von der mittelalterlichen, einst wehrhaften Stadtbefestigung sind nur noch einige wenige Türme erhalten.

Zentrum von Landshut ist das Stiftsmünster St. Martin mit dem über 130 m hohen Ziegelturm. Beachtenswert sind auch die gotischen Backsteinkirchen St. Jodok und die Spitalkirche Heiliger Geist. In die im Kern gotische Dominikanerkirche St. Blasius kam um 1750 Rokokozier, ebenso in die ursprünglich romanische Zisterzienserinnenklosterkirche, die Johann Baptist Zimmermann ausstattete. Die Burgkapelle St. Georg aus dem 13. Jh. auf der Burg Trausnitz sollte nicht unerwähnt bleiben.

Wandern & Freizeit

Ein familienfreundliches Raderlebnis mit dem Kontrast zwischen Natur und historischen Städten verspricht der gut ausgeschilderte Isar-Radweg. Die insgesamt 286 km lange Strecke beginnt in Scharnitz (Tirol) an der deutsch-österreichischen Grenze und führt, vorbei am Sylvensteinspeicher, südlich von Lengries aus den Alpen heraus. Anschließend geht es durchs Voralpenland nach München, bis Thundorf an der Donau in Niederbayern.

Ein kürzerer Abschnitt dieser Strecke startet in **Landau** (Tourist-Information) und führt über Dingolfing und Niederaichbach nach **Landshut** (Tourist-Information, Altstadt). Auf der 48 km langen Tour fährt man flussnah, ohne nennenswerte Steigungen auf gut befahrbaren Wegen und teils auf verkehrsarmen Nebenstraßen. Unterwegs laden Biergärten, Seen und Freibäder zur Rast ein.

Die Burg Trausnitz steht auf dem Hofberg oberhalb der Altstadt von Landshut.

Von der Burg Trausnitz in Landshut hat man einen herrlichen Blick auf das Stiftsmünster St. Martin (rechts).

❹ An der einstigen Handelsroute Landshut–Burghausen liegt das Vilsstädtchen **Vilsbiburg**. Die Wittelsbacher legten es ab dem 13. Jh. planmäßig als herzogliche Zollstätte an. Der Reichtum des Hauses Wittelsbach stammte nicht zuletzt auch aus den Einnahmen, die das gut ausgebaute Wegenetz, das reiche bäuerliche Hinterland und die damals noch niederbayerischen Erz- und Silbervorkommen in Tirol garantierten.

Die dreischiffige Backsteinpfarrkirche Mariä Himmelfahrt aus dem 15. Jh. wurde 1670 barockisiert und zieht mit dem mächtigen Zwiebelturm die Blicke der Betrachter auf den Ort. Ein letzter Rest der einst stolzen und wehrhaften Stadtbefestigung ist das Obere Tor.

❺ Das ehemalige Benediktinerkloster St. Veit gab **Neumarkt-St. Veit** am Eingang zum Rottal den distinktiven Namenszusatz. Der lang gestreckte Marktplatz des Städtchens, dessen Gründung Herzog Heinrich XIII. im Jahr 1269 als Gegengewicht zu dem

In der Altstadt von Landshut reiht sich ein Lokal an das andere.

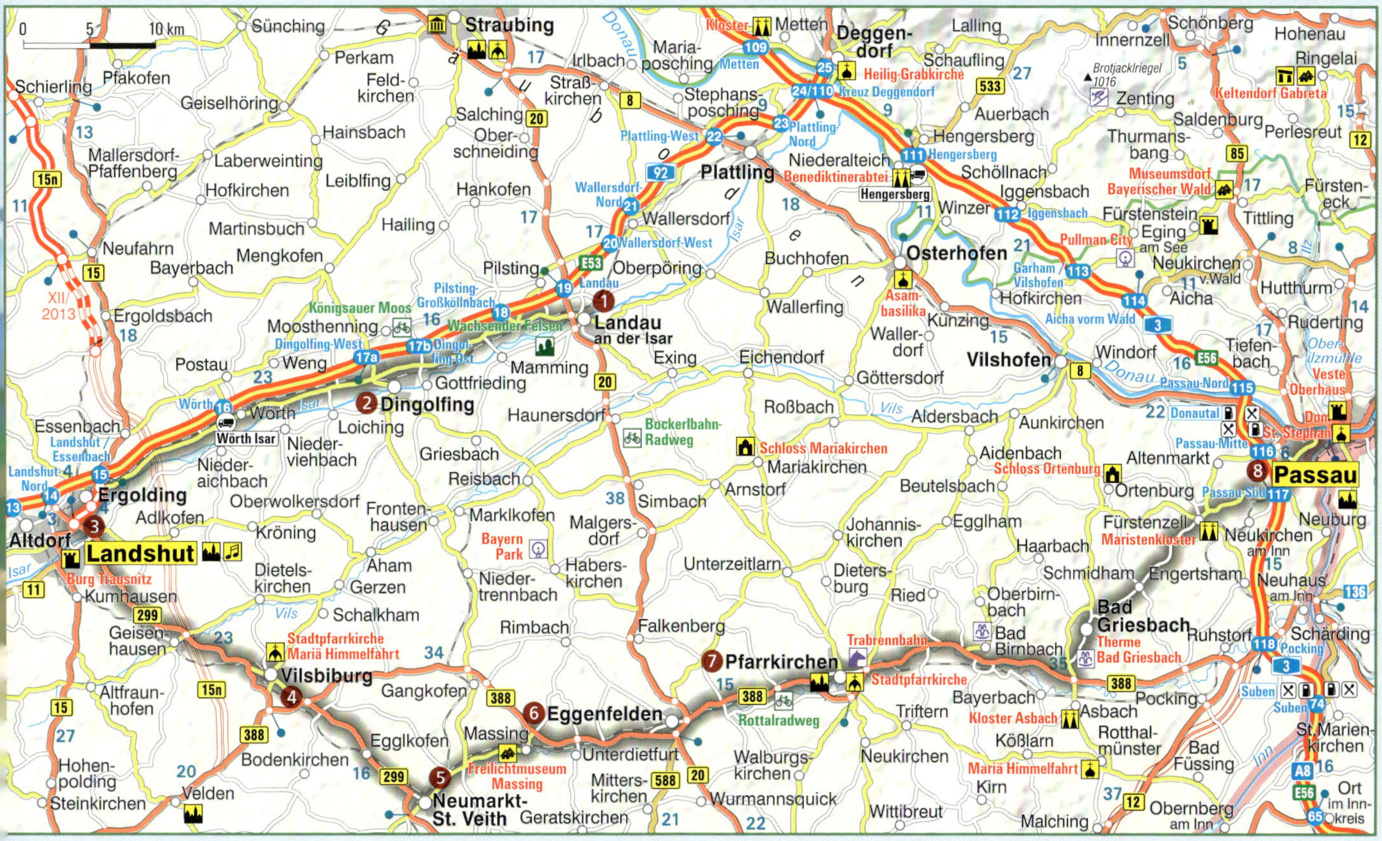

Wer auf der Donau mit dem Boot fährt, dem bietet sich bei Passau dieser Blick auf die Altstadt. In der Bildmitte ist das Rathaus mit seinem 38 m hohen Turm zu sehen, etwas

Salzburg zugehörigen Kloster auf dem Vitusberg veranlasste, wird von Ober- und Untertor begrenzt.

6 Die Wittelsbacher erhoben **Eggenfelden**, an der Rott und am Kreuzungspunkt der Straßen nach Passau und Landau gelegen, im 13. Jh. zum Markt. Die Altstadt mit den behäbigen Bürgerhäusern am typischen Rechtecksmarktplatz und den zahlreichen, sehenswerten Kirchen steht unter Denkmalschutz.
Die spätgotische Pfarrkirche St. Nikolaus und St. Sebastian mit ihrem fünfgeschossigen Turm aus Ziegelmauerwerk hatte für die Bauten in der Umgebung Vorbildcharakter. Die neugotischen Altäre sind mit spätgotischen Skulpturen verziert und eine absolute Seltenheit. Repräsentativ für die hoch entwickelte spätgotische Grabplastik der Region sind mehrere, bemerkenswert schöne Rotmarmor-Epitaphe.

7 Der moderne bronzene »Rottaler Fuchs« von Hans Wimmer am Stadtplatz von **Pfarrkirchen** erinnert daran, dass sich hier das Zuchtzentrum vielseitiger Wirtschaftspferde befindet. Die Stadt an der Rott war seit 1317 ein Wittelsbacher Markt. Die um das Jahr 1500 entstandene Stadtpfarrkirche St. Simon und Judas, das Alte Rathaus mit seinem Stuckwerk von 1787, der barocke Pfarrhof und die Bürgerhäuser mit den schönen Fassaden im Inn-Salzach-Baustil prägen das Zentrum. Im Plinganser Hof wohnte der Volksheld Georg Sebastian Plinganser, der die Bauernschaft der Region im Jahr 1706 beim Aufstand gegen die österreichischen Besatzungstruppen führte.

Auf der nahen Höhe des Gartlbergs errichtete der aus Graubünden stammende Baumeister Domenico C. Zuccali 1661–1670 die barocke Wallfahrtskirche, deren prächtigen Schmuck rund um das Gnadenbild der Schmerzhaften Muttergottes die italienischen Meister Giovanni B. Carlone und Paolo d'Aglio schufen.

8 Mit vielen Beinamen kann sich **Passau** zu Recht schmücken: »Drei-Flüsse-Stadt« (am Zusammenfluss von Inn, Donau und Ilz), »Bayerisches Venedig« (wegen der häufigen Hochwasserkatastrophen leider nur allzu wahr), »Nibelungenstadt« (vermutlich wurde das »Nibelungenlied« hier niedergeschrieben), »Hafenstadt« (die älteste Bayerns) und »Universitätsstadt« (hier wurde die siebte bayerische Landesuniversität gegründet). Aus dem keltischen »Boiodurum« wurde das römische Kastell »Batavis«. Ab dem 8. Jh. blieb Passau bis zur Säkularisation Bischofssitz und verfügte bis 1783 über das größte Bistumsareal nördlich der Alpen.
Die Bischöfe – weltliche Souveräne und Reichsfürsten – profitierten vor allem vom Salzmonopol und davon wiederum die bürgerliche Stadt mit ihren Handwerkern – die Passauer Wolfsklingen etwa waren mittelalterliche Qualitätswaffen erster Güte. Dieser Wirtschaftsblüte verdankt die Nachwelt architektonische Kostbarkeiten wie den Dom, Kirchen, Klöster, Bischofsresidenzen, das Rathaus und die gesamte historische Altstadt

Im Mittelschiff des Stephansdoms mit Blick auf die Stuckierungen und auf den Altar (ganz hinten).

weiter rechts erhebt sich der barocke Stephansdom.

Passaus. Sehenswert ist vor allem der teilweise noch mit spätgotischer Architektur beeindruckende Dom St. Stephan. Barockisiert wurden auch die Jesuitenkirche, die Stiftskirche St. Nikola und die ehemalige »Mutterkirche« Passaus, St. Paul. Zu erwähnen sind ferner die Salvator-Sühnekirche in der Ilzstadt sowie die Wallfahrtskirche Mariahilf, deren Gnadenbild seit dem 17. Jh. besucht wird. Zum Abschluss sei auf eine der ältesten Kirchen Bayerns, St. Severin, hingewiesen, die am Ort der dort im 5. Jh. erbauten Zelle des Heiligen errichtet wurde.

Wandern & Freizeit

Eine gut 26 km lange Strecke führt auf dem **Bockerlbahn-Radweg** durch abwechslungsreiche Landschaft, auf meist asphaltierten Wegen und entlang einer ehemaligen Bahntrasse von **Landau** nach **Arnstorf**. Auf der für Familien geeigneten, ausgeschilderten Tour geht es vorbei an Wäldern, Weizenfeldern, geschichtsträchtigen Bauwerken und Naturräumen. Start ist die Bockerlbrücke in Landau von der es weiter geht über die Etappen Möding, Wildthurn und Aufhausen sowie Hauernsdorf und Simbach nach Arnstorf. Die Tour enthält keine größeren Steigungen. Der Rückweg nach Landau kann auch mit dem Bus erfolgen

Eine rund 30 km lange Radtour führt durch das **Königsauer Moos** bei **Dingolfing**, eines der letzten großen Niedermoore Bayerns. Die ausgeschilderte Tour startet an der neuen Isarbrücke in Dingolfing, führt durch den Stadtteil Sossau zur Bahnlinie und von dort auf einem asphaltiertem Radweg vorbei an Gottfriedingerschwaige, über Rosenau nach Mammingerschwaigen. Dort kreuzt der Weg Richtung Badeweiher eine Bundesstraße. Unmittelbar nach der folgenden Autobahnüberführung geht es links in das Naturschutzgebiet. Auf dem Weg durch das Gebiet kommt man am Behrhof, einem Reiterhof, vorbei und muss eine Staatsstraße überqueren. In Höhe Dornwang erreicht man die zweite Autobahnüberführung, wo man ein Stück auf der Straße über Höfen, Schönbühl nach Teisbach fährt. Dann geht es auf dem Isarradweg zurück nach Dingolfing.

Für eine Tagesunternehmung eignet sich die rund 40 km lange Rundtour mit **Landshut** als Start- und Zielpunkt. Zunächst geht es am Ufer der Isar entlang bis nach Niederaichbach. Der Rückweg führt über Obermusbach und Jenkofen mit der sehenswerten Kirche Mariä Himmelfahrt, einem schönen Beispiel niederbayerischer Backsteingotik, und Schönbrunn wieder direkt in die Landshuter Altstadt.

Der städtische **Hof- und Herzoggarten** von **Landshut** lädt mit seinem rund 8 km langen Wegenetz zu einem kleinen oder größeren Spaziergang ein. Das knapp 33 Hektar große Areal unweit der Burg Trausnitz beherbergt malerische Wald- und Wiesenflächen.

Eine nicht nur für Kinder interessante Wandermöglichkeit ist die Tour **»Naturerlebnis Mittlere Isarau«** im östlichen Auwald bei Landshut. Nach Themen wie Isar-Auwald-Erkundung, Sträucher-Rallye oder Kräuter-Entdeckertour geordnet kann man unterschiedlich lange Strecken absolvieren (zwischen 1,3 und 5 km). Die Themen sind mit entsprechenden Symbolen auf Schautafeln an den Stationen gekennzeichnet. Mit den jeweils passenden Erkundungsbögen ausgestattet, können Naturliebhaber und Familien selbstständig oder durch eine Kräuterpädagogin geführt, die verschiedenen Parcours erleben. Die Fragen und Anregungen auf den Papierbögen richten sich nach den Themen auf den Schautafeln. Die Erkundungsbögen kann man beim Landratsamt Landshut bekommen *(Tel. 0871/4080)*. Start- und Endpunkt der Tour ist die Eingangstafel am Gutenbergweg, unweit der Eissporthalle.

Der gute 94 km **Rottalradweg** führt durch sanftes Hügelland von Neumarkt-St. Veit bis nach Neuhaus am Inn, wenige Kilometer südlich von Passau. Die ausgeschilderte Route entlang des Flusses Rott führt über ausgebaute Radwege und verkehrsarme Nebenstraßen. Es geht vorbei an Rapsfeldern, Blumenwiesen, einer idyllischen Flusslandschaft sowie Sehenswürdigkeiten, etwa Kirchen und Kapellen. Biergärten entlang der Strecke laden zu einer Brotzeit ein. Der Tour enthält nur wenige kleinere Steigungen und ist daher ideal für Familien. Eine kürzere, 34 km lange Route startet in **Neumarkt-St. Veit** und führt über Massing, Eggenfelden nach **Pfarrkirchen**.

Passau ist Ausgangspunkt für insgesamt sechs große Fernradwege. Viele Kunstschätze bietet beispielsweise die **»Tour de Baroque«**, die an der Donau entlang bis ins 200 km entfernte Kelheim führt.

Rund um den Bodensee

Die Highlights am Bodensee und alle drei Länder, die an ihn grenzen, berührt man auf dieser rund 180 km langen Tour. Von Konstanz aus geht es ein Stück rheinabwärts in die Schweiz und über Radolfzell an die Nordseite des Sees. Nach einem Abstecher ins Herz Oberschwabens endet die Fahrt schließlich in der Vorarlberger Hauptstadt Bregenz.

Das Schnetztor in Konstanz ist ein im 14./15. Jh. errichtetes Stadttor.

❶ Die Universitätsstadt **Konstanz** liegt zwischen dem Ober- und dem Untersee. Konstanz ist schon aus historischer Sicht höchst bedeutsam als Veranstaltungsort des einzigen Konzils, das je auf deutschem Boden stattgefunden hat. Das in der Kirchengeschichte wie in der politischen Geschichte Europas überaus wichtige Ereignis der Jahre 1414–1418 führte damals Kaiser, Papst und zahllose kirchliche Würdenträger in die Stadt am Bodensee, die damit jahrelang im Zentrum des politischen und diplomatischen Geschehens stand. Das Konzil beendete mit der Absetzung von Päpsten und Gegenpäpsten die damalige Spaltung der katholischen Kirche; folgenreich war auch das Vorgehen gegen den böhmischen Reformator Jan Hus, der unter Zusicherung freien Geleits angereist war, aber trotzdem inhaftiert und als Ketzer verbrannt wurde.

In der malerischen Altstadt erhebt sich das Liebfrauenmünster, der zentrale Ort des Konzils. Das Gebäude zeigt Merkmale verschiedener Stilepochen vom 11. bis zum 17. Jh. Im sogenannten Konzilsgebäude am Hafen wurde der neue Papst (Martin V.) gewählt; der Bau aus dem 14. Jh. diente ursprünglich als Lagerhaus für den Handel mit Italien. Auch die 1993 aufgestellte Hafenskulptur des Bildhauers Peter Lenk macht auf das Konzil aufmerksam. Die Figur der Imperia trägt mit Gespür für den Ausgleich zwischen den Mächten Kaiser und Papst in ihren Händen.

Das Münster St. Maria und Markus ist eine romanische Kirche auf der Insel Reichenau.

Stein am Rhein zählt zu den am besten erhaltenen mittelalterlichen Orten der Schweiz.

Einen guten Überblick über die Altstadt mit ihren zahlreichen Häusern aus der Gründerzeit erhält man bei einem Bummel entlang der Seestraße. Zwei Inseln im Schwäbischen Meer lohnen einen Abstecher. Vom Höhenzug Bodanrück aus schieben sich nicht weit von Konstanz zwei Inseln in den Bodensee. Sowohl die **Mainau** als auch die **Reichenau** sind jeweils durch eine Landbrücke mit dem Festland verbunden.

Im Jahr 724 gründete Bischof Pirmin auf der Insel Reichenau ein Kloster, das sich zu einem geistigen Zentrum Europas entwickelte. Die Kirche der ehemaligen Klosteranlage beeindruckt durch ihre romanischen Formen. Sehenswert ist der spätkarolingische Bau der Stiftskirche St. Georg in Oberzell. Ein monumentaler Freskenzyklus mit Darstellungen der Wundertaten Christi schmückt die Wände des Mittelschiffs.

Die etwa 45 ha große, klimatisch begünstigte Insel Mainau wurde auf Betreiben des Grafen Lennart Bernadotte zur Blumeninsel ausgestaltet. Rund um das barocke Schloss blühen von Frühjahr bis Herbst die herrlichsten Blumen. Allein zur Zeit der Rosenhochblüte verströmen etwa 30 000 Rosen aus rund 1200 Arten ihren süßen Duft.

❷ Dort, wo der Rhein den Untersee verlässt, liegt **Stein am Rhein**, eine der schönsten mittelalterlichen Kleinstädte der Schweiz. Die zum Teil mit prächtigen Renaissancemalereien versehenen Bürgerhäuser gruppieren sich um das im 11. Jh. gegründete Kloster St. Georgen, eine hervorragend erhaltene Klosteranlage, die man auf jeden Fall besichtigen sollte.

❸ Ein Stück den Rhein abwärts – man kann diese Strecke auch mit einem Ausflugsschiff von Stein aus zurücklegen – gelangt man nach **Schaffhausen**. Einen Rundgang wert ist das historische Zentrum der Stadt; die meisten Besucher kommen aber vor allem wegen des gewaltigen Naturschauspiels, das der Rhein hier bietet: Im sogenannten Rheinfall von Schaffhausen stürzen die Wassermassen des Stroms mit donnerndem Getöse 23 m in die Tiefe. Die Breite des Wasserfalls beträgt immerhin 150 m.

Wandern & Freizeit

Selbstverständlich lassen sich Rhein und **Bodensee** hervorragend per Schiff oder Boot erkunden. Die schöne und malerische Strecke von Schaffhausen über Stein am Rhein, Reichenau und Konstanz bis nach Kreuzlingen hat die Schweizerische Schifffahrtsgesellschaft Untersee und Rhein in ihrem vielfältigen Ausflugsprogramm *(Freier Platz 8, CH-8200 Schaffhausen, Tel. 0041/52 634 08 88, www.urh.ch)*. Ein ebenfalls großes Ausflugsangebot, allerdings auf dem gesamten Bodensee, halten die Bodensee-Schiffsbetriebe *(www.bsb-online.com)* bereit.

Der Rheinfall bei Schaffhausen ist zu jeder Jahreszeit spektakuär; im Hintergrund erhebt sich auf einem Felsen Schloss Laufen.

Besucher können das eindrucksvolle Ereignis von mehreren Aussichtsplattformen aus allernächster Nähe betrachten.

❹ Über Singen, am Fuße des Vulkanschlots Hohentwiel gelegen, erreicht man **Radolfzell**. Bischof Radolt von Verona gründete hier im 9. Jh. ein Kirche, um die herum schon bald eine Ansiedlung entstand. Mit der Errichtung des spätgotischen Radolfzeller Münsters Unserer Lieben Frau wurde im 15. Jh. begonnen; im 18. Jh. wurde das Gotteshaus im barocken Stil modernisiert.

Das Österreichische Schlösschen, ab 1619 für Erzherzog Leopold Wilhelm errichtet, erinnert daran, dass Radolfzell lange Zeit unter der Herrschaft der Habsburger stand.

❺ Auf dem Weg nach **Überlingen** fährt man am Bodanrück vorbei, einem bewaldeten Höhenzug, der sich weit in den Bodensee vorschiebt. In der Überlinger Altstadt reihen sich prächtige Bürgerhäuser aus dem 16. und dem 17. Jh. aneinander. Besonders bemerkenswert ist das St.-Nikolaus-Münster aus dem 15. Jh., zu dessen reicher Innenausstattung der 1613–1616 gearbeitete Hochaltar von Jörg Zürn gehört. Das Rathaus von Überlingen stammt aus der Zeit der Renaissance. Einen schönen Blick auf den See genießt man von der Uferpromenade aus, der längsten am gesamten Bodensee.

In Goldbach, einem Ortsteil von Überlingen, befindet sich eine echte Rarität: die Sylvesterkapelle, eine kleine Kirche aus dem 9. Jh. mit Fresken aus karolingischer Zeit. Sie ähneln den Fresken in St. Georg auf der Insel Reichenau.

❻ Hoch über dem Bodensee thront die berühmte **Birnau**, eine Marienwallfahrtskirche, mit deren Bau die Reichsabtei Salem den Vorarlberger Meister Peter Thumb beauftragt hatte. 1750 wurde das Gotteshaus geweiht. Schon der Außenbau gleicht eher einem Schloss als einer Kirche und der von Joseph Anton Feucht-

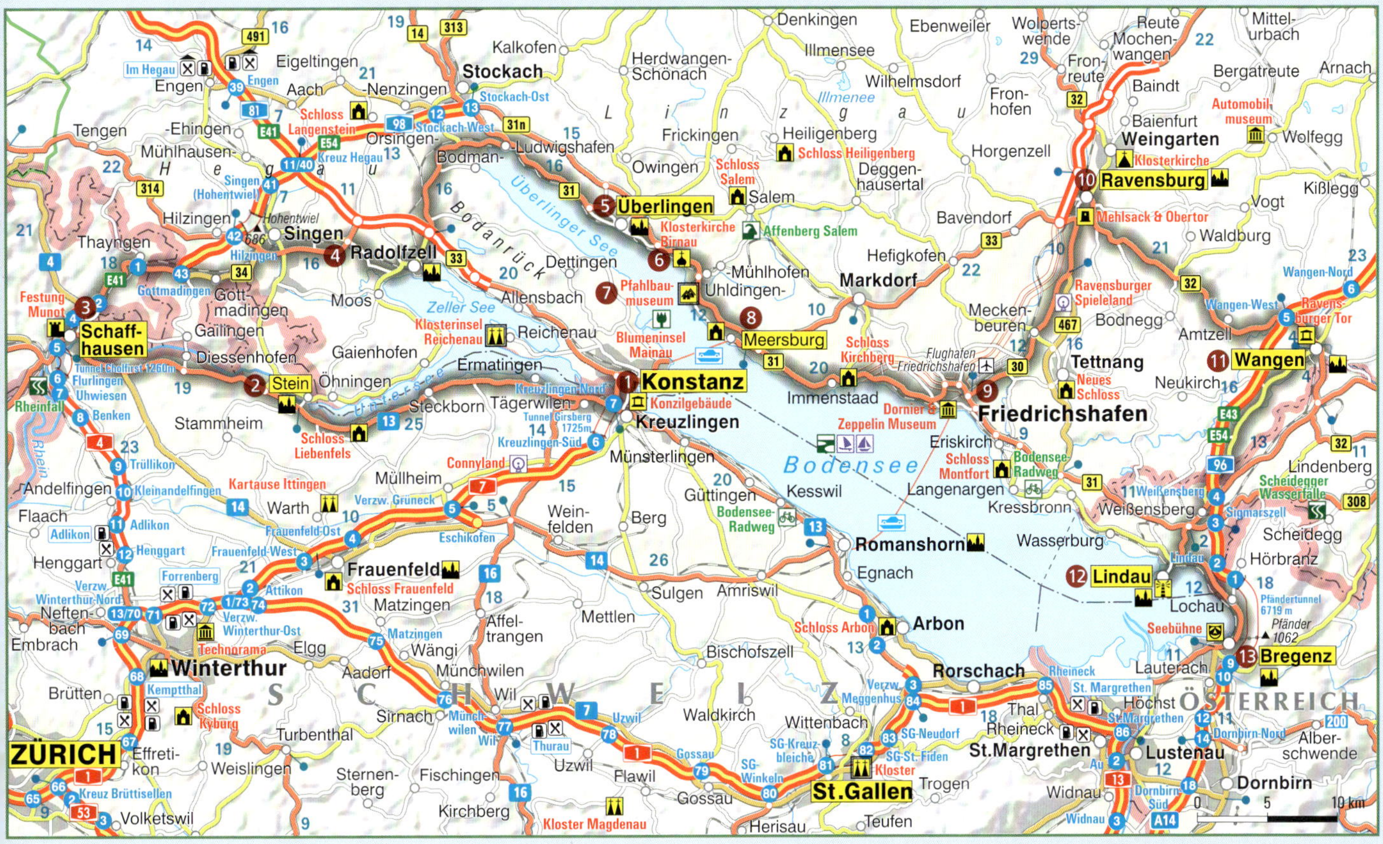

Die aus dem Bodensee ragenden Pfahlbauten bei Unteruhldingen gehören zu einem Freilichtmuseum und sind Rekonstruktionen vom Anfang des 20. Jh.

mayer im Stil des Rokoko verschwenderisch mit Stuckaturen ausgestattete Innenraum strahlt unverhohlene Lebensfreude aus. Besonders sehenswert sind auch die optischen Illusionseffekte der Deckenfresken. Wer den berühmten »Honigschlecker« sucht, findet ihn am Altar des Bernhard von Clairvaux.

7 Eine besondere Attraktion unmittelbar am Ufer bzw. sogar auf dem Wasser des Bodensees ist das Pfahlbaumuseum in **Unteruhldingen**. Das Freilichtmuseum enthält ein rekonstruiertes Pfahlbaudorf aus der Steinzeit und Bronzezeit; Bauten dieser Art, die auf Stelzen im Wasser stehen, existierten hier einstmals tatsächlich. Eine nahe gelegene Fundstätte befindet sich neben anderen Resten von Pfahlbauten in der Alpenregion auf der UNESCO-Liste des Weltkulturerbes.

8 Die Dichterin Annette von Droste-Hülshoff hat in den Jahren von 1841 bis zu ihrem Tod 1848 mehrere Jahre auf der Meersburg gewohnt; schließlich erwarb sie das in einem Weinberg gelegene Fürstenhäusle, das ebenfalls erhalten ist.
Von dem Fischerdorf, das noch zu Annettes Zeiten zu Füßen der Burg lag, ist wenig übriggeblieben. **Meersburg** ist heute ein Zentrum des Bodenseetourismus. Seine attraktive Lage zwischen Weinbergen, die Seepromenade mit dem ehemaligen Kornspeicher von 1505 und die steil ansteigende Hauptstraße faszinieren jährlich viele Tausend Besucher. Neben der »Altes Schloss« genannten Meersburg, deren Ursprünge bis ins 7. Jh. zurückreichen, ließen sich die Konstanzer Bischöfe nach Entwürfen von Balthasar Neumann 1741–1750 das Neue Schloss errichten.

Das Alte Schloss von Meersburg liegt an einem Hang auf einer Höhe von 440 m.

Die Marienwallfahrtskirche in Birnau ist im Stil des Rokoko reich ausgestattet.

9 Nur wenige historische Bauwerke von **Friedrichshafen** sind nach den schweren Zerstörungen im Zweiten Weltkrieg wieder aufgebaut worden, darunter die im Jahr 1695 von Christian Thumb errichtete Schlosskirche, die von der Wessobrunner Stuckaturenfamilie Schmuzer prächtig ausgestattet wurde.
Zum modernen Gesicht der lebendigen Stadt gehört die weite Strandpromenade. Der ehemalige Hafenbahnhof, ein Gebäude in sehenswerter Bauhaus-Architektur, ist Sitz des bekannten Zeppelin-Museums, das an die Leistungen des berühmten Luftschiffkonstrukteurs (1838–1917) erinnert. Dort ist auch eine Teilrekonstruktion der »Hindenburg« zu bestaunen.

10 Das Herz Oberschwabens ist die Spielestadt **Ravensburg**. Auf einem Spaziergang durch das mittelalterliche Zentrum überquert man den Marienplatz, um den sich das spätgotische Rathaus, das Waag-, das Leder- und das Kornhaus gruppieren. Von diesem Platz aus wendet sich die malerische Marktstraße, an der samstags der Wochenmarkt stattfindet, zum Oberen Tor. Hier erhebt sich mit dem »Mehlsack« das Wahrzeichen der Stadt, ein weiß getünchter Rundturm aus dem 15. Jh. Auf dem »Burgberg« thront die einst namengebende mittelalterliche Ravensburg, die heute Veitsburg heißt.
Mit Ravensburg zusammengewachsen ist mittlerweile die Stadt Weingarten, die besonders durch ihre mächtige barocke Abteikirche auf sich aufmerksam macht.

11 Liebhaber mittelalterlicher Städtebaukunst zieht es ins württembergische Allgäu nach **Wangen**. Die gesamte Altstadt steht als Ensemble

Die Hafeneinfahrt von Lindau bewachen seit dem Jahr 1853 der 33 m hohe Leuchtturm und der bayerische Löwe.

unter Denkmalschutz. Man schlendert vorbei an stattlichen Giebelhäusern, Gaststätten mit kunstvollen Wirtshausschildern, der gotischen Pfarrkirche St. Martin, der Heilig-Geist-Kirche mit angeschlossenem Spital und über den Friedhof bis zur Rochuskapelle.

12 **Lindau**, das »schwäbische Venedig«, wurde auf einer Insel errichtet, die heute durch Eisenbahndamm und Seebrücke mit dem Festland verbunden ist. Handel und Schifffahrt begründeten den Wohlstand Lindaus, der sich in prächtigen Patrizierhäusern, dem Alten Rathaus mit seiner bemalten Renaissance-Fassade, Laubengängen und schmucken Brunnen manifestiert. Das Haus zum Cavazzen, ein ansehnlicher Barockpalast der italienischen Kaufmannsfamilie Cavazza, beherbergt seit dem Jahr 1929 das Lindauer Stadtmuseum, u. a. mit einer Ausstellung zur Wohnkultur seit dem 15. Jh.
Im Lindauer Seehafen werden die einfahrenden Schiffe vom bayerischen Löwen und dem neuen Leuchtturm begrüßt.

13 Am Ostufer des Bodensees liegt **Bregenz**, die Hauptstadt des österreichischen Bundeslands Vorarlberg. An Hafen und Seebühne schließt sich die Unterstadt an, weiter oberhalb liegt die mittelalterliche Oberstadt mit dem Martinsturm, einem ehemaligen Getreidespeicher, und der Pfarrkirche. Von Bregenz ist es nicht mehr weit bis zum Zisterzienserkloster Mehrerau, das auf eine Gründung im 11. h. zurückgeht.
Weithin berühmt ist Bregenz heute aber vor allem wegen der Bregenzer Festspiele, einem renommierten, sommerlichen Kulturfest auf der weltweit größten Seebühne, deren Reiz natürlich nicht zuletzt die eindrucksvolle Naturkulisse des Bodensees ausmacht. Die Festspiele, die mittlerweile vor allem Opern- und Musicalproduktionen im Programm haben, gehen auf die Zeit unmittelbar nach dem Zweiten Weltkrieg zurück; heute reisen deswegen alljährlich mehr als 200 000 Besucher an. Mit der wachsenden Bedeutung des Events wurde eine Ausweichspielstätte für schlechtes Wetter erforderlich; zu diesem Zweck wurde in Bregenz eigens ein Festspielhaus errichtet.

Wandern & Freizeit

Um die Annehmlichkeiten des Wassers zu genießen, muss man nicht unbedingt im **Bodensee** baden: Moderne Thermalbäder garantieren ganzjähriges Badevergnügen und bieten darüber hinaus all die Raffinessen und Wellness-Angebote, die mittlerweile zum Standardangebot eines gehobenen Bades gehören. Bodensee-Thermen *(www.bodensee-therme.de)* findet man in Konstanz, Meersburg und Überlingen.

Klettergärten und Seilparks, in denen man – gut gesichert – in luftiger Höhe durch die Baumwipfel balanciert oder an Seilen in die Tiefe gleitet, erfreuen sich einer stetig wachsenden Beliebtheit. In diese Kategorie gehört auch der Adventure Park Rheinfall in **Schaffhausen** *(www.ap-rheinfall.ch)*. Vor allem vom Panoramaparcours aus hat man einen schönen Blick hinab auf den Rheinfall.

Museumsbesuche gelten bei den meisten Kindern nicht unbedingt als liebste Urlaubsbeschäftigung. Eine Besichtigung der **Meersburg** mit ihren etwa 35 zugänglichen Räumen ist aber auch Familien mit Kindern unbedingt zu empfehlen. In den historischen Räumlichkeiten wird u. a. an Annette von Droste-Hülshoff erinnert, man bekommt aber auch Rüstungen, historische Waffen und Kanonen zu sehen. Zum Abschluss kann man das Burg-Café aufsuchen oder die Kinder in den obligatorischen Museumsshop begleiten, der hier vor allem die passende Ausstattung für angehende Ritter bereithält.

Eine schöne Wanderung führt von **Singen** aus hinauf auf den **Hohentwiel**. Die markante Erhebung im Hegau ist 686 m hoch und vulkanischen Ursprungs; heute gilt der Berg als bedeutendes Naturdenkmal. Hoch oben auf dem Hohentwiel thront die gleichnamige Festungsruine; zu den regulären Öffnungszeiten kann man das interessante Areal auch besichtigen.

In **Bregenz** startet man zur Besteigung des 1063 m hohen **Pfänders**. Vom Gipfel aus bietet sich ein atemberaubender Blick auf den Bodensee.

Ein markierter Weg geleitet von **Bodman** (zwischen Radolfzell und Stockach) an den Hängen des Bodanrücks entlang in die an manchen Stellen lediglich 2 m breite Marienschlucht. Sehr empfehlenswerte Wanderung!

Von **Radolfzell** aus radelt man auf einem ausgeschilderten Weg rund um die leicht hügelige Halbinsel Höri, die Gnadensee und Zeller See trennt.

Der ca. 260 km lange **Bodensee-Radweg** umrundet den gesamten See. Die gut ausgeschilderte Strecke lässt sich in einzelne Etappen unterteilen; auch die Inseln lassen sich auf diese Weise besuchen (wobei auf der Mainau Radfahren verboten ist). Zurück geht es ebenfalls mit dem Schiff.

Das Allgäu

Von Memmingen führt die Tour in die Kneipp-Kurorte Ottobeuren und Bad Wörishofen. Die vielgesichtige Landschaft des Allgäus kündigt sich bei Kempten an, weiter geht es zur südlichsten Stadt Deutschlands, Sonthofen, und zu den Wintersportorten Hindelang und Pfronten. Den Schlusspunkt der Tour setzen die Königsschlösser bei Füssen.

Das wappengeschmückte Rathaus am Kemptener Rathausplatz.

1 Der mittelalterliche Stadtkern der ehemaligen Freien Reichsstadt **Memmingen** lädt zu einem gemütlichen Spaziergang ein. Besonders lohnenswert sind Besichtigungen der spätgotischen Stadtpfarrkirche St. Martin, der typisch schwäbischen Kirche »Unsere Frauen« und des Fuggerbaus, der 1581–1599 als Handelsniederlassung erbaut wurde. 1630 weilte hier Wallenstein. Diesem Aufenthalt zu Ehren feiern rund 2500 Memminger Bürger mit Umzügen, Lagerleben und Theaterspielen auch heute noch alle vier Jahre den »Wallenstein-Sommer«.

2 Der Kneipp-Kurort **Ottobeuren** ist untrennbar mit seinem berühmten, über 1200 Jahre alten Benediktinerkloster verbunden. 1766 fertig gestellt wirkt der heute barocke Bau so prachtvoll, dass er auch als der »Schwäbische Escorial« bezeichnet wird. Die mächtige Abtei verfügt über etwa 200 Räume; für die Innenausstattung zeichneten so bekannte Künstler wie Johann Michael Feuchtmayer verantwortlich.
Noch heute leben im Kloster Mönche, die neben ihrer Tätigkeit als Seelsorger, Lehrer, Landwirte und Wissenschaftler die Anlage bewirtschaften. Die Klosterbibliothek ist auch heute ein bedeutendes Zentrum der Wissenschaft und die alljährlichen Orgel- und Kammerkonzerte gelten als Höhepunkte bayerischen Kulturlebens.

3 Der Pfarrer Sebastian Kneipp, der 1881 nach **Bad Wörishofen** übersiedelte, machte den heutigen Kurort weltberühmt. Durch die Bekämpfung seines eigenen Lungenleidens stieß er auf die Heilkraft des Wassers und konnte so in der Folgezeit zahllosen Kranken Linderung verschaffen. Überall wird man an die heilbringende Tätigkeit von Kneipp erinnert. Das 1718 gegründete Dominikanerkloster gilt als Geburtsstätte der Physiotherapie und beherbergt heute ein Kneipp-Museum; in der Pfarrkirche St. Justina wurde dem Seelsorger und Heiler ein Deckengemälde gewidmet.
Den Kurgästen werden Meditationsabende, Vortragsveranstaltungen und Kurgottesdienste angeboten. Das Umland mit seinen gepflegten Wanderwegen und zahlreichen Sportanlagen macht einen Kuraufenthalt in Bad Wörishofen zu einem abwechslungsreichen Erlebnis.

4 **Kaufbeuren**, das 1126 erstmals urkundlich erwähnt wurde, ist der Geburtsort von Ludwig Ganghofer (1855–1920), dessen Arbeitszimmer im Heimatmuseum besucht werden kann. Im Herzen der pittoresken Altstadt befindet sich das 1659 erbaute Crescentia-Kloster der Franziskanerinnen, heute die Gedenkstätte der selig gesprochenen Kreszentia Höss. Hauptwallfahrtstag ist der 30. April.
Der Fünfknopfturm mit sechs Geschossen und Zeltdach im Westzug der alten Stadtmauer ist das Wahrzeichen der Stadt.

5 Die Ursprünge der Stadt **Kempten** gehen bis in die Römerzeit zurück. Die Ansiedlung in der Provinz Raetia trug damals den Namen »Cambodunum«. 1361 wurde sie zur Reichsstadt erklärt. In der St.-Lorenz-Kirche, die als Wiege des süddeutschen Barocks gilt, befinden sich die Grabmäler der Fürstenäbte. Die Kirche ist der erste bedeutende Bau der »Vorarlberger Bauschule«. Gleich nebenan befindet sich die erste barocke Klosteranlage Süddeutschlands, die Residenz der Fürstäbte.
In der Innenstadt am Rathausplatz stehen bemerkenswert gut erhaltene alte Häuser wie das Zollhaus mit einem Schatz von bürgerlichen Wandmalereien und das Neubronner Haus, das heute das Stadtarchiv beherbergt.

6 Der Luftkurort **Sonthofen** ist die südlichste Stadt Deutschlands und

Die Memminger Altstadt zeigt auf Schritt und Tritt architektonische Zeugnisse des Bürgerstolzes, wie hier am prächtigen Marktplatz.

Die Stiftskirche St. Lorenz ist ein Werk des Vorarlberger Barockmeisters Michael Beer.

Innenansicht der alten Bibliothek der Benediktinerabtei Ottobeuren,

wurde bereits im Jahr 839 urkundlich erwähnt. Die landschaftliche Umgebung des Ortes verleitet geradezu zum Schwärmen und zahlreiche Wanderwege machen Lust auf einen Erkundungsgang. Im Ort selbst empfiehlt sich ein Besuch im Heimathaus mit einer Gesteinssammlung, einem Saal zur Vor- und Frühgeschichte, einer Kuhglockensammlung, einer Nagelschmiede und einer Alpsennerei, die daran erinnert, dass man sich in Deutschlands Milch- und Käseregion Nummer eins befindet.

Am Sonntag vor Faschingsdienstag wird auf dem Rathausplatz alle drei Jahre das »Egga-Spiel« veranstaltet, ein altes Allgäuer Fastnachtsspiel, bei dem im Getümmel prachtvoller Maskeraden eine Hexenpuppe verbrannt wird.

7 Der Name des Kneipp-Kurortes und Wintersportzentrums **Hindelang** geht auf eine von dem Priester »Hundilanc« im Jahre 1170 gemachte Schenkung zurück.

In puncto Tourismus gilt bei den Hindelangern die Devise »Klasse statt

Wandern & Freizeit

Eine zwei Stunden dauernde Wanderung führt um **Ottobeuren** auf dem Naturpfad »Via Aqua« (blaue Markierung), der mit mit Infotafeln zum Thema Wasser aufwartet. Die Tour beginnt am Parkplatz des Gasthauses Skihütte und führt an einer Trinkwasserquelle vorbei hinauf zu einer Hochfläche. Hier entspringen zahlreiche Quellen, die zur Trinkwasserversorgung genutzt werden. Der Weg führt nach Großkemnat und zurück Richtung Ottobeuren.

Eine vierstündige Wanderung bietet sich in **Immenstadt** an. Von der Talstation der Mittagbahn fährt man zur Bergstation auf dem Mittelberg (1451 m). In nur 20 Minuten führt ein Weg zur Alpe Oberberg. Zurück auf dem Mittelberg wandert man entlang des Höhenkamms der Nagelfluhkette über den Bärenkopf und weiter bis zum Steineberg (1660 m). Über einen Pfad unterhalb der Felswand biegt man links ab und gelangt auf der Südseite des Steinebergs zum Gipfel. Das Alpenpanorama ist fantastisch. Der Rückweg führt zur Mittelstation der Schwebebahn, wobei man beim Sattel zwischen Steineberg und Bärenkopf links abzweigt und zur Station hinabwandert.

Wahrlich märchenhaft zeigt sich Schloss Neuschwanstein, das zu den meistbesuchten Sehenswürdigkeiten Deutschlands zählt.

Der Sängersaal erstreckt sich über das gesamte vierte Obergeschoss des östlichen Palas.

Byzantinische Goldpracht, Stuckmarmor und blaue Säulen im Thronsaal Neuschwansteins.

Masse«. Besonders für den Naturschutz setzt man sich hier auf vorbildliche Art und Weise ein. Die hiesigen Landwirte verzichten auf mineralischen Dünger und chemische Pflanzenschutzmittel und wurden deshalb mit dem Deutschen Umweltpreis für das »Öko-Modell Hindelang« ausgezeichnet. Mit einem reichhaltigen Angebot an Freizeiteinrichtungen sorgt sich die Gemeinde um das Wohlergehen ihrer aktiven Gäste.

Wenn der Alpsommer vorbei ist, werden die Kühe geschmückt und mit wertvollen Kuhglocken behängt. Der Viehscheid, der zwischen dem ersten und dritten Wochenende im September stattfindet, zählt zu den Höhepunkten im Allgäuer Brauchtum, so auch in Hindelang.

8 Der Luftkurort **Pfronten** ist der größte Ferien- und Wintersportort des Ostallgäus. Er besteht aus insgesamt 13 Ortschaften, die zum Teil recht weit auseinander liegen. Einen besonderen Blick auf die Seen des Umlandes, die Königsschlösser, den Säuling, die Zugspitze und die Tannheimer Berge hat man von der Burgruine Falkenstein auf 1270 m Höhe. König Ludwig II. kaufte sie 1884 um hier eine gotische Burg als Gegenstück zum romantischen Schloss Neuschwanstein errichten zu lassen. Seine großen Träume von einer »Raubritterburg« konnte er infolge seines tragischen frühen Todes jedoch nicht mehr realisieren.

9 Am Ende der »Romantischen Straße« liegt **Füssen**, dessen Stadtbild vom Hohen Schloss beherrscht wird. Dieses Paradebeispiel mittelalterlichen Burgenbaus mit seinen um 1500 entstandenen Holzkassettendecken im Rittersaal birgt heute ein Museum mit spätgotischen Skulpturen und Malereien aus dem schwäbisch-bayerischen Raum. Außer seiner Nähe zu den Schwanenschlössern ist Füssen auch wegen seiner zahlreichen anderen Sehenswürdigkeiten wie der Stadtpfarrkirche St. Mang, der Spitalkirche Heilig Geist und der St.-Anna-Kapelle sowie der pittoresken Altstadt mit engen Gässchen und Straßencafés beliebt.

10 Inmitten der malerischen Umgebung von Schwangau und der Ostallgäuer Seenplatte ließ König Maximilian II. im Jahre 1832 die Ruinen von drei Stauferburgen restaurieren. Daraus entstand im Stil der Neugotik **Schloss Hohenschwangau**. Im Inneren finden sich zahlreiche Malereien und Fresken von Moritz von Schwind, in denen Szenen aus deutschen Sagen sowie der bewegten Vergangenheit dieses Gebiets dargestellt sind.

Kloster St. Mang mit dem Turm der Pfarrkirche liegt oberhalb des Lechs und im unteren Bereich des Schlossbergs in Füssen.

Hier verbrachte der junge Kronprinz und spätere »Märchenkönig« Ludwig II. oft die Sommermonate. In dieser Abgeschiedenheit und der eher düsteren Atmosphäre gab sich der spätere König seinen romantischen Fantasien hin und träumte von einem Schloss »im echten Stil der alten teutschen Ritterburgen«.

In späteren Jahren verwirklichte er diesen Traum in Form des Schlosses Neuschwanstein. Außer von der Burgenromantik ließ sich Ludwig II. bei der pompösen Innenausstattung von seinem Freund Richard Wagner und dessen Opern »Tannhäuser«, »Lohengrin« und »Parsifal« inspirieren. Das Herzstück des Schlosses ist der hoch aufragende Palas mit Sängersaal und Thronsaal, in dem Ludwig seinen Träumen von unumschränkter Macht nachhing. Leider konnte der König in seinem Märchenschloss nur für kurze Zeit wohnen, da er am 13. Juni 1886 im Starnberger See den Tod fand.

Das Schloss kann nur in Verbindung mit einer Führung besichtigt werden. Ein besonders schöner Blick auf die mächtige Anlage bietet sich dem Besucher von der 90 m hohen Marienbrücke aus, die den Süden und den Osten des Burgbergs, die Pöllatschlucht, überspannt.

Wandern & Freizeit

Der besonders eindrucksvolle Tobelweg beginnt in **Hindelang**, wo Joch- und Alpenstraße zusammentreffen. Für die gut angelegten Steige, die an kritischen Geländestellen mit Stahlseilen und teilweise auch mit Tritteisen gesichert sind, ist wegen des steilen Geländes jedoch absolute Trittsicherheit und Geschicklichkeit notwendig.

Von **Pfronten** aus bietet sich ein Aufstieg auf den **Breitenberg** an. Von der Talstation führt der Weg ins Achental. Von dort aus beginnt ein steiler Anstieg auf der bewaldeten Nordwestflanke, die am Ende relativ flach auf den Grat zuläuft. Der teilweise recht anstrengende Aufstieg ist von geübten Wanderern in gut 2,5 Stunden zu bewältigen. Auf 1500 m Höhe lädt dann das Berghaus Allgäu zur wohlverdienten Rast ein. Ausblicke bis zum Bodensee kann man bei einer Kammwanderung über die Hörnergruppe genießen.

In **Füssen** lässt sich eine knapp 10 km lange Vier-Seen-Radrunde in Angriff nehmen. Start ist am Parkplatz Morisse. Dann führt die Strecke durch das Faulenbacher Tal vorbei am Mitter- und Obersee und mit einem Anstieg hinauf zum Alatsee. Im Hochsommer ist eine Abkühlung im See gerade Recht und vielleicht auch eine Rast auf der Terrasse des Gasthofes. Dann geht es flott hinab zum Weißensee und über den Kobelhangweg und die Kemptener Straße zurück zum Ausgangspunkt. Die Tour führt ausschließlich über geteerte Rad- und Wirtschaftswege und ist auch für Familien geeignet.

Der **König-Ludwig-Weg**, der im Jahre 1977 eröffnet wurde, führt auf mehreren Etappen über insgesamt rund 120 km den Lech aufwärts zwischen eiszeitlichen Höhenzügen und Gletscherbecken ins Voralpengebiet. Der Weg startet an der Votivkapelle in Berg am Starnberger See und endet im Allgäu an der Grenze zu Österreich bei Füssen.

Der Ludwig-Wanderweg kann in mehrere Etappen unterteilt werden. Zahlreiche kommerzielle Anbieter haben auch ein Wandern ohne Gepäck-Programm in ihrem Angebot. Die Wegstrecke ist durchgängig blau-weiß, mit einem blauen »K« auf weißem Grund, gekennzeichnet.

Der 410 km lange **Bodensee-Königssee-Radweg** durchquert in einigen Teiletappen das Westallgäu, Oberallgäu und Ostallgäu. Die anspruchsvolle Mehrtagestour erfordert Kondition. Die Stecke führt dabei zu vielen idyllischen Voralpenseen und durchquert eine fantastische Voralpen- und Alpenlandschaft.

Im Allgäu bieten sich die Teilstrecken von Lindau nach Immenstadt und weiter nach Füssen an.

Der Fernradweg ist mit der Bezeichnung »Bodensee-Königssee-Radweg« sehr gut beschildert. In großen Teilen führt der Weg entlang gut befestigter Radwege, allerdings sind auch einige Höhenmeter zu absolvieren. Wer den gesamten Radweg abfährt kommt auf gut 3300 Höhenmeter.

Unterwegs im Fünfseenland

Starnberger, Ammer-, Wörth-, Pilsen- und Weßlinger See sind umgeben von sanften Hügeln und dunklen Wäldern. Die Tour vom Starnberger See über Weilheim bis zur Wieskirche spiegelt eine Welt voller Gegensätze: Beschaulichkeit neben Trubel, landschaftliche Vollendung neben feudalen Bauwerken.

❶ Wohnort der »oberen Zehntausend« ist die Kreisstadt **Starnberg** am gleichnamigen See, dessen Angebot an Strandpromenaden, Bootsverleihen und Wassersportclubs zahlreiche Besucher vor allem aus dem nahen München anlockt. Starnbergs Rokokokirche St. Joseph mit einem meisterhaften Hochaltar sowie wundervollem Stuck und Fresken zählt zu den schönsten der Region.

Die letzten Tage vor seinem mysteriösen Tod am 13. Juni 1886 verbrachte König Ludwig II. im benachbarten Schloss Berg, ehe der Monarch sowie sein Leibarzt Dr. Gudden tot am Seeufer aufgefunden wurden.

❷ Besonderer Anziehungspunkt von **Schäftlarn** an der Isar sind die Anlagen des ehrwürdigen Barockklosters, erbaut 1702–1707, sowie der jüngeren Rokokokirche.

Das Klostergebäude fungiert heute als Internat und steht durch seine Schlichtheit in einem markanten Kontrast zu der mit Fresken und Stuck verzierten Klosterkirche. Das Klosterbräustüberl lädt nach der Besichtigung zu einer Rast ein.

Das Gnadenbild der thronenden Muttergottes im Hochaltar der Andechser Kirche.

❸ Der am Südende des Starnberger Sees gelegene Erholungsort **Seeshaupt** profitiert vor allem von seiner Nähe zu der unter Naturschutz stehenden Seenplatte, den Osterseen. Hier sind noch ausgedehnte Schilfgürtel erhalten. Die 19 Seen entstanden vor ungefähr 20 000 Jahren aus einem Eisblock und sind von einer

Dießen: Der Innenraum des Marienmünsters im Stil des frühen Rokoko.

Weißgoldene Eleganz in der Klosterkirche St. Dionys und St. Juliana in Schäftlarn.

Ein Fleckchen Oberbayern wie im Bilderbuch: Ruhig, beschaulich und in schönem Licht zeigt sich der Starnberger See von seiner schönsten Seite.

Die Andechser Wallfahrtskirche an der Ostseite des Ammersees. Benediktinermönche sorgen sich hier um das seelische und leibliche Wohl der Pilger.

einzigartigen Flora und Fauna umgeben. Zahlreiche Wanderwege durchziehen das Gebiet.

❹ Der einstige Fischerort **Tutzing** wurde vor bereits über 1200 Jahren erstmals urkundlich erwähnt und ist heute ein beliebter Erholungs- und Luftkurort mit einem eigenen Strandbad, mehreren Bootshäfen und schönen Wanderwegen ins wald- und schluchtenreiche Hinterland.
Das Tutzinger Schloss beherbergt die Evangelische Akademie und die Akademie für politische Bildung.

❺ In **Feldafing** verbrachte bereits Kaiserin Elisabeth von Österreich in dem noch heute existierenden und nach ihr benannten Hotel »Kaiserin Elisabeth« 24 Sommer. Auf der romantischen »Roseninsel«, auf die man mit einem historischen Boot übersetzen kann, ließ König Maximilian II. eine Villa im pompejanischen Stil erbauen. Ludwig II. nutzte sie um sich hier mit seiner acht Jahre älteren Kusine »Sisi« zu treffen.

❻ Das Kloster in **Andechs** ist heute die populärste Marienwallfahrtsstätte Bayerns. Das Kloster, die Burg und die Kirche wurden von den Grafen von Andechs-Meran gegründet. Nach dem Aussterben dieses Geschlechts begann die geistliche Geschichte der Anlage, die heute zum Benediktinerorden gehört. Die gotische Klosterkirche besticht durch Stuckaturen, Deckenfresken, den Hochaltar mit dem berühmten spätgotischen Gnadenbild der thronenden Muttergottes und ein Deckengemälde von Johann Baptist Zimmermann in der Antoniuskapelle.

Ein würdiger Ausklang der Wallfahrt zum »heiligen Berg« ist ein Besuch der Klostergaststätte mit ihrem herrlichen Biergarten, einer wunderbaren Aussicht und dem bekannten selbst gebrauten Andechser Bier.

❼ Seit Jahrhunderten genießt die Kleinstadt **Dießen** einen hervorragenden Ruf für ihre geschmackvolle Handwerkskunst. Erholung und Freizeitspaß bieten zwei Strandbäder, ein Hallenschwimmbad, eine Segelschule und eine Reithalle. Kulturellen Interessen kann man bei einem Besuch der Klosterkirche Maria Himmelfahrt gerecht werden, die als eine der schönsten bayerischen Rokokokirchen gilt (1739).

❽ 1964 wählte die Deutsche Bundespost **Raisting** zum Standort der größten Erdfunkstelle der Welt. Die gesamte Anlage ist mittlerweile an eine internationale Firma verkauft. Via Fernsprechsatelliten bestehen von Raisting aus Fernseh- und Fernsprechverbindungen mit vielen Ländern der Welt. Die Nachrichtensatellitenstation mit ihren großen Parabolantennen ergibt zusammen mit der wunderschönen Voralpenlandschft einen tollen Kontrast; darunter auch der sogenannte »Radom« (Radar-Dom), die Antenne 1, eine gigantische Kugel, die seit Ende des Kalten Kriegs nicht mehr in Betrieb ist, und nun in Raisting den Status eines Denkmals genießt.

❾ Am Nordostrand des Pfaffenwinkels gelegen profitierte die heutige

Wandern & Freizeit

Eine Radtour zwischen Starnberger und Ammersee führt an Weßlinger, Pilsen- und Wörthsee vorbei durchs **Fünfseenland**. Hier bieten sich idyllische Uferpromenaden, bäuerliches Hügelland und wundervolle Ausblicke.

Das Naturschutzgebiet der 19 **Osterseen** von Seeshaupt am Starnberger See bis Iffeldorf bietet Wanderern, Radfahren und Anhängern des Walking-Sports eine fantastische Kulisse mit den türkisfarbenen Seen mit Schilfgürteln, ausgedehnten Moorlandschaften und immer wieder eindrucksvollem Blickwinkel auf das sich bietende Bergpanorama. Eine gemütliche Familien-Rundwanderung (für Kinderwagen nicht geeignet) beginnt am Parkplatz in Iffeldorf und führt weiter um den Fohnsee und um den Großen Ostersee. Am Großen Ostersee ist Baden erlaubt.

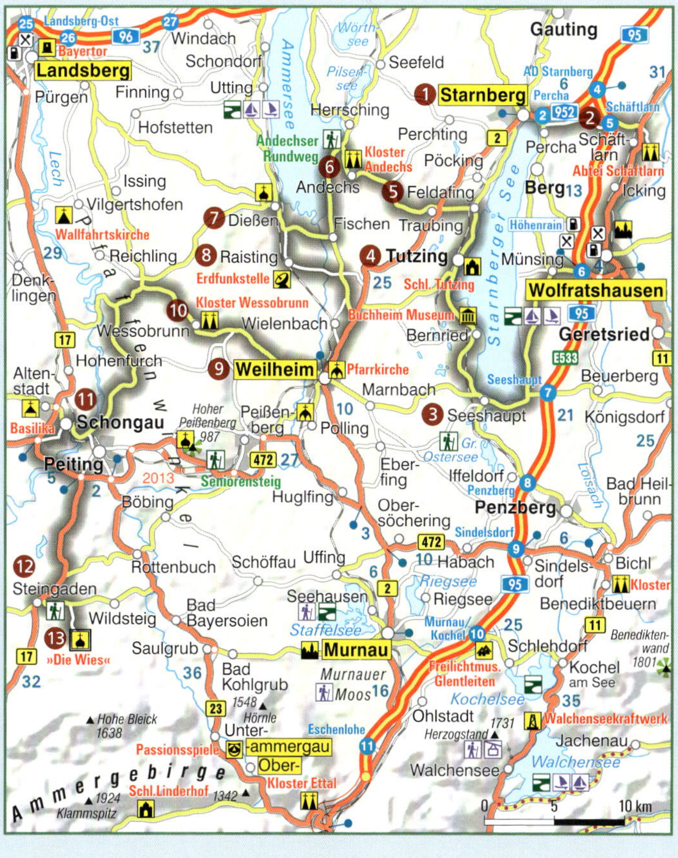

Die Klosterkirche Wessobrunn besticht mit aufwendigen Stuckarbeiten, prächtigen Altären und einer Predigtkanzel von Thassilo Zöpf.

Kreisstadt **Weilheim** bereits im 17. und 18. Jh. von ihren gut situierten Bewohnern, vornehmlich Künstlern und Handwerkern, die ihr Geld in schmucke Häuser investierten. Mittelalterliches Flair, schöne Einkaufsmöglichkeiten und einige Lokale laden zum Bummeln ein.

Im Stadt- und Pfaffenwinkelmuseum werden Skulpturen Weilheimer Bildhauer sowie Fundstücke und Exponate zur Geschichte der Stadt gezeigt. Als Wahrzeichen Weilheims gilt der 45 m hohe Turm der frühbarocken Pfarrkirche St. Mariä Himmelfahrt. In deren Innerem befinden sich wertvolle Gemälde und Plastiken wie die »Beweinung Christi« von Martin Knoller (1790), Altäre von Franz Xaver Schmädl und das Präntl-Grabmal von Adam Krumpper.

10 Leider ist das Benediktinerkloster, welches 753 von Herzog Tassilo III. in **Wessobrunn** gegründet wurde, nicht mehr vollständig erhalten. Der Ort war bereits im frühen Mittelalter ein bedeutendes Kulturzentrum: Die »Wessobrunner Gebete«, zur Ansicht nachgeschrieben auf einem Findlingsblock, sind eines der ältesten deutschen Sprachdenkmäler.

Im 17. und 18. Jh. wirkte die »Wessobrunner Schule« stilprägend auf den Gebieten von Architektur, Plastik und Freskomalerei. Sehenswert sind der herrlich stuckierte Tassilo-Saal, der romanische Turm der Klosterkirche und die Pfarrkirche St. Johannes mit einem überlebensgroßen spätromanischen Kruzifix (um 1250).

11 An der einst bedeutenden Handelsstraße Via Claudia Augusta erreichte **Schongau** im 17. und 18. Jh. seine wirtschaftliche Blütezeit. Aus dieser Ära stammt der barocke Neubau der Pfarrkirche Mariä Himmelfahrt, an dessen Bau Dominikus Zimmermann und Franz Xaver Schmuzer sowie der Stuckateur Matthäus Günther maßgeblich beteiligt waren.

12 Die Klosterkirche St. Johannes in **Steingaden** ist eine der bedeutendsten Kirchen des Pfaffenwinkels und deren Innenausstattung in ihrer Mischung aus Barock und Rokoko ein typisches Zeugnis des Stilwandels der Wessobrunner Schule. Aus spätromanischer Zeit stammt die Johanneskapelle, in der Dominikus Zimmermann seit 1766 seine letzte Ruhestätte gefunden hat.

13 Durch ihre Lage auf einem kleinen Hügel ist die »Wallfahrtskirche zum gegeißelten Heiland«, meist einfach **Wieskirche** genannt, bereits von Weitem sichtbar. Die vielleicht bedeutendste Rokokokirche der Welt entstand, nachdem eine Bäuerin 1738 an einem Bildstock mit einem Gnadenbild des gegeißelten Heilands Tränen gesehen hatte.

Dominikus Zimmermann wurde als Baumeister, sein Bruder Johann Baptist als Maler-Stuckateur verpflichtet. Die Kirche gilt als ein überaus gelungenes Gesamtkunstwerk von Malerei, Stuckatur, Plastik und Architektur und wurde von der UNESCO zum »Weltkulturerbe« erklärt.

Besonders faszinierend ist die Mischung aus leidensvollem Gnadenbild und innerer Heiterkeit, die der Anblick der Architektur auslöst. Heute ist das Gotteshaus nicht nur ein bedeutender Wallfahrtsort, sondern wird ebenfalls für festliche Konzerte genutzt, die sich beim Publikum großer Beliebtheit erfreuen.

Das Herz Weilheims ist der Marienplatz mit dem Marienbrunnen und der Kirche Mariä Himmelfahrt.

Ein Meisterwerk des Rokoko und das Juwel des Pfaffenwinkels ist die Wieskirche. In zarten Farben malte Johann Baptist Zimmermann das Deckenfresko.

Wandern & Freizeit

Eine landschaftlich abwechslungsreiche kleine Wanderung verläuft von **Tutzing** (Gestartet wird am S-Bahnhof) westlich zur **Ilkahöhe**. Mit 728 m ist dies der höchste Moränenhügel am Starnberger See, der einen wunderbaren Blick auf den See und auf das sich dahinter auftürmende Alpenpanorama bietet. Im Forsthaus Ilkahöhe und im zugehörigen Biergarten kann man gut einkehren.

Von **Herrsching** am Ammersee startet der Andechser Rundweg durch eine verträumte ländliche Gegend über Frieding und Machtling mit dem lohnenden Ziel, die geistigen und leiblichen Genüsse in Bayerns ältester Wallfahrt, Kloster Andechs, zu genießen. Der Rückweg führt durch das landschaftlich reizende Kiental zurück nach Herrsching, wo sich vielleicht noch eine Fahrt auf dem Ammersee mit einem der Ausflugsschiffe (von Ostern bis ca. Mitte Oktober, Informationen: *Tel. 08143/94021, www.seenschiffahrt.de*) oder ein erfrischendes Bad als gelungenen Abschluss des Tages anbieten.

Von der Gegend um den Ammersee aus empfiehlt sich ein Abstecher zu den kleineren, benachbarten Badeseen. Ideale Bademöglichkeiten bietet der etwa 4 km lange und 2 km breite **Wörthsee**. Mit einem Ruderboot lässt sich die einzige Insel im See erkunden – Wörth, die dem Gewässer seinen Namen gab.

Nach einem Spaziergang entlang der kurzen Uferpromenade des **Weßlinger Sees** sorgt der »Gasthof Zur Post« in Weßling mit typisch bayerischen Schmankerln für das leibliche Wohl in einem Biergarten unter Kastanien.

Der **Pilsensee** war ursprünglich ein Teil des Ammersees, wurde aber durch Schuttablagerungen von diesem abgetrennt. Er ist mit einer Fläche von 2 km² einer der wärmsten Seen Oberbayerns und kann sich einer sehr geringen Wasserverschmutzung rühmen. Wegen seiner artenreichen Flora und Fauna steht er unter Naturschutz. Über dem See wacht Schloss Seefeld.

Wer die Strecke mit dem Fahrrad fahren will, muss mit rund 65 km Streckenlänge rechnen.

Ein rund 1 km langer Rundweg durch den **Paterzeller Eibenwald** eröffnet Einblicke in eine wahre Schatztruhe der Natur. Ausgangspunkt ist der Parkplatz am Gasthof »Zum Eibenwald«, wo man auch Faltblätter mit Wissenswertem über den Eibenwald, der bereits 1939 unter Naturschutz gestellt wurde und das größte Eibenvorkommen Deutschlands ist, erhält.

Informative Klapptafeln verraten auf dem Weg, der in gut einer Stunde bewältigt werden kann, mehr über diese seltene Baumart und ihren Lebensraum. Über 2000, teils mehrere hundert Jahre alte Eiben sorgen für eine besondere Stimmung in diesem Wald.

Auf einer Streckenlänge von rund 2,5 km führt der Senioren-Steig, der auch sehr gut geeignet ist für Familien mit Kindern, vom Ortszentrum **Hohenpeißenberg** hinauf auf den **Hohen Peißenberg** (988 m). Zunächst geht der Weg durch den Bruckwald, kreuzt die Bergstraße, und führt eine kleine Teilstrecke auf der ehemaligen Fahrstraße zum Gipfel. Nach dem Verlassen des Waldes geht es immer entlang der Ausschilderung über Wiesen und Weiden auf den Hohen Peißenberg. Immer wieder eröffnen sich fantastische Ausblicke zum Fünfseenland und zu den Bergen. Wer Zeit und Lust hat, kann auf der letzten Teilstrecke der Wanderung den Lehrpfad Wetter und Klima (rund 500 m lang) mit seinen interessanten Schautafeln in seine Tour einbeziehen.

Eine 10 km lange Rundwanderung führt von **Steingaden** entlang der Wegstrecke 2 über die Schlögelmühle und weiter über den Brettleweg, der das Wiesfilz überquert, zur Wieskirche.

Nach der Besichtigung führt der Weg über die Landvolkshochschule Wies und Litzau zrück zum Ausgangspunkt. Ohne die Zeit für die Besichtigung ist mit rund drei Stunden zu rechnen.

Die Wies passieren auch der **König-Ludwig-Weg** von Füssen zum Starnberger See und der **Prälatenweg** von Marktoberdorf nach Kochel am See; beide sind gut frequentierte Fernwanderwege.

Schloss Neuschwanstein am Fuße des Ammergebirges.

Alpen und Alpenvorland

Ein Alpenland, als das sich unsere Republik gerne touristisch präsentiert, ist Deutschland mit Sicherheit nicht. Die Alpen sind bei uns eher eine reizvolle »Randerscheinung«. Das liebliche Alpenvorland gleicht einer Bilderbuchlandschaft.

Das alpine Hochgebirge nimmt hierzulande allenfalls ein Hundertstel der Landesfläche ein. Selbst wenn man das von den Alpenflüssen durchflossene Vorland bis zur Donau sowie die Voralpen hinzurechnet, ergibt sich nur ein vergleichsweise kleiner Flächenanteil. Doch der umschließt viele Reiseziele, die nicht nur für Gäste aus dem Ausland ein absolutes »Muss« auf ihrem Reisefahrplan sind. Zu Recht, denn das mit Kunstschätzen prall gefüllte, vom Landschaftscharakter her liebliche Vorland und das grandiose alpine Hochgebirge im Hintergrund gehören zweifellos zu den schönsten und interessantesten Landschaften, die über Donau und Main hinweg bis hinauf zur »Waterkant« zu finden sind. Die oberschwäbisch-oberbayerischen Alpen bilden vom Allgäu bis hinüber zum Berchtesgadener Land den nördlichsten Strang der Kalkhochalpen. Mit knapp 3000 m Meereshöhe erreichen die höchsten Gipfel (darunter die Zugspitze als Deutschlands höchste Erhebung) zwar nicht die Höhen der Bergriesen in den Zentralalpen, und die Vergletscherung ist bloß dürftig; bei der wilden Hochgebirgsszenerie können unsere von den Gletschern der Eiszeiten geformten Berge jedoch leicht mithalten. Die obere Baumgrenze und damit das untere Limit der Lebensräume alpiner Pflanzen und Tiere verlaufen in den Deutschen Alpen sogar deutlich niedriger als zum Beispiel in den Schweizer Alpen. Steinböcke, Gämsen und Murmeltiere sind zumindest im Sommer schon oberhalb von 1800 m anzutreffen. Ebenso blühen dort charakteris tische Gewächse der Hochgebirge unter anderem die Enziane oder da Edelweiß. Am üppigsten natürlich ir den großen Naturreservaten der Re gion wie dem Nationalpark Berchtes gadener Alpen. Das von Natur au fast vollständig bewaldete Nördlich Alpenvorland ist heute ein abwechs lungsreiches Mosaik aus Wiesen, Fel dern und kleineren Waldinseln. Wi die Almen in den mittleren Gebirgs lagen wurde es in Jahrhunderte vom Menschen gestaltet. Moore un

Der Enzian ist ein typischer Bewohner nährstoffarmer Standorte.

Alpensteinböcke waren beinahe schon ausgestorben.

zahlreiche kleine und große Seen – vom Bodensee im Westen bis zum Chiemsee im Osten – sowie die vielfach nur zum Teil gebändigten Alpenflüsse setzen hier als ökologisch besonders wertvolle Feuchtgebiete natürliche Akzente.

Der Chiemsee mit der Herreninsel und der Fraueninsel ist auch ein Beispiel dafür, wie sich im Vorland Natur und Kultur durchdringen und verflechten. Was wäre außerdem das »Märchenschloss« Neuschwanstein ohne die überwältigende Szenerie der Füssener Voralpen, die weltberühmte Wieskirche, ein Kleinod des Barock, ohne die Ammergauer Berge, die ehemalige Abtei in Bad Schussenried ohne die sanft gewellten Hügelketten Oberschwabens. Dass man in den Deutschen Alpen und ihrem Vorland nahezu alle denkbaren Arten von Sommer- und Wintersport betreiben und vorzüglich kuren kann, versteht sich von selbst.

Großes Bild oben: Karge Felswildnis im Bereich des Watzmanngipfels.

Das Edelweiß ist das Symbol der alpinen Bergwelt.

Das Alpenvorland zwischen Loisach und Inn

Im oberbayerischen Alpenland gibt es viel zu sehen. Die Tour führt vom Geigenbauort Mittenwald über Garmisch-Partenkirchen zum Königsschloss Linderhof. Von dort geht es durch Oberammergau zum Tegernsee und weiter nach Bayrischzell.

1 Den Namen **Mittenwald** erhielt der Ort durch seine Lage mitten im Scharnitzer Wald, umgeben vom mächtigen Wetterstein- und Karwendelgebirge. Neben Oberammergau zählt Mittenwald zum Zentrum der Lüftlmalerei, welche an den Hauswänden die Geschichte der Stadt erzählt. Goethe beschrieb den Ort als »lebendiges Bilderbuch«. Bekannt ist Mittenwald wegen der Geigenbaukunst, eine Fertigkeit, die Matthias Klotz nach einer Lehre bei Amati in Italien in sein Heimatdorf mitbrachte. Ein kleiner Abstecher führt zum **Walchensee**. Der dunkelgrüne Gebirgssee vor der eindrucksvollen Kulisse von Karwendel- und Wettersteingebirge ist ein Paradies für Wind- und Kitesurfer, aber auch bei Anglern hat er mit seiner erstklassigen Wasserqualität und seinem reichen Bestand an Seeforellen und Hechten einen guten Ruf. Mit der Herzogstandbahn Walchensee *(www.herzogstandbahn.de)* kann man vom Seeufer aus bequem zum Berggasthof hinauffahren und den Ausblick genießen. Auf einem schmalen Pfad, der Trittsicherheit und festes Schuhwerk erfordert, geht es dann in 45 Minuten zum Herzogstandgipfel, von dort eröffnet sich ein fantastischer Panoramablick, der sowohl weit in das Alpenvorland als auch zu den Alpengipfeln reicht.

2 **Garmisch-Partenkirchen** ist durch seine Lage in den deutschen Alpen, als Talort der Zugspitze, als Austragungsort der Vierschanzentournee, der alpinen Skiweltmeisterschaften und als Olympiastadt zur weltbekannten Wintersportmetropole avanciert. Der Luftkurort bietet mit seiner reizvollen Umgebung, wie den romantischen Schluchten von Partnach- und Höllentalklamm, naturbelassenen Bergseen und zahlreichen Bergbahnen, hervorragende Erholungsmöglichkeiten.

3 Ein Unikum in Bayern ist das ebenso monumentale **Kloster Ettal** wegen des Kuppelbaus seiner Klosterkirche. Kaiser Ludwig der Bayer hat es der Ortschaft auf Grund eines Gelübdes nach seiner Rückkehr aus Italien gestiftet. Heute leben hier Benediktinermönche, die den Erhalt des Klosters durch eine eigene Brauerei, die Herstellung eines Likörs, eine Schaukäserei, einen Buch- und Klosterladen und den Betrieb eines komfortablen Hotels finanzieren. Auch ein humanistisches Gymnasium mit Internat gehört zur Anlage.

4 Nach dem Vorbild des Petit Trianon in Versailles erbaut ist das kleine und intime **Schloss Linderhof**, das Einzige unter den Märchenschlössern Ludwigs II., das bereits zu dessen Lebzeiten fertiggestellt wurde. Mit diesem Bau verwirklichte der König seinen Traum von absolutistischer Herrschaft. Zitate des italienischen Barocks neben französischem Rokoko, im Park der berühmte Maurische Kiosk der Pariser Weltausstellung von 1867 sowie Anleihen aus Antike und Romantik führen den Besucher ins Reich der königlichen Fantasie. Im Inneren des Schlosses ist das »Tischleindeckdich« – ein in den Boden zur Küche versenkbarer Esstisch – eine der Hauptattraktionen.

Die Marktgemeinde Garmisch-Partenkirchen ist ein beliebtes Sommer- und Winterziel.

Das Benediktinerkloster Ettal mit seiner mächtigen Kuppel.

5 Franz Seraph Zwinck (1748–1792), der Erfinder der Lüftlmalerei, verbrachte sein Leben in **Oberammergau** und die bunte Bemalung der Häuserfassaden prägt das Stadtbild auch heute noch. Die Kunst der Holzschnitzerei wird hier seit mehr als 1000 Jahren gepflegt. Zahlreiche Schnitzer arbeiten noch immer in den Werkstätten. Am Ortseingang hat man den »Kraxentragern«, Hausierern, die ihre wertvollen Schnitzobjekte im 18. Jh. in ganz Mitteleuropa feilboten, ein Denkmal gesetzt.

Wandern & Freizeit

Auf dem Parkplatz vor dem Hotel Rieger in **Mittenwald** startet die einfache, rund dreistündige Wanderung zum Lautersee und Ferchensee. Am Kurpark führt der Weg in die Ferchenseestraße, dann steil hinauf und immer entlang des Hauptweges zum Lauter- und weiter zum Ferchensee. Wer die Wanderung um gut eine Stunde abkürzen will, umrundet nur den Lautersee und geht nicht weiter zum Ferchensee. An beiden Seen gibt es Einkehr- und Bademöglichkeiten. Auf dem Lautersee kann man ein Ruder- oder Tretboot mieten. Auf dem Rückweg geht es vorbei an der Kapelle Maria Königin, immer der Beschilderung Mittenwald folgend über den Schwibbader Weg zurück ins Tal.

Von Garmisch-Partenkirchen nach Grainau und dort Richtung **Eibsee** fahren. Bei der Informationstafel beginnt eine Wanderung rund um den Eibsee, mit seinem kristallklaren Wasser, das sich im Farbspektrum von Hell- über Tiefblau bis Türkis zeigt. Der Weg gewährt immer wieder einzigartige Blicke auf Deutschlands höchsten Berg, die Zugspitze. Es gibt auch eine Badeanstalt, einen Bootsverleih und Einkehrmöglichkeiten. Die Streckenlänge beträgt ca. 7 km und ist gut in eineinhalb bis 2 Stunden zu bewältigen.

Faszinierende Natureindrücke verspricht eine Wanderung zur **Partnachklamm**. Ausgangspunkt ist das Olympia-Skistadion in Garmisch-Partenkirchen. Der Weg führt vorbei an der Talstation der Bergbahn zum Graseck. Schnell ist man beim Eingang zur Klamm. Die rund 900 m lange Schlucht der Partnach überwindet wild tosend einen Höhenunterschied von 90 m. Festes Schuhwerk und wasserdichte Kleidung sind zu empfehlen.

Königlicher Traum: Nach französischem Vorbild ließ König Ludwig II. das Rokokoschlösschen Linderhof im Graswangtal errichten.

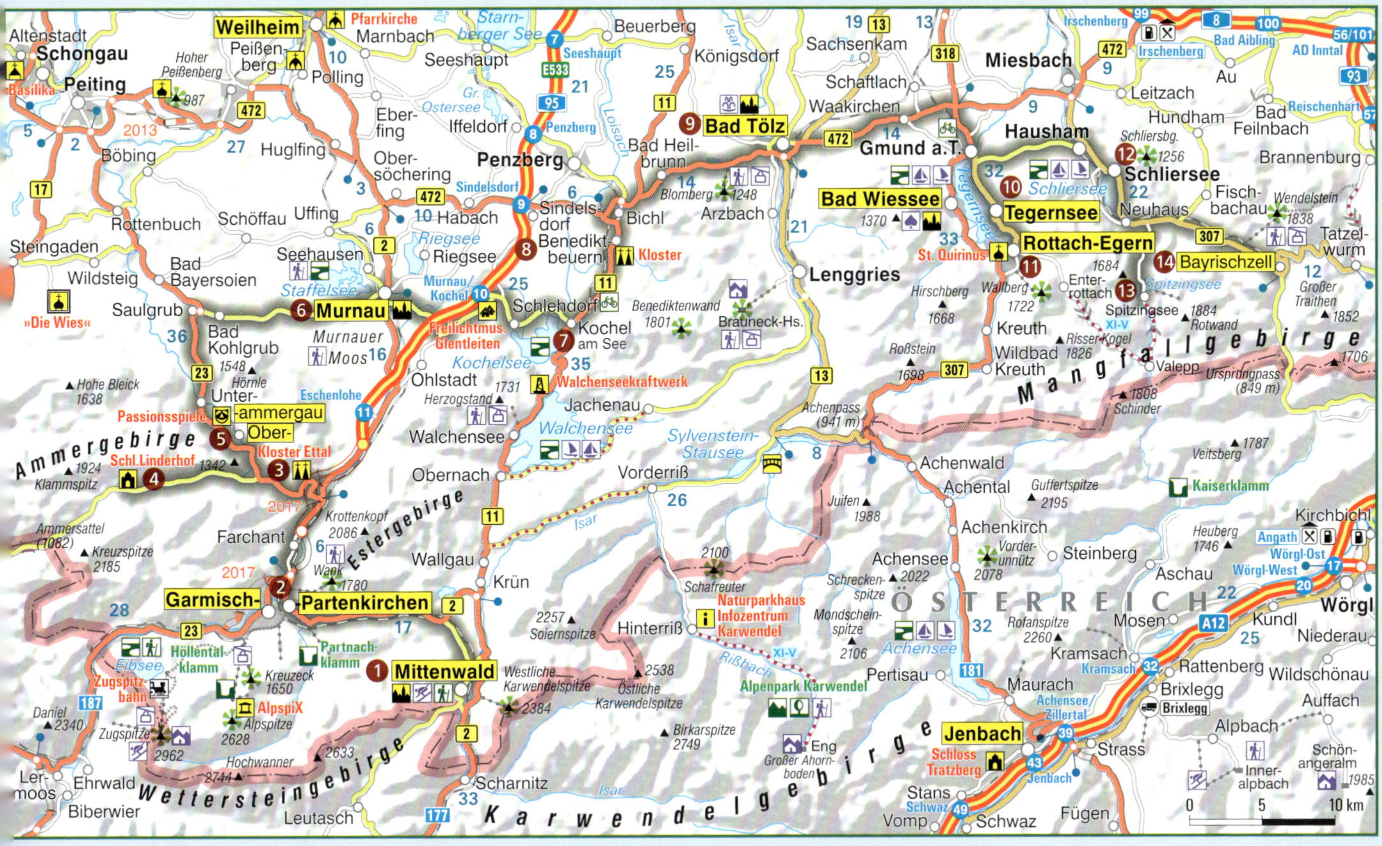

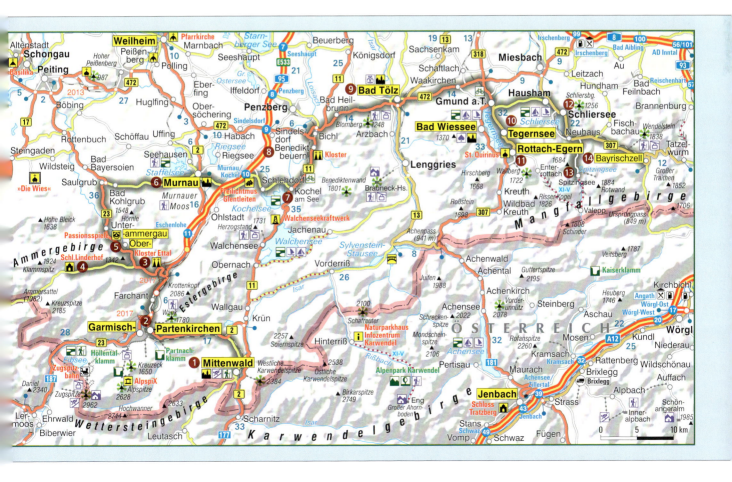

Blick über den Riegsee bei Murnau zum Wettersteingebirge mit der Zugspitze

Der 7,5 km lange Tegernsee mit dem Wallberg im Hintergrund.

Weit über die Grenzen Bayerns hinaus bekannt ist Oberammergau jedoch in erster Linie als Ort der Passionsspiele. Alle zehn Jahre gedenken die Bürger der Erlösung von der Pestepidemie des Jahres 1633.

6 Die Umgebung von **Murnau** besticht durch eine faszinierende Flora und Fauna in einem naturgeschützten Hochmoorgebiet am Staffelsee. Die Ortschaft mit ihren farbenfrohen Giebelhäusern lockte einst die Künstler Wassily Kandinsky, Gabriele Münter, Carl Spitzweg, Max Beckmann, August von Kaulbach und Ödon von Horváth hierher.
Die Hauptattraktion ist das Schlossmuseum mit wertvollen Hinterglasbildern. Die Malereien am neugotischen Rathaus zeichnen die Gründungsgeschichte nach, zu der Kaiser Ludwig der Bayer den Anstoß gab. Heute laden der Staffel- und der Riegsee zum Baden, Campen und Wandern ein.

7 Der Luftkurort **Kochel** liegt direkt am gleichnamigen See, einem beliebten Ausflugsziel für Badelustige. Im Ortszentrum steht das Denkmal des legendären Schmieds von Kochel, der den Bauernaufstand im Jahr 1705 gegen das Regime der Österreicher anführte und in der »Mordweihnacht« auf dem Sendlinger Friedhof in München den Tod fand. Auf dem Friedhof von Kochel liegt der berühmteste Bürger der Stadt, der Maler Franz Marc (1880–1916), begraben.

8 Das älteste Kloster Oberbayerns wurde im Jahr 739 vom heiligen Bonifatius in **Benediktbeuern** gegründet. Goldschmiedekunst, Malerei und das bedeutende Skriptorium hatten ihre Blütezeit im Hochmittelalter. In der Schreibstube entstanden unter anderem die Texte der »Carmina Burana«. Diese werden in der Vertonung durch Carl Orff bei der jährlichen Eröffnung der Sommerkonzerte noch heute aufgeführt. Im November ist der Klosterhof das Ziel des traditionellen Leonhardiritts.

9 Die Bezeichnung Heilbad verdankt **Bad Tölz** der Entdeckung der reinsten und stärksten Heilquellen am Sauersberg. Am linken Isarufer liegt das Kurviertel, am rechten die mittelalterliche Altstadt mit wundervollen Fresken, Arabesken und Lüftlmalereien an den Häusern entlang der Marktstraße. Im Rathaus befindet sich das Heimatmuseum mit einer Übersicht über Geschichte und Brauchtum der Stadt. In der von Johann Schmuzer erbauten Wallfahrtskirche Mariahilf schildern Fresken im Altarraum die Tölzer Pestprozession von 1634. Einen Freizeitspaß der anderen Art bietet das Freizeitbad »Alpamare« mit Wasserrutschen, Whirlpool, Saunabereich und Restaurant.

10 Der **Tegernsee** wird als »Kronjuwel Bayerns« bezeichnet. Der gleichnamige heilklimatische Kurort zählt zusammen mit Benediktbeuern zu den ältesten bayerischen Landesordnungen. Vom ursprünglichen Kloster ist heute nur noch das Bräustüberl übrig geblieben. In dessen Gewölben brauen die Benediktiner ihr berühmtes Bier, während sich im ehemaligen Kloster – von Max I. Joseph in ein Schloss umgewandelt – heute ein Internat, das Heimatmuseum und das weit über die Grenzen bekannte Herzoglich Bayerische Brauhaus befinden.

11 Als Anziehungspunkt für Künstler, Geldadel und Prominenz wird Tegernsee nur noch von **Rottach-Egern** mit dem 1722 m hohen Wallberg als Hausberg am südlichen Seeufer übertroffen. Stolz ragen die Türme der spätgotischen Pfarrkirche St. Laurentius über den Stadtkern hinaus; im Inneren befindet sich ein prächtiger Hochaltar mit einem Altarblatt von Johann Georg Asam.

12 Vom Luftkurort **Schliersee** am gleichnamigen See ist die Schliersbergalm in 1061 m Höhe mit einer Gondelbahn zu erreichen. Von dort aus bietet sich eine unvergleichliche Aussicht auf Ort, See und Umgebung. Zu einem Freizeitvergnügen der besonderen Art lädt eine Sommerrodelbahn ein.
Schliersee selbst macht mit seiner Pfarrkirche St. Sixtus mit Stuckaturen und Fresken des jungen Johann Baptist Zimmermann sowie der gemalten Schutzmantelmadonna von Jan Polak, dem Heimatmuseum im spätgotischen Schrödelhaus und seinem Bauerntheater einen Besuch zum wahren Kunsterlebnis. Am Ortsrand hat der bekannte Skifahrer Markus Wasmeier das Bauernhof- und Wintersportmuseum *(www.wasmeier.de/das-museum)* aufgebaut. Oberländer Bauernhöfe wurden samt Nebenge-

Der von Bergen malerisch eingeschlossene Schliersee mit dem Kurort Schliersee im Vordergrund.

arocke Pracht in der Klosterkirche Benediktbeuern.

äuden aufgebaut und geben Ein-lrücke vom Leben im 18. Jh.

3 Der idyllisch gelegene **Spitzingsee** 1085 m) bietet ein schönes Bergpa-orama, saftige Almwiesen und auch chattige Wanderwege im Bergwald. ein Wunder, dass dieses Fleckchen rde eine beliebte Wanderregion nd im Winter ein gut frequentiertes Vintersportgebiet ist. Den See kann an in gut einer Stunde umrunden nd im Anschluß vielleicht noch eine retboottour unternehmen oder ine Einkehr an der Seepromenade alten. Wer höher hinauf in die alpi-e Bergwelt will, kann mit der Berg-ahn zum 1600 m hohen Tauben-einsattel fahren und von dort nterschiedliche Wanderungen, die doch eine gute Ausrüstung und gu-s Schuhwerk erfordern, unterneh-en. Ein Spektakel ist am Faschingssonntag der Firstalmfasching, zu dem Skifahrer kreativ und bunt kostümiert die Pisten bevölkern.

14 Im Tal zwischen Wendelstein und Großem Traithen liegt ein oberbayerisches Bilderbuchdorf: **Bayrischzell**. Den Mittelpunkt des Ortes bildet der spätgotische, spitz zulaufende Kirchturm der Pfarrkirche St. Margaretha. Um dieses Kernstück herum platzieren sich die traditionsreich anmutenden Häuser, denn die Einwohner sind auf die Erhaltung des bayerischen Charakters ihres Ortes sehr bedacht. Der Wendelstein, einer der meistbesuchten Berge im Voralpenland, lässt sich bequem mit der Wendelstein-Seilbahn erreichen und die zahllosen Wander- und Rundwege durch das dicht bewaldete Umland hinterlassen einen bleibenden Eindruck dieser einzigartigen Berglandschaft.

Wandern & Freizeit

Auf den Spuren früherer Kaufleute wandelt man von **Oberammergau** nach Ettal. Im Passionsspielort führt ein Schild zum »Ettal-Vogelherdweg«. Auf dem Weg weist ein kleiner Steg hinauf zur Bärenhöhle. Von dort erstreckt sich ein Fußweg entlang der Kapellwand mit vielen kleinen Votivnischen. Endziel ist das Kloster Ettal.

Ein Rundweg oberhalb vom Königsschloss **Linderhof** bietet eine einfache Ganztageswanderung, die nur auf den letzten Metern zum Brunnenkopfgipfel etwas ansteigt. Auf dem alten Jagdweg geht es zurück zum Ausgangspunkt.

Eine für Familien geeignete Radtour führt von **Kochel am See** zum Kloster Benediktbeuern und zurück. Die Route ist rund 17 km lang und verläuft weitgehend eben. Start ist am Bahnhof Kochel. Der Straße Am Unteranger wird bis zum Ortsende gefolgt, weiter geht es parallel zum Bahngleis und vorbei am Dorf Ort in Richtung Brunnenbach und weiter Richtung Benediktbeuern. Vor der Bahnlinie heißt es links abbiegen und schließlich dem Gleisverlauf bis zum Kloster folgen. Nach einer Klosterbesichtigung und einer Rast im Klosterbräu geht es auf gleichem Weg zurück zum Ausgangspunkt.

Vor den Toren von **Bad Tölz** verläuft ein Wanderweg im Tölzer Land von Kirchbichl über Ellbach durch das Naturschutzgebiet der Kirchseefilze.

Schöne Radwege ermöglichen bis auf wenige Teilabschnitte entlang der Seestraße eine Umrundung des **Tegernsees**. Als Start kann Gmund gewählt werden, wo es am Bahnhof oder am See Parkmöglichkeiten gibt. Auch jeder andere Ort am See bietet sich zum Einstieg in die Rundtour an. Der Radweg führt oberhalb des Sees über Holz nach Bad Wiessee, weiter nach Abwinkl, Ringsee, Egern, Rottach und weiter nach Tegernsee. Vielleicht füllt man die Flüssigkeitsreserven im Tegernseer Brauhaus auf, bevor es über Sankt Quirin zurück nach Gmund geht. Der Weg verläuft zumeist in Ufernähe um den See und hat eine Länge von rund 20 km. An vielen Stellen bietet sich die Möglichkeit für ein erfrischendes Bad und natürlich auch die Möglichkeit zu weiterer Einkehr. Im Ort Tegernsee kann man das Museum des Karikaturisten Olaf Gulbransson (1873–1958) besichtigen.

Von Burghausen ins Berchtesgadener Land

Die Route verbindet unterschiedlichste Landschaftseindrücke, sie reicht von den kulturhistorischen Höhepunkten in Burghausen über das fromme Altötting, die Salzstadt Bad Reichenhall und das Städtchen Wasserburg am Inn bis nach Berchtesgaden und an den malerischen Königssee.

Hochaltar der Basilika St. Anna in Altötting, deren großer Innenraum 8000 Plätze bietet.

❶ Ihren Namen verdankt die Stadt **Burghausen** der längsten Burganlage der Welt mit 1030 m Länge. Sie entstand zwischen dem 12. und 15. Jh. und ist mit ihren kleinen Wohnungen, Werkstätten, Ställen, Vorratskammern und Arsenalen wie eine Miniaturstadt aufgebaut. Die Herzöge von Niederbayern nutzten sie einst als zweite Residenz, als Schatzkammer und als Verbannungsort für lästige Ehefrauen. In der malerischen Altstadt lohnt sich der Besuch einer der wenigen gotischen Kirchen Oberbayerns, der Spitalkirche Hl. Geist. Sie wurde 1320–1326 erbaut und blieb bis heute nahezu unverändert.

❷ Die »Schwarze Madonna« in der Gnadenkapelle, auch »Heilige Kapelle« genannt, hat **Altötting** zu einem der bedeutendsten Marienwallfahrtsorte Deutschlands gemacht. Pilger erbitten jährlich Hilfe von der Statue, die ein unbekannter Künstler im Jahre 1330 angefertigt hat. In der Stifts- und Wallfahrtskirche St. Philipp und Jakob ist in der Schatzkammer das »Goldene Rössl« zu besichtigen, ein Meisterwerk französischer Goldschmiedekunst des 15. Jh. Im Untergeschoss befindet sich der Sarkophag des Oberbefehlshabers des bayerischen Heeres im Dreißigjährigen Krieg, des Feldherrn Graf Tilly.

❸ Das Zentrum von **Mühldorf** ist der Stadtplatz der Altstadt mit prächtig verputzten Häusern, die sich durch einen für die innstädtische Bauweise typischen Laubengang im Erdgeschoss auszeichnen. Der Platz wird auf beiden Seiten von einem Torturm begrenzt und mit vier Barockbrunnen geschmückt. Die reich dekorierte Stadtpfarrkirche St. Nikolaus birgt eine schön geschnitzte Rokokokanzel sowie einen wertvollen Hochaltar.

❹ **Wasserburg** wird auch das »Bayerische Venedig« genannt, denn der Inn macht hier eine große Schleife um die Stadt. Einem Gesamtkunstwerk gleich bezaubert das mittelalterliche Stadtbild durch einen bemalten Brückentorbau, zinngekrönte Häuser, Treppengiebel und Türme. Mit einer Schnitzgruppe im Heiliggeistspital – die das Pfingstwunder darstellt –, dem Mauthaus aus dem 14. Jh., der von Johann Baptist Zimmermann gestalteten Rokokofassade des Kernhauses und der gotischen Hallenkirche St. Jakob präsentiert sich der Ort als ein wahrer Hort der Kunstschätze.

❺ Die historische Salzstadt **Rosenheim**, die wirtschaftliche und kulturelle Metropole Südostbayerns, ist für ihre Fachschulen bekannt, darunter die Ingenieurschule für Holz- und Kunststofftechnik. Das Herz der Stadt bildet der Max-Joseph-Platz mit seinem aus dem 14. Jh. stammenden, noch erhaltenen Mittertor; hier befindet sich auch das Heimatmuseum, das einen guten Überblick über die Stadtgeschichte bietet. Wechselnde Ausstellungen finden Kunstinteressierte im umgebauten Lokschuppen des Alten Bahnhofs. Ab dem letzten Samstag im August findet übrigens das 16-tägige Herbstfest statt.

❻ Das »Bayerische Meer«, wie der **Chiemsee** häufig genannt wird, liegt inmitten einer wunderschönen Kirchen-, Kloster- und Schlösserlandschaft vor dem Hintergrund der Chiemgauer Berge. Im Nordosten liegt die Fraueninsel. Ihr reicher Lindenbestand, das malerische Fischerdorf, ein uraltes Münster und die Baugruppe des Nonnenklosters machen einen Besuch zu einem Erlebnis. Und natürlich sollte man sich auch eine geräucherte Chiemsee-Renke nicht entgehen lassen – vor oder nach einer Rundfahrt um den See. Berühmt wurde der Chiemsee durch sein Schloss auf der Insel Herrenchiemsee. Das Königsschloss Ludwigs II. mit seiner riesigen Gartenanlage war als Kopie von Versailles konzipiert – eine Hommage an des bayerischen Herrschers großes Idol Ludwig XIV. Durch den plötzlichen Tod Ludwigs II. wurden die Bauarbeiten jedoch abgebrochen und so blieb die Nordseite des Prachtbaus unvollendet. Umso überwältigender wirken die Kostbarkeiten im Inneren: Marmor, Porzellan, Elfenbein, Seiden, Damaste, Brokate, Silber, Gold und

Kleiner Ausflugsdampfer auf dem Chiemsee, im Hintergrund die Fraueninsel und die Chiemgauer Alpen.

Wandern & Freizeit

Eine leichte Rundwanderung (ca. 2 bis 3 Stunden) um das malerische **Wasserburg** startet in der südlichen Burgau, dann durch die Innauen zum Wasserkraftwerk und weiter zur Stadt. Einige Stufen über eine Treppe hinauf kommt man zur Wasserburg und zur Jakobskirche. Der Weg führt durch das Brucktor und über die Innbrücke zum Kellerberg. Der leichte Anstieg zur »Schönen Aussicht« wird mit einem fantastischen Ausblick belohnt, bevor es wieder auf gleichem Weg zurück in die Altstadt geht. Nach einer Einkehr und einem Bummel in der Altstadt geht es über den Inndamm um die Altstadt herum zurück zur nördlichen Burgau und zum Start der Runde.

Im **Rosenheimer Land** gibt e herrliche Radtouren. Eine famili enfreundliche Etappe ohne groß Steigungen ist die Teilstrecke Ro senheim-Vagen entlang des gu ausgeschilderten **Mangfall-Rad weges**. Ein guter Startpunkt is die Innmündung der Mangfall i Rosenheim auf dem Gelände de ehemaligen Landesgartenschau Die Strecke führt entlang de Mangfall oder in flussnaher En fernung. Das Flussgebiet ist rena turiert und lädt an vielen Stelle zum Ausspannen oder auc Schwimmen ein. Wer die Streck nicht zurückfahren will, kann i Bruckmühl oder Bad Aibling i die Bahn einsteigen.

Hoch über der Salzach und der Stadt Burghausen thront auf einem langgestreckten Bergrücken die trutzige Burganlage, die sich in der Dämmerung golden angestrahlt präsentiert.

Die Wallfahrtskapelle St. Bartholomä am Königssee ist nur übers Wasser erreichbar. Bild rechts: Im Tal der Ramsauer Ache liegt die Kirche von Ramsau vor einer imposanten Bergkulisse.

Rosenholz, so weit das Auge reicht. Beeindruckend ist das Paradeschlafzimmer mit seinen drei Zentner schweren goldenen Vorhängen.

7 Als Ausgangspunkt für ausgedehnte Radtouren bietet sich **Traunstein** an. Hier kreuzen sich Inn- und Traun-Alz-Radweg sowie Salinen-, Achental- und Chiemgauradweg. Im Mittelalter verlief hier die »Güldene Salzstraße«. Dank einer 1616 erbauten Soleleitung von Bad Reichenhall war es den früheren Bewohnern über Jahrhunderte hinweg möglich, ihren Lebensunterhalt durch die Salzgewinnung zu bestreiten. Die Wohn- und Betriebsgebäude der einstigen Saline können im Stadtteil Au besichtigt werden.

8 Im geschützten Talkessel der Roten Traun gelegen wurde **Inzell** als Eisschnelllaufzentrum weltberühmt. Seit 2009 ist die 400 m-Eisschnellbahn und das Eishockeyfeld im Innenraum von einer Freiluftanlage in eine moderne Hallenanlage umgewandelt worden. Auf einem der zahlreichen schönen Wanderwege der Umgebung gelangt man zum eiszeitlichen Gletschergarten und vom historischen Salinenweg zum Solehochbehälter Nagling.
In dem reizvollen Städtchen lassen sich im Fitnesspark hervorragend Sportferien verbringen. In kultureller Hinsicht sind die Pfarrkirche St. Michael von 1727 und die romanisch-gotische St.-Nikolaus-Kirche in Einsiedl mit ihren spätgotischen Gemälden lohnende Ziele.

9 Die großen Salzvorkommen von **Bad Reichenhall** haben bereits die Kelten und später die Römer genutzt. Die Geschichte der Gewinnung des »weißen Goldes« wird im Bad Reichenhaller Quellenbau gezeigt. Durch die Nutzung von Solebädern und Inhalationen entwickelte sich die Stadt zu einem bedeutenden Kur- und Bäderzentrum, in dem vor allem rheumatische und Erkrankungen der Atmungsorgane sowie Kreislauf- und Durchblutungsstörungen behandelt werden. Die Kuranlagen bestehen aus einem Kurhaus, einem Kurmittelhaus, einer Wandelhalle mit Trinkbrunnen, einem Musikpavillon und einem Gradierwerk, bei dem über ein mit Reisigrosten bedecktes Gerüst täglich 400 000 Liter Sole geleitet werden. Die Verdunstung bewirkt eine Anreicherung der Luft mit zerstäubten Soletröpfchen.

10 Die Lage am Hang des Locksteins mit Blick auf den Watzmann, den Hohen Göll und das Steinerne Meer veranlasste bereits Ludwig Ganghofer über den malerischen Ort **Berchtesgaden** geradezu ins Schwärmen zu geraten: »Herr, wen du lieb hast, den lässest du fallen in dieses Land.«
Auf der Weihnachtsschützenstraße kann man Zeuge eines noch heute ausgeübten Brauches werden: An Heiligabend kündigen Schützen das Christkind an und zu Silvester wird das alte Jahr »hinausgeschossen«.
Im Heimatmuseum im Schloss Adelsheim findet man die reich geäderten Murmeln, die in den Kugelmühlen im Umland gefertigt werden. Sie gehörten bereits zu den Waren, die von den Kraxenträgern nebst anderen handgefertigten Kinderspielzeug in ganz Europa verkauft wurden und den Ort bereits im Mittelalter bekannt machten.

11 Einer der schönsten Alpenseen mit tiefgrünem Wasser und einer der Glanzpunkte des Berchtesgadener Landes ist der **Königssee**. Im gleichnamigen Ort werden elektrisch betriebene Motorboote vermietet, mit denen sich der See erkunden lässt.
Über einen Fußweg am bewaldeten Ostufer gelangt man zum Malerwinkel, dessen wunderbarer Blick über den See, die Funtenseetauern und die Schönfeldspitze im Steinernen Meer bereits zahlreiche Maler inspiriert hat. Vom 1875 m hohen Jenner eröffnet sich ein herrlicher Panoramablick über den Watzmann, den Hohen Göll, die Gipfel des Hagengebirges und das Steinerne Meer.

Wandern & Freizeit

Eine Wanderung von **Aschau** auf die 1669 m hohe **Kampenwand** kann man entweder zu Fuß über den ehemaligen Reitweg oder mit der Kampenwandbahn beginnen. Von oben hat man eine wunderbare Panorama-Aussicht auf den Chiemsee, die Chiemgauer Berge und weit hinein in die österreichischen Hochalpen. Bei der Bergstation beginnt der Marsch entlang den bewaldeten Hängen des Markasers hinab zur Hinteren Dahlsenalm und wieder aufwärts zum Greigelstein. Nach einem gemütlichen Abstieg in den Prienwald ist die Talfahrt auch mit der Kampenwandbahn möglich.

Die Umrundung des »Bayerischen Meeres« auf dem 60 km langen **Chiemsee-Uferweg** ist eine landschaftlich reizvolle Tour, ohne große Höhenunterschiede und meistens entlang dem Ufer. Der Einstieg in die gut beschilderte Tour kann von jedem beliebigen Ort am Chiemsee aus gemacht werden. Die Stecke gilt unter Radfahrern als Genießertour. Das sich bietende Alpen- und Seepanorama ist herrlich. Unterwegs bieten sich zahlreiche Einkehrmöglichkeiten, und wer die Tour abkürzen will, kann die Streckenlänge dadurch halbieren, dass für eine Teilstrecke, z. B. zwischen Chieming und Prien, ein Ausflugsdampfer genutzt wird (*www.chiemsee-schifffahrt.de*).

Reiseatlas Deutschland

Zeichenerklärung 1 : 300.000

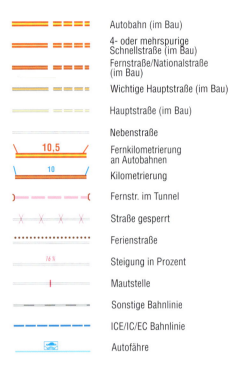

- Autobahn (im Bau)
- 4- oder mehrspurige Schnellstraße (im Bau)
- Fernstraße/Nationalstraße (im Bau)
- Wichtige Hauptstraße (im Bau)
- Hauptstraße (im Bau)
- Nebenstraße
- 10,5 Fernkilometrierung an Autobahnen
- 10 Kilometrierung
- Fernstr. im Tunnel
- Straße gesperrt
- Ferienstraße
- 16 % Steigung in Prozent
- Mautstelle
- Sonstige Bahnlinie
- ICE/IC/EC Bahnlinie
- Autofähre

- 45 Autobahn-Nr.
- E54 Europastraßen-Nr.
- 471 Bundesstraßen-Nr.
- 24 Autobahn-Anschlussstelle
- Sonstige Anschlussstelle
- Autobahn-Tankstelle
- Autobahn-Raststätte, Autobahn-Raststätte m. Motel
- Autohof
- Günstige Tankstelle nahe der Autobahn
- XII-II Wintersperre
- Für Wohnwagen ungeeignet
- Für Wohnwagen gesperrt
- ICE ICE-Bahnhof
- IC/EC IC/EC-Bahnhof
- Fährhafen
- Hafen

- Güter Güterbahnhof
- Autoverladebahnhof
- Internationaler Flughafen
- Nationaler Flughafen
- Regionaler Flughafen
- 20 Skigebiet mit Nummer
- Ski Alpin
- Ski-Langlauf
- Militärisches Sperrgebiet
- Nationalparkgrenze
- LINDAU Sehenswerter Ort
- Grenzübergang
- F Grenzübergang nur f. Fußgänger
- A Grenzübergang nur f. Autos
- Staatsgrenze
- Regionalgrenze

Besondere Sehenswürdigkeiten

- Autoroute
- Bahnstrecke
- UNESCO-Weltnaturerbe
- Gebirgslandschaft
- Felslandschaft
- Schlucht/Canyon
- Vulkan, erloschen
- Höhle
- Gletscher
- Wasserfall/Stromschnelle
- Seenlandschaft
- Dünenlandschaft
- Depression
- Nationalpark (Landschaft)
- Nationalpark (Flora)
- Nationalpark (Fauna)
- Biosphärenreservat
- Naturpark
- Botanischer Garten
- Fossilienstätte
- Zoo/Safaripark
- Wildreservat
- Schutzgebiet für Seelöwen/ Seehunde

- Schutzgebiet für Büffel
- Vogelschutzgebiet
- Schmetterlingsfarm
- Küstenlandschaft
- Insel
- Strand
- Quelle
- UNESCO-Weltkulturerbe
- Vor- und Frühgeschichte
- Römische Antike
- Wikinger
- Keltische Geschichte
- Jüdische Kulturstätte
- Kirche allgemein
- Kirchenruine, Klosterruine
- Christliches Kloster
- Romanische Kirche
- Gotische Kirche
- Barocke Kirche
- Byzantinisch/ orthodoxe Kirche
- Kulturlandschaft
- Historisches Stadtbild
- Imposante Skyline

- Burg/Festung/Wehranlage
- Burgruine
- Palast/Schloss
- Technisches/ industrielles Monument
- Staumauer
- Bergwerk geschlossen
- Sehenswerter Leuchtturm
- Windmühle
- Herausragende Brücke
- Kriegsschauplatz/Schlachtfeld
- Grabmal
- Denkmal
- Mahnmal
- Sehenswerter Turm
- Herausragendes Gebäude
- Freilichtmuseum
- Spiegel- und Radioteleskop
- Markt/Basar
- Feste und Festivals
- Museum
- Theater
- Winzerei/Weinanbaugebiet
- Herausragender Brunnen

- Wassermühle
- Weltausstellung
- Olympische Spiele
- Information
- Arena/Stadion
- Rennstrecke
- Golf
- Pferdesport
- Skigebiet
- Segeln
- Tauchen
- Windsurfen
- Kanu/Rafting
- Badeort
- Freizeitbad
- Mineralbad/Therme
- Freizeitpark
- Spielcasino
- Bergbahn
- Aussichtspunkt
- Wandern/Wandergebiet
- Klettergebiet

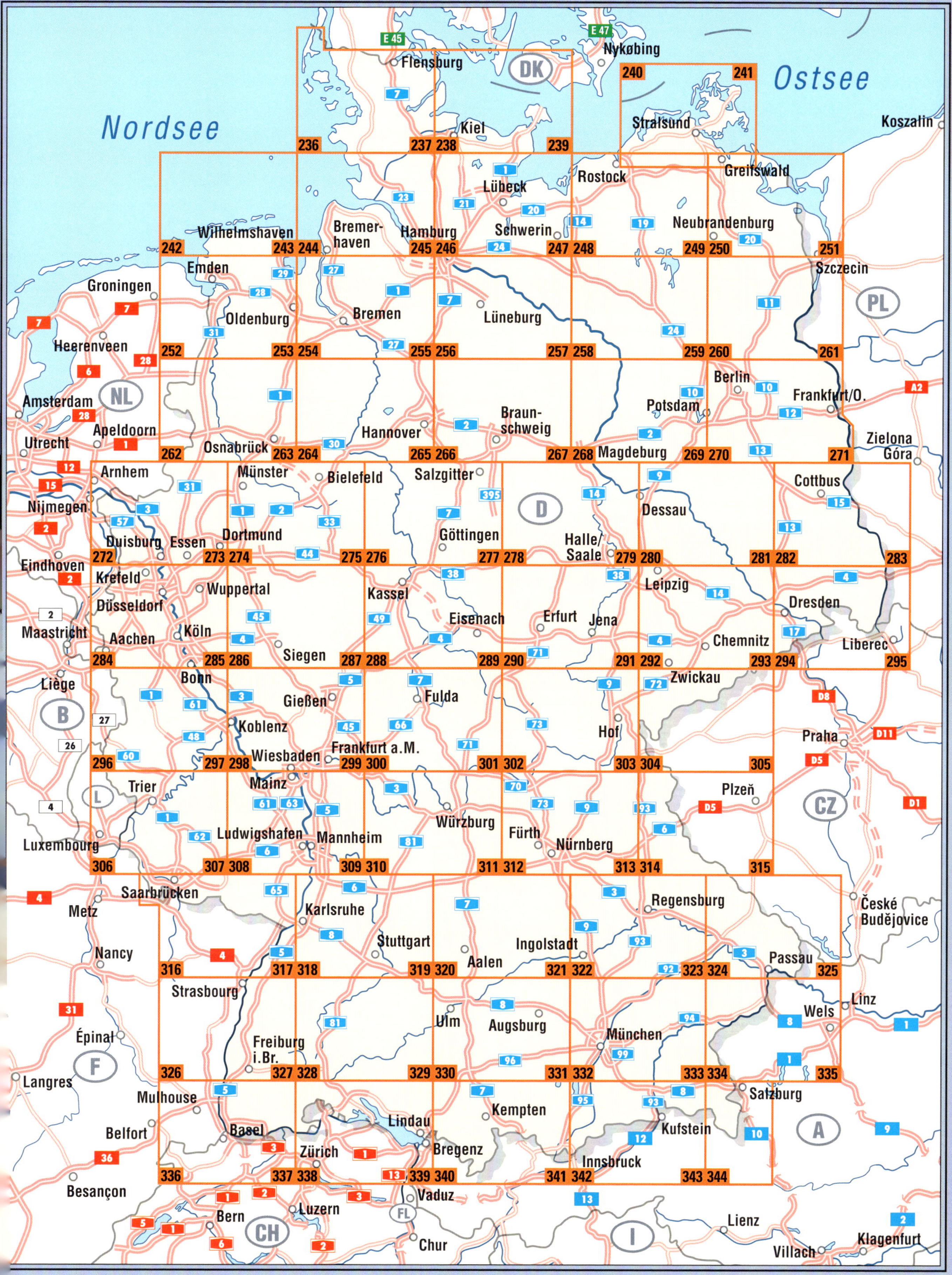

Nordsee
Ostsee
DK
NL
PL
B
L
D
CZ
F
CH
FL
A
I
Flensburg
Kiel
Nykøbing
Stralsund
Koszalin
Rostock
Greifswald
Lübeck
Neubrandenburg
Wilhelmshaven
Bremerhaven
Hamburg
Schwerin
Szczecin
Emden
Groningen
Oldenburg
Bremen
Lüneburg
Heerenveen
Berlin
Amsterdam
Potsdam
Frankfurt/O.
Apeldoorn
Braunschweig
Hannover
Utrecht
Osnabrück
Magdeburg
Zielona Góra
Arnhem
Münster
Bielefeld
Salzgitter
Cottbus
Nijmegen
Dessau
Göttingen
Duisburg
Essen
Dortmund
Halle/Saale
Eindhoven
Krefeld
Wuppertal
Kassel
Leipzig
Dresden
Düsseldorf
Maastricht
Eisenach
Erfurt
Jena
Aachen
Köln
Chemnitz
Liberec
Siegen
Liège
Bonn
Zwickau
Gießen
Fulda
Koblenz
Hof
Praha
Wiesbaden
Frankfurt a.M.
Trier
Mainz
Plzeň
Würzburg
Ludwigshafen
Mannheim
Fürth
Nürnberg
Luxembourg
Saarbrücken
Regensburg
České Budějovice
Metz
Karlsruhe
Nancy
Stuttgart
Ingolstadt
Aalen
Passau
Strasbourg
Linz
Ulm
Wels
Épinal
Augsburg
Freiburg i.Br.
München
Langres
Salzburg
Mulhouse
Kempten
Basel
Lindau
Kufstein
Belfort
Zürich
Bregenz
Innsbruck
Besançon
Vaduz
Luzern
Bern
Lienz
Chur
Villach
Klagenfurt

List 16 km
Ribe 53 km
Tønder 5 km
WESTERLAND
Flughafen Westerland/Sylt
Altfriesisches Haus
Sylt
Föhr
Amrum
Pellworm
Nordstrand
Hooge
Langeneß
NIEBÜLL
Leck
BREDSTEDT
WYK auf Föhr
Wittdün
Sankt Peter-Ording
GARDING
TÖNNING
Nationalpark Schleswig-Holsteinisches Wattenmeer
Nordfriesische Inseln
Halligen
Helgoland
Heide 7
Itzehoe 73
244

Tønder 28 km 401
IC/EC Aarhus Frederica
ICE Tinglev
E 45 Kolding 60 km Haderslev 43 km Aabenraa 16 km
401 Fynshav 21 km Sønderborg 6 km
SØNDERBORG
Sønderborg Bugt
Broager
Egernsund
Kruså
Padborg
Harrislee
FLENSBURG
GLÜCKSBURG
Flensburger Förde
DANMARK
DEUTSCHLAND
Handewitt
Weding
Jarplund-
Sörup
Satrup
Tarp
Angeln
199 Kappeln 11 km
201 Kappeln 1 km
Süderbrarup
Schwansen
238
203 Karby 9 km Kappeln 14 km
SCHLESWIG
ECKERN-FÖRDE
76 Gettorf 6 km Kiel 22 km
Naturpark
Hüttener Berge
Kropp
Owschlag
Büdelsdorf
Schacht-Audorf
Fockbek
RENDSBURG
Westerrönfeld
Osterrönfeld
210 Kronshagen 13 km Kiel 13 km Lübeck 98 km
Naturpark Westensee
Heide 22 km Büsum 42 km 203
245
Hohenwestedt 15 km Itzehoe 34 km 77
Neumünster 24 km Bad Segeberg 51 km
ICE 7 Neumünster 21 km
Neumünster 30' Hamburg 1h 17'
Hamburg 72 km
Hamburg 81 km

Lohals 33 km
Rudkøbing 5 km
Søby 4 km
Svendborg 1h 15'
Rudkøbing 1h
Ga
Gb
Gc
Gd
427
Augustenborg 12 km
Sønderborg 18 km
199
Harrislee 41 km
Flensburg 36 km
201
Schleswig 36 km
Husum 68 km
237
203
Eckernförde 15 km
Schleswig 35 km
76
Eckernförde 7 km
Schleswig 29 km
210
Rendsburg 17 km
Flensburg 73 km
10
11
12
13
14
15
Als
Lysabildskov Camping
Skovmose Camping
Drejby Strandcamping
Kærneland
Sønderkobbel Camping
Kegnæs
DANMARK
DEUTSCHLAND
Ærø
Ærøskøbing
Ærøskøbing Bymølle
Ærømuseum
Vesterstrand
Marstal
Søfartmuseum
Marstal Camping
Erikshale
Marstal Bugt
Strynø
Langeland
Ristinge Strand
Ristinge Camping
Hesselbjerg Strand
Humbles Gray
Søndenbro Mølle
Bagenkop
Johannesmühle
Schleimünde
Maasholm
KAPPELN
ARNIS
Schifferkirche
Karby
Schwansener See
Aqua Tropicana
Damp
Ostsee-Freizeitpark Booknis
Schwansen
Familie Heide
Eckernförder Bucht
Gut Ludwigsburg
Gut Karlsminde
O S T S
Kieler Bucht
Noer
Bülk
Strande
Strander Bucht
Olympiahafen
Laboe
Marine-Ehrenmal
Oase Bonanza
Heidkoppel
Kalifornien
Schönberger Strand
Schönberg
Probstei
Museumseisenbahn
Probsteierhagen
Dänischer Wohld
Gettorf
Altenholz
Flughafen Kiel-Holtenau
Kieler Förde
Heikendorf
Mönkeberg
Schönkirchen
Kieler Woche
Kronshagen
KIEL
Nord-Ostsee-Kanal
Schwentinental
Hohwachter Bucht
Hessenstein
LÜTJENBURG
Selenter See
Naturpark Westensee
Schierensee
Molfsee
Freilichtmuseum
Flintbek
PREETZ
Kloster
Naturpark Holsteinische Schweiz
Deutsche Ferienroute Alpen-Ostsee
Kletkamp
2 4 6 8 10 km
215
Neumünster 19 km
Hamburg 81 km
ICE IC/EC
Neumünster 17'
Hamburg 1h 05'
404
Bad Segeberg 37km
Bad Oldesloe 58 km
246
76
Plön 9 km
Eutin 27 km
430
Plön 7 km
Neumünster 42 km

Spodsbjerg 45'

Oslo (N) 19h 30'
Göteborg (S) 14h

289 Horslunde 6 km
Kragenæs 2 km

Nykøbing F 18 km
9
E47
Vordingborg 44 km
Køge 97 km
København 137 km

Nykøbing F 30'
København 2h 11'
ICE IC/EC

297
Herritslev 1 km
Nysted 8 km
Nykøbing F 23 km

240

Klaipeda (LT) 30h

1
7 Gremersdorf
9 Oldenburg in Holstein-Nord
215
2 Kiel-Mitte

Lübeck 30' ICE IC/EC
1 Neustadt i.H. 13 km
Lübeck 46 km
Hamburg 105 km

501 Grömitz 10 km
Neustadt i.H. 21 km

247

Trelleborg (S) 6/8h
Helsinki (FIN)
Liepaja (LV)
Tallinn (EST)
Jd
Ka
Kb
Kc
11
12
13
14
Kiel (D)
Travemünde (D)
239
249
O S T S E E
Nationalpark
Vorpommersche Boddenlandschaft
Darßer Ort
NATUREUM
Naturkunde-museum
Prerow
Zingst
Darß
Darßer Arche
Wieck
Camping am Freesenbruch
Wellness Camp Düne 6
Große Kirr
Oie
Großer Werder
Kleine Werder
Wendisch Langendorf
Kinnbackenhagen
Groß Mohrdorf
Bodstedter Bodden
Barther Bodden
Grabow
Born
Bliesenrade
Bodstedt
Pruchten
Marienkirche
BARTH
Ahrenshoop
Kunstmuseum Ahrenshoop
Niehagen
Saaler Bodden
Michaelsdorf
Fuhlendorf
Flughafen Stralsund-Barth
Wustrow
Neuendorf Heide
Hermannshagen Heide
Kenz
Dorfkirche
Niepars
Velgast
Mecklenburger Bucht
Fischland
Dierhagen Ost
Dierhagen-Strand
Dierhagen Strand
Dierhagen Dorf
Neuhaus
Dierhagen
Ostseecamp Dierhagen
Dändorf
Ribnitzer See
Ostseebad Graal-Müritz
Rhododendronpark
Klein Müritz
Klockenhagen
Bernstein-museum
Freiland-museum
RIBNITZ-DAMGARTEN
Hanse-Route
Hirschburg
Altheide
Rostocker Heide
Gelbensande
Kletterwald Hohe Düne
WARNE-MÜNDE
Markgrafen-heide
Rövershagen
Heimatmuseum
Hanse-Route
Mönchhagen
Rostock-Überseehafen
Warnowtunnel
SCHMARL
GROSS KLEIN
TOITEN-WINKEL
GEHLSDORF
DIERKOW
Marienkirche
Rathaus
ROSTOCK
BRINCKMANSDORF
Roggentin
Broderstorf
Sanitz
Kessin
Marlow
Vogelpark Marlow
MARLOW
Schulenberg
BAD SÜLZE
Redderstorf
TRIBSEES
Lindholz
Franzburg
Zisterzienser-kloster
Stadtkirche
RICHTENBERG
Langsdorf
Stralsund
Rostock IC/EC
2 4 6 8 10 km
19 Dummerstorf 9 km
Güstrow 31 km
Berlin 211 km
110 Tessin 8 km
Demmin 51 km
20 Tessin 7 km
Rostock 28 km
Gnoien 10 km
Malchin 44 km

Trelleborg (S) 4h
Rønne 3h 30' (Bornholm, DK)
Kd
La
Lb
Lc
11
12
13
14
15
16
19
Rostock-Nord
20
Tribsees
Grimmen-Ost
Klaipeda (LT)
St. Petersburg (RUS)
Ventspils (LV)
Kaliningrad (RUS)
Kap Arkona
Arkona
Jaromarsburg
Putgarten
Vitt
Varnkevitz
Fernlütt-kevitz
Baken-berg
Schwarbe
Mattchow
Küstencamp
Gramtitz
Lancken
Starrvitz
Gudderitz
Altenkirchen
Lanckens-burg
Tromper
Wiek
Wittow
Dranske
Wieker Bodden
Backsteinhalle
Breege
Drewoldke
Juliusruh
Zürkvitz
Lobkevitz
Schmantevitz
Kammin
Bischofsdorf
Dornbusch
Libben
Grieben
Vitte
Insel
Hiddensee
Bug
Fährhof
Vieregge
Wittower Fähre
Breetzer Bodden
Rassower Strom
Fischer-siedlung
Neuholstein
Vaschvitz
Charlotten-dorf
Granskevitz
Trent
Neuendorf
Udars
Schaprode
Freesen
Schaproder Bodden
Schaabe
Glowe
Lohme
Blandow
Gr. Stubbenkammer
Königsstuhl
Kl. Stubbenkammer
Victoriasicht
Ruschvitz
Nardevitz
Nipmerow
Hagen
Balderecк
Gummanz
Nationalpark Jasmund
Spycker
Neddesitz
Polchow
Jasmund
Wissower Klinken
Großer Jasmunder Bodden
Marlow
Sagard
Buddenhagen
Museum für Unterwasserarchäologie
Laase
Reetz
Neuenkirchen
Neuen-dorf
Tetzitzer See
Tetzitz
Groß Banzelvitz
Dobber-worth
Lancken
SASSNITZ
Borchtitz
Semper
Dubnitz
Tribbe-vitz
Rappin
Moisselbritz
Bubkevitz
Kartzitz
Lüssmitz
Fährhafen Sassnitz
Lietzow
Schweikvitz
Gnies
Ralswiek
Kleiner Jasmunder Bodden
Schmale Heide
Prorer Wiek
Ummanz
Haide
Rügen Park
Silenz
Kluis
Gagern
Veikvitz
Patzig
Jarnitz
Thesenvitz
Suhrendorf
Gingst
Dorfkirche
Waase
Wusse
Murswiek
Ummanz
Pansevitz
Ramitz
Boldevitz
Parchtitz
Prisvitz
Stedar
Buschvitz
Prora
Freesenort
Lieschow
Groß Kubitz
Steinshof
Neuen-dorf
Gademow
BERGEN auf Rügen
Kiekut
Camping Meier
Lubkow
Lüßvitz
Unrow
Platvitz
St. Marien
BERGEN SÜD
Streu
Lutkow
Osteseebad Binz
Kubitzer Bodden
Libitz
Dreschvitz
Teschen-hagen
Karow
Schmachter See
Wasserwelt 'Nemo'
Zirkow
Pantow
Sellin
Rügen
Güttin
Flugplatz Güttin
Tilzow
Dalkvitz
Neklade
Jagdschloss Granitz
Baabe
Dolgemost
Rasender Roland
Hünen-gräber
Lancken-Granitz
Neuensien
Sellin
Regenbogen-Camp Göhren/Rügen
Nordperd
Grabitz
Rothenkirchen
Sehlen
PUTBUS
Lonvitz
Vilmnitz
Seedorf
Göhren
Biosphärenreservat Südost-Rügen
Breesen
Rambin
Samtens
Karnitz
GÜSTELITZ
Schlosspark
Lauterbach
Gobbin
Middelhagen
Mönchguter Museen
Scharpitz
Tolkmitz
Berglase
Kasnevitz
Wreechen
Neuendorf
Neu Reddevitz
Alt Reddevitz
Having
OZEANEUM
Deutsches Meeresmus.
Altefähr
Götemitz
Franken-thal
Kowall
Neukamp
Vilm
Lobbe
Jarkvitz
Saalkow
Krakvitz
Gager
Nikolai-kirche
Deutsche Alleenstraße
Warksow
Groß Stubben
GARZ
Rosengarten
Mönchgut
Groß Zicker
Klein Zicker
Thiessow
Grahlhof
Dänholm
NAUTINEUM
Gustow
Dumsevitz
STRALSUND
Sissow
Poseritz
Swantow
Silmenitz
Rügischer Bodden
Südperd
Thiessower Haken
ANDERSHOF
Glutzow Siedlung
Mellnitz
Groß Schoritz
Venzvitz
Pritzwald
Groß Lüdershagen
Devin
Uselitz
Zudar
Zicker
Schoritzer Wiek
Deviner See
Neuhof
Poppelvitz
Zudar
Glewitz
Losentitz
Brandshagen
Grabow
Zarrendorf
Oberhinrichs-hagen
Stahlbrode
Greifswalder Bodden
Ruden
Wüstenfelde
Brennerhof
Reinberg
Ahrendsee
Rubelow
Hanken-hagen
Falkenhagen
Behnkendorf
Neu Miltzow
Dömitzow
Riems
Klein Behnkenhagen
Kakernehl
Miltzow
Hanse-Route
Riemserort
Flugplatz Peenemünde
Hildbrandshagen
Kirchdorf
Gristow
Koos
Insel Koos
Peene-münde
Historisch-Technisches Informationszentrum
Wilmshagen
Karrendorf
Spandower-hagen
Industriegebiet Lubmin
Peenemünde
Glashagen
Stoltenhagen
Leist I
Lubmin
Freest
Natur-schutz-zentrum
Mesekenhagen
Wampen
Naturpark
Karlshagen
Bremerhagen
Segebadenhau
Wendorf
Kröslin
Dünencamp Karlshagen
Willerswalde
Horst
Groß Petershagen
Neuenkirchen
Loissin
Vierow
Wusterhusen
Rubenow
Hollendorf
Insel
Groß Lehmhagen
Immenhorst
Brünzow
Karrin
Trassenheide
St.-Marien-Kirche
Wüst Eldena
Marien-kirche
GREIFSWALD
Ludwigs-burg
Pritzwald
Hanse-Route
Weidehof
Mölschow
Bartmannshagen
Appelshof
Willershusen
Wackerow
LADEBOW
WIECK
Klosterruine Eldena
Stilow
Groß Ernsthof
Zecherin
Bannemin
Kaschow
Neuendorf
Levenhagen
Heilgeisthof
Dom St. Nikolai
Pommersches Landesmus.
ELDENA
Kemnitz
Rappenhagen
Lodmannshagen
Tannen-kamp
Usedom
Kreutzmanns-hagen
Ziesebruch
Klevenow
Stralsund
Griebenow
Hinrichshagen
SCHÖNWALDE
Kemnitzerhagen
Neu Boltenhagen
Kühlen-hagen
WOLGAST
St. Petri
Wolgaster Fähre
Krummin
Grimmen-Ost
Wüsteney
Greifswald
Friedrichsfelde
Guest
Diedrichshagen
Katzow
Mahlzow
Boltenhagen
Poggendorf
Kandelin
Zarnewanz
Weitenhagen
Hanshagen
Jägerhof
Pritzier
Hohendorf
Neeberg
Sauzin
Krumminer Wiek
Rakow
Alt Pansow
Dersekow
Grubenhagen
Hanse-Route
Wrangelsburg
Ziemitz
Peenestrom
Heringsdorf 24 km
Świnoujście (PL) 35 km
194 Loitz 7 km Demmin 18 km
20 Jarmen 17 km Altentreptow 40 km Neubrandenburg 56 km
250
IC/EC Züssow 14' Pasewalk 51'
Karlsburg 9 km Anklam 21 km 109
111 Züssow 7 km Gützkow 19 km

Eemshaven (NL) 1h
Delfzijl (NL) 1h 30'
Emden 2 h

252

Emden 25' IC/EC 72 Aurich 17 km
Emden 19 km

Dagebüll 4h
Wittdün 4h
Hörnum (Sylt) 4h
Büsum 2h 30'
Eidersperrwerk 3h
Husum 3h

Cuxhaven 2 h
Hamburg 3h 30'

29
3 Wilhelmshaven

210 Aurich 7 km
Emden 31 km

Westerstede 38 km

29 Zetel 12 km
Oldenburg 44 km
Bremen 96 km

236
243
254
St. Peter-Ording 25 km
Garding 17 km
Husum 37 km
Tönning 17 km
Helgoland 2h
Nordenham 5 km
Brake 26 km
212
Nordenham-Blexen
27
Bremen 58 km
Oldenburg 66 km
Verden 93 km
Bremervörde 8 k
Basdahl 12 k
2 4 6 8 10 km
N O R D S E E
Deutsche Bucht
Nationalpark
Schleswig-Holsteinisches
Wattenmeer
Nationalpark
Hamburgisches
Wattenmeer
Nationalpark
Niedersächsisches
Wattenmeer
Norderpiep
Süderpiep
Die Piep
Blauortsand
Tertiussand
Trischen
Bielshöven-
Marner
Plate
Gelbsand
Großer Vogelsand
Scharhörn
Neuwerk
Leuchtturm Neuwerk
Elbe 3
Neuwerker Watt
Duhner Watt
Sahlenburger Watt
Großer Knechtsand
Hoher Knechtsand
Tegeler Plate
Robbenplate
Fedderwarder Fahrwasser
Weser
Elbe
Medemrinne
Meldorfer Bucht
Norder-Gründe
Medemsandinsel
WESSELBUREN
Büsum
Friedrichskoog
MARNE
CUXHAVEN
OTTERNDORF
Nordholz
Dorum
LANGEN
BREMERHAVEN
Schiffdorf
Bad Bederkesa
Butjadingen
Fort Kugelbake
Döse
Feuerschiff Elbe 1
Wattenlöper
Duhnen
Achtern Huus
Sahlenburg
Grüne Küstenstraße
Altenbruch
Kranichhaus Museum
Aeronauticum
Deichmuseum
Wremen
Burg Bederkesa
Museumsbahn Bremerhaven-Bederkesa
Zoo am Meer
Deutsches Auswandererhaus
Deutsches Schiffahrtsmuseum
St. Laurentius
Mühle Lintig
Seehundstation Friedrichskoog
Blanker Hans
Hebbel-museum
Zur Perle
In Lee

Husum 20'
Rendsburg 21 km
Hamdorf 6 km
203
237
Schleswig 37 km
Rendsburg 10 km
Jevenstedt 2 km
77
Rendsburg 11 km
Westerrönfeld 8 km
IC/EC Rendsburg
Flensburg 67 km
Schleswig 34 km
7
Neumünster 16 km
Hamburg 77 km
Neumünster 10 km
Rickling 20 km
IC/EC Neumünster
430
Neumünster 5 km
Bornhöved 21 km
ICE IC/EC Neumünster
206
Bad Segeberg 28 km
Lübeck 60 km
246
23
3 Heide-Süd
10 Itzehoe-Süd
14 Elmshorn
16 Pinneberg-Nord
27
1 Cuxhaven
6 Bremerhaven-Überseehäfen
4
Norderstedt 8 km
Hamburg 16 km
Hamburg 5 km
Kiel 90 km
Hannover 170 km
ICE Hamburg
IC/EC Hamburg 46'
431
1 km
74
Bremervörde 4 km
Gnarrenburg 25 km
255
73
Buxtehude 12 km
Neu Wulmstorf 20 km
26
Buxtehude 12 km
Neu Wulmstorf 19 km
HEIDE
Albersdorf
Hanerau-Hademarschen
NORTORF
Naturpark
Hohenwestedt
Aukrug
Schenefeld
Sankt Michaelisdonn
Burg
Hohenlockstedt
KELLINGHUSEN
WILSTER
ITZEHOE
BAD BRAMSTEDT
BRUNSBÜTTEL
Wewelsfleth
KREMPE
Horst (Holstein)
BARMSTEDT
GLÜCKSTADT
Wischhafen
ELMSHORN
Drochtersen
UETERSEN
Tornesch
PINNEBERG
HEMMOOR
Hechthausen
Rellingen
Halstenbek
STADE
Himmelpforten
SCHENEFELD
HAMBURG
WEDEL
Jork
Fredenbeck
Elbe

215 Kiel 18 km, Molfsee 7 km
IC/EC, ICE Kiel 17'
404 Kiel 13 km, Kronsburg 8 km
238
76 Kiel 20 km, Preetz 4 km
430 Lütjenburg 12 km

7 Rendsburg 24 km, Schleswig 46 km, Flensburg 80 km
Nortorf 7 km
IC/EC Rendsburg 30'
430 Aukrug 10 km, Hohenwestedt 20 km
IC/EC, ICE Hamburg-Dammtor 41'
206 Kellinghusen 15 km, Itzehoe 29 km
245
4 Bad Bramstedt 22 km
23 Itzehoe 45 km, Elmshorn 23 km, Pinneberg 9 km
ICE, IC/EC Neumünster 40'
IC/EC Itzehoe 46'
431 Wedel 13 km, Elmshorn 36 km

2 4 6 8 10 km

7 Lüneburg 50 km, Hannover 152 km
ICE HH-Harburg 9', Hannover 1h 15', Berlin-Spandau 1h 25'
IC/EC Lüneburg 26', Bremen 55'
1 Bremen 101 km
IC/EC Büchen 30', Schwerin 1h 15'
5 Geesthacht 17 km, Lauenburg 32 km
256
404 Schwarzenbek 2 km, Lauenburg 19 km
207 Schwarzenbek 2 km, Reinbek b. Hamburg 17 km

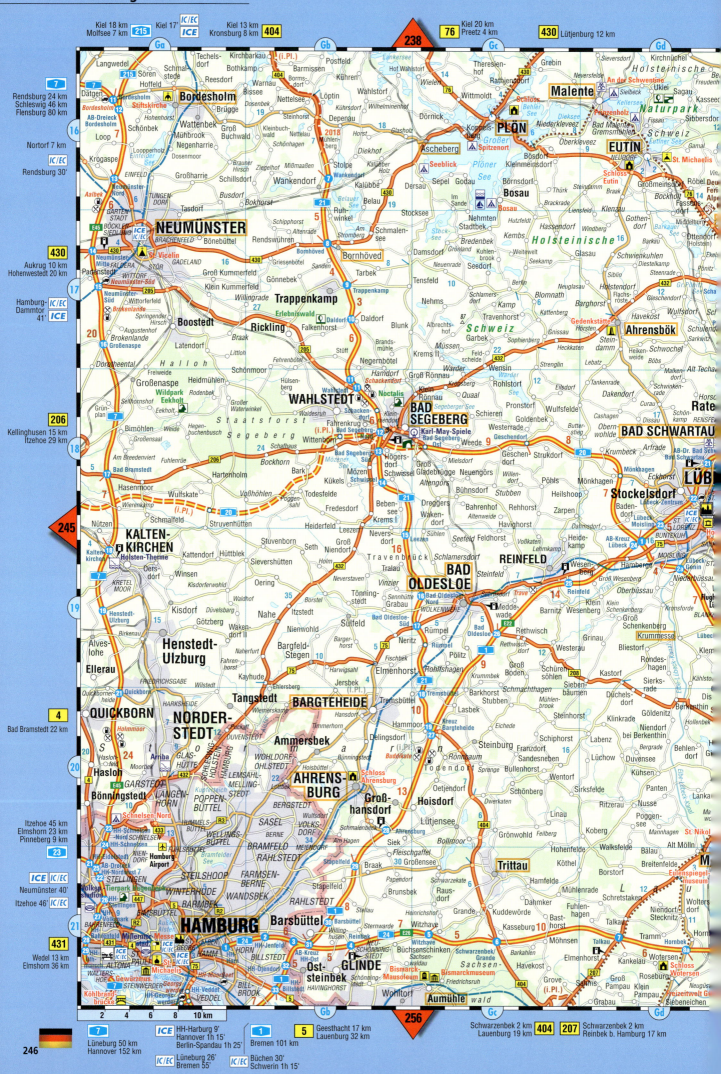

København 4h 7'
Rødby 1h 55'
Puttgarden 1h
Heiligenhafen 25 km
Oldenburg i.H. 11 km
Lensahn 3 km
501 Heiligenhafen 24 km
Heringsdorf 11 km
239
Trelleborg (S) 7/9h
Malmö (S) 9h
Helsinki (FIN) 22/36h
Kaliningrad (RUS) 32h
Riga (LV) 36h
O S T S E E
Mecklenburger Bucht
Lübecker Bucht
Wustrow
Poel
Kirchdorf
Insel Poel
Boltenhagen
Klütz
Kalkhorst
Dassow
Travemünde
Timmendorfer Strand
Neustadt i.Holstein
Grömitz
Kellenhusen
Cismar
Grevesmühlen
Wismar
Dorf Mecklenburg
Schönberg
Rehna
Gadebusch
Ratzeburg
Schwerin
Bad Kleinen
Schweriner See
Mühlen Eichsen
Zarrentin
Wittenburg
Lützow
Naturpark Lauenburgische Seen
Biosphärenreservat Schaalsee
Schaalsee
Klützer Winkel
Wohlenberger Wiek
Wismarbucht
SCHLESWIG-HOLSTEIN
MECKLENBURG-VORPOMMERN
248
Neubukow 20 km
Rostock 57 km
105
Neukloster 16 km
Rostock 42 km
20
Jesendorf 9 km
14
IC/EC Bützow 31'
Jesendorf 11 km
14
104
Brüel 12 km
Sternberg 20 km
321
Crivitz 8 km
Parchim 28 km
1
14 Neustadt in Holstein
21 Bad Schwartau
25 Reinfeld
26 Bad Oldesloe
28 Ahrensburg
7
14 Neumünster-M.
18 Kaltenkirchen
21
13 Bad Segeberg-S.
24
4 Reinbek
7 Talkau
Boizenburg 22 km
Wittenberge 120 km
195
Ludwigslust 45 km
Wittstock/Dosse 108 km
Berlin 212 km
24
257
Hagenow 12 km
321
IC/EC Büchen 39' Hamburg Hbf 1h 15'
IC/EC Ludwigslust 21'
14 Ludwigslust 23 km Berlin 192 km

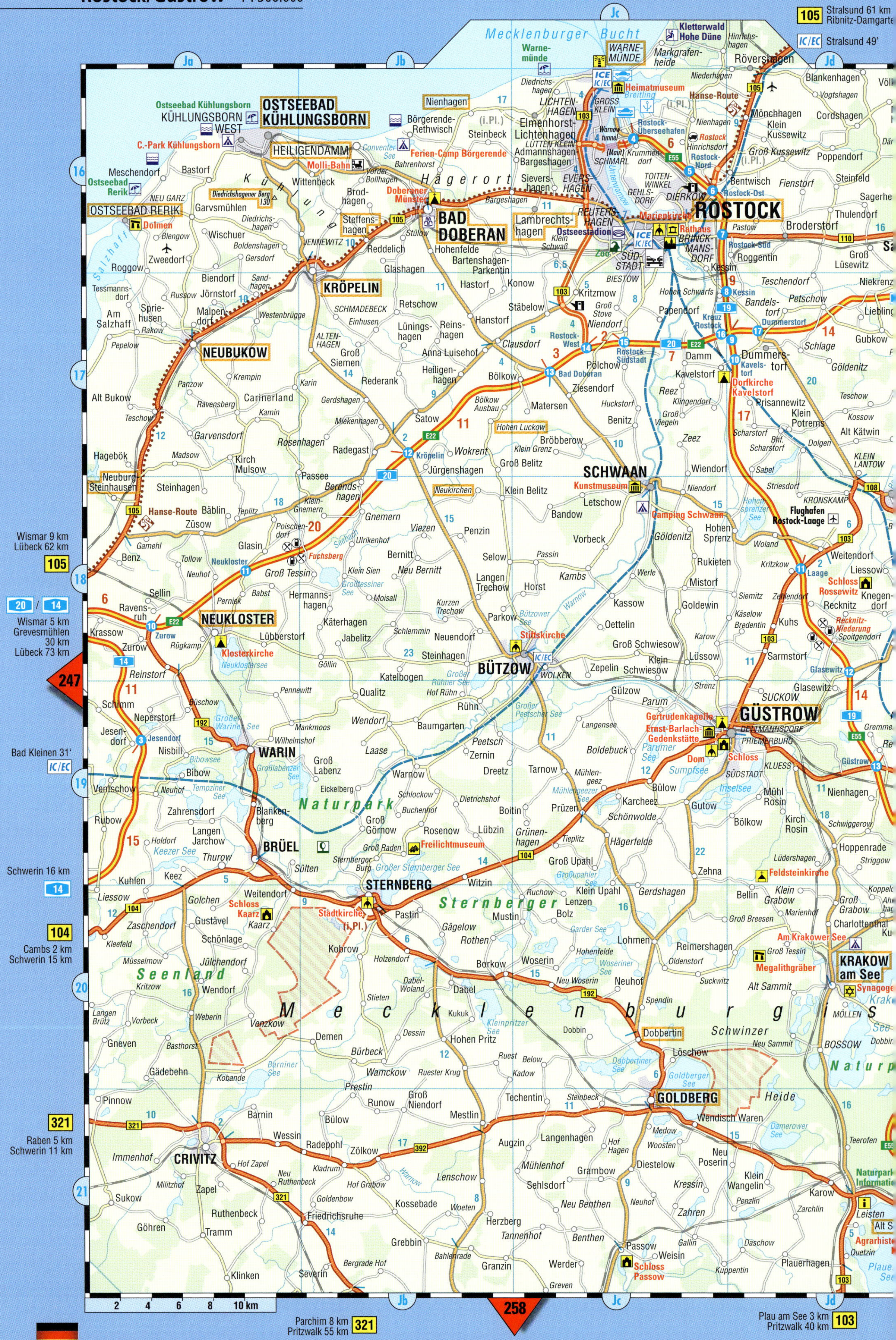
Gedser (DK) 2h
Trelleborg (S) 6/8h
Stralsund 61 km
Ribnitz-Damgarten
Stralsund 49'
Mecklenburger Bucht
Kletterwald Hohe Düne
WARNEMÜNDE
Warnemünde
Markgrafenheide
Rövershagen
Ostseebad Kühlungsborn
KÜHLUNGSBORN
WEST
OSTSEEBAD KÜHLUNGSBORN
Nienhagen
Börgerende-Rethwisch
HEILIGENDAMM
Molli-Bahn
Ferien-Camp Börgerende
Hageröder
Heimatmuseum
Lichtenhagen
Elmenhorst-Lichtenhagen
Admannshagen-Bargeshagen
Rostock Überseehafen
Hanse-Route
Mönchhagen
Blankenhagen
Poppendorf
Meschendorf
Bastorf
Kühlung
Wittenbeck
Ostseebad Rerik
OSTSEEBAD RERIK
Dolmen
Garvsmühlen
Wischuer
Doberaner Münster
BAD DOBERAN
Lambrechtshagen
Ostseestadion
ROSTOCK
Marienkirche
Rathaus
Broderstorf
Thulendorf
Bentwisch
Roggentin
Zweedorf
Roggow
KRÖPELIN
Reddelich
Hohenfelde
Bartenshagen-Parkentin
Kessin
Am Salzhaff
Biendorf
Jörnstorf
Retschow
Hastorf
Konow
Kritzmow
Papendorf
Bandelstorf
Petschow
NEUBUKOW
Hanstorf
Clausdorf
Stäbelow
Dummerstorf
Gubkow
Sprie-husen
Lüningshagen
Reinshagen
Anna Luisehof
Bad Doberan
Pölchow
Damm
Kavelstorf
Dorfkirche Kavelstorf
Alt Bukow
Carinerland
Rederank
Heiligenhagen
Bölkow
Ziesendorf
Prisannewitz
Göldenitz
Matersen
Benitz
Satow
Hohen Luckow
Brööberow
Zeez
Alt Kätwin
Garvensdorf
Rosenhagen
Radegast
Kröpelin
Wokrent
Groß Belitz
SCHWAAN
Kunstmuseum
Wiendorf
Hagebök
Kirch Mulsow
Jürgenshagen
Neukirchen
Klein Belitz
Letschow
Flughafen Rostock-Laage
Neuburg-Steinhausen
Steinhagen
Passee
Berendshagen
Bandow
Camping Schwaan
Hohen Sprenz
Hanse-Route
Bäblin
Zurow
Gnemern
Viezen
Penzin
Vorbeck
Göldenitz
Weitendorf
Wismar 9 km
Lübeck 62 km
Benz
Glasin
Fuchsberg
Bernitt
Neu Bernitt
Selow
Rukieten
Liessow
Groß Tessin
Hermannshagen
Langen Trechow
Horst
Kambs
Mistorf
Laage
Schloss Rossewitz
Recknitz
Sellin
Wismar 5 km
Grevesmühlen 30 km
Lübeck 73 km
NEUKLOSTER
Käterhagen
Jabelitz
Parkow
Kassow
Oettelin
Goldewin
Kuhls
Krassow
Lübberstorf
Neuendorf
Stiftskirche
Groß Schwiesow
Sarmstorf
Zurow
Klosterkirche
Steinhagen
BÜTZOW
Zepelin
Klein Schwiesow
Lüssow
Reinstorf
Katelbogen
Qualitz
Gülzow
Parum
Glasewitz
Schimm
Neperstorf
Wendorf
Baumgarten
Rühn
Gertrudenkapelle
GÜSTROW
Jesendorf
Nisbill
Mankmoos
WARIN
Peetsch
Zernin
Tarnow
Boldebuck
Ernst-Barlach-Gedenkstätte
Dom
Schloss
Bad Kleinen 31'
Groß Labenz
Laase
Warnow
Dreetz
Ventschow
Bibow
Naturpark
Bülow
Karcheez
Gutow
Mühl Rosin
Nienhagen
Rubow
Zahrensdorf
Blankenberg
Groß Görnow
Boitin
Prüzen
Schönwolde
Bölkow
Kirch Rosin
Langen Jarchow
BRÜEL
Rosenow
Lübzin
Grünenhagen
Hägerfelde
Hoppenrade
Keezer See
Thurow
Freilichtmuseum
Groß Upahl
Zehna
Feldsteinkirche
Schwerin 16 km
Kuhlen
Keez
Sülten
Witzin
Klein Upahl
Gerdshagen
Bellin
Klein Grabow
Liessow
Golchen
Weitendorf
Schloss Kaarz
STERNBERG
Sternberger Seenland
Lenzen
Bolz
Groß Grabow
Charlottenthal
Zaschendorf
Gustävel
Kaarz
Stadtkirche
Pastin
Mustin
Gägelow
Rothen
Lohmen
Am Krakower See
Cambs 2 km
Schwerin 15 km
Schönlage
Kobrow
Reimershagen
KRAKOW am See
Jülchendorf
Borkow
Woserin
Megalithgräber
Alt Sammit
Seenland
Wendorf
Dabel
Neuhof
Synagoge
Mecklenburgische Schweiz
Venzkow
Kukuk
Dobbertin
Gneven
Demen
Hohen Pritz
Löschow
Bürbeck
Gädebehn
Wamckow
Goldberger See
Prestin
Techentin
Pinnow
Runow
Groß Niendorf
Mestlin
GOLDBERG
Heide
Barnin
Bülow
Wendisch Waren
Raben 5 km
Schwerin 11 km
Immenhof
CRIVITZ
Wessin
Radepohl
Zölkow
Augzin
Langenhagen
Neu Poserin
Mühlenhof
Grambow
Diestelow
Klein Wangelin
Lenschow
Sehlsdorf
Kressin
Sukow
Zapel
Kossebade
Neu Benthen
Karow
Naturpark Information
Ruthenbeck
Friedrichsruhe
Herzberg
Zahren
Leisten
Göhren
Tramm
Grebbin
Tannenhof
Benthen
Passow
Weisin
Schloss Passow
Plauerhagen
Klinken
Severin
Granzin
Werder
Greven
2 4 6 8 10 km
Parchim 8 km
Pritzwalk 55 km
Plau am See 3 km
Pritzwalk 40 km
247
258

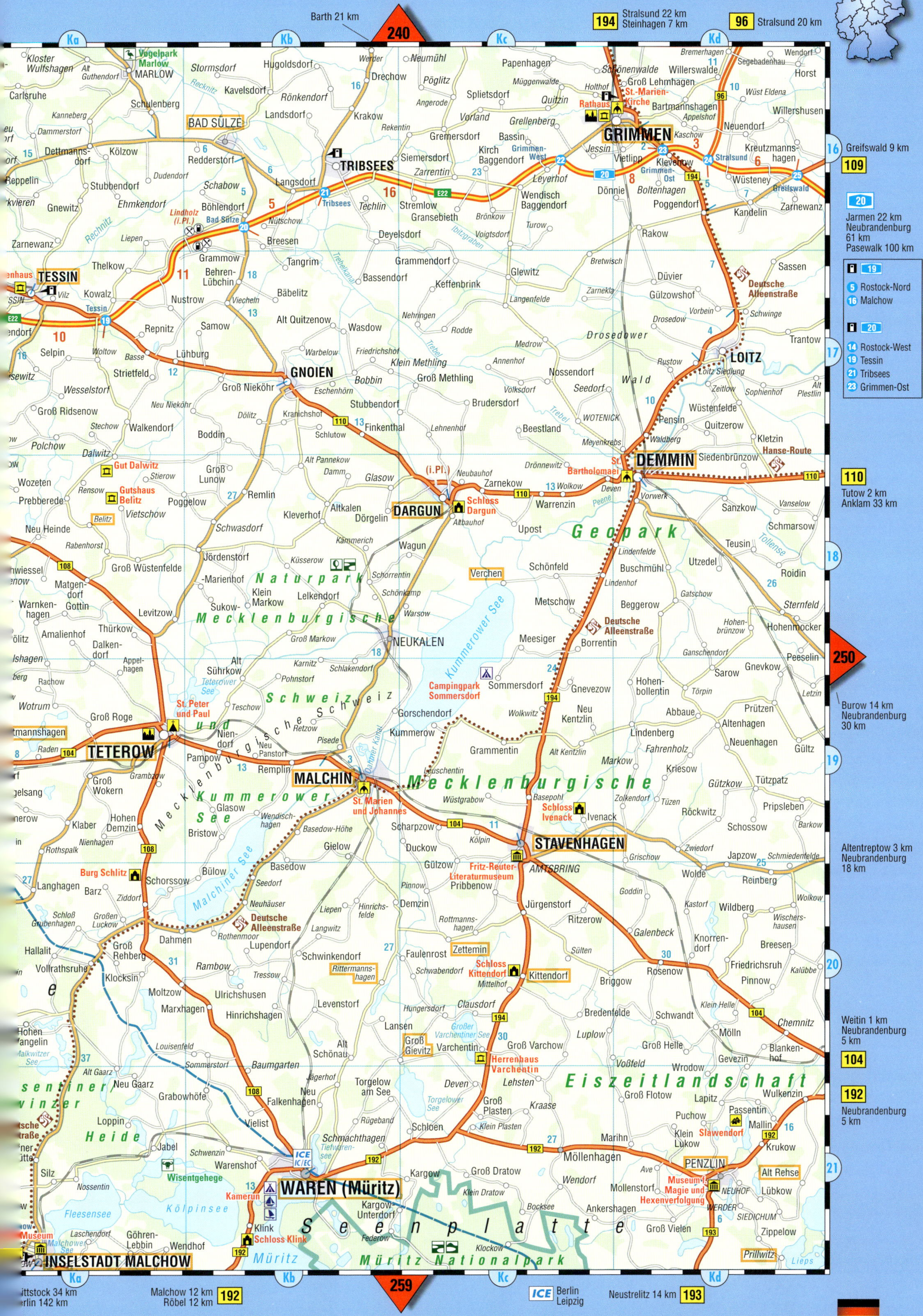
Barth 21 km
240
194 Stralsund 22 km Steinhagen 7 km
96 Stralsund 20 km
Ka
Kb
Kc
Kd
Greifswald 9 km
109
20
Jarmen 22 km Neubrandenburg 61 km Pasewalk 100 km
19
Rostock-Nord
Malchow
20
Rostock-West
Tessin
Tribsees
Grimmen-Ost
110
Tutow 2 km Anklam 33 km
17
18
250
Burow 14 km Neubrandenburg 30 km
19
Altentreptow 3 km Neubrandenburg 18 km
20
Weitin 1 km Neubrandenburg 5 km
104
192
Neubrandenburg 5 km
21
Wittstock 34 km Berlin 142 km
Malchow 12 km Röbel 12 km
192
259
ICE Berlin Leipzig
Neustrelitz 14 km
193
GRIMMEN
TRIBSEES
BAD SÜLZE
TESSIN
GNOIEN
LOITZ
DEMMIN
DARGUN
NEUKALEN
TETEROW
MALCHIN
STAVENHAGEN
PENZLIN
WAREN (Müritz)
INSELSTADT MALCHOW
Vogelpark Marlow
MARLOW
Gut Dalwitz
Gutshaus Belitz
St. Peter und Paul
Burg Schlitz
Schloss Dargun
Campingpark Sommersdorf
St. Marien und Johannes
Schloss Ivenack
Fritz-Reuter-Literaturmuseum
Schloss Kittendorf
Herrenhaus Varchentin
Slawendorf
Museum f. Magie und Hexenverfolgung
Alt Rehse
Deutsche Alleenstraße
Hanse-Route
St. Bartholomaei
Rathaus
St.-Marien-Kirche
Wisentgehege
Kamerun
Schloss Klink
Museum
Kummerower See
Malchiner See
Kölpinsee
Fleesensee
Müritz
Naturpark Mecklenburgische Schweiz
Mecklenburgische Schweiz und Kummerower See
Geopark
Mecklenburgische
Eiszeitlandschaft
Seenplatte
Müritz Nationalpark
Drosedower Wald

Greifswald/Szczecin 1 : 300.000

Stralsund 37' IC/EC

105 Bergen a. Rügen 55 km
Stralsund 27 km

Gager (Rügen)

241

→ 20 2 km
109
20
Grimmen 11 km
Tribsees 35 km
Rostock 84 km

110
Demmin 11 km
Rostock 82 km

Demmin 19 km

249

Stavenhagen 7 km

Rosenow 13 km
Stavenhagen 23 km
104

192
Wulkenzin 2 km
Neustrelitz 28 km

96
Neustrelitz 15 km
Berlin 120 km

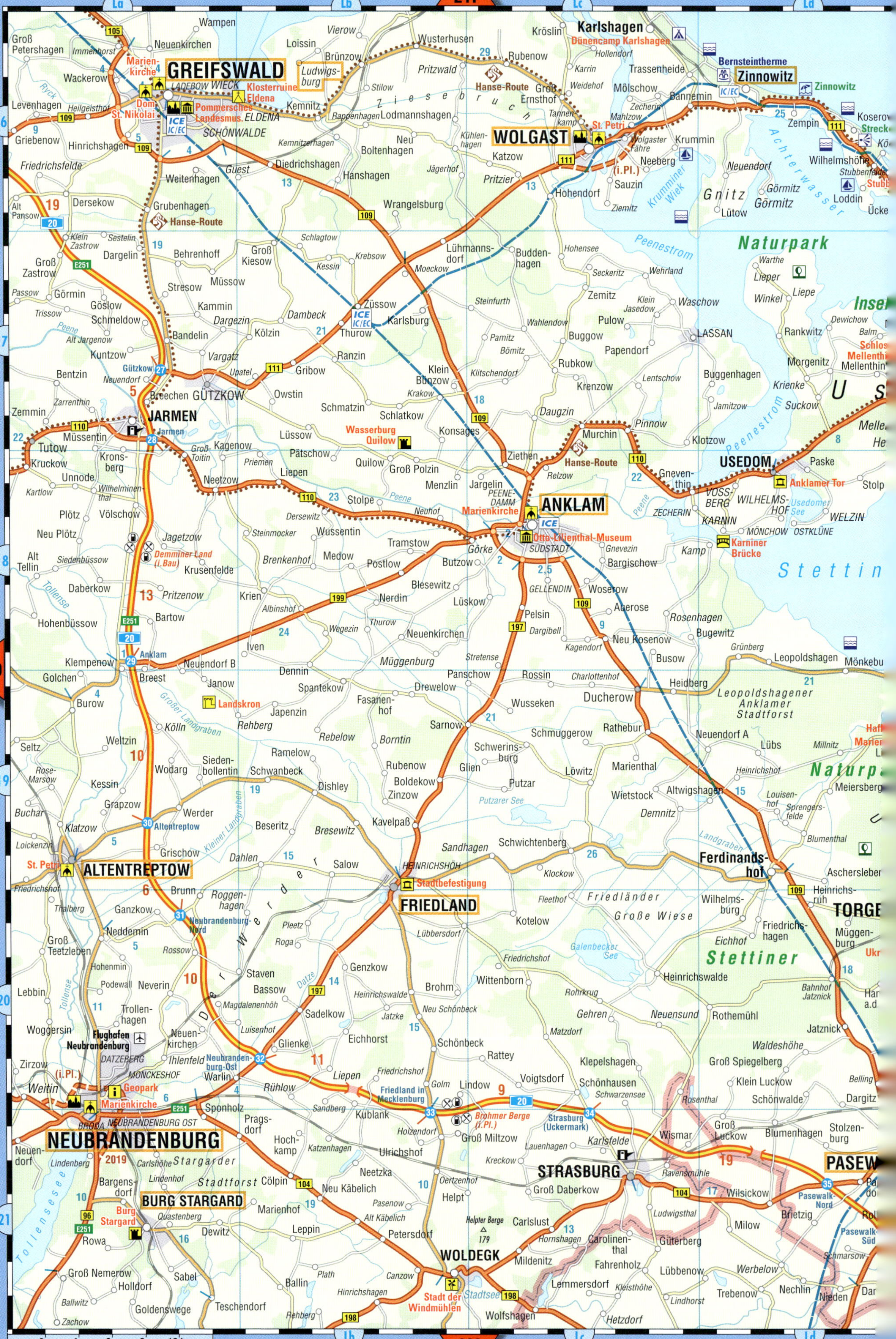

Lb Lc Ld
2 4 6 8 10 km

198 Bredenfelde 3 km
Neustrelitz 34 km

260

Prenzlau 19 km
Schwedt 64 km 198

Prenzlau 16'
Berlin 1h 40' IC/EC 109

Prenzlau 13
Templin 48

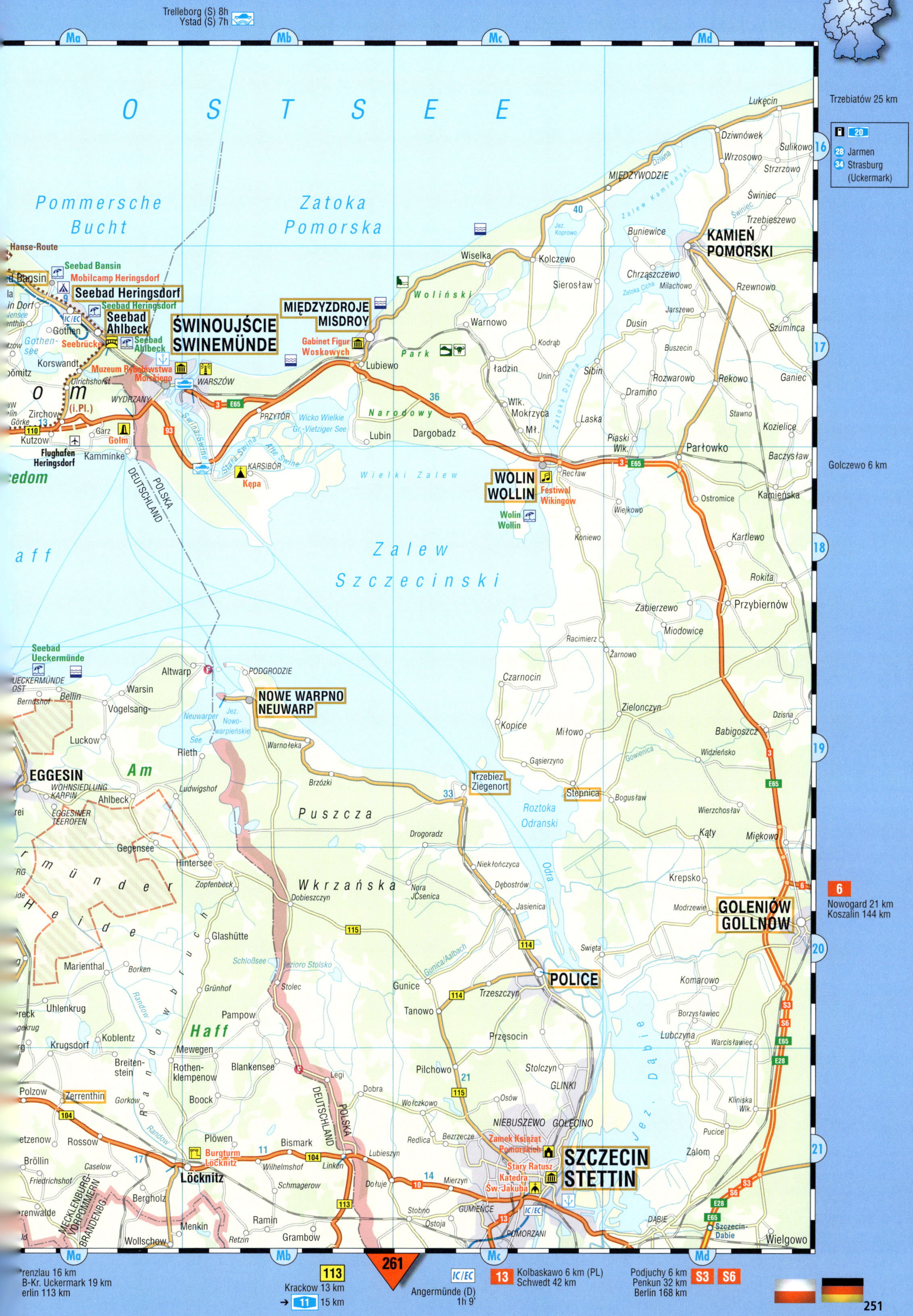
Trelleborg (S) 8h
Ystad (S) 7h
Ma
Mb
Mc
Md
O S T S E E
Pommersche Bucht
Zatoka Pomorska
Hanse-Route
Seebad Bansin
Mobilcamp Heringsdorf
Seebad Heringsdorf
Seebad Ahlbeck
Gothen-see
Gothen
Seebrücke
Korswandt
Ulrichshorst
Museum Rybołówstwa Morskiego
ŚWINOUJŚCIE SWINEMÜNDE
WARSZÓW
WYDRZANY
Zirchow
Görke
Kutzow
Garz
Golm
Flughafen Heringsdorf
Kamminke
POLSKA
DEUTSCHLAND
Karsibór
Kępa
PRZYTÓR
Wicko Wielkie Gr.-Vietziger See
MIĘDZYZDROJE MISDROY
Gabinet Figur Woskowych
Lubiewo
Wolinski Park Narodowy
Lubin
Dargobadz
Wielki Zalew
Zalew Szczecinski
Wiselka
Kolczewo
Sierosław
Warnowo
Kodrąb
Ładzin
Unin
Wlk. Mokrzyca
Mł.
Laska
Sibin
Zatoka Dziwna
WOLIN WOLLIN
Festiwal Wikingów
Wolin Wollin
Recław
Koniewo
Wiejkowo
Łukęcin
Dziwnówek
Wrzosowo
Sulikowo
Strzrzowo
MIĘDZYWODZIE
Zalew Kamieński
Buniewice
KAMIEŃ POMORSKI
Świniec
Trzebieszewo
Chrząszczewo
Milachowo
Rzewnowo
Jarszewo
Dusin
Szumiица
Buszecin
Rozwarowo
Rekowo
Ganiec
Dramino
Stawno
Kozielice
Piaski Wlk.
Parłówko
Baczysław
Ostromice
Kamieńska
Kartlewo
Rokita
Przybiernów
Zabierzewo
Miodowice
Racimierz
Żarnowo
Czarnocin
Zielonczyn
Dzisna
Kopice
Miłowo
Babigoszcz
Gąsierzyno
Widzieńsko
Stepnica
Bogusław
Wierzchosław
Roztoka Odranski
Kąty
Miękowo
Krepsko
Modrzewie
GOLENIÓW GOLLNOW
Święta
Komarowo
Borzysławiec
Lubczyna
Warcisławiec
Kliniska Wlk.
Pucice
Zalom
Jez. Dąbie
Szczecin-Dąbie
DABIE
Wielgowo
Seebad Ueckermünde
UECKERMÜNDE OST
Bellin
Berndshof
Warsin
Vogelsang-
Altwarp
PODGRODZIE
NOWE WARPNO NEUWARP
Neuwarper See
Jez. Nowowarpieńskie
Warnołęka
Luckow
Rieth
EGGESIN
WOHNSIEDLUNG KARPIN
EGGESINER TEEROFEN
Ahlbeck
Ludwigshof
Am
Brzózki
Trzebież Ziegenort
Puszcza
Wkrzańska
Ueckermünder Heide
Gegensee
Hintersee
Zopfenbeck
Drogoradz
Niekłończyca
Nowa Jasienica
Dębostrów
Jasienica
Dobieszczyn
Odra
Glashütte
Marienthal
Borken
Schloßsee
Jezioro Stolsko
Gunica/Aalbach
POLICE
Stolec
Grünhof
Gunice
Trzeszczyn
Uhlenkrug
Randow
Pampow
Tanowo
Haff
Koblentz
Krugsdorf
Przęsocin
Mewegen
Breitenstein
Rothenklempenow
Blankensee
Legi
Pilchowo
Stolczyn
GLINKI
Polzow
Zerrenthin
Gorkow
Boock
Dobra
Osów
Wołczkowo
Rossow
Plöwen
Bismark
NIEBUSZEWO
GOLĘCINO
Redlica
Bezrzecze
Zamek Książąt Pomorskich
SZCZECIN STETTIN
Brüssow
Caselow
Friedrichshof
Burgturm Löcknitz
Löcknitz
Wilhelmshof
Linken
Lubieszyn
Stary Ratusz
Katedra Św. Jakuba
Schmagerow
Dołuje
Mierzyn
Bergholz
MECKLENBURG VORPOMMERN
BRANDENBURG
Menkin
Ramin
Stobno
Ostoja
GUMIEŃCE
POMORZANI
Wollschow
Retzin
Grambow
Trzebiatów 25 km
Jarmen
Strasburg (Uckermark)
Golczewo 6 km
Nowogard 21 km
Koszalin 144 km
Prenzlau 16 km
B-Kr. Uckermark 19 km
Berlin 113 km
Krackow 13 km
15 km
261
Angermünde (D) 1h 9'
Kolbaskawo 6 km (PL)
Schwedt 42 km
Podjuchy 6 km
Penkun 32 km
Berlin 168 km

Borkum 2h
Norden 25' IC/EC 72 Norden 10 km
242
Ca
Cb
Cc
Cd
Nationalpark
Niedersächsisches
Wattenmeer
Greetsiel
Leuchtturm Pilsum
Zwillingsmühlen
Krummhörn
Südbrookmerland
Ostfriesisches Freilichtmuseum
Pewsum
Manninga Burg
Hinte
Leitfeuerantstalt Campen
Ostfriesisches Gatje
EMDEN
Grüne Küstenstraße
Emden-West
Borssum
2022
Großes Meer
Dortmund-Ems-Kanal
Oldersum
Ems
Emssperrwerk
Dollart
NSG
Jemgum
Rheiderland
Bunde
Weener
WEENER
Papenburg
PAPENBURG
Gut Altenkamp
DEUTSCHLAND
NEDERLAND
Eemshaven
Uithuizermeeden
Roodeschool
Oudeschip
Usquert
Uithuizen
Menkemaborg
Oosteinde
Zijldijk
Zandeweer
Spijk
Rottum
Hefshuizen
Bierum
Garsthuizen
't Zandt
Godlinze
Holwierde
Kantens
Ewsum
Middelstum
Zeerijp
Leermens
Loppersum
Westerwijtwerd
Appingedam
DELFZIJL
Farmsum
Zeehavenkanaal
Stedum
Solwerd
Nicolaïkerk
Grüne Küstenstraße
Ten Post
Ten Boer
Meedhuizen
Museumgemaal Cremer
Termunten
Woltersum
Overschild
Steendam
Schildmeer
Woldendorp
Lageweg
Wagenborgen
Eemskanaal
Lewenborg
Garmerwolde
Siddeburen
Nieuwolda
Ruischerborg
Lageland
Schildwolde
Slochteren
Fraeylemaborg
Harkstede
Engelbert
Westerbroek
Noordbroek
Nieuw-Scheemda
Oostwold
Finsterwolde
Midwolda
Ennemaborg
Roode Til
Scheemda
Nieuw-Beerta
Waterhuizen
Woenborg
Dikke Linde
Foxhol
Hoogezand
Sappemeer
Zuidbroek
Noordbroek
Meedenstein
Heiligerlee
Beerta
Bad Nieuweschans
Haren
Onnen
HOOGEZAND-SAPPEMEER
Scheemda
Museum Stoomgemaal Winschoten
Klokkengieterijmuseum
Winschoten
Oudeschans
Glimmen
Noordlaren
Meeden
Westerlee
Rosarium
Bellingwolde
Veenkoloniaal Museum
VEENDAM
Wildervank
Mole De Wachter
Zuidlaardermeer
Kiel-Windeweer
Zuidlaardermarkt
Zuidlaren
Oude Pekela
Blijham
Museum Grootmoeders Keuken
Hunebed
Spijkerboor
Nieuwe Pekela
Wedde
Huiste Wedde
Wedderheide
De Zwaluw
Magnus Kerk Anloo
Annen
Bareveld
Boven Pekela
Alteveer
Tange
Veelerveen
Gasteren
Anloo
Vlagtwedde
Vesting Bourtange
Bourtange
Gieterveen
Eext
Wildeplaats
Dwarsdiep
Vledderhuizen
Barlage
Stakenborg
Ballo
Anderen
Gieten
Rolde
STADSKANAAL
Gasselternijveen
Vledderveen
Vosseberg
Jipsinghuizen
Gassette
Nieuw-Buinen
Grolloo
Hunebedcentrum Borger
Borger
Mussel
Kopstukken
Sellingen
Buinen
Buinerveen
Eerste Exloërmond
Westerwolde
Walchum
Moor
Schoonlo
Westdorp
Tweede Exloërmond
Ter Apel
Ter Wisch
Elp
Exloo
Exloërkijl
Kabouterland
Valthermond
Klooster Ter Apel
'Ode aan de Zon'
Odoorn
Valthe
De Kiel
Orvelte
Openluchtmuseum Schoonoord
Schoonoord
Museumdorp Orvelte
Klijndijk
Weerdinge
Emmer-Compascuum
Wezup
Bourtanger Moor
Heede
Dörpen
Lathen
Haren (Ems)
Rütenbrock
Altenberge
Twist
Landegge
Oberlangen
Niederlangen
Fresenburg
Sustrum
Steinbild
Kluse
Lehe
N363 Winsum 11 km Groningen 24 km
N46 Groningen 6 km
N360 Groningen 3 km
A7 Groningen 4 km Drachten 36 km
N34 Groningen 14 km
N33 Assen 10 km
N374 Hoogeveen 19 km
N381 Beilen 9 km
2 4 6 8 10 km
Emmen 10 km N381
N34 Emmen 5 km Coevorden 16 km
N391 Emmen 4 km
262
Meppen 22 km Lingen 41 km AB-Kreuz Schüttorf 55 km 31
408 Haren 3 km
70 Meppen 14 km Lingen 36 km
IC/EC Meppen 25'

210 Wilhelmshaven 43 km Wittmund 17 km
243
29 Wilhelmshaven 9 km
Da
Db
Dc
Dd
AURICH
Pfalzdorfer Moor
Wiesmoor
Großefehn
Friedeburg
Sande
WILHELMSHAVEN
Oceanis
Kaiser-Wilhelm-Brücke
Arngast
Nationalpark
Jadebusen
Niedersächsisches Wattenmeer
Wasserschloss Gödens
Zetel
VAREL
Schlosskirche Varel
Bockhorn
Neuenburger Urwald
Uplengen
Lengener Meer
Lengener Moor
Hesel
Deutsche Fehnroute
Mühle Bagband
Jade
Jaderpark
Ferienpark am Bernsteinsee
Rastede
Wiefelstede
WESTERSTEDE
Rhododendron-park
Apen
Augustfehn
Ammerland
Bad Zwischenahn
Ammerland. Bauernhaus-Museum
Detern
Rhauderfehn
Ostrhauderfehn
Barßel
Strücklingen
Saterland
Edewecht
OLDENBURG
H.-Janssen-Mus.
Oldenb. Schloss
Langes Moor
Ostermoor
Kamper Moor
Scharrel
Mühle Scharrel
Vehnemoor
Wardenburg
Grüne Küstenstraße
FRIESOYTHE
Bösel
Esterwegen
Garrel
Freizeitpark Thüle
Eleonorenwald
Oldenburgisches Münsterland
Thülsfelder Talsperre
Molbergen
CLOPPENBURG
Museumsdorf Cloppenburg
St.-Marien Basilika
Emstek
Werlte
Schloss Clemenswerth
Lindern
Hümmlinger Land
Niedersächsische Spargelstraße
437 Rodenkirchen 15 km Bremerhaven 40 km (Nordenham)
211 Brake 20 km
29 Delmenhorst 36 km Bremen 47 km
254
IC/EC Delmenhorst 18'
ICE Bremen 27'
28 Delmenhorst 35 km
29 Oldenburg 13 km
28
6 Westerstede
12 Oldenburg-Haarentor
29
8 Varel-Bockhorn
12 Rastede
19 Großenkneten
31
3 Emden-Mitte
10 Leer-Nord
280
2 Bunde-West
1 Wildeshausen 10 km Bremen 46 km Hamburg 148 km
Löningen 12 km
263
213 Löningen 16 km Lingen 57 km
68 Quakenbrück 22 km Bramsche 56 km
1 7 km Vechta 20 km Diepholz 35 km
1 Wallenhorst 55 km Osnabrück 63 km Münster 113 km

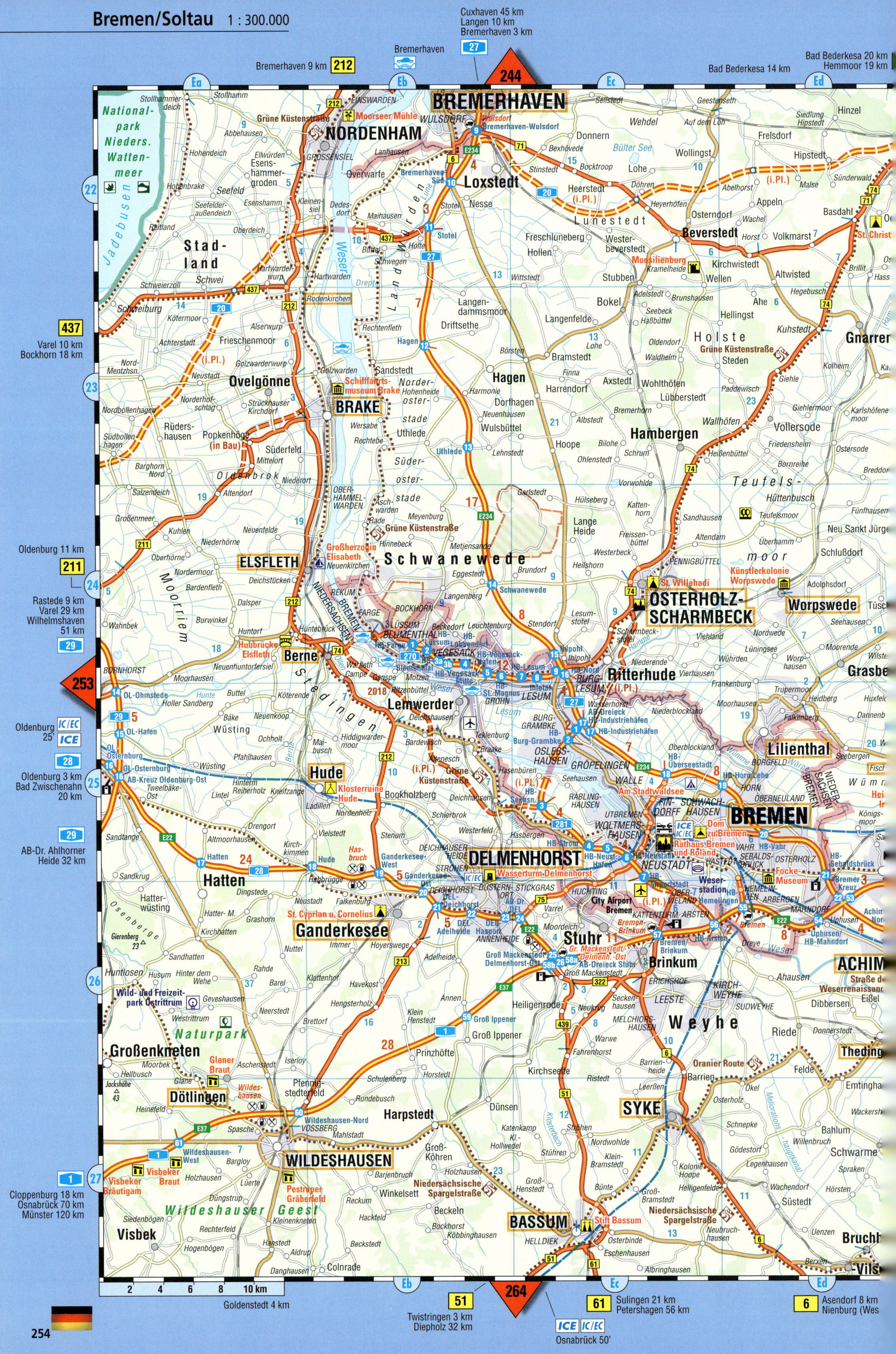
Cuxhaven 45 km
Langen 10 km
Bremerhaven 3 km
27
Bremerhaven
Bremerhaven 9 km 212
244
Bad Bederkesa 14 km
Bad Bederkesa 20 km
Hemmoor 19 km
437
Varel 10 km
Bockhorn 18 km
Oldenburg 11 km
211
Rastede 9 km
Varel 29 km
Wilhelmshaven 51 km
29
253
Oldenburg IC/EC ICE 25'
28
Oldenburg 3 km
Bad Zwischenahn 20 km
29
AB-Dr. Ahlhorner Heide 32 km
1
Cloppenburg 18 km
Osnabrück 70 km
Münster 120 km
Goldenstedt 4 km
51
Twistringen 3 km
Diepholz 32 km
264
ICE IC/EC
Osnabrück 50'
61
Sulingen 21 km
Petershagen 56 km
6
Asendorf 8 km
Nienburg (Wes
Nationalpark Niedersächsisches Wattenmeer
Jadebusen
BREMERHAVEN
NORDENHAM
Loxstedt
Stadland
Beverstedt
Ovelgönne
BRAKE
Hagen
Hambergen
Schwanewede
ELSFLETH
Berne
Lemwerder
OSTERHOLZ-SCHARMBECK
Worpswede
Ritterhude
Lilienthal
BREMEN
Hude
DELMENHORST
Hatten
Ganderkesee
Stuhr
Brinkum
Weyhe
ACHIM
Großenkneten
Dötlingen
Harpstedt
SYKE
WILDESHAUSEN
BASSUM
Visbek
Wildeshauser Geest
Naturpark
2 4 6 8 10 km

74 Stade 20 km

Stade 12 km
Dollern 2 km
73

26 Stade 13 km
Dollern 5 km

245

Hamburg 13 km
73

Hamburg 25 km
Kiel 115 km
Flensburg 175 km
261

1
Maschener Kreuz 9 km
Lüneburg 41 km
Uelzen 76 km
ICE HH-Harburg 44'
IC/EC HH-Hbf. 55'

1	47 Sittensen
	52 Oyten
	57 Bremen-Brinkum
	58b Delmenhorst-O.
7	47 Fallingbostel
27	21 Bremen-Sebaldsbrück
	26 Verden-Ost
28	16 Oldenburg-Ost

256

Bispingen 8 km
3

Munster 18 km
Uelzen 50 km
71

Maschener Kreuz 51 km
Hamburg 71 km
Lübeck 133 km
7

3
Bergen 17 km
Celle 40 km

Bremen (Weser) 20 km
Minden (Westf.) 74 km
215

ICE Hannover 1h
IC/EC Nienburg 15'

Rethem 5 km
Nienburg (Weser) 28 km
209

265

AB-Dr. Walsrode 5 km
Hannover 53 km
27

7 AB-Dr. Walsrode 3 km
Flughafen Hannover 45 km
Hannover 51 km

Kiel 101 km
Itzehoe 59 km
AB-Dr. HH-Nordwest 13 km

ICE Hamburg
IC/EC Hbf. 10'

Puttgarden 148 km
Lübeck 58 km
AB-Dr. HH-Ost 10 km

Hamburg 12 km

246

Bad Segeberg 57 km
Bad Oldesloe 43 km

Hamburg 30' IC/EC

404 207 Ratzeburg 32 km
Mölln 20 km

73 Neu Wulmstorf 6 km
Buxtehude 11 km

Buchholzer Dreieck
2 km

261

1 Buchholzer Dreieck
2 km
Bremer Kreuz 70 km
Bremen 85 km

ICE IC/EC
Bremen 44'/ 55'

255

3 Schneverdingen
16 km
Buchholz i.d.
Nordheide 41 km

Soltau 3 km
Rotenburg (W.)
41 km
71

Dreieck Walsrode
23 km
Hannover 71 km
7

3 Soltau 6 km
Buchholz i.d.
Nordheide 51 km

Celle 20' IC/EC
Hannover 1h 15'
Hannover 1h 7' ICE

266

3 Bergen 2 km
Celle 25 km
Hannover 66 km

Eschede 17 km
Celle 33 km
Hannover 74 km
191

4 Gifhorn 41 km
Braunschweig 63 km

Hamburg 71 km
Hornbek 35 km
Gudow 12 km

195 Ratzeburg 30 km
Zarrentin 6 km

24

247

Wismar 50 km
Schwerin 20 km 321

IC/EC Schwerin 51'

IC/EC Schwerin 21'

14 Wismar 56 km
Schwerin 25 km

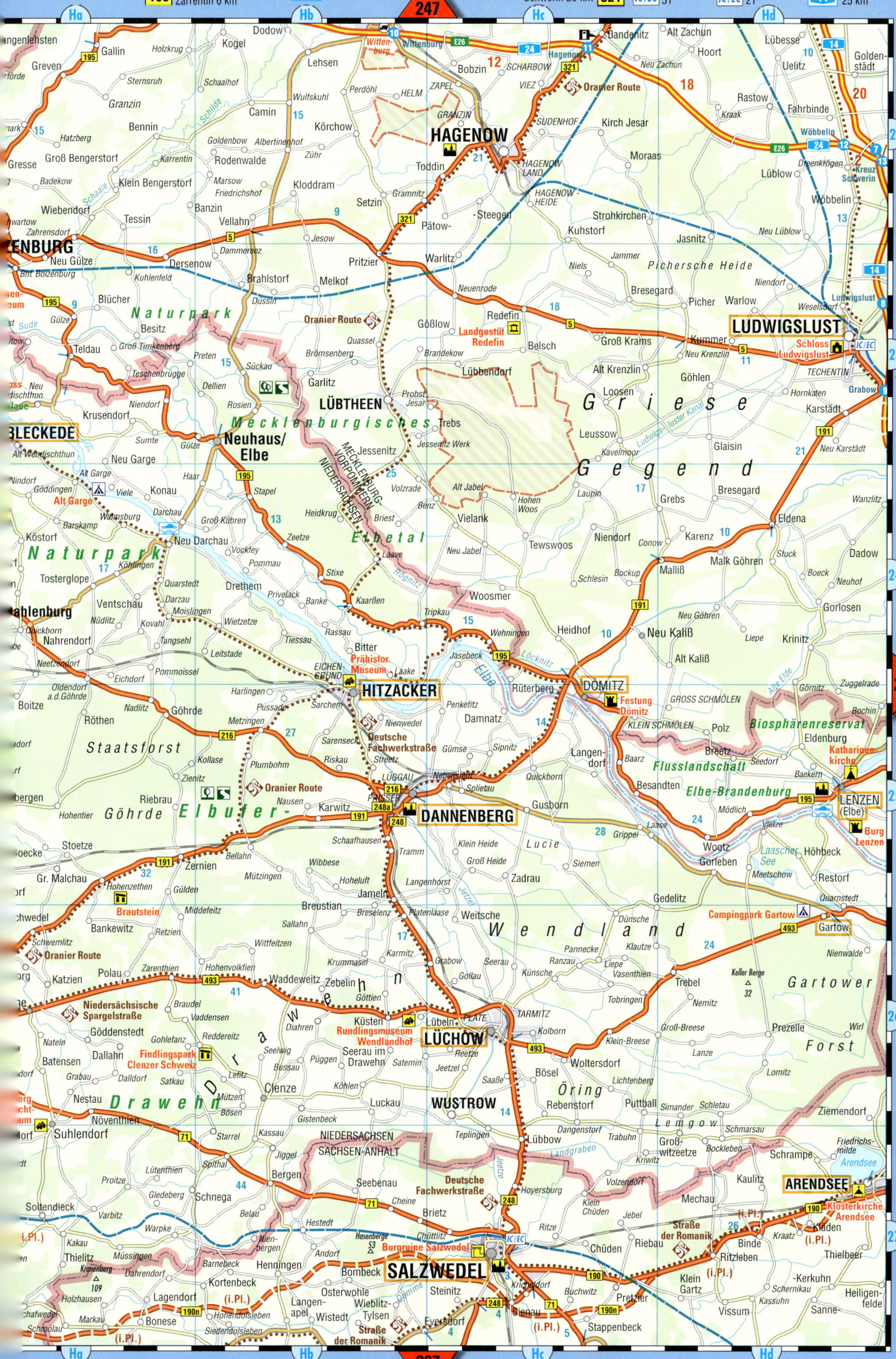

22
24 AB-Dr. Wittstock/Dosse 73 km
Berlin 181 km

23 IC/EC Wittenberge 26'

5 Grabow 5 km
Perleberg 34 km

1 41 Hittfeld
7 32 Hamburg-Heimfeld
24 11 Hagenow
250 4 Winsen-Ost
6 Lüneburg-Nord

24

258

195 Lanz 7 km
Wittenberge 18 km

25

493 Schnackenburg 4 km

26

190 Seehausen 17 km
Havelberg 47 km

27

267

248 Rohrberg 14 km
Wolfsburg 56 km

71 Mahlsdorf 2 km
Gardelegen 33 km
Haldensleben 65 km

IC/EC Stendal 26'
Berlin-Spandau 1h 3'

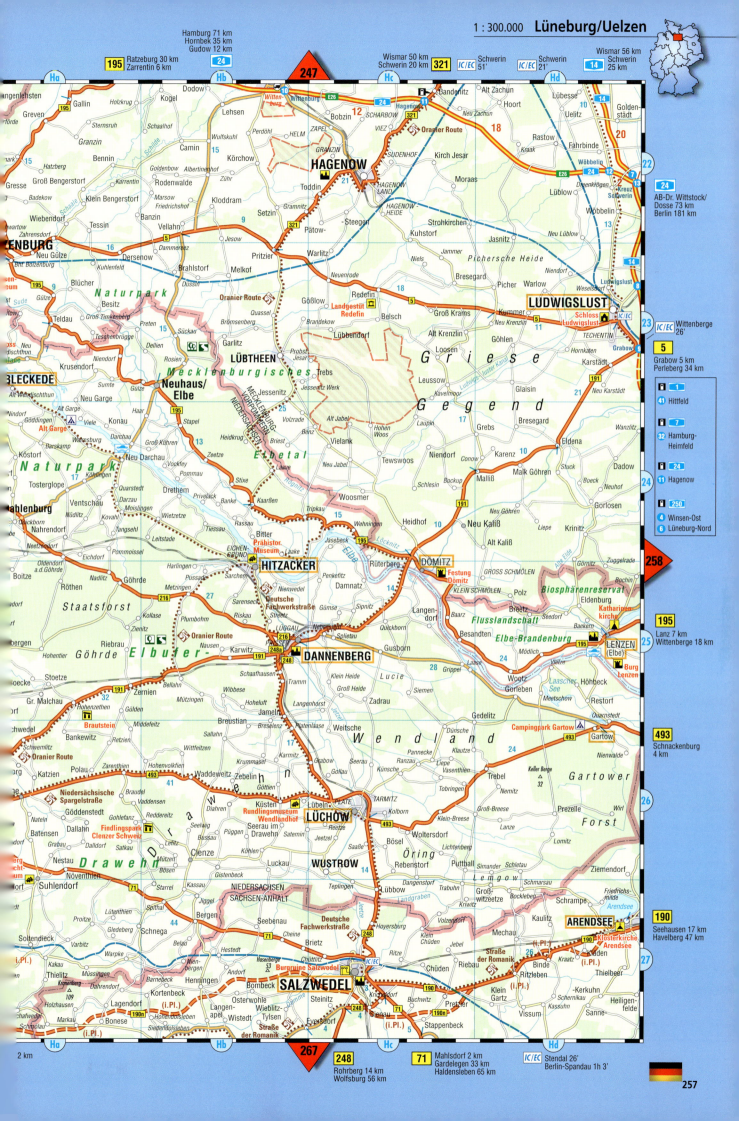

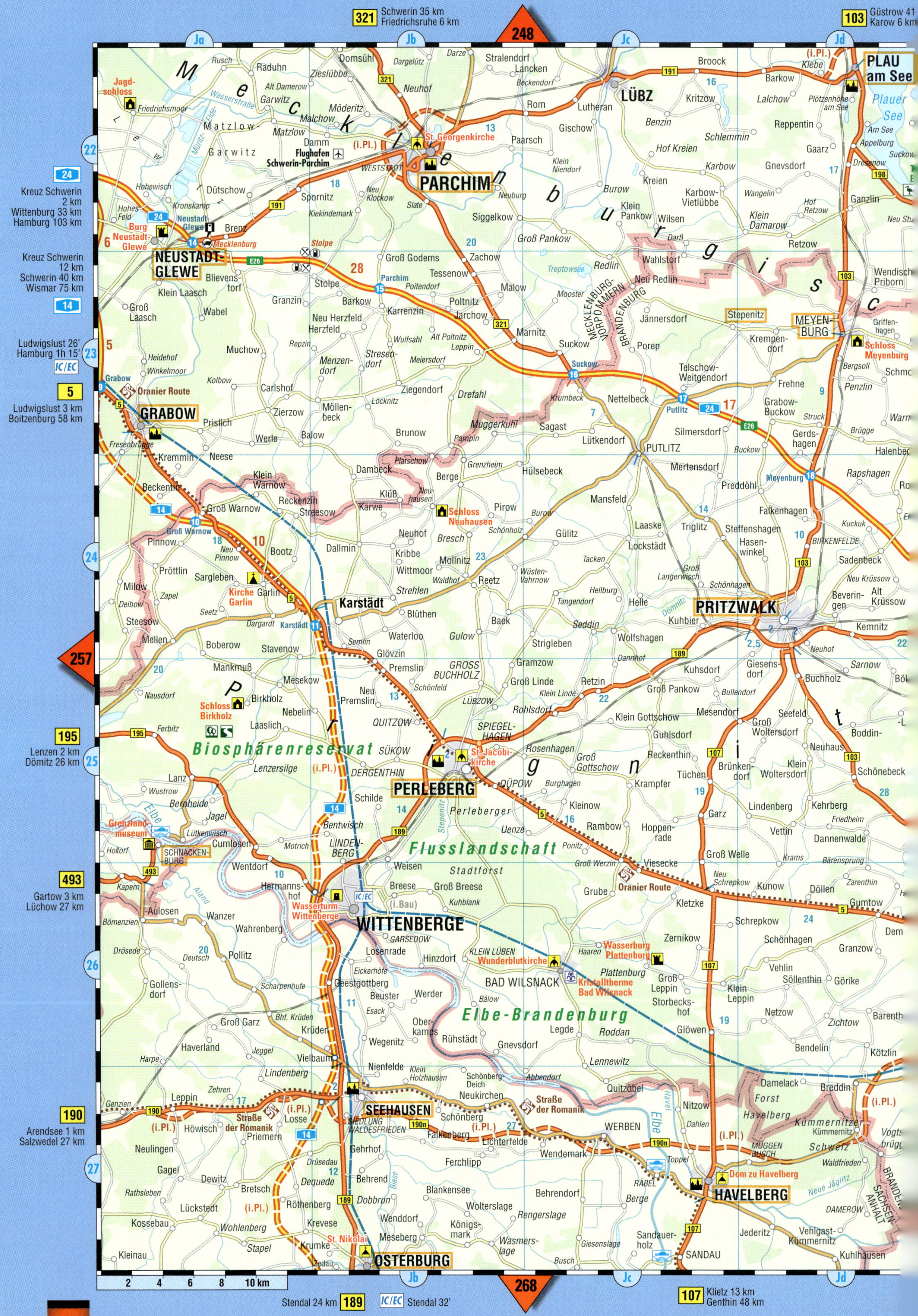
321 Schwerin 35 km
Friedrichsruhe 6 km
248
103 Güstrow 41
Karow 6 km
24 Kreuz Schwerin 2 km
Wittenburg 33 km
Hamburg 103 km
Kreuz Schwerin 12 km
Schwerin 40 km
Wismar 75 km
14
Ludwigslust 26'
Hamburg 1h 15'
IC/EC
5 Ludwigslust 3 km
Boitzenburg 58 km
257
195 Lenzen 2 km
Dömitz 26 km
493 Gartow 3 km
Lüchow 27 km
190 Arendsee 1 km
Salzwedel 27 km
Stendal 24 km 189
IC/EC Stendal 32'
268
107 Klietz 13 km
Genthin 48 km
Mecklenburgische
Biosphärenreservat
Flusslandschaft
Elbe-Brandenburg
PARCHIM
LÜBZ
PLAU am See
NEUSTADT-GLEWE
GRABOW
MEYENBURG
PRITZWALK
PUTLITZ
Karstädt
PERLEBERG
WITTENBERGE
BAD WILSNACK
SEEHAUSEN
HAVELBERG
OSTERBURG
SANDAU
Oranier Route
Straße der Romanik
2 4 6 8 10 km

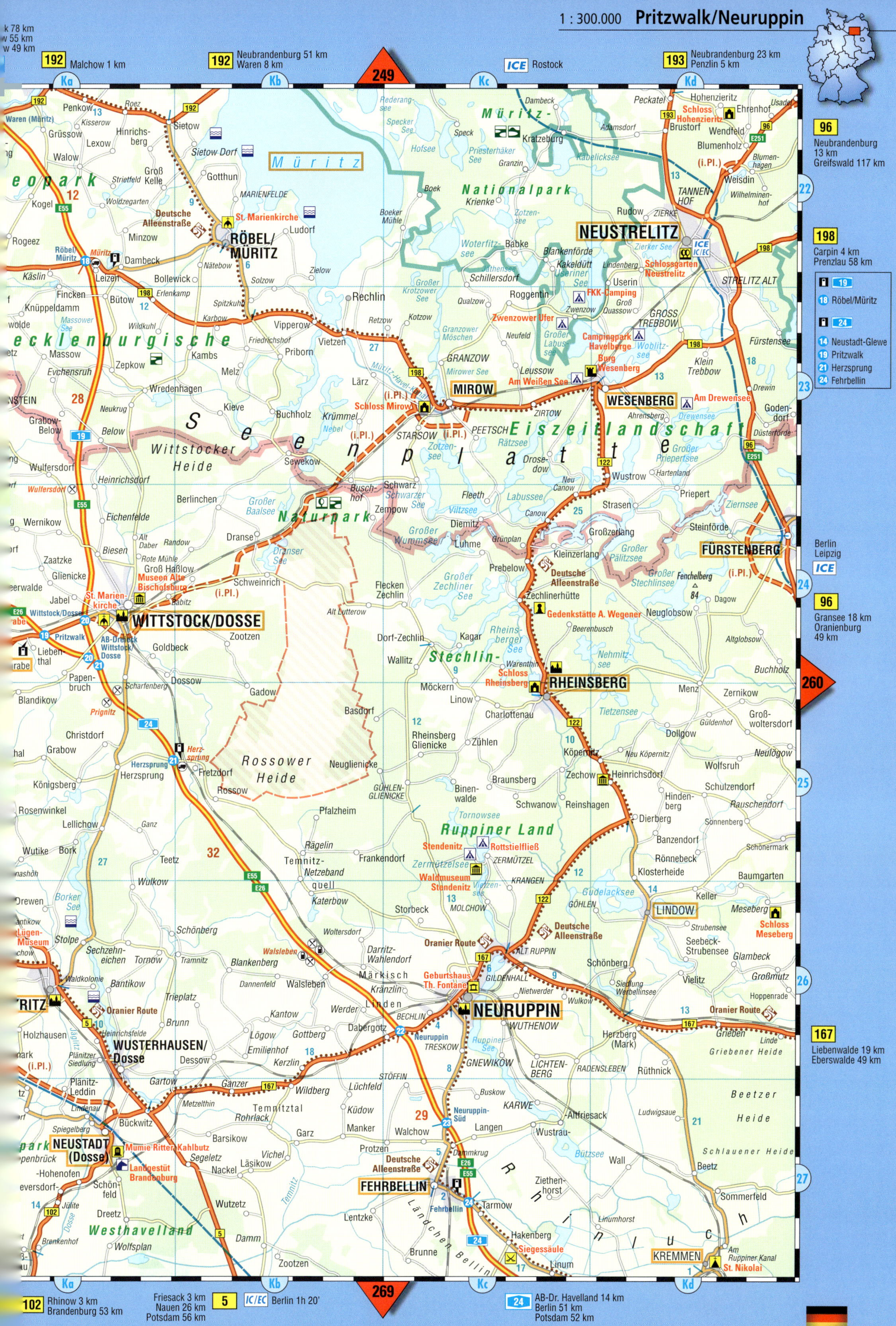
192 Malchow 1 km
192 Neubrandenburg 51 km Waren 8 km
249
ICE Rostock
193 Neubrandenburg 23 km Penzlin 5 km
96 Neubrandenburg 13 km Greifswald 117 km
198 Carpin 4 km Prenzlau 58 km
19 Röbel/Müritz
24 Neustadt-Glewe
19 Pritzwalk
21 Herzsprung
24 Fehrbellin
Berlin Leipzig
96 Gransee 18 km Oranienburg 49 km
260
167 Liebenwalde 19 km Eberswalde 49 km
102 Rhinow 3 km Brandenburg 53 km
Friesack 3 km Nauen 26 km Potsdam 56 km
5
IC/EC Berlin 1h 20'
269
24 AB-Dr. Havelland 14 km Berlin 51 km Potsdam 52 km
Müritz
RÖBEL/MÜRITZ
St. Marienkirche
Deutsche Alleenstraße
Nationalpark
NEUSTRELITZ
Schlossgarten Neustrelitz
Schloss Hohenzieritz
Rechlin
MIROW
Schloss Mirow
WESENBERG
Burg Wesenberg
Mecklenburgische Seenplatte
Eiszeitlandschaft
Wittstocker Heide
Naturpark
FÜRSTENBERG
WITTSTOCK/DOSSE
Museen Alte Bischofsburg
St. Marienkirche
Gedenkstätte A. Wegener
Stechlin-
Schloss Rheinsberg
RHEINSBERG
Rossower Heide
Ruppiner Land
Waldmuseum Stendenitz
Rottstielfließ
LINDOW
Schloss Meseberg
Oranier Route
Geburtshaus Th. Fontane
NEURUPPIN
WUSTERHAUSEN/Dosse
NEUSTADT (Dosse)
Landgestüt Brandenburg
Westhavelland
FEHRBELLIN
Rhinluch
Ländchen Bellin
Siegessäule
KREMMEN
St. Nikolai
Beetzer Heide
Griebener Heide
Schlauener Heide

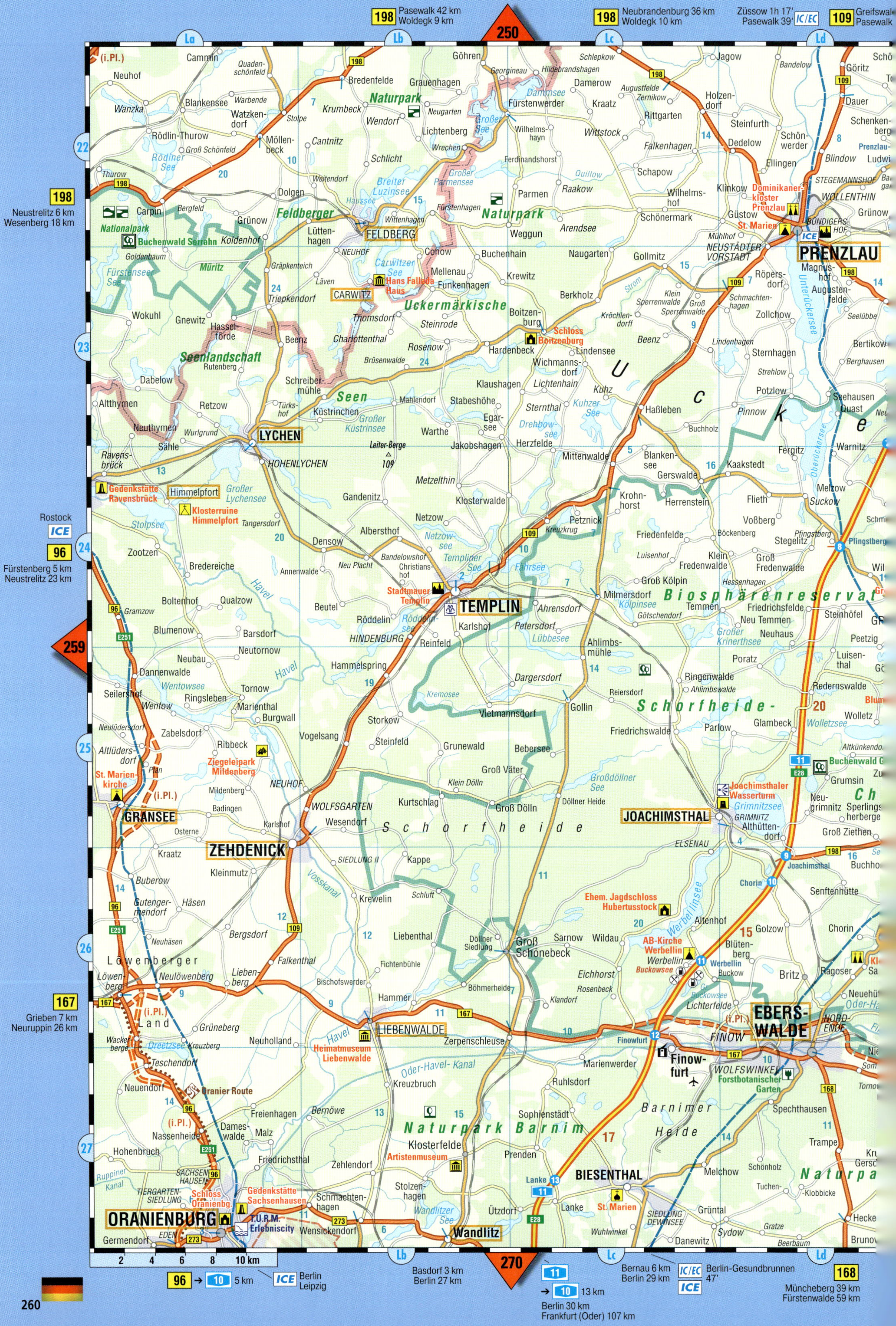
198 Pasewalk 42 km Woldegk 9 km
250
198 Neubrandenburg 36 km Woldegk 10 km
Züssow 1h 17' Pasewalk 39' IC/EC
109 Greifswald Pasewalk
198 Neustrelitz 6 km Wesenberg 18 km
Rostock ICE
96 Fürstenberg 5 km Neustrelitz 23 km
259
167 Grieben 7 km Neuruppin 26 km
96 → 10 5 km ICE Berlin Leipzig
Basdorf 3 km Berlin 27 km
270
11 → 10 13 km Berlin 30 km Frankfurt (Oder) 107 km
Bernau 6 km Berlin 29 km IC/EC ICE Berlin-Gesundbrunnen 47'
168 Müncheberg 39 km Fürstenwalde 59 km
PRENZLAU
TEMPLIN
LYCHEN
FELDBERG
CARWITZ
ZEHDENICK
GRANSEE
JOACHIMSTHAL
EBERSWALDE
ORANIENBURG
LIEBENWALDE
Wandlitz
BIESENTHAL
Himmelpfort
Naturpark Feldberger Seenlandschaft
Nationalpark Müritz
Naturpark Uckermärkische Seen
Biosphärenreservat Schorfheide-Chorin
Schorfheide
Naturpark Barnim
Uckermark
Barnimer Heide
Löwenberger Land
Dominikanerkloster Prenzlau
St. Marien
Hans Fallada Haus
Schloss Boitzenburg
Gedenkstätte Ravensbrück
Klosterruine Himmelpfort
Stadtmauer Templin
Ziegeleipark Mildenberg
Joachimsthaler Wasserturm
Ehem. Jagdschloss Hubertusstock
AB-Kirche Werbellin
Heimatmuseum Liebenwalde
Artistenmuseum
Forstbotanischer Garten
Gedenkstätte Sachsenhausen
Schloss Oranienburg
T.U.R.M. Erlebniscity
Oranier Route
Oder-Havel-Kanal
Vosskanal
Finowfurt
Klosterfelde
Groß Schönebeck
Werbellinsee
Grimnitzsee
Unteruckersee
Oberuckersee
Lychensee
Stolpsee
Wentowsee
Röddeliner See
Templiner See
Lübbesee
Krinertsee
Dammsee
Großer Parmensee
Breiter Luzinsee
Carwitzer See
Großer Küstrinsee
Kuhzer See
Fürstensee
Röhliner See
Dreetzsee
Großdöllner See
Wolletzsee
Wandlitzer See
Ruppiner Kanal
Havel
2 4 6 8 10 km

Pasewalk 9 km

Linken 7 km 113

Szczecin (PL) 1h 9' IC/EC

251

13 Police 23 km
Szczecin 3 km

S3 S6 Koszalin 143 km
Świnoujście 90 km
Goleniów 17 km

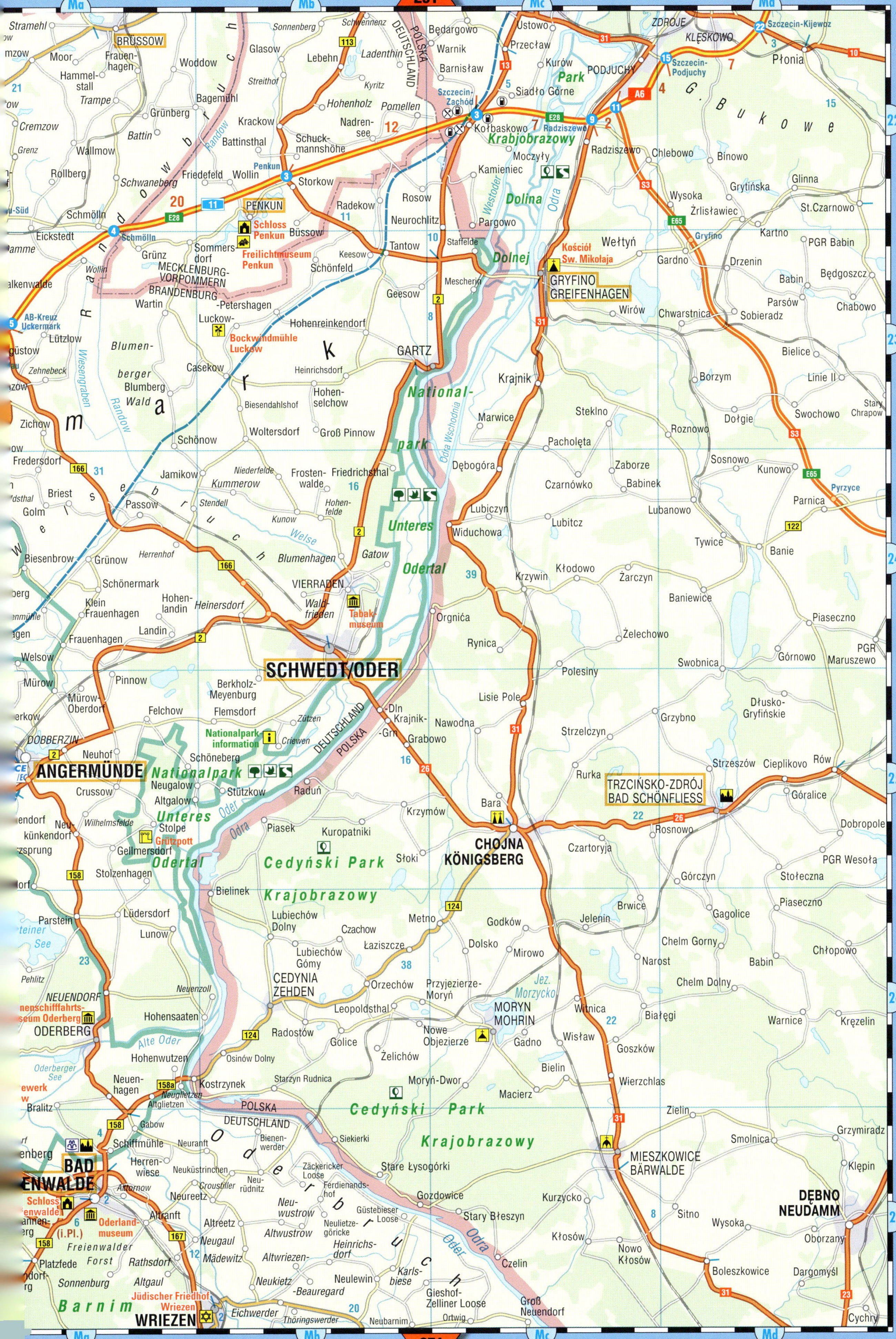

10 Stargard Szczeciński 14 km

11
12 Finowfurt

S3 Myślibórz 30 km
Gorzów Wielkopolsk 57 km

26 Myślibórz 5 km
Barlinek 36 km

23 Gorzów Wielkopolsk 30 km

Steinbeck 2 km
Berlin 46 km

167 Seelow 30 km
Frankfurt (Oder) 58 km

271

31 23 Kostrzyn 12 km

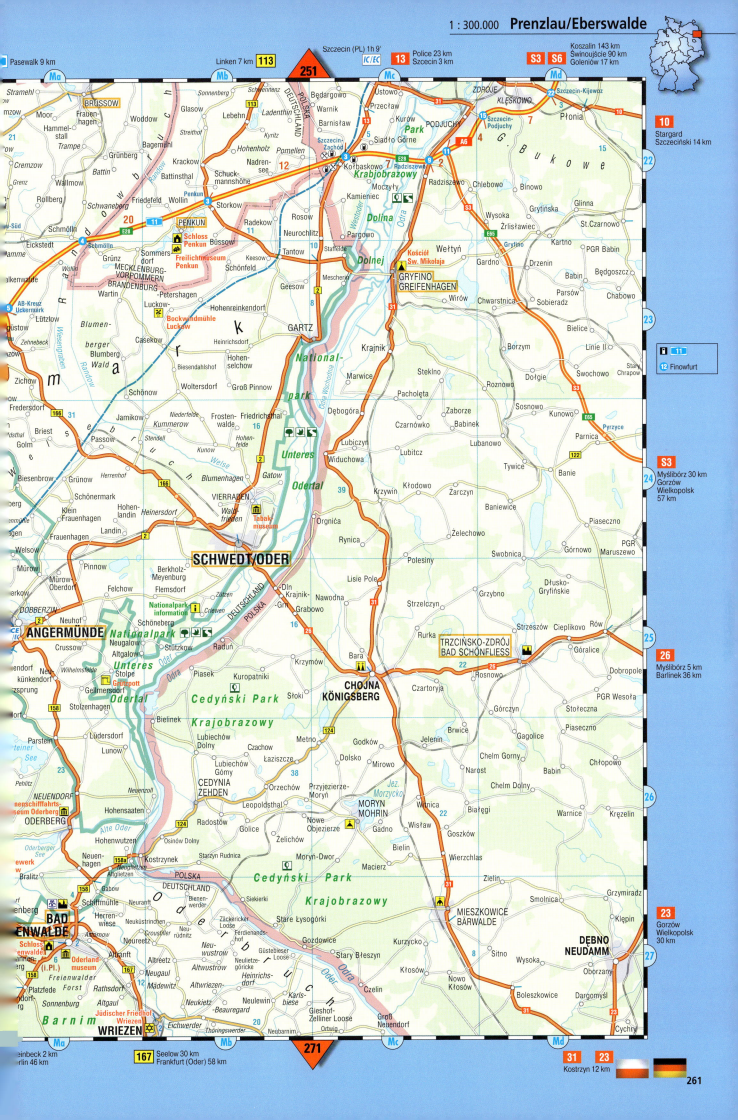

N 381 Beilen 15 km Zweeloo 2 km
N 34 Groningen 56 km Borger 14 km
Ter Apel 12 km N 391
252
Norddeich 121 km Emden 89 km Leer 53 km 31
Papenburg 25' IC/EC
70 Papenburg 28 km Lathen 5 km

A37 Hoogeveen 17 km Meppel 32 km
N 377 Avereest 15 km
N 34 Hardenberg 5 km Ommen 18 km Zwolle 40 km
Hardenberg 10 km N 343
Vriezenveen 3 km Hardenberg 27 km N 36
Deventer 32' IC/EC
Almelo 4 km Wierden 8 km A35
A1 Deventer 43 km Apeldoorn 55 km Amsterdam 136 km
N 346 Goor 9 km
N 347 Goor 7 km Rijssen 20 km
N 18 Eibergen 4 km Doetinchem 38 km

2 4 6 8 10 km

70 Vreden 9 km Südlohn 21 km Borken 34 km
Ahaus 3 km Stadtlohn 14 km
273
31 Bottrop 67 km Essen 78 km Düsseldorf 104 km
Altenberge 12 km Münster 28 km 54

Cloppenburg 9 km 213
Cloppenburg 7 km 68
Friesoythe 32 km Cloppenburg 7 km 72
Bremen 59 km Wildeshausen 25 km 1
Werlte 5 km
Werlte 14 km
253
Vechta 8 km Diepholz 23 km 69
1 Vechta Osnabrück-Haf.
30 Schüttorf-Nord Rheine-Nord Osnabrück-Nahne
31 Meppen Heek
214 Diepholz 7 km Nienburg (Weser) 69 km
264
Bohmte 4 km Diepholz 33 km 51 65
Bad Essen 8 km Lübbecke 27 km Minden (W.) 52 km
ICE IC/EC Bremen 50'
ICE IC/EC Bünde 23'
30 Melle 7 km Bad Oeynhausen 42 km Hannover 120 km
Greven 2 km Münster 16 km 219
Münster 23' IC/EC
Münster 22 km Unna 73 km Dortmund 83 km 1
Münster 25' IC/EC ICE
274
475 Glandorf 15 km Warendorf 31 km
51 Glandorf 7 km Münster 38 km
33 Borgholzhausen 4 km
Hüvener Mühle
Hünengrab Groß Berßen
Lähden
Lastrup
Cappeln
Oldenburger Münsterland
Bakum
Löningen
St. Vitus Löningen
Essen
Oranier Route
Herzlake
Haselünne
Quakenbrück
St. Sylvesterkirche
Dinklage
Lohne
Kloster Burg Dinklage
Artland
Artland-Route
Kloster Börstel
Börstel
Badbergen
Berge
Nortrup
Kultsteine Bippen
Bippen
Holdorf
Steinfeld
Bersenbrück
Ankum
Eggermühlen
Wasserschloss Eggermühlen
Naturpark
Fürstenau
Schlosskirche St. Katharina
Ankumer Höhe
Neuenkirchen-Vörden
Dammer Berge
Kloster Damme
Damme
Alfhausen
Alfsee
Freren
Merzen
(Nördlicher
Rieste
Bramgau-Route
Großes Moor
Neuenkirchen
Bramsche
St. Martin
Museum Varusschlacht Kalkriese
Hopsten
Recke
Teutoburger Wald)
Wallenhorst
Ostercappeln
Ruine Wittekindsburg
Mettingen
Westerkappeln
Hörstel
Ibbenbüren
Osnabrück
Belm
Terra Vita
Wasserschloss Schelenburg
Tecklenburger Land
Lotte
Bissendorf
Hasbergen
Georgsmarienhütte
Tecklenburg
Wasserschloss Haus Marck
Gronegau Park Ludwigsee
Dörenther Klippen
Lengerich
Hagen a.Teutoburger Wald
Emsdetten
Saerbeck
Naturpark
Uhrenmuseum
Bad Iburg
Schloss Bad Iburg
Ladbergen
Lienen
Hilter a.Teutoburger Wald
Flughafen Münster/Osnabrück
Dortmund-Ems-Kanal
Mittellandkanal

51 Bremen 36 km Bassum 7 km
Bremen ICE IC/EC
61 Bremen 34 km Bassum 5 km
Bremen 37 km Syke 16 km
6
Wildeshausen 10 km
254
Emstek 13 km Cloppenburg 21 km
69
214
Bersenbrück 30 km Lingen (Ems) 73 km
263
Belm 10 km Osnabrück 17 km
51
65
IC/EC ICE Osnabrück
Osnabrück 23' Münster 49'
IC/EC
ICE
30
Osnabrück 21 km Rheine 62 km Apeldoorn (NL) 157 km
275
Bielefeld 15 km Gütersloh 35 km
61
Herford 16' Bielefeld 26'/45'
IC/EC
ICE
2
Bielefeld 25 km Hamm 96 km Dortmund 125 km
238
Lemgo 12 km Detmold 24 km
2 4 6 8 10 km
Ea
Eb
Ec
Ed
28
29
30
31
32
33
Goldenstedt
TWISTRINGEN
VECHTA
Zitadelle St. Maria
Barnstorf
SULINGEN
DIEPHOLZ
Schloss Diepholz
Rehden
Wagenfeld
Steyerberg
Uchte
Dümmer
Naturpark Dümmer
Lemförde
Stemwede
RAHDEN
Museumshof Rahden
Diepenau
ESPELKAMP
PETERSHAGEN
Bohmte
Bad Essen
PREUSS. OLDENDORF
LÜBBECKE
Hille
MINDEN (Westf.)
Rödinghausen
Hüllhorst
BÜCKEBURG
PORTA WESTFALICA
Kaiser-Wilhelm-Denkmal
MELLE
BÜNDE
Kirchlengern
BAD OEYNHAUSEN
LÖHNE
Hiddenhausen
SPENGE
ENGER
HERFORD
VLOTHO
Naturpark Wiehengebirge
Terra Vita
Oranier Route
Niedersächsische Spargelstraße
Deutsche Fachwerkstraße
Westfälische Mühlenstraße
Deutsche Märchenstraße
Schwefelbad Levern
Ruine Ellerburg
Schloss Benkhausen
Mühle Bulzendorf
Tierpark Ströhen
Findling Tonnenheide
Turm Nonnenstein
Potts Park
Wasserstraßenkreuz mit Schachtschleuse
Dom zu Minden
Arkeburg (Burgwall)
Automuseum Melle
Wasserburg Bruche
Schloss Mühlenburg
Stiftsk. Enger
Uhlenburg
Deutsches Märchenmuseum
AB-Kirche Exter
Kalletal
Sonnenwiese
Großes Moor
Geestmoor
Neustädter Moor
Wietingsmoor
Siedener Moor
Stemmer Moor
Mittellandkanal
NIEDERSACHSEN
NORDRHEIN-WESTFALEN

burg (Wümme) 42 km
Verden (Aller) 15 km 215

ICE Bremen 58'
IC/EC Verden 15'

Bad Fallingbostel 19 km
Walsrode 10 km 209

255

Cuxhaven 161 km
Bremen 66 km
Walsrode 7 km 27

7 Flensburg 251 km
Hamburg 83 km
Bad Fallingbostel 6 km

2 Langenhagen
37 Lauenau
38 Bad Nenndorf
7 Schwarmstedt
30 Bünde
27 Bünde
352 Langenhagen Kaltenweide

214 Celle 16 km Braunschweig 69 km

IC/EC Celle 19'
ICE HH-Hbf. 1h 15'

266

7 Hildesheim 36 km Göttingen 127 km Kassel 170 km

2 Braunschweig 45 km Magdeburg 122 km Berlin 257 km

ICE IC/EC Wolfsburg 34' Braunschweig 35'

Sehnde 7 km Peine 27 km 443

37 → 7

6 Hildesheim 15 km Seesen 49 km

Hildesheim 5 km Braunschweig 48 km 1

ICE IC/EC Göttingen 34'

Hameln 1 km Höxter 58 km 83

217 Hameln 2 km Paderborn 66 km

276

442 Salzhemmendorf 7 km

Hameln 30 km Paderborn 94 km 1

3 Alfeld (Leine) 18 km Göttingen 81 km

IC/EC Alfeld (Leine) 13'

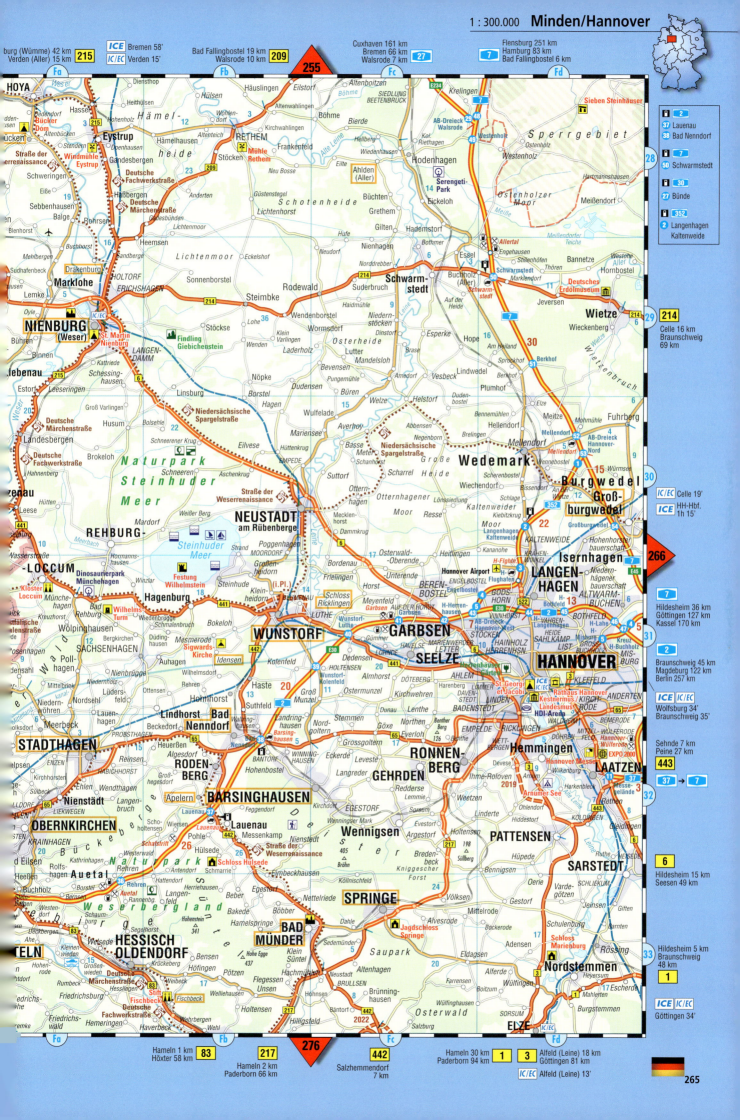

3 Soltau 23 km
Hamburg ICE
Uelzen 20' IC/EC
256
Danneberg (Elbe) 60 km
Uelzen 19 km 191
4 Lüneburg 53 km
Uelzen 18 km
214 Nienburg (Weser) 53 km
Hannover ICE
Hannover 19' IC/EC
265
Bremen 110 km
Hamburg 138 km 7
Hannover 12 km 37
2
Hannover 11 km
Bielefeld 120 km
Dortmund 200 km
IC/EC Hannover 33'
Hannover 16 km 65
7
7
37 → 6
2 km
6
Hannover 16 km
1
Hameln 42 km
Paderborn 109 km

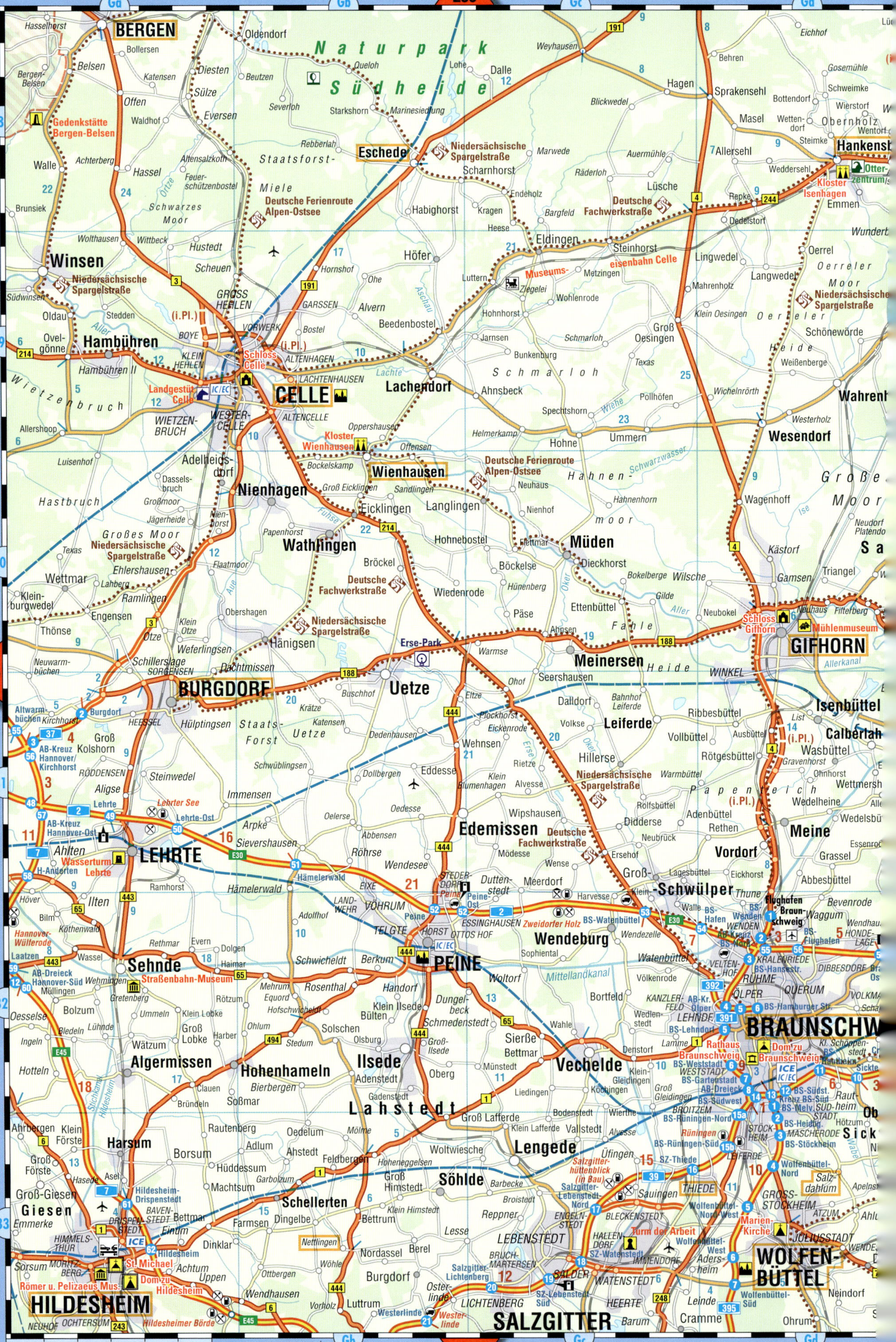

2 4 6 8 10 km
Bockenem 20 km
Herzberg 71 km 243
ICE Göttingen 28'
Goslar 38 km 6
7
Göttingen 80 km
Kassel 118 km
Fulda 220 km
39
→ 7 2 km
(AB-Dr. Salzgitter)
Seesen 28 km
Kassel 117 km
277
Salzgitter Bad 7 km
Seesen 33 km 248
395 Vienenburg 20 km
Bad Harzburg 30 km
Goslar 36 km

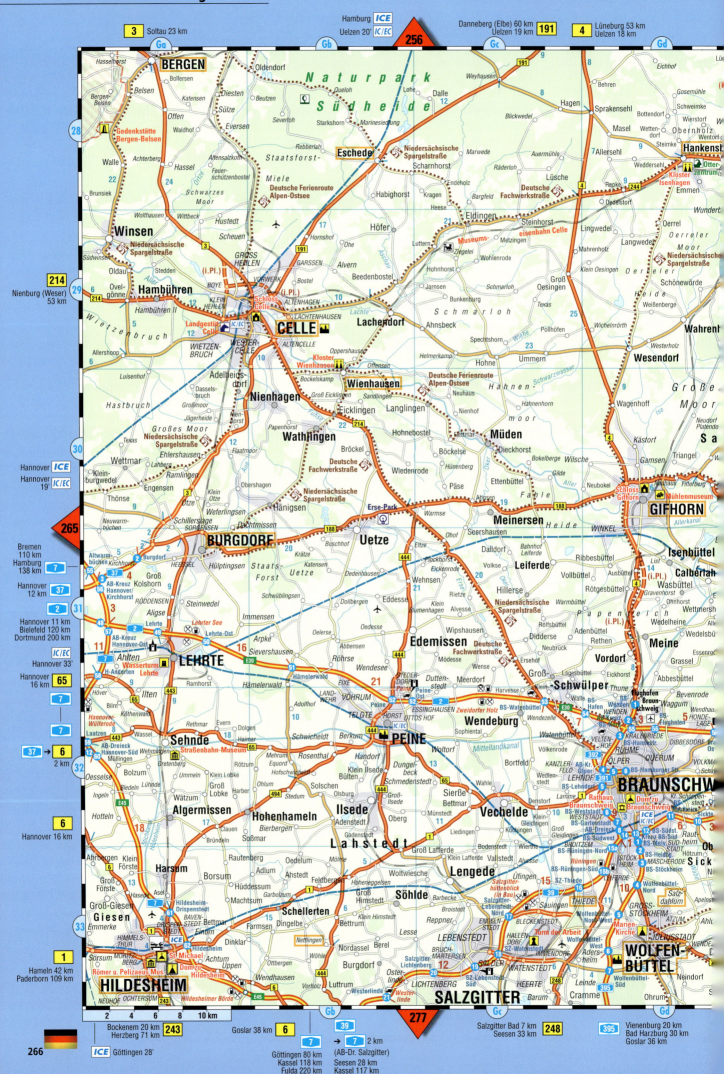

Lüchow 20 km
Salzwedel 6 km
248
257
71
Uelzen 51 km
Salzwedel 8 km
IC/EC Hamburg Salzwedel
ICE Hamburg Hbf.
Berlin-Spandau ICE
Stendal Potsdam IC/EC
28
Stendal 38 km
2
49 Lehrte
52 Peine-Ost
57 Braunschweig-O.
65 Eilsleben
39
3 Wolfsburg-West
19 Salzgitter Lebenstedt-Süd
WITTINGEN
Niedersächsische Spargelstraße
Deutsche Fachwerkstraße
Altmärkisches Bauernhaus Museum
Klosterkirche Diesdorf
Diesdorf
Straße der Romanik
Dähre
Ellenberg
Hilmsen
Wallstawe
Kuhfelde
Mahlsdorf
Benkendorf
Liesten
Fleetmark
Kerkau
Brunau
Jeetze
Vienau
Kahrstedt
Püggen
Siedengrieben
Beetzendorf
Hohentramm
Apenburg
Zethlingen
Winkelstedt
Burgruine Kalbe
KALBE
Rohrberg
Ahlum
Jübar
Tangeln
Darnebeck
Bandau
Mellin
Ristedt
KLÖTZE
Klötzer Straße der Romanik
Zichtau
Wernstedt
Neuendorf am Damm
Berkau
Kremkau
29
Algenstedt
Schenkenhorst
Engersen
Brome
Altendorf
Steimke
Kunrau
Jahrstedt
Röwitz
Wenze
Breitenfeld
Estedt
Berge
Hemstedt
GARDELEGEN
St. Marien-kirche
Rathaus
Kloster Neuendorf
Stendal 28'
IC/EC
Berlin-Spandau 49'
ICE
188
Stendal 31 km
30
71
Haldensleben 25 km
Naturpark Drömling
Köckte
Dannefeld
Peckfitz
Jeggau
Sichau
Solpke
Weteritz
Ziepel
Colbitz-Letzlinger Heide
Rühen
Parsau
Tiddische
Barwedel
Bergfeld
Tülau
Ehra-Lessien
Mieste
Sachau
Jerchel
Miesterhorst
Wannefeld
Potzehne
268
Grafhorst
Niendorf
Weddendorf
OEBISFELDE-
Straße der Romanik
Mannhausen
Velsdorf
Calvörde
Zobbenitz
Klüden
Roxförde
WOLFSBURG
Volksw. Arena
Vorsfelde
Danndorf
Velpke
Wahrstedt
Bahrdorf
Bösdorf
Rätzlingen
Etingen
Wegenstedt
Grauingen
Dorst
Born
31
71
Gardelegen 15 km
Groß Twülpstedt
Deutsche Ferienroute Alpen-Ostsee
Everingen
Eickendorf
Böddensell
Wieglitz
Uthmöden
Satuelle
Querenhorst
Döhren
Seggerde
Flechtinger Höhenzug
Flechtingen
Bülstringen
Neuenhofe
Burgruine Weferlingen
Weferlingen
Grasleben
Behnsdorf
Schloss Flechtingen
HALDENSLEBEN
Süplingen
Bodendorf
32
71
Magdeburg 23 km
Boimstorf
Rotenkamp
Scheppau
Naturpark Elm-Lappwald
Rennau
Mariental
Walbeck
Hörsingen
Ivenrode
Altenhausen
Schloss Altenhausen
Großsteingräber Haldensleben
Althaldensleben
Kaiserdom Königslutter
KÖNIGSLUTTER
Süpplingenburg
Süpplingen
Helmstedt
Ehem. Kloster St. Marienberg
HELMSTEDT
Schwanefeld
Bregenstedt
Erxleben
Emden
Eimersleben
Ostingersleben
Uhrsleben
Straße der Romanik
Nordgermersleben
Hohe Börde
Magdeburg 22 km
Potsdam 129 km
Berlin 162 km
2
Frellstedt
Räbke
Warberg
Büddenstedt
Deutsche Fachwerkstraße
Gedenkstätte Deutsche Teilung
Harbke
Marienborn
Wefensleben
Sommersdorf
Ummendorf
Eilsleben
Drackenstedt
Bornstedt
Eichenbarleben
1
Magdeburg 18 km
Brandenburg 100 km
33
IC/EC
Magdeburg 26'/45'
Sambleben
Eulenspiegel-Museum
SCHÖPPENSTEDT
St. Lorenz Kirche
Schloss Schöningen
SCHÖNINGEN
Esbeck
Hötensleben
Barneberg
Völpke
Wormsdorf
Seehausen
Groß Rodensleben
Hemsdorf
Deutsche Fachwerkstraße
Watzum
Ingeleben
82
Hornburg 8 km
Goslar 22 km
Jerxheim 4 km
Wernigerode 36 km
244
278
245
Halberstadt 27 km
Blankenburg 43 km
246a
Wanzleben 8 km
Schönebeck 35 km

Wittenberge 23 km
Seehausen 11 km
189
IC/EC Wittenberge 32'
258
107
Havelberg 5 km
Sandau 1 km
Salzwedel 26'
Hamburg 1h 21'
IC/EC
Salzwedel 27 km
Gardelegen 7 km
Wolfsburg 63 km
188
IC/EC ICE
Wolfsburg 25'
Hannover 1h
71
Gardelegen 8 km
Salzwedel 48 km
267
Haldensleben
12 km
71
Haldensleben 5 km
71
Helmstedt 36 km
Braunschweig
79 km
Hannover 135 km
2
1
Erxleben 18 km
IC/EC
Helmstedt 21'
Braunschweig 45'
OSTERBURG
STENDAL
TANGERMÜNDE
BISMARK
ARNEBURG
JERICHOW
TANGERHÜTTE
GENTHIN
BURG
WOLMIRSTEDT
MAGDEBURG
MÖCKERN
LOBURG
Elbe-Parey
Colbitz
Barleben
Biederitz
Schönhausen
Colbitz-Letzlinger Heide
Havelsche Mark
Land Schollene
Straße der Romanik
Elbe
2 4 6 8 10 km
14
Schönebeck 18 km
Bernburg 40 km
Halle (Saale) 82 km
71 → 81 1 km
Gröningen 35 km
Halberstadt 54 km
IC/EC ICE
Köthen 30'
Halle (Saale) 51'
Gommern 2 km
Zerbst 25 km
184
246a
Gommern 1 km
Schönebeck 11 km
279
Zerbst 16 km

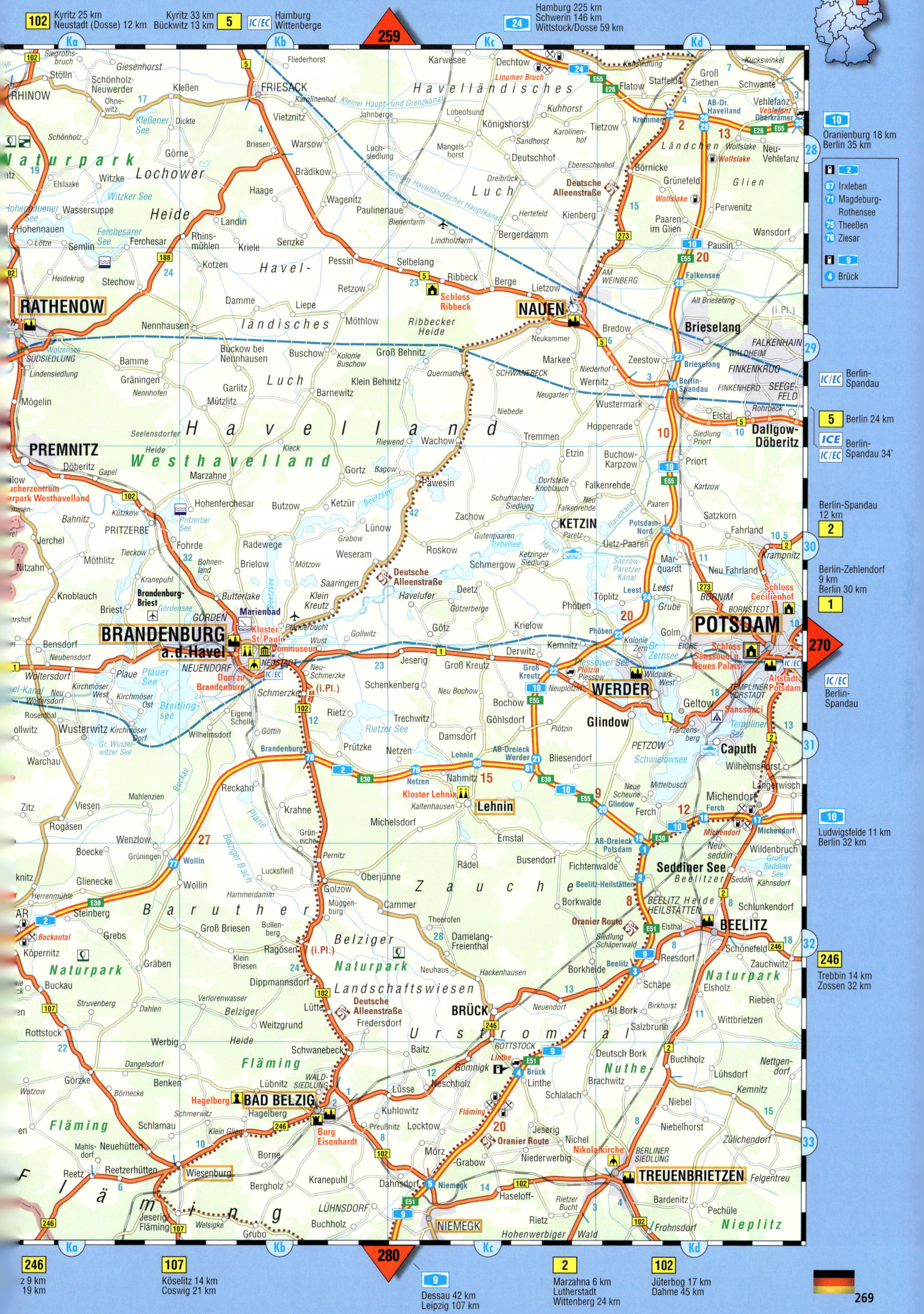

102 Kyritz 25 km Neustadt (Dosse) 12 km
Kyritz 33 km Bückwitz 13 km 5 IC/EC Hamburg Wittenberge
259
24 Hamburg 225 km Schwerin 146 km Wittstock/Dosse 59 km
10 Oranienburg 18 km Berlin 35 km
67 Irxleben
71 Magdeburg-Rothensee
75 Theeßen
76 Ziesar
4 Brück
IC/EC Berlin-Spandau
5 Berlin 24 km
ICE Berlin-Spandau 34'
Berlin-Spandau 12 km
Berlin-Zehlendorf 9 km Berlin 30 km
270
IC/EC Berlin-Spandau
10 Ludwigsfelde 11 km Berlin 32 km
246 Trebbin 14 km Zossen 32 km
RATHENOW
NAUEN
Brieselang
Dallgow-Döberitz
PREMNITZ
Westhavelland
Havelland
Havelländisches Luch
KETZIN
BRANDENBURG a.d.Havel
POTSDAM
WERDER
Glindow
Caputh
Michendorf
Seddiner See
BEELITZ
Lehnin
Baruther
Belziger Naturpark Landschaftswiesen
BRÜCK
BAD BELZIG
Fläming
TREUENBRIETZEN
NIEMEGK
Wiesenburg
FRIESACK
280
246 z 9 km 19 km
107 Köselitz 14 km Coswig 21 km
9 Dessau 42 km Leipzig 107 km
2 Marzahna 6 km Lutherstadt Wittenberg 24 km
102 Jüterbog 17 km Dahme 45 km

Gransee 34 km
Löwenberg 20 km
Oranienburg 3 km
96
Rostock
Oranienburg 20 km
Wandlitz 3 km
273
260
Prenzlau 80 km
Eberswalde 27 km
Finowfurt 19 km
11
Angermünde 48'
Eberswalde 13 km
168
AB-Dreieck Havelland 7 km
10
Hamburg 1h 26'
Wittenberge 1h
Wolfsburg 50'
Hannover 1h 25'
5
Falkensee 5 km
Nauen 19 km
Potsdam 10 km
2
Potsdam 2 km
Brandenburg a.d. Havel 46 km
1
269
Potsdam 7'
10
AB-Dr. Werder 9 km
Magdeburg 104 km
Leipzig 140 km
246
Beelitz 7 km
Belzig 40 km
Lutherstadt Wittenberg 34'
Bitterfeld 49'
101
Jüterbog 6 km
Elsterwerda 80 km
281
115
Petkus 10 km
Jüterbog 28 km
Dresden-Neustadt 1h 55'
96
Golßen 10 km
Luckau 26 km
13
Lübbenau 26 km
Cottbus 63 km
Dresden 122 km
Leegebruch
VELTEN
HENNIGSDORF
HOHEN NEUENDORF
Birkenwerder
Glienicke-Nordbahn
Basdorf
Naturpark Barnim
Schönow
BERNAU
Zepernick
WERNEUCHEN
STRAUSBERG
FALKENSEE
SPANDAU
BERLIN
Neuenhagen
Fredersdorf
Petershagen
Eggersdorf
Vogelsdorf
Dahlwitz-Hoppegarten
Schöneiche
Woltersdorf
Rüdersdorf
Erkner
Kleinmachnow
TELTOW
Stahnsdorf
Großbeeren
Mahlow
Blankenfelde
Eichwalde
Schulzendorf
Zeuthen
Wildau
KÖNIGS WUSTERHAUSEN
LUDWIGSFELDE
Rangsdorf
Bestensee
ZOSSEN
TREBBIN
Naturpark Nuthe-Nieplitz
LUCKENWALDE
Baruther Urstromtal
Heideseen
Nuthe-Urstromtal
Teltow
Barnim
Tropical Islands Resort

8 Bad Freienwalde 12 km
167 Eberswalde 27 km Bad Freienwalde 10 km Wriezen 1 km
261
Chojna 38 km 31
Debno 5 km 23
28 132 Witnica 11 km Gorzów Wlkp. 36 km
22 Słońsk 4 km Krzeszyce 20 km
29
10 Niederlehme
11 Ludwigsf.-Ost
34 Mühlenbeck
11 16 Bernau-Süd
12 4 Fürstenw.-West
9 Frankf. (O.)-Mitte
115 6 Potsdam-Babelsberg
30 Rzepin 25' Poznan 2h 7' Warszawa 4h 6'
IC/EC
A2 Poznan 165 km Warszawa 461 km
179 320 87 Lieberose 21 km Guben 51 km Lübben 16 km Luckau 34 km
282
168 Lieberose 2km Peitz 19 km Cottbus 33 km
Guben 3 km 112
KOSTRZYN KÜSTRIN
Neuhardenberg
SEELOW
MÜNCHEBERG
Märkische Schweiz
Naturpark
Berliner Urstromtal
FRANKFURT (Oder)
SŁUBICE DAMMVORSTADT
FÜRSTENWALDE
Bad Saarow
STORKOW
BEESKOW
MÜLLROSE
EISENHÜTTENSTADT
Oderbruch
Odra
Oder
POLSKA
DEUTSCHLAND
LEBUS
Naturpark Schlaubetal
Lieberoser Hochfläche
Beeskower Platte
Biosphärenreservat
Buckow
Waldsieversdorf
Neuzelle

A50 Zwolle 49 km Deventer 28 km Apeldoorn 21 km
N 348 Deventer 26 km Zutphen 10 km
N 314 Deventer 15 km Zutphen 6 km
N 319 Zutphen 18 km Vorden 9 km
Enschede 20 km
A12 Ede 16 km Veenendaal 22 km Utrecht 57 km
N 224 Ede 16 km Scherpenzeel 30 km
ICE IC/EC Utrecht 31'
N 225 Renkum 4 km Wageningen 10 km
A325 Bemmel 10 km Nijmegen 16 km
N 325 Nijmegen 2 km
N 271 Nijmegen 15 km Arnhem 31 km
A73 A77 Nijmegen 35 km Arnhem 56 km 's-Hertogenbosch 65 km
N 270 Deurne 8 km Eindhoven 32 km
N 277 Ysselsteyn 1 km Rips 11 km Zeeland 34 km
A67 Asten 20 km Eindhoven 42 km
N 277 Maasbree 2 km Helden 6 km
A73 Venlo 5 km Tegelen 7 km
221 Nettetal 10 km Niederkrüchten 27 km
284
40 Venlo (NL) 19 km
9 Hüls 2 km Krefeld 11 km
57 Meerbusch 20 Neuss 26 km Düsseldorf 32
Nationaal Park Veluwezoom
Brummen
Doesburg
Hummelo
Hengelo
Zelhem
Ruurlo
Eibergen
Groenlo
Lichtenvoorde
RHEDEN
ARNHEM
DOETINCHEM
Westervoort
Duiven
Huissen
Zevenaar
Didam
Wehl
Varsseveld
Aalten
Bemmel
Gendt
Millingen a.d.Rijn
Gendringen
Dinxperlo
Ubbergen
EMMERICH
ISSEL-BURG
BOCHOLT
Groesbeek
Kranenburg
KLEVE
Bedburg-Hau
KALKAR
REES
Hamminkeln
Gennep
GOCH
Uedem
XANTEN
WESEL
Boxmeer
Weeze
KEVELAER
Sonsbeck
Alpen
Vierlingsbeek
VENRAY
Meerlo
Issum
GELDERN
KAMP-LINTFORT
RHEINBERG
Arcen
Horst
Grubbenvorst
Sevenum
Velden
STRAELEN
Kerken
NEUKIRCHEN-VLUYN
MOERS
Wachtendonk
DEUTSCHLAND
NEDERLAND
10 km

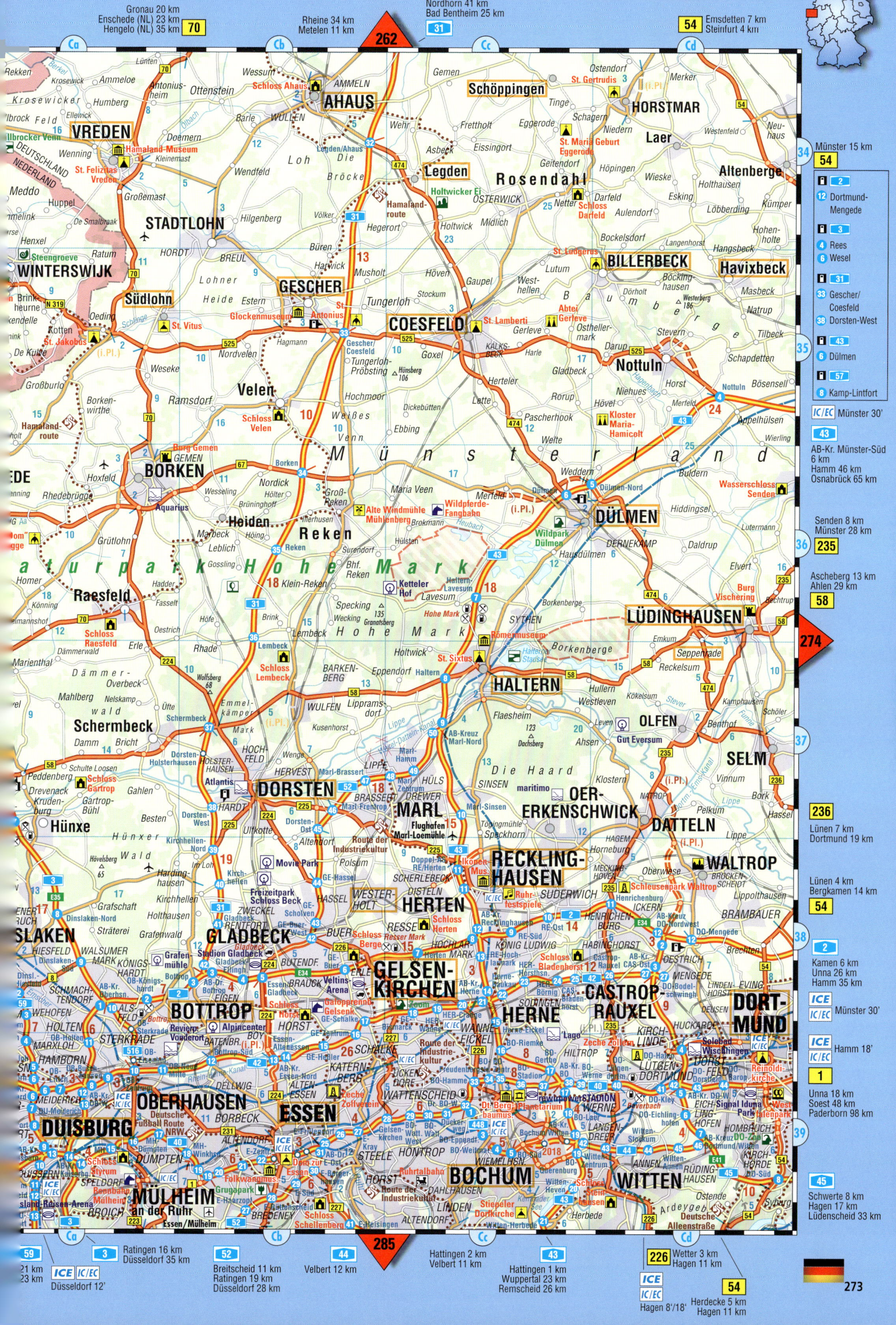

Gronau 20 km
Enschede (NL) 23 km
Hengelo (NL) 35 km 70
Rheine 34 km
Metelen 11 km
262
Leer 145 km
Lingen 55 km
Nordhorn 41 km
Bad Bentheim 25 km
31
54 Emsdetten 7 km
Steinfurt 4 km
Münster 15 km
54
Dortmund-Mengede
Rees
Wesel
Gescher/Coesfeld
Dorsten-West
Dülmen
Kamp-Lintfort
IC/EC Münster 30'
43
AB-Kr. Münster-Süd 6 km
Hamm 46 km
Osnabrück 65 km
Senden 8 km
Münster 28 km
235
Ascheberg 13 km
Ahlen 29 km
58
274
236
Lünen 7 km
Dortmund 19 km
Lünen 4 km
Bergkamen 14 km
54
Kamen 6 km
Unna 26 km
Hamm 35 km
ICE IC/EC Münster 30'
ICE IC/EC Hamm 18'
1
Unna 18 km
Soest 48 km
Paderborn 98 km
45
Schwerte 8 km
Hagen 17 km
Lüdenscheid 33 km
ICE IC/EC Düsseldorf 12'
3 Ratingen 16 km
Düsseldorf 35 km
52 Breitscheid 11 km
Ratingen 19 km
Düsseldorf 28 km
44 Velbert 12 km
285
Hattingen 2 km
Velbert 11 km
43 Hattingen 1 km
Wuppertal 23 km
Remscheid 26 km
226 Wetter 3 km
Hagen 11 km
ICE IC/EC Hagen 8'/18'
54 Herdecke 5 km
Hagen 11 km
VREDEN
AHAUS
Schöppingen
HORSTMAR
Legden
Rosendahl
Laer
Altenberge
STADTLOHN
GESCHER
COESFELD
BILLERBECK
Havixbeck
WINTERSWIJK
Südlohn
Nottuln
Velen
BORKEN
Heiden
Reken
Münsterland
DÜLMEN
Naturpark Hohe Mark
Raesfeld
LÜDINGHAUSEN
HALTERN
Schermbeck
OLFEN
SELM
DORSTEN
MARL
OER-ERKENSCHWICK
DATTELN
Hünxe
RECKLING-HAUSEN
WALTROP
HERTEN
GLADBECK
GELSEN-KIRCHEN
CASTROP-RAUXEL
DORT-MUND
BOTTROP
HERNE
OBERHAUSEN
ESSEN
DUISBURG
BOCHUM
WITTEN
MÜLHEIM an der Ruhr

Osnabrück 25' IC/EC ICE

Rheine 23' IC/EC
Ibbenbüren 21 km
Saerbeck 7 km
219 481
Rheine 24 km
Emsdetten 9 km

Bremen 149 km
Osnabrück 33 km
AB-Kr. Lotte/Osnabrück 22 km
1

263

Rheine 38 km
Emsdetten 26 km
475

51
Diepholz 71 km
Osnabrück 20 km
AB-Kr. Osnabrück-Süd 19 km

33 Osnabrück 18

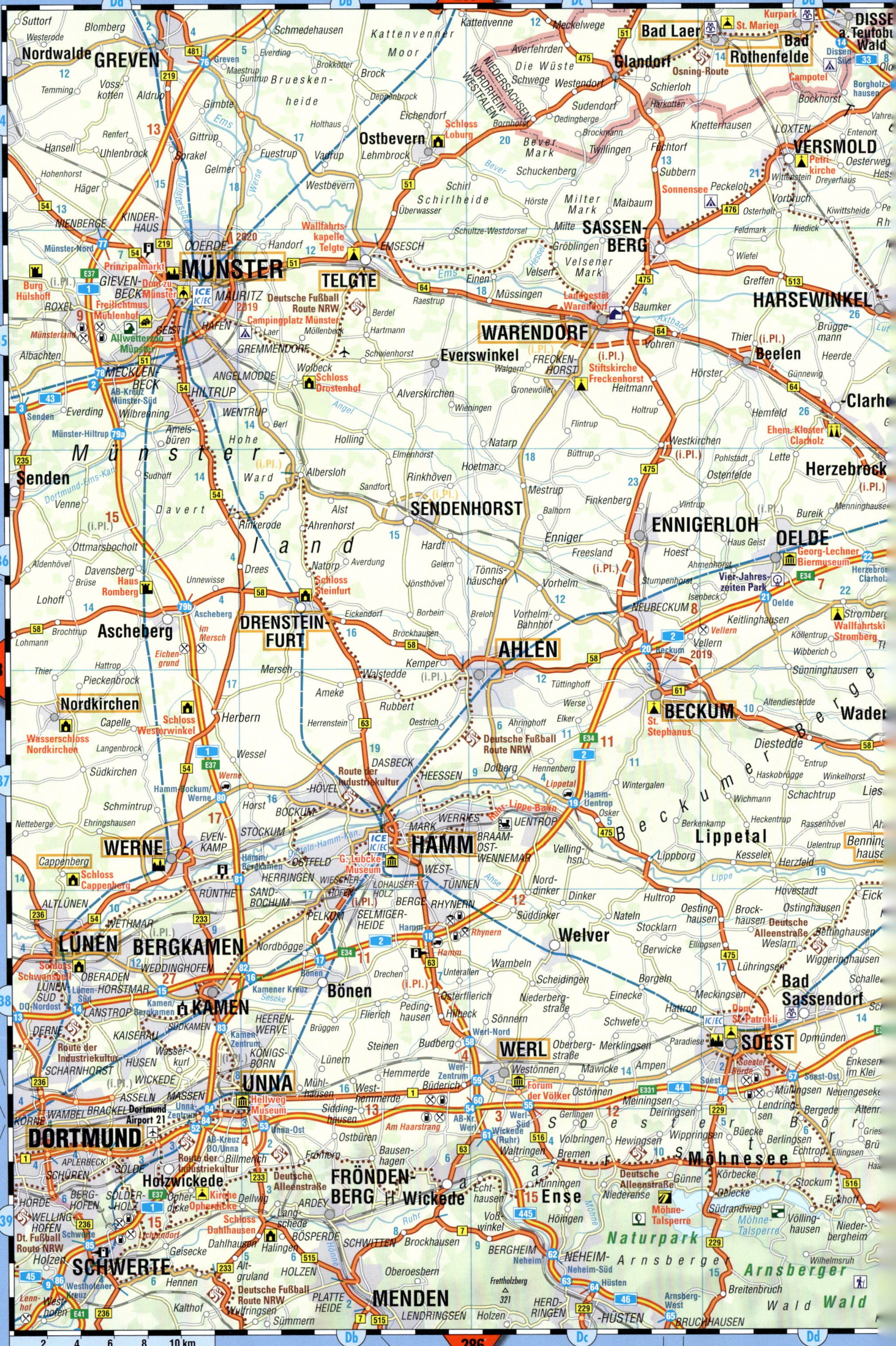

54 Steinfurt 15 km Rheine 33 km

Recklinghausen 29' IC/EC
43 Dülmen 22 km Recklinghausen 48 km Herne 59 km

Lüdinghausen 6 km Datteln 23 km Castrop-Rauxel 35 km
235

Lüdinghausen 3 km Haltern 22 km Wesel 62 km
58

273

236 Lüdinghausen 16 km Coesfeld 46 km

Waltrop 10 km Bottrop 45 km
2

Dortmund 29' ICE IC/EC
Gelsenkirchen 32 km Recklinghausen 32 km
Dortmund 18' ICE IC/EC
1 AB-Kr. DO-West 8 km AB-Kr. Bochum 16 km
Castrop-Rauxel 21 km Bochum 23 km
45 Hagen 8 km Remscheid 38 km Leverkusen 65 km
1
Hagen 27' ICE

45 Hagen 9 km Lüdenscheid 34 km Siegen 85 km
236 Altena 18 km Plettenberg 45 km
Iserlohn 5 km 233
Hemer 5 km Iserlohn 9 km Hagen 29 km 7
515 Balve 14 km Neuenrade 24 km Werdohl 30 km
286
229 Sundern 11 km Neuenrade 27 km Werdohl 33 km
Arnsberg 3 km Sundern 17 km
229 Arnsberg 3 km
46 Arnsberg 3 km Meschede 22 km Brilon 41 km

Hannover 1h 1' ICE
Minden 18'
Bad Oeynhausen 18' IC/EC
Espelkamp 33 km
Lübbecke 24 km
Löhne 8 km 239
264
2 Hannover 78 km
Minden 27 km
AB-Kr. Bad Oeynhausen 11 km
238 Bad Oeynhausen 19 km
Rinteln 17 km
Vlotho 15 km
Melle 13 km

34
35
36
37
38
39
276
66 Barntrup 4 km
Hameln 26 km
Hildesheim 73 km
1 Blomberg 2 km
Hameln 31 km
Hildesheim 78 km
239 Steinheim 7 km
Schieder-Schwalenberg 13 km
Höxter 36 km
Brakel 15 km
Beverungen 39 km
Höxter 35 km
64
1
78 Kr. Münster-S.
81 Hamm/Bergkamen
85 Schwerte
2
15 Kamen/Bergkamen
18 Hamm
24 Gütersloh
26 Bielefeld-Sennestadt
33
28 Paderborn-Mönkeloh
44
59 Geseke
64 Diemelstadt
IC/EC Warburg 22'
7 Warburg 8 km
Vellmar 36 km
Kassel 37 km
44 Warburg 11 km
Kassel 40 km
55 Meschede 9 km
Schmallenberg 42 km
Lennestadt 64 km
Brilon 3 km
Olsberg 15 km
Bad Berleburg 60 km 480
287
7 Brilon 14 km
Olsberg 25 km
Meschede 33 km
Bad Arolsen 5 km
Korbach 25 km
Frankenberg 55 km 252

Rinteln 25 km
Hessisch Oldendorf 10 km 83
Hannover 41 km
Springe 15 km 217
265
Hildesheim 17 km
Elze 2 km 1
Hannover 32 km
Pattensen 18 km 3
Hannover 1h
66 Dörentrup 4 km Lemgo 14 km
1 Horn-Bad Meinberg 10 km Paderborn 38 km
239 Horn-Bad Meinberg 7 km Detmold 16 km
275
64 Bad Driburg 3 km Paderborn 25 km
IC/EC Altenbeken 26' Paderborn 35'
7 Marsberg 18 km Brilon 40 km
44 Diemelstadt 4 km Paderborn 47 km Dortmund 118 km
44 Kassel 33 km Bad Hersfeld 95 km
Calden 2 km Kassel 15 km 7
83 Espenau 5 km Kassel 13 km
288
IC/EC ICE Kassel-Wilhelmshöhe 31'
Vellmar 21 km Kassel 25 km 3
80 Witzenhausen 18 km Heiligenstadt 41 km
IC/EC ICE Kassel Wilhelmshöhe 20'
HAMELN
Coppenbrügge
ELZE
GRONAU
Extertal
Aerzen
Kirchohsen
Salzhemmendorf
Emmerthal
BARNTRUP
BAD PYRMONT
BODENWERDER
Duingen
ALFELD
LÜGDE
BLOMBERG
ESCHERSHAUSEN
Delligsen
SCHIEDER-SCHWALENBERG
STEINHEIM
STADTOLDENDORF
Bevern
HOLZMINDEN
NIEHEIM
Marienmünster
DASSEL
HÖXTER
BRAKEL
Solling
Vogler
BEVERUNGEN
USLAR
HARDEGSEN
Bodenfelde
BAD KARLSHAFEN
Wahlsburg
Oberweser
BORGENTREICH
TRENDELBURG
Adelebsen
Warburger Börde
LIEBENAU
HOFGEISMAR
Reinhardshagen
Reinhardswald
Bramwald
WARBURG
GREBENSTEIN
IMMENHAUSEN
HANN. MÜNDEN
Naturpark Weserbergland-Schaumburg-Hameln
Naturpark Solling-Vogler
Naturpark Münden
Deutsche Märchenstraße
Straße der Weserrenaissance
Deutsche Fachwerkstraße
Oranier Route
NIEDERSACHSEN
NORDRHEIN-WESTFALEN
HESSEN
2 4 6 8 10 km

Hamburg 185 km
Hannover 45 km
Hildesheim 15 km
7

Hildesheim 5 km
243

Hannover 40 km
Hildesheim 13 km
6

Wolfsburg 73 km
Braunschweig 33 km
Salzgitter 10 km
39

266

Braunschweig 19 km
248

Wolfsburg 57 km
Braunschweig 19 km
Wolfenbüttel 10 km
395

278

Semmenstedt 5 km
Schöppenstedt 14 km
82

7
65 Bockenem
66 Rhüden (Harz)
71 Nörten-Hardenbg.
73 Göttingen

395
9 Schladen-Nord
12 Vienenburg

6
Wernigerode 15 km
Blankenburg 27 km

27
Elbingerode 14 km
Blankenburg 31 km

4 / 242
Hasselfelde 18 km
Nordhausen 30 km

243
Nordhausen 12 km
Berga 28 km

38
Nordhausen 11 km
Sangerhausen 48 km

38
Heiligenstadt 21 km
Leinefelde 38 km

27
Witzenhausen 11 km
Eschwege 35 km

Heiligenstadt 6 km

289

Leinefelde 5 km
Dingelstädt 14 km
247

Leinefelde 12 km
Heiligenstadt 32 km
38

Braunschweig 25 km
Salzgitter 24 km
Wolfenbüttel 13 km 79

82 Helmstedt 31 km
Schöningen 22 km
Schöppenstedt 7 km

244 Helmstedt 15 km
Schöningen 4 km

267

245 Haldensleben 39 km
Helmstedt 16 km

246a Haldensleben 30 km
Seehausen 1 km

82
Hornburg 6 km
Salzgitter 36 km

6
Vienenburg 10 km
Goslar 19 km

Bad Harzburg 7 km

277

27
Braunlage 3 km
Bad Lauterberg 19 km

4 / 242
Braunlage 6 km
Bad Harzburg 23 km
Clausthal-Zellerfeld 31 km

243
Bad Lauterberg 21 km
Herzberg 28 km

38
Bleicherode 5 km
Göttingen 73 km
Kassel 98 km

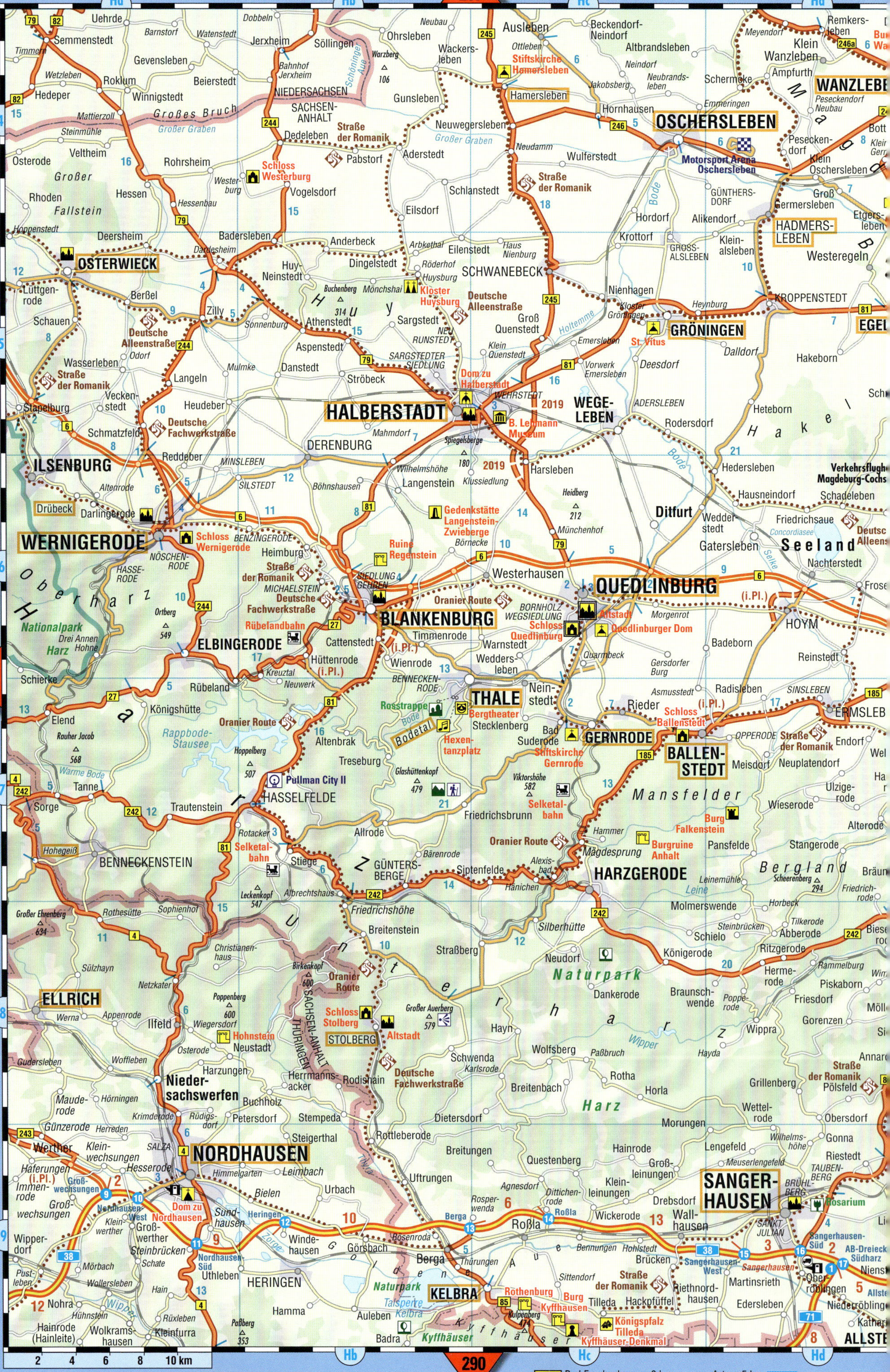

290

4 Sondershausen 7 km
Straußfurt 36 km
Erfurt 64 km

85 Bad Frankenhausen 8 km
Weimar 59 km

Artern 5 km
Sömmerda 35 km 71

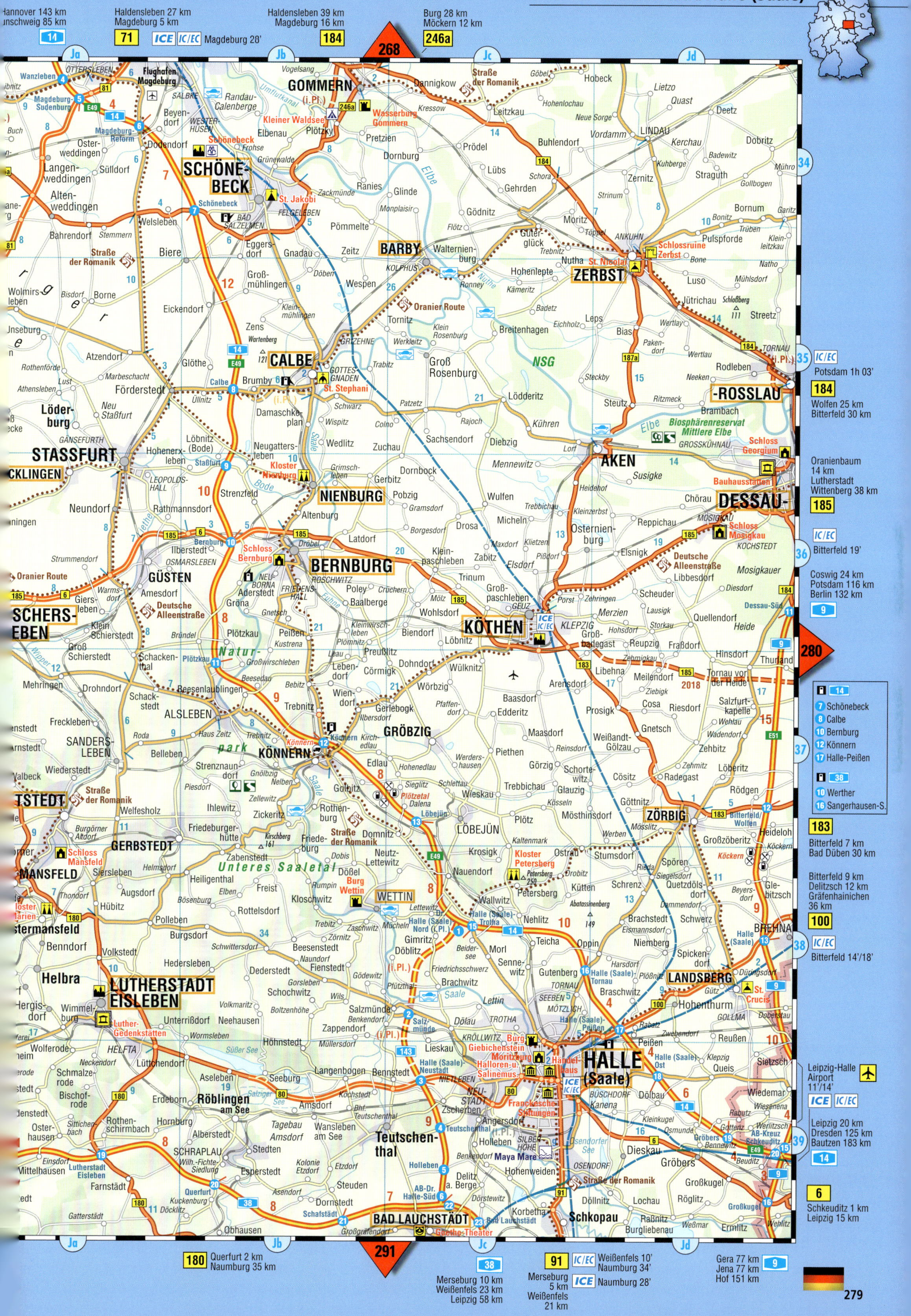
Hannover 143 km
Braunschweig 85 km
Haldensleben 27 km
Magdeburg 5 km
Magdeburg 28'
Haldensleben 39 km
Magdeburg 16 km
Burg 28 km
Möckern 12 km
268
GOMMERN
SCHÖNEBECK
BARBY
ZERBST
CALBE
STASSFURT
NIENBURG
BERNBURG
GÜSTEN
SCHERSLEBEN
KÖTHEN
AKEN
ROSSLAU
DESSAU-
KÖNNERN
GRÖBZIG
LÖBEJÜN
ZÖRBIG
WETTIN
ALSLEBEN
GERBSTEDT
MANSFELD
LUTHERSTADT EISLEBEN
LANDSBERG
BREHNA
HALLE (Saale)
SCHKOPAU
BAD LAUCHSTÄDT
Teutschenthal
Röblingen am See
Helbra
Biosphärenreservat Mittlere Elbe
Straße der Romanik
Deutsche Alleenstraße
Oranier Route
Unteres Saaletal
Potsdam 1h 03'
Wolfen 25 km
Bitterfeld 30 km
Oranienbaum 14 km
Lutherstadt Wittenberg 38 km
Bitterfeld 19'
Coswig 24 km
Potsdam 116 km
Berlin 132 km
280
Bitterfeld 7 km
Bad Düben 30 km
Bitterfeld 9 km
Delitzsch 12 km
Gräfenhainichen 36 km
Bitterfeld 14'/18'
Leipzig-Halle Airport 11'/14'
Leipzig 20 km
Dresden 125 km
Bautzen 183 km
Schkeuditz 1 km
Leipzig 15 km
Querfurt 2 km
Naumburg 35 km
291
Merseburg 10 km
Weißenfels 23 km
Leipzig 58 km
Merseburg 5 km
Weißenfels 21 km
Weißenfels 10'
Naumburg 34'
Naumburg 28'
Gera 77 km
Jena 77 km
Hof 151 km

Loburg 18 km
246
Belzig 22 km
246
107
Genthin 52 km
Wiesenburg 5 km
269
Ludwigsfelde 62 km
Potsdam 56 km
9
Potsdam 43 km
Treuenbrietzen
5 km
2
Brandenburg 67 km
Treuenbrietzen 5 km
102
Ka
Kb
Kc
Kd
34
35
36
37
38
39
Naturpark
Hoher Fläming
LUTHERSTADT WITTENBERG
-ROSSLAU
COSWIG
DESSAU-
Biosphären-reservat
Mittlere Elbe
ORANIENBAUM
ZAHNA
KEMBERG
GRÄFENHAINICHEN
Dübener Naturpark Heide
BAD SCHMIEDEBERG
PRETZSCH
PRETTIN
JESSEN
RAGUHN
JESSNITZ (Anhalt)
-WOLFEN
BITTERFELD-
Sandersdorf
BAD DÜBEN
DELITZSCH
EILENBURG
SCHKEUDITZ
TAUCHA
WURZEN
-SCHILDAU
Dübener Heide
Dreiheide
187
Zerbst 14 km
Magdeburg 60 km
184
Dessau IC/EC
185
Köthen 20 km
Bernburg 38 km
Leipzig 60 km
Gera 121 km
Bayreuth 234 km
9
279
183
Zorbig 6 km
Köthen 27 km
Halle/S. 19 km
100
IC/EC
Halle/S. 20'
9
Dessau 40 km
Halle/S. 24 km
Magdeburg 108 km
14
ICE IC/EC
Halle/S. 14'
6
Halle/S. 19 km
Quedlinburg 88 km
2
4
6
8
10 km
186
Markranstädt 10 km
Leipzig
6 km
2
IC/EC
ICE
Leipzig
5 km
Leipzig
12'
87
Leipzig
5 km
14
Grimma 26 km
Dresden 111 km
292
Grimma 14 km
Chemnitz 85 km
107
6
Oschatz 29 km
Meißen 60 km
Dresden 84 km

Berlin-Dreieck Nuthetal 34' | 101 Luckenwalde 7 km, Ludwigsfelde 38 km | 270 | Baruth 1 km 115 | Berlin 56 km, Zossen 21 km 96 | IC/EC Berlin | Berlin IC/EC | 13 Berlin 67 km, Schönefelder Kreuz 35 km, Teupitz 14 km

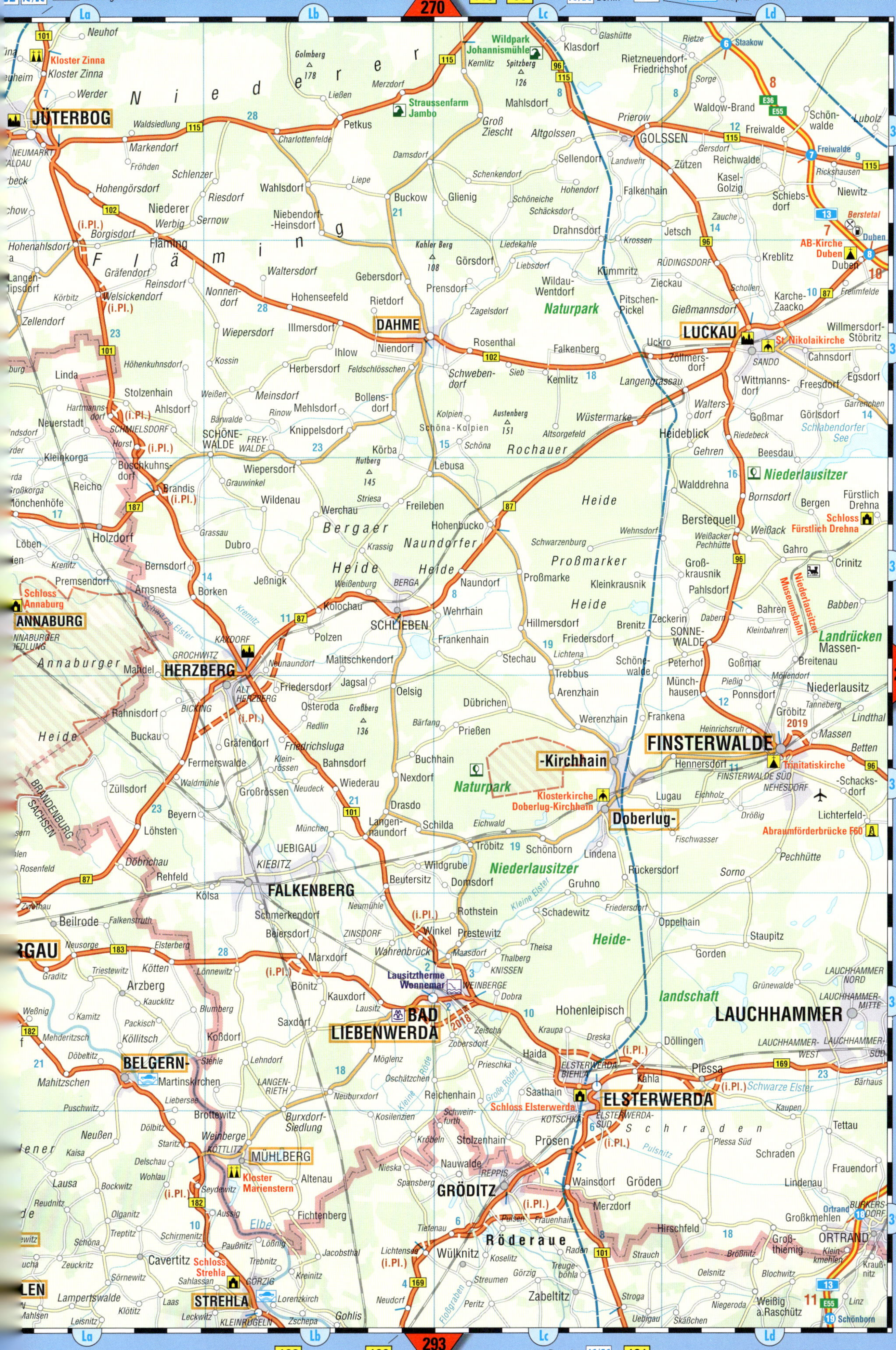

34 Lübben, Cottbus IC/EC | 115 Lübben 8 km, Cottbus 51 km | Lübben 6 km, Frankfurt (Oder) 73 km 87 | 13 Lübbenau 10 km, Cottbus 43 km

35 | 9: 8 Coswig, 10 Dessau-Ost | 14: 23 Leipzig-Mitte

36 | 282 | 37 | 96 Lieskau 4 km, Großräschen 20 km

38 | 169 Ruhland 8 km, Senftenberg 21 km | 13 Ruhland 10 km, Großräschen 30 km, Lübbenau 56 km | 39

Riesa 7 km 182 | 169 Riesa 7 km, Döbeln 36 km | 293 | Dresden IC/EC | 101 Großenhain 5 km, Meißen 21 km | Radeburg 13 km 13, Flughafen Dresden 24 km, Dresden 32 km

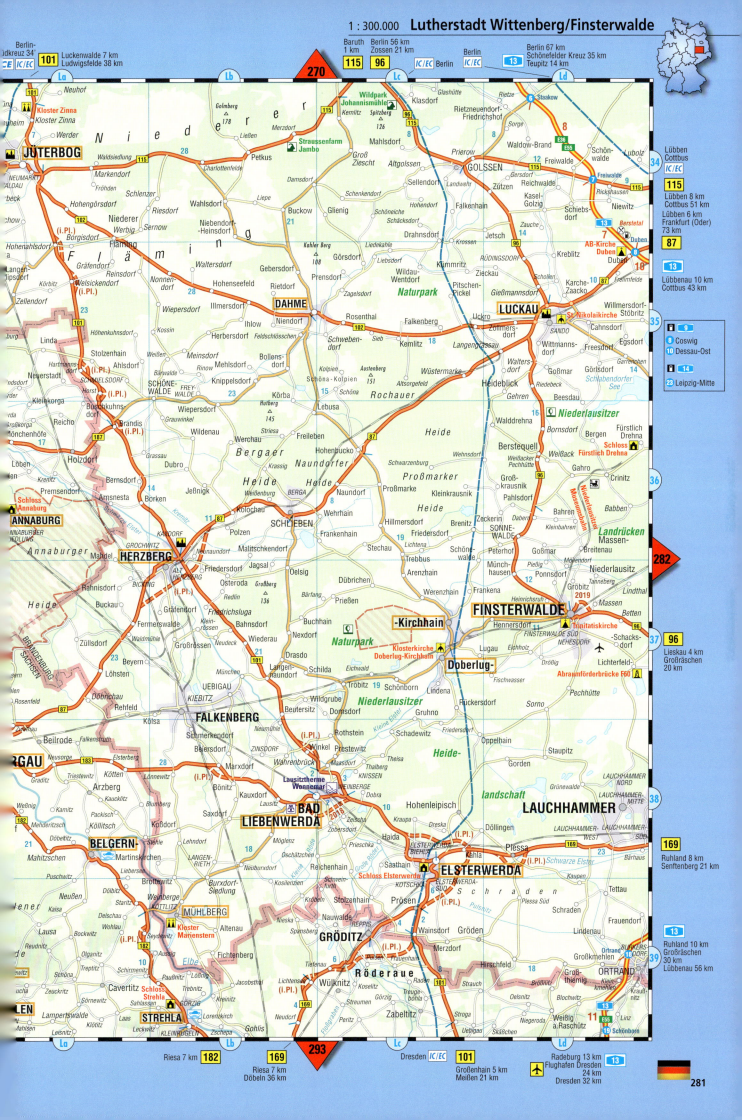

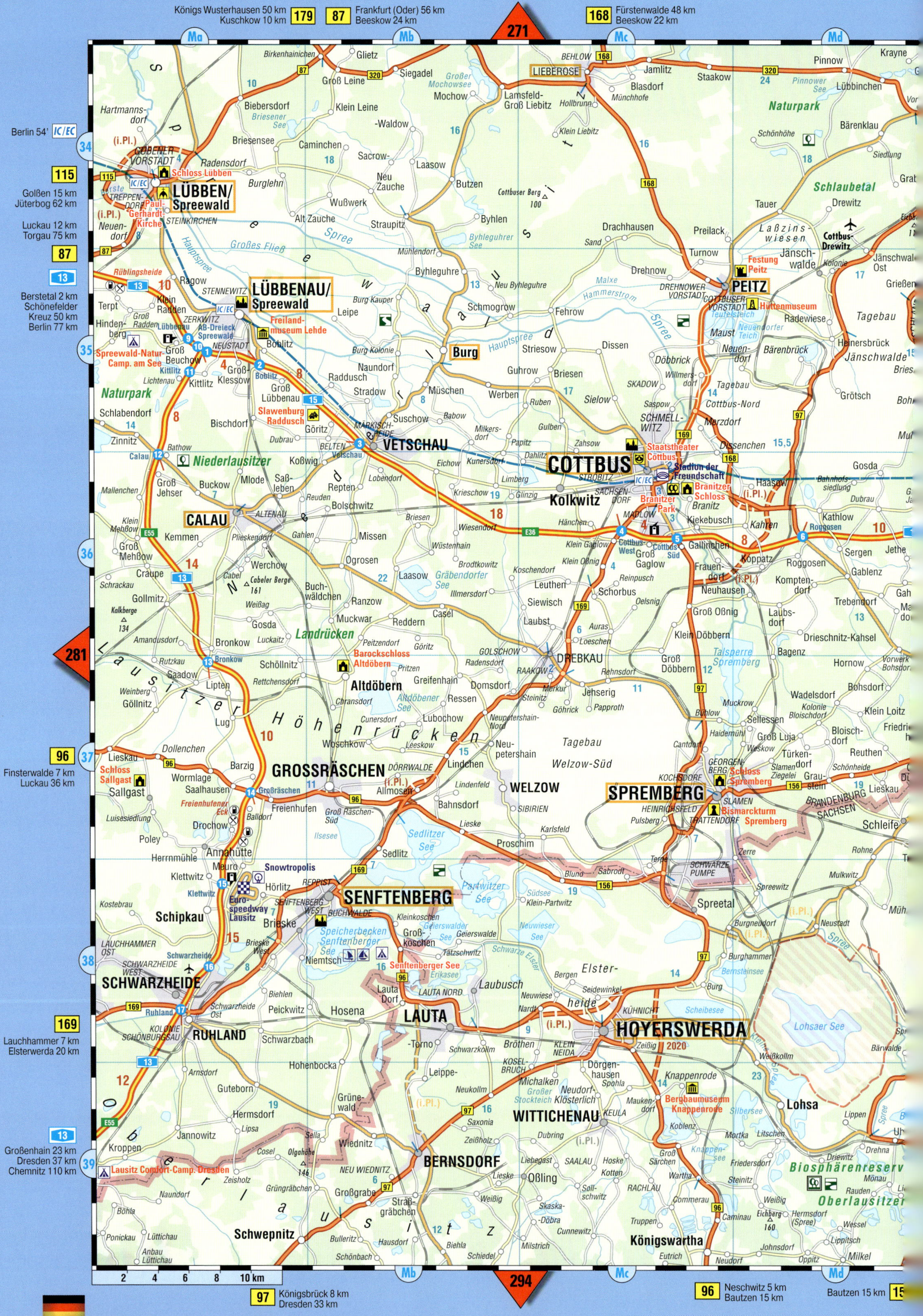

Königs Wusterhausen 50 km
Kuschkow 10 km
179
87
Frankfurt (Oder) 56 km
Beeskow 24 km
271
168
Fürstenwalde 48 km
Beeskow 22 km
Berlin 54' IC/EC
115
Golßen 15 km
Jüterbog 62 km
Luckau 12 km
Torgau 75 km
87
13
Berstetal 2 km
Schönefelder Kreuz 50 km
Berlin 77 km
281
96
Finsterwalde 7 km
Luckau 36 km
169
Lauchhammer 7 km
Elsterwerda 20 km
13
Großenhain 23 km
Dresden 37 km
Chemnitz 110 km
294
97
Königsbrück 8 km
Dresden 33 km
96
Neschwitz 5 km
Bautzen 15 km
Bautzen 15 km
LÜBBEN/ Spreewald
Schloss Lübben
Paul-Gerhardt-Kirche
LÜBBENAU/ Spreewald
Freiland-museum Lehde
Spreewald-Natur-Camp. am See
Naturpark
Slawenburg Raddusch
Burg
VETSCHAU
Niederlausitzer Landrücken
CALAU
COTTBUS
Staatstheater Cottbus
Stadion der Freundschaft
Branitzer Schloss
Branitzer Park
Kolkwitz
PEITZ
Festung Peitz
Hüttenmuseum
Cottbus-Drewitz
Naturpark Schlaubetal
LIEBEROSE
Großes Fließ
Spree
Hauptspree
Neuer Teich
Großer Mochowsee
Byhleguhrer See
Gräbendorfer See
Talsperre Spremberg
DREBKAU
Altdöbern
Barockschloss Altdöbern
Altdöbener See
Lausitzer Höhenrücken
GROSSRÄSCHEN
WELZOW
Tagebau Welzow-Süd
SPREMBERG
Schloss Spremberg
Bismarckturm Spremberg
Sedlitzer See
Partwitzer See
SENFTENBERG
Speicherbecken Senftenberger See
Senftenberger See
Snowtropolis
Eurospeedway Lausitz
Schipkau
SCHWARZHEIDE
RUHLAND
LAUTA
HOYERSWERDA
Elsterheide
Knappenrode
Bergbaumuseum Knappenrode
Lohsaer See
Lohsa
WITTICHENAU
BERNSDORF
Lausitz Comfort-Camp. Dresden
Oberlausitz
Biosphärenreservat Oberlausitzer
Königswartha
Schwepnitz
Spreetal
Schwarze Pumpe
BRANDENBURG
SACHSEN
Schleife
Gosda
Forst
Tagebau Jänschwalde
Spreewald
Ma
Mb
Mc
Md
34
35
36
37
38
39
2
4
6
8
10 km

Frankfurt (Oder) 52 km
Eisenhüttenstadt 24 km

32 Krosno Odrzańskie 23 km
Brzózka 18 km

288 Krosno Odrzańskie 13 km

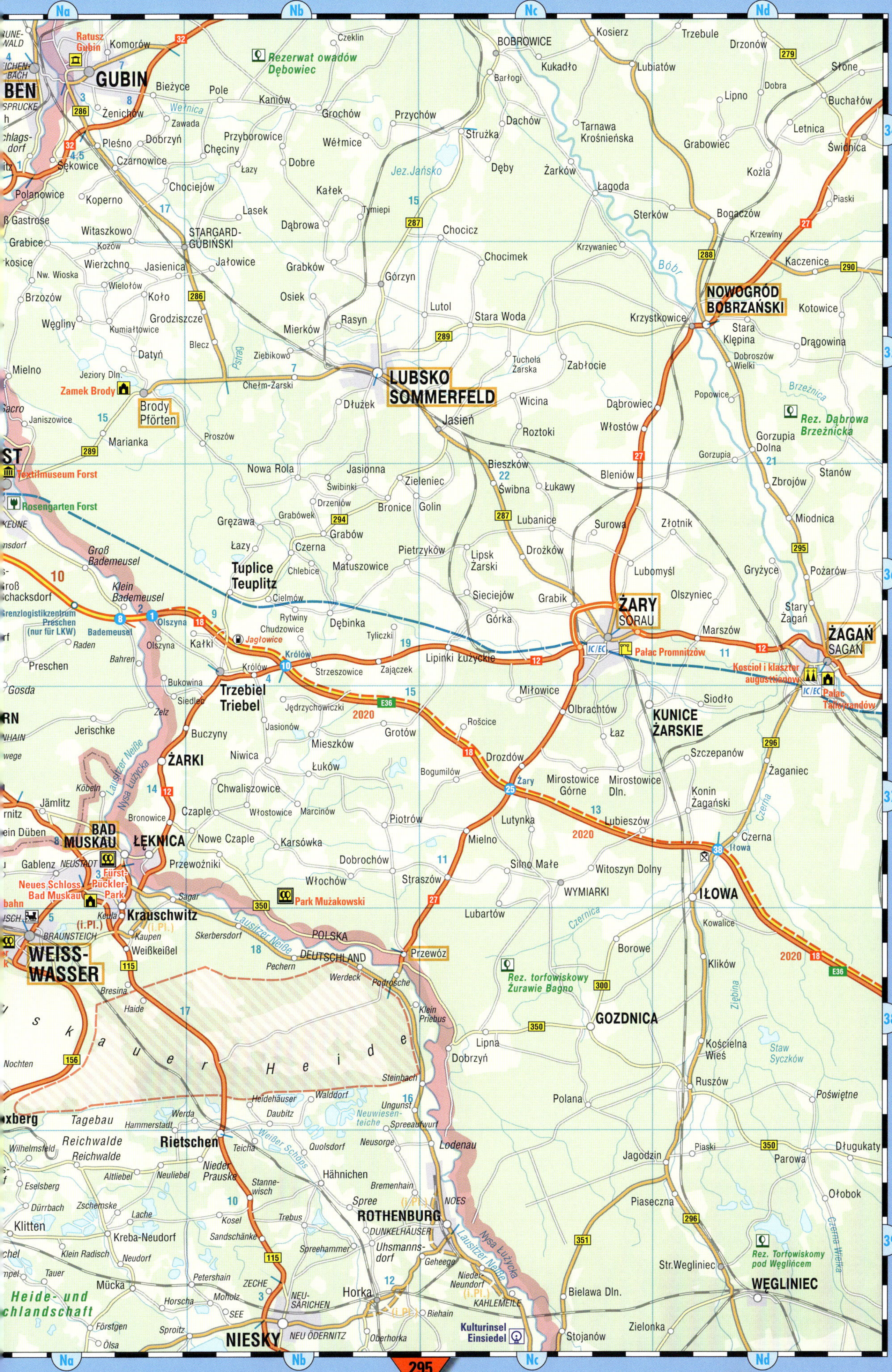

27 Zielona Góra 7 km

13
9 Lübbenau
15 Klettwitz

15
5 Cottbus-Süd
7 Forst

Szprotawa 14 km
Przemków 32 km
Głogów 60 km
12

IC/EC
Legnica 1h 25'
Wrocław 2h 43'
Krakow 6h 20'

Golnice 18 km
Bolesławiec 30 km
18

Görlitz 19 km
Zgorzelec (PL) 20 km 115

295

Görlitz 21 km

296
Lubań 15 km

N277 Uden 59 km Ysselsteyn 14 km
Nijmegen 65 km Venray 23 km Horst 11 km A73
58 Geldern 20 km Kevelaer 25 km Straelen 17 km
272
40 Essen 53 km Duisburg 35 km AB-Kr. Moers 21 km
9 Geldern 22 km Kerken 8 km
57 Goch 57 km Kamp-Lintfort 14 km AB-Kr. Moers 4 km
A67 Helmond 24 km Eindhoven 37 km
N275 Heythuysen 13 km Weert 20 km
Weert 16 km Maaseik 19 km N273
N280 Weert 17 km Eindhoven 45 km
Voerendaal 1 km Maastricht 21 km Geleen 18 km A76
N278 Maastricht 23 km Hasselt (B) 58 km Liège (B) 55 km
Thimister-Clermont 10 km Liège 33 km Eijsden 33 km N3
Liège-Guillemins 43' Brussel/Bruxelles 1h 35'
N68 Eupen 7 km Monschau 27 km
A3 Eupen 8 km Liège 43 km
258 Roetgen 7 km Monschau 20 km
399 Simmerath 16 km Monschau 24 km Schleiden 35 km
296
Zülpich 5 km Euskirchen 15 km 56
265 Zülpich 2 km Schleiden 27 km Prüm 75 km
VENLO
Maasbree
Tegelen
Helden
Belfeld
NETTETAL
KEMPEN
Grefrath
KREFELD
TÖNIS-VORST
VIERSEN
WILLICH
MEERBUSCH
KAARST
Brüggen
Schwalmtal
Niederkrüchten
MÖNCHEN-GLADB.
KORSCHEN-BROICH
ROERMOND
WEGBERG
WASSENBERG
ERKELENZ
Jüchen
GREVENBROICH
HEINSBERG
HÜCKEL-HOVEN
SITTARD
Gangelt
GEILEN-KIRCHEN
LINNICH
BEDBURG
BERGHEIM
BRUNSSUM
ÜBACH-PALENBERG
JÜLICH
Elsdorf
HEERLEN
BAES-WEILER
KERKRADE
ALSDORF
Aldenhoven
Niederzier
KERPEN
HERZOGEN-RATH
WÜRSELEN
Inden
Langerwehe
Merzenich
ESCHWEILER
AACHEN
STOLBERG
DÜREN
Nörvenich
Kreuzau
Vettweiß
Vaals
Kelmis
Naturpark Schwalm-Nette
Jülicher Börde
Hürtgenwald
1 : 300.000
2 4 6 8 10 km

IC/EC ICE Duisburg 8'
AB-Kr. Duisburg-Nord 8 km
Duisburg 3 km
59

1 Essen 12 km
Mülheim a.d.R. 3 km

3 Arnhem (NL) 100 km
Wesel 37 km
Duisburg 3 km

Dortmund 49 km
Bochum 21 km
Essen 8 km
52

Gelsenkirchen 23 km
Essen 8 km
227
44

224 Bottrop 18 km
Essen 6 km

273

AB-Kr. Münster-Süd 80 km
Recklinghausen 24 km
AB-Kr. Bochum/Witten 5 km
43

Dortmund 19'
ICE IC/EC

Witten 3 km
226

Dortmund 13 km
AB-Kr. Dortmund-Süd 5 km
54 Hamm 27' ICE

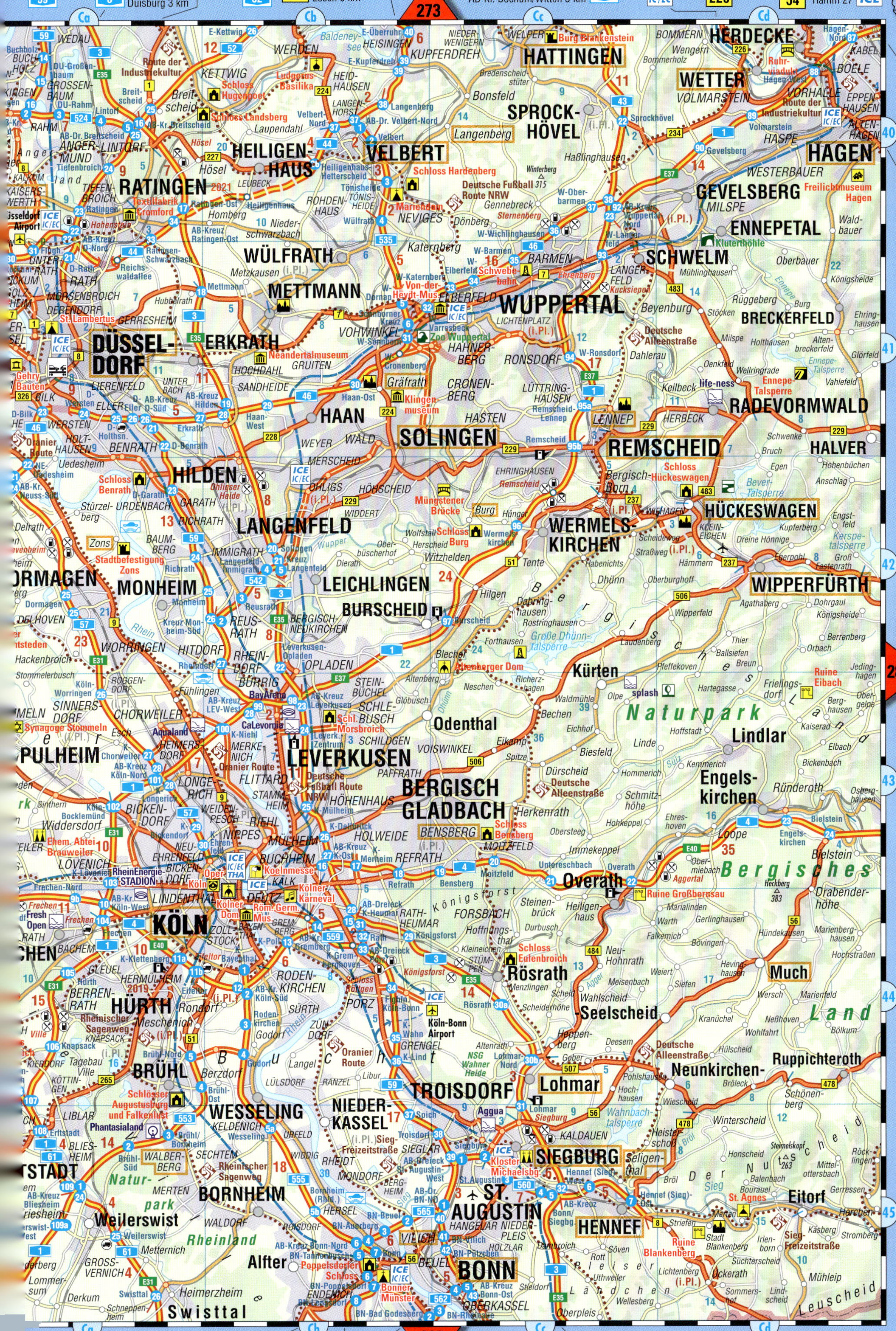

1 Unna 23 km
Münster 72 km

7 Holthausen 4 km
Iserlohn 18 km

54 Schalksmühle 19 km
Lüdenscheid 28 km

229 Lüdenscheid 13 km
Arnsberg 66 km

Meinerzhagen 12 km
Attendorn 34 km
237

256 Gummersbach 11 km
Waldbröl 43 km

286

Bergneustadt 16 km
Lennestadt 53 km
Kreuztal 53 km

4 AB-Kr. Olpe-Süd 25 km
Siegen 45 km

Waldbröl 10 km
Wiehl 27 km
Siegen 56 km
478

1: 95b Remscheid, 97 Burscheid
3: 24 Leverkusen, 31 Lohmar
4: 5a Eschweiler-W., 9 Kerpen, 11a Köln-Klettenbg., 12 Overath
61: 2 Kaldenkirchen, 14 Mönchengldb./Güdderath

...en 7 km
...ch 23 km
...steifel 25 km

61 AB-Kr. Meckenheim 17 km
Bad Neuenahr-Ahrweiler 28 km
Koblenz 79 km

Euskirchen 23 km
56

565 AB-Kr. Meckenheim 20 km
Bad Neuenahr-Ahrweiler 31 km
Koblenz 82 km

9 Remagen 18 km
Andernach 38 km
Koblenz 55 km

Koblenz 30' ICE IC/EC

297

42 Königswinter 4 km
Koblenz 59 km
Wiesbaden 150 km

3 Montabaur 56 km
Limburg a.d.L. 76 km
Frankfurt a.M. 155 km

ICE Frankfurt a.M. 1h 1'

8 Altenkirchen 19 km

Münster 73 km, Bochum 28 km, Dortmund 14 km — 45
236 Dortmund 15 km, Schwerte 5 km
233 Unna 18 km, Fröndenberg 14 km, Schwerte 12 km
Wickede 15 km, Fröndenberg 13 km, Menden 3 km — 7
515 Unna 17 km, Menden 3 km
274
Dortmund 51 km, Hamm 38 km, AB-Kr. Werl 21 km — 46
229 Soest 20 km, Möhnesee 13 km

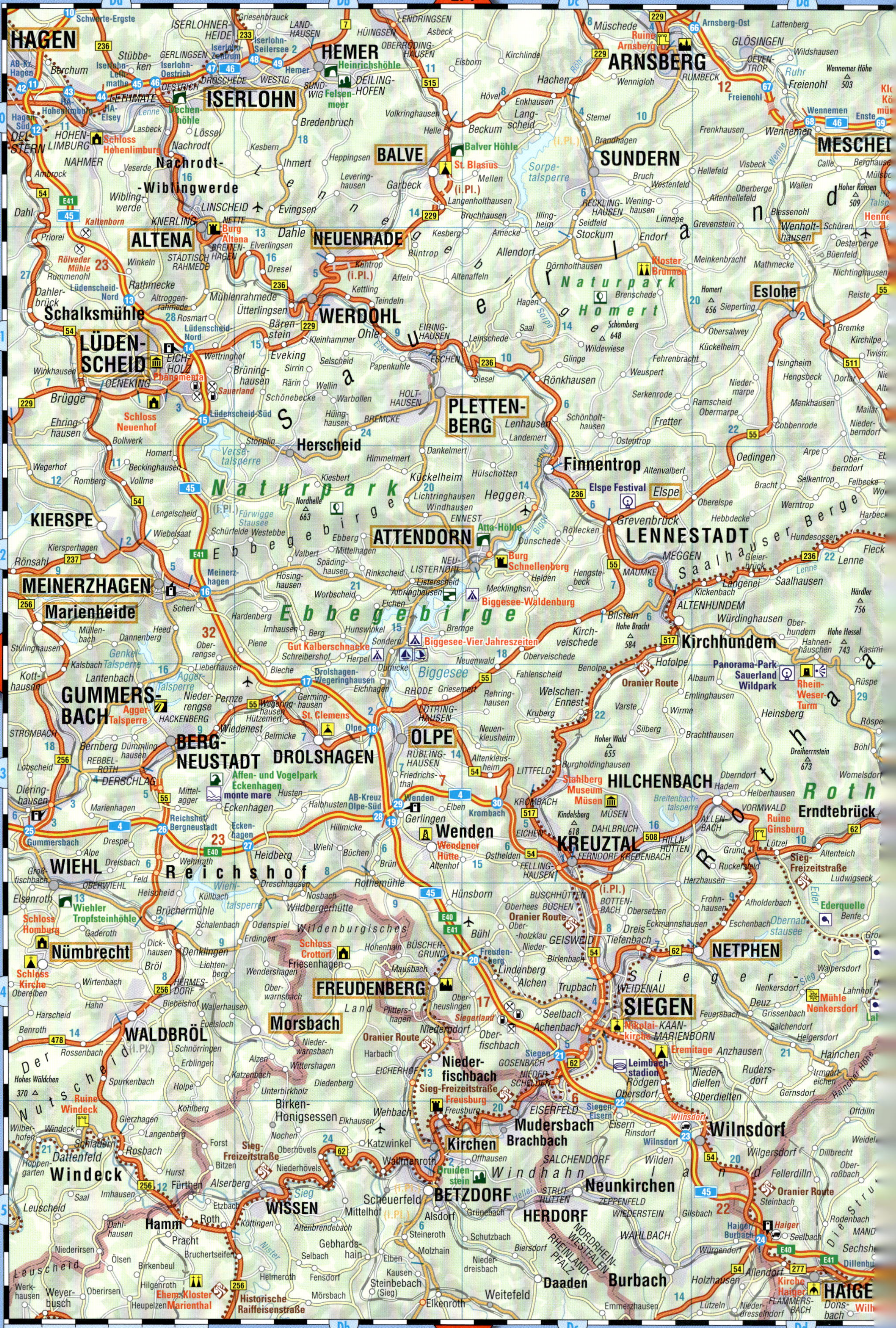

54 Wetter 11 km, Dortmund 20 km, Lünen 38 km
229 Radevormwald 11 km, Remscheid 25 km, Solingen 36 km
237 Wipperfürth 10 km, Wermelskirchen 25 km, Remscheid 29 km
285
Overath 19 km, Bergisch Gladbach 35 km, Siegburg 38 km
4 Köln 44 km, Düsseldorf 80 km, Aachen 115 km
478 Neunkirchen 18 km, Hennef 28 km, Siegburg 34 km

256 Altenkirchen 6 km, Neuwied 46 km, Koblenz 65 km
Hachenburg 8 km
298
54 Westerburg 26 km, Hadamar 34 km, Limburg 43 km
Wetzlar 25 km, Gießen 39 km, Frankfurt a.M. 95 km

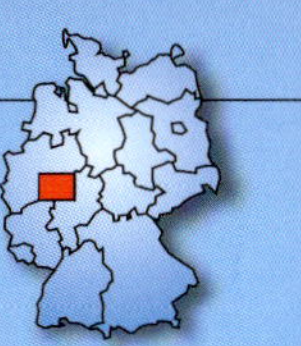

55 Paderborn 51 km Rüthen 15 km Warstein 3 km
Paderborn 45 km Wünnenberg 16 km Rüthen 14 km 480
275
7 Warburg 32 km Diemelstadt 23 km Marsberg 7 km
Paderborn 48 km Diemelstadt 8 km 252

450 Wolfhagen 10 km Kassel 37 km Fritzlar 38 km
251 Naumburg 11 km Wolfhagen 13 km Kassel 37 km
485 Waldeck 7 km Bad Wildungen 21 km Fritzlar 31 km
Bad Wildungen 6 km Fritzlar 20 km Kassel 50 km 253
288
4 25 Gummersbach 29 Wenden
45 14 Lüdenscheid 16 Meinerzhagen 24 Haiger/Burbach
3 Schwalmstadt 15 km Bad Wildungen 28 km Homberg 31 km
Schwalmstadt 17 km Homberg 40 km Fritzlar 50 km 454
IC/EC Kassel-Bad Wilhelmshöhe 1h 4'
62 Alsfeld 17 km Lauterbach 34 km Bad Hersfeld 50 km
…erborn 5 km …etzlar 28 km …eßen 45 km
255 Herborn 20 km Montabaur 72 km
299
3 → 485 14 km Gießen 20 km
IC/EC Gießen 15'

Höxter 57 km
Hofgeismar 10 km
Grebenstein 5 km
83

44 Dortmund 130 km
Soest 86 km
Warburg 12 km

Marsberg 38 km
Warburg 19 km 7

Warburg 31' ICE IC/EC

276

Göttingen 28 km
Dransfeld 14 km 3

Bad Karlshafen 41 km
Reinhardshagen 11 km 80

Göttingen 20' ICE IC/EC

Hannover 13…
Hildesheim 10…
Göttingen 1…

450 Bad Arolsen 6 km
Diemelstadt 17 km

251 Korbach 18 km
Brilon 57 km

485 Sachsenhausen 4 km
Korbach 17 km

Frankenberg (Eder) 23 km
Biedenkopf 55 km
253

287

3 Marburg 30 km
Gießen 60 km

454 Stadtallendorf 4 km

IC/EC Marburg 1h 1'

62 Kirchhain 13 km
Biedenkopf 50 km

2 4 6 8 10 km

Gießen 50 km
Friedberg 66 km
Frankfurt a.M. 93 km 5

49 Grünberg 26 km
Gießen 50 km

254 Lauterbach 14 km
Fulda 39 km

300

Fulda 29' ICE IC/EC
Frankfurt 1h 22'

7 Fulda 24 km
Schweinfurt 104 km
Würzburg 128 km

ICE Fulda 22'
IC/EC Fulda 24'

27 Hünfeld 7 km
Fulda 24 km

...ngen 16 km
...edland 1 km
27

38 → 7 5 km

Duderstadt 17 km
Worbis 1 km
247

Nordhausen 26 km
Bleicherode 12 km
38

277

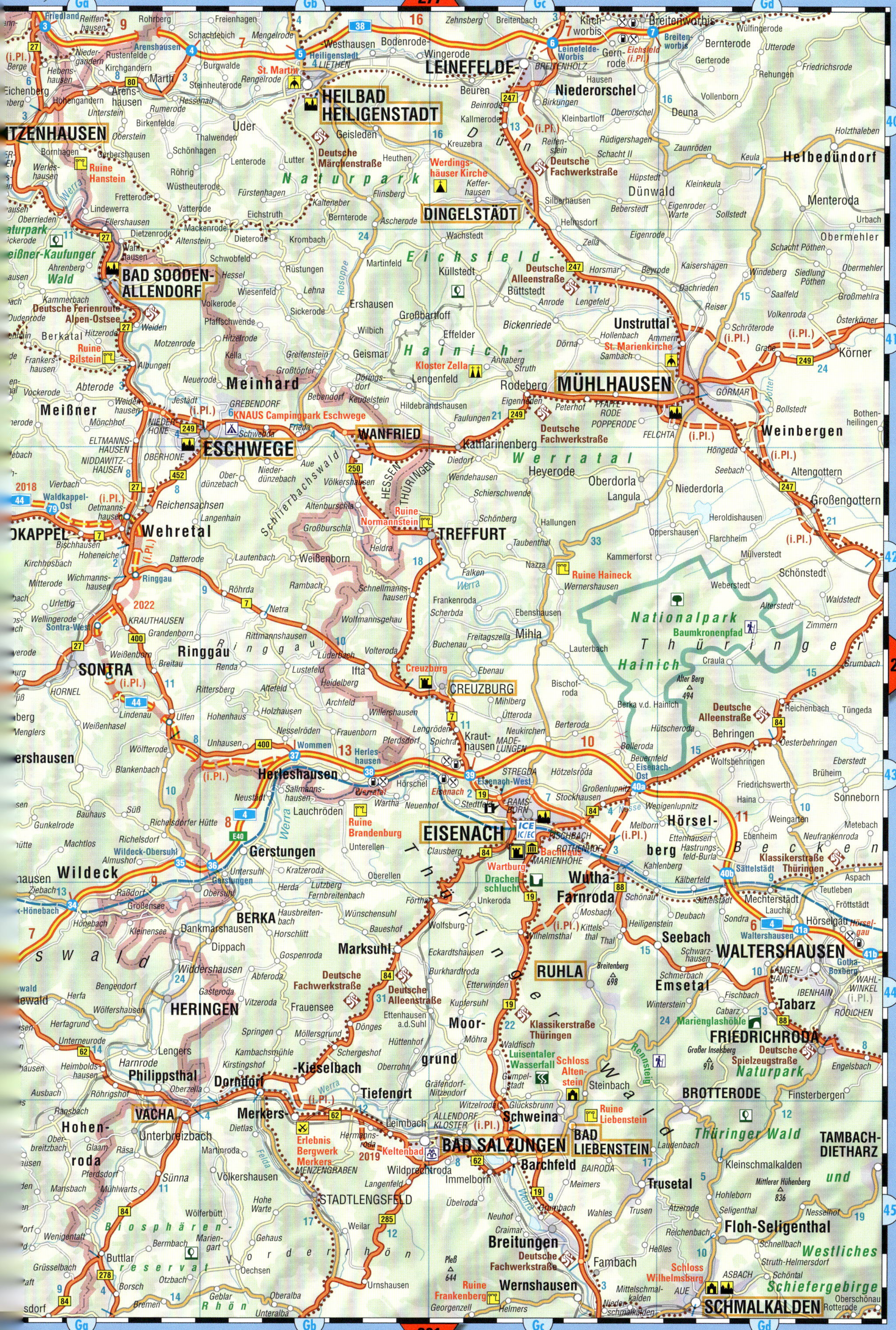

Bad Hersfeld
Bad Hersfeld-West
Alsfeld-Ost
Kassel-Nord
Guxhagen
Homberg (Efze)
Bad Hersfeld-W.
Felsberg
Fritzlar

249
Schlotheim 3 km
Sondershausen 24 km

Bad Langensalza 2 km
Gotha 22 km
Suhl 68 km
247

84
Bad Langensalza 3 km
Sondershausen 38 km

290

Gotha 17'
Erfurt 30'
ICE IC/EC

4
Gotha 13 km
Erfurt 37 km
Chemnitz 177 km

88
Ohrdruf 9 km
Ilmenau 35 km

84
278
Tann 10 km
Bad Neustadt a.d. Saale 58 km

285
Kaltennordheim 11 km
Mellrichstadt 42 km

301

19
Meiningen 19 km
Bad Neustadt a.d. Saale 50 km

4 Braunlage 46 km
Nordhausen 13 km
278
85 Sangerhausen 30 km
Berga 9 km
38 6 km
Sangerhausen
71 15 km
Ha
Hb
Hc
Hd
40
Helbedündorf 3 km
Mühlhausen 12 km
Eschwege 45 km
249
41
Mühlhausen 17 km
Dingelstädt 34 km
Duderstadt 64 km
247
42
84
4 26 km
Eisenach 29 km
289
43
IC/EC ICE
Eisenach 14'
4
Eisenach 25 km
Bad Hersfeld 78 km
Kassel 149 km
44
88
Friedrichroda 4 km
Eisenach 31 km
45
SONDERSHAUSEN
Schloss Sondershausen
Windleite
Hainleite
Kyffhäuser
Naturpark Kyffhäuser
Schloss Rathsfeld
Barbarossa-höhle
BAD FRANKENHAUSEN
Panorama Museum
ARTERN
Schernberg
EBELEBEN
Oldisleben
HELDRUNGEN
Hohe Schrecke
Schmücke
SCHLOTHEIM
GROSSEN-EHRICH
GREUSSEN
KINDELBRÜCK
Runneburg
WEISSENSEE
KÖLLEDA
Thüringer
SÖMMERDA
BAD TENNSTEDT
Unstrut
Herbsleben
GEBESEE
Friederikenschloss
BAD LANGENSALZA
Tonna
Becken
Fahnersche Höhe
Bauhaus-stätten
Deutsches Nationaltheater
Goethes Gartenhaus
WEIMAR
ERFURT
Dom St. Marien
Fischmarkt
Krämerbrücke
Flughafen Erfurt
GOTHA
Klassikerstraße Thüringen
Schloss Friedenstein
Neudietendorf
Burg Gleichen
Ichtershausen
Schloss Molsdorf
BAD BERKA
KRANICHFELD
Oberschloss Kranichfeld
BLANKENHAIN
Leinatal
Schloss Ehrenstein
OHRDRUF
ARNSTADT
Bachkirche
Wachsenburg
Mühlburg
Deutsche Spielzeugstraße
TAMBACH-DIETHARZ
Naturpark Thüringer Wald
Thüringer Wald und Westliches Schiefergebirge
Deutsche Alleenstraße
STADTILM
REMDA-TEICHEL
RUDOLSTADT
Schloss Heidecksburg
Gräfenroda
Geschwenda
Geraberg
Wipfratal
Ilm-tal
Klosterruine Paulinzella
Bobbahn Oberhof
2 4 6 8 10 km
Zella-Mehlis 10 km
Suhl 13 km
71
Ilmenau 3 km
88
Gehren 8 km
Königsee 16 km
302
Bad Blankenburg 4 km
Saalfeld 7 km
Ilmenau 35 km
88

Aschersleben 50 km
Lutherstadt Eisleben 18 km 180

279

Lutherstadt Eisleben 37 km
HAL-Neustadt 18 km 38

Bernburg 54 km
Halle/S. 12 km 91

Halle/S. 10'/30' IC/EC ICE

AB-Dr. Potsdam 124 km
Dessau 52 km
Halle/S. 27 km 9

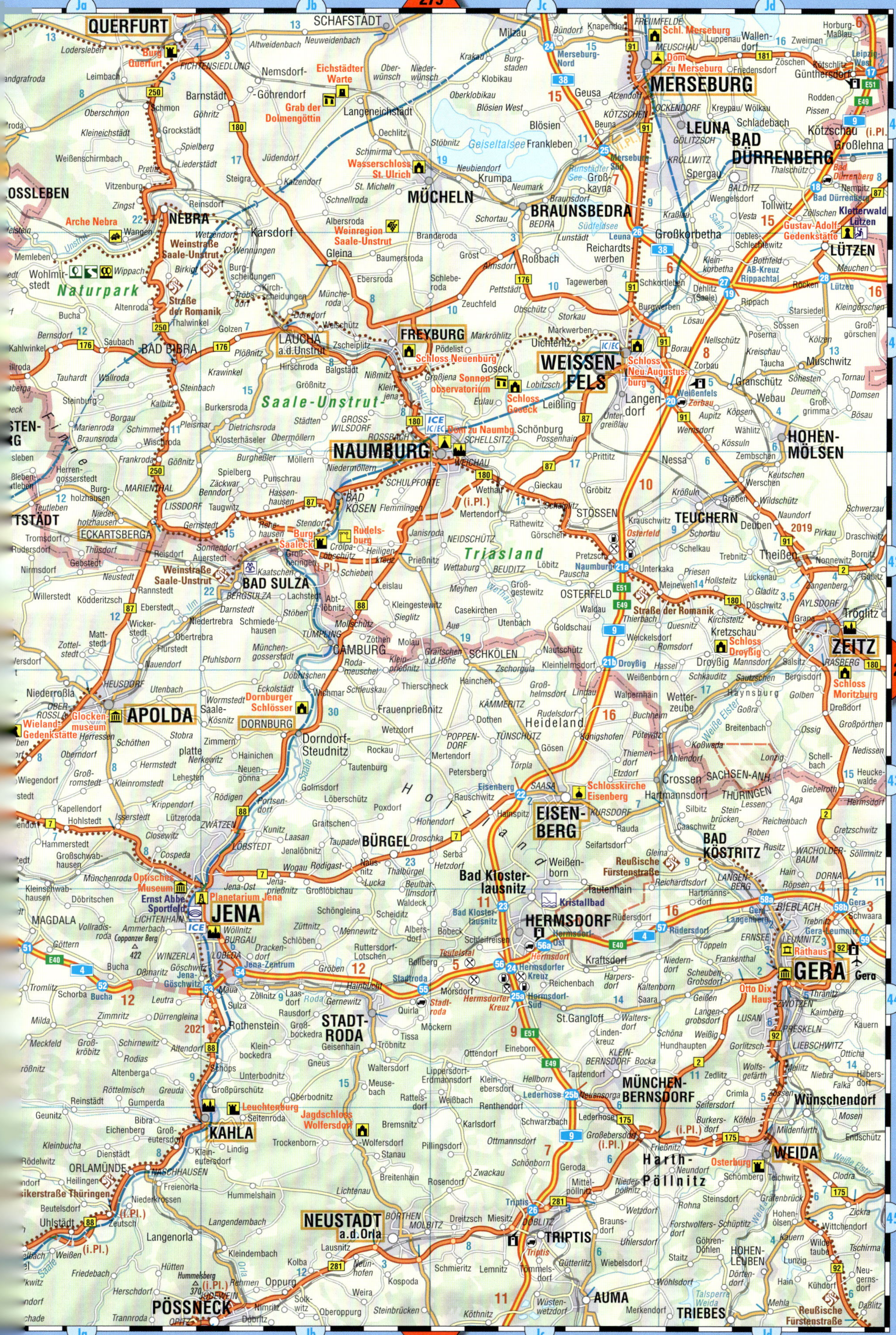

181 Leipzig 13 km
Eilenburg 43 km

ICE Leipzig 32'

87 Markranstädt 3 km
Leipzig 15 km

AB-Kr. Leipzig-Südwest 7 km 38

4
42 Gotha
47b Erfurt-Vieselbach
50 Apolda
56a Hermsdorf-Ost
59 Gera-Leumnitz

9
17 Leipzig-West
20 Weißenfels
26 Triptis

71
6 Sömmerda-Süd

2 Groitzsch 14 km
Leipzig 42 km

292

180 Meuselwitz 8 km
Altenburg 21 km

Zwickau 36 km
Chemnitz 61 km 4

Werdau 19 km
Zwickau 28 km 175

Saalfeld 16 km
Hildburghausen 79 km 281

303

9 Schleiz 14 km
Hof 63 km
Bayreuth 102 km

Schleiz 15 km
Hof 47 km

92 Greiz 5 km
Plauen 28 km

Halle 28 km
Flghfn. Leipzig/Halle 10 km
Schkeuditz 8 km

Lutherstadt Wittenberg 66 km 2

ICE IC/EC Wittenberg 31' Halle 25' Bitterfeld 20' L-Flghf. 12'

14 Berlin 192 km Halle 47 km

87 Eilenburg 15 km Taucha 3 km

280

107 Eilenburg 13 km

Halle 21 km Schkeuditz 3 km 186

181 Merseburg 15 km

Naumburg 32' Weimar 54' IC/EC ICE

87 Weißenfels 20 km Weimar 86 km

38

9 8 km Weißenfels 24 km Merseburg 25 km

2 Zeitz 7 km Gera 29 km Schleiz 70 km

291

180 Zeitz 4 km Naumburg 32 km Querfurt 65 km

Gera 8 km Hermsdorfer Kreuz 23 km Jena 46 km 4

175 Weida 9 km Saalfeld 62 km

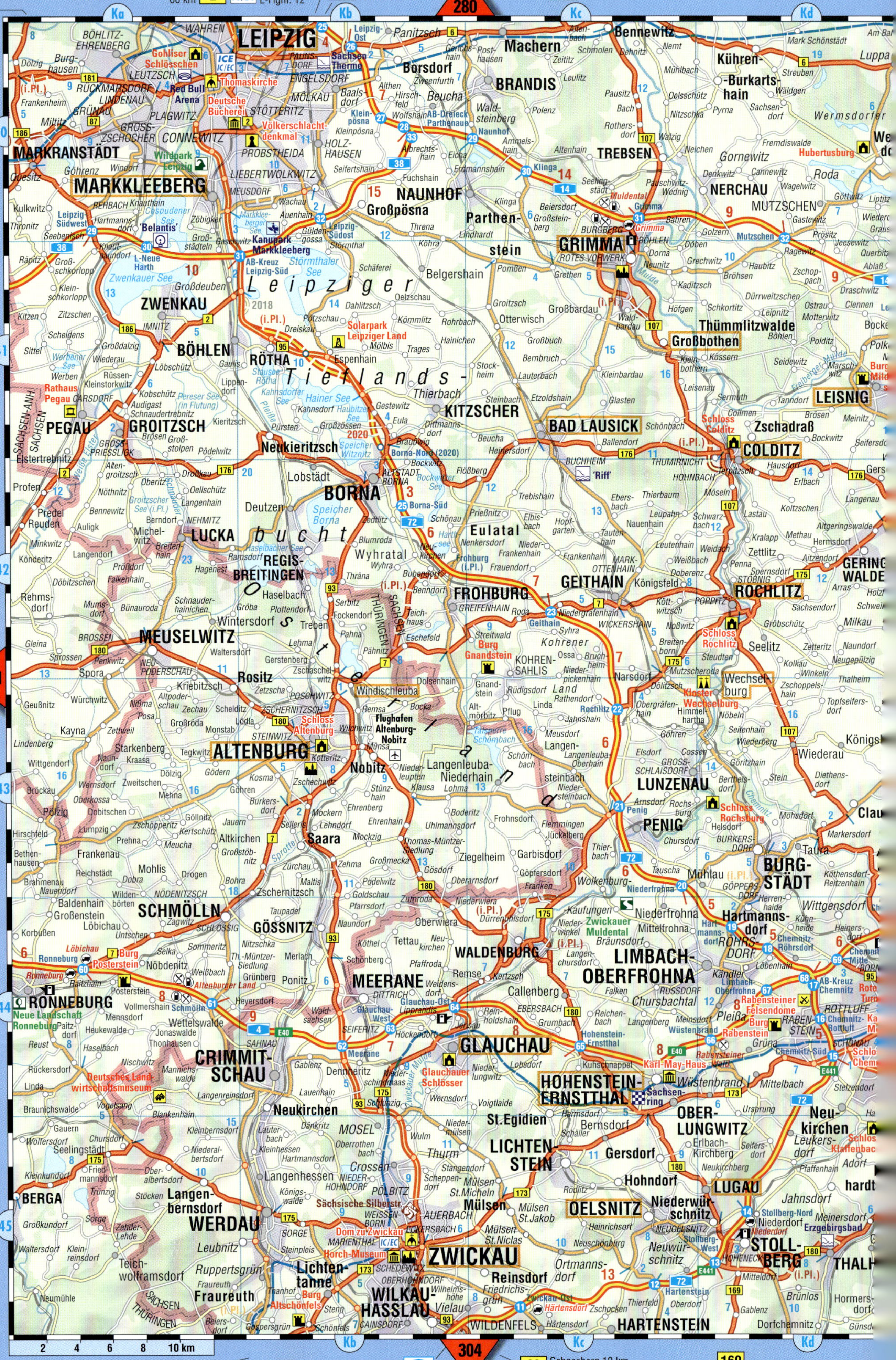

2 4 6 8 10 km

Plauen 47' IC/EC

173 Reichenbach 10 km Plauen 40 km

72 Plauen 39 km Hof 67 km Bayreuth 117 km

304

93 Schneeberg 12 km Annaberg-Buchholz 45 km

169 Aue 10 km Plauen 60 km

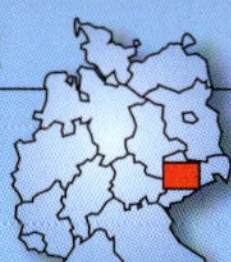

Lutherstadt Wittenberg 80 km
Torgau 33 km **182**

Senftenberg 55 km
Elsterwerda 19 km **169**

281

Berlin 2h 6' IC/EC
Berlin 1h 40' ICE

101 Jüterbog 92 km
Elsterwerda 17 km

Berlin 159 km
Cottbus 68 km
Senftenberg 31 km **13**

98 Hoyerswerda 48 km

- 4: 60 Ronneburg; 70 Chemnitz-Glösa; 75 Siebenlehn; 81a Dresd.-Hellerau
- 14: 31 Grimma; 34 Döbeln-Nord
- 72: 13 Stollberg-West

Bautzen 52 km
Görlitz 100 km **4**

Hoyerswerda 61 km **97**

Bischofswerda 34 km
Bautzen 51
Görlitz 89 km **6**

IC/EC Bad Schandau 30'

17 Pirna 12 km

294

170 Altenberg 4 km
Teplice (CZ) 22 km

95 nnaberg-Buchholz
0 km
berwiesenthal 29 km
arlovy Vary (CZ) 58 km

101 Annaberg-Buchholz 10 km
Schwarzenberg 33 km
Aue 41 km

174 Chomutov (CZ) 31 km
Most (CZ) 49 km

305

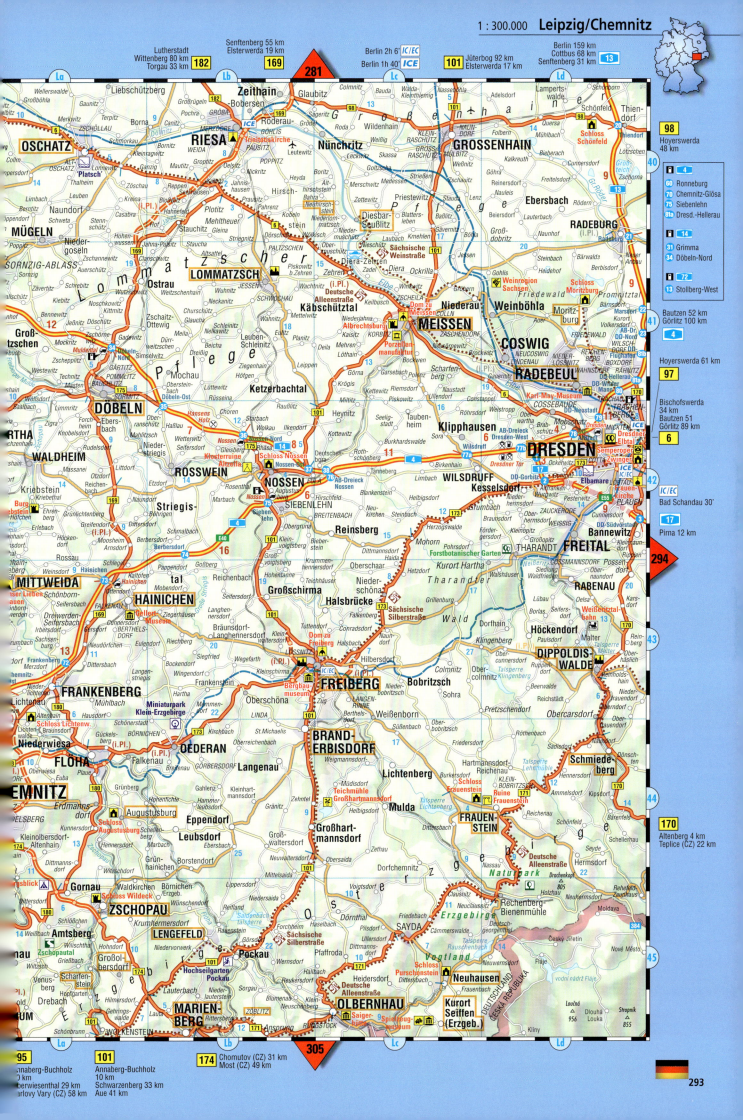

97 Cottbus 73 km
Hoyerswerda 28 km
Bernsdorf 12 km

282

96 Senftenberg 45 km
Hoyerswerda 20 km

Spremberg 64 km
Weißwasser 37 km
156

98
Großenhain 15 km
Riesa 36 km

Radebeul 12 km
Meißen 35 km
Chemnitz 81 km
4

Meißen 24 km
Oschatz 54 km
Leipzig 109 km
6

Dresden 1'
IC/EC

Dreieck
Dresden-West
14 km
17

293

170
Dippoldiswalde
16 km
Dresden 38 km

Osek 1 km
Litvínov 9 km
Most 20 km
27

R13
Bílina 11 km
Most 25 km
Chomutov 45 km

8
Lovosice 20 km
Terezín 25 km
Praha 84 km

D8
Lovosice 19 km
Kralupy n.V. 57 km
Praha 82 km

IC/EC
Praha
1h 15'

30 / 261
Lovosice 16 km
Kladno 78 km

Litoměřice 19 km
Lovosice 26 km
Most 57 km
15

Łęknica (PL) 35 km
Bad Muskau 33 km
Niesky 2 km
115
283
Niesky 9 km
Rothenburg 10 km
Iłowa 25 km
296
Czerna 4 km
Bolesławiec 19 km
94
A4
Bautzen-West
Kodersdorf
Görlitz
Gryfów Śląski 14 km
Jelenia Góra 45 km
30
Świeradów Zdrój 9 km
Mirsk 11 km
Szklarska Poręba 29 km
Desná 11 km
14
Tanvald 4 km
Železný Brod 1 km
Szklarska Poręba (PL) 41 km
Jelenia Góra (PL) 59 km
10
Jičín 18 km
Hořice 40 km
Hradec Králové 64 km
35
9
38
Doksy 5 km
Mladá Boleslav 30 km
Nymburk 59 km
Mnichovo Hradiště 8 km
Mladá Boleslav 21 km
Brandýs-Stará Boleslav 60 km
R10
GÖRLITZ
ZGORZELEC
LUBAŃ
REICHENBACH
LÖBAU
WEISSENBERG
BERNSTADT a.d.Eigen
HERRNHUT
OSTRITZ
EBERSBACH
NEUGERSDORF
SEIFHENNERSDORF
ZITTAU
BOGATYNIA (Reichenau)
VARNSDORF (Warnsdorf)
Großschönau
Olbersdorf
Hrádek nad Nisou (Grottau)
CHRASTAVA (Kratzau)
FRÝDLANT (Friedland)
Nové Město pod Smrkem
Hejnice
Raspenava
LIBEREC (Reichenberg)
JABLONEC n. Nisou (Gablonz)
Smržovka
Rychnov u Jablonce n. Nisou
CVIKOV (Zwickau)
JABLONNÉ v Podještědí (Deutsch Gabel)
NOVÝ BOR (Haida)
STRÁŽ pod Ralskem (Wartenberg)
ČESKÁ LÍPA (Böhm. Leipa)
Zákupy (Reichstadt)
MIMOŇ (Niemes)
Hodkovice nad Mohelkou
ČESKÝ DUB
TURNOV (Turnau)
CHKO Jizerské hory
Zittauer Gebirge
Lužické hory
Polomené hory
Schöpstal
Zawidów
Pieńsk (Penzig)
Kodersdorf
Waldhufen
Hohendubrau
Hochkirch
Kittlitz
Oderwitz
Leutersdorf
Mittelherwigsdorf
Hirschfelde
Berzdorfer See
DEUTSCHLAND
POLSKA
ČESKÁ REPUBLIKA

Köln (D) 79 km
AB-Kr. Aachen (D) 16 km
Aachen (D) 16 km A3

Aachen 15 km
→ 44 8 km 258

Düren 18 km
Hürtgenwald 4 km 399

Jülich 31 km
→ 4 19 km
Düren 14 km 56

265 Köln 39 km
477 Kerpen 22 km

Liège 36 km
Namur 101 km
Brussel/Bruxelles 132 km
A3

N 61
Verviers 12 km
Liège 41 km

N 672
Verviers 13 km
Liège 40 km

A27
Liège 49 km
Maastricht (NL) 63 km
Brussel/Bruxelles 142 km

N68
Vielsalm 16 km
Trois-Ponts 28 km

12
Wincrange 12 km
Bastogne (B) 30 km

18
Wincrange 8 km
Bastogne (B) 26 km

7
Diekirch 15 km
Luxembourg 44 km

51
Bitburg 4 km
Trier 33 km

257
Bitburg 5 km
Echternach (L) 25 km

60 →
Kreuz Wittlich

Mönchengladbach 74 km Köln 33 km 61

Siegburg 21 km Bonn 8 km 56

Flughafen Köln-Bonn 30 km Bonn 6 km 565

Bonn 14' IC/EC ICE

9 Köln 37 km Bonn 8 km

42 Flughafen Köln-Bonn 25 km Bonn 11 km

ICE Köln

3 Düsseldorf 82 km Köln 42 km

8 Köln 52 km Hennef 13 km

8 Altenkirchen 12 km Limburg a.d. Lahn 65 km

Altenkirchen 23 km Gummersbach 84 km 256

3 Montabaur 35 km Limburg a.d. Lahn 55 km Frankfurt a.M. 128 km

ICE Montabaur Limburg Frankfurt a.M.

Koblenz 14 km Wiesbaden 104 km 42

Koblenz 10' ICE IC/EC

Koblenz 6 km Mainz 98 km 9

Koblenz 6 km Köln 109 km 48

ICE IC/EC Koblenz 36'

416 Koblenz 8 km

49 Koblenz 8 km Montabaur 37 km

Bingen 52 km Ludwigshafen 128 km Speyer 139 km 61

1 | 110 Euskirchen, 119 Daun

61 | 34 Mendig

565 | 11 Meckenheim-Merl

327 Boppard 21 km Koblenz 35 km

1 Trier 36 km Saarbrücken 111 km Kaiserslautern 131 km

49 Wittlich 8 km Bitburg 44 km

ICE IC/EC Wittlich 13'

53 Traben-Trarbach 10 km Bernkastel-Kues 32 km

421 Kirchberg 9 km Idar-Oberstein 59 km

327 Morbach 29 km Hermeskeil 59 km

256 Gummersbach 60 km Waldbröl 26 km

286

Siegen 28 km → 45 9 km 54

Köln 114 km Lüdenscheid 86 km Siegen 37 km

8 Köln 58 km Flughafen Köln-Bonn 47 km

Bonn 51 km Köln 70 km Düsseldorf 105 km 3 ICE Köln-Deutz 28'

256 Neuwied 22 km Mayen 47 km

Neuwied 5 km Remagen 30 km Königswinter 45 km 42

Andernach 11' IC/EC Bonn 30' ICE

Andernach 12 km Bonn 53 km 9

Mayen 29 km Köln 89 km Trier 123 km 48

297

Cochem 40 km 416 ICE IC/EC Cochem 35'

49 → 61 10 km Cochem 39 km

327 → 61 2 km

61 AB-Kr. Koblenz 18 km Koblenz 17 km Köln 117 km

327 → 61 4 km Koblenz 20 km

327 Bernkastel-Kues 54 km Hermeskeil 78 km

Bingen a.Rh. 24 km Mainz 51 km Ludwigshafen 99 km 61

Bad Kreuznach 26 km Mainz 42 km 9

Bingen 33' IC/EC Mainz 50' ICE

42 Rüdesheim a.Rh. 8 km Eltville 27 km

308

42 Oestrich-Winkel 7 km Rüdesheim a.Rh. 14 km

Mainz 10 km Kaiserslautern 84 km Ludwigshafen 84 km 643 ICE IC/EC

Siegen 34 km
Haiger 12 km
255 Marburg 28 km Gladenbach 9 km
Marburg 15' IC/EC
287
3 Kassel 99 km Marburg 8 km
5 Fulda 72 km Kassel 101 km Erfurt 169 km
49 Alsfeld 23 km Lauterbach 34 km
276 Schotten 7 km Bad Orb 64 km
455 Gedern 22 km Fulda 55 km
300
275 Schotten 27 km Fulda 68 km
457 Büdingen 4 km
66 14 km
Schlüchtern 40 km Fulda 68 km Kassel 173 km
66 ICE IC/EC Fulda 40'
3 Ransbach-Baumbach
43 Limburg-Süd
45 Idstein
5 Homberg (Ohm)
9 Reiskirchen
12 Butzbach
66 Frankfurt a.M.-Höchst
Aschaffenburg 34' ICE
Aschaffenburg 16' IC/EC
Mainz 15' IC/EC
67 Rüsselsheim 10 km Darmstadt 27 km Mannheim 70 km
Mannheim 30' ICE IC/EC
5 Darmstadt 18 km Mannheim 64 km Heidelberg 76 km
ICE Darmstadt 15'
309
661 Egelsbach 10 km
5 21 km Darmstadt 22 km Heidelberg 82 km
45 Darmstadt 34 km Erbach 50 km
3 Aschaffenburg 18 km Würzburg 97 km Nürnberg 203 km
45 Aschaffenburg 15 km Würzburg 94 km Nürnberg 200 km
Gladenbacher Bergland
Hohenahr
Bieber-tal
Fronhausen
ALLENDORF (Lumda)
Rabenau
LOLLAR
STAUFENBERG
Wettenberg
Buseck
GIESSEN
Lahnau
Heuchelheim
ASSLAR
Reiskirchen
GRÜNBERG
Fernwald
WETZLAR
Mücke
LINDEN
POHLHEIM
LICH
LAUBACH
SOLMS
Hüttenberg
Langgöns
Schöffengrund
HUNGEN
Weilmünster
Waldsolms
BUTZBACH
MÜNZENBERG
Rockenberg
Wölfersheim
NIDDA
Grävenwiesbach
Ober-Mörlen
Echzell
Hochtaunus
BAD NAUHEIM
FRIEDBERG (Hessen)
REICHELSHEIM
Ranstadt
ORTENBERG
USINGEN
Weilrod
Wehrheim
Florstadt
Glauburg
Neu-Anspach
ROSBACH v.d.Höhe
NIDDATAL
Altenstadt
Schmitten
Wöllstadt
Limeshain
FRIEDRICHSDORF
BAD HOMBURG v.d.Höhe
KARBEN
NIDDERAU
Hammersbach
OBERURSEL
Schöneck
Neuberg
Ronneburg
KÖNIGSTEIN
KRONBERG im Taunus
STEINBACH
BAD VILBEL
BRUCH-KÖBEL
LANGEN-SELBOLD
SCHWALBACH
BAD SODEN
ESCHBORN
MAINTAL
Erlensee
EPPSTEIN
KELKHEIM
Sulzbach
HANAU
Rodenbach
Liederbach
MÜHLHEIM a.M.
OFFENBACH a.M.
HOFHEIM a.Taunus
Kriftel
FRANKFURT am Main
Großkrotzenburg
HATTERSHEIM
OBERTSHAUSEN
Hainburg
KELSTERBACH
Kahl
Karlstein a.M.
HEUSENSTAMM
NEU-ISENBURG
SELIGENSTADT
RODGAU
Frankfurt Airport

Kassel 100 km
Alsfeld 34 km
Bad Hersfeld 31 km
Eisenach 53'
Bad Hersfeld 21'
Hauneck 15 km
Haunetal 7 km
Alsfeld 5 km
Kirchhain 33 km
Alsfeld 6 km
Alsfeld 6 km
Kassel-Wilhelmshöhe 29'
288
Gießen 25 km
Frankfurt 77 km
Grünberg 9 km
Laubach 15 km
Laubach 7 km
Gießen 33 km
Nidda 8 km
Florstadt 28 km
Ortenberg 2 km
Glauburg 9 km
Glauburg 7 km
Nidda 17 km
Altenstadt 9 km
Frankfurt a.M. 25 km
Aschaffenburg 37 km
Mainz 81 km
Hanau 40'
299
310
Aschaffenburg
Rothenfels 17 km
Marktheidenfeld 22 km
Würzburg 30'
Würzb. 32'
Karlstadt 9 km
Würzburg 33 km
ROMROD
Schwalmtal
Gemünden (Felda)
Feldatal
LAUTERBACH (Hessen)
SCHLITZ
Burghaun
HÜNFELD
Wartenberg
Bad Salzschlirf
Großenlüder
Petersberg
FULDA
Künzell
ULRICHSTEIN
HERBSTEIN
SCHOTTEN
Grebenhain
Hosenfeld
Eichenzell
Naturpark Hoher Vogelsberg
Neuhof
Flieden
Kalbach
GEDERN
Hirzenhain
Freiensteinau
SCHLÜCHTERN
Birstein
Kefenrod
Brachttal
STEINAU a.d.Straße
Sinntal
Sterbfritz
BÜDINGEN
BAD SODEN-SALMÜNSTER
WÄCHTERSBACH
BAD ORB
Gründau
GELNHAUSEN
Biebergemünd
Linsengericht
Jossgrund
Hasselroth
Freigericht
Schöllkrippen
ALZENAU
Mömbris
Johannesberg
Sailauf
Frammersbach
Naturpark Bayerischer Spessart
GEMÜNDEN am Main
Partenstein
RIENECK
BAD BRÜCKENAU
Burgsinn
HESSEN
BAYERN
Deutsche Märchenstraße
Deutsche Fachwerkstraße
Deutsche Ferienroute Alpen-Ostsee
Deutsche Alleenstraße
Hessischer Spessart
Büdinger Wald
Landrücken-Tunnel 10 779 m

Dorndorf 19 km
Vacha 15 km
Eisenach 47 km
Bad Salzungen 29 km
Eisenach 32 km
Bad Salzungen 15 km
289
GEISA
Dermbach
Biosphären-reservat
Rhön
Deutsche Alleenstraße
Wiesenthal
Roßdorf
Rosa
Zillbach
Schwallungen
Möckers
Mittelstille
Altersbach
STEINBACH-HALLENBERG
Unserer Lieben Frauen
Viernau
WASUNGEN
Bens-hausen
TANN (Rhön)
Rhöner Museumsdorf
KALTENNORDHEIM
Klassikerstraße Thüringen
Metzels
Wallbach
Walldorf
Johanniterburg Kühndorf
Schloss Landsberg
Suhl 12 km
Oberhof 14 km
Suhl 12 km
Arnstadt 44 km
Erfurt 62 km
Hilders
Ruine Auersburg
Kloster Rohr
MEININGEN
Meininger Theater
Schloss Elisabethenburg
Fladungen
Fränkisches Freilandmus.
Naturpark Hessische Rhön
Ehrenberg
Rhön Camping-Park
Wasserkuppe
Segelflug Mus.
Wallanlage Gangolfsberg
Ruine Lichtenburg
OSTHEIM v.d.Rhön
Kirchenburg
MELLRICHSTADT
Hildburghausen 13 km
Eisfeld 26 km
GERSFELD (Rhön)
Ruine Osterburg
Naturpark
BISCHOFS-HEIM a.d. Rhön
Am Schwimmbad
Kloster Kreuzberg
Römhild
Steinsburg
Steinsburg Museum
THÜRINGEN
BAYERN
BAD NEUSTADT a.d.Saale
Salzburg
Findelberg
BAD KÖNIGSHOFEN i.Grabfeld
Bayerische Schwarze Berge
Hohenroth
Kloster Maria Bildhausen
Burkardroth
Bad Bocklet
MÜNNERSTADT
Schloss Aschach
Fulda-Nord
Bad Brückenau-Volkers
Gründau-Lieblos
Steinau
Flieden
Schweinfurt-Hfn.
Münnerstadt
Nüdlingen
BAD KISSINGEN
Ruine Bodenlaube
Oberthulba
Maßbach
Stadtlauringen
Schloss Craheim
Naturpark Haßberge
Maroldsweisach 7 km
Ebern 23 km
Schloss Bettenburg
HOFHEIM in Unterfranken
Maroldsweisach 15 km
Coburg 35 km
HAMMELBURG
Kloster Hammelburg
Oerlenbach
Poppenhausen
KÖNIGSBERG in Bayern
Dittelbrunn
Niederwerrn
SCHWEINFURT
G. Schäfer Mus.
Schonungen
Sennfeld
Gochsheim
HASSFURT
Ritterkapelle
Steigerwald Höhenstraße
Kloster Mariaburghausen
Würzburg 29 km
Kitzingen 41 km
Rothenburg o.d.T. 86 km
Werneck 5 km
Würzburg 33 km
Gerolzhofen 17 km
Wiesentheid 31 km
Hallstadt 43 km
Bamberg 45 km
Bayreuth 102 km
Ebelsbach 9 km
Bamberg 30 km
311

Erfurt 54 km
Arnstadt 32 km
71

Erfurt 46 km
Arnstadt 24 km

Weimar 47 km
Arnstadt 20 km
88 87

290

Jena 36 km
Rudolstadt 5 km
88

Jena 2
ICE

62
Meiningen 23 km
Schmalkalden
25 km

71
Meiningen 20 km
Bad Neustadt
a.d. Saale 53 km
Schweinfurt
88 km

89
Obermaßfeld-
Grimmenthal 15 km
Meiningen 20 km

301

279
Bad Königshofen
15 km
Münnerstadt
37 km

303
Ostheim 5 km
Schweinfurt 36 km

Hallstadt 11 km
Bamberg 16 km
279

4
Breitengüßbach
5 km
Bamberg 14 km

312

73 Hallstadt 12 km
Bamberg 17 km
ICE Bamberg 15'

Bamberg 30 km
Forchheim 49 km
Schweinfurt 81 km
70

281 Neustadt a.d. Orla 12 km
Pößneck 1km

291

Leipzig 98 km
Eisenberg 38 km
Triptis 7 km
9

Zeulenroda 11 km
Triptis 8 km

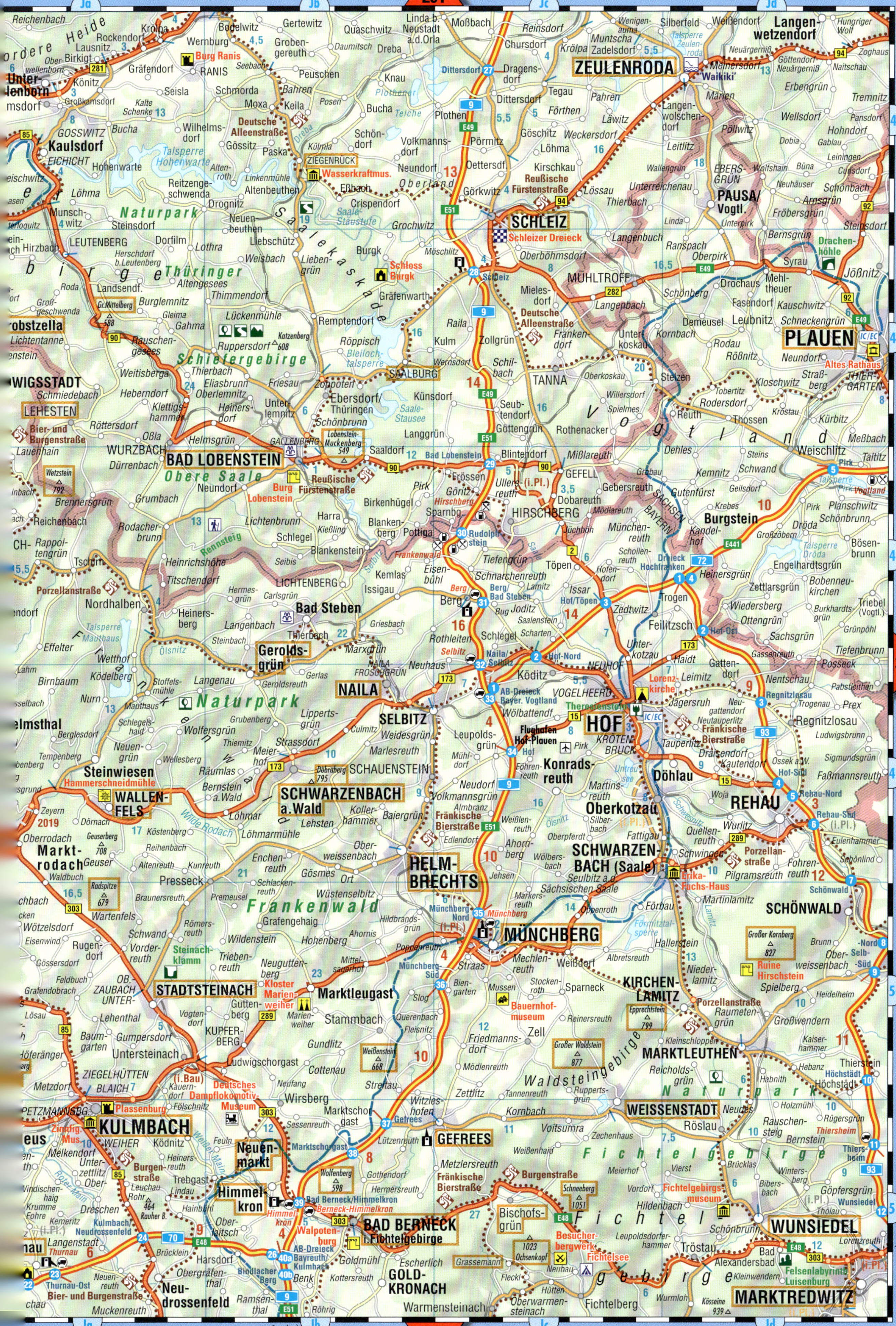

94
Greiz 4 km
Zwickau 30 km

46

92
Greiz 8 km
Weida 26 km

Zwickau 48'
IC/EC

Auerbach 25 km
Reichenbach 24 km

47

92
Oelsnitz 9 km

72
Treuen 19 km
Zwickau 55 km
Chemnitz 75 km

48

304

49

9
28 Schleiz
31 Berg/B. Steben
35 Münchberg-N.
37 Gefrees
39 Bad Berneck/Himmelkron

70
23 Thurnau-Ost

73
4 Schleusingen
10 Ebersdorf

50

Windischeschenbach 35 km
Neustadt 43 km
Weiden 50 km
93

51

Schirnding 15 km
Cheb (CZ) 24 km
303

Heinersreuth 4 km
Bayreuth 7 km
85

IC/EC
Bayreuth 1h 12'

9
Bayreuth 8 km
Pegnitz 36 km
Nürnberg 83 km

2
Bayreuth 6 km
Weidenberg 14 km

313

Bayreuth 21 km

Kemnath 16 km

Chemnitz 41 km
Stollberg 23 km
Zwickau 7 km
72

Zwickau IC/EC
173 Zwickau 14 km
Schönfels 5 km

292

93 Zwickau 7 km
Wilkau 1 km

169 Chemnitz 32 km
Stollberg 9 km

94 Zeulenroda 15 km
Weida 17 km
Gera 28 km

92 Plauen 15 km
Schleiz 33 km

Plauen IC/EC

92 Greiz 25 km
Schleiz 27 km

72 Hof 28 km
Münchberg 51 km
Bayreuth 95 km

303

→ 93 1 km
Rehau 12 km
Hof 27 km
Münchberg 32 km

Thierstein 7 km
93

303 Marktredwitz 1 km
Kulmbach 51 km
Bayreuth 56 km

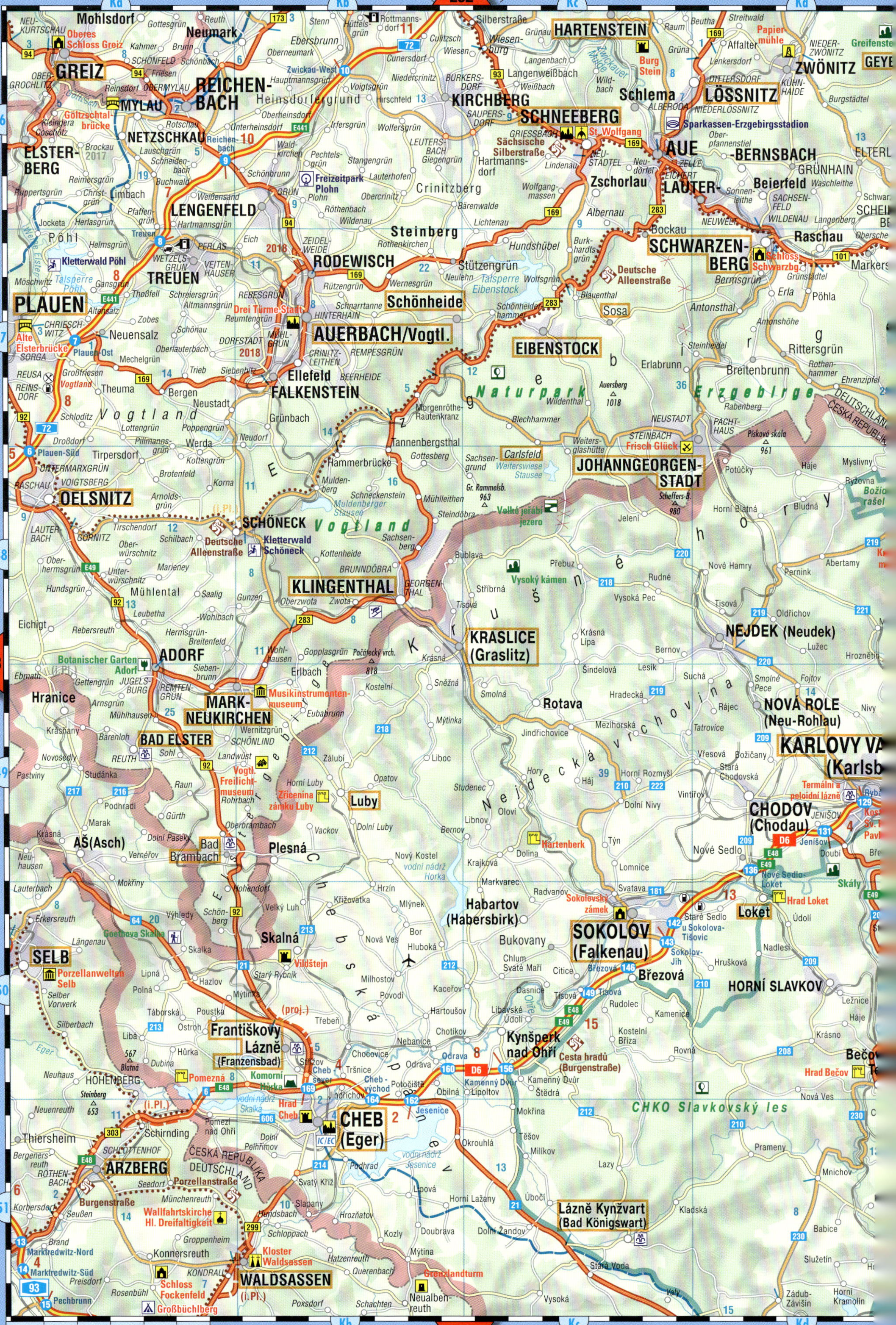

314

93 Mitterteich 6 km
Weiden 37 km

299 Mitterteich 3 km
Tirschenreuth 13 km
Weiden 43 km

Planá 8 km
Tachov 19 km
Stříbro 32 km
Mariánské Lázně 1 km
21

IC/EC Mariánské Lázně 22'

230 Planá 11 km
Stříbro 35 km
Plzeň 60 km
Mariánské Lázně 3 km

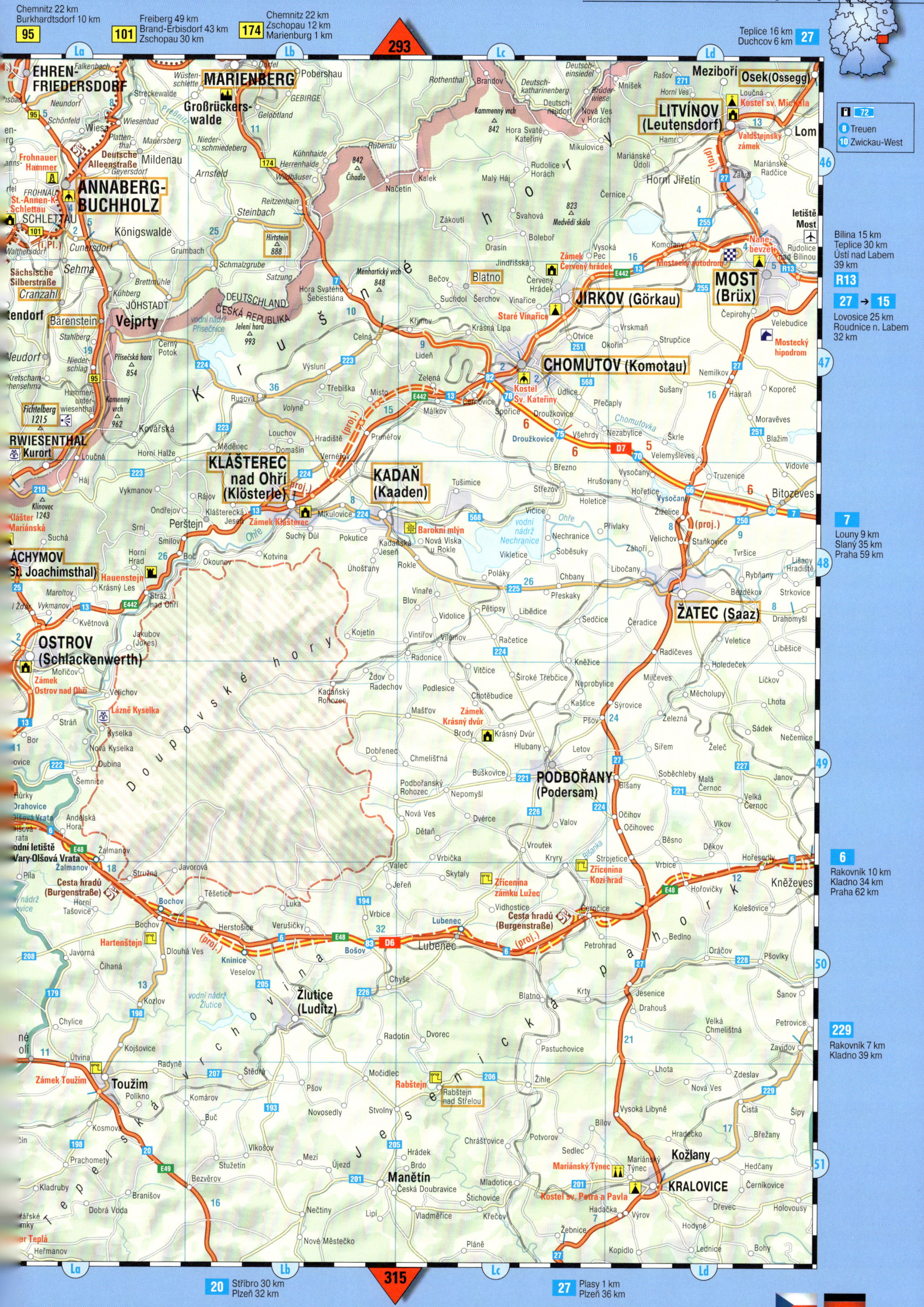
Chemnitz 22 km
Burkhardtsdorf 10 km
95
Freiberg 49 km
Brand-Erbisdorf 43 km
Zschopau 30 km
101
Chemnitz 22 km
Zschopau 12 km
Marienburg 1 km
174
293
Teplice 16 km
Duchcov 6 km
27
La
Lb
Lc
Ld
72
8 Treuen
10 Zwickau-West
46
Bílina 15 km
Teplice 30 km
Ústí nad Labem 39 km
R13
27 → 15
Lovosice 25 km
Roudnice n. Labem 32 km
47
7
Louny 9 km
Slaný 35 km
Praha 59 km
48
49
6
Rakovník 10 km
Kladno 34 km
Praha 62 km
50
229
Rakovník 7 km
Kladno 39 km
51
20
Stříbro 30 km
Plzeň 32 km
315
27
Plasy 1 km
Plzeň 36 km
EHREN-FRIEDERSDORF
MARIENBERG
Großrückerswalde
ANNABERG-BUCHHOLZ
Vejprty
LITVÍNOV (Leutensdorf)
Osek (Ossegg)
Meziboří
Lom
MOST (Brüx)
JIRKOV (Görkau)
CHOMUTOV (Komotau)
KLÁŠTEREC nad Ohří (Klösterle)
KADAŇ (Kaaden)
ŽATEC (Saaz)
OSTROV (Schlackenwerth)
PODBOŘANY (Podersam)
Žlutice (Luditz)
Toužim
Manětín
KRALOVICE
Kožlany
Kněževes
Doupovské hory
Krušné hory
DEUTSCHLAND
ČESKÁ REPUBLIKA

St-Vith 40 km
Dasburg 15 km
7
296
Prüm 29 km
60 5 km
51
257 Koblenz 111 km
Kyllburg 14 km
Prüm 41 km
Kyllburg 17 km
60
27
Esch-sur-Sûre 5 km
15
Le Bouhou 19 km
Bastogue (B) 34 km
21
Mertzig 3 km
22
Useldange 4 km
8
Gaichel 12 km
Arlon (B) 16 km
12
Reichlange 15 km
Arlon (B) 17' IC/EC
A 6
Sterpenich 13 km
Bastogne (B) 55 km
Namur (B) 151 km
A 4
Esch sur-Alzette 9 km
Villerupt (F) 15 km
Differdange 14 km
A 13
Differdange 12 km
Aubange 20 km
Virton (B) 44 km
D 14
Havange 3 km
A 30
Algrange 10 km
Longwy 35 km
VIANDEN
DIEKIRCH
BETTENDORF
ETTELBRUCK
BITBURG
Speicher
Zemmer
Kordel
SCHWEICH
ECHTERNACH
CONSDORF
LAROCHETTE
MERSCH
JUNGLINSTER
GREVENMACHER
TRIER
KONZ
LUXEMBOURG
HESPÉRANGE
SAARBURG
REMICH
BETTEMBOURG
Mondorf
DUDELANGE
Perl
Sierck-les-Bains
Mettlach
MERZIG
Hettange-Grande
THIONVILLE
YUTZ
TERVILLE
FLORANGE
UCKANGE
GUÉNANGE
Fameck
Beckingen
Rehlingen-Siersburg
DILLINGEN (Saar)
Wallerfangen
SAARLOUIS
Losheim am See
Deutsch-Luxemburgischer Naturpark
Petite Suisse Luxembourgeoise
2 4 6 8 10 km
IC/EC
Metz 20'
A 31
Metz 22 km
Strasbourg 174 km
Paris 322 km
D 918
Bouzonville 5 km
Saarlouis (D) 27 km
405
Ittersdorf 6 km
Bouzonville (F) 15 km
Völklingen 14 km
Saarbrücken 22 km
Metz (F) 97 km
620
Saarbrücken
Sarreguemines

Köln 174 km
Daun 29 km
1
Koblenz 94 km
Cochem 45 km
49
Cochem 21'
Bullay 12'
IC/EC
Koblenz 95 km
Cochem 46 km
53
297
Gerolstein 88 km
Cochem 53 km
421
327
Montabaur 77 km
Koblenz 54 km
50
61 13 km
Bingen 35 km
41
Bad Kreuznach
31 km
Mainz 61 km
Kaiserslautern
34 km
Pirmasens 73 km
270
308
420
Lauterecken 4 km
Bad Kreuznach
44 km
1
125 Wittlich-Mitte
129 Schweich
139 Tholey-Hasborn
8
6 Merzig
8 Dillingen-Mitte
18 Quierschied
62
3 Nohfelden-Türkismühle
64
3 Trier
Kaiserslautern
20 km
Mannheim 82 km
Mainz 98 km
6
IC/EC ICE
Kaiserslautern 18'
62
Landstuhl 1 km
Pirmasens 30 km
Zweibrücken 44 km
268
Püttlingen 5 km
Saarbrücken 10 km
1
Saarbrücken 9 km
6 14 km
Metz (F) 82 km
623
Saarbrücken 11 km
Forbach (F) 21 km
Völklingen 23 km
316
6
Flughafen
Saarbrücken 20 km
Saarbrücken 31 km
Metz (F) 93 km
8
Zweibrücken
14 km
Pirmasens
35 km
ICE
IC/EC
Saarbrücken
20'
423
Flughafen
Saarbrücken 24 km
Frauenberg 29 km
WITTLICH
TRABEN-TRARBACH
BERNKASTEL-KUES
SIMMERN
KIRCHBERG (Hunsrück)
Morbach
KIRN
IDAR-OBERSTEIN
HERMESKEIL
BIRKENFELD
BAUMHOLDER
Nonnweiler
Nohfelden
Freisen
KUSEL
Altenglan
Primstal
Namborn
Oberthal
Tholey
SANKT WENDEL
Marpingen
LEBACH
Eppelborn
OTTWEILER
Illingen
Schiffweiler
Merchweiler
Heusweiler
Quierschied
Heiligenwald
FRIEDRICHSTHAL
NEUNKIRCHEN
Landsweiler-Reden
BEXBACH
Spiesen-Elversbg.
HOMBURG (Saar)
Kübelberg
Waldmohr
Schönenberg-Kübelberg
Bruchmühlbach
RAMSTEIN-
Hütschenhausen
Miesau
Riegelsb.
Nationalpark Hunsrück-Hochwald
Hunsrück
Hochwald
Idarwald

Bonn 118 km
Koblenz 53 km
Boppard 30 km
61
Boppard 35 km
Niederheimbach 3 km
9
Koblenz 36'/50'
Lahnstein
48 km
Kaub 11 km
42
298
Wiesbaden 11 km
Eltville am Rhein 2 km
42
Bonn 140 km
Frankfurt a.M. 42 km
Wiesbaden 8 km
Mainz
643
Kirchberg 13 km
Zell (Mosel) 34 km
50
41
Kirn 7 km
Idar-Oberstein
25 km
Sien 6 km
Idar-Oberstein
29 km
270
307
420
Altenglan 15 km
62 30 km
Homburg 23 km
Zweibrücken 37 km
Saarbrücken 51 km
6
Homburg (Saar)
18'
62
AB-Kr. Landstuhl
3 km
Ramstein-
Miesenbach
10 km
Pirmasens 15 km
8 15 km
Zweibrücken 31 km
270
Burgalben 1 km
Pirmasens 14 km
48
Annweiler 21 km
Landau i.d.Pfalz 33 km
317
65
Landau i.d.Pfalz 16 km
Karlsruhe 46 km
Baden-Baden 90 km
39
Speyer 20 km
Hockenheim 31 km
Rheinböllen
BINGEN
RÜDESHEIM
GEISENHEIM
OESTRICH-WINKEL
MAINZ
INGELHEIM
GAU-ALGESHEIM
Heidesheim
Waldalgesheim
STROMBERG
Langenlonsheim
Guldental
BAD KREUZNACH
BAD MÜNSTER a.St.-EBERNBURG
BAD SOBERNHEIM
Wöllstein
Wörrstadt
Saulheim
Nieder-Olm
Sprendlingen
ALZEY
MEISENHEIM
LAUTERECKEN
KIRCHHEIM-BOLANDEN
ROCKENHAUSEN
Göllheim
GRÜNSTADT
EISENBERG (Pfalz)
Winnweiler
OTTERBERG
Otterbach
Enkenbach-Alsenborn
Mehlingen
Hochspeyer
KAISERSLAUTERN
LANDSTUHL
RAMSTEIN-MIESENBACH
Weilerbach
WOLFSTEIN
BAD DÜRKHEIM
WACHENHEIM a.d.Weinstr.
DEIDESHEIM
LAMBRECHT (Pfalz)
NEUSTADT a.d.Weinstraße
Haßloch
FREINSHEIM
Carlsberg
Hettenleidelheim
Naturpark Soonwald
Rheinhessisches Hügelland
Nordpfälzer Bergland
Naturpark Pfälzerwald
Pfälzerwald
2 4 6 8 10 km

Frankfurt a.M. 19 km
Wiesbaden 20 km
Frankfurter Kr. 10 km
Offenbacher Kreuz 14 km
Mönchhof-Dreieck 13 km
Frankfurter Kreuz 4 km
Bad Homburg 31 km
Frankfurt a.M. 14 km
Offenbach 9 km
Frankfurt a.M. 12 km
Offenbach 11 km
Limburg 92 km
Wiesbaden 55 km
Frankfurt a.M. 12 km
Siegen 143 km
Gießen 81 km
Hanau 16 km
Frankfurt Airport 15'
Frankfurt a.M. 36'
Frankfurt a. Main 17'
299
RÜSSELSHEIM
RAUNHEIM
FLÖRSHEIM
HOCHHEIM
-WALLDORF
DREIEICH
LANGEN
DIETZENBACH
RÖDERMARK
RODGAU
BABENHAUSEN
MÖRFELDEN-
Egelsbach
Flughafen Egelsbach
Erzhausen
Messel
Grube Messel
DIEBURG
Münster
Eppertshausen
Schaafheim
Bischofsheim
Ginsheim-
Nauheim
Trebur
GROSS-GERAU
WEITERSTADT
Büttelborn
DARMSTADT
Groß-Zimmern
GROSS-UMSTADT
Nierstein
OPPENHEIM
GRIESHEIM
Roßdorf
OBER-RAMSTADT
Riedstadt
Stockstadt a.Rhein
PFUNGSTADT
Mühltal
REINHEIM
Otzberg
BREUBERG
Höchst i.Odenw.
Gimbsheim
Biebesheim a.Rhein
Seeheim-Jugenheim
GROSS-BIEBERAU
Modautal
Fränkisch-Crumbach
Brensbach
Brombachtal
BAD KÖNIG
Eich
GERNSHEIM
Bickenbach
Alsbach-
ZWINGENBERG
Hähnlein
Lautertal
Reichelsheim
MICHELSTADT
Groß-Rohrheim
Biblis
HOFEN
Einhausen
BENSHEIM
LINDENFELS
Geo-Naturpark
Bergstraße-Odenwald
ERBACH
BÜRSTADT
LORSCH
HEPPENHEIM
Fürth
WORMS
LAMPERTHEIM
Rimbach
Grasellenbach
Laudenbach
HEMSBACH
Mörlenbach
Bobenheim-Roxheim
WEINHEIM
Birkenau
BEERFELDEN
VIERNHEIM
Wald-Michelbach
Gorxheimertal
Abtsteinach
MANNHEIM
Heddesheim
Hirschberg a.d. Bergstraße
Naturpark
Rothenberg
LUDWIGSHAFEN a.Rhein
Ilvesheim
SCHRIESHEIM
Wilhelmsfeld
Heiligkreuzsteinach
LADENBURG
Dossenheim
EBERBACH
Neckarhausen
HIRSCHHORN
SCHÖNAU
Mutterstadt
Limburgerhof
Neuhofen
Altrip
Edingen-
Eppelheim
NECKARSTEINACH
Schönbrunn
Neckartal-Odenwald
Brühl
Plankstadt
HEIDELBERG
NECKARGEMÜND
SCHIFFERSTADT
Ketsch
SCHWETZINGEN
Schwarzach
Otterstadt
Oftersheim
Sandhausen
LEIMEN
Bammental
Aglasterhausen
SPEYER
Nußloch
Mauer
Helmstadt-
Wiesenbach
Epfenbach
310
318
Aschaffenburg 5 km
Würzburg 85 km
Kitzingen 100 km
Aschaffenburg 7 km
Mainaschaff 10 km
Mömlingen 2 km
Aschaffenburg 7 km
Amorbach 14 km
Buchen 36 km
Mosbach 16 km
Heilbronn 41 km
Mosbach 7 km
Heilbronn 31 km
Weiterstadt
Seeheim-Jugenheim
Bensheim
Hemsbach
AB Dreieck Kaiserslautern
Frankenthal
Mannheim-Sandhofen
Mannheim/Schwetzingen
Rheinböllen
Nieder-Olm
Karlsruhe 23'
Suttgart 37'
Bruchsal 28 km
Karsruhe 41 km
Karlsruhe 44 km
Heilbronn 58 km
Baden-Baden 76 km
Bruchsal 25 km
Karlsruhe 42 km
Baden-Baden 74 km
Stuttgart 44'
Vaihingen 24'
Bruchsal 17'
Vaihingen 27'
Zuzenhausen 3 km
8 km
Sinsheim 12 km
12 km
20 km

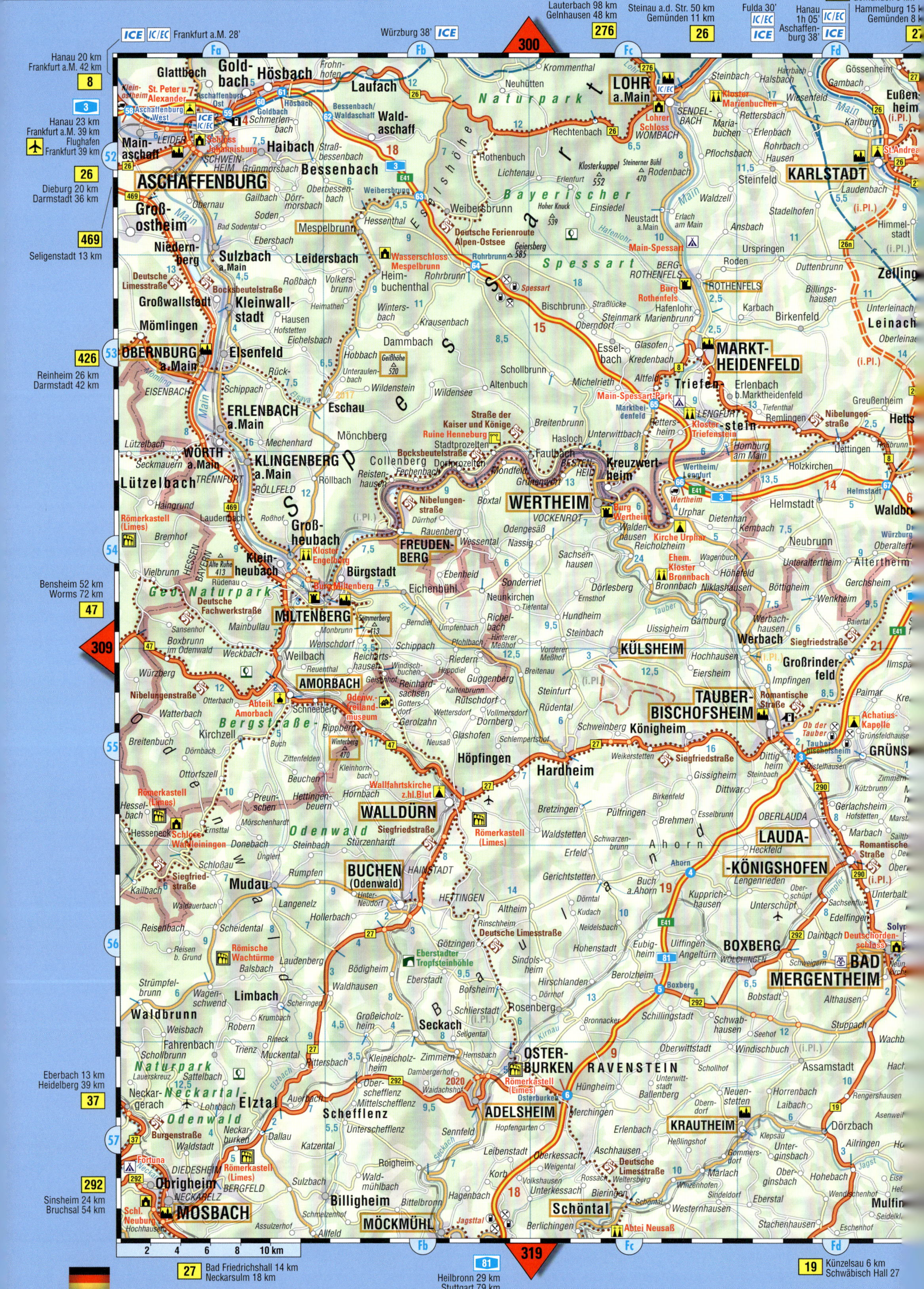

Frankfurt a.M. 28'
Hanau 20 km
Frankfurt a.M. 42 km
Hanau 23 km
Frankfurt a.M. 39 km
Flughafen
Frankfurt 39 km
Dieburg 20 km
Darmstadt 36 km
Seligenstadt 13 km
Reinheim 26 km
Darmstadt 42 km
Bensheim 52 km
Worms 72 km
Eberbach 13 km
Heidelberg 39 km
Sinsheim 24 km
Bruchsal 54 km
Würzburg 38'
Lauterbach 98 km
Gelnhausen 48 km
Steinau a.d. Str. 50 km
Gemünden 11 km
Fulda 30'
Hanau 1h 05'
Aschaffenburg 38'
Rieneck 14 km
Gemünden 5 km
Hammelburg 15 km
Gemünden 8 km
Bad Friedrichshall 14 km
Neckarsulm 18 km
Heilbronn 29 km
Stuttgart 79 km
Mannheim 105 km
Künzelsau 6 km
Schwäbisch Hall 27
ASCHAFFENBURG
Goldbach
Hösbach
Laufach
Wald-aschaff
Haibach
Bessenbach
Groß-ostheim
Niedernberg
Sulzbach a.Main
Leidersbach
Großwallstadt
Kleinwallstadt
Mömlingen
OBERNBURG a.Main
Elsenfeld
ERLENBACH a.Main
Eschau
WÖRTH a.Main
KLINGENBERG a.Main
Lützelbach
Mönchberg
Großheubach
Kleinheubach
MILTENBERG
Bürgstadt
FREUDENBERG
WERTHEIM
Kreuzwertheim
LOHR a.Main
KARLSTADT
MARKT-HEIDENFELD
Triefenstein
Naturpark Bayerischer Spessart
Spessart
AMORBACH
Weilbach
KÜLSHEIM
TAUBER-BISCHOFSHEIM
Königheim
Hardheim
Höpfingen
WALLDÜRN
BUCHEN (Odenwald)
Mudau
Limbach
Waldbrunn
Elztal
MOSBACH
Obrigheim
Billigheim
MÖCKMÜHL
Schefflenz
ADELSHEIM
OSTER-BURKEN
RAVENSTEIN
Seckach
KRAUTHEIM
Schöntal
BOXBERG
BAD MERGENTHEIM
LAUDA-KÖNIGSHOFEN
Großrinderfeld
Werbach
Odenwald
Bauland
Deutsche Limesstraße
Siegfriedstraße
Nibelungenstraße
Bocksbeutelstraße
Romantische Straße
Burgenstraße
2 4 6 8 10 km

Fulda 76 km
Bad Brückenau 45 km
Hammelburg 22 km
7

Bad Kissingen 24 km
Schweinfurt 12 km

Bamberg
61 km
Schweinfurt
6 km
70

301

Bad Kissingen 27 km
Schweinfurt 6 km
286

70 Schweinfurt 11 km

Schweinfurt 30 km

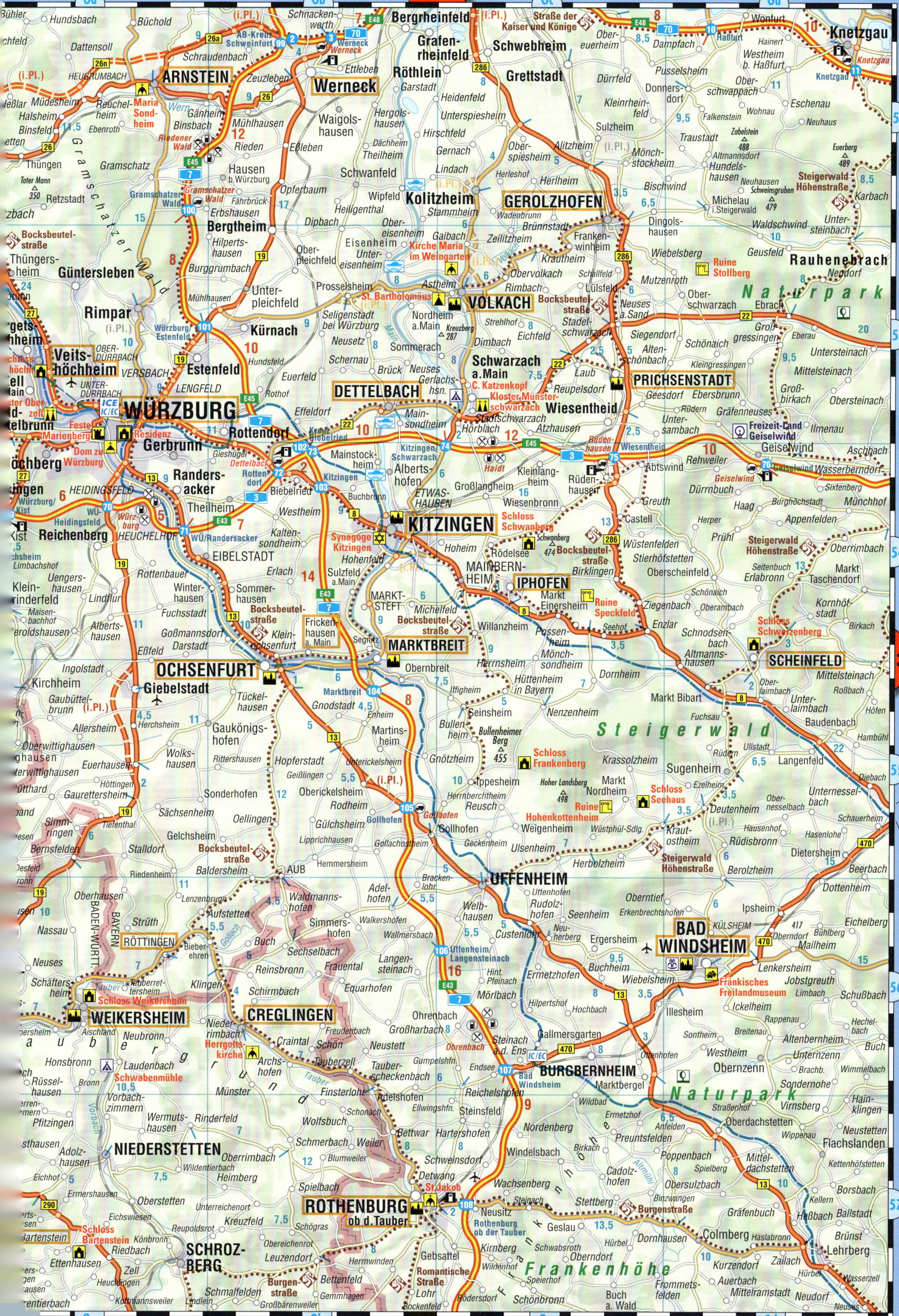

3
Herzogenaurach 44 km
Erlangen 46 km
Flughafen Nürnberg 53 km

70
Bamberg 26 km
Bayreuth 69 km
Nürnberg 87 km

22
Burgebrach 13 km
Bamberg 29 km

312

Neustadt/Aisch 3 km
Herzogenaurach 25 km
8

IC/EC Nürnberg
ICE 52'

470
Neustadt/Aisch 3 km
Höchstadt/Aisch 21 km

3
59 Aschaffenburg-O.
69 Würzburg-Kist
72 Rottendorf
75 Wiesentheid
76 Geiselwind

7
108 Rothenburg ob der Tauber

70
3 Werneck
11 Knetzgau

81
3 Tauberbischofsheim

290 Crailsheim 25 km
Aalen 63 km

320

7
Aalen 64 km
Ulm 132 km

Ansbach 17' IC/EC
Augsburg 1h 50' ICE

13
Ansbach 2 km
Gunzenhausen 31 km

Saalfeld 1h 30' Lichtenfels 15' ICE

73 Suhl 86 km Coburg 36 km Lichtenfels 21 km

Schweinfurt 31 km Haßfurt 8 km

Bad Königshofen 46 km Ebern 10 km 279

Coburg 36 km Rattelsdorf 1 km 4

302

Plauen 101 km Hof 72 km Münchberg 52 km 70

Schweinfurt 43 km Würzburg 83 km Fulda 124 km 70

22 Ebrach 6 km Prichsenstadt 22 km

3 Würzburg 55 km Aschaffenburg 131 km Fulda 151 km

311

Iphofen 30 km Kitzingen 39 km 8

IC/EC ICE Würzburg 52'

470 Bad Windsheim 17 km Rothenburg o.d.Tauber 41 km

Ha Hb Hc Hd 52 53 54 55 56 57

2 4 6 8 10 km

14 Ansbach 2 km Dinkelsbühl 44 km

IC/EC Ansbach 24'

6 Ansbach 19 km Schwäbisch Hall 95 km Heilbronn 128 km

321

466 Gunzenhausen 32 km Nördlingen 70 km

ICE IC/EC Augsburg 1h 2'

2 Roth 9 km Treuchtlingen 49 km

Ingolstadt 22' München 1h 22' ICE

9 Ingolstadt 71 Flughafen München München 144

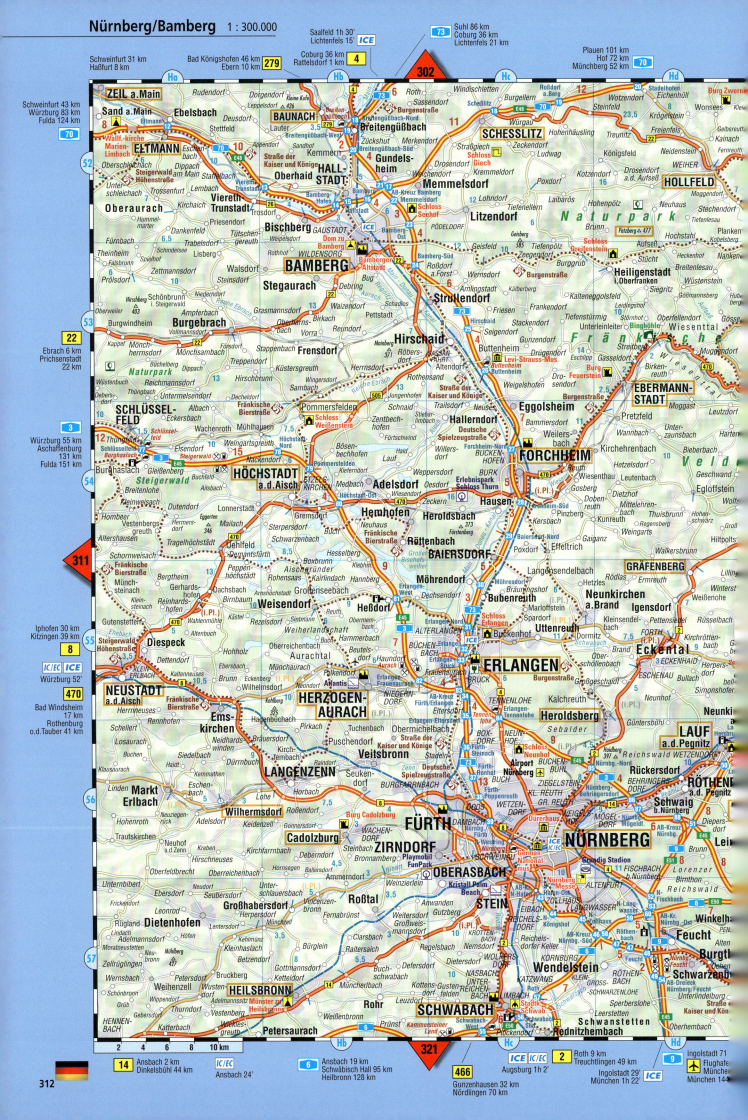

Kulmbach 15 km
Neudrossenfeld 2 km
85
Hof 1h 9' IC/EC
9
Gera 120 km
Plauen 72 km
Hof 43 km
303
Ja
Jb
Jc
Jd
Fichtelgebirge
WALDERSHOF
Bindlach
Heinersreuth
BAYREUTH
Weidenberg
Eckersdorf
Mistelgau
Kemnath
Speichersdorf
Creussen
ERBENDORF
Neustadt a.Kulm
Kulmain
Pressath
Eschenbach i.d.OPf.
Pottenstein
Pegnitz
Kirchenthumbach
Auerbach i.d.OPf.
Grafenwöhr
Neuhaus a.d.Pegnitz
Vilseck
Hirschau
Schnaittenbach
Weiherhammer
Freudenberg
Hersbruck
Happurg
Pommelsbrunn
Sulzbach-Rosenberg
Poppenricht
Amberg
Kümmersbruck
Ursensollen
Kastl
Lauterhofen
Altdorf b.Nürnberg
Berg b.Neumarkt i.d.Opf.
Pilsach
Schnaittach
Ebermannsdorf
Fränkische Schweiz
Veldensteiner Forst
Hersbrucker Schweiz
Naturpark Hessenreuther und Manteler Wald
Parkstein
Naturpark Hirschwald
Steinwald
Mantel
299
Tirschenreuth 18 km
Mitterteich 20 km
22
Altenstadt 9 km
Weiden 16 km
470
Weiden 6 km
Neustadt 11 km
314
14
Vohenstrauß 24 km
Waidhaus 35 km
3
77 Schüttelfeld
81 Erlangen-West
90 Altdorf-Burgthn.
92 Neumarkt i.d. Oberpfalz
6
56 Schwabach-Süd
59 Nürnberg-Langwasser
63 Alfeld
65 Amberg-West
9
46 Plech
49 Lauf/Hersbruck
85
Schwandorf 3 km
Roding 54 km
299
Neumarkt 3 km
Berching 24 km
3
Velburg 13 km
Regensburg 61 km
Passau 175 km
322
Burglengenfeld 13 km

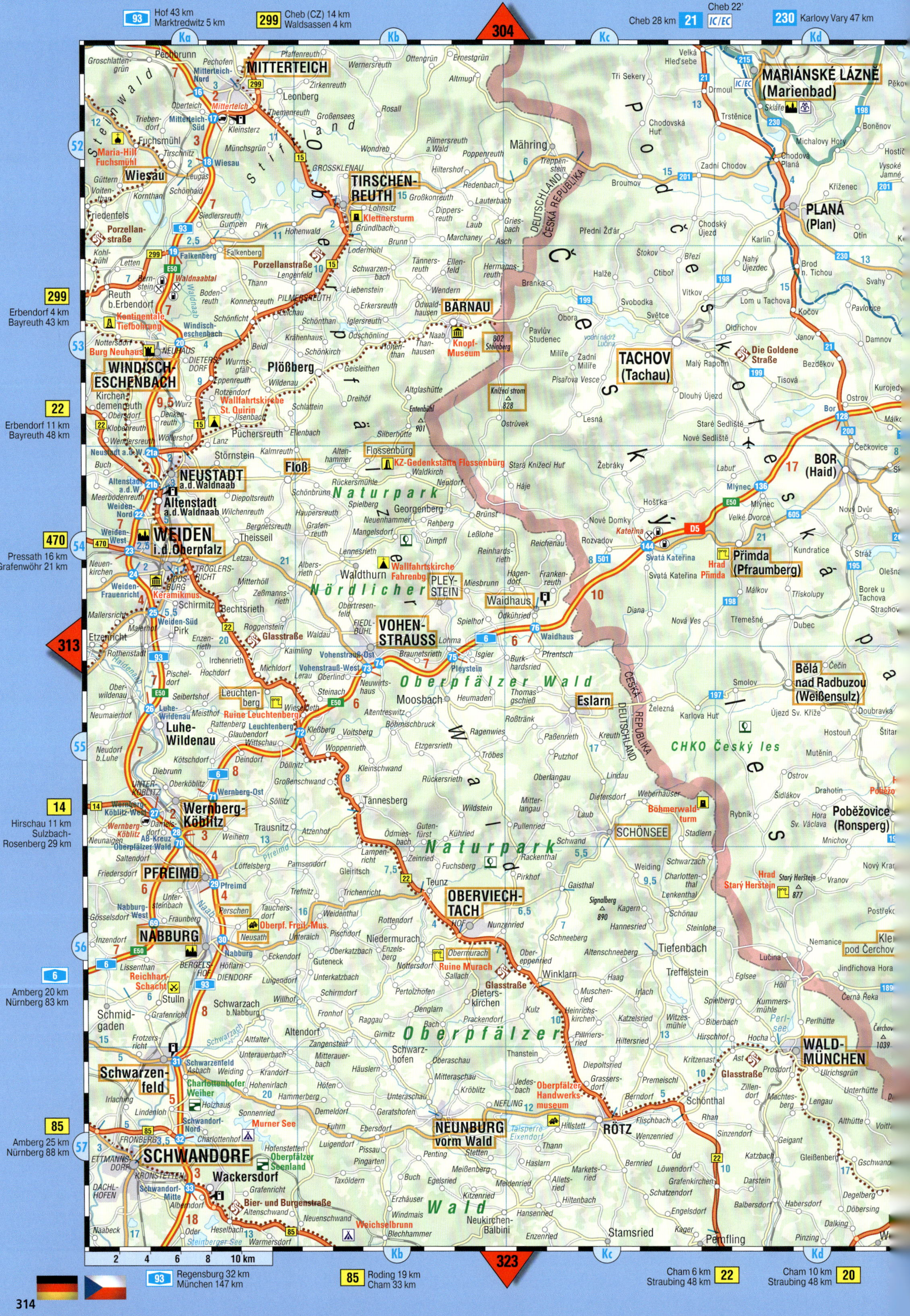
93 Hof 43 km Marktredwitz 5 km
299 Cheb (CZ) 14 km Waldsassen 4 km
304
Cheb 28 km 21 Cheb 22' IC/EC
230 Karlovy Vary 47 km
MITTERTEICH
MARIÁNSKÉ LÁZNĚ (Marienbad)
TIRSCHEN-REUTH
Wiesau
PLANÁ (Plan)
BÄRNAU
TACHOV (Tachau)
WINDISCH-ESCHENBACH
Plößberg
Floß
NEUSTADT a.d.Waldnaab
BOR (Haid)
WEIDEN i.d.Oberpfalz
Přimda (Pfraumberg)
PLEYSTEIN
Waidhaus
VOHEN-STRAUSS
Oberpfälzer Wald
Eslarn
Bělá nad Radbuzou (Weißensulz)
Luhe-Wildenau
CHKO Český les
Wernberg-Köblitz
SCHÖNSEE
Poběžovice (Ronsperg)
PFREIMD
OBERVIECH-TACH
NABBURG
Tiefenbach
WALD-MÜNCHEN
Schwarzen-feld
NEUNBURG vorm Wald
RÖTZ
SCHWANDORF
Wackersdorf
Stamsried
Naturpark Nördlicher Oberpfälzer Wald
Naturpark Oberpfälzer Wald
Stiftland
Český les
299 Erbendorf 4 km Bayreuth 43 km
22 Erbendorf 11 km Bayreuth 48 km
470 Pressath 16 km Grafenwöhr 21 km
313
14 Hirschau 11 km Sulzbach-Rosenberg 29 km
6 Amberg 20 km Nürnberg 83 km
85 Amberg 25 km Nürnberg 88 km
93 Regensburg 32 km München 147 km
85 Roding 19 km Cham 33 km
323
Cham 6 km Straubing 48 km 22
Cham 10 km Straubing 48 km 20
2 4 6 8 10 km

20 Karlovy Vary 48 km
Toužim 14 km

305

27 Rakovník 35 km
Kralovice 9 km

Hořovice 28 km
Beroun 41 km
Letiště Praha-Ruzyně 62 km
D5

IC/EC
Praha 1h 45'

19
Rožmitál 20 km
Příbram 35 km

20
Blatná 24 km
Písek 42 km

22
Horažďovice 9 km
Strakonice 28 km
České Budějovice 79 km

169
Horažďovice 9 km
Strakonice 28 km

6 76 Waidhaus
93 17 Mitterteich-Süd
21b Altenstadt a.d. Waldnaab
31 Schwarzenfeld
33 Schwandorf-Mitte

Lam 10 km

324

27 Bayerisch Eisenstein (D) 18 km
Zwiesel (D) 32 km

Kašperské Hory 16 km
Vimperk 39 km
169

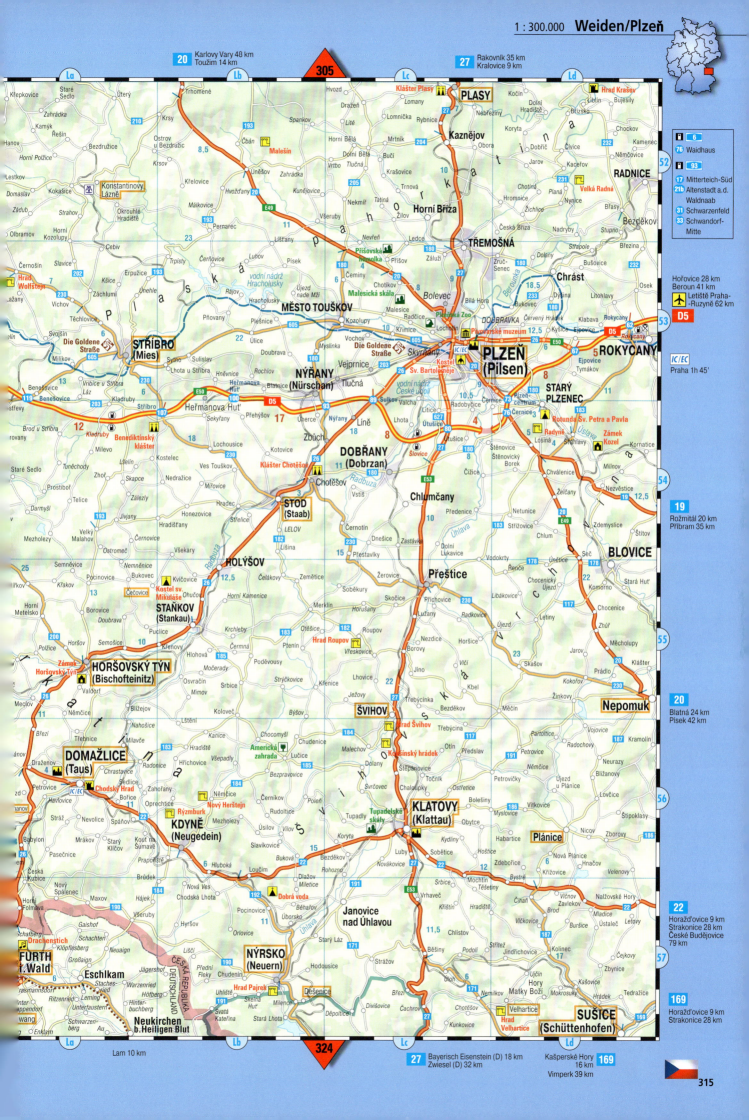

307
326
Trier 83 km
Saarlouis 32 km
Homburg/Saar 25 km
Neunkirchen 12 km
Friedrichsthal 4 km
Saarlouis 45 km
Neunkirchen 6 km
Mannheim 101 km
Kaiserslautern 42 km
Homburg/Saar 20'
Neunkirchen 15 km
Homburg/Saar 1 km
Kaiserslautern 33 km
Saarlouis 7 km
Merzig 26 km
St-Avold 13'
Metz 41'
Merlebach 1 km
Hombourg 5 km
Metz 45 km
Luxembourg (L) 103 km
Paris 291 km
St-Avold 11 km
Morhange 18 km
Château-Salins 35 km
Paris
Moyenvic 21 km
Nancy 47 km
Boulay 11 km
Metz 44 km
Metz 31 km
Luxembourg (L) 89 km
Paris 277 km
Raville 9 km
Metz 34 km
Molsheim 11 km
Sélestat 37 km
Strasbourg 24 km
Kehl (D) 32 km
PÜTTLINGEN
VÖLKLINGEN
SULZBACH
ST. INGBERT
SAARBRÜCKEN
Kirkel
ZWEIBRÜCKEN
Contwig
BLIESKASTEL
Petite-Rosselle
Stiring-Wendel
Groß-rosseln
FORBACH
Behren-lès-Forbach
Klein-blittersdorf
Gersheim
Mandelbachtal
Volmunster
SARREGUEMINES
BITCHE
Parc naturel régional des Vosges du Nord
SARRALBE
SARRE-UNION
Drulingen
PHALSBOURG
SAVERNE
DABO
Wasselonne
Albestroff
Wadgassen
Überherrn
Creutzwald
L'Hôpital
MERLEBACH
FREYMING
HOMBOURG-Haut
ST-AVOLD
2 4 6 8 10 km

Trier 107 km
15 km
Landstuhl 13 km
Kaiserslautern 19 km
Kaiserslautern 25 km
Hochspeyer 19 km
308
Ludwigshafen 31 km
Neustadt/Weinstr. 6 km
Speyer 8 km
Hockenheim 19 km
2 km
Germersheim 5 km
Speyer 18 km
SB-Neuhaus
Achern
SB-Fechingen
Zweibrücken
Pirmasens
Landau-Zentr.
Kandel-Mitte
Karlsruhe 5 km
9 km
Ettlingen 10 km
Karlsruhe 5 km
Hockenheim 45 km
318
Karlsruhe 16'
Karlsruhe
Stuttgart
Ettlingen 8 km
Karlsruhe 14 km
Ettlingen 10 km
Stuttgart 68 km
Heidelberg 69 km
Gaggenau 1 km
Gernsbach 5 km
Freudenstadt 49 km
7 km
Naturpark
Pfälzerwald
Wasgau
Bienwald
Forêt de Haguenau
Rheinau
PIRMASENS
RODALBEN
Waldfischbach-Burgalben
Münchweiler a.d.Rodalb
Hauenstein
DAHN
Lemberg
ANNWEILER a. Trifels
LANDAU i.d.Pfalz
EDENKOBEN
Maikammer
Offenbach a.d. Queich
Bellheim
Rülzheim
Herxheim
Billigheim-Ingenheim
BAD BERGZABERN
KANDEL
WÖRTH a. Rhein
Jockgrim
Rheinzabern
Hagenbach
WISSEMBOURG
LAUTERBOURG
NIEDERBRONN-les-Bains
Reichshoffen
Soultz-sous-Forêts
HAGUENAU
BISCHWILLER
BRUMATH
BISCHHEIM
Reichstett
LICHTENAU
Rheinmünster
RASTATT
Durmersheim
Bietigheim
Ötigheim
Muggensturm
KUPPENHEIM
Iffezheim
Hügelsheim
BADEN-BADEN
Sinzheim
BÜHL
Bühlertal
Ottersweier
Lauf
Sasbach
ACHERN
Flughafen Baden-Airport
Rheinstetten
Deutsche Weinstraße
Deutsche Alleenstraße
Route Romaine d'Alsace
Nationalpark Schwarzwald
DEUTSCHLAND
FRANCE
rasbourg
Strasbourg 3 km
Molsheim 28 km
Strasbourg 3 km
Kehl (D) 8 km
Kehl 6 km
Strasbourg (F) 13 km
327
Offenburg 19 km
Freiburg 75 km
Basel (CH) 136 km
Offenburg 20'
Strasbourg Paris
Offenburg 20 km
Lahr 38 km
Baiersbronn 25 km
Freudenstadt 32 km

Mannheim 22' IC/EC ICE

Ludwigshafen 20 km
Schifferstadt 13 km 9

Mannheim 22 km
Schwetzingen 7 km 36

Frankfurt a.M. 88 km
Mannheim 22 km 6

Frankfurt a.M. 81 km
Heidelberg 9 km 5

ICE IC/EC Heidelberg 17'

Heidelberg 11 km
Leimen 4 km 3

309

45 Heidelberg 18 km
Neckargemünd 8 km

Mosbach 19 km
Aglasterhausen 3 km 292

39 Neustadt/Weinstr. 17 km
Kaiserslautern 43 km

272 Hochstadt 7 km
Landau i.d.Pfalz 16 km

9 Karlsruhe 16 km
Wörth a.Rh. 17 km

→ 652 2 km
Landau i.d.Pfalz 26 km
Neustadt/Weinstr. 44 km

10

Rheinstetten 1 km
Rastatt 16 km

36

317

IC/EC ICE
Baden-Baden 14'
Offenburg 28'

TGV
Strasbourg (F) 39'
Paris (F) 3h 2'

5 Baden-Baden 21 km
Freiburg 124 km
Basel 189 km

→ 5 15 km
Rastatt 18 km
462

Baden-Baden 7 km

Bühl 16 km

2 4 6 8 10 km

328

462 Baiersbronn 17 km
Freudenstadt 24 km

294 Klosterreichenbach 13 km
Freudenstadt 21 km

463 Nagold 12 km
Horb 28 km

296 Herrenberg 5 km
Tübingen 28 km

ICE IC/EC Horb 37'

81 Herrenberg 6 km
Villingen-Schwenningen 75 km
Singen 118 km

464 Tübin… 15 km
Reutli… 29 km

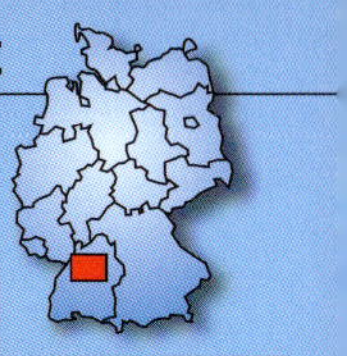

Eberbach 26 km
Mosbach 3 km
27

Schweinfurt 112 km
Würzburg 73 km
Tauberbischofsheim 41 km
81

310

Bad Mergentheim 23 km
Dörzbach 9 km
19

i	5
42	Bruchsal
44	KA-Durlach
47	Ettlingen
i	6
33a	Sinsheim-West
36	Heilbronn/U.
40	Öhringen
i	8
43	Pforzheim-West
50	Leonberg-Ost
56	Kirchh.(T.)-W.
i	81
12	Ilsfeld

6
Crailsheim 25 km
Würzburg 109 km
Nürnberg 111 km

Vellberg 6 km
Obersontheim 9 km
Ellwangen 32 km

Sulzbach-Laufen 4 km
Aalen 35 km
19

320

Aalen 22 km
Nördlingen 54 km
29

IC/EC
Aalen 15'

Donzdorf 1 km
Heidenheim 31 km
466

Ulm 54'/32'
ICE IC/EC

10
Geislingen 2 km
→ 8 26 km
Ulm 35 km

ingen 13 km

27
Tübingen 19 km
Reutlingen 19 km

312
Metzingen 12 km

297
Metzingen 15 km
Tübingen 28 km

313
Metzingen 14 km
Reutlingen 23 km

329

465
Lenningen 8 km
Blaubeuren 45 km

8
Ulm 51 km
Augsburg 117 km
München 171 km

290 Bad Mergentheim 27 km
Niederstetten 12 km

311
Schweinfurt 102 km
Würzburg 66 km
Rothenburg o.d.Tauber 14 km
7

Bad Windsheim 33 km
Lehrberg 6 km
IC/EC
ICE Würzburg 53'
13

Heilbronn 50 km
Stuttgart 92 km
Mannheim 122 km
6

Schwäbisch Hall
10 km
Stuttgart 80 km

Schwäbisch Hall
5 km
→ 6 15 km
Kupferzell 17 km

Gaildorf 6 km
Schwäbisch Hall
23 km
19

319

Stuttgart 33'
IC/EC
29
Schorndorf 22 km
Stuttgart 52 km

Göppingen 14 km
Stuttgart 45 km
466

Stuttgart ICE
10
Göppingen 18 km

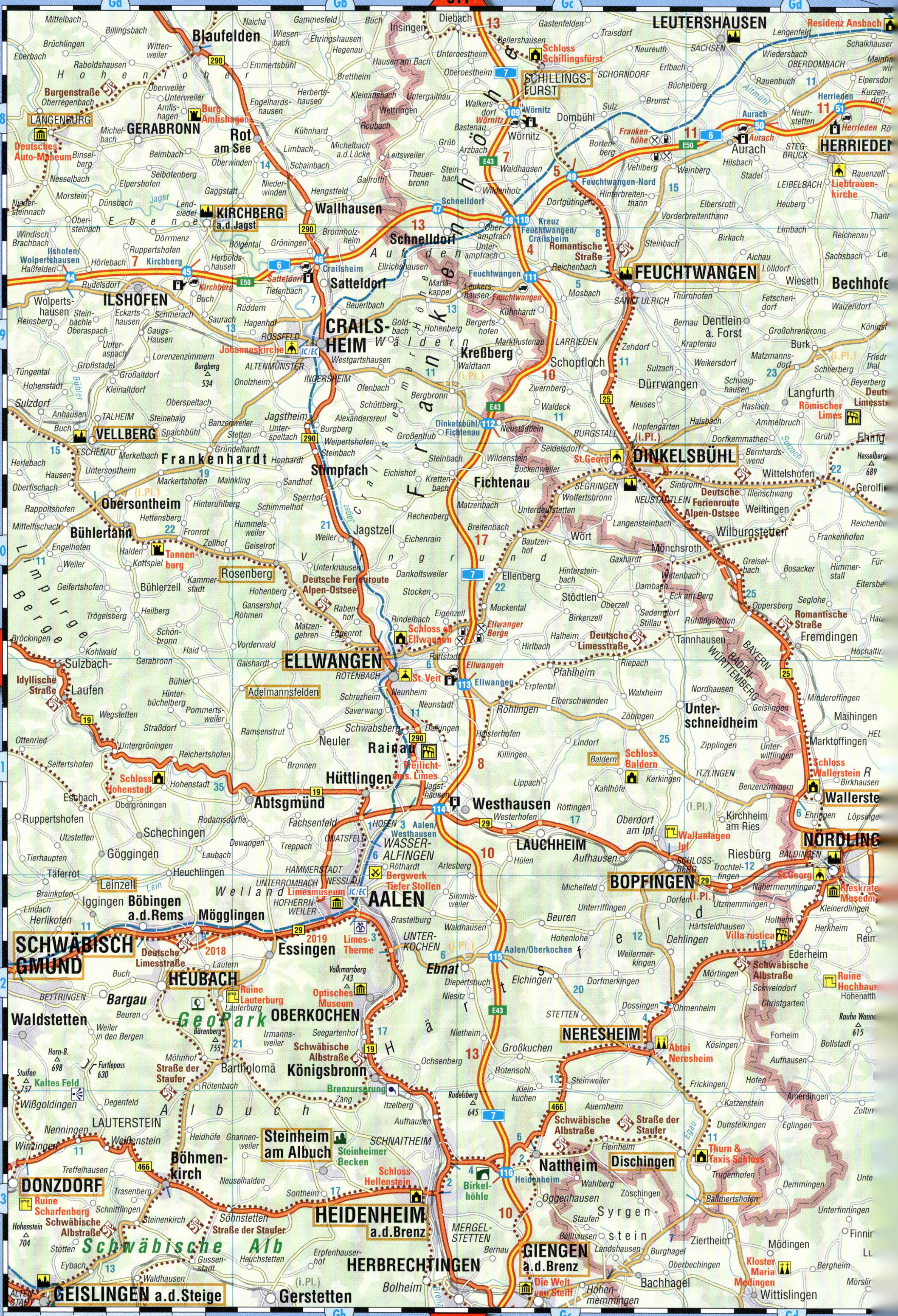

10 Ulm 30 km
ICE Ulm

330
7 Augsburg 90 km
Ulm 36 km
Kempten 105 km
19
Gundelfingen 18 km
Günzburg 29 km

Dillingen
a.d.Donau 8 km

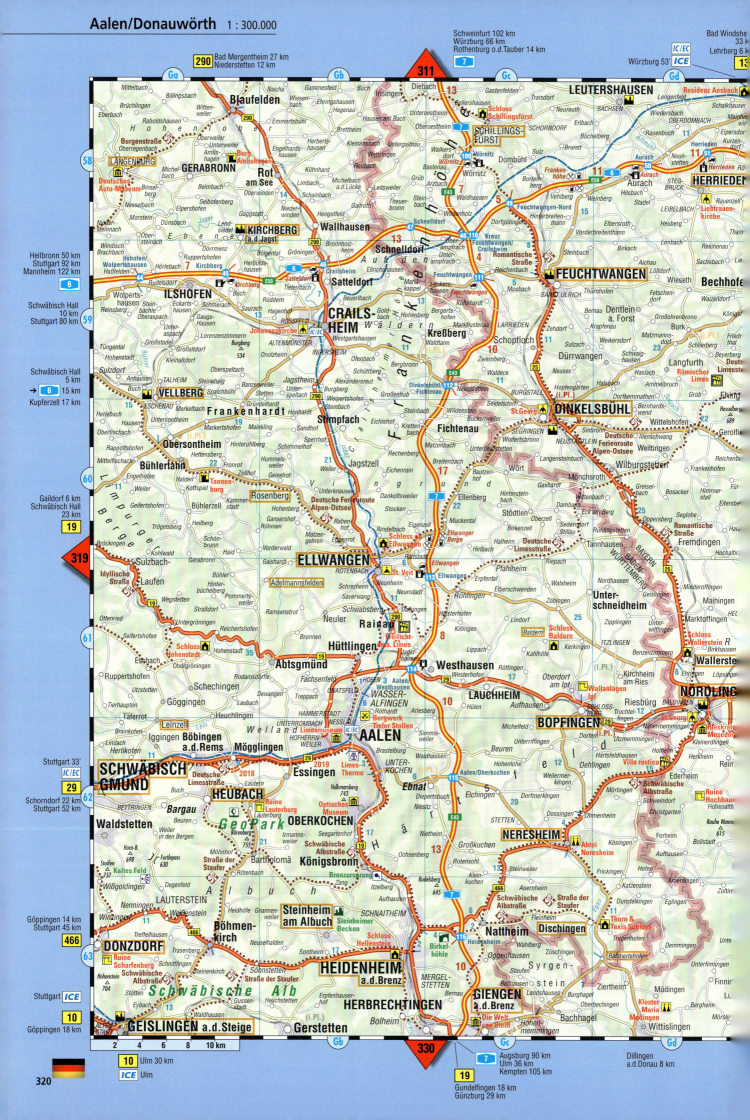

Nürnberg 42 km
Heilsbronn 17 km
14

Nürnberg 24' IC/EC

Regensburg 122 km
Bayreuth 108 km
Nürnberg 38 km
6

312

Nürnberg 18 km
Schwabach 3 km
466

Nürnberg 52' IC/EC ICE

Nürnberg 22 km
Schwabach 7 km
2

Nürnberg ICE

Würzburg 128 km
Bayreuth 66 km
Feucht 5 km
9

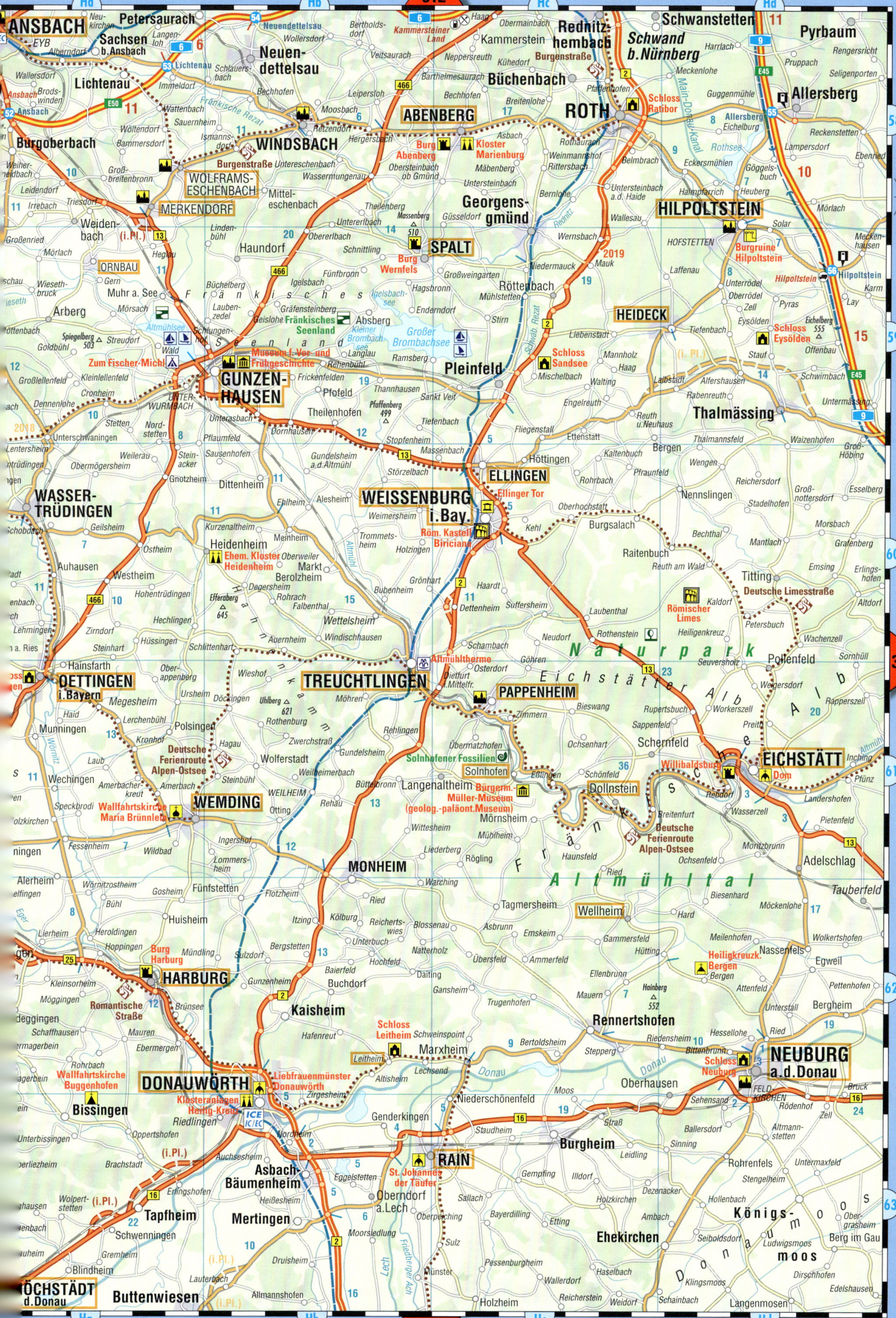

Freystadt 1 km
Sengenthal 15 km
Neumarkt 20 km

6
45 Kirchberg
46 Crailsheim
50 Aurach
51 Herrieden
52 Ansbach

7
109 Wörnitz
113 Ellwangen
114 Aalen/Westhausen

9
55 Allersberg
56 Hilpoltstein

9
Greding 5 km
Ingolstadt 43 km
München 122 km
ICE Ingolstadt

322

Kipfenberg 15 km

Gaiersheim 6 km
Ingolstadt 13 km
13

Ingolstadt 13 km

16
Manching 16 km
Ingolstadt 20 km

a.d.Donau 7 km
g 33 km

Wertingen 11 km

Augsburg 19' ICE 2
Augsburg 32' IC/EC
Meitingen 7 km
Augsburg 27 km

331

Augsburg 34 km

Nürnberg 1h ICE IC/EC
8 Feucht 18 km
299 Amberg 39 km Kastl 19 km
3 Erlangen 53 km Nürnberg 40 km Altdorf 21 km
313
Vilshofen 2 km

Allersberg 7 km → 9 8 km

Meckenhausen 3 km

Allersberg 22 km Nürnberg 48 km Erlangen 75 km 9

Nürnberg 30' ICE

321

Pfünz 12 km Eichstätt 10 km

Eichstätt 13 km Treuchtlingen 40 km 13

Neuburg a.d.Donau 10 km

16 Neuburg a.d.Donau 10 km Donauwörth 40 km

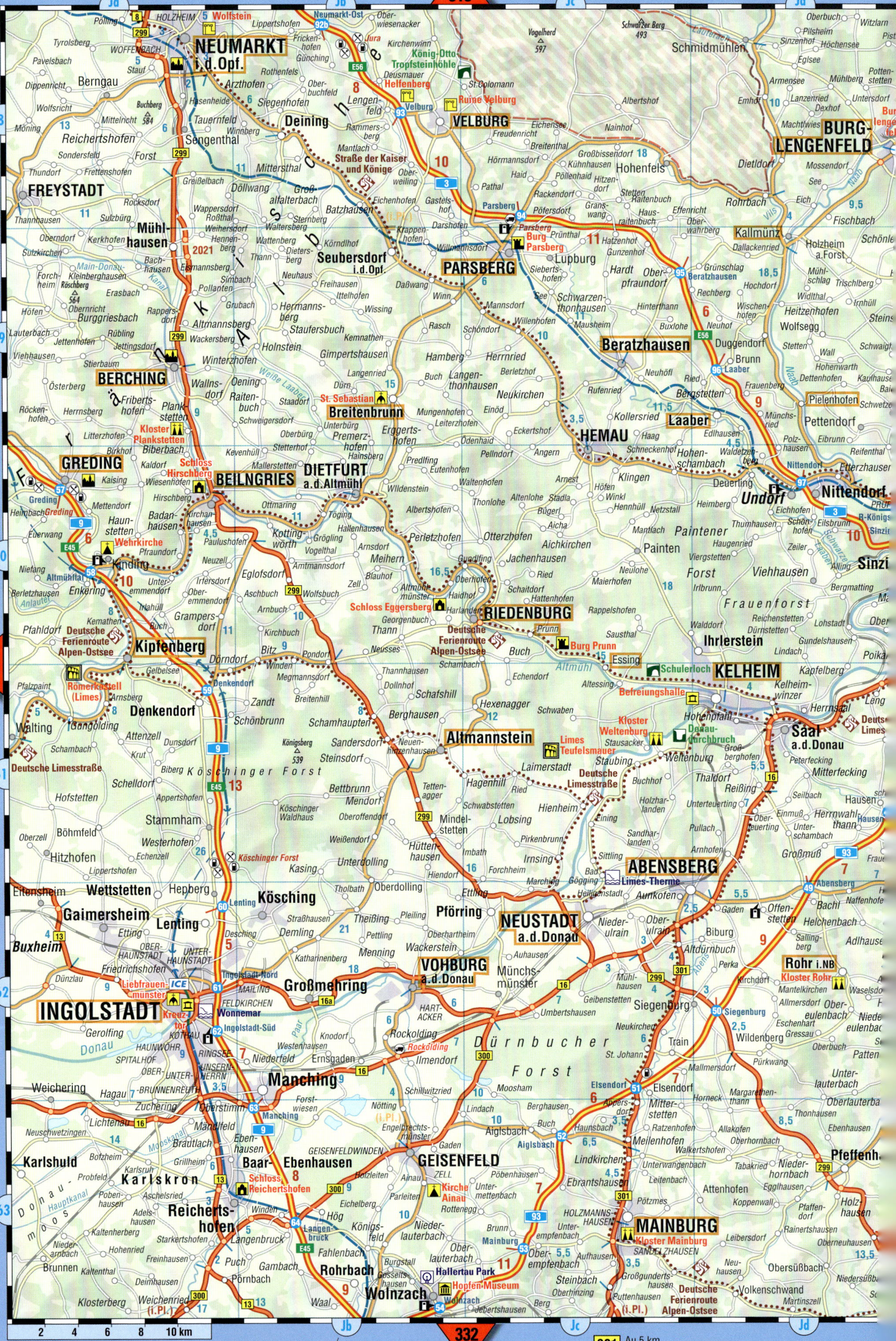

332

300 Schrobenhausen 13 km Aichach 29 km

13 Pfaffenhofen 7 km Reichertshausen 15 km

ICE München 47'

9 93 Kemnathen 3 km Allershausen 19 km München 56 km

301 Au 5 km Freising 24 km

Windisch-Eschenbach 62 km
Weiden 48 km
Nabburg 21 km
93

Schwandorf 17 km
Wackersdorf 9 km
85

314

Oberviechtach 34 km
Neunburg v. Wald 27 km
22

Schafberg 15 km
Furth im Wald 10 km
20

Kötzting 5 km
Lam 20 km

85
Viechtach 9 km
Regen 47 km

3
94 Parsberg
97 Nittendorf
101 Regensburg-O.
105 Kirchroth

9
58 Altmühltal
62 Ingolstadt-Süd

92
16 Wörth a. d. Isar

93
37 Regenstauf
49 Abensberg
54 Wolnzach

3
Schwarzach 2 km
Deggendorf 16 km
Passau 60 km

ICE IC/EC
Plattling 30'

8
Plattling 7 km
Osterhofen 21 km

92
Plattling 7 km
Deggendorf 16 km
Passau 60 km

Eichendorf 7 km

299
...rf 6 km
...ut 8 km

92
Landshut 4 km
Moosburg 23 km
Freising 41 km

15
Landshut 4 km
Taufkirchen 28 km

Frontenhausen 4 km

Vilsbiburg 18 km

Eggenfelden 21 km
Altötting 42 km
20

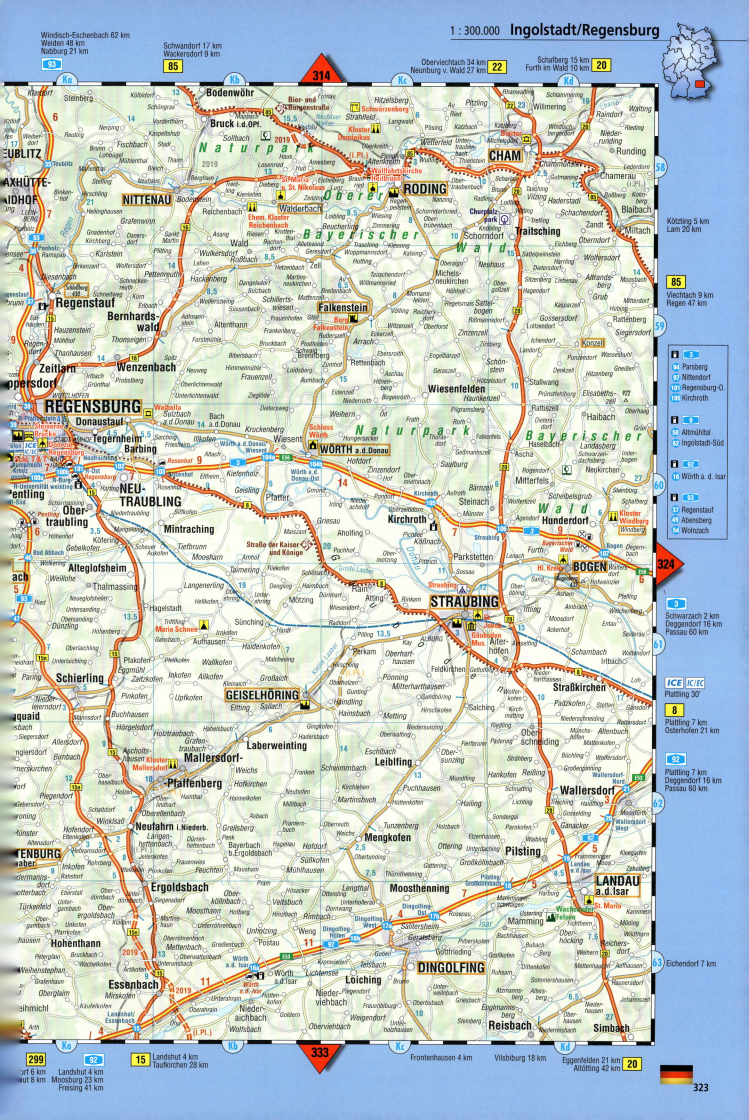

Domažlice (CZ) 40 km
Furth i. Wald 13 km
Neukirchen b.Hl. Blut 0,5 km

Domažlice 33 km
Klatovy 22 km
Nýrsko 6 km 190

315

Přeštice 41 km
Klatovy 20 km
Běšiny 8,5 km 27

171 Klatovy 21 km
Běšiny 10 km

Klatovy 29
Horažďovice 18

Chamerau 10 km
Cham 14 km

85 Chamerau 13 km
Cham 17 km

Bogen 11 km

323

3 Bogen 5 km
Straubing 23 km
Regensburg 55 km

Regensburg 32'
IC/EC ICE

8 Straubing 20 km
Regensburg 58 km

92 Landau 15 km
Landshut 53 km
München 120 km

Reisbach 12 km

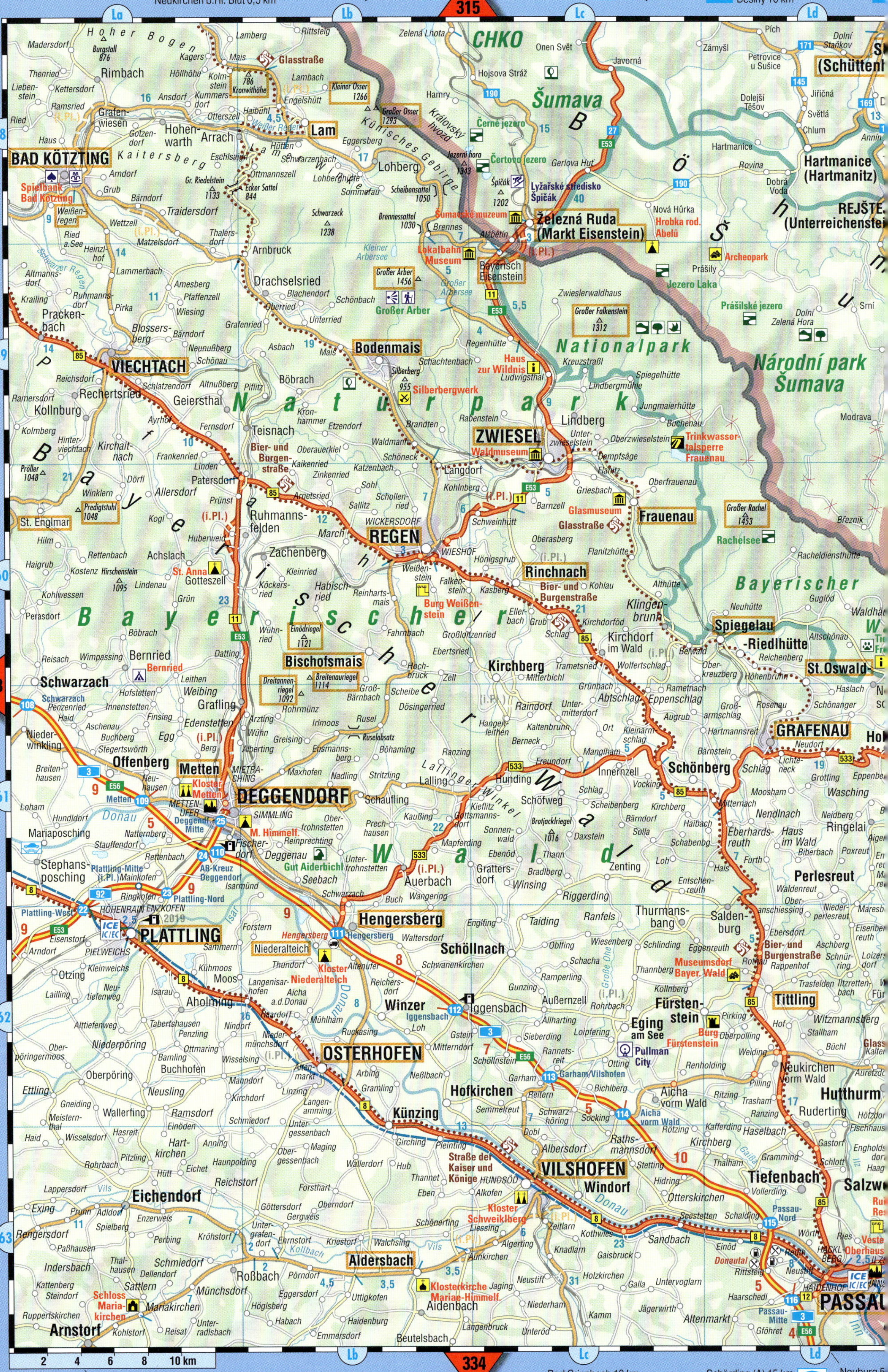

Falkenberg 14 km
Eggenfelden 22 km

334

Bad Griesbach 10 km
Fürstenzell 9 km

3 Schärding (A) 15 km
Suben (A) 16 km
Ried im Innkreis (A) 43 km

Neuburg
Neuhaus
Pocking

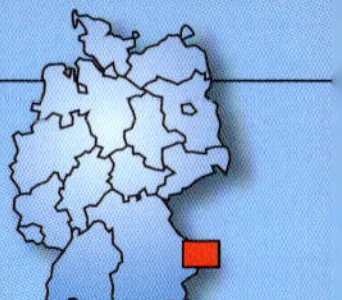

Pisek 23 km
Horažďovice 23 km
Strakonice 4 km
4

22 Horažďovice 24 km
Strakonice 5 km

20 Blatná 40 km
Pisek 13 km

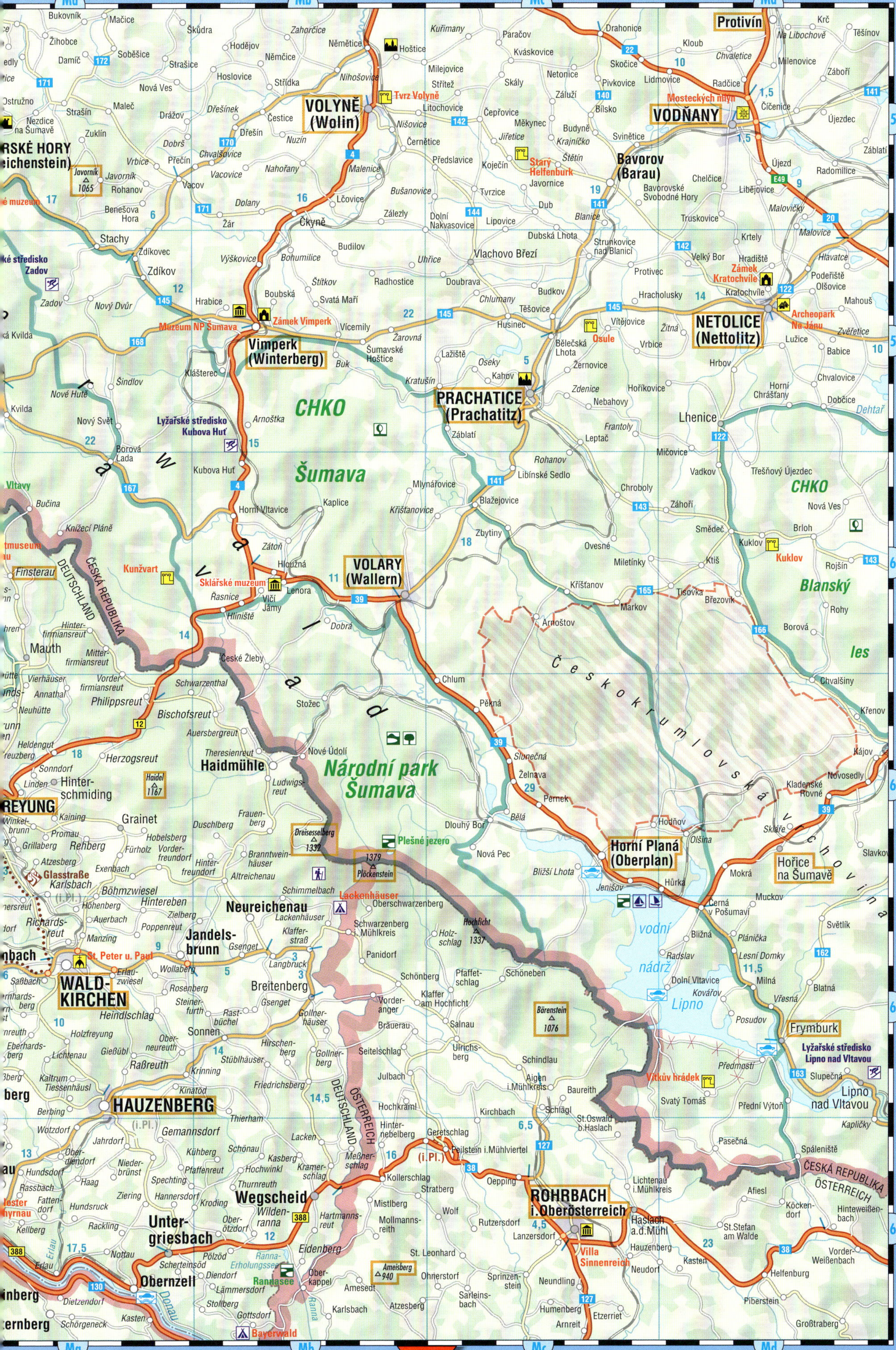

58
141 Týn nad Vltavou 11 km
Bechyně 20 km

20 České Budějovice 15 km
Třeboň 39 km

59
145 České Budějovice 14 km
Třeboň 38 km

60

39 Český Krumlov 5 km
Kaplice 21 km
České Budějovice 27 km

61

162 Český Krumlov 10 km

3
110 AB-Kreuz Deggendorf
112 Iggensbach
92
23 Plattling-Nord

62

163 Loučovice 1 km
Vyšší Brod 6 km
Freistadt (A) 36 km

63

38 Bad Leonfelden 4 km
Freistadt 23 km
Linz 30 km

Schärding 10'
Linz 1h 7'

130 Engelhartszell 4 km
Eferding 38 km
Linz 64 km

335

127 Altenfelden 4 km
Neufelden 6 km
Linz 38 km

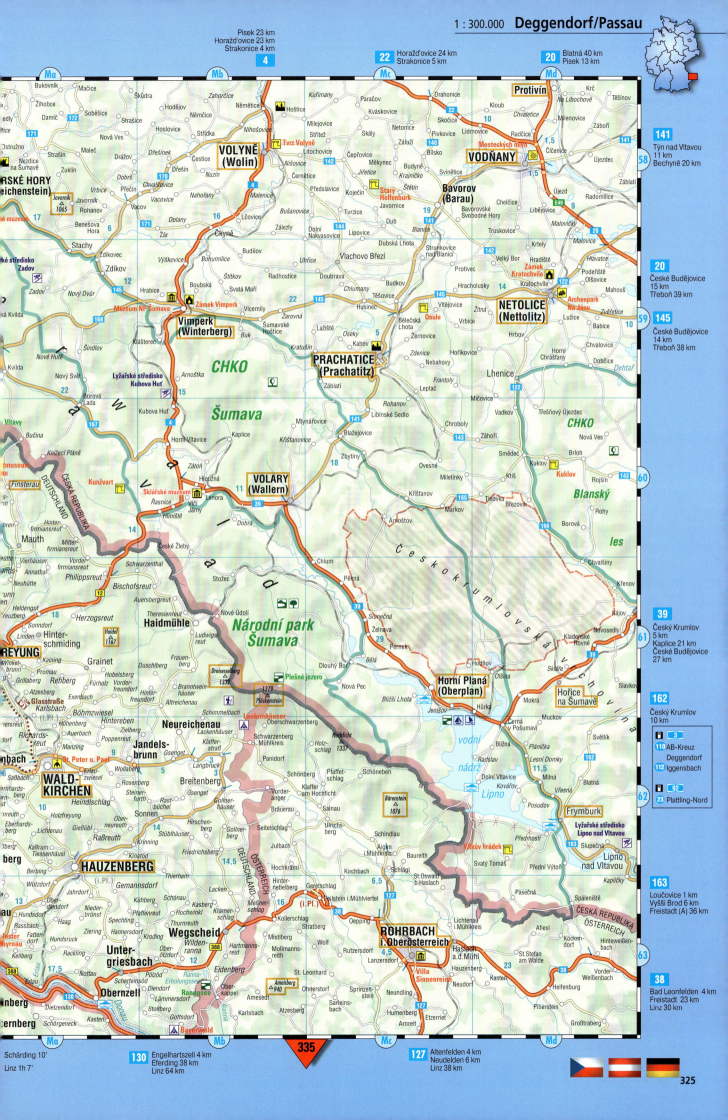

N 4 Sarrebourg 22 km
St-Quirin 2 km D 993
Sarrebourg 21 km Abreschviller 5 km D 44
316
Saverne 22 km Wangenbourg 2 km D 218
Sarreguemines 75 km Saverne 20 km D 422
Sarrebourg Saverne 2 D 1004
N 4 Lunéville 29 km
D 992 Montigny 3 km Lunéville 28 km
N 59 Lunéville 35 km Nancy 69 km
La Salle 2 km Rambervillers 23 km D 32
Bruyères 14 km Epinal 39 km D 420
D 423 Granges-s-Vologne 7 km Bruyères 17 km
D 417 Remiremont 28 km Epinal 40 km
D 486 Cornimont 5 km Saulxures 11 km Le Thillot 18 km Saint-Amé 25 km
D 430 Mulhouse 22 km Belfort 63 km
336
D 83 Mulhouse 23 km Belfort 52 km
IC/EC Mulhouse 23'
A35 Mulhouse 22 km Basel (CH) 48 km Belfort 63 km
Müllheim Lörrach Basel (CH)
Frémonville
Bertrambois
Blâmont
Cirey-sur-Vezouze
Lafrimbolle
Forêt de Turquestein
Forêt d'Abreschviller
Forêt de Haslach
Château du Nideck
Rocher de Mutzig
Oberhaslach
St-Florentin
Niederhaslach
Urmatt
Westhoffen
Molsheim
Mutzig
Dorlisheim
Gresswiller
Rosheim
Obernai
Ottrott
Boersch
Grendelbruch
Schirmeck
Donon
Col du Donon
Grandfontaine
Raon-lès-Leau
Luvigny
Vexaincourt
Allarmont
Bionville
Badonviller
Eglise de Badonviller
Pexonne
Neufmaisons
Celles-sur-Plaine
Lac du Vieux Pré
Forêt du Val de Senones
Forêt de Bousson
Forêt de Rosheim
Le Struthof
Lieu commémoratif du Struthof
Château d'Ottrott
Ste-Odile
Château de Landsberg
Barr
Bernardswiller
Goxwiller
Valff
Heiligenstein
Le Hohwald
Andlau
Mittelbergheim
Eichhoffen
Epfig
Stotzheim
Rothau
Wildersbach
Neuviller-la-Roche
Fouday
Solbach
Waldersbach
Belmont
Blancherupt
Bellefosse
Colroy-la-Roche
Ranrupt
Col de la Charbonnière
Col du Kreuzweg
Breitenbach
Col du Champ du Feu
Raon-l'Étape
Le chemin de fer du Rabodeau
L'abbaye de Moyenmoutier
Senones
Moyenmoutier
Etival-Clairefontaine
La Petite-Raon
Vieux-Moulin
Ménil-de-Senones
Le Puid
Belval
Col du Hantz
St-Blaise-la-Roche
Saulxures
St-Stail
Bourg-Bruche
Col de Steige
Steige
Saales
Col de Saales
Colroy-la-Grande
Provenchères-sur-Fave
Lusse
Lubine
Le Beulay
Combrimont
Bertrimoutier
Wisembach
Ste-Marie-aux-Mines
Col de Ste-Marie
Echery
Ste-Croix-aux-Mines
Rombach-le-Franc
Lièpvre
Urbeis
Fouchy
Villé
Albé
Vignoble alsacien
St-Maurice
Breitenau
Neubois
Château d'Ortenbourg
Scherwiller
Châtenois
Dambach-la-Ville
St-Pierre-Bois
Blienschwiller
Ebersheim
Sélestat
Route Romane d'Alsace
Ste-Foy
Kintzheim
La volerie des Aigles
Bibliothèque humaniste
Haut-Kœnigsbourg
Château du Haut-Kœnigsbourg
St-Hippolyte
Thannenkirch
Bergheim
Guémar
Ribeauvillé
Château de Ribeaupierre
Hunawihr
Zellenberg
Riquewihr
Beblenheim
Ostheim
Mittelwihr
Kientzheim
Sigolsheim
Kaysersberg
Ammerschwihr
Ingersheim
Turckheim
COLMAR
Colmar-Nord
Horbourg-Wihr
Andolsheim
Wintzenheim
Wettolsheim
La Route des Cinq Châteaux
Eguisheim
Herrlisheim-près-Colmar
Hattstatt
Collégiale St-Martin
Colmar-Centre
Sundhoffen
Neuf-Brisach
Forteresse Neuf-Brisach
Biesheim
Kunheim
Marckolsheim
Ohnenheim
Artolsheim
Mussig
Forêt de l'Ill
Houssen
Canal du Rhône au Rhin
St-Dié-des-Vosges
Cathédrale St-Dié
Ste-Marguerite
Saint-Michel-sur-Meurthe
Col du Haut Jacques
La Bolle
Taintrux
Saulcy-sur-Meurthe
Entre-deux-Eaux
Mandray
Col de Mandray
Fraize
Anould
Plainfaing
Col du Bonhomme
Le Bonhomme
Lapoutroie
Orbey
Col du Lauschbach
Parc naturel régional des Ballons des Vosges
Labaroche
Les Trois-Epis
Niedermorschwihr
Gérardmer
Xonrupt-Longemer
Col de Martimpré
La Moineaudière
Col du Plafond
Corcieux
Arrentès-de-Corcieux
Gerbépal
Col de la Schlucht
Hohrodberg
Soultzeren
Munster
Gunsbach
Wihr-au-Val
Walbach
Zimmerbach
Muhlbach-sur-Munster
Maison du Parc
Metzeral
Sondernach
Breitenbach
Eschbach-au-Val
Soultzbach-les-Bains
Gueberschwihr
Route Romane d'Alsace
Pfaffenheim
Rouffach
Soultzmatt
Westhalten
Notre-Dame
Wasserbourg
Le Petit Ballon
Wintzfelden
Osenbach
Col de Bramont
Route des Crêtes
La Bresse
Bas-Rupts
Col des Feignes
Col de Grosse Pierre
Wildenstein
Col du Platzerwasel
Col d'Hahnenbrunnen
Kruth
Ventron
Col d'Oderen
Oderen
Le Markstein
Lautenbach
Murbach
L'abbaye de Murbach
Buhl
Guebwiller
Notre-Dame de Guebwiller
Bergholtz
Orschwihr
Bergholtzzell
Gundolsheim
Merxheim
Meyenheim
Niederentzen
Oberhergheim
Niederhergheim
Ste-Croix-en-Plaine
Fessenheim
Balgau
Heiteren
Forêt de Guebwiller
Vosges
A35
E25
2 4 6 8 10 km

Paris 2h 23' TGV
Nancy 1h 15' Metz 1h 20' IC/EC
A35 Metz 150 km
A4 Saarbrücken (D) 124 km Lauterbourg 59 km
Rastatt 38 km Rheinau 7 km
317
Frankfurt a.M. 180 km Stuttgart 121 km Rastatt 31 km
TGV Stuttgart 1h 16' Karlsruhe 39'
ICE IC/EC Baden-Baden 14'
3 Baden-Baden 30 km Bühl 11 km
500 Baden-Baden 24 km
5 30 km
Baiersbronn 4 km Freudenstadt 11 km
28 Freudenstadt 8 km Nagold 46 km
54 Appenweier
56 Lahr
57a Ettenheim
58 Herbolzheim
60 Teningen
64a Bad Krozingen
Alpirsbach 13 km Freudenstadt 32 km
294
328
Villingen-Schwenningen 16 km Donaueschingen 32 km
33
IC/EC Donau-Eschingen 36'
Villingen-Schwenningen 13 km
Donaueschingen 15 km
IC/EC ICE Basel 44'
3 Müllheim 12 km Basel (CH) 47 km
Todtnau 16 km
337
31 Donaueschingen 34 km Villingen-Schwenningen 46 km
500 Feldberg (Schwarzw.) 16 km Waldshut-Tiengen 53 km
Titisee-Neustadt 2 km
STRASBOURG
Schiltigheim
KEHL
Illkirch-Graffenstaden
Geispolsheim
Erstein
RENCHEN
Kappelrodeck
OBERKIRCH
Appenweier
Willstätt
OFFENBURG
OPPENAU
Bad Peterstal-Griesbach
GENGENBACH
Friesenheim
LAHR (Schwarzwald)
ZELL a. Harmersbach
Biberach
Steinach
WOLFACH
HAUSACH
HASLACH im Kinzigtal
Gutach
HORNBERG
ETTENHEIM
Kippenheim
MAHLBERG
HERBOLZHEIM
KENZINGEN
ENDINGEN am Kaiserstuhl
Riegel
Teningen
EMMENDINGEN
ELZACH
Winden im Elztal
WALDKIRCH
Simonswald
TRIBERG i. Schwarzw.
Schonach i. Schwarzw.
FURTWANGEN i. Schwarzwald
VÖHRENBACH
Denzlingen
Gundelfingen
FREIBURG im Breisgau
VOGTSBURG im Kaiserstuhl
Bötzingen
March
Umkirch
Schallstadt
Merzhausen
Kirchzarten
Buchenbach
Stegen
KROZINGEN
Ehrenkirchen
TITISEE-NEUSTADT
Schwarzwald
Kaiserstuhl
Ortenau
Rhein
Europapark Rust
FRANCE
DEUTSCHLAND

462 Rastatt 37 km Baden-Baden 25 km

294 Pforzheim 40 km Bad Wildbad 23 km

318

463 Pforzheim 43 km Calw 16 km 296

Stuttgart 38' ICE 81

Würzburg 159 km Karlsruhe 80 km Stuttgart 29 km

Sindelfingen 8 km Böblingen 7 km 464

Achern 31 km Baden-Baden 45 km

Offenburg 53 km Strasbourg (F) 64 km 28

Wolfach 9 km Haslach 21 km 294

327

Triberg 11 km Furtwangen 28 km 33

IC/EC Triberg 34'

Furtwangen 21 km Freiburg i.Breisgau 46 km

2 4 6 8 10 km

Titisee-Neustadt 24 km Freiburg i.Breisgau 60 km 31

IC/EC Singen 32'

81 Singen 25 km Stockach 34 km Schaffhausen (CH) 46 km

338

ICE Singen 22'

491 Engen 18 km Singen 31 km

Überlingen 27 km Friedrichshafen 60 km 14

Waldenbuch 24 km | Stuttgart 20 km Filderstadt 3 km 27 | Wendlingen 7 km → 8 7 km 313 | Kirchheim u.T. 10 km 297 | 319 | Esslingen 21 km Kirchheim u.T. 2 km 465 | Karlsruhe 100 km Stuttgart 41 km 8 Flughafen Stuttgart 33 km

466 Geislingen 4 km Heidenheim 34 km

8 Ulm 25 km Augsburg 91 km München 145 km

28 Ulm 17 km Neu-Ulm 18 km

Ulm 19 km Neu-Ulm 21 km 311

330

Ulm 22' IC/EC Bad Waldsee 21 km Bad Wurzach 27 km 465

IC/EC Ravensburg 32'

312 Ochsenhausen 14 km Memmingen 36 km

30 465 Biberach a.d.Riß 3 km

465 Bad Waldsee 8 km Bad Wurzach 14 km

Überlingen 20 km | Überlingen 23 km | 339 | 32 Ravensburg 22 km Wangen 42 km | IC/EC Ravensburg 32' | 30 Ravensburg 20 km Friedrichshafen 38 km

Göppingen 19 km
Süßen 9 km
Stuttgart 55'
10 ICE IC/EC

Nürnberg 147 km
Würzburg 142 km
Heidenheim 16 km
7

Wittislingen
2 km

320

8
Stuttgart 66 km
Karlsruhe 127 km
Frankfurt a.M.
251 km

28
Bad Urach 38 km
Reutlingen 58 km

Ehingen 6 km
Riedlingen 32 km
311

329

Biberach a.d. Riß
22'
IC/EC
Schemmerhofen
10 km
Ehingen 25 km
465

312
Riedlingen 26 km

465 30
Bad Waldsee 19 km
Ravensburg 29 km
IC/EC
Ravensburg 56'

465
Biberach
a.d.Riß 15 km

340

465 Leutkirch 16 km
Isny 33 km

Wangen 34 km
Lindau 53 km
Bregenz (A) 61 km
96

IC/EC
Lindau 1h

7
Kempten 45 km
Füssen 81 km
Reutte (A) 81 km

IC/EC Kempten 20'

Obergünzburg
9 km

Donauwörth 21 km
Tapfheim 10 km
Höchstadt a.d.D. 1 km
Mertingen 7 km
Donauwörth 24'
Würzburg 1h 52'
Nürnberg 1h 6'
Donauwörth 19'
Nördlingen 42 km
Donauwörth 12 km
321
Eichstätt 38 km
Neuburg 18 km
Höchstadt a.d.Donau
WERTINGEN
Butten-wiesen
Meitingen
Thierhaupten
Pöttmes
SCHROBENHAUSEN
Ingolstadt 33 km
Naturpark
Biberbach
Langweid a. Lech
Aindling
Inchenhofen
Kühbach
Gachenbach
Altenmünster
Welden
Gablingen
Rehling
Affing
AICHACH
GERSTHOFEN
Flughafen Augsburg
Zusmarshausen
Horgau
Aystetten
NEUSÄSS
Dasing
Altomünster
Augsburg-
AUGSBURG
FRIEDBERG
Stadt-bergen
Diedorf
Dinkelscherben
Gessertshausen
Eurasburg
Odelzhausen
Erdweg 3 km
Dachau 17 km
Kissing
Fischach
Westliche
BOBINGEN
KÖNIGS-BRUNN
Mering
Dachau 19 km
München 24 km
Salzburg 147 km
332
Großaitingen
Maisach
Mammendorf
FÜRSTEN-FELDBRUCK
München-Pasing 26'
Olching 7 km
SCHWABMÜNCHEN
Unter-meitingen
Moorenweis
Wälder
Ettringen
Langer-ringen
Weil
Gelten-dorf
Grafrath
Germering 11 km
München 26 km
München-Pasing 42'
Türkheim
Kaufering
Penzing
Inning a.Ammersee
Weßling
Wörthsee
Germering 7 km
München 18 km
BUCHLOE
LANDSBERG a.Lech
Schondorf a.Ammersee
Seefeld
BAD WÖRISHOFEN
Utting a.Ammersee
Ammersee
Herrsching a.Ammersee
Andechs
Fuchstal
Dießen a.Ammersee
Starnberg 11 km
München 29 km
Germaringen
Neugablonz
Raisting
Kaufbeuren 5 km
Kempten 37 km
Kempten 1h 13'
Schongau 10 km
Füssen 47 km
341
Weilheim i.Ob. 18 km
Penzberg 43 km
Weilheim i.Ob. 8 km
Garmisch-Partenkirchen 53 km

Nürnberg 109 km
Ingolstadt 24 km
9
Regensburg 65 km
Mainburg 15 km
Wolnzach 3 km
93
Ingolstadt 24 km
Reichertshofen 9 km
300
13
Nürnberg 1h 18'
Ingolstadt 46'
IC/EC ICE
322
301 Abensberg 26 km
Mainburg 5 km

300
Friedberg 35 km
Augsburg 42 km

Friedberg 28 km
Augsburg 37 km
Ulm 104 km
8

331

Augsburg 28'
ICE
→ 96 16 km
471

2
Fürstenfeldbruck
1 km
Augsburg 40 km
IC/EC
Buchloe 42'

96
Inning a.A. 9 km
Buchloe 41 km
Mindelheim 60 km

2
Weilheim i.Ob.
15 km
Murnau 35 km

Holzkirchen 4 km
Bad Tölz 24 km
8 Rosenheim 37 km
Kufstein (A) 59 km
Innsbruck (A) 131 km

2 4 6 8 10 km
ICE Garmisch-Partenkirchen 1h 17'
IC/EC Weilheim i.Ob. 35'
Garmisch-P. 1h 40'
95
Penzberg 19 km
Benediktbeuern 30 km
Garmisch-Partenkirchen 56 km
11
Geretsried 6 km
Penzberg 28 km

Rottenburg a.d.Laaber 20 km
Pfeffenhausen 14 km
299

Deggendorf 70 km
Plattling 60 km
Dingolfing 27 km
92

15 Regensburg 58 km
Ergoldsbach 14 km

323

→ 92 12 km
Dingolfing 7 km

Straubing 42 km
Landau a.d.Isar 13 km 20

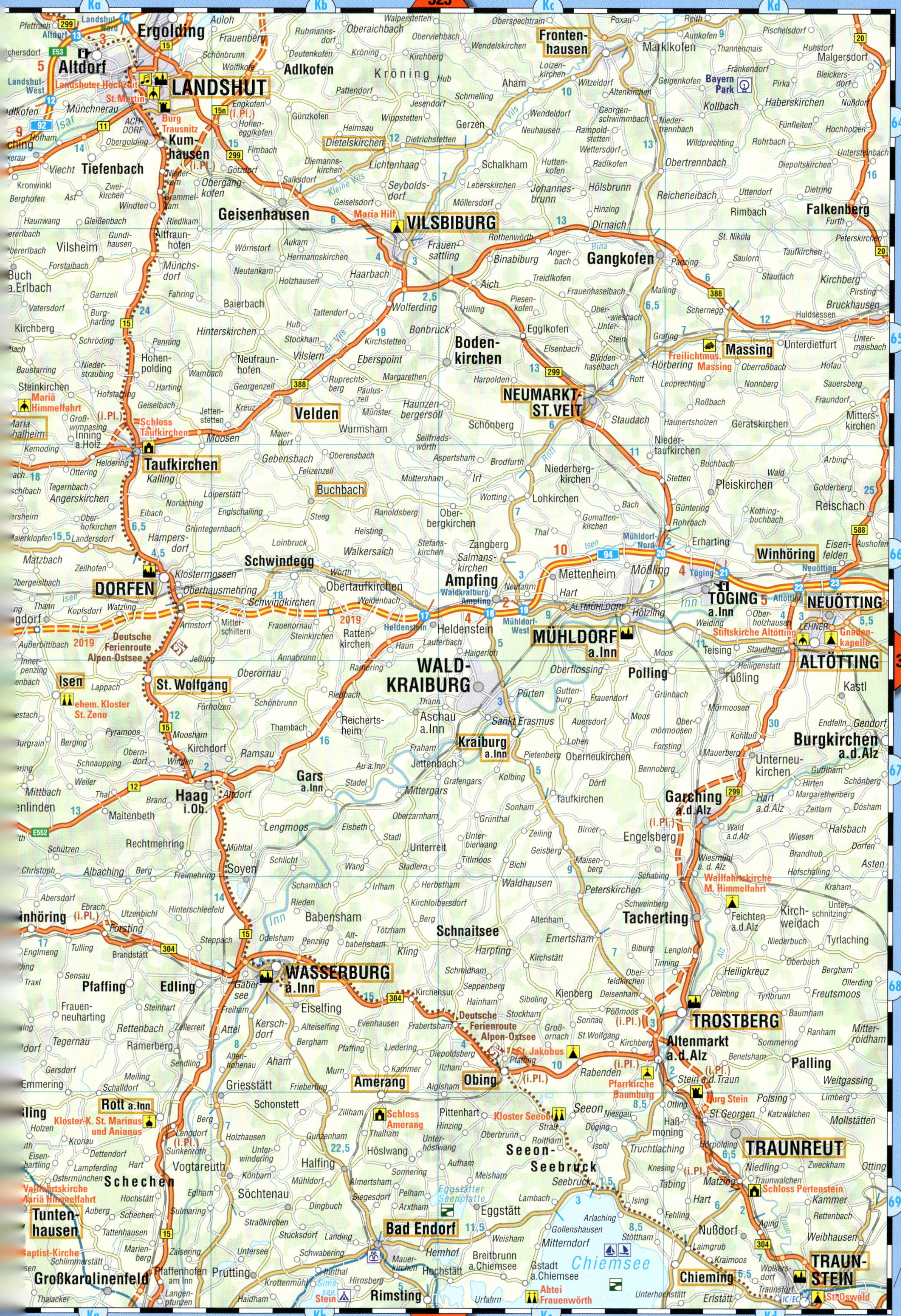

Eggenfelden 4 km
Pfarrkirchen 14 km
20

388
Eggenfelden 2 km
Griesbach 45 km

588
Eggenfelden 6 km
Pfarrkirchen 18 km

94
Simbach a.Inn
24 km
Passau 79 km

334

8
70 Dachau/Fürstenfeldbr.

9
66 Pfaffenhofen
69 Eching
71 Garching-Süd

92
2 Oberschleißh.
11 Moosburg-N.
13 Altdorf

94
5 M-Riem
21 Töging

995
4 Oberhaching

Waging a. See
6 km

Freilassing 17' IC/EC

Teisendorf 8 km
Freilassing 24 km
304

Rosenheim 37' IC/EC
Kufstein (A) 57' ICE

15 Rosenheim 3 km
→ 8 9 km

Prien a. Chiemsee
2 km

343

Ruhpolding 12 km
Inzell 15 km 306

Eichendorf 11 km
Nürnberg 210 km
Deggendorf 50 km
Passau 7 km
Passau (D) 14'
Ortenburg
Fürstenzell
Neuburg a.Inn
Eggenham
Johanniskirchen
Dietersburg
Wallfahrtskirche Maria-Himmelfahrt
Haarbach
Oberbirnbach
Bad Birnbach
BAD GRIESBACH i.Rottal
Ruhstorf a.d.Rott
Neuhaus a.Inn
SCHÄRDING
Falkenberg 5 km
Landau a.d. Isar 30 km
Heberts
PFARRKIRCHEN
Postmünster
POCKING
Triftern
388
Vilsbiburg 30 km
Landshut 52 km
EGGENFELDEN
Kößlarn
Rotthalmünster
Bad Füssing
588
Altötting 19 km
Mühldorf a. Inn 30 km
Wurmannsquick
Kirchham
Malching
Stubenberg
Tann
Zeilarn
Ering
SIMBACH a.Inn
BRAUNAU a.Inn
Altheim
Mühldorf a. Inn 20 km
München 92 km
Julbach
Kirchdorf a.Inn
Polling i.Innkr.
Mehrnbach
Altötting 6 km
Haiming
Emmerting
Burgkirchen
Mauerkirchen
Aspach
BURGHAUSEN
Uttendorf
Helpfau-
Mettmach
Lohnsburg
Hochburg-Ach
Schalchen
MATTIGHOFEN
Geretsberg
Tarsdorf
Munderfing
TITTMONING
Ostermiething
Lochen
Lengau
Fridolfing
St. Pantaleon
Straßwalchen
Bürmoos
Lamprechtshausen
Mattsee
Köstendorf
Neumarkt am Wallersee
Traunstein 9 km
Waging a.See
LAUFEN
Oberndorf bei Salzburg
Obertrum am See
Seekirchen am Wallersee
Henndorf
Wonneberg
Anthering
Elixhausen
Eugendorf
Saaldorf
Mondsee
Traunstein 6 km
304
Freilassing 22 km
Freilassing 1 km
Salzburg (A) 8 km
Salzburg 45'
Salzburg 8 km
156
344
Salzburg 6 km
Flughafen Salzburg 11 km
A1
Salzburg 7 km
München (D) 155 km
Villach 187 km
Unterach a. Attersee 10 km
Bad Ischl 36 km

130 Vilshofen (D) 44 km
Passau (D) 21 km

325

127 Passau (D) 61 km
Rohrbach i. Oberösterr. 6 km

64
65
Urfahr 5 km
Linz 6 km
127
129
Linz 6 km
Roßberg 40 km
IC/EC Linz 15'
ICE
Linz 12 km
Amstetten 59 km
1
66
A25
Linz 15 km
St. Pölten 111 km
A1
139
Traun 14 km
Linz 23 km
67
IC/EC Bad Hall 5'
122
Bad Hall 4 km
Steyr 22 km
68
69
A9
Liezen 47 km
Graz 155 km
Windischgarsten 30'
IC/EC

151 Unterach
Attersee 5 km
Bad Ischl 31 km

152 St. Gilgen 21 km
Bad Ischl 24 km

145 Bad Ischl 19 km
Salzburg 75 km

Windischgarsten 17 km
Liezen 41 km
Graz 149 km
138

Colmar 20 km
Rouffach 5 km
Col de la Schlucht 41 km
326
Colmar 23'
Strasbourg 87 km
Colmar 31 km
Frankfurt a.M. 263 km
Karlsruhe 141 km
Freiburg i.Br. 13 km
Remiremont 35 km
Epinal 61 km
Giromagny 18 km
Hericourt 16 km
Belfort 2 km
Besançon 98 km
Dijon 180 km
Belfort 8 km
Lure 40 km
Dijon, Belfort
Montbéliard 15 km
Pont de Roide 9 km
La Chaux-de-Fonds 14 km
Biel/Bienne 15 km
La Chaux-de-Fonds 33 km
Biel/Bienne 25'
Solothurn 1 km
Biel/Bienne 24 km
Lausanne
Source de la Moselle
Col de Bussang
Parc naturel régional des Ballons des Vosges
le Grand Ballon
Soultz Haut-Rhin
St-Amarin
Willer-sur-Thur
Cernay
Thann
Wittelsheim
Masevaux
Rougemont-le-Château
Ensisheim
Wittenheim
Kingersheim
Illzach
MULHOUSE
Riedisheim
Rixheim
Habsheim
Brunnstatt
Lutterbach
Pfastatt
Sausheim
Ottmarsheim
NEUENBURG
Schliengen
Bad Bellingen
Efringen-Kirchen
Sierentz
St-Louis
Huningue
BASEL
ALLSCHWIL
BINNINGEN
Ober-wil
REINACH
Fontaine
Chèvremont
Vézelois
Bourogne
Grandvillars
Delle
Beaucourt
Altkirch
Hirsingue
Ferrette
Porrentruy
Courgenay
DELÉMONT
Bassecourt
Courrendlin
Moutier
Laufen
Saignelégier
Tramelan
Tavannes
Reconvilier
Court
Langendorf
Hégenheim
Folgensbourg
Dannemarie
Ballersdorf
FRANCE
SUISSE
Franches Montagnes
Clos du Doubs
Gorges du Doubs
2 4 6 8 10 km

Freiburg i.Br. 35' IC/EC ICE
3 Freiburg i.Br. 14 km Schallstadt 7 km
Kirchzarten 8 km
327
Freiburg i.Br. 31 km Kirchzarten 15 km
31
500 Furtwangen 26 km Breitnau 4 km

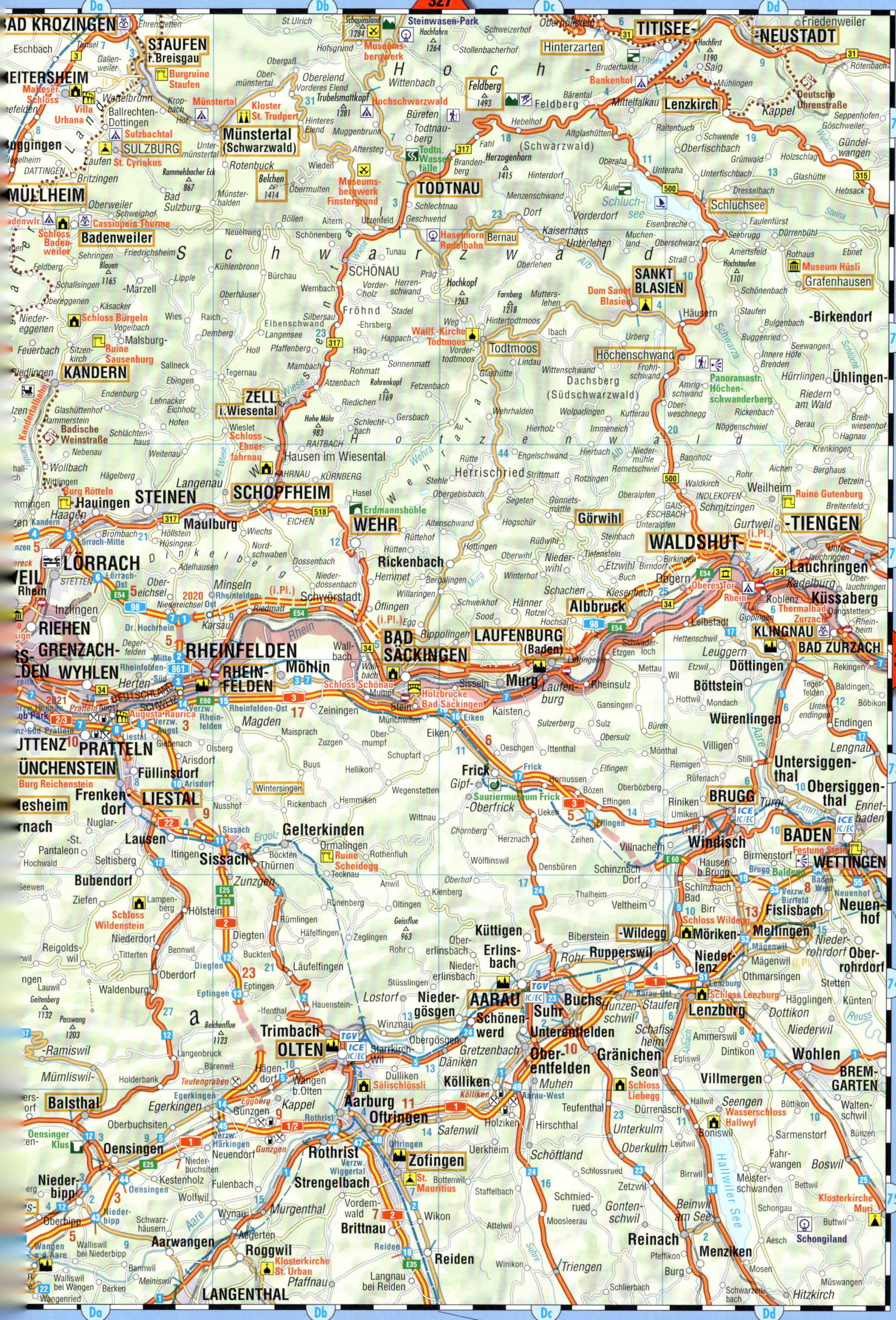

31 Hüfingen 14 km Donaueschingen 21 km
315 Stühlingen 21 km Schaffhausen (CH) 40 km
5 65 Müllheim/Neuenburg
98 2 Eimeldingen
Wutöschingen 4 km Stühlingen 16 km
314
34 Klettgau 9 km Schaffhausen (CH) 31 km
338
7 Kaiserstuhl 3 km Winterthur 33 km
17 Dielsdorf 17 km
Zürich 22 km Winterthur 47 km
1
ICE Zürich 15'
3 Dietikon 11 km
1 Schlieren 15 km Zürich 22 km
25 Cham 18 km Zug 23 km

22 ...ill 20 km
1 Herzogenbuchsee 4 km Bern 42 km
ICE IC/EC Bern 30'
2 2 Sursee 13 km Luzern 35 km
IC/EC Luzern 35'
24 Sursee 5 km Luzern 29 km
Hochdorf 8 km Luzern 24 km 23
26 Hochdorf 8 km Luzern 24 km

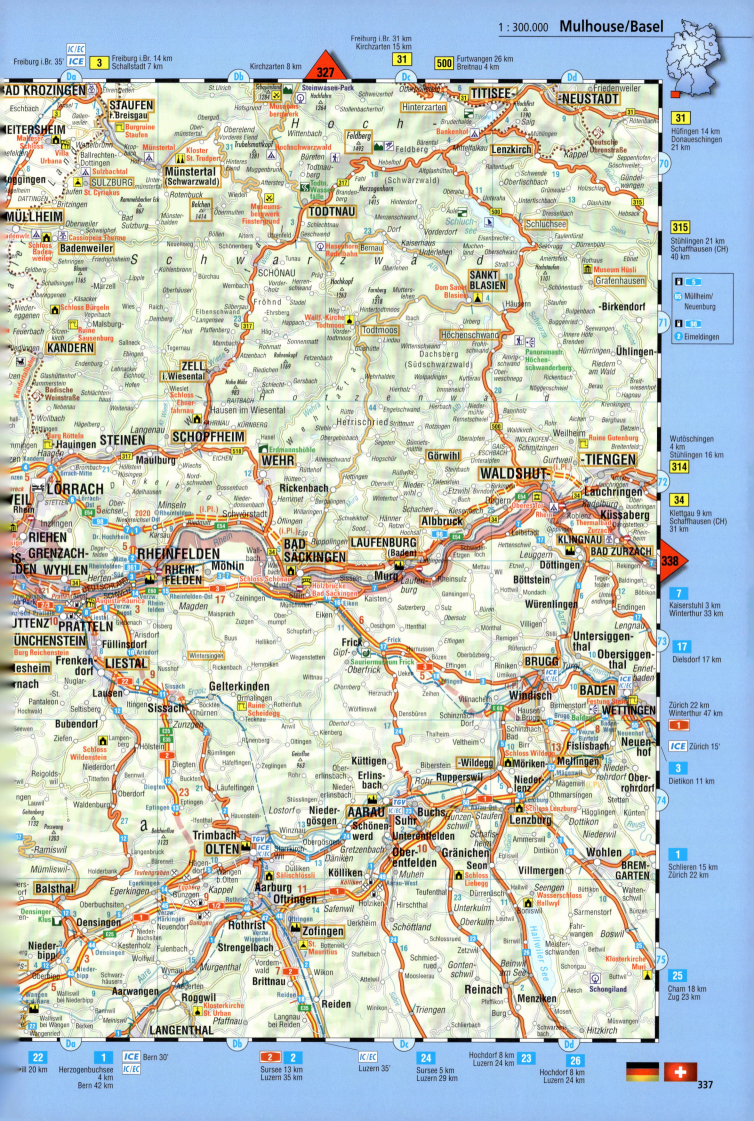

Stuttgart 122 km
Villingen-Schwenningen 25 km
81

Tübingen 93 km
Donaueschingen 6 km 27 31

Geisingen 12 km
31

Hüfingen 8 km
31 / 33

328

Tuttlingen 21' ICE
Donau-eschingen 32' IC/EC

Spaichingen 25 km
Tuttlingen 9 km
491

Rottweil 41 km
Tuttlingen 13 km
14

Reutlingen 89 km
Sigmaringen 31 km
313

31
Freiburg i.Br. 46 km
Colmar (F) 89 km

315
Titisee-Neustadt 29 km
Freiburg i.Br. 57 km

314
Bad Säckingen 37 km
Grenzach-Wyhlen 69 km
Basel (CH) 71 km
34

337

7
Waldshut-Tiengen (D) 15 km
Bad Säckingen (D) 37 km

Basel 63 km
Bern 98 km
Freiburg i.Br. (D) 130 km
1
Baden 15' ICE

1
Lenzburg 15 km
Langenthal 57 km

25
Muri 1 km
Lenzburg 20 km

Cham 11 km
25 → 14 11 km
Luzern 25 km

4 Cham 4 km
→ 14 7 km

CIS IC/EC
Zug 23'

4
Zug 10 km
Luzern 36 km

3 3
Lachen 18 km
Chur 88 km
San Bernardino 144 km

IC/EC
Zug 25'

8 Einsiedeln 20 km
Schwyz 35 km

Kaltbrunn 1 km
→ 3 9 km
17

Pfullendorf 1 km
329
Sigmaringen 33 km
Bad Saulgau 12 km
32
Biberach 34'
Laupheim 43 km
Biberach a.d. Riß 24 km
30
BAD WALDSEE
2 Laternser Tal / Zwischenwasser und Übersaxen
81
38 Geisingen
41 Singen
42 Hilzingen
98
12 Stockach-West
Wangen 6 km
Immenstadt i.A. 54 km
32
96
Memmingen 49 km
Ulm 95 km
München 165 km
Memmingen 1h
Isny 24 km
Kempten 54 km
12
Lindenberg 11 km
Immenstadt i.A. 48 km
308
340
200
Immenstadt i.A. (D) 40 km
Reutte 122 km
Wilhelmsdorf
Fronreute
Wolpertswende
Baindt
Baienfurt
WEINGARTEN
RAVENSBURG
Horgenzell
Berg
Vogt
Schlier
Waldburg
Grünkraut
Bodnegg
Amtzell
Deggenhausertal
Heiligenberg
Owingen
Frickingen
Salem
ÜBERLINGEN
Uhldingen-Mühlhofen
Bermatingen
MARKDORF
Oberteuringen
Meckenbeuren
TETTNANG
Neukirch
Allensbach
MEERSBURG
KONSTANZ
KREUZLINGEN
Immenstaad am Bodensee
FRIEDRICHSHAFEN
Eriskirch
Langenargen
Kressbronn
Hergensweiler
Sigmarszell
Weißensberg
Bodolz
Wasserburg (Bodensee)
LINDAU
Hörbranz
Lochau
Bodensee
DEUTSCHLAND
SCHWEIZ
ÖSTERREICH
Romanshorn
Egnach
ARBON
Steinach
Horn
Flughafen St. Gallen
Weinfelden
Bürglen
AMRISWIL
Sulgen
Schönenberg
Bischofszell
Zuzwil
Wittenbach
Goldach
Rorschach
Rorschacherberg
Thal
Heiden
Rheineck
St. Margrethen
Höchst
Lauterach
BREGENZ
Hard
Fußach
Wolfurt
Schwarzach
Lustenau
DORNBIRN
UZWIL
Oberuzwil
Flawil
GOSSAU
ST. GALLEN
Gaiserwald
HERISAU
Teufen
Speicher
Trogen
ALTSTÄTTEN
Rebstein
Balgach
Berneck
Au
Widnau
Diepoldsau
Kriessern
Hohenems
HOHENEMS
Altach
Mäder
Götzis
Koblach
Oberriet
Rüthi
Sennwald
Appenzell
Urnäsch
Degersheim
Mogelsberg
Wattwil
Kappel
Ebnat-
Säntis 2501
Altmann 2436
Hoher Kasten 1795
Rankweil
Zwischenwasser
Sulz
Weiler
FELDKIRCH
Satteins
Meiningen
Altenstadt
Gisingen
Nofels
Ruggell
Appenzeller Land
Alpstein
Fa
Fb
Fc
Fd
70
71
72
73
74
75

465 Biberach a.d. Riß 28 km
Oberessendorf 13 km

Ulm 67 km
Mindelheim 41 km
Memmingen 12 km
96 IC/EC Memmingen

Ulm 67 km
Mindelheim 42 km
Memmingen 8 km
7 IC/EC Memmingen 20'

330

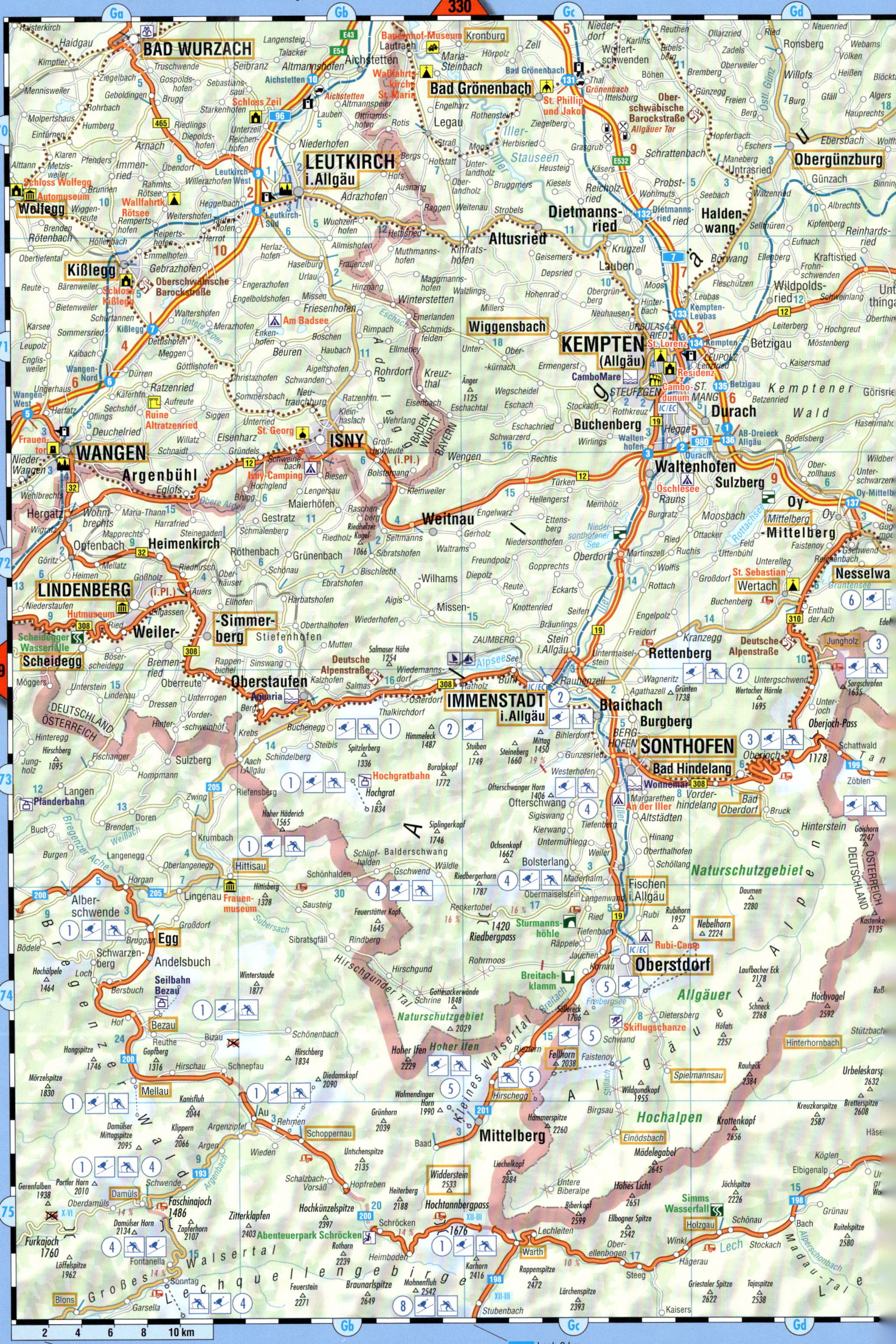

Lindau 20 km
Bregenz 22 km
Friedrichshafen 41 km
96

Lindau
IC/EC

Sigmarszell 7 km
Lindau 11 km
Bregenz 18 km
12

Sigmarszell 1km
Lindau 10 km
Friedrichshafen 27 km
308

339

200
Dornbirn 4 km
Lustenau 13 km
Bregenz 13 km

Rankweil 10 km
Feldkirch 17 km

193 Bludenz 12 km

198 Lech 2 km
St. Anton am Arlberg 22 km
Bludenz 44 km

Mindelheim 22 km
Bad Wörishofen 17 km
Pforzen 2 km
16 IC/EC
Augsburg 1h 17'

12 Buchloe 18 km
Germaringen 4 km

Kaufering 21 km
Landsberg 16 km
Seestall 6 km 17

331

→ 95 23 km (AB-Dr. Starnberg)
Starnberg 17 km
Pöcking 12 km 2

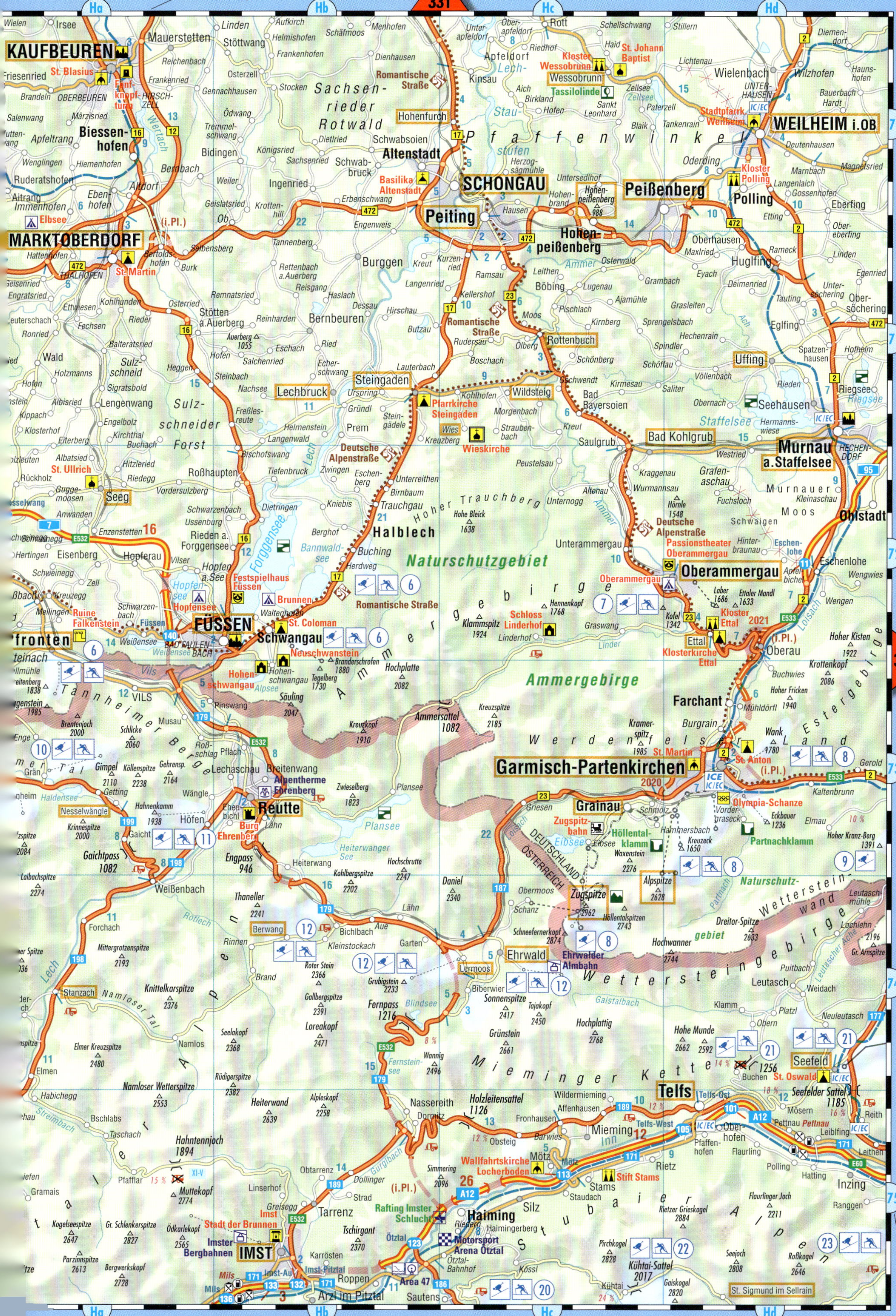

342

IC/EC
München 40'
ICE
München 1h 22'

A
1 Bregenzerwald
4 Das Große Walsertal
5 Das Kleinwalsertal
8 Arlberg/Lech und Zürs
10 Das Tannheimer Tal
11 Reutte
12 Das Tiroler Zugspitzgebiet
20 Das Ötztal
21 Seefeld mit Leutaschtal
22 Das Kühtai
23 Skigroßraum Innsbruck

D
1 Westallgäu
2 Grünten/Mittag-Ski-Center
3 Zwischen Bad Hindelang und Mittelberg
4 Die Hörnergruppe
5 Oberstdorf
6 Ostallgäu
7 Oberammergau
8 Garmisch-Partenkirchen und Zugspitze
9 Mittenwald

Mittenwald 11 km
Kochel 29 km
Innsbruck (A) 46 km
2
IC/EC
Mittenwald 25'

7
131 Bad Grönenbach
134 Kempten

96
5 Wangen-West
8 Leutkirch-Süd
10 Aichstetten

Scharnitz 4 km
Mittenwald 9 km
Kochel a.S. 42 km
177
IC/EC
Scharnitz 10'

Hochzirl 10'
IC/EC
171 Innsbruck 13 km
Hall 21 km
A12 Innsbruck 16 km
Brennerpass 45 km
Bressanone/Brixen (I) 88 km
IC/EC
Innsbruck 15'

171 A12 IC/EC Ötztal 10'
Landeck 11 km
St. Anton 36 km
Serfaus 36 km

186
Oetz 3 km
Sölden 36 km

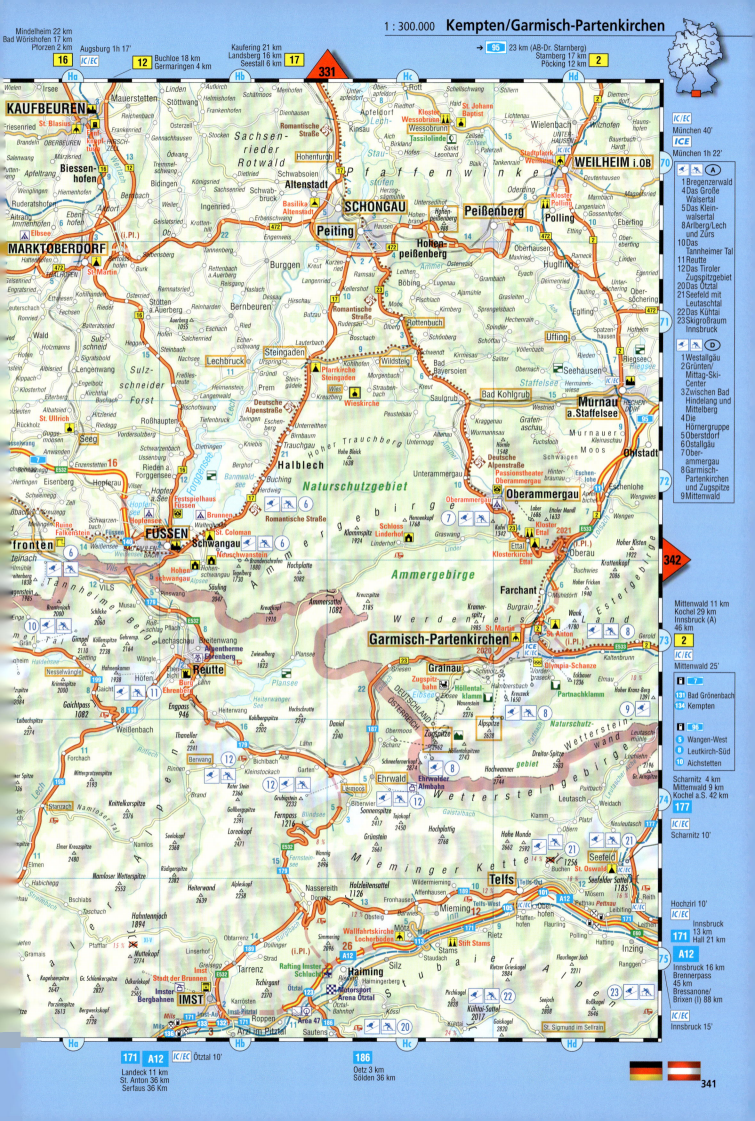

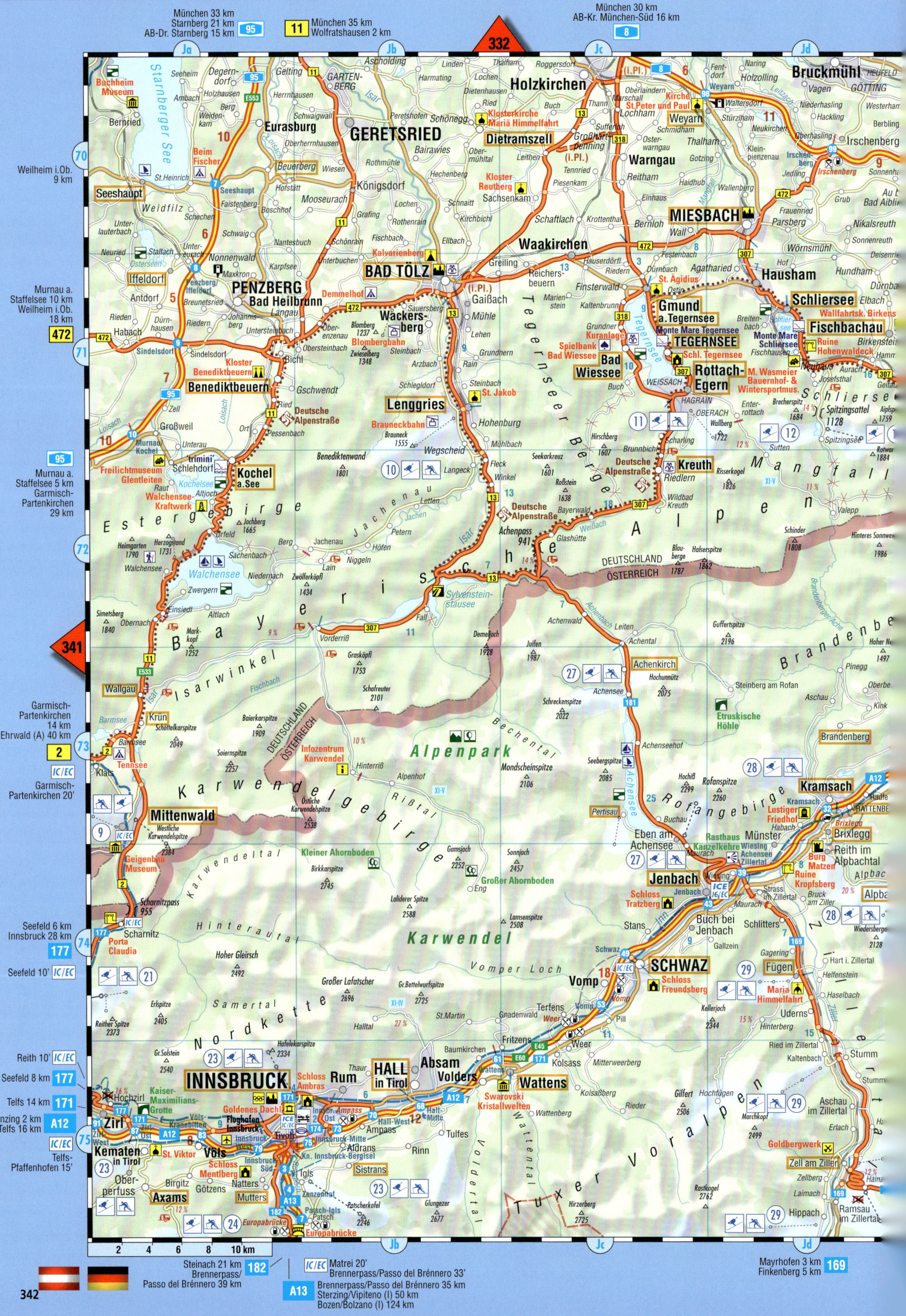
München 33 km
Starnberg 21 km
AB-Dr. Starnberg 15 km
95
11
München 35 km
Wolfratshausen 2 km
332
München 30 km
AB-Kr. München-Süd 16 km
8
Ja
Jb
Jc
Jd
Weilheim i.Ob. 9 km
70
Murnau a. Staffelsee 10 km
Weilheim i.Ob. 18 km
472
71
95
Murnau a. Staffelsee 5 km
Garmisch-Partenkirchen 29 km
72
341
Garmisch-Partenkirchen 14 km
Ehrwald (A) 40 km
2
73
IC/EC
Garmisch-Partenkirchen 20'
Seefeld 6 km
Innsbruck 28 km
177
74
Seefeld 10'
Reith 10'
Seefeld 8 km
Telfs 14 km
171
Inzing 2 km
Telfs 16 km
A12
75
Telfs-Pfaffenhofen 15'
Steinach 21 km
Brennerpass/Passo del Brennero 39 km
182
Matrei 20'
Brennerpass/Passo del Brennero 33'
A13
Brennerpass/Passo del Brennero 35 km
Sterzing/Vipiteno (I) 50 km
Bozen/Bolzano (I) 124 km
Mayrhofen 3 km
Finkenberg 5 km
169
Starnberger See
Buchheim Museum
Eurasburg
GERETSRIED
Holzkirchen
Bruckmühl
Dietramszell
Warngau
Seeshaupt
Königsdorf
MIESBACH
Iffeldorf
Waakirchen
PENZBERG
Bad Heilbrunn
BAD TÖLZ
Hausham
Schliersee
Fischbachau
Gmund a.Tegernsee
TEGERNSEE
Wackersberg
Bad Wiessee
Rottach-Egern
Benediktbeuern
Lenggries
Kochel a.See
Kreuth
Tegernseer Berge
Mangfall
Alpen
Estergebirge
Bayerische
Walchensee
Sylvensteinstausee
Achenpass
DEUTSCHLAND
ÖSTERREICH
Isarwinkel
Wallgau
Krün
Achenkirch
Brandenberg
Alpenpark
Karwendelgebirge
Mittenwald
Tennsee
Geigenbau Museum
Rofangebirge
Kramsach
Brixlegg
Eben am Achensee
Jenbach
Buch bei Jenbach
Reith im Alpbachtal
Scharnitz
Porta Claudia
Karwendel
Vomp
SCHWAZ
Fügen
Nordkette
INNSBRUCK
Rum
HALL in Tirol
Absam
Volders
Wattens
Zirl
Kematen in Tirol
Völs
Axams
Mutters
Tuxer Voralpen
Zell am Ziller
Hippach
Ramsau im Zillertal
Aschau im Zillertal
Stumm
Europabrücke
2
4
6
8
10 km

München 1h ICE
München-Ost 35' IC/EC
15 Wasserburg a. Inn 24 km Rott a. Inn 15 km
IC/EC Traunstein 34' Prien a. Chiemsee 17'
333
Bad Endorf 4 km
IC/EC Rosenheim 17'
Traunreut 12 km
Traunstein 17' IC/EC
306 Trostberg 24 km Traunreut 15 km
Ka
Kb
Kc
Kd
21 Seefeld mit Leutaschtal
23 SkigroßRaum Innsbruck
24 Axamer Lizum
27 Achensee-Region
28 Das Alpbachtal
29 Das Zillertal
30 Gerlos
31 Der Kaiserwinkel
32 Die Wildschönau
33 Wilder Kaiser/Brixental
34 Kitzbühel und Kirchberg
35 St. Johann in Tirol
36 Fieberbrunn, St. Ulrich, Waidring
41 Lofer
43 Saalbach-Hinterglemm
46 Der Ober-pinzgau
9 Mittenwald
10 Lenggries
11 Tegernseer Tal
12 Schliersee/Spitzingsee
13 Bayrischzell
14 Oberaudorf
15 Reit im Winkl
8
98 Weyarn
102 Rosenheim
106 Bernau
111 Schweinbach
93
57 Reischenhart
95
8 Penzberg/Ifeldorf
70
71
72
73
74
75
311 Saalfelden 25 km Zell am See 42 km
344
Saalfelden 30' IC/EC
164 Leogang 14 km Zell am See 38 km
168 Kaprun 6 km Zell am See 11 km
108 Felbertauern 6 km Lienz 50 km
BAD AIBLING
KOLBERMOOR
ROSENHEIM
Stephanskirchen
Riedering
Raubling
Rohrdorf
Bad Feilnbach
Neubeuern
Brannenburg
Flintsbach am Inn
Oberaudorf
Kiefersfelden
KUFSTEIN
Prien a. Chiemsee
Chiemsee
Bernau a. Chiemsee
Aschau im Chiemgau
Grassau
Übersee
Grabenstätt
TRAUNSTEIN
Siegsdorf
Bergen
Ruhpolding
Marquartstein
Unterwössen
Reit im Winkl
Kössen
Chiemgauer Alpen
DEUTSCHLAND
ÖSTERREICH
Ebbs
Zahmer Kaiser
Wilder Kaiser
Kaisergebirge
Walchsee
Waidring
Kirchdorf in Tirol
Sankt Johann in Tirol
Fieberbrunn
Söll
Kirchbichl
Langkampfen
WÖRGL
Kundl
Wildschönau
Hopfgarten im Brixental
Westendorf
Brixen im Thale
Kirchberg in Tirol
KITZBÜHEL
Kitzbüheler Horn
Kitzbüheler Alpen
Loferer Steinberge
Saalbach
Hinterglemm
Mittersill
Bramberg am Wildkogel
Neukirchen am Großvenediger
Hollersbach im Pinzgau
Uttendorf
Niedernsill
Gerlospass
Krimml
Krimmler Wasserfälle
Nationalpark Hohe Tauern
Felbertauernstraße
Pass Thurn 1274
Deutsche Alpenstraße
Chiemgau

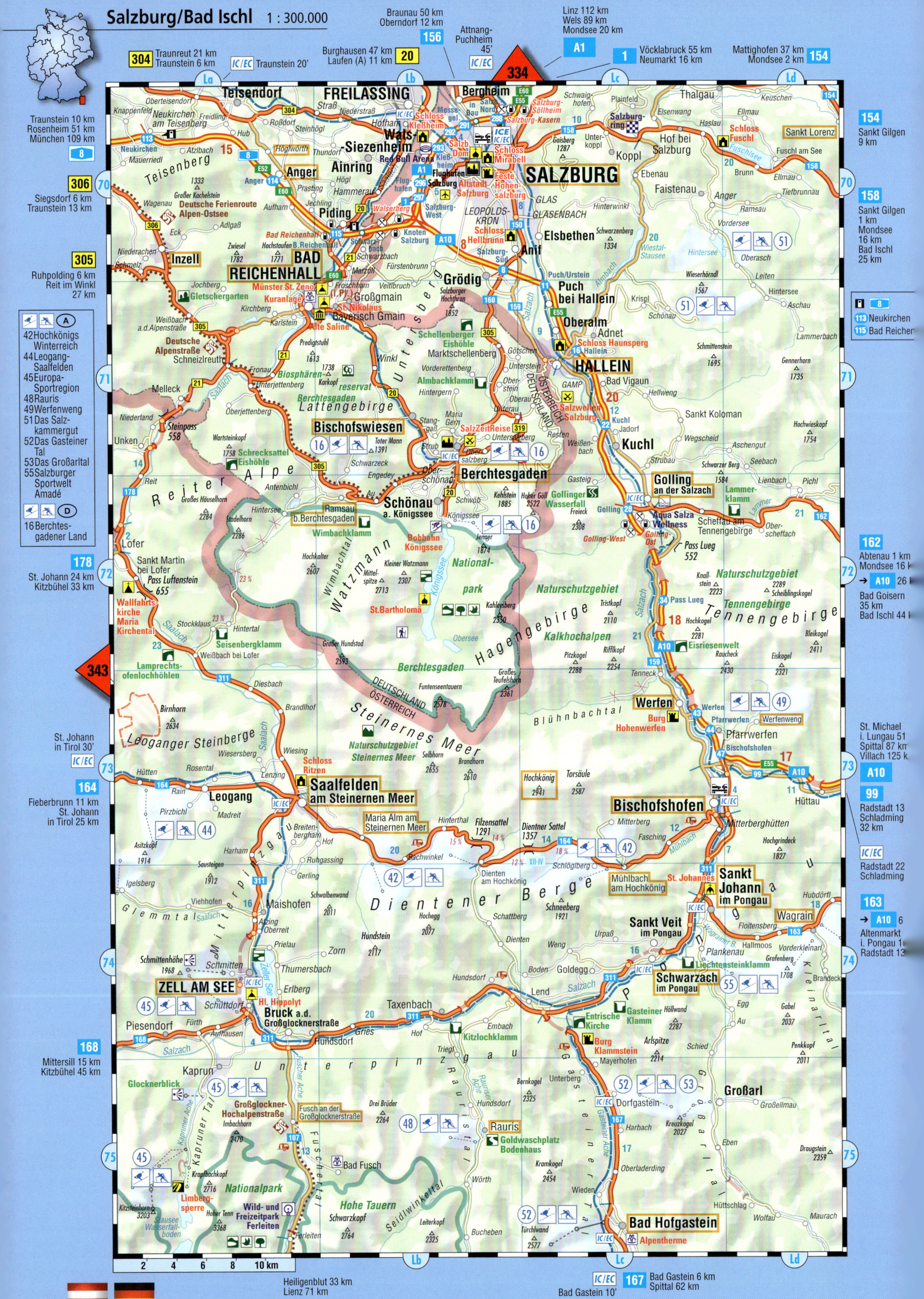

Traunreut 21 km
Traunstein 6 km
Traunstein 20'
Burghausen 47 km
Laufen (A) 11 km
Braunau 50 km
Oberndorf 12 km
Attnang-Puchheim 45'
Linz 112 km
Wels 89 km
Mondsee 20 km
Vöcklabruck 55 km
Neumarkt 16 km
Mattighofen 37 km
Mondsee 2 km
Traunstein 10 km
Rosenheim 51 km
München 109 km
Siegsdorf 6 km
Traunstein 13 km
Ruhpolding 6 km
Reit im Winkl 27 km
42 Hochkönigs Winterreich
44 Leogang-Saalfelden
45 Europa-Sportregion
48 Rauris
49 Werfenweng
51 Das Salzkammergut
52 Das Gasteiner Tal
53 Das Großarltal
55 Salzburger Sportwelt Amadé
16 Berchtesgadener Land
St. Johann 24 km
Kitzbühel 33 km
St. Johann in Tirol 30'
Fieberbrunn 11 km
St. Johann in Tirol 25 km
Mittersill 15 km
Kitzbühel 45 km
Sankt Gilgen 9 km
Sankt Gilgen 1 km
Mondsee 16 km
Bad Ischl 25 km
Neukirchen
Bad Reichenhall
Abtenau 1 km
Mondsee 16 km
Bad Goisern 35 km
Bad Ischl 44 km
St. Michael i. Lungau 51
Spittal 87 km
Villach 125 km
Radstadt 13
Schladming 32 km
Radstadt 22
Schladming
Altenmarkt i. Pongau
Radstadt 13
Heiligenblut 33 km
Lienz 71 km
Bad Gastein 6 km
Spittal 62 km
Bad Gastein 10'
Teisendorf
FREILASSING
Bergheim
Wals-Siezenheim
Ainring
Anger
SALZBURG
Piding
Elsbethen
Anif
Grödig
BAD REICHENHALL
Inzell
Großgmain
Bayerisch Gmain
Puch bei Hallein
Oberalm
HALLEIN
Kuchl
Golling an der Salzach
Bischofswiesen
Berchtesgaden
Schönau a. Königssee
Ramsau b. Berchtesgaden
Lattengebirge
Reiter Alpe
Watzmann
Nationalpark
Hagengebirge
Tennengebirge
Steinernes Meer
Lofer
Werfen
Pfarrwerfen
Saalfelden am Steinernen Meer
Leogang
Leoganger Steinberge
Maria Alm am Steinernen Meer
Hochkönig
Bischofshofen
Mühlbach am Hochkönig
Sankt Johann im Pongau
Wagrain
Dientener Berge
Maishofen
Sankt Veit im Pongau
Schwarzach im Pongau
ZELL AM SEE
Bruck a.d. Großglocknerstraße
Taxenbach
Kaprun
Rauris
Dorfgastein
Großarl
Bad Hofgastein
Hohe Tauern
Nationalpark
Thalgau
Koppl
Hof bei Salzburg
Faistenau
Sankt Koloman
2 4 6 8 10 km

A

54298 Aach *306 Bc53*
78267 Aach *338 Ec70*
520 . . Aachen *284 Ba45*
734 . . Aalen *320 Gb62*
65326 Aarbergen *298 Dc49*
25560 Aasbüttel *245 Fb17*
38871 Abbenrode *277 Gd35*
06543 Abberode *278 Hd38*
38527 Abbesbüttel *266 Gd31*
91183 Abenberg *321 Hc58*
93326 Abensberg *322 Jc62*
91720 Absberg *321 Hb59*
74232 Abstatt *319 Fb60*
06888 Abtsdorf *280 Kc35*
73453 Abtsgmünd *320 Gb61*
69518 Abtsteinach *309 Ec56*
97355 Abtswind *311 Gc54*
88147 Achberg *339 Fd72*
77855 Achern *317 Dc63*
28832 Achim *254 Ed26*
38312 Achim *277 Gd34*
94250 Achslach *324 La60*
88480 Achstetten *330 Ga67*
24239 Achterwehr *238 Ga15*
25917 Achtrup *236 Ed11*
39343 Ackendorf *267 Hd32*
17213 Adamshoffnung *259 Ka22*
73099 Adelberg *319 Fc62*
37139 Adelebsen *276 Fd38*
29352 Adelheidsdorf *266 Ga30*
73486 Adelmannsfelden *320 Gb61*
85111 Adelschlag *321 Hd61*
91325 Adelsdorf *312 Hb54*
74740 Adelsheim *310 Fb57*
82276 Adelshofen *331 Hd67*
91587 Adelshofen *311 Gb56*
86477 Adelsried *331 Ha65*
86559 Adelzhausen *331 Hd66*
53518 Adenau *297 Ca48*
38528 Adenbüttel *266 Gc31*
21365 Adendorf *256 Gc23*
31171 Adensen *265 Fd33*
31079 Adenstedt *277 Ga35*
31246 Adenstedt *266 Gb32*
06408 Aderstedt *279 Jb36*
38838 Aderstedt *278 Hb34*
84166 Adlkofen *333 Kb64*
31177 Adlum *266 Gb33*
18211 Admannshagen-Bargeshagen *248 Jc16*
08626 Adorf *304 Ka49*
09221 Adorf *292 Kd45*
49767 Adorf *262 Cc29*
25572 Aebtissinwisch *245 Fb18*
31855 Aerzen *276 Fa34*
08294 Affalter *304 Kd46*
71563 Affalterbach *319 Fb61*
74182 Affaltrach *319 Fb59*
86444 Affing *331 Hc65*
27257 Affinghausen *264 Ed28*
21684 Agathenburg *245 Fc21*
25560 Agethorst *245 Fb17*
74858 Aglasterhausen *309 Ed57*
84168 Aham *333 Kc64*
48683 Ahaus *273 Cb34*
27367 Ahausen *255 Fb25*
28844 Ahausen *254 Ed26*
27616 Ahe *254 Ed23*
17375 Ahlbeck *251 Ma19*
17419 Ahlbeck *251 Ma17*
29693 Ahlden (Aller) *265 Fc28*
24811 Ahlefeld *237 Fc14*
5922 . Ahlen *274 Dc37*
21702 Ahlerstedt *255 Fb22*
04916 Ahlsdorf *281 La35*
06311 Ahlsdorf *279 Ja38*
98553 Ahlstädt *302 Ha47*
38489 Ahlum *267 Hb28*
34292 Ahnatal *288 Fb40*
21368 Ahndorf *257 Ha24*
24996 Ahneby *237 Fd11*
29353 Ahnsbeck *266 Gc29*
31708 Ahnsen *265 Fa32*
94345 Aholfing *323 Kc60*
94527 Aholming *324 La62*
96482 Ahorn *302 Hb50*
97953 Ahorn *310 Fc55*
95491 Ahorntal *313 Ja53*
31180 Ahrbergen *266 Ga33*
53506 Ahrbrück *297 Cb47*
23623 Ahrensbök *246 Gd17*
22926 Ahrensburg *246 Gb20*
14974 Ahrensdorf *270 La31*
15864 Ahrensdorf *271 Mb32*
16356 Ahrensfelde *270 Lc29*
18320 Ahrenshagen *240 Ka15*
25853 Ahrenshöft *236 Ed13*
18347 Ahrenshoop *240 Jd14*
25885 Ahrenviöl *237 Fa13*
25885 Ahrenviölfeld *237 Fa13*
31174 Ahstedt *266 Gb33*
94529 Aicha v. Wald *324 Lc62*
86551 Aichach *331 Hd65*
73101 Aichelberg *319 Fc63*
86479 Aichen *331 Ha67*
78733 Aichhalden *328 Ea67*
88317 Aichstetten *340 Gb70*
73773 Aichwald *319 Fb62*
94501 Aidenbach *324 Lb63*
97491 Aidhausen *301 Gd50*
71134 Aidlingen *318 Ed63*
84089 Aiglsbach *322 Jc63*
86447 Aindling *331 Hc64*
83404 Ainring *344 Lb70*
89344 Aislingen *330 Gd64*
94330 Aiterhofen *323 Kd61*
88319 Aitrach *330 Gb69*
87648 Aitrang *341 Ha70*
06385 Aken *279 Jd35*
79774 Albbruck *337 Dc72*
25767 Albersdorf *245 Fb16*
73095 Albershausen *319 Fc63*
06279 Alberstedt *279 Jb39*
76857 Albersweiler *317 Dc58*
16321 Albertshof *270 Lc28*
97320 Albertshofen *311 Gb54*
55234 Albig *308 Dd54*
67308 Albisheim *308 Dc55*
23909 Albsfelde *246 Gd20*
724 . . Albstadt *328 Ed67*
52457 Aldenhoven *284 Bb44*
94501 Aldersbach *324 Lb63*
78554 Aldingen *328 Ec68*
49406 Aldorf *264 Eb28*
86733 Alerheim *321 Ha61*
86480 Aletshausen *330 Gd67*
56859 Alf *297 Cb51*
73553 Alfdorf *319 Fd62*
31061 Alfeld *276 Fd35*
91236 Alfeld *313 Jb56*
49594 Alfhausen *263 Dc30*
27432 Alfstedt *244 Ed21*
53347 Alfter *285 Cb45*
39638 Algenstedt *267 Hd29*
31191 Algermissen *266 Ga32*
36211 Alheim *288 Fd43*
39398 Alikendorf *278 Hd34*
29575 Aljarn *256 Gd24*
25938 Alkersum *236 Eb11*
29582 Allenbostel *256 Gc26*
07426 Allendorf *302 Hc46*
35108 Allendorf *287 Eb43*
35469 Allendorf (Lumda) *299 Ec46*
78476 Allensbach *339 Fa71*
39343 Alleringersleben *267 Hc33*
90584 Allersberg *321 Hd58*
29386 Allersehl *266 Gd28*
85391 Allershausen *332 Jb65*
18337 Allerstorf *240 Ka15*
82239 Alling *332 Ja67*
89604 Allmendingen *329 Fd66*
01983 Allmosen *282 Mb37*
06507 Allrode *278 Hb37*
06542 Allstedt *278 Hd39*
25821 Almdorf *236 Ed12*
31079 Almstedt *277 Ga34*
46519 Alpen *272 Bd38*
57642 Alpenrod *298 Db46*
72275 Alpirsbach *328 Ea66*
64665 Alsbach *309 Eb54*
52477 Alsdorf *284 Bb44*
57518 Alsdorf *286 Db45*
67677 Alsenborn *308 Db56*
67821 Alsenz *308 Db54*
36304 Alsfeld *288 Fb45*
67577 Alsheim *309 Ea54*
06425 Alsleben *279 Jb37*
66646 Alsweiler *307 Cb56*
24848 Alt Bennebek *237 Fb14*
14822 Alt Bork *269 Kd32*
15537 Alt Buchhorst *270 Ld30*
18233 Alt Bukow *248 Ja17*
24791 Alt Duvenstedt *237 Fc14*
15526 Alt Golm *271 Mb31*
23968 Alt Jassewitz *247 Hc18*
18299 Alt Kätwin *248 Jd17*
19294 Alt Kaliß *257 Hd24*
19288 Alt Krenzlin *257 Hc23*
16928 Alt Krüssow *258 Jd24*
15518 Alt Madlitz *271 Mc30*
15306 Alt Mahlisch *271 Mc29*
19069 Alt Meteln *247 Hc19*
23881 Alt Mölln *246 Gd21*
17217 Alt Rehse *249 Kd21*
18292 Alt Sammit *248 Jd20*
15910 Alt Schadow *271 Ma33*
17192 Alt Schönau *249 Kb20*
17214 Alt Schwerin *248 Jd21*
15859 Alt Stahnsdorf *271 Ma31*
17166 Alt Sührkow *249 Kb19*
17129 Alt Tellin *250 La18*
15328 Alt Tucheband *271 Md29*
19230 Alt Zachun *257 Hd22*
15913 Alt Zauche *282 Ma34*
73776 Altbach *319 Fb63*
39387 Altbrandsleben *278 Hc34*
03229 Altdöbern *282 Mb37*
71155 Altdorf *318 Ed63*
72655 Altdorf *329 Fb64*
84032 Altdorf *333 Ka64*
90518 Altdorf b. Nürnberg *313 Ja57*
18573 Altefähr *241 Kd14*
93087 Alteglofsheim *323 Ka61*
58762 Altena *286 Da41*
53505 Altenahr *297 Cb47*
04931 Altenau *281 Lb39*
38707 Altenau *277 Gc36*
33184 Altenbeken *275 Ed37*
01773 Altenberg *294 Ma44*
48341 Altenberge *273 Cd34*
49733 Altenberge *252 Cc27*
07338 Altenbeuthen *303 Jb46*
38889 Altenbrak *278 Hb37*
97901 Altenbuch *310 Fb53*
04600 Altenburg *292 Kb43*
06429 Altenburg *279 Jb36*
65624 Altendiez *298 Dc48*
38465 Altendorf *267 Hb29*
92540 Altendorf *314 Kb56*
96146 Altendorf *312 Hc53*
98701 Altenfeld *302 Hb47*
07356 Altengesees *303 Ja47*
66885 Altenglan *307 Cd55*
99991 Altengottern *289 Gd42*
17091 Altenhagen *249 Kd19*
18236 Altenhagen *248 Jb17*
39343 Altenhausen *267 Hc32*
16244 Altenhof *260 Lc26*
17209 Altenhof *259 Ka23*
24340 Altenhof *237 Fd14*
24161 Altenholz *238 Ga14*
18556 Altenkirchen *241 La11*
66903 Altenkirchen *307 Cc56*
57610 Altenkirchen (Westerw.) *298 Da46*
39307 Altenklitsche *268 Jd30*
23730 Altenkrempe *247 Ha16*
96264 Altenkunstadt *302 Hd50*
83352 Altenmarkt a.d Alz *333 Kc68*
29575 Altenmedingen *256 Gd25*
25335 Altenmoor *245 Fc19*
86450 Altenmünster *331 Ha65*
18445 Altenpleen *240 Kc14*
72657 Altenriet *329 Fa64*
29416 Altensalzwedel *267 Hc28*
63674 Altenstadt *299 Ed49*
86972 Altenstadt *341 Hb70*
89281 Altenstadt *330 Gb67*
92665 Altenstadt a.d Waldn. *314 Ka54*
72213 Altensteig *328 Eb64*
93177 Altenthann *323 Kb59*
17087 Altentreptow *250 La19*
39171 Altenweddingen *279 Ja34*
18320 Altenwillershagen *240 Ka15*
39596 Altenzaun *268 Jc28*
06543 Alterode *278 Hd37*
98587 Altersbach *301 Gd46*
97237 Altertheim *310 Fd54*
84169 Altfraunhofen *333 Ka65*
82278 Althegnenberg *331 Hc67*
88499 Altheim *329 Fc68*
89174 Altheim (Alb) *330 Gb64*
21745 Althemmoor *245 Fa20*
75382 Althengstett *318 Ec63*
23883 Althorst *247 Ha20*
71566 Althütte *319 Fc61*
16247 Althüttendorf *260 Ld25*
06800 Altjeßnitz *280 Ka37*
17179 Altkalen *249 Kb18*
04626 Altkirchen *292 Ka43*
16278 Altkünkendorf *260 Ld25*
15345 Altlandsberg *270 Ld29*
15345 Altlandsberg Nord *270 Ld29*
67317 Altleiningen *308 Dc56*
68804 Altlußheim *318 Ea58*
93336 Altmannstein *322 Jb61*
09648 Altmittweida *293 La43*
84503 Altötting *333 Kd66*
85250 Altomünster *331 Hd65*
54518 Altrich *307 Ca52*
67122 Altrip *309 Ea57*
15306 Altrosenthal *271 Mb29*
88361 Altshausen *329 Fc69*
16798 Altthymen *260 La23*
87452 Altusried *340 Gc70*
17375 Altwarp *251 Mb19*
17379 Altwigshagen *250 Ld19*
27616 Altwistedt *254 Ed22*
25486 Alveslohe *246 Ga19*
63755 Alzenau i. Unterfr. *300 Fa51*
55232 Alzey *308 Dc54*
28870 Am Bahnhof *255 Fa25*
26188 Am Küstenkanal *253 Dd25*
86854 Amberg *331 Ha68*
92224 Amberg *313 Jc56*
21385 Amelinghausen *256 Gb25*
83123 Amerang *333 Kb69*
39439 Amesdorf *279 Ja36*
72119 Ammerbuch *328 Ed64*
90614 Ammerndorf *312 Hb57*
22949 Ammersbek *246 Gb20*
92260 Ammerthal *313 Jc56*
35287 Amöneburg *287 Ed45*
84539 Ampfing *333 Kc66*
39387 Ampfurth *278 Hd34*
06317 Amsdorf *279 Jb39*
73340 Amstetten *330 Ga64*
19273 Amt Neuhaus *257 Hb23*
09439 Amtsberg *293 La45*
88279 Amtzell *339 Fd71*
82346 Andechs *331 Hd69*
36452 Andenhausen *301 Gb46*
38836 Anderbeck *278 Hb35*
27446 Anderlingen *255 Fb23*
56626 Andernach *297 Cd48*
49832 Andervenne *263 Da30*
31592 Anemolter *265 Fa30*
74918 Angelbachtal *318 Ec58*
35719 Angelburg *287 Ea45*
83454 Anger *344 La70*
16278 Angermünde *261 Ma25*
39326 Angern *268 Jb31*
06179 Angersdorf *279 Jc39*
56584 Anhausen *298 Da47*
17219 Ankershagen *249 Kc21*
17389 Anklam *250 Lc18*
49577 Ankum *263 Dc30*
09456 Annaberg-Buchholz *305 La46*
06925 Annaburg *281 La36*
01994 Annahütte *282 Ma37*
06308 Annarode *278 Hd38*
76855 Annweiler a. Trifels *317 Dc59*
59609 Anröchte *275 Ea38*
91522 Ansbach *321 Ha58*
09517 Ansprung *293 Lb45*
82387 Antdorf *342 Ja71*
48691 Antoniusheim *273 Ca34*
36326 Antrifttal *288 Fa45*
85646 Anzing *332 Jd67*
31552 Apelern *265 Fb32*
26689 Apen *253 Db24*
38486 Apenburg *267 Hc28*
21641 Apensen *255 Fc22*
86974 Apfeldorf *341 Hc70*
99192 Apfelstädt *290 Hb44*
99510 Apolda *291 Ja43*
21279 Appel *255 Fd23*
27616 Appeln *254 Ed22*
25482 Appen *245 Fd20*
55437 Appenheim *308 Dc52*
77767 Appenweier *327 Dc64*
91722 Arberg *321 Ha59*
17291 Arendsee *260 Lc22*
39619 Arendsee *257 Hd27*
06369 Arensdorf *279 Jc37*
15518 Arensdorf *271 Mb30*
37318 Arenshausen *289 Ga40*
03253 Arenzhain *281 Lc37*
86561 Aresing *332 Ja64*
88260 Argenbühl *340 Ga72*
55496 Argenthal *308 Da52*
37627 Arholzen *276 Fc36*
25767 Arkebek *245 Fa16*
25856 Arlauschleuse *236 Ed13*
25860 Arlewatt *237 Fa13*
27308 Armsen *255 Fb27*
55288 Armsheim *308 Dc53*
24616 Armstedt *245 Fd18*
21769 Armstorf *244 Ed21*
93471 Arnbruck *324 Lb59*
39596 Arneburg *268 Jc28*
89134 Arnegg *330 Ga65*
24399 Arnis *238 Ga12*
59 . . . Arnsberg *286 Dc40*
93473 Arnschwang *315 La57*
01477 Arnsdorf *294 Mb41*
06917 Arnsdorf *280 Kd36*
09477 Arnsfeld *305 Lb46*
07318 Arnsgereuth *302 Hd46*
07952 Arnsgrün *303 Jd46*
04916 Arnsnesta *281 La36*
99310 Arnstadt *290 Hb44*
06333 Arnstedt *279 Ja37*
97450 Arnstein *311 Ga52*
94424 Arnstorf *324 La63*
24634 Arpsdorf *245 Fd17*
93474 Arrach *324 Lb58*
06556 Artern *290 Hd40*
21380 Artlenburg *256 Gc23*
56337 Arzbach *298 Db48*
04886 Arzberg *281 La38*
95659 Arzberg *304 Ka51*
54687 Arzfeld *296 Bb51*
53567 Asbach *297 Cd46*
94094 Asbach *334 Lc65*
86663 Asbach-Bäumenheim *321 Hb63*
94347 Ascha *323 Kd60*
637 . . Aschaffenburg *310 Fa52*
84544 Aschau a. Inn *333 Kb67*
83229 Aschau i. Chiemgau *343 Kb70*
24326 Ascheberg *246 Gc16*
59387 Ascheberg *274 Da36*
24358 Ascheffel *237 Fc14*
26871 Aschendorf-Moorsiedl. *252 Cd26*
98634 Aschenhausen *301 Gb47*
06449 Aschersleben *279 Ja36*
85609 Aschheim *332 Jc67*
06317 Aseleben *279 Jb39*
21271 Asendorf *256 Ga23*
27330 Asendorf *264 Ed28*
71546 Aspach *319 Fb60*
38822 Aspenstedt *278 Hb35*
71679 Asperg *319 Fa61*
25355 Aspern *245 Fd19*
97959 Assamstadt *310 Fd57*
67126 Assenheim *308 Dd57*
35614 Asslar *299 Ea47*
85617 Aßling *333 Ka69*
06901 Ateritz *280 Kc36*
38822 Athenstedt *278 Hb35*
57439 Attendorn *286 Dc42*
84091 Attenhofen *322 Jd63*
85395 Attenkirchen *332 Jc64*
88448 Attenweiler *329 Fd68*
03172 Atterwasch *283 Na34*
94348 Atting *323 Kc61*
39443 Atzendorf *279 Ja35*
79280 Au *327 Db69*
76474 Au a. Rhein *317 Dd61*
84072 Au i.d Hallertau *332 Jc64*
97239 Aub *311 Gb55*
97633 Aubstadt *301 Gd49*
04838 Audenhain *280 Kd38*
08280 Aue *304 Kc46*
98673 Auengrund *302 Hb48*
71549 Auenwald *319 Fc61*
09392 Auerbach *292 Kd45*
94530 Auerbach *324 Lb61*
91275 Auerbach i.d. Oberpf. *313 Jb54*
08209 Auerbach/Vogtland *304 Kb47*
66271 Auersmacher *316 Cb59*
09238 Auerswalde *292 Kd43*
31749 Auetal *265 Fa33*
49434 Auf dem Felde *263 Dd30*
93089 Aufhausen *323 Kb61*
91347 Aufseß *312 Hd53*
79424 Auggen *336 Cd71*
861 . . Augsburg *331 Hb66*
06308 Augsdorf *279 Ja38*
32832 Augustdorf *275 Ec35*
09573 Augustusburg *293 La44*
31553 Auhagen *265 Fb31*
86736 Auhausen *321 Ha60*
24613 Aukrug *245 Fd17*
99765 Auleben *278 Hb39*
88326 Aulendorf *329 Fd69*
39615 Aulosen *258 Ja26*
07955 Auma *291 Jc45*
21521 Aumühle *246 Gc21*
97717 Aura a.d Saale *301 Ga50*
97773 Aura i. Sinngrund *300 Fc50*
91589 Aurach *320 Gd58*
91086 Aurachtal *312 Hb55*
2660 . Aurich *253 Da22*
24975 Ausacker *237 Fc11*
39393 Ausleben *278 Hc34*
94532 Außernzell *324 Lc62*
25548 Auufer *245 Fc18*
25927 Aventoft *236 Ec10*
25715 Averlak *245 Fa18*
06922 Axien *280 Kd37*
27729 Axstedt *254 Ec23*
85653 Aying *332 Jc69*
54441 Ayl *306 Bc55*
86482 Aystetten *331 Hb65*

B

18586 Baabe *241 Lc14*
06408 Baalberge *279 Jb36*
85107 Baar-Ebenhausen *322 Ja63*
06388 Baasdorf *279 Jc37*
39596 Baben *268 Jb28*
64832 Babenhausen *309 Ed52*
87727 Babenhausen *330 Gc68*
83547 Babensham *333 Kb68*
17237 Babke *259 Kc22*
23992 Babst *248 Ja18*
49811 Baccum *262 Cd30*
93090 Bach a.d Donau *323 Kb60*
55422 Bacharach *298 Db51*
96528 Bachfeld *302 Hb48*
89429 Bachhagel *320 Gc63*
71522 Backnang *319 Fb61*
93077 Bad Abbach *323 Ka60*
83043 Bad Aibling *343 Ka70*
95680 Bad Alexandersbad *303 Jd51*
34454 Bad Arolsen *287 Ed40*
82435 Bad Bayersoien *341 Hc71*
27624 Bad Bederkesa *244 Ec21*
79415 Bad Bellingen *336 Cd71*
48455 Bad Bentheim *262 Cc32*
76887 Bad Bergzabern *317 Dc59*
99438 Bad Berka *290 Hd44*
57319 Bad Berleburg *287 Ea43*
95460 Bad Berneck i. Fichtelgebirge *303 Jb51*
56864 Bad Bertrich *297 Cb51*
29549 Bad Bevensen *256 Gd25*
06647 Bad Bibra *291 Ja41*
84364 Bad Birnbach *334 Lb64*
07422 Bad Blankenburg *302 Hd46*
97708 Bad Bocklet *301 Gb49*
29389 Bad Bodenteich *256 Gd27*
08648 Bad Brambach *304 Ka49*
24576 Bad Bramstedt *245 Fd18*
53498 Bad Breisig *297 Cc47*
97769 Bad Brückenau *300 Fd49*
88422 Bad Buchau *329 Fc68*
65520 Bad Camberg *298 Dd49*
98663 Bad Colberg-Heldburg *302 Ha49*
73342 Bad Ditzenbach *329 Fd64*
18209 Bad Doberan *248 Jb16*
33014 Bad Driburg *275 Ed37*
04849 Bad Düben *280 Kb38*
67098 Bad Dürkheim *308 Dd56*
06231 Bad Dürrenberg *291 Jd40*
78073 Bad Dürrheim *328 Eb69*
31707 Bad Eilsen *265 Fa32*
08645 Bad Elster *304 Ka49*
56130 Bad Ems *298 Da49*
34308 Bad Emstal *288 Fa41*
35080 Bad Endbach *287 Eb45*
83093 Bad Endorf *333 Kb69*
49152 Bad Essen *264 Ea32*
83075 Bad Feilnbach *343 Ka70*
06567 Bad Frankenhausen *290 Hc40*
16259 Bad Freienwalde *261 Ma27*
74177 Bad Friedrichshall *319 Fa58*
94072 Bad Füssing *334 Ld65*
37581 Bad Gandersheim *277 Ga36*
01816 Bad Gottleuba *294 Mb44*
94086 Bad Griesbach i. Rottal *334 Lc64*
87730 Bad Grönenbach *340 Gc70*
37539 Bad Grund *277 Gb36*
38667 Bad Harzburg *277 Gd35*
83670 Bad Heilbrunn *342 Jb71*
76332 Bad Herrenalb *318 Ea62*
36251 Bad Hersfeld *288 Fd44*
53557 Bad Hönningen *297 Cc47*
613 . . Bad Homburg v.d Höhe *299 Eb50*
53604 Bad Honnef *297 Cc46*
49186 Bad Iburg *263 Dc33*
34385 Bad Karlshafen *276 Fb38*
97688 Bad Kissingen *301 Gb50*
23996 Bad Kleinen *247 Hd19*
07639 Bad Klosterlausnitz *291 Jc44*
64732 Bad König *309 Ed54*
97631 Bad Königshofen i. Grabfeld *301 Gd49*
06628 Bad Kösen *291 Jb42*
07586 Bad Köstritz *291 Jd43*
93444 Bad Kötzting *324 La58*
82433 Bad Kohlgrub *341 Hc72*
5554 . Bad Kreuznach *308 Db53*
79189 Bad Krozingen *327 Da69*
57334 Bad Laasphe *287 Ea44*
49196 Bad Laer *274 Dd34*
99947 Bad Langensalza *290 Ha42*
06246 Bad Lauchstädt *291 Jc40*
04651 Bad Lausick *292 Kc41*
37431 Bad Lauterberg *277 Gd38*
36448 Bad Liebenstein *289 Gc45*
04924 Bad Liebenwerda *281 Lb38*
75378 Bad Liebenzell *318 Ec62*
33175 Bad Lippspringe *275 Ec36*
07356 Bad Lobenstein *303 Jb48*
56470 Bad Marienberg *298 Dc46*
97980 Bad Mergentheim *310 Fd56*
31848 Bad Münder *265 Fb33*
55583 Bad Münster a. Stein *308 Db53*
53902 Bad Münstereifel *297 Ca47*
02953 Bad Muskau *283 Na37*
61231 Bad Nauheim *299 Ec49*
31542 Bad Nenndorf *265 Fb32*
53474 Bad Neuenahr-Ahrwlr. *297 Cb47*
97616 Bad Neustadt a.d. Saale *301 Gb49*
3254 . Bad Oeynhausen *264 Ec33*
23843 Bad Oldesloe *246 Gc19*
63619 Bad Orb *300 Fb50*
77740 Bad Peterstal-Griesb. *327 Dd65*
31812 Bad Pyrmont *276 Fa35*
74906 Bad Rappenau *319 Fa58*
83435 Bad Reichenhall *344 La71*
77776 Bad Rippoldsau-Schapbach *328 Ea65*
49214 Bad Rothenfelde *274 Dd34*
15526 Bad Saarow *271 Ma31*
37441 Bad Sachsa *277 Gd38*
79713 Bad Säckingen *337 Db73*
31162 Bad Salzdetfurth *277 Ga34*
36364 Bad Salzschlirf *300 Fc46*
3210 . Bad Salzuflen *275 Ec34*
36433 Bad Salzungen *289 Gc45*
59505 Bad Sassendorf *274 Dd38*
88348 Bad Saulgau *329 Fc69*
01814 Bad Schandau *294 Mc43*
06905 Bad Schmiedeberg *280 Kc37*
76669 Bad Schönborn *318 Eb58*
88427 Bad Schussenried *329 Fd69*
65307 Bad Schwalbach *298 Dc50*
23611 Bad Schwartau *246 Gd18*
23795 Bad Segeberg *246 Gb18*
55566 Bad Sobernheim *308 Da53*
65812 Bad Soden *299 Eb50*
63628 Bad Soden-Salmünster *300 Fb49*
37242 Bad Sooden-Allendorf *289 Ga41*
96231 Bad Staffelstein *302 Hc51*
95138 Bad Steben *303 Jb48*
06507 Bad Suderode *278 Hc37*
18334 Bad Sülze *249 Kb16*
99518 Bad Sulza *291 Jb42*
75385 Bad Teinach *318 Ec63*
99955 Bad Tennstedt *290 Hb42*
83646 Bad Tölz *342 Jb71*
73337 Bad Überkingen *329 Fd64*
72574 Bad Urach *329 Fb65*
61118 Bad Vilbel *299 Ec50*
88339 Bad Waldsee *329 Fd69*
83707 Bad Wiessee *342 Jc71*
75323 Bad Wildbad i. Schw. *318 Eb62*
34537 Bad Wildungen *288 Fa42*
19336 Bad Wilsnack *258 Jc26*
74206 Bad Wimpfen *319 Fa58*
91438 Bad Windsheim *311 Gd56*
86825 Bad Wörishofen *331 Ha69*
33181 Bad Wünnenberg *275 Ec39*
88410 Bad Wurzach *340 Ga70*
34596 Bad Zwesten *288 Fa43*
26160 Bad Zwischenahn *253 Dc24*
49635 Badbergen *263 Dc29*
38271 Baddeckenstedt *277 Gb34*
06493 Badeborn *278 Hd36*
39624 Badel *267 Hd28*
54657 Badem *296 Bd51*
7653 . Baden-Baden *317 Dd62*
23619 Badendorf *246 Gd18*
37534 Badenhausen *277 Gb36*
79410 Badenweiler *337 Da70*
38836 Badersleben *278 Hb35*
39579 Badingen *268 Ja29*
19209 Badow *247 Hb21*
99706 Badra *278 Hb39*
89431 Bächingen a.d Brenz *330 Gc64*
19348 Baek *258 Jb24*
23909 Bäk *247 Ha20*
23881 Bälau *246 Gd21*
03185 Bärenbrück *282 Md35*
03172 Bärenklau *282 Md34*
16727 Bärenklau *270 La28*
01768 Bärenstein *294 Ma44*
09471 Bärenstein *305 La47*
95671 Bärnau *314 Kb53*
52499 Baesweiler *284 Bb44*
17326 Bagemühl *261 Ma22*
03130 Bagenz *282 Md37*
79353 Bahlingen *327 Da68*
27321 Bahlum *254 Ed27*
01983 Bahnsdorf *282 Mb37*
04895 Bahnsdorf *281 Lb37*
29556 Bahnsen *256 Gc27*
38459 Bahrdorf *267 Hb31*
03249 Bahren *281 Ld36*
27245 Bahrenborstel *264 Ec30*
39171 Bahrendorf *279 Ja34*
25569 Bahrenfleth *245 Fb18*
23845 Bahrenhof *246 Gc18*
01819 Bahretal *294 Ma43*
15898 Bahro *271 Md33*
88255 Baienfurt *339 Fd70*
84171 Baierbach *333 Kb65*
82065 Baierbrunn *332 Jb68*
85625 Baiern *332 Jd69*
72270 Baiersbronn *328 Ea64*
91083 Baiersdorf *312 Hc54*
88255 Baindt *339 Fd70*
87650 Baisweil *331 Ha69*
14806 Baitz *269 Kc33*
49456 Bakum *263 Dd28*
07580 Baldenhain *292 Ka44*
31609 Balge *265 Fa28*
78582 Balgheim *328 Ec68*
72336 Balingen *328 Ec66*
21730 Balje *245 Fa19*
06493 Ballenstedt *278 Hc37*
39606 Ballerstedt *268 Jb28*
17349 Ballin *250 Lb21*
79282 Ballrechten-Dottingen *337 Da70*
19300 Balow *258 Ja23*
73666 Baltmannsweiler *319 Fc62*
58802 Balve *286 Db40*
86483 Balzhausen *330 Gd67*
960 . . Bamberg *312 Hb52*
14715 Bamme *269 Ka29*
69245 Bammental *309 Ec57*
38486 Bandau *267 Hc29*
17506 Bandelin *250 La17*
19230 Bandenitz *257 Hc22*
18258 Bandow *248 Jc18*
29597 Bankewitz *257 Ha26*
66851 Bann *308 Da57*
17449 Bannemin *250 Lc16*
23769 Bannesdorf *239 Hc13*
29308 Bannetze *265 Fd29*
01728 Bannewitz *293 Ld42*
17429 Bansin *251 Ma17*
31029 Banteln *276 Fd34*
16868 Bantikow *259 Ka26*
19246 Bantin *247 Hb21*
16835 Banzendorf *259 Kd25*
19260 Banzin *257 Ha22*
19079 Banzkow *247 Hd21*
93092 Barbing *323 Ka60*
39249 Barby *279 Jc35*
27432 Barchel *254 Ed22*
36456 Barchfeld *289 Gc45*
48455 Bardel *262 Cb32*
14913 Bardenitz *269 Kd33*
24988 Barderup *237 Fb11*
21357 Bardowick *256 Gc23*
27245 Barenburg *264 Ec29*
21397 Barendorf *256 Gd24*
16866 Barenthin *258 Jd26*
31035 Barfelde *276 Fd34*
73525 Bargau *320 Ga62*
26446 Barge *253 Dc22*
74921 Bargen *318 Ed58*
25704 Bargenstedt *245 Fa17*
23863 Bargfeld-Stegen *246 Gb19*
17398 Bargischow *250 Lc18*
24806 Bargstall *237 Fb15*
21698 Bargstedt *255 Fb22*
24793 Bargstedt *245 Fd16*
22941 Bargteheide *246 Gb20*
25842 Bargum *236 Ed11*
23826 Bark *246 Gb18*
24360 Barkelsby *237 Fd13*
25791 Barkenholm *237 Fa15*
49152 Barkhausen *264 Ea32*
23847 Barkhorst *246 Gc20*
19395 Barkow *258 Jd22*
39179 Barleben *268 Ja33*
25719 Barlt *244 Ed17*
24245 Barmissen *246 Gb16*
25355 Barmstedt *245 Fd19*
39393 Barneberg *267 Hc33*
23968 Barnekow *247 Hd18*
14715 Barnewitz *269 Kb29*
19089 Barnin *248 Ja21*
23858 Barnitz *246 Gc19*
06268 Barnstädt *291 Jb40*
21406 Barnstedt *256 Gc25*
49406 Barnstorf *264 Eb28*
32683 Barntrup *276 Fa35*
24217 Barsbek *238 Gb14*
22885 Barsbüttel *246 Gb21*
16775 Barsdorf *260 La24*
16845 Barsikow *259 Kb27*
30890 Barsinghausen *265 Fc32*
26676 Barßel *253 Db24*
27383 Bartelsdorf *255 Fc25*
18337 Bartelshagen I *240 Ka15*
18314 Bartelshagen II *240 Ka14*
18209 Bartenshagen-Parkentin *248 Jb16*
39343 Bartensleben *267 Hc32*
18356 Barth *240 Kb14*
73566 Bartholomä *320 Ga62*
18516 Bartmannshagen *249 Kd16*
17089 Bartow *250 La18*
21357 Barum *256 Gc23*
29576 Barum *256 Gd25*
15837 Baruth (Mark) *270 Lc33*
49453 Barver *264 Eb29*
38476 Barwedel *267 Ha30*
17166 Barz *249 Ka20*
01994 Barzig *282 Ma37*
27432 Basdahl *254 Ed22*
16352 Basdorf *270 Lb28*
16818 Basdorf *259 Kb25*
17139 Basedow *249 Kb19*
21483 Basedow *256 Gd22*
56220 Bassenheim *297 Cd49*
18513 Bassin *249 Kc16*
27211 Bassum *254 Ec27*
97654 Bastheim *301 Gb48*
21493 Basthorst *246 Gc21*
18230 Bastorf *248 Ja16*
29562 Batensen *257 Ha26*
35088 Battenberg *287 Eb43*
15377 Batzlow *271 Mb28*
91460 Baudenbach *311 Gd55*
98617 Bauerbach *301 Gc47*
16775 Baumgarten *259 Kd26*
18246 Baumgarten *248 Jb19*
55774 Baumholder *307 Cc55*
96148 Baunach *312 Hb52*
34225 Baunatal *288 Fb41*
54538 Bausendorf *297 Cb51*
02625 Bautzen *294 Md40*
49844 Bawinkel *262 Cd29*
94137 Bayerbach *334 Lc65*
84092 Bayerbach b. Ergoldsb. *323 Kb62*
94252 Bayerisch Eisenstein *324 Lc59*
83457 Bayerisch Gmain *344 Lb71*
9544 . Bayreuth *313 Jb52*
83735 Bayrischzell *343 Ka71*
23816 Bebensee *246 Gb18*
39343 Bebertal *267 Hd32*
36179 Bebra *288 Fd43*
67827 Becherbach *308 Da55*
66894 Bechhofen *307 Cd57*
91572 Bechhofen *320 Gd59*
07426 Bechstedt *302 Hc46*
67595 Bechtheim *308 Dd54*
55234 Bechtolsheim *308 Dd53*
92699 Bechtsrieth *314 Ka54*
21643 Beckdorf *255 Fc22*
29320 Beckedorf *256 Ga27*
31699 Beckedorf *265 Fb32*
27243 Beckeln *254 Eb27*
39393 Beckendorf-Neindorf *278 Hc34*
66701 Beckingen *306 Bd57*
29303 Becklingen *256 Ga27*
59269 Beckum *274 Dc37*
50181 Bedburg *284 Bd43*
47551 Bedburg-Hau *272 Bb36*
29355 Beedenbostel *266 Gb29*
48361 Beelen *274 Dd35*
14547 Beelitz *269 Kd32*
39343 Beendorf *267 Hc32*
17258 Beenz *260 La23*
17291 Beenz *260 Lc23*
15518 Beerfelde *271 Ma30*
64743 Beerfelden *309 Ed55*
15926 Beesdau *281 Ld36*
39624 Beese *268 Ja28*
06425 Beesenlaublingen *279 Jb37*
06198 Beesenstedt *279 Jb38*
15848 Beeskow *271 Mb32*
49832 Beesten *263 Da31*
17111 Beestland *249 Kc17*
16766 Beetz *259 Kd27*
38489 Beetzendorf *267 Hc28*
17111 Beggerow *249 Kd18*
23919 Behlendorf *246 Gd20*
18510 Behnkendorf *241 Kd15*
39356 Behnsdorf *267 Hc32*
17179 Behren-Lübchin *249 Kb17*
25850 Behrendorf *237 Fa13*
39606 Behrendorf *258 Jc27*
17498 Behrenhoff *250 La17*
24321 Behrensdorf *238 Gd14*
29646 Behringen *256 Ga25*
99947 Behringen *289 Gd43*
98631 Behrungen *301 Gd48*
23996 Beidendorf *247 Hd19*

25573 Beidenfleth 245 Fb18
37130 Beienrode 277 Gb39
08340 Beierfeld 304 Kd46
02736 Beiersdorf 295 Na41
04924 Beiersdorf 281 Lb38
16259 Beiersdorf 270 Ld28
38382 Beierstedt 278 Ha34
92339 Beilngries 322 Ja60
04886 Beilrode 281 La38
71717 Beilstein 319 Fb60
89179 Beimerstetten 330 Ga65
67259 Beindersheim 309 Ea55
98660 Beinerstadt 301 Gd48
25554 Bekdorf 245 Fb18
25524 Bekmünde 245 Fb18
24601 Belau 246 Gb16
25557 Beldorf 245 Fb16
04874 Belgern 281 La38
04683 Belgershain 292 Kb41
56745 Bell 297 Cc48
56288 Bell (Hunsrück) 297 Cd51
06425 Belleben 279 Jb37
89287 Bellenberg 330 Gb67
76756 Bellheim 317 Dd59
18292 Bellin 248 Jd20
17309 Belling 250 Ld20
39579 Bellingen 268 Jb30
49191 Belm 263 Dd32
98617 Belrieth 301 Gd47
19230 Belsch 257 Hc23
39356 Belsdorf 267 Hc31
56290 Beltheim 297 Cd51
21785 Belum 244 Ed19
14806 Belzig 269 Kb33
72658 Bempflingen 329 Fb64
19339 Bendelin 258 Jd26
21227 Bendestorf 256 Ga23
24217 Bendfeld 238 Gc14
25557 Bendorf 245 Fb17
56170 Bendorf 298 Da48
83671 Benediktbeuern 342 Ja71
18258 Benitz 248 Jc17
14806 Benken 269 Kb33
29416 Benkendorf 267 Hc28
06308 Benndorf 279 Ja38
38877 Benneckenstein 278 Ha37
04828 Bennewitz 292 Kc40
19260 Bennin 257 Ha22
71726 Benningen 319 Fa61
87734 Benningen 330 Gc69
06179 Bennstedt 279 Jc39
14789 Bensdorf 269 Ka31
98554 Benshausen 301 Gd46
64625 Bensheim 309 Eb54
18182 Bentwisch 248 Jd16
19322 Bentwisch 258 Jb25
17129 Bentzin 250 La17
17429 Benz 251 Ma17
23970 Benz 248 Ja18
93176 Beratzhausen 322 Jc59
92334 Berching 322 Ja59
83471 Berchtesgaden 344 Lb71
38272 Berel 266 Gb33
39638 Berenbrock 267 Hd31
53505 Berg 297 Ca47
76768 Berg 317 Dd60
82335 Berg 332 Ja69
88276 Berg 339 Fc70
95180 Berg 303 Jc48
92348 Berg b. Neumarkt
i.d Oberpfalz 313 Ja57
86562 Berg i. Gau 321 Hd63
06536 Berga 278 Hb39
07980 Berga 292 Ka45
88368 Bergatreute 339 Fd70
14641 Berge 269 Kc29
19348 Berge 258 Jb24
39606 Berge 258 Jc27
39638 Berge 267 Hd30
49626 Berge 263 Db29
03246 Bergen 281 Ld36
08239 Bergen 304 Ka47
29303 Bergen 266 Ga28
29468 Bergen 257 Hb27
83346 Bergen 343 Kd70
91790 Bergen 321 Hc59
18528 Bergen a. Rügen 241 La13
24861 Bergenhusen 237 Fb14
14641 Bergerdamm 269 Kc28
25779 Bergewöhrden 237 Fa15
38467 Bergfeld 267 Ha30
01819 Berggiesshübel 294 Mb43
77791 Berghaupten 327 Dc65
86673 Bergheim 321 Hd62
5012. Bergheim / Erft 284 Bd43
14806 Bergholz 269 Kb33
17321 Bergholz 251 Ma21
14558 Bergholz-Rehbrücke 270 La31
89180 Berghülen 329 Fd65
514.. Bergisch Gladbach 285 Cc43
59192 Bergkamen 274 Da38
85232 Bergkirchen 332 Ja66
18573 Berglase 241 La14
73663 Berglen 319 Fc62
85459 Berglern 332 Jd65
51702 Bergneustadt 286 Da43
97493 Bergrheinfeld 311 Gb52
16775 Bergsdorf 260 La26
97241 Bergtheim 311 Gb53
06773 Bergwitz 280 Kb36
39307 Bergzow 268 Jc31
25575 Beringstedt 245 Fc16
99837 Berka 289 Gb44
98631 Berkach 301 Gc48
37297 Berkatal 289 Ga41
39624 Berkau 267 Hd29
15518 Berkenbrück 271 Mb31
23919 Berkenthin 246 Gd20
88450 Berkheim 330 Gb68
17291 Berkholz 260 Lc23
16306 Berkholz-Meyenburg 261 Mb25
1.... Berlin 270 Lb29
16909 Berlinchen 259 Kb24
37339 Berlingerode 277 Gb39
16866 Berlitt 258 Jd26
99439 Berlstedt 290 Hd42
88697 Bermatingen 339 Fb71
98587 Bermbach 301 Gd46
08340 Bermsgrün 304 Kd47
16321 Bernau 270 Lc28
79872 Bernau 337 Dc71
83233 Bernau a. Chiemsee 343 Kc70
86975 Bernbeuren 341 Hb71
06406 Bernburg 279 Jb36
27804 Berne 254 Eb24
92361 Berngau 322 Ja58
93170 Bernhardswald 323 Kb59
18249 Bernitt 248 Jb18
54470 Bernkastel-Kues 307 Cb52
82347 Bernried 342 Ja70
94505 Bernried 324 La60
08315 Bernsbach 304 Kd46
02994 Bernsdorf 282 Mb39
04916 Bernsdorf 281 La36
07318 Bernsdorf 302 Hd46
09337 Bernsdorf 292 Kc45
07952 Bernsgrün 303 Jd46
89182 Bernstadt 330 Gb65
02748 Bernstadt a.d Eigen 295 Nb41
23936 Bernstorf 247 Hb19
48488 Bernte 262 Cd31
37355 Bernterode 289 Gd40
50189 Berrendorf 284 Bd44
49593 Bersenbrück 263 Dc30
38835 Berßel 278 Ha35
15926 Berstequell 281 Ld36
02747 Berthelsdorf 295 Nb42
17291 Bertikow 260 Ld23
39517 Bertingen 268 Jb31
39596 Bertkow 268 Jc28
02763 Bertsdorf-Hörnitz 295 Nb43
26524 Berumbur 242 Cd21
26532 Berumerfehn 242 Cd21
19309 Besandten 257 Hc25
23738 Beschendorf 247 Ha16
25584 Besdorf 245 Fb17
65614 Beselich 298 Dd48
23899 Besenthal 247 Ha21
17039 Beseritz 250 Lb19
74354 Besigheim 319 Fa60
19258 Besitz 257 Ha23
15741 Bestensee 270 Lc32
59909 Bestwig 287 Ea40
06925 Bethau 280 Kd37
31032 Betheln 276 Fd34
54646 Bettingen 306 Bb52
31185 Bettrum 266 Gb33
57518 Betzdorf 286 Db45
21386 Betzendorf 256 Gc25
91282 Betzenstein 313 Ja54
87488 Betzigau 340 Gd71
04824 Beucha 292 Kb40
37327 Beuren 289 Gc40
72660 Beuren 329 Fb64
39615 Beuster 258 Jb26
17268 Beutel 260 Lb24
94501 Beutelsbach 324 Lb63
04924 Beutersitz 281 Lb37
29553 Beverbeck 256 Gc25
16928 Beveringen 258 Jd24
25355 Bevern 245 Fd19
37639 Bevern 276 Fc36
27616 Beverstedt 254 Ec22
37688 Beverungen 276 Fb37
66450 Bexbach 307 Cc57
39171 Beyendorf 279 Ja34
04895 Beyern 281 La37
06528 Beyernaumburg 278 Hd39
39264 Bias 279 Jd35
74078 Biberach 319 Fa59
77781 Biberach 327 Dc66
88400 Biberach a.d Riß 329 Fd68
86485 Biberbach 331 Hb64
89346 Bibertal 330 Gc65
68647 Biblis 309 Ea54
19417 Bibow 248 Ja19
98631 Bibra 301 Gd48
93354 Biburg 322 Jd62
83673 Bichl 342 Ja71
64404 Bickenbach 309 Eb54
87651 Bidingen 341 Hb70
97318 Biebelried 311 Gb54
63599 Biebergemünd 300 Fb50
15913 Biebersdorf 282 Ma34
35444 Biebertal 299 Eb46
64584 Biebesheim a. Rhein 309 Ea54
35216 Biedenkopf 287 Eb44
79215 Biederbach 327 Dc67
39175 Biederitz 268 Jb33
15236 Biegen 271 Mc31
33... Bielefeld 275 Eb34
06408 Biendorf 279 Jc36
18230 Biendorf 248 Ja16
49808 Biene 262 Cd30
29553 Bienenbüttel 256 Gc25
04430 Bienitz 292 Ka40
39221 Biere 279 Jb35
29416 Bierstedt 267 Hb28
16278 Biesenbrow 261 Ma24
06343 Biesenrode 278 Hd38
16359 Biesenthal 260 Lc27
87640 Biessenhofen 341 Ha70
49434 Bieste 263 Dc30
76467 Bietigheim 317 Dd61
74321 Bietigheim-Bissingen 319 Fa61
17291 Bietikow 260 Ld23
48727 Billerbeck 273 Cd35
74842 Billigheim 310 Fb57
76831 Billigheim 317 Dc59
25485 Bilsen 245 Fd19
37434 Bilshausen 277 Gb38
24576 Bimöhlen 246 Ga18
48527 Bimolten 262 Cb30
74862 Binau 309 Ed57
29416 Binde 257 Hd27
39590 Bindfelde 268 Jc29
95463 Bindlach 313 Jb52
15754 Bindow 270 Ld31
55411 Bingen 308 Db52
72511 Bingen 329 Fb68
31619 Binnen 265 Fa29
54518 Binsfeld 306 Bd52
86637 Binswangen 331 Ha64
18609 Binz 241 Lb13
79589 Binzen 337 Da72
49626 Bippen 263 Db29
73102 Birenbach 319 Fd62
54587 Birgel 296 Bd49
57587 Birken-Honigsessen 286 Db45
69488 Birkenau 309 Ec55
79777 Birkendorf 337 Dd71
55765 Birkenfeld 307 Cb55
75217 Birkenfeld 318 Eb61
97834 Birkenfeld 310 Fd53
67134 Birkenheide 308 Dd56
16321 Birkenhöhe 270 Lc28
07366 Birkenhügel 303 Jb48
16547 Birkenwerder 270 La28
15848 Birkholz 271 Mb32
39517 Birkholz 268 Jb31
16356 Birkholzaue 270 Lc28
07336 Birkigt 303 Ja46
01827 Birkwitz-Pratzschwitz 294 Ma43
65626 Birlenbach 298 Dc49
54574 Birresborn 296 Bd50
63633 Birstein 300 Fb49
98634 Birx 301 Gb47
96120 Bischberg 312 Hb52
97836 Bischbrunn 310 Fc53
03205 Bischdorf 282 Ma35
37130 Bischhausen 277 Gb39
01920 Bischheim-Häslich 294 Mb40
99094 Bischleben 290 Hb44
35649 Bischoffen 299 Ea46
37345 Bischofferode 277 Gd39
98553 Bischofrod 302 Ha47
06295 Bischofrode 279 Ja39
18556 Bischofsdorf 241 Kd12
95493 Bischofsgrün 303 Jc51
65474 Bischofsheim 309 Ea52
97653 Bischofsheim a.d Rhön 301 Ga48
94253 Bischofsmais 324 Lb60
01877 Bischofswerda 294 Mc41
83483 Bischofswiesen 344 Lb71
76476 Bischweier 317 Dd62
72406 Bisingen 328 Ed66
17322 Bismark 251 Mb21
39629 Bismark 268 Ja29
29646 Bispingen 256 Ga25
24582 Bissee 246 Ga16
49143 Bissendorf 263 Dd32
86657 Bissingen 321 Ha63
73266 Bissingen a.d Teck 329 Fc64
24358 Bistensee 237 Fc14
24991 Bistoft 237 Fc11
54634 Bitburg 306 Bc52
19273 Bitter 257 Hb24
06749 Bitterfeld 280 Ka37
39517 Bittkau 268 Jc31
72475 Bitz 329 Fa67
93476 Blaibach 323 Kd58
87544 Blaichach 340 Gc73
16909 Blandikow 259 Ka25
25541 Blangenmoor-Lehe 245 Fa18
63825 Blankenbach 300 Fa51
07366 Blankenberg 303 Jb48
16845 Blankenberg 259 Kb26
19412 Blankenberg 248 Ja19
17291 Blankenburg 260 Ld23
38889 Blankenburg 278 Hb36
15827 Blankenfelde 270 Lb31
18182 Blankenhagen 248 Jd16
99444 Blankenhain 290 Hd44
06528 Blankenheim 279 Ja39
53945 Blankenheim 296 Bd48
17039 Blankenhof 249 Kd20
56865 Blankenrath 297 Cc51
14959 Blankensee 270 La32
17237 Blankensee 260 La22
17322 Blankensee 251 Mb21
01723 Blankenstein 293 Lc42
07366 Blankenstein 303 Jb48
15868 Blasdorf 282 Mc34
89143 Blaubeuren 329 Fd65
74572 Blaufelden 320 Ga58
89134 Blaustein 330 Ga65
21354 Bleckede 257 Ha23
54608 Bleialf 296 Bb49
99752 Bleicherode 277 Gd39
24327 Blekendorf 238 Gd15
27337 Blender 255 Fa27
16909 Blesendorf 259 Ka24
17392 Blesewitz 250 Lb18
15328 Bleyen 271 Md28
21640 Bliedersdorf 255 Fc22
16269 Bliesdorf 271 Mb28
14542 Bliesendorf 269 Kc31
18375 Bliesenrade 240 Ka14
66440 Blieskastel 316 Cc58
23847 Bliestorf 246 Gd19
19306 Blievenstorf 258 Ja23
89434 Blindheim 321 Ha63
17291 Blindow 260 Ld22
07926 Blintendorf 303 Jc48
06217 Blösien 291 Jc40
03130 Bloischdorf 282 Md37
26487 Blomberg 243 Da21
32825 Blomberg 276 Fa35
25348 Blomesche Wildnis 245 Fb19
25348 Blomesche Wildnis 245 Fb19
15754 Blossin 270 Ld31
23974 Blowatz 247 Hd17
19258 Blücher 257 Ha23
23923 Blüssen 247 Hb18
19357 Blüthen 258 Jb24
16306 Blumberg 261 Ma23
16356 Blumberg 270 Lc29
78176 Blumberg 338 Eb70
17337 Blumenhagen 250 Ld21
17237 Blumenholz 259 Kd22
16775 Blumenow 260 La24
16928 Blumenthal 259 Ka25
24241 Blumenthal 238 Ga15
23813 Blunk 246 Gb17
06766 Bobbau 280 Ka37
67240 Bobenheim 309 Ea55
19357 Boberow 258 Ja24
86399 Bobingen 331 Hb66
23996 Bobitz 247 Hd19
03222 Boblitz 282 Ma35
09627 Bobritzsch 293 Lc43
19230 Bobzin 257 Hc22
4639. Bocholt 272 Bd36
14550 Bochow 269 Kc31
44... Bochum 273 Cc39
18445 Bock 240 Kc13
08324 Bockau 304 Kc47
37345 Bockelnhagen 277 Gc38
04703 Bockelwitz 292 Kd41
55595 Bockenau 308 Da53
31167 Bockenem 277 Gb34
67278 Bockenheim
a.d. Weinstraße 308 Dd55
26345 Bockhorn 253 Dc23
85461 Bockhorn 332 Jd66
26897 Bockhorst 253 Da26
98673 Bockstadt 302 Hb48
21385 Bockum 256 Gb25
17179 Boddin 249 Kb17
19243 Boddin 247 Hb21
16928 Boddin-Langnow 258 Jd25
72411 Bodelshausen 328 Ed65
07381 Bodelwitz 303 Jb46
39343 Bodendorf 267 Hd32
37194 Bodenfelde 276 Fc38
55294 Bodenheim 309 Ea52
84155 Bodenkirchen 333 Kc65
94249 Bodenmais 324 Lb59
37308 Bodenrode-Westhsn. 289 Gb40
37434 Bodensee 277 Gb38
37619 Bodenwerder 276 Fc35
92439 Bodenwöhr 323 Kb58
78351 Bodman 338 Ed71
88285 Bodnegg 339 Fd71
88131 Bodolz 339 Fd72
18356 Bodstedt 240 Ka14
82389 Böbing 341 Hc71
73560 Böbingen a.d Rems 320 Ga62
7103. Böblingen 318 Ed63
94255 Böbrach 324 Lb59
14778 Boecke 269 Ka32
29597 Boecke 257 Ha25
38536 Böckelse 266 Gc30
39359 Böddensell 267 Hc31
29556 Böddenstedt 256 Gc26
24401 Böel 237 Fd12
24994 Bögelhuus 237 Fa10
67459 Böhl 308 Dd57
04564 Böhlen 292 Ka41
98701 Böhlen 302 Hc46
18334 Böhlendorf 249 Kb16
04430 Böhlitz-Ehrenberg 292 Ka40
29693 Böhme 265 Fc28
89558 Böhmenkirch 320 Ga63
85113 Böhmfeld 322 Ja61
14715 Böhne 269 Ka29
24220 Böhnhusen 238 Ga15
19069 Böken 247 Hc20
24860 Böklund 237 Fc12
16248 Bölkendorf 261 Ma25
18239 Bölkow 248 Jc17
18276 Bölkow 248 Jd19
39517 Bölsdorf 268 Jc30
16928 Bölzke 258 Jd25
26831 Boen 252 Cd25
24620 Bönebüttel 246 Ga17
59199 Bönen 274 Db38
04924 Bönitz 281 Lb38
74357 Bönnigheim 319 Fa60
25474 Bönningstedt 246 Ga20
26904 Börger 253 Da27
18211 Börgerende-Rethwisch 248 Jb16
26903 Börgerwald 253 Da26
24863 Börm 237 Fb14
09437 Börnichen / Erzgeb. 293 Lb45
14641 Börnicke 269 Kd28
16321 Börnicke 270 Lc28
24306 Börnsdorf 246 Gc16
21039 Börnsen 256 Gb22
38312 Börßum 277 Gd34
49626 Börstel 263 Db29
73104 Börtlingen 319 Fd62
23936 Börzow 247 Hb18
24306 Bösdorf 246 Gc16
39359 Bösdorf 267 Hb31
37339 Böseckendorf 277 Gb39
26219 Bösel 253 Dc26
29439 Bösel 257 Hc26
08606 Bösenbrunn 303 Jd48
78662 Bösingen 328 Eb67
27367 Bötersen 255 Fb25
78583 Böttingen 328 Ec68
79268 Bötzingen 327 Da68
16727 Bötzow 270 La28
24994 Böxlund 237 Fa10
37691 Boffzen 276 Fb37
94327 Bogen 323 Kd61
26340 Bohlenberge 253 Dc22
25853 Bohmstedt 236 Ed12
49163 Bohmte 264 Ea31
03130 Bohsdorf 282 Md37
23974 Boiensdorf 247 Hd17
18249 Boitin 248 Jc19
21368 Boitze 257 Ha25
17268 Boitzenburg 260 Lc23
19258 Boizenburg 257 Ha23
24802 Bokel 245 Fd16
25364 Bokel 245 Fd19
27616 Bokel 254 Ec23
25596 Bokelrehm 245 Fb17
38556 Bokensdorf 267 Ha30
25335 Bokholt-Hanredder 245 Fd19
25560 Bokhorst 245 Fb17
24220 Boksee 238 Gb15
67295 Bolanden 308 Dc55
17392 Boldekow 250 Lb19
18528 Boldevitz 241 La13
73087 Boll 319 Fc63
54669 Bollendorf 306 Bb53
15936 Bollensdorf 281 Lb35
15377 Bollersdorf 271 Ma29
17207 Bollewick 259 Kb22
24855 Bollingstedt 237 Fb12
79283 Bollschweil 327 Da69
03205 Bolschwitz 282 Mb36
87538 Bolsterlang 340 Gc73
23946 Boltenhagen 247 Hc17
21379 Boltersen 256 Gd24
19406 Bolz 248 Jc20
29413 Bombeck 257 Hb27
29699 Bomlitz 255 Fc27
58313 Bommern 285 Cd40
15898 Bomsdorf 271 Md33
25850 Bondelum 237 Fa13
71149 Bondorf 328 Ec64
29413 Bonese 257 Ha27
53... Bonn 285 Cb45
79848 Bonndorf 338 Ea70
32602 Bonneberg 264 Ec33
86486 Bonstetten 331 Ha65
17322 Boock 251 Mb21
39606 Boock 268 Ja28
87737 Boos 330 Gc68
24598 Boostedt 246 Ga17
73441 Bopfingen 320 Gc61
56154 Boppard 298 Da50
33178 Borchen 275 Ec37
25852 Bordelum 236 Ed12
24582 Bordesholm 246 Ga16
24392 Boren 237 Fd12
29571 Borg 257 Ha26
24589 Borgdorf-Seedorf 245 Fd16
34434 Borgentreich 276 Fa38
33829 Borgholzhausen 275 Ea34
24794 Borgstedt 237 Fd15
25938 Borgsum 236 Eb11
24857 Borgwedel 237 Fc13
16866 Bork 259 Ka25
04916 Borken 281 La36
34582 Borken 288 Fb43
46325 Borken 273 Ca36
14822 Borkheide 269 Kc32
19406 Borkow 248 Jb20
26757 Borkum 242 Ca21
14822 Borkwalde 269 Kc32
18375 Born 240 Ka14
39345 Born 267 Hd31
04552 Borna 292 Kb42
04758 Borna 293 Lb40
14806 Borne 269 Kb33
39435 Borne 279 Ja35
53332 Bornheim 285 Cb45
76879 Bornheim 317 Dd58
24619 Bornhöved 246 Gb17
25557 Bornholt 245 Fb17
56348 Bornich 298 Db51
29413 Bornsen 267 Hb28
06295 Bornstedt 279 Ja39
39343 Bornstedt 267 Hd33
38312 Bornum 277 Gd34
39264 Bornum 279 Jd34
17111 Borrentin 249 Kc18
04451 Borsdorf 292 Kb40
25376 Borsfleth 245 Fb19
24616 Borstel 245 Fd18
27246 Borstel 264 Ed29
25494 Borstel-Hohenraden 245 Fd20
09579 Borstendorf 293 Lb44
23881 Borstorf 246 Gd21
23715 Bosau 246 Gc16
25899 Bosbüll 236 Ec10
06895 Boßdorf 280 Kc34
19205 Botelsdorf 247 Hc19
27386 Bothel 255 Fc25
24250 Bothkamp 246 Gb16
06571 Bottendorf 290 Hd40
39164 Bottmersdorf 278 Hd34
462.. Bottrop 273 Cb38
66359 Bous 316 Bd58
24796 Bovenau 237 Fd15
37120 Bovenden 277 Ga38
21782 Bovenmoor 244 Ed20
02943 Boxberg 283 Na38
97944 Boxberg 310 Fd56
22145 Braak 246 Gb21
57555 Brachbach 286 Dc45
06188 Brachstedt 279 Jd38
63636 Brachttal 300 Fb49
06198 Brachwitz 279 Jc38
14822 Brachwitz 269 Kd33
21438 Brackel 256 Ga23
74336 Brackenheim 319 Fa60
25923 Braderup 236 Ed10
14641 Brädikow 269 Kb28
06862 Bräsen 280 Ka34
78199 Bräunlingen 328 Ea69
06333 Bräunrode 278 Hd37
09212 Bräunsdorf 292 Kc44
09603 Bräunsdorf-Langhennersdorf
293 Lb43
19273 Brahlstorf 257 Hb23
26919 Brake 254 Eb23
33034 Brakel 276 Fa37
16259 Bralitz 261 Ma26
06862 Brambach 279 Jd35
24793 Brammer 245 Fd16
49565 Bramsche 263 Dc31
27628 Bramstedt 254 Ec23
25926 Bramstedtlund 237 Fa10
95682 Brand 313 Jc52
25364 Brande-Hörnerkirchen 245 Fd19
1477. Brandenburg a.d Havel 269 Kb30
09618 Branderbisdorf 293 Lb44
06785 Brandhorst 280 Ka36
04821 Brandis 292 Kc40
04916 Brandis 281 La36
48531 Brandlecht 262 Cc31
18519 Brandshagen 241 Kd15
83098 Brannenburg 343 Ka71
06188 Braschwitz 279 Jd38
56338 Braubach 298 Da49
54472 Brauneberg 307 Cb52
35619 Braunfels 299 Ea47
38700 Braunlage 277 Gd37
74542 Braunsbach 319 Fd59
06242 Braunsbedra 291 Jc40
16818 Braunsberg 259 Kc25
381.. Braunschweig 266 Gd32
06543 Braunschwende 278 Hd38
15518 Braunsdorf 271 Ma31
24392 Brebel 237 Fd12
65611 Brechen 298 Dd49
58339 Breckerfeld 285 Cd41
26897 Breddenberg 253 Da26
16845 Breddin 258 Jd27
27412 Breddorf 255 Fa23
24796 Bredenbek 237 Fd15
17153 Bredenfelde 249 Kc20
17349 Bredenfelde 260 Lb22
16775 Bredereiche 260 La24
14641 Bredow 269 Kd29
25821 Bredstedt 236 Ed12
17506 Breechen 250 La17
18556 Breege 241 La11
19322 Breese 258 Jb26
17091 Breesen 249 Kd20
18334 Breesen 249 Kb16
17089 Breest 250 La18
19309 Breetz 257 Hd25
39343 Bregenstedt 267 Hc32
37339 Brehme 277 Gc39
06796 Brehna 279 Jd38
06796 Brehna 280 Ka38
35236 Breidenbach 287 Ea44
24797 Breiholz 245 Fc16
79206 Breisach a. Rhein 326 Cd68
96151 Breitbrunn 302 Ha51
83254 Breitbrunn a. Chiemsee 333 Kc69
03249 Breitenau 281 Ld36
06528 Breitenbach 278 Hc38
36287 Breitenbach 288 Fc45
66916 Breitenbach 307 Cc56
25597 Breitenberg 245 Fc18
94139 Breitenberg 325 Mb62
08359 Breitenbrunn 304 Kd47
87739 Breitenbrunn 330 Gd68
92363 Breitenbrunn 322 Jb59
39638 Breitenfeld 267 Hc29
23881 Breitenfelde 246 Gd21
96149 Breitengüßbach 312 Hb52
39240 Breitenhagen 279 Jc35
39646 Breitenrode 267 Hb30
06547 Breitenstein 278 Hb38
86488 Breitenthal 330 Gc67
37339 Breitenworbis 277 Gc39
79874 Breitnau 327 Dc69
35767 Breitscheid 298 Dd46
53547 Breitscheid 297 Cd47
06536 Breitungen 278 Hc39
98597 Breitungen 289 Gc45
24811 Brekendorf 237 Fc14
25821 Breklum 236 Ed12
28... Bremen 254 Ec25
275.. Bremerhaven 254 Eb22
27432 Bremervörde 255 Fa22
15890 Bremsdorf 271 Md32
03253 Brenitz 281 Lc36
93179 Brennberg 323 Kb59
64395 Brensbach 309 Ed54
19306 Brenz 258 Ja22
19230 Bresegard 257 Hc23
19294 Bresegard 257 Hd24
21698 Brest 255 Fb22
01900 Bretnig-Hauswalde 294 Mb41
39606 Bretsch 258 Ja27
75015 Bretten 318 Ec60
39307 Brettin 268 Jd31
55559 Bretzenheim 308 Db53
74626 Bretzfeld 319 Fc59
64747 Breuberg 309 Ed53
34479 Breuna 288 Fa40
29479 Breustian 257 Hb26
37647 Brevörde 276 Fb35
56321 Brey 298 Da49
25712 Brickeln 245 Fa17
56867 Briedel 297 Cb51
14778 Brielow 269 Kb30
15848 Briescht 271 Mb33
14656 Brieselang 269 Kd29
03096 Briesen 282 Mc35
15518 Briesen 271 Mc31
15757 Briesen 270 Ld33
15913 Briesensee 282 Ma34
01968 Brieske 282 Ma38
15295 Brieskow-Finkenheerd 271 Md31
14778 Briest 269 Ka30
16306 Briest 261 Ma24
39524 Briest 268 Jd30
21382 Brietlingen 256 Gc23
29413 Brietz 257 Hb27
17309 Brietzig 250 Ld21
78086 Brigachtal 328 Ea69
17153 Briggow 249 Kc20
59929 Brilon 287 Eb40
24816 Brinjahe 245 Fc16
26835 Brinkum 253 Da24
28816 Brinkum 254 Ec26
17166 Bristow 249 Kb19
16230 Britz 260 Ld26
27386 Brockel 255 Fc25
49152 Brockhausen 264 Ea32
29565 Brockhöfe 256 Gb26
49448 Brockum 264 Ea31
24398 Brodersby 238 Ga12
24864 Brodersby 237 Fd13
24235 Brodersdorf 238 Gb14
18184 Broderstorf 248 Jd16
16230 Brodowin 261 Ma26
18258 Bröbberow 248 Jc17
29356 Bröckel 266 Gb30
21514 Bröthen 256 Gd22
56656 Brohl-Lützing 297 Cc47
17099 Brohm 250 Lb20
25576 Brokdorf 245 Fb19
31628 Brokeloh 265 Fa30
24616 Brokstedt 245 Fd17
64753 Brombachtal 309 Ed54
38465 Brome 267 Hb29
59969 Bromskirchen 287 Eb42
03205 Bronkow 282 Ma36
19386 Broock 258 Jc22
98599 Brotterode 289 Gd45
04895 Brottewitz 281 Lb38
49497 Bruch 263 Db32
16278 Bruchhagen 261 Ma24
27305 Bruchhausen-Vilsen 254 Ed27
63486 Bruchköbel 299 Ed50
66892 Bruchmühlbach 307 Cd57
15370 Bruchmühle 270 Ld29
76646 Bruchsal 318 Eb59
29585 Bruchtorf 256 Gd25
29588 Bruchwedel 257 Ha26
76891 Bruchweiler-Bärenbach 317 Db59
85567 Bruck 332 Jd68
92436 Bruck i.d Oberpfalz 323 Kb58
84079 Bruckberg 332 Jd64
91590 Bruckberg 312 Ha57
83052 Bruckmühl 332 Jd69
83052 Bruckmühl 342 Jd70
17159 Brudersdorf 249 Kc17
14822 Brück 269 Kc32
06528 Brücken 278 Hc39
55767 Brücken 307 Cb55
66904 Brücken (Pfalz) 307 Cc56
19412 Brüel 248 Ja19
24582 Brügge 246 Ga16
31033 Brüggen 276 Fd34
41379 Brüggen 284 Bb41
50321 Brühl 285 Ca44
68782 Brühl 309 Eb57
18337 Brünkendorf 240 Ka15
09380 Brünlos 292 Kd45
98673 Brünn /Thüringen 302 Hb48
31863 Brünninghausen 265 Fc33
17509 Brünzow 250 Lb16
19071 Brüsewitz 247 Hc20
17326 Brüssow 261 Ma22
39240 Brumby 279 Jb35
39624 Brunau 267 Hd28
16845 Brunn 259 Ka26
17039 Brunn 250 La20
93164 Brunn 322 Jd59
16833 Brunne 259 Kc27
86564 Brunnen 322 Ja63
36452 Brunnhartshausen 301 Gb46
85649 Brunnthal 332 Jc69
16259 Brunow 260 Ld27
19372 Brunow 258 Jb23
22946 Brunsbek 246 Gb21
25541 Brunsbüttel 245 Fa18
23883 Brunsmark 247 Ha21
21524 Brunstorf 256 Gc22
56814 Bruttig 297 Cc50
91088 Bubenreuth 312 Hc55
89347 Bubesheim 330 Gc65
39517 Buch 268 Jc30
56290 Buch 297 Cd51
89290 Buch 330 Gc67
85656 Buch a. Buchrain 332 Jd67
84172 Buch a. Erlbach 333 Ka65
91592 Buch a. Wald 311 Gc57
07389 Bucha 303 Jb46
84428 Buchbach 333 Kb66
86675 Buchdorf 321 Hb62
74722 Buchen (Odenwald) 310 Fb56
79256 Buchenbach 327 Dc69
87474 Buchenberg 340 Gc71
17268 Buchenhain 260 Lb23
03253 Buchhain 281 Lb37
94533 Buchhofen 324 La62
14547 Buchholz 269 Kd33
14823 Buchholz 269 Kb33
15345 Buchholz 270 Ld29
15518 Buchholz 271 Mb30
16928 Buchholz 258 Jd25
17209 Buchholz 259 Kb23
18461 Buchholz 240 Kc15
23911 Buchholz 247 Ha20
25712 Buchholz 245 Fa18
31710 Buchholz 265 Fa33
32469 Buchholz 264 Ed31
39579 Buchholz 268 Jb30
99762 Buchholz 278 Hb38
29690 Buchholz (Aller) 265 Fd29
21244 Buchholz i.d Nordheide 255 Fd23
53567 Buchholz (Westerwald) 297 Cd46
39646 Buchhorst 267 Hb30
86807 Buchloe 331 Hb68
14641 Buchow-Karpzow 269 Kd30
03229 Buchwäldchen 282 Mb36
04895 Buckau 281 La37
14793 Buckau 269 Ka32
91054 Buckenhof 312 Hc55
03205 Buckow 282 Ma36
14913 Buckow 281 Lb34
15377 Buckow 271 Ma29
15848 Buckow 271 Mb32
14715 Buckow b. Nennhsn. 269 Kb29
17440 Buddenhagen 250 Lc17
55257 Budenheim 298 Dd51
56823 Büchel 297 Cb50
21514 Büchen 256 Gd22
91186 Büchenbach 321 Hc58
55491 Büchenbeuren 307 Cc52
94124 Büchlberg 325 Ma62
21465 Büchsenschinken 246 Gb21
31675 Bückeburg 264 Ed32
49740 Bückelte 262 Cd29
27333 Bücken 265 Fa28
14793 Bücknitz 269 Ka32
16845 Bückwitz 259 Ka27
38372 Büddenstedt 267 Hb33
24782 Büdelsdorf 237 Fc15
39291 Büden 268 Jb33
63654 Büdingen 300 Fa49
77815 Bühl 317 Dd63
77830 Bühlertal 317 Dd63
74424 Bühlertann 320 Ga60
74426 Bühlerzell 320 Ga60
38835 Bühne 277 Gd34
23845 Bühnsdorf 246 Gc18
31619 Bühren 265 Fa29
37127 Bühren 276 Fd39
21782 Bülkau 244 Ed20
17166 Bülow 249 Kb20
18276 Bülow 248 Jc19
19089 Bülow 248 Jb21
19217 Bülow 247 Hb19
27412 Bülstedt 255 Fa24
39345 Bülstringen 267 Hd32
31241 Bülten 266 Gb32
49808 Bülten 262 Cd30

C

D

E

63928 Eichenbühl *310 Fb54*
94428 Eichendorf *324 La63*
36124 Eichenzell *300 Fd47*
21436 Eichholz *256 Gc23*
03238 Eichholz-Drößig *281 Ld37*
16244 Eichhorst *260 Lc26*
17099 Eichhorst *250 Lb20*
07338 Eichicht *303 Ja46*
08626 Eichigt *304 Ka48*
16727 Eichstädt *270 La28*
85072 Eichstätt *321 Hd61*
39596 Eichstedt *268 Jb28*
79356 Eichstetten *327 Da68*
15732 Eichwalde *270 Lc31*
29693 Eickeloh *265 Fc28*
39221 Eickendorf *279 Jb35*
39359 Eickendorf *267 Hc31*
29358 Eicklingen *266 Gb30*
17291 Eickstedt *261 Ma22*
78253 Eigeltingen *338 Ed70*
99976 Eigenrieden *289 Gc41*
04838 Eilenburg *280 Kc39*
38838 Eilenstedt *278 Hb35*
38838 Eilsdorf *278 Hb34*
32120 Eilshausen *264 Eb33*
39365 Eilsleben *267 Hc33*
31036 Eime *276 Fd34*
79591 Eimeldingen *336 Cd72*
37632 Eimen *276 Fd36*
39343 Eimersleben *267 Hc32*
29578 Eimke *256 Gc26*
37574 Einbeck *277 Ga36*
23911 Einhaus *247 Ha20*
64683 Einhausen *309 Eb54*
98617 Einhausen *301 Gd47*
09125 Einsiedel *293 La44*
37534 Eisdorf *277 Gb37*
83549 Eiselfing *333 Kb68*
99817 Eisenach *289 Gc43*
79871 Eisenbach *327 Dd69*
07607 Eisenberg *291 Jc43*
87637 Eisenberg *341 Ha72*
67304 Eisenberg (Pfalz) *308 Dc55*
24589 Eisendorf *245 Fd16*
97247 Eisenheim *311 Gb53*
15890 Eisenhüttenstadt *271 Md32*
98673 Eisfeld *302 Hb48*
75239 Eisingen *318 Eb61*
97249 Eisingen *311 Ga54*
73054 Eislingen a.d Fils *319 Fd63*
27321 Eißel *254 Ed26*
49751 Eisten *263 Da28*
56337 Eitelborn *298 Da48*
85117 Eitensheim *322 Ja62*
36132 Eiterfeld *288 Fd45*
53783 Eitorf *285 Cd45*
85462 Eitting *332 Jd65*
27318 Eitzendorf *255 Fa27*
18334 Eixen *240 Kb15*
24392 Ekenis *237 Fd12*
38274 Elbe *277 Gc34*
39218 Elbenau *279 Jb34*
49624 Elbergen *263 Db28*
37412 Elbingerode *277 Gc37*
38875 Elbingerode *278 Ha36*
65627 Elbtal *298 Dc47*
76477 Elchesheim *317 Dd61*
19294 Eldena *257 Hd24*
19309 Eldenburg *257 Hd25*
29351 Eldingen *266 Gc29*
38875 Elend *278 Ha37*
97725 Elfershausen *301 Ga50*
98716 Elgersburg *302 Hb46*
07356 Eliasbrunn *303 Jb47*
57578 Elkenroth *286 Db45*
08236 Ellefeld *304 Kb47*
29413 Ellenberg *267 Hb28*
73488 Ellenberg *320 Gc60*
49424 Ellenstedt *264 Ea28*
56814 Eller *297 Cc51*
25479 Ellerau *246 Ga19*
25474 Ellerbek *245 Fd20*
24589 Ellerdorf *245 Fd16*
25373 Ellerhoop *245 Fd20*
29578 Ellerndorf *256 Gc26*
67158 Ellerstadt *308 Dd56*
25923 Ellhöft *236 Ed10*
74248 Ellhofen *319 Fb59*
91792 Ellingen *321 Hc60*
27239 Ellinghausen *264 Eb28*
98617 Ellingshausen *301 Gd47*
24870 Ellingstedt *237 Fb13*
99755 Ellrich *278 Ha38*
21368 Ellringen *256 Gd24*
73479 Ellwangen *320 Gb61*
89352 Ellzee *330 Gc66*
18510 Elmenhorst *241 Kd15*
21493 Elmenhorst *246 Gd21*
23869 Elmenhorst *246 Gb19*
23948 Elmenhorst *247 Hb17*
18107 Elmenhorst-Lichtenhagen *248 Jc16*
27624 Elmlohe *244 Ec21*
2533 . Elmshorn *245 Fc19*
67471 Elmstein *308 Dc57*
25704 Elpersbüttel *244 Ed17*
27404 Elsdorf *255 Fb24*
50189 Elsdorf *284 Bd43*
24800 Elsdorf-Westermühlen *237 Fc15*
84094 Elsendorf *322 Jc62*
63820 Elsenfeld *310 Fa53*
26931 Elsfleth *254 Eb24*
55271 Elsheim *308 Dd52*
14547 Elsholz *269 Kd32*
25361 Elskop *245 Fc19*
04880 Elsnig *280 Kd37*
06386 Elsnigk *279 Jd36*
14627 Elstal *269 Kd29*
06918 Elster *280 Kc35*
07985 Elsterberg *304 Ka46*
04523 Elstertrebnitz *292 Ka41*
04910 Elsterwerda *281 Lc38*
01920 Elstra *294 Mb40*
09481 Elterlein *304 Kd46*
97483 Eltmann *312 Ha52*
6534 . Eltville a. Rhein *298 Dd51*
99334 Elxleben *290 Hc44*
65604 Elz *298 Dc48*
79215 Elzach *327 Dc67*
31008 Elze *265 Fd33*
74834 Elztal *310 Fa57*
21409 Embsen *256 Gc24*
24819 Embühren *245 Fc16*
2672 . Emden *252 Cc23*
39343 Emden *267 Hd32*
29568 Emern *256 Gd27*
86494 Emersacker *331 Ha65*
24802 Emkendorf *237 Fd15*
49824 Emlichheim *262 Cb29*
49733 Emmeln *262 Cd28*
25924 Emmelsbüll *236 Ec10*
56281 Emmelshausen *298 Da50*
29386 Emmen *266 Gd28*
79312 Emmendingen *327 Db68*
29579 Emmendorf *256 Gd26*
46446 Emmerich *272 Bb36*
82275 Emmering *332 Ja67*
83550 Emmering *333 Ka69*
31860 Emmerthal *276 Fb34*
84547 Emmerting *334 La67*
78576 Emmingen *328 Ec69*
36452 Empfertshausen *301 Gb46*
72186 Empfingen *328 Ec65*
48488 Emsbüren *262 Cd31*
48282 Emsdetten *263 Da33*
06528 Emseloh *278 Hd39*
99891 Emsetal *289 Gd44*
91448 Emskirchen *312 Ha55*
14797 Emstal *269 Kc31*
49685 Emstek *253 Dd27*
27321 Emtinghausen *254 Ed26*
95517 Emtmannsberg *313 Jb52*
79346 Endingen a. Kaiserst. *327 Da68*
06333 Endorf *278 Hd37*
48465 Engden *262 Cc31*
25917 Enge-Sande *236 Ed11*
24321 Engelau *238 Gd15*
25348 Engelbrechtsche *245 Fb19*
36093 Engelhelms *300 Fd47*
27305 Engeln *264 Ed28*
84549 Engelsberg *333 Kc67*
75331 Engelsbrand *318 Eb62*
21710 Engelschoff *245 Fb20*
04439 Engelsdorf *292 Kb40*
51766 Engelskirchen *285 Cd43*
55270 Engelstadt *308 Dc52*
91238 Engelthal *313 Ja56*
78234 Engen *338 Ec70*
30938 Engensen *266 Ga30*
32130 Enger *264 Eb33*
39638 Engersen *267 Hd29*
72800 Eningen u. Achalm *329 Fb65*
67677 Enkenbach *308 Db56*
56850 Enkirch *307 Cb52*
58256 Ennepetal *285 Cd40*
59320 Ennigerloh *274 Dc36*
66806 Ensdorf *306 Bd57*
92266 Ensdorf *313 Jd57*
59469 Ense *274 Dc39*
75337 Enzklösterle *318 Ea63*
25704 Epenwöhrden *244 Ed16*
74925 Epfenbach *309 Ed57*
78736 Epfendorf *328 Eb67*
66571 Eppelborn *307 Ca57*
69214 Eppelheim *309 Eb57*
55234 Eppelsheim *308 Dd54*
66957 Eppenbrunn *316 Cd59*
09575 Eppendorf *293 Lb44*
64859 Eppertshausen *309 Ec52*
75031 Eppingen *318 Ed59*
87745 Eppishausen *330 Gd67*
65817 Eppstein *299 Ea50*
64711 Erbach *309 Ed55*
89155 Erbach *330 Ga66*
92681 Erbendorf *313 Jd53*
98634 Erbenhausen *301 Gb47*
55234 Erbes-Büdesheim *308 Dc54*
06317 Erdeborn *279 Jb39*
32689 Erder *264 Ed33*
85435 Erding *332 Jd66*
71729 Erdmannhausen *319 Fb61*
09573 Erdmannsdorf *293 La44*
85253 Erdweg *332 Ja66*
86922 Eresing *331 Hc68*
24803 Erfde *237 Fb15*
50374 Erftstadt *285 Ca45*
990 .. Erfurt *290 Hc43*
66996 Erfweiler *317 Db59*
72108 Ergenzingen *328 Ec65*
91465 Ergersheim *311 Gc56*
84030 Ergolding *333 Ka64*
84061 Ergoldsbach *323 Ka63*
84513 Erharting *333 Kd66*
94140 Ering *334 Lc66*
88097 Eriskirch *339 Fc72*
41812 Erkelenz *284 Bb42*
73268 Erkenbrechtsweiler *329 Fc64*
38173 Erkerode *267 Ha33*
87746 Erkheim *330 Gc68*
15537 Erkner *270 Ld30*
40699 Erkrath *285 Ca41*
08340 Erla *304 Kd47*
08349 Erlabrunn *304 Kc47*
97250 Erlabrunn *311 Ga53*
9105 . Erlangen *312 Hc55*
09306 Erlau *292 Kd42*
08265 Erlbach *304 Kb49*
84567 Erlbach *334 La66*
09385 Erlbach-Kirchberg *292 Kc45*
74235 Erlenbach *319 Fb59*
63906 Erlenbach a. Main *310 Fa53*
97837 Erlenbach b. Marktheidenfeld *310 Fc53*
88416 Erlenmoos *330 Ga68*
63526 Erlensee *299 Ed50*
74391 Erligheim *319 Fa60*
06184 Ermlitz *279 Jd39*
06463 Ermsleben *278 Hd37*
57339 Erndtebrück *286 Dd43*
85119 Ernsgaden *322 Jb62*
88453 Erolzheim *330 Gb68*
53579 Erpel *297 Cc47*
67167 Erpolzheim *308 Dd56*
37308 Ershausen *289 Gb41*
88521 Ertingen *329 Fc68*
59597 Erwitte *275 Ea38*
39343 Erxleben *267 Hc32*
39606 Erxleben *268 Jb28*
64390 Erzhausen *309 Eb52*
73569 Eschach *320 Ga61*
63863 Eschau *310 Fb53*
79427 Eschbach *337 Da70*
65760 Eschborn *299 Eb50*
78664 Eschbronn *328 Ea67*
49828 Esche *262 Cb30*
21039 Escheburg *256 Gc22*
29348 Eschede *266 Gb28*
74927 Eschelbronn *318 Ec58*
73107 Eschenbach *319 Fd63*
92676 Eschenbach i.d Oberpf. *313 Jc54*
35713 Eschenburg *287 Ea45*
82438 Eschenlohe *341 Hd72*
39356 Eschenrode *267 Hc32*
37632 Eschershausen *276 Fc35*
93458 Eschlkam *315 La57*
37269 Eschwege *289 Gb41*
52249 Eschweiler *284 Bb44*
26427 Esens *243 Da20*
26954 Esenshammergroden *254 Ea22*
24402 Esgrus *237 Fd11*
92693 Eslarn *314 Kc55*
59889 Eslohe *286 Dd41*
32339 Espelkamp *264 Eb31*
34314 Espenau *288 Fc40*
04579 Espenhain *292 Kb41*
06279 Esperstedt *279 Jb39*
07924 Eßbach *303 Jb46*
29690 Essel *265 Fc29*
97839 Esselbach *310 Fc53*
45 ... Essen *273 Cb39*
49632 Essen *263 Dc28*
84051 Essenbach *323 Kb63*
55270 Essenheim *308 Dd52*
93343 Essing *322 Jc61*
73457 Essingen *320 Gb62*
76879 Essingen *317 Dd58*
737 .. Esslingen a. Neckar *319 Fb63*
39638 Estedt *267 Hd29*
97230 Estenfeld *311 Ga53*
26897 Esterwegen *253 Da26*
67472 Esthal *308 Dc57*
21727 Estorf *245 Fa21*
31629 Estorf *265 Fa29*
39448 Etgersleben *278 Hd34*
39359 Etingen *267 Hc31*
82488 Ettal *341 Hd72*
38539 Ettenbüttel *266 Gc30*
77955 Ettenheim *327 Db67*
76275 Ettlingen *318 Ea61*
56729 Ettringen *297 Cc49*
86833 Ettringen *331 Ha68*
26446 Etzel *253 Dc22*
99735 Etzelsrode *277 Gd39*
92268 Etzelwang *313 Jb55*
92694 Etzenricht *314 Ka54*
14641 Etzin *269 Kc30*
97502 Euerbach *301 Gb51*
97717 Euerdorf *301 Ga50*
04651 Eulatal *292 Kc42*
82547 Eurasburg *342 Ja70*
86495 Eurasburg *331 Hc66*
538 .. Euskirchen *297 Ca46*
97776 Eußenheim *310 Fd52*
23701 Eutin *246 Gd16*
72184 Eutingen i. Gäu *328 Ec65*
06888 Eutzsch *280 Kc36*
39359 Everingen *267 Hc31*
31085 Everode *277 Ga35*
29416 Eversdorf *257 Hb27*
27367 Eversen *255 Fb26*
26556 Eversmeer *243 Da21*
48351 Everswinkel *274 Db35*
38173 Evessen *267 Ha33*
98631 Exdorf *301 Gd48*
32699 Extertal *276 Fa34*
07318 Eyba *302 Hd46*
49406 Eydelstedt *264 Eb29*
21376 Eyendorf *256 Gb24*
27324 Eystrup *265 Fa28*

F

56133 Fachbach *298 Da49*
14532 Fahlhorst *270 La31*
19288 Fahrbinde *257 Hd22*
24857 Fahrdorf *237 Fc13*
24253 Fahren *238 Gc14*
74864 Fahrenbach *310 Fa57*
17337 Fahrenholz *250 Lc21*
23795 Fahrenkrug *246 Gb18*
17309 Fahrenwalde *251 Ma21*
85777 Fahrenzhausen *332 Jb66*
14476 Fahrland *269 Kd30*
79650 Fahrnau *337 Db72*
56814 Faid *297 Cb50*
09569 Falkenau *293 La44*
04895 Falkenberg *281 Lb37*
15518 Falkenberg *271 Mb30*
15848 Falkenberg *271 Mb32*
15926 Falkenberg *281 Lc35*
16259 Falkenberg *261 Ma27*
39615 Falkenberg *258 Jb27*
84326 Falkenberg *333 Kd64*
15306 Falkenhagen *271 Mc30*
16928 Falkenhagen *258 Jd24*
17291 Falkenhagen *260 Lc22*
37136 Falkenhagen *277 Gb39*
04808 Falkenhain *280 Kd39*
15938 Falkenhain *281 Lc34*
24635 Falkenhorst *246 Gb17*
14641 Falkenrehde *269 Kd30*
14612 Falkensee *270 La29*
08223 Falkenstein *304 Kb47*
93167 Falkenstein *323 Kc59*
16775 Falkenthal *260 La26*
17291 Falkenwalde *261 Ma23*
29683 Fallingbostel *255 Fd27*
98597 Fambach *289 Gc45*
56814 Fankel *297 Cc51*
82490 Farchant *341 Hd73*
24256 Fargau *238 Gc15*
24256 Fargau-Pratjau *238 Gc15*
26409 Farlage *243 Db21*
31174 Farmsen *266 Gb33*
06279 Farnstädt *279 Ja39*
39326 Farsleben *268 Ja32*
27446 Farven *255 Fb22*
49624 Farwick *263 Dc28*
29328 Faßberg *256 Gb27*
23701 Fassensdorf *246 Gd17*
97906 Faulbach *310 Fc54*
17139 Faulenrost *249 Kc20*
25779 Fedderingen *237 Fa15*
23769 Fehmarn *239 Hb13*
16833 Fehrbellin *259 Kc27*
98666 Fehrenbach *302 Hb47*
03096 Fehrow *282 Mc35*
84550 Feichten a.d Alz *333 Kd68*
67824 Feilbingert *308 Db54*
95183 Feilitzsch *303 Jc48*
16278 Felchow *261 Ma25*
82340 Feldafing *332 Ja69*
36325 Feldatal *300 Fa46*
17258 Feldberg *260 Lb22*
79856 Feldberg (Schwarzw.) *337 Dc70*
31185 Feldbergen *266 Gb33*
24242 Felde *238 Ga15*
27339 Felde *254 Ed26*
14913 Feldheim *280 Kc34*
23858 Feldhorst *246 Gc19*
83620 Feldkirchen *332 Jd69*
85622 Feldkirchen *332 Jc67*
94351 Feldkirchen *323 Kc61*
54341 Fell *306 Bd53*
7073 . Fellbach *319 Fb62*
97778 Fellen *300 Fc50*
87748 Fellheim *330 Gb68*
24244 Felm *238 Ga14*
34587 Felsberg *288 Fb42*
92269 Fensterbach *313 Jd56*
14548 Ferch *269 Kd31*
14715 Ferchels *268 Jd29*
14715 Ferchesar *269 Ka28*
39317 Ferchland *268 Jc30*
17379 Ferdinandshof *250 Ld19*
17268 Fergitz *260 Ld24*
04895 Fermerswalde *281 La37*
37339 Ferna *277 Gc39*
35463 Fernwald *299 Ec47*
90537 Feucht *312 Hd57*
91555 Feuchtwangen *320 Gc59*
95686 Fichtelberg *303 Jc51*
74579 Fichtenau *320 Gc60*
04931 Fichtenberg *281 Lb39*
74427 Fichtenberg *319 Fd60*
14547 Fichtenwalde *269 Kd32*
24217 Fiefbergen *238 Gc14*
25785 Fiel *245 Fa16*
06198 Fienstedt *279 Jb38*
70794 Filderstadt *319 Fa63*
26849 Filsum *253 Da24*
17209 Fincken *259 Ka22*
17179 Finkenthal *249 Kb17*
57413 Finnentrop *286 Dc42*
89435 Finningen *320 Gd63*
16244 Finowfurt *260 Lc26*
85464 Finsing *332 Jd67*
99898 Finsterbergen *289 Gd44*
03238 Finsterwalde *281 Ld37*
27389 Fintel *255 Fc24*
26835 Firrel *253 Db23*
86850 Fischach *331 Ha66*
55743 Fischbach *307 Cd54*
66996 Fischbach b. Dahn *317 Da59*
36452 Fischbach/ Rhön *301 Gb46*
83730 Fischbachau *342 Jd71*
64405 Fischbachtal *309 Ec54*
39524 Fischbeck *268 Jc30*
87538 Fischen i. Allgäu *340 Gc73*
77716 Fischerbach *327 Dc66*
03238 Fischwasser *281 Ld37*
25579 Fitzbek *245 Fd17*
21514 Fitzen *256 Gd22*
91604 Flachslanden *311 Gd57*
65558 Flacht *298 Dc49*
71287 Flacht *318 Ed62*
97650 Fladungen *301 Gb47*
57632 Flammersfeld *298 Da46*
16766 Flatow *269 Kd28*
39345 Flechtingen *267 Hc32*
24357 Fleckeby *237 Fc13*
16837 Flecken Zechlin *259 Kc24*
29416 Fleetmark *267 Hd28*
74223 Flein *319 Fa59*
16306 Flemsdorf *261 Mb25*
249 .. Flensburg *237 Fb11*
39606 Flessau *268 Ja28*
19067 Flessenow *247 Hd19*
36103 Flieden *300 Fc48*
17268 Flieth *260 Ld24*
24220 Flintbek *238 Ga15*
83126 Flintsbach a. Inn *343 Ka71*
27624 Flögeln *244 Ec20*
09557 Flöha *293 La44*
63639 Flörsbachtal *300 Fb51*
65439 Flörsheim *309 Ea52*
67592 Flörsheim *308 Dd55*
98593 Floh-Seligenthal *289 Gd45*
55237 Flonheim *308 Dc54*
61197 Florstadt *299 Ec49*
92685 Floß *314 Ka54*
92696 Flossenbürg *314 Kb54*
78737 Fluorn *328 Ea66*
24787 Fockbek *237 Fc15*
25563 Föhrden-Barl *245 Fd18*
54343 Föhren *306 Bd53*
49419 Föhrlingen *264 Eb30*
39443 Förderstedt *279 Ja35*
96524 Föritz *302 Hd49*
14798 Fohrde *269 Ka30*
76596 Forbach *318 Ea63*
79362 Forchheim *327 Da67*
91301 Forchheim *312 Hc54*
74670 Forchtenberg *319 Fc58*
03149 Forst *283 Na36*
76694 Forst *318 Eb59*
67147 Forst a.d. Weinstr. *308 Dd57*
85659 Forstern *332 Jd67*
85661 Forstinning *332 Jd67*
64407 Fränkisch-Crumbach *309 Ec54*
55234 Framersheim *308 Dd54*
97833 Frammersbach *300 Fc51*
03253 Frankena *281 Lc37*
07580 Frankenau *292 Ka43*
35110 Frankenau *287 Ed42*
09669 Frankenberg *293 La43*
35066 Frankenberg (Eder) *287 Ec43*
16818 Frankendorf *259 Kb25*
27336 Frankenfeld *265 Fb28*
04936 Frankenhain *281 Lc36*
74586 Frankenhardt *320 Ga60*
98634 Frankenheim/ Rhön *301 Gb47*
09569 Frankenstein *293 Lb43*
67468 Frankenstein *308 Dc56*
01909 Frankenthal *294 Mb41*
67227 Frankenthal *309 Ea56*
97447 Frankenwinheim *311 Gc53*
6 .... Frankfurt a. Main *299 Eb51*
1523 . Frankfurt (Oder) *271 Md30*
06259 Frankleben *291 Jc40*
18461 Franzburg *240 Kc15*
22929 Franzdorf *246 Gc20*
83112 Frasdorf *343 Kb70*
06386 Fraßdorf *279 Jd37*
94258 Frauenau *324 Lc60*
01945 Frauendorf *281 Ld39*
03058 Frauendorf *282 Mc36*
16278 Frauenhagen *261 Ma24*
01609 Frauenhain *281 Lc39*
83553 Frauenneuharting *333 Ka68*
07774 Frauenprießnitz *291 Jb43*
36460 Frauensee *289 Gb44*
09623 Frauenstein *293 Ld44*
98711 Frauenwald *302 Hb47*
85447 Fraunberg *332 Jd65*
08427 Fraureuth *292 Ka45*
50226 Frechen *285 Ca44*
76872 Freckenfeld *317 Dc60*
06456 Freckleben *279 Ja37*
23909 Fredeburg *247 Ha20*
31084 Freden *277 Ga35*
21717 Fredenbeck *245 Fb21*
14806 Fredersdorf *269 Kb32*
15370 Fredersdorf *270 Ld29*
16306 Fredersdorf *261 Ma24*
23826 Fredesdorf *246 Gb18*
15926 Freesdorf *281 Ld35*
18569 Freesen *241 Kd12*
17440 Freest *241 Lc15*
16945 Frehne *258 Jd23*
55546 Frei-Laubersheim *308 Db53*
79348 Freiamt *327 Db67*
09599 Freiberg *293 Lc43*
71691 Freiberg *319 Fa61*
21729 Freiburg (Elbe) *245 Fb19*
79 ... Freiburg i. Breisgau *327 Db69*
15757 Freidorf *270 Ld33*
16515 Freienhagen *260 La27*
01983 Freienhufen *282 Ma37*
36399 Freiensteinau *300 Fb48*
24991 Freienwill *237 Fb11*
63579 Freigericht *300 Fa51*
92271 Freihung *313 Jd55*
83395 Freilassing *344 Lb70*
93182 Freilassing *322 Jd59*
04936 Freileben *281 Lb36*
67251 Freinsheim *308 Dd56*
66629 Freisen *307 Cc55*
8535 . Freising *332 Jc65*
06347 Freist *279 Jb38*
27259 Freistatt *264 Eb29*
01705 Freital *293 Ld42*
15910 Freiwalde *281 Ld34*
38373 Frellstedt *267 Hb33*
27616 Frelsdorf *254 Ed22*
86742 Fremdingen *320 Gd60*
96158 Frensdorf *312 Hb53*
49832 Freren *263 Da30*
27616 Freschluneberg *254 Ec22*
14552 Fresdorf *270 La32*
49762 Fresenburg *252 Cd27*
25876 Fresendelf *237 Fa14*
25727 Frestedt *245 Fa17*
16909 Fretzdorf *259 Kb25*
16259 Freudenberg *270 Ld28*
57258 Freudenberg *286 Db44*
92272 Freudenberg *313 Jd56*
97896 Freudenberg *310 Fb54*
54450 Freudenburg *306 Bc55*
72250 Freudenstadt *328 Ea65*
74392 Freudental *318 Ed60*
06632 Freyburg *291 Jb41*
16918 Freyenstein *259 Ka23*
92342 Freystadt *322 Ja58*
94078 Freyung *325 Ma61*
72636 Frickenhausen *329 Fb64*
97252 Frickenhausen a. Main *311 Gb54*
88699 Frickingen *339 Fb70*
78567 Fridingen a.d Donau *328 Ed69*
83413 Fridolfing *334 La68*
86316 Friedberg *331 Hc66*
61169 Friedberg (Hessen) *299 Ec49*
06347 Friedeburg *279 Jb38*
26446 Friedeburg *253 Dc22*
06347 Friedeburgerhütte *279 Jb38*
98634 Friedelshausen *301 Gc46*
67159 Friedelsheim *308 Dd56*
17268 Friedenfelde *260 Lc24*
95688 Friedenfels *314 Ka52*
39291 Friedensau *268 Jc32*
79877 Friedenweiler *337 Dd70*
02742 Friedersdorf *295 Na42*
03253 Friedersdorf *281 Lc36*
04916 Friedersdorf *281 Lb37*
06749 Friedersdorf *280 Ka37*
15306 Friedersdorf *271 Mc29*
15754 Friedersdorf *270 Ld31*
98701 Friedersdorf *302 Hc46*
36289 Friedewald *289 Ga44*
57520 Friedewald *298 Dc46*
17098 Friedland *250 Lb19*
37133 Friedland *277 Ga39*
99894 Friedrichroda *289 Gd44*
06449 Friedrichsaue *278 Hd36*
06507 Friedrichsbrunn *278 Hb37*
61381 Friedrichsdorf *299 Eb49*
25764 Friedrichsgabekoog *244 Ed16*
24799 Friedrichsgraben *237 Fb15*
08149 Friedrichsgrün *292 Kc45*
8804 . Friedrichshafen *339 Fc72*
03130 Friedrichshain *282 Md37*
24799 Friedrichsholm *237 Fb15*
25718 Friedrichskoog *244 Ed17*
19374 Friedrichsruhe *248 Jb21*
25840 Friedrichstadt *237 Fa14*
16306 Friedrichsthal *261 Mb24*
16515 Friedrichsthal *260 La27*
66299 Friedrichsthal *307 Cb57*
99735 Friedrichsthal *277 Gd39*
16247 Friedrichswalde *260 Lc25*
34621 Frielendorf *288 Fb43*
99869 Friemar *290 Ha43*
14662 Friesack *269 Kb28*
26939 Frieschenmoor *254 Ea23*
06543 Friesdorf *278 Hd38*
51598 Friesenhagen *286 Db44*
77948 Friesenheim *327 Db66*
87654 Friesenried *341 Ha70*
26169 Friesoythe *253 Dc26*
71292 Friolzheim *318 Ec62*
78665 Frittlingen *328 Ec68*
34560 Fritzlar *288 Fb42*
79677 Fröhnd *337 Db71*
58730 Fröndenberg *274 Db39*
24988 Frörup *237 Fb11*
07926 Frössen *303 Jc48*
04654 Frohburg *292 Kb42*
35112 Fronhausen *299 Ec46*
88273 Fronreute *339 Fc70*
84160 Frontenhausen *333 Kc64*
06464 Frose *278 Hd36*
95689 Fuchsmühl *314 Ka52*
97727 Fuchsstadt *301 Ga51*
86925 Fuchstal *331 Hb69*
49835 Füchtenfeld *262 Cc30*
15890 Fünfeichen *271 Md32*
86681 Fünfstetten *321 Hb62*
55546 Fürfeld *308 Db54*
49584 Fürstenau *263 Db30*
16798 Fürstenberg *259 Kd24*
37699 Fürstenberg *276 Fb37*
94142 Fürsteneck *324 Ld62*
82256 Fürstenfeldbruck *331 Hd67*
94538 Fürstenstein *324 Ld62*
15517 Fürstenwalde *271 Ma31*
17291 Fürstenwerder *260 Lb22*
94081 Fürstenzell *334 Ld64*
03246 Fürstlich Drehna *281 Ld36*
64658 Fürth *309 Ec55*
9076 . Fürth *312 Hc56*
57539 Fürthen *286 Da45*
87629 Füssen *341 Hb72*
18356 Fuhlendorf *240 Ka14*
24649 Fuhlendorf *245 Fd18*
21493 Fuhlenhagen *246 Gd21*
30938 Fuhrberg *265 Fd30*
360 .. Fulda *300 Fd47*
34277 Fuldabrück *288 Fc41*
34233 Fuldatal *288 Fc40*
26427 Fulkum *243 Da20*
17268 Funkenhagen *260 Lb23*
84095 Furth *323 Ka63*
78120 Furtwangen i. Schwarzwald *327 Dd68*
67136 Fußgönheim *308 Dd56*

G

02953 Gablenz *283 Na37*
03058 Gablenz *282 Md36*
86456 Gablingen *331 Hb65*
86565 Gachenbach *331 Hd64*
19205 Gadebusch *247 Hb20*
06918 Gadegast *280 Kd35*
16909 Gadow *259 Kb25*
15806 Gadsdorf *270 Lb32*
19089 Gädebehn *248 Ja20*
97503 Gädheim *301 Gc51*
23968 Gägelow *247 Hd18*
71116 Gärtringen *318 Ed63*
71126 Gäufelden *328 Ec64*
39606 Gagel *258 Ja27*
18586 Gager *241 Lb14*
76571 Gaggenau *318 Ea62*
07356 Gahma *303 Ja47*
03246 Gahro *281 Ld36*
03149 Gahry *282 Md36*
69251 Gaiberg *309 Ec57*
78343 Gaienhofen *338 Ed72*
74405 Gaildorf *319 Fd60*
78262 Gailingen *338 Ec71*
85080 Gaimersheim *322 Ja62*
83674 Gaißach *342 Jb71*
19258 Gallin *257 Ha22*
19386 Gallin *248 Jc21*
03058 Gallinchen *282 Mc36*
91605 Gallmersgarten *311 Gc56*
15749 Gallun *270 Lc32*
25899 Galmsbüll *236 Ec11*
24340 Gammelby *237 Fd13*
19230 Gammelin *247 Hc21*
85408 Gammelsdorf *332 Jd64*
73108 Gammelshausen *319 Fd63*
72501 Gammertingen *329 Fa67*
17268 Gandenitz *260 Lb24*
27777 Ganderkesee *254 Eb26*
27324 Gandesbergen *265 Fa28*
52538 Gangelt *284 Ba43*
84140 Gangkofen *333 Kc65*
16845 Ganzer *259 Kb27*
17039 Ganzkow *250 La20*
19395 Ganzlin *258 Jd22*
23827 Garbek *246 Gc17*
04618 Garbisdorf *292 Kc43*
3082 . Garbsen *265 Fc31*
85748 Garching *332 Jc66*
84518 Garching a.d Alz *333 Kd67*
39638 Gardelegen *267 Hd30*
25836 Garding *236 Ec15*
19357 Garlin *258 Ja24*
39579 Garlipp *268 Ja29*
14715 Garlitz *269 Kb29*
19249 Garlitz *257 Hb23*
21376 Garlstorf *256 Gb24*
82467 Garmisch-Partenkirchen *341 Hd73*
49681 Garrel *253 Dc26*
14823 Garrey *280 Kc34*
83536 Gars a. Inn *333 Kb67*
21441 Garstedt *256 Gb23*
16845 Gartow *259 Kb26*
29471 Gartow *257 Hd26*
16307 Gartz *261 Mc23*
18230 Garvsmühlen *248 Ja16*
16845 Garz *259 Kb27*
16928 Garz *258 Jc25*
18574 Garz *241 La14*
39524 Garz *268 Jd28*
15345 Garzau *271 Ma29*
15345 Garzin *271 Ma29*
06466 Gatersleben *278 Hd36*
95185 Gattendorf *303 Jd49*
55435 Gau-Algesheim *308 Dc52*
55599 Gau-Bickelheim *308 Dc53*
55296 Gau-Bischofsheim *308 Dd52*
55239 Gau-Odernheim *308 Dd54*
97253 Gaukönigshofen *311 Ga55*
25782 Gaushorn *245 Fa16*
02633 Gaußig *294 Mc41*
82131 Gauting *332 Ja68*
15936 Gebersdorf *281 Lb35*
07926 Gebersreuth *303 Jc48*
99189 Gebesee *290 Hb42*
57580 Gebhardshain *286 Db45*
91607 Gebsattel *311 Gc57*
75391 Gechingen *318 Ec63*
29494 Gedelitz *257 Hc26*
63688 Gedern *300 Fa48*
16307 Geesow *261 Mb23*
49744 Geeste *262 Cd29*
39615 Geestgottberg *258 Jb26*
21502 Geesthacht *256 Gc22*
07926 Gefell *303 Jc48*
95482 Gefrees *303 Jc51*
17375 Gegensee *251 Ma19*
98559 Gehlberg *302 Ha46*
49596 Gehrde *263 Dc30*
30989 Gehrden *265 Fc32*
39264 Gehrden *279 Jc34*
98708 Gehren *302 Hc46*
39359 Gehrendorf *267 Hb31*
94244 Geiersthal *324 La59*
52511 Geilenkirchen *284 Ba43*
36419 Geisa *301 Ga46*
63826 Geiselbach *300 Fa51*
94333 Geiselhöring *323 Kb61*
96160 Geiselwind *311 Gd54*
85290 Geisenfeld *322 Jb63*
84144 Geisenhausen *333 Kb64*
65366 Geisenheim *308 Dc52*
01778 Geising *294 Ma44*
37308 Geisleden *289 Gb40*
72351 Geislingen *328 Ec66*
73312 Geislingen *320 Ga63*
37308 Geismar *289 Gb41*
04643 Geithain *292 Kc42*
18182 Gelbensande *240 Jd15*
97255 Gelchsheim *311 Gb55*
47608 Geldern *272 Bc38*
97505 Geldersheim *301 Gb51*
09423 Gelenau *293 La45*
16278 Gellmersdorf *261 Ma25*
99428 Gelmeroda *290 Hd43*
63571 Gelnhausen *300 Fa50*
458 .. Gelsenkirchen *273 Cb38*
82269 Geltendorf *331 Hc68*
24395 Gelting *237 Fd11*
24884 Geltorf *237 Fc13*
14542 Geltow *269 Kd31*
75050 Gemmingen *318 Ed59*
74376 Gemmrigheim *319 Fa60*
35285 Gemünden *287 Ed43*
35329 Gemünden *299 Ed46*
55490 Gemünden *307 Cd53*
56459 Gemünden *298 Dc47*
97737 Gemünden a. Main *300 Fd51*
35329 Gemünden (Felda) *300 Fa46*
86682 Genderkingen *321 Hb63*
77723 Gengenbach *327 Dc65*
15328 Genschmar *271 Md28*
55457 Gensingen *308 Dc53*
06918 Gentha *280 Kd35*
39307 Genthin *268 Jd31*
17099 Genzkow *250 Lb20*
92697 Georgenberg *314 Kb54*
91166 Georgensgmünd *321 Hc59*
99887 Georgenthal *290 Ha44*
49828 Georgsdorf *262 Cc30*
49124 Georgsmarienhütte *263 Dc33*
075 .. Gera *291 Jd44*
98716 Geraberg *290 Hb45*
74582 Gerabronn *320 Ga58*
96161 Gerach *302 Hb51*
73630 Geradstetten *319 Fc62*
84552 Geratskirchen *333 Kd65*
06429 Gerbitz *279 Jb36*
97218 Gerbrunn *311 Ga54*
06347 Gerbstedt *279 Ja37*
29581 Gerdau *256 Gc26*
16928 Gerdshagen *258 Jd23*
82538 Geretsried *342 Jb70*
91466 Gerhardshofen *312 Ha55*
89143 Gerhausen *330 Ga65*
09326 Geringswalde *292 Kd42*
06420 Gerlebogk *279 Jc37*
70839 Gerlingen *319 Fa62*
87656 Germaringen *331 Ha69*
16767 Germendorf *260 La27*

82110 Germering 332 Ja67
76726 Germersheim 318 Ea58
06507 Gernrode 278 Hc37
37339 Gernrode 289 Gc40
76593 Gernsbach 318 Ea62
64579 Gernsheim 309 Ea54
97779 Geroda 301 Ga49
95179 Geroldsgrün 303 Jb49
97256 Geroldshausen 311 Ga54
91726 Gerolfingen 320 Gd60
85302 Gerolsbach 332 Ja64
54568 Gerolstein 296 Bd50
97447 Gerolzhofen 311 Gc52
04703 Gersdorf 292 Kd42
09355 Gersdorf 292 Kc45
01920 Gersdorf-Möhrsdorf 294 Mb40
36129 Gersfeld (Rhön) 301 Ga48
66453 Gersheim 316 Cc59
49838 Gersten 263 Da30
36419 Gerstengrund 301 Gb46
89547 Gerstetten 320 Gb63
86368 Gersthofen 331 Hb65
99834 Gerstungen 289 Gb43
17268 Gerswalde 260 Lc24
07389 Gertewitz 303 Jb46
39175 Gerwisch 268 Jb33
84175 Gerzen 333 Kc64
23815 Geschendorf 246 Gc18
48712 Gescher 273 Cb35
98716 Geschwenda 290 Hb45
59590 Geseke 275 Eb38
91608 Geslau 311 Gc57
86459 Gessertshausen 331 Hb66
88167 Gestratz 340 Gb72
49843 Getelo 262 Ca30
49843 Getelomoor 262 Ca30
24214 Gettorf 238 Ga14
06217 Geusa 291 Jc40
58285 Gevelsberg 285 Cd40
38384 Gevensleben 278 Ha34
21784 Geversdorf 245 Fa19
09468 Geyer 304 Kd46
97232 Giebelstadt 311 Ga55
37434 Gieboldehausen 277 Gb38
24321 Giekau 238 Gc15
38315 Gielde 277 Gd34
17139 Gielow 249 Kb19
15345 Gielsdorf 270 Ld28
89537 Giengen a.d Brenz 320 Gc63
06449 Giersleben 279 Ja36
31180 Giesen 266 Ga33
15848 Giesensdorf 271 Mb32
16928 Giesensdorf 258 Jd24
23909 Giesensdorf 246 Gd20
29413 Gieseritz 267 Hb28
15324 Gieshof-Zelliner Loose 261 Mb27
35 . . . Giessen 299 Ec47
38518 Gifhorn 266 Gd30
82205 Gilching 332 Ja68
54558 Gillenfeld 297 Ca50
98701 Gillersdorf 302 Hc46
34630 Gilserberg 288 Fa44
29690 Gilten 265 Fc28
67578 Gimbsheim 309 Ea54
06198 Gimritz 279 Jc38
73333 Gingen a.d Fils 319 Fd63
18569 Gingst 241 Kd13
65462 Ginsheim 309 Ea52
56412 Girod 298 Dc48
19386 Gischow 258 Jc22
37534 Gittelde 277 Gb36
39307 Gladau 268 Jd32
4596 . Gladbeck 273 Cb38
35075 Gladenbach 287 Eb45
39606 Gladigau 268 Ja28
19288 Glaisin 257 Hd23
16775 Glambeck 259 Kd26
66907 Glan-Münchweiler 307 Cd56
49219 Glandorf 274 Dc34
23719 Glasau 246 Gc17
37308 Glasehausen 277 Gb39
18276 Glasewitz 248 Jd19
01768 Glashütte 294 Ma44
17321 Glashütte 251 Mb20
61479 Glashütten 299 Ea50
95496 Glashütten 313 Ja52
23992 Glasin 248 Ja18
17322 Glasow 261 Mb22
63864 Glattbach 310 Fa52
72293 Glatten 328 Eb65
01612 Glaubitz 293 Lb40
63695 Glauburg 299 Ed49
04849 Glaucha 280 Kb38
08371 Glauchau 292 Kb44
06369 Glauzig 279 Jc37
06794 Glebitzsch 279 Jd38
98646 Gleichamberg 302 Ha48
37130 Gleichen 277 Gb39
06632 Gleina 291 Jb41
04509 Glesien 280 Ka39
18513 Glewitz 249 Kc17
14793 Glienecke 269 Ka32
15806 Glienick 270 Lb32
15864 Glienicke 271 Mb32
16548 Glienicke-Nordbahn 270 Lb28
15936 Glienig 281 Lc34
17099 Glienke 250 Lb20
15913 Glietz 282 Mb34
21509 Glinde 246 Gb21
27432 Glinde 255 Fa22
39249 Glinde 279 Jc34
39326 Glindenberg 268 Jb32
14542 Glindow 269 Kd31
31619 Glissen 265 Fa29
06901 Globig-Bleddin 280 Kc36
39240 Glöthe 279 Jb35
89353 Glött 330 Gd64
19339 Glöwen 258 Jc26
85625 Glonn 332 Jd69
79286 Glottertal 327 Db68
18551 Glowe 241 La12
24960 Glücksburg 237 Fc10
25348 Glückstadt 245 Fb19
25779 Glüsing 237 Fa15
83703 Gmund a. Tegernsee 342 Jc71
39249 Gnadau 279 Jb34
27442 Gnarrenburg 254 Ed23
02692 Gnaschwitz-Doberschau 294 Md41
06369 Gnetsch 279 Jd37
19065 Gneven 248 Ja20
17111 Gnevezow 249 Kc19
17089 Gnevkow 249 Kd19
19395 Gnevsdorf 258 Jd22
18195 Gnewitz 249 Ka16
17179 Gnoien 249 Kb17
24622 Gnutz 245 Fd16
47574 Goch 272 Bb37
97469 Gochsheim 301 Gc51
24326 Godau 246 Gc16
17237 Godendorf 259 Kd23
27404 Godenstedt 255 Fa23
19065 Godern 247 Hd20
02633 Göda 294 Mc41
38835 Göddeckenrode 277 Gd34
29571 Göddenstedt 257 Ha26
21376 Gödenstorf 256 Gb24
39264 Gödnitz 279 Jc34
73571 Göggingen 320 Ga61
23758 Göhl 239 Ha15
15898 Göhlen 271 Md33
19288 Göhlen 257 Hd23
14542 Göhlsdorf 269 Kc31
29473 Göhrde 257 Ha25
04603 Göhren 292 Ka43
17348 Göhren 260 Lb22
19089 Göhren 248 Ja21
18586 Göhren 241 Lc14
17213 Göhren-Lebbin 249 Ka21
23919 Göldenitz 246 Gd20
49843 Gölenkamp 262 Cb30
67307 Göllheim 308 Dc55
18246 Göllin 248 Jb18
03238 Göllnitz 282 Ma37
24610 Gönnebek 246 Gb17
67161 Gönnheim 308 Dd56
72770 Gönningen 329 Fa65
7303 . Göppingen 319 Fd63
56412 Görgeshausen 298 Dc48
16866 Görike 258 Jd26
87657 Görisried 340 Gd71
03226 Göritz 282 Mb35
17291 Göritz 260 Ld22
07907 Görkwitz 303 Jc46
0282 . Görlitz 295 Nc41
15306 Görlsdorf 271 Mc29
15926 Görlsdorf 281 Ld35
16278 Görlsdorf 260 Ld25
17121 Görmin 250 La17
14728 Görne 269 Kb28
99765 Görsbach 278 Hb39
15848 Görsdorf 271 Mb32
15859 Görsdorf 270 Ld32
15936 Görsdorf 281 Lc35
79733 Görwihl 337 Dc72
06369 Görzig 279 Jc37
15848 Görzig 271 Mb31
14828 Görzke 269 Ka33
07907 Göschitz 303 Jc46
97780 Gössenheim 310 Fd52
07389 Gössitz 303 Jb46
19249 Gößlow 257 Hc23
04639 Gössnitz 292 Kb44
91327 Gößweinstein 313 Ja53
07926 Göttengrün 303 Jc47
21514 Göttin 246 Gd21
37 . . . Göttingen 277 Ga38
14715 Göttlin 269 Ka29
06780 Göttnitz 279 Jd37
14778 Götz 269 Kc30
24558 Götzberg 246 Ga19
01619 Gohlis 281 Lb39
06786 Gohrau 280 Kb36
01824 Gohrisch 294 Mb43
25557 Gokels 245 Fb16
06420 Golbitz 279 Jb37
17089 Golchen 250 La19
63773 Goldbach 310 Fa52
99869 Goldbach 290 Ha43
16909 Goldbeck 259 Ka24
21643 Goldbeck 255 Fc22
39596 Goldbeck 268 Jb28
19399 Goldberg 248 Jc21
25862 Goldebek 237 Fa12
25862 Goldelund 237 Fa12
23820 Goldenbek 246 Gc18
19079 Goldenstädt 257 Hd22
49424 Goldenstedt 264 Ea28
98746 Goldisthal 302 Hc47
95497 Goldkronach 303 Jb51
39615 Gollensdorf 258 Ja26
97258 Gollhofen 311 Gb55
17268 Gollin 260 Lc25
03205 Gollmitz 282 Ma36
17291 Gollmitz 260 Lc23
14776 Gollwitz 269 Kb30
14789 Gollwitz 269 Ka31
14476 Golm 269 Kd30
16306 Golm 261 Ma24
37640 Golmbach 276 Fc35
15938 Golssen 281 Lc34
24864 Goltoft 237 Fd13
14778 Golzow 269 Kb32
15328 Golzow 271 Mc29
16230 Golzow 260 Ld26
72532 Gomadingen 329 Fb65
72810 Gomaringen 329 Fa65
39245 Gommern 279 Jb34
67377 Gommersheim 317 Dd58
98663 Gompertshausen 302 Ha49
01462 Gompitz 293 Ld42
75053 Gondelsheim 318 Eb60
56283 Gondershausen 297 Cd50
56330 Gondorf 297 Cd49
06528 Gonna 278 Hd39
24340 Goosefeld 237 Fd14
03238 Gorden 281 Ld38
06343 Gorenzen 278 Hd38
16352 Gorinsee 270 Lb28
29475 Gorleben 257 Hd25
19294 Gorlosen 257 Hd24
09405 Gornau 293 La45
09390 Gornsdorf 292 Kd45
17139 Gorschendorf 249 Kb19
14778 Gortz 269 Kb30
69517 Gorxheimertal 309 Ec56
03149 Gosda 282 Md36
03205 Gosda 282 Ma36
06667 Goseck 291 Jc41
15537 Gosen 270 Ld30
78559 Gosheim 328 Ec68
3864 . Goslar 277 Gc35
06773 Gossa 280 Kb37
76857 Gossersweiler 317 Db59
03249 Goßmar 281 Ld36
15926 Goßmar 281 Ld35
23936 Gostorf 247 Hb18
99867 Gotha 290 Ha43
16845 Gottberg 259 Kb26
79288 Gottenheim 327 Da68
19209 Gottesgabe 247 Hc20
94239 Gotteszell 324 La60
84177 Gottfrieding 323 Kc63
17207 Gotthun 259 Kb22
78244 Gottmadingen 338 Ec71
15913 Goyatz 271 Mb33
18181 Graal-Müritz 240 Jd15
21493 Grabau 246 Gd21
23845 Grabau 246 Gb19
76676 Graben 318 Ea59
86836 Graben 331 Hb67
83355 Grabenstätt 343 Kd70
72582 Grabenstetten 329 Fc64
03172 Grabko 282 Md34
14823 Grabow 269 Kc33
16909 Grabow 259 Ka25
19300 Grabow 258 Ja23
39291 Grabow 268 Jc32
17209 Grabow-Below 259 Ka23
16945 Grabow-Buckow 258 Jd23
17194 Grabowhöfe 249 Kb21
14793 Gräben 269 Ka32
15741 Gräbendorf 270 Ld32
82166 Gräfelfing 332 Ja68
91322 Gräfenberg 312 Hd55
04916 Gräfendorf 281 Lb37
07387 Gräfendorf 303 Ja46
97782 Gräfendorf 300 Fd51
99887 Gräfenhain 290 Ha45
06773 Gräfenhainichen 280 Kb36
99330 Gräfenroda 290 Hb45
98743 Gräfenthal 302 Hd47
07929 Gräfenwarth 303 Jb47
14715 Gräningen 269 Ka29
48683 Graes 262 Cb33
61279 Grävenwiesbach 299 Ea48
71120 Grafenau 318 Ed63
94481 Grafenau 324 Ld61
95356 Grafengehaig 303 Jb50
77966 Grafenhausen 327 Da66
79865 Grafenhausen 337 Dd71
97506 Grafenrheinfeld 311 Gb52
93479 Grafenwiesen 324 La58
92655 Grafenwöhr 313 Jd54
38462 Grafhorst 267 Hb31
85567 Grafing b. München 332 Jd68
94539 Grafling 324 Lb61
82284 Grafrath 331 Hd68
53501 Grafschaft 297 Cb47
82491 Grainau 341 Hc73
94143 Grainet 325 Ma61
23883 Grambek 246 Gd21
17375 Grambin 250 Ld19
17322 Grambow 251 Mb21
19071 Grambow 247 Hc20
23968 Gramkow 247 Hc18
18513 Grammendorf 249 Kc17
17153 Grammentin 249 Kc19
18195 Grammow 249 Kb16
17291 Gramzow 261 Ma23
22946 Grande 246 Gc21
03172 Grano 282 Md34
06679 Granschütz 291 Jd41
18513 Gransebieth 249 Kc16
16775 Gransee 260 La25
27446 Granstedt 255 Fa23
19386 Granzin 248 Jb21
16866 Granzow 258 Jd26
17089 Grapzow 250 La19
28879 Grasberg 254 Ed24
85630 Grasbrunn 332 Jc68
64689 Grasellenbach 309 Ec55
38368 Grasleben 267 Hb32
39579 Grassau 268 Ja29
83224 Grassau 343 Kc70
38527 Grassel 266 Gd31
94541 Grattersdorf 324 Lc61
24594 Grauel 245 Fc17
21279 Grauen 255 Fd22
29643 Grauen 255 Fc25
17348 Grauenhagen 260 Lb22
39359 Grauingen 267 Hc31
29556 Graulingen 256 Gc27
01827 Graupa 294 Ma42
03130 Graustein 282 Md37
19374 Grebbin 248 Jb21
36323 Grebenau 288 Fc45
36355 Grebenhain 300 Fb47
34393 Grebenstein 276 Fb39
24329 Grebin 246 Gc16
14793 Grebs 269 Ka32
19294 Grebs 257 Hd24
91171 Greding 322 Ja60
47929 Grefrath 284 Bc40
86926 Greifenberg 331 Hd68
06333 Greifenhagen 278 Hd38
03116 Greifenhain 282 Mb37
35753 Greifenstein 298 Dd46
16278 Greiffenberg 260 Ld24
174 . . Greifswald 250 La16
83677 Greiling 342 Jb71
54314 Greimerath 306 Bd55
07973 Greiz 304 Ka46
18461 Gremersdorf 249 Kc16
23758 Gremersdorf 239 Ha14
91350 Gremsdorf 312 Hb54
06803 Greppin 280 Ka37
18337 Gresenhorst 249 Ka16
19258 Gresse 257 Ha22
29690 Grethem 265 Fc28
97508 Grettstadt 311 Gc52
99718 Greussen 290 Hb41
97259 Greußenheim 310 Fd53
19258 Greven 257 Ha22
48268 Greven 274 Da34
4151 . Grevenbroich 284 Bd42
32839 Grevenhagen 275 Ed36
25361 Grevenkop 245 Fc19
23936 Grevesmühlen 247 Hc18
25596 Gribbohm 245 Fb17
17506 Gribow 250 Lb17
16775 Grieben 259 Kd26
23936 Grieben 247 Hb19
39517 Grieben 268 Jc31
18516 Griebenow 250 La16
06869 Griebo 280 Kb35
66903 Gries 307 Cd57
06786 Griesen 280 Ka36
64347 Griesheim 309 Eb53
03172 Grießen 282 Md35
83556 Griesstätt 333 Kb69
06528 Grillenberg 278 Hd38
04668 Grimma 292 Kc41
39264 Grimme 280 Ka34
18507 Grimmen 249 Kd16
23847 Grinau 246 Gd19
17089 Grischow 250 La19
17153 Grischow 249 Kd19
17498 Gristow 241 La15
07389 Grobengereuth 303 Jb46
39579 Grobleben 268 Jc30
82194 Gröbenzell 332 Ja67
06773 Gröbern 280 Kb37
06184 Gröbers 279 Jd39
03238 Gröbitz 281 Ld37
06388 Gröbzig 279 Jc37
25869 Gröde 236 Ec12
04932 Gröden 281 Lc39
24376 Grödersby 238 Ga12
15910 Gröditsch 271 Ma33
01609 Gröditz 281 Lc39
23743 Grömitz 247 Hb16
06408 Gröna 279 Jb36
39397 Gröningen 278 Hc35
22956 Grönwohld 246 Gc20
03185 Grötsch 282 Md35
72631 Grötzingen 319 Fb63
04539 Groitzsch 292 Ka41
31028 Gronau 276 Fd34
48599 Gronau 262 Cb33
39326 Groß Ammensleben 268 Ja32
14641 Groß Behnitz 269 Kc29
19258 Groß Bengerstorf 257 Ha22
49777 Groß Berßen 263 Da28
03222 Groß Beuchow 282 Ma35
23847 Groß Boden 246 Gc19
39435 Groß Börnecke 279 Ja35
19322 Groß Breese 258 Jb26
14806 Groß Briesen 269 Kb32
19071 Groß Brütz 247 Hc20
24582 Groß Buchwald 246 Ga16
17348 Groß Daberkow 250 Lc21
23911 Groß Disnack 246 Gd20
03058 Groß Döbbern 282 Mc36
17268 Groß Dölln 260 Lb25
17192 Groß Dratow 249 Kc21
03172 Groß Drewitz 271 Md33
02959 Groß Düben 282 Md37
15859 Groß Eichholz 271 Ma32
19205 Groß Eichsen 247 Hc19
17440 Groß Ernsthof 250 Lc16
38312 Groß Flöthe 277 Gd34
17219 Groß Flotow 249 Kd21
17268 Groß Fredenwalde 260 Ld24
03058 Groß Gaglow 282 Mc36
39615 Groß Garz 258 Ja26
03172 Groß Gastrose 283 Na34
39398 Groß Germersleben 278 Hd34
17192 Groß Gievitz 249 Kc20
23795 Groß Gladebrügge 246 Gc18
14476 Groß Glienicke 270 La30
19372 Groß Godems 258 Jb23
19406 Groß Görnow 248 Jb19
23627 Groß Grönau 247 Ha19
16909 Groß Haßlow 259 Kb24
17091 Groß Helle 249 Kd20
31185 Groß Himstedt 266 Gb33
27243 Groß Ippener 254 Eb26
03205 Groß Jehser 282 Ma36
17207 Groß Kelle 259 Ka22
15831 Groß Kienitz 270 Lb31
17495 Groß Kiesow 250 Lb17
17268 Groß Kölpin 260 Lc24
03159 Groß Kölzig 283 Na37
15746 Groß Köris 270 Ld32
18442 Groß Kordshagen 240 Kb14
19230 Groß Krams 257 Hc23
23966 Groß Krankow 247 Hc19
14550 Groß Kreutz 269 Kc31
24626 Groß Kummerfeld 246 Ga17
19288 Groß Laasch 258 Ja23
19417 Groß Labenz 248 Jb19
18510 Groß Lehmhagen 249 Kd16
15913 Groß Leine 282 Mb34
19339 Groß Leppin 258 Jc26
15913 Groß Leuthen 271 Ma33
15295 Groß Lindow 271 Md31
31191 Groß Lobke 266 Ga32
17337 Groß Luckow 250 Ld21
03226 Groß Lübbenau 282 Ma35
18190 Groß Lüsewitz 248 Jd16
03130 Groß Luja 282 Md37
15806 Groß Machnow 270 Lb31
29597 Groß Malchau 257 Ha25
14823 Groß Marzehns 280 Kb34
27419 Groß Meckelsen 255 Fb23
17159 Groß Methling 249 Kc17
17349 Groß Miltzow 250 Lb21
18445 Groß Mohrdorf 240 Kc13
19217 Groß Molzahn 247 Ha20
15868 Groß Muckrow 271 Mc33
17094 Groß Nemerow 250 La21
15324 Groß Neuendorf 261 Mc27
17179 Groß Nieköhr 249 Kb17
19374 Groß Niendorf 248 Jb21
23816 Groß Niendorf 246 Gb19
25436 Groß Nordende 245 Fc20
29393 Groß Oesingen 266 Gc29
25355 Groß Offenseth 245 Fd19
03058 Groß Oßnig 282 Mc36
21493 Groß Pampau 246 Gd21
16928 Groß Pankow 258 Jc25
17498 Groß Petershagen 250 La16
16306 Groß Pinnow 261 Mb23
17192 Groß Plasten 249 Kc21
17390 Groß Polzin 250 Lb18
38822 Groß Quenstedt 278 Hc35
24872 Groß Rheide 237 Fb14
18299 Groß Ridsenow 249 Ka17
15848 Groß Rietz 271 Mb32
39167 Groß Rodensleben 267 Hd33
23795 Groß Rönnau 246 Gb18
19073 Groß Rogahn 247 Hc21
17166 Groß Roge 249 Ka19
39240 Groß Rosenburg 279 Jc35
19217 Groß Rünz 247 Hb19
19205 Groß Salitz 247 Hb20
39343 Groß Santersleben 267 Hd33
23627 Groß Sarau 247 Ha19
03149 Groß Schacksdorf 283 Na36
15859 Groß Schauen 271 Ma32
23860 Groß Schenkenberg 246 Gd19
06449 Groß Schierstedt 279 Ja36
16348 Groß Schönebeck 260 Lb26
18574 Groß Schoritz 241 La14
15806 Groß Schulzendorf 270 Lb32
39579 Groß Schwechten 268 Jb28
18276 Groß Schwiesow 248 Jc18
23923 Groß Siemz 247 Ha19
23972 Groß Stieten 247 Hd19
29581 Groß Süstedt 256 Gc26
17091 Groß Teetzleben 250 La20
19069 Groß Trebbow 247 Hd20
38464 Groß Twülpstedt 267 Hb31
18276 Groß Upahl 248 Jc19
17219 Groß Varchow 249 Kc20
17217 Groß Vielen 249 Kd21
24802 Groß Vollstedt 237 Fd15
23948 Groß Walmstorf 247 Hc18
19357 Groß Warnow 258 Ja24
15910 Groß Wasserburg 271 Ma33
16866 Groß Welle 258 Jc25
24361 Groß Wittensee 237 Fd14
17166 Groß Wokern 249 Ka19
16928 Groß Woltersdorf 258 Jd25
17168 Groß Wüstenfelde 249 Ka18
16247 Groß Ziethen 260 Ld25
16766 Groß Ziethen 269 Kd28
64401 Groß-Bieberau 309 Ec53
15848 Groß-Briesen 271 Mc33
64521 Groß-Gerau 309 Ea52
31180 Groß-Giesen 266 Ga33
27419 Groß-Ippensen 255 Fb23
03222 Groß-Klessow 282 Ma35
27243 Groß-Köhren 254 Eb27
03205 Groß-Mehßow 282 Ma36
06925 Groß-Naundorf 280 Kd37
01983 Groß-Räschen 282 Mb37
48734 Groß Reken 273 Cb36
01900 Groß-Röhrsdorf 294 Mb41
68649 Groß-Rohrheim 309 Ea54
38179 Groß-Schwülper 266 Gc31
64823 Groß-Umstadt 309 Ed53
64846 Groß-Zimmern 309 Ec53
86845 Großaitingen 331 Hb67
37247 Großalmerode 288 Fd41
71546 Großaspach 319 Fb61
06369 Großbadegast 279 Jc37
04668 Großbardau 292 Kc41
24245 Großbarkau 238 Gb15
37359 Großbartloff 289 Gb41
14979 Großbeeren 270 Lb31
72663 Großbettlingen 329 Fb64
37345 Großbodungen 277 Gd39
04668 Großbothen 292 Kc41
71723 Großbottwar 319 Fb60
98701 Großbreitenbach 302 Hc47
30938 Großburgwedel 265 Fd30
16845 Großderschau 259 Ka27
04564 Großdeuben 292 Ka41
02694 Großdubrau 294 Md40
26629 Großefehn 253 Da22
97633 Großeibstadt 301 Gd49
72415 Großelfingen 328 Ed66
24623 Großenaspe 246 Ga18
23775 Großenbrode 239 Hb14
99718 Großenehrich 290 Hb41
99991 Großengottern 289 Gd42
72829 Großengstingen 329 Fb66
01558 Großenhain 293 Lc40
26197 Großenkneten 253 Dd26
36137 Großenlüder 300 Fc47
25712 Großenrade 245 Fa17
22946 Großensee 246 Gc21
91091 Großenseebach 312 Hb55
07580 Großenstein 292 Ka44
31606 Großenvörde 264 Ed31
24969 Großenwiehe 237 Fa11
21712 Großenwörden 245 Fa20
01454 Großerkmannsdorf 294 Ma41
71577 Großerlach 319 Fc60
99706 Großfurra 290 Ha40
01936 Großgrabe 282 Mb39
06246 Großgräfendorf 279 Jc39
90613 Großhabersdorf 312 Hb57
22927 Großhansdorf 246 Gb20
24625 Großharrie 246 Ga16
01909 Großharthau 294 Mb41
09618 Großhartmannsdorf 293 Lb44
26532 Großheide 242 Cd21
96269 Großheirath 302 Hb50
02747 Großhennersdorf 295 Nb42
99518 Großheringen 291 Jb42
63920 Großheubach 310 Fa54
67229 Großkarlbach 308 Dd56
83109 Großkarolinenfeld 333 Ka69
06242 Großkayna 291 Jc40
01990 Großkmehlen 281 Ld39
06688 Großkorbetha 291 Jd41
01968 Großkoschen 282 Mb38
03249 Großkrausnik 281 Ld36
63538 Großkrotzenburg 299 Ed51
06184 Großkugel 279 Jd39
97320 Großlangheim 311 Gc54
04420 Großlehna 291 Jd40
06528 Großleinungen 278 Hc39
54534 Großlittgen 297 Ca51
99759 Großlohra 277 Gd39
56276 Großmaischeid 298 Da47
85098 Großmehring 322 Jb62
23701 Großmeinsdorf 246 Gd16
99625 Großmonra 290 Hd41
39221 Großmühlingen 279 Jb35
16775 Großmutz 259 Kd26
01936 Großnaundorf 294 Ma40
67259 Großniedesheim 309 Ea55
06348 Großörner 279 Ja38
09432 Großolbersdorf 293 La45
63762 Großostheim 310 Fa52
06369 Großpaschleben 279 Jc36
04463 Großpösna 292 Kb40
02692 Großpostwitz 294 Md41
97950 Großrinderfeld 310 Fd55
04895 Großrössen 281 Lb37
66352 Großrosseln 316 Ca58
99195 Großrudestedt 290 Hc42
09518 Großrückerswalde 305 Lb46
09603 Großschirma 293 Lb43
02779 Großschönau 295 Na43
02708 Großschweidnitz 295 Na41
24991 Großsolt 237 Fc11
04932 Großthiemig 281 Ld39
04886 Großtreben-Zwethau 280 Kd37
63868 Großwallstadt 310 Fa53
09575 Großwaltersdorf 293 Lb44
82439 Großweil 342 Ja71
04720 Großweitzschen 293 La41
99735 Großwerther 278 Ha39
29485 Großwitzeetze 257 Hd27
16775 Großwoltersdorf 259 Kd25
14715 Großwudicke 268 Jd29
16831 Großzerlang 259 Kc24
15831 Großziethen 270 Lb30
06780 Großzöberitz 279 Jd37
21493 Grove 246 Gc21
25774 Groven 236 Ed15
98530 Grub 302 Ha47
96271 Grub a. Forst 302 Hc50
19336 Grube 258 Jc26
23749 Grube 239 Hb15
17498 Grubenhagen 250 La16
14823 Grubo 269 Kb33
09224 Grüna 292 Kd44
08223 Grünbach 304 Kb47
17326 Grünberg 261 Ma22
35305 Grünberg 299 Ed47
63584 Gründau 300 Fa50
16775 Grüneberg 260 La26
14641 Grünefeld 269 Kd28
88167 Grünenbach 340 Gb72
21720 Grünendeich 245 Fc21
01945 Grünewald 282 Mb39
08358 Grünhain 304 Kd46
09579 Grünhainichen 293 Lb44
15537 Grünheide 270 Ld30
88287 Grünkraut 339 Fd71
16278 Grünow 261 Ma24
17237 Grünow 260 La22
17291 Grünow 260 Ld22
97947 Grünsfeld 310 Fd55
67269 Grünstadt 308 Dd55
16230 Grüntal 260 Ld27
82031 Grünwald 332 Jb68
17328 Grünz 261 Ma23
17213 Grüssow 259 Ka22
14715 Grütz 268 Jd28
03238 Gruhno 281 Lc37
73344 Gruibingen 329 Fd64
07343 Grumbach 303 Ja48
73630 Grunbach 319 Fb62
24977 Grundhof 237 Fc11
21641 Grundoldendorf 255 Fc22
23948 Grundshagen 247 Hb17
17268 Grunewald 260 Lb25
15299 Grunow 271 Mc32
15377 Grunow 271 Ma28
38524 Grußendorf 267 Ha30
74417 Gschwend 319 Fd61
83257 Gstadt a. Chiemsee 333 Kc69
03172 Guben 283 Na34
18190 Gubkow 248 Jd17
25693 Gudendorf 245 Fa17
34281 Gudensberg 288 Fb42
21720 Guderhandviertel 245 Fc21
23899 Gudow 247 Ha21
39175 Gübs 268 Jb33
24357 Güby 237 Fc13
74363 Güglingen 318 Ed60
19348 Gülitz 258 Jc24
14715 Gülpe 268 Jd28
17089 Gültz 249 Kd19
17153 Gülzow 249 Kc19
18276 Gülzow 248 Jc19
21483 Gülzow 256 Gc22
17121 Gülzowshof 249 Kd17
16278 Günterberg 261 Ma24
06507 Güntersberge 278 Hb37
97261 Güntersleben 311 Ga53
06254 Günthersdorf 291 Jd40
15848 Günthersdorf 271 Mc33
99869 Günthersleben 290 Ha44
87634 Günzach 340 Gd70
89312 Günzburg 330 Gc65
39317 Güsen 268 Jc31
39439 Güsten 279 Ja36
21514 Güster 246 Gd21
17291 Güstow 260 Ld22
18273 Güstrow 248 Jd19
78148 Gütenbach 327 Dc68
17335 Güterberg 250 Lc21
14532 Güterfelde 270 La31
39264 Güterglück 279 Jc34
3333 . Gütersloh 275 Ea35
17506 Gützkow 250 La17
15913 Guhlen 271 Mb33
19348 Guhlsdorf 258 Jc25
03096 Guhrow 282 Mc35
55452 Guldental 308 Db53
18551 Gummanz 241 Lb12
5164 . Gummersbach 286 Da43
16866 Gumtow 258 Jd26
79194 Gundelfingen 327 Db68
89423 Gundelfingen a.d Donau 330 Gd64
74831 Gundelsheim 319 Fa58
96163 Gundelsheim 312 Hb52
64380 Gundernhausen 309 Ec53
67598 Gundersheim 308 Dd54
67599 Gundheim 308 Dd54
89355 Gundremmingen 330 Gd64
39393 Gunsleben 278 Hb34
67583 Guntersblum 309 Ea53
91710 Gunzenhausen 321 Hb59
29476 Gusborn 257 Hc25
54413 Gusenburg 307 Ca55
15306 Gusow-Platkow 271 Mc29
15754 Gussow 270 Ld32
55246 Gustavsburg 309 Ea52
54317 Gusterath 306 Bd54
18574 Gustow 241 Kd14
77793 Gutach 327 Dd67
79261 Gutach i. Breisgau 327 Dc68
01945 Guteborn 282 Ma39
06193 Gutenberg 279 Jc38
16775 Gutengermendorf 260 La26
91468 Gutenstetten 312 Ha55
39326 Gutenswegen 268 Ja32
88484 Gutenzell 330 Gb68
18276 Gutow 248 Jc19
02694 Guttau 295 Na40
95358 Guttenberg 303 Jb50
34302 Guxhagen 288 Fc41
27404 Gyhum 255 Fb24

H

95473 Haag 313 Jb53
85410 Haag a.d Amper 332 Jc65
83527 Haag i. Oberbayern 333 Ka67
14662 Haage 269 Kb28
24819 Haale 245 Fc16
42781 Haan 285 Cb41
85540 Haar 332 Jc68
94542 Haarbach 334 Lc64
03058 Haasow 282 Md36
82392 Habach 342 Ja71
27299 Haberloh 255 Fa26
34317 Habichtswald 288 Fb40
29359 Habighorst 266 Gb28
24361 Haby 237 Fd14
57627 Hachenburg 298 Db46
55546 Hackenheim 308 Db53
31188 Hackenstedt 277 Gb34
06528 Hackpfüffel 278 Hc39
65589 Hadamar 298 Dc48
48493 Haddorf 262 Cd32
29693 Hademstorf 265 Fc28
25560 Hadenfeld 245 Fb17
39398 Hadmersleben 278 Hd34
25779 Hägen 237 Fa15
02923 Hähnichen 283 Nb39
64665 Hähnlein 309 Eb54
27324 Hämelhausen 265 Fb28
39590 Hämerten 268 Jc29
27330 Haendorf 264 Ed28
31311 Hänigsen 266 Gb30
16775 Häsen 260 La26
79837 Häusern 337 Dd71
27336 Häuslingen 265 Fb28
97840 Hafenlohr 310 Fc53
99735 Haferungen 278 Ha39
49843 Haftenkamp 262 Cb30
26524 Hage 242 Cd21
23974 Hagebök 248 Ja17
14806 Hagelberg 269 Kb33
93095 Hagelstadt 323 Ka61
45711 Hagem 273 Cd38
24576 Hagen 245 Fd18
27628 Hagen 254 Eb23
29365 Hagen 266 Gc28
49170 Hagen a. Teutoburger Wald 263 Dc33
58 . . . Hagen / Westf. 285 Cd40
39624 Hagenau 268 Ja28
76767 Hagenbach 317 Dd60
91469 Hagenbüchach 312 Hb56
31558 Hagenburg 265 Fb31
19230 Hagenow 257 Hc22
26524 Hagermarsch 242 Cd20
88709 Hagnau 339 Fb72
38729 Hahausen 277 Gb35
92256 Hahnbach 313 Jc55
55278 Hahnheim 308 Dd53
65623 Hahnstätten 298 Dc49
63808 Haibach 310 Fa52
94353 Haibach 323 Kd60
04910 Haida 281 Lc38
03130 Haidemühl 282 Mc37
94145 Haidmühle 325 Mb61
35708 Haiger 286 Dd45
72401 Haigerloch 328 Ec66
85778 Haimhausen 332 Jb66
84533 Haiming 334 La66
63584 Hain-Gründau 300 Fa50
35114 Haina 287 Ed43
98631 Haina 301 Gd48
63538 Hainburg 299 Ed51
02779 Hainewalde 295 Nb43
09661 Hainichen 293 La43
06528 Hainrode 278 Hc39
99735 Hainrode (Hainleite) 278 Ha39
86744 Hainsfarth 321 Ha61
72221 Haiterbach 328 Eb64
39448 Hakeborn 278 Hd35
16833 Hakenberg 259 Kc27
39343 Hakenstedt 267 Hc33
15757 Halbe 270 Ld33
26524 Halbemond 242 Cd21
02953 Halbendorf 282 Md37
38820 Halberstadt 278 Hb35

87642 Halblech 341 Hb72
39340 Haldensleben 267 Hd32
87490 Haldenwang 340 Gd70
89356 Haldenwang 330 Gd65
16945 Halenbeck 258 Jd23
83128 Halfing 333 Kb69
85399 Hallbergmoos 332 Jc66
37620 Halle 276 Fc35
49843 Halle 262 Cb30
061.. Halle (Saale) 279 Jc39
33790 Halle (Westf.) 275 Ea34
59969 Hallenberg 287 Eb42
91352 Hallerndorf 312 Hc54
96103 Hallstadt 312 Hb52
09633 Halsbrücke 293 Lc43
56283 Halsenbach 298 Da50
25469 Halstenbek 245 Fd21
45721 Haltern 273 Cc37
58553 Halver 285 Cd41
21646 Halvesbostel 255 Fc23
97456 Hambach 301 Gb51
23619 Hamberge 246 Gd19
27729 Hambergen 254 Ec23
76707 Hambrücken 318 Eb59
29313 Hambühren 266 Ga29
2.... Hamburg 246 Ga21
24805 Hamdorf 237 Fc15
3178. Hameln 276 Fb34
27419 Hamersen 255 Fb24
39393 Hamersleben 278 Hc34
22929 Hamfelde 246 Gc21
57577 Hamm 286 Da45
590.. Hamm 274 Db37
67580 Hamm 309 Ea54
99765 Hamma 278 Hb39
21714 Hammah 245 Fb21
97762 Hammelburg 301 Ga51
17268 Hammelspring 260 Lb25
16559 Hammer 260 Lb26
17358 Hammer a.d Uecker 250 Ld20
08269 Hammerbrücke 304 Kb48
63546 Hammersbach 299 Ed50
46499 Hamminkeln 272 Bd37
22941 Hammoor 246 Gc20
21502 Hamwarde 256 Gc22
24816 Hamweddel 245 Fc16
6345. Hanau 299 Ed51
21256 Handeloh 255 Fd24
24983 Handewitt 237 Fb11
21447 Handorf 256 Gc23
49838 Handrup 263 Da30
25557 Hanerau-Hademarschen 245 Fb16
15518 Hangelsberg 271 Ma30
67374 Hanhofen 318 Ea58
29386 Hankensbüttel 266 Gd28
30... Hannover 265 Fd31
34346 Hannoversch Münden 288 Fc40
29525 Hansen 256 Gc26
17509 Hanshagen 250 Lb16
23936 Hanshagen 247 Hc19
21271 Hanstedt 256 Ga24
27412 Hanstedt 255 Fa23
29582 Hanstedt 256 Gc25
18239 Hanstorf 248 Jb17
38489 Hanum 267 Ha29
91230 Happurg 313 Ja56
31097 Harbarnsen 277 Ga35
39365 Harbke 267 Hb33
86655 Harburg 321 Ha62
24616 Hardebek 245 Fd17
37181 Hardegsen 276 Fd38
17268 Hardenbeck 260 Lb23
74736 Hardheim 310 Fc55
78739 Hardt 328 Ea67
74239 Hardthausen a. Kocher 319 Fb58
49733 Haren 262 Cc28
55595 Hargesheim 308 Db53
23942 Harkensee 247 Hb18
06543 Harkerode 278 Hd37
26409 Harlesiel 243 Db20
23738 Harmsdorf 239 Ha15
23911 Harmsdorf 246 Gd20
23936 Harmshagen 247 Hc19
21228 Harmstorf 256 Ga23
21368 Harmstorf 257 Ha24
16269 Harnekop 271 Ma28
27243 Harpstedt 254 Eb27
07366 Harra 303 Jb48
27628 Harrendorf 254 Ec23
24955 Harrislee 237 Fb10
95499 Harsdorf 303 Jb51
21698 Harsefeld 255 Fc22
33428 Harsewinkel 274 Dd35
38829 Harsleben 278 Hc36
31177 Harsum 266 Ga33
24628 Hartenholm 246 Ga18
08118 Hartenstein 304 Kc46
91235 Hartenstein 313 Jb55
07570 Harth-Pöllnitz 291 Jd45
04746 Hartha 293 La42
01737 Hartha, Kurort 293 Ld43
67376 Harthausen 318 Ea58
79258 Hartheim 327 Da69
07613 Hartmannsdorf 291 Jd43
08107 Hartmannsdorf 304 Kc46
09232 Hartmannsdorf 292 Kd44
15528 Hartmannsdorf 270 Ld31
01762 Hartmannsdorf-Reichenau 293 Ld44
55296 Harxheim 308 Dd52
06493 Harzgerode 278 Hc37
99762 Harzungen 278 Ha38
49205 Hasbergen 263 Dc32
66636 Hasborn-Dautweiler 307 Ca56
25489 Haselau 245 Fc20
04617 Haselbach 292 Kb42
94354 Haselbach 323 Kd60
25489 Haseldorf 245 Fc21
14823 Haseloff 269 Kc33
49740 Haselünne 263 Da29
25855 Haselund 237 Fa12
15518 Hasenfelde 271 Mb30
21787 Hasenfleet 245 Fa19
24616 Hasenkrug 245 Fd17
24640 Hasenmoor 246 Ga18
96523 Hasenthal 302 Hd47
77716 Haslach i. Kinzigtal 327 Dc66
97907 Hasloch 310 Fc53
25474 Hasloh 246 Ga20
31626 Haßbergen 265 Fa28
27324 Hassel 265 Fa28
39596 Hassel 268 Jc29
24376 Hasselberg 238 Ga11
23730 Hasselburg 247 Ha16
38899 Hasselfelde 278 Hb37
63594 Hasselroth 300 Fa50
27367 Hassendorf 255 Fa25
97437 Haßfurt 301 Gd51
17291 Haßleben 260 Lc23
99189 Haßleben 290 Hb42
67454 Haßloch 308 Dd57
74855 Haßmersheim 319 Fa58
83301 Haßmoning 333 Kd69
24790 Haßmoor 237 Fd15
31559 Haste 265 Fb31
27386 Hastedt 255 Fb25
15328 Hathenow 271 Md29
26209 Hatten 254 Ea26
73110 Hattenhofen 319 Fc63
82285 Hattenhofen 331 Hd67
65795 Hattersheim 299 Ea51
57644 Hattert 298 Db46
26209 Hatterwüsting 254 Ea26
4552. Hattingen 285 Cc40
37197 Hattorf 277 Gb37
25856 Hattstedt 236 Ed13
76770 Hatzenbühl 317 Dd59
35116 Hatzfeld 287 Eb43
76846 Hauenstein 317 Db59
79541 Hauingen 337 Da72
91729 Haundorf 321 Hb59
36282 Hauneck 288 Fd45
36132 Haunetal 288 Fd45
89437 Haunsheim 330 Gd64
66851 Hauptstuhl 307 Cd57
77756 Hausach 327 Dd66
53547 Hausen 297 Cd47
63840 Hausen 310 Fa53
91353 Hausen 312 Hc54
93345 Hausen 322 Jd61
97647 Hausen 301 Gb47
97262 Hausen b. Würzburg 311 Gb52
79688 Hausen i. Wiesental 337 Db72
83734 Hausham 342 Jd71
06458 Hausneindorf 278 Hd36
94051 Hauzenberg 325 Ma62
21493 Havekost 246 Gc21
39539 Havelberg 258 Jc27
38275 Haverlah 277 Gc34
24873 Havetoft 237 Fc12
24875 Havetoftloit 237 Fc12
23858 Havighorst 246 Gc19
48329 Havixbeck 273 Cd35
87749 Hawangen 330 Gc69
72534 Hayingen 329 Fc66
06536 Hayn 278 Hc38
37339 Haynrode 277 Gd39
07343 Heberndorf 303 Ja47
84332 Hebertsfelden 334 La65
85241 Hebertshausen 332 Jb66
72379 Hechingen 328 Ed66
21755 Hechthausen 245 Fa20
16259 Heckelberg 260 Ld27
39444 Hecklingen 279 Ja36
68542 Heddesheim 309 Eb56
38322 Hedeper 278 Ha34
06295 Hedersleben 279 Jb38
06458 Hedersleben 278 Hd36
25761 Hedwigenkoog 244 Ec16
25355 Heede 245 Fd19
26892 Heede 252 Cd26
48619 Heek 262 Cc33
31622 Heemsen 265 Fa29
33442 Heerde 274 Dd35
38277 Heere 277 Gb34
39590 Heeren 268 Jc30
27616 Heerstedt 254 Ec22
27404 Heeslingen 255 Fb23
31707 Heeßen 265 Fa33
37619 Hehlen 276 Fc35
25746 Heide 245 Fa16
15926 Heideblick 281 Ld35
91180 Heideck 321 Hd59
23858 Heidekamp 246 Gc19
07613 Heideland 291 Jc43
691.. Heidelberg 309 Eb57
06780 Heideloh 279 Jd37
46359 Heiden 273 Cb36
01809 Heidenau 294 Ma42
21258 Heidenau 255 Fc23
91719 Heidenheim 321 Hb60
895.. Heidenheim a.d Brenz 320 Gb63
65321 Heidenrod 298 Dc50
23816 Heiderfeld 246 Gb18
09526 Heidersdorf 293 Lc45
55262 Heidesheim 308 Dc52
25436 Heidgraben 245 Fc20
19303 Heidhof 257 Hc24
24632 Heidmoor 245 Fd19
24598 Heidmühlen 246 Ga18
63869 Heigenbrücken 300 Fb51
24226 Heikendorf 238 Gb14
740.. Heilbronn 319 Fa59
88633 Heiligenberg 339 Fb70
39606 Heiligenfelde 257 Hd27
16909 Heiligengrabe 259 Ka24
23774 Heiligenhafen 239 Hb14
18239 Heiligenhagen 248 Jb17
42579 Heiligenhaus 285 Cb40
28816 Heiligenrode 254 Ec26
56412 Heiligenroth 298 Db48
37308 Heiligenstadt 289 Gb40
91332 Heiligenstadt i. Oberfranken 312 Hd53
25524 Heiligenstedten 245 Fb18
25524 Heiligenstedtenerkamp 245 Fb18
06347 Heiligenthal 279 Jb38
66578 Heiligenwald 307 Cb57
69253 Heiligkreuzsteinach 309 Ec56
91560 Heilsbronn 312 Hb57
23619 Heilshoop 246 Gd18
52396 Heimbach 296 Bc46
55779 Heimbach 307 Cc55
63872 Heimbuchenthal 310 Fb53
38889 Heimburg 278 Hb36
88178 Heimenkirch 340 Ga72
87751 Heimertingen 330 Gb68
32469 Heimsen 264 Ed31
71296 Heimsheim 318 Ec62
37627 Heinade 276 Fc36
21726 Heinbockel 245 Fb21
96365 Heinersberg 303 Ja48
03185 Heinersbrück 282 Md35
07356 Heinersdorf 303 Jb47
15518 Heinersdorf 271 Mb30
96515 Heinersdorf 302 Hd48
95500 Heinersreuth 313 Ja52
38312 Heiningen 277 Gd34
73092 Heiningen 319 Fd63
24594 Heinkenborstel 245 Fd16
39326 Heinrichsberg 268 Jb32
16831 Heinrichsdorf 259 Kd25
17379 Heinrichsruh 250 Ld20
17379 Heinrichswalde 250 Lc20
52525 Heinsberg 284 Ba42
27432 Heinschenwalde 244 Ed21
08468 Heinsdorfergrund 304 Kb46
37649 Heinsen 276 Fb36
25492 Heist 245 Fc20
65558 Heistenbach 298 Dc48
79423 Heitersheim 337 Da70
49152 Heithöfen 264 Ea31
99713 Helbedündorf 289 Gd40
06311 Helbra 279 Ja38
84431 Heldenstein 333 Kb66
06577 Heldrungen 290 Hc40
56244 Helferskirchen 298 Db47
27498 Helgoland 243 Dc16
16928 Helle 258 Jc24
30900 Hellendorf 265 Fd30
56479 Hellenhahn-Schellenberg 298 Dc46
53940 Hellenthal 296 Bc47
98663 Hellingen 302 Ha49
27729 Hellingst 254 Ed23
25764 Hellschen 244 Ec16
27367 Hellwege 255 Fa25
95233 Helmbrechts 303 Jb49
74291 Helmstadt 309 Ed57
97264 Helmstadt 310 Fd54
38350 Helmstedt 267 Hb32
24321 Helmstorf 238 Gd15
31691 Helpsen 265 Fa32
17349 Helpt 250 Lb21
34298 Helsa 288 Fd41
48488 Helschen 262 Cd31
25709 Helse 244 Ed18
67716 Heltersberg 317 Da58
27389 Helvesiek 255 Fc24
93155 Hemau 322 Jc60
25485 Hemdingen 245 Fd19
58675 Hemer 286 Db40
91334 Hemhofen 312 Hb54
25774 Hemme 236 Ed15
30966 Hemmingen 265 Fd32
71282 Hemmingen 318 Ed61
25770 Hemmingstedt 244 Ed16
21745 Hemmoor 245 Fa20
69502 Hemsbach 309 Eb55
27386 Hemsbünde 255 Fb25
49716 Hemsen 262 Cd28
27386 Hemslingen 255 Fc25
49453 Hemsloh 264 Eb29
39638 Hemstedt 267 Hd29
97640 Hendungen 301 Gc48
91239 Henfenfeld 313 Ja56
98660 Henfstädt 301 Gd47
94491 Hengersberg 324 Lb62
98617 Henneberg 301 Gc47
31188 Henneckenrode 277 Gb34
53773 Hennef 285 Cc45
03253 Hennersdorf 281 Ld37
15378 Hennickendorf 270 Ld29
16761 Hennigsdorf 270 La28
29413 Henningen 257 Hb27
25581 Hennstedt 245 Fd17
25779 Hennstedt 237 Fa15
55619 Hennweiler 307 Cd53
24558 Henstedt-Ulzburg 246 Ga19
15898 Henzendorf 271 Md33
85120 Hepberg 322 Ja62
64646 Heppenheim 309 Eb55
27412 Hepstedt 255 Fa24
14913 Herbersdorf 281 Lb35
88518 Herbertingen 329 Fc68
79336 Herbolzheim 327 Da67
35745 Herborn 299 Ea46
89542 Herbrechtingen 320 Gc63
99955 Herbsleben 290 Hb42
97633 Herbstadt 301 Gd49
36358 Herbstein 300 Fb47
58313 Herdecke 285 Cd40
57562 Herdorf 286 Dc45
88634 Herdwangen 339 Fa70
86465 Heretsried 331 Hb65
320.. Herford 264 Ec33
54662 Herforst 306 Bd52
88145 Hergatz 340 Ga72
88138 Hergensweiler 339 Fd72
06313 Hergisdorf 279 Ja38
36266 Heringen 289 Ga44
99765 Heringen 278 Hb39
25764 Heringsand 244 Ed16
23777 Heringsdorf 239 Hb15
17424 Heringsdorf 251 Ma17
37293 Herleshausen 289 Gb43
29320 Hermannsburg 256 Gb27
89568 Hermaringen 330 Gc64
06543 Hermerode 278 Hd38
66919 Hermersberg 308 Da57
15374 Hermersdorf 271 Mb29
54411 Hermeskeil 307 Ca54
01458 Hermsdorf 294 Ma41
01776 Hermsdorf 293 Ld44
01945 Hermsdorf 282 Ma39
07629 Hermsdorf 291 Jc44
09337 Hermsdorf 292 Kc44
15748 Hermsdorf 270 Ld32
39326 Hermsdorf 268 Ja33
446.. Herne 273 Cc38
09419 Herold 293 La45
91336 Heroldsbach 312 Hc54
90562 Heroldsberg 312 Hd55
72535 Heroldstatt 329 Fd65
98617 Herpf 301 Gc47
71083 Herrenberg 328 Ec64
91567 Herrieden 320 Gd58
79737 Herrischried 337 Dc72
89134 Herrlingen 330 Ga65
99762 Herrmannsacker 278 Hb38
84097 Herrngiersdorf 323 Ka62
02747 Herrnhut 295 Nb42
82211 Herrsching a. Ammers. 331 Hd69
91217 Hersbruck 313 Ja56
56249 Herschbach 298 Db47
98701 Herschdorf 302 Hc46
58849 Herscheid 286 Db42
66909 Herschweiler-Pettersheim 307 Cc56
45... Herten 273 Cc38
76863 Herxheim 317 Dd59
67273 Herxheim a. Berg 308 Dd56
04916 Herzberg 281 Lb37
15864 Herzberg 271 Mb32
19374 Herzberg 248 Jb21
37412 Herzberg a. Harz 277 Gc37
16835 Herzberg (Mark) 259 Kd26
33442 Herzebrock-Clarholz 274 Dd36
19372 Herzfeld 258 Jb23
15378 Herzfelde 270 Ld30
17268 Herzfelde 260 Lc24
25379 Herzhorn 245 Fb19
49770 Herzlake 263 Da29
91074 Herzogenaurach 312 Hb55
52134 Herzogenrath 284 Ba44
16278 Herzsprung 261 Ma25
16909 Herzsprung 259 Ka25
26835 Hesel 253 Da23
31693 Hespe 265 Fa32
91093 Heßdorf 312 Hb55
38835 Hessen 278 Ha34
64754 Hesseneck 310 Fa55
67258 Heßheim 308 Dd56
74394 Hessigheim 319 Fa60
37235 Hessisch Lichtenau 288 Fd41
31840 Hessisch Oldendorf 265 Fa33
67596 Heßloch 308 Dd54
06458 Heteborn 278 Hd35
25491 Hetlingen 245 Fc21
67310 Hettenleidelheim 308 Dc56
85276 Hettenshausen 332 Jb64
72513 Hettingen 329 Fa67
97265 Hettstadt 310 Fd53
06333 Hettstedt 279 Ja37
54523 Hetzerath 307 Ca53
91077 Hetzles 312 Hc55
73540 Heubach 320 Ga62
98666 Heubach 302 Hb47
35452 Heuchelheim 299 Eb47
67259 Heuchelheim 308 Dd55
73572 Heuchlingen 320 Ga61
38855 Heudeber 278 Ha35
31700 Heuerßen 265 Fb32
63150 Heusenstamm 299 Ec51
97618 Heustreu 301 Gc49
66265 Heusweiler 307 Ca57
37619 Heyen 276 Fc34
99988 Heyerode 289 Gc42
01683 Heynitz 293 Lc42
32120 Hiddenhausen 264 Eb33
09627 Hilbersdorf 293 Lc43
57271 Hilchenbach 286 Dd43
98646 Hildburghausen 302 Ha48
4072. Hilden 285 Cb42
36115 Hilders 301 Ga47
311.. Hildesheim 266 Ga33
71157 Hildrizhausen 318 Ed63
27318 Hilgermissen 255 Fa27
56206 Hilgert 298 Da48
86567 Hilgertshausen-Tandern 332 Ja65
26897 Hilkenbrook 253 Db26
32479 Hille 264 Ec32
38543 Hillerse 266 Gc31
39343 Hillersleben 268 Ja32
54576 Hillesheim 296 Bd49
25764 Hillgroven 236 Ed15
04936 Hillmersdorf 281 Lc36
56204 Hillscheid 298 Da48
09429 Hilmersdorf 293 La45
29413 Hilmsen 267 Hb28
91161 Hilpoltstein 321 Hd58
86856 Hiltenfingen 331 Hb67
49176 Hilter a. Teutoburger Wald 263 Dd33
91355 Hiltpoltstein 312 Hd54
78247 Hilzingen 338 Ec71
29584 Himbergen 257 Ha25
95502 Himmelkron 303 Jb51
16798 Himmelpfort 260 La24
21709 Himmelpforten 245 Fb21
97267 Himmelstadt 310 Fd52
87541 Hindelang 340 Gd73
03222 Hindenberg 282 Ma35
16835 Hindenberg 259 Kd25
39596 Hindenburg 268 Jc28
25563 Hingstheide 245 Fd18
17194 Hinrichshagen 249 Kb20
17349 Hinrichshagen 250 Lb21
17498 Hinrichshagen 250 La16
06386 Hinsdorf 279 Jd37
26759 Hinte 252 Cc22
94146 Hinterschmiding 325 Ma61
17375 Hintersee 251 Mb20
66999 Hinterweidenthal 317 Db59
79856 Hinterzarten 337 Dc70
27432 Hinzel 254 Ed22
27432 Hipstedt 254 Ed22
72145 Hirrlingen 328 Ed65
96114 Hirschaid 312 Hc53
92242 Hirschau 313 Jd55
92275 Hirschbach 313 Jb55
07927 Hirschberg 303 Jc48
69493 Hirschberg a.d Bergstr. 309 Eb56
04932 Hirschfeld 281 Ld39
02788 Hirschfelde 295 Nb42
16356 Hirschfelde 270 Ld28
69434 Hirschhorn 309 Ed56
01594 Hirschstein 293 Lc40
09496 Hirtstein 305 Lb46
07338 Hirzbach 303 Ja47
63697 Hirzenhain 300 Fa48
21522 Hittbergen 256 Gd23
29456 Hitzacker 257 Hb25
85122 Hitzhofen 322 Ja61
24576 Hitzhusen 245 Fd18
39279 Hobeck 279 Jc34
25712 Hochdonn 245 Fb17
67126 Hochdorf 308 Dd57
73269 Hochdorf 319 Fc63
88454 Hochdorf 329 Fd69
65239 Hochheim 309 Ea52
02627 Hochkirch 295 Na41
67691 Hochspeyer 308 Db56
76879 Hochstadt 317 Dd58
96272 Hochstadt a. Main 302 Hd50
83093 Hochstätt 333 Kc69
76351 Hochstetten 318 Ea59
55606 Hochstetten-Dhaun 307 Cd53
68766 Hockenheim 318 Eb58
29693 Hodenhagen 265 Fc28
25569 Hodorf 245 Fb18
97204 Höchberg 311 Ga54
79862 Höchenschwand 337 Dd71
97633 Höchheim 301 Gd49
64739 Höchst i. Odenwald 309 Ed53
91315 Höchstadt a.d Aisch 312 Hb54
95186 Höchstädt 303 Jd50
89420 Höchstädt a.d Donau 321 Ha63
01774 Höckendorf 293 Ld43
39356 Hödingen 267 Hc32
75339 Höfen a.d Enz 318 Eb62
29361 Höfer 266 Gb29
25858 Högel 236 Ed12
23795 Högersdorf 246 Gb18
24327 Högsdorf 238 Gd15
29478 Höhbeck 257 Hd25
66989 Höheinöd 317 Da58
85635 Höhenkirchen 332 Jc68
48527 Höhenkörben 262 Cc30
56462 Höhn 298 Dc46
24217 Höhndorf 238 Gc14
06179 Höhnstedt 279 Jb39
56203 Höhrgrenzhausen 298 Da48
15366 Hönow 270 Lc29
74746 Höpfingen 310 Fb55
37412 Hörden 277 Gc37
76593 Hörden 318 Ea62
76771 Hördt 318 Ea59
85413 Hörgertshausen 332 Jd64
01968 Hörlitz 282 Ma38
25997 Hörnum (Sylt) 236 Ea11
29646 Hörpel 256 Ga25
99819 Hörselberg 289 Gd43
99880 Hörselgau 289 Gd44
39356 Hörsingen 267 Hc32
48477 Hörstel 263 Da32
24797 Hörsten 237 Fc15
24980 Hörup 237 Fa11
63768 Hösbach 310 Fa52
83129 Höslwang 333 Kb69
59320 Hoest 274 Dc36
39393 Hötensleben 267 Hb33
91798 Höttingen 321 Hc60
25782 Hövede 237 Fb15
33161 Hövelhof 275 Eb36
39615 Höwisch 258 Ja27
37671 Höxter 276 Fb36
56472 Hof 298 Dc46
950.. Hof 303 Jc49
36145 Hofbieber 301 Ga47
24582 Hoffeld 246 Ga16
34369 Hofgeismar 276 Fb39
65719 Hofheim a. Taunus 299 Ea51
97461 Hofheim i. Unterfranken 301 Gd50
94544 Hofkirchen 324 Lb62
77716 Hofstetten 327 Dc67
86928 Hofstetten 331 Hc69
77749 Hohberg 327 Db65
04808 Hohburg 280 Kd39
17166 Hohen Demzin 249 Ka19
16540 Hohen Neuendorf 270 La28
19406 Hohen Pritz 248 Jb20
23948 Hohen Schönberg 247 Hb17
18299 Hohen Sprenz 248 Jd18
23996 Hohen Viecheln 247 Hd19
17194 Hohen Wangelin 249 Ka20
07958 Hohen-Leuben 291 Jd45
35644 Hohenahr 299 Eb46
25582 Hohenaspe 245 Fc17
94545 Hohenau 324 Ld61
95691 Hohenberg a.d Eger 304 Ka50
39596 Hohenberg-Krusemark 268 Jc28
01945 Hohenbocka 282 Mb38
17111 Hohenbollentin 249 Kd19
16515 Hohenbruch 260 La27
15910 Hohenbrück-Neu Schadow 271 Ma33
17111 Hohenbrünzow 249 Kd18
85662 Hohenbrunn 332 Jc68
04936 Hohenbucko 281 Lc36
17129 Hohenbüssow 250 La18
92277 Hohenburg 313 Jc57
39167 Hohendodeleben 268 Ja33
17440 Hohendorf 250 Lc16
02906 Hohendubrau 295 Na40
39443 Hohenerxleben 279 Jb36
16306 Hohenfelde 261 Mb24
18209 Hohenfelde 248 Jb16
22946 Hohenfelde 246 Gc20
24257 Hohenfelde 238 Gc14
25358 Hohenfelde 245 Fc19
78355 Hohenfels 339 Fa70
92366 Hohenfels 322 Jc58
14798 Hohenferchesar 269 Kb30
25551 Hohenfiert 245 Fc17
16248 Hohenfinow 260 Ld27
86978 Hohenfurch 341 Hc70
39524 Hohengöhren 268 Jc29
17291 Hohengüstow 261 Ma23
31249 Hohenhameln 266 Ga32
21526 Hohenhorn 256 Gc22
25489 Hohenhorst 245 Fc20
85411 Hohenkammer 332 Jb65
26434 Hohenkirchen 243 Dc20
04934 Hohenleipisch 281 Lc38
39264 Hohenlepte 279 Jc35
85664 Hohenlinden 333 Ka67
14828 Hohenlobbese 269 Ka33
25551 Hohenlockstedt 245 Fc18
17111 Hohenmocker 249 Kd18
06679 Hohenmölsen 291 Jd41
14715 Hohennauen 269 Ka28
82383 Hohenpeißenberg 341 Hc70
84432 Hohenpolding 333 Ka65
04838 Hohenprießnitz 280 Kb38
16307 Hohenreinkendorf 261 Mb23
36284 Hohenroda 289 Ga45
97618 Hohenroth 301 Gb49
16248 Hohensaaten 261 Mb26
39307 Hohenseeden 268 Jc32
14913 Hohenseefeld 281 Lb35
16306 Hohenselchow 261 Mb23
65329 Hohenstein 298 Dc50
72531 Hohenstein 329 Fb66
99755 Hohenstein 277 Gd38
09337 Hohenstein-Ernstthal 292 Kc44
88367 Hohentengen 329 Fb69
79801 Hohentengen a. Hochrhein 338 Ea73
84098 Hohenthann 323 Ka63
06188 Hohenthurm 279 Jd38
38489 Hohentramm 267 Hc28
39326 Hohenwarsleben 268 Ja33
86558 Hohenwart 332 Ja64
07338 Hohenwarte 303 Ja46
93480 Hohenwarth 324 La58
39291 Hohenwarthe 268 Jb32
06179 Hohenweiden 279 Jc39
24594 Hohenwestedt 245 Fc17
39606 Hohenwulsch 268 Ja29
16259 Hohenwutzen 261 Ma26
39291 Hohenziatz 268 Jc33
17237 Hohenzieritz 259 Kd22
24806 Hohn 237 Fc15
07985 Hohndorf 303 Jd46
09394 Hohndorf 292 Kc45
29362 Hohne 266 Gc29
29364 Hohnebostel 266 Gc30
31559 Hohnhorst 265 Fb31
01848 Hohnstein 294 Mb42
21522 Hohnstorf 256 Gd23
24321 Hohwacht 238 Gd15
01844 Hohwald 294 Mc42
22955 Hoisdorf 246 Gc20
06528 Holdenstedt 279 Ja39
19217 Holdorf 247 Hb20
49451 Holdorf 263 Dd29
37642 Holenberg 276 Fc35
17094 Holldorf 250 La21
31188 Holle 277 Gb34
06179 Holleben 279 Jc39
27616 Hollen 254 Ec22
86568 Hollenbach 331 Hc64
23883 Hollenbek 247 Ha21
21279 Hollenstedt 255 Fd23
56412 Holler 298 Db48
21723 Hollern 245 Fc21
96142 Hollfeld 312 Hd52
24876 Hollingstedt 237 Fb13
25788 Hollingstedt 237 Fa15
21769 Hollnseth 245 Fa21
97618 Hollstadt 301 Gc49
25488 Holm 245 Fc21
25923 Holm 236 Ed10
27729 Holste 254 Ed23
25584 Holstenniendorf 245 Fb17
24994 Holt 237 Fa10
24793 Holtdorf 245 Fd16
26427 Holtgast 243 Da20
19075 Holthusen 247 Hd21
26835 Holtland 253 Da24
24363 Holtsee 237 Fd14
37345 Holungen 277 Gc39
29556 Holxen 256 Gc27
56379 Holzappel 298 Db49
24361 Holzbunge 237 Fd14
06926 Holzdorf 281 La36
24364 Holzdorf 237 Fd13
37632 Holzen 276 Fd35
17291 Holzendorf 260 Lc22
37136 Holzerode 277 Gb38
71088 Holzgerlingen 318 Ed63
87752 Holzgünz 330 Gc69
04454 Holzhausen 292 Kb40
16845 Holzhausen 259 Ka26
39629 Holzhausen 268 Ja29
56357 Holzhausen a.d Haide 298 Db50
32479 Holzhausen II 264 Ec32
86684 Holzheim 321 Hc63
89291 Holzheim 330 Gb66
89438 Holzheim 330 Gd64
93183 Holzheim a. Forst 322 Jd59
83607 Holzkirchen 342 Jc70
97292 Holzkirchen 310 Fd54
73271 Holzmaden 319 Fc63
37603 Holzminden 276 Fb36
06808 Holzweißig 280 Ka38
59439 Holzwickede 274 Da39
34576 Homberg 288 Fb43
35315 Homberg (Ohm) 287 Ed45
66424 Homburg 307 Cc57
27305 Homfeld 264 Ed28
24211 Honigsee 238 Gb15
49846 Hoogstede 262 Cb29
27628 Hoope 254 Ec23
19230 Hoort 257 Hd22
29690 Hope 265 Fc29
87659 Hopferau 341 Ha72
15345 Hoppegarten 271 Ma29
14641 Hoppenrade 269 Kd29
16928 Hoppenrade 258 Jc25
18292 Hoppenrade 248 Jd19
55768 Hoppstädten-Weiersbach 307 Cc55
48496 Hopsten 263 Da31
72160 Horb a. Neckar 328 Eb65
39387 Hordorf 278 Hc34
86497 Horgau 331 Ha65
88263 Horgenzell 339 Fc71
56593 Horhausen (Westerw.) 298 Da47
02923 Horka 283 Nb39
06528 Horla 278 Hc38
09395 Hormersdorf 292 Kd45
21769 Horn 244 Ed21
32805 Horn-Bad Meinberg 275 Ed36
66500 Hornbach 316 Cc59
21514 Hornbek 246 Gd21
78132 Hornberg 327 Dd67
29323 Hornbostel 265 Fd29
06295 Hornburg 279 Ja39
38315 Hornburg 277 Gd34
21640 Horneburg 255 Fc22
39387 Hornhausen 278 Hc34
03130 Hornow 282 Md37
23974 Hornstorf 247 Hd18
71665 Horrheim 318 Ed60
25924 Horsbüll 236 Ec10
18519 Horst 249 Kd16
21220 Horst 256 Ga23
23883 Horst 247 Ha20
25358 Horst (Holstein) 245 Fc19
06785 Horstdorf 280 Ka36
25860 Horstedt 236 Ed13
27367 Horstedt 255 Fa24
48612 Horstmar 273 Cd34
01996 Hosena 282 Mb38
36154 Hosenfeld 300 Fc47
39638 Hottendorf 268 Ja30
27318 Hoya 265 Fa28
27318 Hoyerhagen 255 Fa27
31093 Hoyershausen 276 Fd34
02977 Hoyerswerda 282 Mc38
06467 Hoym 278 Hd36
31600 Hoysinghausen 264 Ed30
25876 Hude 237 Fa14
27798 Hude 254 Eb25
06308 Hübitz 279 Ja38
41836 Hückel-Hoven 284 Bb42
42499 Hückeswagen 285 Cd42
31177 Hüddessum 266 Ga33
49448 Hüde 264 Ea30
55595 Hüffelsheim 308 Db53
74928 Hüffenhardt 319 Fa58
78183 Hüfingen 328 Ea69
76549 Hügelsheim 317 Dc62
72584 Hülben 329 Fb64
32609 Hüllhorst 264 Ec32
16949 Hülsebeck 258 Jb24
19230 Hülseburg 247 Hc21
31867 Hülsede 265 Fb32
98634 Hümpfershausen 301 Gc46
36088 Hünfeld 300 Fd46
65597 Hünfelden 298 Dd49
65510 Hünstetten 298 Dd50
46569 Hünxe 273 Ca37
88484 Hürbel 330 Ga68
50354 Hürth 285 Ca44
24975 Hürup 237 Fc11
24850 Hüsby 237 Fb13
49152 Hüsede 264 Ea32
39579 Hüselitz 268 Jb30
66882 Hütschenhausen 307 Cd57
24641 Hüttblek 246 Ga19
24358 Hütten 237 Fd14
35625 Hüttenberg 299 Eb47
38889 Hüttenrode 278 Hb36
66839 Hüttersdorf 307 Ca56
89185 Hüttisheim 330 Ga66
73460 Hüttlingen 320 Gb61
49751 Hüven 263 Da28
82386 Huglfing 341 Hd71
18465 Hugoldsdorf 249 Kb16
86685 Huisheim 321 Ha62
25588 Huje 245 Fb18
24357 Hummelfeld 237 Fd13
95503 Hummeltal 313 Ja52
25923 Humptrup 236 Ed10
06862 Hundeluft 280 Ka34
94336 Hunderdorf 323 Kd60
37339 Hundeshagen 277 Gc39
94551 Hunding 324 Lc61
56414 Hundsangen 298 Dc48
08318 Hundshübel 304 Kc47
35410 Hungen 299 Ed48
86857 Hurlach 331 Hb68
24975 Husby 237 Fc11
25813 Husum 236 Ed13
31632 Husum 265 Fa30
94116 Hutthurm 324 Ld62
38836 Huy-Neinstedt 278 Hb35

I

4947. Ibbenbüren 263 Db32
89335 Ichenhausen 330 Gc66
99334 Ichtershausen 290 Hb44
82057 Icking 332 Ja69
55743 Idar-Oberstein 307 Cc54
39606 Iden 268 Jc28
24879 Idstedt 237 Fc12
65510 Idstein 298 Dd50
82393 Iffeldorf 342 Ja71
76473 Iffezheim 317 Dd62
99831 Ifta 289 Gb43
54298 Igel 306 Bc54
91338 Igensdorf 312 Hd55
97999 Igersheim 310 Fd56
67459 Iggelheim 308 Dd57
94547 Iggensbach 324 Lb62
73574 Iggingen 320 Ga62
86859 Igling 331 Hb68
21769 Ihlbeck 245 Fa20
39291 Ihleburg 268 Jc31
06347 Ihlewitz 279 Jb37
21775 Ihlienworth 244 Ed20
14913 Ihlow 281 Lb35
15377 Ihlow 271 Ma28
26632 Ihlow 253 Da22
79241 Ihringen 327 Da68

93346 Ihrlerstein 322 Jd60
06408 Ilberstedt 279 Jb36
76829 Ilbesheim 317 Dc59
99768 Ilfeld 278 Ha38
89171 Illerkirchberg 330 Gb66
89186 Illerrieden 330 Gb66
89257 Illertissen 330 Gb67
91471 Illesheim 311 Gc56
66557 Illingen 307 Cb57
75428 Illingen 318 Ed61
76477 Illingen 317 Dd61
88636 Illmensee 339 Fb70
14913 Illmersdorf 281 Lb35
92278 Illschwang 313 Jb56
98693 Ilmenau 302 Hb46
85304 Ilmmünster 332 Jb64
99326 Ilmtal 290 Hc45
31241 Ilsede 266 Gb32
38871 Ilsenburg 278 Ha36
74360 Ilsfeld 319 Fa60
74532 Ilshofen 320 Ga59
31319 Ilten 266 Ga32
68549 Ilvesheim 309 Eb56
38486 Immekath 267 Hb29
36433 Immelborn 289 Gc45
78532 Immendingen 328 Ec69
34376 Immenhausen 276 Fc39
95505 Immenreuth 313 Jc52
88090 Immenstaad a. Bodens. 339 Fb72
87509 Immenstadt i. Allgäu 340 Gc73
25767 Immenstedt 245 Fb16
25885 Immenstedt 237 Fa13
67817 Imsbach 308 Db55
86570 Inchenhofen 331 Hd64
52459 Inden 284 Bc44
38385 Ingeleben 267 Hb33
74653 Ingelfingen 319 Fd58
55218 Ingelheim 308 Dc52
76831 Ingenheim 317 Dc59
86980 Ingenried 341 Hb70
74379 Ingersheim 319 Fa61
99192 Ingersleben 290 Hb44
88456 Ingoldingen 329 Fd69
850 .. Ingolstadt 322 Ja62
94548 Innernzell 324 Lc61
82266 Inning a. Ammersee 331 Hd68
84416 Inning a. Holz 333 Ka65
39599 Insel 268 Jb29
18565 Insel Hiddensee 241 Kd12
76865 Insheim 317 Dd59
91610 Insingen 320 Gb58
83334 Inzell 344 La70
72514 Inzigkofen 329 Fa68
79594 Inzlingen 337 Da72
97346 Iphofen 311 Gc54
97258 Ippesheim 311 Gc55
91472 Ipsheim 311 Gd56
94342 Irlbach 323 Kd61
54666 Irrel 306 Bc53
54451 Irsch 306 Bc55
83737 Irschenberg 342 Jd70
87660 Irsee 341 Ha70
39167 Irxleben 268 Ja33
37130 Ischenrode 277 Ga39
84424 Isen 333 Ka67
38550 Isenbüttel 266 Gd31
586 .. Iserlohn 286 Da40
30916 Isernhagen 265 Fd31
85737 Ismaning 332 Jc67
88316 Isny 340 Gb71
75228 Ispringen 318 Eb61
46419 Issel-Burg 272 Bc36
21698 Issendorf 255 Fc22
95188 Issigau 303 Jb48
47661 Issum 272 Bc38
48465 Isterberg 262 Cc31
49847 Itterbeck 262 Ca30
74930 Ittlingen 318 Ed59
25524 Itzehoe 245 Fc18
96274 Itzgrund 302 Hb50
23845 Itzstedt 246 Gb19
17391 Iven 250 Lb18
17153 Ivenack 249 Kc19
39343 Ivenrode 267 Hc32

J

16909 Jabel 259 Ka24
17194 Jabel 249 Ka21
15236 Jacobsdorf 271 Mc31
26349 Jade 253 Dd23
17209 Jaebetz 259 Ka23
03130 Jämlitz 283 Na37
15518 Jänickendorf 271 Ma30
16949 Jännersdorf 258 Jc23
03197 Jänschwalde 282 Md35
39638 Jävenitz 268 Ja30
24878 Jagel 237 Fc13
17337 Jagow 260 Lc22
04936 Jagsal 281 Lb37
74249 Jagsthausen 319 Fc58
73489 Jagstzell 320 Gb60
09419 Jahnsbach 293 La45
09387 Jahnsdorf 292 Kd45
15320 Jahnsfelde 271 Mb29
24594 Jahrsdorf 245 Fc17
38486 Jahrstedt 267 Hb30
18442 Jakobsdorf 240 Kc15
17268 Jakobshagen 260 Lb23
29479 Jameln 257 Hb25
16306 Jamikow 261 Mb24
15868 Jamlitz 282 Mc34
94118 Jandelsbrunn 325 Ma62
24992 Janneby 237 Fb12
01945 Jannowitz 282 Ma39
17392 Japenzin 250 Lb19
39596 Jarchau 268 Jb29
24994 Jardelund 237 Fa10
17126 Jarmen 250 La17
24941 Jarplund-Weding 237 Fb11
24232 Jasdorf 238 Gb15
19230 Jasnitz 257 Hd22
17099 Jatzke 250 Lb20
17309 Jatznick 250 Ld20
06862 Jeber-Bergfrieden 280 Ka34
39524 Jederitz 258 Jd27
38489 Jeeben 267 Hc29
23936 Jeese 247 Hb19
39624 Jeetze 267 Hd28
39649 Jeggau 267 Hc30
29416 Jeggeleben 267 Hd28
03116 Jehserig 282 Mc37
29585 Jelmstorf 256 Gd25
38477 Jembke 267 Ha30
26844 Jemgum 252 Cd24
0774 . Jena 291 Ja44
86860 Jengen 331 Hb69
18230 Jennewitz 248 Jb16
14715 Jerchel 269 Ka30
39517 Jerchel 268 Jc30
39638 Jerchel 267 Hd30
39319 Jerichow 268 Jc30
03159 Jerischke 283 Na37
24963 Jerrishoe 237 Fb12
22941 Jersbek 246 Gb20
39326 Jersleben 268 Ja32
38381 Jerxheim 278 Hb34
34632 Jesberg 288 Fa43
19417 Jesendorf 248 Ja19
82287 Jesenwang 331 Hd67
14778 Jeserig 269 Kc31
14822 Jeserig 269 Kc33
14827 Jeserig/ Fläming 269 Ka33
14827 Jeserigerhütten 280 Kb34
39638 Jeseritz 267 Hd31
04838 Jesewitz 280 Kb39
06917 Jessen 280 Kd36
19249 Jessenitz 257 Hb23
15913 Jessern 271 Mb33
04916 Jeßnigk 281 Lb36
06800 Jessnitz (Anhalt) 280 Ka37
21266 Jesteburg 256 Ga23
79798 Jestetten 338 Eb72
03149 Jethe 282 Md36
15938 Jetsch 281 Ld34
84555 Jettenbach 333 Kc67
89343 Jettingen 330 Gd65
89343 Jettingen-Scheppach 330 Gd65
85305 Jetzendorf 332 Ja65
24808 Jevenstedt 237 Fc15
26441 Jever 243 Dc21
29323 Jeversen 265 Fd29
16247 Joachimsthal 260 Lc25
76751 Jockgrim 317 Dd59
03149 Jocksdorf 283 Na36
09477 Jöhstadt 305 La47
17168 Jördenstorf 249 Kb18
24992 Jörl 237 Fb12
18233 Jörnstorf 248 Ja17
08547 Jößnitz 303 Jd47
63867 Johannesberg 300 Fa51
08349 Johanngeorgenstadt 304 Kd47
84381 Johanniskirchen 334 Lb64
25862 Joldelund 237 Fa12
02796 Jonsdorf 295 Nb43
21635 Jork 245 Fc21
63637 Jossgrund 300 Fc50
96515 Judenbach 302 Hd48
38489 Jübar 267 Hb29
24855 Jübek 237 Fb13
41363 Jüchen 284 Bc42
98631 Jüchsen 301 Gd48
06773 Jüdenberg 280 Ka36
37127 Jühnde 276 Fd39
15831 Jühnsdorf 270 Lb31
52428 Jülich 284 Bc44
54584 Jünkerath 296 Bd49
18246 Jürgenshagen 248 Jb17
17153 Jürgenstorf 249 Kc20
21379 Jürgenstorf 256 Gd23
14913 Jüterbog 281 La34
39264 Jütrichau 279 Jd35
37345 Jützenbach 277 Gc39
64342 Jugenheim 309 Eb54
55270 Jugenheim i. Rheinhess. 308 Dc53
84387 Julbach 334 Lb66
21483 Juliusburg 256 Gc22
72417 Jungingen 328 Ed66

K

25582 Kaaks 245 Fb17
17268 Kaakstedt 260 Ld24
41564 Kaarst 284 Bd41
23738 Kabelhorst 239 Ha15
15758 Kablow 270 Ld31
39307 Kade 268 Jd31
56337 Kadenbach 298 Db48
01665 Käbschütztal 293 Lc41
75236 Kämpfelbach 318 Eb61
09247 Kändler 292 Kd44
39599 Käthen 268 Ja29
16837 Kagar 259 Kc24
15345 Kagel 271 Ma30
17391 Kagenow 250 La18
63796 Kahl 299 Ed51
04928 Kahla 281 Lc38
07768 Kahla 291 Jb45
39624 Kahrstedt 267 Hd28
25560 Kaisborstel 245 Fb17
25709 Kaiser-Wilhelm-Koog 244 Ed18
73667 Kaisersbach 319 Fd61
56759 Kaisersesch 297 Cb50
676 .. Kaiserslautern 308 Db56
86687 Kaisheim 321 Hb62
06785 Kakau 280 Ka36
21255 Kakenstorf 255 Fd23
21702 Kakerbeck 255 Fb22
39624 Kakerbeck 267 Hc29
36124 Kalbach 300 Fd48
27419 Kalbe 255 Fc23
39624 Kalbe 267 Hd29
90562 Kalchreuth 312 Hc55
37589 Kalefeld 277 Ga36
47546 Kalkar 272 Bb37
23942 Kalkhorst 247 Hb17
01561 Kalkreuth 293 Ld40
53925 Kall 296 Bc47
29596 Kallenbrock 256 Gd27
32689 Kalletal 275 Ed34
15806 Kallinchen 270 Lc32
93183 Kallmünz 322 Jd59
67169 Kallstadt 308 Dd56
56220 Kaltenengers 298 Da48
24568 Kaltenkirchen 246 Ga19
36452 Kaltenlengsfeld 301 Gb46
36452 Kaltennordheim 301 Gb46
98634 Kaltensundheim 301 Gb46
87662 Kaltental 331 Hb69
98634 Kaltenwestheim 301 Gb46
24326 Kalübbe 246 Gb16
17207 Kambs 259 Kb23
59174 Kamen 274 Da38
01917 Kamenz 294 Mb40
39524 Kamern 268 Jd28
18233 Kamin 248 Ja17
89358 Kammeltal 330 Gd66
91126 Kammerstein 321 Hc58
17506 Kammin 250 La17
17419 Kamminke 251 Ma18
87754 Kammlach 330 Gd68
56341 Kamp-Bornhofen 298 Da50
25999 Kampen 236 Ea9
47475 Kamplintfort 272 Bd39
07333 Kamsdorf 303 Ja46
76870 Kandel 317 Dd60
18516 Kandelin 249 Kd16
79400 Kandern 337 Da71
21514 Kankelau 246 Gd21
06578 Kannawurf 290 Hc41
16845 Kantow 259 Kb26
16775 Kappe 260 Lb26
77966 Kappel 327 Da66
24376 Kappeln 238 Ga12
77876 Kappelrodeck 327 Dc64
97842 Karbach 310 Fd53
61184 Karben 299 Ec50
19386 Karbow-Vietlübbe 258 Jc22
24398 Karby 238 Ga12
15926 Karche-Zaacko 281 Ld35
18276 Karcheez 248 Jc19
19294 Karenz 257 Hd24
19243 Karft 247 Hb21
17192 Kargow 249 Kc21
17192 Kargow-Unterdorf 249 Kb21
18236 Karin 248 Ja17
39291 Karith 268 Jb33
76307 Karlsbad 318 Ea61
17495 Karlsburg 250 Lb17
76689 Karlsdorf 318 Eb59
85757 Karlsfeld 332 Jb67
17449 Karlshagen 250 Lc16
86668 Karlshuld 322 Ja63
85123 Karlskron 322 Ja63
76 . . . Karlsruhe 318 Ea60
97753 Karlstadt 310 Fd52
63791 Karlstein a. Main 299 Ed51
25926 Karlum 236 Ed10
18469 Karnin 240 Kb14
18574 Karnitz 241 La14
25774 Karolinenkoog 236 Ed15
19395 Karow 248 Jd21
39307 Karow 268 Jd31
15848 Karras 271 Mc33
19372 Karrenzin 258 Jb23
97783 Karsbach 300 Fd51
06638 Karsdorf 291 Jb40
19294 Karstädt 257 Hd23
19357 Karstädt 258 Jb24
17129 Kartlow 250 La18
16833 Karwesee 269 Kc28
29481 Karwitz 257 Hb25
53547 Kasbach-Ohlenberg 297 Cc47
54317 Kasel 306 Bd54
15938 Kasel-Golzig 281 Ld34
95359 Kasendorf 302 Hd51
22929 Kasseburg 246 Gc21
23717 Kasseedorf 246 Gd16
341 .. Kassel 288 Fc40
39638 Kassieck 268 Ja29
18258 Kassow 248 Jc18
56288 Kastellaun 297 Cd51
84556 Kastl 333 Kd67
92280 Kastl 313 Jb57
95506 Kastl 313 Jc53
23847 Kastorf 246 Gd19
18249 Katelbogen 248 Jb18
16818 Katerbow 259 Kb26
99988 Katharinenberg 289 Gc42
25836 Katharinenheerd 236 Ec15
06542 Katharinenried 278 Hd39
39359 Kathendorf 267 Hc31
03058 Kathlow 282 Md36
25832 Kating 236 Ed15
37191 Katlenburg 277 Gb37
24568 Kattendorf 246 Ga19
56368 Katzen-Elnbogen 298 Dc49
98746 Katzhütte 302 Hc47
29571 Katzien 257 Ha26
17509 Katzow 250 Lc16
67734 Katzweiler 308 Da56
57581 Katzwinkel 286 Db45
56349 Kaub 298 Db51
87600 Kaufbeuren 341 Ha70
86916 Kaufering 331 Hb68
34260 Kaufungen 288 Fc41
07338 Kaulsdorf 303 Ja46
03130 Kausche 282 Mc37
08525 Kauschwitz 303 Jd47
04924 Kauxdorf 281 Lb38
18334 Kavelsdorf 249 Kb16
18196 Kavelstorf 248 Jc17
23863 Kayhude 246 Gb19
06724 Kayna 292 Ka43
19412 Keez 248 Ja19
63699 Kefenrod 300 Fa49
21785 Kehdingbruch 244 Ed19
77694 Kehl 327 Db64
99752 Kehmstedt 277 Gd39
39517 Kehnert 268 Jb31
16928 Kehrberg 258 Jd25
56729 Kehrig 297 Cc49
15859 Kehrigk 271 Ma32
07389 Keila 303 Jb46
53539 Kelberg 297 Ca49
06537 Kelbra 278 Hc39
50389 Keldenich 285 Cb45
93309 Kelheim 322 Jd61
65779 Kelkheim 299 Ea51
54427 Kell a. See 307 Ca55
23746 Kellenhusen 247 Hb16
16775 Keller 259 Kd26
49661 Kellerhöhe 253 Dd27
25548 Kellinghusen 245 Fd18
89293 Kellmünz a.d Iller 330 Gb68
65451 Kelsterbach 299 Eb51
75210 Keltern 318 Eb61
06901 Kemberg 280 Kc36
95188 Kemlas 303 Jb48
15926 Kemlitz 281 Lc35
03205 Kemmen 282 Ma36
96164 Kemmern 312 Hb52
95478 Kemnath 313 Jc52
14542 Kemnitz 269 Kc30
16928 Kemnitz 258 Jd24
17509 Kemnitz 250 Lb16
47906 Kempen 284 Bc40
56746 Kempenich 297 Cb48
8743 . Kempten (Allgäu) 340 Gc71
09240 Kemtau 293 La45
54344 Kenn 306 Bd53
18314 Kenz 240 Kb14
79341 Kenzingen 327 Da67
29416 Kerkau 267 Hd28
47647 Kerken 272 Bc39
16278 Kerkow 261 Ma25
03172 Kerkwitz 283 Na34
71394 Kernen i. Remstal 319 Fb62
501 .. Kerpen 284 Bd44
37130 Kerstlingerode 277 Gb39
67304 Kerzenheim 308 Dc55
16845 Kerzlin 259 Kb26
01723 Kesselsdorf 293 Ld42
18196 Kessin 248 Jc16
24392 Ketelsby 237 Fd12
68775 Ketsch 309 Eb57
49577 Kettenkamp 263 Db29
86498 Kettershausen 330 Gc67
56220 Kettig 297 Cd48
01623 Ketzerbachtal 293 Lb41
14669 Ketzin 269 Kc30
14778 Ketzür 269 Kb30
4762 . Kevelaer 272 Bb38
25368 Kiebitzreihe 245 Fc19
65399 Kiedrich 298 Dc51
83088 Kiefersfelden 343 Kb72
15324 Kiehnwerder 271 Mb28
03058 Kiekebusch 282 Mc36
241 .. Kiel 238 Ga15
15345 Kienbaum 271 Ma30
14641 Kienberg 269 Kd28
83361 Kienberg 333 Kc68
15324 Kienitz 271 Mc28
58566 Kierspe 286 Da42
24392 Kiesby 237 Fd12
36460 Kieselbach 289 Gb44
75249 Kieselbronn 318 Ec61
15890 Kieselwitz 271 Md32
17209 Kieve 259 Kb23
99638 Kindelbrück 290 Hc41
54538 Kinderbeuern 297 Cb51
85125 Kinding 322 Ja60
66862 Kindsbach 308 Da57
86981 Kinsau 341 Hc70
85110 Kipfenberg 322 Ja60
77971 Kippenheim 327 Db66
18513 Kirch Baggendorf 249 Kc16
23936 Kirch Mummendorf 247 Hb18
18276 Kirch Rosin 248 Jd19
19230 Kirch-Jesar 257 Hc22
18233 Kirch-Mulsow 248 Ja17
83417 Kirchanschöring 334 La69
74912 Kirchardt 318 Ed59
24245 Kirchbarkau 246 Gb16
08107 Kirchberg 304 Kb46
84434 Kirchberg 333 Ka65
94259 Kirchberg 324 Lc60
88486 Kirchberg a.d Iller 330 Gb68
74592 Kirchberg a.d Jagst 320 Ga59
71737 Kirchberg a.d Murr 319 Fb61
55481 Kirchberg (Hunsrück) 307 Cd52
37619 Kirchbrak 276 Fc35
18519 Kirchdorf 241 La15
23999 Kirchdorf 247 Hd17
27245 Kirchdorf 264 Ec29
83527 Kirchdorf 333 Kb67
85414 Kirchdorf a.d Amper 332 Jc65
88457 Kirchdorf a.d Iller 330 Gb68
84375 Kirchdorf a. Inn 334 Lb66
94261 Kirchdorf im Wald 324 Lc60
91356 Kirchehrenbach 312 Hd54
57548 Kirchen 286 Db45
92665 Kirchendemenreuth 313 Jd53
95158 Kirchenlamitz 303 Jd50
95466 Kirchenpingarten 313 Jc52
91241 Kirchensittenbach 313 Ja55
72138 Kirchentellinsfurt 329 Fa64
91281 Kirchenthumbach 313 Jc54
90579 Kirchfembach 312 Hb56
21394 Kirchgellersen 256 Gb24
35274 Kirchhain 287 Ed45
94148 Kirchham 334 Lc65
07407 Kirchhasel 291 Ja45
87755 Kirchhaslach 330 Gc68
36275 Kirchheim 288 Fc44
97268 Kirchheim 311 Ga55
67281 Kirchheim a.d. Weinstr. 308 Dd56
74366 Kirchheim a. Neckar 319 Fa60
73467 Kirchheim a. Ries 320 Gd61
85551 Kirchheim b. München 332 Jc67
87757 Kirchheim i. Schwaben 330 Gd67
73230 Kirchheim u. Teck 319 Fc63
67292 Kirchheim-Bolanden 308 Dc55
57399 Kirchhundem 286 Dc42
96166 Kirchlauter 302 Ha51
32278 Kirchlengern 264 Eb33
27308 Kirchlinteln 255 Fb26
23714 Kirchnüchel 246 Gd16
31860 Kirchohsen 276 Fb34
94356 Kirchroth 323 Kc60
27243 Kirchseelte 254 Ec26
85614 Kirchseeon 332 Jd68
27412 Kirchtimke 255 Fa24
56729 Kirchwald 297 Cc48
27386 Kirchwalsede 255 Fb26
84558 Kirchweidach 333 Kd68
27616 Kirchwistedt 254 Ed22
37339 Kirchworbis 289 Gc40
79199 Kirchzarten 327 Db69
63931 Kirchzell 310 Fa55
66459 Kirkel 316 Cc58
55606 Kirn 307 Cd53
01855 Kirnitzschtal 294 Mc42
68753 Kirrlach 318 Eb58
67489 Kirrweiler 317 Dd58
02681 Kirschau 294 Md41
07919 Kirschkau 303 Jc46
55743 Kirschweiler 307 Cc54
36320 Kirtorf 288 Fa45
24629 Kisdorf 246 Ga19
38324 Kissenbrück 277 Gd34
86438 Kissing 331 Hc66
88353 Kißlegg 340 Ga71
97270 Kist 311 Ga54
17153 Kittendorf 249 Kc20
02708 Kittlitz 295 Na41
03222 Kittlitz 282 Ma35
23911 Kittlitz 247 Ha20
04460 Kitzen 292 Ka41
97318 Kitzingen 311 Gb54
04567 Kitzscher 292 Kb41
18279 Klaber 249 Ka19
39579 Kläden 268 Ja29
39619 Kläden 257 Hd27
82493 Klais 342 Ja73
24321 Klamp 238 Gd15
25924 Klanxbüll 236 Ec10
24860 Klappholz 237 Fc12
15837 Klasdorf 281 Lc34
15838 Klausdorf 270 Lb32
18445 Klausdorf 240 Kc13
24147 Klausdorf 238 Gb15
54524 Klausen 307 Ca52
17268 Klaushagen 260 Lc23
39326 Klein Ammensleben 268 Ja32
24245 Klein Barkau 238 Gb15
14641 Klein Behnitz 269 Kc29
18246 Klein Belitz 248 Jb18
19258 Klein Bengerstorf 257 Ha22
24848 Klein Bennebek 237 Fb14
49777 Klein Berßen 263 Da28
38319 Klein Biewende 277 Gd34
38319 Klein Biewende 277 Gd34
17390 Klein Bünzow 250 Lb17
03058 Klein Döbbern 282 Mc36
03130 Klein Düben 283 Na37
38312 Klein Flöthe 277 Gd34
29416 Klein Gartz 257 Hd27
19348 Klein Gottschow 258 Jc25
31241 Klein Ilsede 266 Gb32
26409 Klein Isums 243 Db21
03159 Klein Kölzig 282 Md36
24626 Klein Kummerfeld 246 Ga17
18184 Klein Kussewitz 248 Jd16
15913 Klein Leine 282 Mb34
19339 Klein Leppin 258 Jc26
03130 Klein Loitz 282 Md37
17337 Klein Luckow 250 Ld20
17217 Klein Lukow 249 Kd21
14823 Klein Marzehns 280 Kb34
27419 Klein Meckelsen 255 Fb23
19217 Klein Molzahn 247 Ha19
15868 Klein Muckrow 271 Mc33
25336 Klein Nordende 245 Fc20
25365 Klein Offenseth 245 Fd19
39398 Klein Oschersleben 278 Hd34
21514 Klein Pampau 246 Gd21
18196 Klein Potrems 248 Jd17
03222 Klein Radden 282 Ma35
26670 Klein Remels 253 Db23
24848 Klein Rheide 237 Fb14
23795 Klein Rönnau 246 Gc18
19073 Klein Rogahn 247 Hd21
06449 Klein Schierstedt 279 Ja36
37133 Klein Schneen 277 Ga39
14959 Klein Schulzendorf 270 La32
39579 Klein Schwechten 268 Jb28
18246 Klein Sien 248 Jb18
19069 Klein Trebbow 247 Hd20
18276 Klein Upahl 248 Jc19
19399 Klein Wangelin 248 Jd21
39164 Klein Wanzleben 278 Hd34
19357 Klein Warnow 258 Ja24
19209 Klein Welzin 247 Hc20
23860 Klein Wesenberg 246 Gd19
24361 Klein Wittensee 237 Fd14
16928 Klein Woltersdorf 258 Jd25
39307 Klein Wusterwitz 268 Jd30
23883 Klein Zecher 247 Ha21
16247 Klein Ziethen 260 Ld25
55270 Klein-Winternheim 308 Dd52
86507 Kleinaitingen 331 Hb67
39398 Kleinalsleben 278 Hd35
39606 Kleinau 258 Ja27
14979 Kleinbeeren 270 Lb31
66271 Kleinblittersdorf 316 Cb59
99752 Kleinbodungen 277 Gd39
30938 Kleinburgwedel 266 Ga30
72829 Kleinengstingen 329 Fb66
02633 Kleinförstchen 294 Md41
99735 Kleinfurra 278 Ha39
07318 Kleingeschwenda 302 Hd46
63924 Kleinheubach 310 Fa54
63828 Kleinkahl 300 Fb51
06926 Kleinkorga 281 La36
03249 Kleinkrausnik 281 Lc36
97355 Kleinlangheim 311 Gc54
06528 Kleinleinungen 278 Hc39
14532 Kleinmachnow 270 La30
24306 Kleinmeinsdorf 246 Gc16
39221 Kleinmühlingen 279 Jb35
16775 Kleinmutz 260 La26
09128 Kleinolbersdorf-Altenhain 293 La44
63801 Kleinostheim 309 Ed52
19348 Kleinow 258 Jc25
06369 Kleinpaschleben 279 Jc36
97271 Kleinrinderfeld 311 Ga54
98593 Kleinschmalkalden 289 Gd45
91077 Kleinsendelbach 312 Hd55
24802 Kleinvollstedt 237 Fd15
63839 Kleinwallstadt 310 Fa53
02627 Kleinwelka 294 Md40
24969 Kleinwiehe 237 Fa11
16831 Kleinzerlang 259 Kc24
23628 Klempau 246 Gd19
17089 Klempenow 250 La19
14823 Klepzig 280 Kb34
14728 Kleßen 269 Ka28
24327 Kletkamp 238 Gd15
79771 Klettgau 338 Ea72
01998 Klettwitz 282 Ma38
04519 Kletzen-Zschölkau 280 Kb39
17111 Kletzin 249 Kd17
19336 Kletzke 258 Jc26
25554 Kleve 245 Fb18
25779 Kleve 237 Fa15
47533 Kleve 272 Bb36
18516 Klevenow 249 Kd16
17179 Kleverhof 249 Kb18
06869 Klieken 280 Ka35
39524 Klietz 268 Jc28
39319 Klietznick 268 Jc30
01738 Klingenberg 293 Ld43
63911 Klingenberg a. Main 310 Fa54
76889 Klingenmünster 317 Dc59
89134 Klingenstein 330 Ga65
08248 Klingenthal 304 Kb48
36452 Klings 301 Gb46
17192 Klink 249 Kb21
19374 Klinken 248 Ja21
17291 Klinkow 260 Ld22
23898 Klinkrade 246 Gd20
01665 Klipphausen 293 Lc42
39307 Klitsche 268 Jd30
02906 Klitten 283 Na39
25899 Klixbüll 236 Ed10
19217 Klocksdorf 247 Hb19
17194 Klocksin 249 Ka20
19260 Kloddram 257 Hb22
06917 Klöden 280 Kd36
38486 Klötze 267 Hc29
06198 Kloschwitz 279 Jb38
08527 Kloschwitz 303 Jd47
39638 Kloster Neuendorf 267 Hd30
98660 Kloster Veßra 302 Ha47
15345 Klosterdorf 271 Ma29
16348 Klosterfelde 260 Lb27
16835 Klosterheide 259 Kd25
86836 Klosterlechfeld 331 Hb67
06308 Klostermansfeld 279 Ja38
72270 Klosterreichenbach 328 Ea64
17268 Klosterwalde 260 Lc24
56818 Klotten 297 Cc50
17440 Klotzow 250 Lc17
39638 Klüden 267 Hd31
54340 Klüsserath 307 Ca53
23948 Klütz 247 Hc18
18569 Kluis 241 La13
26892 Kluse 252 Cd26
07389 Knau 303 Jb46
19205 Kneese 247 Hb20
97478 Knetzgau 311 Gd52
04916 Knippelsdorf 281 Lb35
75438 Knittlingen 318 Ec60
14715 Knoblauch 269 Ka30
17091 Knorrendorf 249 Kd20
34593 Knüllwald 288 Fc43
17209 Knüppeldamm 259 Ka23
15890 Kobbeln 271 Md33
23881 Koberg 246 Gd20
56330 Kobern-Gondorf 297 Cd49
04889 Kobershain 280 Kd39
17309 Koblentz 251 Ma20
560 .. Koblenz 298 Da49
19406 Kobrow 248 Jb20
82431 Kochel a. See 342 Ja72
02923 Kodersdorf 295 Nb40
19217 Köchelstorf 247 Hb19
39649 Köckte 267 Hc30
95189 Köditz 303 Jc49
95361 Ködnitz 303 Ja51
93096 Köfering 323 Ka60
27624 Köhlen 244 Ed21
24257 Köhn 238 Gc14
99625 Kölleda 290 Hd41
25337 Kölln-Reisiek 245 Fd19
5 . . . . Köln 285 Cb44
04895 Kölsa 281 Lb37
17506 Kölzin 250 Lb17
18334 Kölzow 249 Ka16
73257 Köngen 319 Fb63
06493 Königerode 278 Hc38
97953 Königheim 310 Fc55
15711 Königs-Wusterhausen 270 Lc31
75203 Königsbach 318 Eb61
16909 Königsberg 259 Ka25
97486 Königsberg i. Bayern 301 Gd51
39175 Königsborn 268 Jb33
89551 Königsbronn 320 Gb62
01936 Königsbrück 294 Ma40
86343 Königsbrunn 331 Hb66
82549 Königsdorf 342 Jb70
07426 Königsee 302 Hc46
09306 Königsfeld 292 Kc42
96167 Königsfeld 312 Hd52
78126 Königsfeld i. Schwarzw. 328 Ea68
02829 Königshain 295 Nb40
09306 Königshain-Wiederau 292 Kd43
97922 Königshofen 310 Fd56
16833 Königshorst 269 Kc28
24799 Königshügel 237 Fb14
38875 Königshütte 278 Ha37
38154 Königslutter 267 Ha32
39606 Königsmark 258 Jb27
21255 Königsmoor 255 Fc24
86669 Königsmoos 321 Hd63
01824 Königstein 294 Mb43
61462 Königstein 299 Ea50
92281 Königstein 313 Jb55
09471 Königswalde 305 La46
02699 Königswartha 282 Mc39
53639 Königswinter 297 Cc46
07336 Könitz 303 Ja46
06420 Könnern 279 Jb37
39629 Könnigde 268 Ja29
14793 Köpernitz 269 Ka32
04936 Körba 281 Lb36
39175 Körbelitz 268 Jb33
19243 Körchow 257 Hb22
34327 Körle 288 Fc42
99998 Körner 289 Gd41
54675 Körperich 306 Bb52
85092 Kösching 322 Jb62
06869 Köselitz 280 Kb34
94149 Kößlarn 334 Lc65
21368 Köstorf 257 Ha24
22929 Köthel 246 Gc21
06366 Köthen 279 Jc36
16866 Kötzlin 258 Jd26
06231 Kötzschau 291 Jd40
17213 Kogel 259 Ka22
19246 Kogel 257 Hb22
72664 Kohlberg 329 Fb64
92702 Kohlberg 313 Jd55
21702 Kohlenhausen 255 Fb23
04655 Kohren-Sahlis 292 Kc42
15752 Kolberg 270 Ld32
83059 Kolbermoor 343 Ka70
78600 Kolbingen 328 Ed68
25840 Koldenbüttel 236 Ed14
97509 Kolitzheim 311 Gc52
25862 Kolkerheide 237 Fa12
03099 Kolkwitz 282 Mc36
25377 Kollmar 245 Fb20
25524 Kollmoor 245 Fc18
79183 Kollnau 327 Dc68
94262 Kollnburg 324 La59
21527 Kollow 256 Gc22
04936 Kolochau 281 Lb36
15518 Kolpin 271 Ma31
16866 Kolrep 258 Jd25
03058 Komptendorf 282 Md36
19273 Konau 257 Ha24
95692 Konnersreuth 304 Ka51
95176 Konradsreuth 303 Jc49
7846 . Konstanz 339 Fa72
54329 Konz 306 Bc54
94357 Konzell 323 Kd59
03058 Koppatz 282 Md36
24306 Koppelsberg 246 Gc16
71404 Korb 319 Fb62
34497 Korbach 287 Ec41
06258 Korbetha 279 Jc39
54306 Kordel 306 Bd53
06905 Korgau 280 Kc37
70825 Korntal-Münchingen 319 Fa62
70806 Kornwestheim 319 Fa61
41352 Korschenbroich 284 Bc41
17419 Korswandt 251 Ma17
29413 Kortenbeck 257 Hb27
24354 Kosel 237 Fd13
23738 Koselau 239 Ha15
17459 Koserow 250 Ld16
04849 Kossa 280 Kc37
04895 Koßdorf 281 Lb38
19374 Kossebade 248 Jb21
39606 Kossebau 258 Ja27
15848 Kossenblatt 271 Mb33
03226 Koßwig 282 Mb36
17099 Kotelow 250 Lc20
19075 Kothendorf 247 Hc21
56736 Kottenheim 297 Cc49
82288 Kottgeisering 331 Hd68
66879 Kottweiler-Schwanden 307 Cd56
14715 Kotzen 269 Kb29
25832 Kotzenbüll 236 Ed15
18195 Kowalz 249 Ka17
16775 Kraatz 260 La25
17291 Kraatz 260 Lc22
17329 Krackow 261 Mb22
16818 Kränzlin 259 Kc26
87647 Kraftisried 340 Gd71
07586 Kraftsdorf 291 Jc44
24997 Kragstedt 237 Fb12
14778 Krahne 269 Kb31
84559 Kraiburg a. Inn 333 Kc67
76703 Kraichtal 318 Ec59
82152 Krailling 332 Ja68
99752 Kraja 277 Gd39
18465 Krakow 249 Kb16
18292 Krakow a. See, Kurort 248 Jd20
18445 Kramerhof 240 Kc14
19348 Krampfer 258 Jc25
21726 Kranenburg 245 Fa21
47559 Kranenburg 272 Ba36
49584 Kranenpool 263 Db30
14806 Kranepuhl 269 Kb33
99195 Kranichborn 290 Hc42
99448 Kranichfeld 290 Hd44
85402 Kranzberg 332 Jb65
23992 Krassow 248 Ja18
17237 Kratzeburg 259 Kc22
72505 Krauchenwies 329 Fb69
02957 Krauschwitz 283 Na37
15910 Krausnick 270 Ld33
99819 Krauthausen 289 Gc43
74238 Krautheim 310 Fd57
03172 Krayne 282 Md34
02906 Kreba-Neudorf 283 Na39
37434 Krebeck 277 Gb38
15926 Kreblitz 281 Ld35
17348 Kreckow 250 Lc21
47 . . . Krefeld 284 Bd40
19386 Kreien 258 Jc22
37547 Kreiensen 277 Ga36
01731 Kreischa 294 Ma43
19205 Krembz 247 Hb20
39624 Kremkau 267 Hd29
16766 Kremmen 259 Kd27
19300 Kremmin 258 Ja24
25376 Krempdorf 245 Fb19
25361 Krempe 245 Fc19
25774 Krempel 236 Ed15
16945 Krempendorf 258 Jd23
25569 Kremperheide 245 Fb18
25569 Krempermoor 245 Fb18
18233 Krempin 248 Ja17

23816 Krems I 246 Gb18
23827 Krems II 246 Gc17
74594 Kreßberg 320 Gc59
88079 Kressbronn 339 Fc72
06712 Kretzschau 291 Jd42
83708 Kreuth 342 Jc72
18516 Kreutzmannshagen 249 Kd16
52372 Kreuzau 284 Bc45
16559 Kreuzbruch 260 Lb27
57223 Kreuztal 286 Dc43
97892 Kreuzwertheim 310 Fc54
39606 Krevese 258 Ja27
16775 Krewelin 260 Lb26
17268 Krewitz 260 Lb23
06231 Kreypau 291 Jd40
19357 Kribbe 258 Jb24
67706 Krickenbach 308 Da57
04617 Kriebitzsch 292 Ka42
09648 Kriebstein 293 La42
67819 Kriegsfeld 308 Db54
14715 Kriele 269 Kb28
14550 Krielow 269 Kc30
17391 Krien 250 Lb18
17091 Kriesow 249 Kd19
65830 Kriftel 299 Ea51
06774 Krina 280 Kb37
19294 Krinitz 257 Hd24
04838 Krippehna 280 Kb38
18198 Kritzmow 248 Jc17
19386 Kritzow 258 Jc22
23970 Kritzow 247 Hd18
07387 Krölpa 303 Ja46
18445 Krönnevitz 240 Kc14
18236 Kröpelin 248 Jb16
21529 Kröppelshagen-Fahrendorf 256 Gc22
17440 Kröslin 250 Lc16
23758 Kröß 239 Ha15
54536 Kröv 307 Cb52
24644 Krogaspe 246 Ga16
17268 Krohnhorst 260 Lc24
24217 Krokau 238 Gc14
63829 Krombach 300 Fa51
02953 Kromlau 283 Na37
99441 Kromsdorf 290 Hd43
96317 Kronach 302 Hd49
76709 Kronau 318 Eb58
61476 Kronberg i. Taunus 299 Eb50
87758 Kronburg 340 Gb70
25709 Kronprinzenkoog 244 Ed18
24395 Kronsgaard 238 Ga11
24119 Kronshagen 238 Ga14
25597 Kronsmoor 245 Fc18
24848 Kropp 237 Fc14
01945 Kroppen 282 Ma39
39397 Kroppenstedt 278 Hd35
06895 Kropstädt 280 Kc34
06193 Krosigk 279 Jc38
04509 Krostitz 280 Kb39
39387 Krottorf 278 Hc35
17129 Kruckow 250 La18
39615 Krüden 258 Ja26
82494 Krün 342 Ja73
39291 Krüssau 268 Jc32
21483 Krüzen 256 Gd22
56642 Kruft 297 Cd48
15913 Krugau 271 Ma33
16259 Kruge-Gersdorf 260 Ld27
17309 Krugsdorf 251 Ma21
17217 Krukow 249 Kd21
21483 Krukow 256 Gc22
86381 Krumbach 330 Gd67
09434 Krumhermersdorf 293 La45
24217 Krummbek 238 Gc14
21732 Krummendeich 245 Fa19
25554 Krummendiek 245 Fb18
25355 Krummendieke 245 Fd19
92703 Krummennaab 313 Jd53
16356 Krummensee 270 Lc29
23628 Krummesse 246 Gd19
26736 Krummhörn 252 Cc22
17440 Krummin 250 Lc16
24796 Krummwisch 237 Fd14
06242 Krumpa 291 Jc40
25727 Krumstedt 245 Fa17
19273 Krusendorf 257 Ha23
17391 Krusenfelde 250 La18
23974 Krusenhagen 247 Hd18
17349 Kublank 250 Lb20
02627 Kubschütz 294 Md41
18292 Kuchelmiß 248 Jd20
73329 Kuchen 319 Fd63
22958 Kuddewörde 246 Gc21
25712 Kuden 245 Fa18
25572 Kudensee 245 Fa18
66901 Kübelberg 307 Cc57
16845 Küdow 259 Kb27
86556 Kühbach 331 Hd64
18225 Kühlungsborn 248 Ja16
18225 Kühlungsborn West 248 Ja16
98547 Kühndorf 301 Gd46
24211 Kühren 246 Gb16
04808 Kühren-Burkartshain 292 Kd40
27624 Kührstedt 244 Ec21
23898 Kühsen 246 Gd20
23829 Kükels 246 Gb18
37359 Küllstedt 289 Gc41
97900 Külsheim 310 Fc55
92245 Kümmersbruck 313 Jc56
15938 Kümmritz 281 Lc35
07922 Künsdorf 303 Jc47
36093 Künzell 300 Fd47
74653 Künzelsau 319 Fd58
94550 Künzing 324 Lb63
96328 Küps 302 Hd50
08538 Kürbitz 303 Jd47
97273 Kürnach 311 Gb53
75057 Kürnbach 318 Ec60
51515 Kürten 285 Cc43
39291 Küsel 268 Jd32
29482 Küsten 257 Hb26
17279 Küstrinchen 260 Lb23
18356 Küstrow 240 Kb14
06193 Kütten 279 Jc38
76773 Kuhardt 317 Dd59
16928 Kuhbier 258 Jc24
29416 Kuhfelde 267 Hc28
19412 Kuhlen 248 Ja20
39524 Kuhlhausen 258 Jd27
14806 Kuhlowitz 269 Kb33
18311 Kuhlrade 240 Ka15
18276 Kuhs 248 Jd18
16928 Kuhsdorf 258 Jc25
19230 Kuhstorf 257 Hc22
04420 Kulkwitz 292 Ka40
07929 Kulm 303 Jb47
95508 Kulmain 313 Jc52
95326 Kulmbach 303 Ja51
23911 Kulpin 246 Gd20
84036 Kumhausen 333 Ka64
19288 Kummer 257 Hd23
25495 Kummerfeld 245 Fd20
15848 Kummerow 271 Mb32
16306 Kummerow 261 Mb24
17139 Kummerow 249 Kc19
18442 Kummerow 240 Kc14
15838 Kummersdorf 270 Lb33
15859 Kummersdorf 270 Ld31
15806 Kummersdorf-Alexanderdorf 270 Lb32
16269 Kunersdorf 271 Mb28
16866 Kunow 258 Jd26
38486 Kunrau 267 Hb30
91358 Kunreuth 312 Hc54
95362 Kupferberg 303 Jb50
74635 Kupferzell 319 Fd58
76456 Kuppenheim 317 Dd62
19386 Kuppentin 248 Jc21
16792 Kurtschlag 260 Lb25
18246 Kurzen Trechow 248 Jb18
15910 Kuschkow 271 Ma33
66869 Kusel 307 Cd56
72127 Kusterdingen 329 Fa64
27449 Kutenholz 255 Fb22
86500 Kutzenhausen 331 Ha66
54655 Kyllburg 296 Bd51
16866 Kyritz 259 Ka26

L

93164 Laaber 322 Jd59
18299 Laage 248 Jd18
49824 Laar 262 Ca29
16949 Laaske 258 Jc24
19348 Laaslich 258 Ja25
03205 Laasow 282 Mb36
15913 Laasow 282 Mb34
30880 Laatzen 265 Fd32
23898 Labenz 246 Gd20
84082 Laberweinting 323 Kb62
24235 Laboe 238 Gb14
06922 Labrun 280 Kd37
87760 Lachen 330 Gc69
29331 Lachendorf 266 Gb29
49549 Ladbergen 263 Db33
16321 Ladeburg 270 Lc28
39279 Ladeburg 268 Jc33
25926 Ladelund 236 Ed10
68526 Ladenburg 309 Eb56
25566 Lägerdorf 245 Fc18
49774 Lähden 263 Da28
48366 Laer 273 Cd34
17248 Lärz 259 Kb23
32791 Lage 275 Ec35
49828 Lage 262 Cb30
29413 Lagendorf 257 Ha27
49757 Lahn 253 Da27
35633 Lahnau 299 Eb47
56112 Lahnstein 298 Da49
35094 Lahntal 287 Eb44
77933 Lahr (Schwarzwald) 327 Db66
31246 Lahstedt 266 Gb32
89150 Laichingen 329 Fd65
72488 Laiz 329 Fa68
18279 Lalendorf 249 Ka19
94551 Lalling 324 Lb61
93462 Lam 324 Lb58
67466 Lambrecht (Pfalz) 308 Dc57
18069 Lambrechtshagen 248 Jc16
67245 Lambsheim 308 Dd56
34396 Lamerden 276 Fb39
86862 Lamerdingen 331 Hb68
24238 Lammershagen 238 Gc15
68623 Lampertheim 309 Ea55
01561 Lampertswalde 293 Ld40
15913 Lamsfeld-Groß Liebitz 282 Mb34
31195 Lamspringe 277 Ga35
21769 Lamstedt 245 Fa20
18586 Lancken-Granitz 241 Lb13
94405 Landau a.d Isar 323 Kd63
76829 Landau i.d Pfalz 317 Dc59
48485 Landersum 262 Cd32
31628 Landesbergen 265 Fa30
14715 Landin 269 Kb28
16278 Landin 261 Ma24
23769 Landkirchen 239 Hb13
37136 Landolfshausen 277 Gb38
25554 Landrecht 245 Fb18
06188 Landsberg 279 Jd38
86899 Landsberg a. Lech 331 Hb68
82290 Landsberied 331 Hd67
54526 Landscheid 306 Bd52
25572 Landscheide 245 Fa18
18465 Landsdorf 249 Kb16
07338 Landsendorf 303 Ja47
840.. Landshut 333 Ka64
66849 Landstuhl 308 Da57
66578 Landsweiler-Reden 307 Cb57
31087 Landwehr 277 Ga35
24977 Langballig 237 Fc11
24977 Langballigau 237 Fc10
94264 Langdorf 324 Lb60
27711 Lange Heide 254 Ec24
01465 Langebrück 294 Ma41
25485 Langeln 245 Fd19
38871 Langeln 278 Ha35
29640 Langeloh 255 Fd25
38685 Langelsheim 277 Gc35
16818 Langen 259 Kc27
27607 Langen 244 Eb21
49838 Langen 263 Da30
63225 Langen 309 Eb52
19412 Langen-Jarchow 248 Ja19
91799 Langenaltheim 321 Hc61
29413 Langenapel 257 Hb27
88085 Langenargen 339 Fc72
09636 Langenau 293 Lb44
89129 Langenau 330 Gb65
08134 Langenbach 304 Kc46
85416 Langenbach 332 Jd65
33449 Langenberg 275 Ea36
08428 Langenbernsdorf 292 Ka45
06179 Langenbogen 279 Jb39
74595 Langenburg 320 Ga58
27612 Langendammsmoor 254 Eb23
06667 Langendorf 291 Jc41
29484 Langendorf 257 Hc25
06268 Langeneichstädt 291 Jb40
88515 Langenenslingen 329 Fb68
25863 Langeneß 236 Eb12
36433 Langenfeld 289 Gb45
40764 Langenfeld 285 Cb42
91474 Langenfeld 311 Gd55
27616 Langenfelde 254 Ec23
19399 Langenhagen 248 Jc21
3085. Langenhagen / Han. 265 Fd31
56459 Langenhahn 298 Dc47
01819 Langenhennersdorf 294 Mb43
08439 Langenhessen 292 Kb45
25842 Langenhorn 236 Ed12
21514 Langenlehsten 257 Ha22
04618 Langenleuba-Niederhain 292 Kc43
14913 Langenlipsdorf 281 La35
55450 Langenlonsheim 308 Db53
86571 Langenmosen 321 Hd63
04938 Langennaundorf 281 Lb37
86863 Langenneufnach 331 Ha66
07381 Langenorla 291 Ja45
85465 Langenpreising 332 Jd65
39590 Langensalzwedel 268 Jc29
63505 Langenselbold 299 Ed50
91094 Langensendelbach 312 Hc55
38895 Langenstein 278 Hb36
04657 Langensteinbach 292 Kc43
39171 Langenweddingen 279 Ja34
07957 Langenwetzendorf 303 Jd46
07937 Langenwolschendorf 303 Jc46
90579 Langenzenn 312 Hb56
26465 Langeoog 243 Da19
86853 Langerringen 331 Hb68
52379 Langerwehe 284 Bc44
14557 Langerwisch 269 Kd31
15518 Langewahl 271 Mb31
98704 Langewiesen 302 Hb46
91731 Langfurth 320 Gd59
35428 Langgöns 299 Eb47
07926 Langgrün 303 Jc47
18279 Langhagen 249 Ka20
29364 Langlingen 266 Gc30
84085 Langquaid 323 Ka61
18334 Langsdorf 249 Kb16
24852 Langstedt 237 Fb12
54308 Langsur 306 Bc54
99986 Langula 289 Gc42
26969 Langwarden 244 Ea21
24631 Langwedel 246 Ga16
27299 Langwedel 255 Fa26
29386 Langwedel 266 Gd29
86462 Langweid a. Lech 331 Hb64
23881 Lankau 246 Gd20
16359 Lanke 260 Lc27
17192 Lansen 249 Kb20
19309 Lanz 258 Ja25
21483 Lanze 256 Gd23
17217 Lapitz 249 Kd21
93138 Lappersdorf 323 Ka59
23847 Lasbek 246 Gc20
19246 Lassahn 247 Hb21
17440 Lassan 250 Lc17
18442 Lassentin 240 Kc14
49688 Lastrup 263 Dc28
06408 Latdorf 279 Jb36
24598 Latendorf 246 Ga17
49762 Lathen 252 Cd27
35321 Laubach 299 Ed47
56759 Laubach 297 Cb50
87493 Lauben 340 Gc71
87761 Lauben 330 Gc68
03058 Laubsdorf 282 Md36
03116 Laubst 282 Mc36
02991 Laubusch 282 Mb38
06636 Laucha a.d. Unstrut 291 Jb41
01979 Lauchhammer 281 Ld38
73466 Lauchheim 320 Gc61
79787 Lauchringen 337 Dd72
99819 Lauchröden 289 Gb43
97922 Lauda 310 Fd55
63925 Laudenbach 310 Fa54
69514 Laudenbach 309 Eb55
23923 Lauen 247 Ha18
31867 Lauenau 265 Fb32
27389 Lauenbrück 255 Fc24
21481 Lauenburg 256 Gd23
37697 Lauenförde 276 Fb37
31714 Lauenhagen 265 Fa31
09648 Lauenhain-Tanneberg 293 La43
77886 Lauf 317 Dc63
91207 Lauf a.d Pegnitz 312 Hd56
63846 Laufach 310 Fb52
74429 Laufen 320 Ga61
83410 Laufen 334 Lb69
79725 Laufenburg (Baden) 337 Dc73
74348 Lauffen a. Neckar 319 Fa60
86502 Laugna 331 Ha64
89415 Lauingen (Donau) 330 Gd64
21755 Laumühlen 245 Fa21
88471 Laupheim 330 Ga67
56379 Laurenburg 298 Db49
04874 Lausa 281 La39
98724 Lauscha 302 Hc47
03172 Lauschütz 271 Md33
07387 Lausnitz 303 Ja46
04838 Laußig 280 Kc38
01936 Laußnitz 294 Ma40
02991 Lauta 282 Mb38
02991 Lauta Dorf 282 Mb38
77794 Lautenbach 327 Dc64
08312 Lauter 304 Kd46
96169 Lauter 312 Hb52
09496 Lauterbach 293 Lb45
78730 Lauterbach 328 Ea67
36341 Lauterbach (Hessen) 300 Fb46
67742 Lauterecken 308 Da55
92283 Lauterhofen 313 Jb57
73529 Lauterstein 320 Ga63
64686 Lautertal 309 Ec54
96472 Lautertal 302 Hc49
36369 Lautertal (Vogelsberg) 300 Fa47
87763 Lautrach 340 Gb70
02708 Lawalde 295 Na41
15898 Lawitz 271 Md32
66822 Lebach 307 Ca57
17322 Lebehn 261 Mb22
06420 Lebendorf 279 Jb37
38226 Lebenstedt 266 Gc33
06922 Lebien 280 Kd36
24306 Lebrade 238 Gc15
15326 Lebus 271 Md30
04936 Lebusa 281 Lb36
86983 Lechbruck 341 Hb71
25917 Leck 236 Ed11
16767 Leegebruch 270 La28
26789 Leer 253 Da24
31633 Leese 265 Fa30
15868 Leeskow 271 Mc33
06895 Leetza 280 Kc35
26529 Leezdorf 242 Cd21
19067 Leezen 247 Hd20
23816 Leezen 246 Gb18
87764 Legau 340 Gb70
19336 Legde 258 Jc26
48739 Legden 273 Cc34
25774 Lehe 236 Ed14
26892 Lehe 252 Cd26
07349 Lehesten 303 Ja47
56332 Lehmen 297 Cd49
24211 Lehmkuhlen 238 Gc15
23883 Lehmrade 247 Ha21
14797 Lehnin 269 Kc31
16565 Lehnitz 270 La28
14823 Lehnsdorf 280 Kb34
91611 Lehrberg 311 Gd57
38165 Lehre 267 Ha32
74251 Lehrensteinsfeld 319 Fb59
31275 Lehrte 266 Ga31
19243 Lehsen 257 Hb22
15913 Leibchel 271 Mb33
88637 Leibertingen 328 Ed68
94339 Leiblfing 323 Kc62
15910 Leibsch 271 Ma33
42799 Leichlingen 285 Cb42
63849 Leidersbach 310 Fa53
38542 Leiferde 266 Gc31
36433 Leimbach 289 Gb45
66978 Leimen 317 Db58
69181 Leimen 309 Ec57
76774 Leimersheim 318 Ea59
97274 Leinach 310 Fd53
99894 Leinatal 290 Ha44
91227 Leinburg 312 Hd56
37327 Leinefelde 289 Gc40
70771 Leinfelden 319 Fa63
74211 Leingarten 319 Fa59
73575 Leinzell 320 Ga62
06917 Leipa 280 Kd35
03226 Leipe 282 Mb35
89340 Leipheim 330 Gc65
02991 Leippe 282 Mb39
04... Leipzig 292 Ka40
04703 Leisnig 292 Kd41
06667 Leißling 291 Jc41
15848 Leißnitz 271 Mb33
39279 Leitzkau 279 Jc34
54340 Leiwen 307 Ca53
17209 Leizen 259 Ka22
17168 Lelkendorf 249 Kb18
16866 Lellichow 259 Ka25
66969 Lemberg 317 Da59
49459 Lembruch 264 Ea30
49448 Lemförde 264 Ea30
32657 Lemgo 275 Ed34
29485 Lemgow 257 Hd27
31608 Lemke 265 Fa29
17337 Lemmersdorf 250 Lc21
27809 Lemwerder 254 Eb25
84435 Lengdorf 333 Ka66
38268 Lengede 266 Gc33
06528 Lengefeld 278 Hd39
09514 Lengefeld 293 Lb45
27419 Lengenbostel 255 Fc23
08485 Lengenfeld 304 Kb46
99976 Lengenfeld 289 Gb41
87663 Lengenwang 341 Ha71
49525 Lengerich 263 Db33
49838 Lengerich 263 Da30
36266 Lengers 289 Ga44
98660 Lengfeld 302 Ha47
83661 Lenggries 342 Jb71
37627 Lenne 276 Fd35
57368 Lennestadt 286 Dc42
73252 Lenningen 329 Fc64
23738 Lensahn 239 Ha15
24632 Lentföhrden 245 Fd18
85101 Lenting 322 Ja62
16833 Lentzke 259 Kb27
19309 Lenzen (Elbe) 257 Hd25
79853 Lenzkirch 337 Dd70
71229 Leonberg 318 Ed62
95666 Leonberg 314 Ka52
76344 Leopoldshafen 318 Ea59
17375 Leopoldshagen 250 Ld18
33818 Leopoldshöhe 275 Ec34
18334 Leplow 240 Kb15
17349 Leppin 250 Lb21
39615 Leppin 258 Ja27
39264 Leps 279 Jd35
38468 -Lessien 267 Ha30
15324 Letschin 271 Mc28
39638 Letzlingen 268 Ja30
01623 Leuben-Schleinitz 293 Lb41
08412 Leubnitz 292 Kb45
08539 Leubnitz 303 Jd47
09573 Leubsdorf 293 Lb44
53547 Leubsdorf 297 Cc47
92705 Leuchtenberg 314 Ka55
16259 Leuenberg 270 Ld28
09387 Leukersdorf 292 Kd45
35638 Leun 299 Ea47
06237 Leuna 291 Jd40
95191 Leupoldsgrün 303 Jc49
19288 Leussow 257 Hc23
71397 Leutenbach 319 Fb61
91359 Leutenbach 312 Hd54
07338 Leutenberg 303 Ja47
02794 Leutersdorf 295 Na42
98617 Leutersdorf 301 Gd47
91578 Leutershausen 320 Gd58
56599 Leutesdorf 297 Cd48
03058 Leuthen 282 Mc36
88299 Leutkirch i. Allgäu 340 Gb70
17498 Levenhagen 250 La16
513.. Leverkusen 285 Cb43
17168 Levitzow 249 Ka18
25923 Lexgaard 236 Ed10
17213 Lexow 259 Ka22
15306 Libbenichen 271 Mc29
06386 Libbesdorf 279 Jd36
06369 Libehna 279 Jd37
35423 Lich 299 Ec47
98739 Lichte 302 Hc47
09244 Lichtenau 293 La43
33165 Lichtenau 275 Ed38
77839 Lichtenau 317 Dc63
91586 Lichtenau 321 Ha58
01896 Lichtenberg 294 Mb41
09638 Lichtenberg 293 Lc44
17259 Lichtenberg 260 Lb22
95192 Lichtenberg 303 Jb48
35104 Lichtenfels 287 Ec42
96215 Lichtenfels 302 Hc50
37133 Lichtenhagen 277 Ga39
98744 Lichtenhain/Bergbahn 302 Hc46
15345 Lichtenow 271 Ma29
09350 Lichtenstein 292 Kc45
72805 Lichtenstein 329 Fb65
08115 Lichtentanne 292 Kb45
73669 Lichtenwald 319 Fc63
03238 Lichterfeld-Schacksdorf 281 Ld37
16230 Lichterfelde 260 Ld26
39615 Lichterfelde 258 Jb27
31618 Liebenau 265 Fa29
34396 Liebenau 276 Fb39
38704 Liebenburg 277 Gc34
07368 Liebengrün 303 Jb47
16559 Liebenthal 260 Lb26
16909 Liebenthal 259 Ka24
16559 Liebenwalde 260 Lb26
15868 Lieberose 282 Mc34
04445 Liebertwolkwitz 292 Kb40
18196 Lieblingshof 248 Jd17
07368 Liebschütz 303 Jb47
04758 Liebschützberg 293 La40
01825 Liebstadt 294 Ma43
65835 Liederbach 299 Eb51
06528 Liedersdorf 278 Hd39
01465 Liegau-Augustusbad 294 Ma41
49536 Lienen 263 Dc33
14715 Liepe 269 Kb29
16248 Liepe 261 Ma26
17391 Liepen 250 Lb18
17375 Liepgarten 250 Ld19
54470 Lieser 307 Cb52
03130 Lieskau 282 Md37
03238 Lieskau 282 Ma37
06120 Lieskau 279 Jc38
14913 Ließen 281 Lb34
18299 Liessow 248 Jd18
29416 Liesten 267 Hd28
25770 Lieth 244 Ed16
15306 Lietzen 271 Mc29
15306 Lietzen Nord 271 Mc29
14641 Lietzow 269 Kc29
18528 Lietzow 241 Lb13
28865 Lilienthal 254 Ed25
08491 Limbach 304 Ka46
74838 Limbach 310 Fa56
09212 Limbach-Oberfrohna 292 Kd44
655.. Limburg a.d Lahn 298 Dc48
67117 Limburgerhof 309 Ea57
63674 Limeshain 299 Ed49
15864 Limsdorf 271 Ma32
22959 Linau 246 Gc20
06928 Linda 281 La35
07819 Linda b. Neustadt a.d Orla 303 Jc46
24214 Lindau 237 Fd14
37191 Lindau 277 Gb37
39264 Lindau 279 Jd34
88131 Lindau 339 Fd73
94227 Lindberg 324 Lc59
03103 Lindchen 282 Mb37
25791 Linden 237 Fa15
29593 Linden 256 Gc26
35440 Linden 299 Eb47
66851 Linden 308 Da57
03238 Lindena 281 Lc37
01945 Lindenau 281 Ld39
15864 Lindenberg 271 Mb32
16321 Lindenberg 270 Lc29
16928 Lindenberg 258 Jd25
17111 Lindenberg 249 Kd19
67473 Lindenberg 308 Dc57
88161 Lindenberg 340 Ga72
15838 Lindenbrück 270 Lc33
64678 Lindenfels 309 Ec54
04466 Lindenthal 280 Ka39
99198 Linderbach 290 Hc43
49699 Lindern 253 Db27
24969 Lindewitt 237 Fa11
29413 Lindhof 267 Ha28
31698 Lindhorst 265 Fb31
39326 Lindhorst 268 Ja32
51789 Lindlar 285 Cd43
15848 Lindow 271 Mc33
16321 Lindow 270 Lc28
16835 Lindow 259 Kd26
39638 Lindstedt 268 Ja29
39596 Lindtorf 268 Jc28
29690 Lindwedel 265 Fd29
498.. Lingen 262 Cd30
67360 Lingenfeld 318 Ea58
29386 Lingwedel 266 Gd29
76351 Linkenheim-Hochstetten 318 Ea59
52441 Linnich 284 Bb43
16831 Linow 259 Kc25
31636 Linsburg 265 Fb29
63589 Linsengericht 300 Fa50
72636 Linsenhofen 329 Fb64
18292 Linstow 249 Ka20
14822 Linthe 269 Kc33
27624 Lintig 244 Ed21
49152 Lintorf 264 Ea32
16833 Linum 259 Kc27
53545 Linz a. Rhein 297 Cc47
59510 Lippetal 274 Dd37
99752 Lipprechterode 277 Gd39
5955. Lippstadt 275 Ea37
03205 Lipten 282 Ma37
78576 Liptingen 328 Ed69
96170 Lisberg 312 Ha53
54587 Lissendorf 296 Bd49
25992 List 236 Ea9
06918 Listerfehrda 280 Kd36
48488 Listrup 262 Cd31
96123 Litzendorf 312 Hc52
74931 Lobbach 309 Ed57
14913 Lobbese 280 Kc34
16321 Lobetal 270 Lc28
04552 Lobstädt 292 Kb42
39279 Loburg 268 Jd33
06184 Lochau 279 Jd39
16949 Lockstädt 258 Jc24
25551 Lockstedt 245 Fc17
14806 Locktow 269 Kc33
23923 Lockwisch 247 Ha19
17459 Loddin 250 Ld16
02929 Lodenau 283 Nc39
17509 Lodmannshagen 250 Lb16
02708 Löbau 295 Na41
06193 Löbejün 279 Jc37
06925 Löben 281 La36
06780 Löberitz 279 Jd37
04626 Löbichau 292 Ka44
04509 Löbnitz 280 Kb38
06369 Löbnitz 279 Jc36
18314 Löbnitz 240 Kb14
39443 Löbnitz (Bode) 279 Jb36
74369 Löchgau 319 Fa60
17321 Löcknitz 251 Mb21
39240 Lödderitz 279 Jc35
39446 Löderburg 279 Ja35
56332 Löf 297 Cd50
79843 Löffingen 338 Ea70
16845 Lögow 259 Kb26
07907 Löhma 303 Jc46
16356 Löhme 270 Lc28
35792 Löhnberg 298 Dd47
32584 Löhne 264 Ec33
04895 Löhsten 281 La37
49624 Löningen 263 Db28
15757 Löpten 270 Ld32
24250 Löptin 246 Gb16
795.. Lörrach 337 Da72
55296 Lörzweiler 308 Dd53
08294 Lössnitz 304 Kd46
16775 Löwenberg 260 La26
25864 Löwenstedt 237 Fa12
74245 Löwenstein 319 Fb59
17398 Löwitz 250 Lc19
19217 Löwitz 247 Hb19
76597 Loffenau 318 Ea62
25551 Lohbarbek 245 Fc18
93470 Lohberg 324 Lb58
27616 Lohe 254 Ec22
24806 Lohe-Föhrden 237 Fc14
25746 Lohe-Rickelshof 245 Fa16
34253 Lohfelden 288 Fc41
31600 Lohhof 264 Ed30
84494 Lohkirchen 333 Kc66
16845 Lohm 259 Ka27
53797 Lohmar 285 Cc44
18551 Lohme 241 Lb12
01847 Lohmen 294 Mb42
18276 Lohmen 248 Jc20
49393 Lohne (Oldenburg) 263 Dd29
97816 Lohr a. Main 310 Fc52
35102 Lohra 287 Eb45
02999 Lohsa 282 Md39
84180 Loiching 323 Kc63
17509 Loissin 250 Lb16
24888 Loit 237 Fc12
39326 Loitsche 268 Jb32
17121 Loitz 249 Kd17
35457 Lollar 299 Ec46
01623 Lommatzsch 293 Lb41
54472 Longkamp 307 Cb53
54340 Longuich 306 Bd53
91475 Lonnerstadt 312 Ha54
89173 Lonsee 330 Ga64
25582 Looft 245 Fc17
24644 Loop 246 Ga16
24366 Loose 237 Fd13
19288 Loosen 257 Hc23
17194 Loppin 249 Ka21
26736 Loquard 252 Cc23
65391 Lorch 298 Db51
73547 Lorch 319 Fd62
64653 Lorsch 309 Eb55
26901 Lorup 253 Da27
39615 Losenrade 258 Jb26
66679 Losheim am See 306 Bd56
07318 Lositz 302 Hd46
72290 Loßburg 328 Ea65
39615 Losse 258 Ja27
39291 Lostau 268 Jb32
49504 Lotte 263 Dc32
24878 Lottorf 237 Fc13
79807 Lottstetten 338 Eb72
27612 Loxstedt 254 Eb22
17509 Lubmin 241 Lb15
03103 Lubochow 282 Mb37
04613 Lucka 292 Ka42
15926 Luckau 281 Ld35
29487 Luckau 257 Hb26
14943 Luckenwalde 270 La33
16306 Luckow 261 Mb23
17375 Luckow 251 Ma19
19243 Luckwitz 247 Hc21
86934 Ludenhausen 331 Hc69
17207 Ludorf 259 Kb22
36251 Ludwigsau 288 Fd44
17291 Ludwigsburg 260 Ld22
716.. Ludwigsburg 319 Fa61
95364 Ludwigschorgast 303 Jb50
02829 Ludwigsdorf 295 Nc40
14974 Ludwigsfelde 270 La31
670.. Ludwigshafen 309 Ea56
78351 Ludwigshafen 338 Ed70
19288 Ludwigslust 257 Hd23
96337 Ludwigsstadt 303 Ja47
39291 Lübars 268 Jd33
32312 Lübbecke 264 Eb32
15907 Lübben/Spreewald 282 Ma34
03222 Lübbenau/Spreewald 282 Ma35
19249 Lübbendorf 257 Hc23
17337 Lübbenow 250 Ld21
21376 Lübberstedt 256 Gb24
27729 Lübberstedt 254 Ec23
23992 Lübberstorf 248 Ja18
03172 Lübbinchen 282 Md34
29488 Lübbow 257 Hc27
235.. Lübeck 246 Gd18
29482 Lübeln 257 Hb26
19077 Lübesse 257 Hd22
17217 Lübkow 249 Kd21
19288 Lüblow 257 Hd22
14806 Lübnitz 269 Kb33
23972 Lübow 247 Hd18
17379 Lübs 250 Ld19
39264 Lübs 279 Jc34
19069 Lübstorf 247 Hd20
19249 Lübtheen 257 Hb23
19386 Lübz 258 Jc22
18249 Lübzin 248 Jb19
16845 Lüchfeld 259 Kb27
23898 Lüchow 246 Gd20
29439 Lüchow 257 Hc26
39606 Lückstedt 258 Ja27
38489 Lüdelsen 267 Hb29
585.. Lüdenscheid 286 Da41
39517 Lüderitz 268 Jb30
21379 Lüdersburg 256 Gd23
14943 Lüdersdorf 270 Lb32
16248 Lüdersdorf 261 Ma26
23923 Lüdersdorf 247 Ha19
31702 Lüdersfeld 265 Fa31
18314 Lüdershagen 240 Ka14
59348 Lüdinghausen 273 Cd36
37635 Lüerdissen 276 Fc35
32676 Lügde 276 Fa35
17179 Lühburg 249 Ka17
17495 Lühmannsdorf 250 Lb17
14943 Lühsdorf 269 Kd33
97511 Lülsfeld 311 Gc53
2133. Lüneburg 256 Gc24
4453. Lünen 274 Da38
48480 Lünne 262 Cd31
14778 Lünow 269 Kb30
24850 Lürschau 237 Fc13
29367 Lüsche 266 Gc28
14806 Lüsse 269 Kc33
17506 Lüssow 250 Lb17
18276 Lüssow 248 Jc18
18442 Lüssow 240 Kc14
21483 Lütau 256 Gd22
26524 Lütetsburg 242 Cd21
25557 Lütjenbornholt 245 Fb17
21037 Lütjenburg 256 Gb22
24321 Lütjenburg 238 Gd15
25842 Lütjenholm 236 Ed12
22952 Lütjensee 246 Gc20
25585 Lütjenwestedt 245 Fc16
16949 Lütkendorf 258 Jc23
17440 Lütow 250 Ld16
06317 Lüttchendorf 279 Jb39
14806 Lütte 269 Kb32
17258 Lüttenhagen 260 Lb22
38835 Lüttgenrode 278 Ha35
19246 Lüttow 247 Ha21
06686 Lützen 291 Jd41
17291 Lützlow 261 Ma23
19209 Lützow 247 Hc20
04469 Lützschena-Stahmeln 280 Ka39
03205 Lug 282 Ma37
03238 Lugau 281 Lc37
09385 Lugau 292 Kd45
31711 Luhden 265 Fa33
92706 Luhe-Wildenau 314 Ka55
16837 Luhme 259 Kc24
24816 Luhnstedt 245 Fd16
99885 Luisenthal 290 Ha45
06869 Luko 280 Ka35
25774 Lunden 236 Ed15
27616 Lunestedt 254 Ec22
16248 Lunow 261 Ma26
09328 Lunzenau 292 Kc43
92331 Lupburg 322 Jc59
17194 Lupendorf 249 Kb20
04758 Luppa 292 Kd40
39264 Luso 279 Jd35
67363 Lustadt 317 Dd58
19386 Lutheran 258 Jc22
06295 Lutherstadt Eisleben 279 Ja38
06886 Lutherstadt Wittenberg 280 Kc35
31535 Lutter 265 Fc29
38729 Lutter a. Barenberge 277 Gc35
24235 Lutterbek 238 Gb14
29345 Lutterloh 256 Gb27
31188 Luttrum 266 Gb33
27308 Luttum 255 Fb27
56826 Lutzerath 297 Cb50
25355 Lutzhorn 245 Fd19
89440 Lutzingen 320 Gd63
17279 Lychen 260 La23

M

24975 Maasbüll *237 Fc11*
25920 Maasbüll *236 Ec11*
06388 Maasdorf *279 Jc37*
27249 Maasen *264 Ed29*
24404 Maasholm *238 Ga11*
04827 Machern *292 Kc40*
31177 Machtsum *266 Ga33*
67686 Mackenbach *308 Da56*
37136 Mackenrode *277 Gb39*
16259 Mädewitz *261 Mb27*
95695 Mähring *314 Kc52*
99441 Magdala *291 Ja44*
391.. Magdeburg *268 Ja33*
39291 Magdeburgerforth *268 Jd32*
71106 Magstadt *318 Ed62*
04916 Mahdel *281 La36*
77972 Mahlberg *327 Db66*
14715 Mahlitz *268 Jd28*
15831 Mahlow *270 Lb31*
15938 Mahlsdorf *281 Lc34*
29416 Mahlsdorf *267 Hc28*
39517 Mahlwinkel *268 Jb31*
88167 Maierhöfen *340 Gb72*
86747 Maihingen *320 Gd61*
67487 Maikammer *317 Dd58*
63814 Mainaschaff *310 Fa52*
97350 Mainbernheim *311 Gc54*
84048 Mainburg *322 Jc63*
74535 Mainhardt *319 Fc60*
95336 Mainleus *303 Ja51*
97320 Mainstockheim *311 Gb54*
63477 Maintal *299 Ec50*
551.. Mainz *308 Dd52*
82216 Maisach *331 Hd67*
83558 Maitenbeth *333 Ka67*
54426 Malborn *307 Cb54*
17139 Malchin *249 Kb19*
94094 Malching *334 Lc66*
17213 Malchow *249 Ka21*
23714 Malente *246 Gd16*
84333 Malgersdorf *333 Kd64*
04936 Malitschkendorf *281 Lb36*
19294 Malk Göhren *257 Hd24*
23936 Mallentin *247 Hb18*
84066 Mallersdorf *323 Kb62*
17217 Mallin *249 Kd21*
19294 Malliß *257 Hd24*
15326 Mallnow *271 Md30*
79429 Malsburg-Marzell *337 Da71*
69254 Malsch *318 Eb58*
76316 Malsch *318 Ea61*
02694 Malschwitz *294 Md40*
34323 Malsfeld *288 Fc42*
01734 Malter *293 Ld43*
79364 Malterdingen *327 Db67*
16515 Malz *260 La27*
23923 Malzow *247 Hb18*
18279 Mamerow *249 Ka19*
82291 Mammendorf *331 Hd67*
94437 Mamming *323 Kd63*
85077 Manching *322 Jb62*
66399 Mandelbachtal *316 Cb59*
18184 Mandelshagen *248 Jd16*
54531 Manderscheid *297 Ca51*
39524 Mangelsdorf *268 Jc30*
23738 Manhagen *247 Ha16*
16845 Manker *259 Kb27*
19357 Mankmuß *258 Ja25*
39359 Mannhausen *267 Hc31*
68... Mannheim *309 Ea56*
06343 Mansfeld *279 Ja38*
16949 Mansfeld *258 Jc24*
26736 Manslagt *252 Cc22*
92708 Mantel *313 Jd54*
71672 Marbach a. Neckar *319 Fb61*
350.. Marburg *287 Ec45*
79232 March *327 Da68*
26427 Margens *243 Db20*
97276 Margetshöchheim *311 Ga53*
94553 Mariaposching *324 La61*
09496 Marienberg *305 Lb46*
39365 Marienborn *267 Hc33*
26529 Marienhafe *242 Cd21*
31094 Marienhagen *276 Fd34*
51709 Marienheide *286 Da42*
37696 Marienmünster *276 Fa36*
38368 Mariental *267 Hb32*
16775 Marienthal *260 La25*
17309 Marienthal *251 Ma20*
16348 Marienwerder *260 Lc27*
17219 Marihn *249 Kd21*
54484 Maring-Noviand *307 Cb52*
98530 Marisfeld *301 Gd47*
88677 Markdorf *339 Fb71*
06779 Marke *280 Ka37*
14641 Markee *269 Kc29*
08352 Markersbach *304 Kd47*
02829 Markersdorf *295 Nb41*
15528 Markgrafpieske *271 Ma31*
71706 Markgröningen *319 Fa61*
04416 Markkleeberg *292 Ka40*
84163 Marklkofen *333 Kc64*
31608 Marklohe *265 Fa29*
08258 Markneukirchen *304 Kb49*
04420 Markranstädt *292 Ka40*
99819 Marksuhl *289 Gb44*
91801 Markt Berolzheim *321 Hb60*
91477 Markt Bibart *311 Gd55*
97348 Markt Einersheim *311 Gc54*
91459 Markt Erlbach *312 Ha56*
85229 Markt Indersdorf *332 Ja66*
91478 Markt Nordheim *311 Gc55*
87733 Markt Rettenbach *330 Gd69*
85570 Markt Schwaben *332 Jd67*
91480 Markt Taschendorf *311 Gd54*
86865 Markt Wald *331 Ha68*
91613 Marktbergel *311 Gc56*
97340 Marktbreit *311 Gb54*
07330 Marktgölitz *302 Hd47*
96257 Marktgraitz *302 Hd50*
97828 Marktheidenfeld *310 Fc53*
84533 Marktl *334 La66*
95352 Marktleugast *303 Jb50*
95168 Marktleuthen *303 Jd50*
87616 Marktoberdorf *341 Ha71*
86748 Marktoffingen *320 Gd61*
95615 Marktredwitz *303 Jd51*
96364 Marktrodach *303 Ja49*
83487 Marktschellenberg *344 Lb71*
95509 Marktschorgast *303 Jb51*
97342 Marktsteft *311 Gb54*
96275 Marktzeuln *302 Hc50*
49448 Marl *264 Ea30*
457.. Marl / Westf. *273 Cc37*
91080 Marloffstein *312 Hc55*
18337 Marlow *249 Ka16*
25709 Marne *244 Ed18*
25709 Marnerdeich *244 Ed18*
67297 Marnheim *308 Dc55*
19376 Marnitz *258 Jb23*
96126 Maroldsweisach *302 Ha50*
66646 Marpingen *307 Cb56*
14476 Marquardt *269 Kd30*
83250 Marquartstein *343 Kc70*
34431 Marsberg *275 Ec39*
21436 Marschacht *256 Gc22*
24238 Martensrade *238 Gc15*
27327 Martfeld *254 Ed27*
37318 Marth *289 Ga40*
97340 Martinsheim *311 Gb55*
66894 Martinshöhe *307 Cd57*
04895 Martinskirchen *281 Lb38*
06528 Martinsrieth *278 Hd39*
16727 Marwitz *270 La28*
04924 Marxdorf *281 Lb38*
15306 Marxdorf *271 Mb29*
21439 Marxen *256 Ga23*
86688 Marxheim *321 Hc62*
76359 Marxzell *318 Ea61*
14913 Marzahna *280 Kc34*
14778 Marzahne *269 Kb30*
79429 Marzell *337 Da71*
85417 Marzling *332 Jc65*
56761 Masburg *297 Cb50*
29365 Masel *266 Gd28*
88437 Maselheim *330 Ga68*
29525 Masendorf *256 Gd26*
97711 Maßbach *301 Gc50*
03238 Massen-Niederlausitz *281 Ld36*
74252 Massenbachhausen *318 Ed59*
98666 Masserberg *302 Hb47*
84323 Massing *333 Kd65*
17209 Massow *259 Ka23*
66506 Maßweiler *316 Cd58*
56869 Mastershausen *297 Cd51*
17168 Matgendorf *249 Ka18*
18556 Mattchow *241 La11*
03159 Mattendorf *282 Md36*
19372 Matzlow-Garwitz *258 Ja22*
69256 Mauer *309 Ec57*
85419 Mauern *332 Jd64*
87665 Mauerstetten *341 Ha70*
16909 Maulbeerwalde *259 Ka24*
75433 Maulbronn *318 Ec60*
79689 Maulburg *337 Da72*
03185 Maust *282 Mc35*
94151 Mauth *325 Ma60*
67133 Maxdorf *308 Dd56*
93142 Maxhütte-Haidhof *323 Ka58*
76744 Maximiliansau *317 Dd60*
56244 Maxsain *298 Db47*
56727 Mayen *297 Cc49*
53508 Mayschoß *297 Cb47*
53894 Mechernich *296 Bd46*
23909 Mechow *247 Ha20*
21358 Mechtersen *256 Gc23*
99880 Mechterstädt *289 Gd44*
88074 Meckenbeuren *339 Fc71*
53340 Meckenheim *297 Cb46*
67149 Meckenheim *308 Dd57*
74909 Meckesheim *318 Ec58*
45711 Meckinghoven *273 Cd38*
55566 Meddersheim *308 Da54*
23847 Meddewade *246 Gc19*
59964 Medebach *287 Ec41*
24994 Medelby *237 Fa10*
21775 Medemstade *244 Ed20*
14827 Medewitz *280 Ka34*
01458 Medingen *294 Ma41*
17391 Medow *250 Lb18*
96484 Meeder *302 Hb49*
08393 Meerane *292 Kb44*
31715 Meerbeck *265 Fa32*
406.. Meerbusch *284 Bd41*
88709 Meersburg *339 Fb71*
17111 Meesiger *249 Kc18*
19205 Meetzen *247 Hb20*
24594 Meezen *245 Fd17*
24799 Meggerdorf *237 Fb14*
67735 Mehlbach *308 Da56*
25588 Mehlbek *245 Fb17*
67678 Mehlingen *308 Db56*
95694 Mehlmeisel *313 Jc52*
15936 Mehlsdorf *281 Lb35*
08539 Mehltheuer *303 Jd47*
98634 Mehmels *301 Gc46*
29413 Mehmke *267 Hb28*
54552 Mehren *297 Ca50*
54346 Mehring *307 Ca53*
06456 Mehringen *279 Ja37*
16356 Mehrow *270 Lc29*
72537 Mehrstetten *329 Fc66*
17291 Meichow *261 Ma23*
17375 Meiersberg *250 Ld19*
06386 Meilendorf *279 Jd37*
38527 Meine *266 Gd31*
09390 Meinersdorf *292 Kd45*
38536 Meinersen *266 Gc30*
58540 Meinerzhagen *286 Da42*
37276 Meinhard *289 Gb41*
98617 Meiningen *301 Gd47*
27404 Meinstedt *255 Fb23*
54570 Meisburg *296 Bd51*
06463 Meisdorf *278 Hd37*
55590 Meisenheim *308 Da54*
01662 Meissen *293 Lc41*
29308 Meißendorf *265 Fd28*
77974 Meißenheim *327 Db65*
37290 Meißner *289 Ga41*
86405 Meitingen *331 Hb64*
30900 Meitze *265 Fd30*
39326 Meitzendorf *268 Ja32*
21406 Melbeck *256 Gc24*
16230 Melchow *260 Lc27*
25704 Meldorf *244 Ed17*
19273 Melkof *257 Hb23*
4932. Melle (Wiehengeb.) *264 Ea33*
83458 Melleck *344 La71*
19309 Mellen *258 Ja24*
98746 Mellenbach-Glasbach *302 Hc46*
15806 Mellensee *270 Lb32*
17429 Mellenthin *250 Ld17*
25992 Mellhörn *236 Ea9*
38489 Mellin *267 Hb29*
99441 Mellingen *290 Ja43*
27249 Mellinghausen *264 Ed28*
06918 Mellnitz *280 Kd35*
97638 Mellrichstadt *301 Gc48*
98634 Melpers *301 Gb47*
56581 Melsbach *297 Cd47*
24109 Melsdorf *238 Ga15*
34212 Melsungen *288 Fc42*
04808 Meltewitz *280 Kd39*
17209 Melz *259 Kb23*
17291 Melzow *260 Ld24*
96117 Memmelsdorf *312 Hb52*
87700 Memmingen *330 Gc69*
87766 Memmingerberg *330 Gc69*
587.. Menden *274 Db39*
98631 Mendhausen *301 Gd48*
56743 Mendig *297 Cc48*
88512 Mengen *329 Fb68*
96529 Mengersgereuth-Hämmern *302 Hc48*
35794 Mengerskirchen *298 Dd47*
84152 Mengkofen *323 Kc62*
17326 Menkin *251 Ma21*
49637 Menslage *263 Db29*
99996 Menteroda *289 Gd40*
16775 Menz *259 Kd24*
39175 Menz *268 Jb33*
23923 Menzendorf *247 Hb19*
49716 Meppen *262 Cd28*
86504 Merching *331 Hc67*
66589 Merchweiler *307 Cb57*
79291 Merdingen *327 Da69*
35799 Merenberg *298 Dd47*
86415 Mering *331 Hc66*
91732 Merkendorf *321 Ha58*
36460 Merkers-Kieselbach *289 Gb45*
89188 Merklingen *329 Fd64*
06217 Merseburg *291 Jc40*
16949 Mertensdorf *258 Jc24*
54331 Mertert *306 Bc54*
54318 Mertesdorf *306 Bd53*
86690 Mertingen *321 Hb63*
56753 Mertloch *297 Cc49*
55627 Merxheim *308 Da53*
15848 Merz *271 Mc32*
66978 Merzalben *317 Da58*
04932 Merzdorf *281 Lc39*
14913 Merzdorf *281 Lb34*
49586 Merzen *263 Db30*
52399 Merzenich *284 Bc44*
79249 Merzhausen *327 Db69*
66663 Merzig *306 Bd56*
59872 Meschede *286 Dd40*
18230 Meschendorf *248 Ja16*
16775 Meseberg *259 Kd26*
39326 Meseberg *268 Ja32*
39606 Meseberg *258 Jb27*
17498 Mesekenhagen *241 La15*
16928 Mesendorf *258 Jd25*
63875 Mespelbrunn *310 Fb52*
39624 Meßdorf *268 Ja28*
64409 Messel *309 Ec52*
31867 Messenkamp *265 Fb32*
49832 Messingen *263 Da30*
88605 Messkirch *329 Fa69*
72469 Meßstetten *328 Ed67*
19374 Mestlin *248 Jb21*
48629 Metelen *262 Cc33*
23972 Metelsdorf *247 Hd18*
17111 Metschow *249 Kc18*
94526 Metten *324 La61*
54675 Mettendorf *306 Bb52*
67582 Mettenheim *309 Ea54*
84562 Mettenheim *333 Kc66*
49497 Mettingen *263 Db32*
66693 Mettlach *306 Bc56*
40822 Mettmann *285 Cb41*
16269 Metzdorf *271 Mb28*
98639 Metzels *301 Gd46*
72555 Metzingen *329 Fb64*
56414 Meudt *298 Db47*
98744 Meura *302 Hd47*
01994 Meuro *282 Ma38*
06905 Meuro *280 Kc36*
98746 Meuselbach-Schwarzmühle *302 Hc47*
04610 Meuselwitz *292 Ka42*
17322 Mewegen *251 Mb21*
16945 Meyenburg *258 Jd23*
24980 Meyn *237 Fa11*
18356 Michaelsdorf *240 Ka14*
96247 Michelau i. Oberfr. *302 Hc50*
97513 Michelau i. Steigerw. *311 Gd52*
74544 Michelbach a.d Bilz *319 Fd60*
74545 Michelfeld *319 Fd59*
06386 Micheln *279 Jc36*
14797 Michelsdorf *269 Kc31*
93185 Michelsneukirchen *323 Kc59*
64720 Michelstadt *309 Ed54*
04539 Michelwitz *292 Ka42*
14552 Michendorf *269 Kd31*
86866 Mickhausen *331 Ha67*
18586 Middelhagen *241 Lc14*
26434 Middoge *243 Dc20*
25938 Midlum *236 Eb11*
27632 Midlum *244 Eb20*
56357 Miehlen *298 Db50*
07922 Mielesdorf *303 Jc47*
24247 Mielkendorf *238 Ga15*
66892 Miesau *307 Cd57*
83714 Miesbach *342 Jd70*
66877 Miesenbach *308 Da56*
39649 Mieste *267 Hc30*
39649 Miesterhorst *267 Hc30*
88487 Mietingen *330 Ga67*
99826 Mihla *289 Gc42*
09456 Mildenau *305 La46*
17348 Mildenitz *250 Lc21*
25866 Mildstedt *237 Fa13*
09306 Milkau *292 Kd42*
02699 Milkel *282 Md39*
18461 Millienhagen *240 Kb15*
17268 Milmersdorf *260 Lc24*
14715 Milow *269 Ka30*
17337 Milow *250 Ld21*
19300 Milow *258 Ja24*
93468 Miltach *323 Kd58*
63897 Miltenberg *310 Fb54*
39590 Miltern *268 Jc29*
04205 Miltitz *292 Ka40*
18519 Miltzow *241 Kd15*
98631 Milz *301 Gd48*
06246 Milzau *291 Jc40*
87719 Mindelheim *330 Gd68*
93349 Mindelstetten *322 Jb61*
3242. Minden (Westfalen) *264 Ed32*
76872 Minfeld *317 Dd60*
26434 Minsen *243 Dc20*
85375 Mintraching *332 Jc66*
93098 Mintraching *323 Kb60*
17209 Minzow *259 Ka22*
17252 Mirow *259 Kc23*
27632 Misselwarden *244 Eb20*
03205 Missen *282 Mb36*
87547 Missen *340 Gb72*
95511 Mistelbach *313 Ja52*
95490 Mistelgau *313 Ja52*
18276 Mistorf *248 Jc18*
63584 Mittel-Gründau *300 Fa50*
09224 Mittelbach *292 Kd44*
88441 Mittelbiberach *329 Fd68*
91734 Mitteleschenbach *321 Hb58*
09243 Mittelfrohna *292 Kc44*
06542 Mittelhausen *279 Ja39*
02763 Mittelherwigsdorf *295 Nb43*
18320 Mittelhof *240 Kb15*
57537 Mittelhof *286 Db45*
86868 Mittelneufnach *331 Ha67*
21720 Mittelnkirchen *245 Fc21*
31832 Mittelrode *265 Fc33*
97785 Mittelsinn *300 Fc50*
72766 Mittelstadt *329 Fa64*
21770 Mittelstenahe *244 Ed20*
82293 Mittelstetten *331 Hd66*
35756 Mittenaar *299 Ea46*
82481 Mittenwald *342 Ja73*
15749 Mittenwalde *270 Lc32*
17268 Mittenwalde *260 Lc24*
94360 Mitterfels *323 Kd60*
84335 Mitterskirchen *333 Kd65*
95666 Mitterteich *314 Ka52*
09648 Mittweida *293 La43*
15848 Mittweide *271 Mb33*
96268 Mitwitz *302 Hd49*
15299 Mixdorf *271 Mc32*
03205 Mlode *282 Ma36*
01462 Mobschatz *293 Ld42*
04720 Mochau *293 Lb41*
06888 Mochau *280 Kc35*
15913 Mochow *282 Mb34*
04838 Mockrehna *280 Kd38*
64397 Modautal *309 Ec54*
15890 Möbiskruge *271 Md32*
39291 Möckern *268 Jc33*
74219 Möckmühl *310 Fb57*
89426 Mödingen *320 Gd63*
14715 Mögelin *269 Ka29*
73563 Mögglingen *320 Ga62*
16269 Möglin *271 Ma28*
71701 Möglingen *319 Fa61*
06791 Möhlau *280 Ka36*
59519 Möhnesee *274 Dd39*
21493 Möhnsen *246 Gc21*
36433 Möhra *289 Gc44*
98708 Möhrenbach *302 Hb46*
91096 Möhrendorf *312 Hc55*
78532 Möhringen *328 Ec69*
04457 Mölkau *292 Kb40*
17237 Möllenbeck *260 La22*
19300 Möllenbeck *258 Jb23*
39606 Möllenbeck *268 Ja28*
06343 Möllendorf *278 Hd38*
17219 Möllenhagen *249 Kc21*
06869 Möllensdorf *280 Kb35*
17091 Mölln *249 Kd20*
23879 Mölln *246 Gd20*
17449 Mölschow *250 Lc16*
63776 Mömbris *300 Fa51*
63853 Mömlingen *310 Fa53*
63933 Mönchberg *310 Fb53*
41... Mönchengladbach *284 Bc41*
06926 Mönchenhöfe *281 La36*
99198 Mönchenholzhausen *290 Hc43*
18182 Mönchhagen *248 Jd16*
86751 Mönchsdeggingen *321 Ha62*
91614 Mönchsroth *320 Gc60*
78087 Mönchweiler *328 Ea68*
15528 Mönchwinkel *271 Ma30*
24248 Mönkeberg *238 Gb14*
17375 Mönkebude *250 Ld19*
23619 Mönkhagen *246 Gd18*
24576 Mönkloh *245 Fd18*
71297 Mönsheim *318 Ec61*
24594 Mörel *245 Fd16*
64546 Mörfelden *309 Eb52*
39599 Möringen *268 Jb29*
69509 Mörlenbach *309 Ec55*
91804 Mörnsheim *321 Hc61*
4744. Moers *272 Bd39*
14806 Mörz *269 Kc33*
39291 Möser *268 Jb32*
72116 Mössingen *328 Ed65*
06193 Mösthinsdorf *279 Jc37*
14715 Möthlitz *269 Ka30*
14715 Möthlow *269 Kb29*
86753 Möttingen *321 Ha62*
93099 Mötzing *323 Kb61*
71159 Mötzingen *328 Ec64*
23795 Mözen *246 Gb18*
56424 Mogendorf *298 Db47*
04626 Mohlis *292 Ka43*
07987 Mohlsdorf *304 Ka46*
01723 Mohorn *293 Lc42*
24405 Mohrkirch *237 Fd12*
18246 Moisall *248 Jb18*
21647 Moisburg *255 Fd22*
49696 Molbergen *253 Dc27*
24113 Molfsee *238 Ga15*
17217 Mollenstorf *249 Kd21*
06543 Molmerswende *278 Hd38*
29413 Molmke *267 Hb28*
99869 Molschleben *290 Ha43*
23996 Moltow *247 Hd19*
17194 Moltzow *249 Ka20*
55278 Mommenheim *308 Dd53*
40789 Monheim *285 Ca42*
86653 Monheim *321 Hb62*
52156 Monschau *296 Bb47*
67590 Monsheim *308 Dd55*
56410 Montabaur *298 Db48*
54518 Monzel *307 Ca52*
54472 Monzelfeld *307 Cb52*
55569 Monzingen *308 Da53*
23948 Moor *247 Hb18*
25597 Moordiek *245 Fc18*
25597 Moordorf *245 Fc18*
82272 Moorenweis *331 Hc67*
36433 Moorgrund *289 Gc44*
26316 Moorhausen *253 Dd22*
25554 Moorhusen *245 Fb18*
26802 Moormerland *253 Da23*
25436 Moorrege *245 Fc20*
26427 Moorweg *243 Da21*
78345 Moos *338 Ed71*
94554 Moos *324 La62*
85665 Moosach *332 Jd68*
92709 Moosbach *314 Kb55*
85368 Moosburg *332 Jd65*
85452 Moosinning *332 Jd66*
84164 Moosthenning *323 Kc63*
19230 Moraas *257 Hc22*
54497 Morbach *307 Cb53*
17406 Morgenitz *250 Ld17*
37186 Moringen *277 Ga37*
39264 Moritz *279 Jc34*
01468 Moritzburg *293 Ld41*
06193 Morl *279 Jc38*
51597 Morsbach *286 Db44*
34326 Morschen *288 Fc43*
39343 Morsleben *267 Hc32*
27321 Morsum *255 Fa26*
06528 Morungen *278 Hd39*
06918 Morxdorf *280 Kd35*
74821 Mosbach *310 Fa57*
08129 Mosel *292 Kb45*
64756 Mossautal *309 Ed55*
07907 Moßbach *303 Jc46*
97786 Motten *300 Fd48*
15741 Motzen *270 Lc32*
07381 Moxa *303 Jb46*
53804 Much *285 Cd44*
24238 Mucheln *238 Gc15*
19300 Muchow *258 Ja23*
03229 Muckwar *282 Mb36*
69427 Mudau *310 Fa56*
57555 Mudersbach *286 Dc45*
06249 Mücheln *291 Jb40*
02906 Mücka *283 Na39*
35325 Mücke *299 Ed46*
38539 Müden *266 Gc30*
04769 Mügeln *293 La40*
26409 Müggenkrug *243 Db21*
01809 Müglitztal *294 Ma43*
24582 Mühbrook *246 Ga16*
18276 Mühl Rosin *248 Jd19*
75417 Mühlacker *318 Ec61*
06888 Mühlanger *280 Kc35*
09241 Mühlau *292 Kd43*
66509 Mühlbach *316 Cd58*
06774 Mühlbeck *280 Ka37*
04931 Mühlberg *281 Lb39*
99869 Mühlberg *290 Hb44*
84453 Mühldorf a. Inn *333 Kc66*
19205 Mühlen Eichsen *247 Hc19*
77796 Mühlenbach *327 Dc67*
25548 Mühlenbarbek *245 Fc18*
16567 Mühlenbeck *270 Lb28*
21493 Mühlenrade *246 Gc21*
08626 Mühlental *304 Ka48*
69242 Mühlhausen *318 Ec58*
78259 Mühlhausen *338 Ec70*
92360 Mühlhausen *322 Ja59*
96172 Mühlhausen *312 Hb54*
73347 Mühlhausen im Täle *329 Fd64*
99974 Mühlhausen (Thür.) *289 Gd41*
78570 Mühlheim a.d Donau *328 Ed69*
63165 Mühlheim a. Main *299 Ec51*
88690 Mühlhofen *339 Fb71*
78357 Mühlingen *338 Ed70*
02959 Mühlrose *282 Md38*
06862 Mühlstedt *280 Ka35*
64367 Mühltal *309 Ec53*
07919 Mühltroff *303 Jc47*
454.. Mülheim a.d Ruhr *273 Ca39*
56218 Mülheim-Kärlich *297 Cd48*
79379 Müllheim *337 Da70*
15299 Müllrose *271 Mc31*
08132 Mülsen Sankt Jacob *292 Kc45*
08132 Mülsen Sankt Micheln *292 Kc45*
08146 Mülsen Sankt Niclas *292 Kc45*
08146 Mülsen-Ortmannsdorf *292 Kc45*
95213 Münchberg *303 Jc50*
15374 Müncheberg *271 Mb29*
15366 Münchehofe *270 Lc30*
15748 Münchehofe *270 Ld32*
8.... München *332 Jb67*
07589 München-Bernsdorf *291 Jc44*
03238 Münchhausen *281 Ld37*
35117 Münchhausen *287 Ec43*
85126 Münchsmünster *322 Jc62*
91481 Münchsteinach *312 Ha55*
67728 Münchweiler a.d Als. *308 Db56*
66981 Münchweiler a.d Rodalb *317 Da58*
97702 Münnerstadt *301 Gb50*
82541 Münsing *332 Ja69*
72525 Münsingen *329 Fc65*
64839 Münster *309 Ec52*
481.. Münster / Westf. *274 Da35*
56294 Münster-Maifeld *297 Cd49*
55424 Münster-Sarmsheim *308 Db52*
25587 Münsterdorf *245 Fc18*
86505 Münsterhausen *330 Gd66*
79244 Münstertal / Schwarzw. *337 Db70*
35516 Münzenberg *299 Ec48*
16278 Mürow *261 Ma25*
03096 Müschen *282 Mb35*
57629 Müschenbach *298 Db46*
21516 Müssen *256 Gd22*
14823 Mützdorf *280 Kb34*
39307 Mützel *268 Jd31*
14715 Mützlitz *269 Kb29*
76461 Muggensturm *317 Dd61*
91735 Muhr a. See *321 Ha59*
09619 Mulda *293 Lc44*
06804 Muldenstein *280 Ka37*
74673 Mulfingen *310 Fd57*
27632 Mulsum *244 Eb20*
74395 Mundelsheim *319 Fa60*
89597 Munderkingen *329 Fd67*
49808 Mundersum *262 Cd30*
24960 Munkbrarup *237 Fc10*
86754 Munningen *321 Ha61*
07338 Munschwitz *303 Ja46*
29633 Munster *256 Ga26*
17390 Murchin *250 Lc17*
79730 Murg *337 Dc73*
82418 Murnau a. Staffelsee *341 Hd71*
71711 Murr *319 Fb61*
71540 Murrhardt *319 Fc60*
88371 Musbach *329 Fc69*
06679 Muschwitz *291 Jd41*
19406 Mustin *248 Jc20*
23911 Mustin *247 Ha20*
73557 Mutlangen *319 Fd62*
67112 Mutterstadt *309 Ea56*
04688 Mutzschen *292 Kd40*
08499 Mylau *304 Ka46*

N

92507 Nabburg *314 Ka56*
58769 Nachrodt-Wiblingwerde *286 Da40*
06469 Nachterstedt *278 Hd36*
16845 Nackel *259 Kb27*
55299 Nackenheim *309 Ea52*
17329 Nadrensee *261 Mb22*
15806 Nächst Neuendorf *270 Lb32*
95697 Nagel *313 Jd52*
72202 Nagold *328 Ec64*
23866 Nahe *246 Gb19*
98553 Nahetal *302 Hb47*
14797 Nahmitz *269 Kc31*
21369 Nahrendorf *257 Ha24*
39599 Nahrstedt *268 Jb29*
95119 Naila *303 Jb49*
66809 Nalbach *306 Bd57*
66640 Namborn *307 Cb56*
85405 Nandlstadt *332 Jc64*
66909 Nanzdietschweiler *307 Cd56*
04657 Narsdorf *292 Kc42*
56377 Nassau *298 Db49*
85128 Nassenfels *321 Hd62*
16515 Nassenheide *260 La27*
56355 Nastätten *298 Db50*
29587 Natendorf *256 Gc25*
39606 Natterheide *268 Ja28*
89564 Nattheim *320 Gc63*
23996 Naudin *247 Hd19*
14641 Nauen *269 Kc29*
06193 Nauendorf *279 Jc38*
17291 Naugarten *260 Lc23*
64569 Nauheim *309 Ea52*
06618 Naumburg *291 Jc41*
34311 Naumburg *288 Fa41*
03096 Naundorf *282 Mb35*
04769 Naundorf *293 La40*
04838 Naundorf *280 Kb38*
04936 Naundorf *281 Lc36*
06918 Naundorf b. Seyda *280 Kd35*
04683 Naunhof *292 Kc40*
56237 Nauort *298 Da48*
57583 Nauroth *298 Db46*
01609 Nauwalde *281 Lc39*
25946 Nebel *236 Ea12*
19348 Nebelin *258 Jb25*
01920 Nebelschütz *294 Mc40*
06642 Nebra *291 Ja40*
17309 Nechlin *250 Ld21*
74924 Neckarbischofsheim *318 Ed58*
69151 Neckargemünd *309 Ec57*
69437 Neckargerach *310 Fa57*
68535 Neckarhausen *309 Eb56*
69239 Neckarsteinach *309 Ec57*
74172 Neckarsulm *319 Fa59*
72666 Neckartailfingen *329 Fb64*
72654 Neckartenzlingen *329 Fa64*
74382 Neckarwestheim *319 Fa60*
74865 Neckarzimmern *319 Fa58*
17039 Neddemin *250 La20*
27308 Neddenaverbergen *255 Fb27*
39264 Nedlitz *268 Jd33*
39291 Nedlitz *268 Jb33*
17440 Neeberg *250 Lc16*
06295 Neehausen *279 Jb38*
48465 Neerlage *262 Cc31*
21398 Neetze *256 Gd24*
17349 Neetzka *250 Lb21*
17391 Neetzow *250 La18*
26409 Negenbargen *243 Db21*
37643 Negenborn *276 Fc35*
24625 Negenharrie *246 Ga16*
23795 Negernbötel *246 Gb17*
06193 Nehlitz *279 Jc38*
23813 Nehms *246 Gc17*
24326 Nehmten *246 Gc17*
72147 Nehren *329 Fa65*
54552 Neichen *297 Ca49*
67468 Neidenfels *308 Dc57*
74933 Neidenstein *318 Ed58*
36452 Neidhartshausen *301 Gb46*
73272 Neidlingen *329 Fc64*
38321 Neindorf *266 Gd33*
06502 Neinstedt *278 Hc37*
02829 Neißeaue *295 Nc40*
89191 Nellingen *329 Fd64*
06268 Nemsdorf-Göhrendorf *291 Jb40*
78532 Nendingen *328 Ec69*
26556 Nenndorf *243 Da21*
14715 Nennhausen *269 Kb29*
91790 Nennslingen *321 Hd60*
36214 Nentershausen *289 Ga43*
56412 Nentershausen *298 Dc48*
78359 Nenzingen *338 Ed70*
19417 Neperstorf *248 Ja19*
17429 Neppermin *250 Ld17*
04685 Nerchau *292 Kd40*
17391 Nerdin *250 Lb18*
73450 Neresheim *320 Gc62*
23843 Neritz *246 Gb19*
89278 Nersingen *330 Gb65*
14806 Neschholz *269 Kc33*
19217 Neschow *247 Ha19*
02699 Neschwitz *294 Mc40*
19217 Nesow *247 Hb19*
06682 Nessa *291 Jd42*
26553 Nesse *242 Cd20*
27612 Nesse *254 Eb22*
87484 Nesselwang *340 Gd72*
26553 Neßmersiel *242 Cd20*
29562 Nestau *257 Ha26*
57250 Netphen *286 Dd44*
16949 Nettelbeck *258 Jc23*
29596 Nettelkamp *256 Gd27*
24250 Nettelsee *246 Gb16*
53947 Nettersheim *296 Bd47*
41334 Nettetal *284 Bb40*
38489 Nettgau *267 Hb29*
16818 Netzeband *259 Kb25*
14797 Netzen *269 Kc31*
19339 Netzow *258 Jd26*
08491 Netzschkau *304 Ka46*
26632 Neu Barstede *252 Cd22*
18442 Neu Bartelshagen *240 Kc14*
17509 Neu Boltenhagen *250 Lb16*
29490 Neu Darchau *257 Ha24*
24794 Neu Duvenstedt *237 Fd14*
21224 Neu Eckel *256 Ga23*
14476 Neu Fahrland *269 Kd30*
17192 Neu Falkenhagen *249 Kb21*
19205 Neu Frauenmark *247 Hc19*
17194 Neu Gaarz *249 Ka21*
19273 Neu Garge *257 Ha23*
49824 Neu Gnadenfeld *262 Cb29*
15526 Neu Golm *271 Mb31*
19258 Neu Gülze *257 Ha23*
17168 Neu Heinde *249 Ka18*
17348 Neu Käbelich *250 Lb21*
19294 Neu Kaliß *257 Hc24*
17111 Neu Kentzlin *249 Kc19*
17398 Neu Kosenow *250 Lc18*
15910 Neu Lübbenau *271 Ma33*
15518 Neu Madlitz *271 Mb30*
15306 Neu Mahlisch *271 Mc29*
19399 Neu Poserin *248 Jd21*
19357 Neu Premslin *258 Jb25*
27726 Neu Sankt Jürgen *254 Ed24*
21629 Neu Wulmstorf *255 Fd22*
15913 Neu Zauche *282 Mb34*
15537 Neu Zittau *270 Ld30*
61267 Neu-Anspach *299 Eb49*
37249 Neu-Eichenberg *289 Ga40*
63263 Neu-Isenburg *299 Ec51*
8923. Neu-Ulm *330 Gb65*
16766 Neu-Vehlefanz *269 Kd28*
95698 Neualbenreuth *304 Kb51*
59269 Neubeckum *274 Dc36*
24879 Neuberend *237 Fc13*
63543 Neuberg *299 Ed50*
83115 Neubeuern *343 Ka70*
85579 Neubiberg *332 Jc68*
26909 Neubörger *253 Da26*
1703. Neubrandenburg *250 La20*
15848 Neubrück *271 Mc31*
97277 Neubrunn *310 Fd54*
98617 Neubrunn *301 Gd47*
18233 Neubukow *248 Ja17*
75387 Neubulach *318 Ec63*
86633 Neuburg a.d Donau *321 Hd62*
86476 Neuburg a.d Kammel *330 Gd66*
94127 Neuburg a. Inn *334 Ld64*
76776 Neuburg a. Rhein *317 Dd60*
23974 Neuburg-Steinhausen *248 Ja18*
85467 Neuching *332 Jd66*
74861 Neudenau *319 Fb58*
99192 Neudietendorf *290 Hb44*
06493 Neudorf *278 Hc38*
09465 Neudorf *305 La47*
76676 Neudorf *318 Ea59*
24214 Neudorf-Bornstein *238 Ga14*
95512 Neudrossenfeld *303 Ja51*
16230 Neuehütte *260 Ld26*
14827 Neuehütten *269 Ka33*
29413 Neuekrug *267 Ha28*
07338 Neuenbeuthen *303 Jb47*
25578 Neuenbrook *245 Fc19*
75305 Neuenbürg *318 Eb62*
79395 Neuenburg a. Rhein *336 Cd70*
26340 Neuenburgerfeld *253 Dc23*
25436 Neuendeich *245 Fc20*
91564 Neuendettelsau *321 Hb58*
03185 Neuendorf *282 Md35*
14823 Neuendorf *280 Kc34*
16515 Neuendorf *260 La27*
17391 Neuendorf *250 La19*
18246 Neuendorf *248 Jb18*
18516 Neuendorf *249 Kd16*
25554 Neuendorf *245 Fb18*
37339 Neuendorf *277 Gb39*
38486 Neuendorf *267 Hc29*
97788 Neuendorf *300 Fd51*
17379 Neuendorf A *250 Ld19*

39624 Neuendorf a. Damm 267 Hd29
15910 Neuendorf a. See 271 Ma33
25335 Neuendorf b. Elmshorn 245 Fc20
15518 Neuendorf Im Sande 271 Mb30
25488 Neuenfelde 245 Fd21
23818 Neuengörs 246 Gc18
15366 Neuenhagen 270 Lc29
16259 Neuenhagen 261 Ma26
49828 Neuenhaus 262 Cb30
72631 Neuenhaus 319 Fa63
39345 Neuenhofe 267 Hd32
17039 Neuenkirchen 250 La20
17392 Neuenkirchen 250 Lb18
17498 Neuenkirchen 250 La16
18569 Neuenkirchen 241 La12
21640 Neuenkirchen 245 Fc21
21763 Neuenkirchen 244 Ed19
25792 Neuenkirchen 236 Ed15
27251 Neuenkirchen 264 Ec28
29643 Neuenkirchen 255 Fd26
48485 Neuenkirchen 262 Cd32
49434 Neuenkirchen 263 Dd30
49586 Neuenkirchen 263 Db31
49770 Neuenlande 263 Da29
95339 Neuenmarkt 303 Jb51
58809 Neuenrade 286 Db41
08541 Neuensalz 304 Ka47
74196 Neuenstadt 319 Fb58
36286 Neuenstein 288 Fc44
74632 Neuenstein 319 Fc58
34599 Neuental 288 Fa43
54673 Neuerburg 296 Bb51
39524 Neuermark-Lübars 268 Jc29
06926 Neuerstadt 281 La35
85375 Neufahrn 332 Jc66
84088 Neufahrn (Niederbay.) 323 Ka62
25724 Neufeld 244 Ed18
25724 Neufelderkoog 244 Ed18
38486 Neuferchau 267 Hb29
72639 Neuffen 329 Fb64
85464 Neufinsing 332 Jc67
72419 Neufra 329 Fa67
88499 Neufra 329 Fc68
84181 Neufraunhofen 333 Kb65
87600 Neugablonz 331 Ha69
06429 Neugattersleben 279 Jb36
02727 Neugersdorf 295 Na42
16775 Neuglobsow 259 Kd24
16247 Neugrimnitz 260 Ld25
56335 Neuhäusel 298 Da48
15320 Neuhardenberg 271 Mb28
26427 Neuharlingersiel 243 Db20
21785 Neuhaus 244 Ed19
91284 Neuhaus a.d Pegnitz 313 Jb55
94152 Neuhaus a. Inn 334 Ld64
98724 Neuhaus a. Rennweg 302 Hc47
96524 Neuhaus-Schierschnitz 302 Hd49
03058 Neuhausen 282 Md36
09544 Neuhausen 293 Lc45
75242 Neuhausen 318 Ec62
73765 Neuhausen a.d Fildern 319 Fb63
78579 Neuhausen ob Eck 328 Ed69
17237 Neuhof 260 La22
19246 Neuhof 247 Hb21
31195 Neuhof 277 Ga35
36119 Neuhof 300 Fc48
90616 Neuhof a.d Zenn 312 Ha56
67141 Neuhofen 309 Ea57
16515 Neuholland 260 La26
97843 Neuhütten 310 Fb52
17154 Neukalen 249 Kb18
26835 Neukamperfehn 253 Da23
04575 Neukieritzsch 292 Kb41
01904 Neukirch 294 Mc41
01936 Neukirch 294 Mb40
88099 Neukirch 339 Fd72
08451 Neukirchen 292 Kb44
09221 Neukirchen 292 Kd44
23779 Neukirchen 239 Hb14
25927 Neukirchen 236 Ec10
34626 Neukirchen 288 Fb44
39615 Neukirchen 258 Jb27
94362 Neukirchen 323 Kd60
94127 Neukirchen a. Inn 334 Ld64
92259 Neukirchen
b. Sulzbach-Rosenberg 313 Jb55
94154 Neukirchen v. Wald 324 Ld62
92445 Neukirchen-Balbini 314 Kb57
47506 Neukirchen-Vluyn 272 Bd39
23992 Neukloster 248 Ja18
16278 Neukünkendorf 261 Ma25
04509 Neukyhna 280 Ka38
23923 Neuleben 247 Ha19
26909 Neulehe 252 Cd26
73491 Neuler 320 Gb61
16259 Neulewin 261 Mb27
39615 Neulingen 258 Ja27
75245 Neulingen 318 Ec61
16775 Neulögow 259 Kd25
16775 Neulöwenberg 260 La26
68809 Neulußheim 318 Eb58
54347 Neumagen-Dhron 307 Ca53
08496 Neumark 304 Kb46
26169 Neumarkhausen 253 Db27
92318 Neumarkt i.d Oberpfalz 322 Ja58
84494 Neumarkt-Sankt Veit 333 Kc65
2453 . Neumünster 246 Ga17
92431 Neunburg vorm Wald 314 Kb57
07356 Neundorf 303 Jb48
07924 Neundorf 303 Jc46
08527 Neundorf 303 Jd47
39418 Neundorf 279 Ja36
57520 Neunkhausen 298 Db46
57290 Neunkirchen 286 Dc45
74867 Neunkirchen 309 Ed57
97980 Neunkirchen 310 Fb54
91077 Neunkirchen a. Brand 312 Hc55
91233 Neunkirchen a. Sand 312 Hd56
66... Neunkirchen (Saar) 307 Cc57
53819 Neunkirchen-Seelscheid
285 Cd44
84524 Neuötting 333 Kd66
03103 Neupetershain 282 Mb37
06333 Neuplatendorf 278 Hd37
76777 Neupotz 318 Ea59
16259 Neureetz 261 Mb27
94089 Neureichenau 325 Mb62
77743 Neuried 327 Db65
82061 Neuried 332 Jb68
49767 Neuringe 262 Cb29
16307 Neurochlitz 261 Mc22
16816 Neuruppin 259 Kc26
86356 Neusäss 331 Hb65
02742 Neusalza-Spremberg 295 Na42
94556 Neuschönau 324 Ld61
26487 Neuschoo 243 Da21
91616 Neusitz 311 Gc57
95700 Neusorg 313 Jd52
414 . . Neuss 284 Bd41
04874 Neußen 281 La39
01844 Neustadt 294 Mc42
08223 Neustadt 304 Ka47
35279 Neustadt 288 Fa44
37345 Neustadt 277 Gd39
79822 Neustadt 337 Dd70
99762 Neustadt 278 Ha38
91413 Neustadt a.d. Aisch 312 Ha55
93333 Neustadt a.d. Donau 322 Jc62
07806 Neustadt a.d. Orla 291 Jb45
92660 Neustadt a.d. Waldn. 314 Ka54
6743 . Neustadt a.d. Weinstr. 308 Dd57
95514 Neustadt a. Kulm 313 Jc53
97845 Neustadt a. Main 310 Fc52
98701 Neustadt a. Rennsteig 302 Hb47
31535 Neustadt a. Rübenb. 265 Fb30
96465 Neustadt b. Coburg 302 Hc49
16845 Neustadt (Dosse) 259 Ka27
23730 Neustadt i. Holstein 247 Ha16
53577 Neustadt (Wied) 297 Cd46
19306 Neustadt-Glewe 258 Ja22
72149 Neustetten 328 Ec65
17235 Neustrelitz 259 Kd22
76689 Neuthard 318 Eb59
93073 Neutraubling 323 Ka60
15320 Neutrebbin 271 Mb28
06198 Neutz-Lettewitz 279 Jc38
39387 Neuwegersleben 278 Hc34
75389 Neuweiler 318 Eb63
5656 . Neuwied 297 Cd48
24214 Neuwittenbek 238 Ga14
09397 Neuwürschnitz 292 Kc45
15898 Neuzelle 271 Na33
17039 Neverin 250 La20
23816 Neversdorf 246 Gb18
54309 Newel 306 Bc53
03253 Nexdorf 281 Lb37
14822 Nichel 269 Kc33
56645 Nickenich 297 Cc48
63667 Nidda 299 Ed48
61194 Niddatal 299 Ec49
61130 Nidderau 299 Ec50
52385 Nideggen 296 Bc46
14929 Niebel 269 Kd33
14929 Niebelhorst 269 Kd33
14913 Niebendorf-Heinsdorf 281 Lb34
25938 Nieblum 236 Eb11
25899 Niebüll 236 Ec11
24395 Nieby 238 Ga11
17309 Nieden 250 Ld21
34305 Niedenstein 288 Fb41
63584 Nieder-Gründau 300 Fa50
65835 Nieder-Hofheim 299 Ea51
55268 Nieder-Olm 308 Dd52
84100 Niederaichbach 323 Kb63
94557 Niederalteich 324 Lb62
01689 Niederau 293 Lc41
36272 Niederaula 288 Fc45
84494 Niederbergkirchen 333 Kc66
56589 Niederbreitbach 297 Cd47
55767 Niederbrombach 307 Cc54
02708 Niedercunnersdorf 295 Na41
09366 Niederdorf 292 Kd45
61138 Niederdorfelden 299 Ec50
99986 Niederdorla 289 Gd42
56412 Niederelbert 298 Db48
50189 Niederembt 284 Bc43
14913 Niederer Fläming 281 La34
78078 Niedereschach 328 Eb68
56332 Niederfell 297 Cd49
16248 Niederfinow 260 Ld26
57572 Niederfischbach 286 Db44
09243 Niederfrohna 292 Kc44
96489 Niederfüllbach 302 Hc50
99759 Niedergebra 277 Gd39
14913 Niedergörsdorf 280 Kd34
15306 Niederjesar 271 Mc30
53859 Niederkassel 285 Cb45
67700 Niederkirchen 308 Da55
67150 Niederkirchen
b. Deidesheim 308 Dd57
41372 Niederkrüchten 284 Bb41
49779 Niederlangen 252 Cd27
97618 Niederlauer 301 Gb49
15751 Niederlehme 270 Lc31
49525 Niederlengerich 263 Db33
66879 Niedermohr 307 Cd56
92545 Niedermurach 314 Kb56
63843 Niedernberg 310 Fa52
39167 Niederndodeleben 268 Ja33
65629 Niederneisen 298 Dc49
74676 Niedernhall 319 Fc58
65527 Niedernhausen 299 Ea50
31712 Niedernwöhren 265 Fa32
02791 Niederoderwitz 295 Nb42
37355 Niederorschel 289 Gc40
87767 Niederrieden 330 Gc68
06542 Niederröblingen 278 Hd39
99510 Niederroßla 291 Ja43
99762 Niedersachswerfen 278 Ha38
09600 Niederschöna 293 Lc43
86694 Niederschönenfeld 321 Hc63
38173 Niedersickte 266 Gd33
97996 Niederstetten 311 Ga57
89168 Niederstotzingen 330 Gc64
04741 Niederstriegis 293 La42
84494 Niedertaufkirchen 333 Kc66
84183 Niederviehbach 323 Kb63
45529 Niederwenigern 273 Cc39
14822 Niederwerbig 269 Kc33
97464 Niederwerrn 301 Gb51
09577 Niederwiesa 293 La44
94559 Niederwinkling 324 La61
55758 Niederwörresbach 307 Cc54
09399 Niederwürschnitz 292 Kd45
52382 Niederzier 284 Bc44
56651 Niederzissen 297 Cc48
75223 Niefern 318 Ec61
39291 Niegripp 268 Jb32
33039 Nieheim 276 Fa36
18190 Niekrenz 248 Jd17
39319 Nielebock 268 Jc30
19069 Niemark 247 Hc20
06188 Niemberg 279 Jd38
14823 Niemegk 269 Kc33
16909 Niemerlang 259 Ka23
37127 Niemetal 276 Fd39
01968 Niemtsch 282 Ma38
24819 Nienborstel 245 Fc16
25596 Nienbüttel 245 Fb17
06429 Nienburg 279 Jb36
31582 Nienburg (Weser) 265 Fa29
15936 Niendorf 281 Lb35
19294 Niendorf 257 Hc24
23923 Niendorf 247 Ha19
29591 Niendorf 256 Gd25
39646 Niendorf 267 Hb31
23919 Niendorf b. Berkenthin 246 Gd20
23881 Niendorf (Stecknitz) 246 Gd21
29336 Nienhagen 266 Gb30
29690 Nienhagen 265 Fc29
39397 Nienhagen 278 Hc35
18211 Nienhagen 248 Jb16
24808 Nienkattbek 245 Fd16
31688 Nienstädt 265 Fa32
06542 Nienstedt 278 Hd39
23863 Nienwohld 246 Gb19
29596 Nienwohlde 256 Gd27
18442 Niepars 240 Kc14
55283 Nierstein 309 Ea53
47574 Nierswalde 272 Bb37
24395 Niesgrau 237 Fd11
02906 Niesky 283 Nb39
34329 Nieste 288 Fd40
34266 Niestetal 288 Fc40
56132 Nievern 298 Da49
15848 Niewisch 271 Mb33
15910 Niewitz 281 Ld34
24594 Nindorf 245 Fc16
25704 Nindorf 245 Fa17
57645 Nister 298 Db46
57647 Nistertal 298 Db46
54453 Nittel 306 Bc54
93149 Nittenau 323 Kb58
93152 Nittendorf 322 Jd60
14715 Nitzahn 269 Ka30
39539 Nitzow 258 Jc27
04603 Nobitz 292 Kb43
04626 Nöbdenitz 292 Ka44
31535 Nöpke 265 Fb29
24214 Noer 238 Ga13
86720 Nördlingen 320 Gd61
37176 Nörten-Hardenberg 277 Ga38
56283 Nörtershausen 297 Cd50
52388 Nörvenich 284 Bd45
29562 Növenthien 257 Ha26
66625 Nohfelden 307 Cb55
99428 Nohra 290 Hd43
99735 Nohra 278 Ha39
88149 Nonnenhorn 339 Fd72
66620 Nonnweiler 307 Cb55
38272 Nordassel 266 Gb33
25764 Norddeich 244 Ed16
25946 Norddorf 236 Ea12
26506 Norden 242 Cc21
86695 Nordendorf 331 Hb64
26954 Nordenham 254 Eb22
24392 Norderbrarup 237 Fd12
25779 Norderheistedt 237 Fa15
25704 Nordermeldorf 244 Ed16
26548 Norderney 242 Cc20
25868 Norderstapel 237 Fa14
228 . . Norderstedt 246 Ga20
25746 Norderwöhrden 244 Ed16
39343 Nordgermersleben 267 Hd33
24980 Nordhackstedt 237 Fa11
96365 Nordhalben 303 Ja48
25785 Nordhastedt 245 Fa16
99734 Nordhausen 278 Ha39
74226 Nordheim 319 Fa59
86690 Nordheim 321 Hb63
98631 Nordheim 301 Gc48
97334 Nordheim a. Main 311 Gb53
97647 Nordheim v.d Rhön 301 Gb48
27637 Nordholz 244 Eb19
485 . . Nordhorn 262 Cb31
59394 Nordkirchen 274 Da37
21765 Nordleda 244 Ec19
49835 Nordlohne 262 Cc30
77787 Nordrach 327 Dc65
31717 Nordsehl 265 Fa31
31171 Nordstemmen 265 Fd33
25845 Nordstrand 236 Ed13
48356 Nordwalde 274 Da34
55585 Norheim 308 Db53
57629 Norken 298 Db46
25884 Norstedt 237 Fa12
37154 Northeim 277 Ga37
26845 Nortmoor 253 Da24
24589 Nortorf 245 Fd16
25554 Nortorf 245 Fb18
49638 Nortrup 263 Dc29
01683 Nossen 293 Lb42
17111 Nossendorf 249 Kc17
17214 Nossentiner Hütte 249 Ka21
19258 Nostorf 256 Gd22
21640 Nottensdorf 255 Fc22
24392 Nottfeld 237 Fd12
48301 Nottuln 273 Cd35
73274 Notzingen 319 Fc63
06896 Nudersdorf 280 Kb35
14532 Nudow 270 La31
24809 Nübbel 237 Fc15
24881 Nübel 237 Fc13
24972 Nübelfeld 237 Fd11
97720 Nüdlingen 301 Gb50
51588 Nümbrecht 286 Da44
01612 Nünchritz 293 Lc40
904 . . Nürnberg 312 Hc56
72622 Nürtingen 319 Fb63
36167 Nüsttal 301 Ga46
24568 Nützen 246 Ga19
71154 Nufringen 318 Ed63
66687 Nunkirchen 307 Ca56
15806 Nunsdorf 270 Lb32
72362 Nusplingen 328 Ed68
83365 Nußdorf 333 Kd69
83131 Nußdorf a. Inn 343 Kb71
23896 Nusse 246 Gd20
69226 Nußloch 309 Ec57
18195 Nustrow 249 Ka17
39264 Nutha 279 Jc35
14947 Nuthe-Urstromtal 270 La33
25594 Nutteln 245 Fb17

O

61206 Ober Wöllstadt 299 Ec49
69518 Ober-Abtsteinach 309 Ec56
89275 Ober-Elchingen 330 Gb65
55234 Ober-Flörsheim 308 Dd54
09353 Ober-Lungwitz 292 Kc44
61239 Ober-Mörlen 299 Ec48
55270 Ober-Olm 308 Dd52
86871 Ober-Rammingen 331 Ha68
64372 Ober-Ramstadt 309 Ec53
82487 Oberammergau 341 Hd72
90522 Oberasbach 312 Hc57
82496 Oberau 341 Hd72
83080 Oberaudorf 343 Kb71
36280 Oberaula 288 Fc44
97514 Oberaurach 312 Ha52
32609 Oberbauerschaft 264 Eb32
84564 Oberbergkirchen 333 Kc66
72644 Oberboihingen 319 Fb63
01762 Obercarsdorf 293 Ld43
02708 Obercunnersdorf 295 Na42
91617 Oberdachstetten 311 Gd57
75038 Oberderdingen 318 Ec60
85445 Oberding 332 Jd66
89610 Oberdischingen 330 Ga66
85129 Oberdolling 322 Jb61
99986 Oberdorla 289 Gc42
97656 Oberelsbach 301 Gb48
56332 Oberfell 297 Cd49
31246 Oberg 266 Gb32
99759 Obergebra 277 Gd39
86669 Obergrasheim 321 Hd63
86573 Obergriesbach 331 Hc65
87634 Obergünzburg 340 Gd70
02692 Obergurig 294 Md41
82041 Oberhaching 332 Jb68
01744 Oberhäslich 293 Ld43
96173 Oberhaid 312 Hb52
07426 Oberhain 302 Hc46
77784 Oberharmersbach 327 Dc66
46... Oberhausen 273 Ca39
68794 Oberhausen 318 Ea58
82386 Oberhausen 341 Hd71
86697 Oberhausen 321 Hd63
06577 Oberheldrungen 290 Hd41
98559 Oberhof 302 Ha46
97258 Oberickelsheim 311 Gb55
71131 Oberjettingen 328 Ec64
14778 Oberjünne 269 Kb32
54533 Oberkail 296 Bd51
98634 Oberkatz 301 Gc46
77704 Oberkirch 327 Dc64
73447 Oberkochen 320 Gb62
95145 Oberkotzau 303 Jc49
96523 Oberland a. Rennsteig 302 Hd48
49779 Oberlangen 252 Cd27
97789 Oberleichtersbach 300 Fd49
01936 Oberlichtenau 294 Mb40
98617 Obermaßfeld-Grimmenthal
301 Gd47
99996 Obermehler 289 Gd41
32312 Obermehnen 264 Eb32
86836 Obermeitingen 331 Hb67
90587 Obermichelbach 312 Hb56
67823 Obermoschel 308 Db54
97342 Obernbreit 311 Gb55
63785 Obernburg a. Main 310 Fa53
21787 Oberndorf 245 Fa20
86698 Oberndorf a. Lech 321 Hb63
78727 Oberndorf a. Neckar 328 Eb66
84565 Oberneukirchen 333 Kc67
37434 Obernfeld 277 Gb38
72364 Obernheim 328 Ec67
66919 Obernheim-Kirchenarnbach
308 Da57
29386 Obernholz 266 Gd28
31683 Obernkirchen 265 Fa32
94130 Obernzell 325 Ma63
91619 Obernzenn 311 Gd56
02744 Oberoderwitz 295 Nb42
86869 Oberostendorf 331 Hb69
76889 Oberotterbach 317 Dc60
86507 Oberottmarshausen 331 Hb67
85667 Oberpframmern 332 Jd68
97241 Oberpleichfeld 311 Gb53
94562 Oberpöring 324 La62
75394 Oberreichenbach 318 Eb63
91097 Oberreichenbach 312 Hb55
88179 Oberreute 340 Ga73
79254 Oberried 327 Db69
87769 Oberrieden 330 Gd68
71739 Oberriexingen 318 Ed61
06528 Oberröblingen 278 Hd39
74420 Oberrot 319 Fd60
91483 Oberscheinfeld 311 Gd54
85764 Oberschleißheim 332 Jb66
94363 Oberschneiding 323 Kd62
09600 Oberschöna 293 Lb43
97516 Oberschwarzach 311 Gd53
82294 Oberschweinbach 331 Hd67
06528 Obersdorf 278 Hd38
15374 Obersdorf 271 Mb29
38173 Obersickte 266 Gd33
97791 Obersinn 300 Fc50
82395 Obersöchering 341 Hd71
74423 Obersontheim 320 Ga60
89613 Oberstadion 329 Fd67
98530 Oberstadt 301 Gd47
87534 Oberstaufen 340 Gb73
87561 Oberstdorf 340 Gc74
71720 Oberstenfeld 319 Fb60
97640 Oberstreu 301 Gc48
84101 Obersüßbach 322 Jd63
74182 Obersulm 319 Fb59
84419 Obertaufkirchen 333 Kb66
88094 Oberteuringen 339 Fc71
66649 Oberthal 307 Cb56
97723 Oberthulba 301 Ga50
93083 Obertraubling 323 Ka60
91286 Obertrubach 313 Ja54
63179 Obertshausen 299 Ec51
61440 Oberursel 299 Eb50
92526 Oberviechtach 314 Kb56
98634 Oberweid 301 Gb47
98744 Oberweissbach 302 Hc47
55430 Oberwesel 298 Da51
34399 Oberweser 276 Fc38
08396 Oberwiera 292 Kb44
09484 Oberwiesenthal, Kurort 305 La48
77709 Oberwolfach 327 Dd66
56651 Oberzissen 297 Cc48
06268 Obhausen 279 Jb39
83119 Obing 333 Kc68
67283 Obrigheim 308 Dd55
74847 Obrigheim 310 Fa57
97199 Ochsenfurt 311 Gb55
88416 Ochsenhausen 330 Ga68
56299 Ochtendung 297 Cd49
26489 Ochtersum 243 Da21
39167 Ochtmersleben 267 Hd33
48607 Ochtrup 262 Cc33
53545 Ockenfels 297 Cc47
26670 Ockenhausen 253 Db23
55437 Ockenheim 308 Dc52
25842 Ockholm 236 Ec12
25785 Odderade 245 Fa16
85235 Odelzhausen 331 Hd66
67748 Odenbach 308 Da54
51519 Odenthal 285 Cb43
16248 Oderberg 261 Ma26
15757 Oderin 270 Ld33
55571 Odernheim a. Glan 308 Da54
02791 Oderwitz 295 Nb42
21775 Odisheim 244 Ed20
18461 Oebelitz 240 Kb15
39646 Oebisfelde 267 Hb31
29582 Öchtringen 256 Gc25
31174 Oedelum 266 Gb33
09569 Oederan 293 Lb44
21734 Oederquart 245 Fa19
74229 Oedheim 319 Fb58
14913 Oehna 281 La35
78337 Öhningen 338 Ed72
74613 Öhringen 319 Fc59
75248 Ölbronn 318 Ec60
59302 Oelde 274 Dd36
25524 Oelixdorf 245 Fc18
04936 Oelsig 281 Lb37
08606 Oelsnitz 304 Ka48
09376 Oelsnitz 292 Kc45
98634 Oepfershausen 301 Gc46
89614 Öpfingen 330 Ga66
45739 Oer-Erkenschwick 273 Cc37
27432 Oerel 254 Ed22
23845 Oering 246 Gb19
97714 Oerlenbach 301 Gb50
33813 Oerlinghausen 275 Eb35
29386 Oerrel 266 Gd29
24407 Oersberg 237 Fd12
24568 Oersdorf 246 Ga19
25548 Oeschebüttel 245 Fd17
75223 Öschelbronn 318 Ec61
27432 Oese 254 Ed22
25761 Oesterdeichstrich 244 Ed16
25764 Oesterwurth 244 Ed16
65375 Oestrich-Winkel 308 Dc52
76684 Östringen 318 Ec58
76470 Ötigheim 317 Dd61
75443 Ötisheim 318 Ec61
22961 Oetjendorf 246 Gc20
18246 Oettelin 248 Jc18
07907 Oettersdorf 303 Jc46
86732 Oettingen i. Bayern 321 Ha61
29588 Oetzen 256 Gd26
29599 Oetzendorf 256 Gd25
56244 Ötzingen 298 Db47
25938 Oevenum 236 Eb11
24988 Oeversee 237 Fb11
74254 Offenau 319 Fa58
76877 Offenbach a.d. Queich 317 Dd59
630 . . Offenbach a. Main 299 Ec51
67749 Offenbach-Hundheim 307 Cd55
94560 Offenberg 324 La61
25767 Offenbüttel 245 Fb16
7765 . Offenburg 327 Db65
91238 Offenhausen 313 Ja56
89362 Offingen 330 Gd65
67591 Offstein 308 Dd55
72131 Ofterdingen 328 Ed65
87527 Ofterschwang 340 Gc73
68723 Oftersheim 309 Eb57
03205 Ogrosen 282 Mb36
21220 Ohlendorf 256 Ga23
77797 Ohlsbach 327 Dc65
82441 Ohlstadt 341 Hd72
73275 Ohmden 319 Fc63
72770 Ohmenhausen 329 Fa65
48465 Ohne 262 Cd32
01896 Ohorn 294 Mb41
99885 Ohrdruf 290 Ha44
27446 Ohrel 255 Fb23
91620 Ohrenbach 311 Gc56
21698 Ohrensen 255 Fb22
24395 Ohrfeld 237 Fd11
39393 Ohrsleben 278 Hb34
49626 Ohrte 263 Db29
38312 Ohrum 266 Gd33
09526 Olbernhau 293 Lc45
02785 Olbersdorf 295 Nb43
82140 Olching 332 Ja67
29313 Oldau 266 Ga29
25560 Oldenborstel 245 Fc17
25557 Oldenbüttel 245 Fb16
23758 Oldenburg i. Holstein 239 Ha15
261 . . Oldenburg (Oldb.) 254 Ea25
21385 Oldendorf 256 Gb25
21726 Oldendorf 245 Fa21
25588 Oldendorf 245 Fb18
29320 Oldendorf 266 Gb28
24793 Oldenhütten 245 Fd16
25870 Oldenswort 236 Ed14
25873 Oldersbek 237 Fa14
25860 Olderup 237 Fa13
06578 Oldisleben 290 Hc40
25938 Oldsum 236 Eb11
59399 Olfen 273 Cd37
21271 Ollsen 256 Ga24
57462 Olpe 286 Db43
59939 Olsberg 287 Eb40
67737 Olsbrücken 308 Da56
88145 Opfenbach 340 Ga72
02736 Oppach 294 Md41
03238 Oppelhain 281 Lc38
77728 Oppenau 327 Dd65
32351 Oppendorf 264 Eb31
55276 Oppenheim 309 Ea53
32351 Oppenwehe 264 Eb31
71570 Oppenweiler 319 Fc60
06188 Oppin 279 Jd38
01619 Oppitzsch 281 Lb39
07381 Oppurg 291 Jb45
06785 Oranienbaum 280 Ka36
16515 Oranienburg 260 La27
54298 Orenhofen 306 Bd52
07768 Orlamünde 291 Ja45
91737 Ornbau 321 Ha59
78359 Orsingen 338 Ed70
63683 Ortenberg 299 Ed49
77799 Ortenberg 327 Dc65
94496 Ortenburg 334 Lc64
01990 Ortrand 281 Ld39
54518 Osann 307 Ca52
54317 Osburg 306 Bd54
04758 Oschatz 293 La40
39387 Oschersleben 278 Hc34
14979 Osdorf 270 Lb31
24251 Osdorf 238 Ga14
38557 Osloß 267 Ha30
490 . . . Osnabrück 263 Dc32
15898 Ossendorf 271 Md33
07343 Oßla 303 Ja47
01920 Oßling 282 Mc39
99510 Oßmannstedt 291 Ja43
48346 Ostbevern 274 Db34
26529 Osteel 242 Cd21
75395 Ostelsheim 318 Ec63
21756 Osten 245 Fa20
24790 Ostenfeld 237 Fd15
25872 Ostenfeld 237 Fa13
49757 Ostenwalde 253 Da27
25885 Oster-Ohrstedt 237 Fa13
26427 Osteraccum 243 Db20
21762 Osterbruch 244 Ed19
39606 Osterburg 258 Jb27
74706 Osterburken 310 Fb57
24367 Osterby 237 Fd13
24994 Osterby 237 Fa11
49179 Ostercappeln 263 Dd32
27404 Ostereistedt 255 Fa23
25980 Osterende 236 Ea10
06721 Osterfeld 291 Jc42
26345 Osterforde 253 Dc23
06295 Osterhausen 279 Ja39
94486 Osterhofen 324 Lb62
27711 Osterholz-Scharmbeck 254 Ec24
25364 Osterhorn 245 Fd19
27616 Osterndorf 254 Ec22
06386 Osternienburg 279 Jc36
04916 Osteroda 281 Lb37
38835 Osterode 278 Ha34
37520 Osterode a. Harz 277 Gc37
25767 Osterrade 245 Fb16
24783 Osterrönfeld 237 Fc15
56340 Osterspai 298 Da50
25590 Osterstedt 245 Fc16
27412 Ostertimke 255 Fa24
49828 Osterwald 262 Cb30
21776 Osterwanna 244 Ec20
39171 Osterweddingen 279 Ja34
38835 Osterwieck 278 Ha35
29413 Osterwohle 257 Hb27
73760 Ostfildern 319 Fb63
97645 Ostheim v.d Rhön 301 Gc48
67574 Osthofen 309 Ea54
39343 Ostingersleben 267 Hc33
49774 Ostlähden 263 Da28
88356 Ostrach 329 Fb69
04749 Ostrau 293 La41
06193 Ostrau 279 Jc38
26842 Ostrhauderfehn 253 Da25
02899 Ostritz 295 Nc42
25746 Ostrohe 245 Fa16
22113 Oststeinbek 246 Gb21
73113 Ottenbach 319 Fd63
25591 Ottenbüttel 245 Fc18
09648 Ottendorf 293 La43
24107 Ottendorf 238 Ga14
01458 Ottendorf-Okrilla 294 Ma41
97453 Ottenhausen 301 Gc51
77883 Ottenhöfen i. Schwarzwald 327
Dd64
85570 Ottenhofen 332 Jd67
91242 Ottensoos 313 Ja56
31868 Ottenstein 276 Fb35
21259 Otter 255 Fd24
67731 Otterbach 308 Da56
67697 Otterberg 308 Db56
83624 Otterfing 332 Jc69
21762 Otterndorf 244 Ed19
28870 Ottersberg 255 Fa25
76879 Ottersheim 317 Dd59
94155 Otterskirchen 324 Lc63
67166 Otterstadt 309 Ea57
77833 Ottersweier 317 Dc63
04668 Otterwisch 292 Kc41
87724 Ottobeuren 330 Gc69
85521 Ottobrunn 332 Jc68
34633 Ottrau 288 Fb45
66564 Ottweiler 307 Cb57
64853 Otzberg 309 Ed53
94563 Otzing 324 La62
26939 Ovelgönne 254 Ea23
29313 Ovelgönne 266 Ga29
39365 Ovelgünne 267 Hd33
51491 Overath 285 Cc44
27612 Overwarfe 254 Eb22
73277 Owen 329 Fc64
88696 Owingen 339 Fa70
24811 Owschlag 237 Fc14
87466 Oy-Mittelberg 340 Gd72
02797 Oybin 295 Nb43
28876 Oyten 254 Ed25

P

14641 Paaren i. Glien 269 Kd28
19372 Paarsch 258 Jb22
38836 Pabstorf 278 Hb34
39624 Packebusch 268 Ja28
24634 Padenstedt 246 Ga17
33 . . . Paderborn 275 Ec37
27632 Padingbüttel 244 Eb20
82396 Pähl 331 Hd69
38536 Päse 266 Gc30
19230 Pätow-Steegen 257 Hc22
15741 Pätz 270 Lc32
14778 Päwesin 269 Kc30
25794 Pahlen 237 Fb15
03249 Pahlsdorf 281 Ld36
93351 Painten 322 Jc60
83349 Palling 333 Kd68
54439 Palzem 306 Bb55
85406 Palzing 332 Jc65
17166 Pampow 249 Kb19
17322 Pampow 251 Mb20
19075 Pampow 247 Hd21
04451 Panitzsch 292 Kb40
24321 Panker 238 Gd14
01920 Panschwitz-Kuckau 294 Mc40
06543 Pansfelde 278 Hd37
18442 Pantelitz 240 Kc14
23896 Panten 246 Gd20
18320 Pantlitz 240 Ka15
16909 Papenbruch 259 Ka24
26871 Papenburg 252 Cd25
17309 Papendorf 250 Ld21
18059 Papendorf 248 Jc17
18510 Papenhagen 249 Kc16
23936 Papenhusen 247 Hb18
15837 Paplitz 270 Lc33
39307 Paplitz 268 Jd32
91788 Pappenheim 321 Hc61
39291 Parchau 268 Jc31
39307 Parchen 268 Jd31
19370 Parchim 258 Jb22
18528 Parchtitz 241 La13
14715 Parey 268 Jd28
39317 Parey 268 Jc31
23948 Parin 247 Hc18
18246 Parkow 248 Jb18
92711 Parkstein 313 Jd54
94365 Parkstetten 323 Kc61
16247 Parlow-Glambeck 260 Ld25
38470 Parsau 267 Hb30
92331 Parsberg 322 Jc59
16248 Parstein 261 Ma26
55288 Partenheim 308 Dc53
97846 Partenstein 300 Fc51
04668 Parthenstein 292 Kc40
19243 Parum 247 Hc21
17349 Pasenow 250 Lb21
17309 Pasewalk 250 Ld21
07381 Paska 303 Jb46
24253 Passade 238 Gb14
9403 . Passau 324 Ld63
23992 Passee 248 Ja17
16306 Passow 261 Ma24
19386 Passow 248 Jc21
85669 Pastetten 332 Jd67
19406 Pastin 248 Jb20
94265 Patersdorf 324 La60
30982 Pattensen 265 Fd32
18528 Patzig 241 La13
14641 Paulinenaue 269 Kc28
85307 Paunzhausen 332 Jb65
07952 Pausa i. Vogtland 303 Jd46
14641 Pausin 269 Kd28
95701 Pechbrunn 314 Ka52
14913 Pechüle 269 Kd33
39649 Peckfitz 267 Hc30
17449 Peenemünde 241 Lc15
17111 Peeselin 249 Kd18
04523 Pegau 292 Ka41
37619 Pegestorf 276 Fc35
91257 Pegnitz 313 Jb54
01945 Peickwitz 282 Mb38
3122 . Peine 266 Gb32
06188 Peißen 279 Jd38
06408 Peißen 279 Jb36
25551 Peissen 245 Fc17
82380 Peißenberg 341 Hd70
86971 Peiting 341 Hc70
03185 Peitz 282 Mc35
54570 Pelm 296 Bd49
17392 Pelsin 250 Lc18
09322 Penig 292 Kc43
17213 Penkow 259 Ka22
17328 Penkun 261 Mb22
98708 Pennewitz 302 Hc46
31621 Pennigsehl 264 Ed29
17111 Pensin 249 Kd17
93080 Pentling 323 Ka60
82377 Penzberg 342 Ja71
18249 Penzin 248 Jb18
86929 Penzing 331 Hc68
17217 Penzlin 249 Kd21
18233 Pepelow 248 Ja17
84567 Perach 334 La66
94368 Perkam 323 Kc61
66706 Perl 306 Bb56
19348 Perleberg 258 Jb25
94157 Perlesreut 324 Ld61
19209 Perlin 247 Hc21

71277 Perouse 318 Ed62
14641 Perwenitz 269 Kd28
39398 Peseckendorf 278 Hd34
14641 Pessin 269 Kb29
01705 Pesterwitz 293 Ld42
03249 Peterhof 281 Ld36
91580 Petersaurach 312 Ha57
06193 Petersberg 279 Jc38
07616 Petersberg 291 Jc43
36100 Petersberg 300 Fd47
15236 Petersdorf 271 Mc30
15518 Petersdorf 271 Ma31
17348 Petersdorf 250 Lb21
86574 Petersdorf 331 Hc64
99735 Petersdorf 278 Ha38
26345 Petersgroden 253 Dd22
15370 Petershagen 270 Ld29
16306 Petershagen 261 Mb23
32469 Petershagen 264 Ed31
85238 Petershausen 332 Jb65
06809 Petersroda 280 Ka38
14913 Petkus 281 Lb34
93186 Pettendorf 322 Jd59
83367 Petting 334 La69
96175 Pettstadt 312 Hb53
17268 Petznick 260 Lc24
07389 Peuschen 303 Jb46
55546 Pfaffen-Schwabenheim 308 Dc53
84066 Pfaffenberg 323 Kb62
15848 Pfaffendorf 271 Mb31
87772 Pfaffenhausen 330 Gd68
74397 Pfaffenhofen 318 Ed60
85235 Pfaffenhofen a.d. Gl. 331 Hd66
85276 Pfaffenhofen a.d. Ilm 332 Jb64
89284 Pfaffenhofen a.d. Roth 330 Gb66
79292 Pfaffenweiler 327 Da69
83539 Pfaffing 333 Ka68
09526 Pfaffroda 293 Lc45
73553 Pfahlbronn 319 Fd62
93101 Pfakofen 323 Ka61
72285 Pfalzgrafenweiler 328 Eb64
84347 Pfarrkirchen 334 Lb65
96176 Pfarrweisach 302 Ha50
93102 Pfatter 323 Kb60
74629 Pfedelbach 319 Fc59
66871 Pfeffelbach 307 Cc56
84076 Pfeffenhausen 322 Jd63
27801 Pfennigstedterfeld 254 Ea27
76327 Pfinztal 318 Eb60
63762 Pflaumheim 309 Ed52
04889 Pflückuff 280 Kd38
85104 Pförring 322 Jc62
91738 Pfofeld 321 Hb59
87666 Pforzen 331 Ha69
751 .. Pforzheim 318 Ec61
92536 Pfreimd 314 Ka56
72074 Pfrondorf 329 Fa64
72539 Pfronstetten 329 Fb66
87459 Pfronten 341 Ha72
88630 Pfullendorf 329 Fb69
72793 Pfullingen 329 Fa65
64319 Pfungstadt 309 Eb53
15859 Philadelphia 271 Ma32
76661 Philippsburg 318 Ea58
14532 Philippsthal 270 La31
36269 Philippsthal 289 Ga44
14542 Phöben 269 Kc30
19230 Picher 257 Hd23
83451 Piding 344 Lb70
93188 Pielenhofen 322 Jd59
98739 Piesau 302 Hd47
15848 Pieskow 271 Mb33
54498 Piesport 307 Ca52
06388 Piethen 279 Jc37
83413 Pietling 334 La68
39291 Pietzpuhl 268 Jb32
15236 Pillgram 271 Mc31
92367 Pilsach 313 Ja57
94431 Pilsting 323 Kd62
19069 Pingelshagen 247 Hc20
25421 Pinneberg 245 Fd20
03172 Pinnow 282 Md34
16278 Pinnow 261 Ma25
17091 Pinnow 249 Kd20
19065 Pinnow 247 Hd21
19065 Pinnow 248 Ja21
91361 Pinzberg 312 Hc54
92712 Pirk 314 Ka54
6695 . Pirmasens 317 Da58
01796 Pirna 294 Mb43
19348 Pirow 258 Jb24
06343 Piskaborn 278 Hd38
15926 Pitschen-Pickel 281 Lc35
83132 Pittenhart 333 Kc69
18276 Plaaz 248 Jd18
16845 Plänitz-Leddin 259 Ka27
56637 Plaidt 297 Cd48
82152 Planegg 332 Ja68
95515 Plankenfels 312 Hd52
68723 Plankstadt 309 Eb57
48480 Plantlünne 262 Cd31
19086 Plate 247 Hd21
15306 Platkow 271 Mc29
15848 Plattkow 271 Ma33
94447 Plattling 324 La62
19395 Plau a. See 258 Jd22
99338 Plaue 290 Hb45
0852 . Plauen 303 Jd47
19395 Plauerhagen 248 Jd21
04349 Plaußig 280 Kb39
91287 Plech 313 Ja54
74385 Pleidelsheim 319 Fa61
91785 Pleinfeld 321 Hc59
84568 Pleiskirchen 333 Kd66
09246 Pleißa 292 Kd44
18334 Plennin 240 Ka15
04928 Plessa 281 Ld38
58840 Plettenberg 286 Db41
92714 Pleystein 314 Kb54
85652 Pliening 332 Jc67
72124 Pliezhausen 329 Fa64
76437 Plittersdorf 317 Dd61
73207 Plochingen 319 Fb63
06774 Plodda 280 Kb37
24306 Plön 246 Gc16
95703 Plößberg 314 Kb53
06193 Plötz 279 Jc37
17129 Plötz 250 La18
14542 Plötzin 269 Kc31
06425 Plötzkau 279 Jb36
39245 Plötzky 279 Jb34
17321 Plöwen 251 Mb21
06922 Plossig 280 Kd37
07907 Plothen 303 Jc46
01594 Plotitz 293 Lb40
73655 Plüderhausen 319 Fc62
23936 Plüschow 247 Hc19
30900 Plumhof 265 Fd29
54316 Pluwig 306 Bd54
09496 Pobershau 305 Lb46
06429 Pobzig 279 Jc36
09509 Pockau 293 Lb45
94060 Pocking 334 Ld65
04448 Podelwitz 280 Ka39
15326 Podelzig 271 Md29
82343 Pöcking 332 Ja69
08543 Pöhl 304 Ka47
08352 Pöhla 304 Kd47
23619 Pöhls 246 Gc18
18059 Pölchow 248 Jc17
18299 Pölitz 249 Ka18
23847 Pölitz 246 Gc19
07937 Pöllwitz 303 Jd46
06528 Pölsfeld 278 Hd38
07554 Pölzig 292 Ka43
39249 Pömmelte 279 Jb34
23569 Pöppendorf 247 Ha18
07907 Pörmitz 303 Jc46
85309 Pörnbach 322 Ja63
25560 Pöschendorf 245 Fc17
07381 Pößneck 291 Jb45
23942 Pötenitz 247 Ha18
86554 Pöttmes 331 Hc64
23911 Pogeez 247 Ha19
17168 Poggelow 249 Ka18
18516 Poggendorf 249 Kd16
23896 Poggensee 246 Gd20
31867 Pohle 265 Fb32
35415 Pohlheim 299 Ec47
15890 Pohlitz 271 Md32
24211 Pohnsdorf 238 Gb15
85586 Poing 332 Jd67
19205 Pokrent 247 Hc20
29571 Polau 257 Ha26
56751 Polch 297 Cc49
39264 Polenzko 280 Ka34
06408 Poley 279 Jb36
04703 Polkenberg 292 Kd41
37647 Polle 276 Fb35
06295 Polleben 279 Ja38
85131 Pollenfeld 321 Hd61
31718 Pollhagen 265 Fa31
82398 Polling 341 Hd70
84570 Polling 333 Kd67
39615 Pollitz 258 Ja26
91805 Polsingen 321 Ha61
16278 Polßen 261 Ma24
19303 Polz 257 Hd25
04916 Polzen 281 Lb36
17309 Polzow 251 Ma21
91224 Pommelsbrunn 313 Ja56
24395 Pommerby 238 Ga11
96178 Pommersfelden 312 Hb54
04639 Ponitz 292 Kb44
03238 Ponnsdorf 281 Ld37
26939 Popkenhöge 254 Ea23
18184 Poppendorf 248 Jd16
36163 Poppenhausen 301 Ga47
97490 Poppenhausen 301 Gb51
97711 Poppenlauer 301 Gc50
92284 Poppenricht 313 Jc56
17268 Poratz 260 Ld25
16949 Porep 258 Jc23
01814 Porschdorf 294 Mc43
32457 Porta Westfalica 264 Ed33
18574 Poseritz 241 La14
01728 Possendorf 293 Ld43
84103 Postau 323 Kb63
92353 Postbauer-Heng 313 Ja57
24211 Postfeld 246 Gb16
17391 Postlow 250 Lb18
84389 Postmünster 334 La65
144 .. Potsdam 269 Kd30
91278 Pottenstein 313 Ja53
07366 Pottiga 303 Jb48
56459 Pottum 298 Dc47
39638 Potzehne 267 Hd31
17291 Potzlow 260 Ld23
06774 Pouch 280 Ka37
91099 Poxdorf 312 Hc54
25581 Poyenberg 245 Fc17
57589 Pracht 286 Da45
94267 Prackenbach 324 La59
17094 Pragsdorf 250 La21
24253 Prasdorf 238 Gb14
17168 Prebberede 249 Ka18
95473 Prebitz 313 Jb53
16928 Preddöhl 258 Jd24
18445 Preetz 240 Kc14
24211 Preetz 238 Gb15
03185 Preilack 282 Mc34
86984 Prem 341 Hb71
14727 Premnitz 269 Ka30
06926 Premsendorf 281 La36
19357 Premslin 258 Jb25
16348 Prenden 260 Lc27
15936 Prensdorf 281 Lc35
17291 Prenzlau 260 Ld22
18375 Prerow 240 Ka13
03159 Preschen 283 Na36
92690 Pressath 313 Jd53
95355 Presseck 303 Jb49
04849 Pressel 280 Kc38
96332 Pressig 302 Hd49
04924 Prestewitz 281 Lc38
15910 Pretschen 271 Ma33
06922 Prettin 280 Kd37
91362 Pretzfeld 312 Hd54
39245 Pretzien 279 Jb34
29416 Pretzier 257 Hc27
06909 Pretzsch 280 Kc36
01774 Pretzschendorf 293 Lc43
32361 Preußisch Oldendorf 264 Eb32
06408 Preußlitz 279 Jb37
29491 Prezelle 257 Hd26
17209 Priborn 259 Kb23
97357 Prichsenstadt 311 Gc53
83209 Prien a. Chiemsee 343 Kc70
17255 Priepert 259 Kd24
15752 Prieros 270 Ld32
23942 Prieschendorf 247 Hb18
96170 Priesendorf 312 Ha52
06909 Priesitz 280 Kd37
03253 Prießen 281 Lc37
01561 Priestewitz 293 Lc40
66620 Primstal 307 Ca56
27243 Prinzhöfte 254 Eb26
14641 Priort 269 Kd30
17091 Pripsleben 249 Kd19
18196 Prisannewitz 248 Jd17
25497 Prisdorf 245 Fd20
19300 Prislich 258 Ja23
86931 Prittriching 331 Hc67
14798 Pritzerbe 269 Ka30
19230 Pritzier 257 Hb23
16928 Pritzwalk 258 Jd24
24253 Probsteierhagen 238 Gb14
07330 Probstzella 303 Ja47
39264 Prödel 279 Jc34
04932 Prösen 281 Lc39
19357 Pröttlin 258 Ja24
15345 Prötzel 271 Ma28
06725 Profen 292 Ka42
18445 Prohn 240 Kc14
01471 Promnitztal 293 Ld41
54597 Pronsfeld 296 Bb50
23820 Pronstorf 246 Gc18
03130 Proschim 282 Mc37
06369 Prosigk 279 Jd37
97279 Prosselsheim 311 Gb53
04936 Proßmarke 281 Lc36
16833 Protzen 259 Kc27
18356 Pruchten 240 Kb14
54595 Prüm 296 Bc50
17089 Prützen 249 Kd19
14797 Prützke 269 Kb31
18276 Prüzen 248 Jc19
83134 Prutting 333 Kb69
82178 Puchheim 332 Ja67
17217 Puchow 249 Kd21
17429 Pudagla 251 Ma17
15528 Pudel 271 Ma31
56305 Puderbach 298 Da46
92715 Püchersreuth 314 Ka53
29416 Püggen 267 Hb28
86932 Pürgen 331 Hc68
49477 Püsselbüren 263 Da32
18442 Pütte 240 Kc14
66346 Püttlingen 316 Ca58
50259 Pulheim 285 Ca43
82049 Pullach 332 Jb68
95704 Pullenreuth 313 Jd52
17440 Pulow 250 Lc17
25560 Puls 245 Fc17
01896 Pulsnitz 294 Mb41
39264 Pulspforde 279 Jd34
06928 Purzien 281 La36
90617 Puschendorf 312 Hb56
02699 Puschwitz 294 Mc40
18581 Putbus 241 La14
21376 Putensen 256 Gb24
18556 Putgarten 241 La11
16949 Putlitz 258 Jc23
29485 Puttball 257 Hc26
17392 Putzar 250 Lc19
85640 Putzbrunn 332 Jc68
90602 Pyrbaum 321 Hd58

Q

49610 Quakenbrück 263 Dc29
18249 Qualitz 248 Jb19
23758 Quals 239 Hb15
15320 Quappendorf 271 Mb28
24107 Quarnbek 238 Ga15
25563 Quarnstedt 245 Fd18
21271 Quarrendorf 256 Ga24
07389 Quaschwitz 303 Jb46
06484 Quedlinburg 278 Hc36
66851 Queidersbach 308 Da57
98631 Queienfeld 301 Gd48
06188 Queis 279 Jd39
06386 Quellendorf 279 Jd36
48465 Quendorf 262 Cc32
06333 Quenstedt 279 Ja37
38368 Querenhorst 267 Hb32
06268 Querfurt 291 Ja40
24972 Quern 237 Fd11
49448 Quernheim 264 Ea31
39579 Querstedt 268 Ja29
06536 Questenberg 278 Hc39
06780 Quetzdölsdorf 279 Jd38
25451 Quickborn 246 Ga20
25712 Quickborn 245 Fa17
66287 Quierschied 307 Cb57
17390 Quilow 250 Lb18
17111 Quitzerow 249 Kd17
19336 Quitzöbel 258 Jc27

R

25335 Raa-Besenbek 245 Fc20
24376 Rabel 238 Ga11
14823 Raben 280 Kb34
19065 Raben Steinfeld 247 Hd21
01734 Rabenau 293 Ld43
35466 Rabenau 299 Ed46
24395 Rabenholz 237 Fd11
24407 Rabenkirchen-Faulück 237 Fd12
06901 Rackith 280 Kc36
04519 Rackwitz 280 Ka39
21449 Radbruch 256 Gb23
31604 Raddestorf 264 Ed31
03226 Raddusch 282 Mb35
06917 Rade 280 Kd36
24594 Rade 245 Fd16
24790 Rade 237 Fd15
25579 Rade 245 Fd17
01454 Radeberg 294 Ma41
01445 Radebeul 293 Ld41
01471 Radeburg 293 Ld40
04509 Radefeld 280 Ka39
06369 Radegast 279 Jd37
18239 Radegast 248 Jb17
16307 Radekow 261 Mb22
21401 Radenbeck 256 Gd24
42477 Radevormwald 285 Cd41
14778 Radewege 269 Kb30
02627 Radibor 294 Md40
06773 Radis 280 Kb36
06463 Radisleben 278 Hd37
78315 Radolfzell a. Bodensee 338 Ed71
19374 Raduhn 258 Ja22
38375 Räbke 267 Hb33
01920 Räckelwitz 294 Mc40
14797 Rädel 269 Kc32
14823 Rädigke 280 Kb34
16818 Rägelin 259 Kb25
46348 Raesfeld 273 Ca36
29590 Rätzlingen 256 Gd26
39359 Rätzlingen 267 Hc31
06862 Ragösen 280 Ka34
14806 Ragösen 269 Kb32
03222 Ragow 282 Ma35
15749 Ragow 270 Lc31
15848 Ragow 271 Mc32
06779 Raguhn 280 Ka37
19243 Raguth 247 Hb21
32369 Rahden 264 Eb31
04916 Rahnisdorf 281 La37
06895 Rahnsdorf 280 Kc34
86641 Rain 321 Hb63
94369 Rain 323 Kc61
73492 Rainau 320 Gb61
24223 Raisdorf 238 Gb15
82399 Raisting 331 Hd69
91790 Raitenbuch 321 Hd60
18233 Rakow 248 Ja17
18516 Rakow 249 Kd16
01920 Ralbitz-Rosenthal 294 Mc40
54310 Ralingen 306 Bc53
18528 Ralswiek 241 La13
76857 Ramberg 317 Dc58
18573 Rambin 241 Kd14
19336 Rambow 258 Jc25
83561 Ramerberg 333 Ka68
25715 Ramhusen 245 Fa18
17321 Ramin 251 Mb21
66887 Rammelsbach 307 Cd56
01877 Rammenau 294 Mb41
89192 Rammingen 330 Gb64
19067 Rampe 247 Hd20
83486 Ramsau b. Berchtesg. 344 Lb72
67305 Ramsen 308 Dc56
06794 Ramsin 280 Ka37
25876 Ramstedt 237 Fa14
66877 Ramstein 307 Cd56
97729 Ramsthal 301 Gb50
97236 Randersacker 311 Ga54
72414 Rangendingen 328 Ed66
15834 Rangsdorf 270 Lb31
39221 Ranies 279 Jb34
07389 Ranis 303 Ja46
17406 Rankwitz 250 Ld17
97517 Rannungen 301 Gb50
56235 Ransbach-Baumbach 298 Db48
63691 Ranstadt 299 Ed49
25873 Rantrum 237 Fa14
25980 Rantum (Sylt) 236 Ea10
24329 Rantzau 238 Gc15
24576 Rantzau 245 Fd19
15848 Ranzig 271 Mb33
17495 Ranzin 250 Lb17
03229 Ranzow 282 Mb36
18528 Rappin 241 La12
08352 Raschau 304 Kd47
36169 Rasdorf 289 Ga45
06184 Raßnitz 279 Jd39
76437 Rastatt 317 Dd61
26901 Rastdorf 253 Db27
26180 Rastede 253 Dd24
99636 Rastenberg 291 Ja41
24211 Rastorf 238 Gb15
19077 Rastow 257 Hd22
23626 Ratekau 246 Gd18
17398 Rathebur 250 Lc19
04657 Rathendorf 292 Kc43
14712 Rathenow 269 Ka29
24306 Rathjensdorf 246 Gc16
25709 Rathjensdorf 244 Ed17
01814 Rathmannsdorf 294 Mc43
39439 Rathmannsdorf 279 Ja36
15328 Rathstock 271 Md29
408 .. Ratingen 285 Ca40
96179 Rattelsdorf 302 Hb51
94371 Rattenberg 323 Kd59
84431 Rattenkirchen 333 Kb66
17349 Rattey 250 Lc20
94372 Rattiszell 323 Kd60
23909 Ratzeburg 247 Ha20
56316 Raubach 298 Da47
83064 Raubling 343 Ka70
15518 Rauen 271 Ma31
69231 Rauenberg 318 Ec58
96181 Rauhenebrach 311 Gd53
65479 Raunheim 309 Ea52
35282 Rauschenberg 287 Ed44
07356 Rauschengesees 303 Ja47
22929 Rausdorf 246 Gc21
31177 Rautenberg 266 Ga33
18334 Ravenhorst 240 Kb15
18233 Ravensberg 248 Ja17
8821 . Ravensburg 339 Fd71
74747 Ravenstein 310 Fc57
29488 Rebenstorf 257 Hc26
73098 Rechberghausen 319 Fd63
09623 Rechenberg-Bienenmühle 293 Ld45
94262 Rechertsried 324 La59
17248 Rechlin 259 Kb23
76889 Rechtenbach 317 Dc60
97848 Rechtenbach 310 Fc52
83562 Rechtmehring 333 Ka67
26529 Rechtsupweg 242 Cd21
14778 Reckahn 269 Kb31
49509 Recke 263 Db31
96182 Reckendorf 302 Hb51
16928 Reckenthin 258 Jc25
19357 Reckenzin 258 Ja24
456 .. Recklinghausen 273 Cc38
18276 Recknitz 248 Jd18
38855 Reddeber 278 Ha36
18209 Reddelich 248 Jb16
03229 Reddern 282 Mb36
18334 Redderstorf 249 Kb16
19230 Redefin 257 Hc23
39319 Redekin 268 Jc30
18239 Rederank 248 Jb17
91126 Rednitzhembach 321 Hc58
96257 Redwitz a.d Rodach 302 Hd50
46459 Rees 272 Bc36
14547 Reesdorf 269 Kd32
24241 Reesdorf 246 Ga16
39291 Reesdorf 268 Jd32
39291 Reesen 268 Jc32
27367 Reeßum 255 Fa25
14827 Reetz 269 Ka33
19348 Reetz 258 Jb24
14827 Reetzerhütten 269 Ka33
94209 Regen 324 Lb60
930 .. Regensburg 323 Ka60
93128 Regenstauf 323 Ka59
21649 Regesbostel 255 Fc23
04565 Regis-Breitingen 292 Kb42
95194 Regnitzlosau 303 Jd49
15806 Rehagen 270 Lb32
95111 Rehau 303 Jd49
17349 Rehberg 250 Lb21
31547 Rehburg-Loccum 265 Fa30
49453 Rehden 264 Eb29
25593 Reher 245 Fc17
04895 Rehfeld 281 La37
16866 Rehfeld-Berlitt 259 Ka26
15345 Rehfelde 271 Ma29
23619 Rehhorst 246 Gc18
86508 Rehling 331 Hc65
21385 Rehlingen 256 Gb25
66780 Rehlingen 306 Bd57
25776 Rehm-Flehde-Bargen 236 Ed15
06729 Rehmsdorf 292 Ka42
19217 Rehna 247 Hb19
06786 Rehsen 280 Kb36
06667 Reichardtswerben 291 Jc41
74934 Reichartshausen 309 Ed57
61203 Reichelsheim 299 Ec49
64385 Reichelsheim 309 Ec54
78479 Reichenau 339 Fa71
02894 Reichenbach 295 Nb41
08468 Reichenbach 304 Ka46
09603 Reichenbach 293 Lb43
64686 Reichenbach 309 Ec54
93189 Reichenbach 323 Kb58
96358 Reichenbach 303 Ja48
73262 Reichenbach a.d Fils 319 Fc63
01936 Reichenbach-Reichenau 294 Mb40
66879 Reichenbach-Steegen 307 Cd56
01468 Reichenberg 293 Ld41
15377 Reichenberg 271 Mb28
97234 Reichenberg 311 Ga54
04932 Reichenhain 281 Lc38
15345 Reichenow-Möglin 271 Ma28
91244 Reichenschwand 313 Ja56
15526 Reichenwalde 271 Ma31
83677 Reichersbeuern 342 Jc71
15868 Reicherskreuz 271 Md33
85293 Reichertshausen 332 Jb65
84437 Reichertsheim 333 Kb67
85084 Reichertshofen 322 Ja63
86934 Reichling 331 Hc69
98739 Reichmannsdorf 302 Hd47
06926 Reicho 281 La36
51580 Reichshof 286 Da43
02943 Reichwalde 283 Na39
15938 Reichwalde 281 Ld34
56861 Reil 297 Cb51
68799 Reilingen 318 Eb58
18276 Reimershagen 248 Jd20
86756 Reimlingen 320 Gd62
21465 Reinbek 256 Gb22
17091 Reinberg 249 Kd20
18519 Reinberg 241 Kd15
23858 Reinfeld 246 Gc19
34359 Reinhardshagen 276 Fc39
01814 Reinhardtsdorf-Schöna 294 Mc43
01768 Reinhardtsgrimma 294 Ma43
64354 Reinheim 309 Ec53
37308 Reinholterode 277 Gb39
09629 Reinsberg 293 Lc42
25764 Reinsbüttel 244 Ed16
06556 Reinsdorf 290 Hd40
08141 Reinsdorf 292 Kc45
54421 Reinsfeld 307 Ca54
18239 Reinshagen 248 Jb17
06463 Reinstedt 278 Hd36
21400 Reinstorf 256 Gd24
94419 Reisbach 323 Kd63
84571 Reischach 333 Kd66
35447 Reiskirchen 299 Ec47
83242 Reit im Winkl 343 Kc71
15328 Reitwein 271 Md29
07338 Reitzengeschwenda 303 Ja46
48734 Reken 273 Cb36
25462 Rellingen 245 Fd20
53424 Remagen 297 Cc47
75196 Remchingen 318 Eb61
07407 Remda-Teichel 290 Hd45
39164 Remkersleben 278 Hd34
17168 Remlin 249 Kb18
38319 Remlingen 267 Ha33
97280 Remlingen 310 Fd53
24594 Remmels 245 Fc16
17139 Remplin 249 Kb19
07368 Remptendorf 303 Jb47
428 .. Remscheid 285 Cc41
08373 Remse 292 Kc44
71686 Remseck a. Neckar 319 Fb61
73630 Remshalden 319 Fc62
77871 Renchen 327 Dc64
24768 Rendsburg 237 Fc15
24619 Rendswühren 246 Gb17
56579 Rengsdorf 297 Cd47
49762 Renkenberge 252 Cd27
38368 Rennau 267 Hb32
06794 Renneritz 280 Ka38
56477 Rennerod 298 Dc46
86643 Rennertshofen 321 Hc62
71272 Renningen 318 Ed62
96184 Rentweinsdorf 302 Hb51
98631 Rentwertshausen 301 Gd48
19209 Renzow 247 Hc20
18190 Reppelin 249 Ka16
21391 Reppenstedt 256 Gc24
06386 Reppichau 279 Jd36
14828 Reppinichen 269 Ka33
03205 Repten 282 Mb36
18230 Rerik 248 Ja16
07318 Reschwitz 302 Hd46
03103 Ressen 282 Mb37
15913 Ressen 271 Mb33
49696 Resthausen 253 Dc27
29478 Restorf 257 Hd25
19067 Retgendorf 247 Hd19
27336 Rethem 265 Fb28
38533 Rethen 266 Gd31
23847 Rethwisch 246 Gc19
25566 Rethwisch 245 Fc19
18211 Retschow 248 Jb17
89364 Rettenbach 330 Gc65
93191 Rettenbach 323 Kc59
87549 Rettenberg 340 Gc72
23730 Rettin 247 Ha16
06779 Retzau 280 Ka36
19348 Retzin 258 Jc25
14641 Retzow 269 Kb29
17279 Retzow 260 La23
19395 Retzow 258 Jd22
97282 Retzstadt 311 Ga52
06725 Reuden 292 Ka42
39264 Reuden 280 Ka34
15848 Reudnitz 271 Mc32
06369 Reupzig 279 Jd36
98646 Reurieth 302 Ha48
06188 Reußen 279 Jd38
25821 Reußenköge 236 Ed12
84367 Reut 334 Lb66
79276 Reute 327 Db68
17153 Reuterstadt Stavenhagen 249 Kc19
08538 Reuth 303 Jd47
92717 Reuth b. Erbendorf 314 Ka53
03130 Reuthen 282 Md37
727 .. Reutlingen 329 Fa65
21644 Revenahe 255 Fc22
27404 Rhade 255 Fa23
27404 Rhadereistedt 255 Fa23
26817 Rhauderfehn 253 Da25
55624 Rhaunen 307 Cc53
33378 Rheda-Wiedenbrück 275 Ea36
26899 Rhede 252 Cd25
46414 Rhede 273 Ca36
31039 Rheden 276 Fd34
53359 Rheinbach 297 Cb46
47495 Rheinberg 272 Bd38
55494 Rheinböllen 308 Da52
53619 Rheinbreitbach 297 Cc46
56598 Rheinbrohl 297 Cd47
484 .. Rheine 262 Cd32
79618 Rheinfelden (Baden) 337 Da73
68794 Rheinhausen 318 Ea58
79365 Rheinhausen 327 Da67
77836 Rheinmünster 317 Dc62
16831 Rheinsberg 259 Kc25
76287 Rheinstetten 317 Dd60
76764 Rheinzabern 317 Dd59
56321 Rhens 298 Da49
47509 Rheurdt 272 Bc39
14728 Rhinow 269 Ka28
14715 Rhinsmühlen 269 Kb28
38835 Rhoden 278 Ha34
76835 Rhodt 317 Dc58
98617 Rhönblick 301 Gc47
37434 Rhumspringe 277 Gc38
14641 Ribbeck 269 Kc29
16775 Ribbeck 260 La25
38551 Ribbesbüttel 266 Gd31
18311 Ribnitz-Damgarten 240 Ka15
18461 Richtenberg 240 Kc15
79736 Rickenbach 337 Dc72
24782 Rickert 237 Fc15
24635 Rickling 246 Gb17
25551 Ridders 245 Fc17
14547 Rieben 269 Kd32
29499 Riebrau 257 Ha25
86510 Ried 331 Hc66
97519 Riedbach 301 Gd51
27339 Riede 254 Ed26
56745 Rieden 297 Cc48
87668 Rieden 331 Ha69
92286 Rieden 313 Jd57
87669 Rieden a. Forggensee 341 Hb72
97792 Riedenberg 301 Ga49
93339 Riedenburg 322 Jc60
06507 Rieder 278 Hc37
72585 Riederich 329 Fb64
83083 Riedering 343 Kb70
88377 Riedhausen 339 Fc70
94566 Riedlhütte 324 Ld60
88499 Riedlingen 329 Fc68
64560 Riedstadt 309 Eb53
79359 Riegel 327 Da67
66292 Riegelsberg 307 Ca57
82418 Riegsee 341 Hd71
27386 Riekenbostel 255 Fb26
78239 Rielasingen 338 Ec71
17498 Riemserort 241 La15
97794 Rieneck 300 Fd51
15859 Rieplos 271 Ma31
19217 Rieps 247 Ha19
23738 Riepsdorf 239 Hb15
015 .. Riesa 293 Lb40
24969 Riesbriek 237 Fa11
73469 Riesbürg 320 Gd61
66509 Rieschweiler-Mühlbach 316 Cd58
06369 Riesdorf 279 Jd37
24354 Rieseby 237 Fd13
06786 Riesigk 280 Kb36
15890 Rießen 271 Md32
49597 Rieste 263 Dc30
06528 Riestedt 278 Hd39
29525 Riestedt 256 Gd26
33397 Rietberg 275 Ea36
15936 Rietdorf 281 Lb35
17375 Rieth 251 Mb19
78589 Rietheim 328 Ec69
06528 Riethnordhausen 278 Hd39
02956 Rietschen 283 Nb39
14797 Rietz 269 Kb31
14929 Rietz 269 Kc33
39291 Rietzel 268 Jc32
15910 Rietzneuendorf-Friedrichshof 281 Ld34
64668 Rimbach 309 Ec55
84326 Rimbach 333 Kd64
93485 Rimbach 324 La58
97222 Rimpar 311 Ga53
83253 Rimsting 333 Kb69
94269 Rinchnach 324 Lc60
49824 Ringe 262 Cb29
94160 Ringelai 324 Ld61
15377 Ringenwalde 271 Mb28
17268 Ringenwalde 260 Lc25
39517 Ringfurth 268 Jc31
37296 Ringgau 289 Gb42
06556 Ringleben 290 Hc40
24977 Ringsberg 237 Fc10
77975 Ringsheim 327 Db67
27624 Ringstedt 244 Ec21
31737 Rinteln 265 Fa33
54340 Riol 307 Ca53
98639 Rippershausen 301 Gc46
38486 Ristedt 267 Hb29
25920 Risum-Lindholm 236 Ed11
98617 Ritschenhausen 301 Gd47
27721 Ritterhude 254 Ec24
06333 Ritterode 279 Ja37
54636 Rittersdorf 296 Bc51
08355 Rittersgrün 304 Kd47
37130 Rittmarshausen 277 Gb39
23896 Ritzerau 246 Gd20
17153 Ritzerow 249 Kc20
06543 Ritzgerode 278 Hd38
29416 Ritzleben 257 Hd27
39579 Rochau 268 Jb28
09306 Rochlitz 292 Kd42
35519 Rockenberg 299 Ec48
07387 Rockendorf 303 Ja46
67806 Rockenhausen 308 Db55
36419 Rockenstuhl 301 Ga46
27404 Rockstedt 255 Fa23
96476 Rodach b. Coburg 302 Ha49
66976 Rodalben 317 Da58
08539 Rodau 303 Jd47
16845 Roddahn 258 Jd27
99976 Rodeberg 289 Gc41
97849 Roden 310 Fc53
25924 Rodenäs 236 Ec10
63517 Rodenbach 299 Ed50
67688 Rodenbach 308 Da56
24247 Rodenbek 238 Ga15
31552 Rodenberg 265 Fb32
19260 Rodenwalde 257 Hb22
38828 Rodersdorf 278 Hc35
31637 Rodewald 265 Fc29
08228 Rodewisch 304 Kb47
63110 Rodgau 299 Ed51
93426 Roding 323 Kc58
99762 Rodishain 278 Hb38
06862 Rodleben 279 Jd35
23923 Roduchelstorf 247 Hb19
17207 Röbel 259 Kb22
23701 Röbel 246 Gd16
06317 Röblingen a. See 279 Jb39
31675 Röcke 264 Ed32
04808 Röcknitz-Böhlitz 280 Kc39
17091 Röckwitz 249 Kd19
17268 Röddelin 260 Lb24
97348 Rödelsee 311 Gc54
96472 Rödental 302 Hc49
01619 Röderau-Bobersen 293 Lb40
01609 Röderaue 281 Lc39
63322 Rödermark 309 Ec52
67127 Rödersheim-Gronau 308 Dd57
06766 Rödgen 279 Jd37
32289 Rödinghausen 264 Eb32
17237 Rödlin-Thurow 260 La22
89365 Röfingen 330 Gd65
06184 Röglitz 279 Jd39
19205 Rögnitz 247 Hb21
85244 Röhrmoos 332 Jb66
94133 Röhrnbach 325 Ma62
01809 Röhrsdorf 294 Ma43
09247 Röhrsdorf 292 Kd44
63934 Röllbach 310 Fa54
67354 Römerberg 318 Ea58
72587 Römerstein 329 Fc64
98631 Römhild 301 Gd48
23909 Römnitz 247 Ha20
29591 Römstedt 256 Gd25
21436 Rönne 256 Gc22
16775 Rönnebeck 259 Kd25
17291 Röpersdorf 260 Ld23
06774 Rösa 280 Kb37
95195 Röslau 303 Jd51
51503 Rösrath 285 Cc44
08527 Rößnitz 303 Jd47
25767 Röst 245 Fa16
52159 Roetgen 296 Bb46
38531 Rötgesbüttel 266 Gd31
04571 Rötha 292 Kb41
29473 Röthen 257 Ha25
88167 Röthenbach 340 Gb72
90552 Röthenbach a.d Pegn. 312 Hd56
97520 Röthlein 311 Gc52
91187 Röttenbach 321 Hc59
91341 Röttenbach 312 Hb54
97285 Röttingen 311 Ga56
18182 Rövershagen 240 Jd15

38486 Röwitz 267 Hb30
14789 Rogäsen 269 Ka31
39326 Rogätz 268 Jb32
17209 Rogeez 259 Ka22
89297 Roggenburg 330 Gc66
19205 Roggendorf 247 Hb20
26553 Roggenstede 243 Da20
23936 Roggenstorf 247 Hb18
17252 Roggentin 259 Kc23
18184 Roggentin 248 Jd16
03058 Roggosen 282 Md36
18230 Roggow 248 Ja16
23843 Rohlfshagen 246 Gc19
16928 Rohlsdorf 258 Jd24
19348 Rohlsdorf 258 Jc25
23821 Rohlstorf 246 Gc18
91189 Rohr 312 Hb57
98530 Rohr 301 Gd47
93352 Rohr i. Niederbayern 322 Jd62
07429 Rohrbach 302 Hd46
76684 Rohrbach 318 Ec59
76865 Rohrbach 317 Dd59
85296 Rohrbach 322 Jb63
38489 Rohrberg 267 Hb28
72229 Rohrdorf 328 Ec64
83101 Rohrdorf 343 Kb70
86701 Rohrenfels 321 Hd63
16845 Rohrlack 259 Kb27
31627 Rohrsen 265 Fa28
38836 Rohrsheim 278 Ha34
21397 Rohrstorf 256 Gd24
17111 Roidin 249 Kd18
74255 Roigheim 310 Fb57
06809 Roitzsch 280 Ka38
38325 Roklum 278 Ha34
21388 Rolfsen 256 Gb25
37434 Rollshausen 277 Gb38
17309 Rollwitz 250 Ld21
19372 Rom 258 Jc22
63694 Rommelshausen 299 Ed49
41569 Rommerskirchen 284 Bd43
36329 Romrod 300 Fa46
23919 Rondeshagen 246 Gd19
07580 Ronneburg 292 Ka44
63549 Ronneburg 299 Ed50
30952 Ronnenberg 265 Fc32
87671 Ronsberg 340 Gd70
36217 Ronshausen 289 Ga44
98590 Rosa 301 Gc46
61191 Rosbach v.d Höhe 299 Ec49
29571 Rosche 257 Ha26
25548 Rosdorf 245 Fd18
37124 Rosdorf 277 Ga39
21514 Roseburg 246 Gd21
02708 Rosenbach 295 Nb41
73494 Rosenberg 320 Gb60
74749 Rosenberg 310 Fc56
48720 Rosendahl 273 Cc34
72348 Rosenfeld 328 Ec66
21224 Rosengarten 255 Fd22
74538 Rosengarten 319 Fd60
19348 Rosenhagen 258 Jc25
8302 . Rosenheim / Obb. 343 Ka70
17091 Rosenow 249 Kd20
18249 Rosenow 248 Jb19
01920 Rosenthal 294 Mc40
15936 Rosenthal 281 Lc35
35119 Rosenthal 287 Ec43
01824 Rosenthal-Bielatal 294 Mb44
16928 Rosenwinkel 259 Ka25
39279 Rosian 268 Jd33
04617 Rositz 292 Ka43
14778 Roskow 269 Kc30
16307 Rosow 261 Mb22
09661 Rossau 293 La43
39606 Rossau 268 Ja28
06242 Roßbach 291 Jc41
53547 Roßbach 297 Cd47
94439 Roßbach 324 La63
39307 Roßdorf 268 Jd31
64380 Roßdorf 309 Ec53
98590 Roßdorf 301 Gb46
87672 Roßhaupten 341 Hb72
17398 Rossin 250 Lc19
06536 Roßla 278 Hc39
06862 Roßlau (Elbe) 279 Jd35
06571 Roßleben 291 Ja40
16909 Rossow 259 Kb25
17322 Rossow 251 Ma21
90574 Roßtal 312 Hb57
04741 Roßwein 293 Lb42
18 . . . Rostock 248 Jc16
18337 Rostocker Wulfshagen 240 Jd15
68789 Rot 318 Eb58
88430 Rot a.d Rot 330 Gb69
74585 Rot a. See 320 Gb58
36199 Rotenburg a.d. Fulda 288 Fd43
27356 Rotenburg (Wümme) 255 Fb25
57539 Roth 286 Da45
91154 Roth 321 Hc58
06528 Rotha 278 Hc38
17379 Rothemühl 250 Ld20
07922 Rothenacker 303 Jc47
64757 Rothenberg 309 Ed56
63584 Rothenbergen 300 Fa50
63860 Rothenbuch 310 Fb52
02929 Rothenburg 283 Nc39
06420 Rothenburg 279 Jb37
91541 Rothenburg ob d. Taub. 311 Gb57
97851 Rothenfels 310 Fc53
17321 Rothenklempenow 251 Ma21
06295 Rothenschirmbach 279 Ja39
07751 Rothenstein 291 Jb44
49586 Rothertshausen 263 Db31
04924 Rothstein 281 Lc38
86935 Rott 341 Hc70
83543 Rott a. Inn 333 Ka69
06773 Rotta 280 Kb36
83700 Rottach-Egern 342 Jc71
06295 Rottelsdorf 279 Jb38
89616 Rottenacker 329 Fd67
07422 Rottenbach 302 Hc46
82401 Rottenbuch 341 Hc71
84056 Rottenburg a.d. Laaber 322 Jd62
72108 Rottenburg a. Neckar 328 Ed65
97228 Rottendorf 311 Gb53
94094 Rotthalmünster 334 Lc65
06548 Rottleberode 278 Hb39
39343 Rottmersleben 267 Hd33
14793 Rottstock 269 Ka32
78628 Rottweil 328 Eb67
39638 Roxförde 267 Hd31
55595 Roxheim 308 Db53
67240 Roxheim 309 Ea55
17509 Rubenow 250 Lc16
17390 Rubkow 250 Lc17
19067 Rubow 248 Ja19
84104 Rudelzhausen 332 Jc64
87674 Ruderatshofen 341 Ha70
73635 Rudersberg 319 Fc61
94161 Ruderting 324 Ld63
99334 Rudisleben 290 Hb44
07407 Rudolstadt 290 Hd45
38889 Rübeland 278 Ha37
03238 Rückersdorf 281 Lc37
90607 Rückersdorf 312 Hd56
24986 Rüde 237 Fc12
97355 Rüdenhausen 311 Gc54
15562 Rüdersdorf 270 Ld30
26939 Rüdershausen 254 Ea23
37434 Rüdershausen 277 Gc38
55593 Rüdesheim 308 Db53
65385 Rüdesheim 308 Dc52
16321 Rüdnitz 270 Lc28
24405 Rügge 237 Fd11
91622 Rügland 312 Ha57
38471 Rühen 267 Hb30
18246 Rühn 248 Jb19
19322 Rühstädt 258 Jb26
76761 Rülzheim 317 Dd59
55452 Rümmelsheim 308 Db52
79595 Rümmingen 337 Da72
23843 Rümpel 246 Gc19
27404 Rüspel 255 Fb24
65428 Rüsselsheim 309 Ea52
19303 Rüterberg 257 Hc24
59602 Rüthen 275 Ea39
16835 Rüthnick 259 Kd26
23936 Rüting 247 Hc19
95365 Rugendorf 303 Ja50
19069 Rugensee 247 Hd19
99842 Ruhla 289 Gc44
01945 Ruhland 282 Ma38
06917 Ruhlsdorf 280 Kd36
16348 Ruhlsdorf 260 Lc27
94239 Ruhmannsfelden 324 Lb60
83324 Ruhpolding 343 Kd70
94099 Ruhstorf a.d Rott 334 Ld64
24601 Ruhwinkel 246 Gb17
18258 Rukieten 248 Jc18
21379 Rullstorf 256 Gd23
24254 Rumohr 238 Ga15
93486 Runding 323 Kd58
65594 Runkel 298 Dd48
56412 Ruppach-Goldhausen 298 Db48
07356 Ruppersdorf 303 Jb47
67152 Ruppertsberg 308 Dd57
73577 Ruppertshofen 320 Ga61
66957 Ruppertsweiler 317 Da59
53809 Ruppichteroth 285 Cd44
52152 Rurberg 296 Bc46
26446 Rußland 253 Db22
77977 Rust 327 Da66
71277 Rutesheim 318 Ed62
19089 Ruthenbeck 248 Ja21

S

18317 Saal 240 Ka14
93342 Saal a.d Donau 322 Jd61
97633 Saal a.d Saale 301 Gc49
07929 Saalburg 303 Jb47
07356 Saaldorf 303 Jb48
83416 Saaldorf 334 Lb69
99510 Saaleplatte 291 Ja43
07318 Saalfeld/ Saale 302 Hd46
01994 Saalhausen 282 Ma37
15806 Saalow 270 Lb32
04603 Saara 292 Kb43
661 . . Saarbrücken 316 Ca58
54439 Saarburg 306 Bc55
66740 Saarlouis 306 Bd57
17111 Saarmund 270 La31
66793 Saarwellingen 306 Bd57
04932 Saathain 281 Lc38
18299 Sabel 248 Jd17
39649 Sachau 267 Hc30
91623 Sachsen b. Ansbach 321 Ha58
25554 Sachsenbande 245 Fb18
98678 Sachsenbrunn 302 Hb48
15306 Sachsendorf 271 Mc29
39240 Sachsendorf 279 Jc35
31553 Sachsenhagen 265 Fa31
74343 Sachsenheim 318 Ed60
83679 Sachsenkam 342 Jc70
15913 Sacrow 282 Mb34
17099 Sadelkow 250 Lb20
16928 Sadenbeck 258 Jd24
48369 Saerbeck 263 Da33
56648 Saffig 297 Cd48
18551 Sagard 241 Lb12
16949 Sagast 258 Jc23
23717 Sagau 246 Gd16
18184 Sagerheide 248 Jd16
21493 Sahms 246 Gd21
21272 Sahrendorf 256 Ga24
63877 Sailauf 300 Fb51
73084 Salach 319 Fd63
94330 Salching 323 Kc61
94163 Saldenburg 324 Ld62
23911 Salem 247 Ha20
88682 Salem 339 Fb71
87775 Salgen 330 Gd68
03238 Sallgast 282 Ma37
54528 Salmtal 307 Ca52
17099 Salow 250 Lb19
97616 Salz 301 Gc49
48499 Salzbergen 262 Cd32
14547 Salzbrunn 269 Kd32
06779 Salzfurtkapelle 279 Jd37
382 . . Salzgitter 277 Gc34
21376 Salzhausen 256 Gb24
31020 Salzhemmendorf 276 Fc34
33154 Salzkotten 275 Eb37
35014 Salzmünde 279 Jc38
06198 Salzwedel 257 Hc27
29410 Salzweg 324 Ld63
94121 Samerberg 343 Kb70
83122 Samern 262 Cc32
48465 Samswegen 268 Ja32
39326 Samtens 241 La14
18573 Sand a. Main 312 Ha52
97522 Sandau 258 Jc27
39524 Sandauerholz 258 Jc27
39606 Sandbeiendorf 268 Jb31
39517 Sandberg 301 Ga49
97657 Sandbostel 255 Fa22
27446 Sandbrinkerheide 262 Cd30
49808 Sande 253 Dc22
26452 Sandeler Möns 243 Dc21
26441 Sandersdorf 280 Ka37
06792 Sandersdorf 322 Jb61
93336 Sandersleben 279 Ja37
06456 Sandesneben 246 Gc20
23898 Sandhausen 309 Eb57
69207 Sandkrug 260 Ld26
16230 Sandstedt 254 Eb23
27628 Sangerhausen 278 Hd39
06526 Sanitz 248 Jd16
18190 Sankelmark 237 Fb11
24941 Sankt Andreasberg 277 Gd37
37444 Sankt Annen 237 Fa14
25776 Sankt Augustin 285 Cc45
53757 Sankt Bernhard 301 Gd48
98660 Sankt Blasien 337 Dc71
79837 Sankt Egidien 292 Kc44
09356 Sankt Englmar 324 La60
94379 Sankt Gangloff 291 Jc44
07629 Sankt Georgen 328 Ea68
78112 Sankt Goar 296 Da50
56329 Sankt Goarshausen 298 Da50
56346 Sankt Ingbert 316 Cb58
66386
72813 Sankt Johann 329 Fb65
66887 Sankt Julian 307 Cd55
53562 Sankt Katharinen 297 Cd47
98553 Sankt Kilian 302 Ha47
68789 Sankt Leon 318 Eb58
79274 Sankt Märgen 327 Dc69
25572 Sankt Margarethen 245 Fa18
67487 Sankt Martin 317 Dc58
25693 Sankt Michaelisdonn 245 Fa17
94568 Sankt Oswald 324 Ld60
2035 . Sankt Pauli 246 Ga21
79271 Sankt Peter 327 Dc69
25826 Sankt Peter-Ording 236 Eb15
56220 Sankt Sebastian 298 Da48
66606 Sankt Wendel 307 Cb56
84427 Sankt Wolfgang 333 Ka67
39596 Sanne 268 Jc29
39606 Sanne-Kerkuhn 257 Hd27
17111 Sanzkow 249 Kd18
38822 Sargstedt 278 Hb35
24616 Sarlhusen 245 Fd17
18276 Sarmstorf 248 Jd18
16928 Sarnow 258 Jd25
17392 Sarnow 250 Lb19
17111 Sarow 249 Kd19
31157 Sarstedt 265 Fd32
25785 Sarzbüttel 245 Fa16
77880 Sasbach 317 Dc63
79361 Sasbach 327 Da68
77887 Sasbachwalden 327 Dc64
17121 Sassen 249 Kd17
36367 Sassen 300 Fb46
48336 Sassenberg 274 Dc35
38524 Sassenburg 266 Gd30
27404 Sassenholz 255 Fb23
18546 Sassnitz 241 Lb12
26683 Saterland 253 Db25
17209 Satow 259 Ka22
18239 Satow 248 Jb17
24986 Satrup 237 Fc11
74589 Satteldorf 320 Gb59
37130 Sattenhausen 277 Gb39
14476 Satzkorn 269 Kd30
15848 Sauen 271 Mb31
21644 Sauensiek 255 Fc23
82054 Sauerlach 332 Jc69
88605 Sauldorf 329 Fa69
82442 Saulgrub 341 Hc72
55291 Saulheim 308 Dd53
24392 Saustrup 237 Fd12
17440 Sauzin 250 Lc16
04895 Saxdorf 281 Lb38
09619 Sayda 293 Lc45
64850 Schaafheim 309 Ed52
24882 Schaalby 237 Fc13
24790 Schacht-Audorf 237 Fd15
23795 Schackendorf 246 Gb18
39343 Schackensleben 267 Hd33
06449 Schackenthal 279 Ja37
03238 Schacksdorf 281 Ld37
06425 Schackstedt 279 Ja37
06449 Schadeleben 278 Hd36
03238 Schadewitz 281 Lc38
15848 Schadow 271 Mc33
82069 Schäftlarn 332 Jb69
14547 Schäpe 269 Kd32
39579 Schäplitz 268 Ja29
49477 Schafberg 263 Db32
24980 Schafflund 237 Fa11
06255 Schafstädt 291 Jb40
25725 Schafstedt 245 Fb17
96528 Schalkau 302 Hc48
84175 Schalkham 333 Kc64
25782 Schalkholz 237 Fa15
58579 Schalksmühle 286 Da41
79227 Schallstadt 327 Da69
48480 Schapen 263 Da31
17291 Schapow 260 Lc22
18569 Schaprode 241 Kd12
2368 . Scharbeutz 247 Ha17
01665 Scharfenberg 293 Lc41
09435 Scharfenstein 293 La45
21379 Scharnebeck 256 Gd23
29348 Scharnhorst 266 Gb28
17139 Scharpzow 249 Kc19
39291 Schartau 268 Jb32
39579 Schartau 268 Jb28
23730 Schashagen 247 Ha16
23923 Schattin 247 Ha19
38835 Schauen 278 Ha35
34270 Schauenburg 288 Fb41
95197 Schauenstein 303 Jb49
67125 Schauernheim 308 Dd56
94571 Schaufling 324 Lb61
73579 Schechingen 320 Ga61
37127 Scheden 276 Fd39
72516 Scheer 329 Fb68
49846 Scheerhorn 262 Cb30
27383 Scheeßel 255 Fc25
74850 Schefflenz 310 Fb57
24392 Scheggerott 237 Fd12
98749 Scheibe-Alsbach 302 Hc47
09481 Scheibenberg 304 Kd46
39517 Scheidegg 340 Ga72
88175 Scheidegg 340 Ga72
91443 Scheinfeld 311 Gd54
89601 Schelklingen 329 Fd66
39517 Schelldorf 268 Jc30
31174 Schellerten 266 Gb33
24211 Schellhorn 238 Gb15
88433 Schemmerhofen 329 Fd67
22869 Schenefeld 245 Fd21
25560 Schenefeld 245 Fb17
04509 Schenkenberg 280 Ka38
14778 Schenkenberg 269 Kc31
17291 Schenkenberg 260 Ld22
03172 Schenkendöbern 283 Na34
15711 Schenkendorf 270 Lc31
14532 Schenkenhorst 270 La31
39638 Schenkenhorst 267 Hd29
77773 Schenkenzell 328 Ea66
36277 Schenklengsfeld 289 Ga45
46514 Schermbeck 273 Ca37
39387 Schermcke 278 Hd34
39291 Schermen 268 Jb32
99713 Schernberg 290 Ha40
39517 Schernebeck 268 Jb30
85132 Schernfeld 321 Hc61
39579 Schernikau 268 Jb29
15890 Schernsdorf 271 Md32
96110 Schesslitz 312 Hc52
06386 Scheuder 279 Jd36
57584 Scheuerfeld 286 Db45
86937 Scheuring 331 Hc67
85298 Scheyern 332 Ja64
15938 Schiebsdorf 281 Ld34
32816 Schieder 276 Fa35
06493 Schielo 278 Hc38
06779 Schierau 280 Ka36
23795 Schieren 246 Gc18
24241 Schierensee 238 Ga15
21271 Schierhorn 256 Ga24
38879 Schierke 278 Ha36
84069 Schierling 323 Ka61
27619 Schiffdorf 244 Ea22
67105 Schifferstadt 309 Ea57
16259 Schiffmühle 261 Ma27
66578 Schiffweiler 307 Cb57
03253 Schilda 281 Lb37
04889 Schildau 280 Kd39
16552 Schildow 270 Lb28
54429 Schillingen 306 Bd55
91583 Schillingsfürst 320 Gc58
24637 Schillsdorf 246 Gb16
77761 Schiltach 328 Ea66
86576 Schiltberg 331 Hd65
23972 Schimm 248 Ja19
24214 Schinkel 238 Ga14
39579 Schinne 268 Jb29
23847 Schiphorst 246 Gc20
01993 Schipkau 282 Ma38
02681 Schirgiswalde 294 Md41
92718 Schirmitz 314 Ka54
95706 Schirnding 304 Ka51
04435 Schkeuditz 280 Ka39
07619 Schkölen 291 Jc42
06773 Schköna 280 Kb37
06258 Schkopau 279 Jc39
15926 Schlabendorf 282 Ma35
06231 Schladebach 291 Jd40
38315 Schladen 277 Gd34
19217 Schlagbrügge 247 Ha20
39307 Schlagenthin 268 Jd30
19217 Schlagresdorf 247 Ha19
19217 Schlagsdorf 247 Ha20
72667 Schlaitdorf 329 Fa64
06774 Schlaitz 280 Kb37
14822 Schlalach 269 Kc33
14827 Schlamau 269 Ka33
33189 Schlangen 275 Ec36
65388 Schlangenbad 298 Dc51
38838 Schlanstedt 278 Hb34
73114 Schlat 319 Fd63
17390 Schlatkow 250 Lb17
87544 Schleching 343 Kc71
83259 Schlechtsart 302 Ha49
98663 Schlechtsart 302 Ha49
06785 Schleesen 280 Kb36
02788 Schlegel 295 Nb42
07366 Schlegel 303 Jb48
95189 Schlegel 303 Jc48
82444 Schlehdorf 342 Ja72
36419 Schleid 301 Ga46
53937 Schleiden 296 Bc47
02959 Schleife 282 Md37
07907 Schleiz 303 Jc46
08301 Schlema 304 Kc46
18249 Schlemmin 248 Jb18
18320 Schlemmin 240 Kb15
15910 Schlepzig 271 Ma33
24256 Schlesen 238 Gc15
24837 Schleswig 237 Fc13
09487 Schlettau 305 La46
98667 Schleusegrund 302 Hb47
98553 Schleusingen 302 Ha47
25779 Schlichting 237 Fa15
49497 Schlickelde 263 Db32
04936 Schlieben 281 Lb36
79418 Schliengen 336 Cd71
88281 Schlier 339 Fd71
73278 Schlierbach 319 Fc63
39524 Schliersee 342 Jd71
36110 Schlitz 300 Fc46
17192 Schloen 249 Kc21
33758 Schloß Holte-Stukenbrock 275 Eb35
07407 Schloßkulm 302 Hd46
99195 Schloßvippach 290 Hc42
25551 Schlotfeld 245 Fc18
99994 Schlotheim 290 Ha41
79859 Schluchsee 337 Dd70
36381 Schlüchtern 300 Fc49
96132 Schlüsselfeld 312 Ha54
14547 Schlunkendorf 269 Kd32
27726 Schlußdorf 254 Ed24
16515 Schmachtenhagen 260 Lb27
18236 Schmadebeck 248 Jb17
24638 Schmalensee 246 Gb17
24640 Schmalfeld 246 Ga18
98574 Schmalkalden, Kurort 289 Gd45
57392 Schmallenberg 286 Dd42
24241 Schmalstede 246 Ga16
06295 Schmalzerode 279 Ja39
18556 Schmantevitz 241 La12
16278 Schmargendorf 261 Ma25
17129 Schmarsow 249 Kb18
38855 Schmatzfeld 278 Ha35
17390 Schmatzin 250 Lb17
25724 Schmedeswurth 244 Ed18
98530 Schmeheim 301 Gd47
66839 Schmelz 307 Ca56
14550 Schmergow 269 Kc30
04895 Schmerkendorf 281 Lb38
92546 Schmidgaden 314 Ka56
92287 Schmidmühlen 322 Jd58
86511 Schmiechen 331 Hc67
01762 Schmiedeberg 293 Ld44
98739 Schmiedefeld 302 Hd47
98711 Schmiedefeld a. Rennsteig 302 Hb46
23911 Schmilau 247 Ha20
06896 Schmilkendorf 280 Kb35
61389 Schmitten 299 Ea49
04626 Schmölln 292 Ka44
17291 Schmölln 261 Ma22
01877 Schmölln-Putzkau 294 Mc41
03096 Schmogrow 282 Mb35
16945 Schmolde 258 Jd23
49406 Schmolte 264 Eb28
07389 Schmorda 303 Jb46
17398 Schmuggerow 250 Lc19
91289 Schnabelwaid 313 Jb53
04849 Schnaditz 280 Kb38
71384 Schnait 319 Fc62
83530 Schnaitsee 333 Kc68
91220 Schnaittach 313 Ja55
92253 Schnaittenbach 313 Jd55
21481 Schnakenbek 256 Gc23
24891 Schnarup-Thumby 237 Fc12
25917 Schnatebüll 236 Ed11
08527 Schneckengrün 303 Jd47
96277 Schneckenlohe 302 Hd50
08289 Schneeberg 304 Kc46
63936 Schneeberg 310 Fa55
29465 Schnega 257 Ha27
39435 Schneidlingen 278 Hd35
83458 Schneizlreuth 344 La71
91625 Schnelldorf 320 Gb59
06901 Schnellin 280 Kc36
98666 Schnett 302 Hb47
29640 Schneverdingen 255 Fd25
89194 Schnürpflingen 330 Gb66
49356 Schobrink 264 Ea29
25875 Schobüll 236 Ed13
06179 Schochwitz 279 Jb38
15837 Schöbendorf 270 Lb33
35641 Schöffengrund 299 Ea47
94572 Schöfweg 324 Lc61
63825 Schöllkrippen 300 Fa51
94508 Schöllnach 324 Lc62
03229 Schöllnitz 282 Ma37
72355 Schömberg 328 Ec67
75328 Schömberg 318 Eb62
04838 Schöna 280 Kd39
88634 Schönach 339 Fa70
71101 Schönaich 318 Ed63
69250 Schönau 309 Ec57
79677 Schönau 337 Db71
84337 Schönau 334 La64
97659 Schönau a.d Brend 301 Gb48
83471 Schönau a. Königssee 344 Lb72
02899 Schönau-Berzdorf a.d Eigen 295 Nb41
02708 Schönbach 295 Na41
07985 Schönbach 303 Jd46
17349 Schönbeck 250 Lb20
24582 Schönbek 246 Ga16
08539 Schönberg 303 Jd47
16835 Schönberg 259 Kd26
16866 Schönberg 259 Ka26
22929 Schönberg 246 Gc20
23923 Schönberg 247 Hb19
24217 Schönberg 238 Gc14
39615 Schönberg 258 Jb27
84573 Schönberg 333 Kc65
94513 Schönberg 324 Lc61
03253 Schönborn 281 Lc37
09648 Schönborn-Dreiwerden-Seifersbach 293 La43
69436 Schönbrunn 309 Ed57
96185 Schönbrunn i. Steigerw. 312 Ha53
06618 Schönburg 291 Jc41
07924 Schöndorf 303 Jb46
16928 Schönebeck 258 Jd25
39218 Schönebeck 279 Jb34
16278 Schöneberg 261 Ma25
08261 Schöneck 304 Kb48
61137 Schöneck 299 Ec50
54614 Schönecken 296 Bc50
12529 Schönefeld 270 Lc30
14547 Schönefeld 269 Kd32
15566 Schöneiche 270 Ld30
15806 Schöneiche 270 Lc32
66901 Schönenberg 307 Cc57
16352 Schönerlinde 270 Lb28
16278 Schönermark 261 Ma24
16845 Schönermark 259 Ka26
17291 Schönermark 260 Lc22
03253 Schönewalde 281 Lc37
04916 Schönewalde 281 Lb35
29396 Schönewörde 266 Gd29
01561 Schönfeld 293 Ld40
16307 Schönfeld 261 Mb23
16356 Schönfeld 270 Ld28
17111 Schönfeld 249 Kc18
17291 Schönfeld 260 Ld22
19205 Schönfeld 247 Hc20
39524 Schönfeld 268 Jc28
01474 Schönfeld-Weißig 294 Ma42
15518 Schönfelde 271 Ma30
15326 Schönfließ 271 Mc30
16567 Schönfließ 270 Lb28
82296 Schöngeising 331 Hd67
14959 Schönhagen 270 La32
16928 Schönhagen 258 Jd26
17337 Schönhausen 250 Lc20
39524 Schönhausen 268 Jc29
08304 Schönheide 304 Kb47
14728 Schönholz-Neuwerder 269 Ka28
24220 Schönhorst 238 Ga15
38364 Schöningen 267 Hb33
24232 Schönkirchen 238 Gb14
19412 Schönlage 248 Ja20
24635 Schönmoor 246 Gb17
16306 Schönow 261 Mb23
16321 Schönow 270 Lc28
92539 Schönsee 314 Kc55
99947 Schönstedt 289 Gd42
74214 Schöntal 310 Fc57
93488 Schönthal 314 Kc57
95173 Schönwald 303 Jd50
78141 Schönwald i. Schwarzw. 327 Dd68
14621 Schönwalde 270 La29
15910 Schönwalde 281 Ld34
16352 Schönwalde 270 Lb28
17309 Schönwalde 250 Ld20
39517 Schönwalde 268 Jb30
23744 Schönwalde a. Bungsb. 247 Ha16
17291 Schönwerder 260 Ld22
04509 Schönwölkau 280 Kb38
38170 Schöppenstedt 267 Ha33
48624 Schöppingen 273 Cc34
02829 Schöpstal 295 Nc40
27251 Scholen 264 Ec28
97852 Schollbrunn 310 Fc53
14715 Schollene 268 Jd28
78136 Schonach i. Schwarzw. 327 Dd68
86938 Schondorf a. Ammers. 331 Hd68
97795 Schondra 301 Ga49
86956 Schongau 341 Hc70
83137 Schonstett 333 Kb69
97453 Schonungen 301 Gc51
79650 Schopfheim 337 Db72
72296 Schopfloch 328 Eb65
91626 Schopfloch 320 Gc59
67707 Schopp 308 Da57
39291 Schopsdorf 268 Jd32
03058 Schorbus 282 Mc36
73614 Schorndorf 319 Fc62
93489 Schorndorf 323 Kc58
55288 Schornsheim 308 Dd53
17166 Schorssow 249 Ka20
39606 Schorstedt 268 Ja28
26419 Schortens 243 Dc21
06369 Schortewitz 279 Jd37
19073 Schossin 247 Hc21
63679 Schotten 300 Fa47
04928 Schraden 281 Ld39
78713 Schramberg 328 Ea67
06279 Schraplau 279 Jb39
34637 Schrecksbach 288 Fb45
06780 Schrenz 279 Jd38
16866 Schrepkow 258 Jc26
21493 Schretstaken 246 Gd21
69198 Schriesheim 309 Eb56
86529 Schrobenhausen 331 Hd64
74575 Schrozberg 311 Ga57
25782 Schrum 245 Fa16
24850 Schuby 237 Fb13
24790 Schülldorf 237 Fd15
24589 Schülp 245 Fd16
24813 Schülp 237 Fc15
25764 Schülp 236 Ed15
23847 Schürensöhlen 246 Gc19
48465 Schüttorf 262 Cc32
06917 Schützberg 280 Kc36
15910 Schuhlen-Wiese 271 Mb33
18334 Schulenberg 249 Ka16
38707 Schulenberg 277 Gd36
21516 Schulendorf 256 Gd22
15732 Schulzendorf 270 Lc31
16775 Schulzendorf 259 Kd25
77978 Schuttertal 327 Dd66
77746 Schutterwald 327 Db65
18258 Schwaan 248 Jc18
91126 Schwabach 312 Hc57
86986 Schwabbruck 341 Hb70
55270 Schwabenheim a.d Selz 308 Dc52
85247 Schwabhausen 332 Ja66
86830 Schwabmünchen 331 Hb67
86987 Schwabsoien 341 Hb70
25876 Schwabstedt 237 Fa14
7352 . Schwäbisch Gmünd 319 Fd62
74523 Schwäbisch Hall 319 Fd59
27252 Schwaförden 264 Ec28
49179 Schwagstorf 263 Dd31
90571 Schwaig b. Nürnberg 312 Hd56
74193 Schwaigern 318 Ed59
71409 Schwaikheim 319 Fb61
65824 Schwalbach 299 Eb50
66773 Schwalbach 307 Ca57
32816 Schwalenberg 276 Fa36
29643 Schwalingen 255 Fd25
98590 Schwallungen 301 Gc46
34613 Schwalmstadt 288 Fa44
36318 Schwalmtal 300 Fb46
41366 Schwalmtal 284 Bb41
77963 Schwanau 327 Da66
17099 Schwanbeck 250 Lb19
90596 Schwand b. Nürnberg 321 Hc58
92421 Schwandorf 314 Ka57
17091 Schwandt 249 Kd20
14806 Schwanebeck 269 Kb33
16341 Schwanebeck 270 Lc28
39397 Schwanebeck 278 Hc35
39171 Schwaneberg 279 Ja34
39343 Schwanefeld 267 Hc32
28790 Schwanewede 254 Eb24
97523 Schwanfeld 311 Gb52
87645 Schwangau 341 Hb72
19258 Schwanheide 256 Gd22
16831 Schwanow 259 Kc25
90596 Schwanstetten 321 Hc58
16727 Schwante 269 Kd28
27327 Schwarme 254 Ed27
29690 Schwarmstedt 265 Fc29
24257 Schwartbuck 238 Gc14
17252 Schwarz 259 Kc23
98547 Schwarza 301 Gd46
74869 Schwarzach 309 Ed57
94374 Schwarzach 324 La60
97359 Schwarzach a. Main 311 Gc53
92548 Schwarzach b. Nabb. 314 Ka56
01945 Schwarzbach 282 Ma38
07427 Schwarzburg 302 Hd46
03139 Schwarze Pumpe 282 Mc38
92720 Schwarzenbach 313 Jd54
95131 Schwarzenbach a. Wald 303 Jb49
95126 Schwarzenbach (Saale) 303 Jc49
21493 Schwarzenbek 256 Gc22
08340 Schwarzenberg 304 Kd47
34639 Schwarzenborn 288 Fb44
90592 Schwarzenbruck 312 Hd57
92521 Schwarzenfeld 314 Ka57
66793 Schwarzenholz 307 Ca57
01987 Schwarzheide 282 Ma38
92431 Schwarzhofen 314 Kb57
39596 Schwarzholz 268 Jb28
97525 Schwebheim 311 Gc52
24229 Schwedeneck 238 Ga13
16303 Schwedt/Oder 261 Mb24
67365 Schwegenheim 318 Ea58
54338 Schweich 306 Bd53
98663 Schweickershausen 302 Ha50
76889 Schweigen-Rechtenbach 317 Dc60
36448 Schweina 289 Gc45
07338 Schweinbach 303 Ja47
26556 Schweindorf 243 Da21
9742 . Schweinfurt 301 Gc51
39279 Schweinitz 268 Jd33
16909 Schweinrich 259 Kb24
85301 Schweitenkirchen 332 Jb64
58332 Schwelm 285 Cc41
06774 Schwemsal 280 Kb37
06547 Schwenda 278 Hb38
88477 Schwendi 330 Ga67
72477 Schwenningen 328 Ed68
78056 Schwenningen 328 Eb68
89443 Schwenningen 321 Ha63
01936 Schwepnitz 282 Ma39
15755 Schwerin 270 Lc32
15859 Schwerin 271 Ma32
190 . . Schwerin 247 Hd20
27333 Schweringen 265 Fa28
17398 Schwerinsburg 250 Lc19
26835 Schwerinsdorf 253 Db23
58239 Schwerte 274 Da39
06188 Schwerz 279 Jd38
15898 Schwerzko 271 Md33
25813 Schwesing 237 Fa13
06193 Schwetzingen 309 Eb57
17099 Schwichtenberg 250 Lc19
98631 Schwickershausen 301 Gc48
29593 Schwienau 256 Gc26
39638 Schwiesau 267 Hc29
84419 Schwindegg 333 Kb66
17139 Schwinkendorf 249 Kb20
23795 Schwissel 246 Gb18
79733 Schwörstadt 337 Db72
38179 Schwülper 266 Gc31
31609 Sebbenhausen 265 Fa28
01855 Sebnitz 294 Mc42
56479 Seck 298 Dc47
74743 Seckach 310 Fb56
29575 Secklendorf 256 Gc25
14554 Seddiner See 269 Kd32
01968 Sedlitz 282 Mb37
77889 Seebach 327 Dd64
99846 Seebach 289 Gc44
16835 Seebeck-Strubensee 259 Kd26
29413 Seebenau 257 Hb27
99869 Seebergen 290 Ha44
25927 Seebüll 236 Ec10
06317 Seeburg 279 Jb39
14476 Seeburg 270 La30
37136 Seeburg 277 Gb38
23823 Seedorf 246 Gc17
23883 Seedorf 247 Ha21
27404 Seedorf 255 Fa23
29549 Seedorf 256 Gd25
16356 Seefeld 270 Lc28
16928 Seefeld 258 Jd25
25557 Seefeld 245 Fc16
82229 Seefeld 331 Hd68
87637 Seeg 341 Ha72
23758 Seegalendorf 239 Ha15
17291 Seehausen 260 Ld23
39365 Seehausen 267 Hd33
39615 Seehausen 258 Jb27
82418 Seehausen 341 Hd71
64342 Seeheim 309 Eb54
19069 Seehof 247 Hd20
77960 Seelbach 327 Dd66
49699 Seelingstädt 292 Ka45
25878 Seelitz 292 Kd42
15306 Seelow 271 Mc29
30926 Seelze 265 Fc31
83370 Seeon-Seebruck 333 Kc69
29482 Seerau im Drawehn 257 Hb26
38536 Seershausen 266 Gc31
38723 Seesen 277 Gb35
82402 Seeshaupt 342 Ja70
25278 Seester 245 Fc20
25371 Seestermühe 245 Fc20
25878 Seeth 237 Fa14
25337 Seeth-Ekholt 245 Fd20
39638 Seethen 268 Ja29

212.. Seevetal 256 Ga23
72297 Seewald 328 Ea64
16845 Segeletz 259 Kb27
31691 Seggebruch 265 Fa32
39356 Seggerde 267 Hc31
24814 Sehestedt 237 Fd14
38279 Sehlde 277 Gc34
31196 Sehlem 277 Ga34
18528 Sehlen 241 La13
09465 Sehma 305 La47
31319 Sehnde 266 Ga32
31595 Sehnsen 264 Ed30
55444 Seibersbach 308 Da52
09548 Seiffen (Erzgebirge), Kurort 293 Lc45
02782 Seifhennersdorf 295 Na43
16775 Seilershof 260 La25
97342 Seinsheim 311 Gc55
07389 Seisla 303 Ja46
78606 Seitingen-Oberflacht 328 Ec69
95100 Selb 304 Ka50
14641 Selbelang 269 Kc29
06773 Selbitz 280 Kb36
95152 Selbitz 303 Jb49
15831 Selchow 270 Lb31
15859 Selchow 271 Ma32
24238 Selent 238 Gc15
52538 Selfkant 284 Ad43
63500 Seligenstadt 299 Ed51
24884 Selk 237 Fc13
15938 Sellendorf 281 Lc34
03130 Sellessen 282 Md37
18586 Sellin 241 Lb13
59379 Selm 273 Cd37
23923 Selmsdorf 247 Ha18
18246 Selow 248 Jb18
18195 Selpin 249 Ka17
27446 Selsingen 255 Fa23
65618 Selters (Taunus) 298 Dd49
56242 Selters (Westerwald) 298 Db47
55278 Selzen 308 Dd53
67681 Sembach 308 Db56
03172 Sembten 271 Na33
14715 Semlin 269 Ka28
18334 Semlow 240 Kb15
38327 Semmenstedt 278 Ha34
48308 Senden 274 Da36
89250 Senden 330 Gb66
48324 Sendenhorst 274 Db36
01968 Senftenberg 282 Mb38
16230 Senftenhütte 260 Ld26
92369 Sengenthal 322 Ja58
06193 Sennewitz 279 Jc38
97526 Sennfeld 301 Gc51
64759 Sensbachtal 309 Ed56
06869 Senst 280 Kb34
15754 Senzig 270 Ld31
14662 Senzke 269 Kb28
24326 Sepel 246 Gc16
03058 Sergen 282 Md36
26427 Seriem 243 Db20
06862 Serno 280 Ka34
54455 Serrig 306 Bc55
74372 Sersheim 318 Ed61
16230 Serwest 260 Ld26
96145 Sesslach 302 Hb50
23845 Seth 246 Gb19
19230 Setzin 257 Hb22
92358 Seubersdorf i.d Oberpf. 322 Jb59
07922 Seubtendorf 303 Jc47
90556 Seukendorf 312 Hb56
37136 Seulingen 277 Gb38
19374 Severin 248 Jb21
16909 Sewekow 259 Kb23
79350 Sexau 327 Db68
95517 Seybothenreuth 313 Jb52
06918 Seyda 280 Kd35
23701 Sibbersdorf 246 Gd16
31079 Sibbesse 277 Ga34
39649 Sichau 267 Hc30
38173 Sickte 266 Gd33
23847 Siebenbäumen 246 Gd19
21514 Siebeneichen 246 Gd21
09634 Siebenlehn 293 Lb42
06308 Siebigerode 278 Hd38
27246 Sieden 264 Ed29
17089 Siedenbollentin 250 La19
17111 Siedenbrünzow 249 Kd18
27254 Siedenburg 264 Ed29
38489 Siedengrieben 267 Hc28
29416 Siedenlangenbeck 267 Hb28
55599 Siefersheim 308 Dc53
15913 Siegadel 282 Mb34
35768 Siegbach 287 Ea45
53721 Siegburg 285 Cc45
74936 Siegelsbach 319 Fa58
570.. Siegen 286 Dc44
93354 Siegenburg 322 Jd62
85635 Siegertsbrunn 332 Jc68
98749 Siegmundsburg 302 Hc48
83313 Siegsdorf 343 Kd70
24960 Siegum 237 Fc10
22962 Siek 246 Gb20
86577 Sielenbach 331 Hd65
18465 Siemersdorf 249 Kb16
29410 Sienau 257 Hc27
23730 Sierhagen 247 Ha16
23730 Sierksdorf 247 Ha17
23847 Sierksrade 246 Gd20
66780 Siersburg 306 Bd57
56427 Siershahn 298 Db47
06308 Siersleben 279 Ja38
38159 Sierße 266 Gc32
39356 Siestedt 267 Hc32
17209 Sietow 259 Ka22
15320 Sietzing 271 Mb28
06188 Sietzsch 279 Jd39
15236 Sieversdorf 271 Mc30
16845 Sieversdorf-Hohenofen 259 Ka27
24641 Sievershütten 246 Ga19
24885 Sieverstedt 237 Fb12
18510 Sievertshagen 240 Kc15
01936 Siewisch 282 Mc36
25560 Siezbüttel 245 Fb17
19376 Siggelkow 258 Jb22
72488 Sigmaringen 329 Fa68
72517 Sigmaringendorf 329 Fb68
88138 Sigmarszell 339 Fd72
07937 Silberfeld 303 Jc46
24887 Silberstedt 237 Fb13
08121 Silberstraße 304 Kc46
37345 Silkerode 277 Gc38
26419 Sillenstede 243 Dc21
31188 Sillium 277 Gb34
16949 Silmersdorf 258 Jc23
17214 Silz 249 Ka21
25551 Silzen 245 Fc17
94436 Simbach 323 Kc63
84359 Simbach a. Inn 334 Lb66
91245 Simmelsdorf 313 Ja55
52152 Simmerath 296 Bb46
88171 Simmerberg 340 Ga72
55469 Simmern 307 Cd52
56337 Simmern 298 Da48
03149 Simmersdorf 283 Na36
72226 Simmersfeld 318 Eb63
97215 Simmershofen 311 Gb56
55618 Simmertal 307 Cd53
75397 Simmozheim 318 Ec62
25813 Simonsberg 236 Ed14
79263 Simonswald 327 Dc68
7106. Sindelfingen 318 Ed63
78224 Singen 338 Ec71
56379 Singhofen 298 Db49
35764 Sinn 299 Ea46
36391 Sinntal 300 Fc49
74889 Sinsheim 318 Ed58
76547 Sinzheim 317 Dd62
53489 Sinzig 297 Cc47
93161 Sinzing 322 Jd60
67729 Sippersfeld 308 Dc55
78354 Sipplingen 339 Fa71
06507 Siptenfelde 278 Hc37
23898 Sirksfelde 246 Gc20
27419 Sittensen 255 Fc24
07429 Sitzendorf 302 Hc46
21388 Soderstorf 256 Gb25
83139 Söchtenau 333 Kb69
49751 Sögel 253 Da27
31185 Söhlde 266 Gb33
34320 Söhrewald 288 Fc41
19209 Söhring 247 Hc21
79294 Sölden 327 Db69
19339 Söllenthin 258 Jd26
06774 Söllichau 280 Kc37
38387 Söllingen 278 Hb34
99610 Sömmerda 290 Hc42
25821 Sönnebüll 236 Ed12
24241 Sören 246 Ga16
24966 Sörup 237 Fc11
59494 Soest 274 Dd38
02689 Sohland 294 Md42
02894 Sohland 295 Nb41
55487 Sohren 307 Cc52
42... Solingen 285 Cc41
24852 Sollerup 237 Fb12
99759 Sollstedt 277 Gd39
25884 Sollwitt 237 Fa12
35606 Solms 299 Ea47
91807 Solnhofen 321 Hc61
39638 Solpke 267 Hd30
29614 Soltau 255 Fd26
29594 Soltendieck 257 Ha27
98639 Solz 301 Gc46
97334 Sommerach 311 Gc53
16766 Sommerfeld 259 Kd27
97286 Sommerhausen 311 Gb54
25761 Sommerkoog 244 Ec16
25358 Sommerland 245 Fc19
17111 Sommersdorf 249 Kc19
17328 Sommersdorf 261 Ma23
39365 Sommersdorf 267 Hc33
97255 Sonderhofen 311 Ga55
99706 Sondershausen 290 Hb40
97647 Sondheim v.d Rhön 301 Gb48
96515 Sonneberg 302 Hd48
99869 Sonneborn 289 Gd43
96242 Sonnefeld 302 Hc50
94164 Sonnen 325 Mb62
31634 Sonnenborstel 265 Fb29
72820 Sonnenbühl 329 Fa66
03249 Sonnewalde 281 Ld36
47665 Sonsbeck 272 Bc38
87776 Sontheim 330 Gd69
89567 Sontheim a.d Brenz 330 Gc64
87527 Sonthofen 340 Gc73
36205 Sontra 289 Ga42
24806 Sophienhamm 237 Fb15
16348 Sophienstädt 260 Lc27
38875 Sorge 278 Ha37
04769 Sornzig-Ablaß 293 La41
08326 Sosa 304 Kc47
31249 Soßmar 266 Ga32
06528 Sotterhausen 278 Hd39
38321 Sottmar 266 Gd33
27367 Sottrum 255 Fa25
83564 Soyen 333 Kb68
14715 Spaatz 269 Ka28
55595 Spabrücken 308 Da53
49751 Spahnharrenstätte 253 Da27
78549 Spaichingen 328 Ec68
91174 Spalt 321 Hb59
34286 Spangenberg 288 Fd42
17392 Spantekow 250 Lb19
91080 Spardorf 312 Hc55
07927 Sparnberg 303 Jc48
95234 Sparneck 303 Jc50
25365 Sparrieshoop 245 Fc19
56322 Spay 298 Da49
74937 Spechbach 309 Ed57
16230 Spechthausen 260 Ld27
54662 Speicher 306 Bd52
95469 Speichersdorf 313 Jc52
15848 Speichrow 271 Mb33
92676 Speinshart 313 Jc53
48480 Spelle 263 Da31
32139 Spenge 264 Eb33
15838 Sperenberg 270 Lb33
06237 Spergau 291 Jd40
67346 Speyer 309 Ea57
06188 Spickendorf 279 Jd38
94518 Spiegelau 324 Ld60
71579 Spiegelberg 319 Fc60
27637 Spieka 244 Eb20
26474 Spiekeroog 243 Db19
66583 Spiesen-Elversberg 307 Cb57
15344 Spitzmühle 270 Ld29
18513 Splietsdorf 249 Kc16
06780 Spören 279 Jd38
18314 Spoldershagen 240 Kb14
17039 Sponholz 250 La21
06724 Spora 292 Ka42
19372 Spornitz 258 Ja22
73565 Spraitbach 319 Fd61
25917 Sprakebüll 237 Fa11
29365 Sprakensehl 266 Gd28
15528 Spreeau 270 Ld31
15528 Spreenhagen 271 Ma31
02979 Spreetal 282 Mc38
03130 Spremberg 282 Mc37
55576 Sprendlingen 308 Dc53
48455 Springbiel 262 Cb32
31832 Springe 265 Fc33
98587 Springstille 301 Gd47
45549 Sprockhövel 285 Cc40
04509 Spröda 280 Kb38
14532 Sputendorf 270 La31
15868 Staakow 282 Mc34
15910 Staakow 270 Ld33
39599 Staats 268 Ja30
06862 Stackelitz 280 Ka34
2168. Stade 245 Fb21
55271 Stadecken 308 Dd52
25596 Stadensen 256 Gd27
2693. Stadland 254 Ea22
29593 Stadorf 256 Gc26
01829 Stadt Wehlen 294 Mb43
35260 Stadtallendorf 287 Ed45
24326 Stadtbek 246 Gc17
86391 Stadtbergen 331 Hb66
31655 Stadthagen 265 Fa32
99326 Stadtilm 290 Hc45
54589 Stadtkyll 296 Bc48
97488 Stadtlauringen 301 Gc50
36457 Stadtlengsfeld 289 Gb45
48703 Stadtlohn 273 Cb34
37627 Stadtoldendorf 276 Fc36
97909 Stadtprozelten 310 Fb53
07646 Stadtroda 291 Jb44
95346 Stadtsteinach 303 Ja50
25917 Stadum 236 Ed11
18198 Stäbelow 248 Jc17
16766 Staffelde 269 Kd28
39596 Staffelde 268 Jc29
27254 Staffhorst 264 Ed28
24816 Stafstedt 245 Fc16
14532 Stahnsdorf 270 La31
89195 Staig 330 Gb66
24217 Stakendorf 238 Gc14
94375 Stallwang 323 Kd59
95236 Stammbach 303 Jb50
84533 Stammham 334 La66
85134 Stammham 322 Ja61
93491 Stamsried 314 Kc57
14959 Stangenhagen 270 La32
06543 Stangerode 278 Hd37
24395 Stangheck 237 Fd11
38871 Stapelburg 278 Ha35
22145 Stapelfeld 246 Gb21
29416 Stappenbeck 257 Hc27
04617 Starkenberg 292 Ka43
18469 Starkow 240 Kb14
82319 Starnberg 332 Ja69
72181 Starzach 328 Ec65
39418 Stassfurt 279 Ja36
01594 Stauchitz 293 Lb40
83224 Staudach-Egerndach 343 Kc70
55568 Staudernheim 308 Da54
56424 Staudt 298 Db48
79219 Staufen i. Breisgau 337 Da70
34355 Staufenberg 288 Fc40
35460 Staufenberg 299 Ec46
03238 Staupitz 281 Ld38
17039 Staven 250 La20
49777 Stavern 262 Cd28
04936 Stechau 281 Lc36
14715 Stechow 269 Ka29
14715 Steckelsdorf 268 Jd29
06507 Stecklenberg 278 Hc37
27729 Steden 254 Ec23
29559 Stederdorf 256 Gd27
25920 Stedesand 236 Ed11
26427 Stedesdorf 243 Db21
06317 Stedten 279 Jb39
19230 Steegen 257 Hc22
25557 Steenfeld 245 Fb16
19300 Steesow 258 Ja24
35239 Steffenberg 287 Ea44
16928 Steffenshagen 258 Jc24
18209 Steffenshagen 248 Jb16
96135 Stegaurach 312 Hb53
17268 Stegelitz 260 Ld24
39291 Stegelitz 268 Jc33
79252 Stegen 327 Db69
99762 Stegerthal 278 Hb39
31634 Steimbke 265 Fb29
57614 Steimel 298 Da46
38486 Steimke 267 Hb29
24235 Stein 238 Gb14
74196 Stein 319 Fb58
75203 Stein 318 Eb61
76857 Stein 317 Dc59
90547 Stein 312 Hc57
01920 Steina 294 Mb40
77790 Steinach 327 Dc66
94377 Steinach 323 Kd60
96523 Steinach 302 Hc48
66851 Steinalben 317 Da58
21775 Steinau 244 Ed20
36396 Steinau a.d Straße 300 Fc49
09477 Steinbach 305 Lb46
36448 Steinbach 289 Gc44
37308 Steinbach 277 Gb39
61449 Steinbach 299 Eb50
66909 Steinbach a. Glan 307 Cd56
96361 Steinbach a. Wald 302 Hd48
98587 Steinbach Hallenberg 301 Gd46
16259 Steinbeck 271 Ma28
08237 Steinberg 304 Kb47
14793 Steinberg 269 Ka32
24972 Steinberg 237 Fd11
92449 Steinberg 323 Ka58
24972 Steinbergkirche 237 Fd11
26892 Steinbild 252 Cd27
22964 Steinburg 246 Gc20
82237 Steinebach 331 Hd68
79585 Steinen 337 Da72
71144 Steinenbronn 319 Fa63
18184 Steinfeld 248 Jd16
24888 Steinfeld 237 Fd12
39599 Steinfeld 268 Jb29
49439 Steinfeld 263 Dd30
76889 Steinfeld 317 Dc60
97854 Steinfeld 310 Fd52
16798 Steinförde 259 Kd24
48565 Steinfurt 262 Cd33
86989 Steingaden 341 Hb71
18246 Steinhagen 248 Jb18
18442 Steinhagen 240 Kc15
33803 Steinhagen 275 Ea34
88416 Steinhausen a.d Rott. 330 Ga69
98749 Steinheid 302 Hc48
32839 Steinheim 276 Fa36
89555 Steinheim a. Albuch 320 Gb63
71711 Steinheim a.d Murr 319 Fb61
15518 Steinhöfel 271 Mb30
16278 Steinhöfel 260 Ld24
85643 Steinhöring 333 Ka68
23847 Steinhorst 246 Gc20
29367 Steinhorst 266 Gc29
01904 Steinigtwolmsdorf 294 Md42
29416 Steinitz 257 Hc27
21720 Steinkirchen 245 Fc21
84439 Steinkirchen 333 Ka65
38275 Steinlah 277 Gc34
76479 Steinmauern 317 Dd61
17391 Steinmocker 250 Lb18
37345 Steinrode 277 Gd39
07338 Steinsdorf 303 Ja46
91628 Steinsfeld 311 Gc57
76872 Steinweiler 317 Dd59
66879 Steinwenden 307 Cd56
96349 Steinwiesen 303 Ja49
78256 Steißlingen 338 Ed71
21435 Stelle 256 Gb23
25795 Stelle-Wittenwurth 236 Ed15
07922 Stelzen 303 Jc47
67705 Stelzenberg 308 Da57
27308 Stemmen 255 Fb27
27389 Stemmen 255 Fc24
32689 Stemmen 264 Ed33
99762 Stempeda 278 Hb38
49448 Stemshorn 264 Ea31
32351 Stemwede 264 Ea31
39576 Stendal 268 Jb29
16306 Stendell 261 Ma24
16945 Stepenitz 258 Jc23
98617 Stepfershausen 301 Gc47
83071 Stephanskirchen 343 Kb70
94569 Stephansposching 324 La61
36391 Sterbfritz 300 Fc49
23883 Sterley 247 Ha21
19406 Sternberg 248 Jb20
75447 Sternenfels 318 Ec60
17291 Sternhagen 260 Ld23
24996 Sterup 237 Fd11
71394 Stetten 319 Fb62
87778 Stetten 330 Gd69
88719 Stetten 339 Fb71
72510 Stetten a. kalten Markt 329 Fa68
96188 Stettfeld 312 Ha52
06179 Steuden 279 Jb39
39264 Steutz 279 Jd35
31595 Steyerberg 264 Ed30
88167 Stiefenhofen 340 Gb72
38899 Stiege 278 Hb37
74597 Stimpfach 320 Gb60
21772 Stinstedt 244 Ed20
78333 Stockach 338 Ed70
82131 Stockdorf 332 Ja68
23617 Stockelsdorf 246 Gd18
96342 Stockheim 302 Hd49
97640 Stockheim 301 Gc48
24326 Stocksee 246 Gc17
63811 Stockstadt 309 Ed52
64589 Stockstadt a. Rhein 309 Ea53
27336 Stöcken 265 Fb28
29588 Stöcken 256 Gd26
37345 Stöckey 277 Gd38
31638 Stöckse 265 Fb29
73495 Stödtlen 320 Gc60
14728 Stölln 269 Ka28
25554 Stördorf 245 Fb18
25554 Störkathen 245 Fd18
06667 Stössen 291 Jc42
87675 Stötten a. Auerberg 341 Ha71
87677 Stöttwang 341 Hb70
29597 Stoetze 257 Ha25
5222. Stolberg 284 Bb45
06547 Stolberg, Kurort 278 Hb38
24879 Stolk 237 Fc12
09366 Stollberg 292 Kd45
16278 Stolpe 261 Ma25
16540 Stolpe 270 La28
17390 Stolpe 250 Lb18
17406 Stolpe 250 Ld18
19372 Stolpe 258 Jb23
24601 Stolpe 246 Gb16
01833 Stolpen 294 Mb42
24409 Stoltebüll 237 Fd11
24256 Stoltenberg 238 Gc14
18510 Stoltenhagen 241 Kd15
31592 Stolzenau 265 Fa30
16248 Stolzenhagen 261 Ma25
16348 Stolzenhagen 260 Lb27
04916 Stolzenhain 281 La35
04932 Stolzenhain 281 Lc39
16818 Storbeck 259 Kc26
39590 Storkau 268 Jc29
15859 Storkow 271 Ma31
17268 Storkow 260 Lb25
17328 Storkow 261 Mb22
99195 Stotternheim 290 Hc42
06896 Straach 280 Kb34
03226 Stradow 282 Mb35
47638 Straelen 272 Bb39
39264 Straguth 279 Jd34
19073 Stralendorf 247 Hc21
19372 Stralendorf 258 Jb22
1843. Stralsund 241 Kd14
24229 Strande 238 Gb14
27259 Strange 264 Ec29
17335 Strasburg 250 Lc21
17255 Strasen 259 Kd24
06493 Straßberg 278 Hc38
08527 Straßberg 303 Jd47
72479 Straßberg 329 Fa67
56587 Straßenhaus 297 Cd47
01936 Straßgräbchen 282 Mb39
94342 Straßkirchen 323 Kd61
82064 Straßlach 332 Jb69
75334 Straubenhardt 318 Ea62
94315 Straubing 323 Kc61
98646 Straufhain 302 Ha49
15913 Straupitz 282 Mb34
15344 Strausberg 270 Ld29
99634 Straußfurt 290 Hb42
06862 Streetz 279 Jd35
15752 Streganz 270 Ld32
01616 Strehla 281 Lb39
15898 Streichwitz 271 Na33
04838 Strelln 280 Kc38
18465 Stremlow 249 Kc16
15848 Stremmen 271 Mb32
06406 Strenzfeld 279 Jb36
06425 Strenznaundorf 279 Jb37
19205 Stresdorf 247 Hb20
19372 Stresendorf 258 Jb23
39291 Stresow 268 Jc32
09641 Striegistal 293 La43
18299 Striesdorf 248 Jd18
03096 Striesow 282 Mc35
14728 Strodehne 268 Jd28
38822 Ströbeck 278 Hb35
49419 Ströhen 264 Ec30
19230 Strohkirchen 257 Hc22
55442 Stromberg 308 Db52
29584 Strothe 256 Gd25
25821 Struckum 236 Ed12
25792 Strübbel 236 Ed15
23815 Strukdorf 246 Gc18
96129 Strullendorf 312 Hc53
01796 Struppen 294 Mb43
24643 Struvenhütten 246 Ga18
24891 Struxdorf 237 Fc12
23847 Stubben 246 Gc20
27616 Stubben 254 Ec22
17159 Stubbendorf 249 Kc17
18195 Stubbendorf 249 Ka16
94166 Stubenberg 334 Lb66
27367 Stuckenborstel 255 Fa25
14547 Stücken 270 La31
16845 Stüdenitz 258 Jd27
79780 Stühlingen 338 Ea71
19230 Stuer 258 Jd22
08328 Stützengrün 304 Kb47
98714 Stützerbach 302 Hb46
28816 Stuhr 254 Ec26
06780 Stumsdorf 279 Jd38
76297 Stutensee 318 Ea60
70... Stuttgart 319 Fa62
24641 Stuvenborn 246 Gb19
19376 Suckow 258 Jc23
48465 Suddendorf 262 Cc32
29690 Sudenbruch 265 Fc29
29556 Suderburg 256 Gc27
27257 Sudwalde 264 Ec28
26624 Südbrookmerland 252 Cd22
25361 Süderau 245 Fc19
24392 Süderbrarup 237 Fd12
25764 Süderdeich 244 Ed16
25782 Süderdorf 245 Fb16
25938 Süderende 236 Eb11
24890 Süderfahrenstedt 237 Fc12
26919 Süderfeld 254 Ea23
21394 Südergellersen 256 Gc24
24852 Süderhackstedt 237 Fa12
25727 Süderhastedt 245 Fa17
25779 Süderheistedt 237 Fa15
25876 Süderhöft 237 Fa14
25923 Süderlügum 236 Ed10
25813 Südermarsch 237 Fa14
24885 Süderschmedeby 237 Fb12
25879 Süderstapel 237 Fa14
27386 Süderwalsede 255 Fb26
46354 Südlohn 273 Ca35
23867 Sülfeld 246 Gb19
39171 Sülldorf 279 Ja34
23923 Sülsdorf 247 Ha18
19077 Sülstorf 247 Hd21
98617 Sülzfeld 301 Gc47
93104 Sünching 323 Kb61
39343 Süplingen 267 Hd32
38373 Süpplingen 267 Hb32
38376 Süpplingenburg 267 Hb32
23701 Süsel 246 Gd17
73079 Süßen 319 Fd63
27305 Süstedt 254 Ed27
21398 Süttorf 256 Gd24
91484 Sugenheim 311 Gd55
9852. Suhl 302 Ha46
29562 Suhlendorf 257 Ha26
19079 Sukow 248 Ja21
17168 Sukow-Marienhof 249 Kb18
78713 Sulgen 328 Ea67
27232 Sulingen 264 Ec29
77933 Sulz 327 Db66
72172 Sulz a. Neckar 328 Eb66
65843 Sulzbach 299 Eb51
66280 Sulzbach 316 Cb58
74429 Sulzbach 320 Ga61
71560 Sulzbach a.d Murr 319 Fc60
63834 Sulzbach a. Main 310 Fa52
92237 Sulzbach-Rosenberg 313 Jc56
87477 Sulzberg 340 Gd72
79295 Sulzburg 337 Da70
97528 Sulzdorf a.d Lederh. 301 Gd50
85254 Sulzemoos 331 Hd66
75056 Sulzfeld 318 Ec59
97633 Sulzfeld 301 Gc49
97320 Sulzfeld a. Main 311 Gb54
97529 Sulzheim 311 Gc52
97717 Sulzthal 301 Gb51
59846 Sundern 286 Dc40
26903 Surwold 253 Da26
03226 Suschow 282 Mb35
49762 Sustrum 252 Cd27
31555 Suthfeld 265 Fb31
26759 Suurhusen 252 Cd22
18574 Swantow 241 La14
53913 Swisttal 297 Ca46
28857 Syke 254 Ec27
06333 Sylda 278 Hd37
25980 Sylt-Ost 236 Ea10
08548 Syrau 303 Jd47
89428 Syrgenstein 320 Gc63

T

24893 Taarstedt 237 Fc12
99891 Tabarz 289 Gd44
83342 Tacherting 333 Kd68
83373 Taching a. See 334 La69
25585 Tackesdorf 245 Fb16
73527 Täferrot 320 Ga62
92723 Tännesberg 314 Kb55
86704 Tagmersheim 321 Hc62
74388 Talheim 319 Fa60
78607 Talheim 328 Eb69
21493 Talkau 246 Gd21
99897 Tambach-Dietharz 290 Ha45
71732 Tamm 319 Fa61
38489 Tangeln 267 Hb29
21442 Tangendorf 256 Gb23
49835 Tangensand 262 Cc30
39517 Tangerhütte 268 Jb31
39590 Tangermünde 268 Jc30
22889 Tangstedt 246 Ga20
25499 Tangstedt 245 Fd20
23942 Tankenhagen 247 Hb18
84367 Tann 334 La66
36142 Tann (Rhön) 301 Ga46
07922 Tanna 303 Jc47
38875 Tanne 278 Ha37
09468 Tannenberg 305 La46
08262 Tannenbergsthal 304 Kb48
73497 Tannhausen 320 Gc60
88459 Tannheim 330 Gb69
16307 Tantow 261 Mb23
86660 Tapfheim 321 Ha63
38479 Tappenbeck 267 Ha30
24594 Tappendorf 245 Fc16
26655 Tarbarg 253 Dc23
24619 Tarbek 246 Gb17
16833 Tarmow 259 Kc27
27412 Tarmstedt 255 Fa24
18249 Tarnow 248 Jc19
24963 Tarp 237 Fb12
39435 Tarthun 279 Ja35
24536 Tasdorf 246 Ga17
24943 Tastrup 237 Fb11
37339 Tastungen 277 Gc39
25881 Tating 236 Ec15
01665 Taubenheim 293 Lc42
97941 Tauberbischofsheim 310 Fd55
04425 Taucha 280 Kb39
15848 Tauche 271 Mb32
03185 Tauer 282 Md34
82024 Taufkirchen 332 Jb68
84416 Taufkirchen 333 Ka66
84574 Taufkirchen 333 Kc67
65232 Taunusstein 298 Dd50
04889 Taura 281 Lc38
09249 Taura 292 Kd43
01561 Tauscha 294 Ma40
07639 Tautenhain 291 Jc43
54456 Tawern 306 Bc54
24220 Techelsdorf 246 Ga16
19399 Techentin 248 Jc21
19246 Techin 247 Hb21
49545 Tecklenburg 263 Db33
16866 Teetz 259 Ka25
07907 Tegau 303 Jc46
93105 Tegernheim 323 Ka60
83684 Tegernsee 342 Jc71
06193 Teicha 279 Jc38
07989 Teichwolframsdorf 292 Ka45
83317 Teisendorf 344 La70
84576 Teising 333 Kd66
94244 Teisnach 324 Lb59
37339 Teistungen 277 Gc39
19273 Teldau 257 Ha23
48291 Telgte 274 Db35
25782 Tellingstedt 237 Fb15
25782 Tellingstedt 245 Fb16
16949 Telschow-Weitgendorf 258 Jc23
14513 Teltow 270 La30
15806 Telz 270 Lc32
17268 Temmen 260 Ld24
15518 Tempelberg 271 Mb30
16356 Tempelfelde 270 Ld28
17268 Templin 260 Lb24
78250 Tengen 338 Eb70
32609 Tengern 264 Ec32
79331 Teningen 327 Db68
78144 Tennenbronn 328 Ea67
25767 Tensbüttel 245 Fa16
23824 Tensfeld 246 Gb17
15926 Terpt 282 Ma35
16515 Teschendorf 260 La27
17094 Teschendorf 250 La21
23923 Teschow 247 Ha18
21395 Tespe 256 Gc22
19376 Tessenow 258 Jb23
18195 Tessin 249 Ka17
19243 Tessin 247 Hb21
19258 Tessin 257 Ha22
23758 Testorf 239 Ha15
23936 Testorf 247 Hc19
29599 Testorf 257 Ha25
23936 Testorf-Steinfort 247 Hc19
25882 Tetenbüll 236 Ec14
24817 Tetenhusen 237 Fc14
17166 Teterow 249 Ka19
01945 Tettau 281 Ld39
08393 Tettau 292 Kb44
96355 Tettau 302 Hd47
26434 Tettens 243 Dc20
94167 Tettenweis 334 Lc64
88069 Tettnang 339 Fc72
93158 Teublitz 323 Ka58
06682 Teuchern 291 Jd42
93356 Teugn 322 Jd61
92552 Teunz 314 Kb56
15755 Teupitz 270 Lc33
96358 Teuschnitz 303 Ja48
17111 Teusin 249 Kd18
06179 Teutschenthal 279 Jc39
19303 Tewswoos 257 Hc24
25557 Thaden 245 Fb16
06502 Thale 278 Hb37
66987 Thaleischweiler-Fröschen 317 Da58
54424 Thalfang 307 Cb54
06766 Thalheim 280 Ka37
09380 Thalheim 292 Kd45
04808 Thallwitz 280 Kc39
91177 Thalmässing 321 Hd59
93107 Thalmassing 323 Ka61
04808 Thammenhain 280 Kd39
19217 Thandorf 247 Ha19
86470 Thannhausen 330 Gd66
01737 Tharandt 293 Ld42
27321 Thedinghausen 254 Ed26
39291 Theeßen 268 Jc32
91741 Theilenhofen 321 Hb59
97288 Theilheim 311 Gb54
92637 Theisseil 314 Ka54
06727 Theißen 291 Jd42
66636 Theley 307 Cb56
18195 Thelkow 249 Ka17
98660 Themar 302 Ha47
97531 Theres 301 Gd51
24306 Theresienhof 246 Gc16
18528 Thesenvitz 241 La13
08541 Theuma 304 Ka47
39619 Thielbeer 257 Hd27
29594 Thielitz 257 Ha27
01561 Thiendorf 293 Ld40
07356 Thierbach 303 Ja47
95119 Thierbach 303 Jb48
86672 Thierhaupten 331 Hb64
95707 Thiersheim 304 Ka51
06862 Thießen 280 Ka35
18586 Thiessow 241 Lc14
07356 Thimmendorf 303 Jb47
30938 Thönse 266 Ga30
66636 Tholey 307 Cb56
21401 Thomasburg 256 Gd24
26169 Thülsfeld 253 Dc26
04668 Thümmlitzwalde 292 Kd41
97289 Thüngen 311 Ga52
97291 Thüngersheim 311 Ga53
56743 Thür 297 Cc49
17168 Thürkow 249 Ka18
31020 Thüste 276 Fc34
49832 Thuine 263 Da30
18184 Thulendorf 248 Jd16
09419 Thum 293 La45
24351 Thumby 237 Fd12
97711 Thundorf i. Unterfr. 301 Gc50
06779 Thurland 279 Jd37
08138 Thurm 292 Kb45
94169 Thurmansbang 324 Lc62
95349 Thurnau 303 Ja51
17495 Thurow 250 Lb17
94136 Thyrnau 325 Ma63
14974 Thyrow 270 La32
38473 Tiddische 267 Hb30
09661 Tiefenbach 293 Lb42
84184 Tiefenbach 333 Ka64
93464 Tiefenbach 314 Kc56
94113 Tiefenbach 324 Ld63
75233 Tiefenbronn 318 Ec62
36469 Tiefenort 289 Gb44
04849 Tiefensee 280 Kb38
16259 Tiefensee 270 Ld28
24803 Tielen 237 Fb15
25794 Tielenhemme 237 Fb15
79098 Tiengen 337 Dd72
14641 Tietzow 269 Kd28
06537 Tilleda 278 Hc39
18528 Tilzow 241 La13
24644 Timmaspe 245 Fd16
23669 Timmendorfer Strand 247 Ha17
06502 Timmenrode 278 Hb36
25917 Tinningstedt 236 Ed10
08606 Tirpersdorf 304 Ka48
95643 Tirschenreuth 314 Kb52
27419 Tiste 255 Fc23
79822 Titisee 337 Dd70
07343 Titschendorf 303 Ja48
85135 Titting 321 Hd60
94104 Tittling 324 Ld62
84529 Tittmoning 334 La68
52445 Titz 284 Bc43
19230 Toddin 257 Hc22
24819 Todenbüttel 245 Fc16
22965 Todendorf 246 Gc20
23826 Todesfelde 246 Gb18
86447 Todtenweis 331 Hc64
79682 Todtmoos 337 Dc71
79674 Todtnau 337 Db70
84513 Töging a. Inn 333 Kd66
47918 Tönisvorst 284 Bc40
25832 Tönning 236 Ed15
15755 Töpchin 270 Lc32
95183 Töpen 303 Jc48
14476 Töplitz 269 Kd30
24894 Tolk 237 Fc12
06231 Tollwitz 291 Jd40
99958 Tonna 290 Ha42
21442 Toppenstedt 256 Gb24
04860 Torgau 281 La38
17358 Torgelow 250 Ld20
17192 Torgelow a. See 249 Kb21
17358 Torgelow-Holländerei 251 Ma19
23923 Torisdorf 247 Hb19
06774 Tornau 280 Kb37
06779 Tornau v.d. Heide 279 Jd37

25436 Tornesch 245 Fd20
39249 Tornitz 279 Jb35
02991 Torno 282 Mb38
16775 Tornow 260 La25
21255 Tostedt 255 Fd24
21371 Tosterglope 257 Ha24
56841 Traben-Trarbach 307 Cb52
92724 Trabitz 313 Jc53
93358 Train 322 Jc62
93455 Traitsching 323 Kd58
23843 Tralau 246 Gb19
19089 Tramm 248 Ja21
21516 Tramm 246 Gd21
16230 Trampe 260 Ld27
17391 Tramstow 250 Lb18
17121 Trantow 249 Kd17
24610 Trappenkamp 246 Gb17
97633 Trappstadt 301 Gd49
54441 Trassem 306 Bc55
17449 Trassenheide 250 Lc16
29633 Trauen 256 Gb26
83301 Traunreut 333 Kd69
83278 Traunstein 333 Kd69
92555 Trausnitz 314 Ka55
38899 Trautenstein 278 Ha37
90619 Trautskirchen 312 Ha56
23843 Travenbrück 246 Gb19
23827 Travenhorst 246 Gc17
15848 Trebatsch 271 Mb33
06369 Trebbichau 279 Jc37
14959 Trebbin 270 La32
03253 Trebbus 281 Lc36
29494 Trebel 257 Hd26
04617 Treben 292 Kb42
02959 Trebendorf 282 Md37
03149 Trebendorf 282 Md36
17337 Trebenow 250 Ld21
95367 Trebgast 303 Jb51
06909 Trebitz 280 Kc36
06420 Trebnitz 279 Jb37
15320 Trebnitz 271 Mb29
19249 Trebs 257 Hb23
04687 Trebsen 292 Kc40
65468 Trebur 309 Ea52
55413 Trechtingshausen 308 Db52
14778 Trechwitz 269 Kc31
93492 Treffelstein 314 Kc56
99830 Treffurt 289 Gc42
24896 Treia 237 Fb13
56253 Treis-Karden 297 Cc50
14641 Tremmen 269 Kc29
22967 Tremsbüttel 246 Gc20
14552 Tremsdorf 270 La32
34388 Trendelburg 276 Fb38
25693 Trennewurth 244 Ed17
18569 Trent 241 Kd12
15236 Treplin 271 Mc30
15898 Treppeln 271 Md33
38889 Treseburg 278 Hb37
91757 Treuchtlingen 321 Hb61
08233 Treuen 304 Ka47
14929 Treuenbrietzen 269 Kd33
38524 Triangel 266 Gd30
18569 Tribbevitz 241 La12
78098 Triberg i. Schwarzwald 327 Dd68
18320 Tribohm 240 Ka15
18465 Tribsees 249 Kb16
08606 Triebel i. Vogtland 303 Jd48
07950 Triebes 291 Jd45
01665 Triebischtal 293 Lc41
97855 Triefenstein 310 Fc53
16845 Trieplatz 259 Kb26
5429 . Trier 306 Bd54
54311 Trierweiler 306 Bc54
84371 Triftern 334 Lb65
16949 Triglitz 258 Jc24
06369 Trinum 279 Jc36
18320 Trinwillershagen 240 Ka15
67705 Trippstadt 308 Db57
07819 Triptis 291 Jc45
22946 Trittau 246 Gc21
54349 Trittenheim 307 Ca53
72818 Trochtelfingen 329 Fa66
03253 Tröbitz 281 Lc37
06729 Tröglitz 291 Jd42
24321 Tröndel 238 Gc14
95709 Tröstau 303 Jd51
95183 Trogen 303 Jd48
5384 . Troisdorf 285 Cc45
17039 Trollenhagen 250 La20
96120 Trosdorf 312 Hb52
04880 Trossin 280 Kd37
78647 Trossingen 328 Eb68
83308 Trostberg 333 Kd68
66957 Trulben 316 Cd59
87779 Trunkelsberg 330 Gc69
98596 Trusetal 289 Gc45
39291 Tryppehna 268 Jc33
03130 Tschernitz 283 Na37
96367 Tschirn 303 Ja48
39307 Tucheim 268 Jd32
16230 Tuchen-Klobbicke 260 Ld27
90587 Tuchenbach 312 Hb56
7207 . Tübingen 328 Ed64
16928 Tüchen 258 Jc25
38474 Tülau 267 Ha29
25881 Tümlauer Koog 236 Ec14
03130 Türkendorf 282 Md37
82299 Türkenfeld 331 Hd68
86842 Türkheim 331 Ha68
28879 Tüschendorf 254 Ed24
84577 Tüßling 333 Kd67
24214 Tüttendorf 238 Ga14
17091 Tützpatz 249 Kd19
78609 Tuningen 328 Eb69
83104 Tuntenhausen 333 Ka69
03185 Turnow 282 Mc35
86874 Tussenhausen 331 Ha68
17129 Tutow 250 La17
78532 Tuttlingen 328 Ec69
82327 Tutzing 332 Ja69
24894 Twedt 237 Fc12
38388 Twieflingen 267 Hb33
21723 Twielenfleth 245 Fc21
49767 Twist 262 Cc29
34477 Twistetal 287 Ed40
27239 Twistringen 264 Eb28
29413 Tylsen 257 Hb27
84558 Tyrlaching 333 Kd68

U

76698 Ubstadt-Weiher 318 Eb59
39517 Uchtdorf 268 Jb31
31600 Uchte 264 Ed30
66557 Uchtelfangen 307 Cb57
39599 Uchtspringe 268 Ja30
15926 Uckro 281 Lc35
18569 Udars 241 Kd12
55288 Udenheim 308 Dd53
37318 Uder 289 Gb40
52531 Übach-Palenberg 284 Ba43
66802 Überherrn 316 Bd58
88662 Überlingen 339 Fa71
83236 Übersee 343 Kc70
04938 Uebigau 281 Lb37
97532 Üchtelhausen 301 Gc51
17459 Ückeritz 250 Ld16
17373 Ueckermünde 251 Ma19
47589 Uedem 272 Bb37
54552 Üdersdorf 297 Ca50
91486 Uehlfeld 312 Ha54
79777 Ühlingen 337 Dd71
38170 Uehrde 278 Ha34
19077 Uelitz 257 Hd22
24860 Ülsby 237 Fc12
49843 Uelsen 262 Cb30
55278 Uelversheim 308 Dd53
29525 Uelzen 256 Gd26
39579 Uenglingen 268 Jb29
54539 Ürzig 307 Cb52
25436 Uetersen 245 Fc20
97292 Uettingen 310 Fd53
39517 Ütz 268 Jb31
14476 Uetz-Paaren 269 Kd30
16359 Ützdorf 260 Lc27
31311 Uetze 266 Gb31
54579 Üxheim 296 Bd49
49477 Uffeln 263 Da32
97215 Uffenheim 311 Gc56
82449 Uffing 341 Hd71
06548 Uftrungen 278 Hb39
73066 Uhingen 319 Fc63
88690 Uhldingen 339 Fa71
17309 Uhlenkrug 251 Ma20
07407 Uhlstädt 291 Ja45
39343 Uhrsleben 267 Hd33
02923 Uhsmannsdorf 283 Nb39
02999 Uhyst 282 Md39
06667 Uichteritz 291 Jc41
23701 Uklei 246 Gd16
01454 Ullersdorf 294 Ma42
15868 Ullersdorf 271 Mc33
890 . . . Ulm / Donau 330 Gb65
56766 Ulmen 297 Cb50
35327 Ulrichstein 300 Fa47
24897 Ulsnis 237 Fd12
06543 Ulzigerode 278 Hd37
79224 Umkirch 327 Da69
18569 Ummanz 241 Kd13
39365 Ummendorf 267 Hc33
88444 Ummendorf 330 Ga68
29369 Ummern 266 Gc29
21274 Undeloh 256 Ga24
55278 Undenheim 308 Dd53
93152 Undorf 322 Jd60
53572 Unkel 297 Cc46
88527 Unlingen 329 Fc67
5942 . Unna 274 Db38
57648 Unnau 298 Dc46
18569 Unrow 241 Kd13
39435 Unseburg 279 Ja35
97618 Unsleben 301 Gc48
99976 Unstruttal 289 Gc41
69518 Unter-Abtsteinach 309 Ec56
86983 Unterammergau 341 Hc72
36414 Unterbreizbach 289 Ga45
86944 Unterdießen 331 Hb69
84339 Unterdietfurt 333 Kd65
87782 Unteregg 330 Gd69
74257 Untereisesheim 319 Fa58
72669 Unterensingen 319 Fb63
85774 Unterföhring 332 Jc67
94107 Untergriesbach 325 Ma63
74199 Untergruppenbach 319 Fb59
82008 Unterhaching 332 Jb68
72805 Unterhausen 329 Fb65
71131 Unterjettingen 328 Ec64
98634 Unterkatz 301 Gc46
78052 Unterkirnach 328 Ea68
07922 Unterkoskau 303 Jc47
91364 Unterleinleiter 312 Hd53
07356 Unterlemnitz 303 Jb47
29345 Unterlüß 256 Gc27
98617 Untermaßfeld 301 Gc47
86836 Untermeitingen 331 Hb67
96190 Untermerzbach 302 Hb51
74547 Untermünkheim 319 Fd59
84575 Unterneukirchen 333 Kd67
97294 Unterpleichfeld 311 Gb53
75399 Unterreichenbach 318 Ec62
83567 Unterreit 333 Kb67
87779 Unterrieden 330 Gd68
06295 Unterrißdorf 279 Ja38
25764 Unterschaar 244 Ed16
85716 Unterschleißheim 332 Jb66
73485 Unterschneidheim 320 Gc61
82282 Unterschweinbach 331 Hd67
96253 Untersiemau 302 Hb50
95369 Untersteinach 303 Ja50
87647 Unterthingau 340 Gd71
98634 Unterweid 301 Gb46
71554 Unterweissach 319 Fc61
98744 Unterweißbach 302 Hc46
07334 Unterwellenborn 303 Ja46
07422 Unterwirbach 302 Hd46
83246 Unterwössen 343 Kc71
87496 Untrasried 340 Gd70
23936 Upahl 247 Hc19
38704 Upen 277 Gc34
26529 Upgant-Schott 242 Cd21
25923 Uphusum 236 Ec10
26670 Uplengen 253 Db23
17111 Upost 249 Kc18
56317 Urbach 298 Da47
73660 Urbach 319 Fc62
99765 Urbach 278 Hb39
56589 Urbar 298 Da48
66646 Urexweiler 307 Cb56
77767 Urloffen 327 Dc64
56220 Urmitz 297 Cd48
86513 Ursberg 330 Gd66
92289 Ursensollen 313 Jc57
97857 Urspringen 310 Fd53
17406 Usedom 250 Ld18
17237 Userin 259 Kd22
61250 Usingen 299 Eb49
37170 Uslar 276 Fc37
86514 Ustersbach 331 Ha66
26556 Utarp 243 Da21
19217 Utecht 247 Ha19
98617 Utendorf 301 Gd46
25938 Utersum 236 Ea11
26427 Utgast 243 Da20
06773 Uthausen 280 Kb36
99765 Uthleben 278 Hb39
27628 Uthlede 254 Eb23
91080 Uttenreuth 312 Hc55
88524 Uttenweiler 329 Fd68
86919 Utting a. Ammersee 331 Hd68
17111 Utzedel 249 Kd18

V

25594 Vaale 245 Fb17
25594 Vaalermoor 245 Fb18
36404 Vacha 289 Ga45
98617 Vachdorf 301 Gd47
83377 Vachendorf 343 Kd70
21258 Vaerloh 255 Fc24
38170 Vahlberg 267 Ha33
37647 Vahlbruch 276 Fb35
27389 Vahlde 255 Fc24
39345 Vahldorf 268 Ja32
71665 Vaihingen a.d Enz 318 Ed61
56179 Vallendar 298 Da48
83626 Valley 332 Jc69
38159 Vallstedt 266 Gc33
19246 Valluhn 247 Ha21
17192 Varchentin 249 Kc20
26316 Varel 253 Dd23
29553 Varendorf 256 Gc25
48480 Varenrode 262 Cd31
21770 Varrel 244 Ed20
27259 Varrel 264 Ec29
21397 Vastorf 256 Gd24
85591 Vaterstetten 332 Jc68
06343 Vatterode 279 Ja38
38159 Vechelde 266 Gc32
49377 Vechta 264 Ea28
38871 Veckenstedt 278 Ha35
19205 Veelböken 247 Hc19
16727 Vehlefanz 269 Kd28
39539 Vehlgast-Kümmernitz 258 Jd27
16866 Vehlin 258 Jd26
39291 Vehlitz 268 Jc33
16866 Vehlow 258 Jd25
98669 Veilsdorf 302 Hb48
90587 Veitsbronn 312 Hb56
97209 Veitshöchheim 311 Ga53
425 . . Velbert 285 Cb40
92355 Velburg 322 Jb58
84149 Velden 333 Kb65
91235 Velden 313 Ja55
54472 Veldenz 307 Cb53
49828 Veldhausen 262 Cb30
46342 Velen 273 Cb35
18469 Velgast 240 Kb15
19260 Vellahn 257 Hb22
74541 Vellberg 320 Ga59
34128 Vellmar 288 Fc40
38458 Velpke 267 Hb31
39359 Velsdorf 267 Hc31
16727 Velten 270 La28
38173 Veltheim 267 Ha33
38835 Veltheim 278 Ha34
21371 Ventschau 257 Ha24
19417 Ventschow 248 Ja19
09430 Venusberg 293 La45
18574 Venzvitz 241 Kd14
17111 Verchen 249 Kc18
27283 Verden 255 Fa27
72519 Veringenstadt 329 Fa67
33415 Verl 275 Eb36
33775 Versmold 274 Dd34
91487 Vestenbergsgreuth 312 Ha54
29664 Vethem 255 Fb27
03226 Vetschau 282 Mb35
56754 Vettelschoß 297 Cd46
16928 Vettin 258 Jd25
52391 Vettweiß 284 Bd45
16845 Vichel 259 Kb27
94234 Viechtach 324 La59
19303 Vielank 257 Hc24
08149 Vielau 292 Kb45
39615 Vielbaum 258 Jb26
17194 Vielist 249 Kb21
16835 Vielitz 259 Kd26
39624 Vienau 267 Hd28
38690 Vienenburg 277 Gd35
27419 Vierden 255 Fc23
17309 Viereck 251 Ma20
96191 Viereth-Trunstadt 312 Ha52
21444 Vierhöfen 256 Gb24
14715 Vieritz 268 Jd30
02906 Vierkirchen 295 Nb40
85256 Vierkirchen 332 Jb65
98547 Viernau 301 Gd46
68519 Viernheim 309 Eb56
16306 Vierraden 261 Mb24
417 . . Viersen 284 Bc41
19336 Viesecke 258 Jc26
14789 Viesen 269 Ka31
18279 Vietgest 248 Jd19
18507 Vietlipp 249 Kb16
17268 Vietmannsdorf 260 Lb25
14662 Vietznitz 269 Kb28
86946 Vilgertshofen 331 Hc69
86637 Villenbach 331 Ha64
780 . . . Villingen-Schwenningen 328 Ea68
78667 Villingendorf 328 Eb67
65606 Villmar 298 Dd48
84137 Vilsbiburg 333 Kb65
92249 Vilseck 313 Jc55
84186 Vilsheim 333 Ka65
94474 Vilshofen 324 Lc63
49774 Vinnen 263 Db28
66957 Vinningen 316 Cd59
29587 Vinstedt 256 Gc26
39599 Vinzelberg 268 Ja29
25884 Viöl 237 Fa12
17209 Vipperow 259 Kb23
49429 Visbek 254 Ea27
26736 Visquard 252 Cc22
27374 Visselhövede 255 Fc26
29416 Vissum 257 Hd27
19217 Vitense 247 Hb19
32602 Vlotho 264 Ec33
06786 Vockerode 280 Ka35
21360 Vögelsen 256 Gc23
34516 Vöhl 287 Ed41
78147 Vöhrenbach 327 Dd68
72189 Vöhringen 328 Eb66
89269 Vöhringen 330 Gb66
36404 Völkershausen 289 Gb45
66333 Völklingen 316 Ca58
18337 Völkshagen 248 Jd16
26810 Völlen 252 Cd25
39393 Völpke 267 Hc33
17129 Völschow 250 La18
46562 Voerde 272 Bd38
49434 Vörden 263 Dd30
79279 Vörstetten 327 Db68
15890 Vogelsang 271 Na32
16792 Vogelsang 260 Lb25
17375 Vogelsang 251 Mb19
15370 Vogelsdorf 270 Ld29
38836 Vogelsdorf 278 Hb34
88267 Vogt 339 Fd71
83569 Vogtareuth 333 Kb69
79235 Vogtsburg i. Kaiserst. 327 Da68
85088 Vohburg a.d Donau 322 Jb62
92648 Vohenstrauss 314 Kb55
17349 Voigtsdorf 250 Lc20
06556 Voigtstedt 290 Hd40
39599 Volgfelde 268 Ja30
97332 Volkach 311 Gc53
84106 Volkenschwand 322 Jd63
78269 Volkertshausen 338 Ec70
07318 Volkmannsdorf 302 Hd46
07924 Volkmannsdorf 303 Jb46
34471 Volkmarsen 288 Fa40
06295 Volkstedt 279 Ja38
29646 Volkwardingen 256 Ga25
38551 Vollbüttel 266 Gd31
27729 Vollersode 254 Ed23
17194 Vollrathsruhe 249 Ka20
25821 Vollstedt 236 Ed12
25693 Volsemenhusen 245 Fa18
49599 Voltlage 263 Db31
95519 Vorbach 313 Jc53
18258 Vorbeck 248 Jc18
15741 Vordersiedlung 270 Lc32
38533 Vordorf 266 Gd31
91247 Vorra 313 Ja55
23560 Vorrade 246 Gd19
27412 Vorwerk 255 Fa24
29575 Vorwerk 256 Gd25
48691 Vreden 273 Ca34
49757 Vrees 253 Db27

W

24369 Waabs 238 Ga13
37136 Waake 277 Gb38
83666 Waakirchen 342 Jc71
86875 Waal 331 Hb69
34590 Wabern 288 Fb42
01454 Wachau 294 Ma41
67157 Wachenheim a.d. Weinstraße 308 Dd56
96193 Wachenroth 312 Ha54
14641 Wachow 269 Kc29
99310 Wachsenburggemeinde 290 Hb44
53343 Wachtberg 297 Cc46
47669 Wachtendonk 272 Bc39
25596 Wacken 245 Fb17
55263 Wackernheim 308 Dd52
17498 Wackerow 250 La16
83646 Wackersberg 342 Jb71
39393 Wackersleben 278 Hb34
29496 Waddeweitz 257 Hb26
03130 Wadelsdorf 282 Md37
66687 Wadern 307 Ca56
59329 Wadersloh 274 Dd37
66787 Wadgassen 316 Bd58
63607 Wächtersbach 300 Fb49
73116 Wäschenbeuren 319 Fd62
31191 Wätzum 266 Ga32
49419 Wagenfeld 264 Eb30
38559 Wagenhoff 266 Gd30
14641 Wagenitz 269 Kb28
24392 Wagersrott 237 Fd12
68753 Waghäusel 318 Eb58
83329 Waging a. See 334 La69
17159 Wagun 249 Kc18
39175 Wahlitz 268 Jb33
37194 Wahlsburg 276 Fc38
14913 Wahlsdorf 281 Lb34
23812 Wahlstedt 246 Gb18
19386 Wahlstorf 258 Jc23
24211 Wahlstorf 246 Gb16
98634 Wahns 301 Gc46
18299 Wahrenberg 258 Ja26
29399 Wahrenholz 266 Gd29
38458 Wahrstedt 267 Hb31
7133 . Waiblingen 319 Fb62
74915 Waibstadt 318 Ed58
92726 Waidhaus 314 Kc54
86579 Waidhofen 332 Ja64
97534 Waigolshausen 311 Gb52
88489 Wain 330 Gb67
04932 Wainsdorf 281 Lc39
91344 Waischenfeld 313 Ja53
23845 Wakendorf 246 Gc18
24558 Wakendorf II 246 Ga19
19205 Wakenstädt 247 Hb20
06333 Walbeck 279 Ja37
39356 Walbeck 267 Hc32
16833 Walchow 259 Kc27
26907 Walchum 252 Cd26
87616 Wald 341 Ha71
88639 Wald 329 Fa69
93192 Wald 323 Kb59
69483 Wald-Michelbach 309 Ec55
72178 Waldachtal 328 Eb65
55425 Waldalgesheim 308 Db52
63857 Waldaschaff 310 Fb52
98667 Waldau 302 Hb47
55596 Waldböckelheim 308 Da53
56588 Waldbreitbach 297 Cd47
51545 Waldbröl 286 Da44
76337 Waldbronn 318 Ea61
69429 Waldbrunn 310 Fa56
97295 Waldbrunn 310 Fd54
65620 Waldbrunn (Westerw.) 298 Dd47
97297 Waldbüttelbrunn 311 Ga53
88289 Waldburg 339 Fd71
72141 Walddorfhäslach 329 Fa64
15926 Walddrehna 281 Ld36
34513 Waldeck 288 Fa41
65529 Waldems 299 Ea50
71111 Waldenbuch 319 Fa63
08396 Waldenburg 292 Kc44
74638 Waldenburg 319 Fd59
93194 Walderbach 323 Kb58
95679 Waldershof 313 Jd52
56323 Waldesch 298 Da49
52525 Waldfeucht 284 Ba42
67714 Waldfischbach 317 Da58
16321 Waldfrieden 270 Lc28
04736 Waldheim 293 La42
16352 Waldheim 270 Lb28
49751 Waldhöfe 253 Da27
02906 Waldhufen 295 Nb40
37284 Waldkappel 289 Ga42
79183 Waldkirch 327 Db68
09437 Waldkirchen 293 La45
94065 Waldkirchen 325 Ma62
84478 Waldkraiburg 333 Kc67
66914 Waldmohr 307 Cc57
15913 Waldow 282 Mb34
15910 Waldow-Brand 281 Ld34
54320 Waldrach 306 Bd54
95652 Waldsassen 304 Kb51
67165 Waldsee 309 Ea57
79761 Waldshut 337 Db72
15377 Waldsieversdorf 271 Ma29
35647 Waldsolms 299 Eb48
15838 Waldstadt 270 Lc32
73550 Waldstetten 320 Ga62
89367 Waldstetten 330 Gc66
92727 Waldthurn 314 Kb54
74399 Walheim 319 Fa60
17179 Walkendorf 249 Ka17
37445 Walkenried 277 Gd38
86877 Walkertshofen 331 Ha67
23896 Walksfelde 246 Gd20
16818 Wall 259 Kd27
98639 Wallbach 301 Gc46
64395 Wallbach 309 Eb52
69190 Walldorf 318 Eb58
98639 Walldorf 301 Gc46
74731 Walldürn 310 Fb55
29308 Walle 266 Ga28
25788 Wallen 237 Fa15
06254 Wallendorf 291 Jd40
96346 Wallenfels 303 Ja49
49134 Wallenhorst 263 Dc32
66798 Wallerfangen 306 Bd57
94574 Wallerfing 324 La62
94522 Wallersdorf 323 Kd62
86757 Wallerstein 320 Gd61
55578 Wallertheim 308 Dc53
82499 Wallgau 342 Ja73
06528 Wallhausen 278 Hc39
55595 Wallhausen 308 Db53
74599 Wallhausen 320 Gb58
27729 Wallhöfen 254 Ed23
16837 Wallitz 259 Kc24
57584 Wallmenroth 286 Db45
56414 Wallmerod 298 Dc47
38729 Wallmoden 277 Gc34
17291 Wallmow 261 Ma22
24980 Wallsbüll 237 Fa11
29413 Wallstawe 267 Hb28
65396 Walluf 298 Dd51
06193 Wallwitz 279 Jc38
39291 Wallwitz 268 Jc33
17209 Walow 259 Ka22
85469 Walpertskirchen 332 Jd66
99189 Walschleben 290 Hb42
96194 Walsdorf 312 Hb53
16818 Walsleben 259 Kb26
39606 Walsleben 268 Jb28
19073 Walsmühlen 247 Hc21
29664 Walsrode 255 Fc27
87448 Waltenhofen 340 Gc72
39524 Walternienburg 279 Jc35
02799 Waltersdorf 295 Na43
15732 Waltersdorf 270 Lc31
99880 Waltershausen 289 Gd44
85137 Walting 322 Ja61
45731 Waltrop 273 Cd38
75045 Walzbachtal 318 Eb60
17498 Wampen 250 La16
99869 Wandersleben 290 Hb44
24997 Wanderup 237 Fb11
16348 Wandlitz 260 Lb27
37281 Wanfried 289 Gb42
85368 Wang 332 Jd64
21483 Wangelau 256 Gd22
37627 Wangelnstedt 276 Fd36
23758 Wangels 239 Ha15
73117 Wangen 319 Fc63
88239 Wangen 340 Ga71
26434 Wangerland 243 Dc20
26486 Wangerooge 243 Dc19
24601 Wankendorf 246 Gb16
39638 Wannefeld 267 Hd31
72827 Wannweil 329 Fa64
14641 Wansdorf 269 Kd28
06318 Wansleben a. See 279 Jb39
39615 Wanzer 258 Ja26
39164 Wanzleben 278 Hd34
24594 Wapelfeld 245 Fc17
38378 Warberg 267 Hb33
34414 Warburg 276 Fa39
14789 Warchau 269 Ka31
26203 Wardenburg 253 Dd25
18299 Wardow 249 Ka18
17192 Waren 249 Kb21
48231 Warendorf 274 Dc35
19417 Warin 248 Ja19
17039 Warlin 250 La20
19230 Warlitz 257 Hc23
19288 Warlow 257 Hd23
95485 Warmensteinach 303 Jc51
31606 Warmsen 264 Ec31
24250 Warnau 246 Gb16
39524 Warnau 268 Jd28
83627 Warngau 342 Jc70
17291 Warnitz 260 Ld24
17168 Warnkenhagen 249 Ka18
18249 Warnow 248 Jb19
23936 Warnow 247 Hc18
06502 Warnstedt 278 Hc36
27333 Warpe 265 Fa28
17111 Warrenzin 249 Kc18
25560 Warringholz 245 Fb17
17375 Warsin 251 Ma19
14662 Warsow 269 Kb28
19075 Warsow 247 Hc21
59581 Warstein 275 Ea39
36367 Wartenberg 300 Fc46
85456 Wartenberg 332 Jd65
06901 Wartenburg 280 Kc36
88447 Warthausen 330 Ga68
17268 Warthe 260 Lb23
16306 Wartin 261 Ma23
97797 Wartmannsroth 300 Fd50
25761 Warwerort 244 Ed16
24647 Wasbek 245 Fd17
38553 Wasbüttel 266 Gd31
19243 Waschow 247 Hb21
17179 Wasdow 249 Kb17
56653 Wassenach 297 Cc48
41849 Wassenberg 284 Bb42
39646 Wassensdorf 267 Hb31
83512 Wasserburg a. Inn 333 Kb68
88142 Wasserburg (Bodensee) 339 Fd73
38871 Wasserleben 278 Ha35
54332 Wasserliesch 306 Bc54
97535 Wasserlosen 301 Gb51
14715 Wassersuppe 269 Ka28
91717 Wassertrüdingen 321 Ha60
15831 Waßmannsdorf 270 Lb31
98634 Wasungen 301 Gc46
29339 Wathlingen 266 Gb30
24582 Wattenbek 246 Ga16
67319 Wattenheim 308 Dc56
18279 Wattmannshagen 249 Ka19
17237 Watzkendorf 260 La22
54649 Waxweiler 296 Bb51
06679 Webau 291 Jd41
18317 Wechelsdorf 241 Kd14

86465 Welden 331 Ha65

61273 Wehrheim 299 Eb49

96271 Wechmar 290 Ha44
09306 Wechselburg 292 Kd43
24576 Weddelbrook 245 Fd18
39646 Weddendorf 267 Hb31
06502 Weddersleben 278 Hc36
06458 Wedderstedt 278 Hc36
25795 Weddingstedt 237 Fa15
21717 Wedel 255 Fb22
22880 Wedel 245 Fd21
38527 Wedelheine 266 Gd31
38527 Wedelsbüttel 266 Gd31
30900 Wedemark 265 Fd30
19217 Wedendorf 247 Hb19
06429 Wedlitz 279 Jb35
23795 Weede 246 Gc18
26826 Weener 252 Cd24
31096 Weenzen 276 Fd34
24999 Wees 237 Fc10
24994 Weesby 237 Fa10
16356 Weesow 270 Ld28
47652 Weeze 272 Bb37
39365 Wefensleben 267 Hc33
39356 Weferlingen 267 Hb32
41844 Wegberg 284 Bb42
38828 Wegeleben 278 Hc35
15345 Wegendorf 270 Ld29
39615 Wegenitz 258 Jb26
39365 Wegenstedt 267 Hc31
94110 Wegscheid 325 Mb63
78564 Wehingen 328 Ec68
49757 Wehm 253 Db27
37339 Wehnde 277 Gc39
31234 Wehnsen 266 Gb31
56653 Wehr 297 Cc48
79664 Wehr 337 Db72
27259 Wehrbleck 264 Ec29
37287 Wehretal 289 Ga42
04936 Wehrhain 281 Lc36
61273 Wehrheim 299 Eb49
86517 Wehringen 331 Hb67
59872 Wehrstapel 287 Ea40
56745 Weibern 297 Cc48
63879 Weibersbrunn 310 Fb52
15848 Weichensdorf 271 Mc33
86706 Weichering 322 Ja62
85258 Weichs 332 Ja65
07570 Weida 291 Jd45
92637 Weiden i.d. Oberpfalz 314 Ka54
91746 Weidenbach 321 Ha58
95466 Weidenberg 313 Jb52
89197 Weidenstetten 330 Gb64
67475 Weidenthal 308 Dc57
96279 Weidhausen b. Coburg 302 Hc50
93495 Weiding 314 Kd57
91249 Weigendorf 313 Jb56
97215 Weigenheim 311 Gc55
02733 Weigsdorf-Köblitz 294 Md41
91629 Weihenzell 312 Ha57
76698 Weiher 318 Eb59
92729 Weiherhammer 313 Jd54
84107 Weihmichl 323 Ka63
97990 Weikersheim 311 Ga56
86947 Weil 331 Hc68
79576 Weil a. Rhein 337 Da72
71263 Weil der Stadt 318 Ec62
71093 Weil i. Schönbuch 329 Fa64
63937 Weilbach 310 Fa55
35781 Weilburg 298 Dd48
55413 Weiler 308 Db52
88171 Weiler 340 Ga72
67685 Weilerbach 308 Da56
91365 Weilersbach 312 Hc54
53919 Weilerswist 285 Ca45
78604 Weilheim 328 Ec69
79809 Weilheim 337 Dd72
73235 Weilheim a.d Teck 329 Fc64
82362 Weilheim i. Oberb. 341 Hd70
35789 Weilmünster 299 Ea48
61276 Weilrod 299 Ea49
91744 Weiltingen 320 Gd60
35096 Weimar 287 Ec45
9942 . Weimar 290 Hd43
35796 Weinbach 298 Dd48
99998 Weinbergen 289 Gd41
01689 Weinböhla 293 Ld41
67366 Weingarten 317 Dd58
76356 Weingarten 318 Eb60
88250 Weingarten 339 Fd70
69469 Weinheim 309 Eb55
74189 Weinsberg 319 Fb59
54595 Weinsheim 296 Bc49
55595 Weinsheim 308 Db53
71384 Weinstadt 319 Fb62
07356 Weisbach 303 Jb47
08538 Weischlitz 303 Jd48
56348 Weisel 298 Db51
19322 Weisen 258 Jb25
76599 Weisenbach 318 Ea63
91085 Weisendorf 312 Hb55
67273 Weisenheim a. Berg 308 Dd56
67256 Weisenheim a. Sand 308 Dd56
19386 Weisin 248 Jc21
66709 Weiskirchen 307 Ca55
96260 Weismain 302 Hd51
71287 Weissach 318 Ed62
71573 Weissach i. Tal 319 Fc61
06369 Weißandt-Gölzau 279 Jd37
08134 Weißbach 304 Kc46
74679 Weißbach 319 Fc58
95237 Weißdorf 303 Jc50
02627 Weißenberg 295 Na42
07639 Weißenborn 291 Jc43
09600 Weißenborn 293 Lc43
36205 Weißenborn 289 Ga42
37130 Weißenborn 277 Gb39
37345 Weißenborn-Lüderode 277 Gc38
96369 Weißenbrunn 302 Hd50
91781 Weißenburg i. Bayern 321 Hc60
07950 Weißendorf 303 Jd46
06667 Weißenfels 291 Jc41
89264 Weißenhorn 330 Gb66
91367 Weißenohe 312 Hd55
88138 Weißensberg 339 Fd72
99631 Weißensee 290 Hc41
95163 Weißenstadt 303 Jc51
56575 Weißenthurm 297 Cd48
39517 Weißewarte 268 Jb30
01561 Weißig a. Raschütz 281 Ld39
02957 Weißkeißel 283 Na38
02943 Weisswasser 283 Na38
79367 Weisweil 327 Da67
57586 Weitefeld 286 Dc45
18299 Weitendorf 248 Jd18
19412 Weitendorf 248 Ja20
17498 Weitenhagen 250 Lb16
18461 Weitenhagen 240 Kb15
56191 Weitersburg 298 Da48
64331 Weiterstadt 309 Eb52
07343 Weitisberga 303 Ja47
87480 Weitnau 340 Gb72
96479 Weitramsdorf 302 Hb49
29439 Weitsche 257 Hc26
14806 Weitzgrund 269 Kb32
01108 Weixdorf 294 Ma41
84174 Weixerau 333 Ka64
06333 Welbsleben 278 Hd37
86465 Welden 331 Ha65
06333 Welfesholz 279 Ja37
21261 Welle 255 Fd24
27616 Wellen 254 Ec22
39167 Wellen 267 Hd33
78669 Wellendingen 328 Ec68
91809 Wellheim 321 Hc62
15898 Wellmitz 271 Na33
25782 Welmbüttel 245 Fa16
45525 Welper 273 Cc39
54298 Welschbillig 306 Bc53
39221 Welsleben 279 Ja34
16278 Welsow 261 Ma24
17089 Weltzin 250 La19
59514 Welver 274 Dc38
73642 Welzheim 319 Fd61
03119 Welzow 282 Mb37
86650 Wemding 321 Ha61
39517 Wenddorf 268 Jb31
38176 Wendeburg 266 Gc32
55234 Wendelsheim 308 Dc54
90530 Wendelstein 312 Hd57
39615 Wendemark 258 Jc27
57482 Wenden 286 Db43
31634 Wendenborstel 265 Fb29
21400 Wendhausen 256 Gd24
17213 Wendhof 249 Ka21
18513 Wendisch Baggendorf 249 Kc16
21403 Wendisch Evern 256 Gc24
19395 Wendisch Priborn 258 Jd23
15864 Wendisch Rietz 271 Ma32
19399 Wendisch Waren 248 Jc21

73240 Wendlingen a. N. 319 Fb63
18442 Wendorf 249 Kd16
19412 Wendorf 248 Ja20
24235 Wendtorf 238 Gb14
84187 Weng 323 Kb63
48465 Wengsel 262 Cc31
25767 Wennbüttel 245 Fb16
30974 Wennigsen 265 Fc32
25996 Wenningstedt 236 Ea9
16515 Wensickendorf 260 Lb27
23827 Wensin 246 Gc17
21465 Wentorf 256 Gb22
23898 Wentorf 246 Gc20
38486 Wenze 267 Hc30
93173 Wenzenbach 323 Ka59
21279 Wenzendorf 255 Fd23
14778 Wenzlow 269 Ka32
97956 Werbach 310 Fd54
16244 Werbellin 260 Lc26
03096 Werben 282 Mb35
39615 Werben 258 Jc27
14806 Werbig 269 Kb33
15306 Werbig 271 Mc29
04916 Werchau 281 Lb36
03205 Werchow 282 Ma36
08223 Werda 304 Ka48
08412 Werdau 292 Kb45
14542 Werder 269 Kd31
15345 Werder 271 Ma29
15848 Werder 271 Ma33
16818 Werder 259 Kb26
17089 Werder 250 La19
19386 Werder 248 Jc21
58791 Werdohl 286 Db41
26427 Werdum 243 Db20
03253 Werenzhain 281 Lc37
59457 Werl 274 Dc38
38315 Werlaburgdorf 277 Gd34
19300 Werle 258 Ja23
49757 Werlte 253 Db27
42929 Wermelskirchen 285 Cc42
04779 Wermsdorf 292 Kd40
73249 Wernau 319 Fb63
92533 Wernberg-Köblitz 314 Ka55
07381 Wernburg 303 Jb46
59368 Werne 274 Da37
97440 Werneck 311 Gb52
76857 Wernersberg 317 Db59
16356 Werneuchen 270 Ld28
38855 Wernigerode 278 Ha36
16909 Wernikow 259 Ka24
14641 Wernitz 269 Kd29
15537 Wernsdorf 270 Ld31
98590 Wernshausen 289 Gc45
39624 Wernstedt 267 Hd29
49751 Werpeloh 253 Da27
87497 Wertach 340 Gd72
97877 Wertheim 310 Fc54
33824 Werther 275 Ea34
99735 Werther 278 Ha39
86637 Wertingen 331 Ha64
4648. Wesel 272 Bd37
66919 Weselberg 308 Da57
17291 Weselitz 260 Ld23
17255 Wesenberg 259 Kd23
23858 Wesenberg 246 Gd19
15345 Wesendahl 270 Ld29
16792 Wesendorf 260 Lb25
29392 Wesendorf 266 Gd29
14778 Weseram 269 Kb30
39249 Wespen 279 Jb35
23758 Wessek 239 Ha15
25764 Wesselburen 244 Ed16
25764 Wesselburener Deichhausen 244 Ed16
25764 Wesselburenerkoog 236 Ed15
50389 Wesseling 285 Cb44
25746 Wesseln 245 Fa16
29587 Wessenstedt 256 Gc25
19089 Wessin 248 Ja21
82234 Weßling 331 Hd68
82405 Wessobrunn 341 Hc70
06449 Westdorf 278 Hd37
26579 Westdorf 242 Cd20
29599 Weste 257 Ha25
18233 Westenbrügge 248 Ja17
49832 Westendorf 263 Da30
86707 Westendorf 331 Hb64
87679 Westendorf 331 Hb69
31604 Westenfeld 264 Ed31
98631 Westenfeld 301 Gd48
24259 Westensee 237 Fd15
25885 Wester-Ohrstedt 237 Fa13
23847 Westerau 246 Gc19
27616 Westerbeverstedt 254 Ec22
25782 Westerborstel 237 Fa15
25782 Westerborstel 245 Fa16
56457 Westerburg 298 Dc47
25761 Westerdeichstrich 244 Ed16
39448 Westeregeln 278 Hd35
21394 Westergellersen 256 Gb24
83620 Westerham 332 Jd69
06484 Westerhausen 278 Hc36
72589 Westerheim 329 Fd64
87784 Westerheim 330 Gc69
26556 Westerholt 243 Da21
24977 Westerholz 237 Fc10
25364 Westerhorn 245 Fc19
49492 Westerkappeln 263 Dc32
25980 Westerland 236 Ea10
25597 Westermoor 245 Fc18
63825 Westerngrund 300 Fa51
23815 Westerrade 246 Gc18
24784 Westerrönfeld 237 Fc15
26632 Westersander 253 Da22
26655 Westerstede 253 Dc24
89198 Westerstetten 330 Ga64
27412 Westertimke 255 Fa24
27386 Westerwalsede 255 Fb26
21776 Westerwanna 244 Ec20
29525 Westerweyhe 256 Gd26
31079 Westfeld 277 Ga34
26629 Westgroßefehn 253 Da23
73463 Westhausen 320 Gc61
98663 Westhausen 302 Ha49
67368 Westheim 318 Ea58
91747 Westheim 321 Ha60
67593 Westhofen 308 Dd54
26810 Westoverledingen 253 Da25
25926 Westre 236 Ed10
26817 Westrhauderfehn 253 Da25
26434 Westrum 243 Dc21
49770 Westrum 263 Da28
39638 Weteritz 267 Hd30
49453 Wetschen 264 Ea29
06528 Wetzelrode 278 Hd39
04626 Wettelswalde 292 Ka44
35435 Wettenberg 299 Eb46
58300 Wetter 285 Cd40
35083 Wetter (Hessen) 287 Ec44
06722 Wetterzeube 291 Jd43
06198 Wettin 279 Jb38
30938 Wettmar 266 Ga30
38547 Wettmershagen 266 Gd31
48493 Wettringen 262 Cd33
49838 Wettrup 253 Db29
85139 Wettstetten 322 Ja62
21385 Wetzen 256 Gb24
17309 Wetzenow 251 Ma21
355.. Wetzlar 299 Eb47
25599 Wewelsfleth 245 Fb19
83629 Weyarn 342 Jd70
57635 Weyerbusch 286 Da45
38554 Weyhausen 267 Ha30
28844 Weyhe 254 Ec26
17291 Wichmannsdorf 260 Lc23
98530 Wichtshausen 301 Gd46
58739 Wickede 274 Db39
06536 Wickerode 278 Hc39
07318 Wickersdorf 302 Hd46
74259 Widdern 319 Fb58
19258 Wiebendorf 257 Ha22
29413 Wieblitz 257 Hb27
30900 Wiechendorf 265 Fd30
18375 Wieck 240 Ka13
29323 Wieckenberg 265 Fd29
37447 Wieda 277 Gd38
04509 Wiedemar 279 Jd39
24613 Wiedenborstel 245 Fd17
29364 Wiedenrode 266 Gb30
31719 Wiedensahl 265 Fa31
04938 Wiederau 281 Lb37
86879 Wiedergeltingen 331 Ha68
04448 Wiederitzsch 280 Ka39
06333 Wiederstedt 279 Ja37
02994 Wiednitz 282 Mb39
26215 Wiefelstede 253 Dd24
21644 Wiegersen 255 Fc23
39345 Wieglitz 267 Hd31
06571 Wiehe 290 Hd41
51674 Wiehl 286 Da44
18556 Wiek 241 Kd11
49847 Wielen 262 Ca30
82407 Wielenbach 341 Hd70
24649 Wiemersdorf 245 Fd18
25779 Wiemerstedt 237 Fa15
06420 Wiendorf 279 Jb37
18258 Wiendorf 248 Jc17
29342 Wienhausen 266 Gb30
38889 Wienrode 278 Hb36
14916 Wiepersdorf 281 Lb36
39638 Wiepke 267 Hd29
29568 Wieren 256 Gd27
75446 Wiernsheim 318 Ec61
21502 Wiershop 256 Gc22
09488 Wiesa 305 La46
95676 Wiesau 314 Ka52
66571 Wiesbach 307 Ca57
65... Wiesbaden 298 Dd51
15295 Wiesenau 271 Md31
69257 Wiesenbach 309 Ec57
97355 Wiesenbronn 311 Gc54
08121 Wiesenburg 304 Kc46
14827 Wiesenburg 269 Ka33
94344 Wiesenfelden 323 Kc59
26605 Wiesens 253 Da22
73349 Wiesensteig 329 Fd64
93109 Wiesent 323 Kb60
68753 Wiesental 318 Eb58
36466 Wiesenthal 301 Gb46
91369 Wiesenthau 312 Hc54
97353 Wiesentheid 311 Gc53
91346 Wiesenttal 312 Hd53
06543 Wieserode 278 Hd37
91632 Wieseth 320 Gd59
06388 Wieskau 279 Jc37
69168 Wiesloch 318 Ec58
26639 Wiesmoor 253 Db22
49757 Wieste 263 Db28
97859 Wiesthal 300 Fb51
49835 Wietmarschen 262 Cc30
17379 Wietstock 250 Lc19
29323 Wietze 265 Fd29
31613 Wietzen 265 Fa28
29649 Wietzendorf 256 Ga27
87487 Wiggensbach 340 Gc71
91634 Wilburgstetten 320 Gd60
15745 Wildau 270 Lc31
15938 Wildau-Wentdorf 281 Lc35
16845 Wildberg 259 Kb27
17091 Wildberg 249 Kd20
72218 Wildberg 318 Ec63
36208 Wildeck 289 Ga43
38709 Wildemann 277 Gc36
04916 Wildenau 281 Lb36
93359 Wildenberg 322 Jd62
14552 Wildenbruch 269 Kd31
08134 Wildenfels 292 Kc45
01561 Wildenhain 293 Lc40
04838 Wildenhain 280 Kc38
98701 Wildenspring 302 Hc46
27793 Wildeshausen 254 Ea27
07980 Wildetaube 291 Jd45
97772 Wildflecken (Markt) 301 Ga48
04924 Wildgrube 281 Lb37
87499 Wildpoldsried 340 Gd71
36433 Wildprechtroda 289 Gc45
04838 Wildschütz 280 Kd38
82409 Wildsteig 341 Hc71
76848 Wilgartswiesen 317 Db58
87547 Wilhams 340 Gb72
17379 Wilhelmsburg 250 Ld20
07389 Wilhelmsdorf 303 Ja46
88271 Wilhelmsdorf 339 Fb70
91489 Wilhelmsdorf 312 Ha55
69259 Wilhelmsfeld 309 Ec56
2638. Wilhelmshaven 243 Dd21
14557 Wilhelmshorst 269 Kd31
96352 Wilhelmsthal 303 Ja49
91452 Wilhermsdorf 312 Ha56
08112 Wilkau-Hasslau 292 Kb45
97348 Willanzheim 311 Gc54
34439 Willebadessen 275 Ed38
26409 Willen 243 Db21
24616 Willenscharen 245 Fd17
18516 Willershusen 249 Kd16
18516 Willerswalde 249 Kd16
47877 Willich 284 Bd41
34508 Willingen 287 Eb41
34628 Willingshausen 288 Fa44
97647 Willmars 301 Gc47
93497 Willmering 323 Kd58
16356 Willmersdorf 270 Lc28
15926 Willmersdorf-Stöbritz 281 Ld35
74182 Willsbach 319 Fb59
77731 Willstätt 327 Db64
15848 Wilmersdorf 271 Mb30
15848 Wilmersdorf 271 Mb31
16278 Wilmersdorf 260 Ld24
16928 Wilmersdorf 258 Jd24
18519 Wilmshagen 241 Kd15
23942 Wilmstorf 247 Hb18
57234 Wilnsdorf 286 Dd45
01723 Wilsdruff 293 Lc42
29646 Wilsede 256 Ga25
17337 Wilsickow 250 Ld21
06449 Wilsleben 278 Hd36
27412 Wilstedt 255 Fa24
25554 Wilster 245 Fb18
49849 Wilsum 262 Ca30
02681 Wilthen 294 Md41
54459 Wiltingen 306 Bc54
06313 Wimmelburg 279 Ja38
49152 Wimmer 264 Ea32
71299 Wimsheim 318 Ec62
54457 Wincheringen 306 Bc55
86949 Windach 331 Hc68
39579 Windberge 268 Jb30
25729 Windbergen 245 Fa17
24340 Windeby 237 Fd13
51570 Windeck 286 Da45
99765 Windehausen 278 Hb39
91635 Windelsbach 311 Gc57
79297 Winden i. Elztal 327 Dc67
55452 Windesheim 308 Db52
53578 Windhagen 297 Cd46
37539 Windhausen 277 Gb36
92670 Windischeschenbach 314 Ka53
04603 Windischleuba 292 Kb43
94575 Windorf 324 Lc63
91575 Windsbach 321 Hb58
37327 Wingerode 289 Gb40
21789 Wingst 245 Fa20
84543 Winhöring 333 Kd66
04924 Winkel 281 Lb38
06542 Winkel 279 Ja39
90610 Winkelhaid 312 Hd57
27243 Winkelsett 254 Eb27
39624 Winkelstedt 267 Hd29
92559 Winklarn 314 Kc56
24398 Winnemark 238 Ga12
71364 Winnenden 319 Fb61
25887 Winnert 237 Fa14
38170 Winnigstedt 278 Ha34
06449 Winningen 279 Ja36
56333 Winningen 297 Cd49
67722 Winnweiler 308 Db55
25551 Winseldorf 245 Fc18
24568 Winsen 246 Ga19
29308 Winsen 266 Ga29
21423 Winsen (Luhe) 256 Gb23
73650 Winterbach 319 Fc62
59955 Winterberg 287 Eb41
29416 Winterfeld 267 Hc28
97286 Winterhausen 311 Gb54
72474 Winterlingen 329 Fa67
04610 Wintersdorf 292 Ka42
54487 Wintrich 307 Ca53
37339 Wintzingerode 277 Gc39
78737 Winzeln 328 Ea66
31088 Winzenburg 277 Ga35
94577 Winzer 324 Lb62
97537 Wipfeld 311 Gb52
99310 Wipfratal 290 Hb45
99752 Wipperdorf 278 Ha39
51688 Wipperfürth 285 Cd42
26892 Wippingen 252 Cd27
06543 Wippra, Kurort 278 Hd38
31234 Wipshausen 266 Gc31
26529 Wirdum 252 Cc22
56422 Wirges 298 Db48
95339 Wirsberg 303 Jb51
24217 Wisch 238 Gc14
25876 Wisch 237 Fa14
21737 Wischhafen 245 Fb19
17335 Wismar 250 Lc21
239.. Wismar 247 Hd18
57537 Wissen 286 Db45
21255 Wistedt 255 Fc24
29413 Wistedt 257 Hb27
25938 Witsum 236 Eb11
25872 Witbek 237 Fa13
14547 Wittbrietzen 269 Kd32
25946 Wittdün 236 Ea12
32584 Wittel 264 Ec33
91749 Wittelshofen 320 Gd60
5845. Witten 273 Cd39
18209 Wittenbeck 248 Jb16
19322 Wittenberge 258 Jb26
25548 Wittenbergen 245 Fc18
17337 Wittenborn 250 Lc20
23829 Wittenborn 246 Gb18
19243 Wittenburg 247 Hb21
19073 Wittenförden 247 Hc20
18510 Wittenhagen 241 Kd15
39579 Wittenmoor 268 Jb30
99189 Witterda 290 Hb43
07318 Wittgendorf 302 Hd46
09228 Wittgensdorf 292 Kd44
84384 Wittibreut 334 Lb65
02997 Wittichenau 282 Mc39
97957 Wittighausen 311 Ga55
2937. Wittingen 267 Ha28
89426 Wittislingen 320 Gd63
54516 Wittlich 307 Ca52
27308 Wittlohe 255 Fb27
15926 Wittmannsdorf 281 Ld35
15910 Wittmannsdorf-Bückchen 271 Mb33
07318 Wittmannsgereuth 302 Hd46
38329 Wittmar 266 Gd33
24306 Wittmoldt 246 Gc16
26409 Wittmund 243 Db21
79299 Wittnau 327 Db69
21357 Wittorf 256 Gc23
16909 Wittstock/Dosse 259 Ka24
21514 Witzeeze 256 Gd22
07318 Witzendorf 302 Hd46
3721. Witzenhausen 288 Ga40
22969 Witzhave 246 Gc21
19406 Witzin 248 Jb19
14715 Witzke 269 Ka28
25889 Witzwort 236 Ed14
25856 Wobbenbüll 236 Ed13
15859 Wochowsee 271 Ma32
17326 Woddow 261 Ma22
19288 Wöbbelin 257 Hd22
25797 Wöhrden 244 Ed16
98617 Wölfershausen 301 Gd47
61200 Wölfersheim 299 Ec48
99885 Wölfis 290 Ha45
61206 Wöllstadt 299 Ec49
55597 Wöllstein 308 Dc53
31556 Wölpinghausen 265 Fa31
16259 Wölsickendorf-Wollenberg 261 Ma27
04880 Wörblitz 280 Kd37
06369 Wörbzig 279 Jc37
06786 Wörlitz 280 Ka35
39291 Wörmlitz 268 Jb33
91637 Wörnitz 320 Gc58
06869 Wörpen 280 Kb35
55286 Wörrstadt 308 Dc53
73499 Wört 320 Gc60
85457 Wörth 332 Jd66
93086 Wörth a.d Donau 323 Kb60
84109 Wörth a.d Isar 323 Kb63
63939 Wörth a. Main 310 Fa53
76744 Wörth a. Rhein 317 Dd60
82237 Wörthsee 331 Hd68
19243 Woez 247 Hb21
17039 Woggersin 250 La20
24899 Wohlde 237 Fb14
21769 Wohlenbeck 245 Fa20
21698 Wohlerst 255 Fb22
06642 Wohlmirstedt 291 Ja41
06408 Wohlsdorf 279 Jc36
27729 Wohlthöfen 254 Ec23
21521 Wohltorf 246 Gb21
27419 Wohnste 255 Fc23
35288 Wohratal 287 Ed44
17237 Wokuhl 260 La23
17091 Wolde 249 Kd20
17348 Woldegk 250 Lb21
77709 Wolfach 327 Dd66
88364 Wolfegg 340 Ga70
06766 Wolfen 280 Ka37
3830. Wolfenbüttel 266 Gd33
06295 Wolferode 279 Ja39
85395 Wolfersdorf 332 Jc64
86709 Wolferstadt 321 Hb61
06542 Wolferstedt 279 Ja39
87787 Wolfertschwenden 340 Gc70
34466 Wolfhagen 288 Fa40
98631 Wolfmannshausen 301 Gd48
91639 Wolframs-Eschenbach 321 Ha58
82515 Wolfratshausen 332 Ja69
06536 Wolfsberg 278 Hc38
3844. Wolfsburg 267 Ha31
72649 Wolfschlugen 319 Fb63
93195 Wolfsegg 322 Jd59
17335 Wolfshagen 250 Lc21
18461 Wolfshagen 240 Kc15
19348 Wolfshagen 258 Jc24
03130 Wolfshain 283 Na37
16775 Wolfsruh 259 Kd25
67752 Wolfstein 308 Da55
17438 Wolgast 250 Lc16
08399 Wolkenburg-Kaufungen 292 Kc43
09429 Wolkenstein 293 La45
99735 Wolkramshausen 278 Ha39
97618 Wollbach 301 Gc49
37434 Wollbrandshausen 277 Gb38
37434 Wollershausen 277 Gc38
16278 Wolletz 260 Ld25
14778 Wollin 269 Ka32
17328 Wollin 261 Mb22
27616 Wollingst 254 Ec22
17326 Wollschow 251 Ma21
17326 Wollschow 261 Ma22
25704 Wolmersdorf 245 Fa17
39435 Wolmirsleben 279 Ja35
39326 Wolmirstedt 268 Ja32
85283 Wolnzach 322 Jb63
74549 Wolpertshausen 320 Ga59
88284 Wolpertswende 339 Fd70
38379 Wolsdorf 267 Hb33
14715 Wolsier 268 Jd28
15569 Woltersdorf 270 Ld30
16306 Woltersdorf 261 Mb23
21516 Woltersdorf 246 Gd21
29497 Woltersdorf 257 Hc26
39175 Woltersdorf 268 Jb33
31099 Woltershausen 277 Ga35
38268 Woltwiesche 266 Gc33
15754 Wolzig 270 Ld31
97539 Wonfurt 311 Gd52
83329 Wonneberg 334 La69
96197 Wonsees 312 Hd52
19303 Woosmer 257 Hc24
19309 Wootz 257 Hd25
37339 Worbis 277 Gc39
78239 Worblingen 338 Ec71
15306 Worin 271 Mb29
87789 Woringen 330 Gc69
01994 Wormlage 282 Ma37
675.. Worms 309 Ea55
31637 Wormsdorf 265 Fc29
39365 Wormsdorf 267 Hc33
27726 Worpswede 254 Ed24
21502 Worth 256 Gc22
01983 Woschkow 282 Mb37
19406 Woserin 248 Jc20
17111 Wotenick 249 Kc17
21514 Wotersen 246 Gd21
17495 Wrangelsburg 250 Lb16
17209 Wredenhagen 259 Ka23
27638 Wremen 244 Eb20
29559 Wrestedt 256 Gd27
29565 Wriedel 256 Gc26
16269 Wriezen 261 Mb27
16269 Wriezener Höhe 271 Ma28
26629 Wrisser Hammrich 253 Da22
25563 Wrist 245 Fd18
25938 Wrixum 236 Eb11
25799 Wrohm 245 Fb16
97618 Wülfershausen a.d Saale 301 Gc49
42489 Wülfrath 285 Cb41
01609 Wülknitz 281 Lc39
06369 Wülknitz 279 Jc37
38835 Wülperode 277 Gd35
98704 Wümbach 302 Hb46
07570 Wünschendorf 291 Jd45
15838 Wünsdorf 270 Lc32
52146 Würselen 284 Ba44
72813 Würtingen 329 Fb65
970.. Würzburg 311 Ga53
09358 Wüstenbrand 292 Kd44
18516 Wüsteney 249 Kd16
17121 Wüstenfelde 249 Kd17
39291 Wüstenjerichow 268 Jd32
71543 Wüstenrot 319 Fc60
27798 Wüsting 254 Ea25
31535 Wulfelade 265 Fc30
06369 Wulfen 279 Jc36
16909 Wulfersdorf 259 Ka23
39387 Wulferstedt 278 Hc34
21445 Wulfsen 256 Gb23
24628 Wulfskate 246 Ga18
25563 Wulfsmoor 245 Fd18
29553 Wulfstorf 256 Gd24
37199 Wulften 277 Gb37
39524 Wulkau 268 Jc28
17039 Wulkenzin 249 Kc21
15326 Wulkow 271 Mc30
39319 Wulkow 268 Jd30
27628 Wulsbüttel 254 Ec23
95632 Wunsiedel 303 Jd51
31515 Wunstorf 265 Fb31
42... Wuppertal 285 Cc41
84329 Wurmannsquick 334 La65
75449 Wurmberg 318 Ec61
78573 Wurmlingen 328 Ec69
84189 Wurmsham 333 Kb65
07343 Wurzbach 303 Ja47
04808 Wurzen 280 Kc39
17391 Wussentin 250 Lb18
15913 Wußwerk 282 Mb34
14776 Wust 269 Kb31
39524 Wust 268 Jd29
16868 Wusterhausen 259 Ka26
17509 Wusterhusen 250 Lb16
14641 Wustermark 269 Kd29
14789 Wusterwitz 269 Ka31
16818 Wustrau-Altfriesack 259 Kc27
17255 Wustrow 259 Kd23
29462 Wustrow 257 Hc26
18347 Wustrow 240 Jd14
66557 Wustweiler 307 Cb57
79879 Wutach 338 Ea70
99848 Wutha-Farnroda 289 Gc43
16866 Wutike 259 Ka25
79793 Wutöschingen 338 Ea72
14662 Wutzetz 259 Kb27
79369 Wyhl 327 Da67
04552 Wyhratal 292 Kb42
25938 Wyk a. Föhr 236 Eb12
26831 Wymeer 252 Cd25

X

46509 Xanten 272 Bc37

Z

16909 Zaatzke 259 Ka24
39307 Zabakuck 268 Jd30
16775 Zabelsdorf 260 La25
01561 Zabeltitz 281 Lc39
06347 Zabenstedt 279 Jb38
74374 Zaberfeld 318 Ed60
06369 Zabitz 279 Jc36
94239 Zachenberg 324 Lb60
14669 Zachow 269 Kc30
07937 Zadelsdorf 303 Jc46
29476 Zadrau 257 Hc25
06895 Zahna 280 Kc35
19412 Zahrensdorf 248 Ja19
75059 Zaisenhausen 318 Ec59
93499 Zandt 323 Kd58
84539 Zangberg 333 Kc66
96199 Zapfendorf 302 Hb51
06179 Zappendorf 279 Jb38
17159 Zarnekow 249 Kc18
18195 Zarnewanz 249 Ka16
18516 Zarnewanz 249 Kd16
23619 Zarpen 246 Gc18
18510 Zarrendorf 241 Kd15
19246 Zarrentin 247 Ha21
14547 Zauchwitz 269 Kd32
15913 Zaue 271 Mb33
75385 Zavelstein 318 Eb63
29496 Zebelin 257 Hb26
15328 Zechin 271 Mc28
16831 Zechlinerhütte 259 Kc24
16831 Zechow 259 Kc25
03249 Zeckerin 281 Ld36
39291 Zeddenick 268 Jc33
04552 Zedtlitz 292 Kb42
15711 Zeesen 270 Lc31
14641 Zeestow 269 Kd29
06369 Zehbitz 279 Jd37
16792 Zehdenick 260 Lc25
16515 Zehlendorf 260 Lb27
18276 Zehna 248 Jc19
01665 Zehren 293 Lc41
97475 Zeil a. Main 312 Ha52
84367 Zeilarn 334 La66
67378 Zeiskam 317 Dd58
01619 Zeithain 293 Lb40
93197 Zeitlarn 323 Ka59
06712 Zeitz 291 Jd42
39249 Zeitz 279 Jb35
77736 Zell 327 Dc66
93199 Zell 323 Kb59
95239 Zell 303 Jc50
97299 Zell a. Main 311 Ga53
79669 Zell i. Wiesental 337 Db71
56856 Zell (Mosel) 297 Cc51
73119 Zell u. Aichelberg 319 Fc63
36452 Zella / Rhön 301 Gb46
98544 Zella-Mehlis 302 Ha46
67308 Zellertal 308 Dd55
63533 Zellhausen 309 Ed52
97225 Zellingen 310 Fd53
54492 Zeltingen-Rachtig 307 Cb52
06679 Zembschen 291 Jd42
17440 Zemitz 250 Lc17
54313 Zemmer 306 Bd52
17129 Zemmin 250 La17
06918 Zemnick 280 Kd35
17459 Zempin 250 Ld16
16837 Zempow 259 Kb24
39221 Zens 279 Jb35
94579 Zenting 324 Lc61
18246 Zepelin 248 Jc18
16341 Zepernick 270 Lc28
17209 Zepkow 259 Ka23
39279 Zeppernick 268 Jc33
39317 Zerben 268 Jc31
39261 Zerbst 279 Jd34
54314 Zerf 306 Bd55
29499 Zernien 257 Ha25
16775 Zernikow 259 Kd25
18249 Zernin 248 Jb19
16845 Zernitz 259 Ka27
39264 Zernitz 279 Jd34
15758 Zernsdorf 270 Ld31
16348 Zerpenschleuse 260 Lb26
17309 Zerrenthin 251 Ma21
15326 Zeschdorf 271 Mc30
26340 Zetel 253 Dc22
39624 Zethlingen 267 Hc28
17153 Zettemin 249 Kc19
09306 Zettlitz 292 Kd42
07937 Zeulenroda 303 Jd46
15848 Zeust 271 Mc32
15738 Zeuthen 270 Lc31
27404 Zeven 255 Fb23
16306 Zichow 261 Ma23
39638 Zichtau 267 Hd29
06420 Zickeritz 279 Jb37
19069 Zickhusen 247 Hd19
15926 Zieckau 281 Ld35
04618 Ziegelheim 292 Kb43
39291 Ziegelsdorf 268 Jc32
19372 Ziegendorf 258 Jb23
15537 Ziegenhals 270 Ld31
04720 Ziegra-Knobelsdorf 293 La42
06869 Zieko 280 Ka35
39326 Zielitz 268 Jb32
39619 Ziemendorf 257 Hd26
86473 Ziemetshausen 330 Gd66
17291 Ziemkendorf 261 Ma22
39291 Ziepel 268 Jc33
34289 Zierenberg 288 Fb40
23968 Zierow 247 Hd18
89446 Ziertheim 320 Gd63
19300 Zierzow 258 Ja23
14793 Ziesar 269 Ka32
18059 Ziesendorf 248 Jc17
17390 Ziethen 250 Lc18
23911 Ziethen 247 Ha20
38835 Zilly 278 Ha35
15295 Ziltendorf 271 Md32
78658 Zimmern ob Rottweil 328 Eb67
18374 Zingst 240 Kb13
04860 Zinna 280 Kd38
15345 Zinndorf 271 Ma29
03205 Zinnitz 282 Ma35
17454 Zinnowitz 250 Ld16
17392 Zinzow 250 Lb19
17419 Zirchow 251 Ma17
18528 Zirkow 241 Lb13
90513 Zirndorf 312 Hc56
17039 Zirzow 250 La20
17209 Zislow 258 Jd22
02763 Zittau 295 Nb43
14789 Zitz 269 Ka31
39638 Zobbenitz 267 Hd31
09517 Zöblitz 293 Lb45
19374 Zölkow 248 Jb21
15926 Zöllmersdorf 281 Ld35
06780 Zörbig 279 Jd37
06888 Zörnigall 280 Kc35
14715 Zollchow 268 Jd30
07922 Zollgrün 303 Jc47
85406 Zolling 332 Jc65
14662 Zootzen 259 Kb27
16798 Zootzen 260 La24
16909 Zootzen 259 Kb24
37449 Zorge 277 Gd38
85604 Zorneding 332 Jd68
55270 Zornheim 308 Dd53
15806 Zossen 270 Lb32
04680 Zschadraß 292 Kd41
04720 Zschaitz-Ottewig 293 La41
01619 Zschepa 281 Lb39
04838 Zschepplin 280 Kb38
06179 Zscherben 279 Jc39
06794 Zscherndorf 280 Ka37
04626 Zschernitzsch 292 Kb43
09405 Zschopau 293 La45
08321 Zschorlau 304 Kc46
06791 Zschornewitz 280 Ka37
04509 Zschortau 280 Ka39
39240 Zuchau 279 Jc36
18574 Zudar 241 La14
16831 Zühlen 259 Kc25
16515 Zühlsdorf 270 Lb28
04895 Züllsdorf 281 La37
19073 Zülow 247 Hc21
53909 Zülpich 296 Bd46
17309 Züsedom 251 Ma21
23992 Züsow 248 Ja18
17495 Züssow 250 Lb17
15938 Zützen 281 Ld34
16306 Zützen 261 Mb25
23992 Zurow 248 Ja18
86637 Zusamaltheim 331 Ha64
86441 Zusmarshausen 331 Ha65
74939 Zuzenhausen 318 Ec58
19258 Zweedorf 256 Gd22
66482 Zweibrücken 316 Cc58
74639 Zweiflingen 319 Fc58
04442 Zwenkau 292 Ka41
04886 Zwethau 281 La38
080.. Zwickau 292 Kb45
88529 Zwiefalten 329 Fc67
94227 Zwiesel 324 Lc59
37345 Zwinge 277 Gc38
64673 Zwingenberg 309 Eb54
04509 Zwochau 280 Ka39
08297 Zwönitz 304 Kc46
08267 Zwota 304 Kb48

Bildnachweis

A = Alamy, C = Corbis, G = Getty,
L = Laif, M = Mauritius

Cover:
Großes Bild G/Achim Thomae; kleine Bilder von oben: H. & D. Zielske; Look/Heinz Wohner; Look/Hendrik Holler

S. 2/3 Look/Heinz Wohner, S. 4/5 C/Ocean, S. 6/7 H. & D. Zielske, S. 8 M/Peter Schickert, S. 8 M/Alamy, S. 9 C/Wolfgang Deuter, S. 10/11 M/Manfred Mehlig, S. 10 M/Manfred Mehlig, S. 10 Look/Ulf Böttcher, S. 12 M/Christian Bäck, S. 12 M/Movementway, S. 12 M/Torsten Krüger, S. 13 G/Richard Nebesky, S. 14 G/Heinz Wohner, S. 14 M/Torsten Krüger, S. 15 H. & D. Zielske, S. 15 H. & D. Zielske, S. 15 M/Torsten Krüger, S. 16 C/Creasource, S. 16 G/Ulf Boettcher, S. 16 M/Rudolf Pigneter, S. 18 H. & D. Zielske, S. 18 A/Premium, S. 19 H. & D. Zielske, S. 20 M/age, S. 20 H. & D. Zielske, S. 22 Look/Arnt Haug, S. 22/23 C/Jon Hicks, S. 22 C/Karl-Heinz Haenel, S. 23 H. & D. Zielske, S. 24 M/John Warburton-Lee, S. 24 C/Sabine Lubenow, S. 25 A/Lothar Steiner, S. 25 M/Lothar Steiner, S. 26 H. & D. Zielske, S. 26 G/Andreas Jäckel, S. 26 M/John Warburton-Lee, S. 27 M/Sabine Lubenow, S. 27 C/Sabine Lubenow, S. 28 H. & D. Zielske, S. 28 Look/Ulf Böttcher, S. 29 G/Falk Herrmann, S. 30 G/Heinz Wohner, S. 30 M/Torsten Krüger, S. 30 M/Torsten Krüger, S. 31 M/Sabine Lubenow, S. 32 H. & D. Zielske, S. 32/33 H. & D. Zielske, S. 33 C/F. Lukasseck, S. 33 Look/Heinz Wohner, S. 33 H. & D. Zielske, S. 34 Look/Karl Johaentges, S. 34 A/Prisma, S. 35 Look/Karl Johaentges, S. 35 M/Torsten Krüger, S. 36 M/United Archives, S. 36 M/Alamy, S. 37 M/Siegfried Kuttig, S. 38 M/Helmut Meyer zur Capellen, S. 38 M/Prisma, S. 39 H. & D. Zielske, S. 39 L/Andreas Hub, S. 40 H. & D. Zielske, S. 40 M/Werner Otto, S. 41 H. & D. Zielske, S. 42 Look/Heinz Wohner, S. 42/43 G/Heinz Wohner, S. 44 Huber/Reinhard Schmid, S. 44 Look/Heinz Wohner, S. 45 Look/Heinz Wohner, S. 45 Huber/Reinhard Schmid, S. 45 Look/TerraVista, S. 46 Look/Brigitte Merz, S. 46 H. & D. Zielske, S. 47 Huber/Reinhard Schmid, S. 47 Look/Heinz Wohner, S. 48 Look/Heinz Wohner, S. 48 M/Alamy, S. 48 Look/Heinz Wohner, S. 49 Look/Heinz Wohner, S. 50 G/Sean Gallup, S. 50 M/Christian Bäck, S. 50 M/Chris Seba, S. 51 M/Christian Bäck, S. 52 M/Heinz-Dieter Falkenstein, S. 52 Huber/Gräfenhain, S. 52 M/Christian Bäck, S. 53 H. & D. Zielske, S. 53 M/Chris Seba, S. 54 H. & D. Zielske, S. 54 H. & D. Zielske, S. 55 H. & D. Zielske, S. 55 H. & D. Zielske, S. 56 H. & D. Zielske, S. 56 H. & D. Zielske, S. 57 Look/Karl Johaentges, S. 57 H. & D. Zielske, S. 57 H. & D. Zielske, S. 58 Look/Karl Johaentges, S. 58 Look/Ernst Wrba, S. 58 Look/Karl Johaentges, S. 59 M/fotosol, S. 59 H. & D. Zielske, S. 60 Look/Heinz Wohner, S. 60 Look/Heinz Wohner, S. 61 M/Alamy, S. 61 H. & D. Zielske, S. 62/63 Look/Heinz Wohner, S. 62 Look/Heinz Wohner, S. 63 M/Andreas Vitting, S. 63 Look/Heinz Wohner, S. 63 M/Peter Lehner, S. 64 Look/Ernst Wrba, S. 64 Look/Ernst Wrba, S. 64 Look/Ernst Wrba, S. 65 M/Bahnmueller, S. 66 Huber/Gräfenhain, S. 66 H. & D. Zielske, S. 67 H. & D. Zielske, S. 67 H. & D. Zielske, S. 68 H. & D. Zielske, S. 68 A/Blickwinkel, S. 68 H. & D. Zielske, S. 70 Huber/Sabine Lubenow, S. 70 H. & D. Zielske, S. 70 H. & D. Zielske, S. 71 H. & D. Zielske, S. 71 H. & D. Zielske, S. 72 H. & D. Zielske, S. 73 H. & D. Zielske, S. 74 G/Hauke Dressler, S. 74 H. & D. Zielske, S. 74 H. & D. Zielske, S. 75 Look/Ulf Böttcher, S. 76 Huber/Holger Klaes, S. 76 Huber/Holger Klaes, S. 76 M/Alamy, S. 77 C/Creativ Studio Heinemann, S. 77 Look/Brigitte Merz, S. 78 M/Alamy, S. 78 H. & D. Zielske, S. 79 Look/Heinz Wohner, S. 79 G/Frank Van Delft, S. 80/81 H. & D. Zielske, S. 80 C/Werner Dieterich, S. 81 H. & D. Zielske, S. 81 H. & D. Zielske, S. 81 Look/H. Wohner, S. 82 Huber/Holger Klaes, S. 82 Look/Sabine Lubenow, S. 83 Look/Heinz Wohner, S. 84 M/age, S. 85 C/Michele Falzone, S. 85 Huber/Sabine Lubenow, S. 85 G/Murat Taner, S. 86 C/Jochen Tack, S. 86 Look/Heinz Wohner, S. 87 M/Manfred Mehlig, S. 87 Look/Brigitte Merz, S. 87 G/Brigitte Merz, S. 88 M/Manfred Mehlig, S. 88 Look/Brigitte Merz, S. 88 M/Barbara Boensch, S. 89 Huber/Holger Klaes, S. 89 M/Barbara Boensch, S. 90 Huber/Gräfenhain, S. 90 M/Thomas Robbin, S. 91 M/Manfred Mehlig, S. 91 G/Werner Otto, S. 92 H. & D. Zielske, S. 92 A/Blickwinkel, S. 93 Huber/Holger Klaes, S. 93 Look/Heinz Wohner, S. 94 Look/age, S. 94 Huber/Holger Klaes, S. 95 Look/Heinz Wohner, S. 96 C/Frank Lukasseck, S. 97 Look/Heinz Wohner, S. 97 Huber/Holger Klaes, S. 97 M/age, S. 98 C/Hans P. Szyszka, S. 99 C/Hans P. Szyszka, S. 99 Huber/Reinahrd Schmid, S. 100 H. & D. Zielske, S. 100 M/age, S. 100 Look/TerraVista, S. 101 G/Martin Ruegner, S. 101 C/Westend61, S. 101 M/Novarc, S. 102/103 Look/Wolfgang Ehn, S. 102 M/Helmut Hess, S. 103 Look/Wolfgang Ehn, S. 103 M/Jürgen Müller, S. 103 G/Arco Carsten, S. 104 Look/Thomas Stankiewicz, S. 104 Huber/Szyszka, S. 105 M/Sabine Lubenow, S. 105 H. & D. Zielske, S. 106 M/Karl-Heinz Haenel, S. 106 M/Martin Siepmann, S. 106 Look/Kay Maeritz, S. 107 M/Oliver Gerhard, S. 107 Huber/Szyszka, S. 108 H. & D. Zielske, S. 108 C/Hans P. Szyszka, S. 108 M/Sabine Lubenow, S. 109 M/Novarc, S. 110 M/Andreas Vitting, S. 110/111 Huber/Szyszka, S. 111 Huber/Sabine Lubenow, S. 112 Huber/C. Dörr, S. 112/113 Huber/Reinhard Schmid, S. 113 M/Danilo Böhme, S. 113 M/G_Hanke, S. 113 G/Guenter Fischer, S. 114 M/Alamy, S. 114 Look/TerraVista, S. 115 M/Torsten Bekker, S. 116 M/Torsten Becker, S. 117 H. & D. Zielske, S. 117 M/Alamy, S. 118 H. & D. Zielske, S. 118/119 H. & D. Zielske, S. 119 H. & D. Zielske, S. 119 C/Richard Nebesky, S. 119 M/Lothar Steiner, S. 120/121 H. & D. Zielske, S. 120 H. & D. Zielske, S. 120 H. & D. Zielske, S. 121 G/Guy Vanderelst, S. 122 H. & D. Zielske, S. 122 M/Ernst Wrba, S. 123 H. & D. Zielske, S. 123 H. & D. Zielske, S. 124 Huber/Krammisch, S. 124 Huber/Reinhard Schmid, S. 125 M/Thomas Robbin, S. 126 M/Robert Knöll, S. 126 H. & D. Zielske, S. 127 H. & D. Zielske, S. 128 H. & D. Zielske, S. 128 H. & D. Zielske, S. 128 Look/Heinz Wohner, S. 129 G/, S. 130 Look/TerraVista, S. 130 G/Hans-Peter Merten, S. 130 Look/Hans Georg Eiben, S. 131 H. & D. Zielske, S. 131 H. & D. Zielske, S. 132 G/Westend61, S. 132 Look/Heinz Wohner, S. 133 Look/Brigitte Merz, S. 134 H. & D. Zielske, S. 134 H. & D. Zielske, S. 135 Look/Brigitte Merz, S. 135 H. & D. Zielske, S. 135 M/Karsten Kramer, S. 135 M/Udo Siebig, S. 136 H. & D. Zielske, S. 136 M/Westend61, S. 137 G/Richard Fairless, S. 138 Look/age, S. 138 Look/Heinz Wohner, S. 139 Look/Heinz Wohner, S. 140/141 Look/Hendrik Holler, S. 140 Look/Ingolf Pompe, S. 141 Look/TerraVista, S. 141 Look/Heinz Wohner, S. 141 Look/Heinz Wohner, S. 142 H. & D. Zielske, S. 142 M/Bridge, S. 144 Look/Heinz Wohner, S. 144 H. & D. Zielske, S. 145 G/Wilfried Krecichwost, S. 145 M/Christian Bäck, S. 146/147 M/Raimund Linke, S. 146 C/Martin Siepmann, S. 147 M/Martin Siepmann, S. 147 M/Martin Siepmann, S. 147 M/Martin Siepmann, S. 148 M/Martin Siepmann, S. 148 M/Friedel Gierth, S. 149 M/Martin Siepmann, S. 149 M/Christian Bäck, S. 150 H. & D. Zielske, S. 150 M/Christian Bäck, S. 150 H. & D. Zielske, S. 151 M/Christian Bäck, S. 151 H. & D. Zielske, S. 152 L/Hardy Mueller, S. 152/153 Look/Brigitte Merz, S. 153 G/Richard Fairless, S. 153 M/Jürgen Wackenhut, S. 153 Look/Florian Werner, S. 154 C/Top Photo Corporation, S. 155 C/Top Photo Corporation, S. 156 M/Rainer Waldkirch, S. 156 C/Franz-Marc Frei, S. 156 M/Alamy, S. 157 Look/Brigitte Merz, S. 157 Huber/Reinhard Schmid, S. 158 H. & D. Zielske, S. 158 Look/Heinz Wohner, S. 158 Look/Heinz Wohner, S. 159 Look/Heinz Wohner, S. 160 Huber/Reinhard Schmid, S. 160 Look/TerraVista, S. 160 Look/Zielske, S. 161 M/Ch.L.Bages, S. 162 Look/Heinz Wohner, S. 162 Look/Thomas Stankiewicz, S. 164 Huber/Reinhard Schmid, S. 164/165 G/Dennis Flaherty, S. 165 Look/Terra Vista, S. 166 H. & D. Zielske, S. 166 H. & D. Zielske, S. 166 Look/Heinz Wohner, S. 168 G/Heinz Wohner, S. 168 Look/Heinz Wohner, S. 169 G/Heinz Wohner, S. 169 M/Udo Siebig, S. 170 M/Christian Bäck, S. 170 H. & D. Zielske, S. 170 Huber/Reinhard Schmid, S. 172 Look/Andreas Strauss, S. 172/173 C/Harald Nachtmann, S. 172 C/Harald Nachtmann, S. 174 H. & D. Zielske, S. 174 H. & D. Zielske, S. 174/175 G/Daniel Filippini, S. 176 M/Jürgen Wackenhut, S. 176 G/Michael DeFreitas, S. 176 M/Helmut Meyer zur Capellen, S. 177 H. & D. Zielske, S. 178/179 G/Panoramic Images, S. 178 C/Holger Spiering, S. 179 G/Panoramic Images, S. 179 Look/Heinz Wohner, S. 179 Look/Daniel Schoenen, S. 180 Look/Daniel Schoenen, S. 180 M/Michael Szönyi, S. 180 C/Jose Fuste Raga, S. 180 M/CuboImages, S. 182 M/imagebroker, S. 182 Look/age, S. 182 C/Werner Dieterich, S. 183 Look/Heinz Wohner, S. 183 Look/Sabine Lubenow, S. 184 M/Jürgen Wiesler, S. 184 Look/Brigitte Merz, S. 185 Look/age, S. 185 A/Mathew Monteith, S. 185 Look/Daniel Schoenen, S. 186 Huber/Spiegelhalter, S. 186 Look/Daniel Schoenen, S. 186 Huber/Reinhard Schmid, S. 187 M/Jürgen Wiesler, S. 188 H. & D. Zielske, S. 188 A/Vladimir Khirman, S. 188 Look/age, S. 189 Look/Ingolf Pompe, S. 189 M/Markus Lange, S. 190 Huber/Reinhard Schmid, S. 190 Huber/Reinhard Schmid, S. 191 Look/Heinz Wohner, S. 191 H. & D. Zielske, S. 191 H. & D. Zielske, S. 192 Look/Heinz Wohner, S. 192/193 H. & D. Zielske, S. 193 Look/Quadriga Images, S. 193 Look/Heinz Wohner, S. 193 Look/Heinz Wohner, S. 194 M/Siegfried Kramer, S. 194 M/Robert Knöll, S. 195 Look/Heinz Wohner, S. 196 C/Werner Dieterich, S. 196 H. & D. Zielske, S. 196/197 H. & D. Zielske, S. 197 H. & D. Zielske, S. 198 G/Antonio Moreno, S. 198 M/Bernd Römmelt, S. 199 M/Christian Bäck, S. 199 M/Uta und Horst Kolley, S. 200 M/Manfred Bail, S. 200 M/Bernd Römmelt, S. 201 M/Alamy, S. 201 A/Image-State, S. 201 G/Lasting Images, S. 202 C/Christina Krutz, S. 202/203 C/, S. 203 G/Frank Rothe, S. 203 C/D. Sheldon, S. 203 C/D. Sheldon, S. 204 Huber/Reinhard Schmid, S. 204 Huber/Reinhard Schmid, S. 205 M/Stefan Auth, S. 205 M/Alamy, S. 206 M/BY, S. 206 M/Martin Siepmann, S. 207 M/Jeff O'Brien, S. 208 M/Birgit Koch, S. 208 M/Martin Siepmann, S. 209 Look/Konrad Wothe, S. 209 Look/Konrad Wothe, S. 210/211 Look/TerraVista, S. 210 M/Christian Handl, S. 212 Look/Engel & Gielen, S. 212 M/Michael Szönyi, S. 212 Look/Ingolf Pompe, S. 212 Huber/Otto Stadler, S. 213 H. & D. Zielske, S. 214 H. & D. Zielske, S. 214 H. & D. Zielske, S. 214 Look/Heinz Wohner, S. 215 Look/Ingolf Pompe, S. 216 L/Berthold Steinhilber, S. 216 L/Berthold Steinhilber, S. 217 M/Uta und Horst Kolley, S. 217 H. & D. Zielske, S. 218 H. & D. Zielske, S. 218 C/Gregor M. Schmid, S. 218 C/Adam Woolfitt, S. 219 G/Martin Siepmann, S. 220 Look/Thomas Stankiewicz, S. 220 M/Alamy, S. 220 Look/Jan Greue, S. 220 M/Manfred Bail, S. 221 M/Maria Breuer, S. 222 A/nagelestock.com, S. 222 M/Martin Siepmann, S. 223 H. & D. Zielske, S. 224 G/Ingmar Wesemann, S. 224/225 G/Andreas Strauss, S. 225 G/Andreas Strauss, S. 225 M/Bernd Römmelt, S. 225 M/Matthias Pinn, S. 226 Huber/Reinhard Schmid, S. 226 M/John Warburton-Lee, S. 227 H. & D. Zielske, S. 228 Huber/Reinhard Schmid, S. 228 Look/Florian Werner, S. 229 Huber/Hans-Peter Huber, S. 229 Huber/Mehlig, S. 230 Look/Florian Werner, S. 230 C/Michael Snell, S. 231 Look/Andreas Strauss, S. 232 M/Peter Weimann, S. 233 Look/Rainer Mirau.

Der Verlag war bemüht, alle Bildrechteinhaber ausfindig zu machen. In einigen Fällen ist dies nicht gelungen, Betroffene Rechtinhaber werden gebeten, sich mit dem Verlag in Verbindung zu setzen.

Impressum

© 2017 Kunth Verlag GmbH & Co. KG, München

Königinstraße 11
80539 München
Telefon +49.89.45 80 20-0
Fax +49.89.45 80 20-21
www.kunth-verlag.de
info@kunth-verlag.de

© Kartografie: Kunth Verlag GmbH & Co. KG, München

Printed in Slovakia

Text: Natascha Albus, Heike Barnitzke, Gesa Bock, Klaus A. Dietsch, Michael Elser, Dr. Peter Göbel, Ursula Klocker, Robert Kutschera, Rosa M. Kölbl, Carlo Lauer, Dr. Thomas Pago, Norbert Pautner, Hans-Wilm Schütte, Dr. Maurice Wiederhold

Alle Rechte vorbehalten. Reproduktionen, Speicherung in Datenverarbeitungsanlagen, Wiedergabe auf elektronischen, fotomechanischen oder ähnlichen Wegen nur mit der ausdrücklichen Genehmigung des Copyrightinhabers.

Alle Fakten wurden nach bestem Wissen und Gewissen mit der größtmöglichen Sorgfalt recherchiert. Redaktion und Verlag können jedoch für die absolute Richtigkeit und Vollständigkeit der Angaben keine Gewähr leisten. Der Verlag ist für alle Hinweise und Verbesserungsvorschläge jederzeit dankbar.